中国交通运输年鉴

（2019）

The Transport Yearbook of China 2019

中华人民共和国交通运输部　编

Ministry of Transport of the People's Republic of China

人民交通出版社股份有限公司
China Communications Press Co.,Ltd.

图书在版编目（CIP）数据

中国交通运输年鉴．2019 / 中华人民共和国交通运输部编．-- 北京：人民交通出版社股份有限公司，2019.8

ISBN 978-7-114-15726-4

Ⅰ．①中…　Ⅱ．①中…　Ⅲ．①交通运输业—中国—2019—年鉴　Ⅳ．① F512.3-54

中国版本图书馆 CIP 数据核字（2019）第 154530 号

书　　名：中国交通运输年鉴（2019）
著 作 者：中华人民共和国交通运输部
责任编辑：韩亚楠　崔　建
责任校对：张　贺　宋佳时
责任印制：张　凯
出版发行：人民交通出版社股份有限公司
地　　址：（100011）北京市朝阳区安定门外外馆斜街 3 号
网　　址：http://www.ccpress.com.cn
销售电话：（010）59757973
总 经 销：人民交通出版社股份有限公司发行部
经　　销：各地新华书店
印　　刷：北京博海升彩色印刷有限公司
开　　本：880 × 1230　1/16
印　　张：38.25
字　　数：904 千
版　　次：2019 年 8 月　第 1 版
印　　次：2019 年 8 月　第 1 次印刷
书　　号：ISBN 978-7-114-15726-4
定　　价：198.00 元

编 辑 说 明

一、按照《中国交通运输年鉴》的定位，本书由交通运输部和国家铁路局、中国民用航空局、国家邮政局联合编纂。全书本着“全面呈现，重点突出”的原则，聚焦“交通强国”建设目标，突出年度行业核心、重点、热点话题，全景式记录在交通强国建设进程中发生的重大事件和取得的重大成就，凸显交通运输服务国家战略、保障国计民生的先行作用。

二、在坚持权威、系统、客观、准确、连续、实用的原则下，全书由“重要指引、重大政策、发展成就、重大工程、重大事件、专题特辑、附录”7 篇组成，共计 30 章，7 个专题，5 个重要附录。内容涉及党中央和国务院的决策，领导人的指示，铁路、公路、水路、民航和邮政各领域及综合交通融合发展，以及科技创新，安全监管与应急处置，国际合作，党的建设，精神文明建设，人才队伍建设，法治政府建设等方面情况。同时，还注重对综合交通、智慧交通、绿色交通、平安交通发展脉络的梳理。其中，对服务“四好农村路”、脱贫攻坚、服务国家重大战略、城市交通、民生实事与提案议案办理、节假日和快递高峰运输、北斗系统行业应用 7 个热点予以专题呈现。此外，本书还刊载了交通运输领域的重大政策列表、人事机构情况、各领域重要统计公报、权威媒体报道以及年度大事记。

三、本书内容由交通运输部部内各司局和国家铁路局、中国民用航空局、国家邮政局相关部门以及部分部属单位提供。其中，部分内容来自相关业务部门公开发布的发展报告等官方权威信息。编纂工作由交通运输部办公厅会同国家铁路局、中国民用航空局、国家邮政局综合司（办公室）统筹，交通运输部档案馆、中国公路学会和《中国公路》杂志社组成编辑工作组，负责具体实施。

四、本书重点收入了交通运输行业 2018 年的核心信息，所涉信息除特殊注明外，时间均为 2018 年。为体现行业发展的纵深、数据信息的完整性和方便读者对比使用，收入的部分资料时限、数据时限有所放宽。

五、本书所列全国性统计数据，由相关业务主管部门提供并审定，除个别内容外绝大多数未含香港、澳门特别行政区和台湾省。由于统计口径不同，书中相关数字略有不同，最终数字均以“统计公报”为准。

六、本书图表以篇－章－序号命名，一个表格一般只表达一个主题。图文排版原则上按照先文后图，图文相符。

七、为适应现代阅读习惯，方便读者使用，并克服纸质版容量有限的问题，文中加载了部分重要文件的二维码，供读者扫码阅读。二维码统一链接至相关部门官方网站。相关网站链接若有变动，会造成扫描失效情况，如出现，请另行查询。

八、人事机构方面的资料由人事部门提供。

九、本书的名词术语、缩略语、简称及英文缩写未加注释的，参见行业相关名词解释及英文缩写释文。

十、本书关于政策的相关内容，是对部分现行法律、法规和政策原文的部分刊登、综述和解读，可以作为了解中国交通运输发展政策的线索，并附有二维码，可供读者扫描参考，必要时读者应查阅使用相关正式文件。

十一、为方便阅读，本书“附录”部分的各统计公报中的图、表序号均按各公报原文排序。

编辑工作组

2019 年 8 月 30 日

EDITORS' NOTES

1. As per the position set for the *Transport Yearbook of China*, it is jointly compiled by the Ministry of Transportation, the National Railway Administration, the Civil Aviation Administration of China and the State Post Bureau. Following the principle of "presenting the full picture while highlighting key events in the industry", focusing on the target of "building China into a transport power" and underlining the annual core, important and high-profile issues in the industry, the *Transport Yearbook of China* gives a panoramic documentation of main events that have taken place and substantial achievements that have been made in the course of building China into a transport power, and highlights the role of the transport industry as the vanguard in serving national strategies and enhancing the national welfare and people's livelihood.

2. The *Yearbook* , authoritative, systematical, subjective, accurate, consistent and useful, comprises a total of 30 chapters, 7 subjects and 5 important appendixes, in 7 sections: Important Guidelines, Major Policies, Development Achievements, Important Projects, Major Events, Special Subjects and Appendixes. Included herein are the decisions by the Party Central Committee and the State Council; leaders' instructions; the progress in the sectors of railway transport, highway transport, waterway transport, civil aviation transport and postal services and in the integrated development of these sectors; and information on technological innovation, safety supervision, emergency response, international cooperation, and Party building, cultural and ethical advancement, development of professional teams, and governance by law. The *Yearbook* also highlights the organizing of the development course of a comprehensive, smart, green and safe transport system. Specially presented are seven high-profile issues: serving the effort of doing a good job in the construction, management, maintenance and operation of the rural roads, serving the task of tackling thorny problems in poverty alleviation, serving major national strategies, serving urban transport, dealing with practical issues concerning people's livelihood and related proposals and bills, and transport during holidays and festival periods, and the application of BDS in the transport industry. Also contained herein are a list of major policies in the transport sector, organization structure, major statistical bulletins in various fields, authoritative media reports and chronicles of major events of the year.

3. The contents herein are provided by departments and bureaus within the Ministry of Transport, relevant departments of the National Railway Administration the Civil Aviation Administration of China and the State Post Bureau, as well as by units affiliated to the Ministry of Transport, part of which comes from development reports and other official authoritative information publicly released by relevant business departments. Its compilation is organized by the General Office of the Ministry of Transport in conjunction with the National Railway Administration, the Civil Aviation Administration of China and the general department (office) of the State Post Bureau, and carried out by the Working Group of the Editorial Board consisting of staff members of the Archives Center of the Ministry of Transport, China Highway and Transportation Society and China Highway Magazine Society.

4. Contained herein is mainly the core information of the transport industry in 2018, and therefore all the information is that of the year 2018 unless otherwise specified. In order to demonstrate the developmental depth of the transport industry and the integrity of data / information, and to facilitate the comparison and use of data by readers, part of the data and information is not limited to that of 2018.

5. The national statistical data listed herein is provided and checked by relevant business authorities. Most of these statistics do not include those of the Hong Kong and Macao Special Administrative Regions and Taiwan Province. Where figures contained herein show discrepancy due to different statistical criteria, to unify the figures, those in the Statistical Bulletin shall prevail ultimately.

6. The charts in this *Yearbook* are numbered with the serial numbers of the sections and chapters in which they appear. One chart is usually used to express only one theme. In the layout, in principle, the text comes before the chart, and the two tally with each other.

7. Important documents herein come with QR codes for readers to scan so as to accommodate the reading habit of modern readers, facilitate their use, and address the problem of limited space available in a print version. All the QR codes are linked to the websites of competent authorities. In case of invalid scanning of QR codes caused by changed such website links, please turn to other means of inquiry.

8. The information on the organization structure is provided by relevant personnel departments.

9. With respect to any terms, acronyms, abbreviations or English abbreviations not annotated herein, please refer to the definition of such terminologies and the explanation of such English abbreviations provided by the transport industry.

10. The policy-related contents contained herein are excerpts, summaries and interpretations of the original texts of existing laws, regulations and policies, and may serve as a clue for the understanding of China's transport development policy. Quick Response codes are printed herein for readers to scan for reference; it is advisable, however, to consult the original documents when necessary.

11. To be reader-friendly, the figures and charts of statistical bulletins in the Appendixes are listed in the order in which the original texts appear in such bulletins.

Working Group of the Editorial Board

August 30 , 2019

组织机构名单

编审委员会主任委员

杨传堂　十三届全国政协副主席、交通运输部党组书记

李小鹏　交通运输部部长、党组副书记

编审委员会副主任委员

冯正霖　交通运输部党组副书记、副部长

中国民用航空局党组书记、局长（正部长级）

马军胜　交通运输部党组成员

国家邮政局党组书记、局长

刘小明　交通运输部党组成员、副部长兼直属机关党委书记

于春孝　国家铁路局党组成员、副局长

编纂工作委员会主任委员

刘小明（兼）

编纂工作委员会副主任委员

王志清　交通运输部党组成员兼总规划师、综合规划司司长

徐成光　交通运输部办公厅主任

朱雪源　国家铁路局综合司（外事司）司长

刘鲁颂　中国民用航空局综合司司长

沈鸿雁　国家邮政局办公室（外事司）主任

刘文杰　中国公路学会副理事长兼秘书长

编纂工作委员会委员

李天碧　交通运输部安全总监、水运局局长

许如清　交通运输部办公厅一级巡视员（正局级）

吴春耕　交通运输部政策研究室主任

魏　东　交通运输部法制司司长

张大为　交通运输部综合规划司副司长

许春风　交通运输部财务审计司司长

李良生　交通运输部人事教育司司长

吴德金　交通运输部公路局局长

徐亚华　交通运输部运输服务司司长

彭思义　交通运输部安全与质量监督管理司司长、应急办副主任

庞　松　交通运输部科技司司长

李　扬　交通运输部国际合作司（港澳台办公室）司长（主任）

柯林春　交通运输部直属机关党委常务副书记（正司长级）

张晓冰　交通运输部离退休干部局局长、党委书记

李国平　中国海上搜救中心副主任（正局长级）、应急办主任

曹德胜　交通运输部海事局局长、党组书记

梁成谷　国家铁路局综合司副司长

高　俊　中国民用航空局综合司副司长

管爱光　国家邮政局办公室副主任

王振亮　交通运输部救助打捞局局长、党委副书记

朱伽林　人民交通出版传媒管理有限公司党委书记、董事长

杨如学　交通运输部档案馆馆长

编纂工作联络员

任　谊　交通运输部办公厅综合处处长
臧　青　交通运输部政策研究室综合处副处长
高建刚　交通运输部法制司综合处处长
高　铁　交通运输部综合规划司办公室主任
程　侃　交通运输部财务审计司综合处处长
严　红　交通运输部人事教育司综合处处长
郭　胜　交通运输部公路局办公室主任
高鹏飞　交通运输部水运局办公室主任
李华强　交通运输部运输服务司综合处（国际道路运输管理处）处长
罗海峰　交通运输部安全与质量监督管理司综合处处长
甘家祥　交通运输部科技司综合处处长
边向国　交通运输部国际合作司（港澳台办公室）综合一处处长
邹治宇　交通运输部直属机关党委办公室主任
张冬梅　交通运输部离退休干部局综合处（党委办公室）处长（主任）
殷　杰　中国海上搜救中心综合处处长
宋永强　交通运输部海事局宣传处处长
尹　倩　国家铁路局机关服务中心综合处副处长
孙文生　中国民用航空局综合司研究室主任
陈　凯　国家邮政局办公室调研室副调研员
赵晓亮　交通运输部救助打捞局办公室副主任

编辑工作组

组　长　杨如学　刘文杰
副组长　佟　峰　刘传雷
编　辑　于佳玫　余大鹏　范圆圆　苗挺节　陈　梅
　　　　吴　翰　刘睿健　赵晓夏　崔　云　孙世玮
美　编　李仪灵　王德本
英　文　北京星辉翻译中心

参编单位

国家铁路局

中国民用航空局

国家邮政局

交通运输部长江航务管理局

交通运输部珠江航务管理局

交通运输部救助打捞局

人民交通出版传媒管理有限公司

中国船级社

中国公路学会

交通运输部办公厅

交通运输部政策研究室

交通运输部法制司

交通运输部综合规划司

交通运输部财务审计司

交通运输部人事教育司

交通运输部公路局

交通运输部水运局

交通运输部运输服务司

交通运输部安全与质量监督管理司

交通运输部科技司

交通运输部国际合作司（港澳台办公室）

交通运输部直属机关党委

交通运输部离退休干部局

中国海上搜救中心

交通运输部海事局

交通运输部档案馆

目　录

第一篇　重要指引

第一章　重大决策……2

第二章　习近平总书记关于交通运输工作的重要论述……3

第三章　李克强总理关于交通运输工作的重要讲话……6

第四章　视察考察……9

一、加强改革创新战略统筹规划引导　以长江经济带发展推动高质量发展……9

二、习近平出席港珠澳大桥开通仪式……11

三、韩正调研北京大兴国际机场建设……12

四、刘鹤调研交通运输部……13

五、马凯在武汉检查春运工作……14

第五章　权威声音……15

杨传堂在2019年全国交通运输工作会议上的讲话……15

李小鹏在2019年全国交通运输工作会议上的讲话……23

冯正霖在2019年全国民航工作会议上的讲话……39

杨宇栋在2019年国家铁路局工作会议上的讲话……55

马军胜在2019年全国邮政管理工作会议上的讲话……73

全面深化改革开放　奋力从交通大国迈向交通强国……86

加快建设“四好农村路”　助力新时代乡村振兴……90

奋力开启建设交通强国的新征程……93

建设高质量的交通运输新型智库……97

推动民航高质量发展　开启新时代民航强国建设新征程……100

坚持问题导向推进高质量发展　加快建设与全面小康社会相适应的现代邮政业……104

第二篇　重大政策

第一章　交通运输法律法规规章……108
第二章　国家重大政策……119
第三章　行业重要政策性文件……121
第一节　交通运输部印发的部分重要政策性文件……121
第二节　交通运输部联合其他部门印发的部分重要政策性文件……124
第三节　国家局制定的部分重要政策性文件……127
第四章　行业重大改革……129
第一节　改革工作总体部署推进情况……129
第二节　改革的主要进展和成效……130
第三节　当前改革面临的主要问题……135

第三篇　发展成就

第一章　综合交通……138
第一节　综合交通规划……138
第二节　综合交通基础设施建设……138
第三节　综合运输服务……139
第二章　铁路……146
第一节　铁路规划与实施……146
第二节　铁路法规体系建设……146
第三节　铁路车辆装备……148
第四节　铁路基础设施建设……148
第五节　铁路运输服务……148
第六节　铁路安全监管执法……150
第七节　铁路工程质量安全监管……152
第八节　铁路设备质量安全监管……153
第九节　铁路运输服务质量监督……155
第三章　公路（含道路运输）……157

第一节　公路规划与实施总体情况……157
第二节　公路基础设施建设……157
第三节　公路建设管理……159
第四节　公路养护管理……161
第五节　公路网运行管理……164
第六节　收费公路管理……166
第七节　公路执法……167
第八节　道路运输服务……169
第九节　道路运输市场管理……178
第十节　道路运输安全生产……179
第十一节　机动车维修与检测……181
第十二节　车辆技术管理……184
第十三节　机动车驾驶员培训……185
第十四节　国际道路运输管理……188
第四章　水路……191
第一节　水路规划与实施总体情况……191
第二节　港航基础设施建设……191
第三节　水上运输服务……193
第四节　水运行业管理……194
第五节　水运绿色发展……195
第六节　长江航务管理……197
第七节　珠江航务管理……200
第八节　海事管理……201
第九节　海上搜救……208
第十节　救助打捞……209
第十一节　船舶检验……214
第十二节　港航公安……218
第五章　民用航空……221
第一节　民航规划与实施总体情况……221

第二节　民航基础设施建设……221
第三节　民航运输服务……222
第四节　民航安全管理……223
第五节　通用航空……224
第六节　空管系统……224
第七节　适航审定……227
第八节　民航市场监管……229
第六章　邮政……231
第一节　邮政规划与实施总体情况……231
第二节　邮政业基础设施建设……232
第三节　邮政普遍服务……233
第四节　快递业发展……235
第五节　邮政行业治理……237
第六节　安全监管……239
第七章　法治政府部门建设……241
第一节　规范文明执法……241
第二节　行政复议和行政诉讼……241
第三节　政府信息公开……241
第四节　信用体系建设……244
第八章　科技创新……247
第一节　交通运输科技管理……247
第二节　重大科技创新……251
第三节　创新能力建设……255
第四节　信息化与网络安全……259
第五节　标准体系建设……265
第六节　科技创新人才与科研成果获奖情况……269
第九章　安全监管与应急管理……277
第一节　交通运输安全生产……277
第二节　工程质量监督……278

第三节　应急管理……280
第十章　国际合作……283
第一节　交通运输国际合作概况……283
第二节　铁路国际合作……284
第三节　公路国际合作……285
第四节　水路国际合作……290
第五节　民航国际合作……294
第六节　邮政国际合作……296
第十一章　党的建设……299
第一节　中共交通运输部党组党的工作综述……299
第二节　交通运输部系统党的工作……304
第三节　国家铁路局系统党的工作……307
第四节　中国民用航空局系统党的工作……310
第五节　国家邮政局系统党的工作……312
第十二章　精神文明建设……316
第一节　全国交通运输行业精神文明建设……316
第二节　行业精神文明建设重要活动……319
第三节　年度精神文明建设先进集体与个人……321
第四节　交通文化建设……322
第十三章　人才队伍建设……324
第一节　交通运输部人才队伍建设情况……324
第二节　铁路人才队伍建设情况……325
第三节　民航人才队伍建设情况……327
第四节　邮政人才队伍建设情况……328
第十四章　离退休干部工作……330
第一节　离退休干部工作综述……330
第二节　国家铁路局离退休干部工作……332
第三节　中国民用航空局离退休干部工作……333
第四节　国家邮政局离退休干部工作……334

第四篇　重大工程

第一章　铁路重大工程建设项目 ······338

第一节　铁路重大工程建设情况概述 ······338

第二节　铁路重大工程建设项目介绍 ······339

第二章　公路重大工程建设项目 ······343

第一节　公路重大工程建设情况概述 ······343

第二节　公路重大工程建设项目介绍 ······344

第三节　重大综合运输枢纽场站 ······349

第三章　水路重大工程建设项目 ······351

第一节　水路重大工程建设情况概述 ······351

第二节　水路重大工程建设项目介绍 ······351

第四章　民航重大工程建设项目 ······357

第一节　民航重大工程建设情况概述 ······357

第二节　北京新机场建设情况概述 ······357

第三节　民航其他重大工程建设项目介绍 ······357

第五章　邮政重大工程建设项目 ······359

第五篇　重大事件

第一章　行业重大事件 ······362

第二章　重大舆情事件 ······375

第六篇　专题特辑

专题一　“四好农村路” ······378

第一节　“四好农村路”工作概述 ······378

第二节　“四好农村路”建设情况及主要工作举措 ······381

专题二　脱贫攻坚 ······385

专题三　服务国家重大战略 ······391

专题四　城市交通 ······401

专题五　民生实事与提案议案办理……412
专题六　节假日和快递高峰运输……414
专题七　北斗系统行业应用……419

第七篇　附录

附录1　重大政策……422
附录2　组织机构与负责人……438
附录3　统计公报……446
2018年交通运输行业发展统计公报……446
2018年全国收费公路统计公报……454
《2018年全国收费公路统计公报》解读……460
2018年铁道统计公报……468
2018年民航行业发展统计公报……471
2018年邮政行业发展统计公报……481
2018年邮政行业发展统计解读……484
附录4　权威媒体报道……486
附录5　2018年大事记……518
2018年交通运输部大事记……518
2018年国家铁路局大事记……535
2018年中国民航大事记……544
2018年国家邮政局大事记……554

后记……584

Contents

Section I Important Guidelines

Chapter 1 Major Decisions······2

Chapter 2 Important Statements of Secretary General Xi Jinping on the Work of Transport······3

Chapter 3 Important Speeches of Premier Li Keqiang on the Work of Transport······6

Chapter 4 Inspections and Investigations······9

1. Strengthening reform and innovation, strategic coordination and planning guidance so that the development of the Yangtze River Delta Economic Region can promote high-quality economic development······9

2. Xi Jinping attending the Opening Ceremony of the Hong Kong - Zhuhai - Macao Bridge······11

3. Han Zheng on a visit to inspect and research the building of Beijing Daxing International Airport······12

4. Liu He on an inspection and research visit to the Ministry of Transport······13

5. Ma Kai inspecting transport in Wuhan during the Spring Festival······14

Chapter 5 Authoritative Voices······15

Speech by Yang Chuantang at the National Transport Work Conference 2019······15

Speech by Li Xiaopeng at the National Transport Work Conference 2019······23

Speech by Feng Zhenglin at the National Civil Aviation Work Conference 2019······39

Speech by Yang Yudong at the National Railway Administration Work Conference 2019······55

Speech by Ma Junsheng at the National Postal Administration Work Conference 2019······73

Deepen reform and opening-up in an all-round way and strive to develop from a big transport country to a transport power······86

Speed up the construction of "well-constructed, well-managed, well-maintained and well-operated"roads to promote rural revitalization in the new era······90

Strive to start a new journey of building China into a transport power······93

Build a new type of high-quality transport think tank······97

Promote the high-quality development of China's civil aviation industry and start a new journey of building China into a civil aviation power in the new era......100

Adhere to the problem-oriented approach, promote high-quality development and accelerate the construction of a modern postal industry compatible with a well-off society in an all-round way......104

Section II Substantial Policies

Chapter 1 Transport Laws, Regulations and Rules......108

Chapter 2 China's Major National Transport Policies......119

Chapter 3 Important Policy Documents Concerning China's Transport Industry......121

3.1. Important policy documents issued by the Ministry of Transport of China......121

3.2. Important policy documents issued jointly by the Ministry of Transport and other departments......124

3.3. Important policy documents formulated by state administrations of China......127

Chapter 4 Major Reforms in China's Transport Industry......129

4.1. Overall progress in China's transport reform......129

4.2. Main progress and achievements of China's transport reform......130

4.3. Major challenges facing China's current transport reform......135

Section III Development and Achievements

Chapter 1 Comprehensive Transport......138

1.1. Comprehensive transport planning......138

1.2. Construction of comprehensive transportation infrastructure......138

1.3. Comprehensive transport services......139

Chapter 2 Railway Transport......146

2.1. Railway planning and implementation......146

2.2. Construction of the railway regulation system......146

2.3. Railway vehicles and equipment......148

2.4. Construction of railway infrastructure......148

2.5. Railway transport services......148

2.6. Supervision and enforcement of railway security······150
2.7. Supervision of quality and safety of railway projects······152
2.8. Supervision of quality and safety of railway equipments······153
2.9. Supervision of railway transportation service quality······155
Chapter 3 Highway (including road transport)······157
3.1. General situation of planning and implementation of highway transport······157
3.2. Construction of highway infrastructure······157
3.3. Management of highway construction······159
3.4. Management of highway maintenance······161
3.5. Management of highway network operation······164
3.6. Management of tollways······166
3.7. Highway law enforcement······167
3.8. Road transport services······169
3.9. Management of the road transport market······178
3.10. Safety of road transportation enterprises in production······179
3.11. Maintenance and inspection of motor vehicles······181
3.12. Management of vehicle technology······184
3.13. Training of motor vehicle drivers······185
3.14. Management of international road transport······188
Chapter 4 Waterway Transport······191
4.1. General situation of planning and implementation of waterway transport······191
4.2. Construction of infrastructure for ports and waterways······191
4.3. Waterway transport services······193
4.4. Management of the waterway transport industry······194
4.5. Green development of waterway transport······195
4.6. Management shipping on the Changjiang River waterway······197
4.7. Management shipping on the Pearl River waterway······200
4.8. Maritime management······201
4.9. Search and rescue at sea······208

4.10. Rescue and salvage at sea······209
4.11. Ship inspection······214
4.12. Public security in ports and waterways······218
Chapter 5 Civil Aviation Transport······221
5.1. General situation of planning and implementation of civil aviation······221
5.2. Construction of civil aviation infrastructure······221
5.3. Civil aviation transport services······222
5.4. Management of civil aviation security······223
5.5. General aviation······224
5.6. Air Traffic Control System······224
5.7. Airworthiness approval······227
5.8. Management of the civil aviation market······229
Chapter 6 Postal Service······231
6.1. General situation of planning and implementation of postal service······231
6.2. Construction of postal infrastructure······232
6.3. Universal postal service······233
6.4. Development of the express delivery industry······235
6.5. Administration of the postal industry······237
6.6. Security supervision······239
Chapter 7 Construction of Government Departments under the Rule of Law······241
7.1. Standardized and civilized law enforcement······241
7.2. Administrative reconsideration and administrative litigation······241
7.3. Public release of government information······241
7.4. Construction of government credibility system······244
Chapter 8 Innovation in Science and Technology······247
8.1. Management of transportation science and technology······247
8.2. Major innovations in science and technology······251
8.3. Building of innovation capability······255
8.4. Informatization and network security······259

8.5. Development of standardized systems······265
8.6. Innovative talents in science and technology and award-winning scientific research achievements······269
Chapter 9 Safety Supervision and Emergency Management······277
9.1. Safety of transportation enterprises in production······277
9.2. Project quality supervision······278
9.3. Emergency management······280
Chapter 10 International Cooperation······283
10.1. Overview of international cooperation in transport······283
10.2. International cooperation in railway transport······284
10.3. International cooperation in highway transport······285
10.4. International cooperation in waterway transport······290
10.5. International cooperation in civil aviation transport······294
10.6. International cooperation in postal service······296
Chapter 11 Party's Construction Work······299
11.1. Summary of the work of the Party's leading group of the Ministry of Transport······299
11.2. The Party's work in the system of the Ministry of Transport······304
11.3. The Party's work in the system of the National Railway Administration······307
11.4. The Party's work in the system of the Civil Aviation Administration······310
11.5. The Party's work in the system of the State Post Bureau······312
Chapter 12 Construction of Spiritual Civilization······316
12.1. Construction of spiritual civilization in the national transportation industry······316
12.2. Important activities of spiritual civilization construction in transportation industry······319
12.3. Advanced collectives and individuals of the year in the construction of spiritual civilization······321
12.4. Construction of transport culture······322
Chapter 13 Building a Team of Professionals······324
13.1. Building professional teams in the Ministry of Transportation······324
13.2. Building professional teams in the railway system······325
13.3. Building professional teams in the civil aviation system······327

13.4. Building professional teams in the State Post Bureau......328

Chapter 14 Work on Retired Cadres......330

14.1. Work on cadres retired from the Ministry of Transport......330

14.2. Work on cadres retired from the National Railway Administration......332

14.3. Work on cadres retired from the Civil Aviation Administration of China......333

14.4 Work on cadres retired from the State Post Bureau......334

Section IV Major Projects

Chapter 1 Major Railway Construction Projects......338

1.1. Overview of the construction of major railway projects......338

1.2. Description of major railway construction projects......339

Chapter 2 Major Highway Construction Projects......343

2.1. Overview of the construction of major highway projects......343

2.2. Description of major highway construction projects......344

2.3. Major integrated transport hub stations......349

Chapter 3 Major Waterway Construction Projects......351

3.1. Overview of the construction of major waterway projects......351

3.2. Description of major waterway construction projects......351

Chapter 4 Major Civil Aviation Construction Projects......357

4.1. Overview of the construction of major civil aviation projects......357

4.2. Overview of the construction of the new Beijing Airport......357

4.3. Description of other major civil aviation construction projects......357

Chapter 5 Major Post Service Construction Projects......359

Section V Major Events

Chapter 1 Major Events in the Transportation Industry......362

Chapter 2 Major Events in the Hot Spot of Public Opinion......375

Section VI Special Subjects

Special subject 1 Doing a Good Job in the Construction, Management, Maintenance and Operation of the Rural Roads··············378

1.1. Overview of the work to ensure the sound construction, management, maintenance and operation of the rural roads··············378

1.2. Situation of the ensuring the sound construction, management, maintenance and operation of the rural roads and main work measures··············381

Special subject 2 Tackling Thorny Problems in Poverty Alleviation··············385

Special subject 3 Serving Major National Strategies··············391

Special subject 4 Urban Transport··············401

Special subject 5 Dealing with Practical Issues Concerning People's Livelihood and Related Proposals and Bills··············412

Special subject 6 Transportation during Holidays and Express Rush Hours··············414

Special subject 7 Application of BDS in the Transport Industry··············419

Section VII Appendixes

Appendix 1 Major Policies··············422

Appendix 2 Organizations and Responsible Persons··············438

Appendix 3 Statistical Bulletins··············446

Statistical bulletin on the development of transport industry 2018··············446

Statistical bulletin on nationwide toll roads 2018··············454

Interpretation of the "statistical bulletin on nationwide toll roads 2018"··············460

Statistical bulletin of railway 2018··············468

Statistical bulletin on the development of civil aviation industry 2018··············471

Statistical bulletin on the development of postal industry 2018··············481

Interpretation of the "statistical bulletin on the development of postal industry 2018"··············484

Appendix 4 Authoritative Media Reports··············486

Appendix 5 Chronicles of Major Events in 2018··············518

Chronicle of major events of the Ministry of Transport in 2018 518
Chronicle of major events of the National Railway Administration in 2018 535
Chronicle of major events of China Civil Aviation in 2018 544
Chronicle of major events of the State Post Bureau in 2018 554

Postscript 584

第一篇
重要指引

Section I
Important Guidelines

第一章　重大决策

一、中共中央 国务院关于打赢脱贫攻坚战三年行动的指导意见

2018 年 8 月 19 日，中共中央、国务院公布了《关于打赢脱贫攻坚战三年行动的指导意见》。党的十八大以来，以习近平同志为核心的党中央把贫困人口脱贫作为全面建成小康社会的底线任务和标志性指标。经过几年的努力，脱贫攻坚取得了决定性进展，但任务仍然十分艰巨。按照党的十九大关于打赢脱贫攻坚战总体部署，根据实践中存在的突出问题，为完善顶层设计、强化政策措施、加强统筹协调，推动脱贫攻坚工作更加有效开展，制定该指导意见。《指导意见》共 8 个部分，包括全面把握打赢脱贫攻坚战三年行动的总体要求、集中力量支持深度贫困地区脱贫攻坚、强化到村到户到人精准帮扶举措、加快补齐贫困地区基础设施短板、加强精准脱贫攻坚行动支撑保障、动员全社会力量参与脱贫攻坚、夯实精准扶贫精准脱贫基础性工作、加强和改善党对脱贫攻坚工作的领导等。意见多处提到实施交通扶贫的内容。

（全文二维码）

延伸阅读——提高脱贫质量 杜绝虚假脱贫

二、中共中央办公厅 国务院办公厅关于调整交通运输部职责编制的通知

2018 年 11 月 13 日，中共中央办公厅、国务院办公厅公布了《关于调整交通运输部职责编制的通知》。根据党的十九届三中全会审议通过的《深化党和国家机构改革方案》和第十三届全国人民代表大会第一次会议批准的《国务院机构改革方案》，经报党中央和国务院批准，对交通运输部职责和人员编制进行了调整。其中，关于职责的调整共两项：一是将原农业部的渔船检验和监督管理职责划给交通运输部；二是由交通运输部负责指导交通运输综合执法和队伍建设有关工作。

（全文二维码）

延伸阅读——中共中央印发《深化党和国家机构改革方案》

延伸阅读——国务院机构改革方案

第二章 习近平总书记关于交通运输工作的重要论述

一、要加快建设世界一流的海洋港口

海洋是高质量发展战略要地。要加快建设世界一流的海洋港口、完善的现代海洋产业体系、绿色可持续的海洋生态环境，为海洋强国建设作出贡献。

在参加山东代表团审议时的讲话（2018年3月8日），《人民日报》2018年3月9日01版

二、要尽快放宽汽车、船舶、飞机等行业外资股比限制

在制造业方面，目前已基本开放，保留限制的主要是汽车、船舶、飞机等少数行业，现在这些行业已经具备开放基础，下一步要尽快放宽外资股比限制特别是汽车行业外资限制。

《开放共创繁荣 创新引领未来——在博鳌亚洲论坛2018年年会开幕式上的主旨演讲》（2018年4月10日），《人民日报》2018年4月11日03版

三、海南要加快构建现代基础设施体系

要实施一批重大基础设施工程，提高基础设施网络化智能化水平，加密海南直达全球主要客源地的国际航线，加快构建现代基础设施体系。

《在庆祝海南建省办经济特区30周年大会上的讲话》（2018年4月13日），《人民日报》2018年4月14日02版

四、要加紧落实国际道路运输便利化协定

打造共同发展繁荣的强劲引擎。我们要促进发展战略对接，本着共商共建共享原则，推进“一带一路”建设，加快地区贸易便利化进程，加紧落实国际道路运输便利化协定等合作文件。

《弘扬“上海精神” 构建命运共同体——在上海合作组织成员国元首理事会第十八次会议上的讲话》（2018年6月10日），《人民日报》2018年6月11日03版

五、努力把长江经济带建设成为交通更顺畅的黄金经济带

推动长江经济带发展必须从中华民族长远利益考虑，把修复长江生态环境摆在压倒性位置，共抓大保护、不搞大开发，努力把长江经济带建设成为生态更优美、交通更顺畅、经济更协调、市场更统一、机制更科学的黄金经济带，探索出一条生态优先、绿色发展新路子。

《在深入推动长江经济带发展座谈会上的讲话》（2018年4月26日），《人民日报》2018年6月14日02版

六、长江经济带作为流域经济，涉及水、路、港、岸、产、城等多个方面

长江经济带作为流域经济，涉及水、路、港、岸、产、城等多个方面，要运用系统论的方法，正确把握自身发展和协同发展的关系。长江经济带的各个地区、每个城市都应该也必须有推动自身发展的意愿，这无可厚非，但在各自发展过程中一定要从整体出发，树立“一盘棋”思想，把自身发展放到协同发展的大局之中，实现错位发展、协调发展、有机融合，形成整体合力。

《在深入推动长江经济带发展座谈会上的讲话》（2018 年 4 月 26 日），《人民日报》2018 年 6 月 14 日 02 版

七、要协调解决跨区域基础设施互联互通、流域管理统筹协调的重大问题

要完善省际协商合作机制，协调解决跨区域基础设施互联互通、流域管理统筹协调的重大问题，如各种交通运输方式怎样统筹协调发展、降低运输成本、提高综合运输效益，如何优化已有岸线使用效率、破解沿江工业和港口岸线无序发展问题，等等。

《在深入推动长江经济带发展座谈会上的讲话》（2018 年 4 月 26 日），《人民日报》2018 年 6 月 14 日 02 版

八、要重点提升跨境基础设施互联互通水平

我们要重点提升跨境基础设施互联互通、贸易和投资自由化便利化水平，促进各国市场、资本、技术流动，优化资源配置和产业结构，共同建设开放型区域经济，努力构建东北亚经济圈。

《共享远东发展新机遇　开创东北亚美好新未来——在第四届东方经济论坛全会上的致辞》（2018 年 9 月 12 日），《人民日报》2018 年 9 月 13 日 02 版

九、安全是民航业的生命线，任何时候任何环节都不能麻痹大意

安全是民航业的生命线，任何时候任何环节都不能麻痹大意。民航主管部门和有关地方、企业要牢固树立以人民为中心的思想，正确处理安全与发展、安全与效益的关系，始终把安全作为头等大事来抓。要加大隐患排查和整治力度，完善风险防控体系，健全监管工作机制，加强队伍作风和能力建设，切实把安全责任落实到岗位、落实到人头，确保民航安全运行平稳可控。

在会见四川航空“中国民航英雄机组”全体成员时的讲话（2018 年 9 月 30 日），《人民日报》2018 年 10 月 1 日 01 版

十、为实现建设航空强国目标而奋斗

希望各有关方面继续弘扬航空报国精神，切实贯彻新发展理念，奋力推动创新发展，再接再厉，大力协同，确保项目研制成功，继续为满足我国应急救援体系和国家自然灾害防治体系建设需要、实现建设航空强国目标而奋斗。

致电祝贺国产大型水陆两栖飞机 AG600 水上首飞成功（2018 年 10 月 20 日），《人民日报》2018 年 10 月 21 日 01 版

十一、港珠澳大桥是一座圆梦桥、同心桥、自信桥、复兴桥

港珠澳大桥的建设创下多项世界之最，非常了不起，体现了一个国家逢山开路、遇水架桥的奋斗精神，体现了我国综合国力、自主创新能力，体现了勇创世界一流的民族志气。这是一座圆梦桥、同心桥、自信桥、复兴桥。大桥建成通车，进一步坚定了我们对中国特色社会主义的道路自信、理论自信、制度自信、文化自信，充分说明社会主义是干出来的，新时代也是干出来的！对港珠澳大桥这样的重大工程，既要高质量建设好，全力打造精品工程、样板工程、平安工程、廉洁工程，又要用好管好大桥，为粤港澳大湾区建设发挥重要作用。

在港珠澳大桥开通仪式上的讲话（2018 年 10 月 23 日），《人民日报》2018 年 10 月 24 日 01 版

十二、要加强人工智能在交通等领域的深度应用

要抓住民生领域的突出矛盾和难点，加强人工智能在教育、医疗卫生、体育、住房、交通、助残养老、家政服务等领域的深度应用，创新智能服务体系。

在中共中央政治局第九次集体学习时的讲话（2018 年 10 月 31 日），《人民日报》2018 年 11 月 1 日 01 版

十三、经济强国必定是海洋强国、航运强国

经济强国必定是海洋强国、航运强国。洋山港建成和运营，为上海加快国际航运中心和自由贸易试验区建设、扩大对外开放创造了更好条件。要有勇创世界一流的志气和勇气，要做就做最好的，努力创造更多世界第一。

在上海考察时的讲话（2018 年 11 月 6 日），《人民日报》2018 年 11 月 8 日 01 版

十四、我国基础设施建设成就显著

我国基础设施建设成就显著，信息畅通，公路成网，铁路密布，高坝矗立，西气东输，南水北调，高铁飞驰，巨轮远航，飞机翱翔，天堑变通途。

《在庆祝改革开放 40 周年大会上的讲话》（2018 年 12 月 18 日），《人民日报》2018 年 12 月 19 日 02 版

第三章　李克强总理关于交通运输工作的重要讲话

一、科技创新捷报频传

科技创新捷报频传，国际领先的重大科技成果不断涌现。铁基高温超导、量子科学、暗物质探测等基础前沿领域实现重大突破，载人航天、深海探测、超级计算、卫星导航等战略高技术领域取得重大原创性成果，C919 大型客机飞上蓝天、首艘国产航母下水，高铁、核电、特高压输变电等高端装备大步走向世界，我国科学家在诸多国际科技大奖中勇夺桂冠。

在国家科学技术奖励大会上的讲话（2018 年 1 月 8 日），中国政府网 2018 年 1 月 8 日

二、推进高铁、核电等装备走向世界

引导对外投资健康发展。推进国际产能合作，高铁、核电等装备走向世界。

《政府工作报告——二〇一八年三月五日在第十三届全国人民代表大会第一次会议上》(2018 年 3 月 5 日)，《人民日报》2018 年 3 月 23 日 01 版

三、推动飞机发动机、新能源汽车等产业发展

加快制造强国建设。推动集成电路、第五代移动通信、飞机发动机、新能源汽车、新材料等产业发展，实施重大短板装备专项工程，推进智能制造，发展工业互联网平台，创建"中国制造 2025"示范区。

《政府工作报告——二〇一八年三月五日在第十三届全国人民代表大会第一次会议上》(2018 年 3 月 5 日)，《人民日报》2018 年 3 月 23 日 01 版

四、深化收费公路制度改革，降低过路过桥费用

深化收费公路制度改革，降低过路过桥费用。

《政府工作报告——二〇一八年三月五日在第十三届全国人民代表大会第一次会议上》(2018 年 3 月 5 日)，《人民日报》2018 年 3 月 23 日 01 版

五、继续淘汰老旧车

大力发展清洁能源。开展柴油货车、船舶超标排放专项治理，继续淘汰老旧车。

《政府工作报告——二〇一八年三月五日在第十三届全国人民代表大会第一次会议上》(2018 年 3 月 5 日)，《人民日报》2018 年 3 月 23 日 01 版

六、改善供水、供电、信息等基础设施，新建改建农村公路 20 万公里

改善供水、供电、信息等基础设施，新建改建农村公路 20 万公里。

《政府工作报告——二〇一八年三月五日在第十三届全国人民代表大会第一次会议上》（2018 年 3 月 5 日），《人民日报》2018 年 3 月 23 日 01 版

七、全面取消二手车限迁政策

推进消费升级，发展消费新业态新模式。将新能源汽车车辆购置税优惠政策再延长三年，全面取消二手车限迁政策。

《政府工作报告——二〇一八年三月五日在第十三届全国人民代表大会第一次会议上》（2018 年 3 月 5 日），《人民日报》2018 年 3 月 23 日 01 版

八、发挥投资对优化供给结构的关键性作用

发挥投资对优化供给结构的关键性作用。今年要完成铁路投资 7320 亿元、公路水运投资 1.8 万亿元左右，水利在建投资规模达到 1 万亿元。重大基础设施建设继续向中西部地区倾斜。实施新一轮重大技术改造升级工程。中央预算内投资安排 5376 亿元，比去年增加 300 亿元。落实鼓励民间投资政策措施，在铁路、民航、油气、电信等领域推出一批有吸引力的项目，务必使民间资本进得来、能发展。

《政府工作报告——二〇一八年三月五日在第十三届全国人民代表大会第一次会议上》（2018 年 3 月 5 日），《人民日报》2018 年 3 月 23 日 01 版

九、愿与中东欧国家在地方交通治理方面深化交流

当前中国城镇化进程加快，中东欧国家城镇化起步早、经验多，双方可通过官员互访、智库交流、人才培训等方式，在地方环境保护、交通治理、农村振兴等方面深化交流、分享经验。

在第七次中国－中东欧国家领导人会晤上的讲话（2018 年 7 月 7 日），中国政府网 2018 年 7 月 8 日

十、川藏大通道对西藏发展和生态保护等意义重大

川藏大通道对西藏发展和生态保护等意义重大，也有助于培育西藏发展新动能，是看准要干的事，要加快全面开工建设。目前中西部基础设施比较薄弱，推动有效投资补短板，不仅有助于缩小区域发展差距，也可以应对经济下行压力。要在坚持不搞“大水漫灌”强刺激的同时精准施策，多做惠当前、利长远的事。

西藏考察期间在山南市川藏铁路拉林段施工现场的讲话（2018 年 7 月 25 日至 27 日），《人民日报》2018 年 7 月 29 日 03 版

十一、加快开工建设川藏铁路、渝昆铁路等大通道，打通公路“断头路”

要把调整优化经济结构和扩内需更好结合起来，突出重点补短板，抓紧推进一批西部急需、符合国家规划的重大工程建设。国家将加大支持，西部地区也要通过深化改革积极吸引民间资本进入。加快开工建设川藏铁路、渝昆铁路等大通道，打通公路“断头路”，进一步推动电力、油气、信息等骨干网络建设。

在主持召开国务院西部地区开发领导小组会议上的讲话（2018 年 8 月 21 日），《人民日报》2018 年 8 月 24 日 01 版

十二、扩大基础设施和民生领域有效投资

中国在基础设施和民生领域还有不少短板，我们将扩大这些领域的有效投资，引导社会力量广泛参与，提供更多公共产品、公共服务，促进经济发展和民生改善。

《在第十二届夏季达沃斯论坛开幕式上的致辞》（2018 年 9 月 19 日），《人民日报》2018 年 9 月 20 日 02 版

十三、便捷高效的交通网络，是促进生产要素自由流动、跨境贸易及人员往来的重要前提

便捷高效的交通网络，是促进生产要素自由流动、跨境贸易及人员往来的重要前提。上合组织成员国实现互联互通，既是地区发展合作的必然要求，也是“一带一路”建设的着力点，有利于亚欧大陆形成联动发展新格局。近年来，上合组织互联互通取得积极进展，中欧班列的开通带动了沿线国家铁路基础设施建设，地区跨境公路网络更加完善，油气管道为各国经济发展提供源源动力。我们要加紧商谈《上合组织公路发展规划》，认真落实《上合组织成员国政府间国际道路运输便利化协定》，确保 2020 年前开通规定线路。要在成员国铁路部门负责人首次会议成果基础上，继续完善铁路部门合作机制，加强政策、技术、标准等对接，推进本地区跨境铁路网络建设。要建设多式联运物流中心，使用先进技术，简化货物通关时边境、海关和检疫程序，提升自动化建设水平，不断完善互联互通的“软环境”。

《在上海合作组织成员国政府首脑（总理）理事会第十七次会议上的讲话》（2018 年 10 月 12 日），中国政府网 2018 年 10 月 12 日

十四、亚欧国家要加强“硬联通”和“软联通”

亚欧国家山水相连，开展互联互通合作具有天然条件，也是亚欧各国民心所向。我们要加大公路、铁路、航空、光纤等基础设施方面的“硬联通”，以点带面、从线到片，充分整合亚欧大陆的资源禀赋、人口红利、产能优势等要素，打造亚欧大交通、大产业、大物流格局，完善供应链、产业链、价值链，充分释放亚欧发展的巨大潜力。同时，要加强制度、政策、规则和标准等方面的“软联通”，激发资本、技术、服务和数据等要素的活力。一旦欧洲的新技术和亚洲的大市场能够在更高水平上结合起来，不仅将为亚欧发展注入新动力，也能为世界经济持续增长提供新机遇。

《共担全球责任　共迎全球挑战——在第十二届亚欧首脑会议上的发言》（2018 年 10 月 19 日），中国政府网 2018 年 10 月 20 日

第四章　视察考察

一、加强改革创新战略统筹规划引导　以长江经济带发展推动高质量发展

中共中央总书记、国家主席、中央军委主席习近平26日下午在武汉主持召开深入推动长江经济带发展座谈会并发表重要讲话。他强调，推动长江经济带发展是党中央作出的重大决策，是关系国家发展全局的重大战略。新形势下推动长江经济带发展，关键是要正确把握整体推进和重点突破、生态环境保护和经济发展、总体谋划和久久为功、破除旧动能和培育新动能、自我发展和协同发展的关系，坚持新发展理念，坚持稳中求进工作总基调，坚持共抓大保护、不搞大开发，加强改革创新、战略统筹、规划引导，以长江经济带发展推动经济高质量发展。

中共中央政治局常委、国务院副总理、推动长江经济带发展领导小组组长韩正出席座谈会并讲话。

为了开好这次座谈会，4月24日至25日，习近平先后在湖北省委书记蒋超良、省长王晓东，湖南省委书记杜家毫、省长许达哲陪同下，深入湖北宜昌市和荆州市、湖南岳阳市以及三峡坝区等地，考察化工企业搬迁、非法码头整治、江水污染治理、河势控制和护岸工程、航道治理、湿地修复、水文站水文监测工作等情况，实地了解长江经济带发展战略实施情况。

24日中午，习近平一下飞机，就到兴发集团宜昌新材料产业园，察看化工企业搬迁、改造以及码头复绿情况。兴发集团是全国最大的精细磷化工企业，也是三峡库区最大的移民搬迁企业。集团园区内原来临江建设的生产设施和码头已经搬迁和拆除，腾出岸线950米，退让用地800多亩，并完成全面绿化。搬迁复绿现场摆放的一块块展板，展示了湖北省和宜昌市化工企业搬迁、污染整治总体情况。习近平仔细听取汇报，不时就有关问题同地方负责同志交谈。他走进集团中控室，通过大屏幕实时察看企业生产车间运转情况，听取企业实施技术改造和产业升级、规划建设循环产业情况汇报，并同现场技术人员亲切交谈。习近平还步行到沿江码头坡道，实地察看沿江设施拆除、码头复绿、排污口整治情况。他强调指出，长江是中华民族的母亲河，一定要保护好。企业是长江生态环境保护建设的主体和重要力量，要强化企业责任，加快技术改造，淘汰落后产能，发展清洁生产，提升企业生态环境保护建设能力。要下决心把长江沿岸有污染的企业都搬出去，企业搬迁要做到人清、设备清、垃圾清、土地清，彻底根除长江污染隐患。要坚持把修复长江生态环境摆在推动长江经济带发展工作的重要位置，共抓大保护，不搞大开发。不搞大开发不是不要开发，而是不搞破坏性开发，要走生态优先、绿色发展之路。

24日下午，习近平来到三峡坝区，察看三峡工程和坝区周边生态环境。三峡工程举世闻名，是迄今为止世界上规模最大的水利枢纽工程和综合效益最广泛的水电工程。在三峡大坝坝顶，习近平举目远眺，气势磅礴的坝体、水波荡漾的江面、郁郁葱葱的江岸尽收眼底。在介绍三峡工程发展历程、综合效益、科技创新的图片和数据展板前，习近平听取三峡集团负责人汇报，并就三峡工程发展有关问题同大家讨论。随后，习近平来到大坝左岸坝首，听取长江生态环境修复和珍稀植物保护情况介绍。习近平走进珍稀植物示范园，园内草木茂盛、花团锦簇，他亲手给新栽的一棵楠木树培土、浇水。远山如黛，细雨霏霏。习近平顶着小

雨先后来到双线五级船闸三闸首、升船机平台，了解航运管理等情况。

三峡水电站是目前世界上规模最大的水电站，电能昼夜不息送往华中、华东、广东等地。习近平来到大坝左岸电站，察看发电机组运行情况，了解三峡电站发电效益和电网安全监控等情况，并同技术人员、劳动模范、工作人员代表亲切交流。电站外，闻讯而来的企业员工围拢到总书记身边，欢呼着向总书记问好。习近平深情地对大家说，三峡工程是国之重器，是靠劳动者的辛勤劳动自力更生创造出来的，看了以后非常振奋。三峡工程的成功建成和运转，使多少代中国人开发和利用三峡资源的梦想变为现实，成为改革开放以来我国发展的重要标志。这是我国社会主义制度能够集中力量办大事优越性的典范，是中国人民富于智慧和创造性的典范，是中华民族日益走向繁荣强盛的典范。真正的大国重器，一定要掌握在自己手里。核心技术、关键技术，化缘是化不来的，要靠自己拼搏。13 亿多中国人民要齐心合力、砥砺奋斗，共圆中国梦！

25 日一大早，习近平前往荆州市荆州港码头乘船，沿江察看两岸生态环境和发展建设情况。途中，习近平分别听取湖北省和荆州市关于非法码头整治情况汇报，听取交通运输部关于长江航运、航道治理情况和水利部关于河势控制、护岸工程情况汇报。

下午 3 时许，轮船抵达荆州石首港，习近平登岸乘车前往湖南省岳阳市君山华龙码头，察看非法砂石码头取缔及整治复绿、湿地修复情况。君山华龙码头地处长江干流河滩，这个曾经污水横流的非法砂石码头，经过整治复绿、湿地修复，面貌焕然一新。习近平走进东洞庭湖国家级自然保护区巡护监测站，察看实时监测系统。湿地里芦苇成荫，江水中江豚腾跃，一片勃勃生机。他说，修复长江生态环境，是新时代赋予我们的艰巨任务，也是人民群众的热切期盼。当务之急是刹住无序开发，限制排污总量，依法从严从快打击非法排污、非法采砂等破坏沿岸生态行为。绝不容许长江生态环境在我们这一代人手上继续恶化下去，一定要给子孙后代留下一条清洁美丽的万里长江！

在岳阳市，习近平还考察了城陵矶水文站，了解长江湖南段和洞庭湖流域水资源综合监测管理、防灾减灾情况。

26 日下午，习近平主持召开深入推动长江经济带发展座谈会。国家发展改革委主任何立峰、生态环境部部长李干杰、交通运输部部长李小鹏、水利部部长鄂竟平、重庆市委书记陈敏尔、湖北省委书记蒋超良、上海市委书记李强等 7 位同志先后发言，从不同角度汇报工作体会，提出意见和建议。

听取大家发言后，习近平发表了重要讲话。他强调，总体上看，实施长江经济带发展战略要加大力度。必须从中华民族长远利益考虑，把修复长江生态环境摆在压倒性位置，共抓大保护、不搞大开发，努力把长江经济带建设成为生态更优美、交通更顺畅、经济更协调、市场更统一、机制更科学的黄金经济带，探索出一条生态优先、绿色发展新路子。

习近平指出，两年多来，在党中央坚强领导下，有关部门和沿江省市做了大量工作，在强化顶层设计、改善生态环境、促进转型发展、探索体制机制改革等方面取得了积极进展。同时，也要清醒看到面临的困难挑战和突出问题，如对长江经济带发展战略仍存在一些片面认识，生态环境形势依然严峻，生态环境协同保护体制机制亟待建立健全，流域发展不平衡不协调问题突出，有关方面主观能动性有待提高。

习近平明确提出了推动长江经济带发展需要正确把握的 5 个关系。

第一，正确把握整体推进和重点突破的关系，全面做好长江生态环境保护修复工作。推动长江经济带发展，前提是坚持生态优先。要从生态系统整体性和长江流域系统性着眼，统筹山水林田湖草等生态要素，实施好生态修复和环境保护工程。要坚持整体推进，增强各项措施的关联性和耦合性，防止畸重畸轻、单兵突进、顾此失彼。要坚持重点突破，在整体推进的基础上抓主要矛盾和矛盾的主要方面，努力做到全局和局部相配套、治本和治标相结合、渐进和突破相衔接，实现整体推进和重点突破相统一。

第二，正确把握生态环境保护和经济发展的关系，探索协同推进生态优先和绿色发展新路子。推动长江经济带绿色发展，关键是要处理好绿水青山和金山银山的关系。这不仅是实现可持续发展的内在要求，而且是推进现代化建设的重大原则。生态环境保护和经济发展不是矛盾对立的关系，而是辩证统一的关系。生态环境保护的成败归根到底取决于经济结构和经济发展方式。要坚持在发展中保护、在保护中发展，不能把生态环境保护和经济发展割裂开来，更不能对立起来。

第三，正确把握总体谋划和久久为功的关系，坚定不移将一张蓝图干到底。推动长江经济带发展是一个系统工程，不可能毕其功于一役。要做好顶层设计，以钉钉子精神，脚踏实地抓成效。要深入推进《长江经济带发展规划纲要》贯彻落实，结合实施情况及国内外发展环境新变化，组织开展《规划纲要》中期评估，按照新形势新要求调整完善规划内容。要对实现既定目标制定明确的时间表、路线图，稳扎稳打，分步推进。

第四，正确把握破除旧动能和培育新动能的关系，推动长江经济带建设现代化经济体系。发展动力决定发展速度、效能、可持续性。要扎实推进供给侧结构性改革，推动长江经济带发展动力转换，建设现代化经济体系。要以壮士断腕、刮骨疗伤的决心，积极稳妥腾退化解旧动能，破除无效供给，彻底摒弃以投资和要素投入为主导的老路，为新动能发展创造条件、留出空间，实现腾笼换鸟、凤凰涅槃。

第五，正确把握自身发展和协同发展的关系，努力将长江经济带打造成为有机融合的高效经济体。长江经济带作为流域经济，涉及水、路、港、岸、产、城等多个方面，要运用系统论的方法，正确把握自身发展和协同发展的关系。长江经济带的各个地区、每个城市在各自发展过程中一定要从整体出发，树立“一盘棋”思想，实现错位发展、协调发展、有机融合，形成整体合力。

习近平强调，有关部门和沿江省市要认真贯彻落实党中央对推动长江经济带发展的总体部署和工作安排，加强组织领导，调动各方力量，强化体制机制，激发内生动力，坚定信心，勇于担当，抓铁有痕、踏石留印，把工作抓实抓好，为实施好长江经济带发展战略而共同奋斗。（选自《人民日报》2018 年 4 月 27 日 01 版）

二、习近平出席港珠澳大桥开通仪式

一桥连三地，天堑变通途。港珠澳大桥开通仪式 23 日上午在广东省珠海市举行。中共中央总书记、国家主席、中央军委主席习近平出席仪式，宣布大桥正式开通并巡览大桥，代表党中央向参与大桥设计、建设、管理的广大人员表示衷心的感谢、致以诚挚的问候。

中共中央政治局常委、国务院副总理韩正出席仪式并致辞。

港珠澳大桥跨越伶仃洋，东接香港特别行政区，西接广东省珠海市和澳门特别行政区，总长约 55 公里，是“一国两制”下粤港澳三地首次合作共建的超大型跨海交通工程。大桥开通对推进粤港澳大湾区建设具有重大意义。

开通仪式在珠海口岸旅检大楼出境大厅举行。9时30分，伴随着欢快的迎宾曲，习近平等步入仪式现场，全场起立鼓掌。

在观看了反映大桥建设情况视频后，中共中央政治局委员、广东省委书记李希，香港特别行政区行政长官林郑月娥，澳门特别行政区行政长官崔世安和韩正先后致辞。

10时许，习近平走上主席台，宣布："港珠澳大桥正式开通！"全场响起热烈掌声。

开通仪式结束后，习近平等乘车从珠海口岸旅检大楼出发巡览港珠澳大桥。伶仃洋上，云开日出、烟波浩渺，海天一色、清风徐来，港珠澳大桥如同一条巨龙飞腾在湛蓝的大海之上。

东人工岛位于港珠澳大桥水上桥梁和水下隧道的衔接部分，是大桥建设中的关键节点工程。习近平等乘车来到这里，登上西侧平台眺望大桥，结合图片、模型详细了解大桥建设情况，并会见了大桥管理和施工等方面的代表，同他们一一握手、亲切交谈。他指出，港珠澳大桥是国家工程、国之重器。你们参与了大桥的设计、建设、运维，发挥聪明才智，克服了许多世界级难题，集成了世界上最先进的管理技术和经验，保质保量完成了任务，我为你们的成就感到自豪，希望你们重整行装再出发，继续攀登新的高峰。

习近平强调，港珠澳大桥的建设创下多项世界之最，非常了不起，体现了一个国家逢山开路、遇水架桥的奋斗精神，体现了我国综合国力、自主创新能力，体现了勇创世界一流的民族志气。这是一座圆梦桥、同心桥、自信桥、复兴桥。大桥建成通车，进一步坚定了我们对中国特色社会主义的道路自信、理论自信、制度自信、文化自信，充分说明社会主义是干出来的，新时代也是干出来的！对港珠澳大桥这样的重大工程，既要高质量建设好，全力打造精品工程、样板工程、平安工程、廉洁工程，又要用好管好大桥，为粤港澳大湾区建设发挥重要作用。

韩正在开通仪式致辞中表示，推进粤港澳大湾区建设是习近平总书记亲自谋划、亲自部署、亲自推动的重大国家战略。港珠澳大桥建成开通，有利于三地人员交流和经贸往来，有利于促进粤港澳大湾区发展，有利于提升珠三角地区综合竞争力，对于支持香港、澳门融入国家发展大局，全面推进内地、香港、澳门互利合作具有重大意义。要坚持以人民为中心的发展思想，在一流桥梁、一流口岸基础上提供一流运营服务，将港珠澳大桥打造成为联结粤港澳三地的"民心桥"。要进一步简化审批流程、缩短通关时间，将港珠澳大桥打造成为香港、澳门和内地协同创新、融合发展的纽带。要把工程建设关键技术转化为行业标准和规范，将港珠澳大桥打造成为中国桥梁"走出去"的亮丽名片。

丁薛祥、刘鹤参加上述活动。董建华、何厚铧、梁振英参加开通仪式。何立峰主持开通仪式。

中央和国家机关有关部门、广东省、香港特别行政区、澳门特别行政区有关负责人员，以及粤港澳三方参建部门，港珠澳大桥管理局，大桥设计、监理、施工单位代表等参加开通仪式。

据了解，2009年12月15日，港珠澳大桥工程开工建设。2017年7月7日，主体工程全线贯通。大桥在设计理念、建造技术、施工组织、管理模式等方面进行一系列创新，标志着我国隧岛桥设计施工管理水平走在了世界前列。大桥将于10月24日9时正式通车运营。（选自《人民日报》2018年10月24日01版）

三、韩正调研北京大兴国际机场建设

中共中央政治局常委、国务院副总理韩正20日就北京大兴国际机场建设情况进行调研。他强调，北京大兴国际机场是习近平总书记亲自关怀、亲自推动的重大标志性工程，要按照打造精品工程、样板工程、平安工程、廉洁工程的要求，精心组织施工，做好运营筹备，确保如期竣工投运，更好服务国家战略、展示国家形象。

初冬时节，机场建设工地塔吊林立，施工繁忙。韩正首先来到展示厅，观看工程建设视频短片，了解总体情况和施工进展。随后，韩正来到航站楼工地，从4层出发层进入航站楼。航站楼前的竣工倒计时牌十分醒目，航站楼内正在进行精装修和设备安装。项目负责人介绍，航站楼已于2017年底完成封顶封围，预计明年4月完工。韩正查看了钢结构、内部采光、景观设计、装修材料选择等情况。他表示，大兴机场已进入施工关键期、冲刺期，要在确保安全生产的前提下，严把施工质量，发扬工匠精神，精益求精，争创一流，让工程经得起历史检验。

韩正步行至航站楼国际出发厅，结合模型和展板，了解机场配套工程规划建设情况。目前，空管、供油、航空公司基地及“五纵两横”综合交通主干路网正全面加快建设。韩正强调，大兴机场要在服务国家战略中发挥重要作用，主动融入京津冀协同发展，科学规划、加快建设轨道交通，实现大兴机场与首都机场的快速连接，便捷高效对接雄安新区和北京城市副中心。要积极谋划临空经济区和综合保税区建设，充分发挥大兴机场的辐射带动作用。

韩正来到国际出港边防区域，慰问参建单位职工代表。他对大家说，作为建设者，能有机会亲身投入这样一项大工程，足以感到自豪和骄傲。希望大家秉持科学态度，坚持质量第一、安全为先，再接再厉，确保明年如期竣工投入运营，向党和人民交上一份满意答卷。韩正还来到跑道建设工地，了解飞行区工程规划建设情况，实地查看跑道施工质量，远眺正在紧张建设的空管西塔台和航空公司机库。

韩正十分关心机场运营筹备情况。他指出，机场运营的核心是安全和便捷。要坚持以人为本，瞄准世界一流水准，提高运行效率和服务品质。要做好轨道交通衔接，真正实现零距离换乘，减少航站楼内的步行距离。要注意细节，做好指引标识的设计安装，提供更加舒适便捷的乘机环境。要积极开通更多航线航班，与更多国家实现互联互通，推动共建“一带一路”。（选自《人民日报》2018年11月22日01版）

四、刘鹤调研交通运输部

中共中央政治局委员、国务院副总理刘鹤5月11日在交通运输部调研时强调，要深入学习贯彻习近平新时代中国特色社会主义思想，牢固树立“四个意识”，坚定“四个自信”，自觉维护以习近平同志为核心的党中央权威和集中统一领导，全面贯彻落实党中央、国务院决策部署，认真做好交通运输领域各项工作。

在听取交通运输部工作汇报后，刘鹤指出，党的十八大以来，交通运输系统全面贯彻落实党中央、国务院各项决策部署，坚持以供给侧结构性改革为主线，大力推进综合交通运输体系建设，交通运输事业改革发展取得新的重大成就，行业转型升级取得新成效，交通运输服务水平显著提升，为国民经济发展和满足人民生活需要提供了有力支撑和保障。

刘鹤指出，交通是国民经济的基础，是经济社会发展的先行官。交通运输部门要根据社会主义市场经济发展的要求，处理好政府和市场的关系，加快推进交通运输领域体制机制改革，使交通运输更好服务经济社会发展。要服务于国民经济大局，进一步降低物流成本，按照高质量发展的要求，着力推进组织创新、管理创新，优化运输结构，切实提高交通运输质量和综合效率。要提高整体规划水平，使交通运输体系立体化、网络化，更好发挥综合运输功能。要坚持问题导向，研究解决交通运输领域的突出问题。要加强读书学习，在学习专业知识、专业理论上下更大功夫。要高度重视抓好交通安全，牢固树立安全第一的意识，加强交通运输安全生产监督和管理，坚决守住安全底线。

刘鹤强调，要提倡开短会、讲短话、写短文，树立良好的学风、文风、会风，提倡专业主义精神，讲效率、重专业、办实事，切实提高工作质量和效率。要坚持全面从严治党，抓好党风廉政建设，增强责任感和紧迫感，只争朝夕，扎实工作，为建设交通强国作出更大贡献。（选自《人民日报》2018 年 5 月 12 日 04 版）

五、马凯在武汉检查春运工作

1 月 31 日至 2 月 1 日，国务院副总理马凯在武汉检查春运工作。他强调，要以习近平新时代中国特色社会主义思想为指导，全面深入贯彻党的十九大精神，认真落实党中央、国务院部署要求，统筹做好运输组织和运力调配，强化安全应急管理，细化便民利民举措，让旅客出行更安全、更便捷、更舒心，让人民群众有更多获得感、幸福感和安全感。

1 月 31 日，马凯在北京至武汉列车上看望了返乡旅客。2 月 1 日，在武汉火车站、傅家坡长途汽车客运站、武汉关码头和天河机场等地，实地检查了春运组织、安全保障、运输衔接、便民服务等情况，并慰问了候车乘客、公安干警和交通运输行业干部职工。马凯指出，奋战在春运一线的广大干部职工工作时间长、强度大，各地、各有关部门要创造良好工作和生活条件，确保他们全身心投入到春运服务中去。

马凯强调，2018 年春运旅客发送量持续高位运行，今年春节较晚，节后客流叠加，高峰压力将进一步加大，加之各地连续出现降温、降雪、冰冻、大雾等恶劣天气，春运组织保障工作任务重、难度大、要求高。各级政府和有关部门要加强组织领导，科学研判客运需求和流量流向，合理制定运输方案，充分挖掘运力潜能，全力增强运输服务保障能力。要发挥综合交通运输优势，加强铁路、公路、水运、民航等干线运输方式之间，城市交通与城际交通之间，城乡交通之间的协同衔接，大幅提高运输效率。要深入开展“情满旅途”活动，做实做细便民惠民服务举措，改善旅客购票、候车、换乘环境，下更大功夫提升运输服务品质。要牢固树立安全红线意识，从严从细抓好责任落实，深入细致开展安全隐患排查整治，全面加强运输安全监管，强化治安防范，确保人民群众安全出行。要建立健全春运应急预案，完善应急联动机制，提高应急组织水平，保障春运安全平稳有序畅通。（选自《人民日报》2018 年 2 月 2 日 04 版）

第五章　权威声音

杨传堂在 2019 年全国交通运输工作会议上的讲话

（2018 年 12 月 26 日）

这次会议的主要任务是：以习近平新时代中国特色社会主义思想为指导，全面贯彻落实党的十九大和十九届二中、三中全会以及中央经济工作会议精神，总结 2018 年工作，分析当前形势，部署 2019 年工作。

即将过去的 2018 年，是我国发展进程中极不平凡的一年。面对外部挑战与国内矛盾交织叠加的复杂局面，各级交通运输系统深入学习贯彻习近平新时代中国特色社会主义思想和党的十九大精神，认真落实党中央、国务院决策部署，顶住重重压力，克服重重困难，保持了交通运输总体平稳、稳中有进的发展态势，推动高质量发展取得良好开局。成绩来之不易，需要倍加珍惜。

明年是新中国成立 70 周年，是决胜全面建成小康社会的关键之年。明年交通运输工作的总体要求是：以习近平新时代中国特色社会主义思想为指导，全面贯彻党的十九大和十九届二中、三中全会精神，落实中央经济工作会议精神，统筹推进“五位一体”总体布局，协调推进“四个全面”战略布局，坚持稳中求进工作总基调，坚持新发展理念，坚持推动高质量发展，坚持以供给侧结构性改革为主线，坚持深化市场化改革、扩大高水平开放，紧紧抓住并全面用好重要战略机遇期，落实“巩固、增强、提升、畅通”八字方针总要求，着力提高综合交通运输网络效率，降低物流成本，确保安全稳定，推动科技创新，继续打好三大攻坚战，为服务全面建成小康社会收官打下决定性基础，加快推进现代化综合交通运输体系建设，推动交通强国建设谋好篇、布好局，以优异成绩庆祝中华人民共和国成立70周年。下面，就做好下一步工作，我讲三个问题。

一、抓住重要战略机遇期，爬坡过坎、砥砺前行，推动交通强国建设行稳致远

准确判断形势，紧紧抓住机遇，科学谋划发展，是我们赢得主动、赢得优势、赢得未来的关键。刚刚闭幕的中央经济工作会议指出，我国发展仍处于并将长期处于重要战略机遇期，呈现长期向好发展前景。这是党中央在国内外形势发生深刻变化的情况下，全面分析形势和任务得出的重要结论。这一重大判断，是基于当今时代主题、全球趋势性变化与我国自身实力综合考虑的科学论断，回答了“我国发展重要战略机遇期是否还存在”“战略机遇期有多长”的重大问题，彰显了以习近平同志为核心的党中央驾驭复杂局面、防范化解风险的智慧和能力，这也为我们建设交通强国坚定了信心、增强了底气。

党中央关于我国发展重要战略机遇期的基本判断没有变，变化的是重要战略机遇的内涵。习近平总书记指出，世界正面临百年未有之大变局，变局中危和机同生并存，要善于化危为机、转危为安，紧扣重要战略机遇新内涵，加快经济结构优化升级，提升科技创新能力，深化改革开放，加快绿色发展，参与全球经济治理体系变革，变压力为加快推动经济高质量发展的动力。我们要把思想和行动统一到党中央的重大判断和科学决策上来，坚持从全局看局部、从未来看当下，“跳出交通看交通”，科学把握交通运输发展面临的机遇和挑战。

从大势看，重要战略机遇新的内涵为交通运输发展带来诸多利好。一是加快经济结构优化升级带来新机遇，制造业和服务业迈向中高端，消费结构不断升级，新型城镇化加速推进，为交通运输转型发展集聚了新优势。二是提升科技创新能力带来新机遇，我国科技支撑条件今非昔比，市场需求持续旺盛，制度优势无比强大，前沿领域科技发展具备良好基础，为交通运输提质增效增添了新动能。三是深化改革开放带来新机遇，全面深化改革不断激发市场活力，全面开放新格局正在形成并向纵深发展，为交通运输持续健康发展创造了新空间。四是加快绿色发展带来新机遇，生态文明建设的推进力度、实践深度前所未有，绿色发展方式和生活方式加快形成，为交通运输可持续发展开辟了新路径。五是参与全球经济治理体系变革带来新机遇，国际事务话语权和影响力不断提升，外部环境向于我有利的方向发展，为交通运输提升全球通达能力提供了新契机。这些趋势性变化，在加速集聚并形成势头，为交通运输发展涵养了旺盛的需求，打开了崭新的局面。

与此同时，我们也要清醒地看到，当前我国经济运行稳中有变、变中有忧，交通运输发展面临的风险和困难明显增多。一是外部环境更趋复杂严峻，世界经济下行风险逐步加大，中美经贸摩擦等不确定因素对交通运输转型升级造成的影响逐步显现。二是国内经济下行压力加大，内需增长有可能放缓，防范化解金融风险形势复杂严峻，交通固定资产投资继续保持高位平稳运行面临较大挑战。三是结构调整阵痛凸显，供给侧结构性改革进入攻坚期，交通运输供给不适应需求变化的问题亟待解决。四是自主创新能力不强，关键核心技术“卡脖子”问题突出，交通运输创新发展的活力和动力仍显不足。五是风险事件易发

多发，安全生产形势依然严峻，交通运输安全稳定运行压力增大，等等。这些问题，既有短期的也有长期的，既有周期性的也有结构性的，既有阶段性的也可能持续较长时间，这些都给交通运输发展带来前所未有的挑战。

综观内外部环境，难和险在增多，但时和势总体有利。交通运输仍处于基础设施发展、服务水平提高和转型发展的黄金时期，这是重要战略机遇期在新时代交通运输的集中体现。黄金时期实现黄金作为，不可能轻轻松松完成，也不可能敲锣打鼓实现。改革开放以来，我们用几十年的时间走完了西方发达国家上百年走过的交通运输发展历程，在具备发展基础和有利条件的同时，也积累了诸多深层次矛盾和潜在风险。如果不认真有效加以解决，不仅会丧失战略主动，今后付出的代价也将更大。机会稍纵即逝，抓住了就能乘势而上，抓不住就会落后挨打。我们要坚定不移抓机遇、用机遇、创机遇，既要保持战略定力、坚定必胜信念，又要坚持辩证思维、化挑战为机遇，变外部压力为加快发展的动力，奋力攻坚克难、爬坡过坎。

首先，要过思想的坎。习近平总书记指出，解放思想是前提，是解放和发展社会生产力、解放和增强社会活力的总开关。没有思想的解放，就没有交通运输改革发展的突破。与新时代新要求相比，我们身体进入新时代、思想停在“过去时”的现象在一定程度上仍然存在。一是观念难转，嘴上说着眼全局，心里却固守“楚河汉界”，或画地为牢、互不共享，或只想搭顺风车、不愿割肉、不想多为，造成资源浪费、发展低效。二是担当不够，改革攻坚、创新发展的劲头不足，在应对重大挑战、克服重大阻力、解决重大矛盾时往往存在畏难情绪。三是思路不宽，过度依赖高速增长阶段的传统路径，习惯于做加法、做增量，不适应做减法、优存量，更不善于加减乘除并举，面对新矛盾新问题不善为、不愿为、不敢为。过思想的坎，必须立行立改，用习近平新时代中国特色社会主义思想武装头脑，从这一理论宝库中找立场、找观点、找方法、找动力，尽快跳出小格局、打破旧思维，真正做到解放思想永无止境。

其次，要过风险的坎。习近平总书记指出，增强忧患意识、防范风险挑战要一以贯之，越是取得成绩的时候，越是要有如履薄冰的谨慎，越是要有居安思危的忧患。当前，交通运输发展的形势总体是好的，但面临的风险也是多方面的。安全方面，涉及交通的事故多发频发，风险隐患居高不下，非传统安全威胁加剧，加之地震、台风、泥石流等自然灾害，威胁行业可持续发展。稳定方面，新老业态矛盾、从业者利益关系调整、行业内部改革等都可能诱发不稳定因素，在信息化高度发达的今天，负面预期往往会加速放大，有的甚至会引发心理恐慌。债务方面，传统融资模式下债务规模已经较大，财政专项资金保障压力持续增加，新融资模式尚不能满足发展需求，防范债务风险压力不断加大。过风险的坎，就是加固发展的底板。我们既要有防范风险的先手，也要有应对和化解风险的高招，从最坏处着想，向最好处努力。“坚持问题导向”“坚持底线思维”，习近平总书记早就谆谆教导并身体力行，我们一定要真学、笃行。

最后，要过能力的坎。习近平总书记指出，能力不是一劳永逸、一蹴而就的，必须持续升级、不断扩容。当前，新情况新事物层出不穷，两难甚至多难问题不断涌现，交通运输不少领域已进入“无人区”，既无先例可循，也不可能简单套用其他国家经验，粗放式、经验化治理已不适应高质量发展的要求。政治能力上，我们与中央要求和人民期待相比还有较大差距，政治站位、理论素养、战略思维不够，保持定力、驾驭局面、破解难题的能力有待进一步提升。创新能力上，我们的知识结构、专业素养还不能适应工作专业化、精细化的要求，在政策创新、制度创新、模式创新、服务创新等方面差距较大。执行能力上，我们在统筹谋划、协同推进、督促落实等方面工作能力和水平仍不过硬，政策执行不到位、不精准、不精细、不精致，有时反应不够及时，有时政策效应叠加；有时力度不够，有时又过犹不及。过能力的坎，必须坚持“干什么学什么、缺什么补什么”的原则。延安时，毛泽东同志就指示“学好本领，好上前线去”，在新时代，我们要把推进治理体系和治理能力现代化当作新战场，抓紧弥补知识弱项、能力短板、经验盲区，切实增强适应新时代、实现新目标、落实新部署的能力，真正把政策红利转化为发展的质量和效益。

爬坡过坎、砥砺前行，非有不同寻常的担当与勇气不可。我们要坚定一定要过这几个坎的决心，坚定一定能过这几个坎的信心，主动担责、奋发有为，稳扎稳打、步步为营，真正做到建好、管好、护好、运营好协同发力，以一流的设施、一流的技术、一流的管理、一流的服务，推动交通强国建设行稳致远。

二、切实落实好八字方针，深化供给侧结构性改革，推动交通运输高质量发展

深化供给侧结构性改革是习近平新时代中国特色社会主义经济思想的重要组成部分，是当前和今后一个时期我国经济工作的主线，也是交通运输工作的主线。贯彻落实好这一重大决策部署，必须从辩证唯物主义和历史唯物主义的角度进行认识和把握。

2015 年，以习近平同志为核心的党中央在综合分析世界经济长周期和我国发展阶段性特征及其相互作用的基础上，决定实施供给侧结构性改革。此后，经过从理论到实践的不断探索，供给侧结构性改革的内涵不断充实，举措更加坚实，成效更加明显。

2016年是推进供给侧结构性改革的攻坚之年，习近平总书记提出去产能、去库存、去杠杆、降成本、补短板等“三去一降一补”五大重点任务，有效解决了当时面临的突出问题，为国民经济“轻装上阵”创造了条件。

2017 年是供给侧结构性改革的深化之年，在继续做好“三去一降一补”重点任务的同时，习近平总书记强调要着力解决重大结构性失衡，打通供需循环，转换发展动力，巩固经济稳中向好的态势。

2018 年，供给侧结构性改革持续深化，习近平总书记要求重点在“破”“立”“降”上下功夫，在补短板上下功夫，解决要素配置扭曲问题，促进质量变革、效率变革、动力变革，推动新动能加快成长。经过 3 年的努力，供给侧结构性改革取得了重要的阶段性成效。实践证明，党中央的决策是完全正确的，是改善供给结构、提高经济发展质量和效益的治本之策。

面对经济形势的深刻变化，在刚刚闭幕的中央经济工作会议上，习近平总书记提出，深化供给侧结构性改革要更多采用改革的办法，更多运用市场化、法治化手段，在“巩固、增强、提升、畅通”八个字上下功夫。这八字方针是当前和今后一个时期深化供给侧结构性改革、推动经济高质量发展管总的要求。

在我国经济由高速增长阶段转向高质量发展阶段之后，党中央提出八字方针，这是我们党对经济发展规律的深刻认识，是对重要战略机遇期的主动引领，是对中国特色社会主义政治经济学的丰富和发展，是当前和今后一个时期经济工作的纲。纲举才能目张。我们要坚持以供给侧结构性改革为主线不动摇，认真贯彻落实八字方针，在既有交通运输供给侧结构性改革成果的基础上，

不断深化提高，用新的理论指导新的实践，又在新的实践中推动理论丰富和发展。要用供给侧结构性改革主线牵引高质量发展主题，以满足有效需求为最终目标，以提高供给质量为主攻方向，以深化改革为根本途径，推动实现交通运输高质量发展，更好支撑经济社会发展，支撑民生福祉和人的全面发展。

一是坚持服务大局，聚焦供给侧精准发力。重点是把握我国经济发展变化态势，找准着力点和切入点，落实好“巩固、增强、提升、畅通”八字方针，加快解决供给侧结构性问题，不断提升交通运输供给体系质量和效率。

巩固，就是要巩固“三去一降一补”成果。对交通运输来说，主要是补短板、降成本。进一步加大交通基础设施补短板力度，深入查找薄弱环节，协调好各种运输方式，推动更高水平的成网，提高综合交通运输网络效率。在逐项落实好已出台的降成本措施基础上，再谋划提出一批更具含金量、更利长远的新措施，实实在在降低高速公路、机场、港口、铁路等收费，有效降低物流成本，特别在网络、通道、枢纽、节点、结构等深层次上建设、优化、调整。

增强，就是要增强微观主体活力。对交通运输来说，主要是优环境、强服务。以更大决心、更强力度、更实举措推进交通运输“放管服”改革。完善统一开放、竞争有序的交通运输市场体系，进一步优化营商环境，学习和尊重人民群众的首创精神，保护和引导新生事物做成、做优、做大、做强。发挥好企业和企业家主观能动性，加大对中小企业扶持力度，解决民营企业实际困难，培育一批具有国际竞争力的交通运输企业。

提升，就是要提升产业链水平。对交通运输来说，主要是抓创新、增动能。落实创新驱动发展战略，着力开展交通运输关键核心技术攻关，鼓励和培育新业态规范发展，促进交通运输与互联网、大数据深度融合，推动交通运输与装备制造、通信信息联动发展，利用技术创新和规模效应形成新的竞争优势。促进物流业与制造业流程再造，提高供应链效率，降低全产业链成本，发展产业集群，保持产业体系，促进我国产业迈向价值链中高端。

畅通，就是要畅通经济循环。对交通运输来说，主要是提效率、促融合。抓住物流业变革的窗口期，大力推进管理创新、组织创新，持续推进运输结构调整，提升物流效率和服务水平，增强安全保障能力，有力推动生产、流通、分配、消费良性循环。转变政府职能，将解决经济、产业发展中的难点、痛点、堵点，作为推进工作的重点。促进交通运输与相关产业融合发展，促进各种运输方式融合发展，深度融入全球运输系统。

二是坚持多措并举，不断优化发展环境。重点是准确把握交通运输高质量发展新要求，采用改革的办法，市场化、法治化的手段，提高全要素生产率，提升发展的稳定性和可持续性。

要推动改革再攻坚。落实党和国家机构改革要求，继续优化各级交通运输部门机构设置、职能配置、工作流程，加快破除体制机制障碍，更好发挥政府作用。进一步打破垄断，消除准入壁垒，加快推动铁路、邮政等领域改革，充分发挥市场在资源配置中的决定性作用。深入推进交通运输投融资改革、收费公路改革等重点领域和关键环节改革，增强交通运输发展的内生动力。

要推动开放再出发。重点加快“一带一路”交通运输互联互通，持续提升国际运输便利化水平，形成陆海内外联动、东西双向互济的交通运输开放格局。推进更深层次更高水平的双向开放，推动交通运输装备、技术、服务等“走出去”“引进来”，在更高水平上融入全球分工体系，提升交通运输产业和企业的国际竞争力。

要推动法治再完善。完善交通运输法规体系，加快推动交通运输重点法律法规制修订，更好引领规范行业改革发展。深化交通运输法治政府部门建设，坚持依宪施政、依法行政，稳步推进交通运输综合行政执法改革，进一步强化执法监督，用透明的法治环境稳定预期，提振市场主体信心。

要推动安全再提升。牢固树立“生命至上、安全第一”理念，从严从细从实抓好安全生产工作。深入推进行业安全生产体系建设，以科技兴安为依托，健全制度规范，完善风险分级管控和隐患排查治理双重预防机制，压实安全生产责任。建立健全铁路、民航持续安全的体制机制，开展好营运客运汽车安全监控及防护装置整治、长江干线水上应急救助能力提升、内河船涉海运输整治等专项行动，强化邮政快递安全防护体系和应急措施，全行业强力坚决遏制重特大安全事故发生。

三是坚持供需协同，着力扩大有效需求。重点是把握供给和需求这两个市场经济内在关系的基本方面，立足当前经济形势，深入挖掘交通运输需求侧潜力，推动形成供需互促共进的良性循环，为宏观经济高质量发展提供坚实支撑。

要发挥消费拉动作用。改变重投资、轻服务的做法，牢牢把握服务这一交通运输的本质属性，着力满足多样化、多层次的运输服务需求，不断释放消费潜力。促进交通与旅游、电商、快递等产业融合发展，多渠道扩大运输服务供给，提高服务品质，改善服务体验。持续扩大基本运输服务通达度和覆盖面，提升公共服务能力和保障水平，不断增进民生福祉。

要发挥投资关键作用。坚持精准发力，聚焦国家重大区域战略、脱贫攻坚、乡村振兴等重点方面，切实加快交通建设进度。进一步加大前期工作力度，补好城际交通、物流等领域短板，并结合“十四五”规划编制，谋划推出一批全局性、战略性重大交通基础设施项目，增强发展后劲和潜力。用好车购税、港建费、民航发展基金等专项资金，多渠道吸引社会投资，抓住地方政府专项债券扩大规模的契机，合理保障重大项目特别是在建项目正常资金需求，防止出现“半拉子”工程，坚决守住不发生系统性风险的底线。继续创新融资方式，研究解决交通建设长期资金来源问题。

三、坚持和加强党的领导，坚定不移推进党的建设新的伟大工程

中国共产党领导是中国特色社会主义最本质的特征，是中国特色社会主义制度的最大优势。形势越复杂、挑战越严峻，我们越要毫不动摇坚持党的领导、坚定不移加强党的建设，不断激发奋斗精神、提振信心士气，努力把党的政治优势、组织优势转化为发展优势，推动交通运输高质量发展不断取得新成效。

一是坚决维护党中央集中统一领导。坚持党中央权威和集中统一领导是党的领导的最高原则，任何时候任何情况下都不能含糊、不能动摇。要把政治建设摆在首位，牢固树立“四个意识”，坚定“四个自信”，坚决做到“两个维护”，听党中央号令，听习近平总书记的号令，做到令行禁止，确保党的路线方针政策和党中央决策部署在交通运输行业不折不扣贯彻落实。要坚持用习近平新时代中国特色社会主义思想武装头脑，深入学习习近平总书记关于交通运输的重要论述，把握核心要义、精神实质、实践要求，做到学思用贯通、知信行统一。要全面落实加强党的领导体制机制，提高各级党组（党委）把握全局的能力，管大事、议大事，发挥把方向、管大局、保落实的作用。要发挥党组（党委）主要负责同志头雁作用，勇于挑最重的担子、啃最硬的骨头，在重要问题、重大事件上及时拿出态度、亮明立场。

二是深入推进全面从严治党。全面从严治党是我们党薪火相传、继往开来的生命线，必须以

更大的决心和勇气抓好党的自身建设，实现自我净化、自我完善、自我革新、自我提高。要强化党性锤炼，按照中央要求组织开展好“不忘初心、牢记使命”主题教育，找准信念不坚定、宗旨不牢固、初心缺失、使命感不强、担当不力等方面突出问题表现，创新教育载体、提出措施方法。要进一步加强和规范党内政治生活，认真贯彻民主集中制原则，严格执行组织生活制度，用好批评与自我批评的锐利武器，发展积极健康的党内政治文化，涵养风清气正的政治生态。要全面加强新时代党支部建设，推进党支部标准化、规范化建设，发挥基层组织在教育管理监督党员、激励关怀培养干部、组织宣传凝聚服务群众方面的战斗堡垒作用。要强化监督执纪问责，更好发挥审计监督作用，突出对权力集中、资金密集等重点部门和关键岗位的监督制约，保持惩治腐败的高压态势。深入推进政治巡视，探索巡视巡察上下联动的工作机制，加强巡视整改和成果运用，抓好中央脱贫攻坚专项巡视整改。各级党组织要扎实履行全面从严治党主体责任和监督责任，加强对党员干部的日常教育管理监督，抓早抓小，防微杜渐，落实深化中央纪委国家监委派驻机构改革各项任务。

三是驰而不息抓好作风建设。党的作风就是党的形象，必须深刻认识新时期加强交通运输行业作风建设的必要性和紧迫性，不断将作风建设向纵深推进。要强化宗旨意识，把人民交通为人民的理念贯穿于工作全过程，有效解决部分地区基层交通执法“不作为、乱作为”、农村公路“畅返不畅”、货车司机经营环境差等问题，办实办好更贴近民生实事，切实维护行业安全稳定，不断提升人民群众的获得感、幸福感、安全感。要保持整治“四风”的高压态势，树立过紧日子的思想，严格压缩一般性支出，纠四风、树新风，紧盯不敬畏、不在乎、喊口号、装样子等问题，坚决破除形式主义和官僚主义，巩固拓展落实中央八项规定精神成果，坚决防止不正之风反弹回潮。要培养形成扎实的工作作风，在关键环节、重要细节上用心钻研、精益求精，耐得住性子、耐得住反复，开短会、讲短话、写短文，讲效率、重专业、办实事，树立好的学风、文风、会风。要开展“大学习大调研”并推动成果转化，把深入调查研究作为基本功，养成坚持学习、深入调研的好习惯，在学习和实践中找思路、想办法，用基层创新经验解决实际问题，推动形成长效机制。

四是增强担当作为的本领和能力。伟大梦想是拼出来、干出来的，前进道路上，必须磨砺敢于担当的宽肩膀、练就爬坡过坎的真本领，始终勇立潮头、奋勇搏击。要增强专业本领，深入研究现代工程技术、运输组织、人工智能等专业知识，系统掌握政治、经济、历史、哲学等关联学科，做到明大势、懂技术、精管理。要讲求工作的策略和方法，坚持辩证唯物主义和历史唯物主义的世界观和方法论，遵循交通运输发展的客观规律，统筹好战略、战役、战斗层面的问题，增强工作的科学性、精准性和实效性。要创造性狠抓工作落实，一个行动胜过一打纲领，努力克服政策效力层层递减现象，有效解决政策制定和执行的“最先一公里”和“最后一公里”问题。要激励干部担当作为，树立重实干、重实绩的用人导向，把敢于负责、勇于担当、善于作为、实绩突出的干部及时使用起来。更加重视干部在重大斗争中经风雨、见世面的历练，增强斗争勇气、提高斗争艺术。坚持“三个区分开来”，完善容错纠错机制，宣传运用典型案例，让各级干部想干事、能干事、干成事。

五是传承弘扬新时代交通精神。交通运输传承和积淀了许多具有时代特点的交通精神，在实践中产生了巨晓林、包起帆、许立荣、许振超、孙永才、吴荣南、袁庚等7名改革先锋，涌现出王淑芳、曲建武、陈维、其美多吉、徐前凯、金凤乘务组等一大批行业先进楷模，成为交通运输事业发展的重要推动力量。今年以来，习近平总书记分别对“中国民航英雄机组”的英雄精神、港珠澳大桥建设者“逢山开路、遇水架桥”的奋斗精神作出重要指示，为新时期交通运输发展注入了强大精神动力。伟大时代呼唤伟大精神，崇高事业需要榜样引领，必须继续大力弘扬和实践以“传邮万里、国脉所系”的邮政精神、“两路”精神为代表的交通精神，不断丰富发展新时代交通精神，为事业发展凝聚磅礴力量。弘扬奋斗精神，砥砺迎难而上、顽强拼搏的志气，继承发扬成昆铁路精神、青藏铁路精神，自强不息、奋发有为，勇于在艰苦奋斗中净化灵魂、磨炼意志、坚定信念，始终践行“奋斗本身就是一种幸福”的时代理念。弘扬奉献精神，增进甘于平凡、无私忘我的正气，继承发扬道钉精神、铺路石精神、灯塔精神，忠于职守、乐于奉献，把个人理想追求融入国家和民族事业中，积跬步以至千里、积小流以成江海，用坚守和付出书写非凡的人生华章。弘扬创新精神，培育昂扬向上、勇于探索的锐气，继承发扬詹天佑精神、火车头精神，善于钻研、敢为人先，坚定自主创新的信心和骨气，努力实现关键核心技术自主可控，把创新和发展的主动权牢牢掌握在自己手中。弘扬英雄精神，锻造勇往直前、奋不顾身的勇气，继承发扬救捞精神、中国民航英雄机组精神，心怀不畏艰险、不畏牺牲的革命英雄主义，在关键时刻冲得上、顶得住、打得赢，将非凡的英雄精神体现在平凡的工作岗位上。

延伸阅读——杨传堂做客央广两会特别节目畅谈我国交通运输领域的变革与发展

延伸阅读——交通运输部党组书记杨传堂做客中央台

李小鹏在 2019 年全国交通运输工作会议上的讲话

（2018 年 12 月 26 日）

这次会议的主要任务是：以习近平新时代中国特色社会主义思想为指导，全面贯彻落实党的十九大和十九届二中、三中全会以及中央经济工作会议精神，总结 2018 年工作，分析当前形势，部署 2019 年工作。

下面，我讲三个方面的内容：

一、2018 年交通运输工作

2018 年是全面贯彻落实党的十九大精神的开局之年，是改革开放 40 周年，是决胜全面建成小康社会、实施“十三五”规划承上启下的关键一年。一年来，我们始终牢记习近平总书记嘱托，坚决贯彻党中央、国务院决策部署，服务大局、服务人民、服务基层，交通基础设施建设规模保持高位运行，供给侧结构性改革取得明显成效，港珠澳大桥建成通车，中欧班列累计开行突破 12000 列，长江南京以下 12.5 米深水航道贯通，等等，这些都极大提振了全行业士气，也为改革开放 40 周年增光添彩。我们正奋力从交通大国迈向交通强国。

（一）行业供给侧结构性改革向纵深推进

一是基础设施补短板加快推进。充分发挥投资的关键性作用，铁路完成投资 7920 亿元，公路水路完成投资 2.3 万亿元，民航完成投资 810 亿元。

综合交通运输网络加快完善，预计新增铁路营业里程4000公里，其中高铁2600公里；预计新增公路通车里程8.6万公里，其中高速公路6000公里，新建改建国省干线公路2万公里；新增内河高等级航道达标里程700公里、沿海万吨级泊位46个；新建成民用运输机场9个；综合客货运枢纽、港口集疏运体系等加快建设。重点工程扎实推进，济青高铁、武深高速建成通车，川藏铁路雅安至林芝段前期工作扎实推进。"十三五"现代综合交通运输体系规划中期评估有序开展，主要指标、任务与工程进展顺利。规范行业举债行为，稳步推进交通融资平台转型升级，探索将交通基础设施与土地开发、资源开发等有机结合，统筹用好行业内外存量资产，有效提升融资能力。二是物流成本进一步降低。运输结构调整初见成效，全国铁路货物发送量预计完成40亿吨，增长3亿吨，煤炭等大宗物资运输加快向铁路转移。通行效率不断提升，46个多式联运示范工程开通线路超过300条，累计完成多式联运量330万标准箱，7个主要集装箱铁水联运港口铁水联运量同比增长25%。道路货运无车承运人试点进展顺利，车辆利用率提高50%。新增电子不停车收费系统（ETC）专用车道2300多条、用户1700万。取消高速公路省界收费站试点工作有序推进，取消苏鲁和川渝省界收费站已完成准备工作。运输费用不断下降，加快推广高速公路差异化收费，严格落实鲜活农产品运输"绿色通道"政策，通行费电子发票可抵扣税额已达11亿元，港口经营服务性收费项目减至15项。截至11月底，降低物流成本884亿元，超过年度目标。三是运输服务能力水平加快提高。运输量保持高位运行，预计完成营业性客运量179亿人，下降3%；旅客周转量3.4万亿人公里，增长4.3%；营业性货运量506亿吨，增长7.1%；货物周转量20万亿吨公里，增长3.7%；规模以上港口吞吐量完成133亿吨，增长2.7%；集装箱吞吐量完成2.5亿标箱（TEU），增长5.2%；快递业务量完成500亿件，增长25%。服务设施不断完善，建设改造普通国省干线公路服务设施1000个，建成"司机之家"32个；公交运营线路里程达106.9万公里，公交专用道达1.09万公里；轨道交通运营里程4900多公里，在建里程超过6000公里。服务品质持续提升，实现了高铁动车组列车自主选座；部分高铁及民用航空实现无线互联网功能；全国二级以上客运站联网售票覆盖率达98%，225个城市实现交通一卡通互联互通；截至11月底，民航航班正常率达到79.46%，同比提高9.32%，航空旅客投诉率、行李运输差错率明显下降；军人依法优先出行落实到位，老年人残疾人出行服务进一步改善。四是优化营商环境取得新成效。进一步简政放权，清理234部规章、656件政策性文件，废止修改16件规章和规范性文件；取消5项许可事项，12项纳入国务院"证照分离"改革第一批目录清单。进一步提高服务效能，全面取消营运货车二级维护强制检测，实行货车"两检合一"，普通货运车辆综检实现全国范围异地检测，跨省大件运输并联许可服务水平进一步提升。加快推行"互联网+政务服务"，部行政许可网上办理平台投入运行，投资项目在线审批平台推广运用，实现公路监理企业资质申报等20个行政许可事项在线申报、网上办理，在全球率先启用船舶法定检验电子证书。出台支持民营企业发展的18条措施。五是交通运输新动能不断增强。高铁、高速公路、民航等出行服务持续增加，邮轮运输保持稳定增长，长江游轮旅游客运增长15%。定制客运等新模式不断涌现，汽车租赁规范发展，互联网租赁自行车日均使用量超过1000万人次。快递冷链运输网络覆盖139个城市，大包裹、快运、云仓、即时递送等新服务进一步拓展，为经济发展注入新动力。

（二）交通脱贫攻坚成效显著

一是扶贫举措精准有力。聚焦重点，安排车

购税资金883亿元用于交通扶贫农村公路建设，同比增长14.6%，贫困地区新增86个乡镇、4245个建制村通硬化路，建成资源路、旅游路、产业路9284公里，中西部铁路、溜索改桥等建设加快推进。“赶集列车”“乡情慢车”等公益扶贫旅客列车坚持开行。更加注重扶志与扶智，加强扶贫培训，选派优秀干部到脱贫攻坚一线驻村帮扶。二是扶贫模式不断拓展。“交通＋特色产业”“交通＋生态旅游”“交通＋农村电商”等扶贫模式迅速发展。“通村村”APP等定制农村客运推广应用。新增邮乐购站点5万个，快递企业打造服务农业“一地一品”项目905个。三是专项扶贫任务有序推进。部定点扶贫黑水、小金、壤塘、色达四县，新改建国省道258公里、农村公路859公里，实现100%的乡镇和100%的建制村通硬化路；对口支援安远县，脱贫攻坚成效显著；牵头联系六盘山片区，支持改造建设高速公路1103公里、普通国省道1818公里、建制村和撤并建制村通硬化路2808公里。交通运输带动一方产业、致富一方百姓，为党在基层凝聚了民心。

（三）交通运输服务国家重大战略作用更加凸显

一是共建“一带一路”稳步推进。交通基础设施互联互通取得积极进展，中俄同江铁路桥中方工程完工，中俄黑河公路大桥、巴基斯坦“两大”公路、巴基斯坦一号干线铁路、中老铁路、中泰铁路以及瓜达尔港、汉班托塔港等项目有序推进。运输服务便利沿线各国，中欧班列通达欧洲15个国家49个城市，中欧班列运邮国际小包业务开通至欧洲23个国家。与沿线国家合作不断深化，中俄国际道路运输协定、中尼借道运输议定书、中尼铁路项目合作谅解备忘录、国际铁路运邮合作意向书等陆续签订，中国—利比里亚海运协定完成续签，沿亚洲公路网国际道路运输政府间协定、中国—巴拿马海运协定正式生效。二是京津冀交通一体化建设深入实施。京津城际以时速350公里运行。首都地区环线高速公路通州至大兴段建成通车。津冀港口协同发展加快推进。北京大兴国际机场主体工程基本完工。京张高铁、延崇高速公路等冬奥会重大交通保障工程有序开展。运输结构不断优化，津冀港口和重点区域沿海主要港口实现煤炭集港铁路运输。雄安新区交通骨干网加快建设，研究制定公路配套支持政策，支持雄安新区综合交通运输体系建设，京雄城际铁路正式开工。三是长江经济带综合立体交通走廊加快建设。贯彻“共抓大保护、不搞大开发”和“生态优先、绿色发展”的要求，实施长江经济带多式联运发展三年行动，开展长江危险货物运输、干流岸线保护与利用专项检查，非法码头、非法采砂专项治理取得实效。长江干线武汉至安庆段6米水深航道整治工程开工，长江口南槽航道治理一期工程提前半年开工，长江干线港口铁水联运设施联通工作进展顺利。四是推动粤港澳大湾区、长三角一体化综合交通运输发展。港珠澳大桥开通，广深港高铁香港段投入运营，虎门二桥全线合龙，助力建成粤港澳大湾区1小时生活圈。长三角交通一体化部省协调机制更加完善，铁路到发旅客突破13亿人次，动车组实现公交化开行，制定推进长三角港航一体化发展六大行动方案，长江口深水航道大型邮轮和大型集装箱船舶超宽交会实现常态化。制定支持海南全面深化改革开放实施方案，琼州海峡客滚运输服务能力不断提升。两岸交通运输交流合作稳步开展。五是服务乡村振兴成效显著。统筹开展乡村振兴、交通扶贫和“四好农村路”工作。基础设施更加完善，新改建农村公路31.8万公里，农村公路总里程达405万公里，通硬化路乡镇和建制村分别达到99.64%和99.47%。管理养护水平不断提高，“路长制”广泛推行，养护制度与资金保障机制进一步完善。运输服务更加便利，新增通客车建制村7100个，建制村通客车率达到96.5%，9个省实现全部建制村通客车。117个“四好农村路”示范县带动引领作用不断增强，“四好农村路”建设迈上新台阶。新增直接通邮建制村1.6万个，直接通邮率达98.9%，农村物流节点覆盖率稳步提升。

（四）行业治理能力持续提升

一是综合交通运输管理体制机制改革扎实推进。完成国家渔船检验和监督管理改革任务。航海保障中心和广东、黑龙江船舶检验等管理体制改革顺利完成。山东、广东、云南、西藏等10个省（区、市）实现综合交通运输管理。交通运输综合行政执法改革启动。收费公路改革深入推进。交通运输投融资体制机制进一步完善，有效防范化解债务风险，坚决守住了不发生系统性金融风险的底线。二是法治政府部门建设不断深化。《快递暂行条例》出台，《中华人民共和国公路法》《农村公路条例》《收费公路管理条例》《城市公共交通管理条例》《中华人民共和国海商法》《中华人民共和国民用航空法》等制修订工作取得积极进展。发布服务改革需要、保障安全发展、促进提质增效的部门规章44件及标准296项。规范公路治超执法，全面完成车辆运输车治理，为危险品罐车、半挂车标准化治理积累了经验。三是事中事后监管力度持续加大。推进“双随机、一公开”监管，针对取消下放的行政审批事项逐项制定事中事后监管措施。加快构建以信用为核心的新型市场监管机制，公路水运工程建设领域“红名单”制度建立，联合奖惩以及“信用交通省”创建工作等取得积极进展。四是新业态监管协同发力。交通运输新业态协同监管部际联席会议制度正式建立，232个城市出台网约车配套政策。对滴滴公司等网约车平台开展安全专项检查，并督促落实整改要求。39个城市发布互联网租赁自行车监管实施细则，176个城市出台快递车辆管理措施，为5000多万辆汽车建立维修电子健康档案。邮轮船票制度试点取得阶段性成果。

（五）智慧绿色交通加快建设

一是智慧交通蓬勃发展。现代信息技术与交通运输深度融合，“综合交通运输与智能交通”国家重点专项启动实施，“互联网+”便捷交通、智慧交通等试点统筹推进，国家综合交通运输信息平台建设稳步开展，国家交通运输公共物流信息平台升级完善，网络安全监测预警平台发挥积极作用。智慧交通便民利民，新一代国家交通控制网、智慧公路、智慧港口、智慧机场、智慧海事、综合交通出行及旅游服务大数据示范工程等稳步开展，高铁、民航推广应用人脸识别系统，E航海、长江电子航道图等持续推广应用，32家千万级机场国内航班全面实现“无纸化”乘机，自动化分拣覆盖主要快递企业骨干分拨中心。自动驾驶技术稳步发展，出台自动驾驶道路测试管理规范和封闭测试场地建设指南，确定了3家自动驾驶封闭场地测试基地，推动无人机在快递等领域示范应用。二是绿色交通成效显著。基础设施更加环保，绿色公路、绿色航道、绿色港口等加快建设。能源利用更加清洁化，在全国810对高速公路服务区内建成充电桩6400多个；新能源公交车超过30万辆，鼓励推广新能源城市配送车辆，在全国22个城市开展绿色货运配送示范工程；建成岸电2400余套，液化天然气（LNG）船舶加快推广。污染排放持续降低，三大船舶排放控制区硫化物排放明显降低；开展船舶水污染物接收、转运和处置联合监管；持续开展渤海海域“碧海行动”。快递企业大力推广可循环中转袋全面替代一次性塑料编织袋，电子面单使用率达92%。三是科技创新水平稳步提升。港珠澳大桥桥岛隧设计施工解决一系列世界级难题，上海洋山港四期码头自动化设备和操作系统实现自主研发应用，复兴号列车16节长编组正式上线运行，C919大飞机突破100余项关键技术，AG600水陆两栖飞机成功实现水上试飞，首艘国产大型邮轮设计建造项目正式启动，自主创新能力持续加强。行业重点科技项目清单管理及重大科技创新成果库建设启动实施，重点科研平台大型仪器开放共享平台建成，科技成果转化政策落地见效。

（六）对外开放水平不断提高

一是国际合作取得新进展。加强中俄交通运输全方位合作，在中俄跨境基础设施、北极航道试航合作等领域取得积极进展。组织中美交通论坛、中德绿色物流会议等多场机制性活动。推动上海合作组织、中国—中东欧、中国—东盟、中日韩交通运输合作，签署中日海上搜救协定，通过中国—东盟交通合作战略规划行动计划，推进与柬埔寨、老挝等东盟国家海上搜救热线平台建设。二是市场进一步扩大开放。推动实行准入前国民待遇加负面清单管理制度，取消外商投资道路运输业立项审批，推进自由贸易区和自由贸易港建设，国际海运全面实现对外资开放。交通运输装备国际市场进一步拓展。三是国际运输日趋便捷。便利化水平进一步提升，累计签署双多边国际道路运输协定 18 个、双边和区域海运协定 71 个，与 126 个国家签署航空运输协定。运输网络不断完善，中俄等国际道路运输开展试运行，中吉乌国际道路直达运输正式开通，国际道路客货运输线路达 356 条，海运互联互通指数保持全球第一，民航每周超过 1.7 万个定期客运航班和货运航班往返于中国与世界主要国家之间，邮政快递企业寄递范围覆盖 200 多个国家和地区。四是国际影响力显著增强。连任国际民用航空组织秘书长，继续担任国际海事组织理事会主席和万国邮联理事国，当选国际航标协会新一届理事会成员。推动国际海事组织在中国方案的基础上通过了海运温室气体减排初步战略、海上自主航行船舶未来工作计划方案。潜水员钟海锋获国际海事组织特别勇敢奖奖章。北斗系统纳入国际搜救卫星系统、全球海上遇险与安全系统（GMDSS）取得阶段性进展。

（七）平安交通建设稳步推进

一是安全管理责任体系持续完善。稳步推进安全监管责任体系建设试点，成立部安全研究中心和专家组。部署开展平安交通百日行动、冬季公路水路安全生产行动等，建立举一反三汲取教训工作机制，推动企业落实安全生产主体责任。二是安全运营水平有效提升。深入开展“平安交通”“品质工程”等创建，实施六大攻关行动。完成高铁线路保护区划定工作，实施乡道及以上公路安全生命防护工程 18.9 万公里、干线公路灾害防治工程 1012 公里，改造危桥 4502 座，开展公路隧道、公路标志标线、航运枢纽大坝安全隐患排查治理。营运车辆安全技术标准体系进一步完善，运输装备安全技术水平不断提升。三是重点领域安全监管力度不断加大。强化高铁、城市轨道交通运营、“两客一危”道路运输、四类重点船舶、“六区一线”水域、邮政寄递、关键信息基础设施等领域安全监管。实现对 72 万辆“两客一危”重点车辆全方位动态监管。开展铁路“三不问题质量行为”、公路水路工程质量、危险货物港口作业、内河船舶从事海上运输等专项治理，制定实施确保民航安全运行平稳可控 26 条措施。四是应急保障能力稳步提高。圆满完成上合组织青岛峰会、中非合作论坛北京峰会、首届中国国际进口博览会等重大活动期间交通运输保障任务，有序组织节假日等重点时段运输服务。积极应对台风“山竹”等极端恶劣天气和自然灾害，妥善处置“桑吉”轮碰撞燃爆事故、京沪高铁彩钢板侵限、川航 3U8633 航班险情、重庆万州公交车坠江、国道 318 川藏公路金沙江大桥灾毁等突发事件。截至 11 月底，公路水路行业共发生安全生产事故 290 起，同比下降 15.5%，死亡失踪 679 人，同比下降 15.3%，实现安全生产事故起数和死亡人数“双下降”，未发生特别重大事故；航空运输实现持续安全飞行 99 个月、6737 万小时；搜救遇险船舶 1158 艘，救援

11318人，成功率95.2%。交通运输行业安全生产形势总体稳定。

（八）党的建设全面加强

一是旗帜鲜明讲政治。深入学习习近平新时代中国特色社会主义思想和党的十九大精神，深入学习习近平总书记关于交通运输工作的重要论述，持续推进“两学一做”学习教育常态化制度化。制定《关于维护党中央集中统一领导的规定》《关于贯彻落实新时代党的建设总要求 推动全面从严治党向纵深发展的意见》《关于贯彻落实〈关于深化中央纪委国家监委派驻机构改革的意见〉的实施意见》，严明党的政治纪律和政治规矩，不断增强党内政治生活的政治性、时代性、原则性、战斗性。引导党员干部切实增强“四个意识”、坚定“四个自信”，坚决做到“两个维护”，建设让党中央放心、让人民满意的模范机关。二是基层组织建设坚强有力。优化完善组织体系，确保党的组织、党的工作全覆盖。严格规范组织管理，严肃认真开好民主生活会、组织生活会，深入开展党性分析，召开部直属机关第三次党代会。充分发挥基层党组织战斗堡垒作用和党员先锋模范作用，涌现出福建“工地党建”等先进经验，评选表彰一批优秀共产党员、优秀党务工作者和先进基层党组织，党的建设焕发新气象。三是干部人才队伍展现新面貌。召开组织人事工作会议，出台《关于进一步加强干部队伍建设的意见》等文件，为激励干部新时代新担当新作为提供了制度保障。强化国家重大战略人才支撑，高层次高技能人才队伍建设不断加强，职业资格工作持续改进和提升。行业新型智库建设稳步推进，大连海事大学“双一流”建设扎实推进，离退休干部工作不断加强，工青妇工作有序开展，机关后勤服务保障坚实有力，凝聚起推动事业发展的强大合力。四是正风肃纪成效显著。严格落实全面从严治党“两个责任”，严格落实中央八项规定精神，驰而不息整治“四风”。深入开展大学习大调研。梳理并整改形式主义、官僚主义新表现的突出问题。坚决贯彻落实国务院大督查各项整改要求，开展交通扶贫领域腐败和作风问题专项治理，对中央脱贫攻坚专项巡视发现的问题立行立改。党风廉政警示教育大会通报违纪违法干部47人。内审制度更加完善，财经纪律刚性约束进一步加强。五是行业软实力激发新动能。大力弘扬“两路”精神、青藏铁路精神、港珠澳大桥奋斗精神，号召向川航英雄机组学习。巨晓林、包起帆、许立荣、许振超、孙永才、吴荣南、袁庚等7名同志被授予改革先锋称号。培树王淑芳、“时代楷模”曲建武、“水上交通运输安全的忠诚护卫”陈维、“雪线邮路驾驶员”其美多吉、“新时代铁路榜样”徐前凯、“蓝天上的雷锋班组”金凤乘务组等先进典型，打造交通运输行业“最美”人物谱系。持续提升新闻舆论传播力、引导力、影响力、公信力，着力抓好改革开放40周年交通成就等重大主题宣传活动，推出《大路朝天》《碧海雄心》等一批反映交通运输改革发展成就的文艺作品，以系列评论员文章等形式传递行业声音和正能量，为交通运输高质量发展营造良好氛围。

以上这些成绩的取得，靠的是以习近平同志为核心的党中央坚强领导，靠的是习近平新时代中国特色社会主义思想科学指引，靠的是党中央、国务院正确决策部署，靠的是各省区市和中央有关部门团结协作、社会各界关心支持，靠的是交通人不懈奋斗。在此，我代表交通运输部，向长期关心支持交通运输发展的各级领导、有关部门、社会各界和离退休干部表示衷心的感谢！向全行业广大干部职工致以崇高的敬意！

二、发展形势与总体要求

做好明年工作，要认真贯彻中央经济工作会议决策部署，既立足当前、把准形势，围绕服务决胜全面建成小康社会聚力攻坚；又着眼长远、看清大势，围绕建设交通强国谋篇开局，凝心聚力、久久为功，不断推动交通运输高质量发展。

（一）科学研判，准确把握行业当前形势

中央经济工作会议对我国经济形势作出基本判断。从长期大势看，当今世界面临着百年未有之大变局，我国发展仍处于并将长期处于重要战略机遇期，重要战略机遇具有新的内涵，要全面用好我国发展的重要战略机遇期。以习近平同志为核心的党中央对经济形势的科学判断，让我们方向更明、信心更足、力量更强。当前，交通运输处于基础设施发展、服务水平提高和转型发展的黄金时期。2019年，仍将保持总体平稳、稳中有进的态势，发展中面临新的机遇。

一是加快经济结构优化升级、推动高质量发展为行业转型带来新机遇。高质量发展将进入新阶段，我国经济结构将加快优化升级，为行业转型升级创造了有利条件。同时，国家加大基础设施等领域补短板力度，将较大幅度增加地方政府专项债券规模支持重点项目建设，加大项目用地、用海、环评等支持力度，为交通基础设施补短板带来难得机遇。二是提升科技创新能力、抓住新一轮技术革命和产业变革机遇为交通运输发展赋予新动能。随着互联网、人工智能等新技术快速发展，将加速对新的交通基础设施、运输装备以及新的运输组织模式、商业模式、治理模式等产生影响，在关键核心技术上的突破将为交通运输发展赋予新动能和新优势。三是深化市场化改革、扩大高水平开放为行业迈向现代治理带来新机遇。推进收费公路、道路货运、铁路和邮政企业等领域改革，深化“放管服”改革，交通运输综合行政执法改革、事业单位分类改革、中央与地方财政事权和支出责任划分改革等重大改革也将集中落地实施，重塑行业治理体系。同时扩大高水平开放将倒逼国内改革，进一步推进行业治理体系和治理能力现代化。四是加快绿色发展、推进生态文明建设为绿色交通发展带来新机遇。随着绿色发展走深走实、节能环保技术加快在行业推广应用、打好污染攻坚战深入推进，将促进运输结构优化调整，绿色出行加快发展，新能源车辆加快普及，为绿色交通发展开辟新空间。五是参与全球经济治理体系变革、提升国际话语权和影响力为行业开放发展带来新机遇。随着“一带一路”深入推进，沿线国家特别是发展中国家进入了交通建设的需求旺盛期，发达国家也同步进入设施升级改造的需求旺盛期，给我国交通企业“走出去”带来重大机遇。

在看到机遇的同时，也要看到交通运输经济运行稳中有变、变中有忧，风险挑战明显增多，形势更严峻、任务更艰巨。一是世界经济下行风险逐步加大、外部环境复杂多变带来的挑战。中美经贸摩擦、地缘政治风险等不确定性因素叠加，加速了全球贸易格局变化，对我国国际物流的流向、流量、结构等带来深远影响，倒逼我国全球物流运输体系加快适应和调整。一些海外交通建设项目也存在风险高、落地慢、融资难、统筹弱等诸多风险挑战。二是国内经济面临下行压力、发展要素制约带来的挑战。经济下行压力加大要求促投资、稳增长，但融资难融资贵的问题尚未有效解决，多年来累积的存量债务风险逐渐显现；用地、用海、环评等制约日渐趋紧，国土空间“三区三线”划定对交通建设发展提出新的要求；交通基础设施固定资产投资高位运行，一些在建项目停建缓建，高速公路和普通国省道等新开工项目明显减少，投资增长后劲不足，等等。这些困难对明年稳投资带来不小压力。三是结构调整阵痛凸显、行业转型升级带来的挑战。解决结构性矛盾、促进转型升级是有代价的，转型之痛在所难免。当前，行业企业面临的困难明显增多，建材、人工、用地等成本上涨拉升了建设成本，

挤压了企业盈利空间，运输结构调整也可能给部分货运企业带来阵痛，新旧业态的冲突和摩擦时有发生，行业多年累积的风险还会在转型中不断暴露。同时，推动高质量发展还存在政策法规不适应、体制机制不适应、人才队伍不适应等问题。四是关键核心技术“卡脖子”问题突出、自主创新能力和现代治理水平不足带来的挑战。技术和管理是提高全要素生产率的关键。当前，行业自主创新能力还不足，关键核心技术依然受制于人。面对交通运输新技术、新业态、新模式，法规制度建设还相对滞后，前瞻性政策储备还不够，行业监管能力还明显不足。特别是明年多项改革落地将重塑行业治理体系，如何以新的治理体系适应新任务新要求，实现平稳过渡和更好发展，是一道严峻而又紧要的考题。五是风险事件易发多发、安全稳定形势严峻带来的挑战。“安全第一、生命至上”的理念没有真正牢固树立；安全管理的体制机制还不健全；法律法规制度还不完善；政府监管责任落实不到位；企业主体责任有待加强，从业人员素质亟待提升，企业安全投入不足，管理水平不高，安全生产的基础还不牢固；新旧业态的安全生产风险不断叠加；人为破坏、网络攻击等非传统安全威胁增加；行业维稳压力加大；安全稳定发展依然任重道远。

困难不容低估，信心不可动摇，干劲不能松懈。机遇和挑战从来都是同生并存的。要想抓住和用好机遇，就要准备迎接和战胜挑战。在应对挑战中，变压力为动力，化挑战为机遇，真正抓住和用好我国发展的重要战略机遇期，真正抓住和用好交通运输基础设施发展、服务水平提高和转型发展的黄金时期。

（二）立足当前，准确把握 2019 年工作总体要求

2019 年是新中国成立 70 周年，是决胜全面建成小康社会的关键之年。做好 2019 年交通运输工作的总体要求是：以习近平新时代中国特色社会主义思想为指导，全面贯彻党的十九大和十九届二中、三中全会精神，落实中央经济工作会议精神，统筹推进“五位一体”总体布局，协调推进“四个全面”战略布局，坚持稳中求进工作总基调，坚持新发展理念，坚持推动高质量发展，坚持以供给侧结构性改革为主线，坚持深化市场化改革、扩大高水平开放，紧紧抓住并全面用好重要战略机遇期，落实“巩固、增强、提升、畅通”八字方针总要求，着力提高综合交通运输网络效率，降低物流成本，确保安全稳定，推动科技创新，继续打好三大攻坚战，为服务全面建成小康社会收官打下决定性基础，加快推进现代化综合交通运输体系建设，推动交通强国建设谋好篇、布好局，以优异成绩庆祝中华人民共和国成立 70 周年！

初步考虑，2019 年主要预期目标为：完成公路水路固定资产投资 1.8 万亿元左右。新改建农村公路 20 万公里，实现具备条件的乡镇、建制村通硬化路。新增内河高等级航道达标里程 400 公里。新增通客车建制村 5000 个，其中贫困地区 3000 个。新增直接通邮建制村 5000 个。确保北京大兴国际机场等重大项目如期建成。确保运输结构调整取得阶段性进展，实现铁路货运量增加 3.17 亿吨，集装箱铁水联运量增长 15% 以上。确保党中央、国务院部署的各项改革阶段性目标顺利完成。

做好 2019 年工作，实现预期目标，必须瞄准决胜全面建成小康社会交通运输领域兜底性任务，倒排工期，精准发力，狠抓落实，重点抓好“一个主题，一条主线，六个着力”，为服务全面建成小康社会收官打下决定性基础。

——一个主题，就是推动交通运输高质量发展。要加快形成推动交通运输高质量发展的指标体系、政策体系、标准体系、统计体系和绩效评价、政绩考核机制，建设安全、便捷、高效、绿色、经济的现代化综合交通运输体系。

——一条主线，就是深化交通运输供给侧结构性改革。要更多采取改革的办法，更多运用市场化、法治化手段，落实好“巩固、增强、提升、畅通”八字方针。这也是当前和今后一个时期深化供给侧结构性改革、推动高质量发展管总的要求。巩固，就是要巩固“三去一降一补”成果，对行业主要是补短板、降成本；增强，就是要增强微观主体活力，对行业主要是优环境、强服务；提升，就是要提升产业链水平，对行业主要是抓创新、增动能；畅通，就是要畅通经济循环，对行业主要是提效率、促融合。

——六个着力，就是要审时度势，坚持目标导向、问题导向和结果导向，找准工作着力点。重点在以下六个方面精准发力。

第一，着力提高综合交通运输网络效率。要加强综合交通运输网络体系建设，大力推进综合交通通道和枢纽节点建设，加快实施一批补短板、增后劲的重点项目。既要发挥好政府投资杠杆撬动作用，争取支持，适度增加地方政府一般债券和专项债券规模用于交通建设；又要发挥市场机制和社会投资作用，探索建立投资合理回报机制，研究推动具备条件的交通设施综合开发利用；还要用好未来收益，解决交通建设长期资金来源问题。要优化运输结构，以促进大宗货物中长途运输“公转铁”“公转水”为主攻方向，促进联程联运发展，减少综合运输中间环节，发挥好各种运输方式的比较优势和组合效率。要加强运行管理，促进战略、规划、法规、政策、标准等治理体系协调，促进发展要素综合配置，促进信息数据互通共享，提升综合交通运输发展水平。要加强交通基础设施网络的运营维护，实施精细化管理，提升交通运行效率和网络整体服务水平。

第二，着力降低物流成本。要推进结构性降本增效，推进多式联运，调整运输结构，宜铁则铁、宜公则公、宜水则水，倡导更经济的运输行为。要推进制度性降本增效，着力治理乱收费、乱罚款，降低高速公路、机场、港口、铁路等收费。要推进技术性降本增效，着力以标准化促进物流体系标准兼容、信息共享、实体互联，有效降低物流的衔接成本。要推进管理性降本增效，推动管理创新、组织创新，培育和支持平台型龙头骨干企业整合“小散弱”市场主体，以信息流引导实体流集约高效组织。提高企业管理水平，降低生产运营和管理成本。

第三，着力确保安全稳定。要牢固树立“安全第一、生命至上”安全发展理念，健全各级安全管理体制机制；加快完善安全生产的法律法规、规章制度；强化政府监管责任和企业主体责任的落实；充分发挥科技兴安作用；加强安全风险管控和隐患排查治理。要真抓实干、动真碰硬，查问题、补短板、控风险、除隐患、保安全。特别要强调的是，明年要把确保安全和维护稳定摆在更加重要位置，把困难估计得更严重一些，把措施准备得更充分一些，为庆祝新中国成立70周年营造良好氛围。

第四，着力深化市场化改革。坚持市场化改革方向，设身处地为市场主体着想，切实优化营商环境。进一步深化客货运输、建设审批等领域“放管服”改革，加快推进收费公路、铁路和邮政企业等重点领域改革，加快破除制约微观主体活力释放的体制机制障碍。切实支持民营企业发展，对交通运输新业态，要鼓励创新、趋利避害、守住底线，包容审慎监管，推动新旧业态融合发展。切实转变政府职能，以推进行业综合行政执法改革、事业单位分类改革等重大改革为契机，加快提升行业治理体系和治理能力现代化水平。

第五，着力扩大高水平开放。以共建“一带一路”为重点，以通道、运输、组织、政策、治理为发力点，系统构建我国全球物流运输体系，加快研究布局对外开放新通道，提升运输便利化水平和国际运输品牌影响力。加强对外开放工作体系建设和力量配备。以上海、海南等自贸区为试验田构建交通运输高水平开放政策体系。不断提升我国的制度性话语权，开创交通运输高水平对外开放新局面。

第六，着力推动科技创新。交通运输业是技术应用型行业，要一手抓创新，一手抓应用，加快建设创新型行业。要以科技创新为引领，研究部署交通运输科技创新中长期战略，重点解决好关键核心技术“卡脖子”的问题，加快新技术攻关和推广应用。要以智慧交通为主攻方向，推动大数据、互联网、人工智能等技术与交通运输深度融合。要以人才为支撑，坚持“高精尖缺”导向，加大行业人才队伍培养力度，真正使人才成为推动高质量发展的第一资源。

(三) 着眼长远，为建设交通强国谋好篇、布好局

交通是兴国之要、强国之基。建设交通强国，是满足人民日益增长的美好生活需要的必然要求，是全面建设社会主义现代化国家的内在要求，是顺应世界交通发展大势的客观需要。

建设交通强国，要以习近平新时代中国特色社会主义思想为指导，以高质量发展为根本要求，以“构建安全、便捷、高效、绿色、经济的现代化交通体系”为价值取向，以“打造一流设施、一流技术、一流管理、一流服务”为基本目标，以“人民满意、保障有力、世界领先”为基本内涵，以“服务大局、当好先行，创新引领、深化改革，强化协同、深度融合，全球视野、中国特色”为基本原则，从2021年到本世纪中叶分两个阶段建设交通强国，即：到2035年，基本建成交通强国，总体进入世界先进行列；到本世纪中叶，全面建成人民满意、保障有力、世界领先的交通强国。

建设交通强国，重点要打造立体互联、质量卓越的基础设施体系；构建先进适用、完备可控的交通装备体系；构建便捷舒适、经济高效的运输服务体系；建立智慧引领、富有活力的创新驱动体系；构筑完善可靠、反应快速的安全保障体系；构建资源节约、环境友好的绿色交通体系；构建面向全球、互利共赢的开放合作体系；建立和谐包容、特色彰显的交通文化体系；建立科学规范、协同高效的交通治理体系。

建设交通强国，要加强组织保障，推动建立交通强国建设实施工作机制；要加强人才保障，把人才作为建设交通强国的第一资源要加强政策协同，研究制定进一步支持交通强国建设的政策措施；要加强资金保障，完善政府主导、分级负责、多元筹资、风险可控的资金保障和运行管理体制；要加强实施管理，构建交通强国建设的制度体系。

建设交通强国是一个不断深化认识、不断凝聚共识、持续务实推进的过程。党中央、国务院高度重视交通强国建设，成立了由刘鹤副总理担任组长的交通强国建设纲要编制起草组，并成立了起草组专家咨询委员会，研究编制了交通强国建设试点工作方案。经各方面共同努力，已经形成《交通强国建设纲要（送审稿）》，目前正在按程序呈报国务院审议。党中央、国务院审议通过并印发实施《交通强国建设纲要》后，我们就将踏上建设交通强国的新征程。这将是一次我国交通运输发展史上的新长征，是新时代全行业为之奋斗的新使命。我们要振奋精神、倍加努力，满怀豪情地为建设交通强国而努力奋斗！

三、2019年工作安排

2019年要重点做好以下10个方面的工作：

(一) 打好三大攻坚战，为服务全面建成小康社会收官打下决定性基础

一是完成交通脱贫攻坚建设任务。加强贫困地区特别是“三区三州”等深度贫困地区国家铁路网、国家高速公路网等对外骨干通道建设，强化内部通道连接。年底前实现具备条件的乡镇、建制村通硬化路。推进乡镇、建制村硬化路“畅返不

畅”路段改造。推进乡镇运输服务站建设，新增通客车建制村5000个，其中贫困地区不少于3000个。加快资源路、旅游路和产业路建设，继续推进“交通＋特色产业”“交通＋生态旅游”“交通＋电商快递”等扶贫模式。改善贫困地区渡运条件。继续做好定点扶贫、对口支援和联系六盘山片区等专项扶贫工作。二是打好交通污染防治攻坚战。加快推进运输结构调整，实施铁路运能提升、水运系统升级、公路货运治理、多式联运提速、城市绿色配送、信息资源整合等“六大行动”，特别是抓好进港、进厂、进园区的铁路专用线建设，推动大宗货物中长距离运输更多向铁路、水运转移。推进柴油货车污染治理，加快淘汰老旧和高能耗、高排放营运车辆。强化船舶和港口污染防治，深入推进船舶排放控制区调整扩大方案实施，落实船舶排放控制措施。严格执行船舶强制报废制度。继续推进“碧海行动”。三是深化交通投融资改革，打好防范化解金融风险的攻坚战。稳定车购税、港建费、成品油转移支付资金等中央交通专项资金政策，研究设立多式联运等产业基金。推动扩大收费公路专项债券额度，协调将农村公路继续作为一般债券优先支持的范围。充分发挥行业企业融资平台作用，积极扩大和引导社会资本特别是中长期资金进入高速公路建设等领域。把握好补短板、促投资、稳增长与防风险之间的关系，防范化解政府隐性债务风险。

（二）深化交通运输供给侧结构性改革

一是加大基础设施补短板的力度。加快推进重大建设项目前期工作。抓紧推进川藏铁路、郑万高铁等规划建设。高质量推进深中通道等重点公路项目建设，持续推进国家高速公路待贯通路段建设、交通繁忙路段扩容改造和普通国省道低等级路段升级改造，实施公路兴边工程。加快推进内河千吨级航道和长江干线航道系统治理，加快实施引江济淮航运工程和京杭运河升级改造工程。确保北京大兴国际机场安全、高质量建设，如期投入运营。加快实现建制村直接通邮。二是进一步降低物流成本。深化收费公路制度改革，继续落实降低过路过桥费用要求，全面推广高速公路差异化收费，扎实推进试点省市开展取消高速公路省界收费站工作。探索建立与重大设备生产、运输企业对口服务机制，全面提升大件运输许可管理与服务水平。加快推进普通货运车辆年审网上办理，严格落实取消二级维护强制上线检测，稳步推进“三检合一”。进一步开放铁路专用线代运营代维护、自备车检修等市场，降低铁路专用线和短驳服务收费。督促港口企业严格执行港口经营服务性收费目录清单和公示制度，进一步规范经营服务性收费行为。三是加快优化营商环境。深化“放管服”改革，再取消下放一批行政许可事项。清理整合和规范各类认证、评估、检查、检测等中介服务事项。加快构建以“双随机、一公开”监管为基本手段、重点监管为补充、信用监管为核心的新型监管机制。开展交通运输领域“减证便民”活动。推进邮政快递企业进服务大厅，推广“网上办事＋网下寄递”模式。全面实现交通运输政务服务“一网通办”、企业群众办事“只进一扇门”“最多跑一次”。四是强化高品质交通运输服务。提升全国道路客运联网售票服务水平。推进重点水域水路客运联网售票。实现260个城市交通一卡通互联互通，大幅提升用户数量。推动缓解城市交通拥堵问题，让人民群众“行得顺心”。开展ETC服务专项提升行动，实现ETC车载设备免费安装全覆盖，实现手机移动支付在高速公路人工收费车道全覆盖。开展全国高速公路服务区服务质量等级评定，建设改造一批普通国省干线公路服务设施，推进建设100个“司机之家”。实现汽车维修电子健康档案省级系统全覆盖。建设“一区三站”三峡通航综合服务区。提升三峡船闸通过能力。提高琼州海峡客滚运输服务能力水平。提升民航服务质量，打造民航企业“中国服务”品牌。五是加快培育交通运输新动能。大力支持“互联网＋”运输服务新业态，推进网约车、互联网租赁自行车规范发展，鼓励农村客运和物流综合服务信息平台建设。完善无车承运人制度，培育提升无车承运骨干企业发展能力。提升冷链物流、城市配送等服务，推动快递和电商物流等新模式发展。推广邮轮船票制度，试点推进海南邮轮公海游。促进通用航空发展。六是提升综合交通运输效率。加强统筹规划，畅通综合运输大通道，强化各种运输方式融合发展，提高综合交通运输网络效率。加快推进物流大通道和货运枢纽（物流园区）建设，推进重要港区、物流园区、大型工矿企业铁路专用线建设。畅通运输组织链条，鼓励发展公铁、空巴等多种形式的旅客联程运输，加快推动票务服务一体化、行李服务便利化。推动集装箱标准化，实施多式联运提速行动，实现集装箱铁水联运量增长15%以上。推进先进轨道交通装备、海洋工程装备及高技术船舶等的行业应用，开展省级交通旅游服务大数据试点，促进交通运输与装备制造、文化旅游等产业融合发展。

（三）为国家重大战略实施当好先行

一是积极推动“一带一路”交通建设。做好第二届“一带一路”国际合作高峰论坛交通运输相关工作，办好设施联通分论坛。编制共建“一带一路”交通运输有关规划实施方案。加强境内铁路、口岸公路、高速公路、界河桥梁等建设，推进中巴经济走廊公路和铁路、中俄黑河大桥等项目建设，推进中尼跨境铁路、澜沧江—湄公河航道二期整治等前期工作。积极推进“海上丝绸之路”重要港口建设，在重点地区研究建设海外救助基地。加强海上搜救合作，完善国际合作机制，共同维护海上重要国际通道安全畅通。协同推进中欧班列、中欧陆海快线有序发展。扎实推进沿线国家和地区航空运输互联互通。二是大力推进京津冀暨雄安新区交通建设。加快京沈高铁、大张高铁、京秦高速等项目建设，加强津冀港口、三地机场协同发展。加快推进京津冀运输结构调整示范区建设，提高跨区域、跨方式运输服务一体化水平。加快推进京雄城际铁路、津石高速等雄安新区对外骨干通道项目建设，加快京港（台）高铁京雄段和雄商段、荣乌高速新线、京雄高速公路等项目前期工作。推进京张铁路等2022年冬奥会交通保障项目建设，建成兴延高速公路，力争建成延崇高速公路。做好2019年北京世界园艺博览会运输服务保障工作。三是加快建设长江经济带综合立体交通走廊。坚持“共抓大保护、不搞大开发”和“生态优先、绿色发展”，深入实施工程建设生态保护、岸线资源节约集约利用、船型标准化、清洁能源推广等工作。要整体设计综合交通运输，发挥铁路、公路、水运各自优势，形成综合交通运输体系。提升长江黄金水道功能，实施长江武汉至安庆段6米水深航道整治工程、新洲—九江航道二期工程等一批重大项目，配合推进三峡枢纽水运新通道相关前期工作。推进沿江高铁规划建设，优化和完善区域公路网络，推进枢纽机场、支线机场等建设。优化运输组织，大力发展江海直达、干支直达和多式联运。积极推动长江游轮运输发展。四是支持粤港澳大湾区综合交通运输体系建设。推进赣州至深圳铁路、沈海高速繁忙路段改扩建等项目，实施西江航运干线扩能、珠三角航道网完善等工程，提升港口群服务能力，推进粤港澳大湾区世界级机场群协同发展。进一步深化内地与港澳在海事、水运、便利化运输、搜救、救捞等领域合作。稳步推进交通运输对台工作。五是推进长三角交通运输一体化发展。加强长三角交通运输一体化区域协作，强化跨区域、跨运输方式融合发展。协同推进长三角高等级航道网建设，推进长江口南槽航道治理一期工程，做好长江口大型船舶超宽交会常态化运行工作。完善江海联运配套港口设施，加快推进小洋山北侧支线码头开发进程。加强港口资源整合，提升一体化运营水平。推动长三角沿江主要港口年底前基本实现外贸集装箱设备交接单电子化。六是着力为乡村振兴当好先行。编制农村公路中长期发展纲要和“四好农村路”高质量发展的指导意见。实施农村公路窄路基路面公路加宽改造、农村公路路网改善工程，加快推进撤并建制村等较大人口规模自然村、云南“直过民族”自然村、抵边自然村等通硬化路建设，更好满足农村客运发展条件。结合美丽乡村建设，大力开展路域环境整治。推动出台《深化农村公路管理养护体制改革的意见》，加大“四好农村路”示范县和“路长制”推广力度。深入推进城乡交通运输一体化建设。加快完善县乡村物流体系，提升农村物流节点服务功能。实施“邮政在乡”和“快递下乡”换挡升级工程。此外，还要统筹推进支持西部大开发、东北全面振兴、中部地区崛起、东部率先发展的重要交通基础设施建设，为区域发展总体战略提供支撑。

（四）进一步深化交通运输改革

一是深入推进管理体制机制改革。深入推进省、市两级交通运输综合改革试点。推进实施交通运输领域中央与地方财政事权和支出责任划分改革。深化预算绩效管理改革，加快推进部属单位政府会计制度改革。持续推进事业单位改革，试点推进部属单位编制管理动态调整机制建设。二是加快重点领域改革。确保按期完成交通运输综合行政执法改革，加快制定相关配套标准和制度，尽快形成新的工作运行机制。继续深化出租汽车行业改革。推进出入境汽车运输管理改革。推进自由贸易试验区海运试点政策和海事监管制度创新向全国复制推广。推进职业资格制度规范化管理，实施行业从业人员素质提升行动，开展道路运输重点领域从业人员职业化培训考试改革试点。推动空域管理体制改革。三是加快建立和完善交通运输现代市场体系。深化市场化改革，完善统一开放、竞争有序、充满活力的现代交通运输市场。研究制定公路养护企业资质管理规定及资质标准。推进道路客运线路配置和价格机制改革，扩大企业经营自主权。加快网约车合规化进程。健全完善营运车辆准入管理，继续实施安全达标管理，持续推进货运车辆标准化。推动实施交通运输信用信息分级分类精细化管理，加大联合奖惩力度，持续推进“信用交通省”建设。

（五）加快推动绿色交通智慧交通发展

一是推进绿色交通发展。出台绿色出行行动计划，推进公交优先发展，持续推进公交都市创建与评估工作，推广慢行交通系统。加快新能源和清洁能源车船推广应用，加快推动船舶靠港使用岸电，着力提升岸电设施利用率。开展机场新能源综合利用示范。推广绿色维修，加快实施汽车排放检测与维修治理（I/M）制度。推动快件包装绿色化、减量化、可循环。积极推进公共机构节能减排工作。二是大力发展智慧交通。加快国家综合交通运输信息平台建设，组织开展首批交通大数据融合平台试点。持续推进新一代国家交通控制网、智慧公路等试点。启动建设互联网道路运输综合服务平台，推进道路客运电子客票试点。加强北斗卫星导航系统等自主可控技术的行业应用。加快智慧港口建设，支持智能航运发展，推进e航海示范项目建设。推动国家交通运输物流公共信息平台升级工作，推动多式联运公共信息平台建设。制定《交通运输关键信息基础设施安全规划》。三是提高交通运输科技创新能力。跟踪新一代人工智能、新材料、新能源等重点领域科技进展，推动港珠澳大桥智能运维等技术研发及应用。持续推进自动驾驶封闭测试及标准规范建设，加快推动辅助自动驾驶技术在营运车辆中的应用。聚焦关键核心技术研发，布局建设一批重点科研平台，强化关键共性技术、前沿引领技术等研究和应用。完善科技资源开放共享、科研平台管理、科技成果转化等方面的制度，营造良好科技创新环境。

（六）促进交通运输高水平开放

一是大力推进交通运输对外合作交流。加强与日、德等亚欧发达国家交通运输合作，推动在国际运输论坛、亚太经合组织等多边领域开展前沿技术交流。进一步深化、提升与俄罗斯在跨境基础设施、国际运输等领域的合作，推动东北亚陆海互联互通和北极航道开发。稳步开展中美交通运输合作，妥善应对中美经贸摩擦对交通运输的影响。充分利用上海合作组织、中国—东盟等机制和平台，深化与周边国家的合作。落实中非合作论坛北京峰会成果，启动与南非部门间合作谅解备忘录框架下的合作。二是推动交通运输全方位“走出去”。加强高铁、公路、港口码头等领域技术标准国际合作，支持交通运输企业参与海外交通基础设施的规划、设计、建设和运营。不断壮大五星旗船队规模，促进海运服务贸易进出口平衡发展。强化搜救、反海盗、救捞领域国际合作，做好交通运输行业海外利益保护工作。积极参与非洲区域航空网建设。三是深入参与交通运输全球治理。加强与铁路合作组织、国际海事组织、国际民航组织、万国邮政联盟等国际组织事务合作，推动治理结构改革。主动引导全球海运温室气体减排战略的制定和实施，积极参与交通运输领域国际规则和标准的制定。落实联合国2030年可持续发展议程框架下的交通运输事项，筹备好2020年第二届联合国全球可持续交通大会。加强国际化人才培养和储备，积极向国际组织推送交通运输人才。四是提高国际运输便利化水平。推动与尼泊尔、乌克兰、格鲁吉亚、白俄罗斯等国际道路运输协定商签，推动与沙特签署双边海运协定，推动已签署的双边、多边协定落地实施。完善国家便利运输委员会工作机制，积极推进加入国际运输便利化公约。加快推进国际贸易单一窗口建设，做好口岸查验单位一次性联合检查机制相关工作。提高铁路、民航国际运输便利化水平。

（七）深入推进交通运输法治政府部门建设

一是加快完善交通运输法规标准体系。推动制修订《收费公路管理条例》《城市公共交通管理条例》《铁路交通事故应急救援和调查处理条例》《中华人民共和国民用航空法》等。加快推进《中华人民共和国海商法》《中华人民共和国公路法》《中华人民共和国铁路法》《农村公路条例》《中华人民共和国道路运输条例》等立法进程。科学编制年度立法计划，加快推动部门规章制修订。推动地方交通运输立法，探索开展跨行政区域交通运输立法。完善行业标准体系，加强综合交通运输、安全应急、物流、信息化和节能环保等领域标准制修订。二是全面提高依法行政能力。加强行政规范性文件制定和监督管理工作，落实重大决策合法性审查的要求。加强法治政府部门建设。三是严格规范执法。整合规范交通运输领域监督检查和执法活动。深入推进车辆超限超载治理联合执法常态化、制度化，加快推广重点货运源头技术监控、高速公路入口称重检测和普通国省干线公路超限监测站电子抓拍。开展铁路运输联合执法检查，推进邮政移动执法应用。研究制定暗访工作办法。推进交通运输基层执法“四基四化”建设，提升执法效能和规范化水平。全面扩大企业一套表联网直报实施范围，开展道路货物运输量专项调查，坚决防范和惩治统计造假。

（八）谋划推进交通强国建设

一是抓好建设纲要出台后的贯彻落实。中央出台《交通强国建设纲要》后，我们要加强宣传解读，抓好贯彻落实。要进一步深化交通强国框架体系研究，形成交通强国建设铁路、公路、水运、民航、邮政、城市交通、运输服务等新篇章。二是做好规划纲要编制工作。推进《综合立体交通网规划纲要（2021—2050年）》编制工作，突出综合立体、融合发展，构建面向未来的综合交通运输体系。开展长三角、粤港澳等重点区域综合交通运输体系规划研究。研究提出大力推进海运业高质量发展的意见。编制《内河航运发展纲要（2021—2050年）》等规划。启动"十四五"综合交通运输规划编制工作。加强交通运输规划与国土空间规划的衔接。三是部署开展交通强国建设试点研究工作。鼓励有条件的省市、区域、企业在交通强国建设中先行先试。

（九）牢牢守住交通运输安全底线

一是完善安全责任体系。要下更大气力抓好安全生产和交通安全，依法加强对危险品运输、高铁和旅客列车、水上客运、道路客运、城市轨道交通运营、民航、快递等领域安全监管。开展安全监管履职情况评估。推动企业落实安全生产主体责任，建立健全覆盖生产经营各环节、责任明晰的安全生产制度。创新保险等第三方参与安全协同治理的新机制。二是不断加强隐患治理和风险管控。完善风险分级管控和隐患排查治理双重预防机制，加快制定各领域重大风险和隐患判定指南。实施乡道及以上公路安全生命防护工程24万公里，改造危桥4700座，完成干线公路地质灾害处理500公里。持续加强四类重点船舶和"六区一线"水域安全监管，加强危险货物港口作业安全管理。加强通航建筑物运行安全管理。深入推进安全工程建设。大力实施科技兴安工程，积极推进先进安全技术装备应用。深刻汲取事故教训，举一反三，深挖事故深层次原因。推进安全生产信用管理。开展铁路"安全质量服务创新年"，加强铁路运输安全监管。持续改进民航安全管理体系。加快建设邮政快递"绿盾"工程。三是开展安全生产专项行动。开展金沙江堰塞湖灾毁公路应急抢通及灾后重建专项行动，提升公路桥梁安全防护和连续长陡下坡路段安全通行能力专项行动，营运客运汽车安全监控及防护装置整治专项行动，营运客车和货车驾驶员安全文明驾驶教育培训专项行动，文明交通文明出行宣传教育专项行动，长江干线水上应急救助能力提升专项行动，内河船涉海运输整治专项行动。积极推进城市轨道交通运营管理体系建设。四是强化运输安保和应急处置能力。全力做好庆祝新中国成立70周年、全国"两会"等重大活动运输安保。加强春运、黄金周等重点时段安全监管和应急保障，做好极端天气预警防范工作。加强自然灾害防治能力、重大海上溢油应急处置能力以及海上搜救体系建设，推进应急值守规范化、应急演习演练常态化。提升南海、长江干线和内陆库区应急救助打捞能力。全力做好行业维稳工作。

（十）全面加强党的建设

一是坚定不移推进全面从严治党向纵深发展。坚持把党的政治建设放在首位，牢固树立"四个意识"，坚定"四个自信"，坚决做到"两个维护"，做好"三个表率"，建设"模范机关"。深入学习贯彻习近平新时代中国特色社会主义思想，持续推进"两学一做"学习教育常态化制度化，按照中央部署开展"不忘初心、牢记使命"主题教育。加强党支部标准化规范化建设。严格落实中央八项规定精神，巩固拓展作风建设成果。构建全方位多角度监督体系，深化运用监督执纪"四种形态"，坚决查处违法违纪案件。推进交通扶贫领域腐败和作风问题等专项治理。确保中央脱贫攻坚专项巡视、国务院大督查反馈问题整改落实到位。深化政治巡视巡察，持续探索巡视巡察上下联动工作机制。强化审计监督，推动各单位规范管理。二是加强干部队伍和人才队伍建设。贯彻新时代党的组织路线，做好干部培育、选拔、管理、使用工作，加强各级领导班子建设，有序推进公务员分类管理改革，落实发现培养选拔优秀年轻干部的实施意见，完善容错纠错机制等配套制度和激励举措，激励干部担当作为。深化人才发展体制机制改革，加强行业高层次高技能人才队伍建设。推进交通运输新型智库建设。加快大连海事大学“双一流”建设。大力发展现代交通运输职业教育，弘扬“工匠精神”，开展职业技能竞赛等活动。加强党对群团、统战等工作的领导，认真做好离退休干部工作，做好机关运行服务和后勤保障工作。三是做好精神文明建设和新闻舆论工作。落实意识形态工作责任制，加强阵地建设和管理。大力弘扬“两路”精神、劳模精神和新时代交通精神，加大“时代楷模”、感动交通年度人物等培树宣传力度，力争推出一批全国重大典型。推进交通运输文博工程，建设一批行业博物馆、陈列室等，推出一批交通运输文艺精品。做好庆祝新中国成立70周年等宣传工作，讲好交通故事，为建设交通强国营造良好环境。

延伸阅读——降成本、强服务、保安全、促改革——专访交通运输部部长李小鹏

延伸阅读——部长通道·交通运输部部长李小鹏：保证建好用好“四好农村路”

冯正霖在2019年全国民航工作会议上的讲话

（2019年1月7日）

以新发展理念为引领　推进民航高质量发展

这次会议的主要任务是，以习近平新时代中国特色社会主义思想为指导，全面贯彻党的十九大和十九届二中、三中全会以及中央经济工作会议精神，贯彻全国交通运输工作会议精神，以新发展理念为引领，总结民航2018年工作，谋划推进民航高质量发展的思路和重点，部署2019年主要任务。

一、2018年民航主要工作回顾

2018年，民航工作大事多、要事多、亮点多，是中国民航发展史上意义非凡的一年。

这一年，习近平总书记亲切接见“中国民航英雄机组”，并先后3次对民航工作作出重要批示指示，在民航发展史上具有里程碑意义。习近平总书记的系列重要指示，站在党和国家工作全局的高度，坚持战略思维、辩证思维和底线思维，全面、系统阐明了新时代民航工作的指导思想和工作方针，是做好当前和今后民航工作的根本遵循和行动指南。民航局党组把贯彻落实习近平总书记重要批示指示精神当作首要政治任务，广泛开展宣传学习，深刻领会贯彻，切实落实到抓安全、抓发展、抓服务、抓队伍的实际行动中，形成了丰硕的实践成果。

这一年，时逢改革开放40周年，我们隆重举行了系列庆祝活动，发布了《新时代民航强国建设行动纲要》，对民航发展具有承上启下、继往开来的重要意义。我们全面回顾民航改革开放的生动实践和辉煌成绩，深入总结民航改革开放的基本经验，深刻体会到改革开放是推动民航发展的关键一招，只有进一步深化改革开放，不断破除束缚民航发展的体制机制障碍，才能不断解放和发展民航生产力，才能更好地满足人民群众美好生活需要。我们深刻认识改革开放40年与新时代民航强国建设的内在联系，发布《新时代民航强国建设行动纲要》，这是指导新时代民航发展的纲领性文件，既是鼓舞人心的战略部署，也是催人奋进的宏伟蓝图，吹响了民航人新时代改革再出发的冲锋号角。

这一年，是"十三五"规划实施关键一年，是民航补短板、强弱项的关键一年，民航各个领域都有新作为，各项工作都上新台阶，行业发展呈现新气象。一年来，我们坚持稳中求进总基调，坚持供给侧结构性改革这条主线，全面落实"一二三三四"总体工作思路，积极推进"一加快、两实现"战略进程，行业发展保持了稳中有进的良好态势。2018年，全行业完成运输总周转量1206.4亿吨公里，旅客运输量6.1亿人次、货邮运输量738.5万吨，同比分别增长11.4%、10.9%、4.6%。运输总周转量连续14年位居世界第二，达到美国的60%以上，较2005年缩小约45个百分点。首都机场旅客吞吐量突破1亿人次，成都、重庆、哈尔滨、贵阳、三亚等机场旅客吞吐量均实现历史性突破，千万级机场达到37个，同比增加5个。空管保障航班起降突破1000万架次。民航旅客周转量在综合交通运输体系中的比重达31%，同比提升1.9个百分点。全行业完成营业收入约8750亿元，同比增长17%。圆满完成重要专包机以及"两会"、博鳌亚洲论坛年会、青岛上合组织峰会、中非合作论坛、首届中国国际进口博览会、宁夏回族自治区和广西壮族自治区60周年大庆、珠海航展、紧急接运受台风影响滞留大阪和塞班旅客等重大保障任务。

一年来，我们紧扣行业发展的主要矛盾和制约瓶颈，步步为营，攻坚克难，在许多方面都取得了突破性的成绩，为民航长远发展奠定了坚实基础。

(一) 运输航空创造安全飞行新纪录

全行业认真贯彻落实习近平总书记批示指示精神，研究制定确保民航安全运行平稳可控26条措施。既强化安全工作的政治担当。把安全作为民航的生命线和领导干部的政治生命线，全面加强党对民航安全工作的领导，坚定不移地把安全责任扛在肩上。又切实抓好安全责任落实。督促各单位全面落实安全生产主体责任，层层传导安全压力，压实岗位责任；严肃查处违法失信行为以及责任原因严重不安全事件，促进事发单位警醒反思，切实修复安全链条。既突出重点、点穴扎针。集中开展偏离空管指令"五防"专项整治，加强关键岗位技术人员资质管理，深入推进空防安全"六严"专项工作，强化各运行单位运控部门风险防控职能，开展安全从业人员作风宣讲，加大中小机场安全隐患治理。又综合施策、系统防控。正确处理安全与发展、安全与效益的关系，严把新航空公司设立关、新运力引进关、新增容量评估关，严控业务量增长过快机场的航班增量，加大安全投入，持续推进安全管理体系（SMS）建设，着力提高安全风险防控水平。既立足当前，坚决扭转安全形势滑坡局面。针对7、8月份不安全事件频发的问题，开展为期四个月的全行业安全大检查，对安全隐患"零容忍"，全行业共排查各类隐患问题4594项，整改完成率达到90%。又着眼长远，努力保持民航安全运行长期平稳可控。系统梳理现有安全规章标准，提升适用性和有效性；大力推进监管模式改革，强化企业自查自律，出台运输航空公司差异化监管政策；推进安全诚信体系建设，加快新技术在民航安全领域的应用；研究与国资委、地方政府等建立联动机制，形成齐抓共管的强大合力。

在全行业的共同努力下，一个航班一个航班盯、一个环节一个环节抓，我们牢牢守住了飞行安全底线。2018年运输航空安全飞行1153万小时，同比增长8.9%，事故征候万时率同比下降8.3%。运输航空实现持续安全飞行100个月、6836万小时的安全新纪录，实现16年零8个月的空防安全零责任事故纪录。

（二）供给侧结构性改革成效明显

面对行业发展需求旺盛和资源保障能力不足的突出矛盾，把“补短板”作为民航供给侧结构性改革的主要阵地，把“强弱项”作为民航供给侧结构性改革的主攻方向。瞄准空域资源短板，完善推进中南、华东、华北地区空域精细化管理改革和四川省低空空域管理改革试点工作。新增航线航路里程6643公里，M503北上航线及相关衔接航线、沪哈大通道（一期）、中韩大通道相继启用，成拉复线正式开通。瞄准基础设施短板，加强民航重大项目储备，谋划了未来10年重点推进的198个项目，总投资约13000亿元。2018年完成固定资产投资810亿元，新建、迁建运输机场9个，新增跑道6条、停机位305个、航站楼面积133.1万平方米，运输机场总数达235个。发布哈尔滨、郑州国际航空枢纽战略规划。加强综合管控，突出重点节点，全力推进北京大兴国际机场建设和运营筹备，截至目前累计完成投资554.9亿元，飞行区四条跑道全面贯通，航站楼精装和设备安装进入收尾阶段，附属设施和配套工程进展顺利，运营筹备全面启动，总进度管控计划374个关键节点完成146个。“平安、智慧、绿色、人文”四型机场建设全面推进，制定印发建设导则，开展示范项目创建。军民航机场深度融合工作持续取得新进展，采取“政治动员、委托援建和建设运行一体化”方式，推动西藏机场建设“3+1”援建项目落地实施。空管“三中心”建设进展顺利，全国航班运行协同决策系统、民航通信网、东西部ADS-B等重大工程竣工。瞄准技术应用短板，积极推动高原复杂机场公共RNP AR运行；在首都机场开展HUD RVR90米低能见起飞试点和III类进近着陆试运行，浦东机场第二跑道正式开放III类运行；推进PBCS（基于性能的通信和监视）应用，积极开展激光雷达和云雾雷达试验验证。推动北斗系统在民航领域运用。积极推动机场新技术应用，编制机场新技术名录指南，在首都机场启动FOD探测系统试验验证。瞄准人力资源短板，直属院校2018年招生达2.4万人，17所高校年招收飞行学生超过5500人，创历史新高。规范飞行员有序流动。飞行、机务、空管等持照专业技术人员近21万名，民航员工队伍素质不断提升。瞄准发展结构不平衡，出台国际航权资源配置和使用管理办法，进一步放开远程国际航线市场准入。发布促进航空物流业发展的指导意见。大力优化疏解北京首都、上海浦东、广州白云机场非国际枢纽功能，加密国际枢纽与区域枢纽间“空中快线”，三地国际与地区航线比例同比分别提高1.4、0.5、1.3个百分点，支线比例同比分别降低0.6、0.5、0.9个百分点。安排中小机场、支线航空、通用航空等补贴资金27.5亿元。鼓励符合运行条件的支线航空公司设立发展，推进基本航空服务计划试点，支线航班量同比增长18.6%，远高于行业平均水平。中部机场旅客吞吐量和货邮吞吐量增速为14.8%、10.5%，分别高于全国平均增速4.6和7.0个百分点。

（三）航班正常率跨越80%大关

在空域资源紧张、运行环境复杂、极端天气

频发的情况下，我们坚持眼睛向内，通过压实责任、改进标准、优化机制等手段，不断挖掘现有资源的保障能力，不断提升行业整体运行效率。按照“控总量、调结构”的思路，采取了一系列前瞻性、预见性政策措施，科学编制航季航班计划，严控繁忙机场预先飞行计划，适度调控东部繁忙地区航班量，适当放宽东北、西北、新疆等地区增量。激发空管系统改革活力，规范空中流量管理，缩小管制间隔，实现区域雷达管制平均间隔不大于15公里、进近雷达管制平均间隔不大于7.5公里。10个三千万级机场完成A-CDM系统建设，14个机场完成机坪管制移交，24个机场建立运管委机制，民航运行数据中心正式揭牌。优化空管CDM系统，深化管制气象融合，行业运行数据共享平台初显成效。深入开展航班正常督导，加大繁忙地区航班延误整治力度，强化航空公司、机场、空管之间的协同，完善航班延误处置联动机制。2018年共保障各类飞行562.4万班，日均15409班，在航班总量同比增长5.65%情况下，全国航班正常率达80.13%，同比提高8.46个百分点，是2010年以来历史新高，得到社会各方面的普遍肯定。这也说明，只要我们守住安全底线，不断提升以航班正常率为牵引指标的服务品质，民航在综合运输体系中的比较优势就能得到充分发挥，就能不断推进民航业的高质量发展。

（四）真情服务旅客获得感明显增强

围绕做实八项便民举措，扎实推进“民航服务质量体系建设”专项行动。旅客出行信息告知更加及时全面，航班动态信息多方式实时推送基本实现。全国229家机场全面开通“航信通”，32家千万级机场实现国内航班旅客乘机全流程电子化，上海浦东机场率先实现国际及地区航班全流程“无纸化”出行，全年“无纸化”乘机的旅客达2.25亿人次。机场餐饮“同城同质同价”成为机场服务评价的重要内容，大多数机场候机楼餐饮价格已与市区同级价格水平保持一致。开展行李运输装卸专项整治，推广行李自助托运、RFID行李全程跟踪等技术，部分机场实现出港行李全程跟踪和到港行李视频监控。客票销售和退改签更加规范，退改签效率进一步提升。陆续推出一批具有季节差异、地域特色以及传统节日特点的机上餐食，受到旅客广泛认可。开放机上便携式电子设备使用，已有12家航空公司在300多架航空器上开通了客舱网络服务。建立完善旅客投诉集中受理平台，38家航空公司、170个机场实现与平台对接。2018年，旅客投诉总量同比下降16.1%，对航空公司和机场服务满意度同比分别提升2.2和1.9个百分点。

（五）民航国际交流合作不断拓展

配合国家外交大局，全面加强民航国际交流合作。签署金砖国家区域航空伙伴关系谅解备忘录。在我国与巴拿马建交10个月内，国航开通我国首条至中美洲的定期客运航线，有力支持我国对中美洲地区的外交工作和与巴拿马的务实合作。与厄瓜多尔签署民航领域合作与技术援助谅解备忘录。与刚果（布）、科特迪瓦、卢旺达、多米尼加等正式签署、与亚美尼亚重签了政府间航空运输协定。截至去年底，与我国签署航空运输协定的国家地区达126个。积极推进“一带一路”倡议在全球民航领域落地，2018年国内公司新开国际航线167条，其中涉及“一带一路”国家航线105条。与蒙古、马来西亚、埃及、以色列、乌克兰、埃塞俄比亚、纳米比亚、格林纳达达成航权安排；与印度、孟加拉举行航空会谈；与波黑建立民航联系，填补了“一带一路”沿线国家空白；与俄罗斯大幅扩大飞越权，为我国航空企业飞越俄领空增开欧美航线创造了有利条件；与卢森堡扩大航权安排，为郑州建设货运枢纽提供航权保证。签署中法民航技术合作协议。深入推进中美、中欧、中俄、中加等适航审定合作，大力支持国产飞机出口及海外安全运行。成功举办首届亚太地区民航部长级会议，通过《北京宣言》，首次将人类命运共同体写入国际民航领域文件。承办全球无人机大会、第二届中欧航空安全年会等重要会议及活动。柳芳成功连任ICAO秘书长。空管局加入全球民用航空航行服务组织。积极落实“31条惠台措施”民航相关工作，严正应对台方在M503北上航线及其连接线启用时的无理过激反应和人为设置障碍。坚持“一个中国”原则，整治外航官方网站涉港澳台信息。

（六）深化改革内生动力日益强劲

面对行业发展的诸多矛盾，坚持以深化改革为动力，将年度重点任务、“两会”代表委员和全国民航工作会议代表的意见建议纳入改革方案，“四合一”整体推进。全年确定的200项改革任务，完成189项，改革效果得到第三方评估充分肯定。国家空域管理体制改革、行业公安管理体制改革取得积极进展，局属建设类企业股份制改革取得重大成果，中国民航机场建设集团有限公司重组成立。以简政放权放出活力和动力。进一步放开社会资本投资民航业限制，推出28个民航领域鼓励民间投资项目，总投资规模达1100亿元。取消航班计划审批，一、二类航线航班计划和所有临时飞行均实现网上审核备案。按照“分类管理、放管结合、以放为主”的原则，以通航监管专项督查193项问题整改为抓手，着力解决通航监管过严、制度性成本过高等问题。颁布小型航空器商业运输运行合格审定简化程序，多地试点推广通航经营许可与运行许可联合审定，企业获得许可时间由3至6个月缩短至最少9个工作日。降低私照训练和体检标准、降低维修要求，合并受理通航飞行任务与飞行计划审批。在各项政策的推动下，全年126座通用机场获得颁证，是历年颁证总和的1.7倍；新增通航企业58家，总数达到423家；完成飞行94.1万小时，同比增长12.4%；无人机经营性飞行活动达37万小时。以创新监管管出公平和秩序。明确提出民航规章标准建设要与时俱进、规章标准执行要令行禁止，完成《民航法》第五次局部修订，颁布修订20部规章、32项标准，对征集到的492条规章标准修订意见建议逐一处理。重构通航法规体系，形成通航业务模块化管理原则，完成涉及经营许可、人员资质、机场建设、适航管理、事故调查、安保管理等方面11部规章45个条款的一揽子修订。完成民航“十三五”规划中期调整，印发深入推进民航绿色发展的实施意见。稳妥推进民航运输价格改革，完善通用航空机场收费政策，调整航空煤油进销差价，加大价格监管力度。以优化服务服出便利和品质。落实维修用进口航材免税政策，解决进口租赁飞机双重征收增值税等老大难问题。扩围民航安全生产设备抵扣所得税优惠目录，由2项增至10项，有效减轻企业税收负担。开发航空器国籍和适航证件办理系统，行政相对人“只跑一趟”即可领到相应证件。在中国商飞设立适航办公室，加强对重点型号项目审定工作的服务力度。增加试验类适航证，给个人自制航空器适航取证建立渠道。推进政务信息系统整合共享。各单位各部门在深化改革中展现了高度的大局意识、责任意识、协同意识，形成了团结协作、务实高效的工作氛围和工作作风。

（七）科教创新成果实现多点突破

举办首届民航科教创新成果展，组织高端对话会，邀请院士专家建言献策。积极推动民航局与四川省、中国电科、北航大等单位签署战略合作协议。首批遴选出民航科技创新12名领军人才、33名拔尖人才和20个创新团队，31家民航科技创新“四型”科研院所和“五大”基地通过评审，全国首家民航科技创新示范区一期工程完成立项预可研，启动民航产业技术创新战略联盟构建和发展工作。新争取国家重点研发计划项目4项，民航牵头负责在研项目数量达历史新高。一批科研成果取得突破，大型水陆两栖飞机AG600水上首飞成功，中航信新一代国际运价计算系统投产运行、国际机票运价搜索产品在国际市场拓展取得重大突破，神华煤基喷气燃料适航审定取得实质进展，全球第三款洁净型卤代烃飞机手提式灭火器研发成功，翻盘式行李高速自动分拣机、跑道特性材料拦阻系统（EMAS）获得中国专利优秀奖。民航大学增列为博士授予单位；民航大学新校区、飞行学院天府校区等项目进展顺利，上海职院浦东新校区顺利投入使用；组建首批国际化人才培养储备库，完成飞行技术系列职称改革，评选产生首批24名民航正高级飞行员。颁布全球第三个毫米波人体成像设备准入标准，主导ICAO电子执照标准制定，推进北斗系统、EMAS标准国际化。

（八）行业政治生态进一步净化

全力推动从严治党向纵深发展，始终把党的政治建设摆在首位，坚持深入贯彻落实习近平新时代中国特色社会主义思想和党的十九大精神，树牢“四个意识”，做到“两个维护”，真正把习近平总书记对民航系列重要批示指示精神转化为全行业对民航安全的政治担当，转化为对人民利益的高度负责，转化为真情服务的人民情怀，转化为持之以恒“抓基层、打基础、苦练基本功”的扎实行动，转化为践行当代民航精神的自觉追求，转化为实现民航强国战略目标的强大动力。严格落实民主集中制，规范细化局党组“三重一大”决策事项清单。调整配备局管干部198人，干部队伍建设进一步加强。严格落实中央八项规定精神，切实加强作风建设，举行宪法集体宣誓仪式，召开全面从严治党大会、警示教育大会，开展新一轮巡视工作，组织开展“国内公务接待违规违纪问题”等5个专项治理，狠抓领导干部个人有关事项报告，推进部门预算改革，推进直属单位领导干部经济责任审计，调整优化纪检、巡视机构设置，全年局机关及直属单位给予党纪政纪处分83人，风清气正的行业政治生态持续优化。广泛深入开展向“中国民航英雄机组”学习活动，在全行业推动形成“学习英雄事迹、弘扬英雄精神，将非凡的英雄精神体现在平凡的工作岗位上”的浓郁氛围，在安全、服务、运行、重大工程建设、重大任务保障等各项工作中，时时处处以实际行动弘扬英雄精神。在《中国民航报》开设专栏，举办“档案见证民航改革开放40周年”专题展、离退休干部“我看改革开放新成就”书画影展、改革开放四十年通用航空发展成就展、全国中小机场发展论坛、“立足小客舱、服务大世界”文化展示等系列活动，从各个角度展示民航改革开放40周年伟大成就，厦航原总经理吴荣南入选改革先锋100人，春秋航王正华、吉祥航王均金入选改革开放40年百名杰出民营企业家。大力弘扬工匠精神、专业精神，组织“安康杯”职业技能竞赛，举办“民航强国梦、青春创客赢”展示交流、“青年安全生产示范岗”创建活动。推动当代民航精神进班组、进校园、进头脑。加强老年大学建设，精准细心做好离退休干部服务保障工作。定点扶贫工作取得显著成效。

成绩令人振奋，但我们也要清醒地看到：当前行业安全发展基础还不够稳固，“三基”建设任重道远；行业快速发展与保障能力不足的矛盾还未得到根本扭转，“补短板、强弱项”任务更重；行业发展区域性、领域性不平衡不充分问题仍然比较突出，满足人民群众日益多样化的航空需求还存在差距；行业管理的体制机制尚未完全理顺，深化改革还需加大力度推进；党的建设还存在薄弱环节，全面从严治党向基层延伸还不到位。面对这些问题，我们必须通过推进民航高质量发展加快解决。

二、以新发展理念引领新时代民航高质量发展

党的十九大明确提出，我国经济已由高速增

长阶段转向高质量发展阶段。推动和实现民航高质量发展，是摆在我们面前的迫切要求和艰巨任务。一方面，只有推动民航高质量发展，实现民航发展质量变革、效率变革、动力变革，才能切实提高行业核心竞争力，有效应对国际国内一系列不确定因素带来的风险挑战；才能真正突破行业发展瓶颈，较好地解决需求旺盛和保障能力不足的主要矛盾；才能不断汇聚民航强国八个基本特征，扎实推进新时代民航强国战略进程。另一方面，推进民航高质量发展是一项长期、曲折、艰苦的系统性工程和历史性任务，绝不是一蹴而就的，许多的“坡”和“坎”需要我们去跨越。当前和今后一个时期，我们必须要把推进民航高质量发展作为确定工作思路、制定发展政策、实施宏观调控的根本要求，必须进一步明确民航高质量发展的目标任务、基本要素、路径方向和效益品质，推动高质量发展在民航落地生根。

总体来说，民航高质量发展应体现在以下五个方面：

一是发展理念新。民航高质量发展是体现新发展理念的发展。在推动和实现民航高质量发展的进程中，必须认真学习领会习近平总书记治国理政新思想新观点新论断，坚持树立和强化新发展理念，将新发展理念贯穿民航各项工作的始终。

创新是民航高质量发展的第一动力。当今世界正处在新一轮科技革命和产业变革的进程中。必须把创新作为民航应对发展环境变化、实现新旧动能转换、推动行业转型升级的根本之策，大力培育行业创新文化，营造行业创新环境，推动行业创新体系建设，让创新在行业内蔚然成风。协调是民航高质量发展的内生特点。发展不平衡不充分是我国民航长期存在的问题。必须协调处理好民航发展中的重大关系，更加注重发展的全面性，把短板补起来，把弱项强起来；更加注重发展的集约性，全面提升资源配置效率；更加注重发展的协同性，共享业内资源、信息，自觉维护行业的系统性。绿色是民航高质量发展的普遍形态。绿色发展方式和生活方式正在倒逼交通运输转型升级。必须聚焦人民群众绿色出行需求，以航空器节能减排、机场环保建设治理为核心，构建多元参与、系统完整、权责清晰的绿色发展制度体系，形成民航全领域、全主体、全要素、全周期绿色发展新模式。开放是民航高质量发展的必由之路。民航业国际化特征明显。必须进一步开阔国际视野，进一步开拓国际市场，进一步放开投资准入，充分用好国际国内两个市场两种资源，从容应对国际经贸摩擦，不断增强参与国际经济合作和竞争的能力。共享是民航高质量发展的根本目的。人民群众对民航业服务种类、服务范围、服务能力和服务水平的要求越来越高。必须牢牢把握发展为了人民理念，努力使民航与人民群众生活融合得更加紧密，使人民群众能够享受到便捷、经济的航空服务，增强对民航发展的获得感、幸福感、安全感；努力使民航业和经济社会发展契合度更高，使民航业对国家 GDP 的贡献率进一步提高。

二是发展目标明。目标导向是推进民航高质量发展的重要原则。在推动和实现民航高质量发展的进程中，需要我们以战略目标和总体目标为统领，以阶段目标和专业领域目标、单位具体目标为支撑，一步一步地扎实迈进。

统筹战略目标和阶段性目标。战略目标管方向、管长远，距离目标的差距就是我们努力的方向和空间。建设民航强国是我国民航发展的战略目标，是一个既近又远、既难又可实现的奋斗过程。在这个进程中，每个时期都有不同的矛盾和问题，对高质量发展的任务要求也不一样。我们必须聚焦不同阶段的主要矛盾和突出问题，科学制定民航高质量发展的阶段性目标，既不能轻轻松松、躺着就实现，也不能不切实际、好高骛远，要做到“跳起来”“够得着”，成为实现战略目标的有力支撑。这是一场接力赛，我们要一棒接着一棒跑下去，每一代民航人都要为下一代人跑出一个好成绩。

统筹行业总体目标和各专业、各单位具体目标。民航高质量发展的总体目标是安全基础更加牢固、服务品质更加优质、管理机制更加有效、市场主体更有活力、行业宏观调控更加有度、支撑国家战略更加有力。在确保行业系统性的基础上，不同的行业主体有不同的专业目标。航空公司要根据自身战略定位，瞄准全球同业标杆，争创世界一流的航空公司；机场要着力打造“平安、绿色、智慧、人文”为特征的未来机场体系；空管要努力建设“强安全、强效率、强智慧、强协同”的现代化空管体系；保障单位要形成先进、可靠、经济的技术保障服务体系；科教单位要按照“出成果、出人才、出效益”的要求，建好建强“四型”科研院所和“五大”基地。具体到不同的单位，也要自觉围绕行业发展总体目标，根据自身业务特点，制定与行业发展联系紧密、可操作性强的工作目标。

建立民航高质量发展的指标体系。推进和实现民航高质量发展，必须根据高质量发展的内涵和要求，突出引导性、评价性、考核性，研究建立一套涵盖基础指标与特征指标的发展指标体系。基础指标应包括安全水平、保障能力、生产规模、运行效率、服务品质、经济效益等方面指标，重在反映行业基本状况、总体面貌。特征指标注重体现新发展理念的引导作用，能够反映民航发展质量、动力、结构变化情况。要根据民航高质量发展指标体系，完善民航高质量发展政策体系、标准体系、统计体系，开展绩效评价和政绩考核。

三是发展动力足。发展动力决定发展速度、效能、可持续性。在推进和实现民航高质量发展的进程中，既要大力改造提升传统动能，又要努力培育壮大新动能，还要激发强大精神动力。

改造提升传统动能。当前我国民航需求旺盛，但由于行业发展的关键资源不足、保障能力不强的矛盾越来越凸显，我们不得不采取一系列调控措施，尽力保持发展速度与保障能力的平衡。但长期的削足适履，让发展速度去将就现有的保障能力，势必抑制市场需求的充分释放。我们必须全力推动空域管理体制改革，加大基础设施投入，加快先进技术应用，千方百计提升空管保障能力、机场保障能力、人力资源保障能力，优化民航公共产品供给，保证旺盛的市场需求能够充分转化成民航发展的持续动能。

培育壮大新动能。当前，我国航空运输市场正在发生着深刻改变。民航发展的新动能蕴藏在技术进步、管理创新、结构优化所带来全要素生产率的提高中，我们必须加大民航供给侧结构性改革力度，使新动能源源不断产生，更加强劲持久。新动能来自旅客结构的变化。只有适应旅客结构变化所带来的消费心理、消费习惯、消费行为的变化，提供更加贴近旅客需求的航空产品，才能真正将外部需求转化成自身发展动能。新动能来自综合交通的完善。只有主动融入综合交通网络，提升以机场为核心的综合交通枢纽的集疏运效率，才能将旅客的联程中转需求有效转化成民航新的增长点。新动能来自技术应用的进步。技术进步是经济社会创新发展的重要驱动力量，民航业不能止步不前。我们要紧紧抓住技术变革的机遇，提升运行效率、创新商业模式，推动行业发展转型升级。新动能来自员工素质的提升。人才是发展的第一资源。我们必须大力提升民航员工的能力素质，使民航员工对日新月异的变化更加敏感、更加理解、更加适应，民航发展的新动能就孕育在员工素质能力的提升和人力资源结构的变化中。新动能来自生产要素的集聚。高端生产要素的集聚带来了更强的人流、物流、资金流、信息流，也将催生更多的民航发展新业态。只要充分调动民航产业链上各方积极性，形成发展合力，就能把要素集聚带来的优势转化为民航发展的内生动力。

激发强大精神动力。9月30日，习近平总书记接见“中国民航英雄机组”时强调学习英雄事迹、弘扬英雄精神，将非凡的英雄精神体现在平凡的工作岗位上。在开启民航强国建设新征程的关键时刻，习总书记的重要指示为民航人奋力谱写建设民航强国新篇章注入了强大动力。我们要认真贯彻落实总书记重要指示精神，将学习英雄机组活动引向深入，大力践行当代民航精神，凝聚起推进民航高质量发展、建设民航强国的强大精神力量。

四是发展路径清。发展路径是否明晰科学，直接关系战略目标能否顺利实现。在推进和实现民航高质量发展的进程中，我们必须坚持新发展理念，坚持稳中求进总基调，坚持供给侧结构性改革这条主线，全面落实“一二三三四”总体工作思路，按照“一加快、两实现”的新时代民航强国战略进程安排，谋定发展路径，突出工作重点，掌控节奏力度，行稳致远，善作善成。要强化安全工作的政治担当，始终坚持正确处理“安全与发展、安全与效益、安全与正常、安全与服务”四个关系，切实处理好行业准入、经营许可、机队与机场规划、发展速度等源头性和关键性问题，努力补齐制约安全保障能力的短板。要努力破除制约核心竞争能力提升的体制机制障碍，破除制约资源保障能力提升的体制机制障，破除制约行业治理能力提升的体制机制障碍，破除制约行业创新能力提升的体制机制障碍，为民航高质量发展创造新局面。要认真落实《新时代民航强国建设行动纲要》，以行动纲要为蓝图，稳扎稳打，一步一个脚印推进民航高质量发展。

现阶段，推动民航高质量发展关键要在四个方面发力：一要着力提升行业核心竞争力，当前我们围绕“补短板、强弱项”所开展的各项工作，都要聚焦于资源配置效率和行业核心竞争力的提升；二要着力优化行业功能布局，规模效应和网络效应是民航业的显著特征，要努力构建功能健全、相互协调、相互支撑的机场网络，积极完善覆盖面广、衔接度高、通达性强的航线网络，加快形成信息开放、资源共享、协同决策的运行信息监控网络；三要着力增强行业创新能力，提升创新能力是破解行业内部深层次矛盾和有效应对外部竞争的关键所在。我们不仅要在战略上重视创新，而且要真正把创新发展落实到组织建设、资金保障、人才培养、协同合作、生产运行等方方面面。四要着力提高行业国际话语权，要加强对民航国际规则标准的研究，努力把行业自身的规模实力转化为影响和参与民航国际规则标准制定的实力。

五是发展效益好。推动民航高质量发展就是要使民航强国八个基本特征不断汇聚融合，实现整体跨越，展现出强大的综合实力和整体效益。民航高质量发展的效益综合表现为：安全底线牢、运行效率高、服务品质好、经济效益佳、发展后劲足，其中：安全是民航高质量发展的根本特征。就是要牢固树立安全底线意识，做到安全态势可控、安全基础可靠，安全纪录始终居于世界前列，能够为民航持续发展提供坚实保障。运行效率是民航高质量发展的综合反映。就是要保持行业运行链条完整，做到运行标准科学、运行信息共享、运行机制先进、运行协同有力，航班正点率始终保持较高水平，民航在综合交通体系中的比较优势得到充分体现。服务品质是民航高质量发展的社会价值体现。就是要把真情服务理念始终贯穿于民航服务的全过程，做到服务产品多样、服务价格合理、服务流程便利、旅客体验美好，民航服务品牌始终成为“中国服务”的标杆，人民群众有更多的获得感和幸福感。经济效益是民航高质量发展的实力所在。从微观层面看，民航企业资本结构得到优化，经营机制灵活，成本控制能力强，市场盈利能力强，抗风险能力强；从宏观层面看，行业资源配置合理，竞争适度，规模效应和网络经济效应凸显，投入产出效率高，全员劳动生产率高。发展后劲是民航高质量发展的源头活水。行业各类主体发展充满活力，创新在行业内蔚然成风，行业始终保持协调、均衡、绿色、可持续的良好发展态势；政府职能优化、法规标准完备、行业监管有力、宏观调控有度，行业治理体系和治理能力始终保持与时俱进，民航生产力得到充分释放。

我们相信，准确把握民航高质量发展的基本要点，并在工作实践中不断深化落实，推进民航强国的战略进程就一定会行进在正确的航路上。

三、2019 年民航工作总体要求和主要任务

2019 年是新中国成立 70 周年，是决胜全面建成小康社会的关键之年。对于中国民航来讲，注定也是不平凡的一年，北京大兴国际机场投入运行、新中国民航成立和“两航起义”70 周年以及第十届中国民航发展论坛等大事，都将为国内外所关注。

做好 2019 年工作，要认真落实中央经济工作会议精神，把对形势的判断、工作的重点统一到中央的部署要求上来，并结合民航工作实际，认真贯彻执行。对当前民航发展面临的形势，既要看到“变”，由于国际政治经济环境复杂变化和国内经济结构调整各种矛盾交织叠加，经济下行压力增大，2019 年民航发展面临许多不确定因素，行业发展将经受严峻考验，行业整体经营压力和效益水平可能面临较大挑战，市场格局可能发生一定变化。也要看到“不变”，我国发展仍处于并将长期处于重要战略机遇期的历史方位没有变。我国经济体量大、韧性强、潜力足的内生特点没有变。随着“巩固、增强、提升、畅通”八字方针的贯彻落实，进一步“稳就业、稳金融、稳外贸、稳外资、稳投资、稳预期”措施的出台，宏观经济对民航发展的有力支撑没有变。经济社会发展和人民群众对民航发展的旺盛需求趋势没有变。但是，面对外部环境的不确定因素以及行业内部的结构性矛盾，我们要保持清醒头脑，把困难想足一些，把预案做细一些，既要有防范风险的先手，也要有化解问题的后招；既要紧紧抓住“不变”的机遇，也要妥善应对“变”的挑战。综合研判，2019 年我国民航运输总周转量、旅客运输量、货邮运输量预计分别增长 11.8%、11% 和 5.7%，达 1360 亿吨公里、6.8 亿人次、793 万吨。总之，做好 2019 年民航工作，是新时代民航强国战略进程“一加快”阶段的中盘之战，事关大势，意义重大。

2019 年民航工作的总体思路是：以习近平新时代中国特色社会主义思想为指导，深入学习贯彻党的十九大精神和中央经济工作会议精神，坚持稳中求进工作总基调，坚持新发展理念，坚持以供给侧结构性改革为主线，贯彻“巩固、增强、提升、畅通”八字方针，按照“一加快、两实现”的新时代民航强国战略进程，全面落实“一二三三四”民航总体工作思路，始终坚守飞行安全、廉政安全、真情服务底线，进一步聚焦人民群众的需求和关切，紧扣行业发展迫切需要解决的关键问题，大力破除制约民航高质量发展的体制机制障碍，扎实推动民航高质量发展。

中央经济工作会议确定的供给侧结构性改革“巩固、增强、提升、畅通”八字方针，是当前和今后一个时期深化民航供给侧结构性改革，推动民航高质量发展管总的要求。巩固，就是要巩固“三去一降一补”成果，对行业主要是补短板、降成本；增强，就是要增强微观主体活力，对行业主要是优环境、强服务；提升，就是要提升产业链水平，对行业主要是抓创新、提动能；畅通，就是要畅

通经济循环，对行业主要是提效率、促融合。我们要认真贯彻这一方针，扎实做好以下九个方面工作：

（一）持续确保安全运行平稳可控

2019年，民航安全工作主要目标是：杜绝重特大运输航空责任事故，杜绝劫机、炸机等机上恐怖事件，防止空防安全严重责任事故，防止重大航空地面事故和特大航空维修事故。

实现这一目标，关键就是要认真贯彻落实确保民航安全运行平稳可控9个方面26条措施，牢牢坚守住安全底线。

强化安全工作政治担当。增强贯彻落实习近平总书记对民航安全工作系列重要指示批示的自觉性和责任感。严格落实"党政同责、一岗双责、齐抓共管、失职追责"的安全生产责任体系。充分发挥基层党组织的战斗堡垒作用和党员的先锋模范作用。大力选拔政治素质过硬、业务能力强、敢抓善管的干部从事安全管理工作。

正确处理好"四个关系"。保持"控总量、调结构"战略定力，全面梳理空管、机场、航空公司等单位运行保障能力，确保行业增长速度、发展规模与保障能力相适应。继续严把新航空公司设立、新运力引进、新增容量评估；严格按规定审核航空公司新增航线和加班、包机；严格执行航班时刻配置政策，严控主辅协调机场时刻增量，严控保障能力不足但业务量增长过快机场航班增量；严格执行空勤人员、签派员、管制员等各类专业技术人员值勤规定，坚决杜绝疲劳上岗。

持续夯实"三基"建设。依托基层班组建设，以平时养成为重点，持续加强飞行、机务、空管、运控等专业技术人员的工作作风和资质能力建设。完成运输航空公司运控部门相关岗位设置及职责调整，发挥其风险控制的核心作用。健全隐患排查治理长效机制，加快推进安全领域大数据、新技术应用。完善机长培养机制，建立基于综合能力的终身副驾驶聘任制度，强化委任代表责任追究机制，实现飞行员技术能力全生命周期管理。加大中小机场专业人才培养，以省机场集团为单位，开展中小机场空管人员培训机构试点。制定企事业单位安全管理人员配备基本标准，提升基层管理人员管理能力，夯实基层安全管理基础。

着力提升安全监管效能。系统梳理安全规章标准体系。探索实施精准、差异化监管，区分事项，精准把握监管思路；动态调整，精准编制检查计划；科学分析，精准抽取监管样本；区别对象，精准调配监管资源；全面梳理，精准采用监管手段。全面推进SES系统上线使用，做好现有信息系统与SES系统的深度整合。强化企业自查自律，加强安全生产信用体系建设。主动向社会公布航空器事故调查报告。研究调整外航运行合格审定职责分工。研究制定行业安全绩效指标，优化企业绩效考核指标。

（二）持续提升资源保障能力

要按照适度超前原则，多措并举，力争在"补短板、强弱项"上实现结构性突破，为破解资源保障能力难题打下坚实基础。

增强基础设施供给。全面推进民航"十三五"规划实施，启动"十四五"规划前期研究。落实补齐基础设施短板实施方案，2019年固定资产投资力争达到850亿元。全力推进北京大兴国际机场建设及运营筹备，以决战决胜的姿态，严格落实总进度综合管控计划，撸起袖子加油干，确保"6·30"全面竣工、"9·30"如期开航。构建"四型机场"标杆体系，推进"四型机场"示范项目建设。落实鼓励民间投资项目清单，适时推出第二批投资项目。调整扩大民航基础设施建设贴息范围。简化机场建设项目前期审批手续，研究将新建机场工程行业验收与颁证检查合二为一。进一步放宽民航建设市场准入。积极推进军民航机场深度融合，加快西藏"3+1"机场援建项目建设；逐步将融合工作从机场运行向规划建设领域延伸，推动军方闲置或使用频率较低的机场向民用或军民合用转化，推动民用机场特别是西部边远机场积极向军方提供服务。

提升空管保障能力。积极推进国家空域管理体制改革，做好空域精细化管理改革及试点经验的总结推广。围绕“四强空管”建设，加快实施全国干线航路网规划，持续推进京广、沪昆等空中大通道建设．加快京津冀、长三角、粤港澳大湾区等重点区域空域优化。出台全国管制中心体系布局规划。深化军民航空管融合，推进军民航资源共享、空域灵活使用、终端区联合运行等工作。推进民航运行管理中心、气象中心和情报管理中心工程建设，完成北京大兴国际机场空管工程，推进青岛、成都新机场空管工程建设，力争年内空管项目批复投资超过 100 亿元。

加快新技术推广应用。深入推进 PBN、HUD、EFB 等航行新技术应用，加快 FOD 探测、跑道状态灯等机场新技术的研究应用。更新航空系统组块升级发展与实施策略，推进 4DT（四维航迹）、ATFM（空中交通流量管理）等新的空管运行模式应用，开展 iTBO（初始基于航迹运行）试飞验证．推动 GBAS 系统等空管装备国产化。全面启动 ADS-B 管制运行。推进北京、广州地区 CCO/CDO 常态化运行。推进新疆、云南等地远程塔台应用试点，推广远程塔台技术在机坪管制中的应用。推进北斗导航系统在民航应用。加快新技术规章标准制修，完善新技术推广应用扶持政策，建立容错免责和资金保障机制。

提升科教支撑能力。积极构建民航科教创新联盟，提升民航科教创新整体竞争力。深化民航院校开放办学，推进省部（局）共建，研究建立共建院校任务落实机制，提升民航专业技术人才培养能力。加大科教投入力度，力争至“十四五”初期民航科教创新总投入 500 亿元。编制国家科技计划项目指南建议，提前为“十四五”争取国家科技项目立项做好布局，努力在重点领域、关键环节实现突破。构建民航产业技术创新战略联盟，实施重大科技项目和成果应用示范工程。推进民航科技创新示范区、首批科技创新“四型”科研院所和“五大”基地建设。加强民航重点实验室和工程技术研究中心能力建设，启动民航航空器适航审定技术重点实验室、民航安全工程技术研究中心申请国家科技创新基地工作。加大对民航科技创新计划入选对象的综合支持力度，择优推荐参评两院院士等国家级高级人才。加强适航审定科研条件建设，推广建立制造商适航办公室，做好 C919、新舟 700 等重点型号适航审定，做好 ARJ21 和新舟 60 的设计改进审定，完成煤制航油审定。启动无人驾驶航空运输系统研究。

（三）持续完善航班正常工作

航班正常性是运行质量和效率的集中体现，要日就月将、持之以恒地抓实抓好。加强源头治理。根据不同季节、不同地区、不同时期、不同时段的市场需求和运行特点，制定航班时刻差异化调控机制，疏解繁忙机场、繁忙航路运行压力。加快解决周口、合肥、来宾等繁忙区域拥堵问题。鼓励航空公司在客座率高的繁忙航线上更换大机型。完善预先飞行计划管理，落实航班计划动态调整机制。打破数据壁垒，完成航权、时刻和预先飞行计划的数据融合。提升运行效率。合理缩小管制间隔，转变管制运行方式，开展航空器尾流重新分类试验运行。健全管制工作效率激励机制和约束机制，开展管制运行效率评估。建立以流量管理为核心的运行管理体系，提升流控科学化、精细化、公开化水平。加快智慧气象建设，提升预报精准度与服务有效性。完成千万级以上机场机坪管制移交。在大型机场继续推进低能见度起飞、标准 II 类或特殊 II 类及相应的 A-SMGCS（高级地面活动引导及控制系统）建设，在枢纽机场开展 III 类研究，全面提升机场低能见度运行保障水平。推广使用防冰保持时间长的除防冰剂；对长江以北机场除冰能力进行评估，统筹除冰坪项目建设，进一步提升机场冬季运行效率。强化协同配合。加快民航运行数据中心建设，完善空管、机场、航空公司及运行保障单位间的信息共享和协同决策机制。在千万级以上机场全面推广 A-CDM，全面推行以运管委为核心的协同联动机制。完善大面积航班延误应急处置响应机制。加强备降机位建设和统筹管理，强化资源信息共享。完善考核机制。建立民航运行效率指标体系。完善航班正常重点工作督查机制，采取更精准的考核和更有效的调控，对运行水平较低的航空公司、机场实施通报批评、停止受理加班包机和新增航线航班申请、调减容量等措施。2019 年，国内客运航空公司航班正常率力争保持 80%，全国主要机场放行正常率和始发航班正常率力争达到 85%。

（四）持续提升民航服务质量

2019 年要在深化去年八项便民服务措施基础上，开展“民航服务质量重点攻坚”专项行动，进一步提升民航服务品质，打造“中国服务”品牌，让旅客、货主有更多的真情服务获得感。一是促进民航“无纸化”服务提质升级，将“无纸化”出行服务由国内航班向国际 / 港澳台航班推广；推进行程单电子化改革，构建电子化行程单安全体系。二是鼓励人脸识别、自助值机、自助托运、智能问讯等系统建设，千万级机场自助值机旅客占比力争达到 70% 以上。三是探索人工智能、生物特征识别等新技术与民航安保工作的融合，推广旅客“差异化安检”和“诚信安检”试点经验，推广证件执照网上办理、无接触式安保等。四是推进行李全流程跟踪系统建设，制定《全民航行李全流程跟踪系统建设指南》，推广应用 RFID 等技术，鼓励千万级以上机场使用“航易行”，实现旅客对行李的全流程跟踪。五是提升中转旅客服务体验，试点开展中转旅客跨航司行李直挂服务，积极协调海关查验部门加快推出国际“通程航班”普适政策。六是提高旅客对机场餐饮服务的满意度，配合价格管理部门，严厉打击候机楼餐饮附加服务乱收费和大面积航班延误临时提价行为。七是推进空中接入互联网工作取得更大成效，增加能够提供客舱无线局域网服务和空中接入互联网服务的航空器数量，丰富远程航线无线网络服务内容。八是提升航空物流服务水平，推进中性电子运单、物联网航空货物跟踪等项目实施，开展航空物流信息化、物流标准化、管制代理人、已知托运人、差异化货物安检、空铁联运等试点，为货主提供更加优质服务。九是推出 12326 民航服务质量监督电话，为旅客提供快速咨询、投诉举报等“一站式服务”。

（五）持续提升航空运输网络效率

功能健全、相互协调、相互支撑的机场网络和覆盖面广、衔接度高、通达性强的航线网络是畅通经济循环的有力抓手。我们要大力完善枢纽机场集散功能，推进综合交通体系建设，从而提升行业资源配置效率，提升航空运输网络整体服务水平。

着力强化运输网络规划与国家战略契合度。深入推进京津冀民航协同发展，开展长三角、粤港澳大湾区世界级机场群战略规划编制。加快推进乌鲁木齐、昆明、哈尔滨等国际航空枢纽以及郑州国际货运枢纽建设。发布成都、重庆国际航空枢纽战略规划，开展西安国际航空枢纽战略规划研究。推进鄂州货运枢纽机场建设。支持海南自由贸易试验区和中国特色自由贸易港建设。推进干支结合，改进支线补贴办法，推动支线发展。加强与有关部门协调，推进基本航空服务政策转化，为在全国实施基本航空服务计划做好准备。着力提升功能定位与资源配置的匹配度。鼓励枢纽机场与主基地航空公司建立战略协作和沟通机制。落实北京“一市两场”相关资源配置政策，落实北京首都机场地面资源扩容提升计划，推进北京双枢纽“独立运营、适度竞争、优势互补”。完善核准航线准入政策，引导打造高品质“空中快线”。统筹国际航空运输发展政策，形成协同、高效、差异化的资源配置方案。进一步放开内地与港澳在航空运输、代码共享等方面的限制。规范国际包机运行，鼓励包机转为定期航班。联合市场监管部门规范航线补贴行为，规范航空运输市场秩序。推动建立新开远程国际航线专项扶持性金融信贷机制。落实促进航空物流业发展的指导意见。着力深化民航与综合交通体系的融合度。推动以枢纽机场为核心的综合交通体系建设，加快枢纽机场与高铁、城轨、高速公路等交通运输方式的融合，提升集疏运效率。积极推进《空铁联运战略合作协议》落地，试点解决多式联运中信息不通、不正常航班保障等难点问题。推动海关边检等部门简化手续，便利通关环境。

（六）持续激发通用航空市场活力

坚持“放管结合、以放为主、分类管理”，继续为通航发展松绑减负，使通用航空更好地“飞起来”。

加快通航法规体系重构。推进通航业务框架立法转化，力争3至5年完成通航法规体系重构。配合做好《无人驾驶航空器飞行管理暂行条例》审议，推进通用航空经营许可、通用机场分类管理、无人机安全管理等规章的制修，研究无人机空管运行相关规范。进一步优化通航适航管理政策，完善轻小型、军转民等航空产品的适航审定政策及标准。降低私用和娱乐飞行取照门槛。降低通航维修执照获取难度。制定无人机运行审定标准和程序。

加快通航运行环境改善。大力支持低空空域管理综合改革试点。发布通用机场航空情报资料汇编，确定目视航图要素脱密公布方式，建设通航情报服务系统。推动建立通航飞行计划申请负面清单制度。建立空管低空开放服务保障体系，全面推进ADS-B实施及低空空域监视技术应用。完善飞行服务站配套规范和标准，鼓励社会资本参与飞行服务站建设。强化运输机场公共基础设施属性，增强对通航业务服务功能。补充更新通航补贴业务形态，调整补贴标准，加大对社会公益特征明显的医疗救护、应急救援等作业的补贴力度，改进应急救援补贴申报程序。

加快通航监管模式改进。落实通用航空分类管理，实施经营项目分类准入。全面实施通航企业经营许可与运行许可联合审定。加强通用航空诚信体系建设。总结推广通航监管模式调整试点经验，建立通航监管事项库，摸索制定通航监管事项符合性判断标准，降低对非载客和非训练通航企业的监察频次。完善民航局无人机工作机制和组织机构；开展基于运行风险的无人机适航审定；启动无人机运行管理（UOM）平台建设，构建“多管合一、管服一体”的管理架构；建立无人机人员资质管理体系；推进深圳地区无人机飞行管理试点。

（七）持续推进民航高水平对外开放

坚持主动服务国家对外开放战略，推动行业新一轮高水平对外开放。进一步提升开放水平。实施外商投资民航业负面清单管理模式，形成更加开放、透明、规范的行业准入政策体系。全面参与自贸协定、投资协定谈判，推进与有关国家民航市场高水平双向开放。制定支持国家自贸试验区、自由贸易港、服务贸易发展等试点建设的民航措施。规范外国航企代表机构管理，对机构批准实行互惠对等原则。进一步扩充航权储备。努力构建结构优化、多元平衡、枢纽导向型的航权开放格局，启动与日韩等东北亚邻国航权谈判，积极推进与“一带一路”合作国家航权开放，高起点布局航空新兴市场和非主流市场，力争与欧美国家实现航权突破。把握航权谈判节奏，优化航权航线结构，提高航权资源利用率，确保国际航空运输增长和航权资源相适应。进一步提升合作质量。用好中美、中欧合作平台，夯实对非洲、中亚、东盟合作平台；拓展国际适航合作，在中美适航实施程序（IPA）框架下建立中美定期交流机制，积极推进中欧航空安全协议、环保、适航审定以及适航技术实施程序的磋商工作。深化与周边国家在管制移交、航路规划、跨界流量管理等方面合作。加大对港澳民航事务支持力度。统筹推进惠台政策措施落地见效。进一步加大国际事务参与力度。筹备参加 ICAO 第 40 届大会。稳步推进电子执照、公共 RNP AR、高高原运行等成熟标准向国际标准转化。参与无人机空中交通管理（UTM）国际标准规范制定；做好 ICAO 区域空间天气中心的筹划和运行工作。办好第十届中国民航发展论坛。加大对发展中国家民航安全领域的援助培训。积极开展国际立法，推进北京公约及议定书批准。

（八）持续推进行业深化改革

按照民航局党组确定的“1+10+N”改革总体框架，加快破解制约民航强国建设的体制机制性障碍，着力推进行业治理体系和治理能力现代化。

加快政府职能转变。积极推进法治政府建设，与时俱进完善法规体系建设，建立立法意见征集工作长效机制。配合推进《民航法》《飞行标准管理条例》实质审查以及《航空法》起草，重点保障改革急需、安全服务保障以及新技术新业态发展需要的规章建设。建立公平竞争审查长效机制，配合国家反垄断机构开展行业审查，全面开展规范性文件合法性审核。持续推进放管服改革，再清理规范一批行政审批和中介服务事项。以市场准入负面清单为基础，减少准入限制、放宽准入要求、便利准入服务、规范准入管理，全面推进民航准入政策的制定和调整。

大力推进降费减负。研究降低民航发展基金征收标准，有效降低民航企业成本负担。清理民航领域政府定价类收费项目，对涉及企业收费标准偏高的、不利于减负增效的，都要降下来。优化基金支出结构，加大对安全管理、基础设施建设、关键岗位人员资质能力建设、新技术研发与推广应用的支持力度。优化促进支线航空、通用航空发展支持政策，修订中小机场补贴办法，调整完善特殊国际航线补贴办法。完善国产飞机运行支持政策。继续推进运输价格市场化改革，进一步扩大国内航线市场调节价范围。建立全流程电子化权利登记系统，推动航空器跨境交易和融资便利化。

推进重点领域改革。将改革第三方评估意见作为制定 2019 年度重点改革任务的重要参考。分类梳理局属国有企业，理顺产权关系，推动条件成熟的局属企业加快改革步伐。推动首都机场集团国有资本布局优化。推进民航专业工程质量安全监督机构改革落地；理顺航空医学机构的管理体制机制；推进直属事业单位绩效工资改革。全面推进行业协会脱钩工作，充分发挥行业协会等各类民航社会组织作用，构建政府与行业协会新型关系。加大节能减排力度，推进飞机、发动机节能技术改装，推进机场“油改电”和 APU 替代项目实施，试行航空碳排放监测、报告和核查机制。

提升行业治理效能。整合行业智库资源，开展民航高质量发展课题研究。发布民航高质量发展指标体系，完善民航统计体系，开展民航高质量发展指数测算。落实国务院“互联网 + 监管”要求，加紧推进政务信息系统整合共享。完善民航行业信用管理制度，将民航信用纳入国家整体信用体系建设，开展联合惩戒。加强监察员队伍建设，改进执法人员培训模式。建立全方位、全过程、全覆盖的预算绩效管理体系，完善经费保障长效机制，加大预算执行考核问责力度。组织好政府会计制度实施。

（九）持续推动从严治党向纵深发展

加强党的领导和党的建设是推动新时代民航高质量发展的根本保证，要坚持以习近平新时代中国特色社会主义思想为指导，全面贯彻落实新时代党的建设总要求和党的组织路线，全面提升民航系统党建工作质量，民航局党组将专门召开全面从严治党会议进行部署。始终把政治建设摆在首位，教育引导广大党员干部树牢“四个意识”，坚定“四个自信”，坚决做到“两个维护”，不断提高政治觉悟和政治能力，确保党中央各项决策部署在行业全面贯彻落实。持续强化理论武装，加强民航党校建设，组织开展“不忘初心、牢记使命”主题教育，推动习近平新时代中国特色社会主义思想和党的十九大精神不断往深里走、往实里走、往心里走。着力打造高素质专业化干部队伍，认真贯彻中央关于干部工作的新精神新要求，严把德才标准，拓宽用人视野，坚持公正用人，激励广大干部新时代新担当新作为，持续推进“五大体系”建设。大力发现培养选拔优秀年轻干部；聚焦关键少数，强化干部监督；继续做好定点扶贫工作。切实加强基层党组织和党员队伍建设，进一步加强局属企事业单位党的建设，严格落实换届选举制度，贯彻落实《党支部工作条例》，突出抓好基层党支部建设。深入推进党风廉政建设和反腐败工作，贯彻落实中央八项规定精神，持之以恒正风肃纪，巩固“五个专项治理”成果；加大监督执纪力度，深化运用“四种形态”，严肃查处各类案件；深入推进内部审计和内控体系建设，进一步健全廉洁风险防控机制，规范权力运行；组织开展党组巡视，局属单位全面开展巡察工作，不断巩固和拓展风清气正的良好政治生态。加强思想政治和文化建设，组织开展庆祝新中国成立70周年、纪念“两航”起义70周年系列活动；弘扬践行当代民航精神，深化“最美民航人”宣传展示，营造学习英雄事迹、弘扬英雄精神、把非凡英雄精神体现在平凡工作岗位上的浓厚氛围；落实意识形态责任制；认真做好群团和老干部工作，发挥好群团组织桥梁纽带作用；广泛开展各种形式的劳动竞赛、技能比武、青年文明号创建等活动。

再过几天，春运就要开始了。这是交通运输行业每年开门要办的第一件大事。各单位各部门要高度重视，认真贯彻落实即将召开的全国春运电视电话会议精神，加强统筹部署，确保旅客安全、顺畅出行，提升服务质量，实现2019年民航工作开门红。

延伸阅读——以新发展理念 推进民航高质量发展——访民航局党组书记、局长冯正霖

杨宇栋在2019年国家铁路局工作会议上的讲话

（2018年12月27日）

高举改革开放伟大旗帜　推动铁路高质量发展
为决胜全面建成小康社会作出新贡献

这次会议的主要任务是：以习近平新时代中国特色社会主义思想为指导，全面贯彻落实党的十九大、十九届二中、三中全会和庆祝改革开放40周年大会、中央经济工作会议精神，回顾改革开放40年铁路发展成就，总结2018年工作，分析当前面临的形势任务，谋划安排2019年工作。

一、改革开放40年我国铁路发展成就

改革开放40年来，党引领人民绘就了一幅波澜壮阔、气势恢宏的历史画卷，谱写了一曲感天动地、气壮山河的奋斗赞歌，不仅深刻改变了中国，也深刻影响了世界。我国铁路紧随改革开放的时代步伐，取得了历史性的成就，成为国家和民族发展进步的缩影。总结回顾和分析40年铁路工作，对我们做好今后的工作具有重要的意义。

——铁路运输服务保障能力大幅提升。40年来，全国铁路客货运量持续增长，支撑经济社会发展作用不断增强，运输服务水平不断提高，特别是复兴号奔驰在祖国广袤的大地上，成为最亮丽的"国家名片"。1978年，全国铁路客运量为8.15亿人，旅客周转量为0.11万亿人公里；全国铁路货运量为11.01亿吨，货运周转量为0.53万亿吨公里。2018年，全国铁路客运量完成33.7亿人，是40年前的4.1倍；全国铁路货运量完成40.22亿吨，是40年前的3.7倍。改革开放初期，受运输生产力水平制约，我国铁路运输服务保障能力有限。铁路部门坚持国家利益至上，通过大力挖潜扩能，千方百计缓解煤电油运紧张状态，努力保证关系国计民生的国家重点物资运输，满足人民群众出行需要。随着科技发展进步，大量新装备新技术投入运用，一大批铁路新线开通运营，铁路运输能力大幅提升。客运方面，形成了动车组列车、夕发朝至列车、一站直达列车、城际列车、

旅游列车等系列产品，高速铁路、城际铁路大量开行高密度公交化动车组列车，实现了从“一票难求”到“说走就走”。从时速40公里的普速铁路到时速350公里的高铁，中国速度惊艳世界。从旧式“绿皮车”，到安全舒适的“复兴号”动车组，铁路运输装备水平显著提升。推出一系列便民利民服务，旅客出行不仅“走得了”而且“走得好”，实现了“安全出行、方便出行、温馨出行”。货运方面，形成了“五定班列”、集装箱专列、行包专列、直达列车等系列产品，主要货运通道开行6000吨、1万吨、2万吨重载列车，从“一车难求”到“随到随办”。党的十八大以来，以中国铁路总公司为主的运输企业，改革创新，攻坚克难，铁路安全持续稳定，服务质量不断提高，为经济社会发展提供了可靠的运输保障。

——铁路网建设成就举世瞩目。改革开放初期，铁路建设投资力度小，铁路投产最少的一年仅23.3公里。1978年，全国铁路运营里程5.2万公里，路网规模小、质量低，不能适应经济社会发展需要。我国铁路加快基础设施建设，路网规模和质量显著提升。从20世纪80年代“南攻衡广、北战大秦、中取华东”建设重点战役，到90年代“强攻京九、兰新，速战宝中、侯月，再取华东、西南”建设大会战，再到世纪之交的建设高潮，我国先后建成了大秦铁路、京九铁路、秦沈客专等一大批干线，完成了衡广、兰新等一大批复线以及干线电气化改造。1997年至2007年，我国铁路通过六次大提速，开行时速200公里以上动车组列车，部分干线区段开行5500吨重载货物列车，实现内涵扩大再生产，缓解了铁路运输能力紧张状况。2004年，党中央国务院批准了《中长期铁路网规划》，我国高速铁路建设正式拉开序幕。2008年，我国首条高速铁路京津城际开通运营。随后，京沪、京广、沪昆、哈大等一大批高铁长大干线建成通车。特别是党的十八大以来，铁路建设快速推进，营业里程大幅扩张，完成固定资产投资4.7万亿元，投产里程3.5万公里，投资总额和投产规模均达到历史最高位，2017年“四纵四横”高铁主骨架提前建成。目前，全国铁路运营里程13.1万公里，是1978年的2.52倍，其中复线里程增加8.4倍，电气化里程增加83.5倍，为国民经济持续快速发展和满足人民群众对美好生活的向往，提供了可靠铁路基础设施保障。高铁从无到有，达到2.9万公里，占世界高铁运营总里程70%，形成了核心技术体系、成套建造体系、产业制造体系、运维服务体系和人才支撑体系五大优势，积累了丰富的建设运营管理经验，成为推动经济社会发展的强力引擎。

——铁路装备制造跻身世界先进行列。改革开放以前，我国铁路装备制造工业技术落后，运输装备保有量低。20世纪80年代以来，我国铁路抓住机遇，利用技贸结合的方式引进国外机车产品，通过消化吸收再创新，提高国产电力、内燃机车的技术水平和工艺水平，形成了具有一定开发制造能力的铁路工业体系。90年代成功研发东风4D、东风11、韶山8、韶山9等主力机车和25T、25K型提速客车，形成了我国铁路工业产业集群，缩小了与国际先进水平的距离。进入21世纪，研发制造了“先锋”“蓝剑”“中华之星”等高速列车，“中华之星”最高运营时速270公里，2002年在秦沈客运专线创造了时速321.5公里的纪录。2004年，按照“引进先进技术、联合设计生产、打造中国品牌”的铁路装备现代化总体方针，研发出“和谐号”CRH1、CRH2、CRH5三类动车组车型，时速120～160公里、6～8轴、总功率7200～9600千瓦的HXD和谐型电力机车，时速100～120公里、牵引总重5000～5500吨的和谐型内燃机车，实现了核心部件和整车制造的升级换代。2008年之后，研制新一代时速350公里及以上的高速列车，形成CRH380系列动车组，研制我国第一代30吨轴重时速100公里、8轴、总功率9600千瓦的重载HXD电力机车。党的十八大以来，研制完全自主知识产权的中国标准动车组“复兴号”，并于2017年正式投入运营，标志着我国铁路装备制造业已经走在了世界前列。

——铁路行业管理体制改革深入推进。从20世纪80年代开始，铁道部实施放权让利改革，实行利润留成制度，以基层单位经济承包责任制形式，扩大企业经营自主权。1984年，党中央决定铁道兵整建制“兵改工”，改归铁道部领导，后改制为中国铁道建筑总公司。1986年，铁路实行经济承包责任制，即“大包干”：包运输任务，包机车车辆生产任务，包铁路建设规模和形成运输能力，包基本建设投资和机车车辆购置费，包缴纳税款。90年代，开始探索建立现代企业制度试点，1992年广州铁路局成为第一家改制组建的铁路运输企业集团公司，1996年广深铁路公司在香港和美国同时上市。1998年，呼和浩特、南昌、柳州、昆明四个直管站段的铁路局试行资产经营责任制，后推广到全路，全国铁路于1999年提前实现三年扭亏目标。2000年，铁路工程、铁道建筑、机车车辆、通信信号和物资集团五大公司与铁道部脱钩，11所铁路高校及一批中专技校移交教育部或地方政府管理。2003年，中铁集装箱、中铁特货、中铁快运三家专业运输公司挂牌成立，同年铁路中小学校和医院全部移交地方管理。2005年，撤销铁路分局，四级管理改为三级管理，全面调整铁路生产力布局。2011年，铁路运输法院、检察院划归地方属地管理。2013年，实行政企分开，撤销铁道部，组建国家铁路局，承担原铁道部政府职能；成立中国铁路总公司，承担国家铁路运营建设职责。40年来，通过深化改革，铁路行业管理体制从计划经济时期的高度集中、大一统、半军事化形态，逐步向适应社会主义市场经济要求转变，铁路领域治理体系和治理能力不断优化提升，政府作用更好发挥，铁路企业不断壮大发展。中国铁路总公司成为全球规模最大、工作量最大的铁路运营企业；中国中车成为全球规模领先、品种齐全、技术一流的轨道交通装备供应商；中国中铁、中国铁建年营业收入超过1000亿美元，成为全球建筑业第二、第三大企业；中国通号成为以轨道交通控制技术为特色的国际一流产业集团；铁路高校发展成为具有铁路特色的综合性大学。

——铁路科技创新取得巨大成就。改革开放以来，我国铁路抢抓历史机遇，全力推进科技创新，广泛应用信息与自动化技术，彻底改变了传统运输产业的面貌，全面提升了铁路现代化水平。1978年铁道部颁布《1979年至1985年铁路科学技术发展规划纲要》，科学技术管理开始走向正常轨道。1983年公布实行《铁路主要技术政策》并不断完善修订，对促进铁路科技进步起到了积极作用。40年来，铁路不断深化科技体制改革，集中优势资源，凝聚行业力量，研发试验推广铁路新技术、新装备、新材料、新工艺，并推动上升为行业标准，创新能力明显增强。高速铁路领域，经过多年科研论证、建设研制和运营管理实践，在工程建造、动车组、列车控制、牵引供电、运营管理、安全保障等方面取得一系列自主创新成果，掌握了适应高原、沙漠、戈壁、冲积平原、岩溶地质、南北地震带、高寒、热带等复杂多样地质条件和气候环境的长距离、高密度、不同速度等级共线跨线运行的高铁建设运营成套技术。重载技术领域，掌握了既有线开行27吨轴重货物列车技术，构建了30吨轴重重载铁路建设运营成套技术体系，以大秦铁路、神华铁路为代表的重载铁路技术达到世界先进水平。《青藏铁路工程》《京沪高速铁路工程》等科技成果获国家科技进步特等奖，《中国铁路提速工程成套技术与装备》《大秦铁路重载运输成套技术与应用》《京津城际铁路工程》等成果获国家科技进步一等奖，还有一大批科技成果涌现出来，在铁路领域发挥出重要作用。

——铁路领域国际合作交流不断深化。改革开放以来，铁路合作交流的范围广泛，遍及全球。党的十八大以前，我国铁路国际合作交流，主要是“引进来”学习借鉴国外先进技术；党的十八大以来，我国铁路积极“走出去”，主动担当作为，服务国家政治经济外交大局。亚洲地区，印尼雅万铁路进入全面施工阶段；中老铁路有望于2020年建成通车；中泰铁路一期工程达成多项共识；中缅铁路境内段建设有序推进、境外段已经启动可行性研究；中巴铁路合作签署了巴基斯坦1号铁路干线升级改造和哈维连陆港项目建设的框架协议，完成了初步设计；中尼铁路构建了两国政府间合作机制，完成跨境铁路项目预可行性研究。中国企业承建的土耳其东西高铁、沙特麦地那至麦加高铁建成通车。中越、中印、中吉乌、中哈、中蒙、中朝铁路合作持续推进。非洲地区，铁路部门把中非传统友好优势转化为合作发展动力，成就显著，态势良好。2015年，中国企业承建的安哥拉本格拉铁路建成通车，是该国线路最长、速度最快、规模最大的铁路项目；2016年，非洲采用中国标准建设的首条跨国电气化铁路亚吉铁路建成通车；2017年，由中国企业建设运营的肯尼亚蒙内铁路建成通车，打造了中国铁路“走出去”的成功典范。目前，非洲在建铁路合作项目80多个。欧洲地区，匈塞铁路进入项目招标阶段；俄罗斯莫喀高铁勘察设计工作正在加快推进。拉美地区，巴拿马铁路、穿越秘鲁和巴西的两洋铁路开始可行性研究，阿根廷圣马丁货运铁路改造一期项目即将实施。铁路机车车辆等装备规模化整装出口海外，中国铁路装备出口覆盖了全球六大洲，遍布83%拥有铁路的国家。加强与铁路合作组织、国际铁路联盟、国际铁路运输政府间组织、国际标准化组织、国际电工委员会、国际电信联盟和大湄公河区域铁路联盟等国际组织合作，深入参与国际铁路联运规则、国际标准的制修订，推动我国铁路技术标准“走出去”，不断提升我国铁路国际话语权。推进亚欧大陆国际铁路联运，中欧班列从零起步，成为“一带一路”建设的重要成果和构建陆海内外联动、东西双向互济全面开放新格局的重要力量。

——铁路职工队伍建设成效显著。改革开放40年来，在火热的铁路改革发展实践中，中国铁路彰显的“人民铁路为人民”的宗旨意识、国家利益至上的责任担当、兢兢业业的工作作风、自强不息的拼搏精神、无私奉献的优秀品质，成为传承铁路文化传统的精神纽带，激发出广大干部职工投身铁路现代化建设伟大事业的澎湃热情。中国工人阶级的光辉旗帜“毛泽东号”机车组，坚持铁的纪律安全运行，形成了“报效祖国、忠于职守、艰苦奋斗、永当先锋”的“毛泽东号”精神；襄渝铁路巴山工务车间克服困难，把“担心线”变成“安心线”，确保40年安全无事故，形成了“艰苦奋斗、无私奉献、务实创新”的“巴山精神”；南京站“158”雷锋服务站是全国铁路学雷锋志愿服务的一面旗帜，荣获中宣部“时代楷模”称号。涌现出了全国“改革先锋”孙永才、巨晓林，“青藏铁路总设计师”李金城、苦干实干拼命干的“时代先锋”柴宝国、大秦线上“拉得最多”的火车司机程利甫、全国“创先争优”优秀共产党员和全国道德模范孙奇、央视“感动中国年度人物”的工人代表李万君、两次获得“全国技术能手”的工人技师张雪松、新时代铁路榜样徐前凯等一大批先进典型。青藏铁路发扬“挑战极限、勇创一流”精神，攻克高原铁路建设三大世界性工程难题；大秦铁路发扬“负重争先、追求卓越”的精神，创造了世界重载铁路密度最高、能力最大、增幅最快、效率最好等多项纪录，成为当之无愧的世界重载冠军；中国高铁“勇攀科技高峰、争创世界一流”，成为推进新时代铁路发展的精神引领和前进动力。40 年来，还有许许多多的先进单位集体和先进人物，还有上千万名铁路行业员工，为中国铁路事业的发展默默无闻地奉献奋斗。

改革开放 40 年来铁路取得的辉煌成就，一次次雄辩地说明：

必须始终坚持党的领导。这是我国铁路事业发展进步的根本政治保证。40 年来，铁路坚决贯彻执行党中央的决策部署，不断探索、锐意改革、开拓前行，发生了翻天覆地的变化。实践昭示我们，必须始终坚持党的领导，增强“四个意识”，坚定“四个自信”，坚决做到“两个维护”，坚定不移听党话、跟党走，自觉在思想上政治上行动上同以习近平同志为核心的党中央保持高度一致。

必须始终坚定不移走改革开放之路。改革开放是中国人民和中华民族发展史上的一次伟大革命。我国铁路的发展进步离不开改革开放的时代背景。正是改革开放带来的经济社会快速发展，催生了巨大的客流物流旺盛需求，推动我国铁路不断消除制约发展的体制机制障碍，快速提高铁路运输能力，不断提高服务水平。正是改革开放以来加快建设创新型国家的丰硕成果，构筑了全世界最完整的现代工业体系，为快速提高铁路技术装备水平提供了坚实基础。正是改革开放以来奉行的互利共赢开放战略，为我国铁路统筹利用国际国内两个市场两种资源创造了前提条件。

必须始终坚持以人民为中心的发展理念。改革开放 40 年来，我们始终坚持人民铁路为人民，以解决人民群众反映强烈的突出问题作为工作的出发点和落脚点，不断提升服务能力和服务水平，增强了人民群众的获得感、幸福感、安全感，促进了铁路自身的发展。

必须始终发挥社会主义制度优势。改革开放以来，我国铁路事业取得的发展成就，是在党中央坚强领导下，发挥新型举国体制优势取得的；得益于各部门各地区大力支持、共同努力；得益于铁路运输、工程建设、装备制造企业和高等院校、科研院所的齐心协力、团结拼搏；是一代代铁路人用勤劳、智慧、勇气干出来的，集中体现了社会主义制度优势。

必须始终继承发扬铁路光荣传统。铁路行业在推进铁路事业发展的伟大实践中，不仅创造了巨大的物质财富，也创造了宝贵的精神财富，形成了特有的优秀品质和光荣传统。广大铁路干部职工继承光荣传统，弘扬改革创新的时代精神，艰苦创业、接续奋斗，创造了举世瞩目的成绩。中国特色社会主义进入新时代，我们必须继续发扬铁路优良传统，凝聚起全行业的磅礴力量，开启建设中国特色社会主义铁路事业新征程。

二、2018 年国家铁路局工作简要回顾

2018 年，国家铁路局坚持以习近平新时代中国特色社会主义思想为指导，认真贯彻党中央国务院决策部署，落实新发展理念，实施“三年行动计划”，推进“安全质量服务深化年”建设，深化政府职能转变，深入推进行政履职工作，特别是在十个方面取得了突破性进展。

第一，在服务国家重大战略方面，立足铁路行业定位，结合履职监管职责，启动实施服务决胜全面建成小康社会三年行动计划，有序推进服务国家发展战略的高速铁路、区际干线、城际铁路建设。专题研究服务精准脱贫、污染防治、防范化解重大风险等三大攻坚战，西部大开发、东北全面振兴、中部地区崛起、东部率先发展区域协调发展战略和“一带一路”建设、京津冀协同发展、长江经济带发展、粤港澳大湾区建设等议题，发挥铁路作为国家关键基础设施的作用，制定和落实具体工作措施，确保党中央重大决策部署在铁路落地落实。

第二，在构建三级铁路安全监管体系方面，委托全路18个铁路安监办承担一般铁路交通事故的调查处理，配合开展铁路运输安全监督检查工作，加强执法培训，依法完成委托授权事宜，形成安全监管整体合力，构建了铁路行业三级安全监管体系，立足既有管理体制，基本解决了铁路运输安全监管力量不足的问题。

第三，在加强外部环境安全监管方面，推动铁路安全地方政府立法工作，协调八个省颁布铁路安全地方性法规或政府规章。在铁路沿线分区段召开路外安全联席会议，加大铁路外部原因导致事故的调查处理力度，依法对责任部门和单位进行处罚追责。制定实施《铁路安全生产约谈实施办法》，协调地方政府、企业和全社会共同维护铁路安全，实现了路外安全从"无人管"到"有人管"、从无序可控到有序可控的根本转变。

第四，在加强地方铁路监管服务方面，修订铁路运输企业准入许可准入条件，准入许可9家企业，为地方铁路吸引社会资本、创新经营模式创造了有利条件。制定发布了《铁路运输业信用管理暂行办法》，明确了地方铁路企业在旅客、托运人信用管理方面的义务和责任。加强对地方铁路工程的监督检查，把地方铁路工程纳入年度监督检查计划和"三不问题质量行为""惩戒失信行为"等专项整治范畴。建立地方铁路监管部门信息报告制度，探索地方铁路监管新模式，促进了地方铁路的安全有序发展。

第五，在铁路工程建设监管方面，完善监管工作机制，按照"谁审批、谁监管"的原则，明确地方铁路工程项目质量安全监管部门，办理项目监督手续，落实地方铁路工程项目监管责任。推动国铁企业项目质量安全监督职责落实，明确由地区监管局委托质量监督站进行监督，实现了铁路工程质量安全监管的全覆盖。

第六，在强化运输服务质量监督方面，组织执法人员进站上车，听取旅客对铁路客运服务质量的意见建议，每月完成调查问卷超过1万份，形成常态化工作机制。依法处理旅客货主投诉，及时反馈结果，督促企业对旅客货主反映强烈的问题进行整改。针对人民群众关注的客运服务问题，督促协调铁路运输企业和有关部门制定处置程序，依法维护旅客利益，解决了一批老大难问题。

第七，在推进铁路法治建设方面，全面清理原铁道部1165件规范性文件，划定了政府部门和国铁企业在承继原铁道部职能中的界限，纠正了与国家有关规定不符的企业文件，将702件属于铁路企业经营管理的规范性文件交由企业管理，废止和宣布失效207件、保留继续有效256件，建立了335项制度，解决了政企分开后不立、不改、不放、不废、不纠"五不"问题，促进了铁路领域治理体系的规范化。

第八，在推进铁路科技创新方面，召开政企分开后第二次铁路科技创新工作会议，搭建服务平台，交流创新成果。编制《铁路科技创新中长期发展纲要》，从移动装备、基础设施、能源系统、指挥与控制、运输服务、安全保障等六个方面，明确了中长期铁路科技创新发展目标。推进动车组核心技术与装备国产化。出台《高速铁路基础设备运用状态检测管理办法》，提升科技保安全的水平。开展中尼跨境铁路工程技术专题研究，高地应力、高地温热害、高地震烈度等地质难题取得突破性进展。开展高铁经济学学科建设，编著出版《高铁经济学导论》，组织高校围绕高铁经济学12个研究方向开展深入研究，推动开设课程。开展高铁工程学学科建设，确定学科体系框架，动态调整完善学科方向，完善了铁路高等教育学科体系。

第九，在与铁路高校合作方面，组织召集原铁道部所属高校和近年来开设铁路专业的高校，改变过去不管不问的状态，共商加强铁路学科建设和人才培养两件大事，开展铁路主要工种专业教材编写，推进高校科技创新、标准建设、对外交流等工作，与省级地方政府共建高校，助力铁路院校发展。

第十，在广深港高铁开通运营方面，提前介入，主动服务，全力支持香港特区政府培训高铁管理人员和技术人员，编制教材并组织专家赴港开展技术培训，颁发广深港高铁列车无线电台执照，经考试合格向香港司机颁发驾驶证，指导协调确定运营方案和设备维修方案，为广深港高铁顺利开通运营提供保障，努力支持香港融入国家发展大局，让香港同胞切实感受到高铁连通带来的获得感、幸福感。

一年来，铁路运输安全持续稳定，全年杜绝了重大及以上铁路交通事故；铁路客货运量保持较快增长，运输服务质量不断提升；铁路建设顺利推进，工程质量安全形势总体稳定。

这些工作的顺利完成，是以习近平同志为核心的党中央高度重视、正确领导的结果，是交通运输部指导支持的结果，是中央和国家机关各部门大力帮助的结果，是铁路老领导老干部热忱关心的结果，是铁路行业各单位和广大干部职工共同努力、拼搏奉献的结果。

三、当前铁路工作面临的形势与任务

2019 年是新中国成立 70 周年，是决胜全面建成小康社会第一个百年奋斗目标的关键之年。党和国家事业发展对铁路工作提出了新目标、新任务、新要求。

（一）从贯彻落实党中央决策部署看，铁路部门责任重大、使命光荣

党中央对铁路工作高度重视，作出了一系列决策部署。党的十九大要求加强铁路等基础设施网络建设。2018 年以来，习近平总书记指出要调整运输结构，增加铁路货运量；在中央财经委员会第三次会议上作出了规划建设川藏铁路的决定。2019 年中央经济工作会议要求，辩证看待国际环境和国内条件的变化，继续抓住并用好我国发展的重要战略机遇期，坚定信心，把握主动，坚定不移办好自己的事，保持战略定力，聚焦主要矛盾，坚持稳中求进工作总基调，坚持新发展理念，坚持推进高质量发展，坚持以供给侧结构性改革为主线，坚持深化市场化改革、扩大高水平开放，加快建设现代化经济体系，继续打好三大攻坚战，统筹推进稳增长、促改革、调结构、惠民生、防风险工作，保持经济运行在合理区间，进一步稳就业、稳金融、稳外贸、稳外资、稳投资、稳预期，提振市场信心，提高人民群众获得感、幸福感、安全感，保持经济持续健康发展和社会大局稳定，为全面建成小康社会收官打下决定性基础。党中央要求，更多运用市场化、法治化手段，在巩固“三去一降一补”成果、增强微观经济活力、提升产业链水平、畅通经济循环上下功夫；发挥铁路、公路、水运等各自优势，形成综合运输体系，提高综合交通运输网络效率；完善铁路运价灵活调整机制，降低专用线和短驳服务收费，降低物流成本；发挥投资关键作用，提升基础设施支撑能力，推进川藏铁路规划建设，加大城际交通基础设施投资力度；加快推动中国铁路总公司股份制改造。我们必须深刻认识铁路在贯彻落实党中央决策部署中的重要责任，准确把握精神实质，创造性贯彻落实，降成本、补短板，优环境、强服务，抓创新、增动能，促融合、提效率，努力担当作为，确保党中央各项决策部署在铁路落到实处、见到实效。

（二）从我国社会主要矛盾来看，必须发挥铁路行业优势，为经济社会发展多作贡献

党的十九大作出重大判断，我国社会主要矛盾已经转化为人民日益增长的美好生活需要和不平衡不充分的发展之间的矛盾。这一矛盾在铁

路工作中充分反映。尽管我国铁路网规模已达到13万公里，居世界第二位，但我国是一个人口众多、幅员辽阔、内陆深广的大陆型国家，东西跨度5400公里、南北相距5200公里，“四大板块”发展差异大、空间距离远，东西部资源分布与工业化布局不对称，港口与内陆腹地物资大交换频繁，铁路总量仍然不足。东部地区铁路虽然比较密集，但与经济社会发展的需求相比仍需进一步完善。革命老区、民族地区、边疆地区、贫困地区的铁路远远不够。根据国家规划，到2020年全国铁路营业里程达到15万公里，其中高速铁路3万公里，复线率和电气化率分别达到60%和70%左右。到2025年，铁路网规模达到17.5万公里，其中高速铁路3.8万公里。铁路发展既要解决自身问题，更要为国家解决发展不平衡不充分的主要矛盾提供基础设施保障，为经济社会发展多作贡献，铁路建设任务将是繁重和长期的。

（三）从坚持以人民为中心的要求来看，必须始终不断提升铁路运输服务质量

人民立场是我们党的根本政治立场，是我们党区别于其他政党的显著标志。中国铁路与其他国家铁路最本质的区别和要求，就是要坚持以人民为中心的发展思想，一切为了人民、一切依靠人民，将“人民铁路为人民”作为一切工作的出发点和落脚点，作为检验铁路工作的首要政治标准，切实提高铁路运输服务质量，建成人民满意的现代化铁路。近年来，随着铁路运输能力和技术装备水平的快速提升，铁路运输服务有了比较好的基础条件。铁路企业适应广大人民群众出行需求，大力整治运输服务环境，不断改进运输服务方式，取得了明显成效。但与人民群众的期盼和要求相比，铁路服务质量仍存在差距。从新闻媒体报道和政府网站收到的投诉举报看，人民群众对高铁霸座、网上加价售票、进站上车不方便、站车餐饮质量和卫生环境差以及运货时间长、受理不方便等问题，还有诸多不满意之处。铁路是大众化交通工具，是与老百姓关系最密切的服务行业，具有社会公共产品的属性。铁路工作的好坏，直接关系我们党“以人民为中心”执政理念的落实成效，直接关系我们党作为执政党的政治声誉，直接关系我国现代化建设的国家形象。作为行业监管部门，我们要切实肩负起责任，与铁路企业一道，促进铁路运输服务质量不断提高，使人民群众的获得感、幸福感、安全感更加充实、更有保障、更可持续。

（四）从建设交通强国的要求来看，必须充分发挥铁路在综合交通运输体系中的骨干作用

党的十九大提出要建设交通强国。这是以习近平同志为核心的党中央在新时代确立的立足国情、着眼全局、面向未来的一项重大战略决策，事关经济高质量发展，事关国家竞争力提升。建设交通强国，是新时代赋予交通运输行业的历史使命。作为综合交通运输体系的骨干，铁路地位重要、作用关键。在打造立体互联、质量卓越的基础设施体系中，需要铁路运输通道和枢纽发挥纵贯南北、横穿东西、内畅外连的主骨架作用。在构建完备适用、先进可控的交通装备体系中，需要铁路工业部门发挥“火车头”作用，强化核心技术研发，率先进入全球价值链中高端。在构建便捷舒适、经济高效的运输服务体系中，需要铁路发挥国民经济大动脉作用，加快新业态新模式发展，不断提高交通运输供给质量。在建立智慧引领、富有活力的创新驱动体系中，需要铁路全面提升创新能力和效率，带头推动科技与经济深度融合，加快建设创新型国家。同时，加强与其他交通运输方式标准规划、基础设施、运输服务的对接，实现有效衔接、深度融合，全面建成布局完善、互联互通、绿色智能、耐久可靠的综合交通运输网络体系。

（五）从当前铁路安全形势来看，必须强化红线意识和底线思维，确保运输安全稳定

党中央国务院高度重视安全生产工作。习近平总书记多次强调，发展决不能以牺牲人的生命为代价，最近明确指出，要下更大气力抓好安全生产和交通安全。铁路安全不仅关系铁路行业自身发展，更是公共安全的重要内容，事关党和国家的形象。确保铁路运输安全，是我们维护党和人民利益的责任担当，是我们必须坚守的底线任务，是我们落实以人民为中心的发展思想的具体体现。当前，我们在铁路安全规律认知、法规标准制度建设、设备设施质量、外部环境治理、灾害预警监测、突发事件应急处置等方面还存在薄弱环节。在铁路行车安全方面，因现场作业、设备故障、管理失控等引发的一般事故较多，铁路外部环境引发的事故时有发生，高铁安全防护措施有待加强。有的事故严重危及铁路运营安全，性质十分恶劣。另一方面，铁路建设持续加快推进，路网规模不断扩张，高铁密集快速投产和达速运营，新技术新设备大量投入使用，运输企业体制机制改革不断深化，运输生产和安全管理机构人员频繁调整，现场作业职工新老交替等，给铁路安全带来了新的挑战。作为行业监管部门，强化安全监管是义不容辞的首要职责，必须牢固树立安全发展理念，弘扬生命至上、安全第一的思想，强化红线意识和底线思维，遵循安全生产规律，积极构建政府监管、企业主体、社会监督的安全责任体系，确保铁路运输安全。

基于以上的形势任务分析，2019年国家铁路局工作思路是：深入贯彻落实党的十九大、十九届二中、三中全会和中央经济工作会议精神，坚持以习近平新时代中国特色社会主义思想为指导，高举新时代改革开放旗帜，紧紧围绕“五位一体”总体布局和“四个全面”战略布局，坚持稳中求进工作总基调，坚持新发展理念，坚持推动铁路高质量发展，坚持以铁路供给侧结构性改革为主线，坚持深化铁路市场化改革、扩大高水平开放，继续抓住并用好我国发展的重要战略机遇期，坚持以人民为中心，充分发挥政府职能作用，深入实施“三年行动计划”，开展“安全质量服务创新年”，立足行业，履职担当，服务交通强国建设，服务建设现代化经济体系，服务经济社会发展大局，为决胜全面建成小康社会作出更大贡献，以优异成绩迎接中华人民共和国成立70周年。

国家铁路局连续两年紧扣行业监管履职重点，突出安全、质量、服务，开展“安全质量服务年”“安全质量服务深化年”，取得了较好的成效。在全行业的共同努力下，铁路安全持续稳定，铁路工程质量总体良好，铁路技术装备质量稳步提升，铁路运输服务水平有了新的提高。实践证明，坚持以安全、质量、服务为主题深化履职监管工作，不断提高铁路工作水平和发展质量，对于更好服务国家战略，更好推动经济社会发展，更好保障改善民生，切实提高人民群众获得感、幸福感、安全感，起到了非常好的促进作用，是十分必要的。

习近平总书记在庆祝改革开放40周年大会上强调指出，改革开放40年的实践启示我们：创新是改革开放的生命。明年，我们要在过去两年实践基础上，坚持主题不变、镜头不换，继续巩固成果，深入开展“安全质量服务创新年”，以此为平台和抓手，牢牢抓住安全、质量、服务三个关键，推进实践创新、理论创新、制度创新、管理创新、方法创新、手段创新，深化行政履职，更好发挥政府作用，加快推进铁路领域治理体系和治理能力现代化，推动铁路行业更好发展。

第一，关于安全。安全是铁路工作永恒的主题，是推进铁路改革发展的前提条件。我们既要抓好国家铁路运输安全，也要补上地方铁路安全监管这一弱项；既要严控路内责任事故，更要管住路外责任事故；既要重视高铁安全，也要抓好普速

铁路安全；既要防控客车事故和旅客伤亡事故，更要压减非责任人员伤亡总量；既要抓铁路运输安全，也要抓铁路建设和施工安全；既要落实企业的主体责任，又要落实政府部门监管责任和各级地方政府相关责任；既要强化运输生产部门的直接安全责任，更要落实综合部门的保障职能；既要突出铁路行业安全，更要突出公共安全和国家安全。无论是安全管理范畴、管理领域、管理力度，还是管理思想、管理手段、管理方式都要积极创新，促进铁路安全生产水平进一步提升。

第二，关于质量。不断提高质量是铁路改革发展的根本要求，是铁路更好服务国民经济和社会发展的基础保障。党的十九大提出要建设质量强国。中央经济工作会议指出要重点推动高质量发展。我们必须坚决贯彻党中央的决策部署，把推动高质量发展作为当前和今后一个时期确定铁路发展思路的基本原则，统筹抓好各方面各领域高质量发展的具体举措；既要抓好铁路运输质量、满足广大人民群众的出行和运输服务需求，又要抓好铁路设备质量、保证钢铁大动脉全天候运输安全可靠，还要抓好铁路工程质量、确保大规模铁路建设优质高效推进；既要抓好旅客运输质量，也要抓好货物运输质量；既要抓好旅客乘降和旅途服务质量，也要抓好售票、候车、餐饮等环节服务质量；既要抓好设备研发制造的源头质量，更要抓好设备运用过程中的质量；既要抓好铁路勘察设计、施工建设期间的质量，更要抓好项目竣工、通车运营期间的质量，通过理论创新、实践创新，不断推动质量变革，大力提升铁路发展质量效益。

第三，关于服务。服务是铁路行业的基本属性，是落实以人民为中心的发展思想的具体体现。我们要坚持服务党中央确定的国家战略和重大决策，立足当前、着眼长远，发挥铁路有效投资关键作用，加快铁路重点项目建设，提升铁路运输服务能力，既保持当前经济发展速度，又为未来国民经济发展提供广阔空间和基础设施支撑。要坚持服务广大人民群众，切实发挥国民经济大动脉和大众化交通工具的作用，通过铁路供给侧结构性改革，快速提高铁路运输能力和技术装备水平，坚守底线、突出重点、完善制度、引导预期，完善铁路公共服务体系，不断适应人民日益增长的美好生活需要，使人民群众的获得感、幸福感、安全感更加充实、更有保障、更可持续。要坚持服务行业发展，切实转变政府职能，处理好政府和市场的关系，使市场在资源配置中起决定性作用和更好发挥政府作用，该企业自行决定的事项交给企业，该政府监管的事项认真管好，推行“双随机一公开”监管全覆盖、常态化，打造阳光政府、服务政府。

四、2019年重点工作

（一）落实国家战略部署和重大决策

抓好明年铁路工作，首要的就是贯彻落实国家战略部署和重大决策。一是推进落实今年已经制定的91项措施，充分发挥铁路基础设施优势，组织协调铁路行业各单位抓实抓细抓出成效。同时，要坚持党中央对经济工作集中统一领导的要求，根据形势发展，对于党中央交给我们的新任务，积极主动作为，坚决贯彻落实，做到件件有着落、件件有回音。二是积极参与编制《交通强国建设纲要》和《综合立体交通网规划纲要（2021—2050年）》。要在前期工作基础上，围绕重点领域、关键环节和重大问题，组织开展专题研究，并按要求推进实施。三是协调组织好铁路建设这一长期性的繁重任务。要贯彻落实中央经济工作会议要求，加强联系协调，帮助企业解决负债与铁路建设之间的矛盾。按照党中央关于“加快推动中国铁路总公司股份制改造”的要求，协调推动国铁企业股份制改造和国有企业混合所有制改革，盘活国有资本存量，为铁路建设提供可靠的资金支持。着力消除民营企业在准入许可、经营运行、招投标等方面的不公平待遇，提振投资和发展信心，抓好民间资本投资铁路项目的行业指导。加大铁路工程建设领域农民工欠薪清理力度，保障农民工合法权益。四是推动铁路项目前期工作。完成《铁路"十三五"发展规划》中期评估，启动铁路"十四五"规划前期研究，把补短板和扩内需结合起来，聚焦高速铁路、城际铁路、路网干线和交通枢纽，以中西部地区为重点，完善铁路网基础设施布局，谋划储备一批经济效益与社会效益并重的铁路项目。发挥专业优势和政府协调作用，积极开展技术攻关，高起点高标准高质量推动川藏铁路项目规划建设，提前制定工程监管方案，设立专门监管机构，配齐配强监管力量，从勘察设计开始，抓好全过程监管，确保川藏铁路规划建设优质高效。开展重点铁路项目行业评审，为尽早开工建设积极创造条件，有效发挥铁路投资对稳增长、调结构、惠民生的重要作用。

（二）深化铁路供给侧结构性改革

一是提高综合交通运输网络效率。立足于改造既有铁路，推进一批衔接沿海及长江、运河、珠江等内河港口、深入码头的铁路专用线和铁路支线建设项目，打通铁路进港"最后一公里"，形成铁水联运便捷通道。推动开展液化天然气（LNG）多式联运试点示范，研究罐箱多式联运发展的相关法规政策和标准规范。协调规划建设铁路集装箱办理站，形成覆盖广泛的公铁联运节点网络，研制尺寸、重量适于内陆运输的专用集装箱，推动应用45英尺34吨通用集装箱、20英尺35吨敞顶集装箱。协调调整铁路集装箱站外待货政策，降低集装箱使用费，促进门到门运输。引导铁路运输企业与装备制造企业、物流领域企业开展技术合作，加快公铁联运驮背运输车运用考核，完成设备定型、许可准入和试验验证等工作。二是推动铁路装备产业升级。贯彻落实党中央关于推动先进制造业和现代服务业深度融合的部署要求，协调推进时速350公里新型纵向卧铺动车组、可变编组动车组、双层动车组等新装备开展动态型式试验和上线运行考核工作，加快研发新型城际动车组、时速160～200公里系列快捷货车、冷藏货物铁路运输装备、快捷棚车等新型产品。同时，注重保存内燃机车生产能力，维护我国铁路工业体系的完整性。三是加快动车组国产化。坚持安全可靠原则，组织动车组主机厂、配套企业以及科研院所加大技术攻关力度，深入推进动车组基础原材料、基础元器件和关键零部件国产化工作，进一步增强铁路制造业技术创新能力，确保铁路领域越来越多的自主核心技术步入世界先进行列。四是协调企业优化铁路货运服务供给。协调完善煤炭、矿石等大宗货物运输策略，巩固扩大大宗货物运输市场，大力发展集装箱运输、商品汽车运输和冷链物流，加快货运产品结构优化调整，推进铁路物流信息化，推出运力推送、货物定位追踪、一键式交易、一单式服务，提高铁路货运服务水平。协调完善铁路运价灵活调整机制，降低专用线和短驳服务收费，进一步降低社会物流成本。五是推动提高铁路客运供给质量。协调企业进一步改善站车服务设备设施，推动互联网、大数据、人工智能和铁路客运深度融合，为旅客提供安全便捷、优质高效的出行体验。适应市场需求，更大范围探索开行夜间高铁。服务中西部贫困地区人民群众出行需要，开行公益扶贫性质的"慢火车"。

（三）筑牢铁路运输安全基础

督促企业遵循安全生产规律，增强系统思维，全面深化安全生产全流程全要素管理，控制安全风险，不断夯实安全工作基础。一是落实各级管理者的岗位责任制和逐级负责制；二是完善安全风险预测分析制度；三是健全运输安全的专业管理体系；四是适应大规模新线开通，完善运输生产力布局，优化区域管理体系；五是根据铁路技术发展和生产组织调整需要，规范技术管理制度体系；六是推进运输装备升级换代，完善设备管理体系；七是适应新技术新标准新要求，落实常态化适应性培训机制；八是推行科学的安全决策制度，包括技术方案的决策、生产力布局的决策、生产一线人力保障的决策、科学合理的投入决策；九是落实安全检查制度；十是改进安全评估考核激励制度。同时，组织和督促铁路运输企业抓好各专业部门、各单位的结合部管理。选择六条重点高铁干线，组织力量开展安全防护标准建设，力争完成6000公里的标准设计。修订《国家处置铁路行车事故应急预案》，合理布局救援资源，加强预案演练，做到应急有备、妥善处置，不断提升铁路运输安全管理水平。

（四）加强铁路运输安全监管

一是开展铁路运输安全监督检查。牢牢把握铁路运输生产规律，围绕运输高峰期、国家重大活动时期、列车调图、提速达速以及恶劣气象条件等关键时期，突出旅客列车和高铁，以车票实名制、进站安检、危险货物运输和营业线施工安全为重点，加大监督检查力度，督促企业落实安全生产主体责任。二是抓好铁路运输安全关键问题和薄弱环节监督检查。完善铁路交通事故“日报告”制度，及时掌握铁路安全情况，组织开展事故调查和责任追查。狠抓典型事故查处，紧盯铁路运输安全关键问题，对动车组走行部故障以及错办、冒进等现场作业方面的问题抓住不放，制定印发《铁路交通重大事故隐患判定标准》，对倾向性问题及时预警，严查问题原因，切实消除隐患，坚决遏制重特大事故发生。针对连续发生问题的部门和单位，开展专项督促检查。三是加强外部环境综合治理。督促落实新建高铁开通运营前完成安全保护区划定，积极推进普速铁路安全保护区划定，深入推进高铁安全防护工程。落实高铁沿线环境综合整治长效机制，加强与地方政府、运输企业沟通协调，落实各方责任，建立健全“双段长”制，明确对接部门，加强检查考核，及时发现并妥善处置问题隐患。四是严格行政执法。进一步深化“打非治违”，加大对因道路交通肇事、挖断铁路电缆等原因导致铁路交通事故的行政处罚力度。及时公开行政处罚情况，并抄报地方政法委、综治委，督促地方政府有关部门落实责任。开展联合执法，坚决查处铁路两侧及桥下非法施工、放火烧荒、机动车侵限、私搭乱建、违法占地和非法生产储存危险品等影响铁路安全的突出问题。汇编分析建局以来行政处罚案例，建立行政执法规范卷，为行政执法工作提供指导。推行行政执法公示制度、重大执法决定法制审核制度，着力推进行政执法透明、规范、合法、公正，不断健全执法制度、规范执法程序、创新执法方式、加强执法监督，全面提高执法效能，推动形成权责统一、权威高效的铁路行政执法体系。五是加大事故调查处理力度。重点抓好涉及旅客列车、造成旅客伤亡、社会影响较大的铁路交通事故调查处理。严格事故分析定责，既追究事故直接责任人、也追究管理者的责任，既追究业务管理部门的责任、也追究综合管理部门的责任，既追究企业责任、也追究相关管理部门责任，做到依法定责、追责到位。六是强化铁路安全管理制度落实。严格落实《铁路安全生产约谈实施办法》，对因安全生产主体责任不落实、监管工作不力，导致发生铁路交通事故或存在严重险情和隐患的，进行提醒告诫，督促铁路企业严格落实安全生产主体责任，协调地方政府落实铁路安全环境治理的监管职责和属地责任。各地区监管局要切实落实铁路安全监管责任，依法约谈，及时公开；强化对铁路安监办指导力度，充分发挥三级安全监管体制合力；对辖区内高铁线路所有限速点全面摸底、准确掌握、重点分析、加强管理；督促地方铁路企业落实行业规章和规范性文件要求，细化安全管理规章制度，健全运输安全专业管理体系。

（五）加强铁路工程质量安全监管

一是抓好监督检查。推进“三不问题质量行为”专项整治行动第三阶段工作，构建常态化工作机制，重点突出“三个强化”，即强化新开工、地质复杂、技术标准高、社会关注度高的重点项目监督检查，强化高墩、长隧、深基坑、高陡边坡、上跨结构等重点结构监督检查，强化地质勘察监理、安全措施备案、超前地质预报、变形监控量测、竣工验收等重点环节监督检查，督促参建企业落实质量安全主体责任。二是规范建设市场秩序。开展铁路工程建设领域惩戒失信行为专项行动，严格落实《铁路工程建设失信行为认定记录公布管理办法》，强化招投标市场监管，维护良好的市场秩序。三是加强行业监管。加强指导协调，督促尚未明确地方铁路监管职责的省级政府，尽快落实地方铁路监管责任。落实国铁企业自行决定项目的工程质量安全监督委托工作，强化监督考核，更好发挥委托机构作用。完善协同监管机制，探索与地方政府共同召集首次监督会议，实施联合监督检查，实现重大质量安全隐患信息共享。依托局政府网站及安全监管信息化（一期）工程，推进工程监管信息系统运用，建设完成铁路工程建设企业库、项目库和人员库，运用大数据分析手段，分析研判铁路工程监管形势，提高监管质量和效率。四是夯实监管制度基础。制定铁路工程质量安全行政监管工作指导意见，进一步规范铁路工程监管程序。制定竣工验收监管办法，督促建设单位落实竣工验收主体责任。制定铁路工程质量安全风险管理指导意见，建立质量安全风险源备案机制。制定铁路工程企业资质核查办法，重点开展企业资质申请过程中的存疑项目和取得资质后的资质条件持续性核查。

（六）加强铁路设备质量安全监管

一是加强铁路专用设备行政许可审查。适应铁路工业转型升级和建设制造强国、质量强国的需要，加强产品质量源头监管，规范行政许可审查，鼓励技术创新，淘汰落后产能。对安全风险高、重大技术创新以及新申请进入铁路行业的许可申请，严格审查、加强把关，对存在重大安全隐患以及不再符合许可条件的企业，依法实行许可退出，切实从源头保障铁路专用设备产品质量安全。二是加强铁路设备质量安全监管。建立铁路设备故障库，组织持续满足取证条件情况监督检查，加大对故障率较高或产品质量异常的高铁设备产品生产企业监督检查密度，跟踪复查不合格企业，按季度公布监督检查结果。实施《高速铁路基础设施运用状态检测管理办法》，加强产品源头和运用质量监督检查，落实属地化监管职责，对发生铁路交通事故、设备惯性故障以及存在设备产品源头和运用质量安全问题的，采取发函或约谈等方式，责令限期整改。组织专业机构开展产品质量抽检工作，抽查结果按规定上网公布。加强铁路无线电监管，有序推进试点企业铁路机车电台执照核发工作。组织开展铁路通信网络频率动态检测和铁路边境口岸无线电监测工作。加强铁路企业无线电频率使用监督检查，专项整治延时办理频率使用许可行为。持续推进世界无线电大会审议议题研究。三是加强铁路机车车辆驾驶资格管理。建立严格的火车司机准入退出机制，对服用国家管制精神药品或麻醉药品、饮酒或醉酒，以及违章驾驶机车车辆发生铁路交通事故的，降低准驾机型、撤销驾驶资格，直至终身禁止申请驾驶资格。严格动车组司机驾驶证取证和管理。加强资格考试管理，不断完善考试知识点库、专家库、考点库、考评人员库，并实施动态管理。组织完善驾驶资格考试组织方式和评价体系，制定理论上机考试和实作模拟考试的评价标准。加强驾驶执业检查，对无证或持无效证件驾驶等违法行为进行专项整治，发现一起、查处一起。

(七)加强铁路运输服务质量监督

一是健全完善铁路运输服务监督制度体系。扎实开展客运、货运和车务安全服务质量监督检查，督促企业加大站车服务设备设施改善和环境整治力度，改进升级铁路客票系统，推广电子客票，推进多种运输方式信息共享，形成“一站式”票务信息服务，推动互联网、大数据、人工智能和铁路旅客运输深度融合，为旅客提供安全便捷、优质高效的智能出行体验。二是建立监管部门、运输企业和旅客沟通合作机制。创新问卷调查机制，实施常旅客调查制度，建立健全调查员认定、调查信息收集、调查结果反馈等工作流程。编制发布春运、暑运、年度三项客运服务质量评价报告。关注人民群众关心的代购网站有偿抢票、盒饭质量、高铁选座等问题，督促企业不断改进服务质量。三是提升投诉处理工作效能。落实《铁路运输服务质量监督信息公开办法》，及时公开情节严重或社会影响较大的铁路运输服务违法违规行为，以公开促整改。修订《铁路运输服务质量投诉处理办法》，优化投诉处理问题解决方案，维护各方合法权益与运输市场秩序。推进投诉举报处理信息化，提升工作效率，对人民群众的投诉反映，要做到件件有回应。四是规范铁路运输市场秩序。完善铁路运输市场准入制度，适应运输市场发展变化，优化调整准入条件，鼓励铁路运输经营方式多元化发展。加强事中事后监管，督促企业保持许可准入条件。研究制定推进驮背运输市场发展政策，推进建立铁路运输信用体系，协调制定公益性运输补贴政策和措施。

(八)深入推进“放管服”改革

一是深化简政放权。企业管理范围内的事项，一律交给企业，凡是企业能干的就让企业干，积极采纳企业关于法规标准等方面的建设性意见。清理违反市场原则、妨碍生产要素流动、影响企业活力的政策文件，营造公平竞争的铁路市场秩序。二是优化政府服务供给。建设政务服务大厅，缩短审批时限，精简许可材料，按照“证照分离”要求分类管理市场准入事项，进一步压减铁路装备产品生产许可证和产品强制性认证种类。持续开展减证便民行动，没有法律法规依据的证明事项一律取消。梳理行政权力事项和公共服务事项清单。建设政务服务一体化平台，实现“网上申请、在线办理、一网通办”。贯彻落实党中央关于促进中小企业健康发展的指导意见，坚决保护企业及其出资人的财产权和其他合法权益，保障中小企业公平参与铁路市场竞争，协调解决大型企业拖欠中小企业账款问题。加大政务公开力度，及时发布履职信息、解读政策法规、回应社会关切，建设人民满意的服务型政府。三是强化事中事后监管。要解决“一放了之”的问题，对下放给企业的事项和取消的行政许可，要监督企业的执行情况，该纠正的要纠正。同时，要鼓励企业创新，积极支持企业根据铁路发展实践创新完善规章标准，组织专家评审，加强事中事后监管，紧盯运用过程中出现的问题，及时纠错，确保安全。要坚持全面覆盖、规范透明、问题导向、协同推进的原则，实现“双随机一公开”监管全覆盖、常态化；抽查事项实行清单管理，涉及安全、质量、公共利益的事项，作为“重点检查事项”，抽查比例不设上限；建立健全检查对象名录库和执法监察人员名录库，统筹安排抽查计划，做到对违法者“利剑高悬”，对守法者“无事不扰”。

(九)加强铁路法规和标准体系建设

一是把握科学的立法思路和原则。坚持立足国情，坚持问题导向、改革导向、实践导向，适应新时代我国社会主要矛盾变化的需要，总结改革开放40年来铁路立法和实践经验，巩固、确认和发展铁路建设成果，增强铁路法律法规的针对性、有效性、适应性、系统性，处理好与刑事法律、行政法律体系的衔接关系。二是扎实推进铁路立法工作。积极推进《铁路法》和《铁路交通事故应急救援和调查处理条例》《铁路运输条例》制修订工作，着力构建铁路行业法治体系框架。各地区监管局要加大力度协调推动地方铁路安全立法。三是完善规章制度体系。制修订《铁路机车车辆驾驶人员资格许可办法》《铁路旅客运输规程》《铁路货物运输规程》《铁路运输服务质量监督管理办法》《铁路公益性运输监督管理暂行办法》《铁路车站和线路名称管理办法》《地方铁路、铁路专用线和专用铁路安全监督管理办法》《铁路工务安全规则》《铁路电务安全规则》《铁路专用设备生产企业信用管理暂行办法》《铁路无线电频率使用审核办法》等规章制度。落实规范性文件管理长效机制，进一步清理原铁道部文件。四是推进重要标准制修订工作。重点加强基础性标准研究，提高铁路技术标准编制水平。加快制定完善高速铁路、城际铁路、市域（郊）铁路、联程联运、综合性交通枢纽信息化智能化技术标准。系统梳理铁路机车车辆和运输基础设备许可审查工作所依据的技术标准，研究提出急需制定和完善的铁路专用设备技术标准需求目录，跟踪新型机车车辆设备的研制、试验、运用考核和实际运用情况，经实践检验技术成熟稳定后，及时编制发布技术标准。修订发布《高铁安全防护设计规范》《磁悬浮铁路设计标准》《铁路工程工程量清单计价规范》。同时，要抓好法规宣贯工作，深入开展“平安高铁”普法专题行动，增强铁路沿线单位企业和人民群众爱路护路意识。加强法律顾问队伍建设，建立公职律师队伍。

（十）推动铁路行业科技创新

一是完善科技创新协作机制。修改完善《铁路科技创新中长期发展纲要》，指导铁路行业科技创新发展。召开年度科技创新工作会议，搭建行业平台，形成政府、企业、高校、科研机构相互协作的产学研用一体化工作机制。加大市场需求引导、科技成果转化、科技资源开放共享、科研诚信建设工作力度，推动企业成为技术创新的主体。二是不断提升铁路自主创新能力。加强基础理论和前瞻技术研究，在铁路科技前沿下好“先手棋”。推进基于北斗的铁路网和列车统一授时与调度指挥系统工程，开展“基于北斗导航的列控系统技术”和“下一代列控系统关键技术”等专项研究，并在京沈客运专线时速350公里高速环境下开展北斗系统应用技术验证。完善驮背运输车试验大纲评审程序和运用考核、制造维修技术条件，着力打造可推广的示范工程。推进高速磁悬浮铁路技术研发，加强技术储备。三是加强课题研究和成果推介。修订课题研究管理办法，科学编制年度课题研究计划。研究《铁路对经济社会发展拉动效应》，为国家宏观经济决策提供研究成果支撑。申报国家重点研发计划专项，协调推进重大铁路科技创新项目，抓好国家科学技术奖、中国专利奖、国家万人计划、创新人才推进计划等各类国家级奖励的征集、评审和推荐。四是加强高等院校学科建设，夯实创新发展人才基础。深化产教融合，组织高等院校开展高铁经济学、高铁工程学等课题研究，编写铁路高职教材，完善铁路高等教育学科体系，厚植铁路长远发展的人才基础。进一步培育造就创新型高水平人才队伍，培养造就更多的青年英才，依托科技计划项目和科研基地建设，推动一批科研骨干在实践中锻炼成长。五是发挥好专家委员会作用。专家委员会是国家铁路局日常科技工作、专业技术工作的重要支撑和手段。对有新的重大创新成果的技术带头人要及时吸纳进来，对发挥不了作用的专家定期更替。六是组织实施高铁“线、桥、隧、站、车”五大系列科普项目，大力宣传展示铁路科技发展重大成就，扩大铁路科技创新成果在全社会的影响力。

（十一）加强政府间铁路交流合作

一是加强重点项目合作。重点推进巴基斯坦1号铁路干线、中尼跨境铁路以及中蒙俄、中吉乌、中印、中越铁路合作项目。巴基斯坦1号铁路干线力争实现年内开工建设。中尼跨境铁路启动可行性研究工作并完成尼泊尔“两线”规划研究。协调推进中老铁路、中泰铁路、雅万高铁、中缅铁路、匈塞铁路、莫喀高铁和非洲铁路项目建设。二是加强多边双边铁路合作。进一步深化与铁路合作组织、国际铁路联盟、国际铁路运输政府间组织、国际铁路安全理事会等多边铁路交流合作，增强我国铁路的影响力。推进大湄公河区域铁路联盟运行机制研究项目，推动联盟向政府间组织转变。加快修订《中越国境铁路协定》《中蒙国境铁路协定》。三是服务“一带一路”国际合作。发挥铁路基础设施作用，在政府间铁路合作机制中为企业“走出去”搭建平台，加快培育国际经济合作和竞争新优势，推进项目建设和产能合作，形成更多可视性成果，推动共建“一带一路”走深走实。深入参与《国际铁路直通联运公约》《国际铁路货物联运协定》《国际旅客联运协定》编制，协调完善电子运单格式和使用规则，推动铁路企业加快实施电子数据交换，简化中欧班列运输过境手续。推动优化国际铁路联运运单内容，研究赋予国际铁路运单物权凭证功能，作为信用证议付票据，提高国际铁路货物联运水平。四是推进中国铁路标准国际化。积极参与国际标准化组织、国际电工委员会等技术委员会的标准化活动，集中行业力量，组织推进由我国主持的国际标准项目编制，争取更多新工作项目提案立项。推进与欧洲国家在铁路领域的标准一致性合作。办好《铁道技术标准》国际学术刊物。积极推进中国铁路标准在“走出去”项目中的应用实施。加快铁路技术标准外文版翻译，发布《铁路旅客车站设计规范》和铁路工程施工质量验收系列标准英文译本，发布《高速铁路设计规范》非英语译本。

（十二）抓好行业统计工作

一是推进统计信息系统建设。正式启用统计信息系统，收集并解决使用过程中出现的问题，不断改进完善，建成集数据采集、审核、汇总、处理、分析、展示等功能于一体的信息系统，实现统计业务上报流程顺畅、数据安全可靠、运行稳定，确保行业统计数据真实准确完整及时。二是抓好数据分析。落实《铁路行业统计调查制度》，汇总报表数据，定期编发《铁路行业主要指标统计情况》《全国铁路主要指标完成情况》《铁路行业统计分析报告》，发挥统计信息咨询作用，分析研判行业发展趋势。开发铁路行业统计数据，研究铁路行业发展的内在规律以及与国民经济发展的关系，为宏观决策提供依据。三是加强企业统计业务指导。监测运输企业日常报送数据质量，开展重点企业统计业务指导，提高行业统计调查对象统计业务整体水平，为铁路运输市场监测提供有效支持。调研掌握铁路运输企业、铁路建设企业、铁路设备制造企业等统计调查单位基本属性、业务范围、统计工作现状，进一步完善名录库数据信息，提高统计工作质量。加强行业统计管理，发现企业违法行为，及时提请国家统计局执法。四是开展铁路运输业单位普查工作。按地区、行业、注册类型与机构类型，分解工作任务，形成分劈数据，加强检查审核。摸清铁路装备制造上下游企业情况。

（十三）加强财政预算和审计监督工作

规范预算编制，加强资金统筹，保障重点工作，严控一般性支出，实施绩效考核，发挥财政预算对行政履职监管的支撑保障作用，确保预算编得好、用到位、有实效。一是抓预算编制。要进一步梳理各项业务，提早布局谋划，找准开展工作与预算需求的内在联系，做实做细预算，确保预算论证充分，有理有据有措施，提高预算编制科学化水平。二是抓预算执行。要贯彻落实中央关于全面实施预算绩效管理的要求，落实主体责任，一手抓执行进度，一手抓绩效管理。预算目标与依法履职工作目标是相统一的。预算目标能否顺利实现，关系到依法履职能力和工作作风。要重点推进地区监管局预算执行，全面开展预算绩效管理，对重点项目预算严格跟踪问效，实现预算执行与履职成果相互促进、相得益彰。三是抓经费使用。坚决贯彻落实中央八项规定精神，建设节约型机关，严格控制“三公”经费、会议费、培训费、差旅费等一般性支出，进一步精简压缩出国任务，严格出国人员审批。局党组成员要坚持带头厉行节约，办公室不用公款购置摆放花卉绿植，出差不住套间。同时，要贯彻落实中央审计委员会第一次会议精神，积极配合国家审计署审计监督检查，按时报送财务数据信息，抓好审计问题整改，建立长效工作机制；切实履行好内部审计监督职责，按照“两年全覆盖”安排，开展局属单位内部审计检查，重点监控信息化建设项目，开展扶贫资金绩效考核，确保资金使用依法合规。

（十四）服务打赢脱贫攻坚战

一是发挥铁路基础设施支撑作用。积极推动贫困地区铁路项目前期工作，推进贫困地区铁路工程项目高质量建设，支持贫困地区铁路设备企业创新发展，加大对贫困地区铁路运输企业支持力度，提升贫困地区铁路公益性运输服务水平。二是抓好秦巴山片区扶贫工作。选派业务骨干到秦巴山片区挂职，推动铁路规划建设，着力提升路网规模和质量，抓好南达万高铁、渝西高铁、西十高铁等项目前期研究工作，强化项目质量安全监管，力争早日建成投产，形成通道能力。三是扎实推进贵州省榕江县定点扶贫工作。加强调研检查督促指导，推动脱贫产业项目建设，利用铁路站车资源载体宣传打造榕江旅游品牌。推进兴永郴赣铁路等基础设施项目建设。加强教育就业扶贫，加大教学设施和学生资助力度，协调大专院校与榕江县建立招生合作关系，协调铁路用工单位定向招收榕江贫困毕业生，帮助解决贫困群众就业，提高定点扶贫县就业率。四是加强江西省永丰县对口支援工作。推动吉抚武铁路项目启动前期工作，强化产业发展指导，协调大学院校与当地政府联合办学，深入挖掘地方特色资源和发展潜能，全力推动脱贫攻坚取得实效。

（十五）全面加强党的建设

旗帜鲜明讲政治，坚定执行党的政治路线，严格遵守政治纪律和政治规矩，不断增强“四个意识”，坚定“四个自信”，践行“两个维护”，在政治立场、政治方向、政治原则、政治道路上同以习近平同志为核心的党中央保持高度一致。认真学习贯彻习近平总书记关于中央和国家机关推进党的政治建设重要指示精神，坚定不移加强党的全面领导，以党的政治建设为统领，当好“三个表率”，建设让党中央放心、让人民群众满意的模范机关。深入学习贯彻习近平新时代中国特色社会主义思想和党的十九大精神，以两级理论学习中心组为引领，以全局组织生活日（党日）为平台，坚持读原著、学原文、悟原理，用党的理论武装头脑。围绕庆祝新中国成立70周年，认真开展铁路行业发展成就宣传，更好地向全社会展示铁路发展成就。深入贯彻落实新时代党的组织路线，以组织体系建设为重点，着力培养忠诚干净担当的高素质干部，着力集聚爱国奉献的各方面优秀人才，坚持德才兼备、以德为先、任人唯贤，为铁路事业发展提供坚强组织保证。制定实施贯彻落实《中国共产党支部工作条例（试行）》办法，强化党建工作基础，持续推进“两学一做”学习教育常态化制度化。始终坚持以永远在路上的坚韧，锲而不舍狠抓作风建设，坚决克服形式主义、官僚主义，大兴调查研究之风。学习贯彻《中国共产党纪律处分条例》，着力提高党的纪律建设的政治性、时代性、针对性，用严明的纪律管党治党。落实巡视工作规划，强化政治巡视，严肃执纪问责，完成党的十九大后第一轮全覆盖政治巡视，做好巡视“后半篇”文章。运用监督执纪“四种形态”，层层设置防线，本着对党的事业负责、对干部负责的态度，对存在的问题早发现、早教育、早提醒、早查处，使红脸出汗成为常态，持续营造良好党内政治生态，深入推进反腐败斗争，强化不敢腐的震慑，扎牢不能腐的笼子，增强不想腐的自觉，坚决夺取反腐败斗争压倒性胜利。

马军胜在 2019 年全国邮政管理工作会议上的讲话

（2019 年 1 月 3 日）

这次会议的主要任务是：以习近平新时代中国特色社会主义思想为指导，全面贯彻落实党的十九大和十九届二中、三中全会以及中央经济工作会议精神，总结 2018 年工作，回顾改革开放 40 年来邮政业发展成绩，部署 2019 年工作，加快推进与小康社会相适应的现代邮政业建设，为建设现代化邮政强国奠定坚实基础。下面，我讲三个方面意见。

一、2018 年主要工作和改革开放 40 年邮政业发展成绩

2018 年是全面贯彻落实党的十九大精神的开局之年，是改革开放 40 周年，是决胜全面建成小康社会、实施"十三五"规划承上启下的关键一年。全行业深入学习贯彻习近平新时代中国特色社会主义思想和党的十九大精神，认真落实中央决策部署特别是习近平总书记对邮政业重要指示批示精神，坚持稳中求进工作总基调，坚持深化供给侧结构性改革，坚持更好服从服务国家重大战略，坚持以人民为中心的发展思想，深入贯彻新发展理念，继续按照"打通上下游、拓展产业链、画大同心圆、构建生态圈"工作思路，开拓进取、务实苦干，行业实现持续健康快速发展，保持了

总体平稳、稳中有进的良好态势。全年预计完成邮政业业务总量12300亿元，同比增长26%；业务收入7870亿元（不含邮政储蓄银行直接营业收入），增长18.81%。其中，快递业务量完成505亿件，增长25.8%；业务收入完成6010亿元，增长21.2%。新增社会就业20万人以上，支撑网上零售额6.9万亿元，支撑跨境电子商务贸易超过3500亿元。邮政普遍服务和快递服务满意度稳中有升，消费者申诉处理满意率达到98.5%。邮政业在经济社会发展中的作用不断增强，为稳增长、促改革、调结构、惠民生、防风险作出积极贡献。

（一）坚持科学谋划，不断优化行业政策环境

一是贯彻落实中央重大决策部署。落实区域协同发展战略。交邮协同发展重点任务纳入京津冀交通一体化三年行动计划；印发雄安新区邮政业发展总体思路，衔坊中心配置快递货物集散站等任务纳入新区规划纲要；以长三角寄递服务一体化为重点深入推动长江经济带邮政业发展。谋划邮政强国建设，制定实施邮政业服务决胜全面小康开启新征程三年行动计划，有效衔接交通强国战略。二是深化“放管服”改革。发布施行快递末端网点备案暂行规定，全国完成末端网点备案12.1万个。修订《快递业务经营许可管理办法》。进一步优化许可流程，邮政服务5项行政审批时间缩短至法定时限一半，快递许可平均办理时限压缩至12.7个工作日。将国际快递业务（代理）经营许可权下放至天津、广东自由贸易试验区。积极探索新业态监管方式，开展对智能快件箱寄递服务和专业末端收投服务企业的省内许可工作。推进“互联网+政务服务”，基本实现全流程网上办理和“一门、一次、一网”要求，依法清理3项证明事项。三是健全法规政策体系。认真贯彻落实《快递暂行条例》，配套出版条例释义。参与电子商务法立法。推动《国务院办公厅关于推进电子商务与快递物流协同发展的意见》出台实施，24个省份印发配套文件。配合有关部门制订加快培育壮大行业发展新动能、运输结构调整、城乡高效配送、城市居住区末端设施建设等政策措施。邮政业“最后一公里”设施建设纳入国家基础设施领域补短板支持政策。印发落实快递末端服务车辆通行指导意见，196个城市出台快递车辆管理政策。四是完善规划标准体系。配合开展国家“十三五”规划纲要等规划中期评估，完成邮政业“十三五”规划中期评估。天津空港经济区物流园、西安邮件处理中心等10个快递物流园区项目列入交通运输部货运枢纽投资补助项目储备库。发布实施快递手持终端安全技术要求等5项行业标准。

（二）坚持供给侧结构性改革，着力提升行业发展质效

一是加强基础能力建设。新增直接通邮建制村1.6万个，直接通邮率超过98.9%，全国24个省份实现全部建制村直接通邮。实施西部和农村地区邮政基础设施建设项目，推动网点改造1280处。邮政企业升级改造邮件处理中心70个，建成智能仓储配送中心1837个，投递网点全部实现电子化。全国建成快递物流园区323个，2000余家企业入园运营。深入实施“快递入区”工程，城市自营网点标准化率提高10个百分点，主要企业投入运营智能快件箱27.2万组，箱递率达到8.6%，全国高校快递规范收投率达到96.2%。城市公共快递服务站和农村公共取送点分别达到7.1万个和6.7万个。自主快递航空运能进一步提升，国内快递专用货机达113架，湖北国际快递物流核心枢纽项目建设有序推进，嘉兴航空物流枢纽项目启动。铁邮合作深入推进，开通高铁快递线路431条。二是推动企业改革创新。邮政企业持续推进寄递业务改革，包裹类业务量同比增长23.7%。邮政综合服务平台建设扎实推进，深入开展警邮合作，全面推行邮政网点代办公安交管业务，拓展税务

代理业务，“网上办理＋网下寄递”工作加快推进。德邦快递顺利上市。重点企业创新寄递服务，加快发展冷链、医药等高附加值业务，大包裹、云仓、快运、即时递送等新服务进一步拓展，快递冷链网络覆盖139个城市。三是加快产业联动融合。邮政业与电子商务协同发展深入推进，年支撑网上零售额占社会消费品零售总额比重超过19%；服务先进制造业能力持续增强，重点项目达到318个，直接服务制造业年产值达到2172亿元；顺丰、京东等企业加快与冷链、供应链管理等专业化公司战略合作，服务广度深度不断提升；服务现代农业成效明显，打造滨州冬枣、柳州螺蛳粉、宝鸡猕猴桃、攀枝花芒果、砀山酥梨、梅州金柚、黄冈蕲艾等年业务量超千万件的“快递＋”金牌农业项目20个，全年农村地区累计收投快件120亿件，支撑工业品下乡和农产品进城超7000亿元。利用京交会、2018中国快递论坛等平台拓展快递融合发展空间。四是促进科技创新与技术应用。开展首届行业科技成果评审，初步评出以电子运单为代表的一批效益明显、影响广泛的优秀项目。公示首批邮政行业技术研发中心17家。制定邮政业应用技术研发指南，大数据、云计算广泛使用，大力推广应用人工智能技术和北斗导航系统，无人仓、无人机在多家企业投入运营。邮政业大数据安全监管与公共服务平台获首届数字中国建设峰会最佳实践奖，并入选十佳案例。邮政企业建立新一代寄递业务信息平台和国内普通邮件全程时限监控系统，实现全流程信息化跟踪。快递企业建成自动化分拨中心232个，主要企业骨干分拨中心基本实现自动化分拣，研发应用智能物流骨干网络规划平台、智能网络规划调度引擎，实现运输网络动态调控，有效增强运力调度能力。主要企业大规模推广APP应用，大幅提升服务效率和用户体验。五是建设高素质行业人才队伍。出台提升快递从业人员素质的指导意见。快递工程技术人员职称评审试点取得重大突破，3401人取得专业技术职称。组织各类职业技能竞赛49次，222人次获得市级以上表彰。推进共建院校发展，现代邮政学院在校生已达1800余人。深化产教融合，举办“强邮论坛”、全国“互联网＋”快递大学生创新创业大赛。推动企业强化专业技术人员继续教育和岗位技能培训，多渠道引进高层次人才。邮政企业建成职工小家4万多个，薪酬分配加大向一线员工倾斜力度。快递员权益保护不断加强。

（三）坚持补短板强弱项，全力打好邮政业三大攻坚战

召开邮政业贯彻新发展理念打好三大攻坚战部署会议，制定实施打好防范化解重大风险攻坚战实施意见、助力脱贫攻坚三年行动方案、全面加强生态环境保护坚决打好污染防治攻坚战实施意见，邮政业三大攻坚战扎实有效推进。一是积极助力精准脱贫。深入推进“邮政在乡”工程，新增邮乐购站点5万个，累计达到46万个，邮政企业县乡村三级服务体系日益完善。持续推进“快递下乡”工程，全国乡镇快递网点覆盖率达到92.4%。产业扶贫力度不断加大，“寄递＋电商＋农特产品＋农户”脱贫模式作用明显。邮政企业依托邮乐网建成线上扶贫地方馆709个，推出“一市一品”农特产品典型项目655个，带动18万户贫困人口增收3.4亿元。快递企业打造服务农业“一地一品”项目905个，覆盖国家级贫困县34个，有效增强了精准脱贫能力。扎实做好定点扶贫工作，全系统共选派扶贫挂职干部176人，投入和引进资金超过1亿元，引进项目203个，帮助1.2万建档立卡贫困人口脱贫。国家局定点扶贫的河北省平泉市提前3年脱贫出列。二是不断加快行业绿色发展步伐。认真落实10部门关于协同推进快递业绿色包装工作的指导意见，制修订《快递封装用品》系列国标和《邮件快件包装填充物技术要求》等2项行业标准，出台《快递业绿色包装指南（试

行）》。邮政企业启动绿色邮政行动，提出新能源车辆、电子运单、绿色包装材料和绿色金融四项行动目标。行业电子运单使用率达到92%，组织申通等6家品牌企业开展可循环中转袋应用试点，举办中国快递绿色包装产业联盟高峰论坛、快递绿色包装进校园等活动。顺丰、京东、苏宁等研发应用循环快递箱和可降解包装材料。推广应用新能源和清洁能源车辆、甩挂运输和多式联运，行业新能源汽车保有量超过1.2万辆。三是持续加强寄递渠道安全监管。实行寄递安全综合治理，开展联合检查、联防联控和综治考评。狠抓“三项制度”落实，出台《邮件快件实名收寄管理办法》，开展实名信息数据安全防护评估，全行业实名率达到98.9%，安检机配置累计超过1.3万台。印发强化落实企业安全生产主体责任的指导意见，加强对企业总部督导，全面落实企业主体责任。试点安全风险分级分类监管。开展涉枪涉爆隐患集中整治专项行动。加强寄递渠道非洲猪瘟疫情防控，配合做好反恐、禁毒、扫黄打非、打击侵权假冒、濒危野生动植物保护等工作。加强行业应急管理，妥善处置快捷快递暂停全国网络服务等突发事件，有效应对地震、台风等自然灾害。圆满完成上合组织青岛峰会、中非合作论坛北京峰会、首届中国国际进口博览会等重大活动寄递安全服务保障和快递业务旺季服务保障。加快“绿盾”工程建设。

（四）坚持依法行政，有效提升行业现代治理能力

一是强化邮政普遍服务监督。落实邮政普遍服务政治责任，督促邮政企业落实中央巡视问题整改。及时纠正处理邮政企业巡视专用信箱寄递不畅、限制办理邮政汇兑业务等社会关注问题。加大平常信函投递质量整治力度。开展普遍服务达标跨省检查，邮件时限和包裹投递服务水平得到提升。在22个省份开展普遍服务营业场所分级监管，大力开展社会监督，企业问题整改率达98%。加强邮票发行与销售监管，建立邮票印制常态检查机制，圆满完成马克思诞辰200周年、改革开放40周年等重大题材纪念邮票发行工作。二是加强邮政市场监管。全面推行“双随机、一公开”监管机制，组织15个省局开展跨区域随机督导互查。加强快递服务质量监管，强化申诉投诉处理。继续推进“不着地、不抛件、不摆地摊”专项治理。开展快递市场清理整顿专项行动。推进快件码号统一管理。有效加强集邮市场和邮政用品用具监管。加快行业信用体系建设，35个部门联合印发信用合作备忘录，为8.8万家企业、27万从业人员建立信用档案，开展“诚信快递、你我同行”3·15主题宣传活动。三是提升执法综合管理能力。加强行政执法能力培训，全年共培训执法人员1120人次。组织邮政行政执法资格统一考试。强化行政执法监督，全系统办理行政复议122起，处理行政应诉89起。印发公平竞争审查工作暂行办法。圆满完成“七五”普法中期评估和法律法规清理等工作。四是增强系统管理能力。健全行业监管支撑体系，全国县级邮政管理机构累计达到126个，新增广东、新疆、江西、重庆4个省级和12个市级邮政业安全中心。稳步推进协会组织脱钩改制工作。加强统计数据治理，将智能快件箱等新业态纳入统计范围，开展行业投入产出调查。推进预算管理改革，强化预算编制与执行考核。出台邮政管理系统经济责任审计办法，加大系统内部审计监督力度。强化自身建设项目管理。全面加强网络安全和信息化建设，制定一体化在线政务服务平台建设实施方案，电子政务内网等重点项目基本完成。加强全系统网站管理，加大政府信息公开力度。扎实做好信访、两会建议提案办理等工作。

（五）坚持互利共赢，积极拓展国际和港澳台交流合作

一是推进邮政业服务“一带一路”建设。与万

国邮联签署“一带一路”合作框架意向书，推动万国邮联制定铁路运邮指南。中欧班列邮件可运达欧洲23国，新增义乌、东莞、郑州3个试点城市，重庆实现进口邮件零突破，完成从义乌到莫斯科首次快件运输试点。邮政、快递企业建设多个海外仓，在“一带一路”沿线重点国家加快网络布局，寄递时限大幅压缩。设立太原国际邮件互换局、恢复凭祥国际邮件互换局，全国国际邮件互换局（交换站）达到70个。行业日均跨境寄递业务量超过1000万件。二是深化国际交流合作。圆满完成万国邮联改革特设工作组主席国任务，我国主导的改革方案在万国邮联特别大会顺利通过。认真研判中美经贸摩擦对邮政业影响。推动重启中欧机制性对话，组织中日、中泰邮政政策对话，与立陶宛、巴基斯坦签署合作文件，国际邮政领域交流合作进一步拓展。三是有序推进港澳台工作。组织两岸全面直接双向通邮10周年纪念活动暨2018两岸邮政发展研讨会、第五届海峡两岸珍邮特展。有效拓展两岸邮政和快递业务，推进增开两岸速递快捷业务成都封发局，促进两岸邮政快递与电商融合发展。推进粤港澳大湾区邮政合作，发行港珠澳大桥纪念邮票。

（六）坚持以党的政治建设为统领，推动全面从严治党向纵深发展

一是全面落实管党治党责任。制定国家局党组关于维护党中央集中统一领导的规定，对党中央决策部署特别是习近平总书记有关邮政业重要指示批示精神落实情况加强督查，以实际行动践行“两个维护”。国家局党组把学习习近平新时代中国特色社会主义思想和党的十九大精神作为首要政治任务，以上率下增强系统理论武装。印发实施国家局党组关于推动新时代全面从严治党向纵深发展的意见、《中国共产党党务公开条例（试行）》实施细则。提升党支部组织力，依托省级党建示范点等载体加强全系统党支部标准化规范化建设，表彰“两优一先”，深入推进“两学一做”常态化制度化。积极推进非公企业党建工作，推动成立510个非公企业党组织，将2.88万名党员纳入组织管理。坚持以党建带群团，成立邮政行业团指委。深入贯彻落实中央八项规定及其实施细则精神，查摆纠治形式主义、官僚主义“十种表现”，狠抓日常教育提醒、监督检查，组织集体廉政谈话，扎实开展违规公款吃喝等九个专项治理工作。强化问题线索处置和执纪审查，召开2次系统警示教育大会。组织中央专项巡视整改情况“回头看”。制定实施国家局党组巡视工作规划（2018—2022年），完成15个省局党组巡视任务，实现首轮巡视全覆盖。31个省局对181个市（地）局开展巡察工作。二是突出抓好干部队伍建设。坚持事业为上、人岗相适、以事择人，进一步优化领导班子结构，加大干部队伍培养储备，组织优秀年轻干部人选推荐，开展领导干部和公务员交流挂职。出台激励干部新时代新担当新作为的实施意见和本领建设意见，实施年度定期奖励和及时奖励，评选38名优秀市（地）局长。印发干部教育培训基地建设管理办法，完成系统处级干部在线学习试点，举办优秀市（地）局长、县局长等培训班。贯彻能上能下要求，从严管理监督干部，严格干部选拔任用监督，加强“一报告两评议”和年度民主生活会督导。加大提醒函询诫勉力度，严格落实领导干部个人事项报告制度。三是着力加强行业精神文明建设。开展社会主义核心价值观主题教育月、邮政业青年文明号开放周等活动，积极创建青年文明号。充分发挥典型示范导向作用，大力宣传其美多吉等行业先进典型，推荐宣传“感动交通年度人物”，遴选参与全国交通运输行业精神文明建设先进典型评选，成功举办第三届“寻找最美快递员”活动。切实加强党对行业宣传思想工作的全面领导，坚持党管宣传、党管意识形态，进一步强化舆情引导和处置，新闻媒体和社会舆

论给予邮政业更多关注。适应新形势，不断加强工会、老干部、青年和妇女工作。

2018 年是改革开放 40 周年。40 年来，我们始终坚持党的领导，始终坚持人民邮政为人民，始终坚持改革开放，邮政业发生了翻天覆地的变化，取得了根本性突破性变革。改革开放 40 年，是邮政业政商环境持续优化、基础先导作用充分释放的 40 年。先后完成了邮电分营、政企分开、深化行政管理体制改革和完善省级以下邮政监管体制改革等重大改革任务，构建了较为完善的行业管理体系，行业生产力不断解放，发展潜力不断释放，市场活力竞相迸发，在服务国家经济社会发展中体现了价值、发挥了作用。改革开放 40 年，是邮政业发展规模不断壮大、对外开放深入推进的 40 年。邮政业业务收入从 1978 年的 5.1 亿元增加到 2018 年的 7870 亿元，增长了 1542 倍，占 GDP 比重接近 0.9%，占全球邮政业比重 1/6。我国快递服务从无到有，业务量连续 5 年稳居世界第一，超过美、日、欧等发达经济体总和。全面开放国内包裹快递市场，国际领军企业不断扩大在华投资和经营范围。深度参与国际邮政事务，在全球邮政治理中的影响力显著增强。改革开放 40 年，是邮政业发展质量效益实现飞跃、公共服务能力水平大幅提升的 40 年。全国邮政普遍服务营业网点达到 5.4 万处，实现了“乡乡设所、村村通邮”。快递“三向”工程成效显著，全国快递服务营业网点达 21 万处。行业科技装备水平突飞猛进，与综合交通运输体系衔接日益紧密。邮件快件全程时限水平和服务满意度稳步提升，人民群众用邮获得感不断提高。改革开放 40 年，是国有经济不断巩固、民营经济飞速成长的 40 年。中国邮政集团公司位列世界 500 强 113 位，排名全球同行第 2 名。民营经济蓬勃发展，7 家快递企业陆续上市，已形成 1 家年营业收入超千亿元、5 家超 500 亿元的企业集群。

二、改革开放再出发，坚定不移推进邮政业高质量发展

当前我国经济运行稳中有变、变中有忧，外部环境复杂严峻，经济面临下行压力。中央经济工作会议强调要全面用好我国发展的重要战略机遇期，要紧扣重要战略机遇新内涵，加快经济结构优化升级，提升科技创新能力，深化改革开放，加快绿色发展，参与全球经济治理体系变革，变压力为加快推动经济高质量发展的动力。我国邮政业保持高位运行，要素资源持续活跃，服务国家战略取得积极成果，高质量发展进程加快，社会经济效益日益凸显。与此同时，行业发展内外部环境变化带来的不确定性明显增多，对标高质量发展要求、现代邮政业目标和世界领先水平还存在一些短板弱项。

一是国际形势变化给邮政业发展带来了新挑战新机遇。世界经济缓慢复苏，保护主义和单边主义抬头，中美经贸摩擦等将给跨境电商和寄递业务带来不确定性。美国启动退出万国邮联程序、欧美颁布数据保护和电子通关要求等将提高传统邮政快递渠道成本，但也为创新跨境寄递的通道平台创造了机遇。二是经济下行压力加大对邮政业发展提出了新期待新要求。面对当前经济形势，行业要担当作为、稳住态势、优化结构、提升质效，更好发挥基础先导作用，更好促进形成强大国内市场，更好促进实体经济降本增效，服务经济社会发展。三是解决邮政业高质量发展进程中的短板弱项需要新思路新举措。行业中高端供给不足，产业链水平不高，服务先进制造业能力不强，新动能发展不充分；价值分配不合理、末端基础不牢、快递员权益保障不足等问题未得到根本解决；行业发展方式粗放、快递包装废弃物等问题日益突出，绿色发展任务艰巨；治理方式手段较为单一，智能监管亟待加强，新业态新模式存在监管真空；在提升供给体系质量、优化行业生态体系、深化

部门、区域协同治理等方面亟须创新思路举措。

建成与小康社会相适应的现代邮政业已经进入决胜阶段，我们要坚持以习近平新时代中国特色社会主义思想为指导，坚决落实党中央、国务院重大决策部署，按照“巩固、增强、提升、畅通”八字方针，继续坚持“打通上下游、拓展产业链、画大同心圆、构建生态圈”工作思路，对标对表，找准差距，综合施策，精准发力，更好满足人民美好生活需要，更好支撑经济高质量发展。

（一）促改革扩开放，释放行业发展活力

我们要准确识变、主动求变、科学应变，推进邮政业重点环节和关键领域的改革开放，持续释放改革红利。要推动市场主体变革，发挥市场在资源配置中的决定性作用。加快准入改革，建设统一开放、竞争有序、差异发展的市场体系，鼓励支持新主体、新技术、新模式进入行业形成集群发展。为市场主体和企业家创造良好环境，坚持公平竞争、优胜劣汰、竞相发展，倒逼落后产能出清。深化邮政体制改革，做强做优做大国有资本，提高邮政企业劳动生产率、资源利用效率和综合竞争力。引导快递企业健全完善现代企业制度，处理好长期发展与短期利益的关系，处理好稳增长与防风险的关系，处理好总部与加盟企业之间关系，夯实健康持续发展根基。推动建设科学合理的价值分配体系，让劳动、知识、技术、管理、资本等要素的活力竞相迸发。要推进行业治理方式改革，更好发挥政府作用。深化“放管服”改革，逐步扩大审批权限下放，确保放得下、接得住、管得好。创新行业监管方式，强化对标监管，开展分类监管，推进信用监管，探索智能监管。按照包容审慎原则对新业态实施监管，坚守安全质量底线。改善申诉管理，减轻基层员工负担。深化社会化协同治理，推广网格化工作模式。加大信息披露力度，推动导向性治理。提高政策法规透明度，提升政策执行一致性。强化行业自治，发挥协会组织作用。要推动跨境寄递领域和国际规则改革，扩大行业高水平对外开放。打造更多的跨境寄递通道平台。鼓励自由贸易试验区、跨境电商综合试验区和重点口岸大胆探索寄递物流、仓储运输新模式，提升跨境寄递的通关、转运分拨、多式联运能力，大力发展边贸快递，推动“邮政业＋跨境贸易”发展。鼓励引导邮政、快递企业加强重点区域的国际多边和双边合作，整合境内外收寄、通关、运输、分拣、投递等资源，发展“混合递”，形成面向全球的一体化、综合性跨境寄递网络，融入全球供应链，服务中国“智造”。推动完善国际邮件快件航空铁路运输方面的政策支持。主动参与万国邮联规则制定和关键领域改革，积极维护万国邮联多边机制。加强与世界海关组织以及重点国家的邮政业交流合作，推动完善寄递物品通关的安全与便利化机制。

（二）抓机遇稳态势，厚植行业发展优势

我国发展前景长期向好，我们要深刻认识行业发展规律，观大势、谋长远，紧紧抓住重要战略机遇期，巩固行业良好发展态势。要坚定信心稳预期。邮政业联系千城百业、服务千家万户，需求旺盛、空间广阔、高位运行的趋势没有变，政策环境不断优化、生产要素快速流入的趋势没有变，供给能力持续提升、结构不断优化的趋势没有变。要立足我国邮政业基本业情，解放思想、开拓进取，走出一条质量更高、效益更好、结构更优的发展新路子。要坚持“两个毫不动摇”稳主体。毫不动摇地巩固和发展国有经济，支持邮政企业充分发挥国有企业骨干作用和全球邮政一张网的优势，提升服务能力水平，打造成为我国邮政行业“国家队”。毫不动摇地鼓励、支持、引导民营经济发展，对标世界先进水平，充分利用市场机制和资本杠杆，采用合作、联盟等方式，参与国有企业混改和关联领域改革重组，加快形成具有国际竞争力的快递物流企业。要深化电商快

递协同稳基本。引导寄递服务与电商商品价格相分离，实现寄递服务优质优价。推动快递与电子商务数据交换共享。大力发展仓配、大包裹、海外仓、冷链、供应链等能力，提高服务农村电商、跨境电商、品牌电商、生鲜医药电商的质量水平，改进用户体验。适应消费需求变革，打造“快递＋电商”中国方案升级版，继续提升网络覆盖度、稳定性和柔性，延长产业链，提高附加值，更好支撑线上线下一体新型流通、社交电商等新型电商发展。

（三）提质效育动能，增强行业发展后劲

我们要充分认识邮政业既拉动消费也促进生产的重要作用，融入经济社会发展全局，提升产业链水平，加快培育新动能，助力经济高质量发展。要坚持以人民为中心，更好满足人民美好生活需要，实现质量变革。继续实施“寄递质量提升”行动计划，把提高供给体系质量作为主攻方向，着力增品种、提品质、创品牌，不断满足人民群众的更好用邮需求。着眼生产生活发展需要，引导邮政、快递企业丰富服务品种，提供更弹性更精准更多样的服务。从人民群众反映最强烈、感受最明显的地方入手，驰而不息改进基础服务质量。鼓励引导企业找准定位，推进市场细分和服务分层，加速资源和要素向优质企业集中，逐步形成一批更稳定的高质量企业品牌和服务品牌。要坚持以供给侧结构性改革为主线，更加广泛深入联动融合，实现动力变革。发展“寄递＋先进制造业”，促进快递物流和先进制造业深度融合，鼓励邮政、快递企业集成应用供应链技术，高效整合上下游资源，创设制造业“移动仓”和“移动工厂”，积极服务制造强国建设。继续实施“乡村服务升级”行动计划，将寄递网络通下去、致富能人带出来、农村产业扶起来，推广“一地一品”“一市一品”和“快递＋”金牌项目，打造农特产品“直通车”，对接特色小镇，服务乡村振兴。继续实施“城市群寄递服务大同城”行动计划，推动区域快递物流基础设施一体化，服务区域协调发展。应用“互联网＋寄递＋服务业”模式，推动邮政业与旅游文化、教育科技、健康养老、体育会展等现代服务业联动协同，服务智慧社会建设。推广“网上办理、邮递送达”的政务办理模式，服务“放管服”改革。要坚持贯彻落实新发展理念，建设邮政业的现代化产业体系，实现效率变革。大力实施“科技兴邮”战略，加快落实“邮政业大数据发展”行动计划，重点推动云计算、大数据、物联网、区块链、人工智能和邮政业深度融合，搭建科技供给和行业需求的对接平台。引导资本、技术、人才等要素协同，完善行业相关技术标准，加强基础技术、通用技术、前沿技术应用，激活存量资源价值，提高全要素生产率。鼓励企业沿着寄递环节创新业态和模式，加强企业间网络间互联互通，推动互联网递送平台、独立收投平台等新模式发展，提升运行效率，加快“智慧邮政”建设。

（四）补短板强弱项，夯实行业发展根基

我们要聚焦国际、末端、绿色、安全等短板弱项，抓住主要矛盾，有针对性予以解决。要聚焦国际化，持续加快跨境寄递基础设施建设。继续实施“丝路传邮”行动计划，建设完善“通道＋枢纽＋末端”的现代跨境寄递网络体系。鼓励支持加强自主国际航空运能建设，加快推动中欧班列运输邮件快件双向常态化运行。引导加快国际邮件快件航空枢纽布局，支持优化国际邮件互换局和国际快件监管中心建设，推进全面实施电子预报关。引导邮政、快递企业抱团出海，科学设置海外仓，支持企业在重点区域发展境外寄递服务网络。要聚焦末端网络，有效破解“最后一公里”难题。继续实施“末端转型升级”行动计划，切实压实企业总部主体责任，治理“加而不盟、连而不锁”。关注末端加盟企业的经营风险，切实维护末端网点和快递员权益，夯实末端基础。推进公共

末端服务体系建设，推动在城乡规划中统筹考虑快递基础设施布局，大力发展共同投递和智能终端服务体系。要聚焦绿色邮政建设，着力提升行业绿色文明程度。继续实施“绿色邮政”行动计划，突出创新引领，强化法治保障和政策协调，强化标准贯彻执行，完善绿色邮政发展指标设计，建立统计监测制度，推动实施绿色认证，健全约束激励机制。督促邮政、快递企业改进生产方式，制定实施快递标准作业程序，促进包装减量化。鼓励开发可循环使用包装材料，打造循环包装共享平台，推动快递包装废弃物进入社会化回收体系，提升循环利用水平。推动上游电商、地方政府和消费者共同参与，实现社会共治。大力发展高铁快递，优化运输结构，减少生产能耗，推动行业高质量绿色发展。要聚焦安全邮政建设，不断增强安全工作主动权。统筹推进邮政业安全生产领域改革发展，继续实施“安全邮政”行动计划。压实企业特别是总部的安全生产主体责任，督促企业全面推进安全生产标准化建设，强化安全技术保障，健全落实责任体系，有效破解验视不到位、实名不实、安检流于形式等突出问题。着力完善寄递安全监管体制机制，推动联合监管、联防联控，实现寄递安全共建共治共享。坚持科技兴安，提高发现、预警及防范、应对多重风险及衍生风险的能力。

（五）建制度抓落实，强化行业发展保障

我们要加快创建和完善邮政业高质量发展的指标体系、政策体系、标准体系、统计体系、绩效评价和政绩考核办法。要构建指标体系，在服务质量、运行效率、产业协同、结构优化、技术研发应用、绿色发展等方面设置指标，纳入年度工作计划。要健全政策体系，完善战略性政策和专项政策，丰富新业态发展政策，健全结果评估，力争政策实施效果最优。要丰富标准体系，引导企业参与国际标准的研究制定，健全数据交换、信息对接、通用设备、节能减排等重点领域标准，强化标准落实，建立标准研制、实施与信息反馈闭环。要完善统计体系，健全统计监测制度，扩充新业态统计调查范围，按照高质量发展指标体系丰富统计调查内容，发掘安全监管信息系统和发展指数功能，发挥行业对宏观经济运行晴雨表作用。要改进考核体系，建立分级分类绩效考核机制，明确考核导向和考核重点，注重推动行业安全生产、规模增长、效率变革、质量改善等方面实效，健全考核指标体系和权重，增强推动行业高质量发展的积极性和主动性。

三、2019年工作安排

今年是新中国成立70周年，是全面建成小康社会关键之年。今年工作的总体要求是：以习近平新时代中国特色社会主义思想为指导，全面贯彻党的十九大和十九届二中、三中全会以及中央经济工作会议精神，统筹推进“五位一体”总体布局，协调推进“四个全面”战略布局，坚持稳中求进工作总基调，坚持新发展理念，坚持推动高质量发展，坚持以供给侧结构性改革为主线，坚持深化市场化改革、扩大高水平开放，对标全面建成与小康社会相适应的现代邮政业目标，践行人民邮政为人民的宗旨，不断优化发展环境、提升治理能力、夯实工作基础，坚决打好三大攻坚战，在提高质量效率、降低运行成本和保障安全稳定上狠下功夫，推动行业持续健康发展，以优异成绩庆祝中华人民共和国成立70周年。

要重点抓好以下6个方面的工作：

（一）坚定不移全面从严治党

一是加强全系统党的建设。牢记政治机关的定位，坚持党要管党、全面从严治党，把牢固树立“四个意识”、坚定“四个自信”、坚决做到“两个维护”作为最根本的政治纪律和政治规矩，以建设模范机关为牵引，以贯彻落实党中央决策部署为关键，以严肃党内政治生活为抓手，确保在政治

立场、政治方向、政治原则、政治道路上同党中央保持高度一致。持续深入学习贯彻习近平新时代中国特色社会主义思想和党的十九大精神，扎实开展“不忘初心、牢记使命”主题教育，持续推进“两学一做”学习教育常态化制度化，不断夯实理想信念宗旨根基。以组织体系建设为重点，积极推进系统党建水平整体提升和非公快递企业党建工作，深化《中国共产党支部工作条例（试行）》学习贯彻，落实基层党建工作责任制，持续推进支部标准化规范化建设，让每个支部成为坚强战斗堡垒。加强党建纪检力量，推动在省级邮政管理部门设立党建纪检工作机构，单设纪检组长，建立一支专兼职党建纪检干部队伍，更好履行“两个责任”。以“感动交通十大人物”“最美快递员”“文明单位”和“青年文明号”评选为抓手，不断加强精神文明建设。继续发挥工会、共青团等群团组织作用，加强离退休干部党组织建设。二是建设高素质专业化干部队伍。全面贯彻新时代党的组织路线，坚持正确选人用人导向，严把德才标准，加强领导班子政治建设和组织建设，强化党组织领导和把关作用。突出基层导向和业绩导向，落实好干部标准，大力选拔敢于负责、勇于担当、善于作为、实绩突出的干部，打造忠诚干净担当的干部队伍。拓宽选人用人视野渠道，统筹好系统内外干部资源。健全干部交流机制，优化干部成长路径。坚持基层和实践导向，加强优秀年轻干部培养。修订完善领导班子和领导干部考核办法，开展国家局机关公务员平时考核试点，强化考核结果运用。制定系统干部教育培训规划，建设干部教育培训基地，推进干部在线学习培训全员覆盖，启动局管干部轮训工作。研究制定建设高素质专业化邮政管理系统公务员队伍的实施意见。做好及时奖励，提振干部干事创业的精气神。坚持严管和厚爱结合、激励和约束并重，推动监督工作向纵深发展。加快制定系统内容错纠错实施办法，鼓励干部勇担当善作为。三是营造风清气正的政治生态。巩固落实中央八项规定及其实施细则精神，着力整治形式主义、官僚主义等“四风”问题。持续强化纪律建设，深入开展警示教育，抓好《中国共产党纪律处分条例》学习贯彻落实。盯紧“四风”问题，深化运用监督执纪“四种形态”，促使党员干部知敬畏、存戒惧、守底线。以依纪依法办案、强化监督执纪问责为重点，做好信访举报、线索处置、纪律审查等工作，保持惩治腐败高压态势。按照国家局党组巡视工作规划（2018—2022年），统筹好常规、专项巡视及“回头看”，对国家局直属单位和8个省局党组开展新一轮巡视，指导省局党组做好巡察工作。

（二）着力稳固行业发展态势

一是强化战略规划引领。落实区域协调发展战略部署，深入推进京津冀、长江经济带、长江三角洲等区域邮政业发展，发布雄安新区邮政业发展规划，强化规划衔接和落地实施。制定促进粤港澳大湾区邮政业发展的实施方案。印发邮政强国建设行动纲要。启动邮政业发展“十四五”规划编制，明确新时代邮政业规划体系框架。二是优化行业营商环境。深入贯彻落实《国务院办公厅关于推进电子商务与快递物流协同发展的意见》，力争实现省级工作方案全覆盖。制定支持民营快递企业发展指导意见，着力解决制约民营快递企业发展瓶颈。加大关于规范快递末端服务车辆管理和使用工作指导意见落实力度，力争80%以上市地出台车辆通行政策。出台推进邮政业服务乡村振兴、邮政业服务先进制造业、国际邮件快件航空网络布局、跨境电子商务寄递服务高质量发展等指导性文件。配合做好国家“十四五”项目储备，落实快递物流园区货运枢纽项目的政策支持。三是完善法规标准体系。开展邮政法修订施行10周年情况评估。全面贯彻落实电子商务法、《快递暂行条例》，制修订《智能快件箱寄递服务管理办法》《邮政行业安全监督管理办法》《快递市场管理办法》等部门规章。建立邮政管理系统法律人才库，推动组建法律顾问和公职律师队伍。持续加强行政复议等执法监督。推动修订《住宅信报箱》国家标准，发布实名收寄信息交换、安检设备配置、寄递地址编码编制规则、包装基本要求等行业标准，开展快递无人机、无人车、智能安检机相关技术标准研制。研究制定专业末端收投等新业态服务规范。四是加强基础能力建设。推进邮政设施强基工程，实施网点改造翻建和危旧县局房改造382处，购置运输和投递车辆590辆。出台推广智能快件箱、信包箱建设指导意见，推动各地将智能快件箱、信包箱建设纳入地方民生实事。推动快递末端综合服务站建设，全年新增1万个，总量达到8万个。城市快递自营网点标准化率达到93%。推广智能投递设施，箱投占比达到10%。引导快递企业积极参与快递物流园区建设，发挥产业集聚效应，努力构建布局科学、层级合理、规模适当的快递服务网络。

（三）加快推进高质量发展

一是支持邮政企业发展壮大。鼓励邮政企业深化改革，做强做优做大寄递主业。制定邮政综合服务平台建设指导意见，推广各地邮政、快递、交通、电商合作经验模式，促进融合发展。在国际重点地区设置海外仓，鼓励共建共享，增强跨境服务能力。支持邮政企业进驻各地政务服务大厅，进一步推广“网上办理＋网下寄递”模式，助力“不见面”审批。推动完善邮政普遍服务财政补贴管理机制。二是推动快递企业提质增效。鼓励企业在强化核心业务基础上，拓展服务领域，大力发展快运、冷链等业务，加速向综合快递物流运营商转型。在京津冀、长三角、珠三角地区聚焦产业内贸易，培育专业服务主体，加快推进快递与制造业深度融合，服务制造产业集群。拓展“快递＋现代农业”服务格局，继续打造“快递＋”农业金牌项目。加快发展跨境寄递业务，推动提高快件通关速度，打造更多跨境快递服务通道平台。不断优化运输结构，推进快递“上机上铁”，加快发展高铁快递，鼓励引导电商快递班列拓围发展，加强与民航等部门合作，新增10个航空绿色通道城市。支持企业加强航空运输能力建设，提升航空快递服务覆盖范围。推动快邮合作、快快合作，推进“快递＋交通”发展。三是拓展科技创新应用范围。组织召开邮政业科技创新工作会议。指导行业技术研发中心建设，支持邮政、快递企业申报国家重点实验室和企业技术中心。充分发挥科技专家咨询组作用。大力推广全自动分拣技术，逐步推进无人仓、无人机的规模化应用，实行邮件快件运递路径优化和动态管理。引导企业应用物联网、大数据、北斗导航等技术，创新提供即时下单、电子报关和跟踪查询等便捷服务。推动研发智能安检系统，利用人工智能提升安检效率和准确性。四是增强人才资源支撑能力。深入实施“人才强邮”战略，组织召开全国邮政行业人才工作会议，研究制定行业优秀人才推进计划。分类推进人才评价机制改革，全面推开快递工程技术人员职称评审，推进落实职业技能等级认定制度。实施专业技术人才知识更新工程和行业人才素质提升工程，办好高层次研修示范项目。举办全国邮政行业职业技能竞赛、全国“互联网＋”快递大学生创新创业大赛。完善产学研用协同育人模式，支持共建学院和研究院发展，推进行业人才培养基地建设，支持发展研究中心联合共建博士后工作站。发挥邮政行指委等专家组织作用，做好专家联系服务工作。开展快递从业人员职业满意情况调查，着力保障快递小哥合法权益、改善工作环境，联合共青团中央推进快递从业青年联系服务工作，配合国防邮电工会开展关爱快递小哥工作。

（四）持续深化“放管服”改革

一是推进行政审批制度改革。配合国务院有

关部门推进邮政行政许可事项改革优化工作，组织实施修订后的邮政业市场准入负面清单。宣贯实施《快递业务经营许可管理办法》。优化审批流程，实行快递末端网点备案常态化和分支机构备案程序简化。进一步精简许可审批证明材料，推动实地核查规范化，强化审批时限管控。对广东、天津试点情况开展总结评估，稳妥推进海南自贸试验区国际快递业务许可下放改革。实现移动执法应用，提升行政执法信息系统应用水平，发挥“三个清单一张网”作用。二是加强邮政普遍服务监督。推动邮政企业巩固深化巡视整改成果，将邮政普遍服务整改情况作为重点纳入监督检查。继续开展平信寄递服务质量提升行动和普遍服务达标情况跨省检查。修订完善邮政企业负责人考核办法并开展年度考核。完善社会监督工作机制，更好发挥社会监督员作用，使社会监督工作更加规范化、制度化。依法履行邮票发行监管职责，认真做好新中国建国70周年、粤港澳大湾区等重大题材纪念邮票发行工作，组织开展生肖邮票、仿印邮票图案管理省际交叉执法检查和重大题材邮票专项检查。三是强化邮政市场监管。出台新业态许可办理指导方案，明确准入要求，积极稳妥推动专业末端收投服务、智能快件箱寄递服务、互联网快递数据服务和即时递送服务纳入服务监管范围。大力推进“双随机、一公开”，实施“两库一清单”动态管理，加强对各地随机抽查事项审查和闭环管理指导。对快件码号实施常态化管理。继续推进三级监管责任体系建设，开展综合督导和跨区域互查。持续开展监督检查和执法规范化建设。加大信用体系建设力度，建立各级信用评定委员会，编制快递业信用评定方案，印发《快递业信用信息采集和共享技术规范》，建设完善信用管理信息系统，与企业信用信息公示网、“信用中国”等联网，实现联合激励和惩戒。按季度召开快递服务质量提升联席会议。加强部门协同，强化服务质量监管共治。完善服务质量调查结果发布机制。改进申诉工作管理，健全申诉受理工作体系。健全快递业消费者权益保障工作机制。做好集邮市场和邮政用品用具监管。

(五) 扎实有效打好三大攻坚战

一是坚守寄递安全底线。建立安全生产信息报送分析制度，构建安全工作评价指标体系。落实《地方党政领导干部安全生产责任制规定》。建立健全安全生产事故责任倒查机制和通报制度，加大事故责任追究力度。进一步强化落实企业安全生产主体责任，发布企业主体责任落实清单，推进企业安全生产标准化建设，实现企业总部常态化督导。继续抓好“三项制度”执行，落实实名收寄管理办法，编发邮件快件安全操作规程，推进安检机联网试点并加强使用管理。巩固实名收寄信息化应用成果。严格寄递协议服务安全管理。借助社会第三方机构和举报奖励等措施，加强对企业常态化监督。加快建设“绿盾”工程，推动实现“五可”阶段性目标。开展实名收寄信息数据安全保护评估，督促企业加强信息安全等基础建设。抓好寄递安全综合治理，探索与地方部门联防联控联合监管，借鉴网格化管理经验，推动行业安全治理创新。继续开展涉枪涉爆隐患集中整治和违法寄递危险化学品整治，做好邮政业反恐、禁毒、扫黄打非、打击侵权假冒、濒危野生动植物保护等专项工作。强化应急处置能力建设，逐步构建“政府统一领导、企业自主到位、社会共同参与、上下顺畅联动”的应急管理工作格局。做好《国家邮政业突发事件应急处置预案》及专项预案制修订，推动应急演练常态化及实战化。抓好应急信息收集、报告工作。强化对行业重大不稳定因素研判及应对，做好重大活动期间和生产旺季寄递渠道安全服务保障工作。二是助力精准脱贫和乡村振兴战略。基本实现全国建制村直接通邮。深入推进“邮政在乡”工程，推广“农产品＋大同城”寄递服务模式，培育“一市一品”精品项目，全年新增邮乐购站点3万个。持续推进“快递下乡”工程换挡升级，推动农村地区自提网点、公共取送点、县级快件分拨中心共建共享共用，合作开发运输线路或委托第三方运输，助推农村电商配送站点建设。年底全国乡镇快递网点覆盖率达到95%，积极服务特色小镇发展，实现快递服务全覆盖。培育“电商＋寄递”扶贫项目，重点扶持老少边穷地区培育特色农产品品牌。着力实施国家局定点扶贫三年巩固提高行动计划，不断提升精准扶贫、精准脱贫质量。三是加快绿色邮政建设进程。研究推进邮件快件包装绿色认证和绿色采购，有效降低快递封装胶带、传统塑料袋平均用量，年底电子运单使用率达到95%。推动电商平台共商共治，力争一半以上电商快件不再进行二次包装。支持企业优先采用可循环使用、易回收包装物，推广应用循环中转袋、循环快递盒，鼓励建设第三方运营平台，年底循环中转袋使用率达到70%。推动1万个邮政快递网点设置塑料制品、纸箱等包装废弃物回收装置。推动快递业绿色包装指南落地实施，指导邮政、快递企业开展绿色行动计划。研究设立邮政业绿色发展统计指标。将绿色发展作为对市场主体监管重要内容。研究出台绿色发展评价指标，委托第三方机构对企业绿色发展情况开展监测评估。推进城市建成区新增和更新的邮政快递车辆使用新能源或清洁能源汽车。支持国家生态文明试验区（海南）建设。在部分城市开展行业绿色发展试点。

（六）有效提升政府管理水平

一是推进国际和港澳台交流合作。深入推进邮政业服务“一带一路”建设，加强与沿线国家务实合作，推动中欧班列运输邮件快件工作高质量发展。优先支持跨境电子商务综合试验区所在地建设服务平台，开展石家庄、南昌等国际邮件互换局设置审查工作。组织好万国邮联、亚太邮联等国际组织参会工作，跟踪参与会费改革、国际铁路运邮等重大改革。办好万国邮联全球邮关合作大会和中国2019世界集邮展览。深化与港澳邮政交流合作。组织两岸邮政发展研讨会和珍邮特展，推动两岸邮政、快递深化合作。二是完善行业监管体系。积极推进省级及以下邮政业安全中心建设和县级机构设置，妥善处理各地事业单位改革的新情况新问题，探索创新县级邮政监管模式。研究探索法人治理结构，继续深化事业单位内部人事制度改革，充分发挥事业单位对行业的支撑保障作用。做好全面推进行业协会与行政机关脱钩改革有关工作。三是提升支撑保障水平。组织开展行业统计督导检查，开展邮政业“三新”单位核实认定工作，修订统计报表制度，将新业态企业依法纳入行业统计范畴。配合相关部门做好全国第四次经济普查工作。落实中央与地方财政事权和支出责任划分改革方案，在安全、环保、末端建设等方面争取地方支持。加强自身建设中央预算内投资项目管理。积极推进部门预算改革，全面实施预算绩效管理，提高系统内部审计工作质效。扎实推进网络安全和信息化建设，加快建设一体化在线政务服务平台。加大政府信息公开力度，做好信息发布和政策解读。落实意识形态工作责任制，不断加强新闻宣传阵地建设，加大对行业发展和先进模范的宣传力度。做好庆祝新中国成立70周年等宣传工作，讲好邮政故事，为邮政强国建设营造良好氛围。

全面深化改革开放　奋力从交通大国迈向交通强国

中共交通运输部党组

《求是》（2018 年第 24 期）

改革开放 40 年来特别是党的十八大以来，交通运输业砥砺奋进、探索前行，走出了一条具有中国特色的交通运输发展道路，建成了名副其实的交通大国，有力支撑了经济社会发展。党的十九大开启了建设交通强国的新征程，我们要不忘初心、牢记使命，坚持以习近平新时代中国特色社会主义思想为指导，不断深化改革开放，奋力从交通大国迈向交通强国。

一、改革开放 40 年来交通运输发展取得重大成就

40 年来，我国交通运输发展取得举世瞩目的成就，交通运输对经济社会发展实现了从“瓶颈制约”到“基本适应”的历史性变化，为建设交通强国奠定了坚实基础。

交通基础设施建设取得巨大成就。截至 2017 年底，我国铁路、公路里程分别达到 12.7 万公里和 478 万公里，是 1978 年的 2.5 倍和 5.4 倍；其中高速铁路、高速公路里程分别达到 2.5 万公里、13.65 万公里，均创造了从无到有、再到里程世界第一的壮举。全国港口拥有生产性码头泊位 2.76 万个，其中万吨级及以上泊位 2366 个，分别是改革开放之初的 38 倍和 18 倍。内河航道通航里程达 12.7 万公里，等级航道占比从 1978 年的 42% 提高到 52%。民航机场达到 229 个，是 1978 年的 2.8 倍。邮政行业拥有各类营业网点 27.8 万处，乡乡设所、村村通邮总体实现。综合交通枢纽加快建设，综合交通运输网络基本形成。

运输服务和保障能力显著增强。2017 年，全社会完成客运量 184.9 亿人次、旅客周转量 3.28 万亿人公里，分别是 1978 年的 7.3 倍和 18.8 倍；完成货运量 472 亿吨、货物周转量 19.26 万亿吨公里，分别是 1978 年的 14.8 倍和 19.4 倍，我国已成为世界上运输最繁忙的国家。特别是党的十八大以来，

我国高速铁路覆盖65%百万人口以上城市，城市轨道交通线路运营里程跃居世界第一，全国乡镇和建制村通客车率分别达到99%和95.9%，水路国际运输航线和集装箱班轮航线往来100多个国家和地区的1000多个港口，民航定期航班航线通达港澳台地区及60个国家（地区）的158个城市，中欧班列到达欧洲15个国家44个城市，全国乡镇快递服务营业网点覆盖率达87.3%，运输服务通达性和保障性显著增强。

行业科技创新能力大幅跃升。40年来，我国交通运输科技水平从跟踪追赶为主，进入到跟跑、并跑、领跑“三跑并存”的新阶段。高速铁路、特大桥隧、离岸深水港、巨型河口航道整治以及大型机场工程等建造技术迈入世界先进或领先行列，一批具有自主知识产权的高性能交通装备走向世界市场。特别是党的十八大以来，港珠澳大桥、北京大兴国际机场等一批超级工程震撼世界，“复兴号”动车组、C919大型客机、振华港机等一批国产交通装备标注了“中国制造”新高度。信息化在综合交通领域广泛应用，网约车、共享单车、互联网物流等新业态蓬勃发展，为中国经济发展增添了新动能。

交通运输治理体系不断完善。坚持社会主义市场经济改革方向，统一开放、竞争有序的交通运输市场体系基本形成。交通运输治理体系建设逐步健全，初步形成了由8部法律、65部行政法规、300余件部门规章以及地方性法规规章共同组成的综合交通运输法律法规体系；基本形成了由3500余项技术标准组成的综合交通运输标准体系；基本形成了门类齐全、层次清晰、协调统一的综合交通运输政策体系。综合交通运输管理体制机制不断完善，各种运输方式的比较优势和组合效率有效发挥。

交通运输对外开放合作不断扩大。坚持“走出去”与“引进来”相结合，逐步形成多层次、多渠道、全方位的交通运输对外开放格局。特别是党的十八大以来，交通运输以“一带一路”建设为重点，不断加快“走出去”步伐，高速公路、城市轨道交通及港口建设走向世界，高铁成为中国交通“走出去”的新亮点。积极参与交通运输全球治理，我国在国际海事组织、国际民用航空组织、万国邮政联盟和铁路合作组织中发挥着日益重要的作用，国际影响力、话语权进一步提升。

交通运输的发展先行官作用不断增强。40年来，交通运输的快速发展，有力支撑了经济社会持续快速发展，为国家战略实施、经济快速增长、区域城乡协调发展、国土空间开发、生产力布局完善、产业结构优化等提供了有力支撑，加速了我国的工业化、城镇化、市场化、国际化进程。“四好农村路”建设极大方便了人民群众出行，为农村地区带去了人气、财气，带动了农民群众脱贫致富，促进了社会进步。

二、40年交通运输改革发展经验弥足珍贵

40年来，依靠改革开放，我国交通运输面貌发生翻天覆地的变化，探索走出了一条具有中国特色的交通运输发展道路。经验弥足珍贵，必须长期坚持。

必须始终坚持党的领导，发挥社会主义制度集中力量办大事的优势。纵观世界，没有一个国家能像中国这样，用短短40年建成如此大规模的交通基础设施。中国之所以能够做到，究其根本，在于有中国共产党的领导，在于充分发挥了我国社会主义制度集中力量办大事的优势。改革开放以来，党中央始终高度重视交通运输工作，指明发展方向，建立了有利于快速发展的土地、资金等政策，地方和交通运输系统各级党组织也在各自领域发挥了领导核心和战斗堡垒作用，有效促进了交通运输事业发展。特别是党的十八大以来，

以习近平同志为核心的党中央明确了交通运输发展先行官的历史新定位，强调各种运输方式都要融合发展，提出建设交通强国，为新时代交通运输改革发展指明了方向。实践证明，始终坚持党的领导，充分发挥中国特色社会主义制度优势，是我国交通运输事业持续健康发展的根本政治保证，是我国交通运输改革发展成功经验的集中体现。

必须始终坚持以人民为中心，努力建设人民满意交通。建设人民满意交通，是坚持以人民为中心发展思想的必然要求，是做好交通运输改革发展各项工作的根本出发点和落脚点。在交通短缺时代，我们着重解决“有没有”的问题，使交通运输对经济社会发展由“瓶颈制约”变为“基本适应”。党的十八大以来，习近平总书记提出，“要想富、先修路”不过时。我们着力加强“四好农村路”建设，努力使小康路上不让一个地方因交通而掉队；着力推动交通运输高质量发展，解决交通运输“好不好”的问题，人民群众的获得感不断增强。实践证明，只有始终把人民满意作为改革的根本评判标准，交通运输事业才能持续健康发展。

必须始终坚持围绕中心、服务大局，在服务大局中加快发展。40 年来，交通运输始终围绕中心、服务大局，全面贯彻落实党中央国务院提出的一系列战略、方针和政策，抢抓机遇，实现了快速发展。积极扩大有效投资，促进了高速公路、高速铁路连线成网。积极服务社会主义新农村建设，极大改善了农村交通条件。党的十八大以来，我们主动服务国家重大战略，交通运输发展的先行作用不断凸显。实践证明，只有围绕中心、服务大局，交通运输才能抓住用好战略机遇，在服务大局中强身健体、发展壮大。

必须始终坚持发展是硬道理，不断深化改革、扩大开放、创新驱动。改革开放以来，交通运输业坚持社会主义市场经济改革方向，不断完善综合交通运输管理体制，积极转变政府部门职能，极大解放了交通运输生产力。坚持打开国门搞建设，积极引进国外先进的技术、装备和管理经验，积极推进交通运输“走出去”，为交通运输拓展了发展空间。坚持完善创新体系，优化创新环境，强化人才支撑，“互联网 + 交通运输”新业态新模式快速发展，交通运输迸发出前所未有的活力。实践证明，只有坚持以改革、开放、创新为动力，不断解放和发展交通运输生产力，才能推动交通运输发展行稳致远。

必须始终坚持凝聚各方力量，调动好各个方面的积极性。40 年来，我们坚持统筹规划、条块结合、分层负责、联合建设，探索建立了“中央投资、地方筹资、社会融资、利用外资”的交通建设筹融资模式，充分调动了中央和地方、政府和市场、国内和国外多方积极性。广大交通运输干部职工传承和弘扬“两路”精神、“逢山开路、遇水架桥”的奋斗精神，充分发挥了交通建设主力军作用。广大人民群众主动参与和支持交通运输发展，企事业单位、社会团体、国际组织等在助力交通运输发展方面也发挥了重要作用。实践证明，只有充分调动各方积极性，凝聚各方智慧和力量，才能把交通运输事业不断推向前进。

三、以新一轮改革开放助力交通强国建设

当前，新一轮科技革命和产业变革蓄势待发，加速现代信息、人工智能、新材料和新能源技术与交通运输的融合发展，已成为各国培育竞争新优势的重要发力点。我们必须深化改革、扩大开放、创新驱动，着力推进质量变革、效率变革、动力变革，加快建设交通强国，在全球新一轮竞争中赢得主动。

推进质量变革，着力推动交通运输高质量发展。推动高质量发展是建设交通强国的根本要求。

必须加速摆脱固有的路径依赖和行为惯性，着力通过深化改革、扩大开放形成有利于推动高质量发展的法律法规、发展战略、规划计划、产业政策、标准规范、绩效评价、统计指标等制度体系，推进行业治理体系和治理能力现代化。进一步营造公平竞争、诚信经营的市场环境，不断提高交通运输产品和服务供给质量，有力支撑我国供给体系的质量和效率不断提高。

推进效率变革，着力提高综合交通运输体系整体效率。市场竞争归根结底是投入产出效率的竞争。必须通过体制机制创新、管理创新推动效率变革，着力提升全要素生产率，不断提高综合交通运输体系整体效率。进一步推动完善综合交通运输体制机制，促进各种运输方式更大范围、更深层次的融合，深入推进运输结构调整，大力发展多式联运，充分发挥好各种运输方式的比较优势和组合效率。把补短板与调结构、惠民生、防风险有机结合起来，不断提升交通基础设施网络化水平和整体效率。推动交通运输与制造业、物流业、旅游业、电子商务等关联产业深度融合，进一步提高供应链效率。

推进动力变革，着力培育交通运输发展新动能。建设交通强国，必须加快新旧动能转换，实现增量崛起"与"存量优化"的协同并举。着力深化改革添活力，破除一切不合时宜的思想观念和体制机制弊端，构建系统完备、科学规范、运行有效的制度体系，让发展的活力竞相迸发。着力创新驱动增动能，加快建立以科技创新为引领、以智慧交通为主攻方向、以人才为支撑的创新发展体系，进一步强化交通运输核心技术攻关和前沿引领技术应用，鼓励和规范交通运输新业态、新模式发展。着力扩大开放，拓展空间，以"一带一路"建设为重点，与沿线各国共商、共建、共享，加快推进基础设施互联互通。

加快建设“四好农村路” 助力新时代乡村振兴

中共交通运输部党组

《人民日报》（2018 年 2 月 26 日）

习近平总书记高瞻远瞩、洞见如炬，近日再次对“四好农村路”建设做出重要指示，深刻指出要建好、管好、护好、运营好农村公路，为广大农民致富奔小康、为加快推进农业农村现代化提供更好保障。这是党的十八大以来习近平总书记第三次就“四好农村路”建设作出重要指示。在以习近平同志为核心的党中央高度重视和坚强领导下，6 亿农民“出门硬化路、抬脚上客车”正在变为现实，“四好农村路”让农村更强、农民更富、乡村更美。这是习近平总书记总结提出、领导推动的民生工程、民心工程、德政工程，是习近平总书记鲜明的人民立场和真挚的为民情怀在农村路上的生动体现。

“四好农村路”建设为农村特别是贫困地区带去了人气、财气，为党在基层凝聚了民心

党的十八大以来，在以习近平同志为核心的党中央坚强领导下，我们加快构建“外通内联、通村畅乡、班车到村、安全便捷”的交通运输网络，为农村特别是贫困地区带去了人气、财气，也为党在基层凝聚了民心。

党中央高度重视“四好农村路”建设，连续 3 年在中央一号文件中对建好、管好、护好、运营好农村公路作出部署。《政府工作报告》对农村公路建设提出明确要求。我们坚决贯彻党中央、国务院决策部署，坚持将“四好农村路”作为服务全面建成小康社会、推进农业现代化、让人民共享改革发展成果的重要载体，定向精准施策、加强组织保障，出台了《农村公路养护管理办法》《关于推进“四好农村路”建设的意见》等一系列法规和政策性文件，农村公路建设、管理、养护和运营工作机制和政策保障体系基本建成。16 个省级人民政府先后出台了“四好农村路”支持政策，20 个省级人民政府将“四好农村路”主要指标纳入

政府考核，形成了“政府主导、部门协同、行业主抓、社会参与”的强大合力。

5 年来，农村公路基础设施更加完善，城乡交通运输公共服务均等化深入推进。全国新建改建农村公路超过 127.5 万公里，约 99.2% 的乡镇和 98.3% 的建制村通了沥青路、水泥路，以县城为中心、乡镇为节点、建制村为网点的农村公路交通网络已初步形成，全国乡镇和建制村通客车率达到 99.1% 和 96.5% 以上，城乡运输一体化水平接近 80%。

道路通百业兴。农村公路的快速发展，增强了城乡互动、缩小了城乡差距、加快了城乡一体化进程，改善了农村居住和出行环境，还有效带动特色种养业、农村电商、乡村旅游等特色产业发展，为贫困地区群众打开脱贫致富大门，把绿水青山变成了金山银山。

加强深化对农村公路建设重要意义的认识

“四好农村路”修的是路，改变的是农村面貌，联系的是党心民心，巩固的是党在农村的执政基础。我们要从实施乡村振兴战略、打赢脱贫攻坚战的高度，进一步深化对建设农村公路重要意义的认识，进一步增强使命感、责任感和紧迫感。

贯彻党的十九大精神建设交通强国，必须加快补齐农村交通运输这块短板。党的十九大提出建设交通强国。虽然我国已经是交通运输大国，但是建设交通强国依然任重而道远，其中农村特别是深度贫困地区的交通运输发展短板明显。这就要求我们加强贫困地区交通基础设施建设，大力提升运输服务能力和水平，让建设交通强国的成果更多更好惠及农民群众。

实施乡村振兴战略，必须把农村公路作为公共基础设施建设的重中之重。农业强不强、农村美不美、农民富不富，决定着我国全面小康社会的成色和社会主义现代化的质量。农村公路不仅是农民群众安全便捷出行、促进农村产业发展和经济增长的重要基础，也是农村居民享受教育、医疗等基本公共服务的前提，更是推进村容整洁、乡风文明、实现美丽乡村的内在要求。这就要求我们必须按照“产业兴旺、生态宜居、乡风文明、治理有效、生活富裕”总要求，加快完善农村交通运输基础设施，助力逐步建立健全全民覆盖、普惠共享、城乡一体的基本公共体系。

打赢脱贫攻坚战，必须把农村公路作为先导和基础支撑。习近平总书记强调，特别是在一些贫困地区，改一条溜索、修一段公路就能给群众打开一扇脱贫致富的大门。要想富先修路，没有过时。交通运输是扶贫开发和脱贫攻坚的基础性、先导性条件，加快实施交通扶贫脱贫攻坚，是实现精准扶贫脱贫的先手棋，是破解贫困地区经济社会发展瓶颈的关键。这就要求我们必须坚持以实现好、维护好、发展好人民群众的根本利益为宗旨和导向，坚决打赢交通扶贫脱贫攻坚战，小康路上绝不让任何一个地方因交通而掉队。

加快建设“四好农村路”，在实施乡村振兴战略和打赢脱贫攻坚战中当好先行

我们将以习近平总书记对“四好农村路”的重要指示精神为根本遵循，始终坚持以人民为中心的发展思想，以示范县为载体推动“四好农村路”建设实现高质量发展，让农民致富奔小康的道路越走越宽广，为加快推进农业农村现代化提供更好保障。

要加快“建好”，在乡村振兴和脱贫攻坚中发挥先行作用。筑路永无止境，有路方能振兴。我们将坚持抓重点、补短板、强弱项，加快农村交通基础设施建设，推动城乡基础设施互联互通。加快建设“康庄大道”，实现骨干通道外通内联、国家高速公路主线基本贯通、普通国省道提级改

造。加快实施“幸福小康路”，保基本、惠民生，推进农村公路向进村入户倾斜，确保2019年前完成贫困地区乡镇和建制村通硬化路托底目标。加快实施通村组硬化路建设。扎实推进“特色致富路”，加快推进资源路、旅游路、产业路建设，进一步提升农村公路引领贫困地区致富的能力。全力打造“平安放心路”，实施农村公路安全生命防护工程，到2020年前基本完成乡道及以上公路安全隐患治理。

要努力“管好”，增强农村公路发展内生动力。我们将进一步深化农村公路管养体制改革创新，加快完善组织保障体系、资金保障体系、绩效考核体系，提高治理能力。

要聚焦“护好”，提高农村公路服务质量水平。一分建设，九分养护。我们将按照构建现代化公路养护管理体系的要求，把养护作为农村公路的主攻方向，强力推进规范化，大力推进标准化，积极推进专业化，扎实推进机械化，切实巩固农村公路建设成果。

要突出“运营好”，加快城乡交通运输服务一体化。“四好农村路”中，建好是基础，管好、护好是保障，运营好是目的。我们将更加注重服务效率、质量效益、运营效能，着力提升人民群众获得感。客运方面，着力实施“村村通客车”工程，确保到2020年实现具备条件的建制村通客车，并创新运营组织模式，确保农村客运开得通、留得住、有效益。物流方面，要加快县乡村三级物流网络体系建设步伐，按照“多站合一、资源共享”的原则，加快推进农村物流现代化。

目标已经确定，蓝图已经绘就，关键在于落实。我们将以习近平新时代中国特色社会主义思想为指导，以习近平总书记关于“四好农村路”重要指示精神为根本遵循，撸起袖子加油干，一张蓝图绘到底，一件事情接着一件事情办，一茬接着一茬干，加快推进“四好农村路”建设，为广大农民致富奔小康、为加快推进农业农村现代化提供更好保障，助力谱写新时代乡村振兴新篇章！

奋力开启建设交通强国的新征程

杨传堂 李小鹏

《求是》（2018 年第 4 期）

党的十九大立足新时代新征程，作出了建设交通强国的重大决策部署，这是以习近平同志为核心的党中央对交通运输事业发展阶段特点和规律的深刻把握，是全国人民对交通运输工作的殷切期望，也是新时代全体交通人为之奋斗的新使命。我们要以党的十九大精神为指引，奋力开启建设交通强国的新征程，为全面建设社会主义现代化国家提供战略支撑。

一、充分认识建设交通强国的重大意义

党的十八大以来，我国交通运输发展取得重大成就，高速铁路、高速公路里程等首次跃居世界第一，网络化运行达到新水平，“复兴号”高速列车、C919 大型客机等装备技术达到世界先进水平，网约车、共享单车等新业态引领世界潮流，我国交通运输规模总量位居世界前列，成为名副其实的交通大国。在新的历史起点上建设交通强国，努力实现由交通大国向交通强国的转变，意义十分重大。

建设交通强国是满足人民美好生活需要的客观要求。党的十九大作出了我国社会主要矛盾发生变化的重大判断。这一关系全局的历史性变化，在交通运输领域充分体现，对交通运输发展影响深远。从人民美好生活需要看，我国交通运输供给不足的状况已发生根本性转变，满足人民出行需求的关键已从“有没有”转为“好不好”，人民群众希望得到更加个性化、多样化、品质化、高效率的交通运输服务。从发展不平衡不充分看，我国交通运输在城乡间、区域间、运输方式间、新旧业态间、软硬实力间、建管养运间还存在不平衡的问题，发展的质量和效益还不高，创新能力还不强，等等。建设让人民满意的交通强国，是适应我国社会主要矛盾变化的必然选择，也是坚持

以人民为中心发展思想、满足人民日益增长美好生活需要的客观要求。

建设交通强国是建设现代化经济体系的内在需要。党的十九大报告指出，我国经济已由高速增长阶段转向高质量发展阶段，建设现代化经济体系是我国发展的战略目标。交通运输一头连着生产，一头连着消费，是实体经济的重要一环，是现代化经济体系的重要支撑。建设交通强国，推动交通运输高质量发展，有利于深化供给侧结构性改革，提高供给体系质量和效率；有利于打造现代供应链，支撑现代化经济体系建设。特别是当前，互联网、人工智能、新能源等新技术加快推广应用，网约车、共享单车、无车无船承运等新业态竞相涌现。加快建设交通强国，有利于在创新引领、绿色低碳、共享经济等领域培育新增长点，增强经济发展新动能。

建设交通强国是全面建成社会主义现代化强国的有力支撑。党的十九大报告提出了到本世纪中叶全面建成社会主义现代化强国的宏伟目标。建设交通强国，是全面建设社会主义现代化国家的一部分，也是先行领域和战略支撑。加快建设交通强国，打造现代化综合交通运输体系，能有效支撑制造强国、贸易强国、海洋强国、科技强国等具体强国目标实现，为全面建成社会主义现代化强国提供有力支撑。在“一带一路”建设的大格局下，加快建设交通强国，将为推动形成陆上、海上、天上、网上四位一体的设施联通，更好促进沿线各国政策沟通、贸易畅通、资金融通、民心相通，以及构建人类命运共同体提供坚强的交通运输保障。

二、准确把握建设交通强国的总体要求

建设交通强国，必须深入贯彻落实党的十九大精神，以习近平新时代中国特色社会主义思想为指导，把握基本内涵，确立战略目标，找准着力点。

把握交通强国的基本内涵。“强”是一个相对概念，认识交通强国，应当对标国际一流水平，具有世界眼光。同时，交通运输是大局的一部分，认识交通强国，必须在全面建设社会主义现代化国家的大局下来把握，体现中国特色。我们建设交通强国，就是要实现综合实力世界领先，交通运输规模数量大、质量效率高、科技创新强、行业治理优、国际影响广，拥有安全、便捷、高效、绿色、经济的现代化综合交通运输体系，各种运输方式的比较优势和组合效率得到充分发挥。要紧紧围绕民富国强目标，使交通运输基础性、先导性、战略性、服务性功能得到充分发挥，全面适应并引领经济社会发展，为全体人民实现共同富裕、全面建成社会主义现代化强国提供战略支撑。总之，要建成世界领先、人民满意、有效支撑我国社会主义现代化建设的交通强国。

确立交通强国建设的战略目标。党的十九大分两个阶段对全面建设社会主义现代化国家作出了战略安排。建设交通强国要服务大局、当好先行，紧跟这两个阶段来确立战略目标。在第一阶段，要基本实现交通运输现代化，使我国交通基础设施、运输服务、技术装备、行业治理、国际影响力达到世界一流水平，基本建成交通强国，进入世界交通强国行列，有效支撑我国基本实现社会主义现代化。在第二阶段，要全面实现交通运输现代化，使我国交通运输综合实力达到世界领先水平，全面建成交通强国，进入世界交通强国前列，有效支撑全面建成富强民主文明和谐美丽的社会主义现代化强国。

找准交通强国建设的着力点。建设交通强国，要牢牢把握高质量发展这个根本要求，把准方向、找准重点、精准发力。着力推动交通运输发展质量变革、效率变革、动力变革，以改革、创新、

开放为动力，着力提高运输供应链综合效率，推动交通运输高质量发展。着力服务人民、服务大局、服务基层，在满足人民需求中永葆生命力，在服务大局中抓住机遇、加快发展，在服务基层中强基固本、行稳致远。着力建设人民满意交通，提供更加安全、便捷、高效、绿色、经济的交通运输服务，增强人民群众的获得感、幸福感、安全感。着力建设现代化交通，推进交通运输现代化国际化发展，打造开放融合、共治共享、文明守信的现代交通。

三、构建交通强国的框架体系

建设交通强国，必须紧紧围绕建设现代化经济体系的要求，构建与其相适应的现代化综合交通运输体系，着力架好交通强国的“四梁八柱”，建设“八大体系”。

构建综合交通基础设施网络体系。基础设施网络体系是交通强国建设的重要基础。统筹推进铁路、公路、水运、航空、邮政、物流等基础设施网络建设，全面建成布局完善、互联互通、绿色智能、耐久可靠的综合交通基础设施网络体系。积极支持国家重大战略实施，建设高质量互联互通的交通基础设施。适应智能化等新需求，加快形成装备与设施协同的数字化交通基础设施。适应养护高峰期需要，提高基础设施的安全性、耐久性和通行能力。

构建交通运输装备体系。交通运输装备体系是交通强国建设的关键环节。抓住装备这个决定交通运输生产力水平的关键要素，加快构建自主研制、先进精良、绿色智能、标准协同的交通运输装备体系。大力提升关键装备技术自主研发水平，力争在超级高铁、自动驾驶、无人船舶、自动化智能码头等战略前沿技术领域占领制高点。积极推动运输装备智能化、清洁化、高端化、标准化、轻量化发展，重点推动新能源、北斗导航等新的技术装备规模化应用，有序推进升级换代。

构建交通运输服务体系。提供优质服务是交通强国建设的题中应有之义。加快发展现代运输服务业，全面建成安全便捷、优质高效、绿色智能、一体畅联的运输服务体系，在推动物流运输智能化、精细化、集约化、协同化、全球化发展的同时，着力推动出行服务绿色化、智能化、共享化、品质化、差异化、定制化发展。大力推进联程联运，实现时间和空间两个“零距离”。积极推进跨界融合，推动交通运输服务与制造业、旅游业、商贸业等关联产业深度融合。

构建交通运输创新发展体系。创新是交通强国建设的第一动力。加快建立以科技创新为引领、以智慧交通为主攻方向、以人才为支撑的创新发展体系。加快建设创新型行业，实施科技创新引领战略。推动互联网、大数据、人工智能同交通运输深度融合，构建数字化、网络化、智能化的智慧交通体系。加强人才支撑体系建设，培育合格的交通强国建设者。

构建交通运输现代治理体系。现代治理体系是交通强国建设的制度基础。积极构建政府、市场、社会等多方共建共治共享的现代治理体系。完善交通政府治理，加快推进治理体系和治理能力现代化。完善交通市场体系，营造统一有序、公平竞争的市场环境。鼓励和引导社会组织依法自律、社会公众有序参与交通运输行业治理，形成人人参与、人人尽责的良好局面。

构建交通运输开放合作体系。开放合作为交通强国建设开拓新空间。要扩大开放、深化合作，打造互联互通、互利共赢的开放合作体系，努力为全球交通治理提供中国智慧和中国方案。以“一带一路”建设为重点，建成遍及城乡、通达全国、连通世界的全球运输供应链，打造若干个与贸易强国、制造强国相适应的世界级交通枢纽和物流中心。大力促进交通运输全产业链、全方位、组团式“走出去”，打造一批具有全球竞争力的世界一流交通运输企业。

构建交通运输安全发展体系。安全事关人民福祉，事关经济社会发展大局，是交通强国建设的基本前提。严格落实安全生产责任制，大力构建有效维护行业安全运行、有效支撑国家总体安全的安全发展体系和安全生产体系，同时加快建设全国联动、水陆空协同的应急救援体系。认真落实总体国家安全观，建立交通有效支撑国家安全的工作体系，坚决维护国家核心安全利益。

构建交通运输支撑保障体系。支撑保障体系是交通强国建设的基本条件。以构建强有力、可持续、高效能的支撑保障体系为目标，大力建设高素质专业化干部队伍，不断完善支持交通强国建设的政策体系。坚持以习近平新时代中国特色社会主义思想指导实践，强化行业软实力支撑，加强交通运输新型智库建设，弘扬新时代交通精神，打造人文交通体系。

建设交通强国是我们在新时代开启的新长征，面临着一系列艰巨复杂的新任务、新挑战，必须毫不动摇坚持和加强党对交通运输工作的领导，毫不动摇坚持和加强党的建设，为交通强国建设把方向、定政策提供根本政治保证，努力为实现中华民族伟大复兴的中国梦作出新的更大贡献。

建设高质量的交通运输新型智库

杨传堂 李小鹏

《光明日报》（2018 年 6 月 7 日第 15 版）

党的十八大以来，习近平总书记高度重视中国特色新型智库建设，强调要从推动科学决策、民主决策，推进国家治理体系和治理能力现代化、增强国家软实力的战略高度，把中国特色新型智库建设作为一项重大而紧迫的任务切实抓好。交通运输部认真贯彻落实习近平总书记重要指示精神，结合行业实际，制定了《交通运输部关于促进交通运输新型智库发展的实施意见》，为建设高质量的交通运输新型智库提供制度保障。

促进交通运输新型智库发展具有重要意义

促进交通运输新型智库发展是落实党中央决策部署的重要举措。智力资源是一个国家、一个民族最宝贵的资源。党的十八大以来，以习近平同志为核心的党中央大力加强中国特色新型智库建设，先后出台了《关于加强中国特色新型智库建设的意见》《国家高端智库建设试点工作方案》《关于社会智库健康发展的若干意见》等系列政策措施。党的十九大报告再次明确提出，要“加强中国特色新型智库建设”。这些都为加强交通运输新型智库建设提供了基本遵循。交通运输新型智库是中国特色新型智库的有机组成部分，是服务党和政府科学民主依法决策的重要力量。

促进交通运输新型智库发展是服务交通强国建设的迫切需要。党的十九大提出建设“交通强国”，这是新时代全体交通人为之奋斗的新使命。强国必先强智。当前，破解改革发展稳定难题和应对全球性问题的复杂性艰巨性前所未有，需要进行更长远的战略谋划，需要有更高的政策理论水平，这迫切需要促进交通运输新型智库发展，以科学咨询支撑科学决策，以科学决策引领科学发展。建设交通强国，不仅要在硬实力方面世界领先，而且要在软实力方面引领潮流。智库是软实力的重要载体，越来越成为国际竞争力的重要因素，在对外交往中发挥着不可替代的作用。讲好中国交通故事，增强我国在交通运输领域的国际影响力和话语权，迫切需要加快建设交通运输新型智库。

促进交通运输新型智库发展是提升行业治理水平的必然要求。智库在世界各国交通现代化进程中发挥了举足轻重的作用，多年来，交通运输行业智库为我国交通运输事业发展作出了重要贡献，但也存在一些制约智库发展的体制机制问题，主要体现在用管理事业单位和科研项目的办法来管理智库，使智库工作受到严重束缚，智库功能发挥不够。具体表现在：行业智库资源缺乏统筹和共享，同质化、重复性研究比较严重；智库研究与科学研究混同管理，对智库研究人员的激励和保障明显不够；国家高端智库和领军人物缺乏，对决策支撑不够；智库研究的前瞻性、客观性不够等。要解决这些问题，必须加快建立符合智库特点和运行规律的系列制度，这是促进交通运输部门决策科学化、民主化、法治化的重要举措，是推进行业治理体系和治理能力现代化的必然要求。

建设交通运输新型智库的内涵、思路和目标

交通运输新型智库是以交通运输战略问题和公共政策为主要研究对象、以服务党和政府科学民主依法决策为宗旨的研究咨询机构。新型智库不是由若干不同单位的专家组成的专家库，而是指具有智库功能的、运行稳定的具体单位，是相对保持独立的研究咨询机构。交通运输新型智库的“新”主要体现在：首先，体制机制新。要打破原来纯粹用管事业单位和科研项目的办法来管智库的体制机制，建立真正适合智库运行规律和特点的体制机制，为新型智库建设松绑，增强智库研究的积极性、独立性和客观性。其次，研究对象新，不是所有的为政府部门服务的工作都是智库工作，智库主要从事面向战略问题和公共政策问题的研究，主要是出思想、出主意，一些事务性、技术性的工作不能算作新型智库的研究内容。再次，功能定位新，新型智库具有咨政建言、理论创新、舆论引导、社会服务、对外交流等重要功能。

促进交通运输新型智库发展，必须以习近平新时代中国特色社会主义思想为指导，以服务交通强国建设为导向，以创新组织形式和管理方式为重点，以激励、引导、评价为抓手，统筹推进部属智库单位转型发展，加强对行业智库发展的指导，充分发挥各类智库作用。必须坚持党的领导，把握正确导向；坚持围绕大局，服务中心工作；坚持科学精神，鼓励大胆探索；坚持改革创新，规范有序发展，力争用五年左右时间，在铁路、公路、水运、民航、邮政及综合交通运输等领域建设一批定位清晰、特色鲜明的新型智库，造就一支政治过硬、善于创新的智库人才队伍，形成一套务实管用、充满活力的智库管理体制机制，充分发挥交通运输新型智库的咨政建言、理论创新、舆论引导、社会服务、国际合作等重要功能。

分类推进交通运输新型智库建设

智库主要是为党和政府决策服务的。从交通运输部角度来看，可提供决策咨询的智库主要有部属智库、行业智库、社会智库，这三类智库在信息可及性、知识信任度和运行独立性等方面各有千秋，形成了不同的圈层结构。对不同圈层的智库应当突出优势和特色，分类指导、统筹使用，促进各类智库有序发展。

要重点推动部属研究单位向新型智库转型发展。根据各部属科研单位、部党校和部属高校三类单位各自职能、优势和特色，重点明确其在新型智库建设中的定位和发展方向。着力深化部属科研单位体制机制改革，探索专兼结合等新型智库组织形式，着力开展战略性、专业性、应用性

等重大问题研究。着力发挥部党校密切联系行业干部的优势，推动教学培训、科学研究与决策咨询相互促进、协同发展。着力推动部属高校创新组织形式、整合优势资源，深化智库管理体制改革，着力开展基础性、理论性、前瞻性等重大问题研究。

加强对交通运输新型智库发展的指导。主要是通过及时发布政策需求信息和重大政策导向、搭建智库交流合作平台等方式，引导行业智库更好地为交通运输部门服务。要推动交通运输政府部门建立决策需求信息和重大政策导向定期发布机制，引导行业科研单位、高校、党校、学（协）会、企业等各类智库开展战略和公共政策研究。要加强统筹协调，探索通过举办智库论坛、组建行业智库联盟等搭建合作共享平台，推动交通运输新型智库资源共享、合作共赢。

充分发挥各类社会智库的作用。坚持开门纳智，建立国内外高端智库参与交通运输决策咨询服务的有效衔接机制，拓宽各类智库参与交通运输决策咨询、政策评估、舆论引导的有效途径，保障各类智库依法公平参与智库产品供给。坚持内外脑并用，支持部属智库单位与其他类型智库开展联合研究。要充分发挥交通运输部部长政策咨询委员会和交通运输部专家委员会的专业技术优势，充分发挥离退休干部的经验及影响力，更好为交通运输发展贡献智慧。

以改革创新促进交通运输新型智库发展

加强交通运输新型智库建设，要重点处理好两个层面的关系，即智库与智库人员的关系、政府与智库的关系，以改革创新为动力，着重抓好这两个层面的制度创新。

处理好智库与智库人员的关系，着力推动智库建立内部激励机制。对智库研究人员激励不足，是制约智库功能发挥的关键因素。要重点针对人事和财务两个关键环节，着力加强对智库人员的正向激励。在经费支持激励方面，着力推动智库单位制定符合智库发展规律和运行特点的智库经费管理办法，建立多元化、多渠道、多层次的经费保障机制，健全竞争性经费和稳定支持经费相协调的投入机制，进一步增强研究主体经费使用自主权。在人才发展激励方面，着力推动建立与智库研究人员岗位职责、工作业绩紧密联系的薪酬制度，完善内部补偿机制。提高决策咨询类成果在智库研究人员考核评价中的权重，作为其岗位聘用、职称评定、薪酬分配、表彰奖励等方面的重要参考依据，进一步调动智库研究人员为政府提供决策咨询服务的积极性。

处理好政府部门与智库的关系，着力健全政府部门有效发挥智库作用的机制。健全智库参与重大决策工作机制。事前主要是信息要公开，着力建立重大政策研究选题公开征集和遴选机制；事中主要是政策要支持，着力推动交通运输政府部门优先购买新型智库决策咨询成果；事后主要是成效要评价，着力完善建立智库成果评价办法。完善智库参与国际交流合作的机制。积极为智库人员参与中外专家交流、举办或参加国际会议等创造有利条件，鼓励智库参与国际智库平台对话和国际合作项目研究，推动深度参与国际规则与标准制定，更好发挥其对交通运输国际事务的基础支撑和智力支持作用。健全舆论引导机制。建立健全智库专家库，积极培育在全国有较大影响力和较高知名度的专家，充分发挥智库专家在阐释理论、解读政策、研判舆情、引导社会热点、疏导公众情绪等积极作用。

建设交通运输新型智库是一项长期工作，必须常抓不懈、久久为功。当前，重点是要抓好交通运输部新型智库试点工作，通过试点示范带动整体推进，推动交通运输新型智库建设迈上新台阶，为建设社会主义现代化强国贡献智慧。

推动民航高质量发展　开启新时代民航强国建设新征程

冯正霖

《人民论坛》（2018 年 2 月第 05 期）

2017 年初，习近平总书记亲临北京新机场考察，对北京新机场建设理念、目标任务提出明确要求，并强调"新机场是国家发展一个新的动力源"，将民航战略地位提到新的高度，这极大地振奋了全体民航人的精神，进一步增强了做好新时代民航工作的责任感和使命感。党的十九大为新时代民航事业发展指明了前进方向，既赋予了民航发展新的历史使命，提供了重大机遇和宽广舞台，也对民航工作提出了更新更高要求。

正确把握新时代民航强国建设的发展方向

不忘初心，方得始终。新中国民航创立伊始，就确立了"人民航空为人民"的行业宗旨，把保证安全、改善服务、争取正常、满足人民群众需求作为民航发展的根本遵循。六十余年来，中国民航始终致力于服务国家战略、促进经济繁荣，为国家经济社会发展作出了突出贡献；始终致力于增强服务能力、扩大服务范围，建成了覆盖世界最多人口的机场航线网络，使航空服务更多更广地惠及人民群众；始终致力于铸造忠于党、忠于祖国、忠于人民的政治品格，时刻听从召唤，挺身而出，勇担大任，出色完成历次抢险救灾、海外撤侨等重大和紧急航空运输保障任务。长期的奋斗历程，孕育形成了"忠诚担当的政治品格、严谨科学的专业精神、团结协作的工作作风、敬业奉献的职业操守"这一当代民航精神。

党的十九大报告指出，我国社会的主要矛盾已经转变为人民日益增长的美好生活需要和不平衡不充分的发展之间的矛盾。随着人民生活从更加殷实、到更为宽裕再到基本实现共同富裕，人民群众对民航业服务种类、服务范围、服务能力和服务水平的要求也越来越高。但是，当前民航业满足人民群众多样化航空需求的能力仍然不足，在供给结构上仍然存在发展不平衡的问题，在供给质量上仍然存在发展不充分的问题。民航强国建设的本质是高质量发展，民航局党组提出民航强国必须具备“国际化、大众化的航空市场空间，国际竞争力较强的大型网络型航空公司，布局功能合理的国际航空枢纽及国内机场网络，安全高效的空中交通管理体系，先进、可靠、经济的安全安保和技术保障服务体系，功能完善的通用航空体系，制定国际民航规则标准的主导权和话语权，引领国际民航业发展的创新能力”八个基本特征，就是要求民航业各种要素齐头并进、协调发展，从安全水平到运行效率、从保障资源到管理能力、从生产规模到质量效益、从市场需求到内生动力、从服务产品到规则标准，系统地解决发展不平衡不充分的问题，推动民航高质量发展，全面提升满足人民需求的能力和水平。

准确把握新时代民航强国建设的阶段性特征

民航强国建设是一个既近又远、既难又可实现的奋斗过程。推进新时代民航强国建设，必须深刻理解新时代中国特色社会主义的经济社会发展趋势，科学分析当前民航发展的形势，准确把握新时代民航强国的阶段性特征。

民航强国发展制约瓶颈攻坚期。我国民航发展取得了巨大成就，但行业发展不平衡不充分的问题依然存在，制约行业发展的“四个短板”问题突出。进入中国特色社会主义新时代，我国民航迎来千载难逢的发展机遇，解决发展制约瓶颈的内外条件越来越成熟。新发展理念越来越重视协调发展，国家经济工作越来越强调提质增效，为民航突破发展瓶颈创造了重要的基本条件。我们对民航发展规律和特点的认识越来越深入，把控发展速度、规模、结构和质量相互之间关系的能力越来越强，前期采取的宏观调控政策和措施初见成效，有望为民航突破发展瓶颈争取到难得的时间窗口。我们在空域资源、地面保障资源、专业人才资源等领域制定了一系列改革措施，随着改革进程的推进，改革成效势必逐渐显现，改革效应势必不断叠加，改革红利势必充分释放，为民航突破发展瓶颈赢得决胜的契机。

民航强国八个基本特征汇集期。民航强国是几代中国民航人的梦想，我国民航发展壮大的历程，就是民航强国基本特征不断孕育、不断积累、不断增强的过程。从单项指标看，八个基本特征中的部分特征表现强劲，可以与当今世界民航强国一比高低，但系统地看，八个基本特征整体集成度不高，彼此之间支撑作用不强、包容性不够，没有形成应有的合力，导致一些领域供需失调，有效供给不足和部分产能过剩的现象并存，这是当前民航业发展不平衡不充分的集中体现。在中国特色社会主义建设新时代，解决民航发展不平衡不充分的问题将成为我们工作的主攻方向，民航强国八个基本特征将进入一个不断汇集的阶段。一方面，随着民航发展瓶颈的突破，行业发展中许多深层次矛盾大为缓解，八个基本特征之间将形成相互包容、相互促进、共济共成的局面；另一方面，随着民航发展战略越来越清晰，我们更加注重规划引领、协同推进，更加注重统筹兼顾、综合施策，更加注重系统集成、质量优先，八个基本特征将不断汇聚融合，实现整体跨越，展现出强大的综合实力。

民航强国建设新领域开拓期。在相当长的一段时期内，我国民航是世界民航先进国家的学习者、模仿者和追随者。在推进新时代民航强国建设的进程中，我们仍然要继续学习和借鉴世界先进经验，但绝不能自甘人后、亦步亦趋。建设社会主义现代化强国的伟大实践，必然使我国经济社会各个方面发生深刻变化，也必然使我国民航发展的形态和内涵发生深刻变化，为新时代民航强国建设积蓄新动能、培育新优势。随着国家各项重大战略的全面展开，我国产业结构和消费结构不断转型升级，将极大提升民航业的战略地位。依托这一优势，顺势而为，我们就能在服务国家战略中不断拓展民航国际化、大众化市场空间，加快做优做强民航业的步伐。当今世界正处在新一轮科技革命和产业变革的进程中，经济发展模式和人们生活方式将发生重大变化，在这方面我们同世界民航先进国家又处在同一起点上，并且具有后发优势。依托这一优势，乘势而上，我们就能实现“弯道超车”，加快推进与互联网、大数据和云计算、人工智能技术的深度融合，催生民航运行模式、服务模式、管理模式等方面的深刻变革，由模仿者变为开创者，从追随者转为引领者。

科学把握新时代民航强国建设的战略进程

战略安排是统领战略目标、战略任务、战略步骤、战略方法的顶层设计。党的十九大提出了从全面建成小康社会到基本实现现代化，再到全面建成社会主义现代化强国的宏伟目标。中国民航将与时俱进，聚焦每个发展阶段的主要矛盾和突出问题，找准攻坚方向和关键环节，明确任务和措施。

——到2020年，围绕服务全面建成小康社会，民航强国建设要瞄准解决行业快速发展需求和基础保障能力不足的突出矛盾，着力“补短板、强弱项”，重点补齐空域、基础设施、专业技术人员等核心资源短板，大幅提升有效供给能力，加快从航空运输大国向航空运输强国的跨越。届时，空域资源瓶颈得到缓解，空管运行能力稳步提高，全国机场年起降达到1300万架次；运输机场数量达到260个，覆盖100公里范围内所有地级行政区；人均航空出行次数达到0.5次，旅客周转量在综合交通中的比重达到30%以上；支线机场日均航班2班以上，有条件的老少边穷地区人民能够享受基本航空服务计划提供的航空运输服务；航班运行品质明显改善，航班正常率80%以上；安全水平持续提升，始终处于世界领先水平；专业技术人才培养模式得到创新；通用航空发展的体制机制性障碍得到破除；民航业节能减排、应对气候变化取得初步成效，民航机队基本实现“无纸化驾驶舱”运行。

——到2035年，围绕服务我国基本实现社会主义现代化，民航强国建设要瞄准解决人民群众航空需求多样化和民航发展不平衡不充分的主要矛盾，着力“均衡发展、协调发展”，重点发展国际航空、支线航空、低成本航空、货运航空，大力促进通用航空发展，全方位地满足人民日益增长的美好生活需要中的航空服务需求，实现从单一的航空运输强国向多领域民航强国的跨越。届时，航空人均年出行次数超过1次，运输规模全球第一；形成一批具有引领国际航空市场的航空公司和航空枢纽；基础设施体系相对完善，运输机场数量400个左右，地面100公里覆盖所有县级行政区；机场群与城市群深度融合发展，建成京津冀、长三角、粤港澳大湾区等一批具有较强辐射力的世界级机场群；民航与综合交通深度融合，在国家交通关键节点，形成一批以机场为核心的综合交通枢纽；航空物流服务成为现代供应链的重要环节；通用航空服务深入人们生产生活需求；民航运行质量和效率进一步提升，旅客体验更加美好；自主创新取得突破，国产飞机等民航核心装备得到广泛应用；管制、情报等地面关键自动化系统全面实现国产化统一型号，打破一些高精尖领域的国外技术垄断和技术封锁。

——至21世纪中叶，围绕服务我国建成社会主义现代化强国，民航强国建设要瞄准全方位提升国际竞争力目标，着力增强国际民航规则标准话语权和技术创新引领力，重点推进航空业全产业链发展，实现从多领域民航强国向全方位民航强国的跨越。届时，机场网、航线网、信息网和服务网深度融合的现代民航运行体系全面发展，形成安全高效、通畅便捷、绿色和谐的现代化航空服务体系；产业辐射带动作用更加突出，包括民机制造的民航全产业链对GDP贡献率大幅度提升；我国民航的服务产品、技术标准和发展理念走向全球，在新技术、新领域、新模式等方面实现对世界民航发展的战略引领；全方位参与新型国际民航治理体系建设，在国际民航事务中出现更多的中国声音。现代民航业成为社会主义现代化强国重要标志之一，将为我国成为综合国力和国际影响力领先国家提供全球化航空服务支撑。

坚持把全面加强党的领导和党的建设作为新时代民航强国建设的根本政治保证

建设民航强国，必须毫不动摇坚持和加强党的领导，毫不动摇坚持和加强党的建设，以加强党的长期执政能力建设、先进性和纯洁性建设为主线，以党的政治建设为统领，以坚定理想信念宗旨为根基，以调动民航全系统党员干部积极性、主动性、创造性为着力点，全面加强党的建设，不断提高党的建设质量，为建设民航强国提供根本政治保证。

必须始终把党的政治建设摆在首位，深入学习贯彻习近平新时代中国特色社会主义思想和党的十九大精神，全面落实新时代党的建设总要求，教育引导各级党组织和广大党员干部旗帜鲜明讲政治，牢固树立“四个意识”，确保党中央决策部署在民航行业得到全面贯彻落实。扎实开展“不忘初心、牢记使命”主题教育，坚持知行合一、学做结合，确保收到强化理论武装、推动民航工作的实效。全面加强纪律建设，深入抓好反腐败工作，加大执纪审查力度，扎紧制度笼子，进一步营造民航行业风清气正的良好政治生态。加强社会主义核心价值观宣传教育，大力弘扬和践行当代民航精神，选树先进典型，讲好民航故事，让当代民航精神成为全体民航人共同的价值追求和行为准则，切实增强行业的创造力、凝聚力、战斗力。

各级党政组织要倾情关心一线民航干部职工，努力创造条件改善工作环境和生活质量，使民航强国建设成为每一个民航人建功立业的大平台，成为每一个民航人释放家国情怀的广阔空间，特别是要引导民航广大青年坚定信念、志存高远、脚踏实地，在民航强国建设的伟大征程中贡献力量、创造人生辉煌。要持续认真做好离退休干部工作，充分发挥老同志在民航事业发展中的积极作用。

进入新时代，迈上新征程。中国民航要在以习近平同志为核心的党中央坚强领导下，锐意进取、埋头苦干，推动民航高质量发展，加快建设民航强国，在实现“两个一百年”奋斗目标、实现中华民族伟大复兴的中国梦的伟大征程中，作出新的更大的贡献。

坚持问题导向推进高质量发展 加快建设与全面小康社会相适应的现代邮政业

马军胜

《人民日报》（2018 年 10 月 9 日 第 13 版）

10 月 9 日是第四十九届世界邮政日。

邮政业是推动流通方式转型、促进消费升级的现代化先导性产业，邮政体系是国家战略性基础设施和社会组织系统，在国民经济中发挥着重要的基础性作用。当前，行业发展的基本面总体向好，仍处于可以大有作为的重要战略机遇期和快速成长阶段。邮政体制改革以来特别是党的十八大以来，我们真抓实干、务实创新，行业发展环境持续优化，发展质效不断提升，市场主体综合实力明显增强，对外开放深入推进，科技装备水平突飞猛进，走出了一条符合我国国情独具特色的发展路径。2017 年，我国邮政业业务总量完成 9764 亿元，业务收入完成 6623 亿元，同比分别增长 32% 和 23%。其中快递业务量突破 400 亿件，连续 4 年稳居世界第一，年业务量占全球 45% 以上，对世界快递增长贡献率超过一半。全行业已有 7 家企业成功改制上市，年支撑网络零售额超 5 万亿元，直接吸纳就业超 20 万人。我国邮政业的持续快速健康发展，为世界提供了有益借鉴和成功经验，为全球邮政业转型发展和行业治理贡献了中国智慧和中国方案。

在看到成绩和机遇的同时，我们更要清醒地认识到，我国邮政业大而不强、大而不优的业情尚未改变，提高供给质量和效益的任务还很繁重，转变发展方式、完善行业生态体系的任务还很繁重，实现行业治理体系和治理能力现代化的任务还很繁重。我们必须以习近平新时代中国特色社会主义思想为指导，认真贯彻落实党的十九大精神，坚持“互联网 +”方向，坚持问题导向和目标导向，充分发挥市场在资源配置中的决定性作用和更好发挥政府作用，创新经营机制、促进业务转型、完善监管体系、规范市场秩序，推动行业由传统服务向现代服务转变，由规模发展向高质量发展转变，更好地满足人民美好生活需要，更好地服务经济社会发展大局。

第一，坚持以人民为中心，进一步保障人民群众用邮需要。要全面履行邮政普遍服务义务，加快实现边远行政村直接通邮目标，支持发达地区达到更高水平，着力解决农村地区用邮均衡问题。要发挥行业优势，融入国家大扶贫格局，推广"寄递＋农村电商＋农特产品＋农户"产业扶贫模式，打好邮政业服务精准脱贫攻坚战。要大力推进邮政快递企业进政务大厅，重点推广"网上办事＋网下寄递"模式，化解政务烦苛，更深更广更好便利人民群众办事需要。要强化基层员工的权益保障，改善一线工作环境，提升社保等基本权益保障和职业发展保障水平。

第二，深化供给侧结构性改革，进一步拓展行业发展格局。要对标国际先进水平，把提高行业供给体系质量作为主攻方向，持续推动质量变革、效率变革、动力变革。要丰富服务功能拓宽联动领域，聚焦现代农业打造特色农产品"直通车"、聚焦先进制造业探索设立"移动仓库"、聚焦跨境电商建设跨境网购"桥头堡"。要推动大包裹、供应链解决方案、即时配送、众包递送等新产品新业态新模式发展，不断培育壮大新动能。要加快与互联网、大数据、物联网和人工智能等前沿科技深度融合，打造智慧供应链体系。要构建多层次的行业人才培养体系，大力弘扬劳模精神和工匠精神，建设一支知识型、技能型、创新型劳动者大军。要不断提升寄递服务质量，擦亮中国寄递名片。

第三，持续优化空间布局，进一步服务好国家重大战略。要以"一带一路"建设为契机，积极推进国际寄递网络规划建设，打造覆盖国内外的寄递服务体系，形成空陆内外联动、东西双向互济的开放发展新格局。要大力推进"邮政在乡"和"快递下乡"工程换挡升级，服务国家乡村振兴战略。要落实国家区域发展重大战略，优化产业空间布局，推进京津冀邮政业协同发展，高起点规划、高标准建设雄安新区邮政业，加强长江经济带、粤港澳大湾区邮政业区域合作，提升大城市群寄递服务水平。

第四，善于抓住突出问题，进一步补齐发展中的短板弱项。要聚焦绿色化、减量化、可循环目标，坚定不移推进绿色低碳循环发展，打好邮政业污染防治攻坚战。要加快推进"快递入区"工程，大力发展第三方和智能终端服务体系，加快末端转型升级，全力推动末端变革。要充分发挥寄递渠道安全联合监管机制作用，全面落实寄递安全"三项制度"，加快"绿盾"工程建设，进一步落实总部企业对全网安全、质量、稳定的主体责任，治理"加而不盟、连而不锁"。

第五，不断创新体制机制，进一步提升行业现代治理水平。要深化"放管服"改革，创造良好营商环境，增强政府公信力和执行力，实现要素自由流动、价格反应灵活、竞争公平有序、企业优胜劣汰。要坚持包容审慎原则，逐步将新产品新业态新模式纳入行业管理服务范畴。要逐步构建守信名单、失信名单和信用异常名单评定管理工作体系，建立完善多部门守信联合激励和失信联合惩戒机制。要培育世界一流邮政企业，推动邮政企业做强做优做大寄递主业，着力提升创新能力；引导快递企业健全现代企业制度，着力提高管理效能和发展层次。要鼓励企业围绕增强核心能力并购投资，引导支持中高端差异化供给资源和要素进入邮政业。

高质量发展正当其时，携手共圆梦适得其势。新时代邮政行业大有可为。让我们更加紧密地团结在以习近平同志为核心的党中央周围，不忘初心、牢记使命，奋力开创邮政业更加美好的未来，为建成与全面小康社会相适应的现代邮政业而努力奋斗！

第二篇
重大政策

Section II
Substantial Policies

本篇主要内容为国家、部级层面新颁布或修订的法律法规、部门规章、指导意见等重大政策及解读、以及重大改革举措等。通过对2018年相关政策资料的梳理，共记录国务院令1个、交通运输部部令44个，国务院办公厅颁布的有关交通运输重大政策文件4个，交通运输部或交通运输部办公厅制定的重要政策性文件15个，交通运输部联合其他部门制定的相关政策性文件11个，国家局制定的部分重要政策性文件6个。

第一章　交通运输法律法规规章

一、快递暂行条例（中华人民共和国国务院令第697号）

2018年2月7日，《快递暂行条例》经国务院第198次常务会议通过，自2018年5月1日起施行。快递业是现代服务业的重要组成部分，也是推动流通方式转型、促进消费升级的现代化先导性产业，在稳增长、促改革、调结构、惠民生、防风险等方面发挥着重要作用。中国快递业历经十年持续快速发展，规模增速依然高位运行，新业态、新动能不断呈现。但在发展过程中，仍面临制度层面的现实问题，快递车辆通行难，快件集散、分拣等基础设施薄弱，末端网点法律地位不明晰，快递加盟等经营秩序需进一步规范，有关服务规则不够明确，寄递渠道安全压力较大，亟需制定行政法规予以规范和保障。为持续推动快递业健康发展，保障快递安全，保护用户合法权益，加强对快递业的监督管理，制定该条例。《条例》共8章48条，主要内容包括：总则、发展保障、经营主体、快递服务、快递安全、监督检查、法律责任和附则。

二、长江三峡水利枢纽过闸船舶安全检查暂行办法（交通运输部令2018年第1号）

三峡船闸和升船机作为三峡水利枢纽的重要设施，其安全已成为三峡水利枢纽安全的重中之重。长航局2011年发布的《长江过闸船舶安全检查办法（暂行）》（长航安〔2011〕599号），对过闸安检工作提出了明确要求，对于规范过闸船舶安检工作，保障三峡船闸安全发挥了一定作用。但由于该暂行办法行政层级较低、效力不高，不能更有效地约束过闸船舶开展过闸安检工作。为此，交通运输部根据有关法律法规要求和三峡船闸安全管理需求，以及安全检查实际，制定了《办法》。《办法》共5章33条，分别为总则、过闸船舶安全自查、过闸安检组织实施、监督责任、附则。

三、港口工程建设管理规定（交通运输部令2018年第2号）

《港口工程竣工验收办法》（交通部令2005

年第2号）和《港口建设管理规定》（交通部令2007年第5号）自颁布实施以来，对规范和加强港口建设管理，保证和提升港口工程质量起到了重要作用。近年来，随着党中央、国务院不断推进行政审批制度改革和深化投融资体制改革，港口工程建设管理面临新的形势和要求，需要对两部规章进行全面修订和整合，形成《规定》。《规定》包括总则、建设程序管理、建设实施管理、验收管理、工程信息及档案管理、法律责任、附则共7章76条。

四、民用航空安全管理规定（交通运输部令2018年第3号）

为推广国际民航组织（ICAO）安全管理新理念，满足国际民航公约附件19的相关要求，推进我国民航国家安全方案（SSP）和安全管理体系（SMS）的有效实施，确保安全标准的完整性和一致性，交通运输部参考《安全生产法》及其他相关规章，制定了《规定》。《规定》共6章57条，包括总则、安全管理要求、安全数据和安全信息的利用、安全监督管理、法律责任、附则等。

五、农村公路建设管理办法（交通运输部令2018年第4号）

自2006年1月《农村公路建设管理办法》施行以来，农村公路建设在取得瞩目成绩的同时，仍然存在区域发展不平衡、安全防护不足、建设质量有待提高等突出问题。为完善“四好农村路”制度体系，破解农村公路建设发展瓶颈，交通运输部对《办法》进行了修订。《办法》修订聚焦突出问题，认真吸收地方经验，注重发挥地方、基层和农民的积极性，着力解决地方主体责任不落实、资金难筹措等堵点。

六、港口岸线使用审批管理办法（交通运输部令2018年第5号）

《办法》自2012年7月颁布实施以来，对规范港口岸线使用审批管理，保障港口岸线资源的合理开发与利用，保护当事人的合法权益发挥了重要作用。为落实党中央、国务院关于“放管服”改革工作的总体部署，着力精简审批程序、减少申报材料、加强信用管理、提升服务水平，推动交通运输供给侧结构性改革取得更大成效，交通运输部对《办法》进行了修订。修订的主要内容包括：取消港口岸线使用证；完善港口岸线使用审批相关制度；明确事中事后监管和信用信息管理要求等。

七、铁路行业统计管理规定（交通运输部令2018年第6号）

按照党中央、国务院关于深化统计体制改革、提高统计数据质量文件的有关规定，为适应铁路管理体制改革要求，切实履行国家铁路局“组织监测分析铁路运行情况，开展铁路行业统计工作”的职责，进一步完善铁路行业统计体制机制，夯实铁路行业统计工作的制度基础，科学界定铁路行业统计工作内容，规范铁路行业统计工作行为和流程，科学有效地开展铁路行业统计工作，为建设铁路强国、强化铁路行业监管提供服务支撑，根据国家相关法律法规和有关规定，结合铁路行业实际，对《规定》（原铁道部令第28号》）进行了修订。

八、公路水运工程监理企业资质管理规定（交通运输部令2018年第7号）

《规定》自2004年10月施行以来，于2014年和2015年经过两次局部修改，对加强公路水运工程监理企业资质管理，规范公路水运建设市场秩序发挥了重要作用。为深入贯彻党中央、国务院的部署和安排，着力精简审批事项，大力加强事中事后监管，努力提升管理服务水平，促进公路水运工程持续健康发展，交通运输部决定全面修订完善公路水运工程监理企业资质管理制度。交通运输部公路局会同水运局于2016年启动了《规定》修订工作。主要修订内容包括：简化了行政审批事项；完善了资质标准；简化了申报材料；优化了审查工作；加强资质动态监管。

九、城市轨道交通运营管理规定（交通运输部令2018年第8号）

2018年3月，国务院办公厅印发了《关于保障城市轨道交通安全运行的意见》（国办发〔2018〕13号，明确提出要根据实际需要及时制修订城市轨道交通法规规章。为贯彻落实《意见》要求，适应新的发展形势和需要，更好履行指导城市轨道交通运营职责，交通运输部在前期工作基础上起草了《规定》。《规定》共7章56条，包括总则、运营基础要求、运营服务、安全支持保障、应急处置、法律责任和附则。

十、外国航空运输企业常驻代表机构审批管理办法（交通运输部令2018年第9号）

《办法》（民航总局令第165号）自2006年颁布实施以来，对规范外国航空运输企业常驻代表机构及人员的管理发挥了重要作用。近几年，国务院不断推动简政放权、放管结合、优化服务，加强行政许可的规范化。2017年5月7日，国务院发布《关于进一步削减工商登记前置审批事项的决定》（国发〔2017〕32号），将外航驻华常设机构设立审批由工商登记前置审批改为后置审批。同年，人力资源和社会保障部对外国人在中国就业管理工作也进行了调整，并对相应规章进行了修订。为落实国务院要求和相关工作机制变化，进一步规范和优化外航在华设立代表机构的行政许可工作，修订了《办法》。

十一、关于修改《港口经营管理规定》的决定（交通运输部令2018年第10号）

《港口经营管理规定》是《港口法》的重要配套规章之一，自2003年颁布实施以来，对规范港口经营秩序、促进港口健康有序发展发挥了积极作用。但是，随着港口经营市场的不断发展变化以及深化“放管服”改革的推进，其部分内容已不适应实践变化，需要通过全面梳理予以精简、调整、优化，构建统一竞争、开放有序的市场体系，促进港口高质量发展，推进构建市场机制有效、微观主体有活力、宏观调控有度的体制。此次修订的主要内容包括：精简港口经营许可项目；补充完善港口拖轮经营许可条件；加强事中事后监管。

十二、船舶载运危险货物安全监督管理规定（交通运输部令2018年第11号）

近年来，船舶载运危险货物安全形势日益严峻，亟须进一步强化安全监管要求。同时，《国际海上人命安全公约》《国际海运固体散装货物规则》等国际公约规则和《内河交通安全管理条例》《危险化学品安全管理条例》等国内法规，对船舶载运危险货物安全监管均提出新的要求。此外，按照国家“放管服”改革的统一部署，船舶载运危险货物部分行政许可事项已经取消或者下放。因此，需要对该规定进行全面修订。《规定》共8章52条，分别为总则、船舶和人员管理、包装和集装箱管理、申报和报告管理、作业安全管理、监督管理、法律责任、附则。

十三、交通运输部关于修改《船员注册管理办法》的决定（交通运输部令2018年第12号）

2018年2月，国台办、国家发展改革委印发了《关于促进两岸经济文化交流合作的若干措施》，旨在同台湾同胞分享大陆发展的机遇，为其在学习、创业、就业、生活方面提供与大陆同胞同等的待遇。为落实该项举措，交通运输部对《办法》进行了修订。修订后，将实现港澳台同胞在内地（大陆）船员注册，为港澳台船员报名参加内地（大陆）职业资格考试和申请授予职业资格提供了政策保障。

十四、铁路工程建设项目招标投标管理办法（交通运输部令2018年第13号）

近年来，随着改革发展的不断深入，铁路工程建设项目招标投标活动面临一些新形势新要求，同时在行政监管中也遇到了一些新情况新问题。为规范铁路工程建设项目招标投标活动，维护国家利益、社会公共利益和招标投标活动当事人的合法权益，制定了《办法》。《办

法》共分7章60条，分别是总则，招标，投标，开标、评标和中标，监督管理，法律责任，附则。

十五、运输机场使用许可规定（交通运输部令2018年第14号）

《民用机场使用许可规定》（民航总局令第156号）自2005年发布实施以来，对规范和监督中国民用运输机场和通用机场的使用许可及相关活动发挥了重要作用。随着近年来民航业持续快速发展、简政放权转变政府职能提出新要求，以及民航改革工作的不断深化，《规定》中的一些规定已不适应实际工作需要。因此对《规定》进行了修订。

十六、民用航空器飞行机械员合格审定规则（交通运输部令2018年第15号）

《民用航空器领航员、飞行通信员、飞行机械员合格审定规则》自1996年发布实施以来，在领航员、飞行通信员和飞行机械员资质管理方面起到了良好效果。随着科学技术的进步，现代民用航空器上都已装备较为先进的机载通信和导航设备，国际民航组织不再将飞行通信员列入必需项目。加之近年来中国民航业的快速发展，三人以上（含）的多人制机组的飞机已完全退出现役，目前在中国航空公司的机队机构中，现役飞机均为两人制机组设计，不再需要配置领航员、飞行通信员和飞行机械员，仅少数几种直升机机型需要配备飞行机械员。2012年《国务院关于第六批取消和调整行政审批项目的决定》（国发〔2012〕52号）取消了“民用航空器领航员、飞行机械员、飞行通信员教员合格证核发”，2014年《国务院关于取消和下放一批行政审批项目的决定》（国发〔2014〕5号）将“民用航空器外国驾驶员、领航员、飞行机械员、飞行通信员执照认可”下放至民航地区管理局，2016年第十二届全国人大常委会第二十四次会议对《民用航空法》作出修改，将“领航员”和“飞行通信员”从空勤人员中删除，不再实行许可管理。因此，有必要根据上位法修改以及国务院文件要求，对本规则名称、适用范围及相关内容作出相应修改，规范对飞行机械员的合格审定。

十七、交通运输部关于修改《公共航空运输企业经营许可规定》的决定（交通运输部令2018年第16号）

现行《规定》的颁布施行，对规范航空运输市场准入，依法实施公共航空运输企业经营许可，维护航空运输市场秩序发挥了积极作用。近年来，“放管服”改革的深入推进、航空运输市场不断发生变化：一是根据工商登记制度改革要求，公共航空运输企业经营许可由“先证后照”改为“先照后证”，《民用航空法》也进行了修改；二是现行《规定》对公共航空运输企业准入后的持续监管内容较为笼统，存在重准入、轻监管的问题，需要强化事中事后监管手段，完善退出机制；三是根据“放管服”

改革要求，进一步简化审批管理流程，便于公共航空运输企业更好开展经营活动。为适应这些新变化、新要求，《规定》的部分管理内容急需修改完善。

十八、航空安全员合格审定规则（交通运输部令2018年第17号）

原《航空安全员合格审定规则》（民航总局令第184号）于2007年4月1日颁布、2007年6月1日施行，是国务院民用航空主管部门关于航空安全员资格认定的管理规范。该规章颁布至今已10年，在加强航空安全员资质管理、规范行政审批程序和确保人员资质持续有效等方面发挥了重要作用，并为民航各级行政监管部门有效行使监管职责、发挥监管效能提供了有力依据。随着民航空中安保工作发生了新的变化、提出了新的要求，特别是在国务院简政放权、行政审批制度改革不断推进的现实背景下，需要对原来设定的许可条件修改完善，相关许可程序及证后监管工作也需要根据实际情况作进一步调整。

十九、交通运输部关于修改《铁路专用设备缺陷产品召回管理办法》的决定（交通运输部令2018年第18号）

原铁道部依据原《铁路运输安全保护条例》实行铁路机车车辆验收制度，对于机车车辆出厂实行严格的质量把关，有效防范了缺陷产品出厂交付使用所造成的铁路运输安全隐患。铁路政企分开后，依据《铁路安全管理条例》，国家铁路局不再实行铁路机车车辆验收，原铁道部机车车辆验收机构及人员划归中国铁路总公司。中国铁路总公司将铁路机车车辆验收调整为监造，对保障铁路运输安全发挥了积极作用。但中国铁路总公司实行监造的范围限于铁总下属集团公司，不包括地方铁路，可能导致地方铁路所采购使用的铁路机车车辆的质量监督方面出现漏洞，存在安全隐患，难以从源头上防范安全事故。从填补制度漏洞、全方位保障铁路机车车辆质量安全的角度出发，有必要将实践中行之有效的好的做法以制度形式确立下来，明确铁路全行业实行铁路机车车辆监造制度的法律依据，使地方铁路企业实行监造有法可依，为铁路运输企业参与源头质量安全控制提供有效保障。为此，在《办法》中确立了监造制度，即铁路运输企业等铁路机车车辆采购单位或者其委托的专业单位，在机车车辆产品生产企业对生产过程和实物质量实施监督检查，并对产品的符合性作出专业判断。铁路机车车辆经监造，符合要求后，方可投入使用。

二十、高速铁路基础设施运用状态检测管理办法（交通运输部令2018年第19号）

高速铁路线路、桥隧、信号、通信、牵引供电等基础设备的运用状态，直接关系高速铁路运营安全。多年来，中国铁路在基础设备运用状态检测方面已经取得了长足的进步，为高速铁路安全运营提供了有力保障。为认真贯彻落实党中央、国务院关于高速铁路安全管理的一系列重要指示，进一步加强检测工作，完善检测体系，提高管理水平，有必要在借鉴相关国家铁路设备检测工作经验的基础上，通过制定《办法》，强化铁路监管部门监管职责，鼓励铁路运输企业推广使用先进设备、优化劳动生产组织、合理安排天窗、提高线路有效运营时间，落实状态检测工作主体责任，实现铁路科学发展、安全发展、可持续发展的目标。

二十一、交通运输统计管理规定（交通运输部令 2018 年第 20 号）

2009 年《统计法》全面修订。2017 年 8 月 1 日，《统计法实施条例》开始实施。2016 年、2017 年中办、国办先后印发关于完善统计体制提高统计数据真实性等重要文件，对健全统计法规体系，夯实防范和惩治统计造假弄虚作假责任，确保统计数据真实可信提出了明确要求。2013 年，中央编办明确由交通运输部“承担综合交通运输统计工作，监测交通运输运行情况，发布有关信息”。此外，行业统计还存在着重视程度不够、质量责任不清、服务产品不多、条件保障不足等问题，与发展要求还有差距。为满足统计管理工作的新要求，交通运输部制定了《规定》（交通运输部令 2018 年第 20 号），自 2018 年 10 月 1 日起施行。1992 年 10 月 1 日起实施的《公路、水路运输全行业统计工作规定》（交通部、国家统计局令 1992 年第 36 号）同时废止。《规定》共 8 章 44 条，包括总则、统计机构和统计人员职责、统计调查项目、统计调查实施、统计分析与监测、统计资料的管理和公布、监督检查和附则。

二十二、交通运输部关于修改《中华人民共和国船舶污染海洋环境应急防备和应急处置管理规定》的决定（交通运输部令 2018 年第 21 号）

国务院 2017 年印发《关于取消一批行政许可事项的决定》（国发〔2017〕46 号），决定取消“船舶所有人、经营人或者管理人防治船舶及其有关作业活动污染海洋环境应急预案审批”，并于 2018 年颁布《关于修改和废止部分行政法规的决定》（国务院令第 698 号），将《防治船舶污染海洋环境管理条例》中的应急预案审批改为备案管理。为落实国务院决定和上位法修改，《规定》以修正案方式明确中国籍船舶所有人、经营人、管理人应当制定或者修订防治船舶及其有关作业活动污染海洋环境的应急预案，并报海事管理机构备案，并同步修改了相关法律责任条款。

二十三、交通运输部关于修改《中华人民共和国海事行政许可条件规定》的决定（交通运输部令 2018 年第 22 号）

为落实国务院关于取消一批行政许可事项的决定和“放管服”改革精神，进一步精简审批条件；与新生效的相关法律、行政法规和规章的规定做好衔接，交通运输部对《规定》进行了修改。此次修订，一是删除了“船舶所有人、经营人或者管理人防治船舶及其有关作业活动污染海洋环境应急预案审批”和“从事海船船员服务业务审批”两项许可相关条款；二是对部分许可事项的名称进行了调整，主要涉及“通航水域岸线安全使用和水上水下活动许可”和“危险化学品水路运输人员（申报人员、集装箱现场检查员）资质认可”等；三是对许可事项的条件进行了调整，如通航水域岸线安全使用许可条件等；四是对部分许可条件进行了归并和规范。

二十四、快递业务经营许可管理办法（交通运输部令2018年第23号）

现行《快递业务经营许可管理办法》于2009年颁布，2013年和2015年作过两次局部修改，对规范快递业务经营许可活动发挥了重要作用。近年来，我国快递业持续快速发展，企业数量大幅增加，新模式、新业态不断涌现，国家邮政局大力推行“放管服”改革，在快递业务经营许可工作中进行积极探索，积累了实践经验。《快递暂行条例》的施行和国务院一系列文件的印发，对优化快递业务经营许可管理规章制度提出了新要求。为执行上位法规定和国务院部署，更好发挥快递业在稳增长、促改革、调结构、惠民生、防风险等方面的作用，深入推进简政放权、放管结合、优化服务的改革工作，进一步释放快递市场活力，使快递业务经营许可管理工作能够更好适应新形势和新业态发展，有必要对现行《快递业务经营许可管理办法》作出全面修订。

二十五、邮件快件实名收寄管理办法（交通运输部令2018年第24号）

实行实名收寄对于防范、打击寄递渠道违法犯罪活动，维护国家安全、公共安全，促进邮政业持续健康发展具有重要意义。现行法律法规和政策关于实名收寄的规定较为原则，执行过程中存在标准不统一、信息不共享、监管不同步等问题。为规范实名收寄的有效实施，有必要出台部门规章，细化企业、用户的行为规范以及邮政管理部门的监督管理措施，切实发挥实名收寄对寄递安全的源头保障作用。《办法》共22条，明确了实名收寄的行为内容；规定了实名收寄的责任分配；寄递企业保障用户信息安全的义务；明确了寄递企业违反实名收寄规定的法律责任。

二十六、交通运输部关于修改《民用航空通信导航监视工作规则》的决定（交通运输部令2018年第25号）

2018年初，按照《国家发展改革委 财政部 商务部关于印发〈2017—2018年清理现行排除限制竞争政策措施的工作方案〉的通知》（发改价监〔2017〕2091号），民航局形成了涉及《规则》的清理意见，形成了修改决定，并进行了合法性审查。本次修订，删除了《民用航

交通信导航监视工作规则》中由民航局指定民用航空电信人员岗位培训机构并定期公布清单的规定，以有效促进电信人员岗位培训机构开展业务，实现公平竞争。

二十七、交通运输部关于修改《定期国际航空运输管理规定》的决定（交通运输部令 2018 年第 26 号）

2018 年初，按照《国家发展改革委 财政部 商务部关于印发〈2017—2018 年清理现行排除限制竞争政策措施的工作方案〉的通知》（发改价监〔2017〕2091 号），民航局形成了涉及《规定》的清理意见，形成了修订稿草案，并进行了合法性审查。本次修订删除了《定期国际航空运输管理规定》中年均客座率达 75% 后方可增加指定承运人的规定。同时，按照行政许可法、公平竞争审查等要求，在国际航线经营许可条件和需要提交的材料中补充了航权使用率情况说明和代码共享计划，并增加了涉港、澳、台航空运输参照适用的条款，为上述管理活动提供法律依据。

二十八、交通运输部关于修改《水上移动卫星通信管理规则》的决定（交通运输部令 2018 年第 27 号）

按照国家发展改革委、财政部、商务部印发的《2017—2018 年清理现行排除限制竞争政策措施的工作方案》（发改价监〔2017〕2091 号）要求，交通运输部组织清理时发现，《规则》（交通部令 1997 年第 5 号）中存在部分“排除限制竞争”的内容，需要对该规章作出相应修改。主要修改内容是删除了“交通部通信主管部门指派北京船舶通信导航公司作为中国向国际移动卫星组织负责唯一经办机构”的规定，并修改了相关条款。

二十九、交通运输部 商务部关于废止《外商投资道路运输业管理规定》的决定（交通运输部令 2018 年第 28 号）

交通运输部在组织清理现行排除限制竞争政策措施时发现，《规定》中存在部分“排除限制竞争”的内容。同时，国务院第 17 次常务会议已通过关于“取消外商投资道路运输业立项审批”的决定，交通运输部与商务部决定联合废止该规章。

三十、交通运输部 商务部关于修改《外商独资船务公司审批管理办法》的决定（交通运输部令 2018 年第 29 号）

2018 年 10 月 25 日经交通运输部第 17 次部务会议通过，并经商务部同意，发布了《交通运输部 商务部关于修改〈外商独资船务公司审批管理办法〉的决定》，对其中存在“排除限制竞争”的内容作出相应修改，自 2019 年 1 月 1 日起施行。主

要修改内容为：删除了关于独资船务公司员工中，中国雇员占比85%以上的规定；同时，为衔接《外商投资准入特别管理措施（负面清单）（2018年版）》的有关规定，将规章名称修改为《外商独资船务公司设立管理办法》，并相应修改了设立程序。

三十一至四十一、交通运输部对《民用航空人员体检合格证管理规则》等十一部规章的修改决定

交通运输部以2018年第30号至第40号令发布对《民用航空人员体检合格证管理规则》《民用航空企业及机场联合重组改制管理规定》《民用机场建设管理规定》《民用机场运行安全管理规定》《维修和改装一般规则》《公共航空运输企业航空安全保卫规则》《通用航空经营许可管理规定》《民用航空器驾驶员合格审定规则》《民用航空器驾驶员学校合格审定规则》《小型航空器商业运输运营人运行合格审定规则》《一般运行和飞行规则》（以上规章原文二维码见附录第425-426页）的修改决定，均自2019年1月1日起施行。

为贯彻《国务院办公厅关于促进通用航空业发展的指导意见》要求，落实民航局“分类管理、监管结合、以放为主”促进通航发展的方针，构建更加符合通用航空发展规律和需求的通航规章体系，同时，对通航改革试点工作的取得的成果，及时固化到规章中，巩固改革成果，需要对目前不适应通用航空发展的以及与通航改革不适应的规章进行修订。本着“急用先修”的原则，采用修改决定的方式，交通运输部对上述规章进行一揽子修订。

本次修订涉及的11部规章，分别从规章适用范围、简化审批程序、放宽相关要求、增加灵活机制、调整课程设置等方面做出了规定。主要内容包括：调整规章适用范围，杜绝套用运输类规章管理通用航空；减轻通航企业义务，实现通航双证合一审批；放宽维修和改装资格，便于通航获取维修资源；新增豁免偏离等条款，灵活满足通航企业实际需求；降低人员资质要求，促进各类通航活动快速发展；调整私用驾驶员执照课程，明确最低课目标准。

四十二、交通运输部关于修改《交通运输法规制定程序规定》的决定（交通运输部令2018年第41号）

经2018年11月21日第19次部务会议通过，交通运输部发布了《交通运输部关于修改〈交通运输法规制定程序规定〉的决定》,2018年11月27日起施行。此次修订主要是为贯彻落实国务院新修订的《行政法规制定程序条例》《规章制定程序条例》两部上位法对立法工作的新要求，进一步完善统一大部制下交通运输法规制定程序，进一步提高交通运输立法质量，引导交通运输立法更加适应改革需要、保障安全发展、促进提质增效。

四十三、交通运输部关于修改《港口工程建设管理规定》的决定（交通运输部令2018年第42号）

经2018年11月21日第19次部务会议通过，交通运输部发布了《交通运输

部关于修改〈港口工程建设管理规定〉的决定》，自2018年11月28日起施行。本次修订，主要按照《国务院关于加快推进全国一体化在线政务服务平台建设的指导意见》（国发〔2018〕27号）中“一网通办”的要求，删除了《规定》中行政许可申请人必须提供相关纸质材料的规定，改为仅明确申请许可需要提交的材料。

四十四、交通运输部关于修改《中华人民共和国船舶最低安全配员规则》的决定（交通运输部令2018年第43号）

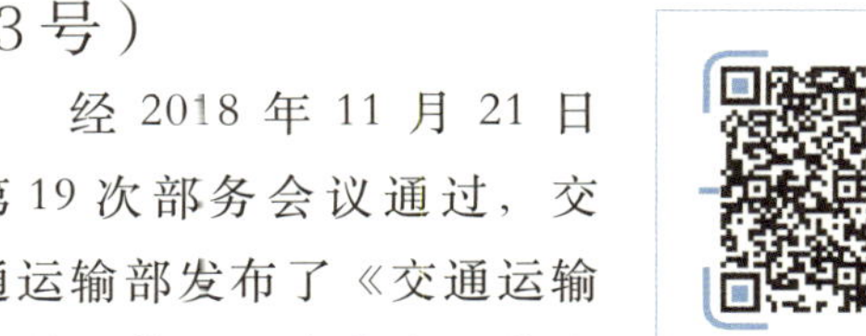

经2018年11月21日第19次部务会议通过，交通运输部发布了《交通运输部关于修改〈中华人民共和国船舶最低安全配员规则〉的决定》，自2018年11月28日起施行。本次修订，主要是将《规则》中关于要求相对人“到”所辖海事管理机构办理《船舶最低安全配员证书》的规定，统一修改为“向”所辖海事管理机构办理，以便在执行过程中，相对人可以通过网络向海事管理机构办理相关手续。

四十五、交通运输部关于修改《航道建设管理规定》的决定（交通运输部令2018年第44号）

经2018年11月21日第19次部务会议通过，交通运输部发布了《交通运输部关于修改〈航道建设管理规定〉的决定》，自2018年11月28日起施行。本次修订，主要按照国务院“一网通办”的要求，删除了《规定》中行政许可申请人必须提供相关纸质材料的规定，改为仅明确申请许可需要提交的材料。

第二章 国家重大政策

一、国务院办公厅关于推进电子商务与快递物流协同发展的意见（国办发〔2018〕1号）

电子商务与快递物流是现代服务业的重要组成部分，与民生息息相关。随着电子商务的快速发展，电子商务与物流快递协同发展方面暴露出一些问题，比如基础设施不配套、配送车辆通行难、快递末端服务能力不足、行业间协调联动不够等，成为制约电子商务发展的重要瓶颈。自2014年10月开始，商务部会同财政部、邮政局在11个城市开展了电子商务与物流快递协同发展试点。试点工作取得了积极成效，上述问题得到了较好解决，形成了一批可复制推广的经验和做法。但从全国来看，快递物流制约电子商务发展的问题依然普遍存在。2017年以来，电子商务与快递物流协同中又暴露出数据互通共享的矛盾、过度包装影响环境等问题。为全面复制推广试点经验，加快推动制度创新，解决发展中的新问题，进一步提高电子商务与快递物流协同发展水平，出台了《意见》。

二、国务院办公厅关于保障城市轨道交通安全运行的意见（国办发〔2018〕13号）

2018年3月23日，国务院办公厅印发了《关于保障城市轨道交通安全运行的意见》。城市轨道交通是城市公共交通系统的骨干，是城市综合交通体系的重要组成部分，其安全运行对保障人民群众生命财产安全、维护社会安全稳定具有重要意义。在各有关方面共同努力下，我国城市轨道交通运行态势总体平稳，但随着近年来运营里程迅速增加、线网规模不断扩大，城市轨道交通安全运行压力日趋加大。为切实保障城市轨道交通安全运行，经国务院同意，提出该意见。《意见》主要包括总体要求、构建综合治理体系、有序统筹规划建设运营、加强运营安全管理、强化公共安全防范、提升应急处置能力、完善保障措施等。

三、国务院办公厅关于印发推进运输结构调整三年行动计划（2018—2020年）的通知（国办发〔2018〕91号）

党中央、国务院高度重视运输结构调整工作。中央经济工作会议、中央财经委员会第一次会议、全国生态环境保护大会先后对调整运输结构工作作出重要部署。2018年6月，国务院印发《打赢蓝天保卫战三年行动计划》，将运输结构调整作为与产业结构、能源结构和用地结构并列的“四大结构调整”任务之一。为贯彻落实党

中央、国务院关于推进运输结构调整的决策部署，打赢蓝天保卫战、打好污染防治攻坚战，提高综合运输效率、降低物流成本，2018年9月20日，国务院办公厅印发了《推进运输结构调整三年行动计划（2018—2020年）》。《行动计划》共10个部分29条内容，具体将在全国实施铁路运能提升、水运系统升级、公路货运治理、多式联运提速、城市绿色配送、信息资源整合6大行动。

四、国务院办公厅关于保持基础设施领域补短板力度的指导意见（国办发〔2018〕101号）

2018年10月11日，国务院办公厅发布了《关于保持基础设施领域补短板力度的指导意见》。补短板是深化供给侧结构性改革的重点任务。近年来，我国固定资产投资结构不断优化，为增强经济发展后劲、补齐基础设施短板、带动就业和改善民生提供了有力支撑。但2018年以来整体投资增速放缓，特别是基础设施投资增速回落较多，一些领域和项目存在较大投资缺口，亟须聚焦基础设施领域突出短板，保持有效投资力度，促进内需扩大和结构调整，提升中长期供给能力，形成供需互促共进的良性循环，确保经济运行在合理区间。为贯彻落实党中央、国务院决策部署，深化供给侧结构性改革，进一步增强基础设施对促进城乡和区域协调发展、改善民生等方面的支撑作用，经国务院同意，就保持基础设施领域补短板力度制定该意见。《意见》包括总体要求、重点任务、配套政策措施等内容。

第三章　行业重要政策性文件

第一节　交通运输部印发的部分重要政策性文件

一、交通运输部关于促进交通运输新型智库发展的实施意见（交政研发〔2018〕20号）

多年来，行业智库为我国交通运输事业发展做出了重要贡献，但也存在一些制约智库发展的体制机制问题，主要体现在用管理事业单位和科研项目的办法来管理智库，使智库工作受到严重束缚，智库功能发挥不够。具体表现在：智库资源缺乏统筹和共享，同质化、重复性研究比较严重；智库研究与科学研究混同管理，对智库研究人员的激励和保障明显不够；国家高端智库和领军人物缺乏，行业话语权和影响力亟待提升；智库研究与政府决策脱节，对决策支撑不够；智库研究的前瞻性、客观性不够以及新型智库建设没有受到普遍重视等问题。要解决这些问题，必须深化体制机制改革，加快建立符合智库特点和运行规律的管理制度。

二、交通运输部关于印发《公路水运工程平安工地建设管理办法》的通知（交安监发〔2018〕43号）

2010年3月起，交通运输部在行业内开展平安工地建设活动，并于2012年制定了《公路水运工程平安工地考核评价标准（试行）》（交质监发〔2012〕679号，以下简称“原《考核标准》”），指导公路水运工程平安工地考核评价工作。活动开展9年来，平安工地已成为当前和今后一段时期交通行业施工安全生产工作的重要载体和主要抓手，是平安交通的重要组成部分。随着新《安全生产法》等一批法律、法规、政策的陆续出台，对建设工程施工安全提出了新的要求，也给平安工地赋予了新的内涵，有必要认真梳理、总结分析既有的经验与存在的不足，加强平安工地建设管理的实效性和规范性，完善这项制度的顶层设计，特制订本《办法》，同时修订原《考核标准》。《办法》共4章22条，分别为总则、建设内容、考核评价、附则，并附《公路水运工程平安工地建设考核评价指导性标准》。

三、交通运输部关于印发《出租汽车服务质量信誉考核办法》的通知（交运发〔2018〕58号）

信用体系是推进交通运输治理体系现代化、建设交通强国的有力抓手。2011年发布的《办法》在规范出租汽车经营行为，完善出租汽车行业信用体系，提升出租汽车服务水平等方面发挥了积极作用。但原《办法》缺乏对网约车等新业态的要求，与深化出租汽车行业改革的顶层设计不相适应，亟须在适用范围、指标体系、

权重设置等方面进一步修订完善，以满足网约车与巡游车业态的不同管理需要，完善事中事后监管机制。本次修订是贯彻落实《国务院办公厅关于深化改革推进出租汽车行业健康发展的指导意见》（国办发〔2016〕58号），健全出租汽车行业信用体系，推动出租汽车行业提高服务质量的重要举措，目的是引导新老业态共同规范发展，全面提升出租汽车行业服务水平。重点修订调整了以下方面：将网约车新业态纳入考核；优化考核分值分布；细化出租汽车企业考核等级。

四、交通运输部关于印发《国家重大海上溢油应急处置预案》的通知（交溢油函〔2018〕121号）

《国家重大海上溢油应急处置预案》经2018年国家海上搜救和重大海上溢油应急处置部际联席会议审议通过。建立健全国家重大海上溢油应急处置工作程序，依法科学统一、有力有序有效地实施国家重大海上溢油应急处置行动，最大程度减少海上溢油造成的环境和财产损失，保障公众健康、环境安全和社会稳定。

五、交通运输部关于印发《农村公路建设质量管理办法》的通知（交安监发〔2018〕152号）

近年来，习近平总书记多次对“四好农村路”作出重要指示，为新时期农村公路建设指明了方向。农村公路质量是“四好农村路”的基础，只能加强，不能削弱。2004年部颁布的《农村公路建设质量管理办法（试行）》，对加强农村公路质量管理，提升农村公路建设质量发挥了重要作用。由于农村公路建设项目具有多、广、散、小等特点，依然存在项目建设管理粗放、质量把控能力不强、质量主体责任落实不到位、基层质量监管能力薄弱等问题，制约着农村公路质量水平的全面提升。总体来看，目前农村公路建设规模仍然保持高位，质量形势仍不容忽视，质量耐久性和抗灾能力不足，安全防护欠账多，“油返砂”“畅返不畅”等问题突出。为深入贯彻习近平总书记重要指示精神，认真落实党的十九大提出的交通强国、质量强国战略，按照交通运输部打赢脱贫攻坚战、全面建成小康社会、实施乡村振兴战略会议要求，有必要对现行的《办法》进行全面修订，让农村公路建设质量管理有法可依、有章可循。

六、交通运输部关于印发船舶大气污染物排放控制区实施方案的通知（交海发〔2018〕168号）

为深入贯彻落实党中央、国务院关于加快推进生态文明建设、打好污染防治攻坚战和打赢蓝天保卫战的部署，促进绿色航运发展和船舶节能减排，根据《中华人民共和国大气污染防治法》和我国加入的有关国际公约，在实施《珠三角、长三角、环渤海（京津冀）水域船舶排放控制区实施方案》（交海发〔2015〕177号）的基础上，制定本实施方案。

七、交通运输部关于印发《交通运输守信联合激励和失信联合惩戒对象名单管理办法（试行）》的通知（交政研发〔2018〕181号）

为贯彻落实党中央、国务院关于社会信用体

系建设的决策部署，按照《国务院关于建立完善守信联合激励和失信联合惩戒制度 加快推进社会诚信建设的指导意见》（国发〔2016〕33号）和《国家发展改革委 人民银行关于加强和规范守信联合激励和失信联合惩戒对象名单管理工作的指导意见》（发改财金规〔2017〕1798号）要求，进一步完善交通运输领域守信联合激励和失信联合惩戒工作，健全以信用为核心的交通运输新型监管机制，持续推进“放管服”改革，营造公平竞争的市场环境，制定本办法。

八、交通运输部办公厅关于印发《交通一卡通运营服务质量管理办法（试行）》的通知（交办运〔2018〕17号）

为促进交通一卡通行业健康有序发展，加快实现互联互通，方便人民群众出行，根据《国务院关于城市优先发展公共交通的指导意见》（国发〔2012〕64号）、《交通运输部关于促进交通一卡通健康发展加快实现互联互通的指导意见》（交运发〔2015〕65号），制定本办法。《办法》共[illegible]章70条。

九、交通运输部办公厅关于印发《品质工程攻关行动试点方案（2018—2020年）》的通知（交办安监〔2018〕18号）

按照《交通运输部关于打造公路水运品质工程的指导意见》（交安监发〔2016〕216号），以及交通运输服务决胜全面建成小康社会开启全面服务社会主义现代化国家新征程三年行动计划的总体要求，为解决公路水运工程建设重点领域的突出问题，坚持问题导向和目标导向，开展品质工程攻关创新，提炼、推广先进工程技术管理经验，完善有关工程质量安全技术标准，全面提升工程质量安全管理水平。交通运输部决定开展为期3年的品质工程攻关行动。

十、交通运输部办公厅关于印发《网络预约出租汽车监管信息交互平台运行管理办法》的通知（交办运〔2018〕24号）

为加强网络预约出租汽车监管信息交互平台的运行管理工作，规范数据传输，提高网约车行业监管效能，营造良好的营商环境，根据《网络预约出租汽车经营服务管理暂行办法》（交通运输部 工业和信息化部 公安部 商务部 工商总局 质检总局 国家网信办令2016年第60号）等相关规定，制定本办法。

十一、交通运输部办公厅关于印发《交通运输法治政府部门建设评价暂行办法》的通知（交办法〔2018〕73号）

为贯彻落实党中央、国务院全面推进依法治国建设法治政府的决策部署，交通运输部在国务院部门中率先提出“交通运输法治政府部门”建设工程，并明确2020年基本建成交通运输法治政府部门。党的十八届三中全会作出的《关于全面深化改革若

于重大问题的决定》明确提出"建立科学的法治建设指标体系和考核标准"。为全面、客观、准确地对法治政府部门建设情况进行评价和督导，实现以评促建、以评促改、评建结合、上下联动，交通运输部在前期工作的基础上起草了《办法》，并本着精简考核的原则，将法治政府部门建设考核工作与行政执法评议考核"合二为一"，在充分借鉴吸收《交通运输行政执法评议考核规定》（交通运输部令2010年第2号）考核实践经验的基础上，建立了法治政府部门建设评价制度。

十二、交通运输部办公厅关于印发深入推进长江经济带多式联运发展三年行动计划的通知（交办水〔2018〕104号）

为深入贯彻习近平总书记关于推动长江经济带发展的重要战略思想，落实《长江经济带发展规划纲要》和《交通运输部等十八个部门关于进一步鼓励开展多式联运工作的通知》（交运发〔2016〕232号）等要求，以江海直达、江海联运、铁水联运等为重点，加快推进长江经济带多式联运发展，构建高质量综合立体交通走廊，更好服务长江经济带发展战略，制定本行动计划。《行动计划》由总体要求、主要任务、保障措施等内容构成。

十三、交通运输部办公厅关于印发《"平安百年品质工程"建设研究推进方案》的通知（交办安监〔2018〕147号）

为引领推进交通基础设施高质量发展，提高工程耐久性和使用寿命，建立实践性、操作性强的技术研究机制，引导科研成果落地见效，实现"平安百年品质工程"目标，特制定本方案。

十四、交通运输部办公厅关于发布《交通运输物流标准体系（2018年）》的通知（交办科技〔2018〕154号）

2018年11月20日，交通运输部办公厅印发了《交通运输物流标准体系（2018年）》；《关于发布交通运输物流标准体系表的通知》（厅科技字〔2012〕136号）同时废止。

十五、交通运输部办公厅关于印发平安交通三年攻坚行动方案（2018—2020年）的通知（交办安监〔2018〕86号）

根据交通运输部党组关于贯彻落实党的十九大精神和推进交通强国建设的统一部署，按照《〈交通运输服务决胜全面建成小康社会开启全面建设社会主义现代化国家新征程行动计划（2018—2020年）〉编制工作方案》要求，制定本方案。

第二节　交通运输部联合其他部门印发的部分重要政策性文件

一、交通运输部　公安部　应急管理部关于印发《道路旅客运输企业安全管理规范》的通知（交运发〔2018〕55号）

为深入贯彻落实《中华人民共和国安全生产

法》《中华人民共和国道路交通安全法》《中共中央 国务院关于推进安全生产领域改革发展的意见》等法律、行政法规和文件要求，深刻汲取重特大道路运输事故教训，进一步规范道路旅客运输企业安全生产管理，三部门共同修订了《道路旅客运输企业安全管理规范》。

二、工业和信息化部 公安部 交通运输部关于印发《智能网联汽车道路测试管理规范（试行）》的通知（工信部联装〔2018〕66号）

为深入贯彻落实党的十九大精神，加快制造强国、科技强国、网络强国、交通强国建设，推动汽车智能化、网联化技术发展和产业应用，推进交通运输转型升级创新发展，规范智能网联汽车道路测试管理，依据《中华人民共和国道路交通安全法》《中华人民共和国公路法》等法律法规，制定本规范。根据《规范》，三部门将定期联合发布智能网联汽车道路测试相关信息。省、市级政府相关主管部门可以根据当地实际情况和本规范制定实施细则，具体组织开展智能网联汽车道路测试工作。

三、交通运输部等十部门关于促进我国邮轮经济发展的若干意见（交水发〔2018〕122号）

近年来，随着中国经济社会发展和人民生活水平提升，邮轮运输旅游成为新型休闲消费方式，市场快速发展，拉动了消费及相关产业的发展，成为经济增长新亮点。邮轮经济产业链长、带动性强，对推进供给侧结构性改革、培育新动能、有效拉动内需、促进消费转型升级具有重要意义。相较国际成熟邮轮市场，中国邮轮市场发展尚处起步阶段，在邮轮设计建造、邮轮港口发展、旅游市场培育、旅客服务、物资供应等方面还有较大差距。为更好地满足人民日益增长的美好生活需要，推动中国邮轮产业链迈向全球价值链中高端，促进中国邮轮经济升级发展，制定本意见。

四、交通运输部等九部门贯彻落实国务院办公厅《推进运输结构调整三年行动计划（2018—2020年）》的通知（交运发〔2018〕142号）

为深入贯彻落实《国务院办公厅关于印发推进运输结构调整三年行动计划（2018—2020年）的通知》（国办发〔2018〕91号），九部门细化任务目标，强化组织实施，确保运输结构调整取得实效。主要任务有：细化分解铁路增量运输任务；着力打造运输结构调整示范区；认真抓好组织实施；切实强化督导考评。

五、交通运输部 国家发展改革委 财政部关于做好公路收费权转让备案工作的通知（交财审函〔2018〕782号）

根据第十二届全国人民代表大会常务委员会第三十次会议关于修改《中华人民共和国公路法》的有关决定，公路收费权转让由审批改为备案。相关部门需要做好备案管理工作，加强公路收费权转让监督管理，规范公路收费权转让行为。

六、国家发展改革委 交通运输部关于印发《国家物流枢纽布局和建设规划》的通知（发改经贸〔2018〕1886号）

为贯彻落实党中央、国务院关于加强物流等基础设施网络建设的决策部署，科学推进国家物流枢纽布局和建设，国家发展改革委、交通运输部会同相关部门研究制定了本规划。

七、交通运输部办公厅 广东省人民政府办公厅 广西壮族自治区人民政府办公厅 贵州省人民政府办公厅 云南省人民政府办公厅 关于印发推进珠江水运绿色发展行动方案（2018—2020年）**的通知**（交办水〔2018〕5号）

为全面贯彻党中央、国务院关于生态文明建设的决策部署，落实交通运输部《关于全面深入推进绿色交通发展的意见》《推进交通运输生态文明建设实施方案》《珠江水运发展规划纲要》和《船舶与港口污染防治专项行动实施方案（2015—2020年）》，加快推进珠江水运绿色发展，制定本行动方案。方案要求，坚持生态优先、绿色发展，以支撑流域经济社会发展和改善生态环境为根本出发点，以推进供给侧结构性改革为主线，以生态保护和污染防治为重点，以技术创新为主要动力，以推进绿色水运基础设施建设为抓手，以提升绿色水运管理能力为保障，合力推进珠江黄金水道绿色发展。

八、交通运输部办公厅 国家发展改革委办公厅关于印发《"信用交通省"建设指标体系（2018年版）**》的通知**（交办政研〔2018〕57号）

为进一步推进交通运输信用体系建设，加快"信用交通省"创建工作，经交通运输部、国家发展改革委同意，两部门办公厅印发了《"信用交通省"建设指标体系（2018年版）》。

九、交通运输部办公厅 中央网信办秘书局 工业和信息化部办公厅 公安部办公厅 中国人民银行办公厅 国家税务总局办公厅 国家市场监督管理总局办公厅关于加强网络预约出租汽车行业事中事后联合监管有关工作的通知（交办运〔2018〕68号）

2016年7月，《国务院办公厅关于深化改革推进出租汽车行业健康发展的指导意见》《网络预约出租汽车经营服务管理暂行办法》颁布，深化出租汽车行业改革工作全面启动实施。网约车发展正逐步纳入规范化轨道。网约车的迅速发展，在丰富运输服务类型、方便公众出行的同时，也存在非法营运、部分平台公司经营行为不规范以及安全风险大等突出问题。作为"互联网+"发展下的新业态，网约车具有"一点接入、全网服务"的技术特征和跨部门、跨区域特点，行业监管面临新的形势和要求。为此，相关部门需要加大协调配合力度，强化事中事后监管，加快形成监管合力，保障行业健康稳定发展。

十、交通运输部办公厅 公安部办公厅 市场监管总局办公厅关于进一步落实道路货运车辆检验检测改革政策有关工作的通知（交办运〔2018〕125号）

贯彻国务院关于推进物流降本增效促进实体经济发展的部署要求，交通运输部、公安部、质检总局联合印发了《关于加快推进道路货运车辆检验检测改革工作的通知》（交运发〔2017〕207号），部署开展道路货运车辆年检（安全技术检验）和年审（综合性能检测）依法合并工作。目前，各地货运车辆年检和年审合并改革政策（以下简称"两检合一"政策）落地实施取得初步成效，但仍存在部分地区贯彻改革政策缓慢、落实不到位，部分货运车辆检验检测机构落实政策不坚决、不彻底等问题。为确保"两检合一"政策不折不扣落实到位，特发此通知。

十一、交通运输部办公厅 上海市人民政府办公厅 江苏省人民政府办公厅 浙江省人民政府办公厅 安徽省人民政府办公厅关于印发《关于协同推进长三角港航一体化发展六大行动方案》的通知（交办水〔2018〕161号）

为深入贯彻落实习近平总书记关于推动长三角更高质量一体化发展的重要指示精神，加快推进长江黄金水道"四个统一"，协同推进长三角港航一体化发展，更好服务长三角一体化发展战略，制定本方案。根据方案，各有关部门将积极推进内河航道网络化、区域港口一体化、运输船舶标准化、绿色发展协同化、信息资源共享化、航运中心建设联动化，协同推进港航一体化发展、绿色发展、率先发展，完善上海国际航运中心"一体两翼"格局，推动形成上海国际航运中心、舟山江海联运服务中心和南京长江区域性航运物流中心联动发展的格局，努力实现长三角港航更高质量一体化发展，更好发挥示范引领作用，更好服务交通强国建设和长江经济带发展。

第三节 国家局制定的部分重要政策性文件

一、国家铁路局关于印发《铁路机车无线电台执照核发管理暂行办法》的通知（国铁设备监〔2018〕57号）

为规范机车无线电台设置、使用管理工作，根据《中华人民共和国无线电管理条例》等法律法规和国家有关规定，制定了《铁路机车无线电台执照核发管理暂行办法》（国铁设备监〔2018〕57号）。

二、国家铁路局关于印发《内地与香港过境铁路机车车辆驾驶人员资格管理办法》的通知（国铁设备监〔2018〕69号）

为支持香港繁荣稳定发展，确保广深港高铁顺利开通安全运营，国家铁路局于2018年7月30日制定发布了《内地与香港过境铁路机车车辆驾驶人员资格管理办法》（国铁设备监〔2018〕69号），

于 2018 年 8 月 1 日起施行。《办法》主要明确了内地与香港过境铁路机车车辆驾驶人员资格许可管理的有关工作要求。

三、国家铁路局关于印发《铁路运输业信用管理暂行办法》的通知（国铁运输监〔2018〕79 号）

为贯彻落实《国务院关于印发社会信用体系建设规划纲要（2014—2020 年）的通知》（国发〔2014〕21 号）、《国务院关于建立完善守信联合激励和失信联合惩戒制度加快推进社会诚信建设的指导意见》（国发〔2016〕33 号）的精神，加强铁路运输业信用体系建设，完善铁路运输监管体系，维护铁路运输秩序，促进铁路运输业健康发展，国家铁路局制定印发了《铁路运输业信用管理暂行办法》（国铁运输监〔2018〕79 号）。《办法》共 6 章 35 条，对铁路运输企业（包括其从事铁路运输的站段等分支机构）和相关从业人员，以及铁路旅客、托运人的信用信息采集、信用评定、信用信息使用、信用修复与申诉等事项作出了规范。

四、国家铁路局关于印发《铁路运输基础设备生产企业审批实施细则》的通知（国铁设备监〔2018〕80 号）

为深化“放管服”改革要求，不断规范铁路运输基础设备生产企业审批工作，国家铁路局于 2018 年 10 月 15 日修订发布了《铁路运输基础设备生产企业审批实施细则》（国铁设备监〔2018〕80 号），于 2019 年 1 月 1 日起施行。《细则》修订的主要内容有：一是保持了许可实施的一致性；二是实行了一企一证；三是精简了申请材料；四是完善了监督检查制度；五是增加了企业提交相关声明材料的要求；六是修订了许可目录。

五、国家邮政局关于发布《快递末端网点备案暂行规定》的通告（国邮发〔2018〕60 号）

为规范快递末端网点管理，促进快递服务便捷惠民，推动快递市场健康发展，根据《中华人民共和国邮政法》《快递暂行条例》等法律法规，制定本规定。《规定》要求，开办者应当在快递末端网点设置快件存放和保管区域，配备相应的通信、货架、监控等设备设施，公示快递服务组织标识，并遵守邮政管理部门的其他规定。

六、国家邮政局关于全面加强生态环境保护　坚决打好污染防治攻坚战的实施意见（国邮发〔2018〕96 号）

为深入学习贯彻习近平新时代中国特色社会主义思想和党的十九大精神，全面落实《中共中央 国务院关于全面加强生态环境保护坚决打好污染防治攻坚战的意见》（中发〔2018〕17 号），推动邮政业绿色发展，服务美丽中国建设，制定本实施意见。

第四章 行业重大改革

2018年是全面贯彻党的十九大精神的开局之年，是改革开放40周年，是决胜全面建成小康社会、实施“十三五”规划承上启下的关键一年。交通运输部全面深化改革领导小组认真贯彻落实中央改革决策部署，认真总结运用改革开放以来特别是党的十八大以来的改革经验，站在更高起点谋划和推进改革，着力增强改革的系统性、整体性、协同性，着力保持改革工作力度和连续性，有效推动交通运输行业质量变革、效率变革、动力变革，全面深化交通运输改革取得积极成效。

第一节 改革工作总体部署推进情况

2018年，交通运输部共召开深改组会议6次，研究审议改革议题25项，交通运输供给侧结构性改革等6个专项小组共召开会议47次，统筹推出年度改革成果93项。《2018年全面深化交通运输改革工作要点》部署的11个方面55项重点改革任务全部如期完成。

中国民用航空局党组高度重视改革工作，2018年共召开党组会议37次，其中研究改革事项18次，约占50%。改革领导小组定期听取改革进展情况汇报，2018年共召开例会6次，审议改革议题32项。重点协调了空管体制机制改革、局属建设类企业改革、北京大兴国际机场建设等重要改革事项。2018年200项改革任务中，完成了183项，完成率为91.5%。

一、深入贯彻落实中央改革部署

印发《中共交通运输部党组关于贯彻落实深化党和国家机构改革方案的意见》，完成党和国家机构改革涉及交通运输部任务。配合相关部委制定《党的十九大报告重要改革举措实施规划（2018—2022年）》《2018年深化经济体制改革重点工作意见》，梳理细化涉及交通运输部改革任务，认真抓好落实。

二、抓好改革统筹推进

印发《2018年全面深化交通运输改革工作要点》《持续推进〈全面深化交通运输改革的意见〉工作任务分工（2019—2020年）》《贯彻落实国务院第一次廉政工作会议任务分工方案》，完善改革总体设计。建立改革任务台账，纳入部督查系统按季督查，定期形成改革成果清单。印发《2018年全面深化交通运输改革重点任务督察工作方案》，组织开展专项督察，报中央改革办。

中国民用航空局印发了《2018年改革工作安排》，明确了全年改革任务推进方式与步骤；起草并印发了《全面深化民航改革领导小组及改革专项工作组工作规则》。

三、加强改革研究评估

完成《全面深化交通运输改革的意见》、全面深化交通运输改革9项试点、交通运输大部制改革成效等评估工作，形成改进措施，以评促改。按照“大学习大调研”工作部署，开展深化供给侧结构性改革和其他重要领域关键环节改革战略性调研。开展铁路运营管理体制改革、行业企业治理等研究，形成阶段性研究成果。

中国民用航空局邀请第三方评估组制定了《深化民航改革第三方评价指标体系》。2018 年深化民航改革工作的评分结果为 85.8 分（总分 100 分）。

四、强化改革宣传交流

总结形成浙江交通运输综合改革等 7 个改革试点典型经验案例，通过交通运输部官方微信等平台向行业宣传推广。组织召开全国 4 个片区重点领域改革座谈会、中心城市改革与发展研讨会，进一步凝聚改革共识，推动改革落地。向中央有关部门报送庆祝改革开放 40 周年理论研讨会论文、中国改革年鉴深改五周年专卷材料等。印发 9 期《改革与政策研究》。

第二节　改革的主要进展和成效

一、深化交通运输供给侧结构性改革

一是基础设施补短板加快推进。印发《加大交通基础设施补短板力度的工作方案（2018—2020 年）》。新增铁路营业里程 4683 公里（高铁 4100 公里）、公路 8.6 万公里，新增高速公路 6000 公里，新改建国省干线公路 2 万公里、农村公路 31.8 万公里，贫困地区新增 86 个乡镇、4245 个建制村通硬化路。新增内河高等级航道达标里程 700 公里。新增运输机场 6 个引导推动了 20 个综合客运枢纽和 30 个货运枢纽（物流园区）建设，改善了 12 个港口（港区）集疏运条件。实施乡道及以上公路安全生命防护工程 18.9 万公里，危桥改造 4662 座。

二是物流成本进一步降低。通过多式联运、降低车辆通行费、规范港口收费、推进通行费电子发票抵扣、实行货车“两检合并”、发展无车承运人、取消营运货车二级强制维护检测等 9 项措施，推动降低物流成本约 981.3 亿元，完成年度目标的 112%。

三是运输服务品质快速提升。探索推进“一站式购票”等新模式。全国二级及以上客运站联网售票覆盖率达 98%。公交运营线路里程 106.9 万公里。新增 7100 个建制村通客车。推动建设 32 个“司机之家”。道路运输车辆综检实现全国联网。取消 15 个高速公路省界收费站。淘汰退出不合规车辆运输车 3.2 万辆，更新符合国家标准的车辆运输车 7 万辆。航班正常水平大幅提升，2018 年全国民航航班正常率达到 80.12%，同比提升 8.45 个百分点。

四是交通运输新动能不断涌现。组织开展新一代国家交通控制网和智慧公路、智慧港口、交通旅游服务大数据应用试点。持续推进北斗卫星导航系统行业应用，安装北斗系统的道路运营车辆累计突破 600 万辆。中巴（拿马）海运协定生效并实施。大力推动靠港船舶使用岸电，目前全国建成港口岸电设施 2400 余套。积极推进水运行业 LNG 等清洁能源应用，推动财政部出台 LNG 动力船舶免征车船税政策。在上海试点国际邮轮船票制度，研究推进海南三亚等邮轮港口公海游航线试点。

二、推进交通强国建设

一是推动成立交通强国建设纲要起草组。成立起草组专家咨询委员会。二是印发《交通强国建设研究体系、规划体系及分工方案》，开展系列专题研究。联合中国工程院向党中央、国务院上报《交通强国战略研究报告》。三是全力推进编制《交通强国建设纲要》，形成送审稿，经会签起草组成员单位后上报国务院。四是研究编制交通强国建设试点工作方案。

三、完善综合交通运输体制机制

一是完善城市群综合交通运输发展协同机制，印发《推进长三角地区交通运输更高质量一体化发展工作方案》《支持粤港澳大湾区交通运输发展的

实施意见》。联合国家发展改革委，总结梳理《城镇化地区综合交通网规划》实施以来的进展和问题。二是建立健全综合运输规划体系，研究起草《交通运输规划管理办法》。三是全国综合交通运输标准化技术委员会获批成立，进一步完善综合交通运输标准规范，发布《商品车多式联运滚装操作规程》《多式联运交换箱标识》《旅客联运服务质量要求 第2部分：公路航空旅客联运》等标准。四是成立交通运输技术创新联席会议，构建了"一部三局"的综合交通运输科技创新机制，并召开第一次全体会议，明确了联席会议工作重点和主要任务。

四、加快完善交通运输现代市场体系

（一）统筹实施排除限制竞争政策措施清理工作

交通运输部共计清理规章234件、政策性文件656件，废止或修改规章5件、政策性文件11件。开展2018年增量行政规范性文件合法性和公平竞争审核工作，共计审查56件。

国家铁路局修订了《铁路运输企业准入许可实施细则》，加强对被许可企业的事中事后监管；制定了《内地与香港过境铁路机车车辆驾驶人员资格管理办法》，进一步规范内地与香港铁路机车车辆驾驶资格考试；修订了《铁路运输基础设备生产企业审批实施细则》，进一步精简申报材料。国家处理好政府与市场关系，印发《国家铁路局公平竞争审查制度实施办法（暂行）》，建立公平竞争审查制度。对原铁道部1165件规范性文件进行全面清理并向社会公布清理结果，将702件属于铁路企业经营管理的规范性文件明确交由中国铁路总公司管理，将207件与铁路发展改革实际不符的规范性文件予以废止和宣布失效。

中国民用航空局坚持"立改废"并举，紧密跟踪无人机等新业态，开展《中华人民共和国民用航空法》等重点法律法规规章的制定修订工作。

（二）深化价格形成机制改革

会同国家发展改革委印发《进一步放开港口部分收费等有关事项的通知》，减少2项港口经营服务性收费项目，合理调降自主定价的港口作业包干收费标准。持续深入推进道路运输价格改革。起草《深化道路运输价格改革的意见》。鼓励对巡游车实行政府指导价管理，建立出租汽车价格动态调整机制等。

（三）营造良好行业科技创新环境

交通运输部深入实施《交通运输部促进科技成果转化暂行办法》，开展行业重点科技项目清单管理和重大科技创新成果库建设，完成2018年度清单项目及重大科技创新成果遴选。

民航科教创新体系实现突破，全国首家民航科技示范区完成立项科研预评估，启动民航产业联盟构建工作，搭建行业科技创新开放合作渠道，广泛吸纳社会优势科技资源，形成民航科技创新开放包容的新格局。推动民航院校内涵式发展，中国民航大学已正式获批博士学位授予单位和"安全科学与工程"博士学位授权点。新技术应用加快推广，我国ADS-B空管运行进入全面实施阶段，ADS-B地面站设备实现全面国产化，民航客机全球追踪监控系统全面覆盖我国国际和地区航班，通过推广HUD应用、高原复杂机场RNP AR运行、外来物（FOD）探测等新技术的应用，解决了低能见度下航班离港、复杂机场运行安全、跑道安全等影响民航安全、效率问题。

（四）推动行业相关企业改革

印发《贯彻落实习近平总书记在民营企业座谈会上重要讲话精神支持民营企业发展的工作措施》，召开交通运输民营企业座谈会。配合财政部推进中国铁路总公司、中国邮政集团公司制改革。中国民用航空局推动局属企业改革，完成局属建设类企业股份制改革。

（五）深入推进交通运输信用体系建设

会同国家发展改革委印发《"信用交通省"建设指标体系（2018年版）》。建成并试运行全国交通运输信用信息共享平台，归集信用信息近20亿条，建立360.7万家企业、1240万从业人员的"一户式"信用档案。"信用交通"网站访问量达80万次/天，峰值达140万次/天。印发《对交通运输工程建设领域守信典型企业实施联合激励的合作备忘录》《交通运输守信联合激励和失信联合惩戒对象名单管理办法》《公路水运工程建设领域守信典型企业目录》。组织开展公路、水运建设市场等信用评价。

国家铁路局深入推进政务公开，加强行政许可、行政处罚、事故调查、重大建设项目监管等重点信息发布，及时公开铁路行业监管履职信息。推进铁路行业信用体系建设，明确守信联合激励对象名单（红名单）、失信联合惩戒对象名单（黑名单）和信用状况重点关注对象名单认定标准与认定程序　建立铁路信用信息管理系统。

中国民用航空局完成了通航"双随机一公开"制度的首次实践。推进了通航诚信管理体系建设，实现了通航企业从"他律"到"自律"转变。

国家邮政局配合国家发展改革委等部门，出台《市场准入负面清单（2018年版）》，研究明确邮政领域禁止准入类事项和限制准入性事项，实施负面清单化管理，推动形成开放、规范的邮政市场。

五、加快推进法治政府部门建设

（一）持续深化"放管服"改革

印发了《深化交通运输"放管服"改革任务工作方案》等文件。取消5项中央指定地方实施行政许可事项，对12项交通许可事项实施"证照分离"改革。推行"双随机一公开"监管，完善"一单两库一细则"。印发《优化交通运输行政审批工作举措清单》，缩减18项许可事项的审批时限，精简优化11项许可事项流程和环节，精简取消4项许可事项的部分申报材料。实现交通建设项目部内"审批时间再砍一半"。修订印发《公路水运工程监理企业资质管理规定》，简化申报材料，优化审批流程。实现部行政许可事项网上办理以及跨省大件运输许可网上办理、并联审批。

国家铁路局报送了"铁路工程建设消防设计审批""铁道固定资产投资项目审批"清理意见；优化铁路机车车辆许可，公布不再办理逐步淘汰产品制造和分类延长维修许可期限产品清单；完善铁路车站和线路命名、更名审批事项的实施。公布行政许可权力清单和服务指南，公开行政处罚、行政检查和行政事业性收费事项清单，清理涉企收费事项，8件中介服务事项仅保留1件。不断推进审批事项、流程、服务、场所等标准化。

中国民用航空局提出了取消"非经营性通用航空活动登记（54017）"和"限额以下外商投资民航项目建议书和可行性研究报告审批（54052）"两项许可事项的建议。按照国家统一部署，配合做好"证照分离"及放宽市场准入的相关工作，涉企事项中2项转变审批方式，19项通过新举措优化政务服务。统筹推进民航"降成本"工作，有效降低民航企业负担，优化营商环境，有效激发市场主体活力。大力推进"一网通办"和"一网、一门、一次"改革，完成与国家一体化政务服务平台对接工作，启动民航局行政审批平台建设。

国家邮政局取消了"快递业务场地使用证明"和"邮政通信业务场地使用证明"。将国际快递业务（代理）经营许可权下放至天津、广东自由贸易试验区。探索将国际快递业务经营许可权下放至海南自贸试验区。提出进一步优化快递业务经营许可的工作方案。快递业务经营许可实现全流程在线办理。开展证照分离改革全覆盖，配合国务院职能转变协调办将快递业务经营许可、经营邮政通信业务审批纳入全国“证照分离”改革全覆盖工作范围，通过“压减要件环节”“最多跑一次”等举措，大力优化准入服务。

(二) 积极推进交通运输综合行政执法改革

研究起草《深化交通运输综合行政执法改革的指导意见》，已以中共中央办公厅、国务院办公厅名义印发。成立改革领导小组，印发贯彻落实指导意见的通知和工作方案，建立改革信息交流机制，督促指导各地稳步推进交通运输综合行政执法改革工作。配合中央编办调整完善《交通运输综合行政执法事项指导目录》。配合财政部推进统一执法服装工作。

(三) 规范行政处罚与行政检查

巩固清理规范行政处罚、行政检查工作成效，对 11 个省市开展暗访并印发通报。

(四) 强化法治政府部门制度建设

印发《交通运输法治政府部门建设评价暂行办法》。召开全国交通运输法治政府部门建设电视电话会议。加强法律顾问和公职律师队伍建设。严格依法办理行政复议案件 68 件，积极应诉办理行政诉讼案件 26 件。

六、深化交通运输投融资体制改革

一是推进交通运输领域中央与地方财政事权和支出责任划分改革，改革方案已按程序报批。二是建立稳定的资金保障渠道。研究设立多式联运产业基金，公路、水运产业基金。稳定车购税等交通专项资金政策，做好扩大有效投资的资金保障工作。三是加强防范和化解行业债务风险。指导地方做好交通运输行业地方政府隐性债务风险防控工作，完善收费公路专项债券制度，加大地方政府债券对交通运输的支持力度。四是规范有序运用 PPP 模式，将收费公路 PPP 项目纳入常态化管理。推动 41 个项目纳入财政部 PPP 示范项目库。

七、深化公路管理体制改革

一是深化收费公路制度改革。制定《深化收费公路制度改革降低过路过桥费用工作方案》，开展收费公路管理重大政策制度研究，加快推进《公路法》《收费公路管理条例》修订，会同国家发展和改革委员会、财政部印发《做好公路收费权转让备案工作的通知》。二是创新公路养护机制。制定《公路养护企业资质管理规定》《公路养护企业资质分类标准》，开展《公路养护工程招标投标管理办法》《公路养护工程招标文件范本》研究。三是推进农村公路管养体制改革。《深化农村公路管理养护体制改革的意见》已上报国务院。召开交通运输服务乡村振兴战略推进“四好农村路”建设和脱贫攻坚领导小组会。

八、深化水路管理体制改革

一是加快区域港口一体化发展。跟踪指导辽宁、广东、河北、天津、安徽等地推进港口资源整合和港口运营一体化。二是推进自贸区海运试点政策实施。向全国复制推广 10 项改革试点经验。取消外商投资国际船舶运输和国际船舶代理的股比限制，全面实现国际海运业及其辅助业务对外开放。积极支持海南自贸区、自贸港建设，印发《贯彻落实〈支持海南全面深化改革开放的指导意见〉实施方案》。三是推动邮轮经济发展。联合国家发展改革委等九部门印发《促进我国邮轮经济发展的若干意见》，在上海开展邮轮船票试点，制定《邮轮港口服务规范》。四是提升长江口通航效率。利用长江口深水航道边坡自然水深实现大型邮轮和大型集装箱船舶安全交会，有效提高船舶和码头周转率。五是深入推进绿色港口建设。组织开展《绿色港口等级评价标准》修订工作。六是加强水上搜救制度建设。积极推进《海上交通安全法》《内河交通安全管理条例》修订，研究推动《加强水上搜救工作的通知》出台。七是强化水运标准管理，发布2018年版《水运工程标准体系》。

九、完善现代运输服务体系

一是大力推动运输结构调整。推动国务院办公厅印发《推进运输结构调整三年行动计划（2018—2020年）》，部署推进全国范围6大行动和京津冀及周边地区9大工程。二是加快提升绿色出行水平。深化87个公交都市创建工作，完成12个城市创建验收。组织开展2018年交通运输行业节能宣传周和全国低碳日活动。开展公交出行宣传周和绿色出行宣传月活动。推进36个城市公交智能化示范应用工程建设，完善公共交通发展模式。三是持续深化道路客运市场化改革。推动18个省份发展定制客运，优化道路客运配置方式，进一步扩大道路客运企业经营自主权。四是深化出租汽车行业改革。推动建立以服务质量信誉为导向的经营权配置制度，促进传统出租汽车依托互联网加快转型升级。会同相关部门制定印发网约车事中事后联合监管等政策文件，建立交通运输新业态协同监管部际联席会议制度，开展网约车顺风车联合安全专项检查。指导平台公司落实整改方案，检查整改成效。加快网约车合规化进程，已有238个城市制定配套政策，100多家平台公司获得许可，约56万驾驶员获得从业资格。五是加快推广无车承运人模式。深化无车承运人试点，促进物流资源集约整合、高效配置，减轻企业负担约8亿元。

十、深化交通运输安全生产领域改革

一是认真落实中央关于安全生产的重要部署。印发《推进公路水路行业安全生产领域改革的实施意见》，设立交通运输安全研究中心，成立部交通运输安全研究专家组。部署开展“道路运输安全生产工作计划”，深入开展危险化学品安全治理。二是加快构建风险辨识评估管控工作机制。印发《公路水路行业安全生产风险辨识评估管控基本规范》，建立风险评估指标体系和风险等级评估标准。三是强化安全生产责任落实。印发《公路水路行业安全生产信用管理办法（试行）》《公路水路行业中央企业安全生产管理工作导则》《道路旅客运输企业安全管理规范》，发布直属海事系统履职标准。四是建立健全危险化学品运输安全标准体系。配合国家标准委等部门印发《危险化学品安全标准体系建设规划（2018—2020年）》。发布《交通运输企业安全生产标准化建设基本规范》《危险货物道路运输规则》等标准。五是强化城市轨道交通运营管理。代国办起草并推动出台《保障城市轨道交通安全运行的意见》。出台《城市轨道交通运营管理规定》。加快构建城市轨道交通运营管理体系。推动部、省、市、运营单位层面建立联络员工作机制。组织开通城市轨道交通的19个省份和33个城市开展运营安全交叉检查。六是加快建立危险货物港口作业安全双重预防机制。开展省级交通运输部门港口危险货物安全监管履职专项督查，持续推进在役储罐安全检测评估和集中区域重大风险管控。

中国民用航空局完成了《机场安全管理体系建设指南》《机场安全管理体系审核指南》两部规范性文件修订工作，机场安全监管系统上线运行，航空安全信息系统升级建设持续推进。理顺各级民航公安机关与地方机场公安关系，推进空警管理体制改革，除河北、新疆2省外，其他机场公安全部移交地方。已知托运人试点等货邮安检管理机制进一步优化。加强航空安保管理体系（SeMS）建设，系统开展中小机场空防安全保障能力评估。创新安全管理体制机制和方式方法，完成依托低空宽带ATG技术实施传输QAR数据的试点工作，实现了基于QAR数据的风险防控，完成修订中国民航航空安全方案（SSP）。行业安全水平稳居世界前列，运输航空百万小时重大事故率为0.15（十年滚动），远高于同期0.175的世界平均水平，截至2018年底，运输航空实现持续安全飞行100个月。

十一、深化部机关和部属单位体制机制改革

一是按期优质完成深化党和国家机构改革各项任务。渔船检验和监督管理职责划转改革圆满完成。深化交通运输综合行政执法改革工作平稳推进。调整细化部“三定”规定，各项职责落实到位。二是管理体制改革重点任务取得积极进展。按照中央统一部署，推进行业公安机关管理体制调整改革工作。联合公安部、中共中央组织部印发《港航公安机关人员过渡方案》。完成第三批部管行业协会脱钩工作。稳步推进部培训疗养机构改革。三是持续推进部属事业单位改革。报送长航局系统所属事业单位分类意见。制定《部招待所生产经营类事业单位改革工作方案》，获中央编办、财政部、人力资源和社会保障部批复同意后实施。完成长江航道工程局有限责任公司工商登记。指导长航局印发《长江引航中心管理体制改革意见》。四是巩固深化部属单位管理体制机制改革成果。北海、东海、南海3个航海保障中心管理体制调整到位。印发实施广东、黑龙江船舶检验管理体制改革方案，实现船检政事分开。完成救助单位深化改革工作，实现海区救助飞行单位的统一管理。完成打捞单位深化改革工作，实现打捞单位瘦身健体、提质增效。完成中国海洋工程有限公司管理体制改革工作。五是着力构建支撑交通强国建设的机构职能体系。加强国际合作工作力量，成立发展合作处。加强南沙海域救助保障力量建设，成立南海救助局三沙海上救助中心。集中规范调整部议事协调机构。六是深化推进大连海事大学综合改革。完善内部治理结构，改革人才培养模式，推进科研体制机制、人事制度改革。与国家国防科工局签署共建大连海事大学协议，指导推动海大建设一批国防特色学科。

第三节　当前改革面临的主要问题

一、改革任务重头绪多，各方协同配合难度较大

行业全面深化改革量大面广，亟须加强改革的系统性、协同性和耦合性。比如，综合交通运输体制机制改革，交通运输部与国家发展改革委、中国铁路总公司及3个国家局等协作机制尚不完善，改革合力不够。又如，地方承担行政职能事业单位改革，涉及路政、运政、港航管理等多个方面，各地情况也有较大差异，各省普遍希望部级层面加大跟踪指导力度，需要强化部门间联动，超前谋划，因势利导，促进改革有效落地。

二、重点改革进入“深水区”，攻坚破解难度提高

随着行业重点领域改革推进，改革进入“啃硬骨头”阶段。比如，收费公路改革等重点改革，涉及多方利益调整，协调形成共识以及推进改革落地见效的难度较大；铁路管理体制改革，由于改革共识不足，加上研究储备不够，还需要加大研究推进力度。一些改革虽已取得初步成效，但由于涉及机构、编制、资金等重大问题，滞后于推进要求。

三、部分改革举措落地不够，改革成效还不明显

部分改革事项从工作层面看取得了显著进展，但与人民期待相比仍有一定差距。比如，通过“放管服”改革，已下放了大量行政审批事项，

超额完成中央要求；通过供给侧结构性改革，实实在在降低了物流成本，但社会各界对进一步深化改革、简政放权、降低物流成本的呼声依然较高。部分改革工作还没有建立配套考评激励、责任追究等工作机制，改革工作检查评估和督察落实不够。

第三篇
发展成就

Section III
Development and Achievements

第一章　综合交通

第一节　综合交通规划

为贯彻落实党中央、国务院关于建设交通强国的重大战略部署，2018 年，交通运输部积极、扎实推进交通强国建设工作。一是联合中国工程院开展了“交通强国战略研究”重大咨询项目，并在行业内补充开展了多项专题项目，对交通强国建设进行系统深入的研究。二是大力推进《交通强国建设纲要》的起草工作，多次组织召开座谈会、赴相关地区实地调研等，在广泛听取了地方人民政府、研究机构、企业、行业协会、地方交通运输主管部门等的意见的基础上，经多次修改完善后形成了初稿。三是推动成立了国家层面的《交通强国建设纲要》起草组。四是形成与《交通强国建设纲要》配套的交通强国建设指标体系、重大工程、试点工作等方案初稿。五是启动《国家综合立体交通网规划纲要（2021—2050 年）》编制。

第二节　综合交通基础设施建设

2018 年，交通运输部积极推进现代综合交通运输体系建设，主要工作进展情况：一是研究起草了 31 个省级行政区和新疆生产建设兵团的部省协议，推动完成了 30 份部省协议签署工作。二是组织开展拟申请车购税资金支持的综合客运枢纽和货运枢纽（物流园区）项目咨询评估工作，支持了一批综合客运枢纽、货运枢纽（物流园区）项目建设。三是组织开展综合交通规划管理办法、综合交通运输枢纽建设指导意见等研究起草工作。四是支持综合交通运输理论创新，组织举办了 2 期交通运输规划培训班，编写综合交通运输发展创新讲义，统筹开展交通运输战略规划政策项目管理工作。五是继续推进对外技术交流合作，完成全球环境基金“缓解大城市拥堵、减少碳排放”项目，推进世界银行技术援助中国经济改革促进与能力加强项目“中国物流管理体制研究”等，成功申请全球环境基金“中国货运系统高效绿色发展制度体系构建”项目。

2018 年各交通运输方式领域投资情况：铁路完成投资 8028 亿元，公路水路完成投资 2.3 万亿元，民航完成投资 810 亿元。

2018 年，综合交通基础设施网络不断完善，其中，新增铁路营业里程 4683 公里（高铁 4100 公里），截至 2018 年底，全国铁路营业里程达到 13.1 万公里，其中高速铁路 2.9 万公里，排名世界第一位，形成了世界上最现代化的铁路网和最发达的高铁网。

新增公路 7.31 万公里（高速公路 0.61 万公里），新建改建国省干线公路 2 万公里、农村公路 31.8 万公里，贫困地区新增 86 个乡镇、4245 个建制村通硬化路。截至 2018 年底，我国公路通车总里程达到 484.65 万公里，其中高速公路以 14.26 万公里的通车里程稳居世界之首。

新增内河高等级航道达标里程 700 公里，

截至2018年底，全国内河航道通航里程12.71万公里，比上年增加108公里，全国港口拥有生产用码头泊位23919个、万吨级及以上泊位2444个。

全年新增运输机场9个，全行业全年新开工、续建机场项目174个，新增跑道6条，停机位305个，航站楼面积133.1万平方米。截至2018年底，全国共有颁证运输机场235个，全行业运输机场共有跑道255条，停机位5800个，航站楼面积1454.58万平方米。

2018年，邮政行业基础路网持续完善，全国邮政邮路总条数2.8万条，比上年末增加1045条；邮路总长度（单程）985.1万公里，比上年末增加46.7万公里。

此外，民用航空与铁路系统共同推进以枢纽机场为核心的综合交通网络建设，签署《推进空铁联运战略合作协议》，加强在基础设施、产品服务、信息共享等方面的合作。石家庄、天津、昆明等机场积极与当地铁路部门合作，推出了一批空铁联运产品，实现了航空与铁路竞合发展。

第三节　综合运输服务

一、旅客联程运输

一是加强政策宣贯解读。加强对《关于加快推进旅客联程运输发展的指导意见》（交运发〔2017〕215号）宣传解读，围绕工作目标、工作举措等重点内容，在部门户网站进行了文件解读。通过2018年全国运输服务厅局长研讨班、全国道路运输管理局长培训班等途径，从文件出台背景、内容要点等方面对文件进行了解读。

二是鼓励各地探索实践。以旅客需求为导向，指导各地发展旅客联程运输。云南省在普洱、文山等6州、市高铁未覆盖的29个县（市、区），黑龙江省在全省48个未通铁路的县（市）、乡镇开展“铁路无轨站”建设，旅客可乘坐道路班线直达就近高铁站，实现“公铁联运”，有效提升了旅客“最先和最后一公里”出行效率。铁路哈尔滨局集团公司与南方航空公司加强合作，将部分高铁车次与南航部分航班对应绑定，旅客在购买特定航班时可选择指定车次免费乘坐，实现旅客“一站式购票”，提升了旅客出行体验。

三是推进跨方式安检互认。组织召开工作座谈会，听取公安部、国家铁路局、铁路总公司等相关部门和单位的意见建议，从政策法规、设施要求、组织形式等方面进行了研究探讨。会同中国铁路总公司等相关部门和单位共同推动铁路与城市轨道交通安检互认。目前，北京南站、天津站、长沙南站等8个枢纽实现铁路与城市轨道交通安检程序优化，减少旅客重复安检。

四是加快标准研究制定。制定发布《旅客联运服务质量要求 第2部分：公路航空旅客联运》（JT/T 1114.2—2018）等标准，启动《综合客运枢纽导向系统布设规范》征求意见工作。

2018年，旅客联程运输取得积极进展，地方探索推进“高铁无轨站”“一站式购票”等新模式。联网售票率进一步提升，全国二级及以上客运站联网售票覆盖率达98%。

二、运输结构调整

交通运输部深入贯彻落实党中央、国务院关于运输结构调整工作决策部署，成立了李小鹏部长任组长，刘小明副部长任副组长，交通运输部、国家铁路局、中国民用航空局、国家邮政局、中国铁路总公司联合参与的运输结构调整工作组，先后组织召开两次工作组会议，部署安排工作。深入开展调研，交通运输部副部长刘小明带队赴日照、青岛、唐山、大连、营口、大同和吕梁等地实地调研；中国铁路总公司副总经理李文新带队赴汾渭平原等地开展调研；部运输服务司、水运局分别牵头，赴京津冀及周边地区、长三角等重点地区，分片区组织开展了8组实地调研，覆盖11个省份、13个地市，50余家港口、物流和生产制造企业。加强政策支持，协调自然资源部将占用永久基本农田的铁路专用线纳入重大建设项目用地预审范围，并明确了京津冀及周边地区8省（自治区、直辖市）铁路专用线建设项目列表。

10月26日，会同相关部门印发了《交通运输部等九部门贯彻落实国务院办公厅〈推进运输结构调整三年行动计划（2018—2020年）〉的通知》（交运发〔2018〕142号），细化分解目标任务，提出京津冀及周边地区运输结构调整示范区建设实施方案。10月31日，交通运输部会同国家发展和改革委员会、中国铁路总公司等部门，组织召开运输结构调整动员部署电视电话会议，交流各地运输结构调整工作做法与经验，安排部署下一步工作。中国铁路总公司制定了《2018—2020年货运增量行动方案》，明确了增量目标，细化了煤炭、矿石、集装箱多式联运等增量组织方案。各地高度重视运输结构调整工作，截至2018年底，13个省份以省政府办公厅文件形式印发运输结构调整工作实施方案，其余省份也已拟定了实施方案并报送人民政府，细化分解目标任务，明确责任清单、推进路线与时间节点，山东等部分省份已建立跨部门综合协调机制，共同推动运输结构调整工作。

在各方共同努力下，运输结构调整工作取得了积极成效，完成了预定的2018年主要任务目标。2018年全国铁路货物发送量完成40.25亿吨，同比增加3.37亿吨，增长9.1%。其中国家铁路完成31.9亿吨，同比增加2.72亿吨，超过了原定的2亿吨增量目标。

从几个重点区域情况来看，京津冀及周边地区增长10.8%，长三角地区与去年基本持平，汾渭平原增长11.4%。2018年全国完成水路货运量69.9亿吨，同比增长4.7%，沿海港口大宗货物公路运输量减少约1亿吨。天津等七个重点港口集装箱铁水联运量同比增长25.5%，大大超过年均增长10%的目标。

三、多式联运

2018年，三批70个多式联运示范工程已开通线路超过354条，覆盖全国28个省份，参与企业数超过1000家，完成多式联运运量427万TEU。铁水联运市场业绩稳步增长。全国港口全年集装箱铁水联运量达450万TEU，同比增幅29%，其中7个主要港口集装箱铁水联运量完成382万TEU，占比达85%。国际运输品牌影响力提升。中欧班列运行线路已开通65条，国内开行59个城市，可达欧洲15个国家49个城市，全年共开行6363列，同比增长73%，班列运行质量明显提升。多式联运体系日趋完善。

一是不断强化顶层设计。国务院办公厅印发《推进运输结构调整三年行动计划（2018—2020年）》（国办发〔2018〕91号），提出“多式联运提速行动”等六大行动，进一步明确多式联运发展具体任务，发挥政策引领作用。全国20个省份已出台多式联运工作实施方案，江苏、河南、湖北、安徽等省份相继开展省级多式联运示范工程，多式联运工作逐步落实见效。

二是加快完善设施衔接。加强多式联运枢纽节点统筹规划，积极推动物流园区、港口、内陆无水港等枢纽节点集疏运体系建设。协调推进港口、物流园区、工矿企业铁路专用线建设支持政策，加快打通联运“最后一公里”。2018年初，全国沿海主要港口的铁路进港率提高到75%，内河主要港口的铁路进港率达到54%。

三是持续改善技术装备。加大技术装备研发力度，加强多功能驮背运输、航空货物整板运输专用车、商品车可拆卸式专用装载托架、公铁两用牵引车和挂车等设备推广应用。加快推进多式联运信息资源交换共享，研究并启动多式联运公共信息平台建设工作，逐步解决“信息不对称”“接口不标准”等问题。

四是统一规范服务规则。加快推动标准规范研究制定，制定发布《商品车多式联运滚装操作规程》（JT/T 1194—2018）、《多式联运交换箱标识》（JT/T 1195—2018）等11项多式联运相关交通行业标准，初步形成了多式联运标准化体系。推进《集装箱多式联运运单》《多式联运电子运单》等标准制定发布。鼓励企业积极开展前瞻研究，在单证格式、操作规程、收费标准、保险理赔、统计监测等方面探索实践，建立健全服务规则。示范工程企业如郑州国际陆港公司等制定了一系列企业标准，为多式联运规则制定积累实践经验。

五是积极培育龙头企业。支持招商局、中远海、顺丰等规模化、网络化物流企业加快培育多式联运经营人，提供“门到门”全程联运服务。以示范工程为载体，联运业务为依托、资本合作为纽带，指导行业协会成立多式联运发展联盟，成为企业经验交流、资源互补、市场合作的重要平台。

六是创新运输组织模式。公铁、铁水、陆空等形式多样的运输组织模式加速发展，商品车、冷链、危化品等专业化多式联运探索推进，水陆滚装、江海中转、江海直达等模式持续创新。组织开展驮背运输调研以及行业座谈，配合推动驮背运输发展规划、车辆定型、行政许可、运行考核、标准规范制定等工作。

七是深入实施示范工程。会同国家发展和改革委员会组织评审出第三批24个多式联运示范工程。2018年，前三批多式联运示范工程覆盖了全国29个省份及新疆生产建设兵团，参与联运业务企业1000余家。

八是持续优化市场环境。积极推进交通运输“放管服”改革，各地均未增设多式联运相关审批事项，为企业开展多式联运业务创造公平、便利的市场环境。加强对示范工程跟踪监测，提高数字化监管能力，结合多式联运重点联系企业动态信息报送系统，定期监测示范工程规模、效率效益、降低物流成本和节能减排等情况。

九是加强经验总结推广。联合铁路总公司等部门，在武汉召开全国多式联运现场推进会，邀请各地交通运输主管部门，部分铁路、民航、邮政地方管理部门，各行业协会以及多式联运示范工程企业代表参加，现场观摩示范工程企业运作经验，印发《多式联运经验交流材料》《多式联运示范工程企业案例汇编》等材料。

四、综合运输服务示范城市

指导京津冀等16个城市（城市群）持续开展综合运输服务示范城市建设，进一步改进提升城市综合运输服务水平。根据工作安排，研究制定验收办法和验收细则，拟于2019年完成综合运输服务示范城市验收工作。

五、12328监督电话运行情况

一是狠抓系统运行质量。会同通信中心，加强与各地的工作对接，及时协调解决联网运行中的接口改造、数据格式转换、数据统计报送和系统联网等问题，确保电话系统联网运行稳定可靠，实现全国电话数据工单实时传输、自动统计、动态管理。

二是完善信息统计制度。印发《交通运输部办公厅关于优化调整12328电话信息统计制度的通知》（交办运〔2018〕87号），对12328电话系统信息统计体系和相关业务功能进行优化调整，将两级统计指标细化拓展为四级，为行业决策管理提供更加精细化的服务支撑。

三是推进系统升级改造。会同通信中心对部

级平台、决策分析系统和基础通用性软件进行升级改造，按照《业务流程》《总体技术要求》等6个技术标准，选派专门技术人员协助自主开发应用软件的省份加快系统升级改造，不断完善系统服务功能，提高运行效率。

四是拓宽业务受理渠道。各地充分利用信息技术手段，积极拓宽12328电话受理渠道，形成热线电话、短消息、网站、论坛、微博、微信公众号、手机APP、电子邮箱等“八位一体”的立体化服务格局，12328电话业务受理更畅通、服务群众更便捷。

五是强化系统分析应用。调动行业部门和交通运输企业协同配合的积极性，建立运转高效的业务转办机制，根据系统数据预想预判，发现苗头性和倾向性的问题及时妥善处理，使12328电话成为化解行业风险的前置抓手。建立了12328电话系统季报信息统计分析制度，从系统运行总体情况、区域分布、业务分析、考评情况、服务案例和其他事项等方面对12328电话工作进行总结，通报各地电话运行状况，分析存在的主要问题，梳理汇总人民群众关心关注的热点问题。各地参照部做法，建立本区域的12328电话信息分析制度。

六是建立运行服务质量考评制度。制定印发《12328交通运输服务监督电话系统运行服务质量考评暂行办法》（交办运〔2017〕135号），明确了电话受理、业务办理、联网运行和其他事项4个方面共19项考评指标和考评程序。以电话系统自动统计数据为依据，从2018年1月起，对各地电话运行服务质量开展了月度和年度考评，并通过12328网站、《中国交通报》发布考评结果，形成了有效的激励督导机制。

七是加强人员队伍建设。会同通信中心在部党校举办4期12328电话系统业务培训班，邀请有关专家为各地12328服务中心和管理部门业务骨干进行授课培训，加强业务学习和经验交流。河南、内蒙古、湖北、山东、湖南等省份积极组织开展12328电话业务培训班，不断提升人员队伍素质。

八是评选树立先进典型。会同政研室，落实杨传堂书记、李小鹏部长等部领导要求做好12328电话工作人员表彰工作的批示精神，组织开展全国12328电话“十佳服务中心”和“百佳工作者”评选活动，有效激发了基层话务员和12328服务中心工作人员的积极性，有力弘扬了爱岗敬业、无私奉献的职业精神，取得良好效果。

2018年，全国12328电话系统共受理有效业务2245.23万件。其中，投诉举报、信息咨询、意见建议业务分别为135.97万件、2062.45万件和46.81万件，分别占业务总量的6.06%、91.86%和2.08%。电话接通平均等待时长约为27秒（含导航语音时间），信息咨询类即时答复率为98.73%，较上年提升0.39个百分点；限时办结率为95.12%，较上年提升2.45个百分点，其中投诉举报类限时办结率为97.73%，较上年提升1.34个百分点；回访满意率为95.80%，较上年提升8.99个百分点，12328电话系统运行服务质量稳步提升。从12328电话运行服务质量考评情况看，2018年底，全国32个省份（含新疆生产建设兵团）电话系统平均考评成绩69.83分，年度考评前十名的为江苏、辽宁、江西、安徽、河北、新疆、河南、重庆、新疆生产建设兵团、吉林。

六、国际运输服务能力

（一）中欧班列

截至2018年底，中欧班列已经形成西、中、东三条西向运输总通道，开行路线达65条，连接起中欧之间近百个城市，形成了贯通欧亚大陆的国际贸易大动脉，运输服务网络覆盖了欧洲全境。

2018年，铁路部门充分发挥中欧班列国际铁路合作机制和国内运输协调委员会的作用，落实中欧班列在境外宽轨段三列并两列、优惠运价等措施，不断提升班列运行品质。全年共开行中欧班列 6300 列，同比增长 72%，其中返程班列 2690 列，同比增长 111%。

（二）国际道路运输

截至 2018 年底，我国与周边国家共完成国际道路客运量 769.7 万人次，同比减少 3.0%，旅客周转量 4.0 亿人公里，同比减少 15%；完成国际道路货物运输量 5591.2 万吨，同比增加 4.4%，货物周转量 34.1 亿吨公里，同比增加 3%。其中，由中方完成的国际道路旅客运输量和货物运输量占比分别为 53.5% 和 55.9%。2014—2018 年全国国际道路客货运输量及中方所占比例情况见图 3-1-1 和图 3-1-2。

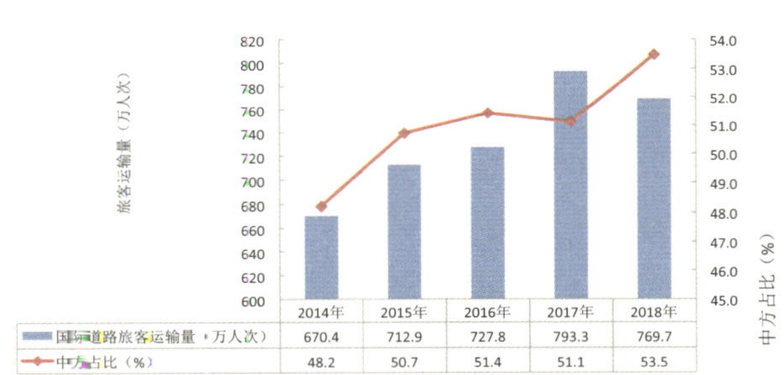

	2014年	2015年	2016年	2017年	2018年
国际道路旅客运输量（万人次）	670.4	712.9	727.8	793.3	769.7
中方占比（%）	48.2	50.7	51.4	51.1	53.5

图 3-1-1 2014—2018 年全国国际道路运输客运量及中方所占比例情况

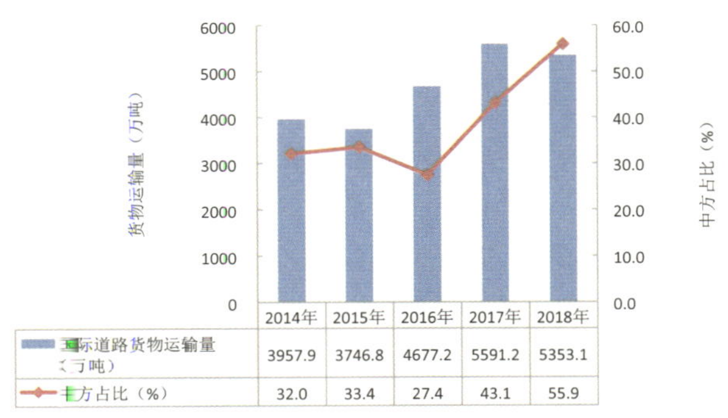

	2014年	2015年	2016年	2017年	2018年
国际道路货物运输量（万吨）	3957.9	3746.8	4677.2	5591.2	5353.1
中方占比（%）	32.0	33.4	27.4	43.1	55.9

图 3-1-2 2014—2018 年全国国际道路运输货运量及中方所占比例情况

2018 年，参与国际道路运输的省份有内蒙古、辽宁、吉林、黑龙江、广西、云南、西藏和新疆。中方共完成客运量 411.5 万人次，完成客运量前三位的分别是内蒙古（171.9 万人次）、云南（150.4 万人次）、黑龙江（51.2 万人次）；中方共完成货运量 3126.9 万吨，同比增加 35.5%，完成货运量前三位的分别是内蒙古（2077.3 万吨）、云南（553.8 万吨）、新疆（215.6 万吨）。内蒙古、云南、新疆的国际道路货运量相比 2017 年都有一定程度的增长。

从车辆出入境次数来看，2018 年全国与东北亚（包括俄罗斯、蒙古国、朝鲜）的出入境客运车辆 13.8 万辆次，同比减少 6.8%；货运车辆 124.0 万辆次，同比增加 6.1%。与中亚（包括哈萨克斯坦、吉尔吉斯斯坦和塔吉克斯坦）的出入境客运车辆为 0.8 万辆次，同比减少 55.6%；货运车辆为 18.5 万辆次，同比增加 0.5%。与东南亚及南亚（包括越南、巴基斯坦、老挝、缅甸和尼泊尔）的出入境客运车辆为 69.5 万辆次，同比增加 2.2%；货运车辆为 95.9 万辆次，同比增加 16.8%。2018 年，全国国际道路运输客运、货运车辆出入境分布情况分别见图 3-1-3、图 3-1-4。

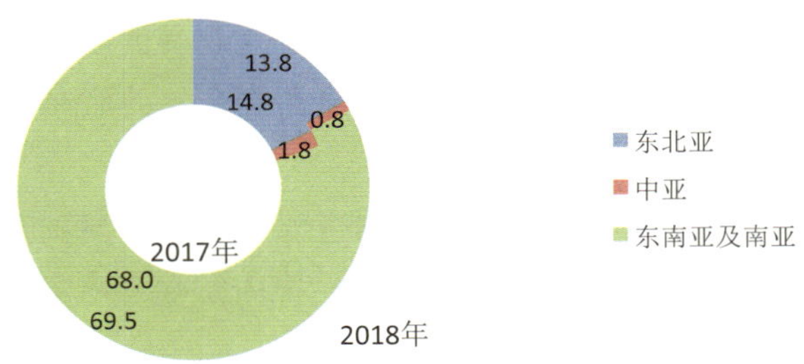

图 3-1-3 2017—2018 年全国国际道路运输客运车辆出入境分布对比情况（单位：万辆次）

客运方面，2018 年全国与东北亚国家的客运量为 487.3 万人次，同比减少 2.4%，在周边区域的客运量中占比达到 63.3%，同比增加 0.3 个百分点；与东南亚及南亚国家的客运量为 270.2 万人次，同比增长 3.0%；与中亚国家的客运量为 12.1 万人次，同比下降 61.5%。

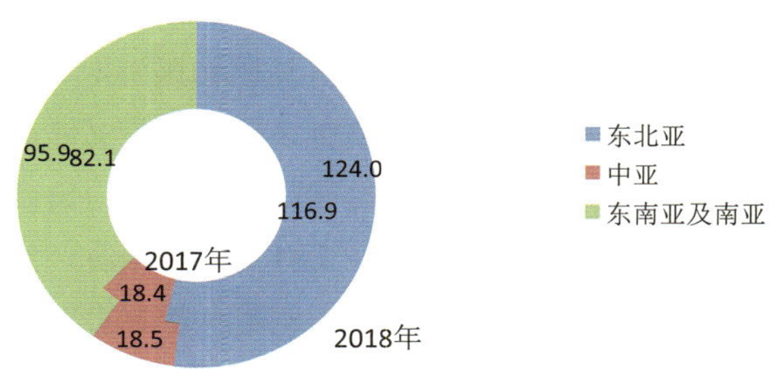

图 3-1-4 2017—2018 年全国国际道路运输货运车辆出入境分布对比情况（单位：万辆次）

货运方面，2018 年全国与东北亚国家的国际道路运输货运量 4146.7 万吨，同比增加 2.0%；货物周转量 17.18 亿吨公里，同比减少 4.0%。与东北亚国家联系的货运量在周边区域的货运量中占比达到 74.2%，2018 年全国与周边国家双边国际道路客货运量分布情况见表 3-1-1。

（三）国际民航运输

2018 年，新开国际航线 160 条，其中涉及"一带一路"国家航线 105 条，新增巴拿马城、哥本哈根、爱丁堡、都柏林等远程航点。截至 2018 年底，我国共有定期国际航班航线 849 条，比上一年度增加 46 条。按重复距离计算的航线里程为 412.52 万公里，按不重复距离计算的航线里程为 359.89 万公里，见表 3-1-2。

截至 2018 年底，我国航空公司国际定期航班通航 65 个国家的 165 个城市，国内航空公司定期航班从 32 个内地城市通航香港，从 14 个内地城市通航澳门，大陆航空公司从 48 个大陆城市通航台湾地区。

表 3-1-2 2018 年我国定期航班条数及里程

指 标	数量（条）
航线条数	4945
国内航线	4096
其中：港澳台航线	100
国际航线	849
按重复距离计算的航线里程 / 万公里	1219.06
国内航线	806.54
其中：港澳台航线	15.63
国际航线	412.52
按不重复距离计算的航线里程 / 万公里	837.98
国内航线	478.09
其中：港澳台航线	15.31
国际航线	359.89

全年国际航线完成运输总周转量 435.02 亿吨公里，比上年增长 12.0%；完成旅客周转量 2822.61 亿人公里，比上年增长 14.0%；完成国际旅客运输量 6366.7 万人次，同比增长 14.8%；完成货邮周转量 187.03 亿吨公里，比上年增长 9.6%；完成货邮运输量 242.72 万吨，比上年增长 9.3%；完成运输飞行小时 219.52 万小时，比上年增长 10.8%；完成运输起飞架次 43.52 万架次，比上年增长 10.8%。

表 3-1-1 2018 年全国与周边区域国际道路客货运量分布

区 域	客运量（万人次）	比例（%）	旅客周转量（万人公里）	比例（%）	货运量（万吨）	比例（%）	货物周转量（万吨公里）	比例（%）
东北亚	487.3	63.3	15955.4	40.2	4146.7	74.2	171808.7	50.4
中亚	12.1	1.6	2895.8	7.3	232.0	4.1	85726.7	25.2
东南亚及南亚	270.2	35.1	20877.8	52.6	1212.6	21.7	83284.9	24.4
合计	769.6	—	39729.0	—	5591.3	—	340820.3	—

（四）跨境寄递

国际快递网络及海外仓覆盖50多个国家和地区，支撑跨境电子商务贸易超过3500亿元。国际及港澳台快递业务量达到11.1亿件，同比增长34%，比行业整体增速高7.4个百分点，实现业务收入585.7亿元，同比增长10.7%。

中欧班列邮件可运达欧洲23国，新增义乌、东莞、郑州3个试点城市，完成从义乌到莫斯科首次快件运输试点。中欧班列（重庆）运邮已经形成了一套被沿途各国铁路、海关、邮政部门认可的国际货运列车运邮流程。2017年11月至2018年9月间，通过中欧班列（重庆）共计发运邮包集装箱42箱，运输高峰期已达每周4个集装箱运邮出口，总货值超过1000万美元。中国邮政集团公司在重庆西部现代物流园区内建成全国首个铁路口岸国际邮件处理中心。

此外，邮件快件进出境通道更为顺畅，建成了立体化的三级邮政口岸网络，国际邮件互换局（交换站）达到70个，国际快件监管中心建设初步开展。

第二章 铁路

2018年，全国铁路系统坚持以习近平新时代中国特色社会主义思想为指导，认真贯彻党中央、国务院决策部署，落实新发展理念，实施“三年行动计划”，推进“安全质量服务深化年”建设，深化政府职能转变，深入推进行政履职工作，在铁路规划与实施、法规体系建设、基础设施建设、运输服务、行业监管履职落实等多方面取得了优异成绩。

第一节 铁路规划与实施

一、积极参与专项规划

按照国务院统一部署和交通运输部的总体要求，组织开展《交通强国建设纲要》铁路篇、《综合立体交通网规划（2021—2050年）》铁路部分等规划研究，形成阶段性成果并报送有关部门。按照国家发展和改革委员会、交通运输部要求，组织开展“一三五”规划纲要、《“十三五”现代综合交通运输体系发展规划》和《铁路“十三五”发展规划》等中期评估工作。组织开展江苏省沿江城市群城际铁路建设规划评审，提出行业意见。

二、大力推动重大建设项目前期工作

加强与中国铁路总公司以及地方政府对接沟通，及时掌握铁路建设项目前期动态。积极开展铁路建设项目行业评审，突出对项目必要性、功能定位、建设标准、主要技术方案等评审重点，提出专业意见，为国家批复项目做好技术支撑。积极探索多评合一的模式，与国家发展和改革委员会委托的评估单位共同组织开展项目评审。全年共完成京雄城际、西安至延安等8个铁路项目行业评审。

三、助力综合交通运输体系建设

牵头协调推进安徽安庆港长风港区专用线、湖南岳阳港城陵矶松阳湖铁路专用线和四川宜宾港铁路集疏运中心工程项目前期工作。加快推进港口集疏运系统建设，组织开展滨州港疏港铁路联络线项目、烟台港西港区专用铁路项目和惠州港荃湾港区纯洲作业区铁路进港线工程等4个港口集疏运铁路项目资金申请报告评审，提出评估意见。组织有关地区铁路监督管理局、规划和标准院开展沿海（长江）主要港口进港铁路现场调研，研究提出分析报告。

第二节 铁路法规体系建设

一、推进“一法两条例”制修订

继续推进《铁路法》修订工作，认真研究中央重大决策部署以及铁路发展主要矛盾，着力回应改革新形势提出的立法需求，通过广泛深入的调研，进一步完善具体条款，形成《铁路法（修订草案）（送审稿）》，正式报送交通运输部。落实开门立法要求，就《铁路法》修订情况组织征

求相关部委、中央企业、省级人民政府和地方、民营铁路相关企业意见，走访并听取全国人大代表意见，走访全国人大财政经济委员会、司法部等部门，系统汇报《铁路法》修订工作情况，争取支持。全面启动《铁路运输条例》草案编制工作，并取得积极进展。积极配合司法部对《铁路交通事故应急救援和调查处理条例（送审稿）》进行审查修改，在事故等级划分标准等重大问题上，研究提出多套方案，并协助司法部协调相关单位意见。

二、加强规章制修订工作

一是立法计划内一类项目顺利推进，5件一类规章项目已向交通运输部报送4件，《铁路行业统计管理规定》《铁路工程建设项目招标投标管理办法》《高速铁路基础设施运用状态检测管理办法》等3部规章已正式发布。二是立法计划二类项目准备充分，3件二类规章项目均已完成起草，其中《铁路运输服务质量监督管理办法》已向社会公开征求意见，为下一步立法奠定坚实基础。三是结合履职需要推进计划外项目，立足安全源头治理，修订发布《铁路专用设备缺陷产品召回管理办法》；报送《铁路机车车辆设计制造维修进口许可办法》修正案送审稿，推动适当延长维修许可有效期，减轻企业负担；着眼加强对铁路运输市场、服务质量监管，组织起草《铁路旅客运输规程》《铁路货物运输规程》《铁路公益性运输监督管理暂行办法》等重要规章草案。印发《国家铁路局综合司关于加强高铁安全环境治理推进铁路安全管理地方立法工作的函》，推进铁路地方立法。

三、开展规范性文件清理

按照“先易后难、有序推进，边清理、边出成果、边向社会公开”的原则，对原铁道部1165件规范性文件进行全面清理，分17批对社会公布清理结果，其中，702件交由中国铁路总公司管理，根据改革实际废止197件、宣布失效10件、保留继续有效256件。通过清理，划定行业管理和企业管理界限，有效规范政府行为。完善优化监管方式，加强对企业的事中事后监管，纠正与国家有关规定不符的企业文件。初步建立系统的铁路规范性文件体系，印发《国家铁路局关于建立规范性文件清理工作长效机制进一步规范事中事后监管的意见》（国铁科法〔2018〕45号），建立规范性文件清理长效机制，为铁路治理体系和治理能力现代化奠定基础。

四、严格法律事务管理

按照《国家铁路局合法性审查工作程序规定》相关要求，严格做好规范性文件、政府信息公开答复、投诉举报答复等合法性审查工作，共计160余件。全年共处理行政复议15件，符合受理条件并受理的10件，不属于行政复议范围不予受理的5件。涉及政府信息公开事项5件、投诉举报5件；作出行政复议决定9件，因申请人自动撤回申请而作出终止决定1件，维持原具体行政行为的7件，撤销并责令重新作出具体行政行为的1件；行政诉讼7件，已审结的案件均胜诉。建立公职律师制度，对国家铁路局选聘的常年法律顾问律师事务所加强管理和考核，在立法、履职、案件处理中充分征求其意见，使其在咨询论证、审核把关方面发挥法律专业优势，为促进依法决策、依法行政提供重要保障。指导国家铁路局局属事业单位建立法律顾问制度，选聘法律顾问并统一归口管理。加强经验总结、提炼规律，针对具有共性的事项，及时向有关部门和地区铁路监督管理局提出法律意见，促进依法履职。举办推进铁路法治建设专题培训班，开展国家宪法日普法宣传活动，弘扬宪法精神，提升执法人员依法行政水平。

五、强化行业政策研究

2018 年，完成全国人大常委会法制工作委员会、国务院法制办公室、国家发展和改革委员会、商务部、交通运输部等征求意见 210 余件，涉及市场准入负面清单、外商投资准入特别管理措施、公平竞争审查等有关“一带一路”、对外开放等国家战略的重大政策数十件，始终站在行业高度，以有利于促进铁路发展为首要标准，切实维护行业利益。对于抢票软件 APP、重大投诉举报事项处理、信用规章制度、约谈制度等重点疑难法律事务，通过组织召开专家论证会、走访调研等多种方式，厘清法律问题，分析法律风险，提供高质量专业意见。

第三节　铁路车辆装备

2018 年，全国铁路机车拥有量为 2.1 万台，其中，内燃机车 0.8 万台，电力机车 1.3 万台。全国铁路客车拥有量为 7.2 万辆，其中，动车组 3256 标准组、26048 辆。全国铁路货车拥有量为 83.0 万辆。

第四节　铁路基础设施建设

2018 年，铁路固定资产投资完成 8028 亿元，投产新线 4683 公里，其中高速铁路 4100 公里。

截至 2018 年底，全国铁路营业里程达到 13.1 万公里，其中，高速铁路营业里程达到 2.9 万公里；复线里程 7.6 万公里，复线率 58.0%；电气化里程 9.2 万公里，电化率 70.0%；西部地区铁路营业里程 5.3 万公里。全国铁路路网密度 136.9 公里 / 万平方公里。

2013—2018 年全国铁路营业里程见图 3-2-1。

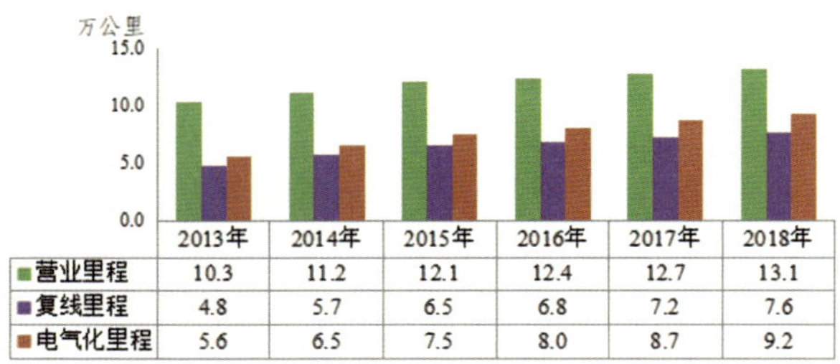

图 3-2-1　2013—2018 年全国铁路营业里程

第五节　铁路运输服务

一、全国铁路运输量保持快速增长

全国铁路旅客发送量完成 33.75 亿人次，同比增长 9.4%，其中高速铁路旅客发送量完成 18.08 亿人次，同比增长 17.7%，占总旅客发送量的 53.6%；旅客周转量完成 14146.58 亿人公里，同比增长 5.1%，其中高速铁路旅客周转量完成 6786.47 亿人公里，同比增长 16.6%（表 3-2-1）。

表 3-2-1　2018 年全国铁路旅客运输量

指　标	2018 年	比上年（±%）
旅客发送量（亿人）	33.75	9.4
国家铁路（亿人）	33.17	9.2
高速铁路（亿人）	18.08	17.7
旅客周转量（亿人公里）	14146.58	5.1
国家铁路（亿人公里）	14063.99	5.0
高速铁路（亿人公里）	6786.47	16.6

2013—2018 年全国铁路旅客发送量与旅客周转量分别见图 3-2-2、图 3-2-3。

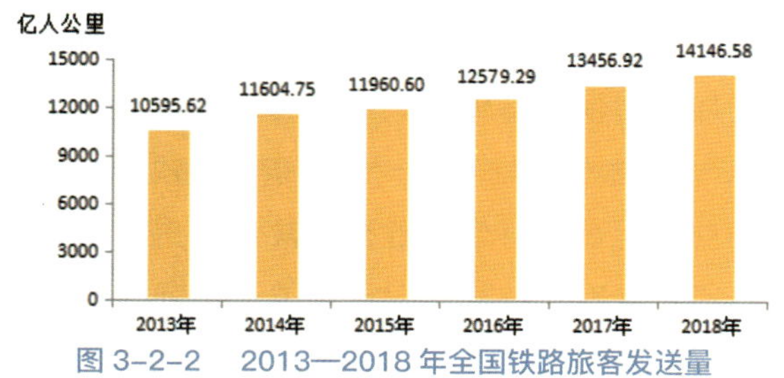

图 3-2-2　2013—2018 年全国铁路旅客发送量

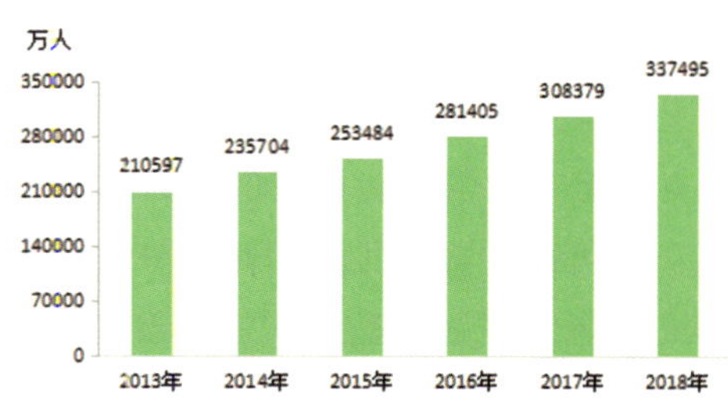

图 3-2-3 2013—2018 年全国铁路旅客周转量

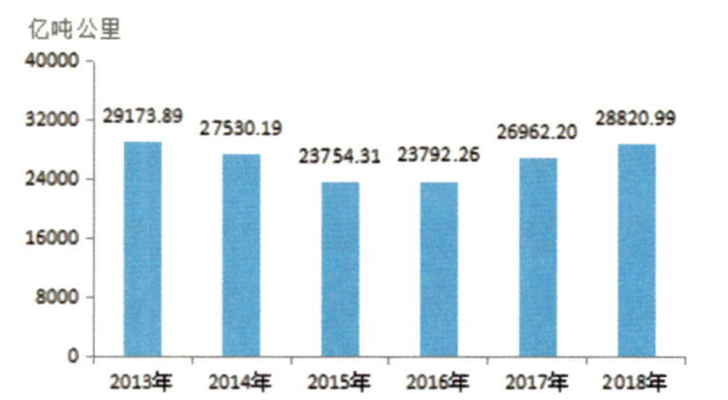

图 3-2-5 2013—2018 年全国铁路货运总周转量

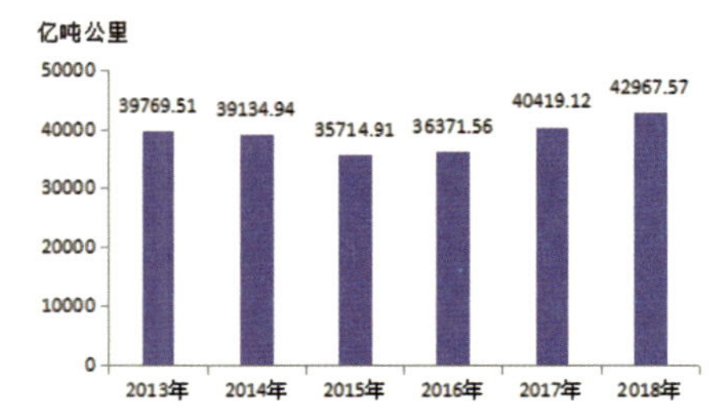

图 3-2-6 2013—2018 年全国铁路总换算周转量

全国铁路货物发送量完成 40.26 亿吨，同比增长 9.2%，增运 3.38 亿吨，超额完成全年增运 2 亿吨的目标任务，其中，国家铁路完成货物发送量 31.91 亿吨，同比增长 9.3%，增运 2.72 亿吨，集装箱、商品汽车、冷链运输同比分别增长 33.4%、25.1%、52.3%；货运总周转量完成 28820.99 亿吨公里，同比增长 6.9%（表 3-2-2）。2018 年，中欧班列开行 6363 列，同比增长 73%，其中回程班列 2690 列，同比增长 111%。2013—2018 年全国铁路货运总发送量、总周转量、总换算周转量见图 3-2-4 ～图 3-2-6。

表 3-2-2 2018 年全国铁路货物运输量

指 标	单 位	2018 年	比上年（±%）
货运总发送量	万吨	402631	9.2
国家铁路	万吨	319060	9.3
货运总周转量	亿吨公里	28820.99	6.9
国家铁路	亿吨公里	25800.96	7.1

二、铁路运输服务质量显著提升

铁路部门加大客运产品供给侧结构性改革力度，推出候补订票、网上订餐等一系列便民利民新举措，旅客出行体验更加美好。

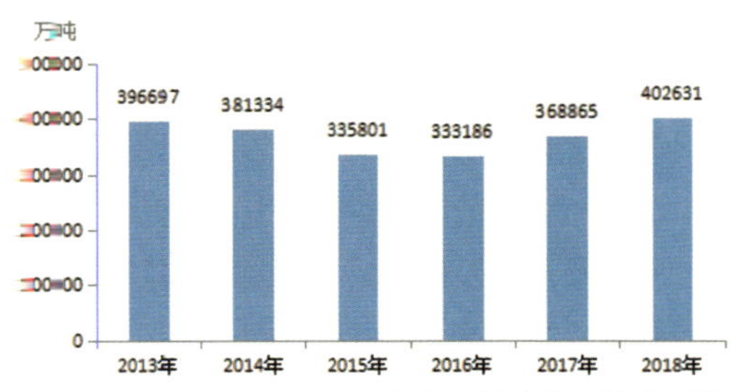

图 3-2-4 2013—2018 年全国铁路货运总发送量

（一）丰富完善客运产品体系

以市场需求为导向，建立高铁“一日一图”运力调配机制，实现按客流规律动态安排每日列车开行方案，打造以“复兴号”为引领的高铁客运产品，优化升级普速客运产品，创新旅游客流组织模式，推动多式联运产品开发，打造空铁联运品牌，开好公益性“慢火车”。

（二）优化高铁互联网订餐服务

从 1 月 18 日起，将互联网订餐截止下单和取消时间由原来的开车前 2 小时调整为开车前 1 小时，同时推出互联网特产预订服务。6 月 5 日起，陆续新增沈阳站、天津站、南京站、青岛站、乌鲁木齐站等 11 个互联网订餐供餐站或特产预订配送站。新增站点主要是一些动车组密度较大的高铁普速混合车站和部分省会城市或计划单列市主要车站，以及个别客流较大的地市级车站。增加后，全国铁路互联网订餐和特产预订站达到 38 个。

（三）广深港高铁香港段开通运营

9 月 23 日，广深港高铁香港段正式开通运营，香港从此迈入高铁时代。广深港高铁全长 141 公里，其中内地段 115 公里、香港段 26 公里，初期可直达44座内地城市。从香港出发，到深圳最快14分钟，到广州最快47分钟，到上海8小时17分钟，到北京8小时56分钟。广深港高铁作为全国高速铁路网的重要组成部分，是连接内地和香港的重要纽带。开通运营后，有利于香港民众共享内地高铁发展成果，满足香港民众对美好生活的新期待，为香港与内地经贸和人员交流往来提供更加方便、快捷、舒适的服务，增强两地民众的幸福感和获得感。

（四）12306网站改版升级

11月3日起，改版升级的中国铁路12306网站正式上线运营，网站功能布局更加合理、界面更加友好清晰、购票流程更加便捷，增加了用户扫码登录功能，减少了旅客无效点击，方便旅客快速购票。新改版的12306网站以服务旅客为中心，丰富和完善了服务引导信息内容，着力满足购票、餐饮、站车服务、旅游等旅客出行全方位需求。

（五）开展电子客票服务试点

11月22日起，铁路部门在海南环岛高铁实行电子客票服务试点，以电子客票替代纸质客票，身份证件作为乘车凭证，实现旅客自助进出站、自助检票乘车、自助办理车票退改签和变更到站。实行电子客票后，旅客购票、检票、乘车等流程更加方便快捷。

（六）春运期间推出便民利民措施

一是扩大运力供给，节前平均每天可提供运能911万席位，节后平均每天可提供运能933万席位。春运期间，在每天开行图定旅客列车3819对基础上，节前每天加开旅客列车576对，节后每天加开旅客列车665对。二是加强挖潜提效，节前节后客流高峰期，在京哈、京广、沪昆、贵广等方向，增开88.5对夜间高铁列车。三是根据贫困地区旅客春运期间出行规律，有针对性地安排运能、预留票额，开展精准售票服务。在广深地区等务工人员集中地，开行扶贫专列。在云桂、西成、兰渝等铁路沿线贫困地区，为务工人员开展送票服务。四是升级扩容售票系统，12306网站日售票能力从1000万张提升至1500万张。优化完善验证码策略，85％以上购票不再需要输入验证码。在12306网站开通支付宝、微信支付功能的基础上，推广售票窗口、自动售票机、列车车补、车站到补扫码支付。五是进一步扩大“复兴号”动车组开行范围，在北京至太原、西安、成都、沈阳，上海至昆明、厦门、合肥，南京至南宁，深圳至重庆，广州至兰州等方向逐步增加开行“复兴号”动车组。六是提高春运服务智能化、信息化水平，加快推广应用自助实名制核验闸机，提高进站验证验票通过能力和效率。推出“铁路12306”微信小程序，在车站张贴二维码，为旅客提供余票查询、停站信息及本人行程管理等便捷信息服务。七是开展车站“畅通工程”，实施便捷换乘的高铁车站由23个扩大到39个。八是优化互联网订餐流程，丰富互联网订餐供应品种，提供具有地方特色的小吃、特产。九是推进站车“厕所革命”，启动全路车站、列车“卫生达标活动”，重点解决厕所设备设施故障，消除卫生死角，改善通风条件。十是为港澳台旅客购票提供自助便利，进一步扩大加装专用识读设备自动售取票机的车站范围，在现有329个站1859台支持卡式台胞证和回乡证办理自助购取票服务的基础上，实现省级以上城市所在地车站、广东省境内高铁车站、京广、京沪、杭深线所有高铁车站全覆盖。

第六节　铁路安全监管执法

2018年，全国铁路未发生铁路交通特别重大、重大事故；发生较大事故1件，同比持平。铁路交通事故死亡人数857人，同比减少死亡41人，下降4.6%；10亿吨公里死亡率0.199，同比下降10.4%。

一、贯彻党中央关于安全生产决策部署方面

全国铁路认真学习习近平总书记关于安全生

产的重要批示指示精神，认清监管部门对安全工作肩负的重要使命和重大责任，切实增强铁路安全监管首位意识。一是学习运用矛盾论，紧紧抓住影响铁路安全的主要矛盾和矛盾的主要方面，积极研究加强铁路安全监管的思路和方法。结合铁路实际，研究制定《国家铁路局关于做好2018年铁路安全监督管理工作的意见》（国铁安监〔2018〕1号），并全力抓好落实。二是全面梳理党的十八大以来习近平总书记关于安全生产的重要批示指示精神和党中央、国务院关于安全生产决策部署的落实情况，提高政治站位，研究提出下一步加强铁路安全监管的具体措施。三是落实习近平总书记关于防汛抢险救灾等安全生产工作的重要指示和中央领导同志工作要求，及时制定有力措施，确保铁路运输安全持续稳定。

二、安全质量监督检查方面

全行业围绕运输高峰期、国家重大活动时期、列车调图、提速达速以及恶劣气象条件等关键时期，突出旅客列车和高铁，以车票实名制、进站安检、危险货物运输和营业线施工安全为重点，开展综合性监督检查、专项检查及节假日运输高峰期监督检查。开展新开通高铁安全监督检查、蒙内铁路安全督导、京沪高铁“复兴号”动车组按时速350公里运营持续添乘检查。针对部分铁路运输企业安全管理弱化、事故多发现象，开展车务错办进路、工务安全基础管理专题检查。

全年共派出检查组1059组次，检查重点单位场所2729个，发放整改通知书219份。所有问题均及时反馈，督促企业切实落实安全生产主体责任并进行整改，促进铁路运输形势安全、平稳、有序。

三、行政执法工作方面

紧盯高铁和客车安全、设备质量安全等监管重点，积极查处违法行为，全年共实施行政处罚195起，作出行政处罚决定374个。

坚持严格规范公正文明执法，严格审批，强化把关，准确认定事实、充分论证证据、严格法律适用，合理使用自由裁量权，在作出行政处罚决定前，充分听取、依法满足当事人的合法诉求，全年处理未引起行政复议和行政诉讼。

推动落实高速铁路沿线环境综合整治长效机制，北京、河南等15个省市会同铁路监管机构和铁路运输企业明确铁路沿线环境综合整治长效机制；上海、辽宁等11个省市相继开展铁路沿线环境安全整治活动；河北、云南等8省已颁布实施铁路安全地方法规；福建、江西通过立法建立高铁沿线环境管理地方和铁路“双段长”制；四川省组织开展为期6个月的“四川铁路安全万里行”专项整治行动。

积极协调地方政府和铁路运输企业推进普速铁路安保区划定，截至2018年底已完成全部划定任务近50%。

组织开展“平安高铁”科普普法专题行动，深入北京市、上海市、辽宁省、陕西省等地33所学校开展31场活动，对8000多名中小学生进行科普和普法宣传。

四、事故应急和调查追查方面

强化铁路交通事故和其他安全信息的收集和预警，建立铁路交通事故日报告、日分析制度，针对典型问题，及时开展分析追查。在组织铁路安全监督管理办公室开展铁路交通事故调查处理的基础上，针对因典型外部原因及作业问题导致的铁路交通事故，及时组织或参与事故调查，严格事故定性定责。共组织调查事故38件、参与调查事故60件、追踪调查事故81件，调查处理投诉举报信息14件。严格追究事故责任，对“4·12”京广下行线邻近营业线河道施工造成线路塌方、“8·12”京沪高铁彩钢板侵限、“10·1”京广高铁防尘网刮上线路等事故地方政府相关部门及人员提出处理意见，针对铁路交通事故的责任单位和责任人实施处罚34起。

五、安全形势分析方面

定期开展安全形势分析，建立铁路交通事故和安全信息日分析制度，每周梳理形成《一周铁路安全情况》，结合监督检查和行政执法工作按月度、季度、半年度形成《铁路安全监察报告》，年度形成《铁路安全形势分析报告》。组织召开国家铁路局安全生产委员会会议和联络员会议，通报铁路安全情况，分析铁路安全形势，指导做好铁路安全工作。对2016年至2018年发生的因动车组源头质量问题导致的铁路交通事故进行专题分析，形成《近三年动车组源头质量事故统计分析报告》。

六、铁路安全监管机制建设方面

落实中央机构编制委员会办公室文件要求，与中国铁路总公司联合印发文件，明确地区铁路监督管理局委托铁路安全监督管理办公室承担安全监管业务有关事项，委托全路18个铁路安全监督管路办公室承担一般铁路交通事故的调查处理，配合开展铁路运输安全监督检查等工作。印发《铁路安全生产约谈实施办法（试行）》（国铁安监〔2018〕84号），明确对铁路监管部门、铁路相关企业、沿线各级地方人民政府以及相关企业负责人的约谈条件及具体要求。

与香港特别行政区机电工程署建立工作协调机制，签订广深港高铁安全监管工作机制会谈纪要，细化完善安全监管工作，有序推进信息沟通、季度会议、联合检查等工作。组织开展蒙内铁路运营安全督导，加强对在国外铁路承担运营企业的安全保障服务。完成与中国地震局战略合作协议的签署，建立日常沟通联系工作机制。

七、铁路安全监管制度建设方面

推进《铁路交通事故应急救援和调查处理条例》修订，《高铁安全防护管理办法》即将完成联合发布，《铁路交通重大事故隐患判定标准》进入正式征求意见阶段，《地方铁路、铁路专用线、专用铁路安全监督管理办法》已完成初稿。组织完成原铁道部36件规范性文件清理工作，制定出台《国家铁路局领导干部安全生产监督管理责任制规定（暂行）》《国家铁路局安全生产委员会工作规则》等规范性文件。完成“铁路作业场所职业健康监督管理办法研究”“政企分开改革后方式研究”“铁路线路安全保护区设立程序标准科研课题工作建议”3个课题研究。

第七节　铁路工程质量安全监管

一、铁路工程质量安全监管取得阶段性成效

（一）“三不问题质量行为”专项整治行动

2018年初，制定印发《国家铁路局关于进一步加强铁路工程“三不问题质量行为”专项整治行动的通知》，就做好铁路工程“三不问题质量行为”专项整治行动督查阶段工作做出部署。各地区铁路监督管理局及工程质量监督中心加大对建设单位组织开展“三不问题质量行为”专项整治行动的督查力度，督促企业落实质量安全主体责任，完善质量安全管理制度，确保问题得到全面整改，形成防范问题发生的长效机制，遏制铁路建设工程“三不问题质量行为”，确保专项整治效果。

（二）质量安全监管工作

一是坚持问题导向，针对规律性或突发性问

题，制定印发《国家铁路局关于加强铁路建设工程勘察设计监管工作的通知》等6个文件，切实加强铁路建设工程勘察设计、竣工验收、临近既有线施工等监管工作，加大铁路工程质量施工安全、安全隐患排查治理力度，督促企业落实质量安全主体责任，推进铁路高质量建设。截至2018年10月底，共组织开展质量安全监督检查293次，检查项目329个、工点1647个，发出铁路建设工程质量安全整改通知单332份；组织开展原材料、实体等质量检测44次，实施行政处罚40起139件。二是组织对2017年度铁路工程安全事故进行分析，重点分析易发事故类型、事故区域以及生产经营单位等，不断提高铁路工程安全生产监管效率。统计在建铁路工程高风险管理工点，研究起草铁路工程安全风险管理指导意见，为加强铁路工程安全风险管理奠定基础。三是加强对地区铁路监督管理局年度监督检查计划制订及落实情况的调查研究和检查指导，探索研究制定相应办法，对年度检查计划的编制、落实、报告等事项进行规范，不断提高铁路工程质量安全监管水平。四是积极参与铁路工程事故调查处理工作。铁路建设工程安全事故发生后，及时督促指导相关地区铁路监督管理局做好现场应急救援及事故调查配合工作。

（三）中国铁路总公司自行决定项目质量安全监督工作

针对现有工程质量安全监管力量与大规模铁路建设工程监管需求匹配度相对不足的现实，依据党中央、国务院有关政策和法律法规要求，立足更好履行行业监管职责，与中国铁路总公司积极沟通，合力推进中国铁路总公司自行决定项目铁路工程质量安全监督工作，完成委托纪要签订和委托范本的起草工作，着力推进联合发文，督促各地区铁路监督管理局与受托铁路局集团公司办理委托监督手续并实施监督。

二、全力推行行业监管“全覆盖”

一是强化地方铁路调研。先后对邯黄铁路有限责任公司等多个地方铁路公司进行调研，起草《地方铁路建设调研情况报告》，提出督促地方落实责任的建议方案并推进实施。二是多措并举推进地方铁路工程责任落实。印发《国家铁路局关于进一步加强地方铁路工程质量安全监督工作的通知》（国铁工程监〔2018〕22号），为做好地方铁路工程监管提供指导，专门致函尚未落实地方铁路质量安全监督机构的省份，促其尽快明确责任部门；协调山西省政府落实地方铁路监管职责；积极与国务院法制办公室、中央机构编制委员会办公室等有关部门沟通协调，完善铁路监管体制机制的法律法规依据；通过部省共建，加大支持帮扶力度。截至2018年底，涉及地方铁路监管工作的19个地方政府，已经有17个落实了监管职责。三是组织召开地方铁路监管交流座谈会，交流地方铁路监管有益做法，促进铁路工程监管体制机制不断完善。

第八节 铁路设备质量安全监管

一、不断加强规章制度建设

认真贯彻落实国务院“放管服”改革要求，结合履职需要，组织专家对原铁道部223个设备监管类规章和规范性文件进行清理，制修订《高速铁路基础设施运用状态检测管理办法》（交通运输部令2018年第19号）、《交通运输部关于修改〈铁路专用设备缺陷产品召回管理办法〉的决定》（交通运输部令2018年第18号）、《铁路专用设备产品质量安全监督管理办法》（国铁设备监〔2018〕6号）、《国家铁路局关于加强铁路专用设备产品运用质量安全监管工作的指导意见》（国铁设备监〔2018〕25号）、《铁路专用设备产品质量监督抽查计划管理办法》（国铁设备监〔2018〕46号）、

《铁路机车无线电台执照核发管理暂行办法》（国铁设备监〔2018〕57号）、《内地与香港过境铁路机车车辆驾驶人员资格管理办法》（国铁设备监〔2018〕69号）、《铁路专用设备专家库管理实施细则》（国铁设备监〔2018〕53号）、《铁路运输基础设备生产企业审批实施细则》（国铁设备监〔2018〕80号）等一系列铁路设备监管制度办法，为依法履职提供了依据和制度保证。

组织监管工作经验丰富的地区铁路监督管理局专家编制动车组、机车车辆、自轮运转车辆、牵引供电、通信信号以及线路、桥隧等10个专业的设备产品运用质量安全监督检查手册，有效提升了监督检查的水平和效率。

二、依法审查专用设备许可申请

始终坚持在大局下行动，以严把关口、服务企业为宗旨，组织专家对首次申请审批许可事项相关企业进行评审，加快审查进度，缩短审查时间，顺利完成各项审查任务。全年累计审查申请565项，其中铁路机车车辆产品510项，铁路运输基础设备生产企业18家，铁路无线电台设置和频率指配申请企业25家涉及37条线路。组织开展专题调研，研究提出铁路机车车辆许可事项优化工作方案，对铁路运输基础设备生产企业实施“一企一证”，进一步减少企业许可证申办数量，有效减轻企业负担。

三、有序推进驾驶资格许可工作

积极与中国铁路总公司等运输企业对接铁路驾驶资格考试工作，根据企业需求提供考试组织服务。加强考试督察，确保2018年度铁路机车车辆驾驶资格考试各项工作顺利完成。全年共组织全国理论统一考试2次、动车组单独理论考试13次、自轮运转单独理论考试6次、中国中铁机车车辆单独理论考试2次，共计23批次22905人次；完成动车组实作考试44批次、机车40批次、自轮运转车辆6批次，共计90批次18589人次。严格按照许可工作程序，在依法合规审查铁路机车车辆驾驶资格许可申请的基础上，结合审查数量及申请企业实际情况，增加审查频次，提升审查效能，全年累计审核通过铁路机车车辆驾驶人员资格30204人次，审核注销驾驶人员资格2779人，既严控了驾驶人员资格的准入关口，又满足了铁路运输企业对驾驶人员的紧迫需求。

四、不断强化设备事中事后监管

认真贯彻落实“双随机、一公开”监管要求，统筹监管能力，坚持问题导向，加强监督检查，强化分析指导，铁路专用设备产品质量安全事中事后监管能力明显增强。在设备产品源头质量监督检查方面，紧盯整治效果，适时开展“回头看”专项督导，有效整治一批设备产品源头质量问题隐患。在许可事项监督检查方面，制定印发《2018年度铁路专用设备行政许可企业监督检查计划》，国家铁路局、地区铁路监督管理局两级设备监管部门结合职责分工，按计划对相关企业开展审批许可事项监督检查，重点检查企业持续满足取证条件情况，对监督检查中发现的问题下发问题整改通知书，提出限期整改要求，紧盯问题整改落实，顺利完成69家受检企业的监督检查任务，并按季度在政府网站公布监督检查结果。在设备产品运用质量监督检查方面，下发指导意见，明确监管重点内容，开展监督检查，及时发现和整治安全隐患及质量问题，同时结合产品运用质量监督检查情况，突出动车组、客运机车、客车和牵引供电设备产品运用质量安全，成立专项检查组对38家企业集中开展监督检查，对发现的389个问题加强评估分析，强化对监管工作的指导。在设备产品质量监督抽查方面，紧盯设备质量事故、惯性故障、关键设备和薄弱项点，制订《2018年铁路专用产品质量监督抽查计划》及调整计划，组织编制99个产品质量监督抽查检验检测实施细则，对61种铁路专用产品327个厂项开展质量监督抽查。对前期抽查发现产品不合格企业，组织复查并及时通报抽查结果。通过监督检查和质量抽查，及时掌握铁路专用设备产品质量安全状况，并采取措施促进铁路设备生产企业产品质量安全主体责任的落实。

五、认真做好无线电管理相关工作

会司工业和信息化部积极推进《铁路无线电管理办法》修订工作，研究制定《铁路机车无线电台执照核发管理暂行办法》，积极与中国铁路总公司沟通，研究铁路无线电台执照办理工作方案。积极推进铁路无线电项目检测工作，定期组织召开铁路GSM—R网络频率动态检测工作会议，协调推进相关工作的落实。督促地区铁路监督管理局加强辖区内铁路企业无线电频率使用监督检查。有序推进国际电信联盟铁路1.11议题“列车与轨旁间铁路无线电通信系统”研究和相关文稿准备工作，派员参加国际电信联盟5A工作组第20次会议。

第九节　铁路运输服务质量监督

一、有序推进服务质量监管制度建设

为依法履职，规范铁路运输服务质量监管工作，维护铁路运输正常秩序和旅客货主合法权益，国家铁路局立足铁路实际，借鉴有关行业监管工作经验，加强铁路运输服务质量监管制度建设。2018年，制定印发《铁路运输服务质量投诉处理办法》、《铁路运输服务质量监督信息公开办法》（国铁运输监〔2018〕65号）、《铁路客运站车厕所服务质量监督管理办法》（国铁运输监〔2018〕27号）3个规范性文件，进一步规范和明晰运输服务质量投诉处理、监督信息公开和厕所监督管理等工作。修订发布《铁路货物运输服务质量》行业标准，明确货物受理、承运、保管、装卸、运输、交付、货损处理等运输各环节服务要求。

二、持续加强服务质量监督检查

按照“安全质量服务年”监督检查计划，采取多种方式，深入车站、列车等生产一线，扎实开展监督检查，维护春运、暑运等客流高峰期及节假日运输安全稳定，促进铁路运输企业服务质量提升。春运期间，成立由国家铁路局党组书记、局长杨宇栋任组长的春运监督检查工作领导小组，研究部署春运监督检查工作。党组成员带队深入春运重点地区、重点单位和重点线路，检查北京、上海、广州等11个铁路局集团公司春运工作。两级监管组织共派出检查组519个，出动检查人员1763人次，检查单位场所1172家，添乘列车506趟，累计近20万公里。暑运期间，组织对上海虹桥、广州南、郑州东、北京西、北京南等车站进行明察暗访，成立车务、客运、货运专业检查组，检查哈尔滨、北京、呼和浩特、郑州、济南、南宁、昆明、乌鲁木齐等8个铁路局集团公司119个运输站段，添乘检查旅客列车31趟，检查中铁快运股份有限公司、中铁特货运输有限责任公司、中铁集装箱运输有限责任公司三大专业运输公司分支机构21个，以及6家地方铁路运输企业。针对发现的问题提出整改要求，督促企业采取有效措施消除安全隐患，提高服务质量。

三、改进完善投诉处理工作机制

坚持“以人民为中心”的发展思想，紧紧抓住人民群众最关心最直接最现实的利益问题，积极回应社会关切，改进投诉处理机制和方式。对站车环境卫生、列车供水、卧具更换、空调温度、

待客服务等基本服务方面存在的问题和不足，督促铁路运输企业采取有效措施改进；对关系旅客财产损失、人身意外伤害等切身利益的投诉，组织调查核实，督促铁路运输企业依法依规妥善解决，并将调查处理结果及时反馈旅客货主，做到了件件有答复、事事有落实。

四、持续开展客运服务质量问卷调查

组织全局干部职工进站上车，围绕广大旅客和社会各界关注的购票、站车服务、餐饮供应、服务态度等热点问题，与旅客一对一、面对面地进行铁路客运服务质量问卷调查，直接倾听旅客意见。不断完善问卷调查方式方法，结合“复兴号”动车组开行等实际，修改完善调查问卷内容，切实提高问卷调查的针对性和实效性。2018 年，累计投入调查人员 3783 人次，完成问卷 127517 份，收集问题和意见建议 6371 条，及时反馈并督促铁路运输企业整改，提升服务质量。

第三章　公路（含道路运输）

第一节　公路规划与实施总体情况

一是完善公路“十三五”发展规划中期评估工作。按照交通运输部综合规划司总体要求，对公路行业发展、规划目标执行和建设项目实施作了系统评估，完成公路“十三五”发展规划中期评估和调整工作。

二是启动国家公路通道线位控制规划工作。为加强国家公路线位资源储备，在赴国家发展和改革委员会、国土资源部等部委的调研工作基础上，编制印发了《关于做好交通基础设施国土空间控制规划有关工作的通知》（交规划函〔2018〕423号），指导督促各省做好规划编制工作。

第二节　公路基础设施建设

一、公路建设基本情况

2018年底，全国公路总里程达484.65万公里，比上年末增加7.31万公里。公路密度为50.48公里/百平方公里，增加0.76公里/百平方公里。

全国等级公路里程446.59万公里，比上年末增加12.73万公里，占公路总里程92.1%，提高1.3个百分点。其中，二级及以上等级公路里程64.78万公里，增加2.56万公里，占公路总里程13.4%，提高0.3个百分点。

全国高速公路里程14.26万公里，比上年末增加0.61万公里。其中，国家高速公路10.55万公里，增加0.32万公里。全国高速公路车道里程63.33万公里，增加2.90万公里。

国道里程36.30万公里，省道里程37.22万公里。农村公路里程403.97万公里，其中县道里程54.97万公里，乡道里程117.38万公里，村道里程231.62万公里。

二、统筹推进重点公路工程建设

2018年，交通运输行业坚持服务京津冀一体化和雄安新区建设、“一带一路”、长江经济带以及2022冬奥会、粤港澳大湾区等，服务全面建成小康社会和脱贫攻坚，加快推进重点工程项目建设，不断完善公路基础设施网络，公路建设取得新的成果。

港珠澳大桥东接香港特别行政区，西接澳门特别行政区和广东省珠海市，跨越伶仃洋，是在“一国两制”框架下，粤港澳三地首次合作建设的超大型跨海交通工程，包括海中桥岛隧主体工程、珠海口岸及连接线、澳门口岸及连接线、香港口岸及连接线，总长约55公里，其中，海中桥岛隧主体工程全长29.6公里。2月6日，港珠澳大桥完成主体工程交工验收。

此外，首都地区环线高速公路（G95）北京通州至大兴段、汕昆国家高速公路（G78）广东连平至怀集段、银昆国家高速公路（G85）桃园（川陕界）至巴中段、武深国家高速公路（G0422）广东仁化至博罗段、雅叶国家高速公路（G4218）四川雅安至康定段、都香国家高速公路（G7611）贵州六盘水至威宁段、西藏拉萨至林芝高等级公路以及浙江省三门湾、乐清湾、台州湾跨海大桥等重点项目建成通车。武深国家高速公路全线贯通。其中，银昆国家高速公路（G85）桃园（川陕界）至巴中段控制性工程——米仓山隧道，长度超过13.8公里。

云南玉溪至楚雄高速公路、甘肃武都至九寨沟（甘川界）高速公路、安徽合肥至枞阳高速公路、陕西安康至岚皋高速公路、沈海高速公路汕尾陆丰至深圳龙岗段改扩建工程、云南楚雄至大理高速公路扩容工程等国家重点公路建设项目初步设计通过交通运输部审批。

深圳至中山通道、南京长江第五大桥、武汉青山长江公路大桥、四川绵阳至九寨沟高速公路、云南保山至泸水高速公路、贵州都匀至安顺高速公路、京哈高速吉林长春至拉林河段改扩建工程等重点项目顺利推进。津石高速公路河北段、安徽黄山至千岛湖高速公路、湖北赤壁长江公路大桥、重庆高峰至新田高速公路、贵州仁怀至遵义高速公路、四川成都至乐山高速公路扩容工程等一批重点项目开工建设。

三、推进公路建设转型升级

为深入贯彻绿色发展理念，进一步推动公路转型升级，交通运输部印发《关于加快推进绿色公路典型示范工程建设的通知》，进一步明确公路设计、施工、养护、运营管理不同阶段的绿色发展任务、责任和要求，加快推进绿色公路典型示范工程建设，尽快形成示范效应。7月至8月，交通运输部组织赴陕西、广东、贵州三省开展公路建设专题调研，实地了解绿色公路、钢结构桥梁、BIM技术等专项工作推进情况，加强示范项目指导，及时总结提炼成果。11月上旬，交通运输部在北京举办全面推进绿色公路建设培训班，结合典型工程实践经验，在绿色公路建设政策、设计咨询理念等方面，对各地交通运输主管部门、公路建设管理等单位的技术管理负责同志进行培训。通过培训工作，提升公路建设理念，推动公路建设行业升级转型发展。11月底，交通运输部在北京市延庆区召开全国绿色公路和旅游公路建设现场推进会，结合延庆至崇礼高速公路项目建设，开展经验交流研讨，谋划下一步工作重点。

四、组织重点工程项目竣工验收

（一）泰州长江公路大桥

9月，交通运输部组织了江苏省泰州长江公路大桥竣工验收。该项目是连接泰州市和扬中市重要的跨江通道工程，路线全长62.088公里，概算总投资约93.7亿元。大桥的建成对进一步完善区域公路网络，促进长江两岸区域均衡发展和沿江开发等，具有积极的作用。跨江主桥采用三塔两跨悬索桥结构方案，技术含量高，建设难度大，是我国大跨径桥梁设计技术和建设管理的重要创新和成功实践，为我国掌握大跨径多主跨悬索桥建造的核心技术、提升我国桥梁建设国际竞争力做出了贡献。

（二）南京长江第四大桥

9月，交通运输部组织了江苏省南京长江第四大桥竣工验收。南京四桥位于南京二桥下游约10公里处，是南京市又一重要的跨江通道。该项目路线全长28.996公里，概算总投资约76.7亿元。建成后对增进长江两岸经济社会联系、增强南京综合竞争力和辐射带动能力、促进区域经济社会协调发展等具有重要意义。跨江大桥采用双塔双索面三跨悬索桥结构方案，攻克了超大型地连墙基础和沉井基础的设计及施工、复合浇筑式沥青钢桥面铺装等一系列技术难题，为我国大跨径悬索桥的设计和建造积累了宝贵经验。

（三）山西省灵丘（冀晋界）至山阴公路

5月，交通运输部组织了山西省灵丘（冀晋界）至山阴公路竣工验收。该项目位于山西省大同市和朔州市，是荣成至乌海国家高速公路（G18）的重要组成部分，路线全长153.877公里，概算总投资约87.8亿元，是连通京津冀地区与山西北部、内蒙古中部区域的重要公路干线。

第三节 公路建设管理

一、工程建设管理

（一）加快推进项目建设，扩大公路有效投资

优化国家重点公路建设项目初步设计审批流程，提高审批效率。2018年共完成甘肃省武都至九寨沟公路等47个重点公路项目初步设计审批，总里程约5133公里，概算金额约4798亿元，为项目尽快开工建设、形成有效投资创造条件。全面梳理形成全国高速公路和国省干线公路建设项目台账，通过系统按月跟踪项目建设进展，《印发关于加强信息报送切实促进公路建设有效投资的函》对进度相对滞后的在建公路项目分省发函，加强督办。

（二）全面总结建设管理体制改革经验

对江西、湖南、陕西等省份开展的公路建设管理体制改革试点工作进行全面评估总结，形成专门评估报告。评估报告经交通运输部深改组审议后，作为"可复制可推广的典型经验"予以推介宣传。

（三）加强公路工程竣工验收

印发《关于公路工程验收执行新版公路工程质量检验评定标准有关事宜的通知》（交办公路〔2018〕136号），明确公路工程竣（交）工验收工作新要求，做好与新修订的公路工程质量检验评定标准的衔接。印发《关于做好近期重点公路建设项目竣工验收工作的通知》（交办公路函〔2018〕1480号），明确新一批国家重点公路建设项目竣工验收计划。

（四）全力做好公路建设领域农民工工资支付保障

结合农民工工资支付保障工作新形势、新要求，印发《关于提前做好公路水运建设领域农民工工资治欠保支有关工作的通知》（交办公路函〔2018〕1727号），提前部署2019年春节前清欠工作。结合排查清欠情况，组织10个省份开展互查，检查有关工作落实情况，实地了解农民工工资领取情况；对个别清欠任务较重的省份每天督办，对完成清欠有困难的个别省份派员赴现场督办。

二、公路建设市场监管

（一）公路建设市场督查

印发了《交通运输部办公厅关于开展2018年公路水运建设市场督查工作的通知》（交办公路函〔2018〕505号），聚焦党中央、国务院重大战略部署，采取"双随机，一公开"方式，组织开展了2018年公路建设市场综合督查。督查省份方面，主动对接服务国家重大战略和三大攻坚战，选取"一带一路""长江经济带"涉及的辽宁、安徽、广东、西藏和新疆，以及脱贫攻坚任务艰巨的山西等6个省份。督查项目方面，随机抽查了包括7个高速公路（含大桥2座）、8个普通国省干线公路和7个农村公路在内的22个在建项目，共计52个设计、施工、监理合同段，并核查了9家公路设计、施工和监理从业企业资质符合情况。督查内容方面，强化公路建设市场准入管理、建

设程序执行、招标投标管理、信用体系建设和合同履约管理等督查，新增推进“四好农村路”建设、保证金清理和农民工工资支付以及企业资质标准符合情况等内容，特别是针对甘肃折达公路考勒隧道事件暴露出来的相关问题，对投标人串通投标、出借借用资质投标、人员履约不到位、转包违法分包和交工验收遗留问题未整改到位等情况开展了重点检查，并督促省级交通运输主管部门聚焦上述问题开展专项整治。督查期间，根据发现问题共提出整改意见50条，向被督查省份交通运输主管部门印发督查情况通报6份，印发了《交通运输部办公厅关于2018年全国公路建设市场督查情况的通报》。

（二）公路建设市场信用体系建设

完成了2017年度公路建设市场全国综合信用评价，发布了评价结果公告，261家公路设计企业、873家公路施工企业、533家公路监理企业以及6288名监理工程师的信用评价信息已记入全国公路建设市场信用信息管理系统，可以公开查询。其中，1家施工企业全国综合信用评价结果为D级，将在市场竞争中受限；87名监理工程师信用扣分大于24分，被列入“信用不良的重点监管对象”，不得进行从业登记。发布了《交通运输部办公厅关于界定和激励公路水运工程建设领域守信典型企业有关事项的通知》（交办水〔2018〕11号）和《公路水运工程建设领域守信激励企业名单》，共有51家公路设计企业、55家公路施工企业、49家公路监理企业上榜。完成了信用评价调研，研究整合设计、施工、监理信用评价规则，制订公路建设市场信用管理办法。

对全国公路建设市场信用信息管理系统进行全面优化升级，开发了系统手机APP，为公众查询提供了便捷服务。全国公路建设市场信用信息管理系统共发布7173家从业企业和近24万名从业人员的354万条信用信息，供社会公开查询，被广泛应用于建设项目招标投标、企业资质审查等活动。

（三）完善公路建设市场法规体系和招投标监管

2018年2月，修订发布了《公路工程标准设计招标文件》《公路工程标准设计招标资格预审文件》《公路工程标准监理招标文件》《公路工程标准监理招标资格预审文件》，并组织了4期交通运输主管部门、有关机构和单位相关人员的宣贯培训，指导相关协会对会员企业从业人员开展业务培训。2018年完成五期共1111名新申报评标专家培训考核工作，发布了第二批国家公路建设项目评标专家库专家名单。

三、公路工程造价管理

（一）加强造价标准体系建设

发布了新版《公路工程建设项目投资估算编制办法》（JTG 3820—2018）及配套的《公路工程估算指标》（JTG/T 3821—2018），以及《公路工程建设项目概算预算编制办法》（JTG 3830—2018）及配套的《公路工程概算定额》（JTG/T 3831—2018）、《公路工程预算定额》（JTG/T 3832—2018）、《公路工程机械台班费用定额》（JTG/T 3833—2018）。本次修订结合交通行业供给侧结构性改革、财税体制改革、投融资体制改革以及公路管理体制改革的要求，以科学计价、合理定价为基准，以提升公路工程质量、安全和管理水平为导向，以服务于新时代交通强国建设为根本，依法进一步规范公路建设成本费用组成，提升资金使用效益。新版编制办法及定额对进一步规范公路建设工程造价管理，加强政府投资控制，预防和遏制腐败，促进形成统一开放、竞争有序的公路建设市场，促进公路建设健康持续发展，具有十分重要的意义。

同时，为构建完善的全过程计价体系以及全寿命周期为造价管理，2018 年启动编制《公路建设项目竣工决算编制规范》《公路工程安全生产费标准清单》等计价标准，完成了《公路工程工程量清单计价规范》的征求意见工作，还加快了运营期、养护期造价标准的编制进度，完成《高速公路运营养护预算编制办法》《农村公路养护预算编制办法及定额指标》的总校稿审查，启动了《公路施工定额测定规程》的报批程序。

（二）公路行业造价管理队伍建设

委托交通运输部管理干部学院组织开办了为期 4 天的 2018 年度公路造价管理培训班，面向各省交通运输主管部门及造价管理部门，围绕公路工程概预算、招投标及决算造价管理、造价监督管理、PPP 项目造价管理、造价工程师职业资格制度、国际工程管理经验及成本控制、公路工程造价管理典型经验介绍等各领域开展培训。

（三）启动造价管理信息化平台建设

为推进造价管理的信息化和阳光化，实现工程造价的大数据分析，依托交通运输部公路局组织建设的公路建设市场与收费公路监管信息系统，组织启动建设部级公路工程造价管理平台，同时审查完成《公路造价数据标准》，为部省两级造价平台的互联互通建立统一技术标准。

第四节 公路养护管理

一、2018 年公路养护基本情况

截至 2018 年底，全国公路总里程为 484.65 万公里，其中养护里程共计 475.78 万公里，占公路总里程的 98.17%，分别较 2017 年增加 8.32 万公里和 0.24 个百分点。其中，国省干线公路养护里程 73.14 万公里，与上年相比增加 4.29 万公里，国省干线公路养护里程比例达 99.49%。全国农村公路养护里程 395.69 万公里，占农村公路里程的 97.95%，较上年增加了 0.22 个百分点。2018 年普通国省干线 MQI 值为 86.90，优良路率为 82.26%，其中国道分别为 88.06 和 85.71%，省道分别为 85.85 和 79.12%，均较上年有所提高；高速公路 MQI 值为 94.93，优良路率为 99.80%，比上年有所提高。

二、公路养护制度建设

2018 年，交通运输部着力推进养护管理制度化。修订发布《公路养护工程管理办法》（交公路发〔2018〕33 号）。依据养护对象和工程性质，将养护工程分类调整为预防养护、修复养护、专项养护、应急养护四类，明确公路改扩建执行公路建设管理相关规定，同时，对养护工程从前期准备到末端监督管理所涵盖的所有环节进行了系统梳理，以此为主线搭建了现代公路养护管理体系，对于提升养护工程管理的系统性、全面性和科学性具有重要意义。

此外，为加强公路长大桥梁、隧道养护管理工作，保障运行安全，2018 年 3 月，交通运输部印发《公路长大桥隧养护管理和安全运行若干规定》（交公路发〔2018〕35 号），明确长大桥隧养护管理的工作原则及责任主体，强化长大桥隧养护管理及养护工程实施要求，对桥隧保护、运行监测和安全评估、车辆、船舶的通行以及管线依附、长大桥隧应急与事故处理等方面提出要求。

三、国家公路网技术状况监测

2018 年，各级交通运输主管部门和公路管理机构全力加强公路和桥隧养护管理工作，全国干线公路技术状况水平总体良好，运行态势平稳，取得积极成效。

（一）路况检测

接受检测的 31 个省（自治区、直辖市）1.49

万公里普通国道检测结果显示：路面使用性能指数（PQI）为 86.98，处于良等水平，优良路率为 80.72%，次差路率为 6.33%；路面损坏状况指数（PCI）为 84.58，路面行驶质量指数（RQI）为 90.43。除西藏外，接受检测的 30 个省（自治区、直辖市）1.015 万公里国家高速公路检测结果显示：路面使用性能指数（PQI）为 92.28，处于优等水平，优等路率为 81.18%，次差路率为 0.71%；路面损坏状况指数（PCI）为 90.94，路面行驶质量指数（RQI）为 93.75，路面车辙深度指数（RDI）为 91.98。总体上，公路路况水平满足《"十三五"公路养护管理发展纲要》要求，均与上一年基本持平。分区域看，国家高速公路东、中、西部地区路面使用性能指数（PQI）分别为 93.28、91.82、91.78，普通国道东、中、西部地区分别为 91.23、85.48、85.68，东部地区明显优于中西部地区。此外，普通国道收费公路路况水平较差。普通国道中，检测收费公路共计 1339 公里，分布在 10 个省份。普通国道收费公路路面性能 PQI 均值为 81.18，路面破损 PCI 均值为 74.01，低于全国普通国道平均水平 5.8 分和 10.67 分。

（二）重点桥梁监测

抽检的 40 座重点桥梁，从规范化评分看，桥梁养护管理规范化水平稳步提升。养管单位养护管理规范化评分高于 90 分的有 34 座，占比 85%，较 2017 年度（高于 90 分的有 27 座）提高 17.5%。但资金保障不足问题依然存在，31 个省份中，对特大、特殊结构和特别重要桥梁有明确定义并安排专项养护资金的省份仅有 9 个，11 个省份 12 座桥梁的养护资金投入不能有效保障养护工作的开展。此外，检查和评定工作仍需规范。抽检桥梁中，有 32 座能够按规范要求及时开展桥梁经常检查，17 座桥梁（占比 42.5%）在定期检查开展的频率、深度、报告的规范性等方面存在问题。技术状况复核结果为：一类桥 1 座，二类桥 28 座，三类桥 10 座，四类桥 1 座。与抽检桥梁末次定期检查评定结果相比，有 4 座桥梁技术状况与本次监测结果不一致，均差于末次评定结果。黑龙江佳木斯松花江公路大桥评级由三类调整为四类，辽宁大连湾特大桥与北京京新上地桥评级由二类调整为三类，内蒙古丹洲营高架桥上行评级由二类调整为三类，下行评级不变。

（三）重点隧道监测

抽检的 10 座重点隧道，从规范化评分看，隧道养护管理规范化水平稳步提升。隧道养管单位养护管理规范化评分较 2017 年 73.71 分有了较大提升。其中，高于 80 分的有 8 座（占 80%），70～80 分的有 2 座（占 20%），无 70 分以下的隧道。技术状况复核结果为：二类隧道 8 座，三类隧道 2 座。与末次定期检查评定结果相比，有 2 座隧道技术状况与本次监测结果不一致，1 座好于末次评定结果，1 座差于末次评定结果。辽宁省吴家岭隧道评级由三类调整为二类；云南省碧鸡关隧道评级由二类调整为三类。

（四）安全设施分析评估

通过对北京、天津、河南、湖南、重庆、西藏、陕西和宁夏等 8 个省份 2889.5 公里普通国道前方图像及公路线性数据进行设施分析评估，结果显示：路侧防护率（按检测车辆行进方向）左侧为 99.89%、右侧为 99.86%，中心标线完好率为 96.32%。

根据检测结果，路面使用性能指数（PQI）位于全国前 10 名的省份，国家高速公路为陕西、江苏、山东、湖南、海南、重庆、贵州、福建、江西、浙江；普通公路为浙江、江苏、辽宁、安徽、重庆、北京、陕西、上海、海南、贵州。管理规范化及技术状况较好的重点桥梁和隧道为江苏苏通大桥（G15）、湖南淞澧洪道主桥（G234）、重庆彭溪河特大桥（G42）、河南逢石河特大桥（G3511）、山东东营黄河公路大桥（G18）、山西南河特大桥（G55）、浙江江东大桥（G92N）、宁夏恩和立交桥（G2012）、陕西芝川特大桥（G5）、福建岭兜特大桥（G237）、山西月湖泉隧道（G55）、辽宁吴家岭隧道（G1113）。

四、灾损保通工作

2018 年，全国各地的公路基础设施在自然灾害中均有不同程度的损毁，部分地区灾情较为严重，主要有以下特点：一是降雨强度大，影响范围广；二是台风登陆个数较常年同期偏多，灾害损失大；三是西北西南降雨量显著偏多，局部地区灾损严重；四是五级以上地震活动水平增强，造成局部灾损。

面对灾情，各级交通运输主管部门和公路管理机构认真贯彻落实习近平总书记等中央领导同志关于做好防灾减灾抗灾工作的重要指示批示精神，克服种种困难，有效抵御灾害影响，及时抢通抢修灾损公路，为促进经济社会发展奠定良好基础，主要应对措施为：一是强化应急物资装备储备。交通运输部继续督促指导地方加快推动国家区域性公路交通应急物资储备中心建设，并组织开展相关管理制度研究工作。截至 2018 年 8 月底，河南、黑龙江、新疆生产建设兵团、西藏等 4 个中心建设完成，大型装备已经到位并投入使用。二是组织开展公路交通军地联合应急演练。11 月 14 日，交通运输部会同江苏省人民政府及武警交通部队，在镇江市开展了以“冬季公路交通综合应急保障”为主题的全国公路交通军地联合应急演练。三是继续实施抗震减灾工程。2018 年安排中央车购税补助资金用于加强公路安全生命防护工程、危桥改造和地质灾害防治工程，提升公路基础设施的抗震能力。全年完成乡道及以上公路安全生命防护工程 18.9 万公里，完成乡道及以上公路危桥改造工程 4662 座，完成国省干线公路灾害防治工程 1109 公里。四是全力应对各种灾情。金沙江白格堰塞湖等自然灾害发生后，交通运输部高度重视，立即会同地方交通运输部门，研判灾情，会商抢通保通有关工作措施。派出专家组现场踏勘灾情，指导应急处置工作。协调武警部队做好应急救援。及时会商财政部安排公路灾损抢修保通专项补助资金。

五、危桥改造工程与公路安全生命防护工程

（一）推进危桥改造工程建设

为提升公路安全保障水平，交通运输部连续第 4 年将危桥改造工程作为贴近民生实事中的一项重要内容，提出“改造危桥 2500 座”的工作目标并向社会公布。为此，中央加大投入力度，全年共改造危桥 4662 座 /15.9 万延米，超额完成年初确定的改造危桥 2500 座的工作目标。

（二）推进公路安全生命防护工程建设

为夯实公路交通安全基础，提升公路安全保障水平，交通运输部连续第 4 年将公路安全生命防护工程作为贴近民生实事中的一项重要内容，提出“实施公路安全生命防护工程 18 万公里”的工作目标。为此，中央加大投入力度，完成公路安全生命防护工程 18.9 万公里，超额完成年初确定的工作目标。全面完成公路安全生命防护工程示范省建设，累计建设里程 4657 公里，其中国道 2403 公里、省道 1452 公里、县道 414 公里、乡道 388 公里。设置护栏 1003 公里，新增交通标志 26958 块，设置视线诱导设施 173847 个，施划交通标线 143.3 万平方米，铺设彩色防滑路面 39133 平方米，显著提升了示范路段的公路交通安全水平，获得了一批可推广、可复制的示范经验和技术，实现了预期目标。

六、养护管理专项行动

（一）国家公路网命名编号调整工作

为促进《国家公路网规划（2013 年—2030 年）》

落地、更好地满足人民群众日益增长的出行服务需要，2018 年 3 月 5 日，交通运输部正式启动国家公路网命名编号调整工作，针对已建成通车的国家公路开展交通标志调整、里程桩号传递、相关数据更新等工作。按照《国家公路网交通标志调整工作技术指南》《国家公路网命名编号调整实施方案》《国家公路网里程桩号传递方案》以及《公路路线标识规则和国道编号》（GB/T 917—2017）的有关要求，各地正在积极推进各项相关工作。

（二）公路交通标线质量控制专项工作

为提升公路交通标线质量水平，更好地满足人民群众出行需求，2018 年 3 月，交通运输部印发了《交通运输部关于开展公路交通标线质量控制专项工作的通知》（交公路明电〔2018〕3 号），组织开展为期一年的公路交通标线质量控制专项工作。专项工作实施以来，各级交通运输主管部门、公路管理机构和收费公路运营管理单位不断加强公路交通标线质量控制工作，取得明显成效。据统计，截至 2019 年 3 月底，全国共完成标线检查 937105 公里 /36186 万平方米，重新施划标线 303406 公里 /6777 万平方米。其中，高速公路完成标线检查 124038 公里 /16200 万平方米，重新施划标线 27723 公里 /1302 万平方米，投入资金 113967 万元；普通国道完成标线检查 149201 公里 /5219 万平方米，重新施划标线 59780 公里 /1674 万平方米，投入资金 106815 万元；普通省道完成标线检查 182741 公里 /5826 万平方米，重新施划标线 89699 公里 /1896 万平方米，投入资金 159112 万元；农村公路完成标线检查 481125 公里 /8940 万平方米，重新施划标线 126205 公里 /1906 万平方米，投入资金 274564 万元。

（三）提升公路桥梁安全防护和连续长陡下坡路段安全通行能力专项行动

2018 年 11 月，交通运输部聚焦重庆万州公交车坠江事故、兰海高速兰州南收费站交通事故暴露出的突出问题，坚持重拳出击、猛药去疴，部署开展提升公路桥梁安全防护和连续长陡下坡路段安全通行能力专项行动。分析评估、深入辨识在役公路桥梁防护设施和现有公路连续长陡下坡路段运营安全存在的主要风险类型及风险致因，科学施策、分类处治，逐步提升公路桥梁通行防护能力和现有公路连续长陡下坡路段运营安全水平。

第五节　公路网运行管理

一、路网运行监测工作

8 月 30 日，组织北京、天津、河北、上海、江苏、山东等 6 省份开展京沪高速公路网运行监测管理与服务实验平台建设，并于 10 月 1 日上线运行，实现了京沪高速沿线各省市监控视频资源的云端汇聚和共享应用，取得了良好的效果，有效支撑了路网监测与应急处置工作，为全国公路视频联网提供了重要经验。

提前谋划、认真准备，加强值班值守力量，细化方案、完善措施，圆满完成了元旦、春节、清明、五一、端午、中秋、国庆等节假日期间全国路网运行保障工作，全国路网运行总体平稳有序，高速公路、普通国省干线及各大中城市出入口收费站通行状况基本良好，公路交通安全形势总体平稳，服务规范化水平不断提升。

按照统一部署和“部省联动、区域协同”的工作思路，以“路网研判科学全面、运行监测实时高效、信息引导立体精准、事件处置快速有力”为工作目标，组织相关省份交通运输主管部门圆满完成了 3 月全国两会、6 月青岛上合峰会、8 月北戴河暑期保障、9 月天津达沃斯论坛等多项重大活动期间区域路网保障工作任务，并重点加强了区域跨省路网运行保障工作，形成了长效的路网协同工作模式和工作机制。

二、应急处置工作

1月2日和24日，我国大范围受到雨雪寒潮天气影响，多地出现公路交通受阻情况，杨传堂书记、李小鹏部长、何建中副部长、戴东昌副部长多次到交通运输综合应急指挥中心了解全国路网运行情况，并多次作出重要指示。交通运输部及时下发了《关于进一步做好新一轮恶劣天气防范应对切实加强公路交通保障工作的通知》（交公路明电〔2018〕1号），指导各地主动应对、全力处置，有效防止了大面积公路交通受阻事件的发生，确保了全国路网运行的安全和平稳。

7月10日，甘肃省舟曲县境内普降大到暴雨，致使G345舟曲段发生路基垮塌、塌方、山洪泥石流等严重水毁灾害，造成部分路段交通中断，国务院领导和交通运输部领导作出重要批示。交通运输部公路局、路网中心严格落实国务院领导和交通运输部领导的批示要求，加强值班值守，全力指导甘肃省交通运输部门开展公路抢通保通保安全工作，商财政部及时下拨公路灾损抢修保通专项补助资金，支持灾后公路抢修保通工作，做好路网出行信息发布，引导群众安全出行。

10月11日和11月3日，西藏自治区昌都市江达县与四川省甘孜藏族自治州白玉县交界处先后两次发生山体滑坡，均导致金沙江断流并形成堰塞湖。两次堰塞湖险情发生后，交通运输部领导高度重视，多次作出重要指示批示，交通运输部公路局、路网中心按照交通运输部领导指示批示精神，迅速进入应急值班值守状态，与西藏、四川两地交通运输厅紧密联系，与中国气象局建立气象会商机制，切实做到灾区信息的及时收集汇总，及时做好交通运输部决策部署的迅速下达，积极采取有效措施，全力做好道路保通和灾区人员运输保障工作。

10月17日和10月29日，西藏自治区林芝市米林县派镇加拉村下游5公里处先后两次发生山体滑坡阻塞雅鲁藏布江，形成堰塞湖。灾情发生后，交通运输部公路局、路网中心高度重视，立即进入应急值班状态，及时贯彻落实交通运输部领导相关指示要求，第一时间与应急管理部、国家防总及西藏交通运输部门联系了解情况，开展应急处置相关工作。

认真贯彻落实党中央、国务院对防汛抗旱防台风工作的总体部署和交通运输部领导重要指示精神，认真开展汛期路网运行监测和预警防范，做好信息上报、发布和公众服务等各项工作，与受台风影响省份积极开展音视频会商工作，指导各地交通运输主管部门及路网管理部门做好台风天气下公路交通管制、基础设施防护等各项工作，成功应对7月11日第8号台风"玛莉亚"、8月17日第18号台风"温比亚"、9月16日第22号台风"山竹"等对路网运行造成的不利影响。

三、服务区工作

3月28—29日，按照交通运输部开展大学习大调研活动的部署安排，在浙江省宁波市组织开展了全国普通国省干线公路服务设施建设集中调研。交通运输部政策研究室、综合规划司、公路局相关同志以及各省、自治区、直辖市、新疆生产建设兵团交通运输厅（局、委）和公路管理机构的有关负责同志参加了调研。调研分为现场调研和座谈调研两个部分，戴东昌副部长出席了29日上午的座谈。参加调研的人员普遍反映，通过这次集中调研，提高了思想认识，形成了典型经验，指明了工作方向，大家对普通国省干线公路服务设施的重要意义有了进一步的认识，开拓了思路，转变了思想，提升了理念，效果好、启发大，达到了预期目标。

4月19日，印发了《2018年全国公路服务区工作要点》（交办公路函〔2018〕593号），

指导各地坚持新发展理念，按照高质量发展的要求，以服务社会公众安全便捷出行为主线，以解决公众反映最迫切、最突出的问题为导向，创新工作思路，完善服务设施，拓展服务内容，优化服务模式，深入推进高速公路服务区文明服务创建，加强普通国省干线公路服务设施建设改造，加快推动公路服务区质量变革、效率变革、动力变革，确保服务质量的持续提升。

5月4日，《中国交通报》刊发《福建高速服务区"公厕长"制落地 建管标准化 服务人性化》报道，杨传堂书记作出批示。5月17—18日，交通运输部公路局赴福建省开展了专题调研，实地考察了青云山和大往两个"公厕长"制试点高速服务区，深入了解了福建省的创新做法，对经验做法予以总结，并推广全国各地学习和借鉴。

6月13—25日，从各地抽调64名专家，组成16个小组，对高速公路服务区服务质量和普通国省干线公路服务设施建设改造进行督导检查。各小组围绕"看进度、找短板、挖亮点、建机制"，逐一核对近三年普通公路服务设施建设改造项目的内业资料，实地察看了76处服务设施，了解了相关项目建设进度、计划开工和完工时间；实地检查了83对高速公路服务区，了解深化"厕所革命"、未运营服务区整改进展等工作情况，达到了"摸清底数、传导压力、交流学习、督促提高"的预期目的。

第六节　收费公路管理

一、深化收费公路制度改革降低过路过桥费用

为贯彻落实党中央、国务院决策部署，交通运输部成立了深化收费公路制度改革降低过路过桥费用专项工作组，制定了《深化收费公路制度改革降低过路过桥费用工作方案》和重点任务具体落实工作方案，深入开展研究和推进工作。一是组织开展了收费公路管理重大政策制度研究，明确了收费公路制度改革和法规修订思路。二是2018年12月21日发布了《收费公路管理条例（修订草案）》，向社会公开征求意见。三是印发《交通运输部办公厅关于扩大高速公路差异化收费试点工作的指导意见》（交办公路〔2018〕47号），指导各地全面扩大高速公路差异化收费。截至2018年底，全国共有17个省份实施了高速公路差异化收费，共优惠车辆通行费90.8亿元。四是指导各地通过货车使用ETC非现金支付、国际标准集装箱车辆优惠等，共优惠车辆通行费136.49亿元。

二、加快推进高速公路电子不停车收费（ETC）应用发展

一是ETC联网运营平稳有序，截至2018年底，ETC专用车道19674条、ETC用户约7655.7万，ETC支付使用率达43.20%。经初步测算，2018年全年节约车辆燃油约13.24万吨，能源节约效益约12.48亿元，减少污染物排放约4.1万吨。二是推动交通运输部更贴近民生实事工作落实，通过按月跟踪、集中座谈、实地督导、定期通报等形式，强化督导检查，加快推动ETC发展，2018年新增ETC专用车道2693条、发展用户1833.4万。三是推动公务车辆安装使用ETC，会同国家机关事务管理局、中直机关事务管理局印发通知，采取免费安装、集中上门服务等方式，推动中央和国家机关公务车辆安装使用ETC，累计为116个单位近1200辆公务用车安装ETC。同时，转发通知指导各地参照执行。四是强化网络安全管理，印发《全国高速公路联网电子不停车收费系统国产密码算法迁移工程实施方案》，推动ETC密钥国产化升级。组织开展联网收费系统网络安全抽查，印发《关于全国收费公路联网收费系统安全检查情况的通报》，不断提升系统网络安全防护水平。五是指

导各地创新发展模式，不断拓展ETC应用场景，提升ETC服务水平。

三、收费公路通行费增值税发票实现统一开具

交通运输部认真贯彻党中央、国务院关于推进供给侧结构性改革和降低实体经济成本的决策部署，会同财政部、国家税务总局持续完善收费公路通行费增值税电子普通发票开具相关工作。2018年1月1日，通行费增值税电子发票服务平台正式上线，实现了高速公路通行费发票的统一开具，最大限度方便了纳税人获取发票和实现税款抵扣，真正实现了“让信息多跑路、群众少跑腿”。交通运输部组织有关单位采取多种有效措施，优化开票流程、加强宣传引导、强化运营保障，为广大运输业户免费提供优质高效的发票开具服务。同时，不断拓宽服务范围，2018年7月1日基本实现经营性一、二级收费公路通行费电子发票开具，实现了收费公路通行费电子发票服务全覆盖，并有力保障了通行费电子发票与纸质发票抵扣政策的平稳过渡。

发票服务平台运行一年来，累计注册用户约284.8万，绑定用户卡约538.28万张，开具发票约22193.45万张，其中征税发票约19279.57万张，可抵扣税额约12.59亿元，有效提升了收费公路通行效率，促进了物流业降本增效。

四、苏鲁、川渝试点取消高速公路省界收费站

2018年12月28日15时，江苏和山东、重庆和四川作为第一批试点省份，率先取消了15个高速公路省界收费站，标志着推动取消高速公路省界收费站改革迈出坚实的第一步。

2018年5月16日国务院常务会议作出推动取消高速公路省界收费站的决策部署后，交通运输部迅速贯彻落实，成立了专项工作组，组织各方面力量，攻坚克难，按照“试点先行、稳妥有序”的原则，确定了试点省份，印发了试点技术方案、工程实施方案、测试方案及关键技术要求，开展了大量基础性测试，全力开展部省两级系统建设改造等相关工作，保障了取消高速公路省界收费站工作目标顺利完成。

取消高速公路省界收费站后，原有正线路面收费设施逐步拆除，车辆在省界可以不停车直接通行，不再需要停车交卡和领卡，大幅减少了通行时间，显著提高了通行效率，对深化交通运输供给侧结构性改革、促进区域协调发展、推进物流业降本增效具有重要意义。

第七节　公路执法

2018年度，交通运输部公路局认真贯彻落实党中央、国务院决策部署，按照全国治超工作领导小组统一安排和要求，坚持以人民为中心的发展思想，以优化营商环境为目标，以深入清理整顿公路治超乱执法、乱罚款和不作为为重点，督促指导各地健全完善长效工作机制、不断巩固并扩大规范治超执法工作成果，取得明显成效。公路治超执法工作情况如下：

一、深入推进治超执法专项整治活动

2018年初，交通运输部印发《2018年全国治超工作要点》，印发二、三季度全国治超工作数据监测情况通报，组织暗访组分3个批次对河北、山东等7个省份的58个治超站开展了暗访。各地对照“十不准”等工作纪律，全面排查纠正了一批乱作为、不作为等违规行为。据统计，全国共开展省级执法检查1030次，查处违规执法人员344人。

二、深入开展公路执法服务大走访活动

2017 年 9 月至 2018 年 9 月，交通运输部组织开展了为期一年的公路执法服务大走访活动。活动开展部级督导 4 次，戴东昌副部长带队赴辽宁督导调研，了解基层公路执法工作情况，听取物流企业意见，要求严格落实规范公路执法有关规定。5 月份的全国“路政宣传月”结合公路执法大走访开展活动，各地以“三服务两监督”为主题，采取多种形式，深入企业和群众，问需、问政、问计，帮助群众办实事做好事，做到件件有着落，事事有回音。其中“局长大走访”1187 次，“送法进企业”6332 次，“执法开放日”798 次，“开门评执法”989 次，“上门送服务”3757 次。活动期间全国累计开展大走访超过 1.3 万次。

三、深入推进治超联合执法常态化制度化

2018 年 5 月 4 日，交通运输部公路局会同公安部交管局联合召开全国电视电话会，回顾总结前期规范公路执法工作，研判新时期公路治超正面临的新形势和新要求，部署安排了路警联合执法常态化制度化和隧道安全风险防控工作。

2018 年 7 月 19—20 日，交通运输部公路局会同公安部交管局赴福建龙岩开展联合执法督导调研，浙江、福建、江西、湖北、湖南、广东等 6 省交通运输、公安部门参加了调研交流，通报了对公路执法的暗访情况，了解各地路警联合执法的部署和落实情况，发挥部级督导的推动作用，强力推进路警联合执法工作全面深入开展。

2018 年 11 月 29 日，交通运输部公路局会同公安部交管局在山西大同联合召开“规范公路治超执法优化营商环境”现场会，贯彻落实党中央、国务院决策部署，加快推动国务院大督查发现问题的整改，深入推进交通运输、公安部门治超联合执法常态化制度化工作，进一步规范公路治超执法行为，持续稳定推动公路治超工作。

交通运输部印发《关于严格执行全国超限超载认定标准的通知》（交办公路〔2018〕66 号）。各地全面落实联合执法工作机制，一年来，共新增治超站 95 个、检测点 602 个，优化站点布局 262 个；正式运行的 2042 个治超站中，1334 个实行“肩并肩”式联合执法，708 个实行“前后协同”式联合执法，多头执法问题得到有效解决。

四、不断优化大件运输许可服务

为提升大件运输许可服务能力，提高大件运输许可效率，交通运输部公路局要求各地交通运输主管部门深入清理规范大件运输许可涉企收费；组织开发了跨省大件运输并联许可系统“微信”版，不断改进系统用户体验；起草了《大件运输许可服务与管理办法》，先后 4 次征求行业意见并修改完善；印发《关于进一步优化跨省大件运输并联许可服务工作的通知》（交办公路明电〔2018〕65 号），提出 11 项利企便民措施；会同工业和信息化部、公安部和国家市场监督管理总局联合印发《京津冀地区风机叶片大件运输审批监管流程指南》（交公路函〔2018〕739 号）。一年来，系统累计注册企业 5030 家，累计办结许可 29915 件，二、三类大件起运省平均办结时间分别为 2.3 个和 3.0 个工作日，比规定最长时间分别缩短了 77％和 85％，累计为大件运输企业节约成本约 57.5 亿元。

五、加强科技治超

交通运输部公路局加大高速公路治超工作力度，积极推广高速公路入口称重检测工作，全国高速公路已有 3241 个收费站实行入口称重检测，

占比36.1%；加快推进治超系统全国联网，印发《全国治超联网管理信息系统省级工程建设指南》（交办公路〔2018〕77号），组织编制配套业务规范和技术要求，全面规范“32个省级系统”建设，青海、宁夏、贵州和黑龙江等4省份完成了省级工程立项和资金申请工作；转发推广山西电子抓拍代替人工执法的做法，全国已有796个治超站完成电子抓拍系统安装；积极开展非现场治超执法试点，浙江、安徽、广东等省共设置了2169个非现场检测点。

六、加强联动治超

不断加强公路治超执法路警联合、区域联动，各地交通运输和公安部门依托治超站点，联合查处纠正违法超限超载车辆。全年共查处违法超限超载行为163万起，同比上升43%；查处超限超载30%以上的严重违法行为61.2万起，同比上升49.8%。河南、广东等省采用“突击巡查、异地用警”方式，西北、西南、京津冀等片区建立了治超联动协作机制，区域联动治超深入有序推进。

七、加强信用治超

交通运输部公路局根据各地上报的情况印发了2018年第一、第二、第三季度全国失信名单报送工作情况通报，公示公布918条失信名单数据；组织开展信用治超工作调研，了解信用治超体系建设和失信名单应用等情况。研究起草公路信用治超工作管理制度，推动规范全国信用治超工作。

在各地各部门的共同努力下，全国规范治超执法工作取得明显成效：一是执法规范化水平大幅提升，群众关注的乱执法、乱罚款等“痛点”问题得到明显改观，公众投诉率大幅下降；二是车辆严重超限超载态势得到有效遏制，全国高速公路平均超限率持续控制在5.5%以内，“百吨王”数量大幅下降，普通干线公路违法超限现象明显减少；三是许可服务工作进一步优化细化，大件运输许可效率不断提升；四是公路基础设施安全保护水平明显提升，全年未发生因超限超载引发的公路桥梁垮塌等重特大事故，人民群众获得感、幸福感和安全感明显增强。

第八节 道路运输服务

一、客运服务

（一）等级客运站

2018年，全国道路客运站建设共完成投资164.3亿元，同比增加6.2%。其中政府投资71.8亿元，同比增加45.0%，投资额占总投资的43.7%，同比增长11.7个百分点。截至2018年底，全国客运站总数达38.8万个，同比增长3.7%；等级客运站19991个，比上一年增加121个，增幅为0.6%；简易站及招呼站367735个，比上一年增加14052个，增幅为4.0%。

等级客运站中，一级客运站912个，同比增长3.5%；二级客运站1916个，同比减少1.2%；三级客运站1739个，同比减少5.2%；四级客运站5421个，同比减少3.1%；五级客运站10003个，同比增加4.0%。2014—2018年全国等级客运站发展情况见表3-3-1。截至2018年底，全国共有1793个二级站配备了安全检测仪，占二级站总数的93.6%，同比减少0.9个百分点；有785个三级站配备了安全检测仪，占三级站总数的45.1%。

表3-3-1 2014—2018年全国等级客运站发展情况（单位：个）

年份	一级客运站	二级客运站	三级客运站	四级客运站
2014年	793	1971	2001	5741
2015年	847	1952	1965	5738
2016年	857	1949	1943	5664
2017年	881	1940	1835	5597
2018年	912	1916	1739	5421

（二）班线运输

1. 线路数量

2018 年，全国客运班线开通数量逐步减少。截至 2018 年底，全国共开通客运班线 16.6 万条，比上一年减少 7770 条；平均日发班次 133.7 万次，比上一年减少 12.7 万次，减少 8.6%。其中，跨省线路 15581 条，比上一年减少 969 条，年平均日发班次 47069 次，同比减少 9.6%；跨地（市）线路 35242 条，比上一年减少 577 条，年平均日发班次 158768 次，同比减少 7.6%。2014—2018 年道路客运班线开通及班车发车密度情况见表 3-3-2。

2018 年全国高速客运线路为 28607 条，比上一年增加 2812 条，其中 400 公里以内的线路为 19305 条，比上一年增加 2540 条，平均每条线路日发班次 4.6 个；400—800 公里的线路 6007 条，比上一年增加 377 条，平均每条线路日发班次 1.8 个；800 公里以上的线路 3296 条，比上一年减少 105 条，平均每条线路日发班次 1.4 个。2017 年和 2018 年全国高速客运班线开通情况比较见表 3-3-3。

2. 线路长度

2018 年，营运里程在 800 公里以上的客运班线为 4480 条，比上一年减少 652 条；400—800 公里的客运班线为 9833 条，比上一年减少 159 条；400 公里以下的客运班线为 151917 条，比上一年减少 5994 条。2017 年和 2018 年道路客运班线不同线路长度分布见图 3-3-1。

表 3-3-2　2014—2018 年道路客运班线开通及班车发车密度情况

班线开通情况		2014 年	2015 年	2016 年	2017 年	2018 年
总计	线路（万条）	18.1	18.1	17.8	17.4	16.6
	年平均日发班（万次 / 日）	170.9	164.8	154.8	146.4	133.7
跨省	线路（万条）	1.8	1.8	1.7	1.7	1.6
	年平均日发班（万次 / 日）	6.1	5.9	5.5	5.2	4.7
跨地（市）	线路（万条）	3.8	3.7	3.6	3.6	3.5
	年平均日发班（万次 / 日）	20.0	19.6	18.2	17.2	15.9
跨县	线路（万条）	3.5	3.5	3.4	3.3	3.2
	年平均日发班（万次 / 日）	32.6	31.3	30.2	28.0	26.1
县内	线路（万条）	9.1	9.1	9.0	8.8	8.4
	年平均日发班（万次 / 日）	112.1	107.9	100.9	96.0	87.0

表 3-3-3　2017 年和 2018 年全国高速客运班线开通情况比较

指标 / 线路长度	班线开通条数（条）		年平均日发班次（班次 / 日）		平均每条线路日发班次（个 / 日）	
	2017 年	2018 年	2017 年	2018 年	2017 年	2018 年
<400 公里	16765	19305	99390	88678	5.9	4.6
≥ 400 且 <800 公里	5630	6007	13195	10628	2.3	1.8
≥ 800 公里	3401	3296	6097	4520	1.8	1.4

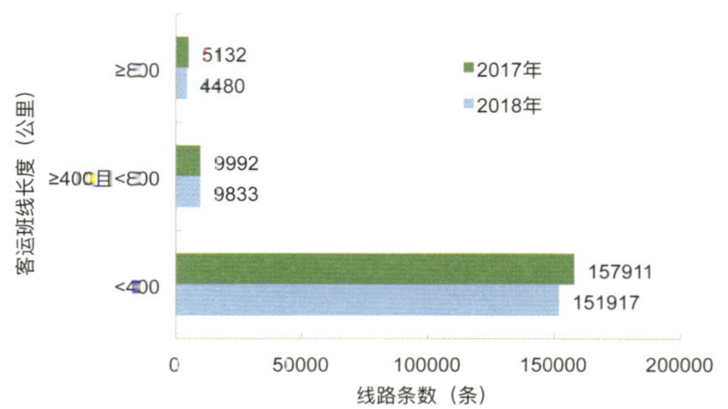

图 3-3-1 2017 年和 2018 年道路客运班线不同线路长度分布比较

3. 线路分布

2018 年，班线数量列全国前 10 位的省份是：湖南（12454 条）、广东（11318 条）、湖北（11111 条）、四川（10884 条）、广西（9314 条）、安徽（8845 条）、河南（8737 条）、江苏（8596 条）、贵州（8424 条）、河北（6989 条）。这些省份开通的班线数及年平均日发班次数见图 3-3-2。

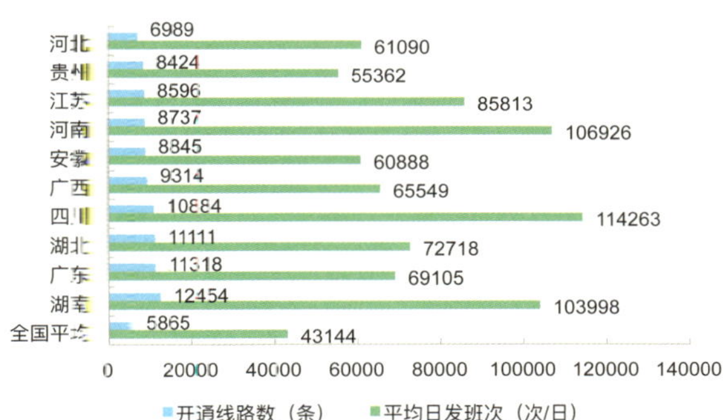

图 3-3-2 开通班线数列全国前 10 位省份的客运班线及平均日发班次数

2018 年，开通 800 公里以上线路条数列全国前 10 位的省份是：广东（1236 条）、浙江（815 条）、河南（761 条）、江苏（593 条）、湖北（578 条）、广西（535 条）、上海（522 条）、湖南（442 条）、安徽（378 条）、贵州（341 条），见图 3-3-3。2018 年全国东、中、西部地区开通班线、跨省班线及高速客运班线发展情况见表 3-3-4。

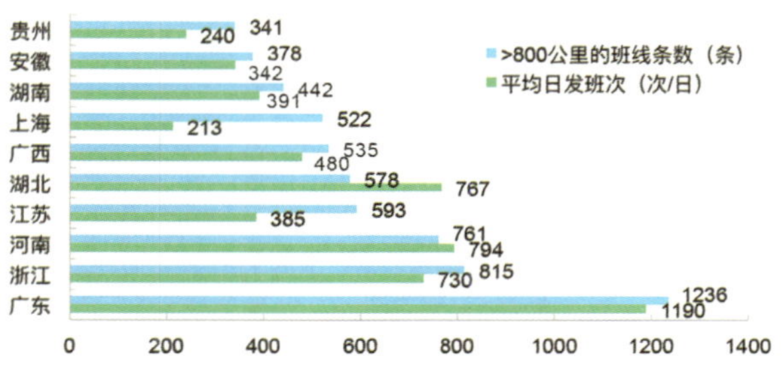

图 3-3-3 开通 800 公里以上班线数列全国前 10 位省份的客运班线及日发班次数

（三）客运车辆

全国营运客车车辆数及客位数总体呈小幅度下降，大型客车平均客位数比上一年有所增加。2018 年，全国营运客车 79.7 万辆，同比减少 2.4%；客位数为 2048.1 万个，同比减少 2.4%，平均客位数为 25.7 个 / 辆，与去年基本持平。其中，大型客车 30.3 万辆、客位 1334.0 万个，平均客位数为 44.0 个 / 辆，比上一年增加 0.2 个 / 辆。

截至 2018 年底，全国农村道路客运车辆达 28.9 万辆，同比减少 8.5%，客位数共计 576.7 万个，比上一年减少 43.6 万个，降幅为 7.0%。2018 年全国农村道路客运车辆类型构成情况见表 3-3-5。

从地区分布来看，农村客运车辆客位总数主要分布在中部和西部地区，平均客位数东部高于中部，中部高于西部。东部地区有农村客运车辆 6.3 万辆，同比减少 4.5%；中部地区有 10.8 万辆，同比减少 4.4%；西部地区有 14.5 万辆，同比减少 5.2%。东部地区的客位数为 170.8 万个，车辆平均客位数为 27.3 个 / 辆，比上一年增加了 0.6 个客位；中部地区的客位数为 212.4 万个，车辆平均客位数为 19.7 个 / 辆；西部地区的客位数为 237.1 万个，车辆平均客位数为 16.3 个 / 辆。2018 年全国农村客运车辆的地区分布情况见表 3-3-6。

全国农村客运车辆数列前 10 位的省份是：云

表 3-3-4　2018 年全国东、中、西部地区开通班线、跨省班线及高速客运班线发展情况

序号	东部地区		中部地区		西部地区	
	省（自治区、直辖市）	班线数量（条）	省（自治区、直辖市）	班线数量（条）	省（自治区、直辖市）	班线数量（条）
1	广东	11318	湖南	12454	四川	10884
2	江苏	8596	湖北	11111	广西	9314
3	河北	6989	安徽	8845	贵州	8424
4	辽宁	6475	河南	8737	云南	6598
5	浙江	6247	黑龙江	6492	重庆	5632
序号	东部地区		中部地区		西部地区	
	省（自治区、直辖市）	跨省班线数量（条）	省（自治区、直辖市）	跨省班线数量（条）	省（自治区、直辖市）	跨省班线数量（条）
1	广东	3722	安徽	2187	广西	1763
2	上海	2970	河南	2014	重庆	839
3	江苏	2761	湖南	1220	四川	832
4	浙江	1892	湖北	1183	内蒙古	769
5	河北	1451	江西	924	贵州	688
序号	东部地区		中部地区		西部地区	
	省（自治区、直辖市）	高速客运班线（条）	省（自治区、直辖市）	高速客运班线（条）	省（自治区、直辖市）	高速客运班线（条）
1	广东	5484	湖北	1825	四川	2526
2	江苏	3042	湖南	1316	贵州	1995
3	上海	2602	安徽	1315	广西	1702
4	浙江	2259	河南	1239	重庆	1152
5	山东	1912	山西	733	云南	822

表 3-3-5　2018 年全国农村道路客运车辆类型构成情况

按等级分	高级		中级		普通	
	车辆数（辆）	客位数（个）	车辆数（辆）	客位数（个）	车辆数（辆）	客位数（个）
	13992	396687	112853	2528428	162581	2841933
按车长分	大型及以上		中型		小型	
	车辆数（辆）	客位数（个）	车辆数（辆）	客位数（个）	车辆数（辆）	客位数（个）
	23218	971016	116306	2876746	149902	1919286

表 3-3-6 2018 年全国农村客运车辆的地区分布情况

指标＼地区	东部地区	中部地区	西部地区
车辆数（万辆）	5.7	9.6	13.6
客位数（万个）	158.7	197.4	220.7
平均每车客位数（个/辆）	27.8	20.5	16.2

南（25619 辆）、四川（24117 辆）、湖南（22107 辆）、新疆（19943 辆）、湖北（19654 辆）、河南（18808 辆）、贵州（16143 辆）、江苏（11805 辆）、甘肃（11321 辆）、安徽（10978 辆）。

（四）客运量

2018 年，全国营业性客运车辆完成道路旅客运输量 136.5 亿人次、旅客周转量 9275.5 亿人公里，同比分别减少 6.3% 和 5.0%。2014—2018 年全国道路旅客运输量及周转量变化情况见图 3-3-4。

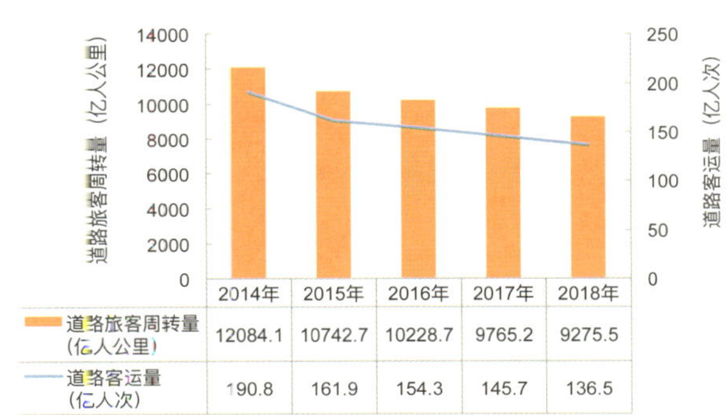

	2014年	2015年	2016年	2017年	2018年
道路旅客周转量（亿人公里）	12084.1	10742.7	10228.7	9765.2	9275.5
道路客运量（亿人次）	190.8	161.9	154.3	145.7	136.5

图 3-3-4 2014—2018 年全国道路旅客运输量及周转量变化情况

（五）农村客运

2018 年，全国农村客运站总数达到 29.9 万个，同比增加 8.7%。其中东部地区农村客运站总数为 13.3 万个，同比增加 5.7%；中部地区农村客运站总数为 10.6 万个，同比减少 1.9%；西部地区农村客运站总数为 6.9 万个，同比增加 0.1%。2018 年全国东、中、西部地区农村客运站数量列前 5 位的省份情况见表 3-3-7。

2018 年，全国农村客运站建设共完成投资 14.0 亿元，规模较 2017 年有所减少，同比减少 21.3%；其中政府投资 9.9 亿元，占总投资额的 70.7%，同比增加了 26 个百分点。2017 年和 2018 年全国农村客运站建设投资情况见表 3-3-8。

2018 年，全国共开通农村客运班线 89705 条，同比减少 3.6%，年平均日发班次 88.1 万次，同比减少 8.7%。东部地区开通的农村客运班线数为 1.7 万条，同比减少 5.6%；中部地区开通的农村客运班线数为 3.5 万条，同比增加 5.4%；西部地区农村客运班线数为 3.8 万条，与去年基本持平。2018 年全国东、中、西部地区农村客运班线数量列前 5 位的省份的情况见表 3-3-9。

二、货运服务

（一）全国货运企业

2018 年从事道路货物运输的经营业户为 569.9 万户，比上一年减少了 73.8 万户，减少 11.5%。其中，企业 56.6 万户，比上一年增加 1 万户；个体运输户 513.3 万户，比上年减少 74.7 万户，主体结构进一步呈现经营业户规范化、专业化和规模化的发展趋势。2018 年全国道路货物运输经营业户构成见表 3-3-10。

2018 年，在全国货运企业中，有 81.5% 的货运企业拥有车辆数不足 10 辆，同比下降了 1.7 个百分点，表明运输企业的规模化程度有所增加。其中，83.4% 的普通货物运输企业、58.6% 的货物专用运输企业、53.6% 的集装箱运输企业、67.4% 的大型物件运输企业和 27.4% 的危险货物运输企业拥有车辆数不足 10 辆。2018 年全国道路货运企业（不含普通货物运输企业）车辆规模构成见图 3-3-5。

2018 年全国拥有车辆数在 10 辆及以上的货物专用运输企业、集装箱运输企业和大型物件运输企业占同类企业总数的比例均有所增加，同比分

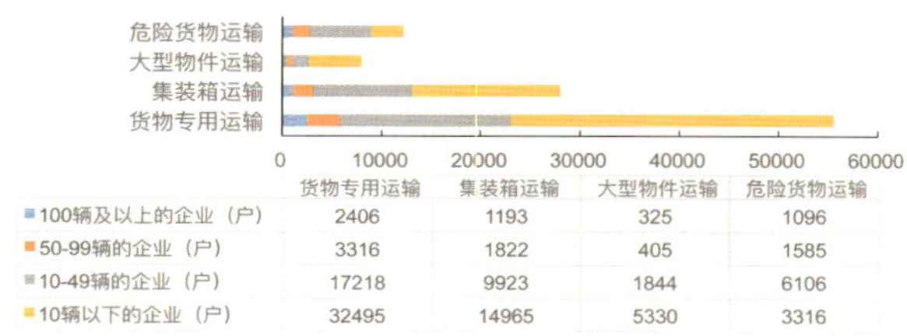

图 3-3-5 2018 年全国道路货运企业（不含普通货物运输企业）车辆规模构成

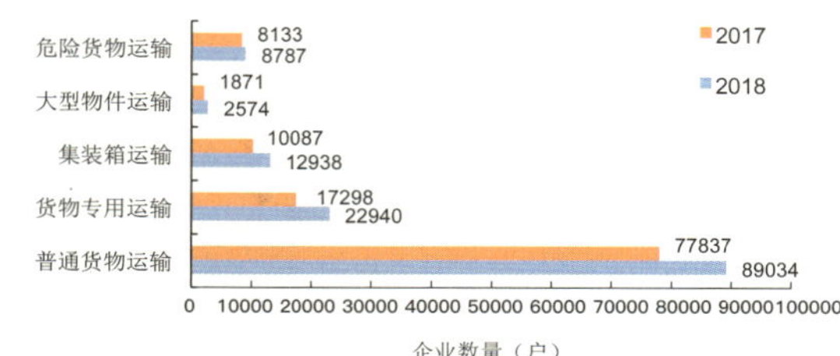

图 3-3-6 2017 年和 2018 年全国拥有车辆数在 10 辆以上的道路货运企业数量

别增长 1.8 个百分点、0.7 个百分点和 0.3 个百分点；拥有车辆数在 10 辆及以上的普通货物运输企业和危险货物运输企业占同类企业总数的比例分别为 65.3% 和 6.4%，同比分别下降 2.2 和 0.6 个百分点。此外，拥有车辆数在 50 辆及以上的普通货物运输企业和危险货物运输企业占同类企业总数的比例分别为 5.0% 和 22.2%，同比分别增长 0.3 和 1.3 个百分点；拥有车辆数在 50 辆及以上的货物专用运输企业、集装箱运输企业和大型物件运输企业占同类企业总数的比例分别为 10.3%、10.8% 和 9.2%，同比分别上升 1.8、1.2 和 2.2 个百分点。2017 年和 2018 年全国拥有车辆数在 10 辆以上的道路货运企业数量见图 3-3-6。

（二）货运车辆

2018 年全国营运货车总计 1355.8 万辆，同比下降 0.9%。按照车体结构，一体货车总计 869.4 万辆，占总量的 64.1%，吨位总量 5311.7 万吨，占总量的 41.5%；甩挂车辆 486.4 万辆，占比 35.9%，吨位总计 7534.2 万吨，占总量的 58.5%。2018 年一体和甩挂营运货车数量及吨位结构见图 3-3-7。

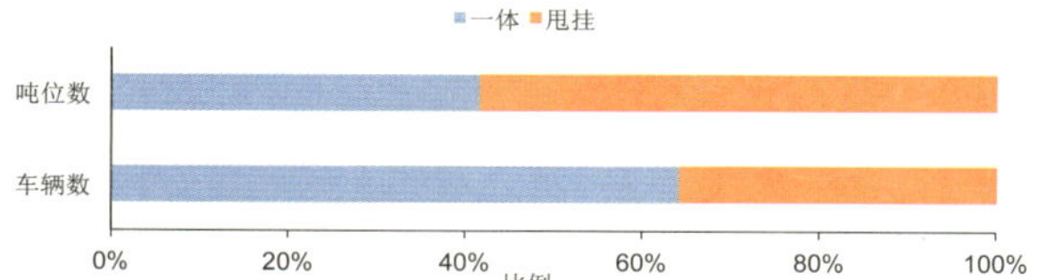

图 3-3-7 2018 年一体和甩挂营运货车数量及吨位结构

表 3-3-8 2017 和 2018 年全国农村客运站建设投资情况

投资情况		2017 年	2018 年
当年农村客运站建设投资（亿元）		17.9	14.0
其中	政府投资额（亿元）	8.0	9.9
	政府投资比例（%）	44.7	70.7

表 3-3-7 2018 年全国东、中、西部地区农村客运站发展情况

序号	东部地区		中部地区		西部地区	
	省（自治区、直辖市）	农村客运站（个）	省（自治区、直辖市）	农村客运站（个）	省（自治区、直辖市）	农村客运站（个）
1	山东	61716	湖北	27785	四川	22000
2	河北	37988	湖南	24306	甘肃	11291
3	江苏	12950	山西	23503	陕西	11236
4	广东	11340	江西	13772	重庆	8351
5	浙江	3506	河南	10894	云南	5113

表 3-3-9　2018 年全国东、中、西部地区农村客运班线发展情况

序号	东部地区			中部地区			西部地区		
	省（自治区、直辖市）	农村客运班线（条）	年平均日发班（次/日）	省（自治区、直辖市）	农村客运班线（条）	年平均日发班（次/日）	省（自治区、直辖市）	农村客运班线（条）	年平均日发班（次/日）
1	辽宁	3810	28080	湖南	7122	81125	四川	7393	86089
2	河北	3216	36239	湖北	6846	55986	贵州	4915	35032
3	浙江	2050	50478	黑龙江	4633	14945	云南	4792	51132
4	江苏	2045	30057	安徽	3872	36307	重庆	3651	31849
5	福建	1861	22587	吉林	3624	19732	新疆	3530	24439

表 3-3-10　2018 年全国道路货物运输经营业户构成

类　型		合计	货运企业	个体运输户	个体运输户比例（%）
普通货物运输（万户）		558.5	53.5	505	90.4
货物专用运输（万户）		10.0	5.5	4.5	45
	其中：集装箱运输（户）	30970	27903	3067	9.9
大型物件运输（户）		16580	7904	8679	52.3
危险货物运输（户）		12103	12103	0	0.0

按照车辆用途分，全国有普通货车 816.8 万辆，占总载货车辆数的 60.2%，同比减少 9.5%；专用货车 52.6 万辆，占总数的 3.9%，同比增加 13.8%。2018 年全国营运货车按车辆用途划分构成情况见表 3-3-11。

表 3-3-11　2018 年全国营运货车按车辆用途分构成情况

数量＼分类	普通货车	专用货车		甩挂车辆	
			集装箱车	牵引车	挂车
车辆数（万辆）	816.8	52.6	1.9	237.7	248.8
吨位数（万吨）	4791.2	547.6	1.9 万 TEU	7534.2	

（三）货运从业人员

截至 2018 年底，全国共有道路货物运输从业人员 2030.8 万人，同比减少 2.8%，其中驾驶员 1776.8 万人，同比减少 3.1%（包括危险货物运输驾驶员 77.5 万人，同比增长 7.6%）；危险货物运输押运员 76.3 万人，同比增长 6.3%；危险货物运输装卸管理员 6.3 万人，同比下降 7.4%。

东部地区货物运输从业人员占从业人员总数的 44.1%，同比增长了 0.1 个百分点；中部地区道路货物运输从业人员占从业人员总数的 30.3%，同比下降了 0.7 个百分点；西部地区道路货物运输从业人员占从业人员总数的 25.6%，同比增长了 0.6 个百分点。2018 年全国道路货物运输从业人员地区分布情况见表 3-3-12。

（四）货运量

2018 年，全社会完成道路货运量 395.7 亿吨、货物周转量 71249.2 亿吨公里，同比分别增长 7.3%

表 3-3-12　2018 年全国道路货物运输从业人员地区分布情况

从业人员类型＼地区		东部地区 数量（万人）	东部地区 在全国占比（%）	中部地区 数量（万人）	中部地区 在全国占比（%）	西部地区 数量（万人）	西部地区 在全国占比（%）
道路货物运输从业人员		879.6	43.3	640.6	31.5	510.7	25.2
其中	道路货运驾驶员	719.1	40.5	580.5	32.7	477.3	26.9
	危险货物运输驾驶员	44.1	57.0	17.6	22.7	15.7	20.3
	危险货物运输押运员	48.6	63.8	15.0	19.7	12.6	16.6
	危险货物运输装卸管理员	3.3	52.8	2.1	32.3	0.9	14.9

和 6.7%。2014—2018 年全国道路货运量及周转量变化情况见图 3-3-8。

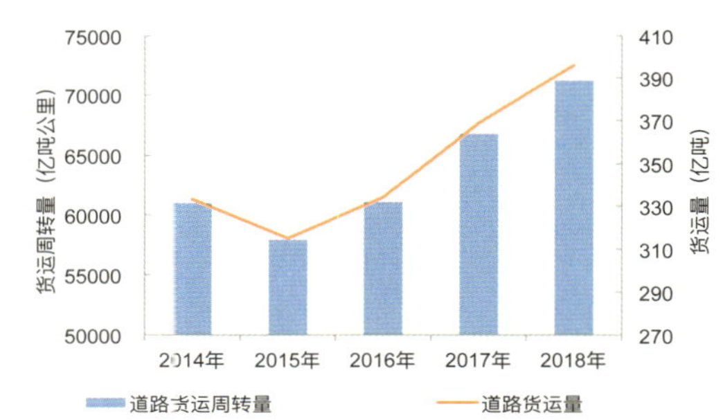

图 3-3-8　2014—2018 年全国道路货运量及周转量变化情况

道路货运依然在综合运输体系中发挥着主体作用。2018 年，全社会道路运输完成货运量在综合运输总量中所占比例为 78.2%，同比上升了 0.2 个百分点；全社会道路运输完成货物周转量在综合运输总量中所占比例为 35.7%，同比上升了 1 个百分点。2014—2018 年道路运输完成的货运量和货物周转量在综合运输总量中所占比例见图 3-3-9 和图 3-3-10。

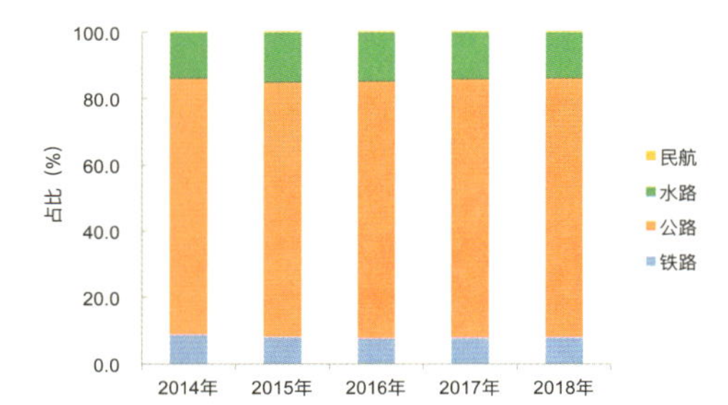

图 3-3-9　2014—2018 年道路运输完成货运量在综合运输体系中所占比例

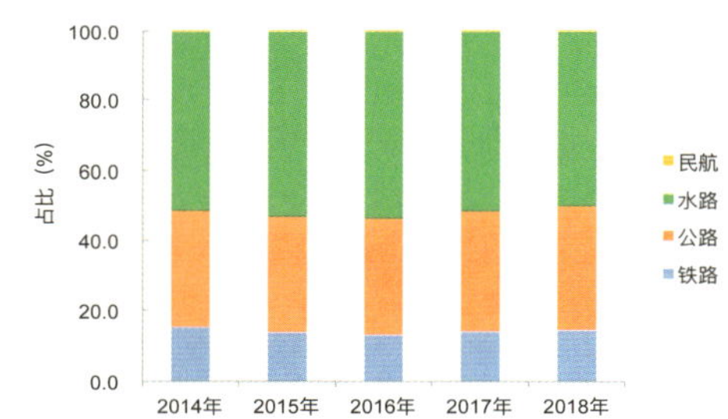

图 3-3-10　2014—2018 年道路运输完成货物周转量在综合运输体系中所占比例

（五）危险货物运输

1. 业户及车辆情况

2018 年全国从事危险货物道路运输的业户为 12292 户，同比增加 6.7%。其中经营性危险货物道路运输业户 12103 户，比上一年增加 820 户，增长 7.3%，经营性业户占危险货物道路运输总业户的比例为 98.5%，同比增加了 0.6 个百分点；非经营性危险货物道路运输经营业户有 189 户，比上一年减少了 53 户。2014—2018 年全国危险货物道路运输业户及车辆发展情况见图 3-3-11。

截至 2018 年底，全国危险货物运输车（包含危险货物道路运输挂车）达 37.3 万辆，同比下降 0.1%，平均每经营业户拥有车辆 30.3 辆，比上一年下降 2.2 辆；吨位总计 727.9 万吨，同比增长 3.6%，

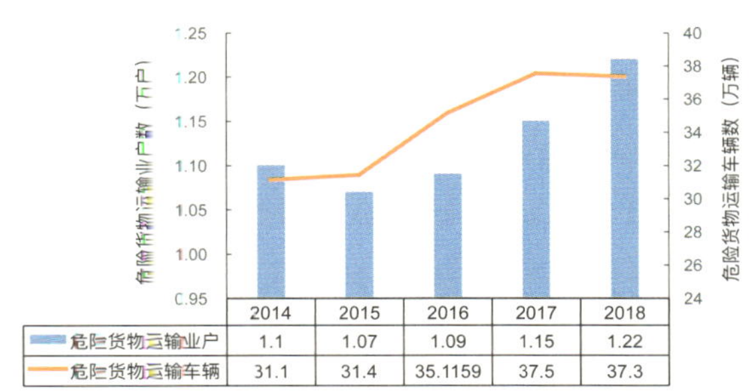

图3-3-11　2014—2018年全国危险货物道路运输业户及车辆发展情况

平均每户载重吨位为592.2吨，同比下降2.9%。按照《危险货物分类与品名编号》（GB 6944—2012）和《危险货物品名表》（GB 12268—2012）的分类，2018年全国危险货物道路运输业户经营范围分布见表3-3-13。

在道路危险货物运输企业中，拥有车辆数在100辆以上的企业占9.1%，同比增长0.6个百分点；拥有车辆数在50—99辆的企业占13.1%，同比增长0.6个百分点；拥有车辆数在10—49辆的企业占50.5%，同比下降了0.6个百分点；拥有车辆数在10辆以下的企业占27.4%，同比下降了0.5个百分点。

2. 地区分布

2018年危险货物道路运输运能主要集中在东部地区，东部危险货物道路运输业户数、车辆数及吨位数占全国的比例依次为52.3%、49.8%和53.3%。2018年危险货物道路运输业户数、车辆数及吨位数在全国东、中、西部地区分布的情况见图3-3-12。

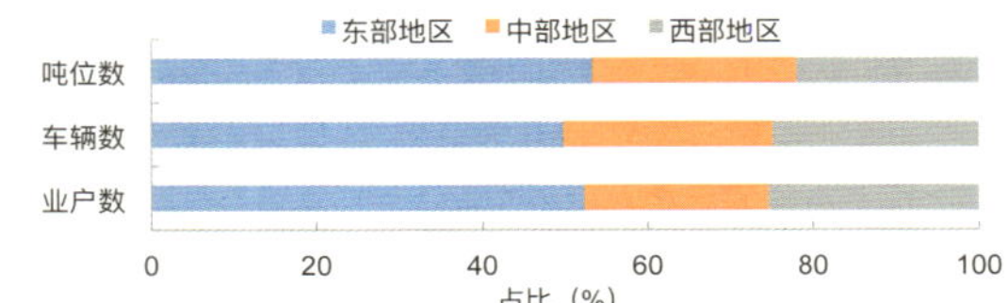

图3-3-12　2018年全国危险货物道路运输业户数、车辆数及吨位数地区分布情况

全国危险货物道路运输车辆总计吨位列前10位的省份见图3-3-13，山东省危险货物道路运输车辆总吨位数达到93.5万吨，排名第一位。

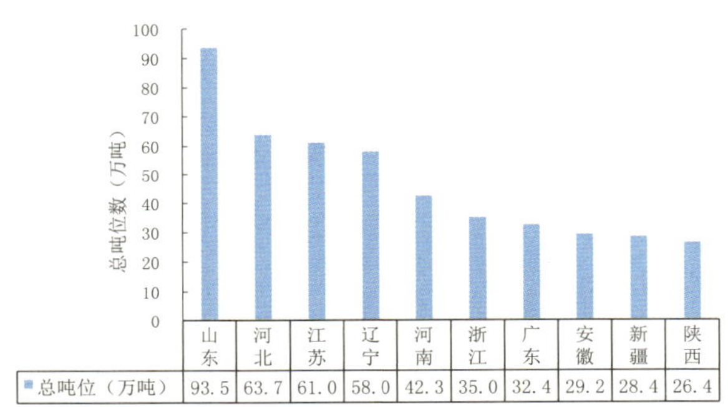

图3-3-13　2018年全国危险货物道路运输车总计吨位排名前10位的省份

表3-3-13　2018年全国危险货物道路运输业户经营范围分布情况

运输物质	业户数（户）	占业户总数比例（%）
第1类 爆炸品	1446	11.8
第2类 气体	7142	58.1
第3类 易燃液体	8020	65.2
第4类 易燃固体、易于自燃的物质、遇水放出易燃气体的物质	2403	19.5
第5类 氧化性物质和有机过氧化物	2081	16.9
第6类 毒性物质和感染性物质	2157	17.5
第7类 放射性物质	466	3.8
第8类 腐蚀性物质	4128	33.6
第9类 杂项危险物质和物品	1856	15.1
剧毒化学品	485	3.9

（六）集装箱运输

1. 业户及车辆情况

2018 年，全国道路集装箱运输经营业户有 30970 户，比上一年增加 4831 户，增长 18.5%；其中道路集装箱运输企业 27903 户，同比增加 22.7%，所占比例达到 90.1%，同比增加 3.1 个百分点。2014—2018 年全国道路集装箱运输经营业户发展情况见图 3-3-14。

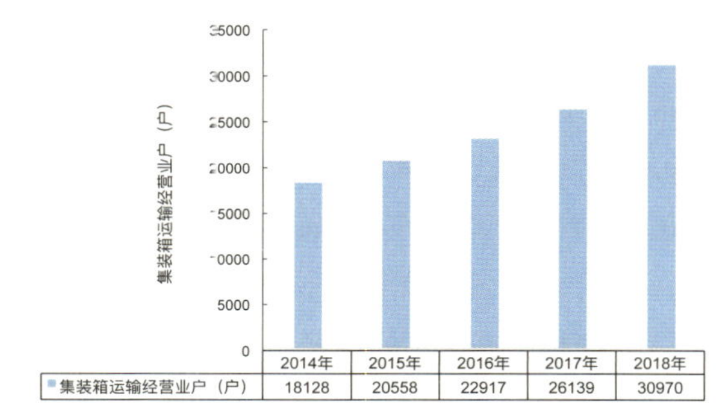

图 3-3-14　2014—2018 年全国道路集装箱运输经营业户发展情况

2. 地区分布

2018 年，全国道路集装箱运输车辆及其标箱（TEU）数分别为 1.1 万辆和 1.9 万 TEU，东部地区道路集装箱运输车辆及其标箱（TEU）数依然处于领先地位，中西部地区与东部地区的差距有所缩小。2018 年全国道路集装箱运输车总计标箱（TEU）数前 10 位的省份见图 3-3-15。

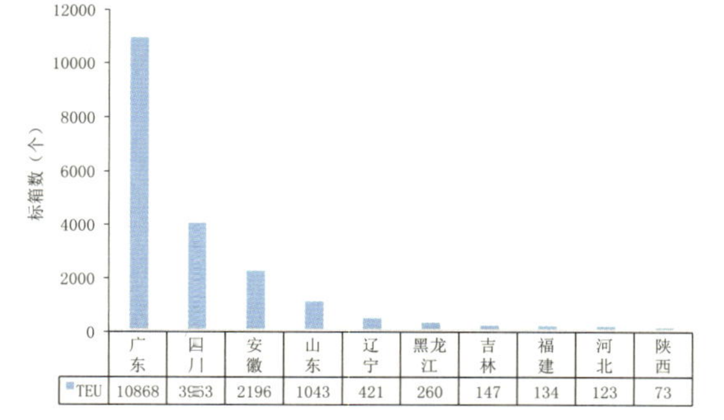

图 3-3-15　2018 年全国道路集装箱运输车总计标箱数前 10 位的省份

（七）服务货车司机

2018 年，在 10 个试点省份组织开展“司机之家”建设试点工作，选取高速公路服务区、普通公路服务站、骨干物流通道货物集散地、物流园区等地试点建设“司机之家”。2018 年底，共建成投入使用 32 个“司机之家”，有效改善了货车司机的工作生活条件。

第九节　道路运输市场管理

交通运输部认真贯彻落实党中央、国务院决策部署，坚持以人民为中心的发展思想，以利企惠民为根本目的，紧紧围绕优化市场环境、激发市场活力，继续推进道路运输“放管服”改革。

一、破除行业发展壁垒，推进企业减税降费

2018 年，交通运输部根据《国务院关于取消一批行政许可等事项的决定》（国发〔2018〕28 号）有关要求，进一步加大简政放权力度，取消了外商投资道路运输业立项审批，给予外商投资道路运输业国民待遇，为有序利用国外资金、吸收借鉴国际先进技术和管理经验破除了制度障碍。同时，取消了县级道路运输管理机构负责审批的机动车维修经营许可事项，并强化了事中事后监管，通过放开市场准入，进一步激发了机动车维修市场活力。此外，协调有关部门出台了《关于对挂车减征车辆购置税的公告》（财政部公告 2018 年第 69 号），明确从 2018 年 7 月 1 日起连续 3 年减半征收挂车车辆购置税，进一步减少运输企业成本，切实降低了行业发展壁垒。

二、提高行业监管效能，营造公平竞争市场环境

大力推行“双随机、一公开”监管，指导江苏、

浙江等20多个省份制定了实施方案，将所有行政许可、行政检查事项全部纳入"双随机"抽查范围，完善了抽查程序，对涉及重大安全、社会关注度高的领域，或有严重违法违规行为的市场主体，进行重点抽查，有力规范了市场行为。例如，北京依托"首都运政通"移动监管检查系统，实现了对道路运输全行业的"双随机"监管检查，目前已开展"双随机抽查"550多次。

同时，多部门加强出租汽车驾驶员背景核查与监管，并于2018年5月出台了《出租汽车服务质量信誉考核办法》（交运发〔2018〕58号），将网约车平台公司、驾驶员纳入了考核范畴，在坚持包容审慎监管原则下，鼓励和规范网络预约出租汽车、互联网租赁自行车、小微型客车分时租赁等新业态发展，为营造良好市场环境奠定了较好基础。

三、创新政务服务方式，提高便民服务水平

聚焦企业和群众反映突出的"办事难、办事慢""多头跑、来回跑"等问题，依托"互联网+"，对政务服务进行了业务整合与流程创新，不断提高便民服务水平。截至2018年底，31个省份已实现道路运政管理信息系统联网运行，10个省份已实现省内综检联网和异地检测，23个省份308个地市已建立汽车维修电子健康档案系统，49家网约车平台公司接入了全国监管信息交互平台。大幅提升了行业政务服务水平和服务效率，节约了群众办事时间，保障了消费者合法权益。

同时，及时将道路运输重点改革方案、重大政策措施予以公开，持续健全12328交通运输服务监督电话系统建设，并指导各地加快建设人民满意的服务型道路运输管理部门，促进了依法行政和政策落地见效，保障了人民群众的知情权，畅通了服务监督渠道。例如，浙江依托"互联网+"积极创新运政服务模式，将行政审批、证件办理、年度审验、班线客运调整备案等事项全部搬到网上，实现了办事流程的公开透明，有效提升了群众满意度。

第十节　道路运输安全生产

一、道路运输安全生产政策

2018年印发了《道路运输安全生产工作计划（2018—2020年）》（交办运〔2018〕74号），从完善安全监管机制等7个方面提出了21项提升道路运输安全管理的重点任务，切实提升了道路运输安全管理的系统性。坚持安全分析例会制度，完善道路运输事故应急处置程序，不断提升制度的可行性与针对性。2018年，交通运输部多次召开全国道路运输安全生产形势分析电视电话会，总结分析全国道路运输安全生产形势和特点，并部署下一阶段道路运输安全工作重点。完善道路运输安全检查制度，切实提升制度的科学性、可行性和针对性。联合10部门组织开展了面向全国的物流安全综合治理考评工作，成立了危险货物道路运输专家组。

二、安全生产监督管理

修订发布了《道路旅客运输企业安全管理规范》（交运发〔2018〕55号）《零担货物道路运输服务规范》（JT/T 620—2018），促进运输企业安全生产规范化、标准化。贯彻落实《道路客运接驳运输管理办法》（交运发〔2017〕208号），规范长途客运班车夜间通行管理。参照国际公约研究制定了《危险货物道路运输规则》（JT/T 617—2018）系列标准，涵盖了危险货物道路运输安全监管全链条、全要素，提升行业管理

的科学化规范化水平。积极推进道路运输企业主要负责人和安全生产管理人员安全考核工作，提升企业关键从业人员安全管理能力和水平，以督导考核促进企业安全生产主体责任的落实。

2018年，交通运输部制定出台了多部政策文件及管理规范，不断完善运营车辆的安全标准体系。制定发布了《营运货车安全技术条件 第1部分：载货汽车》（JT/T 1178.1—2018），研究起草了《营运货车安全技术条件 第2部分：牵引车辆及挂车》，加快提升营运货车本质安全水平。持续加大《营运客车安全技术条件》宣贯实施力度，制定了相关配套制度，发布了4批（共971个）营运客车安全达标车型，规范了营运客车安全技术管理，推进营运客车本质安全性能和装备水平提升。深入推进营运车辆安全达标、燃料消耗量达标及客车等级评定等融合，切实减轻企业负担。

在总结"道路运输平安年"活动的基础上，会同公安部、应急管理部联合印发了《道路运输安全生产工作计划（2018—2020年）》（交办运〔2018〕74号），并共同组织召开了电视电话会议进行了动员部署，从推进安全监管机制改革、深化驾驶员素质教育、强化车辆安全技术管理、加强重点领域安全监管、提升公路设施安全保障、加强车辆动态监管、大力实施科技兴安等七个方面，统筹谋划今后三年道路运输安全重点工作。为表彰先进、加强正面引导，印发了《交通运输部 公安部 应急管理部关于联合表扬2017年"道路运输平安年"活动成绩突出道路运输企业和管理机构的通报》（交运发〔2018〕39号），对2017年"道路运输平安年"活动开展较好的18家省级管理机构、261家市级管理机构（含省直管县、直辖市所辖区）、94家道路运输企业进行了通报表扬。

进一步规范运输企业安全生产管理，落实企业安全生产主体责任。修订发布了《道路旅客运输企业安全管理规范》（交运发〔2018〕55号）。同时为做好《规范》贯彻落实，印发了《交通运输部办公厅关于全面做好〈道路旅客运输企业安全管理规范〉贯彻实施工作的通知》（交办运〔2018〕61号），组织编写了《〈规范〉释义》，在交通运输部网站"在线访谈"栏目、《中国交通报》、交通运输部微信公众号等媒介积极报道解读《规范》，并积极配合支持地方管理部门做好《规范》宣贯培训，为《规范》的贯彻落实营造良好的氛围和社会环境。积极推进道路运输企业主要负责人和安全生产管理人员安全考核工作。为贯彻落实好《安全生产法》规定，在充分调研、研讨、论证的基础上，编写完成《道路运输企业主要负责人和安全生产管理人员安全生产知识和管理能力考核大纲》并公开征求意见，组织开发了"道路运输企业主要负责人和安全生产管理人员安全考核管理平台"，起草《道路运输企业主要负责人和安全生产管理人员安全考核工作管理办法（试行）》并征求部分省份意见。同时配合交通运输部人事教育司积极做好注册安全工程师（道路运输类）考试大纲制定工作。

三、重点营运车辆联网联控

2018年，重点营运车辆联网联控系统建设成效显著，实现了对73万辆"两客一危"车辆的全方位动态监管。12328交通运输服务监督电话系统功能进一步优化完善，网络覆盖31个省份、330多个城市。印发了省级危险货物道路运输安全监管系统建设指南，推动实现监管的联网化、精准化、协同化水平。全国已实现了综检联网和异地检测，大幅节约了群众办事时间。网约车监管信息交互平台与全国 49 家平台公司实现了数据对接，为各地监管提供了重要手段。汽车维修电子健康档案系统已覆盖 26 个省份，为广大车主提供车辆档案查询和维修评价服务，有效保障了消费者合法权益。

四、道路运输安全生产事故

2018 年，全国道路运输安全生产形势总体保持稳定，共发生一次死亡 3 人及以上的道路运输事故 96 起，造成 425 人死亡，同比分别下降 20.7% 和 30.2%。其中，发生一次死亡 10 人以上的重大道路运输安全事故 3 起，造成 44 人死亡，同比分别下降 57.1% 和 53.7%；没有发生特别重大的道路运输安全事故。

2018 年道路运输安全事故总体特点概括为："事故总体趋减，新旧问题交织；共性问题突出，事故隐患仍存"。从事故数据反映的特点来看，主要表现为"三高一降"：一是涉及货车事故高发，事故起数和死亡人数均占总数的近 80%，货车事故中重型半挂货车肇事占比高达 90%；二是西南地区依然事故高发，较大以上事故起数和死亡人数占全国总数的 1/3；三是第四季度事故高发，接连发生重庆万州"10·28"公交车坠江事件、甘肃兰州"11·03"重大事故、陕西靖边"11·14"大客车侧翻事故和河南驻马店"11·19"多车相撞事故，给人民群众生命财产造成巨大损失。四是"两客一危"车辆事故明显下降，事故起数和死亡人数占比分别比 2017 年下降 10% 以上。从事故原因和暴露问题来看：一是安全隐患普遍存在，市场乱象严重，追求效益、心存侥幸、违法违规从事运输的现象依然大量存在；二是安全监管失控缺位，机构、职能和人员面临调整，思想松懈、工作脱节，没有形成闭环管理；三是安全制度不落实，政策"棚架"现象严重，安全隐患排查整改不彻底，类似的事故反复发生；四是道路运输车辆动态监管责任落实不到位，现代科技装备和信息化应用不充分；五是地区安全发展不平衡，安全投入欠账较多，基础保障仍不牢固。

第十一节 机动车维修与检测

2018 年，伴随着机动车保有量的快速增长，人民群众对机动车维修与检测、驾驶员培训等服务品质的要求也越来越高。

一、机动车维修

（一）维修业务量

2018 年，全国机动车维修行业共完成维修量 34156.1 万辆次，同比下降了 1.5%。2014—2018 年全国机动车维修业务量及增长率变化情况见图 3-3-16。

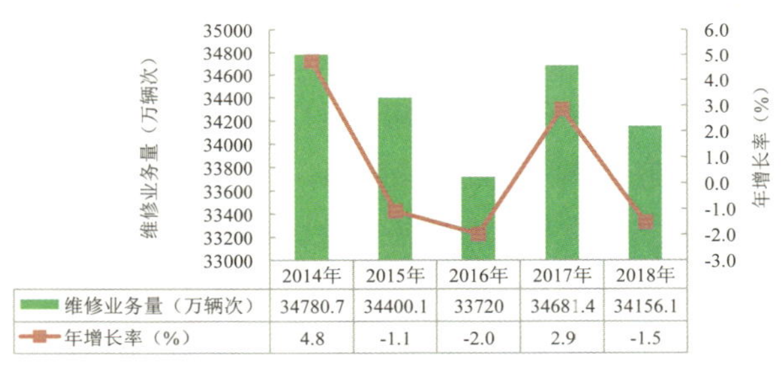

	2014年	2015年	2016年	2017年	2018年
维修业务量（万辆次）	34780.7	34400.1	33720	34681.4	34156.1
年增长率（%）	4.8	-1.1	-2.0	2.9	-1.5

图 3-3-16 2014—2018 年全国机动车维修业务量及增长率变化图

从完成的业务类型看，专项修理依然是主要维修业务，全年完成维修量 24180.1 万辆次，占全部维修量的 70.8%，同比下降了 2.7 个百分点；二级维护 3481.3 万辆次，同比上涨 0.5%；总成修理 976.3 万辆次，同比下降 1.0%；整车修理 472.1 万辆次，同比下降 3.0%；维修救援 515.7 万辆次，同比上涨 0.7%。2017—2018 年全国机动车维修业务完成量对比情况见图 3-3-17。

（二）经营业户

1. 经营业户规模及构成

截至 2018 年底，全国共有机动车维修经营业

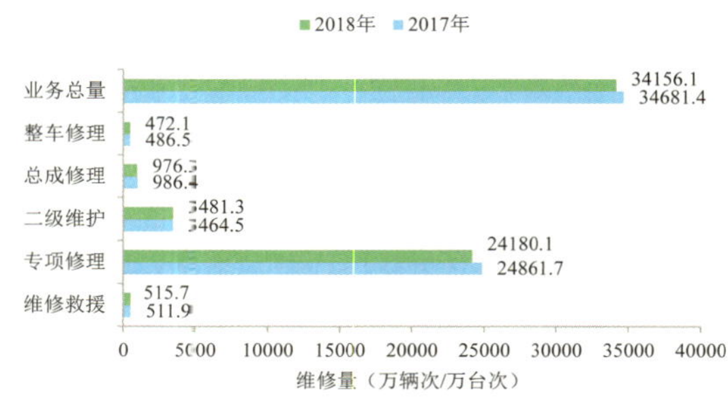

图 3-3-17　2017—2018 年全国机动车维修主要业务完成情况比较

户 43.0 万户，同比减少 1.0 万户，降幅为 2.3%。其中，三类汽车维修业户仍然是全国机动车维修业的主体，比重达到 68.4%，同比减少 0.7 个百分点；摩托车维修业户数量则继续下降，降幅为 19.6%。2014—2018 年全国机动车维修经营业户发展情况见表 3-3-14。

2018 年，全国机动车维修行业的结构基本稳定。一类汽车维修业户略微增加至 1.7 万户；二类汽车维修业户同比略微减少 1.4%，达到 7.1 万户；三类汽车维修经营业户同比下降了 1.3%。2018 年，平均每户机动车维修经营者完成维修量达 795.1 辆次，同比增加 0.9%。2014—2018 年全国平均每户机动车维修完成情况见表 3-3-15。

表 3-3-15　2014—2018 年全国平均每户机动车维修完成情况

年份	维修业户数（万户）	维修量（亿辆次）	平均每户维修量（辆次 / 户）
2014	46.2	3.5	751.4
2015	45.9	3.4	740.7
2016	44.6	3.4	762.3
2017	44.0	3.5	788.2
2018	43.0	3.4	795.1

2. 地区分布

从地区分布来看，2018 年全国机动车维修业户依然主要集中在东部地区，占比达到 41.2%，同比上升 1.1 个百分点；其次是西部地区和中部地区，占比分别为 36.7% 和 22.1%。

不同类型的机动车维修业务户的地区分布呈现差异化特点：一类维修业户主要集中在东部地区，东部占比为 53.1%；二类维修业户在东、中、西部的数量分别占全国总数的 45.8%、25.6% 和 28.6%；三类维修业户的分布相对均匀，东、中、西部的数量分别占全国总数的 39.4%、21.0% 和 36.7%。不同类型机动车维修业户地区分布情况见表 3-3-16。

（三）行业管理

2014 年交通运输部启动了汽车维修电子健康档案系统建设，2016 年 3 月确定了浙江、湖北、江苏等省开展试点。2017 年 5 月，交通运输部正式发布《汽车维修电子健康档案系统建设指南》，截至 2018 年底，在部分省市试点成果的基础上，全面推进各地省级汽车维修电子健康档案系统建设，实现汽车维修电子健康档案系统对全国汽车维修行业的全覆盖以及维修数据自动上传。制定了汽车维修电子健康档案系统数据使用规则等配

表 3-3-14　2014—2018 年全国汽车、摩托车维修经营业户发展情况

年份		2014 年	2015 年	2016 年	2017 年	2018 年
机动车维修经营业户数（万户）		46.2	45.9	44.6	44.0	43.0
分类	一类汽车维修业户（万户）	1.4	1.5	1.5	1.6	1.7
	二类汽车维修业户（万户）	7.1	7.2	7.3	7.2	7.1
	三类汽车维修业户（万户）	30.6	30.6	30	29.8	29.4
	摩托车维修业户（万户）	6.7	6.4	5.5	5.1	4.1

表 3-3-16 2018 年不同类型机动车维修业户地区分布情况

地区	东部地区		中部地区		西部地区	
	业户数（户）	比例（%）	业户数（户）	比例（%）	业户数（户）	比例（%）
一类	9119	53.1	4645	27.1	3407	19.8
二类	32554	45.8	18166	25.6	20358	28.6
三类	116229	39.4	61849	21.0	116653	39.6
合计	157902	41.2	84660	22.1	140418	36.7

套制度，逐步建立健全系统管理和运行维护的制度保障，促进系统健康、可持续运行。拓宽、完善各级系统服务功能，全面实现消费者“一车一档”的汽车健康档案查询、维修服务评价等功能，宣传吸引车主积极使用系统，改善增强车主服务，提升车主满意度和系统生命力。紧密结合汽车维修及相关业务，优化提升维修经营服务，提升系统用户使用自觉性和活跃度。通过用户量、数据量积累和消费者口碑，促进形成动态的行业信用评价和监管机制，逐步形成阳光透明、优胜劣汰的市场运行机制。

二、汽车综合性能检测

推动物流降本增效对促进产业结构调整和区域协调发展、培育经济发展新动能、提升国民经济整体运行效率具有重要意义。推进货运车辆年检（安全技术检验）和年审（综合性能检测）依法合并，是深化交通运输领域“放管服”改革，减少涉企经营服务性收费和降低物流成本，激发物流运营主体活力的重要举措。为此，交通运输部、公安部、国家质检总局联合印发《关于加快推进道路货运车辆检验检测改革工作的通知》（交运发〔2017〕207 号），道路货运车辆年检（安全技术检验）和年审（综合性能检测）依法合并，并允许普通道路货运车辆异地检测，减轻检验检测费用负担，以实现检验检测结果互认、统一检验检测周期，切实降低道路货运经营者经营成本。为贯彻落实两检合并要求，交通运输部、公安部及相关检验检测机构采取多项措施改进货车检验检测便民服务：第一，交通运输部已实现全国范围内跨省异地检验检测，实现全国范围“通检”；第二，交通运输部门将通过推进全国综检机构数据联网、完善全国道路运政管理信息系统等信息化手段，逐步实现货车车辆网上年度审验，实现全国范围“通审”。

2018 年，全国共有汽车综合性能检测站 3719 个，同比增长 26.0%；完成检测总量 2589.3 万辆次，同比增长 1.9%。汽车综合性能检测站车辆维修竣工检测的检测次数与 2017 年相比大幅下降，降幅为 17.7%，维修质量监督检测降幅为 6.5%，等级评定检测降幅为 1.5%，其他检测、排放检测、质量仲裁检测与上年相比大幅上涨，分别增长 19.0%、22.1% 和 7.1%。2014—2018 年全国汽车综合性能检测完成情况见表 3-3-17。

截至 2018 年底，东部地区的汽车综合性能检测站数量和检测完成量分别占全国总量的 33.1% 和 45.7%，检测站数量占比略微下降，检测完成量占比有所上升。东、中、西部地区汽车综合性能检测站数量最多的省份分别是河北省、湖南省和贵州省。2018 年全国东、中、西部地区汽车综合性能检测站数量及检测总量分布情况见表 3-3-18。

表 3-3-17　2014—2018 年全国汽车综合性能检测完成情况

年份	检测站（个）	检测总量（万辆次）						
		合计	维修竣工检测（万辆次）	等级评定检测（万辆次）	维修质量监督检测（万辆次）	其他检测（万辆次）	排放检测（万辆次）	质量仲裁检测（万辆次）
2014	2330.0	3287.7	1794.2	1116.1	77.8	316.9	221.1	1.2
2015	2524.0	3267.0	1767.1	1074.0	75.4	367.7	253.7	1.5
2016	2768.0	2608.5	1102.9	1045.4	52.1	394.5	283.3	1.5
2017	2952.0	2540.4	928.8	1073.7	50.4	526.4	386.1	1.4
2018	3719.0	2589.3	764.3	1057.8	47.1	626.5	471.6	1.5

表 3-3-18　2018 年全国汽车综合性能检测站相关情况地区分布情况

指标	东部地区		中部地区		西部地区	
	检测站数量（个）	检测完成量（万辆次）	检测站数量（个）	检测完成量（万辆次）	检测站数量（个）	检测完成量（万辆次）
总计	1231	1182	1223	788	1265	619
比例（%）	33.1	45.7	32.9	30.4	34.0	23.9
各地区列前 5 位省（自治区、直辖市）						
序号	省（自治区、直辖市）	检测站数量（个）	省（自治区、直辖市）	检测站数量（个）	省（自治区、直辖市）	检测站数量（个）
1	河北	289	湖南	247	贵州	239
2	山东	231	黑龙江	175	四川	209
3	江苏	154	江西	153	新疆	164
4	辽宁	149	吉林	145	广西	154
5	广东	134	山西	137	云南	116

第十二节　车辆技术管理

健全营运车辆安全技术管理体系，提升营运车辆本质安全性能。一是稳步推进营运客车安全达标管理工作。为积极稳妥抓好《营运客车安全技术条件》二阶段要求平稳实施，组织修改完善了已达标车型变更扩展的相关配套制度，形成了《营运客车安全达标车型企业申报规范（2018 版）》等文件，完成了 4 批营运客车安全达标车型扩展变更，营运客车的标准化、智能化、科技化水平大幅提升，为促进道路客运行业转型升级、高质量发展奠定了基础。二是积极推进营运货车安全技术管理。制定了《营运货车安全技术条件 第 1 部分：载货汽车》（JT/T 1178.1—2018），印发了《交通运输部办公厅关于做好交通运输行业标准〈营运货车安全技术条件 第 1 部分：载货汽

车》（JT/T 1178.1—2018）落实工作的通知》（交办运〔2018〕44 号），组织编写了《营运货车安全技术条件》标准释义，开展宣贯培训，并参照营运客车安全达标技术审查文件，建立了营运货车安全达标技术审查制度。完成了《营运货车安全技术条件 第 2 部分：牵引车辆及挂车》标准编制及审查，即将发布实施。三是积极做好营运客车类型划分及等级评定工作。修订发布了《营运客车类型划分及等级评定规则》（JT/T 325—2018），印发了《交通运输部办公厅关于贯彻落实交通运输行业标准〈营运客车类型划分及等级评定〉（JT/T 325—2018）的通知》（交办运〔2018〕83 号），并指导完成技术支持单位的变更。四是积极推进道路运输车辆燃料消耗量达标、安全达标、客车等级评定等公告合并工作，形成了统一的"道路运输车辆达标车型表"，撤销了部分无法同时满足燃料消耗量达标和安全达标（营运货车安全达标过渡期要求）的车型，发布了 4 批道路运输车辆达标车型。五是开发建设了道路运输车辆技术服务网，具备了道路运输车辆达标车型申报、查询、技术审查、公示公告等管理要求，为道路运输车辆达标车型管理工作提供了有效科技支撑，也为继续深入推进道路运输车辆技术管理工作在政策法规、标准规范、工作内容、工程过程等方面深度整合奠定了基础。六是印发了《道路运输达标车型核查工作规范（试行）》（交办运〔2018〕155 号），指导地方管理部门更好地把好营运车辆安全节能技术关。七是完成《道路运输车辆技术管理规定》修正案。八是完成了《危险货物道路运输营运车辆安全技术条件》征求意见。

第十三节　机动车驾驶员培训

一、机动车驾驶员培训业务发展

2018 年，全国共完成机动车驾驶员培训 2684.7 万人次，同比下降 0.8%；其中培训合格的为 2206.3 万人次，同比下降 1.6%，合格率为 82.2%，同比下降了 0.6 个百分点。2018 年，完成道路运输从业资格培训 215.1 万人次，同比减少 27.0 万人。2014—2018 年全国机动车驾驶员培训完成情况见图 3-3-18。

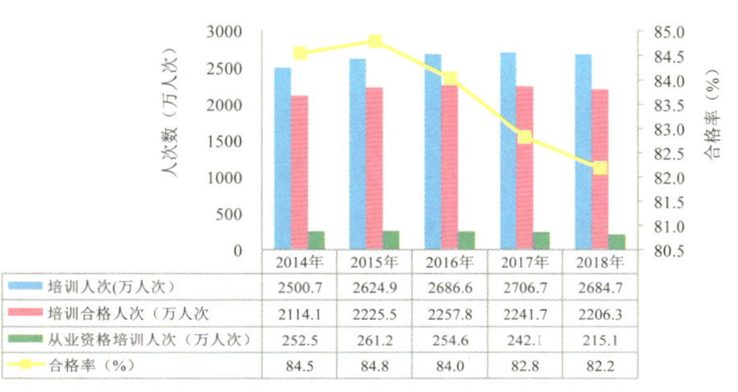

	2014年	2015年	2016年	2017年	2018年
培训人次(万人次)	2500.7	2624.9	2686.6	2706.7	2684.7
培训合格人次（万人次	2114.1	2225.5	2257.8	2241.7	2206.3
从业资格培训人次（万人次）	252.5	261.2	254.6	242.1	215.1
合格率（%）	84.5	84.8	84.0	82.8	82.2

图 3-3-18　2014—2018 年全国机动车驾驶员培训完成情况

截至 2018 年底，全国残疾人驾驶员培训业户为 314 户，同比减少 72 户；培训合格残疾人驾驶员 7165 人次，同比增加 6.1%。

二、市场构成

（一）培训机构

1. 规模及类型

2018 年，全国共有机动车驾驶员培训业户 19062 户，同比增加 1258 户，增幅为 7.1%。2014—2018 年全国机动车驾驶员培训机构数量及增长率见图 3-3-19。

从类型来看，普通机动车驾驶员培训业户从以前的以二级类型为主转变为以三级类型为主，三级类型比例为 59.2%；三级普通机动车驾驶员培训业户继续保持高速增长，增长率达 14.3%，一级普通机动车驾驶员培训业户呈现增长趋势，增幅为

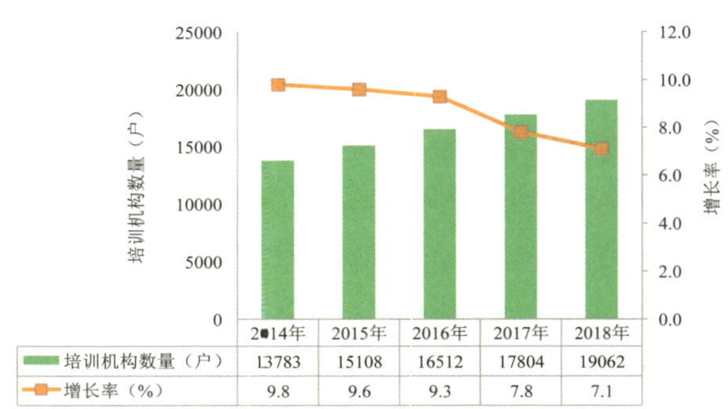

图 3-3-19　2014—2018 年全国机动车驾驶员培训机构数量及增长率

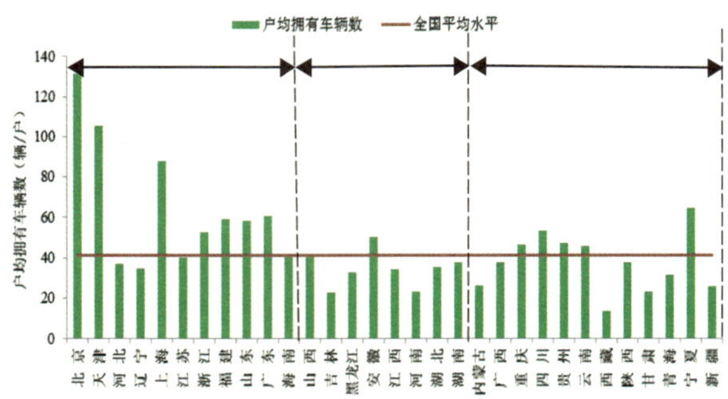

图 3-3-20　2018 年全国驾驶员培训机构户均拥有车辆数量情况

3.9%，二级普通机动车驾驶员培训业户呈现略微下降趋势，降幅为 3.2%。2014—2018 年全国机动车驾驶员培训业户类型及数量变化情况见表 3-3-19。

2018 年，机动车驾驶员培训行业规模化经营继续深入推进，全国机动车驾驶员培训机构户均拥有教学车辆达到 41 辆。其中有 15 个省（自治区、直辖市）户均拥有的教学车辆数超过全国平均水平。2018 年，全国驾驶员培训机构户均拥有教学车辆数情况见图 3-3-20。

2. 地区分布

与 2017 年相比，2018 年全国机动车驾驶员培训经营业户的分布更加均衡，东部地区培训机构所占比重为 36.2%，同比上涨 0.6 个百分点；中部地区培训机构所占比重为 33.3%，同比下降 1 个百分点。其中，一级普通机动车驾驶员培训机构在东部地区集中的趋势更加明显，比重达 50.9%。2018 年全国不同类型的机动车驾驶员培训机构业户数的具体分布情况见表 3-3-20。2018 年东、中、西部地区培训机构数量列前 5 位的省（自治区、直辖市）见表 3-3-21。

（二）从业人员

2018 年，全国共有机动车驾驶教练员 91.8 万

表 3-3-19　2014—2018 年全国机动车驾驶员培训业户类型及数量变化情况（单位：户）

类型				2014 年	2015 年	2016 年	2017 年	2018 年
机动车驾驶员培训业户		总计		13783	15108	16512	17804	19062
其中	普通机动车驾驶员培训	合计		13631	14912	16325	17552	18837
		其中	一级	2044	1908	1934	2011	2090
			二级	6249	5842	5870	5782	5595
			三级	5338	7162	8521	9759	11152
	道路运输驾驶员从业资格培训	合计		2120	2093	2014	2013	1989
		其中	客货运输	2032	2008	1926	1927	1902
			危险货物运输	380	419	448	445	469
	机动车驾驶员培训教练场经营			525	531	807	836	941
	残疾人驾驶员培训			309	304	305	413	341

表 3-3-20 2018 年全国东、中、西部地区机动车驾驶员培训机构分布具体情况

<table>
<tr><th colspan="3" rowspan="2">类 型</th><th colspan="2">东部地区</th><th colspan="2">中部地区</th><th colspan="2">西部地区</th></tr>
<tr><th>数量（户）</th><th>比例（%）</th><th>数量（户）</th><th>比例（%）</th><th>数量（户）</th><th>比例（%）</th></tr>
<tr><td colspan="3">培训机构</td><td>6889</td><td>36.2</td><td>6331</td><td>33.3</td><td>5788</td><td>30.5</td></tr>
<tr><td rowspan="7">其中</td><td rowspan="4">普通机动车驾驶员培训</td><td>合计</td><td>6801</td><td>36.2</td><td>6302</td><td>33.5</td><td>5685</td><td>30.3</td></tr>
<tr><td>一级</td><td>1055</td><td>50.9</td><td>430</td><td>20.8</td><td>587</td><td>28.3</td></tr>
<tr><td>二级</td><td>2171</td><td>38.9</td><td>1569</td><td>28.1</td><td>1834</td><td>33.0</td></tr>
<tr><td>三级</td><td>3575</td><td>32.1</td><td>4303</td><td>38.6</td><td>3264</td><td>29.3</td></tr>
<tr><td colspan="2">道路运输驾驶员从业资格培训</td><td>580</td><td>29.2</td><td>773</td><td>38.9</td><td>636</td><td>31.9</td></tr>
<tr><td colspan="2">机动车驾驶员培训教练场经营</td><td>308</td><td>33.4</td><td>107</td><td>11.6</td><td>507</td><td>55.0</td></tr>
<tr><td colspan="2">残疾人驾驶员培训</td><td>111</td><td>32.7</td><td>77</td><td>22.7</td><td>151</td><td>44.6</td></tr>
</table>

表 3-3-21 2018 年全国东、中、西部地区培训机构数量列前 5 位的省（自治区、直辖市）

<table>
<tr><th rowspan="2">序号</th><th colspan="3">东部地区</th><th colspan="3">中部地区</th><th colspan="3">西部地区</th></tr>
<tr><th>省（自治区、直辖市）</th><th>培训机构（户）</th><th>培训人次（万人次）</th><th>省（自治区、直辖市）</th><th>培训机构（户）</th><th>培训人次（万人次）</th><th>省（自治区、直辖市）</th><th>培训机构（户）</th><th>培训人次（万人次）</th></tr>
<tr><td>1</td><td>广东</td><td>1251</td><td>247.0</td><td>河南</td><td>1950</td><td>178.9</td><td>四川</td><td>757</td><td>155.8</td></tr>
<tr><td>2</td><td>江苏</td><td>1144</td><td>210.7</td><td>湖南</td><td>1041</td><td>126.3</td><td>广西</td><td>729</td><td>100.4</td></tr>
<tr><td>3</td><td>河北</td><td>1103</td><td>158.3</td><td>湖北</td><td>738</td><td>121.1</td><td>内蒙古</td><td>681</td><td>42.7</td></tr>
<tr><td>4</td><td>山东</td><td>881</td><td>162.2</td><td>江西</td><td>701</td><td>81.3</td><td>新疆</td><td>659</td><td>53.1</td></tr>
<tr><td>5</td><td>浙江</td><td>838</td><td>128.7</td><td>安徽</td><td>602</td><td>132.0</td><td>甘肃</td><td>650</td><td>64.8</td></tr>
</table>

人，同比增长 0.2%。其中，理论教练员 5.8 万人，同比下降 10.7%；驾驶操作教练员 84.2 万人，同比增 2.4%；危险货物运输驾驶员培训教练员 1610 人，同比增长 0.9%；道路客货运输驾驶员从业资格培训教练员 9949 人，同比下降 3.7%。全国东、中、西部地区机动车驾驶员培训从业人员分布情况见表 3-3-22。

（三）教学车辆及装备

2018 年，全国拥有机动车驾驶员培训教学车辆 73.4 万辆，同比增长 3.1%。从设备的构成来看，仍然以小型汽车为主，所占的比例为 93.0%。其中，大型客车 4454 辆，同比减少 1.3%；通用货车半挂车（牵引车）4787 辆，同比增加 8.2%；城市公交车 1493 辆，同比下降 7.1%；中型客车 1842 辆，比上一年减少 175 辆，同比降低 8.7%；大型货车 2.9 万辆，同比减少 14.4%；小型汽车 72.9 万辆，同比增长 3.9%；低速汽车 2561 辆，同比增加 11.3%；摩托车 7390 辆，同比增加 2.6%；残疾人教学车辆 824 辆，同比减少 40.2%。2018 年，全国继续加大机动车驾驶模拟器推广应用，共有机动车驾驶模拟器 118476 台，同比增长 10.3%。

表 3-3-22　2018 年全国东、中、西部地区机动车驾驶员培训从业人员分布情况

从业人员类型 \ 地区		东部地区		中部地区		西部地区	
		数量	比例（%）	数量	比例（%）	数量	比例（%）
教练员（万人）		43.6	47.9	22.7	24.9	24.8	27.2
其中	理论教练员（万人）	2.5	43.6	1.6	26.7	1.7	29.7
	驾驶操作教练员（万人）	40.5	48.5	20.5	24.6	22.5	27.0
	道路客货运输驾驶员从业资格培训教练员（人）	3375	33.9	3125	31.4	3449	34.7
	危险货物运输驾驶员从业资格培训教练员（人）	507	31.5	671	41.7	432	26.8

三、机动车驾驶员培训管理

2018 年 10 月，国务院印发《关于在全国推开“证照分离”改革的通知》（国发〔2018〕35 号），对纳入“证照分离”改革范围的涉企（含个体工商户、农民专业合作社）行政审批事项分别采取以下四种方式进行管理：直接取消审批；取消审批，改为备案；简化审批，实行告知承诺；完善措施，优化准入服务。机动车驾驶员培训业务许可证核发改革方式为优化准入服务。通过“证照分离”改革，有效区分“证”、“照”功能，让更多市场主体持照即可经营，着力解决“准入不准营”问题。除此之外，经过“多证合一”改革，营业执照记载的信息和事项更加丰富，市场主体凭营业执照即可开展一般经营活动。

第十四节　国际道路运输管理

2018 年，国际道路运输发展紧紧围绕服务支撑国家对外开放工作大局，积极贯彻落实“一带一路”倡议，不断加强与周边国家的双边和多边道路运输合作，取得了丰硕成果。

一、国际道路运输量

截至 2018 年底，我国与周边国家共完成国际道路客运量 769.7 万人次，同比减少 3.0%，旅客周转量 4.0 亿人公里，同比减少 15%；完成国际道路货物运输量 5591.2 万吨，同比增加 4.4%，货物周转量 34.1 亿吨公里，同比增加 3%。其中，由中方完成的国际道路旅客运输量和货物运输量占比分别为 53.5% 和 55.9%。2014—2018 年全国国际道路客货运输量及中方所占比例情况见图 3-3-21 和图 3-3-22。

2018 年，参与国际道路运输的省份有内蒙古、辽宁、吉林、黑龙江、广西、云南、西藏和新疆。中方共完成客运量 411.5 万人次，完成客运量前三位的是内蒙古（171.9 万人次）、云南（150.4 万人次）、黑龙江（51.2 万人次）；中方共完成货运量 3126.9

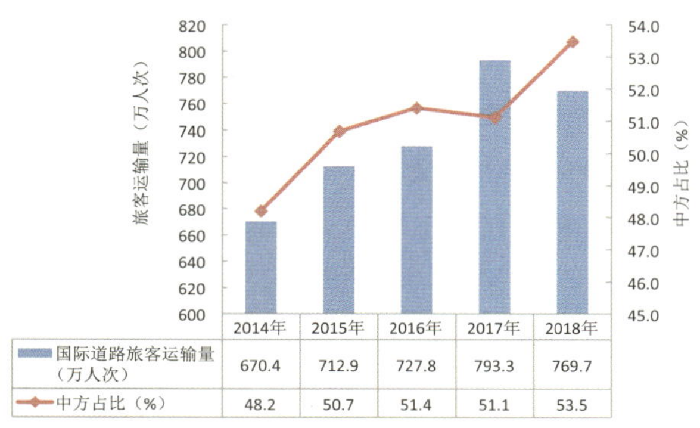

图 3-3-21　2014—2018 年全国国际道路运输客运量及中方所占比例情况

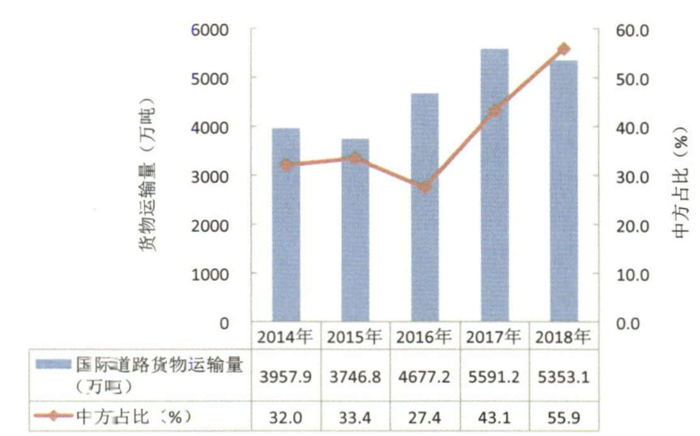

图 3-3-22 2014—2018 年全国国际道路运输货运量及中方所占比例情况

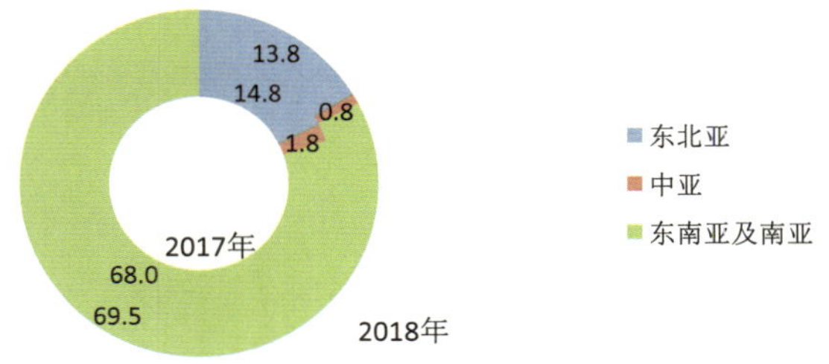

图 3-3-23 2017—2018 年全国国际道路运输客运车辆出入境分布对比情况（单位：万辆次）

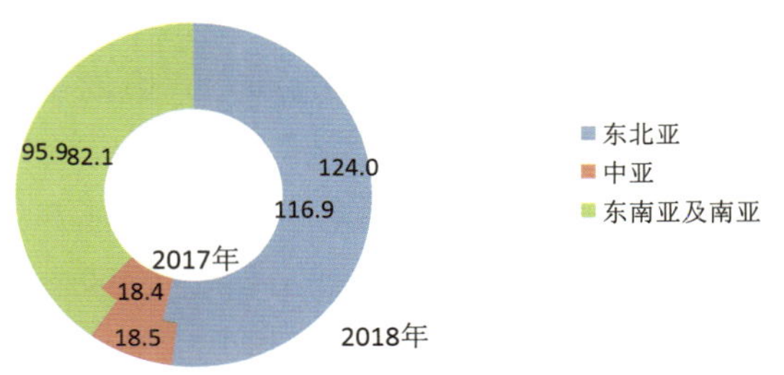

图 3-3-24 2017—2018 年全国国际道路运输货运车辆出入境分布对比情况（单位：万辆次）

万吨，同比增加 35.5%，完成货运量前三位的是内蒙古（2077.3 万吨）、云南（553.8 万吨）、新疆（215.6 万吨）。内蒙古、云南、新疆的国际道路货运量相比 2017 年都有一定程度的增长。

2018 年，内地与港澳之间完成道路客运量 1615.6 万人次，同比增长 27.1%，旅客周转量 37.3 亿人公里，同比增长 18.4%；与港澳之间完成道路货物运输量 16628.6 万吨，同比增长 3.1%，货物周转量 216.6 亿吨公里，同比减少 11.8%。

二、国际道路运输区域分布

从车辆出入境次数来看，2018 年全国与东北亚（包括俄罗斯、蒙古国、朝鲜）的出入境客运车辆 13.8 万辆次，同比减少 6.8%，货运车辆 124.0 万辆次，同比增加 6.1%；与中亚（包括哈萨克斯坦、吉尔吉斯斯坦和塔吉克斯坦）的出入境客运车辆为 0.8 万辆次，同比减少 55.6%，货运车辆为 18.5 万辆次，同比增加 0.5%；与东南亚及南亚（包括越南、巴基斯坦、老挝、缅甸和尼泊尔）的出入境客运车辆为 69.5 万辆次，同比增加 2.2%，货运车辆为 95.9 万辆次，同比增加 16.8%。2018 年，全国国际道路运输客运、货运车辆出入境分布情况分别见图 3-3-23、图 3-3-24。

客运方面，2018 年全国与东北亚国家的客运量为 487.3 万人次，同比减少 2.4%，在周边区域的客运量中占比达到 63.3%，同比增加 0.3 个百分点；与东南亚及南亚国家的客运量为 270.2 万人次，同比增长 3.0%；与中亚国家的客运量为 12.1 万人次，同比下降 61.5%。

货运方面，2018 年全国与东北亚国家的国际道路运输货运量 4146.7 万吨，同比增加 2.0%；货物周转量 17.18 亿吨公里，同比减少 4.0%。与东北亚国家联系的货运量在周边区域的货运量中占比达到 74.2%。2018 年全国与周边国家双边国际道路客货运量分布情况见表 3-3-23。

三、与“一带一路”沿线国家合作

（一）国家外交经贸合作支撑作用日益凸显

近年来，国际道路运输逐步成为国家层面外交经贸合作的重要内容。2018 年 6 月 8 日，在

表 3-3-23　2018 年全国与周边区域国际道路客货运量分布

区域	客运量（万人次）	比例（%）	旅客周转量（万人公里）	比例（%）	货运量（万吨）	比例（%）	货物周转量（万吨公里）	比例（%）
东北亚	487.3	63.3	15955.4	40.2	4146.7	74.2	171808.7	50.4
中亚	12.1	1.6	2895.8	7.3	232.0	4.1	85726.7	25.2
东南亚及南亚	270.2	35.1	20877.8	52.6	1212.6	21.7	83284.9	24.4
合计	769.6	—	39729.0	—	5591.3	—	340820.3	—

习近平主席和俄罗斯总统普京见证下，中俄双方签署了新的中俄国际道路运输协定。2018 年 6 月 21 日，在李克强总理和尼泊尔总理奥利见证下，中尼双方签署了尼泊尔借道我国西藏自治区公路运输的议定书。2018 年以来，我国与俄罗斯、吉尔吉斯斯坦、尼泊尔等国发表的两国联合声明中，均明确提出要加快发展跨境运输、畅通国际运输走廊，国际道路运输越来越成为国家层面开展合作的重要内容。

（二）国际道路运输合作区域加速拓展

截至 2018 年底，围绕服务经济走廊建设，我国与 21 个“一带一路”沿线国家开展了国际道路运输合作，共签署了 13 个双边、5 个多边国际道路运输协定，建立了 18 个双边、多边事务级会谈机制。我国已初步形成了以重点城市为中心、边境口岸为节点、覆盖沿边地区并向周边国家辐射的国际道路运输网络。西部方向，签署了上合组织协定、中吉乌等多边政府间国际道路运输协定，并与乌兹别克斯坦、土耳其等签署了双边运输协定，畅通了中国—中亚—西亚国际道路运输走廊。北部方向，与蒙古国、俄罗斯签署了《关于沿亚洲公路网国际道路运输政府间协定》，开辟了从我国经蒙古国至俄罗斯的国际道路运输通道。南部方向，签署了《大湄公河次区域便利货物及人员跨境运输协定》，建立了中国—中南半岛走廊国际道路运输网络。

四、国际运输便利化

国家层面，成立了由交通运输部、外交部、国家发展和改革委、公安部、财政部、商务部、海关总署、国家移民管理局、国家铁路局、中国民用航空局、国家邮政局、中国铁路总公司，以及广西、云南等 12 个省（自治区、直辖市）人民政府和中国道路运输协会共 25 家单位组成的国家便利运输委员会，形成了推进国际道路运输协定签署落实、项目优化布局、通关环境优化、基础设施建设、对外交流合作、市场空间拓展等方面的整体合力。在多部门共同努力下，我国于 2016 年正式加入了《1975 年国际公路运输公约》（TIR 公约），并于 2018 年在霍尔果斯、绥芬河、满洲里等 6 个口岸完成了 TIR 试点实施，为车辆通关提供极大便利。地方层面，各沿边省份分别与周边国家建立了省级合作机制，促进国际道路运输便利化。目前，内蒙古二连浩特公路口岸 70% 以上通关业务采用“三互”通关模式，通关时间平均压缩了 40% 以上。吉林省将国际道路运输信息化平台纳入省政府电子口岸中，并为经营者异地办理许可开辟“绿色通道”，提高了查验和通关速度。辽宁省初步实现了公安、海关、交通部门对国际道路运输车辆的信息共享，便利了运输车辆出入境通行。在各级各有关部门的通力协作下，口岸和交通基础设施水平进一步完善，国际运输便利化程度进一步提高，对经济社会发展的助推作用显著增强。

第四章　水路

第一节　水路规划与实施总体情况

2018年，总体来看，“十三五”水运发展规划中的沿海万吨级以上泊位数、沿海港口通过能力适应度、大型专业化码头通过能力适应度、新增及改善内河航道里程和内河高等级航道达标率较高;“十三五”港口集疏运系统建设方案中，沿海和大河主要港口铁路进港率、重要港区铁路进港率和二级及以上公路覆盖率较好。除集疏运个别目标还需加强推进外，其他目标进展均较为顺利（表3-4-1）。

表 3-4-1　“十三五”水运发展规划和港口集疏运建设方案主要规划指标

主要指标	指标值	2018年底完成情况	进展评估
沿海万吨级以上泊位数（个）	2527	2427	预计2020年高于规划目标
新增及改善内河航道里程（公里）	4500	3321	预计2020年高于规划目标
沿海港口通过能力适应度	>1	1	预计2020年有望实现
沿海大型专业化码头通过能力适应度		1.1	预计2020年有望实现
内河高等级航道达标率（%）	90	81	预计2020年有望实现
沿海主要港口铁路进港率（%）	80	79	预计2020年高于规划目标
内河主要港口铁路进港率（%）	70	57.1	力争2020年实现
重要港区铁路进港率（%）	60	44.3	力争2020年实现
重要港区二级及以上公路覆盖率(%)	100	98.6	力争2020年实现

第二节　港航基础设施建设

一、水运基础设施建设取得新进展

2018年我国全年共完成水运建设投资1191亿元，其中沿海建设完成投资563亿元，内河建设完成投资628亿元。

2018年末，内河航道通航里程12.71万公里，同比增加108公里。等级航道里程6.64万公里，占总里程52.3%，同比提高0.2%。三级及以上航道1.35万公里，占总里程10.6%，同比提高0.8%。各等级内河航道通航里程分别为：一级航道1828公里，二级航道3947公里，三级航道7686公里，四级航道10732公里，五级航道7613公里，六级航道17522公里，七级航道17114公里。等外航道里程6.07万公里。各水系内河航道通航里程分别为：长江水系64848公里，珠江水系16477公里，黄河水系3533公里，黑龙江水系8211公里，京杭运河1438公里，闽江水系1973公里，淮河水系17504公里。2012—2018年全国内河航道通航里程见图3-4-1。

2018年末，全国港口拥有生产用码头泊位

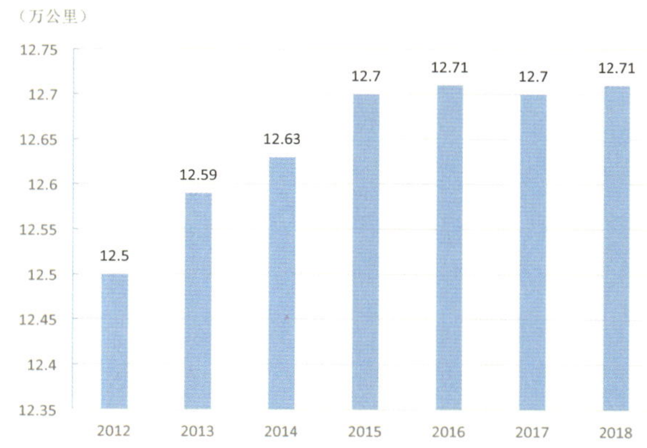

图 3-4-1　2012—2018 年全国内河航道通航里程

23919 个，比上年减少 3659 个。其中，沿海港口生产用码头泊位 5734 个，减少 96 个；内河港口生产用码头泊位 18185 个，减少 3563 个。年末全国港口拥有万吨级及以上泊位 2444 个，比上年增加 78 个。其中，沿海港口万吨级及以上泊位 2007 个，增加 59 个；内河港口万吨级及以上泊位 437 个，增加 19 个。

二、内河航道等级持续提升

按照加大基础设施领域补短板力度要求，积极扩大有效投资，加快推进长江干支线、西江航运干线和航道连接线建设，着力提升长江、珠江黄金水道通过能力，提高支线航道等级，进一步完善内河高等级航道网。

长江干线航道系统治理加快推进，干线通过能力不断提升。长江南京以下 12.5 米深水航道二期工程提前半年交工投入试运行。长江中游界牌河段航道整治二期工程、鲤鱼山水道航道整治工程、赤壁至潘家湾河段燕子窝水道航道整治工程、宜昌—昌门溪一期航道整治工程、长江口深水航道减淤工程、南坝田挡沙堤加高工程等项目通过竣工验收。长江上游九龙坡至朝天门河段、长江中游宜昌—昌门溪河段二期、长江中游蕲春水道、长江下游黑沙洲水道二期、三峡—葛洲坝两坝间莲沱段航道整治工程等项目进展顺利。长江中游新州至九江河段航道整治二期工程、长江下游芜裕河段航道整治工程、长江干线武汉至安庆段 6 米水深航道整治工程、长江口南槽航道治理一期工程等项目开工建设。

珠江水系重点项目持续推进，西江水运基础设施逐步完善。西江航运干线贵港航运枢纽二线船闸工程、西津水利枢纽二线船闸工程建设稳步推进，西江（界首至肇庆）航道扩能升级工程试运行有序开展，贵港至梧州 3000 吨级航道工程开工建设，北盘江、清水江、都柳江等有关航运建设工程稳步实施。

高等级航道网建设加快，内河互联互通程度提高。岷江犍为航电枢纽工程、汉江雅口航电枢纽工程、引江济淮航运工程、京杭运河浙江段山东段提等升级工程等重点项目稳步推进，内河通航能力进一步提升。芜申线航道整治工程等项目加快实施，长江三角洲高等级航道网络化程度逐步提高。

大力推进贫困地区内河水运建设和界河航运项目。赣江井冈山航电枢纽工程、汉江洋县至安康 291 公里航运工程、嘉陵江川境段航运配套工程、澜沧江 244 界牌至临沧港四级航道建设等项目持续推进，通航条件得到改善，带动区域经济发展。

三、港口基础设施建设稳步推进

进一步完善港口航道基础设施，推进江海联运，提升港口服务能力和水平。连云港 30 万吨级航道二期工程、唐山港京唐港区 25 万吨级航道等工程稳步推进，广州港南沙港区四期工程、宁波舟山港穿山港区 1 号集装箱码头工程等一批工程开工建设，上海国际航运中心洋山深水港区四期工程、深圳港盐田港区西作业区集装箱码头工程、宁波舟山港鼠浪湖矿石中转码头工程等一批重大项目竣工验收。有序推进长江干线等内河港口建设，提高码头专业化程度。

第三节　水上运输服务

2018 年，全国完成水路客运量 2.8 亿人，同比下降 1.1%，水路客运周转量 79.57 亿人公里，同比增长 2.5%；完成水路货运量 70.27 亿吨，水路货运周转量 99052.82 亿吨公里，分别同比增长 5.2%、0.4%。远洋运输完成货运量 7.7 亿吨、货物周转量 51926.58 亿吨公里。台湾海峡两岸间海上直航完成货运量 5022 万吨，同比增长 0.5%，客运量 215.4 万人，同比增长 9.3%。

2018 年，全国港口完成货物吞吐量 143.51 亿吨，同比增长 2.5%；完成旅客吞吐量 1.77 亿人，同比下降 4.3%。完成外贸货物吞吐量 41.89 亿吨，同比增长 2.4%。全国规模以上港口完成货物吞吐量 133.45 亿吨，货物吞吐量超过亿吨的港口 41 个。

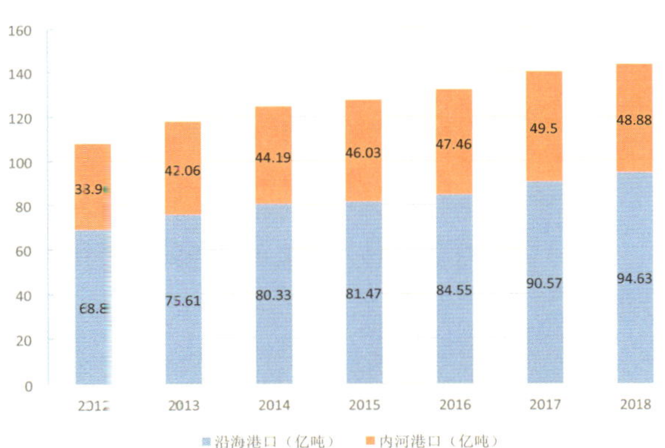

图 3-4-2　2012—2018 年全国港口货物吞吐量

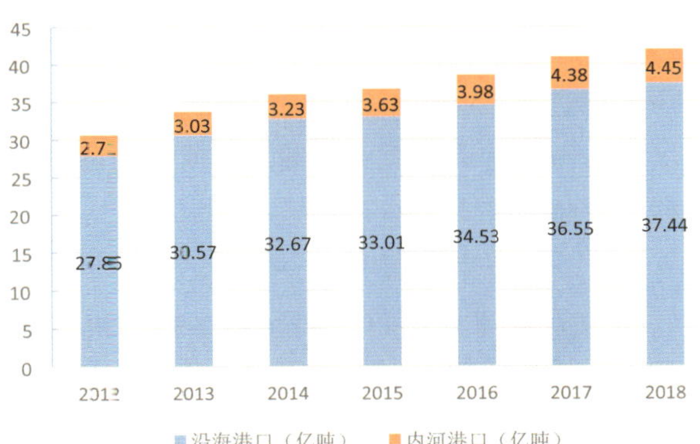

图 3-4-3　2012—2018 年全国港口外贸货物吞吐量

2012—2018 年全国港口货物吞吐量、外贸货物吞吐量分别见图 3-4-2、图 3-4-3。

截至 2018 年底，全国拥有水上运输船舶 13.7 万艘，净载重量 25115.29 万吨，同比分别下降 5.5% 和 2.1%；平均净载重吨 1833.23 吨，比上年增长 3.5%；载客量 96.33 万客位，同比下降 0.4%；集装箱箱位 196.78 万标准箱，同比下降 9.0%。2012—2018 年全国水上运输船舶拥有量见图 3-4-4、表 3-4-2。2012—2018 年全国港口集装箱吞吐量见图 3-4-5。

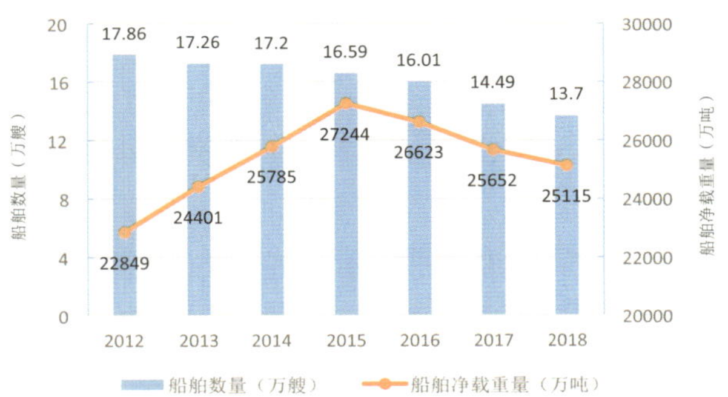

图 3-4-4　2012—2018 年全国水上运输船舶拥有量

图 3-4-5　2012—2018 年全国港口集装箱吞吐量

2018 年，长江干线航道设有 27 个水上交通流量观测断面，年平均日船舶流量 688.1 艘，同比下降 2.1%。其中，上游航道年平均日船舶流量 154.3 艘，下降 18.3%；中游航道年平均日船舶流量 298.7 艘，增长 1.2%；下游航道年平均日船舶流量 931.0 艘，下降 1.2%。

表 3-4-2　2018 年底全国水路运输工具拥有量

指　标	总运力		远洋		沿海		内河	
	2018 年	同比(%)	2018 年	同比(%)	2018 年	同比(%)	2018 年	同比(%)
运输船舶数量（艘）	13.7 万	-5.5	2251	-2.4	10379	0.6	12.43 万	-6.0
净载重量（万吨）	25115.29	-2.1	5314	-2.6	6885.06	-2.3	12915	-1.8
载客量（万客位）	96.33	-0.4	2.06	-1.0	22.68	1.4	71.59	-1.0
集装箱箱位（万 TEU）	196.78	-9.0	106.34	-20.4	56.62	12.9	33.81	4.1

第四节　水运行业管理

一、水运供给侧结构性改革取得新进展

（一）巩固“降成本、补短板”的成果

长江中游武汉至安庆段 6 米水深航道整治工程按期开工建设，长江口南槽航道治理一期工程提前半年开工，一批重大水运基础设施项目建设加快推进。港口经营服务性收费项目减至 15 项，督促港口经营人下调港口作业包干费，每年可减轻企业负担 56.6 亿元。

（二）增强航运企业主体活力

深化“放管服”改革，10 项海运试点政策和海事监管创新制度作为国务院第四批改革试点经验在全国推广。取消外商投资国际船舶运输和国际船舶代理股比限制，实现国际海运业及其辅助业对外全面开放。制定了交通运输部促进跨境贸易便利化工作措施，推动规范相关口岸收费和降低口岸进出口合规成本有关工作。完善了沿海省际散装液体危险货物船舶运输市场宏观调控政策，发布了国内水路运输市场年度发展报告，引导市场有序发展。

（三）优化水运营商环境

优化行政审批工作举措，大力推动压缩行政审批时间。办好民生实事，长江口深水航道利用边坡自然水深实现大型邮轮和大型集装箱船舶超宽交会。推进智慧港口建设，加快推进港口作业单证电子化。

（四）培育水路运输新动能

制定水运领域支持海南自贸区建设政策措施。会同九部委印发了促进我国邮轮经济发展的若干意见，协调相关部门形成了推进海南三亚等邮轮港口海上游航线试点的框架意见，在上海开展邮轮船票试点，邮轮运输保持稳定增长。

二、服务国家重大战略取得明显成效

（一）推进长江黄金水道建设

长江南京以下 12.5 米深水航道提前半年实现全线贯通，5 万吨级海轮可直达南京，长江中游界牌二期工程等 4 个航道整治项目通过了竣工验收。协调推动三峡枢纽水运新通道相关工作，印发了《深入推进长江经济带多式联运发展三年行动计划》，江海直达取得重大突破，内河主要港口铁水联运量同比增长 9.8%。

（二）服务京津冀交通一体化

加快推进津冀港口协同发展，稳步推进津冀港口资源整合，促进津冀港口合理分工、错位发展。积极做好冬季煤电油气运输保障工作。

（三）推动“一带一路”互联互通

与多国（地区）开展双边海运会谈，中国—巴拿马海运协定正式生效，中国—利比里亚海运协定完成续签，完成中国—沙特海运协定事务级磋商。成功举办2018年中国航海日活动和海丝港口国际合作论坛。

（四）服务粤港澳大湾区建设

推进西江航运干线扩能工程、珠江三角洲航道网完善工程，提升港口群服务能力。落实CEPA协议有关内容，进一步深化内地与港澳水运领域合作。

（五）支持长三角区域一体化发展

上海国际航运中心洋山深水港区四期工程自动化码头竣工验收。会同四省市印发了协同推进长三角港航一体化发展六大行动方案，率先启动长三角港航更高质量一体化发展。

三、水运脱贫攻坚取得阶段成果

认真落实脱贫攻坚三年行动计划，指导推进赣江井冈山航电枢纽工程、汉江洋县—安康291公里航运工程等贫困地区内河水运工程建设。深入开展黑水县结对帮扶工作。

指导贫困地区、民族地区水运基础设施项目建设，改善航道通航条件。开展陕西、青海等贫困地区水运建设市场督查，帮助提高建设管理能力和服务水平。

积极协调推动红水河龙滩水电站、右江百色水利枢纽通航设施建设前期工作，取得了阶段性进展。

四、平安港口平安航道建设稳步推进

（一）强化港口安全管理

完成危险货物港口作业安全三年专项治理，加强了港口安全风险分级管控和隐患排查治理双重预防机制建设，组织对17个省级交通运输主管部门港口危险货物安全监管履职情况进行督查，层层压实港口安全管理责任。

（二）推进平安航道建设

指导做好航道保通保畅和灾后水毁重建工作。组织开展了全国航道管理与养护技术考核，不断提高航道安全和服务水平。落实《水库大坝安全管理条例》，全面部署了航运枢纽大坝安全管理工作。

五、水运行业治理能力不断提高

（一）完善法规标准规范

出台了《港口工程建设管理规定》（交通运输部令2018年第42号）等规章，印发了《危险货物港口建设项目安全预评价指南》（交办水〔2018〕25号）等3个安全指南，发布了水运工程行业标准22项。

（二）强化市场监管

开展了水运建设市场督查、国际国内船舶运输企业年度核查、“双随机”抽查，规范企业市场行为。指导做好水路运输旅客实名制工作。完善水路运输建设综合管理信息系统，进一步推动相关许可、备案及统计业务网上办理。

（三）加快构建新型市场监管机制

加快构建以信用监管为基础的新型市场监管机制，研究建立水路运输领域失信联合惩戒相关管理制度，印发了《关于界定和激励公路水运工程建设领域守信典型企业有关事项的通知》（交办水〔2018〕11号），建立了交通运输行业第一个信用“红名单”制度。

第五节 水运绿色发展

一、运输结构调整不断深化

积极推进交通运输结构调整，认真落实《推

进运输结构调整三年行动计划（2018—2020年）》（国办发〔2018〕91号），推动大宗货物集疏港运输向铁路和水路转移。加快推进水运基础设施建设，完善内河水运网络。制订实施长江经济带多式联运发展三年行动计划，大力发展江海直达、江海联运和铁水联运，首艘2万吨级江海直达散货船、124标箱河海直达集装箱船和武汉—洋山1140标箱集装箱船相继投入营运，重点港口集装箱铁水联运量同比增长25.5%。

二、港口和船舶污染防治有序推进

（一）推进港口船舶污染物接收设施建设

印发《关于进一步做好港口污染防治相关工作的通知》（交办水函〔2018〕581号），要求各省级交通运输主管部门推动港口所在地人民政府按照《水污染防治法》有关规定，统筹规划建设船舶污染物接收、转运及处置设施，确保港口和船舶污染物接收设施与城市公共转运、处置设施的有效衔接，并赴湖南、湖北、浙江、安徽、河北等地现场督导。目前绝大多数省市已发布港口船舶污染物接收、转运及处置设施建设方案，有序推进相关工作。

（二）推进船舶大气污染物排放控制区实施

2018年珠三角、长三角和环渤海（京津冀）船舶排放控制区内船舶减排二氧化硫约16万吨、颗粒物约1.7万吨，相比2015年分别下降33%和22%，取得显著成效。排放控制区范围调整扩大至沿海及长江、西江干线水域。印发《船舶大气污染物排放控制区实施方案》（交海发〔2018〕168号），进一步扩大控制范围至中国沿海海域、港口及长江干线、西江航运干线内河水域；修订海事监管指南，明确了船舶燃料供给单位检查、船舶氮氧化物控制检查、豁免或免责的提出和处理等内容；推进船用燃油硫含量快速检测装备二期工程建设；在上海、深圳开展在航船舶尾气检测装备示范工程，并联合深圳市人民政府、香港特别行政区环境局在深圳建立大鹏湾船舶大气污染物排放控制监测监管试验区；按照加强船用低硫燃油供应保障和联合监管的有关要求，推进船用燃油供应保障和联合监管工作。

坚决贯彻长江经济带“共抓大保护，不搞大开发”战略导向，开展长江干线固体废弃物非法倾倒运输环节排查，推进长江水域非航行状态船舶生活污水“零排放”。推动生态环境部、住建部对船舶污染物转移处置实施联合监管。开展国际航行船舶防污染集中检查。

三、新能源清洁能源应用不断加强

（一）积极推进船舶靠港使用岸电

修订发布《港口工程建设管理规定》，落实《大气污染防治法》新改建码头同步建设岸电设施要求；印发了《内河码头船舶岸电设施建设技术指南》，组织制修订《码头船舶岸电设施建设技术规范》《码头船舶岸电设施检测技术规范》；修订《国内航行海船法定检验技术规则》（中华人民共和国海事局公告2018年第20号）和《内河船舶法定检验技术规则》（中华人民共和国海事局公告2018年第21号），对船舶岸电系统船载装置的检验提出要求；协调住房和城乡建设部发布了国家标准《码头船舶岸电设施工程技术标准》（GB/T 51305—2018）。截至2018年底，共建成港口岸电设施3700余套，覆盖泊位5200多个。

（二）推动水运行业应用液化天然气

出台《水上液化天然气加注站安全监督管理暂行规定》《内河液化天然气燃料动力船舶安全监督管理规定》；推动住房和城乡建设部发布了国家标准《船舶液化天然气加注站设计标准》（GB/T 51312—2018）；财政部、税务总局、工业和信息化部和交通运输部联合印发

《关于节能新能源车船享受车船税优惠政策的通知》（财税〔2018〕74号），将使用纯天然气发动机的船舶作为新能源船，免征车船税。

四、“碧海行动”计划持续推进

持续实施“碧海行动”计划，2018年烟台打捞局完成“碧海行动”12艘沉船打捞作业任务。5年来，“碧海行动”集中开展了渤海湾65艘沉船打捞任务，在助力生态文明建设、打赢污染防治攻坚战中发挥了积极作用。“碧海行动”后续已纳入《交通运输支持系统“十三五”建设规划》中期调整项目，经国务院批准，2019年正式启动。

第六节 长江航务管理

2018年，习近平总书记亲临长江视察，并主持召开深入推动长江经济带发展座谈会。其间，习近平作出了重要指示、发表了重要讲话，长江经济带发展共抓大保护、不搞大开发，做好长江保护和修复工作，守护好一江碧水。为长江航运高质量发展提供了根本遵循、指明了前进方向。

一、长江沿线经济社会发展概况

长三角一体化发展全面提速，跨省市合作机制实体化运作。上海市加快建设“五个中心”（国际经济、金融、贸易、航运、科技创新），全力打响“四大品牌”（上海服务、上海制造、上海购物、上海文化）。江苏省“1+3”（扬子江城市群以及沿海经济带、江淮生态经济区、淮海经济区）重点功能区，安徽省“一圈两带三区”［合肥都市圈，美丽长江（安徽）经济带、淮河生态经济带，皖北地区、皖江示范区、皖南国际文化旅游示范区］联动发展，江西省“一圈引领、两轴驱动、三区协同”（大南昌都市圈，沪昆、京九高铁经济带，赣南等原中央苏区、赣东北开放合作、赣西经济转型），湖北省“一芯驱动、两带支撑、三区协同”（“芯”产业，长江绿色经济和创新驱动发展带、汉孝随襄十制造业高质量发展带，鄂西绿色发展示范区、江汉平原振兴发展示范区、鄂东转型发展示范区），四川省“一干多支、五区协同”“四向拓展、全域开放”（成都“主干”，环成都经济圈和川南、川东北、攀西经济区“多支”，突出南向、提升东向、深化西向、扩大北向，立体全面开放）等区域和产业发展战略扎实推进。浙江省着力推动“四大”（大湾区、大花园、大通道、大都市区）建设，湖南省长株潭城市群、洞庭湖区、湘南及湘西地区发展协调推进，重庆市“八项行动计划”（创新驱动发展战略、乡村振兴战略、城市提升、科教兴市和人才强市、内陆开放高地建设、保障和改善民生、生态优先绿色发展）务实推进。

各地区各部门牢牢把握长江经济带发展战略实施带来的宝贵机遇，始终坚持生态优先、绿色发展的战略定位，强化共抓大保护的协同性，在转型升级中激活新动能，经济增长“含金量”和“含绿量”同步提升。以持续改善长江水质为核心，加快推进水污染治理、水生态修复和水资源保护“三水共治”；以推进集装箱江海联运为重点，形成与江海联运相适应的港口、集疏运、航运、船舶、通关等一体化系统，带动构建综合立体交通体系；以供给侧结构性改革为主线，推动经济发展质量变革、效率变革、动力变革，着力加快建设实体经济、科技创新、现代金融、人力资源协同发展的产业体系。

二、强化长江干线航道治理

（一）干线航道治理加快推进

大力实施《长江经济带发展规划纲要》，长江南京以下12.5米深水航道实现贯通并投入试运行，武汉至安庆段6米水深航道整治工程全面开工，长江口南槽航道整治一期工程提前半年开工。黄金水道建设全面提速，通航能力持续提升。

（二）航道通航取得新成效

1. 干线航道保障水平不断提升

强化疏浚保障与航标维护，全年共完成疏浚量8969万立方米（其中长江口航道疏浚量6201万立方米），航标正常率100%；坚持"两充分一加强"，部分河段航道维护尺度进一步提升；全力做好了南京以下12.5米深水航道试运行维护和长江口深水航道边坡利用试运行工作，南京长江大桥等重点桥区水域通航保障优化提升工作也取得明显成效。

2. 航道行政管理工作持续加强

积极推进航道行政管理委托技术咨询服务，出具航评审核意见125项、办理专用航标许可107项；制定发布《长江干线跨河建筑物通航净空尺度公布管理办法》，完成了《航道保护范围划定技术规定》等各项行业标准修订工作；持续强化采砂管理、岸线评估等专项工作。

3. 三峡枢纽通航安全有序

圆满完成了三峡南线船闸停航检修及检修期通航保障工作，停航检修期由40天缩短为33天，并提前20小时复航；严格实施过坝船舶联动控制，近坝水域待闸船舶数量严格控制在600艘以内；修订了三峡—葛洲坝枢纽通航调度规程，制定了三峡升船机通航船舶船型技术要求；2018年6月1日起全面实施过闸船舶100%安全检查，累计检查过闸船舶3.2万艘次；积极开展三峡水运新通道航运关键技术比较研究，相关成果已报送上级决策。

三、提升长江航运运输服务

（一）运输生产再创历史新高

深入挖掘水运潜能，积极发挥水运优势，2018年长江干线货物通过量达到26.9亿吨，同比增长7.6%；集装箱吞吐量完成1750万TEU，同比增长6.1%；三峡枢纽通过量1.44亿吨，同比增长3.9%。长江航运在国家战略中的地位作用愈加凸显。

（二）运输服务取得新成效

1. 运输结构不断优化

推动19家省际客船、液货危险品船运输企业实施兼并重组，注销、撤销了16家企业经营资质；继续推进船型标准化，长江干线货船平均吨位由去年的1630吨提升至1780吨；江海直达1140集装箱示范船"汉海1号"顺利首航；长江干线万吨级泊位达到587个。

2. 运输组织保障不断加强

圆满完成了春节、黄金周旅客运输和军事运输保障任务，协调保障了15万吨重点急运物资优先过闸。

3. 引航服务持续提升

推出引航服务新"八项承诺"，全年共引领中外籍船舶62755艘次、6.2亿净吨，同比分别增长1.2%、7.5%；积极助力长江航运物流降本增效，引领船舶最大吃水太仓港达到12.3米、南通港达到12米、南通以上至南京各港均达到11.36米；修订实施《长江干线船舶靠离泊和引航或移泊辅助作业拖轮配备标准》，有效减轻了航运企业负担。

4. 持续开展"春暖行动"

制订并实施了《2018年长航局促进港航企业转型升级工作措施》；落实第五批便利船员服务清单，加快推进电子政务建设；开设"三峡水上温情驿站"，实施便民服务；加强信息引导，编制发布《长江航运发展报告》及长江航运景气指数、信心指数、船员工资指数等。

5. 支持港口扩大开放

配合完成泸州、宜宾、黄石口岸临时开放及重庆、九江口岸扩大开放；支持三大航运中心和沿江自贸区发展，主动对接单一窗口建设，实现口岸联合登临检查常态化。

四、保障长江航运水上安全

（一）水上安全形势总体稳定

不断完善安全责任体系，加强隐患治理和风险管控，开展一系列安全专项行动，强化应急处置能力，确保了长江干线水上交通安全形势总体稳定，全年没有发生一次性死亡（失踪）10人以上的事故和重大船舶污染事故，事故“四项指标”同比全面下降。同时，妥善应对了“10·28”重庆万州公交车坠江等突发事件。

（二）安全监管取得新成效

重点领域安全监管不断强化，有效落实了“116”长效机制、停航封渡水位划定和重点渡口签单发航等制度，实施渡船“斑马线”行动；开展了客运码头经营资质查验和实名制检查，对违规的省际客船、液货危险品船实施停航整顿；圆满完成了春运、全国“两会”、汛期、枯水期等重点时段安全保障工作。

专项行动有效开展，开展了“平安长江百日行动”，实施了长江干线省际客运安全“回头看”专项治理和“2+7”冬季安全专项行动等。应急处置能力不断提升，长江干线水上搜救责任区实现全覆盖，人命救助成功率达98.1%。安保任务圆满完成，以最高标准、最严要求、最强措施，圆满完成了“1801”一级加强任务；完成了上海进博会、中非合作论坛等重大活动期间的长江干线水域安保任务。

长效管理机制不断加强，全面推广江苏海事局“12345”科学安全监管体系；建立实施“双随机、一公开”监督检查工作机制，健全运输市场和安全生产信用管理制度。

五、科学实施长江航运规划建设

规划引领不断加强，长航局配合部完成了水运和支持系统“十三五”规划中期评估和调整，制定了《长江航运发展三年行动计划（2018—2020年）》，开展了《长江航运发展规划纲要（2021—2035年）》研究，代部起草了《推进北斗导航系统在长江航运应用全覆盖的实施方案》。

工程项目稳步推进，全年共完成投资28.4亿元，完成了27个项目“工可”批复立项、17个项目“初设”批复和27个项目的竣工验收；大力推进长江干线北斗地基增强系统工程，已有3230座航标安装了北斗终端；三峡后续规划项目稳步实施；长航局档案业务用房建成并投入使用。

工程质量不断提高，开展了工程设计、施工和监理单位信用评价，加强质量安全综合督查，工程质量安全管理水平逐步提升。

六、深化长江航运体制改革

航道事企分开改革取得突破，长江航道工程局有限责任公司正式挂牌，公司“两会一层”正式运转，与长江航道局及5个工程单位之间的事权关系进一步理顺。

通信、搜救、引航等改革深入推进，顺利完成长江干线通信管理体制改革和长江无线电通信行政管理交接；泸州、宜宾长江水上搜救中心正式挂牌运行；印发了《长江引航中心体制改革意见》，完成“三定”方案编制并报部；完成了三峡过闸船舶安检机构设立工作。

改革发展理论研究结出硕果，精心组织编撰《长江航务管理理论与实践》一书，系统归纳提炼了长江航务管理经验。

长江航运法规规范体系不断完善，配合部开展了《海商法》《内河交通安全管理条例》等重点法律法规修订工作；制定了安全监管、航道管理、运输管理等航运发展管理制度；加强了规范性文件及经济合同的合法性审查。

执法改革试点有序开展，荆州海事局行政执法公示制国家级试点、武汉港区海事处执法全过程记录部级试点工作进展顺利。

水上综合执法深入推进，航道执法系统投入运行，航道行政处罚实现网上办理，综合执法示范区建设顺利开展。

第七节 珠江航务管理

一、黄金水道建设进入快车道

2018年，珠江水系以“一轴一网四线”为主骨架的高等级航道建设实现重大突破：西江航运干线3000吨级航道扩能工程界首至肇庆段全面建成，3000吨级船舶可从蕉门、虎门直达界首；磨刀门水道、鸡鸦水道、泥湾门—鸡啼门水道、倒运海水道、龙穴南水道等项目主体工程完成交工验收；邕宁枢纽2000吨级船闸成功通航；北江航道扩能升级工程全面推进，西津二线船闸、贵港二线船闸、红花二线船闸、大藤峡枢纽建设稳步推进，珠江水系航道体系日趋完善，粤港澳大湾区和珠江—西江经济带物流大通道建设加快。截至2018年底，珠江水系内河航道通航总里程为15552公里，其中一级航道464公里，二级航道673公里，三级航道1282公里。

二、港口建设有序推进

2018年，珠江水系推进集约化、规模化公用港区建设，着力改善港口集疏运条件，加快推动港口资源优化整合，打造粤港澳大湾区国际航运枢纽，不断提升港口资源利用率和整体生产力，为大湾区保持可持续竞争优势提供重要支撑。重点实施了江门港主城港区江海作业区高新区公共码头工程、中山港中山港区长大路桥公司码头一期工程、梧州港中心港区大利口作业区码头一期、贵港港中心港区苏湾作业区一期工程、柳州港官塘作业区一期工程、光照电站库区航运建设工程等一批港口项目。截至2018年底，珠江水系港口拥有生产用泊位1777个，年综合通过能力58797万吨，集装箱年通过能力1554万标准箱，旅客年通过能力3979万人。

三、运力结构持续优化

2018年，珠江水系船舶运力规模保持总体平衡，运力结构逐步优化，船舶大型化、专业化趋势明显。截至2018年底，珠江水系内河机动货船平均净载重量达到1382吨，比2017年底增长5.3%；集装箱船、滚装船等专业化船舶运力占比增加，集装箱船箱位量为8.3万标准箱，占货运船舶总箱位量之比比2017年底增加3个百分点。生活污水排放不达标船舶改造工作基本完成；清洁能源船舶数量增加，新建31艘、改建1艘LNG动力船舶，投入运营1艘2000吨级纯电动自卸内河船。截至2018年底，珠江水系拥有运输船舶14748艘，净载重量1592万吨，载客量16.4万客位，集装箱船箱位量20.5万标准箱，船舶功率436万千瓦。

四、水运生产再创新高

2018年，珠江水运发展质量和效益快速提升，水运经济运行呈稳步增长态势。相比于2017年，全水系完成内河客运量2571万人次，下降1.9%，旅客周转量112150万人公里，下降1.9%；完成内河货运量95211万吨，增长5.8%，货物周转量1905.6亿吨公里，增长7.4%；大湾区港口群整体国际竞争力逐步提升，全水系港口完成旅客吞吐量1641万人次，下降9.5%；完成货物吞吐量74661万吨，增长11.6%，其中集装箱吞吐量1315万标准箱，增长1.3%。西江航运干线长洲水利枢纽船闸货物通过量呈现“爆发式”增长，首次突破亿吨大关，达到1.32亿吨，增长33.4%。

五、绿色发展实现新跨越

2018年3月，交通运输部办公厅和珠江水系四省（自治区）人民政府办公厅联合发布了《推进珠江水运绿色发展行动方案（2018—2020年）》，明确了到2020年珠江水运推进绿色发展的总体要求、基本原则、发展目标和重点任务，吹响了珠江水运走生态优先、绿色发展之路的号角。珠江水系四省（自治区）交通运输主管部门继续实施内河船型标准化工作，加快推进港口岸电和LNG站点布局建设，深入推进珠三角船舶排放控制区实施工作，增设西江航运干线船舶大气污染物排放控制区；完成了西江航运干线南宁至贵港2000吨级、柳江2000吨级航道建设工程等项目的配套生态建设内容；实施北江大宗货物陆转水绿色运输示范项目，完成英德区域大宗货物水路运输比重提升至50%的既定目标。珠江水运绿色发展实现了从规划设计到建设实施的新跨越。

六、数字珠江迈出新步伐

2018年，珠江航务管理局继续会同水系各级交通运输主管部门加大科技信息化建设力度，提升珠江水运与互联网、大数据的深度融合，以航运信息化带动珠江水运管理现代化。珠江航运综合信息服务系统（一期）珠江航务管理局单项工程和广东省单项工程正式上线试运行，通过航务信息发布、航运运行监测预警和干线船舶过闸协调等应用系统建设，提高面向船舶、企业信息服务的整体性和协调性，实现珠江航运信息服务水平的新提升，填补了珠江航运信息管理服务一体化的空白，是推进“数字珠江”“智慧珠航”建设的第一个里程碑。

七、上游通航设施建设取得突破

2018年，交通运输部、国家发展和改革委、广西、贵州和云南凝聚共识，红水河龙滩水电站和右江百色水利枢纽项目前期工作扎实推进。红水河龙滩水电站1000吨级通航设施可行性研究报告已经编制完成，代表船型得到明确；右江百色水利枢纽通航设施可行性研究报告启动编制，项目业主筹建方案基本成型。两个珠江上游通航设施项目有望在“十三五”期开工建设，西南水运出海通道的高标准贯通将大大延伸粤港澳大湾区的腹地范围。

八、水上交通事故指标全面下降

2018年，珠江水系安全生产形势总体稳定，水路运输未发生重特大事故。水上交通事故方面，四项指标全面下降，全年共发生一般等级以上交通事故7件、死亡9人、沉船3艘、直接经济损失987.45万元，与2017年相比，分别下降65.0%、59.1%、62.5%、42.4%，其中贵州、云南辖区未发生一般等级以上水上交通事故。危险品运输方面，珠江航务管理局加强省际危险品船运输经营人经营资质动态跟踪管理，省际危险品运输未发生一般等级以上事故。

第八节 海事管理

一、法制建设

（一）海事立法

推进《海上交通安全法》修订，继续开展送审稿修改工作。完成《船舶载运危险货物安全监督管理规定》《船员注册管理办法》《中华人民共和国船舶污染海洋环境应急防备和应急处置管理规定》《中华人民共和国海事行政许可条件规定》《中华人民共和国船舶最低安全配员规则》等5部规章的制修订工作。

持续推进海事规范性文件“清单式”管理。严格落实规范性文件合法性审核和备案审查制度，对现行有效的海事规范性文件清单实行月度更新。截至2018年12月31日，交通运输部海事局发布的现行有效规范性文件共503件。开展排除限制性竞争政策措施、涉及产权保护和生态环境保护的海事规范性文件清理工作。发布《关于公布现行有效渔业船舶法定检验监督管理规范性文件和法定检验技术规范目录清单的公告》（中华人民共和国海事局公告2018年第13号），将80件渔业船舶法定检验规范性文件纳入文件清单进行管理。

（二）执法监督

印发《海事执法业务流程》《海事政务服务指南（2018）》《海事行政执法电子文书管理办法》《海事电子政务管理办法》，制定《海事政务办理类项目履职标准》《海事现场执法类项目履职标准》。修订《海事行政执法视觉形象建设标准（2018）》。

（三）海事标准

发布《自动识别系统（AIS）航标应用导则》（JT/T 1193—2018）、《通航尺度核定测量技术要求》（JT/T 1192—2018）、《历史灯塔保护规范》（JT/T 1212—2018）等3部行业标准。报批了《船舶散装运输液体化学品危害性评价规范 危害性评价程序与污染分类方法》《原油过驳安全作业要求》等2项国家标准和《溢油油水分离装置》等4项行业标准。分别编制了2019—2021航海安全和航测三年标准制修订计划；完成《海洋运输船舶应变部署表》等8项国家标准和《船舶压载水取样与检测技术要求》《中国海区水上助航标志形状显示规定》等8项行业标准的申报工作。

二、通航管理

（一）通航环境管理

建立完善并组织实施全国沿海和内河航路规划，推进实施《全国沿海船舶定线制总体规划》和《全沿海船舶航路总体规划》，完成湄州湾船舶定线制（报批稿）、闽江口船舶定线制（报批稿）。建立国境界河管理海事业务研究工作机制，在黑龙江海事局成立界河分委会，定期召开国境界河管理工作会议。组织开展全国沿海港外锚地总体规划研究，初步形成全国沿海港外锚地规划基本框架。实施交通运输贴近民生工程，自2018年12月1日起实施长江口深水航道利用边坡自然水深大型邮轮与大型集装箱船舶超宽交会常态化，截至12月31日，成功实施超宽交汇221次。完成通航环境要素采集系统建设，基本形成全国通航要素数据库。

（二）通航秩序管理

印发《关于进一步规范沿海航行通告和警告发布管理的通知》《桥区水域水上交通安全管理办法》（交办海〔2018〕52号）和《关于加强海上风电场海事安全监管的指导意见》，修订《中华人民共和国航行警告标准格式》。加强水上无线电管理国际事务跟踪协调，组织对沿海和内河无线电管理情况进行调研。2018年共组织4批19人参加无线电业务培训。截至2018年12月31日，总计办理船舶无线电执照5751份、MMSI9位码9587件，注销5570件。

创新巡航执法手段和方式，实施电子巡航，研究运用无人机提升海事巡航执法效能，指导各沿海海事局全面开展空中巡航救助联动机制试点工作。成功组织应对长江口“桑吉”轮碰撞爆炸溢油事故应急处置工作，协调国内外多方力量全力做好难船处置、清污、监测等，并做好事故调查处理工作等。

召开内河船舶非法从事海上砂石运输治理现场推进会，推进发布《交通运输部办公厅关于界定内河船非法参与海上运输行为和相关责任主体有关事项的通知》和《关于对内河船舶非法参与海上运输相关责任主体实施联合惩戒的合作备忘录》。

保障涉水工程和重大活动水上交通安全。有效保障了港珠澳大桥、深中通道、中俄同江铁路大桥等大型桥梁及重大水上工程的施工与通航安全，圆满完成青岛上合组织峰会、上海进博会、北戴河暑期，以及“两会”、春运等重点时段的水上交通安全保障工作。

成功防抗了十余个在我国沿海登陆的台风。做好 LNG 重点物资海上运输保障工作。

（三）船舶交通管理系统（VTS）

修订 VTS 工作标准，编制《船舶交通服务值班指南》《船舶交通服务质量管理体系工作指南》，发布《VTS 服务手册》，对接国际标准，规范 VTS 值班和系统运行管理。完善 VTS 值班人员培训机制，组织开展 VTS 值班长和值班员适任及知识更新培训 16 批次，670 人次参加培训。开展直属海事系统船舶交通管理技能竞赛。

2018 年，全国 VTS 中心接收船舶报告 1500 余万艘次、跟踪船舶 1200 余万艘次、监控重点船舶 328 余万艘次、提供安全信息服务 1580 余万艘次、实施交通组织 304 万余次、提供助航服务 9 万余次、纠正违章行为 1.9 万余起。

三、船舶监督

（一）船舶登记

截至 2018 年 12 月 31 日，我国现有国籍登记有效船舶约 21 万艘、约 1.64 亿总吨。抵押权登记船舶 4.1 万余艘，其中，建造中船舶 103 艘。光船租赁登记船舶 2.8 万余艘。2018 年新建造并办理登记手续的船舶 7009 艘、约 645 万总吨。2018 年新增融资租赁船舶 55 艘、约 72 万总吨。2018 年，全国各级船舶登记机关共办理各类登记 20.42 万艘次。

（二）船舶进出口查验及报告

2018 年，全国共办理国际航行船舶进出口岸查验 50.33 万艘次，船舶进出港报告 2532.74 万艘次。与 2017 年同期比较，办理国际航行船舶进出口岸查验艘次下降 9.6%，船舶进出港报告艘次上升 56%。

（三）船旗国检查和港口国监督

2018 年，各直属海事局共实施国轮安全检查 9.45 万艘次，其中海船安检 2.70 万艘次，滞留 1245 艘次，滞留率为 4.6%；河船安检 6.75 万艘次，滞留 832 艘次，滞留率为 1.2%。对 7549 艘次外籍船舶实施了港口国监督检查（初次），发现并纠正缺陷 2.70 万项，对其中 360 艘缺陷严重的船舶实施滞留措施，单船平均缺陷为 3.58 项，滞留率为 4.77%。

2018 年，中国籍国际航行船舶有 608 艘次在亚太地区接受港口国监督检查，302 艘次船舶存在缺陷，其中 2 艘次船舶被滞留，被滞留率为 0.33%，低于亚太地区 2.96% 的平均滞留率。综合考虑全球各大港口国监督检查备忘录组织和美国海岸警卫队的检查，中国籍国际航行船舶共有 4 艘次在外被滞留，与 2017 年相比，滞留绝对数增加 3 艘次。滞留船舶分布如下：印度尼西亚 1 艘次，韩国 1 艘次、美国 1 艘次，意大利 1 艘次。中国国际航行船队在全球履约状况总体稳定，继续保持低滞留率。

2018 年，538 艘船舶被列入交通运输部海事局公布的重点跟踪船舶名单，345 艘船舶经过系统整改脱离了重点跟踪船舶名单，重点跟踪船舶总数为 799 艘。评选了 287 艘船舶为 2018 年度安全诚信船舶。

（四）口岸开放管理

2018 年，对 6 个正式对国际航行船舶开放（扩大开放）口岸进行验收。全年共办理国际航行船舶临时进出非开放水域审批 64 件次，办结件 58 件次，涉及辽宁、河北、山东、上海、江苏、浙江、福建、广东、广西、海南等 10 个沿海省份，共计 30 个区域。

四、危险品与防污染管理

（一）船舶载运危险货物管理

2018 年，直属海事系统共监管进出港危险货物 32 亿吨，监管载运危险货物船舶 40.75 万艘次，现场检查危险货物集装箱 11.65 万箱。

（二）船舶防治污染管理

2018 年，直属海事系统共实施船舶防污染检查 27.07 万艘次，接收船舶洗舱、清舱、驱气作业报告 1727 次，舷外拷铲及油漆作业报告 337 次，拆船作业报告 34 次，船舶污染应急计划签注 2616 艘次，船舶垃圾管理计划签注 1.21 万艘次，《程序与布置手册》签注 44 艘次，签发《油类记录簿》《垃圾记录簿》《货物记录簿》共 2.07 万艘次，签发《油污损害民事责任保险或其他财务保证证书》1.21 万艘次，船舶油污水接收处理 4.82 万艘次，船舶垃圾接收处理 32.83 万艘次，船舶其他污染物接收处理 2.23 万艘次，压载水排放或接收处理 1.57 万艘次。

印发《船舶大气污染物排放控制区实施方案》（交海发〔2018〕168 号），出台《船舶能耗数据管理办法》。承担国际海事组织《国际海运固体散装货物规则》（IMSBC）示范教程编制工作，组织开展危险货物运输安全监管师资培训、船舶污染应急指挥人员培训和海事系统危防业务骨干知识更新培训。组织召开 2018 年船舶污染损害赔偿基金管委会会议及联络员会议，推进基金征收使用管理制度的修订完善。确定了 4 起案件共 1042 万元的基金理赔计划。

五、船员管理

（一）船员培训考试

2018 年，全国注册海船船员 7.64 万人，其中国际海船船员 2.69 万人，沿海海船船员 1.62 万人；注册内河船舶船员 3.33 万人。截至 2018 年 12 月 31 日，全国海船船员 75.21 万名，内河船员 83.97 万名。

2018 年，船员培训开班 35177 期，培训 103.01 万人次。内河船舶船员适任考试 2204 期，6.06 万人次；海船船员适任考试 1617 期，13.20 万人次。内河船舶船员培训考试 3058 期，7.29 万人次；海船船员培训考试 22206 期，68.11 万人次。开展引航员考试 5 期，参加考试人员 82 人。2018 年共外派海员 16.07 万人次。

（二）船员证书管理

2018 年，共签发海船船员适任证书 5.84 万本、海船船员服务簿 4.57 万本，健康证书 26.59 万本，海船船员培训合格证 30.75 万本、海员证 8.93 万本。签发内河船舶船员适任证书 7.48 万本，内河船舶船员服务簿 3.90 万本，内河船舶船员培训合格证 3.90 万本。签发引航员适任证书 701 本。截至 2018 年 12 月 31 日，全国有效海船船员适任证书 47.62 万本，内河船舶船员适任证书 41.02 万本，海员证 40.64 万本，健康证书 50.58 万本，持有有效引航员适任证书 2284 人。

（三）综合管理

制订发布《中华人民共和国海事局在船船员投诉处理工作程序》（海船员〔2018〕1 号），修订《中华人民共和国海员船上工作和生活条件管理办法》（交海发〔2018〕170 号）；试点开展国内沿海航行船舶和 500 总吨以下国际航行船舶海事劳工条件检查工作；编制发布 2017 年《中国船员发展报告》，编制《中国海员史（现代部分）》，积极推动国家有关政府部门出台海员个人所得税优惠政策，提升船员职业吸引力。

打破海员外派机构申办业务地域限制，深化内河船舶船员管理改革，优化内河船舶配员结构，完成全国船员培训、考试和发证管理工作第三方独立评估，完成了船员考试管理资源情况摸底，以提升船员实操能力和综合素质为目标导向组织起草了深入推进船员培训、考试和发证管理改革方案框架。

六、水上交通事故调查与处理

2018 年，我国共发生一般等级以上中国籍运输船舶水上交通事故 176 件、死亡失踪 237 人、沉船 33 艘、直接经济损失 2.96 亿元，同比分别下降 10.2%、上升 24.7%、上升 3.8% 和上升 5.5%。

2018 年，交通运输部海事局组织调查了上海“1 · 2”“长平”轮与“鑫旺 138”轮碰撞事故和上海“7 · 15”“顺强 2”轮与“永安”轮碰撞事故等 2 起重大水上交通事故。联合巴拿马、伊朗、中国香港等相关方对东海“1 · 6”“SANCHI”轮与“CF CRYSTAL”轮碰撞事故开展安全调查。组成调查组两次赴泰国对普吉岛沉船事故进行勘验调查并进行稳性核算。2018 年共对 17 起事故进行挂牌督办，对 15 起挂牌督办事故解除挂牌。

七、航运公司安全与防污染管理

发布《〈中华人民共和国船舶安全营运和防止污染管理规则〉对第四批船舶生效的公告》（交通运输部公告 2018 年第 83 号）。2018 年 3 月 1 日起正式启用“符合证明”“安全管理证书”二维码打印和扫码查询功能。开展航运公司安全管理工作调研，召开直属海事系统航运公司安全监管工作会议。印发《涉外航运公司安全管理体系委托审核发证管理规定》（海安全〔2018〕7 号）、《水上交通安全约谈管理规定》（海安全〔2018〕45 号）等文件。

2018 年评选 1 家航运公司为新的“安全诚信公司”、撤销 4 家航运公司“安全诚信公司”资格，截至 2018 年底，全国共有 44 家“安全诚信公司”。2018 年共将 4 家航运公司列为“重点跟踪航运公司”，截至 2018 年 12 月 31 日，全国共有 7 家“重点跟踪航运公司”。

2018 年，全国海事管理机构共实施公司审核 1581 次，调用审核员 5174 人次；船舶审核 3893 次，调用审核员 7854 人次。截至 2018 年 12 月 31 日，全国持有效“符合证明”的国际航运公司 77 家、国际国内兼营公司 134 家、国内航运公司 1116 家；持有效“安全管理证书”的国际航行船舶 1253 艘、国内航行船舶 7492 艘。

2018 年，共举办 1 期审核员资格培训班和 1 期审核员晋升培训班。截至 2018 年 12 月 31 日，全国共有审核员 1908 人，其中主任审核员 554 人，普通审核员 1354 人。

八、航海保障

（一）航标管理

截至 2018 年 12 月 31 日，中国沿海设置各类航标 1.60 万座，交通运输部海事局负责管理维护的公用航标 8574 座。其中，船舶自动识别系统（AIS）岸台 597 座，无线电指向标差分全球定位系统（RBN/DGNSS）台站 23 座。此外，建成并正式对外提供服务的雷达站 193 个。全年现场巡检维护航标 9.81 万座次。全年共发布一类航标动态 1447 期，二类航标动态 310 期。航标正常发光率 99.95%，航标维护正常率 100%，DGPS 信号可利用率 99.76%。

截至 2018 年 12 月 31 日，中国沿海共建成 1 个国家级 AIS 中心、1 个全国 AIS 数据备份中心、3 个海区级中心、22 个辖区级中心和 201 座岸台。内河 AIS 岸基系统共建成 4 个水系管理中心、16 个省级中心和 396 座内河岸台，信号基本覆盖我国内河四级以上高等级航道。完成中国沿海连续北斗运行服务参考站网（BD-CORS）二期工程建设，前后两期共建成 75 座站点，将近海 50 公里覆盖范围内水域定位精确提高至厘米级。继续提升沿海航标遥测遥控率，截至 2018 年 12 月 31 日，全国沿海航标遥测遥控终端总数达 11008 座，其中北斗遥测遥控终端达 2519 座。

（二）海道测量与编绘

2018 年，完成海域测量面积 3.30 万平方公里，编绘、更新出版各种比例尺港口航道纸海图 305 幅，制作电子海图 252 幅，覆盖我国沿海 40 个港口，印制纸海图 18.45 万张，累计发行纸海图 20.52 万张、电子海图 77.40 万幅次，制作各类专题图 417 幅，发布中、英文《改正通告》各 52 期。出版发行《2018 年中国沿海港口航道图目录》《中国沿海潮汐表（上海港、杭州湾）2019 年》《中国沿海潮汐表（珠江口）2019 年》《中国海区助航标志表（北方海区、东海海区、南海海区）2018—2019》《巴拿马运河航行指南》《亚丁湾至苏伊士运河航行指南》等。

（三）水上安全通信

2018 年，共发布航行警告 44.20 万次，播发安全信息 61.61 万条，播发中英文气象预报 10.38 万次，公益通信总量达 152.49 万次，公众通信总量达 12.11 万份 / 次。安全信息播发准确率达 100%，通信事故、无线电报和无线电话差错率为零，机线完好率和设备维护率分别为 98.79%、100%。

（四）应急服务

2018 年，启动航标应急预案 97 次，应急设标 78 座次，应急扫测 33 项，处理遇险紧急特殊通信 37 起，DSC 遇险信息 7.11 万次。全年未发生一起因航海保障履职不力而引发的水上交通次生事故。完成"桑吉"轮起火沉没、"丹渔捕 4051"轮沉船应急扫测等应急任务。

九、基本建设

2018 年，审核报送项目工可报告 37 个（其中船舶 55 艘），交通运输部立项批复工可 30 个（其中船舶 27 艘，飞机 2 架），批复项目总投资 11 亿元。全年批复项目初步设计（方案设计）43 个，批复项目总概算 8.5 亿元，共完成投资 15.8 亿元。2018 年，直属海事系统共有在建船舶 143 艘，截至 2018 年 12 月 31 日，直属海事系统共有各类船舶 892 艘。

积极推进重点工程建设，助推海洋强国战略实施，开工建设万吨级大型巡视船和台湾海峡大型巡航救助船等重大项目，开工建设广州海岸电台改造工程，加快遥感溢油监测处理系统工程建设，强化南海水域船舶污染监测能力建设，推进三亚海事工作码头工程等大型综合基地建设。加快津冀海事监管设施建设，开工建设河北海事局沿海甚高频系统改造工程、曹妃甸船舶交通管理系统改扩建工程、天津海岸电台改造工程，完成天津海事局船舶交通管理系统改造工程、京唐港区船舶交通管理系统扩建工程、秦皇岛船舶交通管理系统改扩建二期工程等项目前期批复工作和渤海水域综合监控监视系统工程前期研究工作，着力推进津冀船舶动态信息互联互通、资源共享。积极推进国产船舶交通管理系统应用，完成丹东、沧州、秦皇岛、连云港、盐城国产船舶交通管理系统建设，开工建设曹妃甸、北海、钦州、防城港、佛山国产船舶交通管理系统。开展规划评估工作，全面开展《海事系统"十三五"发展规划》《直属海事系统"十三五"建设规划》中期评估工作，确保规划的顺利落实。

十、规费征收征稽

2018 年，直属海事系统组织征收海事规费，累计财政收入 238.05 亿元，同比 2017 年增长 4.47%。其中港口建设费 233.70 亿元，船舶油污损害赔偿基金 1.53 亿元，船员考试费 0.71 亿元，同比分别增长 4.26%、11.68%、2.90%。

制定《港口建设费减免（缓）征管理工作细则》《船员考试费等征收管理工作规程》，修订《港口建设费委托代收管理办法》。全年审核上报新增港口建设费代收单位 9 家，取消 138 家，更名 14 家。

组织配合财政部中央财政票据"双随机一公开"检查工作，先后在 14 个直属海事局的 30 个票据集中存放点，组织核销票据 6360.40 万份，销毁票据 4501.32 万份，销毁票据重量达 150.40 吨。组织

表 3-4-3 2018 年各类海上搜救行动次数（单位：次）

碰撞	搁浅	自沉	机损	火灾 / 爆炸	触礁	风灾	触损	浪损	伤病	其他	共计
339	220	156	203	95	66	16	41	10	360	396	1902

表 3-4-4 2018 年各省级海上搜救中心组织、协调、指挥搜救行动次数（单位：次）

单 位	次 数	单 位	次 数
黑龙江省水上搜救指挥中心	4	浙江省海上搜救中心	286
辽宁省海上搜救中心	113	福建省海上搜救中心	131
河北省海上搜救中心	46	广东省海上搜救中心	473
天津市海上搜救中心	37		
山东省海上搜救中心	115	广西海上搜救中心	99
连云港海上搜救中心	74	海南省海上搜救中心	115
上海海上搜救中心	264	长江干线水上搜救协调中心	145
共计	145	1902	

表 3-4-5 2018 年各区域遇险次数（单位：次）

区 域	次 数	区 域	次 数
渤海海区	204	长江上游	19
黄海海区	177	长江中游	27
东海海区	680	长江下游	97
南海海区	472	内河支流	120
黑龙江	4	水库湖泊	1
珠江	91	其他	10
共计	145	1902	

表 3-4-6 2018 年各级海上遇险人员救助情况（单位：人）

获救人数		死亡失踪人数		共计
外籍人员	中国籍人员	外籍人员	中国籍人员	
1206	11257	46	572	13081

表 3-4-7 2018 年各级海上遇险船舶救助情况（单位：艘）

获救船舶数		沉没船舶数		共计
外籍船舶	中国籍船舶	外籍船舶	中国籍船舶	
76	1219	4	284	1583

表 3-4-8 2018 年各级海上搜救中心协调船艇艘次（单位：艘次）

海事	救捞	军队力量	社会力量	渔船	过往船舶	共计
2088	572	275	2463	3380	2962	11740

表 3-4-9 2018 年各级海上搜救中心协调飞机架次（单位：架次）

救助飞机	海事飞机	军队飞机	社会飞机	共计
320	19	16	58	413

表 3-4-10　2018 年遇险人员、获救人员、失踪死亡人员统计（单位：人）

遇险人员	获救人员	失踪死亡人员
13081	12463	618

表 3-4-11　2018 年船舶遇险、获救、沉没统计（单位：艘）

遇险人员	获救人员	失踪死亡人员
1583	1295	288

应用海事票据管理信息化系统，全面实现票据全生命周期管理。

组织完成上海等 9 个直属海事局港口建设费委托代收专项稽查，历时 72 天，全面覆盖 40 家海事管理机构及 188 家代收单位。加大现场稽查港口建设费缴讫情况工作力度，查处偷逃港口建设费违法行为，实施行政处罚 300 余宗。

第九节　海上搜救

2018 年，中国海上搜救中心共组织协调搜救行动 1902 次，成功救助 1295 艘中外遇险船舶、12463 名中外遇险人员（平均每天救起 34 人），搜救成功率 95.3%（具体数字见表 3-4-3 ～ 3-4-11）。妥善处置了中国籍船员在马来西亚水域遇险、中国游客在泰国普吉岛水域遇险、“桑吉”轮碰撞燃爆事故、重庆万州公交车坠江等突发事件，成功防御了“山竹”“玛莉亚”“安比”“温比亚”等台风；圆满完成上合组织青岛峰会、中非合作论坛北京峰会、中国国际进口博览会等重点时段应急保障任务。

一、加强部际联席会议制度

根据国务院机构改革精神，2018 年，对两个部际联席会议成员单位进行了调整，调整后国家海上搜救部际联席会议成员单位为 18 家、国家重大海上溢油应急处置部际联席会议成员单位为 22 家。

中国海上搜救中心会同财政部、司法部、海军等协助做好全国政协“推进国家海洋救助保障体系建设”双周协商座谈会，会议效果得到汪洋主席充分肯定，会议成果以专报形式报中央领导同志处。同时，中国海上搜救中心继续组织开展“走进搜救一线”调研活动，加强对地方搜救工作的指导和服务，强化部际、部省联动。

中国海上搜救中心组织走访工业和信息化部、民政部、应急管理部、联合参谋部、海军等部际联席会议成员单位，就加强海上应急工作等进行研讨交流。加强与各成员单位多渠道合作，积极推进自然资源部、卫生健康委、中国气象局为海上搜救提供救援保障服务，巩固完善海上应急联动机制。结合军队改革，特别是海警部队转隶，进一步理顺军警力量参加海上搜救和重大海上溢油应急处置行动的组织指挥关系，畅通军地协调对接渠道。

加强合作联动，提升应急管理工作合力。与国家发展改革委共同牵头，会同有关部际联席会议成员单位联合开展溢油规划落实情况督导，督促沿海各省级人民政府推进规划实施。在极端天气防御工作中，加强同国家防汛抗旱总指挥部办公室、应急管理部、中国气象局等单位的会商研判和信息互通，联合中国气象局开展公路交通气象预报预警，全年发布公路交通气象预报 365 期，发布重大公路气象预警 61 期。

指导省级交通运输部门加强部门与区域联动。北京、天津、河北交通运输部门通过签署备忘录、桌面推演等方式深化京津冀交通应急联动机制；福建、四川交通运输部门与有关航空公司开展陆空立体救援合作，推动实现资源共享，提升高速公路突发事件应急处置能力；山西、广西、青海交通运输部门建立完善路警联动工作机制，在应对公路交通突发事件及恶劣天气预警预防方面发挥联合保障作用。

二、提升应急处置管理

2018年，全国交通运输系统按照交通运输部应急工作总体部署，注重打牢应急为民的思想基础、“一案三制”的综合管理基础和指挥高效的应急能力基础，坚守应急值班岗位，妥善处置各类突发事件，应急管理工作成效显著。

（一）持续提升海上应急处置能力

加快装备建设，持续加快搜救综合基地、溢油应急设备库、水上应急待命点及救援装备建设，不断推动北斗系统、无人机巡查在应急处置中的应用。加强应急演习演练，会同部际联席会议成员单位共同举办了2018年国家重大海上溢油应急处置演习。各省级海上搜救中心组织开展多层次、多种类的实战演练，有效提升了各单位间的协调应急能力。

（二）切实增强海上应急保障水平

健全完善法规制度体系，继续推动《中华人民共和国海上交通安全法》《中华人民共和国内河交通安全管理条例》修订工作，起草并向国务院报送了《关于加强水上搜救工作的通知（代拟稿）》，编印了《国家重大海上溢油应急处置预案》《〈邮轮大规模人命救助行动计划〉编制指南》《南海海上应急救援保障体系建设方案》等。

加强队伍建设，组织举办搜救政策宣贯、潜水打捞、搜救志愿者等多个培训班，组团赴日本开展海上搜救和重大海上溢油应急处置培训交流。指导各省级搜救中心积极推进应急智库建设，引导推动志愿者队伍发展，完善应急队伍体系。

强化资金及善后保障，安排发放海上搜救奖励专项资金821万元，支持社会救助力量积极参与海上搜救行动。

加大宣传教育力度。持续深化“惠海泽航、人本至善”搜救文化品牌，扩大12395遇险报警电话宣传，深入开展水上交通安全知识进校园、进渔村等活动。

（三）应用信息技术

持续推进“调度与应急指挥系统”主体工程建设。完成项目前期工作，基本满足“听得到、看得见、能会商”的要求。

以科技手段提升信息获取能力，推进北斗卫星系统在海上搜救领域的实际应用，完成基于北斗的海上搜救信息系统在省级海上搜救中心的部署。以信息平台提升应急管理能力，交通运输综合应急指挥中心利用视频会议系统，强化对受极端天气影响省份交通运输部门的预防性调度，确保应急通信准备到位；通信信息中心强化定期联动运维机制，为应急通信车参加突发事件应急处置和演练提供优质的视频通信保障。

（四）提升装备保障实力

加大资金投入与装备建设力度。交通运输部及时安排资金，支持公路灾损抢修保通和内河航道应急抢通工作；积极推进《国家水上交通安全监管和救助系统布局规划（2016年调整）》等规划实施，长江海事局60米级综合应急指挥船、福建福州和广东佛山船舶溢油应急设备库等项目完成立项批复；救捞系统12艘新型救捞船艇相继列编并投入使用，完成6000米级无人遥控潜水器等设备采购。

开展多种科目的应急演练，组织开展2018年国家重大海上溢油应急处置演习。

开展形式多样的宣传培训。组织开展公路水运工程生产安全事故应急管理、潜水扫测专业技术人员应急救助等多项培训。

第十节　救助打捞

2018年，救捞系统充分发挥“三位一体”（水面、水下、空中一体化）的综合优势，在应对处置海上重特大突发事件中发挥了关键作用，有效保障了海上交通运输和人民生命财产安全、维护了海洋环境清洁。全年共执行应急救助抢险打捞任务

1410 起，出动专业救捞力量 2198 次，救助遇险人员 2261 名（其中外籍人员 164 名），救助遇险船舶 117 艘（其中外籍船舶 7 艘），打捞沉船 19 艘，直接获救财产价值约 75.23 亿元。

一、专项任务

（一）专业救助力量进驻南沙开展应急救助值守

南海救助局作为中国第一支海上专业救助力量，于 7 月 27 日派遣专业救助船“南海救 115”轮进驻南沙岛礁执行应急救助值守任务，同时安排岸基指挥协调人员常驻南沙值班；同年 10 月 24 日“南海救 117”轮接替“南海救 115”轮进驻南沙值守。这是救捞系统继 2006 年专业救助船进驻西沙待命之后，又派遣专业救助力量进驻南沙值守，执行保障海上人命环境财产安全、交通安全、履行国际公约义务的专项任务，将救助前沿向南再推进了 500 多海里。

（二）2018 年度渤海“碧海行动”沉船打捞清除

烟台打捞局组织派遣打捞工程船 16 艘，投入打捞工程技术人员 1251 人次，完成 12 艘碍航或存在污染风险沉船打捞清除工作。

（三）上海合作组织青岛峰会海上安保

6 月 9—10 日，上合组织青岛峰会在青岛召开，北海救助局、烟台打捞局派遣 10 艘专业救助船艇、1 个打捞工程船组、2 架专业救助直升机和 4 支应急救助队执行海上安保任务，确保了责任海域的稳定可控。

（四）首届中国国际进口博览会水上安保

11 月 5—10 日，首届中国国际进口博览会在上海召开，东海救助局部署 5 艘专业救助船艇、3 架专业救助直升机和 1 支应急救助队加强相关水域应急值守，派遣专业救捞力量协助开展博览会期间核心水域水上安保任务。

（五）2018 年度沿海空中巡航救助联动

12 月 4 日，全国沿海空中巡航救助联动 2018 年度工作交流座谈会在深圳组织召开。救捞系统落实《交通运输部办公厅关于推进沿海空中巡航救助联动机制建设的意见》（交办搜救〔2016〕67 号），巡航救助联动工作进入了“常态化运行期”。

二、应急救助

（一）大型油轮“桑吉”轮碰撞燃爆事故应急处置

2018 年 1 月 6 日，装载 11.13 万吨凝析油的伊朗油轮“桑吉”号与香港籍货船“长峰水晶”轮在长江口以东 160 海里的东海海域发生碰撞，油轮失火燃爆（图 3-4-6）。救捞系统先后派出 12 艘专业救捞船舶实施救船、救人、救货、搜寻失踪人员、灭火清污、沉船抽油等应急处置。1 月 7 日，东海救助局船员成功控制了无人驾驶仍在倒车行驶且不断燃烧中的被弃大型货船“长峰水晶”轮。1 月 13 日上午，上海打捞局 4 名共产党员冒着爆燃、毒气、热浪和难船随时沉没的巨大危险，登上燃爆中的“桑吉”轮（图 3-4-7），取回难船航行数据记录仪，搜寻带回两名遇难船员遗体，为我国在此次国际重大海难救援中赢得主动、体现负责任的大国形象发挥了关键作用。此后，上海打捞局利用饱和潜水技术在 115 米水深的海底，完成了沉船存油探测和开洞抽取清除污油任务，避免了海洋环境的污染，维护了国家利益和海洋权益。（图 3-4-8、图 3-4-9）

图 3-4-6　1 月 9 日上午“桑吉”号难船状态（交通运输部救助打捞局提供）

图 3-4-7 1 月 13 日上午“桑吉”号难船状态（交通运输部救助打捞局提供）

图 3-4-8 1 月 20 日东海救 101 轮执行任务（交通运输部救助打捞局提供）

图 3-4-9 1 月 21 日，德深轮德意轮释放围油栏及撇油器回收油污（交通运输部救助打捞局提供）

（二）西沙海域遇险大型货船“格罗春天”应急救助

2 月 15 日，南海救助局、广州打捞局“德× ”“南海救 115”“南海救 117”三船配合成功救助了在西沙金银岛潟湖内搁浅、载有 3332 辆轿车的马绍尔籍货船“格罗春天”轮及船上 23 名人员（图 3-4-10）。

图 3-4-10 西沙海域救援（交通运输部救助打捞局提供）

（三）马来西亚倾覆挖砂船“荣昌 8”轮跨国救助

3 月 21 日，广州打捞局应急救助队应邀连夜乘机赶赴在马来西亚麻坡巴东水域翻沉的多米尼加籍挖砂船“荣昌 8”轮现场，在翻扣 56 小时的难船泵房中成功营救出 2 名幸存者，创造了中国跨国实施海上翻扣沉船救生的新纪录，成为“走出去”应急救捞的一次成功范例，中国驻马来西亚大使白天亲切接见了救援人员。6 月 10 日，广州打捞局成功将该沉船打捞出水。

（四）西沙海域遇险的超大型油轮“新润洋”应急救助

6 月 12 日，南海救助局“南海救 117”轮紧急救助了在永兴岛海域发生主机故障的装载 25 万吨原油的超大型油船“新润洋”轮及船上 24 人。

（五）泰国翻沉游船跨国应急救援

7 月 5 日，游船“凤凰号”和“艾莎公主号”在泰国普吉岛海域突遇暴风雨翻沉，7 月 6 日，广州打捞局临危受命，紧急派遣应急救助队连夜乘机赶赴事发海域，与泰方人员联合开展水下搜寻救助工作（图 3-4-11），经过努力，47 名失踪遇难人员全部找到。这是 2018 年广州打捞局执行的第二次跨国应急救援任务。

（六）翻扣货船“湘安化机 3699”轮应急救援

10 月 21 日，北海救助局、烟台打捞局密切配合，

图 3-4-11　泰国翻沉游船救援（交通运输部救助打捞局提供）

在辽宁葫芦岛海域翻沉 58 小时的船舶机舱中成功救出一名幸存船员，后在翻沉 103 小时的该船中又救出一名被困船员，刷新了中国海上翻扣沉船救生的新纪录，标志着救捞系统在翻扣沉船救生能力方面取得显著提升（图 3-4-12、图 3-4-13）。

图 3-4-12　翻扣货船"湘安化机 3699 轮"救援（交通运输部救助打捞局提供）

图 3-4-13　翻扣货船"湘安化机 3699 轮"救援出动救援直升机（交通运输部救助打捞局提供）

（七）台风期间遇险船舶救助

2018 年，中国沿海先后受到 10 多个台风的袭击，各海区救捞单位加强值班待命。在北部海区受"摩羯"台风残余云系影响期间，北海救助局、烟台打捞局成功处置 6 起船舶险情，救助人员 316 名，未发生人员伤亡事故。东部海区在"康妮"台风袭击期间，东海救助局成功救助 4 艘船舶、49 名船员。南部海区在"山神""百里嘉""山竹"等 3 次台风期间，南海救助局成功救助 81 人。

三、抢险打捞

（一）南太平洋喀里多尼亚海域沉船打捞

上海打捞局通过国际竞标，承揽了 2017 年 7 月 12 日在南太平洋喀里多尼亚海域触礁搁浅的马耳他籍集装箱船"KEA TRADER"打捞业务。2018 年 3 月 5 日，上海打捞局陆续派遣专业救捞船舶前往事故现场进行油污清除、船体残骸清理等打捞工作。

（二）马来西亚马六甲航道翻沉抽砂船"宇航 258"打捞

2 月 12 日，广州打捞局在马来西亚马六甲海峡，成功将翻沉的自吸自卸式三合一抽砂船"宇航 258"轮成功打捞起浮出水，消除了马六甲航道航行风险和海洋环境污染隐患。

（三）烟台海域侧翻"青旅 2 号"工作平台应急打捞

3 月 13—31 日，烟台打捞局调遣"德涞""德洁""德渡"等船舶，完成了在烟台港外海侧翻的"青旅 2 号"工作平台（长 25 米，宽 25 米，型深 2.5 米）的抢险打捞任务。

（四）重庆万州"10·28"坠江公交车应急抢捞

10 月 28 日—11 月 1 日，上海打捞局临危受命，调遣深潜水力量利用氦氧混合气潜水技术和工艺，紧急驰援重庆万州公交车坠江事故处置，在水深

72米的长江江底，完成了车内遇难人员、车辆数据记录仪及公交车的搜寻打捞，为事故调查和善后处置发挥了关键性作用（图 3-4-14）。

图 3-4-14 上海打捞局参加重庆公交车坠江事故救援，连夜打捞重庆坠江公交车（交通运输部救助打捞局提供）

（五）烟台海域翻沉远洋渔船“鲁胶南远渔 178”抢险打捞

10 月 25 日—11 月 22 日，烟台打捞局调遣“德翔”“德浮 3600”船组，成功将在烟台蓬莱码头失火翻沉的“鲁胶南远渔 178”远洋渔船（船长 77.8 米，型宽 11.6 米，型深 7.3 米）整体打捞起浮出水。

（六）香港水域沉没货船“港鸿 6”轮打捞

12 月 11—26 日，广州打捞局调遣“德诚”“南天龙”船组，成功将在香港屯门水域被撞沉没的货船“港鸿 6”轮（船长 105 米，型宽 17 米，型深 5.5 米）整体打捞起浮出水（图 3-4-15）。

图 3-4-15 港鸿 6 打捞现场（交通运输部救助打捞局提供）

四、海洋工程

（一）油田服务

2 月 4—14 日，上海打捞局“聚力”轮项目组在阿联酋迪拜完成了 6 台空压机模块的接收、运送和吊装工程。

4 月 26 日—5 月 23 日，广州打捞局起重工程船“华天龙”轮开展惠州工地导管架扶正、就位、插桩、灌浆等施工作业。

（二）风电施工

5 月 24 日—8 月 8 日，烟台打捞局完成江苏大丰 H3 海上风电工程的升压站安装项目，该项目施工涵盖了码头装船、海绑运输、导管架海上安放、钢桩立桩沉桩、灌浆、升压站上部组块安装等全部工作。

6 月 23 日—7 月 21 日，上海打捞局顺利完成了大连庄河海上风电项目首根风电桩打桩施工。

（三）隧道施工

4 月 12 日，广州打捞局经过 10 个月的连续作业，顺利完成了香港沙中线过海隧道工程管段沉放对接施工任务（图 3-4-16），标志着过海隧道主体工程宣告完成。该过海隧道总长 1.6 公里，由 11 件混凝土沉管隧道预制件组成，是香港特区政府重点工程之一。

图 3-4-16 广州打捞局进行香港沙中线过海隧道最后一节管段沉放（交通运输部救助打捞局提供）

（四）船舶建造服务

1 月，由烟台打捞局修造中心完全按照欧洲标准建造的3000米深水铺管船托管架系统，顺利交付项目总包方意大利Goriziane公司。

9月17日，烟台打捞局起重工程船“德浮3600”轮，经过2年的连续奋战，在青岛完成了巴西海上浮式储油装置（FPSO）P67、P70的主甲板模块吊装工程（图3-4-17）。

图3-4-17　烟台打捞局圆满完成青岛巴西FPSO P67P70吊装项目（交通运输部救助打捞局提供）

五、远洋运输

1月31日—3月27日，烟台打捞局自航打捞工程船“德渤”轮装载2台门机，从上海起航，经过约5200海里航行，抵达新喀里多尼亚努美阿。

3月14—21日，上海打捞局“德深”轮从上海拖带巴西30万吨级海上浮式储油装置（FPSO）P70（总长316米，宽度74米）至青岛。

5月11日—6月19日，广州打捞局自航打捞工程船“华兴龙”轮装载6艘船舶，从新加坡起航，经过约11000海里航行，抵达非洲几内亚。

7月16日—8月14日，烟台打捞局自航打捞工程船“德渤3”轮装载8台门机，从南通起航，经过约5000海里航行，抵达印度孟买。

8月5日—9月6日，广州打捞局自航打捞工程船“华盛龙”轮装载1个钻井平台，从大连起航，经过约6200海里航行，抵达阿联酋迪拜。

第十一节　船舶检验

一、海事局船舶检验管理工作

（一）行业管理

做好渔船检验和监督管理职责调整相关工作，完成渔船检验具体管理的承接，加强改革过程中对于渔业船舶检验机构的指导，确保渔检转隶后渔船检验和监督管理工作平稳过渡。落实广东、黑龙江船舶检验改革，指导广东、黑龙江海事局船舶检验职责划转的具体工作，确保船检工作平稳过渡。

研究起草自贸区中国籍国际航行船舶检验开放政策，推进修订《船舶检验机构管理办法》，起草《船舶检修检测服务管理办法》《船舶检修检测服务机构技术条件》。

积极推进中国籍国际航行船舶法定检验电子证书工作。自2018年3月27日起授权中国船级社签发中国籍国际航行船舶法定检验电子化证书，并向社会公告，向国际海事组织通报。截至2018年12月31日，中国籍国际航行船舶法定检验证书电子化率达到75%。

出台相关政策措施，解决油田运送“倒班”人员的问题。印发《交通运输部办公厅关于进一步明确长江沿线运输植物油船舶安全管理有关事项的通知》，解决长江中上游植物油运输船舶检验监督管理难题。

落实国家“放管服”有关要求，与商务部沟通，取消进口船舶勘验交通运输部海事局审批环节，减轻行政相对人负担。开发注册验船师考试报名系统，完成海事船检管理系统扩展项目的验收工作和推广应用工作。梳理渔业船舶检验和管理系统有关功能，统筹推进船舶检验统一管理系统（含渔船）开发完善工作，实现商渔船检验和管理系统的统一。

（二）船舶检验技术规范

发布《国际航行海船法定检验技术规则（2018

修改通报）》（中华人民共和国海事局公告 2018 年第 19 号）、《国内航行海船法定检验技术规则（2018 修改通报）》（中华人民共和国海事局公告 2018 年第 20 号）、《内河船舶法定检验技术规则（2018 年修改通报）》（中华人民共和国海事局公告 2018 年第 21 号），纳入船舶使用岸电相关技术要求，为推广船舶使用岸电奠定基础。《特定航线江海直达船舶法定检验技术规则（2018）》（中华人民共和国海事局公告 2018 年第 30 号），建立了独立的特定航线江海直达船舶检验发证体系，为促进江海直达运输的高质量发展和绿色航运发展提供了重要保障。

发布《天然气燃料动力船舶法定检验暂行规则（2018）》（中华人民共和国海事局公告 2018 年第 1 号）、《液化天然气燃料内河加注趸船法定检验暂行规则（2018）》（中华人民共和国海事局公告 2018 年第 2 号）、《船用产品检验规则（2018）》（中华人民共和国海事局公告 2018 年第 7 号）、《内河散装运输液化气体船舶法定检验技术规则（2018）》（中华人民共和国海事局公告 2018 年第 8 号）、《内河散装运输危险化学品船舶法定检验技术规则（2018）》（中华人民共和国海事局公告 2018 年第 16 号）、《乏燃料运输船舶法定检验规则（2018）》（中华人民共和国海事局公告 2018 年第 22 号），为促进 LNG 在水运行业的应用、加强清洁能源推广、服务天然气供保提供技术保障。

发布《远洋渔船法定检验技术规则（2019）》（中华人民共和国海事局公告 2018 年第 29 号）、《国内海洋渔船法定检验技术规则（2019）》（中华人民共和国海事局公告 2018 年第 28 号）、《国内海洋小型渔船法定检验技术规则（2019）》（中华人民共和国海事局公告 2018 年第 27 号）、《钢质国内海洋渔船建造规范（船长大于或等于 24m 但小于或等于 90m 2019）》（中华人民共和国海事局公告 2018 年第 26 号）、《钢质国内海洋渔船建造规范（船长大于或等于 12m 但小于 24m 2019）》（中华人民共和国海事局公告 2018 年第 25 号）、《玻璃纤维增强塑料渔船建造规范（2019）》（中华人民共和国海事局公告 2018 年第 24 号），适应改革后远洋渔船和国内渔船检验监督管理工作的需要。

（三）船舶检验和检验机构管理

截至 2018 年 12 月 31 日，国内船舶检验机构共检验登记船舶 205068 艘，总吨位 18428 万；其中国内航行船舶 202495 艘、总吨位 14117 万，国际航行船舶 2573 艘、总吨位 4311 万。全国共有 30 个省级船检机构、262 个分支机构；中国船级社设立分社 12 个、办事处 35 个；经批准的国外船舶检验机构驻华验船公司机构 23 个。

开展船舶检验机构认可和监督管理，2018 年共完成 23 个船舶检验机构不定期检查和 5 家船舶检验机构的换证复核工作，完成对英国劳氏船级社取消南京分公司和挪威船级社增设舟山分公司审批，并召开外国验船公司年会。

全国经业务核定的渔业船舶检验机构 1122 个，其中省级渔业船舶检验机构 29 个，省级直属分局 14 个，地市级船舶检验机构 287 个，县级检验机构 792 个。

（四）注册验船师管理

截至 2018 年 12 月 31 日，全国共有注册验船师 8178 名，其中，A 级注册验船师 3673 名，B 级验船师 1846 名，C 级注册验船师 2280 名，D 级注册验船师 379 名。10 月 27—28 日，组织完成 2018 年度注册验船师资格考试，全国共设置 13 个考区，24 个考场，参加考试人数 1237 人，其中 A 级 492 人、B 级 403 人，C 级 266 人、D 级 76 人。

（五）船舶检验技术管理

2018 年，共收到旧船舶进口申请 266 份，涉及船舶 184 艘，经中国船级社现场勘验并经审核合格后，出具技术评定书143份。全年共收到中国籍船舶等效免除申请事项51件，批复50件，申请方主动撤销1件。申请主要事项为：货物处所固定二氧化碳灭火系统免除、后桅灯免除、放宽尾灯安装位置、放宽前后桅灯水平距离。

二、船级社船舶检验工作

（一）队伍规模稳步壮大，服务网络大幅扩张

2018年，中国船级社持续加大人才引进力度，全系统员工人数达2805名，其中专业技术人员1810名、管理及其他人员995名；继续扩大服务网络全球覆盖面，国内新成立哈尔滨、汕头、惠州、茂名等5个分社、6个办事处和14个检验处，海外增设加纳阿克拉服务网点，全球服务网点已达114个，覆盖国内外主要港口，形成了遍布亚洲、欧洲、美洲、非洲、大洋洲的全球服务网络。

（二）各项业务稳步开展，市场拓展取得成效

截至2018年底，中国船级社检验船队总规模为34589艘、14467万总吨，较2017年底增加21386艘、2881万总吨，吨位增长24.9%。全年获得新造船订单977艘、740万总吨，成功获得首艘豪华邮轮订单及批量32.5万吨矿砂船、18万吨散货船等新造船订单。

积极拓展海外市场，新增境外船东客户26家，与多家国际知名航运公司实现单一船级服务的新突破。全面推进与战略伙伴的合作，对中远海运集团、山东海运、新加坡万邦集团、希腊戴安娜航运公司等海内外重要合作伙伴进行定期拜访和交流，与福建国航、中国进出口银行等3家单位续签战略合作协议，与天津新港船舶、招商局（工业）等6家单位新签署战略合作协议。

（三）国际航行入级船队实现新突破

2018年，中国船级社国际航行入级船队首次突破1亿总吨，达到3898艘、10186万总吨，吨位增长15.9%。高质量完成了40万吨超大型矿砂船、21000TEU集装箱船、17.4万立方米LNG运输船、13500TEU智能集装箱船等一批大型、高附加值、高技术含量船舶建造检验任务。

全年共颁发国际船舶安全管理证书SMC 688份，国际船舶保安证书ISSC 626份。截至2018年12月31日，国际船舶安全管理证书SMC及国际船舶保安证书ISSC保持有效的船舶数量分别为2364艘、2195艘。

（四）国内航行船队实现快速增长

2018年底，中国船级社检验国内航行船舶达到27951艘、4115万总吨，其中海事船检接收船舶17782艘、985万总吨。自2018年8月1日起全面承接广东、黑龙江海事局负责的规定区域内船舶、船用产品及水上设施的法定检验和证书签发工作。支持海南自贸区、粤港澳大湾区、琼州海峡建设发展，开展非营运性游艇规范标准研究，制定游艇申领适航证书管理办法，提升检验服务水平。

全年共颁发国内船舶安全管理证书NSMC 1170份，国内船舶保安证书NSPS 54份。截至2018年12月31日，国内船舶安全管理证书NSMC及国内船舶保安证书NSPS保持有效的船舶数量分别为1492艘、75艘。

（五）全面承接远洋渔船检验工作

2018年，中国船级社全面承接远洋渔船和船用产品检验业务，理顺并规范了检验工作，完成了所有船舶的证书换发工作，建立了科学高效的远洋渔船检验管理制度。远洋渔船船队规模为2740艘、166万总吨，共完成远洋渔船检验1917艘次，其中建造检验161艘次，营运检验1756艘次；受理并审查104个审图项目，已完成43个；在境外实施检验945艘次，占总检验数的49.3%。

（六）海洋工程检验业务全面回升

全年新增移动平台入级10座，其中风电安装

船8座，入级中国船级社船级的移动平台达108座，较上年同期增长11.6%。新增固定平台6座，在役固定平台数量达385座，在建25座。全年完成移动平台和浮式装置检验141座次。在役海底管道增加至118条近1941公里。开展首个海上渔业养殖装置/设施的入级检验与“法定”鉴证检验。

（七）检验服务质量提升，质量表现持续向好

持续保持检验船队低事故率和零责任事故，在巴黎备忘录、东京备忘录、美国海岸警卫队的港口国检查、船队年轻化等指标表现全面优于国际船级社协会成员平均水平；国内船舶安全检查责任滞留率大幅改善，国内船舶安全水平不断提升。制定新增业务质量管理措施，推进远洋渔船、广东、黑龙江海事船舶检验业务纳入管理体系。

（八）科技创新发展，技术服务能力持续提升

中国船级社全年联合申报国家项目42项，获批国家项目14项。完成社内科技立项20项。完成38部技术规范/指南和8部法规编制、修订工作。获得“用于海洋钻井套管头与密封装置的安装工具”1项实用新型专利以及“一种基于可靠性的海洋立管波致疲劳安全系数的确定方法”等2项发明专利。大力推进高端技术研究，开展豪华邮轮、薄膜型LNG运输船、液化运输气体船、第七代超深水半潜式钻井平台等关键技术研究。着力升级现有技术能力，开展散货船、集装箱船、超大型乙烷运输船（VLEC）等船型联合开发和船型认可工作20余项，优化支线集装箱船、沥青船船型技术标准，开展大型集装箱船整船等数据研究，完善船体结构评估指南。持续保持新技术领先优势，深化并完善LNG应用、船舶能效技术、智能船舶技术等研究，制定了《自主货物运输船舶指南》《船舶智能能效管理检验指南》《船舶（油船）智能货物管理检验指南》。

（九）担任国际重要组织成员，贡献中国智慧

担任国际船级社协会检验专业委员会主席、先进无损检测技术、屈曲规范要求协调等项目组经理，在国际船级社协会关键技术工作中发挥积极作用。担任亚洲船级社协会主席，主导亚洲船级社协会对亚洲区域船舶安全和海上环境保护主动作为，建立亚洲水域国内客渡船安全工作组，实质性推进亚洲区域客船安全方面的科研合作。当选国际船舶与海洋工程结构大会设计原理和准则委员会和海上可再生能源委员会成员，担任国际标准化组织第8技术委员会新型能源动力船舶相关项目组长，向国际业界贡献中国方案。

（十）不断推进国际化进程，加强国际多边合作

中国船级社通过加强与船旗国主管机关的沟通，不断扩大船旗国授权，目前已接受包括中国政府在内的46个国际上主要航运国家或地区的政府授权，为悬挂这些国家或地区旗帜的船舶及海上设施代行法定检验，授权范围包括海上人命安全公约、国际防止船舶造成污染公约、载重线公约、控制船舶有害防污底系统国际公约、国际劳工组织公约、压载水公约、香港公约等。持续深化国际交流，全年参加希腊海事展、汉堡海事展、国际交通技术与设备展览会、国际天然气展览会、海贸国际邮轮大会（亚洲）、中国国际海运年会等具有重大影响力的国内外大型展览和会议并发表演讲，成功主办第九届中国油运安全论坛，组织召开地中海地区委员会并顺利完成换届。有效维护重要合作伙伴关系，对新加坡万邦集团、希腊戴安娜航运公司、法国达飞、丹麦马士基等重要合作伙伴进行定期拜访和交流。积极与国外船级社开展双边合作，与意大利船级社（RINA）签署了战略合作框架协议和邮轮项目合作协议。

（十一）工业领域建设再创佳绩

陆上检验与认证范围不断扩大。获得中石化

集团第三方质量管理体系认证机构准入、国家认可委公司检验业务认可、高新技术企业等资质资格认定，将认证认可拓展到小微企业、动物福利及国家绿色发展等领域。为中石油提供“在役运行油气管道焊口质量隐患排查”服务，覆盖了中石油89条在役油气管道，近300万道焊口。开展城市轨道交通初期运营前安全评估服务，已完成4条地铁线路的评估工作。全年颁发产品认证证书173张，完成集装箱检验57.81万只，开展工业产品检验监理项目72个。

完成港珠澳大桥SB01和SB04标段钢箱梁制造和安装监理工作；全程参与“雪龙2”号极地科学考察破冰船前期设计阶段、现场建造阶段的监理工作；承担大连市南部滨海大道西延伸线工程监理（四标段）项目；完成中石化册镇海底管道KP7-KP15段后挖沟沉管监理项目，创造了大口径海底管道后挖沟沉管作业6米的新纪录；成功实施中马友谊大桥钢结构无损检测和钢结构制造安装技术服务项目，被授予“中马友谊25周年杰出贡献奖”。

第十二节　港航公安

2018年，全国交通公安机关以行业公安管理体制调整和港航公安管理体制改革为契机，深入贯彻落实以人民为中心的发展理念，大力推进交通运输行业和交通公安机关扫黑除恶专项斗争（图3-4-18），强化反恐防恐（图3-4-19），严厉打击长江非法采砂、非法捕捞水产品、污染环境等违法犯罪活动，全力提升执法能力，加强队伍建设和正风肃纪，取得明显成效。

一、行业综治维稳

贯彻落实上级有关工作要求，制定工作要点，结合日常工作督促落实。密切关注行业健康稳定

图3-4-18　交通公安民警巡逻（交通运输部公安局提供）

图3-4-19　交通公安民警开展船舶反恐实战演练（交通运输部公安局提供）

发展，协调加强行业舆情监测，指导行业强化特定利益群体风险管控、制定完善行业群体性事件应急处置方案。组织完成2017年公路水路安全联防工作考评，优化2018年公路水路安全考评指标体系和方式方法。部署开展“扫黄打非”专项行动和非法出版物专项整治工作。

二、行业反恐防范

研究制定交通运输行业反恐怖防范相关工作意见，指导部署全行业各部门、单位围绕轨道交通、城市公共交通、道路水路客货运输环节，重要交通基础设施等重点目标和客运站、客滚码头等人员密集场所，全面落实行业反恐防范工作职责。修订完善行业反恐怖防范工作要求，规范行业反恐防范工作标准。推进交通公安严打暴恐专项行动，加强线索梳理，严格落实“四项机制”等社会面防控措施，严厉打击防范暴恐犯罪。落实上合

组织青岛峰会、中国国际进口博览会等重大活动及春运、“两会”等重点时期反恐防范工作措施，行业反恐防范形势安全稳定。开展行业反恐防范工作调研，举办行业反恐怖主义法宣贯培训班。

三、行业扫黑除恶

落实中央关于扫黑除恶专项斗争工作部署，将长江干线非法采砂领域寻衅滋事、聚众斗殴、暴力抗法，道路客运领域非法营运、垄断经营、扰乱正常客运秩序，公路建设领域劳务用工地域性垄断、建筑材料强买强卖、工程建设围标串标等突出问题作为重点，全面开展线索排查，集中力量进行整治。派员参加第一批中央扫黑除恶督导组检查，并针对重点领域和突出问题，指导行业部门开展专项整治。

四、行业重大活动安保

制定青岛上合峰会等重大活动行业安保工作方案，落实道路运输安全查控、水上安全管控、应急保障救援、网络安全保障和维护行业稳定等安保任务。全面加强桥梁、隧道、涵洞等重点目标巡查，加强环京、环津、环疆及出疆等通道道路运输安检查控，落实实名购票、实名乘车（船）查验与货物运输安全检查制度，确保重大活动期间行业政治治安稳定。围绕博鳌亚洲论坛、中非合作论坛北京峰会、上合组织青岛峰会、中国国际进口博览会等重大活动安保工作，扎实开展环琼、环京、环鲁、环沪“护城河”港航社会面治安管控工作。

五、治安管理

组织开展打击枪爆违法犯罪等一系列专项行动，加大重点区域管控力度，强化进出港船舶及旅客身份查验力度，全面落实重大节假日、敏感时段等期间公共场所、重点要害部位和客运、危化品运输船舶的各项安全防范措施，确保交通港航社会面治安秩序持续稳定。组织开展长江干线水域治安防控体系建设课题研究工作，深入基层一线开展实地调研，修改完善长江干线水上巡逻勤务规范，进一步优化水上巡逻机制，打造长江干线水上巡逻防控网，推进立体化信息化治安防控体系建设。

六、打击犯罪

结合扫黑除恶、严打暴恐、打击整治枪爆违法犯罪、打击水运物流犯罪等专项斗争、专项行动，严厉打击各种违法犯罪活动，特别是非法采砂、非法捕捞、非法排污、非法处置倾倒固体废物等破坏长江干线水域生态环境违法犯罪活动。长江航运公安局芜湖分局成功侦破“10•12”系列污染环境案，抓获犯罪嫌疑人 24 名，查证非法倾倒长江水域的废物 1 万余吨、涉案源头企业 16 家，一举打掉多条由浙江、江苏至安徽非法转移危险废物和固体废物的“产业链”，该案被列为公安部公布的破坏长江流域生态环境犯罪典型案件之首，并入选最高人民检察院公益诉讼十大典型案例。长江航运公安局岳阳分局打掉一个特大非法捕捞团伙，抓获犯罪嫌疑人 12 名，扣押铁质渔船 6 艘，缴获大型电捕鱼工具 5 套，非法捕捞渔获物 2.15 吨。长江航运公安局黄石分局摧毁一个大型非法采砂团伙，抓获犯罪嫌疑人 27 名，查获非法采砂船 3 艘、吊机船 2 艘、万吨运输船 1 艘。

七、消防监督

先后开展冬春、春夏火灾防控和易燃易爆火灾高危单位消防安全专项整治行动，及时发现并督促整改消防安全隐患 25521 处。深入宣传贯彻《消防安全责任制实施办法》（国办发〔2017〕87 号），印发《交通运输部办公厅关于贯彻落实〈消防安全责任制实施办法》的指导意见》（交办公安〔2018〕116号），推动行业消防安全管理责任落实，督促港航单位完善消防安全制度，落实逐级消防安全岗位责任。加强灭火救援训练和消防安全宣传教育，指导专职、义务消防队开展灭火救援技战术训练，完善灭火救援预案，深入开展“六熟悉”基础工作，利用媒介平台，普及消防常识，提高港航职工、船员的消防安全意识，全年开展消防培训300余场次，组织各类消防演练210场次（图3-4-20），辖区发生一般火灾事故27起，辖区消防安全形势持续稳定。

图3-4-20　交通公安民警开展船舶消防灭火演练（交通运输部公安局提供）

八、队伍建设

坚持政治建警，深入学习贯彻习近平新时代中国特色社会主义思想，筑牢忠诚警魂，确保行业公安管理体制调整和港航公安管理体制改革期间思想不乱、工作不断、队伍不散、干劲不减。坚持从严治警，抓好日常纪检督察工作，开展扫黑除恶专项斗争和大型活动安保监督执纪问责。坚持从优待警，部署做好公安英烈和因公牺牲伤残公安民警子女教育优待工作，开展春节、清明节期间走访慰问基层民警、纪念英烈、慰问遗属等活动，督促落实民警休假制度。坚持素质强警，深化交流合作，不断强化实战化训练、轮值轮训和送教上门。加强正面典型选树宣传，秦皇岛港公安局“大连万鸿系列合同诈骗案”专案组被公安部记集体一等功，因公牺牲的湛江港公安局蔡九天同志经公安部批准被追记个人一等功，另有13个集体、14名个人分别被交通运输部公安局记集体、个人二等功，中央电视台多个频道多次对交通公安打击非法采砂、非法排污、保护绿色长江典型案件进行专题报道（图3-4-21）。

图3-4-21　交通公安民警开展公益诉讼暨放生鱼苗活动（交通运输部公安局提供）

第五章　民用航空

2018年，民航全行业以习近平新时代中国特色社会主义思想为指导，全面贯彻党的十九大和十九届二中、三中全会以及中央经济工作会议精神，坚持稳中求进总基调，坚持供给侧结构性改革，全面落实"一二三三四"[1]民航总体工作思路，积极推进"一加快、两实现"战略进程，圆满完成各项工作任务，在许多方面取得了突破性的成绩。

第一节　民航规划与实施总体情况

一是推动《中国民用航空发展第十三个五年规划》顺利实施，较好地完成了规划目标和任务，完成民航"十三五"规划中期评估工作。

二是编制发布《新时代民航强国建设行动纲要》（民航发〔2018〕120号），明确发展目标、战略步骤和主要任务，开启新时代民航强国建设新征程。

三是编制发布《民航局关于促进航空物流业发展的指导意见》（民航发〔2018〕48号），制定分工方案，建立规划实施机制，全面推进《指导意见》实施。

四是组织开展国际航空枢纽战略规划编制工作，有序推进航空枢纽建设。会同地方政府编制完成《哈尔滨国际航空枢纽战略规划》《郑州国际货运航空枢纽战略规划》，组织开展《成都国际航空枢纽战略规划》《重庆国际航空枢纽战略规划》研究编制工作。

第二节　民航基础设施建设

2018年，民航固定资产投资总额1957.8亿元，其中：民航基本建设和技术改造投资857.9亿元，比上年下降1.3%。2014—2018年民航基本建设和技术改造投资额见图3-5-1。

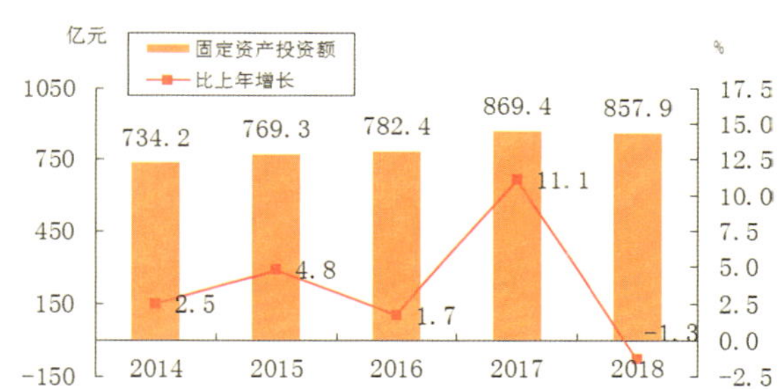

图3-5-1　2014—2018年民航基本建设和技术改造投资额

基本建设和技术改造投资按系统划分如下：机场系统完成678.6亿元，空管系统完成44.5亿元，安全安检消防系统完成3.7亿元，信息系统完成14.0亿元，科研、教育系统完成2.7亿元，油料系统完成21.9亿元，机务维修系统完成6.0亿元，运输服务系统完成28.6亿元，公共设施系统完成4.3亿元，其他系统完成53.7亿元。

1. 一二三三四：指民航行业"践行一个理念、推动两翼齐飞、坚守三条底线、完善三张网络、补齐四个短板"的总体工作思路。

第三节 民航运输服务

一、服务国家经济社会发展战略，国内国际航线网络日益完善

加强国内、国际航线网络研究，构建服务国家经济社会发展和满足广大旅客出行需求的航线网络。一是持续优化航线结构。北上广国际枢纽集散能力持续提升，逐步形成北京—上海、北京—广州、北京—成都、北京—昆明等一批优质快线。北上广支线比例同比分别降低0.6%、0.5%、0.9%。二是推进以枢纽机场为核心的综合交通网络建设。与中国国家铁路集团有限公司签署《推进空铁联运战略合作协议》，加强在基础设施、产品服务、信息共享等方面的合作。石家庄、天津、昆明等机场积极与当地铁路部门合作，推出了空铁联运产品，实现了航空与铁路竞合发展。三是提升偏远地区支线机场的通达性。在青海省开展为期2年的“基本航空服务”试点，2018年夏秋，试点机场每周增加22班航班。全行业支线航班量同比增长18.6%，支线机场通达性不断提升。四是协调海关总署，优化北京大兴国际机场海关出境检查模式，精简出境检查环节。五是继续加强对国际航权使用情况的管理，提高航权使用效率。国内公司新开国际航线160条，其中涉及“一带一路”国家航线105条，新增巴拿马城、哥本哈根、爱丁堡、都柏林等远程航点。

二、深入调查研究，制定北京大兴国际机场转场投运相关政策

为适应北京大兴国际机场转场投运地需要，组成课题组深入调查研究，广泛深入征求航空公司、机场等单位的意见，制定转场投运相关政策。一是出台《中国民航国内航线航班评审规则》（民航规〔2018〕1号），明确了北京“一市两场”国内航权资源配置办法。二是出台《国际航权资源配置和使用管理办法》（民航发〔2018〕39号）、《北京“一市两场”国际航权资源配置政策》（民航发〔2018〕40号），完善国际航权资源配置政策，形成促进北京“一市两场”双国际枢纽发展的国际航权政策。三是与中国民用航空局空管行业管理办公室协助中国民用航空华北地区管理局出台了《北京大兴国际机场转场投运及“一市两场”航班时刻资源配置方案》《北京“一市两场”转场投运期资源协调方案》。

三、坚持“三基”建设，危险品航空运输安全平稳

一是针对机上锂电池起火冒烟事件多发的状况，开展在模拟舱内采用真实锂电池冒烟起火的方式进行机组应急训练，切实提升有关人员对机上锂电池起火冒烟状况的应急处置能力。二是扎实开展危险品运输从业人员工作作风宣讲；推广危险品安全管理体系建设试点单位先进经验，提升企业危险品安全管理整体水平。三是坚持安全隐患零容忍。公布2017年13家危险品运输违规单位的行政处罚情况。四是修订《危险品监察员手册》，完善187项危险品运输监管事项，新增36项针对危险品货物存储的监管事项。危险品航空运输安全态势保持平稳，未发生危险品事故，发生不安全事件27起，在运输量增加的情况下，较2017年（29起）下降7%。

四、坚持政治担当，重大运输保障和国防动员工作圆满完成

一是完善重大运输任务保障机制，修订印发了《重大航空运输保障工作规则》，进一步明确职责分工，加强协同联动，细化保障流程。二是圆满完成“两会”、四大主场外交等20多项重大活

动保障任务。实现了“确保安全、进出顺畅、优质服务”，人员、行李“不错运、不漏运、零投诉”的目标。三是完成接运滞留大阪、塞班旅客回国和对老挝、印尼人道主义救援物资紧急运输任务。四是完成四川航空、厦门航空、银川机场国防交通专业保障队伍训练。五是把通用航空纳入航空投送实战演练，解决军方最关注的最后一公里和伤病员后送问题，民航立体战略投送体系进一步建立。

第四节　民航安全管理

一、航空安全

2018 年，民航安全运行平稳可控，运输航空百万小时重大事故率十年滚动值为 0.013（世界平均水平为 0.153）。发生通用航空事故 13 起，死亡 15 人。

自 2010 年 8 月 25 日至 2018 年底，运输航空连续安全飞行 100 个月，累计安全飞行 6836 万小时。

2018 年，全年共发生运输航空事故征候 568 起，同比下降 1.22%，其中运输航空严重事故征候 16 起，同比下降 23.81%。严重事故征候和人为责任原因事故征候万时率分别为 0.0139 和 0.0329，各项指标均较好控制在年度安全目标范围内。

2018 年，全行业共有 38 家运输航空公司未发生责任事故征候。

二、空防安全

2018 年，全国民航安检部门共检查旅客 6.16 亿人次，检查旅客托运行李 3.36 亿件次，检查航空货物（不含邮件、快件）4.69 亿件次，检查邮件、快件 2.44 亿件次，处置编造虚假恐怖威胁信息非法干扰事件 41 起，查处各类安保事件 17515 起，同比下降 9.58%，妥善处置国航“4·15”、首都机场“7·19”等重大敏感突发事件，确保了民航空防持续安全。截至 2018 年底，民航实现十六年零八个月的空防安全零责任事故纪录。

三、航班正常率

2018 年，全国客运航空公司共执行航班 434.58 万班次，其中正常航班 348.24 万班次，平均航班正常率为 80.13%。

2018 年，主要航空公司共执行航班 316.43 万班次，其中正常航班 252.98 万班次，平均航班正常率为 79.95%。

2018 年，全国客运航班平均延误时间为 15 分钟，同比减少 9 分钟。

2018 年航班不正常原因分类统计见表 3-5-1。

表 3-5-1　2018 年航班不正常原因分类统计

指　标	占全部比例（%）	比上年增减（百分点）
全部航空公司航班不正常原因	100.00	0.00
其中：天气原因	47.46	-3.83
航空公司原因①	21.14	12.52
空管原因（含流量原因）	2.31	-5.42
其他	29.09	-3.27
主要航空公司航班不正常原因	100.00	0.00
其中：天气原因	48.62	-2.85
航空公司原因	21.00	11.75
空管原因（含流量原因）	2.75	-5.38
其他	27.63	-3.52

注：① 2018 年 9 月 1 日起，行业对航班不正常原因的判定规则进行部分修改，航空公司原因不正常航班的统计口径发生变化。

四、服务质量

截至 2018 年底，全国 229 家机场全面开通“航信通”，32 家机场实现国内航班旅客乘机全流程电子化，全年“无纸化”乘机的旅客达 2.25 亿人次。已有 12 家航空公司在 301 架航空器上开通客舱网络服务。

2018 年，中国民用航空局、各地区管理局、民航局消费者事务中心和中国航空运输协会共受理航空消费者投诉 20761 件，2018 年全年受理投诉总量比上年减少 4020 件，下降 16.2%。

2018 年，旅客对航空公司和机场服务满意度分别为 4.30 分和 4.32 分（满分 5 分）。

第五节　通用航空

2018 年，全行业完成通用航空生产飞行 93.71 万小时，比上年增长 11.9%。其中：载客类作业完成 8.47 万小时，比上年增长 7.9%；作业类作业完成 15.39 万小时，比上年增长 6.4%；培训类作业完成 30.65 万小时，比上年增长 18.6%；其他类作业完成 4.99 万小时，比上年增长 200.5%；非经营性完成 34.21 万小时，比上年增长 0.8%。

截至 2018 年底，共有 126 座通用机场获得颁证，全行业颁证通用机场数量达到 202 座。通用航空在册航空器总数达到 2495 架，其中教学训练用飞机 692 架；获得通用航空经营许可证的通用航空企业 422 家，其中，华北地区 96 家，东北地区 37 家，华东地区 106 家，中南地区 89 家，西南地区 52 家，西北地区 27 家，新疆地区 15 家。全行业无人机拥有者注册用户达 27.1 万人，其中个人用户 24 万，企业、事业、机关法人单位用户 3.1 万；全行业无人机有效驾驶员执照 44573 本；全行业注册无人机共 28.7 万架，无人机经营性飞行活动达 37 万小时。

第六节　空管系统

一、空管安全运行实现稳中向好

全年，共保障航班起降突破一千万架次，同比增长近 8%，有效处置不正常事件 3000 余起。西南空管局成功保障川航 8633 航班备降，涌现出了宋源等一批先进典型。全年实现零事故、零事故征候，创造了近 9 年来最好的安全记录，为全行业实现持续安全飞行 100 个月贡献了空管力量。

2018 年，空管系统持续加强安全管理体系建设，贯彻落实新版《空中交通管理规则》，全年共组织管制员调训 2660 人次，开展通导、气象人员资质能力排查 2500 人次，举办专业培训 2600 人次。深入开展偏离空管指令专项整治，排查各类安全隐患 1049 个。

二、运行效率和服务质量实现双提升

M503 北向航线和衔接线顺利启用，成拉复线成功开辟，沪哈大通道一期正式运行。全年新增管制扇区 25 个，新增航路航线里程 6000 余公里，进一步缩小管制间隔，在不低于最小安全间隔前提下，实现区域雷达管制单位间同高度水平移交间隔不大于 20 公里，区域、进近雷达管制平均间隔不大于 15 公里和 7.5 公里。组织贵阳、湛江高空管制移交，海拉尔管制区实施雷达管制，推进江浙沪进近管制区无缝衔接。

通过完善流控机制，大幅提升了航班延误处置能力。空中交通信息 APP 正式上线，进一步提高了运行信息的透明度和公信力。空中交通运行管理系统（ATOM）全面推广使用，空管原因导致的不正常航班数占计划数的比例下降至 0.45%。雷雨季节航班正常率同比提高 19 个百分点，全年航班正常率突破 80%。

三、科技和人才工作取得丰硕成果

新技术应用实现多点突破，在北京、昆明等机场顺利实施连续爬升、连续下降运行，东北、新疆地区实现 ADS-B 管制运行，一些重要航路实现 PBCS 运行。昆明、重庆等繁忙机场成功实现

目视间隔、目视进近运行，外航入境航班飞行计划实现统一处理。完成 ADSB、空管自动化系统等 15 个大类 29 个型号空管设备合格审定。做好 CDM 信息数据链点播服务和塔台电子进程单应用推广。加强空管疲劳监测系统研究，探索多元化、信息化、智能化、数据化运行管理模式。推进广州白云机场机坪塔台和空管塔台信息实时交互共享，填补了国内跨系统电子移交领域的空白。全年累计投入科研资金 3400 多万元，4 项科研成果获得省部级奖励，完成首批 13 个民航空管重点实验室评定，评选科技创新优秀成果 50 项。

推进首席技术专家、首席预报员试点聘任工作，从制度机制上实现了技术序列与管理序列并行。进一步发挥培训工作基础性、战略性作用，加强三级培训体系建设，出台培训工作规划，在西北空管局首次举办机坪管制 +1 培训。继续办好空管中青班和高管班。全年共举办系统性培训 92 期，多层次、多渠道的人才培养体系日趋成熟，空管发展的人才优势更加明显。

四、空管综合保障能力显著增强

全面实施空管强基工程，全国航班运行协同决策系统、东西部 ADS-B 工程正式竣工，民航通信网工程进入收尾阶段。充分发挥一体化优势，举全系统之力推进北京新机场空管工程等重大项目建设。“三中心”工程获评北京市绿色安全样板工地。全年政府性基金预算支出 45 亿元，同比增长 85%。民航局批复空管系统建设投资 120 亿元，预算执行率达到 96.7%。

不断提升气象服务能力，加快强对流天气短临预报系统等 95 个项目建设，推动重要天气过程复盘工作常态化。做好航行情报资料发布和运行环境数据库维护，建成航行情报自动化系统，启用新型航空情报资料生产流程。

五、空管协同发展步入新阶段

强化与机场、航空公司协调联动，加快 CDM 与 A - C D M 互联，在西安推行实体化常态化运管委模式。完成北京、广州、成都、西安等 19 个机场机坪管制移交，行业运行更加协同高效。持续推进军民航空管在信息共享、空域优化、人员培训、军民航防相撞和重大任务保障等多领域协同合作。出台支持中小机场空管发展的指导意见，与辽宁、云南、甘肃等 12 个机场集团签署合作协议。响应国家和民航局号召，积极做好援疆援藏工作。持续拓展发展空间，与华为签署战略合作协议，深化与南航大、北航大、中电科等高校和企业在创新型人才培养、关键技术研发、空管装备国产化等领域务实合作。

对外交流合作成绩斐然。亚太跨界流量管理工作取得阶段性成果，以我国为中心、覆盖整个亚太地区的流量管理运行体系初步形成。中韩大通道建设实现预期目标，中俄部分进出境点管制移交间隔大幅缩减。中美 ACP、中欧 APP 等项目进展顺利。多措并举加大对港澳地区民航发展支持力度，内地飞往香港、澳门航班正常率同比提升 16% 和 18%。深入参与国际空管事务，加入全球民用航空航行服务组织，为航空欠发达国家提供管制气象培训，亚洲航空气象中心正式运行，对外合作的领域更广、层次更高，进一步扩大了中国空管的国际影响力。

六、空管改革取得明显成效

2018 年确定 54 项改革任务，完成 47 项，向民航局编制上报空管系统体制机制改革方案，进一步明确了改革方向和实施路径。

空管改革实现重点突破。完成东北、西北管制中心职能优化整合以及湖南、宁夏分局机构改革。在华北局本部和湖南分局探索设备维修和网络运行市场化管理。扎实推进一线管制员精细化管理，管制员流失率逐年下降，生源质量不断提高。推动所属企业分类改革，完成装备公司和航管科技公司合并重组，启动网络公司和电信公司合并改革，配合民航局做好局属建设类企业股份制改革，持续推动国有资本做强做优。启动通航情报服务体系建设，编制完成7个省份目视航图和通航机场航行资料。深入参与中南、华东、华北地区空域精细化管理改革和四川省低空空域管理改革试点工作，推动北京终端区军民航联合运行，积极配合做好国家空域调整改革各项工作。

七、系统治理能力持续提升

全年督办重点事项269件，办结率91.4%，督察工作成效明显。做好重要安全生产信息系统等级保护。加强财务管理和审计监督，做好政府会计制度改革衔接，完成财务管理信息系统建设。加强内部控制审计，实行重大工程建设全过程跟踪审计，完成60家单位财务收支检查。全年共发布规范性文件18部。

八、控总量调结构取得成效，航班正常性持续向好

继续做好把控运行总量调整航班结构相关工作。通过一系列政策措施的实施，2017年冬航季、2018年夏冬航季定期航班计划总量同比上一航季分别控增在5.7%、3.2%和4.8%，基本做到精准、动态、分类调控，全国航班正常性水平持续向好，实现全年航班正常率80.13%。

九、注重规章标准建设，引领行业健康全面发展

做好新版《中国民航空中交通管理规则》（交通运输部令2017年第30号）、《民航航班时刻管理办法》（民航发〔2018〕1号）和《低空飞行服务保障体系建设总体方案》（民航发〔2018〕100号）的宣贯工作，按计划开展机坪管制移交工作，发布了《航空器机坪管制移交工作总体方案》（民航发〔2018〕38号），开展机坪运行指挥员和管制员资质管理的专题研究，下发了《关于推进航空器机坪管制人员情况及相关需求的通知》，指导空管局开展机坪管制员+1培训和各类改装培训；会同计划司进一步研究修改了机坪设施建设等相关工作。

十、积极探讨无人机管理模式，加强无人机管控

积极参与《民用无人驾驶航空器飞行管理暂行条例》（简称《条例》）法规起草工作，协调《条例》联签事宜，目前已进入立法上报程序。持续推进深圳地区民用无人机管理试点和无人驾驶航空器空中交通管理信息服务系统（UTMISS）建设工作。指导中南地区管理局、深圳监管局、民航二所与南部战区、深圳市相关部门对接，初步形成三方共同推进民用无人机管理试点的模式。

成功举办2018年民用无人驾驶航空器发展国际论坛，达成了《2018北京倡议》重要成果，并推出中国无人驾驶航空器运行全流程、全要素、基于运行风险管控的UOM运行概念。

十一、推进北斗卫星导航系统国际标准化与民航应用

组织召开民航局推进北斗卫星导航系统国际标准化与民航应用领导小组第二次会议，持续推进北斗卫星导航系统国际标准化工作与民航应用的研究工作。在张家界机场开展机场航空移动通信系统与北斗技术的联合应用试点，将北斗与ICAO确立的空管新技术结合应用，既实现了北斗国家战略的民航落地，同时也为机场场面监视问题提供了经济高效的解决方案。

十二、推进空中接入互联网业务，着力提升服务质量

经与工信部有关单位多次协调，正式批复机载通信业务由商用试验转为正式商用。目前已有6家航空公司129架航空器实现了客舱无线局域网服务，9家航空公司156架航空器实现了空中接入互联网服务，完成了本年度民航局提升服务质量重点工作任务之一。

十三、加强民航无线电频谱规划与管理

重新修订民航无线电专用频率（地空通信）规划，再次编制《中国民用航空无线电频率划分与分配表》。大幅增加塔台管制（TWR）、区域管制（ACC）频率，适度增加通用航空频率，减少国内业务频率，共调整涉及频率127个。组织开展机坪管制移交实施8.33kHz频率间隔可行性研究。积极推动北京大兴、上海浦东国际机场实施仪表着陆系统同跑道双向同频异呼号功能，以增加频率资源。全年共指配无线电频率480个、航空器地址编码658个。

第七节　适航审定

2018年，新注册航空器862架，其中运输飞机444架，通用航空器418架。2018年末在册民用航空器总数为7113架，其中运输飞机3733架，通用航空器3380架。2009—2018年度新注册航空器数量见图3-5-2。2009—2018年末在册适航航空器数量见图3-5-3。2018年底在册适航航空器类型见图3-5-4。2018年底在册、新注册运输飞机数量按制造厂家统计，分别见图3-5-5、图3-5-6。

一、补齐适航短板，完善基础建设，提升审定能力

2018年5月31日，由中国民用航空局与江西省共同建设的江西航空器适航审定中心挂牌成立，

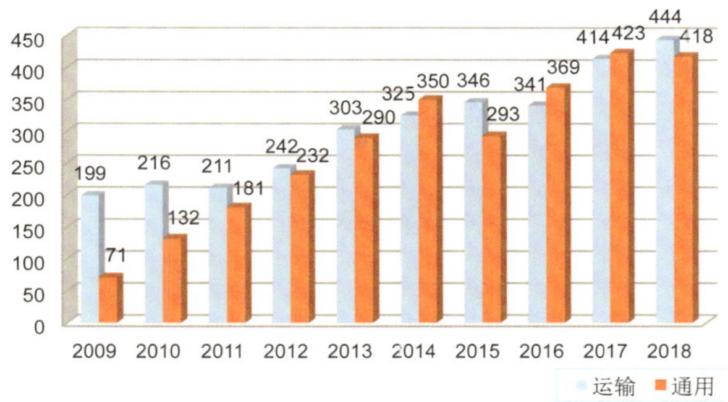

图3-5-2　2009—2018年度新注册航空器数量

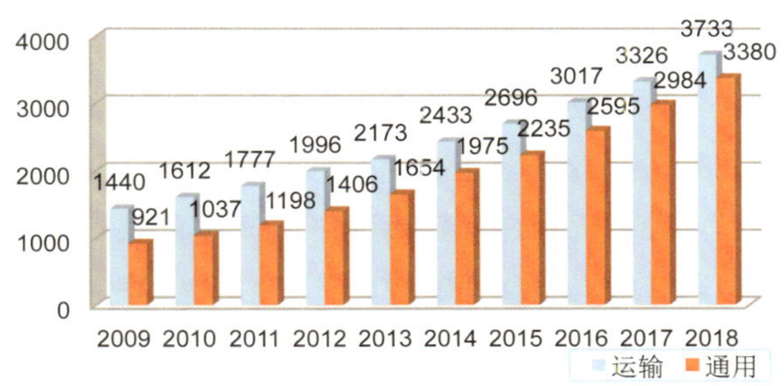

图3-5-3　2009—2018年末在册适航航空器数量

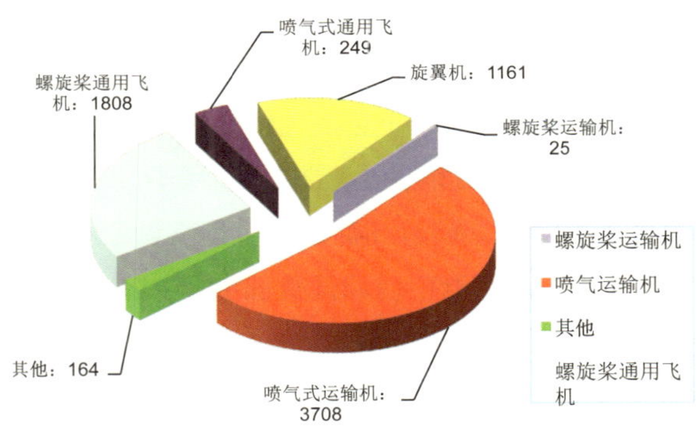

图3-5-4　2018年底在册适航航空器类型

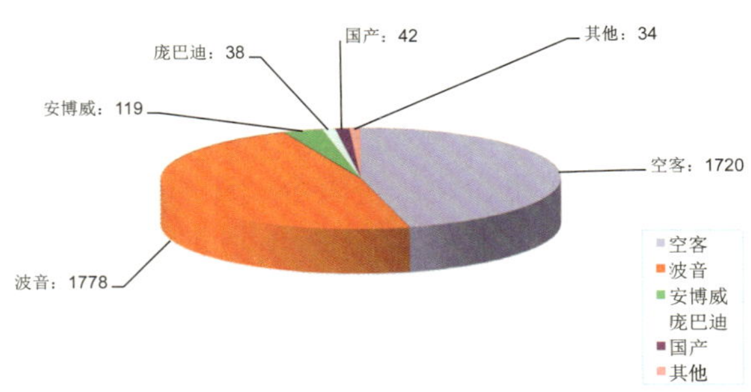

图3-5-5　2018年底在册运输飞机数量——按制造厂家

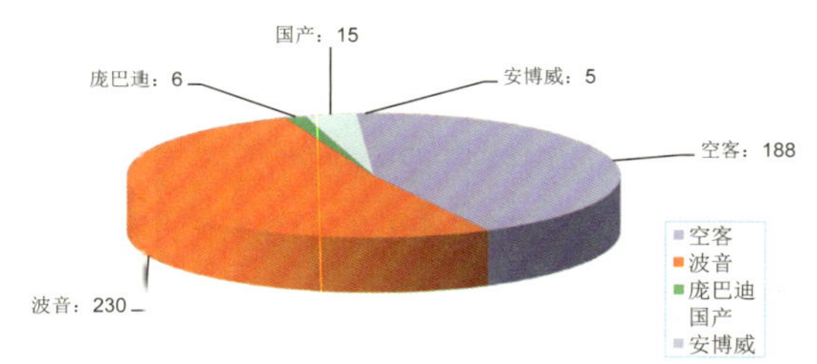

图 3-5-6　2018 年新注册运输飞机数量——按制造厂家

中国民用航空局局长冯正霖与江西省委书记刘奇共同为江西审定中心揭牌，标志着首家省、局共建致力于提升适航审定能力的事业单位正式落地。完善培训体系，具备自身造血的培训教育能力是审定系统自我发展的重要基础。民航局航空器适航审定司（简称适航司）通过确定适航审定人员资质，明确审定人员所需培训课程，按照“学所干”和“干所学”的原则开展培训课程开发工作，从审定系统选拔具备丰富审查经验的工作人员开发课程，并与中国商用飞机有限责任公司和中国航发商用航空发动机有限责任公司等工业部门合作开发课程。已经完成审查组长和委任代表基础 / 专业培训等第一批培训课程开发工作。

通过对现有适航审定法规标准的废、改、立，不断完善适航审定法规标准文件，全年共废止规范性文件 18 份，修订和新增规范性文件及技术标准共 10 份（新增 4 份，修订 2 份），完成发动机审定手册发动机分卷的编写发布，并组织推动手册其他分卷的编写工作。

适航管理运行系统（AMOS 系统）是审定系统工作平台，对于规范审定系统各单位运行具有重要意义，并可为申请人提供更好的服务。适航司和信息中心合作，在 2018 年开展 AMOS 系统项目立项工作。

二、强化审定管理，创新适航审定，服务国家战略

为提高重点型号审定工作效率，适航司在中国商飞公司设立适航办公室，用以促进航空企业“自我适航”体系和能力建设，逐步探索并建立一套适合中国国情的适航管理模式。适航办公室的设立是民航适航管理模式的一次创新，也是践行“真情服务”的具体体现。继续组织做好 C919、ARJ21、新舟 700、新舟 60、TA600 飞机和 WZ16 发动机等重点项目审定工作。服务好 C919 飞机型号取证，做好 ARJ21 飞机设计改进取证和生产质量监管。

建立了航油航化自主验证平台，启动了煤制航油、润滑油审定。公布了经适航批准的除防冰产品清单，开展了除防冰作业标准培训，指导航空公司和机场做好冬季除防冰工作。

持续关注机队运行中的工程问题，保证运行中的安全管理。鼓励工业部门多制造符合市场需求的产品，改善运行品质，以持续适航能力建设为龙头，建立容错纠错机制，促进国产航空产品不断改进和发展。建立标准或指导意见帮助工业部门不断完善客户响应机制和客户能力评估机制，及时改进产品品质，实现系列化发展。

继续推动适航双边合作，在国际合作中发挥主动性。中美合作方面，继续做好中美《适航实施程序》（IPA）的后续工作，在 IPA 框架下深化与美合作，建立定期交流机制，针对 IPA 政策与美方联合培训宣贯，加强技术研讨，为两国航空产品的交流创造良好双边环境。中欧合作方面，在 2017 年底草签的中欧双边文本基础上，开展实施程序的谈判工作。针对谈判中双方对草签文本的理解分歧，适航司坚持立场积极与欧方磋商，尽一切可能争取中方利益。组织中方参会团组赴西班牙与欧方成功召开了第二届中欧航空安全年会，中方充分发挥了主导作用，大会收获预期效果。

三、创新审定政策，服务行业发展

适航司贯彻民航局鼓励通航发展的工作思

路，结合民航局《通航监管专项督查问题清单》中的问题，秉承实事求是的原则和真情服务的理念，在广泛听取各方意见的基础上，制定出一系列通用航空适航审定优化政策和实施细则。政策内容主要涵盖通航改装批准、医疗救护和抢险救灾用途航空器加改装审查、个人自制航空器和实验类适航证管理、通航企业油料供应管理等方面。针对这些政策，在北京、天津、大连、西安等地组织开展了多次宣贯，学员超500余人次。根据企业需求，针对飞艇、轻型运动直升机、军转民等方面制定了下一步工作方案并根据方案开展工作。

创新无人机适航管理工作，制定无人机适航审定路线图，并颁发无人机适航审定白皮书。开展基于运行风险的无人机适航审定工作。完成无人机实名系统升级工作。在民航局无人机管理工作小组的框架下，适航司按照无人机适航管理路线图的工作安排，构建无人机适航管理工作组和专家组，借助工业界的力量，在2019年完成无人机分等级适航管理办法。

为提高证件申请效率，适航司对原有国籍适航证件系统进行了改版，新版系统实现了证件网上申请，并可在地区民航局获得相应证件。

第八节　民航市场监管

一、坚持创新管理，持续加强公共航空运输市场监管

一是颁布新修订的《公共航空运输企业经营许可规定》（交通运输部令2018年第16号），强化信用管理，完善退出机制。二是继续严格控制新设航空公司，2018年仅批准天骄航空、西北国际货运航空、雄安航空3家航空公司筹建。三是开展航空公司持续符合经营许可条件的检查并要求整改，对经整改仍未符合条件的中航货运航空有限公司颁发临时经营许可证。

二、坚持常抓不懈，航班正常水平取得突破

一是组织召开2018年全国民航航班正常暨服务质量工作会议，对全年工作做出部署。二是制定并严格执行2018年航班正常考核指标和限制措施。2018年1—11月共取消上海航空、昆明航空、四川航空3个航班时刻，停止受理4家国内航空公司、16家外国和港澳台航空公司、2座机场的客运加班、包机和新增航线航班申请，暂停受理37家国内客运航空公司在21个时刻协调机场新增或调整预先飞行计划申请。三是加强航班正常工作督查力度，45项重点工作全部完成。四是约谈自身原因造成的不正常航班比例高的航空公司，督促其采取措施提高航班正常率。五是制定下发《大型机场运行协调机制（运管委）建设指南（试行）》，24家机场建立了运管委，完善了大面积航班延误处置联动机制。六是利用《中国民航报》、民航网等媒体，宣传航班正常工作的先进典型，发挥舆论监督和典型示范作用。

2018年航班正常率达到80.13%，机场放行正常率达到82.94%，同比分别提升了8.46、6.78个百分点；4小时以上长时间延误航班同比降低了2.06个百分点；航班平均延误时间同比减少9分钟；未因航班延误处置不当引发重大社会影响事件。

三、坚持真情服务，提升行业服务质量

一是印发《关于进一步提升民航服务质量的指导意见》（民航发〔2018〕24号），确定了当

前和今后一个时期民航服务质量工作的原则、目标、重点工作和具体措施。二是完成了“提升民航服务品质”改革方案确定的本年度各项任务。

三是开展“2018 年服务质量体系建设”专项行动，通过建立领导小组、召开现场会推广相关单位经验、开展督查评估等措施，民航工作会确定的 8 项便民利民措施得到较好的落实。四是每月在民航局网站、《中国民航报》等媒体公布中外航空公司、机场的投诉处理情况，督促改进服务工作。2018 年，民航旅客投诉总量为 20725 件，同比下降了 16.1%。航班问题下降 39.19 个百分点（国内航空公司下降 41.65 个百分点），行李问题下降 4.03 个百分点（国内航空公司下降 8.19 个百分点）。旅客对航空公司、机场的服务满意度分别为 4.30 和 4.32（满分 5 分），同比分别提升 2.2 和 1.9 个百分点。

第六章　邮政

第一节　邮政规划与实施总体情况

一、印发了三年行动计划

印发了《邮政业服务决胜全面建成小康社会开启全面服务社会主义现代化国家新征程三年行动计划（2018—2020 年）》，行动计划从末端转型升级、绿色邮政、安全邮政、邮政业大数据发展、寄递质量提升、丝路传邮、乡村服务升级、城市群寄递服务大同城等八个方面提出三年行动措施。

二、组织开展规划中期评估

组织开展国民经济和社会发展第十三个五年规划纲要、交通运输、电子商务等专项规划涉邮目标任务中期评估工作。完成邮政业发展“十三五”规划中期评估，形成中期评估报告。评估认为：在全行业共同努力下，《邮政业发展“十三五”规划》提出的各项主要指标、任务和工程总体进展符合预期。邮政业坚持供给侧结构性改革和创新发展主线，着力补短板强弱项防风险，大力解决发展不平衡不充分问题，行业稳中向好的发展态势进一步巩固，取得诸多新成就。行业发展规模实力迈上新台阶。邮政业业务总量、邮政业业务收入、快递业务量、快递业务收入等 4 个主要经济指标在规划前两年的年均增速分别达到 39%、28%、39% 和 34%，均较大幅度高于《规划》预期。企业实力大幅提升，中国邮政集团公司在《财富》世界 500 强的排名上升，在全球邮政中排名第二。3 家快递企业品牌年业务收入超 500 亿元，2 家业务量超 50 亿件。邮政业基础性战略性作用提升。行业收入占国内生产总值比重达到 0.8%，对一二三产业的支撑力度大幅增强，在价值链中的地位有所提升。价格更低、时效更快、通达更广、业务更全的寄递服务有效促进了电子商务的繁荣发展，2017 年全行业支撑网络零售交易规模超过 5 万亿元，13 个实施跨境寄递引导工程的城市累计完成进出口快件约 4 亿件。快递服务制造业门类更加广泛，达到 23 个，2017 年支撑制造业年产值超过 2000 亿元，服务模式由提供单一寄递服务向提供供应链优化服务转变。快递成为工业品下乡和农产品进城的重要渠道，在服务现代农业方面形成了典型模式，全国培育标志性金牌工程储备项目 26 个，超千万件的项目 9 个。邮政业创新发展取得明显成效。新业态新模式不断涌现，重点企业积极拓展快运、冷链、仓配一体化、供应链管理、即时配送等服务，在支撑线上线下融合、服务消费升级和产业提质增效等方面发挥了不可替代的作用。大数据、物联网、移动互联网、云计算等技术广泛应用，无人机、无人车和无人仓应用取得突破性进展，作业自动化、流程信息化、运输多元化和服务智能化水平大幅提升，数据驱动发展特征凸显。全国配备全自动分拣系统的枢纽型分拣中心从 2015 年的 61 个增加到规划中期的 239 个，快递电子运单使用率达到 92%，均提前实现《规划》期末目标。产学研用协同创新加快推进，行业内建立了首个国家工程实验室和科技创新试验基地，“互联网 +”监管创新促发展的成果初显。基础设施补短板工作落地见效。《规划》涉及基础设施的 5 项工程均推进较快：积极争取中央预算内投资支持，持续推进西部和农村地区邮政普遍服务基础设施建设。航空快递枢纽建设步伐加快，湖北国际物流核心枢纽项目获国家批复，国际国内中转处理能力进一步增强。快递专业类物流园区建设稳步推进，地方政府重视程度和支持力度加大，全国投入运营园区达到323个。“快递下乡”加快推进，全国乡镇快递网点覆盖率达到90.4%，提前实现期末目标。邮件快件进出境通道更为顺畅，建成了立体化的三级邮政口岸网络，国际邮件互换局（交换站）达到70个，国际快件监管中心建设初步开展。政府职能作用发挥更加科学高效。强化顶层设计。牢固树立邮政强国战略导向，编制中长期纲要，健全规划实施机制，密集出台协同、绿色、安全、末端等方面的重大政策，完成19项标准制修订，完善统计报表制度，强化经济运行分析。健全法规制度，推动《快递暂行条例》发布施行和配套规章制修订，全面完成“三张清单”编制。深化行政审批制度改革落实“放管服”要求，推进网上审批和备案，优化流程，压缩时限。试点下放国际快递业务（代理）经营许可审批权。强化行政检查执法。持续优化监管机制，加强安全监管，“三项制度”得到有效落实。各级邮政管理部门查处快递服务违法违规行为超4.9万次，办理邮政市场行政处罚案件超1.8万件。

第二节　邮政业基础设施建设

一、邮政基础设施

一是不断完善邮政普遍服务基础设施。2018年，继续实施西部和农村地区邮政普遍服务基础设施建设项目，总投资10亿元，其中中央预算内资金4亿元。共安排网点整修和翻建1280处，危旧县局房改造21处，邮运和投递车辆购置3280辆。二是不断推动邮政企业提升寄递服务能力。升级改造邮件处理中心70个，建成智能仓配中心1837个，新增投递用车1.35万辆、手持智能终端4.8万台。到2018年，全国邮政普遍服务营业场所的电子化率已达到100%，已开通移动支付的营业场所占比达到70.6%；全国设置邮政人工代投自提点达30万个，智能包裹柜布放规模达到9.2万台。三是大力推进农村地区投递能力建设。2018年，共增设投递道段3042条，增配投递车辆3159辆（其中汽车608辆、机动三轮车81辆、摩托车1947辆、电动车523辆），增加乡邮投递人员5697人。四是推进邮政服务站点延伸进村。2018年，全国新增村级“邮乐购”电商服务店超5万个，全国范围内累计运营邮乐购店达46万个。

二、快递基础设施

一是快递航空运能快速提升。部分快递企业通过“包机”“包舱”等方式运输邮件，快递航空货运量占国内航空货运量的比重超过一半。二是铁路运输能力逐步增强。快铁合作深入推进，开通高铁快递线路431条，“复兴号”动车组专用车厢每列运能从500公斤提高至5吨，快递电商班列持续运营，增强了快递运输能力，现铁路运输方式占快递运输的比重约为2%。三是公路运输保障充分。快递公路运输方式占比仍超过80%，是快件运输的绝对主力。行业新能源车辆保有量超过1.2万辆，增加5000辆。快递企业采用自有与租用相结合，利用社会化运输平台，调动社会富余运力满足运输需求。部分快递企业依托快递大数据系统，优化路由网络。四是快递园区建设显现集聚效应。快递园区建设速度加快，快递园区服务功能逐步拓展，从快件分拣向仓配一体化发展，从寄递拓展加工、包装等服务，涌现了一批综合型快递物流园区。五是分拣智能化水平提升。快递企业加强对全国各地新建、改扩建分拨中心，大力推广全自动分拣技术，购置自动化设备，全国拥有大型快件自动化分拣中心232个。部分企业加强分拨中心直营化，提高网络掌控力度。全自动化分拨流水线可以节省人力40%，提高50%的操作效率。六是末端投递形式多元化。全国已建成快递末端公共服务站8.2万个，新增近5万个。投入运营智能快件箱27.2万组，新增6.6万组，箱递率达8.6%，同比提高1.8个百分点。全国高校规范收投率达96.2%，其中，27个省份实现100%全覆盖。全国主要品牌快递企业城区自营网点标准化率达92.7%。上门投递、智能快件箱投递和公共投递站投递等模式互为补充的末端投递服务新格局逐步形成，用户消费体验改善。七是农村快递网络基本覆盖。快递网点乡镇覆盖率达92.6%，提高5.1个百分点。22个省份覆盖率达100%，部分城市实现建制村全覆盖，快递服务网络进一步延伸。

第三节　邮政普遍服务

一、建制村直接通邮

2018年，未实现全部建制村直接通邮的11个省分多措并举，政企合力攻坚，全年新增直接通邮建制村1.6万个，直接通邮率达到98.9%，全部建制村直接通邮省份达到26个，内蒙古、广西、重庆、西藏、陕西、青海、宁夏提前完成通邮目标，大幅提升了广大农村地区邮政普遍服务水平，有效促进了邮政服务“三农”，服务乡村振兴。

二、重点城市包裹快递普通用户价格监测

上、下半年的两次监测调查结果显示，邮政业市场价格基本平稳。邮政普通包裹价格保持稳定，直营快递企业价格保持相对稳定，企业公布价格和市场执行价格具有较强的一致性；加盟快递企业在不同地区的价格有所波动，区域间及网点间往往表现出较大的差异性。下半年快递市场进入旺季，加盟企业寄递资费价格呈现一定涨幅。

三、提升县级城市党政机关党报当日见报率

国家邮政局组织开展的县级城市《人民日报》见报情况监测显示，2018年，全国80.72%的县级城市党政机关实现当日见报，同比提升4.5%，全年新增当日见报县级城市85个。河北、内蒙古、四川、云南、西藏、陕西、甘肃、青海、新疆9个省份的205个县级城市见报水平提升。各级管理部门和邮政企业继续巩固扩大党报党刊当日见报成果。邮政企业开通陕西榆林航空邮路，实现了9个县当日见报。浙江、广东、四川、贵州、陕西、甘肃等地采用无人机投送边远地区党报。国家邮政局通过政协委员提案，推动人民日报社制定增设分印点规划，新设立湖北襄阳分印点，襄阳、十堰、随州所属县级城市实现当日稳定见报。

四、邮政普遍服务和邮票发行审批和备案

一是严格执行邮政普遍服务两项审批管理。行政审批方面，2018年共批复同意邮政企业撤销提供邮政普遍服务的邮政营业场所审批264件，批复不同意12件；批复同意邮政企业停止办理或者限制办理邮政普遍服务业务和特殊服务业务审批75件，批复不同意18件。备案管理方面，2018年共接受邮政企业备案10199件，其中，备案新增提供邮政普遍服务营业场所269件；备案新增不提供普遍服务邮政营业场所111处，备案场所信息变更7148处，备案撤销不提供邮政普遍服务营业场所46处，备案暂时停限办业务2623处，备案邮政营业场所出租或以其他方式改变用途2处。二是依法开展邮票发行审批和备案管理。2018年发行纪特邮票34套，其中纪念邮票16套，特种邮票18套。国家邮政局依法审批了2018年34套

纪特邮票的计划发行数量；调整了 2018 年纪特邮票发行计划 12 套；审查了 16 套纪念邮票图稿共计 36 个图案；批准北京、上海、江苏、贵州等省市仿印邮票图案及其制品申请 8 件 14 例。2018 年度普通邮票发行 9211.95 万枚，金额 11215.74 万元。

五、邮件时限监测

2018 年，继续开展信件、包裹以及国家规定报刊全程时限监测。时限达标情况：包裹同城、省内、直辖市省会城市间、省际地级以上城市间、省际其他地区间 5 个层级 10 项指标均达到标准要求，信件同城 2 天内送达比例（86.85%）、省际地级以上城市间 7 天内送达比例（93.12%）、省际其他地区间 8 天内送达比例（92.55%）3 个指标低于标准，其他 7 项指标达到标准要求。邮件损失情况：平信损失 389 封，损失率为 1.65%，同比下降 3.37%。挂号信损失 2 封，损失率为 0.02%，同比下降 0.055%。信件的 164 个监测点中，72 个监测点出现平信损失，占比 43.9%。平信损失最多的监测点是山东尚堂镇，损失 76 封，损失率为 55.47%；其次是四川康定县，损失 48 封，损失率为 35.04%。监测中未出现包裹损失情况。日戳加盖情况：信件收寄日戳合格率为 96.55%，同比下降 1.35%；投递日戳合格率为 92.99%，同比提高 3.49%。按址投递情况：包裹的 147 个监测点按址投递率为 98.64%，陕西省宝鸡市扶风县法门镇、新疆维吾尔自治区阿勒泰地区阿勒泰市红墩镇两个乡镇监测点未能按址投递。2018 年，北京、河北、山西、内蒙古、辽宁、吉林、浙江、福建、山东、河南、湖南、广东、广西、海南、重庆、四川、贵州、云南、陕西、甘肃、青海、新疆等 22 个省份也开展了省内邮件时限监测。

六、邮政普遍服务满意度调查

2018 年，继续委托第三方机构在全国范围内开展邮政普遍服务消费者满意度调查，满意度为 84.2 分，比 2017 年提高 2 分，连续 7 年保持提升。从邮政设施、营业服务、寄递服务、寄递后服务 4 个二级指标和 14 个三级指标来看，各指标得分均比上年有所提升，二级指标中的寄递后服务和三级指标中的赔偿及时、投诉处理得分上升明显。从区域来看，东部地区满意度最高（84.8 分），中部地区满意度居中（84.5 分），西部地区的满意度相对较低（83.0 分）。从分省份得分来看，北京、辽宁、山东、福建、黑龙江、吉林等省份得分较高，均在 86.3 分以上；青海、新疆得分较低，分别为 80.5 分、79.9 分。从分省得分变化来看，天津、宁夏、辽宁、福建、山西等省份的分数和排名均比去年有明显提升。

七、在庆祝改革开放 40 周年大型展览中首次以邮票题材展现改革开放的伟大历程和巨大成就

由中央宣传部等部门和北京市联合在国家博物馆主办的“伟大的变革——庆祝改革开放 40 周年大型展览”，在第五展区“大国气象”中设立了“改革开放 40 年——中国邮票”专门展览内容，回首光辉历程，展望美好未来（图 3-6-1）。展览分为高举旗帜、伟大实践和筑梦新时代三大部分，共使用邮票 72 套、309 枚，同时，将部分邮票喷绘

图 3-6-1　庆祝改革开放 40 周年大型展览中的邮票专题展览

到5面展墙上进行展示。通过改革开放40年来发行的邮票，真实记录了改革开放以来在中国共产党坚强领导下，中国人民艰苦奋斗、顽强拼搏，用双手书写的国家和民族发展的壮丽史诗，党的面貌、国家的面貌、人民的面貌、军队的面貌、中华民族的面貌发生的前所未有的巨大变化。

八、成功申办中国2019世界集邮展览

2018年11月27日，中国2019世界集邮展览组委会在北京成立并召开第一次会议。组委会由外交部、公安部、交通运输部、文化和旅游部、海关总署、国家广播电视总局、国务院台办、国家邮政局、湖北省政府、中国邮政集团公司、中华全国集邮联合会和武汉市政府等单位相关人员组成。为庆祝中华人民共和国成立70周年，宣传新时代中国特色社会主义伟大事业的辉煌成就，促进中外文化交流合作，推动集邮及邮政业发展，会议决定于2019年6月11—17日在湖北省武汉市举办中国2019世界集邮展览，主办单位为国家邮政局。

第四节 快递业发展

一、快递基础性作用显著增强

随着快递市场高速发展和服务能力显著提升，快递业在加速流通、刺激消费、调整结构、普惠民生等方面基础性作用凸显。我国快递业务量突破500亿件，占全球的一半以上。跨境寄递基础设施逐步完善，开辟出令人称道的空中走廊。在彰显中国速度、助力中国产品走向全球的同时，为全球快递业发展带去了中国经验和中国模式。快递业链接千行百业、千家万户，快递发展通过乘数效应和外溢效应迸发出强大活力，为经济发展注入新动能，快递支撑网络零售额达到7万亿元，占社会消费品零售额总额的比重达到18.4%，成为拉动消费的重要力量。快递从物品寄递物品拓展服务领域，嵌入产业链、服务链和价值链，直接服务制造业年产值达到2172亿元，现代供应链成为快递发展的主要方向。快递下乡工程持续推进助力乡村振兴战略实施，快递网点乡镇覆盖率超过90%，全国98%以上的人口足不出乡即可使用便捷的快递服务，畅通了城乡双向流通渠道，全国涌现业务量超千万件的“快递+”金牌农业项目20个，农村地区累计收投快件120亿件，支撑工业品下乡和农产品进城超7000亿元，为全国统一市场建设和城乡均等化发展做出了积极贡献。

二、快递业务规模全球领先

中国快递市场高位运行，快递业务量突破500亿件，达到507.1亿件，比上年增长106.5亿件，增速26.6%。快递业务量及增量均创历史新高。我国日均快件处理量达到1.4亿件，最高日处理量达到4.2亿件，同比增长25.7%。2010—2018年，我国快递业务量增长了20多倍，年均复合增长率达46.9%（图3-6-2）。快递业务增速是同期国内生产总值增速的6倍以上，增速居现代服务业前列，是我国新经济的代表行业。

图3-6-2 2010—2018年快递业务量变动情况（单位：亿件）

中国快递业务量超过美、日、欧发达经济体之和，是美国的3倍多，占全球快递包裹市场的

一半以上。我国快递业务量规模连续五年稳居世界第一，成为全球快递包裹市场发展的动力源和稳定器。中国快递发展过程中所形成的中国模式和中国经验，对全球邮政业特别是对发展中国家快递发展具有很好的借鉴作用。

三、快递业务收入占比持续提升

快递业务收入超过6000亿元，达到6038.4亿元，同比增长21.8%。快递业务收入占邮政行业业务收入比重持续提升，从2010年的45%提升至2018年的76.4%，提高了31.4个百分点（图3-6-3）。快递业务收入增速是同期服务业生产指数增速的近三倍，快递收入占服务业增加值的比重为1.28%，同比提高0.12个百分点。快递业务收入增速是同期国内生产总值增速的3.3倍，占国内生产总值的比重达0.67%，同比提高0.07个百分点。

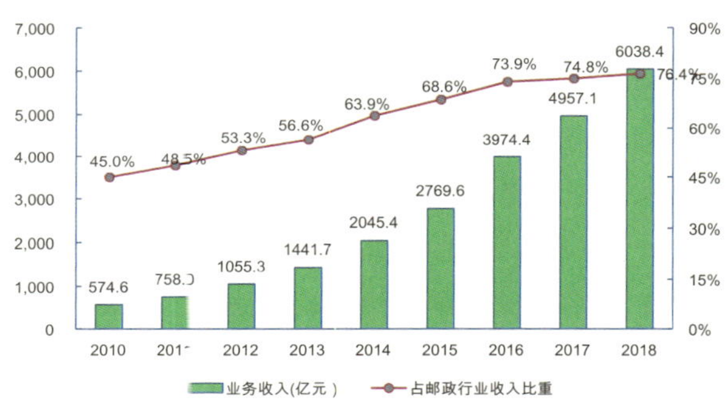

图3-6-3　2010—2018年快递业务收入增长及邮政业占比变化

四、快递服务频次和深度明显增加

快递日均服务2.8亿人次，相当于每天5个人中有1人在使用快递服务。年人均快件使用量为36件，比上年增加7件，也就是说每人每月至少使用3次快递服务。年人均快递费用支出431元，比上年增加74.7元。快递成为衣食住行后又一基本需求，“衣食住行递”成为日常生活的重要组成部分之一。

五、市场结构进一步优化

一是跨境快递增长迅猛。快递企业走出去步伐加快，在重点国家和地区网络布局，构建全球寄递网络，国际快递网络及海外仓覆盖50多个国家和地区，支撑跨境电子商务贸易超过3500亿元。国际及港澳台快递业务量达到11.1亿件，同比增长34%，比行业整体增速高7.4个百分点。国际及港澳台业务量占比继续提升，占全国的2.2%，同比提高0.1个百分点。二是异地业务主力军作用强化。异地快递业务量完成381.9亿件，同比增长27.5%，比行业增速高0.9个百分点。异地业务收入完成3101.9亿元，同比增长23.4%，比行业增速高1.6个百分点。异地业务占比继续提升，异地业务量和业务收入分别占全国的75.3%和51.4%，同比提高0.5个百分点和0.7个百分点。

六、快递服务国家战略成效明显

一是助力乡村振兴战略。快递服务网络进一步延伸，快递网点乡镇覆盖率达92.6%，其中，22个省份覆盖率达100%，东部部分区域实现行政村全覆盖，畅通农产品进城和工业品下乡双向流通渠道。全年农村地区累计收投快件120亿件，支撑工业品下乡和农产品进城超7000亿元，在助力农村发展、农业增效、农民增收方面发挥了重要作用。二是支撑制造强国战略。快递服务制造业重点项目达到318个，直接服务制造业年产值达到2172亿元。顺丰、京东等企业加快与供应链管理等专业化公司战略合作，服务广度深度不断提升。顺丰联合深圳飞马、怡亚通等8家供应链公司成立大数据公司，并以55亿元收购德国邮政敦豪集团中华区供应链业务，获得德国邮政敦豪集团的供应链服务支持、管理经验以及运输和仓库技术方案。

七、创新明显提速

一是人工智能等新技术加快推广应用。无人

配送技术开始应用，京东配送机器人已经在长沙量产，菜鸟无人车“基普拉斯”（Gplus）公开路测，为城市投递提供了全新的解决方案。顺丰获国内首张无人机运营许可证，完成国内首次无人机后勤物资运输，陆续推出中小型无人机、水陆两栖无人机、大吨位改装无人机，其无人机机队已初见规模，无人机技术应用解决了特殊场景运输难题，突破了地域交通阻隔。部分企业参与无人技术标准制定。京东物流首次公布了无人仓标准，顺丰联合中国电科五十四所共同开展大型物流无人机通用测控数据链、通用地面站等行业技术标准的制定。二是末端产品创新不断。中国邮政EMS和京东发布“快递到车”服务，菜鸟和苏宁分别推出了“菜鸟小盒”和“共享快递盒”，中邮速递易发布人脸识别智能快递柜，丰巢和菜鸟研发出智能快递塔，末端配送形式更趋多元化。

第五节 邮政行业治理

一、邮政普遍服务监督

监督检查持续强化，围绕推动落实中央巡视整改，国家邮政局组织对6个省份12个市（地）开展了普遍服务达标执法检查，辽宁、黑龙江、湖南和重庆局根据检查结果，对违规问题及时启动了行政处罚程序。通过执法检查，普遍服务标准的执行力度加大，服务水平进一步提升。各地邮政管理部门开展邮政普遍服务达标情况监督检查，全年25个省份做出行政处罚182起。社会监督更加有力，全年开展邮政服务社会监督50451人次、反馈问题1510个，企业问题整改率达98%，取得了良好效果。

二、邮票发行监管

开展邮票印制监督检查方面，2018年，组织北京、辽宁、河南局开展对邮票印制企业的监督检查，细化完善监督检查标准和流程图，建立邮票印制工作每半年检查一次的常态工作机制。北京、辽宁、河南省（市）管局逐步建立和完善“季查年评”“逢重必查”工作机制。开展邮票销售监督检查，2018年，各级邮政管理部门共组织工作人员22511人次、检查纪特邮票销售网点14857个次、监督范围基本覆盖地级以上城市。行政执法方面，2018年，各级邮政管理部门共向邮政企业下达责令改正通知书30份，作出行政处罚决定3个。开展纪特邮票销售服务与印制质量满意度调查，2018年纪特邮票销售服务与印制质量满意度总体得分为82.3分，比2017年提高0.1分，基本维持稳定并略有上升。2018年集邮者对邮票的印制质量关注度有了显著提升，印制质量所占比重为32.9%，比2017年的占比提高了约10%。

三、普遍服务营业场所分级监管

截至2018年底，天津、河北、山西、内蒙古、辽宁、吉林、江苏、浙江、安徽、福建、江西、山东、湖南、广东、海南、重庆、四川、贵州、云南、陕西、甘肃、青海等22个省份开展了邮政普遍服务营业场所分级监管工作。在开展分级监管工作中，各地注重将分级监管与“双随机一公开”相结合、与企业自律相结合、与精准行使行政处罚自由裁量权相结合，在提高监督执法的规范性和公平性、提升企业贯标对标的主动性和自觉性、提高监管精准度、提升监管效能等方面取得了很好的效果。

四、邮政业“扫黄打非”工作

各级邮政管理部门和邮政企业以“查、堵、截、控”为手段，重点管控寄递渠道和邮政报刊亭，妥善处理山东等地违规收寄非法出版物事件，全行业共查堵各类非法出版物28212件。国家邮政局“扫黄打非”办公室、海南省邮政管理局市场监管处、重庆市嘉言物流有限公司（百世快递）等3个集体，吉林局王思博、江苏镇江局曾向俊、江西局范志奇、北京通州邮政分公司薛晓新、长春市邮政分公司陆作龙、甘肃省临夏市申通快递服务有限公司石磊等6名同志获得全国表彰。

五、快递市场准入

深化“放管服”改革。发布施行快递末端网点备案暂行规定，全国完成末端网点备案12.1万个。修订《快递业务经营许可管理办法》（交通运输部令2018年第23号）。进一步优化许可流程，行政审批时间缩短至法定时限一半。将国际快递业务（代理）经营许可权下放至天津、广东自由贸易试验区。积极探索新业态监管方式，开展对智能快件箱寄递服务和专业末端收投服务企业的省内许可工作。推进“互联网＋政务服务”，基本实现全流程网上办理和“一门、一次、一网”要求，依法清理3项证明事项。

六、快递市场监管

一是监督检查和执法力度加大。持续开展快递市场清理整顿专项行动。全面实施“双随机、一公开”监管，全国随机抽查企业7950家次、分支机构8536家次，公开随机抽查结果16486次、约谈告诫信息1416条、责令整改信息3655条、行政处罚信息4171条。严肃查处陕西“4·27”涉寄递匕首、云南“8·13”涉寄递枪支、福建莆田异地上线参与协助造假等重大案件，始终保持高压态势。补核、完善快递市场主体和执法检查人员名录库。完善行政执法管理信息系统，推动移动执法应用。二是全面启动信用体系建设。规范信用信息采集和共享机制，为8万家企业、27万从业人员建立信用档案。成立全国快递业信用评定工作小组，24个省份成立评定委员会。推动建立快递业信用联合奖惩机制，与国家发改委等35个部门签署印发《交通运输工程建设领域守信典型企业实施联合激励合作备忘录》。继续开展“诚信快递、你我同行”3·15主题宣传活动。三是监管队伍战斗力不断增强。始终把政治建设摆在首位，开展执法人员“吃拿卡要”专项治理。大兴调查研究之风，行业队伍纪律作风得到加强。对行政执法案件进行评议，开展省际随机督查、跨地区交叉互查，举办快递业高质量发展、安全监管、行政执法、末端网点备案、安检操作、实名寄递等系列培训，队伍综合素质和专业能力得到提高。

七、邮政用品用具市场监管

有效加强集邮市场和邮政用品用具监管。开展集邮市场专项执法检查。打击制售假邮票违法行为，配合证监会开展集中交易场所清理整顿。做好邮政用品用具生产监制和质量监督抽检工作。制定《关于实施快件码号统一管理的意见》，开发码号管理信息系统，20家主要品牌企业完成码号统一管理登记工作。

八、快递服务质量评价

公众满意度快速提高，公众满意度得分为81.7分，较2017年上升0.9分，快递服务的公众评价稳中向好。在公众满意度涉及的5项二级指标中，受理环节满意度得分最高，为86.9分，同比提高2.3分；投递环节满意度得分为85.1分，同比提高4分；揽收环节满意度得分为84.1分，同比下降0.3分；信息服务满意度得分为81.8分；售后环节满意度得分为70分，同比下降5.4分。用户对旺季高峰期、春节假期特殊时期快递服务满意度得分为80.9分，较2017年上升2分，特殊时期服务持续优化。

有效申诉率连续6年改善，2018年消费者对快递业务的有效申诉为9.9万件，同比下降57.3%（图3-6-4）。快递服务有效申诉率为百万分之1.95，同比下降66.3%，创六年以来最大改善幅度，申诉率不足五年前的十分之一。其中，投递服务、延误和丢失短少仍是用户申诉的突出问题，占比分别为36%、27.5%和24.4%，合计占87.9%。改善最为明显的为延误、投递服务和损毁；收寄服务、丢失短少和其他服务均大幅改善，但改善幅度低于行业平均。

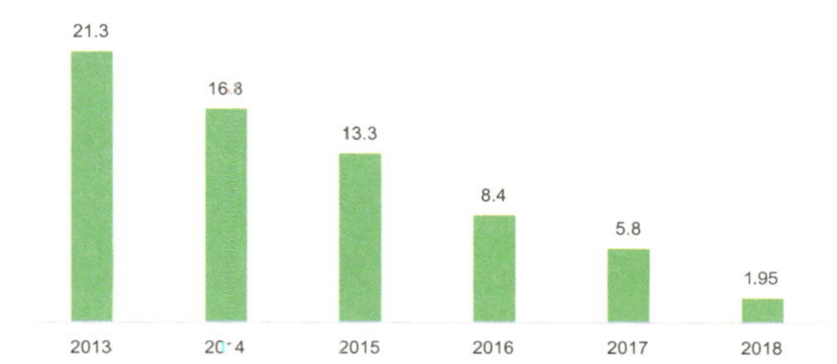

图3-6-4　2013—2018年快递有效申诉率对比（单位：件/百万件快件）

第六节　安全监管

各级邮政管理部门牢固树立安全发展理念，坚持一手抓改革发展，一手抓安全稳定，突出遏制重特大事故，狠抓各项安全生产责任落实，全年无较大事故、重特大事故和群体性事件发生，邮政业安全生产形势持续稳定向好。

一、坚决贯彻落实习近平总书记重要批示指示精神

牢固树立“四个意识”，坚决做到“两个维护”，在推动行业发展中始终绷紧安全这根弦。国家邮政局党组定期研判安全形势，摸清规律，抓住关键、搞清路径，采取针对性应对措施。2次召开邮政业安全领导小组会议、5次召开全系统会议，部署加强安全生产工作。国家邮政局党组书记、局长马军胜同志多次作出重要批示指示，提出有力指导。各地邮政管理部门以贯彻习近平总书记指示精神为动力，认真落实国家邮政局党组各项决策部署，大力提升行业安全生产水平。

二、严格落实安全生产责任

落实“三必须”要求，抓好《地方党政领导干部安全生产责任制规定》落实。推动邮政业安全生产领域改革，出台《国家邮政局关于打好防范化解重大风险攻坚战的实施意见》，实施安全邮政行动计划。强化落实企业安全生产主体责任，出台具体指导意见，提出24项措施，强力推动行业安全强制标准贯彻执行，大力推进企业安全生产标准化建设，派出工作组赴企业总部检查，督促企业总部履行全网安全保障统一管理职责。

三、坚持寄递安全综合治理

召开寄递渠道安全管理领导小组会议，联合中央政法委印发工作要点，开展寄递渠道安全管理综治考评，推动属地管理责任落实。严格“三项制度”落实，有力推动实名收寄信息化应用，总体信息化率超过99%，基本实现全覆盖目标。部署开展涉枪涉爆隐患集中整治，查堵枪爆物品561件、其他物品10284件；关停企业339家、停业整顿248家、吊销许可6家。扎实做好寄递渠道反恐禁毒、扫黄打非、打击侵权假冒和跨境走私等专项工作，深入开展违法寄递危险化学品治理，加强寄递渠道非洲猪瘟疫情防控。圆满完成全国“两会”、上合青岛峰会、中非论坛北京峰会、中国国际进口博览会等寄递安保任务，有力保障了寄递服务安全畅通和行业平稳运行。

四、强化监管执法

升级行政执法信息系统，完善市场主体和执法人员数据库，指导各地全面推行“双随机一公开”监管机制，规范执法行为。积极推进执法装备配备，强化技术支撑。加强诚信体系建设，印发《快

递业信用体系建设工作方案》，为2万家许可企业、6.8万家分支机构建立信用档案，会同有关部门对企业失信行为开展联合惩戒。

五、加强安全监测预警

依托舆情监测平台，实时监测行业舆情动态，涉及各地邮政管理部门和企业的负面舆情，及时通报处理，全年共向省（自治区、直辖市）局和寄递企业总部通报事件事故241起。借助安全监管、电商协同、实名收寄、视频监控等信息化系统，对全行业运行情况进行动态监测，主要针对企业发展态势、实名收寄率、过机安检等方面重点监测。监测预警并处理了快捷、全峰、国通等企业运营不稳定、寄递银环蛇咬人致死、顺丰数据疑似泄露等事件。

六、推进安全基础建设

抓好《快递暂行条例》宣贯，出台《邮件快件实名收寄管理办法》（交通运输部令2018年第24号）、《快递业务经营许可管理办法》（交通运输部令2018年第23号），制订《快递末端网点备案暂行规定》（国邮发〔2018〕60号），修订《邮政行业安全监督管理办法》。健全完善安全生产和应急信息报告制度，全面规范安全信息报告工作。建立信息安全风险评估机制，强化用户个人信息保护。稳妥有序推进寄递渠道安全监管“绿盾”工程建设，积极开展采购招标、合肥灾备中心机房土建、信息化建设等重点工作。大力推进省级以下安全支撑保障机构建设，全国新增4个省级和12个市级邮政业安全中心，系统管理能力进一步强化。

第七章 法治政府部门建设

2018年，在党中央、国务院坚强领导下，交通运输部认真贯彻落实《中共中央关于全面推进依法治国若干重大问题的决定》，始终把法治建设放在交通运输改革发展稳定大局中谋划和推进，推动法治政府部门建设取得实效。

第一节 规范文明执法

巩固清理规范行政处罚行政检查专项整治工作成效，对河北等11省市开展新一轮暗访，形成督查暗访问题清单，责成相关单位核查处理，并印发暗访督查工作通报。会同中央编办、财政部等部门，梳理完善交通运输综合行政执法事项指导目录，做好统一执法服装和标识等改革配套政策的调整完善。加快修改完善《交通运输行政执法程序规定》，推进行政执法透明规范、合法公正。

第二节 行政复议和行政诉讼

2018年，交通运输部共办理行政复议申请68件。作出《交通运输行政复议决定书》26件，作出《交通运输行政复议申请告知书》13件，作出《交通运输行政复议不予受理决定书》23件，因申请人自愿撤回申请作出《交通运输行政复议终止通知书》5件，作出《交通运输不予行政赔偿决定书》1件。共办理行政诉讼案件26件（含2017年结转7件），其中，一审案件12件，二审及抗诉案件14件；已审结22件（含一审案件12件，二审案件10件），其中，裁定准予撤回起诉3件，裁定驳回起诉6件，判决驳回诉讼请求4件，裁定驳回上诉6件，判决驳回上诉3件，见图3-7-1。

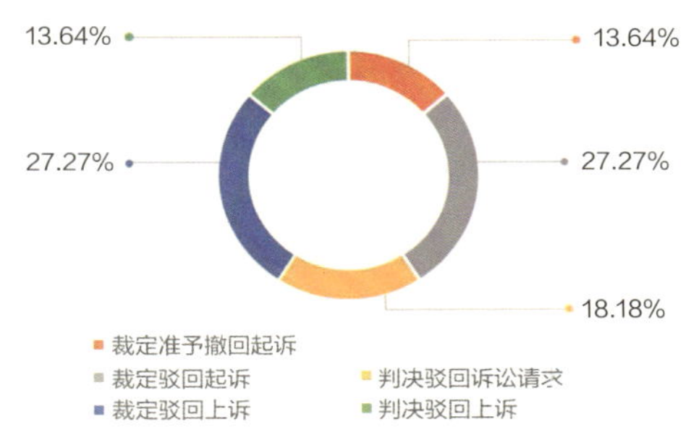

图3-7-1 2018年已审结行政诉讼案件类型

第三节 政府信息公开

2018年，交通运输部加强重点领域信息公开，不断提升政务公开的质量和实效。在国务院办公厅2018年政务公开第三方评估中，被评为工作开展总体较好的15个国务院部门之一。

一、主要工作成效

（一）主动公开实效进一步提升

一是制定出台重点领域公开制度，贯彻落实国务院关于推进重大建设项目批准和实施等领域政府信息公开部署要求，制发了进一步推进重点领域政府信息公开实施方案，明确了重大建设项目、公共资源配置、社会公益事业建设3个重点领域22项公开重点。二是全面推行主动公开基本目录制度，上线运行《交通运输部主动公开基本目录》，按“主题”“行业”“机构”三套分类体系发布主动公开信息，公众查询便捷度进一步提升。三是优化改版政府信息公开专栏，上线了新版网上政府信息公开系统，实现了“新页面、新目录、新技术”的改版效果。四是撰写了《交通运输政务公开的实践与展望》，被中国社科院法学研究所《中国政府透明度暨政务公开发展报告》收录出版。五是按时段对政策文件等公开情况进行全面排查，督促发文单位及时有效公开。

（二）政策解读进一步强化

交通运输部主要负责同志切实履行重大政策“第一解读人”职责，深入推进供给侧结构性改革、“四好农村路”建设等重点领域信息公开，通过参加中央媒体访谈、国务院新闻办新闻发布会、国务院政策例行吹风会等方式，深入解读政策背景、重点任务、后续工作考虑等。分管部领导通过新闻发布会、政策吹风会及相关会议、调研等活动，对打赢交通运输脱贫攻坚战、加快建设现代综合交通运输体系、推进运输结构调整、推动海运业更高水平对外开放发展、加快智慧交通建设等进行政策宣讲和深入解读。

对关涉群众切身利益或影响市场预期的重要政策等，通过部政府网站、政务微信、《中国交通报》等多个传播载体开展解读。2018年，共对2017年全国收费公路统计公报、《城市轨道交通运营管理规定》（交通运输部令2018年第8号）、《农村公路建设质量管理办法》（交办安监〔2018〕152号）、《铁路工程建设项目招标投标管理办法》（交通运输部令2018年第13号）、《民用航空安全管理规定》（交通运输部令2018年第3号）、《邮件快件实名收寄管理办法》（交通运输部令2018年第24号）、《交通运输法治政府部门建设评价暂行办法》（交办法〔2018〕73号）等60项重要政策、标准及热点工作等进行了深入解读。

（三）公众参与进一步扩大

2018年，通过交通运输部政府网站对《中华人民共和国海商法》《公路法》《收费公路管理条例》《农村公路条例》《高速铁路安全防护管理办法》《运输机场建设管理规定》《快递业务经营许可管理办法》《渔业船舶检验管理规定》等32项部门规章、72项重要政策和标准面向社会公开征求意见。对“公路水运工程试验检测专业技术人员职业状况”等社会普遍关注的热点进行网上调查，让人民群众更大程度参与到政策制定中来。在交通运输部政府网站和政务微信平台开设“问计于民、问计于网”建言献策专栏，围绕“我心目中的交通强国”这一主题倾听群众呼声、吸纳各方建议、查找突出问题，不断提高相关政策的针对性和实效性。

（四）平台建设进一步加强

一是优化智能搜索功能。新建设“交通智搜”系统，为公众提供及时、准确、智能的全文搜索服务，信息分类涵盖主站、政策、新闻、服务、数据、互动、专题、图片、站群，智能分析用户真实需求调整搜索结果排序，提供多维度分类展现，聚合相关信息和服务，实现“搜索即服务”。二是优化智能问答功能。优化升级了“智能问答”系统，增加了“小通”客服和用户满意度评价等功能，使政府形象更接地气，累计梳理补充了有关政策解释、办事指南、职业资格等常见问题近5000余条，进一步加强了“网约车、危货、摩拜”等交通百姓体名词术语的智能关联，最大限度为公众提供24小时不间断的答疑解惑服务。三是推进网站政务公开工作绩效考评。2018年修订发布了《交通运输部政府网站共建与政务公开工作绩效考评细则》，进一步引导和促进了网站共建工作开展。

二、政府信息公开基本情况

（一）主动公开情况

2018 年，交通运输部政府网站共计发布信息 12.6 万条（图 3-7-2），其中主动公开信息 1296 条，发布重大政策解读 60 期，开展在线访谈 72 期，发布例行新闻发布会网上直播 20 期，答复公众留言 2300 余条，开展意见征集 72 期，行政许可平台全年办件量 14698 件，组织建设“信用交通宣传月”、“共享单车信用骑行”等 6 个新建专题。

2018 年，围绕深化供给侧结构性改革、交通脱贫攻坚、“四好农村路”建设、“放管服”改革、智慧绿色交通和春运等重点工作、热点话题组织召开新闻发布会、媒体通气会、记者大讲堂 32 场，并对例行新闻发布会和专题发布会进行网上直播。围绕“四好农村路”现场采访、两会宣传、海外港口行、“小康路 · 交通情”、长江经济带等开展重大主题宣传采访活动 19 场。中央主要媒体刊发交通运输行业重大政策和部署、重要改革进展等有关报道 1125 篇。通过交通运输部政务微信平台发布政务微信 645 期，共 994 条信息，阅读量超过 658 万次。通过部网站移动客户端发布信息 10922 条，客户端累计下载量 44302 次。部官方抖音号发布短视频 17 条，播放量超过 2600 万次。

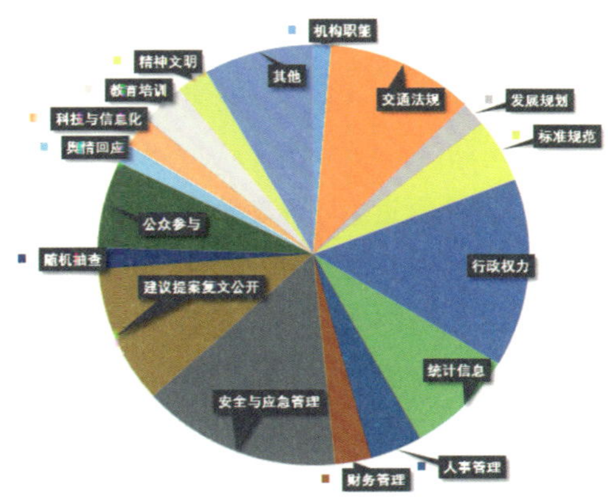

图 3-7-2 交通运输部政府网站信息发布情况

（二）依申请公开情况

2018 年，交通运输部共受理政府信息公开申请 207 件，其中公民个人申请 193 件，法人或其他组织申请 14 件。申请内容主要涉及交通运输行业标准规范、行政许可、统计数据等方面内容，均已答复告知和办结。

三、下一步工作

2019 年，交通运输政务公开工作将围绕及时准确公开、加强政策解读、扩大群众参与、健全工作机制等重点，深入推进人民群众关注度高、价值含金量高的信息公开，着力打造法治、创新、廉洁和服务型政府部门。重点做好以下工作：

（一）进一步提升政策公开和解读的及时性、准确性

推进重大政策性文件与解读方案、解读材料同步组织、同步审签、同步部署。用足用好书面解读、新闻发布、政策吹风、专题访谈等多种方式，着重解读政策措施的背景依据、目标任务、主要内容、适用范围、执行标准，以及注意事项、关键词诠释、惠民利民举措、新旧政策差异等，做实做细做优政策解读，及时准确传递政策意图。

（二）进一步扩大公众参与，积极回应社会关切

涉及重大公共利益和公众权益的重要政策，除依法应当保密的外，通过征求意见、听证座谈等方式扩大公众参与。推进部令等重要政策文件公开征集意见结果及采纳情况公开。进一步拓宽重要政策文件公开征求意见渠道。

（三）进一步加强公开平台建设

完善政府网站作为公开“第一平台”的信息搜索、办事服务功能，网页设计应便于公众浏览、下载相关政策文件和办事文件。同时，提升 12328 交通运输服务监督电话的咨询、沟通服务水平，第一时间答复企业、群众的咨询问题。

（四）依法依规做好依申请公开工作

严格按照法定程序和时限进行答复，提高答复效率与质量。进一步完善申请受理、审查、办理、答复各环节工作流程，通过合理设置工作程序，依法履行职责，更好保障申请人合法权益。高度重视因依申请公开告知而产生的行政复议和行政诉讼案件，做好相关应对工作。

第四节　信用体系建设

一、加快推动“信用交通省”创建

一是推动成为国家社会信用体系建设的重要内容。“信用交通省”创建工作由交通运输部、国家发展改革委员会联合开展，2018 年 6 月 6 日，国务院第 1[illegible] 次常务会议将其作为行业信用建设亮点列入报告。二是搭建“信用交通省”基础框架。会同国家发展改革委联合印发《“信用交通省”建设指标体系（2018 年版）》，将 2018 年各项创建任务进行量化考核，指导各省份全面推进各项创建工作。举办“信用交通省”创建培训班，对指标体系进行解读。会同人力资源与社会保障部举办交通运输信用高级研修班，对行业信用管理人员进行系统培训。三是建立督促检查机制。召开了 2018 年全国“信用交通省”创建中期推进会。赴天津、广东、河南、黑龙江等地调研评估“信用交通省”推进情况。每月通过全国交通运输信用信息共享平台向各省份内部通报创建进展情况。组织对各省份 2018 年创建工作成效进行系统评估，形成阶段性评估报告。四是指导各省创新推进信用工作。北京市交通委员会会同北京市高级人民法院，累计限制近 5000 名失信被执行人参与小汽车摇号。河北省在全国首推高速公路“二维码 + 诚信救援执法”，加大行政执法和信息公开力度。云南省交通运输厅建立行政许可申请人信用承诺制度，纳入信用信息管理，作为事中事后监管的重要依据。河南、浙江、广东、江西、青海等省交通运输部门在招投标、行政审批、行政检查等环节应用信用评价和奖惩信息，取得了较好成效。

二、加强行业内信用信息归集共享公开工作

一是加快推进行业信用信息系统建设。建成全国交通运输信用信息共享平台，作为行业信用信息归集共享的“总枢纽”，归集信用信息近 21 亿条，建立 360.7 万家企业、1240 万从业人员的“一户式”信用档案，初步形成“信用交通分”模型和行业信用指数。优化升级全国公路建设市场信用信息管理系统，发布 7173 家从业企业和近 24 万名从业人员信用信息约 354 万条。建成全国水路运输市场信用信息管理系统，归集信用信息约 39 万条。开展了道路运输信用信息系统试运行，归集信用信息约 3500 万条。指导推动公路水路行业安全生产管理信用信息系统建设。正式启用海事信用信息管理系统，归集信用信息 4.1 万余条，其中从业人员信用数据 2.4 万条，公司信用数据 1.7 万条。二是持续扩大“信用交通”网站的行业影响力。将网站作为行业信用信息公开的“总窗口”，发布资讯类信息 2500 余条，公开部级行政许可和行政处罚信息共 11 万余条，公布失信黑名单信息 1908 条，提供 9165 万条信用信息的一站式查询服务，推动网站访问量由 30 万次 / 天左右跃升至 84 万次 / 天，峰值近 120 万，有效提升信用在行业和社会的影响力。三是建立与部管国家局的信用信息共享机制。2018 年共享铁路领域 2 千余条审批信息，民航领域 5.5 万条行政许可和 2 千余条行政处罚，以及邮政快递领域 3158 条信用信息。研究制定《快递业信用信息采集和共享技术规范》，为 8.8 万余家企业建立信用档案。

三、深入开展信用评价工作

一是加强制度建设。印发《公路水运工程试验检验检测信用评价办法》（交安监发〔2018〕78号），修订发布《出租汽车服务质量信誉考核办法》（交运发〔2018〕58号），研究制定《公路建设市场信用管理办法》《公路水路建设与运输市场信用评价指标标准》。印发《快递业信用评定委员会工作规则》（国邮发〔2018〕78号），建立国家快递业信用评定委员会。二是开展信用评价。向社会公布了261家公路设计企业、873家公路建设企业和533家公路监理企业全国综合信用评级结果，以及6288名公路工程监理工程师信用扣分情况。公示了65家水运工程施工企业、56家水运工程设计企业、71家水运工程监理企业信用评价结果，以及2015—2017年287名和2017年158名水运工程监理工程师失信扣分情况。公布了155家公路水运工程甲级（专项）试验检测机构和1996名公路水运工程试验检测工程师信用评价结果。发布安全诚信船公司43家，船舶287艘，安全诚信船长248名，并公布核销安全诚信船公司4家。推动有关评价结果在各自领域的招投标、市场监管等环节中予以应用。

四、加快推进守信联合激励和失信联合惩戒

一是推动制定联合奖惩政策制度。在全国首次制定印发行业层面红黑名单管理制度——《交通运输守信联合激励和失信联合惩戒对象名单管理办法（试行）》（交政研发〔2018〕181号）。印发行业首个联合激励备忘录——《关于对交通运输工程建设领域守信典型企业实施联合激励的合作备忘录》、首个红名单制度——《关于界定和激励公路水运工程建设领域守信典型企业有关事项的通知》（交办水〔2018〕11号）。研究制定《关于加强和规范出租汽车行业失信联合惩戒对象名单管理工作的通知》和联合惩戒备忘录，起草水上安全领域联合惩戒备忘录及配套黑名单制度、水路运输领域失信联合惩戒有关工作的通知等文件。国家铁路局印发《关于推进铁路行业信用体系建设的指导意见》、《铁路运输业信用管理暂行办法》（国铁运输监〔2018〕79号）、《铁路工程建设失信行为认定记录公布管理办法》（国铁工程监〔2018〕76号）。中国民用航空局正式实施《民航行业信用管理办法（试行）》（民航发〔2017〕136号），认定15种行为为严重失信行为。国家邮政局印发《快递业信用体系建设工作方案》，开展快递业信用联合惩戒机制建设研究。铁路、民航领域分别出台了在一定期限内适当限制特定严重失信人乘坐火车和民用航空器，推动社会信用体系建设的意见。二是大力推进联合奖惩工作。持续落实国家层面发布的守信联合激励和失信联合惩戒合作备忘录，向社会公布了1批177家公路水运工程建设领域守信典型企业名单，3批918个公路超限黑名单。公布了民航领域6期共计2家民航企业、10个自然人的严重失信名单。铁路、民航部门分别发布了各自领域的特定失信当事人名单，截至2018年12月底，累计限制购买飞机票1704万人次，限制购买动车高铁票544万人次。会同最高人民法院、国家发展改革委员会研究在高速公路领域对特定失信主体开展惩戒的措施。三是加强信用监管。对全国第三批、24个多式联运示范工程名单的202家企业进行信用核查。通过与国家物流平台对接，持续监控无车承运人企业使用公路超限黑名单车辆的情况。在河南、青海等6个省份道路运政、大件运输许可等系统中嵌入信用查询功能。对177家公路水运建设领域守信企业、500家汽车维修守信企业进行红名单核查。初步建立了网约车司机信用信息校验库，已协助审核美团司机超过15万户。海事部门依据《海事信用信息管理办法》，

对行政服务对象发生的6项68个细项行为开展信用管理。

五、加强信用宣传，推动诚信文化宣教工作

一是积极参与中宣部“诚信建设万里行”主题宣传活动。逐步宣传推广行业信用体系建设。二是认真落实中央文明委《关于集中治理诚信缺失突出问题　提升全社会诚信水平的工作方案》（文明委〔2018〕4号）。围绕交通运输失信问题专项治理、建立覆盖行业的信用信息网络、加强诚信教育和诚信文化建设等三项涉及交通运输部的重点工作，制定贯彻落实意见并报送中央文明委。会同国家发展改革委员会、公安部发布《关于开展交通出行领域严重失信行为专项治理工作的通知》（发改办运行〔2018〕958号），持续扎实做好失信治理工作。三是多层次宣传行业信用体系建设。举办信用交通宣传月启动仪式，组织各地交通运输主管部门、行业协会宣传行业信用政策和建设成效，发布一批守信典型，曝光一批失信案例，组织赴湖南、辽宁等5省开展宣传月进展情况专项调研。组织“法治民航 信用民航”法律知识竞赛活动，全国近10万名旅客参与在线答题，246支队伍792名选手参赛。开展“诚信快递 你我同行”3·15主题宣传活动，编写宣传活动材料和知识竞赛参考资料及题库，指导各地广泛开展宣传活动。将“信用交通”宣传活动首次纳入2018年诚信兴商宣传月活动，在社会主义核心价值观实践月、诚信春运等活动中，持续宣传行业诚信典型，推动形成向善向美、诚实守信的良好氛围。

第八章　科技创新

第一节　交通运输科技管理

一、交通运输科技管理总体情况

“十三五”以来，交通运输科技工作深入贯彻落实创新驱动发展战略，落实国家科技体制改革要求和习近平总书记关于科技创新的系列重要讲话精神，积极转变部门科技管理职能，在“抓战略、抓规划、抓政策、抓服务”上主动作为，并取得了较好的成效。

“十二五”期立项科研项目验收工作情况。2018年，共验收项目126项。其中，建设类项目42项、应用基础研究42项，软科学20项标准、计量及质量3项、信息化研究7项，成果推广项目8项、企业创新项目4项。验收的项目在基础设施、运输管理、安全、绿色和信息化等领域取得了一系列创新性科技成果。

顺应新形势新要求，统筹行业科技资源促进行业科技创新工作情况。一是实施交通运输行业重点科技项目清单管理。2018年1月，部印发《交通运输部办公厅关于实施交通运输行业重点科技项目清单管理的通知》（交办科技〔2018〕15号），启动实施交通运输行业重点科技项目清单管理。实施清单管理，是顺应科技管理改革要求、创新工作模式、统筹行业科技资源、引导行业科技创新的实际举措，有利于进一步发挥企业在市场导向类科技创新中的主体作用，发挥高校及科研机构在应用基础研究中的主力支撑作用和政府在公益性及重大科技攻关中的统筹引导作用。2018年，经需求梳理、指南编制、项目征集、专家评审并报部审批，共遴选246个项目纳入清单，科研经费共计8.943亿元。二是建立交通运输重大科技创新成果库。2018年3月，为深入实施创新驱动发展战略，促进交通运输科技成果转化，调动全行业科技工作者的积极性和创造性，推动行业科技进步，支撑交通强国建设，经部领导同意，部印发《交通运输部办公厅关于建立交通运输重大科技创新成果库的通知》（交办科技〔2018〕37号），启动建立成果库，面向全行业培育、评选交通运输重大科技创新成果。成果库是部统筹管理行业科技创新成果的重要抓手，是行业重大科技创新成果汇集和展示的部级平台，是部推荐各类国家级奖项的成果储备库，是部协调推进各项科技创新工作的有力措施。2018年，经征集遴选，入库重大科技创新项目65项；入库科技成果推广项目33项；入库专利50项；入库论文数为90篇；入库专著33本。

紧扣国家重大科技需求，争取科技资源支持交通科技创新情况。推动国家重点研发计划“公共安全风险防控与应急技术装备”“深海关键技术与装备”等重点专项2018年度7个项目获科技部立项，并组织完成了7个项目的实施方案论证，项目批复总经费3亿多元，国拨经费1亿多元。推动“综合交通运输与智能交通”重点专项启动实施，参与

“综合交通运输与智能交通”重点专项2018年度项目申报指南编制，通过积极组织推荐，其中8项通过立项评审（含民航局推荐项目1项）；并推动9个项目建议纳入2019年度申报指南，其中6个公开申报项目和“港珠澳大桥智能运维技术”（国拨经费1.6亿元）等2个定向推荐项目纳入“综合交通运输与智能交通”重点专项申报指南，“北京冬奥会综合交通出行'一张票'关键技术”1个项目纳入“科技冬奥”重点专项申报指南。

抓好服务，推进行业科技创新体系建设。在与科技部签订的“科交协同”合作协议框架下，稳步推进各项重点任务的落实，为综合交通运输各领域的科技创新工作营造良好环境。积极发挥国家科技计划管理部际联席会议成员单位作用，立足行业特色，紧扣重大科技需求，在重点梳理了一批交通运输关键核心技术和前沿引领技术基础上，建立了“一部三局”技术创新联席会议协调机制。大力推动成果转化，跟踪《交通运输部促进科技成果转化暂行办法》执行情况，并组织编制了《办法》实施情况报告，专题立项开展“交通运输科技成果转化机制研究”，为进一步完善行业科技成果转化机制奠定基础。组织完成了2018年度交通运输行业科技创新人才推进计划评审工作。2018年5月，以“科技引领、创新驱动，奋力推进交通强国建设”为主题的“第十四届国际交通技术与设备展览会”在京举办，展览面积达7万平方米，展会集中展示了我国综合交通运输发展的新成就、新理念、新技术、新装备，来自40余个国家和地区的640家单位和近2.2万名专业观众参加了本届展会。此外，部积极推荐交通运输各领域优秀科技成果参加香港“创科博览”，有力促进了综合交通各领域科技创新工作的交流与展示。

二、民航领域科技管理情况

民航科技创新管理工作新格局初显。中国民用航空局党组始终坚持以习近平总书记重要批示精神为基本遵循，坚持高质量发展的目标导向，按照“一二三三四”总体工作思路，科学谋划了“一加快，两实现”的民航强国发展战略。近年来，中国民用航空局不断加大对民航重点实验室、工程技术中心、“四型”科研院所和“五大”基地的政策、资源、资金支持力度。截至2018年底，“十三五”民航科教创新投入已达200亿元，至“十四五”初期，民航科教创新投入将达500亿元。中国民用航空局坚持“破立结合、开放包容，协同施策、多点开花”的原则，关键领域取得突破，资源瓶颈得到缓解，发展基础更加扎实，创新政策体系不断丰富，创新平台体系基本形成，科技应用体系更加高效，人才培养体系得到完善，开放合作体系全方位推进，初步形成了政府引导、市场主导、企业主体、多层次产学研用深度融合、多领域开放发展的新时代民航科技创新工作新格局。

2018年6月，首届民航科教创新成果展（简称“成果展”）在北京成功举办。首届成果展是民航庆祝改革开放40周年的重要活动之一，展览以“新时代 新作为 新成果”为主题，以高质量发展为主线，全面展示了民航在科教领域取得的创新成果。国内主要航空公司、机场、科研院所和高校等80多家企事业单位参加展览，成果展吸引了全国各地的专业观众前来参观，人数超过15000人，40多家国内主流媒体对成果展进行翔实报道，产生了巨大的行业和社会影响。成果展举办期间，召开了科教创新高端对话会，充分听取了各方意见，凝聚了各方智慧，进一步推动了民航科教创新工作。会议明确了民航科教创新工作的三个阶段性目标，定位了科教创新在民航强国建设中的基础作用、支撑作用和战略作用。民航主管部门、企事业单位、民航各协会负责人，业外知名企业、高校以及参展单位负责人等200余人参加了对话会。对话会还为民航科学技术奖获奖单位和主要完成人颁发证书，为首批民航重点实验室、民航工程技术研究中心、民航科技创新“四型”科研院所和“五大”基地授牌。

新时代下民航科技创新工作重点完善了管理模式，制定了较完整的政策体系，谋划了工作目标。完整的政策体系是民航科技创新工作的根本保证。中国民用航空局不断完善科技创新发展政策环境，加大政策、资金等方面的支持力度。在发展政策方面，出台《民航科技发展“十三五”规划》，明确了科技创新工作的指导思想和主要任务；出台《关于推进民航科技教育创新发展的意见》，明确提出要完善民航科教发展体制机制。在改革政策方面，印发《关于进一步深化民航改革工作的意见》，制定《关于提升民航科教支撑能力工作方案》等文件，将“提升民航科教支撑能力”作为“1+10+N”总体框架中的一项重要改革内容。在产业政策方面，制定《关于推动民航产业技术创新战略联盟构建与发展的实施办法》（民航发〔2018〕28号），推进民航产学研聚合和协同创新。在人才政策方面，出台《民航科技创新人才推进计划实施方案》，为全社会共同参与民航科技创新工作创造了有利政策条件。通过综合施策，以科技项目、专项任务和建设投资等方式支持“四型”科研院所、“五大”基地、重点实验室、工程技术研究中心、试点创新联盟加强能力建设。其在职科技人员符合民航科技创新人才和团队培育条件的，中国民用航空局科技管理部门择优支持。中国民用航空局和所在单位结合现有各类科技计划和人才计划，通过实施国家或民航重大科技项目、重点工程、重大任务和重大建设项目，在承担科研任务、提供保障条件、加大激励力度等方面对入选对象给予重点支持，提高其创新能力。

谋划新时代民航科技创新工作的新目标。中国民用航空局党组结合“一加快，两实现”的民航强国战略进程，制定了民航科教创新工作的三个阶段性目标：到2020年，科技创新资源建设初具规模，科技创新取得明显成效，为加快从航空运输大国向航空运输强国跨越，提供科教基础支撑；到2035年，高效集约的科技创新资源体系得到完善，民航科技创新市场导向机制发挥主导作用，现代民航教育发展机制基本健全，科教创新国际交流合作话语权显著提升，为实现从单一的航空运输强国向多领域民航强国跨越，提供科教引领支撑；至21世纪中叶，自主创新产品标准、主导制定民航有关国际规则的能力适应国际民航业发展，技术开发和管理水平走在世界前列，为实现从多领域民航强国向全方位民航强国跨越，提供科教战略支撑。实现这三个目标，必须准确把握民航高质量发展的基本要求，始终坚持稳中求进总基调，以改革创新精神，努力开拓新时代民航科技创新工作新局面。

以高质量发展为目标，明确民航科技工作的新要求。民航高质量发展的核心内涵是“好不好”“优不优”“强不强”的问题，主要体现在自主创新能力强、成果运用范围广、人才培养水平高、国际竞争优势大等方面。一是把“好不好”作为制定科技政策的主要依据。“好”就是成果好、人才好、效益好。要科学制定民航科技领域的行业发展政策、财政投入政策、人才支持政策、法律保护政策；

要加强顶层设计，抓紧出台推动民航科技工作的指标体系、政策体系、标准体系、统计体系、绩效体系和考核办法。二是要把“优不优”作为判断科技创新水平的主要标准。“优”就是坚持质量第一，优质为先，就是地位要优先、结构要优化、产品要优质。要优先出台科技创新政策、优先安排科技资金、优先配置科技资源；要优化工作思路、工作流程和工作机制；要奖优秀企业，树优秀标杆，创优质品牌。三是要把“强不强”作为科技创新工作的主要方向。“强”就是引领能力强、支撑能力强、保障能力强。集中体现在高技术的自主创新、高效率的成果转化、高素质的人才培养上。要树立战略思维，充分利用大数据、云计算、人工智能等新科技手段，推进智慧民航建设；要树立系统思维，统筹产学研一体化管理，形成产学研相互促进、共同发展的良好格局；要树立创新思维，选拔培养造就一批高水平的行业科技创新人才和创新团队，打造民航专家学者队伍。

牢牢把握稳中求进的总基调，掌握民航科技工作的新方法。稳中求进是治国理政的重要原则，也是做好民航科技工作的方法论。稳中求进，根本在“稳”，目的在“进”。“稳”和“进”是统一的整体，“稳”就是要坚守好“三个底线”，“进”就是要力求取得“三大突破”。一是要在提高自主知识产权产品开发应用上求突破。自主知识产权是大国重器，要着力突破战略性、前瞻性领域关键技术，依靠自主知识产权，打造核心竞争力。要引导和鼓励企业作为创新主体不断加大投入，积极创建民航产业技术创新战略联盟；在北斗导航系统应用、ADS-B设备国产化等方面继续加强研发，提高相关技术成熟度和稳定性；继续推进民航电子客票系统国产化应用；集中力量做好北京新机场行李自动分拣系统的建设，发挥其示范效应。二是要在提高人才培养质量上求突破。在科技创新方面，就是要组织实施好民航科技创新人才推进计划，通过创新体制机制、优化政策环境、强化保障措施，培养造就一批高水平的行业科技创新人才和创新团队，引领和带动民航科技人才队伍发展，为持续提升民航科技创新能力提供强有力的人才支撑。瞄准民航科技前沿和发展方向，重点培养和支持高层次民航科技创新人才，使其成为在应用基础研究、行业共性与关键技术突破、科技成果转化等民航科技创新领域具有引领作用，能组织完成国家或民航重大科技项目、重点工程、重大任务和重大建设项目的领军人才；促进创新型人才的快速成长，重点培养和支持具有较强科技创新能力的优秀人才，使其成为民航科技创新和生产一线的学术技术带头人，成为民航科技创新领军人才的重要后备力量；依托国家或民航重大科技项目、重点工程、重大任务和重大建设项目，建设高水平科技创新团队，通过给予持续稳定支持，确保更好完成各项科技创新任务，保持和提升民航整体科技创新能力。

全面深化供给侧结构性改革，增强民航科技工作新动能。深化改革是行业发展的不竭动力。既要充分发挥市场对资源配置的决定性作用，又要加强政府宏观调控，按照优化、协同、高效原则，在资源整合、协同合作、提高效率三个方面下功夫。一是要在优化资源配置上增动能。资源配置是科技创新的基础要素。要按照“开放包容、合作共赢”的原则，加强资源统筹力度，重点创建民航“四型”科研院所和打造民航“五大”基地。要加强规划研究院建设、学科建设和平台建设，完善民航特色的行业智库。要以民航科技产业化为目标，加快全国首家民航科技创新示范区建设，形成涵盖民航科技创新的全产业链。二是要在多方协同合作上增动能。协同合作是科技创新的关键环节。要加强统筹协调力度，加快建立协同高效的创新体系。要坚持开放合作，充分利用现有的局地、局企、局校、局院等共建合作平台，加强优势资源互补，拓展更多合作领域。要向社会开放科研设施，尽可能提高科技资源利用效率。要加强国际交流合作，积极开展与发达国家的科技合作，鼓励有条件的企业和科研机构“走出去”，增强优势领域的国际竞争力。三是要在提升管理效率上增动能。治理能力是科技创新的必然要求。要改革施力，加快科技体制改革步伐，改进政府科技管理方式，科技管理职能重点向发展战略、发展规划、支持政策和监管服务转变。要制度给力，坚决打破体制机制障碍，形成充满活力的科技管理和运行机制，最大限度释放制度创新活力。要政策助力，让科研院所和高校在选人用人、科研立项、职称评审等方面有更多自主权；加大知识产权保护力度，发挥科研人员的积极性、主动性和创造性。

第二节　重大科技创新

一、交通运输科技创新总体情况

2018 年，在公路及水路领域，从基础设施建养技术、运输服务技术、安全技术、绿色技术、信息化技术五方面对创新工作进行梳理。形成 40 余项公路水路创新技术及相关理论模型，提出 8 个重点创新研发项目指南等一系列创新性科技成果。

二、铁路领域重大科技创新情况

一是加大铁路重大科技创新成果宣传力度。完成 2018 年度 367 项铁路重大科技创新成果评审入库，在铁路科技创新工作会议上予以公布，并从 2017、2018 年度入库成果中筛选推荐 3 个科技项目、17 篇科技论文参评中国职业安全健康协会科技奖优秀论文，进一步鼓励和调动铁路科技工作者的积极性和创造性，逐步扩大铁路重大科技创新成果入库的影响力。二是紧盯国家重点研发计划。完成“网络协同制造和智能工厂”重点专项“集团企业研发设计资源集成共享平台研发”项目的推荐报送工作，跟进参与“先进轨道交通”重点专项“基于动态间隔的运能可配置列车运行控制系统技术”项目启动，做好“重点基础材料技术提升与产业化”重点专项“重载铁路用高耐磨高强韧性钢轨关键技术研究与应用”项目年度审查，推进项目实施。三是积极开展对外科技交流合作。推荐西南交通大学承担的中国—拉共体轨道交通联合实验室获科学技术部批准立项，项目正式启动实施并完成 2018 年度工作任务。该项目是铁路领域第一个常规性科技援助项目，也是第一个依托实验室平台建设的项目，对加强中拉科技合作资源集聚和整合、打造创新合作典范意义重大，对国家铁路局履行铁路科技创新、国际合作职责，建立行业国际科技合作基地管理运行机制是有益的探索。为贯彻落实党的十九大精神、支持香港融入国家发展大局，国家铁路局组织为香港特别行政区政府相关人员进行高速铁路技术交流培训，充分展示铁路加快发展、技术世界领先的新成就、新面貌，为广深港高速铁路香港段开通运营后加强双方监管合作奠定良好基础。

三、公路领域重大科技创新情况

（一）基础设施建养技术创新

在路面性能提升方面，开展了沥青路面长期使用性能、排水沥青路面成套技术、可储式常温改性沥青混合料筑路技术、寒冷地区重载公路沥青路面服役性能、低噪音水泥混凝土路面技术等研究，开发了全国沥青路面长期性能大数据及可视化分析平台以及沥青路面服役性能立体监测平台和三维仿真模型，提出了高等级沥青路面结构性能提升技术，形成了排水沥青路面设计、施工、养护管理成套技术，编制了《常温改性沥青混合料设计与施工技术指南》《内蒙古典型路面材料变异性控制及混合料配合比设计手册》和《低噪音水泥混凝土路面施工技术指南》等。

在冻土区公路建设技术方面，开展了青藏高原高等级公路冻土环境效应及建设关键技术、西藏地区高耐久性混凝土技术、多年冻土区公路路侧积水入渗机理与成灾机制、季冻区路基冻胀融沉控制指标等研究，提出了多年冻土潜在工程危害性评价模型、多年冻土区路段路侧积水入渗的路基水热力三场耦合模型、路基土冻胀融沉控制指标等，研发了多年冻土区高等级公路典型路面结构及特殊气候条件下的路面成型技术，构建了以地基承载能力与变形为核心控制指标的大尺度公路冻土路基稳定性评价体系及参数化设计技术，形成了一系列冻土区公路设计技术，并编制了相应的手册。

在桥梁建设养护方面，开展了荷载与湿热环境耦合作用下粘贴加固梁桥耐久性关键技术、高原高寒地区组合梁斜拉桥低温性能关键技术、望东长江大桥建设成套技术等研究，建立了桥梁疲劳荷载与耐久性加速试验环境强度耦合等效准则，提出了桥梁结构多因素耦合加载试验方法，提出了高原高寒地区组合梁公路桥温度梯度分布规律和混凝土桥面板防裂措施，开发了基于CACE方法的桥梁施工质量主动管理与预控系统，构建了高原高寒地区大跨组合梁斜拉桥监（检）测数据平台和桥梁工程关键施工质量风险识别库，编制了《公路混凝土梁桥粘贴加固耐久性设计、施工技术与质量检验评定指南》。

在隧道建设养护方面，开展了深海悬浮隧道关键技术、港珠澳大桥珠海连接线拱北隧道建设关键技术与应用、病害隧道模拟试验技术及系统等研究，提出了悬浮隧道适用的环境或条件以及关键技术指标，建立了悬浮隧道主要荷载（洋流力、地震力和交通荷载）下的结构计算模型，提出了能够同时保障悬浮隧道管节间连接强度、协调变形、防水性能和耐久性良好的接头、锚索和锚固基础的结构形式及其适用材料，以及安全可靠的悬浮隧道防撞击结构形式及逃生结构，研发了管间接头密封装置、顶管进出洞止水装置、顶管钢套管接收装置，研发了冻结处突设备等。编制了《曲线顶管管幕施工技术指南》《顶管进洞钢套筒管节接收技术指南》和《管幕冻结施工技术指南》。

（二）运输服务技术创新

在物流发展方面，开展了新型集装箱式单元化物流系统关键装备、两岸交通物流公共信息服务平台数据交换体系和管理制度等研究，研发了轻量化、带外置式扭锁、双层运输单元化专用集装箱及其配套的低底盘、多箱位专用城际运输车和城市配送专用运输车，实现城际运输与城市配送之间的无缝衔接；提出了两岸交通物流公共信息服务平台的信息服务体系、信息资源体系、数据交换体系和建设运行管理机制，编制了促进两岸交通物流信息服务发展的指导意见，为两岸交通物流公共信息服务平台的成功建设以及可持续运营提供帮助。

在车辆安全运营方面，开展了营运货车制动安全性能综合评价体系研究，确定了影响营运货车制动安全性能的主要因素、评价指标和评价方法，构建营运货车制动安全性能评价体系；针对营运车辆市场准入、使用、维护和保养以及测试等环节，提出了便于行业监管的意见和建议，为行业管理部门相关决策的出台提供支持。

（三）安全技术创新

在安全风险防控技术方面，围绕交通基础设施建设与运营、道路客（货）运输、轨道交通等方面的安全风险防控问题，开展了在役长大桥梁运营安全风险防控与示范、泰州大桥长大桥梁运营安全风险防控与示范、恶劣地质条件长大山区隧道施工安全风险防控与示范、在役长大隧道运营安全风险防控与示范、综合交通运输网络系统安全风险防控与仿真技术、城市轨道交通网络化运营安全风险防控与示范、城市客运网络安全风险主动防控技术研究、城市综合客运枢纽运营安全风险防控与示范、跨海客运渡轮班线运营安全风险防控与示范、跨省道路危险品运输安全风险防控与示范、跨省长途客运班线运营安全风险防控与示范等11个项目的研究，研发了相应的风险评估系统和监测预警系统，编制了相应的风险源辨识手册、安全风险评估指南和安全应急预案操作手册等，研究成果被纳入《城市客运枢纽与场站运营安全管理规范》《交通运输企业安全生产标准化建设基本规范》等4项国标或行标的编制，相关成果在泰州大桥、二郎山隧道、南京地铁、北京南站等依托工程中得到应用，产生了显著的社会经济效益。

在基础设施防灾减灾方面，开展了四川藏区高海拔高烈度条件下公路建设减灾关键技术，新疆高寒山区公路边坡灾害监测、预警、防治技术研究及应用示范，中巴喀喇昆仑国际公路防灾对策与关键技术等研究，提出了适合高烈度山区、复杂地质条件下的桥梁综合减灾技术，以及突发灾害（崩塌、溜砂坡、泥石流）条件下的应急抢险保通关键防治技术，形成了长效环保型自融冰沥青混合料制备和施工成套技术，研究成果在中巴喀喇昆仑国际公路、昆仑山区公路G314线、G045赛旦木湖至果子沟段等公路工程监测、预警及联动应急预案示范等工程中得到应用。

在桥梁安全监测和评估方面，开展了在役钢筋混凝土箱形拱桥可靠性评估技术及检测关键设备研发、中小跨径桥梁结构网级安全监测与评估、深水海域桥梁防船撞技术等研究，研发了在役箱型拱桥拱轴线测量装备，建立了钢筋混凝土箱形拱桥关键连接部位缺陷检测技术体系，形成了一套针对中小跨径桥梁的健康监测理论、监测指标、健康监测硬件与软件系统，编制了《单体中小跨径桥梁的健康监测系统设计与实施的标准化工法》和《适应于深水海域桥梁的经济可行防船撞方案》。

在火灾探测和影响评估方面，开展了公路隧道火灾精确定位与自动旋转灭火技术研究、公路隧道火灾早期视频探测技术研究、公路配筋混凝土桥梁火灾损伤机理与承载力评定等研究，提出了基于红外彩色双通道视频图像的隧道火灾三维定位技术，研制了具有隧道运动火灾目标跟踪及实时定位功能的图像型火灾探测器，研发了利用水流作用力360度旋转的灭火喷头，实现了保护范围多圈交替均匀布水；编制了《公路隧道旋转式灭火系统布设方案》，研究成果在全尺寸试验隧道进行了应用。

（四）绿色技术创新

在生态环保技术方面，开展了建筑垃圾在公路工程中规模化综合利用的关键技术、甘肃省生态公路交通系统研究与应用等研究，提出了建筑垃圾再生材料应用于路面基层混合料、再生骨料混凝土配合比设计的新方法和新技术，研发了建筑垃圾再生骨料生产低强度等级混凝土和路用BSF复合粉体等新材料，编制了建筑垃圾再生材料在工程中大规模应用的系列标准、规范；形成了生态公路交通系统成套的规划评估、设计方法、施工工艺、运营养护管理技术，提出了具有区域特色的公路工程生态保护与恢复建设技术。同时，在北疆垦区公路推广应用了空心砖生态边沟技术、桥面径流收集处理技术等，在鹤大高速公路小沟岭至抚松段进行了服务区污水处理、桥面径流串联处理、阶梯式空心砖垂直绿化等推广，为路域敏感水环境保护、边坡防护和生态恢复提供指导与示范。

在节能减排测算方法方面，开展了基于VSP的山区高速公路汽车能耗评价方法、沥青路面运营与养护过程温室气体排放评价技术和绿色施工碳排放检测方法及评估等研究，研发了山区高速公路货车的连续运行车速预测模型、VSP分布模型、基于 VSP 的车辆能耗计算模型以及山区高速公路能耗仿真程序；提出了沥青路面工程温室气体排放评价指标、沥青路面使用阶段温室气体排放评价体系与方法，建立了沥青路面养护过程温室气体排放的统计模型；提出了沥青路面养护施工碳排放量测算方法和计算模型，确定了影响养护施工机械能效的关键因素，对典型养护施工机械能效进行核算，提出了绿色养护施工碳排放控制方法。

（五）信息化技术创新

在行业信息化顶层设计方面，开展了交通运输网络和信息安全总体规划、交通运输行业信息化绩效评价系统及评测应用、面向路网运行的大数据平台与智慧决策技术、基于云计算的交通运输数据交换与服务平台研究与应用等研究，提出了交通运输网络和信息安全技术架构和管理架构，研发了交通行业信息化绩效评价指标体系、评价机制和评价系统，构建了多源数据质量控制模型、多元数据之间的实时动态信息融合模型，提出了交通运输行业数据架构规划与设计，建立了共享数据资源库群及数据共享与交换体系。

在行业应用方面，开展了江苏省高速公路网运营与服务智能化平台关键技术、5.8GHz 多义性路径精确识别及运行状态获取技术、高速公路货车不停车计重收费试点应用、基于车联网的高速公路车辆防撞自动预警方法等研究，提出了基于手机信令的高速公路网动态交通数据智能化提取与分析技术研究、省域高速公路网多元异构动态交通数据与信息融合处理技术研究、基于物联网的高速公路网感知设备与系统健康运行维护技术；研制了基于 5.8GHz 复合通行卡，提出了基于 5.8GHz DSRC 平台的复杂路网下多义性路径精确标识和路网运行状态获取技术；提出了高速公路货车不停车计重收费关键技术和相关管理政策；提出了基于多传感器融合的车辆高精度定位技术，研发了基于车—车 / 车—路通信的车辆避碰模型。

四、水路领域重大科技创新情况

在国际运输方面，开展了“丝绸之路经济带”建设背景下国际道路运输发展思路与对策、上湄公河中缅界碑至老挝琅勃拉邦国际航运建设关键技术等研究，提出了国际道路运输行业发展思路与对策，主要从体制机制、事权改革、法规标准、发展规划、基础建设、通关便利等方面提出对策；提出了上湄公河中缅 243 界碑至老挝琅勃拉邦国际航运通道适航船型主尺度和复杂通航条件下的船舶运输组织模式。

在海上搜救能力建设方面，开展了基于马航 MH370 事件的中国海上搜救能力建设思路、海上搜寻决策支持系统关键技术、海上溢油事故危险性实时评估模式等研究，研发了一种基于随机粒子仿真的海上搜寻目标整体漂移模型和一种基于随机搜寻探测模型的最优搜寻资源分配算法，提出了适应“快速、动态、综合”特点的海上溢油事故危险性实时评估模式，以及中国海上搜救能力建设、远海应急保障和综合补给能力建设思路和建设重点。

2018 年 12 月，由交通运输部海事局重点参与的“中国高精度位置网及其在交通领域的重大应用”项目获得国家科学技术进步奖一等奖，标志着北斗海事科技创新和应用示范取得重大突破。

五、民航领域重大科技创新情况

在重大项目方面，截至 2018 年，“十三五”民航争取国家科技计划项目数量达到历史最高水平，国家重点研发计划项目“机场消防安全关键技术与装备研发”完成立项；国家科技支撑计划项目“绿色机场规划设计、建设及评价关键技术研究”完成验收；国家重点研发计划“综合交通运输与智能交通”和“公共安全风险防控与应急技术装备”领域重点专项项目完成申报；国家重点研发计划“广域航空安全监控技术及应用”和国家科技支撑计划“空中交通航迹运行技术与验证”项目研究进展顺利，取得了阶段性成果。在自主创新成果方面，试点推广“多点定位系统”“机场跑道异物监测系统”等新技术；国产化的民航电子客票系统已成功投产13家航空公司，全球率先实现100%电子客票普及率。在服务航空工业方面，C919大型客机全面试验飞行；AG600大型水陆两栖飞机完成首飞；国产民机搭载北斗导航系统试飞成功；使用国产生物航油实现跨洋载客飞行。

高效的科技应用是民航科技创新工作的关键。在安全技术领域，民航客机全球追踪监控系统全面覆盖中国国际和地区航班；在山航、东航推广GLS应用和技术验证。在保障技术领域，推广HUD技术，具备HUD特殊Ⅰ类标准的机场已达74个、Ⅱ类标准的机场达16个；推广PBN技术，全国所有航路航线都实现了PBN运行；推广ADS-B技术，制定了ADS-B空管运行工作的时间表和路线图，确定了ADS-B监视、ADS-B管制应用范围和服务方式。在服务技术领域，深入推进民航“互联网+”行动，智慧机场、智慧空管建设不断加快；电子化通关、自助行李、旅客信息服务等系统得到广泛运用。

六、邮政领域重大科技创新情况

全力推进行业科技创新平台建设。印发行业应用技术研发指南、行业技术研发中心认定办法，引导骨干快递企业密切关注科研平台申报动态，组织行业首批研发中心认定，鼓励科研机构和企事业单位积极申报，认定公布17家行业技术研发中心。指导推进南陵全国快递科技创新试验基地和圆通国家工程实验室建设，推动政产学研用深度融合，充分发挥了创新示范效应和带动作用。

第三节 创新能力建设

一、交通运输创新能力建设概述

（一）交通运输科技创新基本情况

2018年，组织对全行业114家机构、800家填报单位、6600余项项目、30万条基础数据进行统计。截至2017年底，交通运输科技活动人员总规模达到43561人。其中，高级职称15004人，占34.4%；研究生学历16817人，占38.6%；硕士以上学位17983人，占41.3%；女性10209人，男性33352人，分别占23.4%和76.6%。

2018年在研科技项目共计6076个，计划总投资110.0亿元，实际投入工作量26112人年，分别较上年增长1.8%、持平和下降6.2%。其中，新签科技项目1582个，计划总投资23.5亿元，实际投入工作量7714人年，分别较上年增长1.9%、10.3%和2.2%；2018年完成科技项目1640个，计划总投资27.9亿元，实际投入工作量7330人年，分别较上年下降0.2%、增长6.8%和下降2.4%。超前或按计划进度执行的项目3099个，计划总投资57.7亿元，分别占总数的51.0%和52.5%。2018年共形成研究报告3467篇，发表科技论文10657篇，出版专著231部；2018年形成新产品、新材料、新工艺、新装置356项，专利申请受理3704项，获得专利授权2701项，登记软件产品642项；2018年鉴定科技成果551项，推广应用研究成果431项；2018年获得政府科技奖163项，其中国家级科学技术进步奖3项，获得社会科技奖351项；2018年通过科技项目培养人才3698人，其中博士生375人，硕士生2350人。

（二）行业重点科研平台建设情况

截至2018年底，行业重点科研平台总规模已达137家，包括52个重点实验室、48个研发中心、19个协同创新平台，以及9个国家工程实验室和3个国家工程研究中心，3个国家重点实验室和3个国家工程技术研究中心。基本形成了国家、部两个层次，重点实验室、研发中心和协同创新平台为有机组成部分的行业重点科研平台体系。在这个体系中，既有传统交通领域的科研院所、高校和企业，也有中车、徐工、百度、阿里等一批长期从事交通运输领域技术研发、有雄厚实力和人才储备的高新技术企业。重点科研平台有固定科技活动人员1万余人（其中高级职称人员占比超过50%），科研用房建筑面积共计68.82万平方米，仪器设备总数13.37万台套，总值36.54亿元。

2018年，行业重点科研平台发展态势良好，在科技创新、人才培养、成果转化等方面取得了明显进步，重点科研平台作为科技创新高地、人才培养基地和重大成果产地的作用日渐凸显，为打造现代交通、引领行业转型升级发挥了重要作用。

一是取得了一大批高水平研究成果，为交通运输高质量发展提供了有力支撑。行业重点科研平台尤其是行业重点实验室，通过开展基础性、应用基础性研究，攻克了一系列技术难题，研究成果在国家、行业重大工程中得到了有效应用，为交通运输事业发展提供了有力的技术支撑。2018年，行业重点实验室获得国内授权发明专利1121项、获各级各类奖项273项，一批高水平、实用的科技成果在港珠澳大桥等重大工程中发挥了显著的作用，解决了大量工程建设实践中的重大技术难题。

二是一批先进适用的研发成果得以广泛应用，加速了科技成果向现实生产力转化。行业研发中心围绕功能定位，致力于科技研发和成果转化，推动技术成果的工程化、市场化应用，以2018年开展评估的51家行业重点科研平台为例，近五年共获得各类科技项目经费120.77亿元，其中国家级、省部级及国际合作项目经费41.38亿元。行业研发中心2018年共获得国内授权发明专利696项，获各级各类奖项233项。依托基础研究、应用基础研究取得的先进技术成果得到广泛的工程化、市场化应用，大大加速了科技成果向现实生产力的转化。

三是研究团队不断壮大，已成为集聚和培养高层次科技人才的重要基地。行业重点实验室、研发中心围绕自身功能定位和重点研究方向，制定了一系列具有激励性的政策措施，加大了优秀创新人才的引进和培养力度，特别是强化了科技创新团队以及具有国际竞争力创新团队的建设，吸引和凝聚了一批优秀的交通运输科技人才。一批人才伴随平台发展快速成长，部分科研人员已成为领军人才，在国内外、行业内外的影响力日益加大，使重点科研平台逐步成为凝聚高层次科技人才的重要阵地。

四是科研设施及关键仪器设备投入力度不断加大，为提升研究实验能力和水平奠定了基础。在中央财政资金的引导和带动下，通过政府投入与单位自筹，行业重点科研平台科技投入力度不断加大，52个行业重点实验室完成科研基本建设投资9.55亿元，48个行业研发中心完成科研基本建设投资8.33亿元。截至2018年底，行业重点实验室科研用房建筑面积共计52.45万平方米，仪器设备总数2.67万台套，十万元及以上设备数量3595台套，仪器设备总值29.57亿元，十万元及以上设备总值19.41亿元；行业研发中心科研用房建筑面积共计16.37万平方米，仪器设备总数10.7万台套，十万元及以上设备数量1013台套，仪器设备总值6.97亿元，十万元及以上设备总值4.26亿元。随着科技投入的不断加大，行业重点科研平台科研基础条件得到改善，一批具有国内领先水平的综合试验场、实验室相继建成，增强了持续发展的动力和后劲。

五是持续加强学科建设，已成为学科发展和培育的重要载体。行业重点实验室覆盖了公路工程、水路工程、运输工程、智能交通、交通安全和环保节能等6个专业技术领域，行业研发中心覆盖了公路工程、运输工程、智能交通、交通安全和环保节能等5个专业技术领域，既有传统专业，又有新兴学科，实现了新老结合、融合发展，为交通运输主干学科及其他相关学科的发展提供了平台，稳定了一些公益性强的重要学科方向，培育提升了一批特色、前沿学科，加快了中国在智能交通、物流技术、新材料等新兴交叉领域的学科发展，为进一步凝练学科研究方向与特色、巩固学科整体优势奠定了基础。

（三）行业重点科研平台运行管理情况

交通运输部认真贯彻落实科技体制改革、重大科研基础设施和大型仪器开放共享等精神，不断提升行业重点科研平台运行管理水平。一是不断加强制度建设，修订印发《交通运输行业重点实验室管理办法》（交科技发〔2017〕174号）、《交通运输行业研发中心管理办法》（交科技发〔2018〕114号），进一步理顺重点科研平台的组织管理、考核评估等机制。二是大力推动重大科研基础设施和大型仪器开放共享，印发《交通运输行业重大科研基础设施和大型科研仪器开放共享暂行办法》（交办科技〔2019〕10号），建成行业科研仪器设备开放共享平台并与国家网络平台实现对接。三是组织开展重点实验室和研发中心定期评估，17家重点科研平台评估为优秀，6家重点科研平台列入整改，重点科研平台创新主动性和积极性进一步激发。

四是加快构建自我管理的良好发展模式，建立并不断完善重点科研平台主任联席会议机制，成立5个领域的技术专家委员会，分年度梳理重点攻关方向，引导重点科研平台开展协同创新。经过不断努力，行业重点科研平台的管理，已经从过去的探索、模仿，形成了成规模、成体系、规范化的运转体系，行业重点科研平台的凝聚力、影响力和服务行业创新发展的能力不断增强。

二、铁路领域创新能力建设情况

立足行业参与国家科技创新工作。发挥行业管理的技术优势，加强与企业、科研单位的沟通协调，主动搭建服务平台，交流创新成果，推动铁路科技创新不断取得新进展。一是组织编制完成《铁路科技创新中长期发展纲要（2021—2035年）》（征求意见稿）。在参与编制《“十三五”国家科技创新规划》（国发〔2016〕43号）和《“十三五”交通领域科技创新专项规划》（国科发高〔2017〕121号）的基础上，主动发挥牵头引领作用，组织铁路行业各领域专家积极献计献策，编制完成《铁路科技创新中长期发展纲要（2021—2035年）》（征求意见稿），深入分析研究到2035年中国铁路发展趋向和科技创新发展需求，明确行业科技创新发展战略目标，提出重点任务和保障措施。二是年度课题研究计划顺利实施。经广泛征求意见，严格履行程序，印发《国家铁路局2018年课题研究计划》，围绕安全、工程质量监管、运输服务质量提升、铁路法及铁路运输条例制修订、铁路发展规划编制等方面开展一系列课题研究，共立课题30项、投入经费1229.5万元，已全部完成合同签订，研究进展顺利。三是高铁经济学、高铁工程学学科建设取得阶段性成果。贯彻党中央、国务院关于科技创新面向世界科技前沿、面向经济主战场、面向国家重大需求的战略决策，在国家铁路局党组统一部署下，组织专门力量开展高铁经济学研究相关工作，历经总体设计、资料收集、集中编写、

论证完善四个阶段，组建50多人的编写组，收集参考500多册书籍、6000多篇论文，于2018年5月完成《高铁经济学导论》，为高铁经济学研究提供了基本思路、基本脉络和基本框架；举办“高铁经济学导论”讲座，召开高铁经济学建设座谈会，组织10所高校围绕高铁经济学12个研究方向申报研究课题，4所高校在2018级本科生中开设高铁经济学导论通识课程，2所高校开设研究生选修课程。立足对中国高速铁路科技创新成果进行梳理总结、厚植优势、对外宣传、造就人才，组织开展高铁工程学学科建设工作，多次召开研讨会确定高铁工程学体系框架，对学科方向进行动态调整、完善，组织5所高校、4家设计院开展系列教材编写，加快推进学科建设工作。通过组织开展高铁经济学、高铁工程学学科建设，大大加强了与原铁路高校的沟通联系，在铁路专业学科建设、人才培养、科技创新、对外交流等方面形成良好合作局面。同时，积极助力铁路院校发展，与江西省政府签署协议共建华东交通大学。四是做好《铁道技术标准（中英文）》创刊准备工作。期刊旨在促进国内外学术交流，推动标准成果的国内外应用，服务铁路事业建设发展。出台《铁道技术标准（中英文）》期刊出版管理办法，规范期刊出版、保证办刊质量。

三、水路领域创新能力建设情况

2018年，交通运输部海事局组织实施全国统一科技项目36个，总预算1994万元，IMO e航海战略与中国e航海发展研究、“一带一路”经济发展国际海事合作研究、海事应急辅助指挥系统试点工程评估及建设规范研究等项目顺利完工。组织与交通运输部水运科学研究院开展科技项目合作，双方从业务合作、科技成果应用与转化等四个方面研究制定了2018年的合作项目。

推进e航海战略实施，依托试点工程建设加快研制一批数据服务标准规范、e航海科技装备和信息系统，中国e航海研究逐渐由“跟跑”向“并跑”过渡。各海区e航海建设成果在第19届IALA大会中国随船展和其他国际会议上向世界进行展示并得到极大关注和肯定。发布面向江海联运的“海e行智慧版”APP，提供通航信息、海区气象、港口潮汐、政策法规、航海知识等10余项海洋资讯查询服务。组织研发基于物联网和北斗短报文的多功能航标灯器成套系统、2.4米高分子抗撞灯浮标成套产品、冰期灯浮标夹持装置、移动平台水上交通全景三维导航APP、珠江口陆海一体化三维实景航海信息服务系统等一大批科研成果，科技研发和应用转化能力得到增强。

四、民航领域创新能力建设情况

多领域的创新平台、人才培养和开放合作体系是民航科技创新工作的基础。中国民航瞄准世界科技前沿，强化基础研究，注重自主创新。在创新平台方面，完成首批31个民航科技创新“四型”科研院所和“五大”基地评审，10家单位作为民航科技创新“四型五基地”建设单位；认定首批14个民航重点实验室和工程技术研究中心，为建设民航领域国家科技创新基地打好基础；全国首家民航科技创新示范区一期工程已完成立项预可研评审，开工建设航空安全试验基地和民航数据中心；民航产业技术创新战略联盟构建和发展工作已经启动，鼓励和引导企业加大研发投入，支持企业、大学、科研机构、具有科研能力和条件的其他事业单位或其他组织机构签订战略合作协议。

完善了多层次的人才培养体系。多层次的人才培养体系是民航科技创新工作的核心。中国民航坚持“引进来”与“走出去”相结合的原则，统筹国际和国内人才培养资源，人才培养工作步入良性发展。首批民航科技创新领军人才、拔尖人才和创新团队出炉，民航高端科技人才和高层次科技创新团队培育力度显著提升；中国民航大学已获批2019年招收首批安全科学与工程博士生；5所直属院校2018年招生规模已达到2.4万人，毕业生1.9万人，在校生7.3万人，均创历史新高，毕业生就业率始终保持在90%以上，院校生源质量和人才培养质量不断提高；完善民航科技专家库，组建人力资源、飞行品质监控、通用航空专家库和国际化人才储备库，首批民航国际化人才储备库入库人选已基本确定。

打造了全方位的开放合作体系。开放合作体系是民航科技创新工作的重要手段。民航科技创新坚持开放包容的原则，建立高层次、常态化的对话交流平台，民航科教创新成果展和高端对话会，与民航发展论坛、珠海航展、民航信息化发展论坛成为推动民航科技创新工作的四大展示交流平台。中国民用航空局积极推动开放合作，广交合作伙伴，实现了局地、局军、局企、局校全方位合作。与中国铁路总公司签订战略协议，共同推动空铁联运；与中国电子科技集团有限公司签署战略合作协议，携手推进民航信息化、民航装备国产化进程；与四川省政府签订共建全国首家民航科技创新示范区和飞行学院成都天府校区的合作协议；与教育部、天津市共建中国民航大学，与四川省共建中国民航飞行学院，与河南省共建郑州航空管理学院。与高层次人才合作，有11位两院院士担任民航重点实验室和工程技术研究中心学术委员会主任；22个行业外著名高校、研究机构主动参与民航应用基础研究，占全部研究项目的67%。科技创新平台建设面向全社会，充分吸纳各方优势科技资源，服务支撑民航强国建设。高端科技人才和高层次创新团队培育不拘一格，面向行业外"招贤纳士"，壮大民航科技创新人才队伍。

五、邮政领域创新能力建设情况

积极指导行业首届科技成果评选。协助中国快递协会印发行业科技奖励办法，走访国家相关部门完成科技奖励备案，遴选建立专家库，研发申评软件系统，组织软件操作培训，引导企业等相关单位积极申报，指导组织20位专家对126个项目进行评审，评出以电子运单为代表的一批（39个）效益明显、影响广泛的优秀项目，有效激发了行业科技创新的热情和活力，推动了邮政领域创新能力建设。

着力加强科技动态宣传报道。充分利用"一报一刊一网"及新媒体平台资源，宣传报道国内外行业科技发展前沿动态、先进科技成果应用情况、科技典型人物先进事迹，开展科技类报道共计150多篇，编辑出版科技专版、专题报道8次，出版行业科技月刊12期，营造行业科技创新良好氛围，引导科技人员积极投身创新工作。

第四节 信息化与网络安全

在交通运输部网信领导小组的正确领导下，各成员单位认真学习贯彻习近平总书记关于信息化和网络安全工作的重要论述，不折不扣地落实党中央、国务院及交通运输部党组关于网信工作的决策部署，积极工作，通力合作，围绕"抓统筹、重安全、促应用、强服务"，大力推动各项工作任务落实。

一、基本情况

（一）交通运输部党组对网信工作的集中统一领导进一步加强

一是认真落实党中央、国务院关于网信工作的重大战略部署。以学习贯彻习近平总书记在全国网络安全和信息化工作会议上的重要讲话精神作为2018年工作主线，交通运输部党组专题学习总书记讲话精神，统一思想，强化认识，并落实到年度工作任务中。按照国务院关于推进全国一体化在线政务服务平台建设的统一部署，结合交通运输部国家综合交通运输信息平台建设，推进交通运输部政务服务平台规范化、标准化、集约化建设。

二是强化交通运输信息化统筹协调。完成交通运输信息化“十三五”发展规划中期评估调整，明确交通运输部“十三五”中后期信息化重点任务和方向。修订了“交通运输信息化标准体系”。组织开展交通运输信息化发展战略研究。

（二）交通运输政务信息化统筹建设加快推进

一是扎实推进国家综合交通运输信息平台建设。决策支持与评价、调度与应急指挥、政务办公管理与服务、信息资源共享开放、网络安全和运维保障等方面功能进一步完善。

二是交通运输政务信息资源归集有新突破。编制了《交通运输政务信息资源目录》。通过交通运输政务信息资源整合共享工作会、交通信息中心主任会议等平台，不断凝聚行业共识，推动行业信息资源目录体系进一步完善。

三是行业信息资源整合共享应用有新举措。以应用为导向，围绕跨领域业务综合应用、整合共享能力提升、政企数据融合应用等领域，组织开展交通运输大数据融合应用试点工作，天津、河南、青海等14个省市的18个项目列入首批试点。交通运输部综合交通运输大数据应用中心联合百度发布2018年春运、五一、端午节出行预测报告等交通运输领域大数据分析报告，引起社会广泛关注和积极反响。

四是信息资源开放应用有新进展。综合交通出行大数据开放云平台数据进一步丰富，在首届数字中国建设峰会上，荣获“数字中国建设年度最佳实践”。高分辨率对地观测系统交通行业数据中心服务行业发展，为50余家行业重点单位免费发放公益性专题数据产品。

五是推动“互联网+”政务服务建设。升级改造交通运输部行政许可网上办理平台、政府网站、全国公路建设市场信用信息管理系统、道路运政管理信息系统等，优化交通运输公共服务能力。交通运输部政府网站智能搜索平台“交通智搜”和智能留言问答系统“小通”上线试运行，并在第十七届中国政府网站绩效评估中获部委网站“十大优秀创新案例”。建成全国交通运输信用信息共享平台，并通过交通运输部政府网站“信用交通”专栏，向行业公示信用信息。建成交通运输企业一套表联网直报系统。

（三）新一代信息技术广泛应用

与工业和信息化部、公安部联合印发《智能网联汽车道路测试管理规范（试行）》（工信部联装〔2018〕66号），出台《自动驾驶封闭测试场地建设技术指南（暂行）》（交办科技〔2018〕59号），规范自动驾驶测试验证工作。

交通运输部承担的国家重大专项高分一期项目以“优秀”等级通过验收，突破了多项关键技术，建立了高分综合交通遥感应用示范系统，为推动高分遥感技术在交通运输领域的应用推广夯实了基础。物联网技术在公路、水运领域应用效果显著，“物联网智能交通及内河船联网示范工程”荣获“国家金卡工程信息化开拓奖”。印发《交通运输部办公厅关于推进公路水运工程BIM技术应用的指导意见》（交办公路〔2017〕205号），明确公路水运行业BIM应用发展目标，明确了五个方面的主要任务和重点工作，全面推动BIM技术行业应用。

（四）推动智慧交通相关任务实施

一是会同国家发展和改革委员会统筹推动“互联网+”便捷交通行动，召开跨部门推进交流会议，有关进展情况按要求报部际协调机制，配合相关司局，推动新技术、新业态创新应用。二是会同交通运输部内相关司局，结合“十三五”信息化规划深化推进智慧交通试点示范，着力实现重点突破，目前各项重点任务已经全部启动，并形成阶段性成果。其中，综合规划司推进新一代国家交通控制网和智慧公路、交通旅游服务大数据应用等智慧交通试点，印发《交通运输部办公厅关于加快推进新一代国家交通控制网和智慧公路试点的通知》（交办规划函〔2018〕265号）、《交通运输部办公厅　国家旅游局办公室关于加快推进交通旅游服务大数据应用试点工作的通知》（交办规划函〔2018〕244号），进一步明确各省试点主题，目前试点实施工作总体顺利。三是会同国家发展和改革委员会、国家互联网信息办公室联合启动首批骨干物流信息平台试点，加强与国家交通运输物流公共信息平台的互联互通。

二、国家铁路局信息化建设与网络安全工作

（一）信息化建设工作情况

一是推进安全生产监管信息化工程（一期）国家铁路局建设项目建设，加快监管业务全面信息化步伐。认真贯彻执行项目初步设计和项目建设管理办法，依托已有资源设施，建设完善机房配套工程、安全保障环境及运行维护系统等基础设施。做好网络安全融合，建设完善国家铁路局及地区铁路监督管理局网络，并依托国家电子政务外网实现互联互通和信息共享。完成铁路安全监督管理系统等九大应用系统的开发工作。二是推动电子政务内网建设。项目初步验收后，完成除信任服务和电子认证系统外所有建设内容。制定《国家铁路局电子政务内网运维方案》，积极配合做好电子政务内网的接入工作。三是深入探索自主可控系统的建设使用。对信息化现状进行摸底，形成自主可控情况调研报告，组织完成国家铁路局自主可控试点方案编制、专家评审等工作。四是积极筹备铁路行业统计调查系统建设。组织完成铁路行业统计调查系统项目可行性研究和初步设计的采购、编制、评审等工作，项目已获批复。五是顺利完成应用系统开发升级。根据履职工作需要，完成财务核算、预算管理、安全电子邮件等应用系统的开发以及政府采购、固资管理、依申请公开、出国境管理等系统的功能优化和补丁升级，引入GIS技术，完成铁路车站和线路名称管理信息系统的方案设计。

（二）网络安全工作情况

一是贯彻落实网络安全工作责任制办法。根据铁路政企分开改革后的工作实际，研究制定国家铁路局贯彻落实网络安全工作责任制办法，明确责任分工、工作要求以及考核制度等，为抓好国家铁路局网络安全工作提供制度保证。二是加强网络安全保障。严格执行相关规定，切实加强重要敏感时期网络安全保障工作，确保国家重要会议、重大活动期间网络与信息安全。2018年，国家铁路局信息中心被评为“国家网络与信息安全信息通报工作年度先进单位”。三是贯彻落实《中华人民共和国网络安全法》。在国家网络安全宣传周期间，通过播放宣传图片和视频、组织网络安全知识竞赛等多种形式在全局开展学习宣传活动，广大干部职工的网络安全意识和基本安全防护技能得到有效提升。四是完善网络安全管理制度。根据《中华人民共和国网络安全法》及国家网络安全相关政策制度和标准规范，制定《国家铁路局网络安全管理办法》，为网络安全工作顺利开展提供制度支撑。五是确保政府网站安全。

通过严格安全管理、加强监测与处置、提高技术防护能力等措施确保政府网站安全。六是推进网络安全等级保护工作。对现有的政务信息化一期工程和在建的安监一期工程开展等保定级备案工作，并积极组织推进后续整改、测评。七是抓好网络安全应急处置。加强与国家网络安全主管部门的沟通联系，及时收集处置各类安全威胁和漏洞预警，2018 年共进行了 4 次网络安全预警应急处置。八是建立局内网络安全事件通报制度。制定局内网络安全事件内部通报制度，及时通报发生的网络安全问题，对相关部门和单位责任人进行约谈、问责追责、通报批评。

三、公路领域信息化建设

一是提升基础设施智能化水平。印发了《交通运输部办公厅　关于加快推进新一代国家交通控制网和智慧公路试点的通知》（交办规划函〔2018〕265 号），围绕基础设施数字化、路运一体化车路协同等方向，组织北京等 9 个省份开展试点工作，推动基础设施智能化升级。

二是提升城际和城市交通出行服务水平。印发《交通运输部办公厅　国家旅游局办公室关于加快推进交通旅游服务大数据应用试点工作的通知》，进一步明确各省试点主题，有效防止试点同质化、碎片化。加快推进全国 ETC 拓展应用，全国 ETC 清分结算系统工程作为全国优秀公共服务平台荣获“2018 年国家金卡工程金蚂蚁奖”。顺利取消江苏和山东、重庆和四川两两之间共 15 个高速公路省界收费站，有效提升了公路网通行效率。各省已基本建成省域道路客运联网售票系统，省域道路客运联网售票服务覆盖率达 98%。全国道路客运联网售票服务体系初步建立，全国道路客运联网售票服务网、APP、微信服务号等服务上线，11 个省份实现部省联网售票。继续落实促进公交优先发展战略，做好交通一卡通互联互通工作。

三是提升城乡和农村客运服务水平。“通村村”农村客运信息服务平台（以下简称“通村村”）在贵州省多个县（州、市）上线运行，有效解决了农民出行难和农村物流难的问题，成为交通扶贫的亮点之一。交通运输部通过多种平台宣传推广“通村村”经验做法，推动“通村村”与客货运输、物流快递相结合，呈现良好发展前景。

四是提升信息化建设管理水平。公路跨省大件运输并联许可服务水平不断提升。加快推动汽修行业与互联网融合创新发展，为推进汽修行业转型升级、切实保障消费者合法权益提供手段。

四、水路领域信息化建设

一是加快推进水路运输建设综合管理信息系统（二期）建设。与多个单位就部省政务数据共享、港口重点物资运输运行监测、集装箱运价备案等的建设需求进行了衔接。

二是加快推进长江电子航道图应用。长江电子航道图 APP 上线试运行，得到广泛应用，长江电子航道图入选“改革开放 40 周年大型展览”。

三是加快推进智慧港口工程建设。指导项目单位加快实施进度，推动完善功能，提升服务能力。

四是加快推进重点区域水路客运联网售票系统建设。加快推进渤海湾联网售票系统建设，提升联网售票服务水平。

五是持续推进智慧海事建设。建成“船员口袋（一期）工程”，把服务送到船员手上，装进船员口袋。推进船舶电子证书应用，有效支撑了船舶监管模式改革。开发了 AIS 公众信息服务平台，面向社会公众提供基于电子海图的 AIS 数据、船舶、船载货物、水文气象、航标等数据信息服务，提升了海事综合服务能力。

五、中国民用航空局网络安全工作

2018年，民航全行业认真贯彻落实国家网络安全工作方针政策，按要求组织开展网络安全保障工作。全行业网络安全态势平稳，未发生重大网络安全事件。

（一）工作要点

认真贯彻落实习近平总书记在全国网络安全和信息化工作会议上的重要讲话精神，加强信息基础设施网络安全防护，加强网络安全信息统筹机制、手段、平台建设。2018年主要工作包括健全民航网络安全制度，配合民航网络信息安全管理规章审查工作；组织完成重大活动、重要时期民航网络信息安全保障工作以及检查、监测、测评、风险评估和培训等日常网络安全保障工作；组织实施民航重要信息系统安全可控试点示范工程和民航网络与信息安全管理平台建设。

（二）重点工作落实情况

1. 重大活动、重要时期网络安全保障

按照“严之又严、细之又细、实之又实”的工作要求，严格落实“谁主管、谁负责，谁承建运行、谁负责”的主体责任，开展重大活动、重要时期民航网络安全保障工作，期间重点开展组织协调、专项检查、签订承诺书、实时监测、信息通报、应急处置等工作，顺利完成“春运”、全国“两会”、博鳌亚洲论坛2018年年会、上合组织成员国元首理事会第十八次会议、第十二届夏季达沃斯论坛、中非合作论坛北京峰会、首届中国国际进口博览会期间的民航网络信息安全保障工作。

2. 网络安全重大工程建设

中国民用航空局于2016年6月启动民航重要信息系统网络安全保障示范工程建设工作，各建设单位按照项目计划有序开展建设工作，至2018年11月累计完成总投资的80%，平台将于2019年5月试运行。

2016年9月22日，中国民用航空局批复中国民航大学建设民航网络与信息安全管理平台，平台招标工作已于2018年2月8日完成，各子平台软件部分已各自开发完成，进入联调阶段。

（三）网络安全工作主体责任落实和监管体系框架完善情况

中国民用航空局党组贯彻落实网络安全责任制，建立了网络安全领导机构。2017年12月，中国民用航空局成立民航网络安全和信息化工作领导小组，领导小组负责贯彻落实中央网络安全和信息化领导小组战略部署，全面组织指导民航网络安全和信息化工作，研究民航网络安全和信息化重大政策、重大工程和重要工作安排，统筹民航网络安全和信息化工作，协调解决重点难点问题，指导督促民航各单位开展工作。

为做好民航网络安全工作，中国民用航空局加强顶层设计和规划引领，不断健全工作体制机制，形成全方位、多层次的民航网络安全监管体系框架。

（四）贯彻落实《网络安全法》情况

一是制定部门规章《民航网络信息安全管理规定》。完成《民航网络信息安全管理规定》（征求意见稿）反馈意见的汇总处理工作，已完成送审稿，报局内法规部门。二是制定《民航网络安全事件应急预案》和《民航旅客信息保护管理办法（网络安全）》。《民航网络安全事件应急预案》编写组根据民航应急工作实际情况，进一步修改《预案》，2018年7月面向全行业征求意见；为加强民航旅客信息保护工作，中国民用航空局组织编写《民航旅客信息保护管理办法（网络安全）》，2018年7月面向全行业征求意见。三是修订民航网络安全监管事项库。为落实《网络安全法》和民航行业监管模式调整改革要求，中国民用航空局组织调研民航网络安全监管事项库在使用过程中存在的问题，多次召开专题会议，组织网络安全专家、民航网络安全监察员和民航

单位网络安全管理人员对监管事项库进行全面修订，修订后的监管事项库已于2018年11月发布使用。

（五）新出台的网络安全相关政策性文件

2018年发布网络安全方面的民航行业标准共5项：《民用航空机场网络与信息安全基础设施建设功能指南》（MH/T 0065—2018）、《民用运输机场航站楼公共无线网络安全技术要求》（MH/T 0066—2018）、《民航Web应用系统安全检测指南》（MH/T 0067—2018）、《民用航空移动应用程序安全测评指南》（MH/T 0068—2018）、《民用航空网络安全等级保护定级指南》（MH/T 0069—2018）。

（六）统筹协调开展网络安全风险评估和检查情况

1. 网络安全风险评估和检查工作组织情况

2018年，民航信息安全管理与测评中心针对民航7个单位的27个信息系统开展网络安全风险评估和测评，出具安全评估报告和整改建议方案。

对民航各单位的重要网站和互联网应用系统进行全面梳理。持续对统计出来的1588个网站开展远程安全监测，出具涉及高危漏洞的监测报告115份。

继续采取管理部门抽查和各单位自查相结合的方式，开展网络安全检查工作。2018年共完成4轮全行业范围的专项检查，对100余家单位进行抽查。全行业各单位全面开展法定自查。

2. 对网络安全风险和态势的总体判断评估

民航全行业网络安全态势总体平稳，未发生重大网络安全事件。面临的风险主要表现在：勒索病毒、挖矿病毒等恶意软件威胁民航生产系统的正常运行；受经济利益驱使的旅客信息窃取事件屡禁不绝；境内外敌对势力发动精准的APT攻击；无人机、电子化飞机等新技术引入新的安全风险。

3. 存在的主要问题和安全隐患

各单位网络安全意识、管理能力参差不齐。个别中小单位网络安全工作缺乏总体规划，一线技术人员严重不足，各项规章制度落实难度较大。

4. 已采取的改进措施

在全行业推行网络安全法定自查，要求民航各单位全面落实《网络安全法》和行业规章。开展反病毒和反旅客信息泄露专项行动，发布《关于加强计算机病毒防护和广告大屏信息安全管理的通知》，起草《民航旅客信息保护管理办法（网络安全）》。

5. 后续工作计划

对安全隐患较多的单位开展专项督查。推动《民航网络信息安全管理规定》《民航网络安全事件应急预案》和《民航旅客信息保护管理办法（网络安全）》尽快出台。

（七）网络安全信息汇集分析研判和应急处置工作情况

根据《民航网络与信息安全信息通报办法》，民航网络安全信息通报分为月度报告、重大突发事件即时报告和重大活动期间每日“零报告”三种形式。根据报告信息分析研判，民航各单位网络安全态势总体平稳。

累计接报网络安全事件2起，其中有害程序事件1起，信息内容安全事件1起，另外疑似信息泄露事件1起。中国民用航空局高度重视，及时应对，将事件造成的影响降至最低，未对民航运输生产造成严重影响。

（八）指导、主办、承办的重要网络安全活动

在2018年网络安全宣传周期间，举办2018年民航网络安全年会和2018年民航网络安全职业技能竞赛，组织开展《网络安全法》宣贯活动和业务培训。

（九）国产信息技术产品推广应用、支持网络安全人才培养等情况

加速引进国产化设备，在民航多个关键网络采用国产网络设备替换国外同类设备，逐步实现从国外专有硬件平台和操作系统向国产硬件平台和开源系统的转移。

2018年1月，中国民用航空局印发《民航科技创新人才推进计划实施方案》，培养民航网络安全等方向的高水平科技创新人才和创新团队。中国民航大学民航网络安全领域创新团队入选民航科技创新团队。通过举办行业网络安全职业技能竞赛，选拔和培养拔尖人才。

六、邮政领域信息化建设

大力推动科技成果转化应用。发挥科技专家智囊作用，聚焦人工智能技术、大数据应用技术、无人机末端配送技术，组织科技专家深入基层开展实地调研和专题研讨，指导企业开展科技创新工作，推动科技成果转化应用，着力推广人工智能、大数据、云计算、无人机、无人仓、小黄人、AGV仓储机器人、北斗等先进技术和装备。截至2018年底，全行业北斗终端安装数量超3.94万台，有力提升了行业服务效率和用户体验。

第五节 标准体系建设

2018年，交通运输部在综合交通运输、公路、水路等领域发布国家和行业标准144项。截至2018年底，交通运输行业现行有效标准1884项。

一、交通运输部标准体系建设情况

综合交通运输标准体系更加完善。发布了《商品车多式联运滚装操作规程》（JT/T 1194—2018）、《多式联运交换箱标识》（JT/T 1195—2018）、《邮件民航运输交接操作要求》（JT/T 1196—2018）等4项多式联运标准，完成《国内集装箱多式联运运单》《多式联运交换箱技术要求及试验方法》等标准制定，服务多式联运发展，促进运输结构调整。发布《旅客联运服务质量要求 第2部分：公路航空旅客联运》（JT/T 1114.2—2018），完成《综合客运枢纽导向系统布设规范》（JT/T 1247—2019）等标准制定，提高旅客联程运输服务质量，提升综合客运枢纽换乘效率。完成《公路与铁路两用桥梁通用技术要求》等标准制定，服务国家综合立体交通网建设发展。

健全交通运输物流标准体系，促进物流业“降本增效”。发布《交通运输物流标准体系（2018年）》（交办科技〔2018〕154号），明确了基础通用、物流设施设备、运输作业、物流管理与服务和信息化等方面标准制修订任务，为进一步优化营商环境，促进物流业“降本增效”提供标准支撑。发布《冷藏集装箱堆场技术管理要求》（GB/T 13145—2018）等标准，加快推进冷链货物空陆联运等标准制定，促进冷链物流服务品质提升。联合国家发展和改革委员会、国家市场监督管理总局等研究落实道路货运车辆“三检合一”改革要求，整合修订相关标准，进一步降低货运企业成本。推进公路水路建设与运输市场信用评价指标系列标准制定，支撑行业信用体系建设。

支撑保障国家重大战略实施。贯彻落实习近平总书记对“四好农村路”建设重要指示精神，践行乡村振兴战略和打赢脱贫攻坚战的总体要求，制定《农村公路工程技术标准》《农村公路养护技术规范》等3项标准，推动农村公路提档升级。助力“一带一路”建设，发布了《国际道路货物运输车辆选型技术要求》（JT/T 1208—2018）等标准，完成《国

际道路旅客运输服务规范》等标准制定，提高国际运输便利化水平。支撑京津冀协同发展，发布《停车场电子不停车收费系统应用技术要求》（DBII/T 3022—2019）等2项区域性地方标准，促进三地标准有效衔接。服务长江经济带建设，完成《长江水系过闸运输船舶标准船型主尺度系列》等强制性国家标准征求意见工作，提升长江通航效率。

完善安全应急标准体系，提升行业安全监管能力和水平。《交通运输安全应急标准体系（2016年）》稳步推进，制修订任务完成率超过60%。针对重庆万州“10·28”城市公交车坠江事件，组织修订《城市公共汽电车应急处置基本操作规程》（JT/T 999）、《城市公共汽电车车辆专用安全设施技术要求》（JT/T 1240）等标准，保障旅客出行安全。研究梳理危险货物运输标准体系，配合国家市场监督管理总局组织做好放射性物品运输相关标准制定工作，发布了《危险货物道路运输规则》（JT/T 617—2018）系列标准，强化危险货物运输安全管理。发布了《营运货车安全技术条件 第1部分：载货汽车》（JT/T 1178.1—2018）等标准，推进《客车锂电池舱灭火装置配置要求》等标准制定，加强运输装备本质安全管理。发布19项交通运输企业安全生产标准化建设系列标准，强化企业生产和施工安全管理。

支撑自动驾驶技术发展，推动智慧交通建设。完成《营运车辆自动紧急制动系统性能要求和测试规程》《营运车辆弯道速度预警系统性能要求和测试规程》等标准制定，加快推进营运车辆主动安全预警、智能辅助驾驶、车路协同路侧终端设备、车路协同信息交互等标准制定，推动自动驾驶相关技术发展。开展《交通运输信息化标准体系》修订工作，明确了在信息化基础设施、数据交换、信息共享和应用等方面标准制修订任务。发布了《停车场电子收费》（GB/T 35070—2018）等标准，提升行业信息化智能化水平。

贯彻绿色发展理念，服务绿色交通建设发展。完善《绿色交通标准体系（2016年）》，主要任务完成率超过60%。发布了《靠港船舶岸电系统技术条件》（GB/T 36028.1—2018）系列国家标准，完成码头船舶岸电等设施建设和检测标准制定，推广靠港船舶使用岸电，减少靠港船舶污染物排放。发布了《混合动力公共汽车配置要求》（JT/T 1203—2018）等标准，促进新能源车辆推广应用。

聚焦交通强国建设目标，推动工程技术标准体系完善。引领行业技术进步，加快推进《公路工程信息模型应用统一标准》等BIM技术应用相关标准编制。聚焦公路交通基础设施安全与质量，发布了《公路钢筋混凝土及预应力混凝土桥涵设计规范》（JTG 3362—2018）等4本规范。进一步完善公路工程标准体系养护版块内容，发布了《公路技术状况评定标准》（JTG 5210—2018）等3本规范。保障公路品质工程、公路安全生产和农民工的合法权益，发布了《公路工程建设项目投资估算编制办法》（JTG 3820—2018）及配套定额等6本标准。修订发布《水运工程标准体系（2018版）》，继续推动水运工程技术创新，提高水运工程施工企业技术水平和管理水平，加速创新成果转化，组织完成2018年度水运工程工法评审和发布工作，共发布水运工程一级工法19项、二级工法16项。

助力运输服务品质提升，促进行业高质量发展。研究构建城市轨道交通运营安全标准体系，发布《城市轨道交通行车组织规则》（JT/T 1185—2018）等标准。发布《零担货物道路运输服务规范》（JT/T 620—2018）等标准，推进琼

州海峡客滚运输、邮轮港口服务规范标准编制，促进运输业转型升级。

二、铁路标准体系建设情况

（一）技术标准方面

一是编制印发《国家铁路局2018年铁路技术标准项目计划》并组织实施，2018年发布16批铁道行业技术标准公告，包括《动车组车体耐撞性要求与验证规范》（TB/T 3500—2018）等130项铁道行业标准和12项铁道行业标准修改单，向国家标准化管理委员会报送《道砟清筛机》等30项铁道国家标准，基本建成铁路技术标准体系。二是完成《铁路接发列车标准》等3项作业标准立项，组织完成动车组标准体系、铁路45英尺34吨通用集装箱和20英尺35吨敞顶集装箱相关标准，以及驮背运输车定型、试验和标准工作方案等专题报告。三是系统分析在编铁道国家标准和行业标准计划项目进展情况，优化管理流程，提出标准制修订进度计划，清理完成2012年以前原铁道部立项的所有417项标准计划项目的编制和发布。四是积极宣贯标准，配合国际标准日，开展《铁道货车铸钢摇枕、侧架》（TB/T 3012—2016）等17项重要标准的宣贯和培训；邀请国家标准化管理委员会专家宣贯《中华人民共和国标准化法》，增强铁路标准化人员对新修订《中华人民共和国标准化法》及相关规章制度主要内容的理解和认识。五是结合铁路技术标准复审工作安排，按计划组织开展铁道行业技术标准复审和公开评估工作，已完成铁道行业标准公开评估和复审初步建议。六是组织完成2018年中国标准创新贡献奖推荐工作，中国铁道科学研究院集团有限公司获得组织奖，“铁路数字移动通信系统系列标准”和“高速铁路道岔系列标准”2项标准获得标准项目奖二等奖。

（二）工程建设标准方面

一是构建了覆盖各种类型铁路、工程建设各环节、铁路工程各专业的铁路工程建设标准新体系，标准定位更加准确，具有结构合理、分类明确、层次清楚、协调配套等特点，新体系的研究课题获得2018年铁道科学技术一等奖。二是发布《铁路建设项目预可行性研究、可行性研究和设计文件编制办法》（TB 10504—2018），规范铁路建设项目决策、设计实施各阶段设计文件组成，统一设计内容深度要求，有效提升了铁路行业勘察设计管理水平。三是发布高速铁路路基等17项工程施工质量系列验收标准，划出铁路工程建设“质量红线”，明确全过程、可追溯的质量控制要求，为强化工程质量验收和行业监管提供重要依据。四是发布《铁路旅客车站设计规范》（TB 10100—2018），贯彻现代化综合交通枢纽的建设理念，注重与城市发展的深度融合，充分考虑提升旅客出行的体验感和满意度，强化铁路客站安全设计要求，落实绿色客站设计理念，为有效提升铁路客站品质提供支撑。五是发布《铁路军运设施设计规范》（TB 10090—2018），对提高铁路运输经济效益和军事效益具有重大意义。2018年共发布26项工程建设标准，其中《公路与市政工程下穿高速铁路技术规程》为获国家技术发明二等奖的“地下工程穿越高速铁路的精细化控制技术及应用”提供了有力支撑。截至2018年底，编制完成《高速铁路安全防护设计规范》《磁悬浮铁路设计标准》等重大标准送审稿。

（三）工程造价标准方面

一是健全铁路工程造价标准体系，包括办法规则、专业定额、费用定额和价格信息4部分内容，覆盖铁路工程各专业。二是发布投资估算预估算编制办法、费用定额及全套概算定额等15项铁路工程造价标准。三是以加强现场测定、储备造价标准基础数据为工作重点，有序推进桥梁运架一体机定额、隧道TBM和盾构法施工定额及各专业定额测定与研究工作。四是加强铁路工程造价标准基础管理和研究，完成铁路工程建设项目消耗量分析与研究等19个项目结题，为提高铁路工程造价标准编制质量和管理水平提供基础支撑。

三、民航标准体系建设情况

（一）标准制修订工作

完成国家标准《民用运输机场应急救护设备配备》（GB 18040）修订工作，完成《机上儿童限制装置》和《机场道面除冰防冰液》（修订GB/T 25356—2010）2项国家标准立项工作；批准发布《话音与监视数据记录仪技术要求》（MH/T 4049—2018）等32项行业标准并向国家标准化管理委员会备案，完成了37项行业标准送审稿会议审查工作，批准立项标准计划项目22项。截至2018年底，民航起草的现行有效国家标准42项，现行有效行业标准457项，在研标准项目38项。

（二）民航领域国家技术标准创新基地申报工作

组织开展了民航领域国家技术标准创新基地的申报工作，创新基地作为安全技术标准创新平台，将整合行业科技和标准化资源，通过“科技研发—标准创新—成果转化—产业构建”的新型研发转化模式，以标准的制定和实施促进相关创新成果市场化、产业化、国际化，提升民航行业技术创新和标准创新能力。中国民航科学技术研究院作为承担单位于2018年5月完成《申报方案》编制工作，并于2018年7月经中国民用航空局推荐，完成向国家标准化管理委员会的申报工作，并顺利通过国家标准化管理委员会组织的专家评审和答辩。

（三）培育发展民航团体标准工作

积极推进民航行业团体标准建设工作，加强对民航团体标准的指导和监督，组织标准化技术机构向有关社会团体提供人员培训、标准编制和标准化技术咨询等服务。中国航空运输协会、中国民用机场协会在中国民用航空局的指导和监督下，获得团体标准工作资质，正式启动团体标准建设工作。

（四）全国航空货运及地面设备标准化技术委员会换届工作

完成了委员征集、筛选、报送、证件办理、换届大会、修改章程等主要工作环节，修订完善了技术委员会标准体系，顺利完成全国航空货运及地面设备标准化技术委员会换届工作。

四、邮政标准体系建设情况

2018年，国家邮政局认真贯彻落实《中华人民共和国标准化法》和《交通运输标准化2018年工作要点》的要求和部署，紧紧围绕邮政业发展的重点领域和热点难点问题，推进重要标准的制修订和培训宣贯工作，为推进邮政业供给侧结构性改革、提升邮政业发展质量和效益提供了重要支撑。一是大力推进绿色包装相关标准的研制。贯彻落实国家邮政局、国家发展和改革委员会等十部委《关于协同推进快递业绿色包装工作的指导意见》（国邮发〔2017〕86号）文件精神，及时组织完成《快递封装用品》新国标的修订以及《邮件快件包装填充物技术要求》《快件集装容器 第2部分：集装袋》行业标准的制定工作；启动了《快件包装基本要求》行标的研制。为实现快递包装绿色化、减量化、可循环的目标提供了技术支撑，更好地服务绿色邮政发展需要。二是加快安全标准建设步伐。发布了《邮政业信息系统安全等级保护实施指南》（YZ/T 0163—2018）、《快递手持终端安全技术要求》（YZ/T 0164—2018）行业标准，开展了《邮件快件实名收寄信息交换规范》《邮政业视频监控系统接入技术规范》行业标准的制定工作，为加强信息安全、保障寄递安全、提升邮政行业安全生产和监管水平，建设安全邮政提供了有力支撑。三是加大跨领域、跨部门标准化工作。积极配合交通运输部，完成了《邮件与民航运输交接操作规范》《快件与民航运输交接操作规范》交通运输部行业标准的研制，以及《交通强国标准化规划纲要（2016—2035 年）》邮政部分的编写及标准化"十三五"发展规划中期评估工作。四是开展标准的培训宣贯工作。在国家邮政局网站组织在线访谈，在行业主流媒体发布标准解读文章，广泛宣传《快递封装用品》（GB/T 16606—2018）系列国标修订的重要意义。举办全国邮政管理系统《快递封装用品》新国标和《冷链快递服务》行业标准培训班，推动全系统标准化管理人员加深对标准的理解掌握，促进标准的落地实施。五是提升标准化服务和管理水平。组织开展 2019 年邮政行业标准立项征集和项目评审工作，提高标准计划项目的针对性和有效性。加强全国邮政业标准化技术委员会秘书处服务支撑能力建设，健全工作制度，提升工作能力，创新服务方式，丰富服务内容，为全国邮政业标准化技术委员会各项工作的顺利开展提供良好的服务保障。及时更新和丰富国家邮政局网站标准栏目内容，发布标准化动态信息，全文公开标准发布文本，提供更好的标准查阅服务。2018 年邮政业相关标准制修订情况如表 3-8-1 所示。

第六节 科技创新人才与科研成果获奖情况

一、基本概况

（一）继续实施交通运输科技创新人才推进计划

2018 年，交通运输部继续组织实施交通运输科技创新人才推进计划，经组织申报及专家评审，遴选出年度交通运输行业中青年科技创新领军人才 10 人：韦金城、王维锋、张军辉、曹剑东、汪海年、江祥林、李中华、杨瑞、刘建、张洪伟；重点领域创新团队 5 个：水运交通工程结构与材

表 3-8-1 2018 年邮政业相关标准制修订情况一览表

序 号	标准类别	标准名称	标准号	备注
1	国家标准	快递封装用品 第 1 部分：封套	GB/T 16606.1—2018	修订
2	国家标准	快递封装用品 第 2 部分：包装箱	GB/T 16606.2—2018	修订
3	国家标准	快递封装用品 第 3 部分：包装袋	GB/T 16606.3—2018	修订
4	行业标准	邮政业信息系统安全等级保护实施指南	YZ/T 0163—2018	
5	行业标准	快递手持终端安全技术要求	YZ/T 0164—2018	
6	行业标准	寄递服务人员基础数据元	YZ/T 0165—2018	
7	行业标准	邮件快件包装填充物技术要求	YZ/T 0166—2018	
8	行业标准	快件集装容器 第 2 部分：集装袋	YZ/T 0167—2018	

料创新团队、功能性沥青路面新材料及新结构创新团队、桥梁耐损性设计与安全维护技术创新团队、水上交通风险评价与防控技术创新团队、黄土地区公路工程长期性能观测与研究创新团队；创新人才培养示范基地2个：大连海事大学无人驾驶船舶技术与系统协同创新研究院、交通运输部公路科学研究院自动驾驶技术创新人才培养示范基地。2018年度交通运输部前期推荐并入选科学技术部创新人才推进计划的李颖、罗蓉入选国家“万人计划”领军人才。

（二）一批重大科研成果获国家级科技奖励

2018年，行业科研成果斩获多项国家科技奖励。“寒区抗冰防滑功能型沥青路面应用技术与原位检测装置”获技术发明奖二等奖；“中国高精度位置网及其在交通领域的重大应用”获科技进步奖一等奖；“大型桥梁结构健康监测数据挖掘与安全评定关键技术”“超500米跨径钢管混凝土拱桥关键技术”“大跨度缆索承重桥梁抗风关键技术与工程应用”“城市多模式公交网络协同设计与智能服务关键技术及应用”“大范围路网交通协同感知与联动控制关键技术及应用”“重载水泥混凝土铺面关键技术与工程应用”等多项成果获科技进步二等奖。

同时，为促进交通运输科技成果转化，调动全行业科技工作者的积极性和创造性，推动行业科技进步，支撑交通强国建设，经交通运输部同意，2018年3月部办公厅印发《交通运输部办公厅关于建立交通运输重大科技创新成果库的通知》（交办科技〔2018〕37号），启动建立交通运输重大科技创新成果库，面向全行业评选、培育交通运输重大科技创新成果。2018年，经评选并经交通运输部同意，“高性能、绿色沥青路面新材料及新产品”等65项交通运输重大科技创新项目、“沥青路面就地热再生技术及设备的推广应用”等33项科技交通运输成果推广项目、“可自动充排水的变截面桥墩防撞装置”等50项交通运输专利、《节理岩体力学参数确定的数值试验方法研究》等90篇交通运输论文、《三峡工程蓄水后长江中游航道演变规律及整治技术》等33本专著入选交通运输重大科技创新成果库。

二、国家铁路局科技人才与科研成果获奖情况

2018年，铁道行业获国家科学技术奖8项。其中，国家铁路局推荐的“中南大学轨道交通空气动力与碰撞安全技术创新团队”获科技进步创新团队奖；国家铁路局推荐、同济大学完成的“地下工程穿越高速铁路的精细化控制技术及应用”获技术发明二等奖，国家铁路局推荐、西南交通大学完成的“高速铁路弓网系统运营安全保障成套技术与装备”获科技进步二等奖。

2018年，铁道行业获第二十届中国专利奖24项。其中，国家铁路局组织推荐的“双块式无砟轨道的施工装备及施工工艺”和“高速齿轮箱密封装置及应用该装置的高速齿轮箱”荣获优秀奖。

2018年，铁道行业获中国标准创新贡献奖组织奖1项、标准项目奖2项。其中，中国铁道科学研究院集团有限公司获得组织奖，“铁路数字移动通信系统系列标准”“高速铁路道岔系列标准”2项标准获得标准项目奖二等奖。

国家铁路局推荐的中南大学教授何旭辉入选2018年度中青年科技创新领军人才。

三、中国民用航空局科技人才与科研获奖情况

（一）科技人才队伍建设

加强民航科教创新顶层设计。2018年成功举

办首届民航科教创新成果展，期间组织召开了民航科教创新高端对话会。会上，冯正霖局长提出科教创新工作对标“一加快、两实现”的三个阶段性目标，为更好服务民航高质量发展需要，努力开拓新时代民航科教创新工作新局面指明了方向，提出了要求。

重点提升科技创新支撑能力。积极搭建行业科技创新开放合作渠道，推动中国民用航空局与四川省、中国电子科技集团有限公司、北京航空航天大学等单位签署战略合作协议。积极吸纳社会优势资源，面向社会建设科技创新平台、吸纳创新人才，进一步壮大民航科技创新人才队伍。积极完善民航科技创新体系，首批评审出民航科技创新12名领军人才、33名拔尖人才和20个创新团队，10家民航科技创新“四型”科研院所和“五大”基地，全国首家民航科技创新示范区一期工程完成立项可研预评估；启动民航产业技术创新战略联盟构建和发展工作，“十三五”民航新争取国家重点研发计划项目5项。

构建现代民航教育培训体系。狠抓直属院校内涵建设，中国民航大学成功获批博士学位授予单位。狠抓专业人才培养能力提升，直属院校办学条件不断改善，中国民航大学新校区、飞行学院天府校区等重大项目进展顺利，上海职院浦东新校区顺利投入使用；民航专业招生人数稳步提升，直属院校2018年招生达2.4万人，17所高校年招收飞行学生超过5000人，创历史新高。狠抓国际化人才培养，研究制定《民航国际化人才培养储备库建设管理暂行办法》，面向行业广泛招录符合国际民航组织岗位条件的优秀人才，初步确定首批近200名入库人选。狠抓民航系统专业培训，研究中小机场一线基层人员专业培养工作意见，继续实施中青班、党校班等重点班次，持续开展民航教育培训在线建设工作，目前在线学习已近3万人次。加快飞行技术职称改革，编制完成飞行系列职称改革文件，坚决落实反对“四唯”意见要求。

（二）民航科技创新“四型”科研院所和“五大”基地名单认定

为贯彻落实全国民航科教创新大会精神和中国民用航空局《关于推进民航科技教育创新发展的意见》（民航发〔2016〕116号），按照民航科教创新“出成果、出人才、出效益”的要求，加强创新型行业建设，创建基础技术研究型、应用技术开发型、成果转化枢纽型和技术政策暨服务智库型科研院所（以下简称“四型”科研院所），打造民航基础技术研究基地、应用技术开发基地、核心技术产业基地、成果转化效益基地和创新人才发展基地（以下简称“五大”基地），构建更加高效的民航科研体系，提升民航整体科技创新能力，中国民用航空局组织完成了2018年民航科技创新“四型”科研院所和“五大”基地评审工作，认定名单如表3-8-2所示。

（三）首批民航重点实验室和民航工程技术研究中心名单认定

中国民用航空局组织完成首批民航重点实验室和民航工程技术研究中心认定工作，认定名单如表3-8-3所示。

（四）中国民用航空局科技创新人才推进计划入选认定工作

为贯彻落实全国民航科教创新大会精神和中国民用航空局《关于推进民航科技教育创新发展的意见》（民航发〔2016〕116号），培养造就一批高水平的行业科技创新人才和创新团队，引领和带动民航科技人才队伍发展，中国民用航空局组织完成2018年民航科技创新人才推进计划遴选工作，民航科技创新领军人才入选名单如表3-8-4所示。

（五）2017年度中国航空运输协会民航科学技术奖获奖项目

2018年，中国航空运输协会民航科学技术奖

表 3-8-2　2018 年民航科技创新“四型”科研院所和“五大”基地名单认定

序号	单位名称	依托主体	类　型
1	中国民航大学	中国民航大学民航空管研究院	基础技术研究型科研院所
2		中国民航大学适航学院	应用技术开发型科研院所
3		中国民航科技产业化基地	成果转化枢纽型科研院所
4		中国民航大学中国民航环境与可持续发展研究中心（智库）	技术政策暨服务智库型科研院所
5	中国民航科学技术研究院	中国民航科学技术研究院	基础技术研究型科研院所
6			应用技术开发型科研院所
7			成果转化枢纽型科研院所
8			技术政策暨服务智库型科研院所
9	中国民用航空局第二研究所	中国民用航空局第二研究所	基础技术研究型科研院所
10			应用技术开发型科研院所
11			成果转化枢纽型科研院所
12	中国民用航空局民用航空医学中心	中国民用航空局民用航空医学中心	应用技术开发型科研院所
13	中国民航管理干部学院	中国民航管理干部学院民航企业管理研究基地	技术政策暨服务智库型科研院所
14		中国民航安全学院	基础技术研究型科研院所
15	中国民用航空飞行学院	中国民用航空飞行学院民机复合材料维修研究中心	基础技术研究型科研院所
16	中国电子科技集团第二十八研究所	中国电子科技集团第二十八研究所	应用技术开发型科研院所
17	中国民航科学技术研究院	中国民航科学技术研究院	基础技术研究基地
18			应用技术开发基地
19			创新人才发展基地
20	中国民用航空局第二研究所	中国民用航空局第二研究所	基础技术研究基地
21			应用技术开发基地
22			核心技术产业基地
23			成果转化效益基地
24			创新人才发展基地
25	中国民航大学	中国民航大学	基础技术研究基地
26			应用技术开发基地
27			创新人才发展基地
28	北京航空航天大学	北京航空航天大学	基础技术研究基地
29	中国民航信息网络股份有限公司	中国民航信息网络股份有限公司	应用技术开发基地
30	南京航空航天大学	南京航空航天大学	创新人才发展基地
31	中国民用航空飞行学院	中国民用航空飞行学院	创新人才发展基地

奖励工作评审委员会根据设奖章程和奖励办法，评选出了2017年度中国航空运输协会民航科学技术奖，获奖名单如表3-8-5所示。

四、邮政领域科技人才队伍建设情况

不断加强科技创新人才队伍建设。经国家邮政局组织申报推荐、交通运输部评审决定，邮政行业张德虎（顺丰科技有限公司）、李传波（中国邮政集团公司）、张明晖（中国邮政集团公司）、竺维燕（中邮科技有限责任公司）、郑秀芬（圆通速递有限公司）、朱晓磊（国家邮政局发展研究中心）、许良锋（国家邮政局邮政业安全中心）、孔继利（北京邮电大学）、邓维斌（重庆邮电大学）、谢逢洁（西安邮电大学）、唐文君（青岛酒店管理职业技术学院）、曹亚东（南京邮电大学）等12名同志被授予"交通运输青年科技英才"称号。

表3-8-3 首批民航重点实验室和民航工程技术研究中心认定名单

序号	名 称	依托单位（排名第一为主建法人单位）	实验室/中心主任	学术/技术委员会主任	类 型
1	民航机场信息及控制工程技术研究中心	中国民用航空局第二研究所 中国民航大学 四川大学 民航成都电子技术有限公司 民航成都信息技术有限公司 民航成都物流技术有限公司	罗晓	李乐民 工程院院士	1. 航班保障运行及控制技术 2. 旅客智能服务信息处理技术 3. 行李处理及分拣控制技术 4. 机场安全运行及控制技术 5. 机场场面综合交通监视引导与控制技术
2	民航航空器适航审定技术重点实验室	中国民航大学装备再制造技术国防科技重点实验室	白杰	徐滨士 工程院院士	1. 机载系统及设备审定技术研究 2. 飞机材料与结构适航审定技术研究 3. 飞机发动机维修与适航审定技术研究
3	民航协同空管技术与应用重点实验室	民航数据通信有限责任公司 民航局空管局技术中心 北京航空航天大学 南京航空航天大学 中国民航大学	朱衍波	张军 工程院院士	1. 航空宽带数据通信 2. 航空多星座卫星导航 3. 广域多源监视与大数据处理 4. 空域流量协同运行 5. 空管新技术综合仿真验证与评估
4	民航通用航空运行重点实验室	中国民航管理干部学院 中国民航工程咨询公司 沈阳航空航天大学 辽宁通用航空研究院 中国航天空气动力技术研究院 北京合众思壮科技发展有限公司 中国民用航空中南地区空管局河南分局	张迎军	杨凤田 工程院院士	1. 低空空域理论与安全、效率评估验证技术 2. 低成本、广覆盖、全流程的运行信息化技术 3. 面向空域新用户的融合运行技术
5	民航安全工程技术研究中心	中国民航科学技术研究院	黄荣顺	刘大响 工程院院士	1. 航空安全管理理论政策研究 2. 航空事故调查分析鉴定技术研究 3. 航空安全监测预警控制技术研究 4. 安全大数据分析应用研究 5. 危险品安全航空运输研究 6. 航空突发事件应急管理理论技术研究
6	民航机场工程技术研究中心	中国民航机场建设集团公司 北京新机场建设指挥部 同济大学	洪上元	杨国庆 教授	1. 机场综合交通与规划设计技术 2. 机场工程建造技术 3. 机场工程新材料 4. 机场工程检测与综合评价技术 5. 智慧机场工程技术 6. 绿色机场研究

续上表

序号	名　称	依托单位 （排名第一为主建法人单位）	实验室／中心主任	学术／技术委员会主任	类　型
7	民航旅客服务智能化应用技术重点实验室	中国民航信息网络股份有限公司 中国民航大学 北京交通大学	肖殷洪	梅宏 中科院院士	1. 民航旅客服务大数据采集、处理及管理关键技术 2. 民航旅客服务大数据分析挖掘关键技术 3. 面向航空与业务安全的旅客服务智能化技术 4. 面向运营效率与服务质量的民航旅客服务智能化技术 5. 民航行业管理决策支持智能化应用关键技术
8	民航飞行技术与飞行安全重点实验室	中国民用航空飞行学院	欧阳霆	关立欣 一级飞行教师	1. 飞行理论与技术 2. 飞行运行安全 3. 通航安全管理
9	民航飞行区设施耐久与运行安全重点实验室	同济大学	凌建明	王复明 工程院院士	1. 飞行区智能感知与仿真模拟 2. 飞行区设施长期性能分析理论 3. 飞行区移动目标运行安全风险分析理论 4. 飞行区设施耐久全寿命保障技术 5. 飞行区运行安全智能管控技术
10	民航机场群智慧运营重点实验室	北京首都国际机场股份有限公司 北京交通大学 中国民航大学	韩志亮	周成虎 中科院院士	1. 机场群智慧协同运行体系和运营模式 2. 枢纽机场智慧运营管理和保障技术 3. 枢纽机场智慧服务技术 4. 机场群智慧运营信息协同技术
11	民航维修工程技术研究中心	中国南方航空股份有限公司 中国民航大学	李彤彬	杨凤田 工程院院士	1. 飞机维修工程理论及运行工程体系开发与应用 2. 飞行大数据应用及飞机健康诊断 3. 复合材料结构修理关键技术研究与开发 4. 航空器动力装置维修技术与可靠性管理
12	民航飞机健康监测与智能维护重点实验室	南京航空航天大学 北京飞机维修工程有限公司	左洪福	朱荻 中科院院士	1. 智能传感及检测技术 2. 运行状态监测与智能诊断 3. 预测维修理论、模式与智能维护技术
13	民用航空医学研究重点实验室	中国民用航空局民用航空医学中心	李松林	李松林 主任医师	1. 空勤人员空中失能疾病与健康维护研究 2. 飞行员和空中交通管制员心理健康评估与促进研究 3. 影响飞行安全的生理心理因素的防控与监管政策和体系建设研究
14	民航航班广域监视与安全管控技术重点实验室	中国民航大学 中国移动通信有限公司政企客户分公司 航迅信息技术有限公司	赵嶷飞	陈志杰 工程院院士	1. 广域航空监视技术 2. 基于移动互联网的航空安全信息平台 3. 航班运行安全管控技术 4. 航班监视与安全管控集成应用技术

表 3-8-4　民航科技创新领军人才

序号	姓　名	所在单位	所属领域
1	赵嶷飞	中国民航大学	空中交通管理
2	张学军	北京航空航天大学	空中交通管理
3	白杰	中国民航大学	适航审定
4	毛刚	中国民用航空局第二研究所	机场工程
5	黄荣顺	中国民航科学技术研究院	机场运行管理
6	高利佳（女）	北京首都国际机场股份有限公司	机场工程、民航信息化和信息安全
7	罗晓	中国民用航空局第二研究所	机场运行管理
8	陈平	中国电子科技集团公司第二十八研究所	空中交通管理
9	吴仁彪	中国民航大学	民航安全
10	王志平	中国民航大学	机务维修
11	贺元骅	中国民用航空飞行学院	民航安全
12	丁水汀	北京航空航天大学	民航安全

表 3-8-5　2017 年度中国航空运输协会民航科学技术奖项目名单

	项目名称	所在单位	主要完成人
一等奖项目	中国民航飞行品质监控基站平台及WQAR大数据安全应用	中国民航科学技术研究院； 北京航空航天大学	黄荣顺、俞力玲、李烨、钟民主、刘洪波、诸彤宇、王浩锋、王新、孙华波、万健、赵新斌、刘清贵、谢孜楠、李斌、张晨
	机场飞行区工程数字化施工和质量监控关键技术研究	北京新机场建设指挥部； 北京中企卓创科技发展有限公司	李强、高志斌、董家广、刘少宁、易巍、吴志晖、吕雪松、徐军库、陈凤晨、姚仰平、唐科、韩黎明
	商用航空发动机复合材料结构损伤修理技术研究与工程应用	中国南方航空集团有限公司； 中国民航大学	王志平、王威、苏景新、刘小青、路鹏程、张小波、李娜、李志歆、孙宇博、阎超、刘延宽、王荣巍、程涛涛
二等奖项目	机场全景增强监视系统	中国民用航空局第二研究所	吴宏刚、吴敏、刘卫东、陈甫、王正宁、姚辉、曾婧、颜善、李星博
	基于分布式架构的广域高精准ADS-B监视系统关键技术及应用	中国电子科技集团公司第二十八研究所； 南京莱斯信息技术股份有限公司； 中国民用航空局空中交通管理局； 民航数据通信有限责任公司； 南京航空航天大学	丁一波、李其国、朱衍波、张明伟、严勇杰、田文、王寿峰、毛亿、郭静

续上表

	项目名称	所在单位	主要完成人
二等奖项目	中国 BSP 在线支付平台（BOP）	北京亚科技术开发有限责任公司； 中国航空结算有限责任公司； 中国民航信息网络股份有限公司	刁育新、卢嘉、迟宝忠、何亚磊、杨列慧、林伟、李君乐、王海颖、刘益欣
	发展空间与自主贡献：中国民航绿色发展若干关键问题研究	中国民航大学	于剑、陈俣秀、吕继兴、陈静杰、田乾乾、赵凤彩、刘社宣、李航、张翼
	国产平视显示器关键组件的适航性设计与验证	中国民航大学； 中国航空工业集团公司洛阳电光设备研究所	王鹏、白杰、王全忠、阎芳、赵长啸、谢文光、肖女娥、丁浩、高文正
	促进通用航空业发展的政策及评价研究	中国民航科学技术研究院	董利奎、张兵、马莉、胡华清、钟振东、许东松、董可、俞瑾
	航空枢纽规划理论与实证研究	中国民航科学技术研究院	王长益、胡华清、姚津津、张越、包毅、穆阳、牧彤、刘永刚、彭峥
三等奖项目	基于空地无线宽带通信技术的 MA600 飞机飞行实时状态监控系统研究	中国民用航空飞行学院	李自俊、陈强、黄进、吴光琦、张道新、肖青、柳昌龄
	超大机场新能源及可再生能源技术的综合应用研究	北京首都国际机场股份有限公司	张光辉、高利佳、孙保东、栗鹏举、王景元、宫伦祥
	航空汽油技术、标准及适航审定体系研究	中国民用航空局第二研究所； 中航通用油料有限公司； 四川天舟通用航空科技有限公司	柳华、向海、夏祖西、刘卫东、马德超、仇义霞、邓川
	EDMS—飞机机载软件管理系统	厦门航空有限公司	吴兴旺、陈鹰、马骏、张鑫、刘召胜、张恺、郑鹏
	基于高精度数字地形的应急程序障碍物及地形分析系统	中国民用航空飞行学院	余江、吴劲松、杜冬、向硕凌、王东、唐华、徐国标
	APU 外部件性能自动测试平台	中国民航大学	王力、郝建新、董宇、王文清、孙华、王坤、王璐璐
	民机维修工程分析与管理关键技术	中国民航大学	贾宝惠、李耀华、卢翔、王玉鑫、王毅强、李慧萍、张润生
	影响飞行安全的药物因素分析鉴定数据库开发研究	中国民用航空局民用航空医学中心	李清艳、王伟、李松林、乔湜、刘国如、徐先发、刘永锁

第九章　安全监管与应急管理

第一节　交通运输安全生产

2018 年，交通运输部始终坚持“生命至上、安全第一”的理念，牢固树立红线意识和底线思维，以坚决防范遏制重特大事故发生为根本，推进完成各项重点工作，实现了安全生产事故起数和死亡人数“双下降”。

一、认真落实党中央国务院决策部署

一是全面梳理中共中央总书记习近平对安全生产的重要指示批示，起草《认真学习习近平总书记安全生产重要指示全力深化平安交通改革发展》学习材料，并印发和学习贯彻落实。二是认真落实《中共中央　国务院关于推进安全生产领域改革发展的意见》（中发〔2016〕32 号）。三是及时传达贯彻党中央国务院决策部署，组织召开部安委会全体会议、专题会议及视频会议共计 10 次。四是贯彻并持续跟踪《意见》和交通运输部《实施意见》中各项任务措施的落实，按进度推进交通运输安全生产领域改革发展重点任务。五是推进落实《安全生产“十三五”规划》《危险化学品安全综合治理方案》《“十三五”平安中国建设规划》《推进城市安全发展的意见》中涉及交通运输部的任务分工。

二、加强行业安全管理统筹

一是印发《2018 年交通运输安全生产工作要点》（交办安监函〔2018〕281 号）；组织召开安委会全体会议、办公会议和视频会议共 10 次。二是组织召开交通运输行业大型企业安全工作座谈会，国资委、应急管理部以及 31 家交通运输企业有关负责人参加了会议。三是印发《国务院安委会办公室关于切实加强“五一”节和汛期安全防范工作的通知》（安委办明电〔2018〕7 号）、《关于切实做好 2018 年中秋节、国庆节期间安全生产工作的通知》（安委办明电〔2018〕12 号）等重要文件，加强重点时段安全工作指导。四是制作警示教育片，及时印发事故警示通报，按时间节点编制行业安全生产事故统计分析报告，推动行业建立“举一反三汲取事故教训”长效机制。

三、强化安全管理体系建设

一是完善法规制度体系，加快推进《内河交通安全管理条例》修订工作，印发《长江三峡水利枢纽过闸船舶安全检查暂行办法》（交通运输部令 2018 年第 1 号），出台《省级交通运输安全生产监管监察和工程质量监督信息管理系统

工程建设实施要求》，修订发布《交通运输企业安全生产标准化建设基本规范（JT/T 1180—2018）》。二是推进安全监管责任体系建设先行落地工作，指导北京、天津、上海、重庆、湖南、广东、福建、浙江、贵州等9家试点单位编制安全生产权力清单和责任清单。三是印发《2018年交通运输安全生产综合督查及考核评价工作方案》，组织8个督查组对12个省级交通运输主管部门和6个直属海事局进行安全生产综合督查及考核评价。四是印发《公路水路行业安全生产信用管理办法（试行）》（交办安监〔2017〕193号），推进生产经营单位和个人安全生产信用管理。五是提升安全研究水平，设立交通运输部安全研究专家组，在交通运输部科学研究院成立安全研究中心，加强安全科学研究工作。六是推进实施科技兴安有关工作。

四、开展行业检查督导

一是制定督查方案，组成7个检查组，开展国庆节前交通运输安全生产和运输服务综合督查。二是赴河南省11个地市开展道路运输安全专项调研督导，赴上海、山东、广东、海南开展港口危险化学品安全生产专项检查。三是组织完成对12个省份的公路水运工程质量安全督查。

五、推进“平安交通”和“品质工程”专项工作

一是印发《平安交通三年攻坚行动方案（2018—2020年）》（交办安监〔2018〕86号）、《平安交通百日行动方案》（交办安监〔2018〕100号），研究起草《平安交通建设纲要（2021—2035年）》。二是组织研究制定品质工程示范创建工作方案，印发《品质工程攻关行动试点方案（2018—2020年）》（交办安监〔2018〕18号）。三是继续组织实施水运工程施工标准化创建活动，组织起草《淘汰严重危及公路水运工程质量安全的工艺、材料、设备目录》。

六、构建安全生产双重预防控制机制

大力推进交通运输安全风险管理和隐患排查治理，强化重特大安全生产事故整改工作。印发《公路水路行业安全生产风险辨识评估管控基本规范（试行）》（交办安监〔2018〕135号），出台重点领域安全生产风险和隐患判定指南。

第二节　工程质量监督

一、打好交通扶贫脱贫攻坚战

贯彻落实习近平对“四好农村路”的指示批示精神和脱贫攻坚重大战略部署，组织修订《农村公路建设质量管理办法》（交安监发〔2018〕152号），印发《关于提升农村公路工程质量耐久性的实施意见》（交办安监〔2018〕139号）；加大农村公路质量安全督查力度，完成对江苏、海南、重庆、吉林、湖南、福建等6个省份31个农村公路项目督查工作；组织开展农村公路扶贫公路建设质量安全检测志愿帮扶工作，印发感谢信表示感谢；继续牵头组织第五结对帮扶工作组对江西省安远县结对帮扶工作，开展交通扶贫专项调研，助力安远县按时完成脱贫摘帽任务。

二、深化品质工程建设

印发《品质工程攻关行动试点方案（2018—2020年）》（交办安监〔2018〕18号），以品质工程技术和管理攻关为抓手，聚焦“两区三厂”施工安全标准化、桥梁预制构件质量提升、隧道施

工质量安全管控能力提升、工程质量安全技术“微创新”、施工现场安全防护设施标准化、施工班组规范化管理等六个方面，部署开展为期三年的品质工程攻关行动，全面推进品质工程深入开展，引领带动工程建设质量安全水平全面提升。

吸取意大利莫兰迪大桥垮塌事故教训，分别在江苏、贵州、湖南组织专家学者就中国公路特大跨径和中小桥梁现状进行研讨分析，并形成相关报告。印发《“平安百年品质工程”建设研究推进方案》（交办安监〔2018〕147 号）。

组织专家对 2022 年北京冬季奥运会重大交通公路保障项目质量安全工作开展督导调研，组织开展冬奥会公路项目和河北雄安新区公路对外通道建设项目打造品质工程示范创建培训班，培训有关质量监管人员及参建单位技术骨干100余人。

三、加强行业监管

加强质量安全综合督查，完成 12 个省份（地区）公路水运工程重点项目的督查工作和部分省份的试验检测机构双随机抽查；印发《公路水运工程质量抽检数据统计分析报告》。组织开展电气火灾专项治理行动。推进开展公路水运工程质量安全隐患大排查大整治专项行动。组织举办全国质监站（局）长培训班。

四、加强工程质量安全问题处置

甘肃折达公路考勒隧道质量整改作风问题曝光后，迅速按照交通运输部统一部署，加强工程质量整改问题的应急处置，印发《交通运输部公路水运工程质量问题挂牌督办办法（试行）》和《交通运输部公路水运工程质量问题约谈办法（试行）》（交办安监〔2018〕97 号），完善质量监管制度；印发通知对甘肃折达公路考勒隧道质量问题实施挂牌督办，督促甘肃省交通运输厅落实工程质量问题整改，参加甘肃折达公路维修完善工程交工验收；印发通知组织开展公路隧道建设工程质量安全专项整治行动。

五、积极构建新时代行业政策供给框架

一是注重高质量发展指标研究，针对在役码头质量耐久性开展专题调研，为建立高质量发展指标体系奠定基础；二是加强双重预防体系建设，依法研究公路水运工程危险性较大的落后工艺、材料和设备的淘汰目录；组织编制公路水运工程重大事故隐患判定指南，积极推行《港口工程施工安全风险评估指南》，风险分级防控和隐患排查治理体系初步建立；三是强化施工安全标准体系建设，集中编制《公路水运工程安全生产技术条件》等 10 项施工安全标准规范；四是强化施工安全应急体系建设，重新发布《公路水运工程生产安全事故应急预案》，更新了应急联络员队伍；五是加强专家队伍建设，增补更新了水运质量安全专家资源库，开展了施工安全应急管理、质量安全督查专家等两项业务培训。

六、充分发挥活动载体示范引领作用

一是加强平安工地制度体系建设，印发《公路水运工程平安工地建设管理办法》（交安监发〔2018〕43 号）和《公路水运工程平安工地建设考核评价指导性标准》，强调考核评价全覆盖，组织开发平安工地建设考核管理系统；二是加强平安工地建设成果运用，继续联合应急管理部对2016—2017 年度 67 项公路水运建设项目“平安工程”予以冠名。三是水运标准化建设收获良多，经 13 个地区积极参与、25 个项目滚动试点，已形成一大批具有示范效应的试点成果以及可复制、可推广的十大创新成果、十大标准化措施，其中已获得国家发明或新型专利 16 项，形成地方技术标准

3项，省部级优秀工法7项、QC成果优秀奖11项、其他奖项6项，发表论文十多篇，涌现30位奋进港航人代表。四是标准化指南等预期成果日臻成熟，陆续出版发行。组织编制施工标准化建设指南《工艺篇（码头、船闸、航道和航电枢纽）》《场地布设篇》《管理行为篇》（部分已出版），建立水运工程质量安全责任清单，构建新时代水运工程质量管理体系，为构建水运工程质量安全管理长效机制提供了有力支撑。

七、质量状况

2018年公路工程质量监督抽检数量为2.61万余组（个），总体合格率为95.3%，其中高速公路项目质量抽检指标总体合格率为95.6%，农村公路项目质量抽检总体合格率为89.5%；水运工程实体质量总体合格率在93%～94%区间浮动，公路水运工程质量总体稳定可控。

第三节 应急管理

一、公路水路应急管理工作

2018年，全国交通运输系统按照交通运输部应急工作总体部署，注重打牢应急为民的思想基础、"一案三制"的综合管理基础和指挥高效的应急能力基础，坚守应急值班岗位，妥善处置各类突发事件，应急管理工作成效显著。

（一）强化应急值守

加强应急值守，妥善处置"桑吉"轮碰撞燃爆、江西赣州"2·20"客车侧翻、琼州海峡因雾封航旅客滞留、甘肃舟曲公路水毁、重庆万州公交车坠江、金沙江堰塞湖泄洪造成公路水毁等多起突发事件，全力做好人员搜救、道路抢通、运输保障等工作。积极配合农业农村（畜牧兽医）部门开展非洲猪瘟疫情联防联控工作。

有效应对极端天气，提前部署年度防汛防台风、防范寒潮大风和低温雨雪冰冻灾害等极端天气工作，赴四川、广东、海南、辽宁等地开展交通运输行业防汛抗旱防台风工作检查指导，多次召开视频会议组织开展台风防御工作，指导各相关省级交通运输部门按照预警信息全覆盖、船舶人员全避开、码头设施全加固、运行车辆全可控、救援力量全待命的"五全"要求，严密组织部署、提前预警防范、科学抢险应急。

强化重点时段重点地区应急保障，圆满完成全国两会、上合组织青岛峰会、中非合作论坛北京峰会等重点时段应急值守与保障工作。

建立预防性视频调度机制，做到"有情况即连线，小事按大事连线，大事按会商连线，日常进行预防性调度连线"。

（二）有效应对极端天气

提前部署年度防汛、防台风、防范寒潮大风和低温雨雪冰冻灾害等极端天气工作，赴四川、广东、海南、辽宁等地开展交通运输行业防汛抗旱、防台风工作检查指导，多次召开视频会议组织开展台风防御工作，指导各相关省级交通运输部门按照预警信息全覆盖、船舶人员全避开、码头设施全加固、运行车辆全可控、救援力量全待命的"五全"要求，严密组织部署、提前预警防范、科学抢险应急。

（三）推进制度建设

规范应急工作。修订印发《交通运输部突发事件应急工作规范》，与《交通运输综合应急预案》等7项应急预案有效衔接，进一步理顺部内、部属各单位衔接程序。

完善应急预案体系，指导各省级交通运输主管部门及时修订完善应急预案，编制印发水路交通、公路水运工程生产安全等领域突发事件应急处置操作手册；印发《公路交通阻断信息报送制度》，规范公路交通阻断信息报送工作。

着力强化重点领域制度建设，推动印发《国

务院办公厅关于保障城市轨道交通安全运行的意见》（国办发〔2018〕13号），对加强应急救援力量建设、强化现场处置等方面提出明确要求；制定《城市轨道交通运营管理规定》，细化落实国办文件要求；出台《交通运输部办公厅关于提高交通运输系统自然灾害防治能力的指导意见》，对行业重点领域自然灾害防范应对能力建设提出要求；印发《〈邮轮大规模人命救助行动计划〉编制指南》（交办水〔2018〕93号），指导各省级海上搜救中心组织编制本辖区内有关行动计划；印发《港口大型机械防阵风防台风安全工作指南》；推动《国家区域性公路交通应急装备物资储备中心管理办法》编制工作。

（四）强化重点时段重点地区应急保障

圆满完成全国两会、上合组织青岛峰会、中非合作论坛北京峰会等重点时段应急值守与保障工作。

（五）建立预防性视频调度机制

做到"有情况即连线，小事按大事连线，大事按会商连线，日常进行预防性调度连线"。

二、铁路应急管理工作

认真贯彻落实党中央和国务院《关于做好2018年节假日期间值班工作的通知》精神，统筹安排并严格执行春节、国庆等节假日和重大活动期间"局领导、司局级、处级、值班员"四级带班值班制度。选优配强局值班室工作人员，实现应急值班、政务值班、机要值班和安全值班四位一体。

在处置突发事件应急上，及时向国务院总值班室、应急管理部、交通运输部上报《国家铁路局值班信息》59期。协调相关部门处理2018年4月12日武汉市洪山区河道疏浚导致京广铁路下行线线路塌方事故。

坚持"首问责任制"，坚持首办速报，对于铁路重大以上突发事件第一时间向国务院总值班室、应急管理部、交通运输部报送信息，严格按照"不得超过4个小时"的要求，减少因信息报送滞后带来的舆情"次生灾害"。

结合铁路工作特点，规定发生以下7种情况必须向国务院总值班室报送信息：一是铁路火灾、爆炸事故；二是客车脱线造成旅客伤亡的行车事故；三是旅客群死群伤事故（3人及其以上）；四是工程建设施工伤亡事故（3人及其以上）；五是路内职工伤亡事故（3人及其以上）；六是因自然灾害（水害、台风等）造成长时间断道（预计断道时间可能超过24小时的情况）、旅客滞留等情况；七是国内发生4.0级及以上地震。坚决杜绝迟报、漏报、瞒报现象发生。

三、民航应急管理工作

为进一步补齐应急处置能力短板，根据《民航局关于进一步深化民航改革工作的意见》相关要求，民航局党组于2018年审议通过并印发了《中国民用航空局关于印发提升应急处置能力工作方案的通知》，明确了工作目标、任务分工及时间安排。下发了《关于调整民航局突发事件应急工作领导小组成员单位工作职责的通知》(民航发〔2011〕12号)，进一步明确了民航应急管理横向管理关系；对应急工作职责进行重新界定和全面调整，突出办事机构的统筹规划与综合协调功能，进一步完善民航应急管理体系建设；组织搭建了民航应急监管事项库，对应急管理监察员的监管范围、执法依据和程序进行明确，进一步理清政府和企事业单位关于应急管理工作的责任边界。

起草了《民航突发事件应急预案管理办法》，该办法是民航行业第一部针对预案制定的规范性文件，对提升民航应急预案的科学性和操作性具有重要的指导意义；下发《关于建立应急救援飞行计划申请绿色通道的通知》（局发明电〔2017〕3456号），进一步简化了应急救援飞行计划审批流程；启动了“提升运输航空公司应急预案操作性范例”研究工作，为后续《民航预案管理办法》落地奠定了基础；下发《民航反恐怖防范标准》《中国民用航空局处置民用航空器事故应急预案》，进一步提升了民航系统应对各类突发事件的管理水平。

四、邮政业应急管理情况

为适应安全生产领域改革发展需要，进一步加强邮政行业应急管理，按照“政府统一领导、企业自主到位、社会共同参与、上下顺畅联动”的总体思路推动行业应急管理体系建设。2018 年 7 月，在市场监管司（安全监督管理司）设立应急管理处，承担国家邮政局应急管理办公室日常工作职能，开展突发事件应急处置、信息报告等工作，同时承担维护行业稳定、重大活动寄递安保等职能。

（一）完善顶层制度设计

国家邮政局进一步完善行业应急管理顶层制度设计，研究修订《国家邮政业突发事件应急处置预案》，编制相关专项预案。在修订《邮政行业安全监督管理办法》过程中，主动衔接《突发事件应对法》等上位法规定，调整和充实应急管理工作内容。

（二）建立健全工作机制

与交通运输部应急管理办公室建立日常工作对接机制和学习交流渠道。建立应急管理办公室轮流备勤机制，及时应对处置突发事件，保障应急管理机制不间断运作。加强与国家邮政局系统内部相关单位、部门的沟通配合，建立突发事件信息共享机制，将各方面信息资源充分汇集到国家邮政局应急管理办公室。加强对邮政业安全中心的指导，运用信息科技手段做好行业运行监测预警工作。

（三）加强信息报告工作

有针对性加强突发事件信息报告工作，扎实做好突发事件信息上传下达。加强对各省（自治区、直辖市）邮政管理局突发事件信息报告工作的指导，持续巩固信息报告工作主渠道。通过每月印发情况通报等方式，促进各级邮政管理部门信息报告工作水平整体平衡和提高。

（四）做好突发事件应急处置工作

督促指导相关地方邮政管理部门和寄递企业做好自然灾害、事故案件、经营异常、负面舆情等突发事件应急处置工作，及时掌握情况、上报信息、妥善应对，全力维护邮政行业安全稳定运行。部署做好“双十一”快递业务旺季应急管理工作。

第十章　国际合作

第一节　交通运输国际合作概况

2018 年，交通运输部加快交通运输“走出去”步伐，积极参与行业全球治理，不断提高行业对外开放水平，为服务中国特色大国外交和交通强国建设做出了积极贡献。

一、推进“一带一路”建设

一是加强“一带一路”交通互联互通统筹谋划。充分发挥部推进“一带一路”建设工作领导小组办公室作用，完善了工作体系，参与启动并推进“一带一路”交通运输中长期规划专项规划实施方案研究编制工作。上海合作组织公路发展规划谈判工作取得阶段性进展，举办了中巴经济走廊交通基础设施联合工作组第六次会议，交通运输部领导赴塞尔维亚参加了第三届中国—中东欧国家（16+1）交通部长会议、赴新加坡参加了中新（重庆）战略性互联互通示范项目联合协调理事会第二次会议、赴以色列参加了中以创新合作联委会第四次会议。

二是协调推进“一带一路”重点项目。黑河公路大桥、同江铁路桥等中俄跨境基础设施建设项目、《中国—巴基斯坦公路技术合作五年行动计划（2018—2022）》、巴“两大”公路、巴一号干线铁路、中缅公路通道等项目持续推进。完成了中尼跨境铁路预可研工作，与尼方签署了借道运输议定书和铁路项目合作谅解备忘录。组织参加了“一带一路”倡议提出 5 周年宣传活动，根据中宣部要求组织相关媒体开展了“21 世纪海上丝绸之路”海外港口行系列采访报道活动。

三是积极做好“一带一路”国际合作高峰论坛相关工作。推进首届“一带一路”国际合作高峰论坛成果落实工作，做好第二届“一带一路”国际合作高峰论坛设施联通分论坛的筹备工作，提早谋划了活动安排和成果设计。

二、与大国交通运输合作

一是交通运输部领导出席了在俄召开的中俄总理定期会晤委员会运输合作分委会第二十二次会议，推动中俄在跨境基础设施、北极航运、滨海通道等方面合作取得新进展。二是召开中美交通论坛第九次会议，加强中美在交通领域的技术交流合作。

三、与周边国家交通运输合作

积极推进《上海合作组织成员国政府间国际道路运输便利化协定》的实施工作，组织筹备了上海合作组织国际道路运输便利化联委会第一次会议；组织参加了中国—东盟第十七次交通部长会议，并推动通过《〈中国—东盟交通合作战略规划（修订版）〉行动计划（2018—2020 年）》；组织参加了中哈交通合作分委会第十一次会议，推动《中哈国际道路运输协定》商签工作；推动国际大通道建设，深化沿线大通关合作，推进了国际运输便利化。

四、参与行业全球治理

一是深入参与多边事务。积极参加相关国际

组织会议，参与国际规则和标准制定，推动国际海事组织（IMO）在中国方案的基础上通过了海运温室气体减排初步战略、海上自主航行船舶未来工作计划方案。拟定了IMO理事会主席工作方案，组建了专班支持IMO理事会主席履行职责。向IMO等国际组织选派了初级技术官员。通过上述工作，展示了中国积极参与全球海运海事治理体系建设的良好形象，进一步发挥了我作为发展中大国在IMO中的重要作用。

二是推动北斗系统国际化应用。出席国际搜救卫星组织和IMO相关会议，推动将北斗系统纳入国际搜救卫星系统和全球海上遇险与安全系统（GMDSS）相关工作，有序推进北斗—格洛纳斯导航系统在中俄国际道路运输中的应用试运行工作，助力北斗系统标准国际化应用。

三是助力发展中国家能力建设。利用现有交通运输国际合作机制和平台，为发展中国家提供能力建设培训，推动交通领域民心相通。在中非合作论坛北京峰会、中阿合作论坛部长级会议等的成果文件中，将交通运输列入能力建设合作重要领域。与巴拿马、希腊等国签署部门间合作文件，开展了交通运输特别是海事领域的能力建设培训；与国家国际发展合作署积极沟通，促成部属培训机构参与承担援外培训项目，为东盟、南亚、非洲等国交通行业人员提供培训。

五、交流互访和机制性活动

一是办好重要出访和来访接待工作。交通运输部领导出访哥伦比亚、巴拿马、希腊、塞尔维亚等国并参加了有关重要国际会议，通过行业高层交往，推进“21世纪海上丝绸之路”建设，深化交通运输国际合作。接待了多个国家对口部门部长（副部长）的来访和拜会；交通运输部领导参加了我领导人与俄罗斯等国领导人的外事会见和上海合作组织成员国政府首脑理事会、中俄总理定期会晤委员会、中哈合作委员会主席会晤等高级别会议。

二是举办或参加多场国际会议和机制性活动。筹备2020年联合国全球可持续交通大会，参与举办了2018世界交通运输大会、第十四届国际交通技术与设备展览会、“中国航海日”活动等。召开了中德第七届绿色物流会议、大图们倡议交通理事会第八次会议，组织参加了第七届中日韩运输与物流部长会议、中亚区域经济合作运输协调委员会第十七次会议等，加强了机制化务实合作。组织开展了与有关国家或区域组织间海运会谈，加强海运政策沟通，深化了海运合作。

三是强化外事管理。认真贯彻落实中央八项规定精神以及外事管理各项规章制度，严把因公出国审核审批关。全年共办理了600多个因公出国团组和200余人次的外国人来华审核审批工作，承办了多个外国来访代表团的礼宾接待工作。

第二节　铁路国际合作

一、服务“一带一路”建设

一是稳步推进重点项目。协调国内设计单位完成中尼跨境铁路项目预可行性研究工作，启动尼泊尔铁路网加德满都至博卡拉、加德满都至兰毗尼铁路规划方案研究。为尼方开展人才培训，增强互信，营造良好的外部环境。加快巴基斯坦1号铁路干线升级改造项目初步设计评审进程，为下一步工作开展奠定基础。利用第五次中印战略经济对话契机，恢复联系，保证与印方沟通渠道通畅。推进老街—河口铁路接轨方案研究，与越方进行初步对接，明确下一步工作内容。密切跟进中吉乌铁路项目情况，及时收集有关信息，为国内有关部门提供参考。二是保障蒙内铁路安全运营。组织安排专业力量对蒙内铁路进行定期安全督导。配合蒙内铁路运营公司，妥善做好肯尼亚国内对蒙内铁路的舆情引导。选派业务骨干充实蒙内铁路运营公司领导班子，增强蒙内铁路管理力量。择优招聘国内内燃机车驾驶人员，解决蒙内铁路机车司机短缺问题。三是做好第二届“一带一路”国际合作高峰论坛筹备工作。

二、推动铁路联运便利化和标准国际化

一是在国际组织和多边层面继续积极参与规则制定。在铁路合作组织框架下，继续积极参与国际铁路直通联运公约制定工作，维护中国铁路利益。组织完善、公布《国际旅客联运协定》《国际旅客联运协定办事细则》以及《国际货约／国际货协运单指导手册》《危险货物运送规则》中文版。在北京组织召开铁路合作组织运输法专门委员会危险货物和装载加固两个专家级国际会议，展示中国铁路发展成就和良好形象。在大湄公河区域铁路联盟框架下，积极参与跨境运输协议制定工作，通过参会和书面提供意见，减少有关条款与国内法冲突的可能性。通过参加全体会议等形式，进一步走近国际铁路运输政府间组织，与国内有关单位共同探讨参与形式，更好地服务国际联运和中欧班列开行。

二是在双边框架下务实推动联运便利化。利用中俄运输合作分委会铁路工作组会议、中哈铁路合作分委会机制，解决铁路联运过程存在的问题，推动同江桥等重要通道建设。继续加快修订国境铁路协定工作力度。

三是推动标准国际化。积极参与铁路国际标准制修订工作，在国际标准化组织、国际电工委员会、国际电信联盟中发声，增强中国话语权和议程制定权。推进中国铁路技术标准英文版翻译工作，助力中国铁路技术标准“走出去”。开展《高速铁路设计规范》俄文版、印尼语版等翻译工作，启动《铁路货车通用技术条件》《铁路客车通用技术条件》法文、俄文译本的前期基础工作。编制发布《铁路工程建设标准英文版翻译词典》，帮助更多人理解使用中国标准。全方位加快铁路技术标准其他语种翻译工作。

三、完善拓展政府间合作交流平台

一是继续做好既有机制工作。开好中俄运输合作分委会铁路工作组第二十二次会议、中哈铁路合作分委会第十二次会议、中韩铁路合作第十二次会议等双边会议，以及铁路合作组织、国际铁路联盟、大湄公河区域铁路联盟、国际铁路安全理事会、东盟等国际组织和多边机制会议，保障既有政府间合作交流平台的稳定性，为中俄、中哈总理定期会晤等高级别会议准备铁路方面的工作成果，服务外交大局。

二是进一步拓展合作范围。与日本、荷兰建立新的交流联系，就共同开发第三方市场、推动中欧班列发展等问题交换意见。响应乌兹别克斯坦倡议，与上海合作组织各成员国共同建立上海合作组织成员国铁路部门（铁路）领导人会议机制，并参加首次会议，为更好地服务中欧班列运行奠定基础。

四、助力香港融入国家发展大局

服务广深港高铁开通和后续运营，组织专业力量在开通前赴港进行培训，建立安全监管、机车车辆驾驶员资格认证等问题季度工作会议机制，配合开展西九龙口岸验收，参加广深港高铁开通仪式，安排港方赴广州铁路监督管理局交流学习。

第三节　公路国际合作

一、公路国际合作情况及效果

（一）以中巴公路技术合作为示范，带动企业、技术、装备和标准“走出去”

为落实交通运输部与巴基斯坦交通部于 2017

年5月签署的《公路技术合作谅解备忘录》，交通运输部公路局与巴基斯坦国家公路局于2018年5月签署了《中巴公路技术合作五年行动计划（2018—2022）》（以下简称《行动计划》），将利用5年时间通过技术合作和人才培养，加强巴基斯坦公路技术能力建设，完善巴基斯坦公路工程标准规范，提升巴基斯坦公路基础设施设计、建设、养护、管理水平。

5月7—11日，巴基斯坦国家公路局阿希姆•阿明副局长率团访华，与交通运输部公路局举行了会谈，双方商议了《行动计划》的各项合作议题，探讨了具体实施方案，达成多项合作意向。重点合作内容包括联合开展科研项目及技术转移，协助巴方建设较为全面的交通研究机构，开展技术交流，协助巴方编制属地化公路技术标准，联合培养巴博士、硕士，在华开展短期培训，巴工程师来华短期工作以及中方专家赴巴开展技术培训等内容。代表团还访问了公路技术国家养护中心和北京市政路桥建材研发中心再生沥青路面实验室，并赴重庆与重庆市交通委及招商局重庆交通科研设计院有限公司进行了交流，参观了招商局重庆交通科研设计院国家重点实验室、研发中心和生产基地，以及重庆曾家岩嘉陵江大桥施工现场。通过技术参观，巴方对我国技术实力有了充分了解，并表达了强烈的合作愿望。

《行动计划》内容契合巴方的实际需求，将有效提升巴方公路建设养护管理能力，推进"中巴经济走廊"建设，进一步深化中巴友谊，同时对于推动我国企业、装备和先进的技术标准"走出去"具有现实意义。《行动计划》开创了公路领域新的双边合作模式，将为中国与"一带一路"沿线国家深化合作发挥示范作用。

（二）加大公路工程标准外文版宣传推广力度

一是借助国际国内力量，狠抓标准外文版质量。邀请法国、俄罗斯、南非等国顶级技术专家，依托国内专业人员力量，2018年编译完成并发布了《公路工程技术标准》英、法、俄文版等17项标准外文版，目前在用的外文版标准达到50本，在编33本。同时注重行业编译人才队伍建设，注意吸纳发掘编译人才，组织召开标准外文版编译培训会；根据我国海外项目需求，立项一批公路建设和养护类标准外文版，为中国标准和技术走出去奠定了坚实基础。为规范外文版编译工作，启动编制行业标准《公路工程标准外文版编译导则》，系统总结外文版编制十年来的工作经验，以指导和规范今后的编译工作。

二是探索标准属地化实施。为推动中巴技术合作，将为巴制定公路标准的内容纳入了《行动计划》。同时参考借鉴中国技术和标准规范，还启动了为巴方编制相关公路工程标准规范的工作，以促进中国标准的属地化实施。

三是利用冬季世界道路大会及中亚CAREC技术会议等国际场合，向与会外国专家和官员赠送了我国规范外文版的纸质版和电子版，向世界积极推广中国标准。

（三）组织开展"一带一路"公路管理高级研修班

为落实《中巴行动计划》等多边、双边合作协议，交通运输部公路局依托商务部援外培训项目，于7月在交通运输部管理干部学院组织开展了为期一周的"一带一路"公路管理高级研修班。该研修班旨在推进中国与"一带一路"国家公路领域合作，来自巴基斯坦、老挝、斯里兰卡、阿富汗、南苏丹、肯尼亚、埃塞俄比亚、黎巴嫩等8个国家的50余名政府官员和技术人员参加了培训。交通运输部公路局在课程安排上精心设置，结合参培国家特点和需求，系统介绍中国公路建设成就和管理经验，重点推广中国公路标准体系和关键技术等，交通运输部公路局还向来华学员赠送了英文版公路工程技术标准。

（四）首次以国家展台形式亮相冬季世界道路大会

2018年2月，第15届冬季道路大会在波兰格但斯克市举办，1500余名各国公路界官员和技术专家参会。交通运输部在大会期间设立了中国国家展台，这也是交通运输部首次在大型国际会议上组建国家展台。展览重点宣传我国“一带一路”倡议和公路发展成就以及我国公路发展在改善民生方面发挥的巨大作用，宣介我国优秀企业及展示中国公路冬季道路技术所取得的成绩，展台获得了各国参会代表的广泛关注。交通运输部公路局吴德金局长作为世界道路协会中国第一代表，率团参会。

（五）赴韩开展第22次中韩公路技术交流

根据中韩两国公路技术合作协议，受韩国国土交通部道路局邀请，2018年4月9—13日，交通运输部公路局孙永红副局长率队访问韩国，开展第22次中韩公路技术交流。中韩双方在韩国国土交通部世宗办公大楼及韩国道路公社分别召开会议，围绕道路生态环保、投资模式、自动驾驶、桥梁安全、道路养护等内容进行了会议研讨，中方代表还就“一带一路”倡议及公路发展愿景等做了专题介绍。期间，中方代表团调研了始兴Hanul服务区、首尔7017路、韩国道路公社ICT中心、交通中心，以及西海大桥、保宁—泰安海底隧道等工程项目。

（六）赴日开展第33次中日公路技术交流

根据中日两国公路技术交流协议，受日本国土交通省道路局邀请，2018年11月26—30日，交通运输部公路局王太副局长率队访问日本，开展第33次中日公路技术交流。交流包括与日本国土交通省及中部地方整备局开展的两次专题技术会议和现场技术交流，双方围绕公路信息技术与应用、钢结构桥梁长寿命对策、公路设计施工标准化和工业化及预防性养护、项目决策程序及建设养护融资政策等领域开展了技术交流，代表团还参观东京外环隧道、高速公路建设现场、调研日本高速公路ETC管理情况及普通公路服务区等。

二、道路运输国际合作情况及效果

2018年，国际道路运输发展紧紧围绕服务支撑国家对外开放工作大局，积极贯彻落实“一带一路”战略，不断加强与周边国家的双边和多边道路运输合作，取得了丰硕成果。

（一）国际道路运输量及线路

1. 国际道路运输量

截至2018年底，中国与周边国家共完成国际道路客运量769.7万人次，同比减少3.0%，旅客周转量4.0亿人公里，同比减少15%；完成国际道路货物运输量5591.2万吨，同比增加4.4%，货物周转量34.1亿吨公里，同比增加3%。其中，由中方完成的国际道路旅客运输量和货物运输量占比分别为53.5%和55.9%。2014—2018年全国国际道路客货运输量及中方所占比例情况见图3-10-1和图3-10-2。

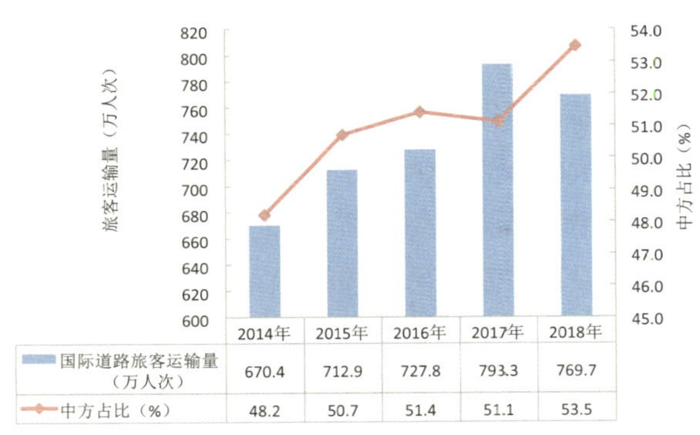

	2014年	2015年	2016年	2017年	2018年
国际道路旅客运输量（万人次）	670.4	712.9	727.8	793.3	769.7
中方占比（%）	48.2	50.7	51.4	51.1	53.5

图3-10-1 2014—2018年全国国际道路运输客运量及中方所占比例情况

2018年，参与国际道路运输的省份有内蒙古、辽宁、吉林、黑龙江、广西、云南、西藏和新疆。

中方共完成客运量 411.5 万人次，完成客运量前三位的是内蒙古（171.9 万人次）、云南（150.4 万人次）、黑龙江（51.2 万人次）；中方共完成货运量 3126.9 万吨，同比增加 35.5%，完成货运量前三位的是内蒙古（2077.3 万吨）、云南（553.8 万吨）、新疆（215.6 万吨）。内蒙古、云南、新疆的国际道路货运量相比 2017 年都有一定程度的增长。

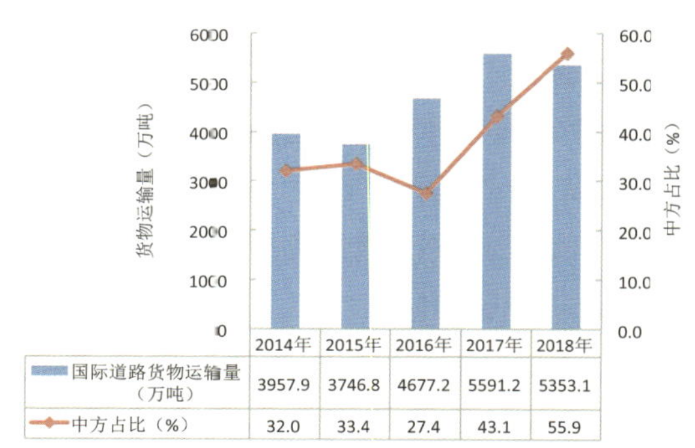

图 3-10-2　2014—2018 年全国国际道路运输货运量及中方所占比例情况

2018 年，内地与港澳之间完成道路客运量 1615.6 万人次，同比增长 27.1%；旅客周转量 37.3 亿人公里，同比增长 18.4%。与港澳之间完成道路货物运输量 16628.6 万吨，同比增长 3.1%；货物周转量 216.6 亿吨公里，同比减少 11.8%。

2. 国际道路运输区域分布

从车辆出入境次数来看，2018 年全国与东北亚（包括俄罗斯、蒙古国、朝鲜）的出入境客运车辆 13.8 万辆次，同比减少 6.8%；货运车辆 124.0 万辆次，同比增加 6.1%。与中亚（包括哈萨克斯坦、吉尔吉斯斯坦和塔吉克斯坦）的出入境客运车辆为 0.8 万辆次，同比减少 55.6%；货运车辆为 18.5 万辆次，同比增加 0.5%。与东南亚及南亚（包括越南、巴基斯坦、老挝、缅甸和尼泊尔）的出入境客运车辆为 69.5 万辆次，同比增加 2.2%；货运车辆为 95.9 万辆次，同比增加 16.8%。2017—2018 年，全国国际道路运输客运、货运车辆出入境分布情况分别见图 3-10-3 和图 3-10-4。

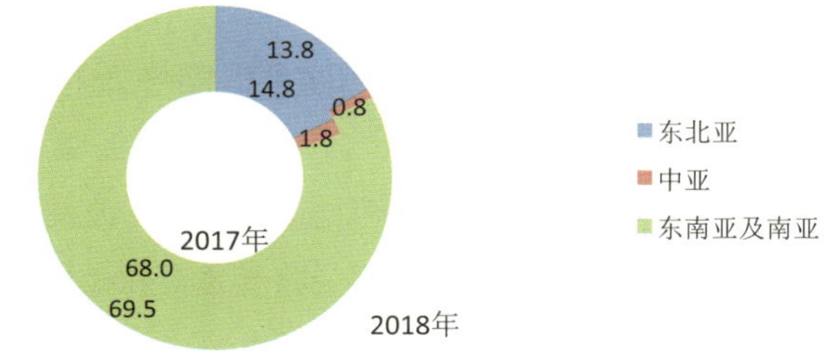

图 3-10-3　2017—2018 年全国国际道路运输客运车辆出入境分布对比情况（单位：万辆次）

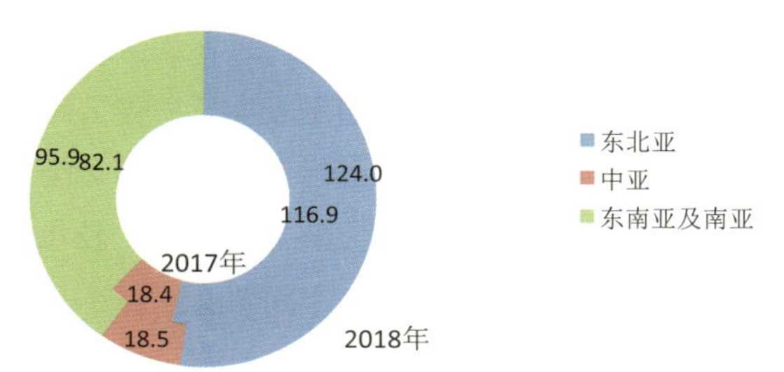

图 3-10-4　2017—2018 年全国国际道路运输货运车辆出入境分布对比情况（单位：万辆次）

客运方面，2018 年全国与东北亚国家的客运量为 487.3 万人次，同比减少 2.4%，在周边区域的客运量中占比达到 63.3%，同比增加 0.3 个百分点；与东南亚及南亚国家的客运量为 270.2 万人次，同比增长 3.0%；与中亚国家的客运量为 12.1 万人次，同比下降 61.5%。

货运方面，2018 年全国与东北亚国家的国际道路运输货运量 4146.7 万吨，同比增加 2.0%；货物周转量 17.18 亿吨公里，同比减少 4.0%。与东北亚国家联系的货运量在周边区域的货运量中占比达到 74.2%。2018 年全国与周边国家双边国际道路客货运量分布情况见表 3-10-1。

（二）国际道路运输服务能力

1. 国际道路运输经营业户及车辆结构

（1）经营业户

截至 2018 年底，全国从事国际道路运输（含内地与香港、内地与澳门特别行政区间汽车运输）的业户为 1492 户，与 2017 年相比有所增加。其中广东和云南从事国际道路运输的企业数量分列

表 3-10-1　2018 年全国与周边区域国际道路客货运量分布

区域	客运量（万人次）	比例（%）	旅客周转量（万人公里）	比例（%）	货运量（万吨）	比例（%）	货物周转量（万吨公里）	比例（%）
东北亚	487.3	63.3	15955.4	40.2	4146.7	74.2	171808.7	50.4
中亚	12.1	1.6	2895.8	7.3	232.0	4.1	85726.7	25.2
东南亚及南亚	270.2	35.1	20877.8	52.6	1212.6	21.7	83284.9	24.4
合计	769.6	—	39729.0	—	5591.3	—	340820.3	—

第一和第二位，分别为 1094 户和 127 户。全国拥有车辆数 100 辆以上的国际道路运输业户有 86 户，占全部业户总数的 5.8%；拥有 50~99 辆的国际道路运输业户有 62 户，约占全部国际道路运输业户总数的 4.2%；拥有车辆数在 10~49 辆的国际道路运输业户有 869 户，占总数的 58.2%；拥有 9 辆及以下的国际道路运输业户有 475 户，占总数的 31.8%。2018 年国际道路运输业户拥有车辆规模情况见表 3-10-2。

表 3-10-2　2018 年国际道路运输经营业户拥有车辆规模情况

业户类型		合计	根据车辆规模分组				
			100 辆及以上的企业	50~99 辆的企业	10~49 辆的企业	5~9 辆的企业	5 辆以下的企业
国际道路运输经营业户（个）		1492	86	62	869	176	299
比例（%）		—	5.8	4.2	58.2	11.8	20.0
其中	国际道路客运经营业户（个）	254	11	10	104	46	83
	比例（%）	—	4.3	3.9	40.9	18.1	32.7
	国际道路货运经营业户（个）	1305	88	55	781	137	244
	比例（%）	—	6.7	4.2	59.8	10.5	18.7

分区域来看，云南是全国拥有 100 辆以上运输车辆的国际道路运输业户数最多的省份，共有 53 家；其次为新疆和广东，都为 9 家。

（2）车辆结构

截至 2018 年底，全国共有从事国际道路运输车辆 29012 辆，其中客车 1218 辆，共计 49448 个客位；货车 27794 辆，共计 462422 吨位。2018 年国际道路客货运输车辆情况见表 3-10-3。

表 3-10-3　2018 年国际道路客货运输车辆情况

类型		高级	比例（%）	中级	比例（%）	普通	比例（%）	总计	比例（%）
客运	车辆数（辆）	1058	86.9	143	11.7	17	1.4	1218	100
	客位数（位）	45988	93.0	2796	5.7	664	1.3	49448	100
类型		大型	比例（%）	中型	比例（%）	小型	比例（%）	总计	比例（%）
货运	车辆数（辆）	25928	93.3	991	3.6	875	3.1	27794	100
	吨位数（吨）	458023	99.0	3465	0.7	934	0.3	462422	100

2. 行车许可证使用情况

国际道路运输行车许可证是国际道路运输车辆出入境的通行证。2018 年，全国使用的国际道路运输行车许可证中，A 种行车许可证使用量为 341 张，同比减少 34.3%；B 类行车许可证使用量达 86186 张，同比减少 30.2%；C 种行车许可证使用量为 584153 张，同比增加 17.1%。2014—2018 年全国国际道路运输行车许可证使用情况见表 3-10-4。

表 3-10-4　2014—2018 年全国国际道路运输行车许可证使用情况

年份（年）	2014	2015	2016	2017	2018
A 种许可证使用量（张）	1158	1134	850	519	341
B 种许可证使用量（张）	90152	122473	112153	123561	86186
C 种许可证使用量（张）	384683	390515	420318	498987	584153

注：A 种行车许可证可适用于定期旅客运输，可一年多次出入境，往返有效；B 种行车许可证适用于不定期旅客运输，一次往返有效；C 种行车许可证适用于货物运输，一次往返有效。

2018年全国A种行车许可证使用量最多的省份是新疆、黑龙江和内蒙古，分别为123张、94张和52张；B种行车许可证使用量最多的省份是云南、内蒙古和黑龙江，分别为61353张、20251张和1697张；C种行车许可证最多的省份是云南和广西，分别为270155张和106957张。

第四节　水路国际合作

一、国际海运合作、港口合作、内河航运发展合作、绿色航运发展合作等

（一）国际海运合作

1. 稳步推进海运合作文件磋商

2018年9月，与利比里亚续签了《中华人民共和国政府与利比里亚共和国政府海运协定》，该协定于2019年1月8日正式生效。2018年12月，与欧盟签署了《中华人民共和国政府与欧洲共同体及其成员国关于修订海运协定的议定书》，标志着《中华人民共和国政府与欧盟共同体及其成员国海运协定》正式适用于克罗地亚。2018年与沙特海运部门进行了多轮磋商，就《中沙海运协定》的主要内容达成一致，协定具备签署条件。

2. 继续推进双边海运会谈磋商

与欧盟、美国、俄罗斯、日本、韩国、加拿大海运主管部门举行了海运磋商及政策交流，围绕市场竞争秩序监管、危险货物水路运输、智能航运、绿色航运等热点议题进行讨论。

与欧盟方面。在第十五次中欧会谈中，双方一致认为应坚持自由贸易和非歧视原则，维护公平的市场环境，共同促进国际海运业繁荣发展，并就当前国际海运形势、各自最新海运政策、航运安全、航运环境保护、航运技术等议题进行了深入交流。欧方对中国船舶排放控制区建设成果表示赞赏。

与美国方面。第十次中美海运会谈交流了两国海运管理与政策的最新动态。美方表示中国在智能船舶和港口自动化建设方面的经验值得学习交流。我方就无船承运保证金互认机制和司法协助机制提出关切，双方同意就该事项继续保持交流和磋商。双方还交流了第八次中美交通论坛港口与内河工作所确定议题进展情况。

与俄罗斯方面。中俄运输合作分委会第二十二次会议海运河运工作组会议主要就北极航道开发利用、相关双边协议文件、界河运输安全等问题进行了交流，就我方企业的关切问题与俄方进行了沟通。

与日本方面。第五次中日海运政策论坛于2018年重启，双方均强调加强两国海运合作的重要性，表示今后要发挥好中日海运政策论坛的作用，继续深化合作。双方重点就国际航行船舶温室气体排放、开展压载水管理互免研究、绿色航运发展、促进中日航运客运安全等具体议题交换了意见。

与韩国方面。第二十五次中韩会谈重点就推进中韩集装箱班轮市场开放、提升中韩客货班轮安全管理等议题进行了深入探讨。在引导中韩航线老旧客货船舶提前更新、鼓励方便旗船改籍、推进中韩海运市场开放等领域达成了初步共识。

与加拿大方面。第八次中加会谈主要就北极航行、绿色航运、智能航运、航运安全、APEC框架下深化合作等议题交换了意见，探讨双方未来加强合作的领域。加方重点介绍了《加拿大交通愿景（2030年）》《海洋保护计划》。

3. 积极参与相关国家自贸协定等谈判工作

参加了中挪（威）、中新（加坡）等自贸协定谈判和中欧投资协定谈判，并积极参与世界贸易组织对美国等多国的贸易政策中涉及水运内容的审议工作。

（二）港口国际合作

1. 深化中国与马来西亚间港口交流合作

中马双方港口联系更加密切，中马港口联盟成员单位已扩大到 21 家，2018 年中马港口联盟成员间港口集装箱吞吐量突破 200 万 TEU。双方港口合资合作更加深入，由北部湾港务集团投资运营的马来西亚关丹港新港区一期首个 15 万吨级泊位已试投产。中国国家交通运输物流公共信息平台与巴生港务局签署谅解备忘录并实现船舶信息互联。召开中马港口联盟第三次会议，双方交流合作情况，共同讨论合作内容和工作方向，定期开展人员培训交流。

2. 加强东北亚港口发展交流合作

召开第十九届东北亚港湾局长会议及东北亚港口论坛。中日韩三国港口管理部门交流了各自港口发展最新情况、中长期发展战略和促进港口高质量发展的政策措施，三方同意进一步加强交流合作，共同推进东北亚港口可持续发展。

（三）界河航道管理合作

1. 举行中俄国境河流航行联合委员会第 59 次例会

双方就中俄界河黑龙江、乌苏里江、额尔古纳河航道管理、航行安全管理等方面的议题进行了磋商，在航道疏浚测量、航标设置、界河航道航行联合检查、界河航行规则修订、船舶避风、中俄黑河大桥及同江大桥施工期航行安全管理等方面达成了协议。

2. 举行中朝国境河流航运合作委员会临时会议

双方就《中朝国境河流鸭绿江西水道船舶航行规则（2010 年）》生效涉及的相关问题进行了磋商并达成了协议。

（四）绿色航运发展合作

在中德内河航运和水路交通合作第十六轮会谈纪要框架下，与德国代表团就内河智能航运信息系统（RIS）进行合作会谈，并组织升船机建设与管理技术代表团到三峡枢纽船闸和富春江船闸开展交流合作。

二、国际搜救合作与交流

（一）加强中日海上搜救合作

10 月 26 日，在国务院总理李克强和日本首相安倍晋三见证下，交通运输部部长李小鹏和日本外务大臣河野太郎在北京分别代表两国政府签署《中华人民共和国政府和日本国政府海上搜寻救助合作协定》。《协定》的签署标志着中日双方在海上搜救领域合作进一步深化，将对加强中日海上搜救务实合作、提高海上搜救效率、保障海上人命和财产安全产生积极影响。为贯彻落实《协定》内容，12 月 19 日，中国海上搜救中心与日本海上保安厅签署《中国海上搜救中心与日本海上保安厅海上搜寻救助合作指南》。

（二）举办东亚峰会海上搜救经验交流研讨会

10 月 25—26 日，中国海上搜救中心在上海举办“东亚峰会海上搜救经验交流研讨会”。研讨会由中泰两国联合主持。共有来自柬埔寨、老挝、缅甸、泰国、越南、新加坡、印尼、日本、韩国、澳大利亚、印度以及国际海事组织（IMO）、国际移动卫星公司（Inmarsat）的 30 余名外宾专家参会。与会专家围绕“携手同行，共同保障地区海上人命安全”主题，在海上搜救区域合作等 5 个议题下深入展开交流讨论。

（三）推进中国—东盟国家海上紧急救助热线项目建设

12 月 14 日，中国—老挝海上紧急救助热线正式开通，中国海上搜救中心副主任李国平与老挝民航局局长万平共同主持了开通仪式，这是继中国—柬埔寨海上紧急救助热线后开通的第二条救助热线。救助热线通过建设应急通信系统、视频会议系统、信息平台以及传输链路，为中国和东盟国家海上联合搜救建立了快速有效的沟通协调渠道，为交流和共享搜救信息提供了基础平台。

(四) 配合做好反海盗和护航工作

积极派员参加亚洲反海盗及武装劫船区域合作协定(ReCAAP)相关会议、跟踪国际反海盗和武装劫船事件的发展动态，配合海军执行护航任务。截至2018年12月31日，共配合完成1199批6595艘船舶护航任务，其中2018年完成88批140艘船舶护航任务。

(五) 积极参与国际搜救业务

积极参与国际和地区搜救业务，参加国际海事组织、国际搜救卫星组织联合委员会等国际相关组织会议和活动，为提高国际海上搜救能力、提升中国海上搜救话语权和影响力，服务"一带一路"倡议和构建人类命运共同体认真履责、贡献力量。

三、国际海事合作与交流

(一) 参与国际海事事务

2018年，共向国际海事组织（IMO）提交了53份提案，占中国提案总数的62.4%，提案质量得到进一步提高，其中，《制定"成员国信息通报指南"的建议》和《主管机关授权被认可组织协议范本》的提案在IMO履约分委会第5次会议上得到通过，向国际海事组织提交了诸如制定船舶岸电安全操作导则、修订ECDIS适用导则等新工作事项，积极在国际层面倡导加强非公约客船安全监管，首次作为牵头国承担IMO全套规则——《国际海运固体散装货物规则》示范课程的开发。

强化海事履约能力建设，做好中国接受IMO审核的各项准备工作，积极履行履约成效第三方评估机制。依托承办IMO、联合国开发计划署(UNDP)开展的"全球海运能效伙伴"（GloMEEP)项目，助推与周边国家在港口减排、能效提升战略及技术等方面的交流合作。

5月29日，在韩国仁川召开的国际航标协会第十九届大会上，中国再次成功连任2018—2022年理事会成员国，交通运输部海事局局长许如清担任新一届国际航标协会理事，显示了中国在国际航标协会的影响力。会议期间，中国派出大型航标船"海巡153"轮与韩方导助航主管机关开展了业务交流。谢辉同志连续第7年担任IMO货物和集装箱运输分委会主席。

(二) 推动"一带一路"建设取得新突破

在国家"一带一路"倡议的框架下，利用海事国际合作资源，推进"一带一路"建设与海上互联互通相结合，主动当好"21世纪海上丝绸之路"建设的先行官。

对接"一带一路"支点国家，扩大海事"朋友圈"，重点推进与巴拿马、希腊、中东欧16国等"一带一路"沿线支点国家的海事合作，与巴拿马海事局正式签署了《中华人民共和国交通运输部与巴拿马共和国海事局海事合作谅解备忘录》，与中东欧海运事务秘书处达成了签署《中国—中东欧国家关于在海事领域开展更紧密合作的联合声明》的意向，与蒙古海事局签署了《中国—蒙古海事合作谅解备忘录》，与卢森堡海事局签署了承认中国海船船员适任证书协议。

示范合作项目稳步推进。依托《中国—东盟海事教育培训与发展战略》，加强与"一带一路"沿线国家在低敏感领域的合作，开展了新加坡与马六甲海峡溢油评估与监测研讨会、亚洲地区VTS操作员培训、第四期国际航标管理人员培训、中国—东盟海事劳工公约履约研讨班、第二届东盟地区论坛渡运安全研讨会等十余项技术合作项目，"澜沧江—湄公河海事安全监管设施建设和管理项目"初步设计方案于年初得到了老挝、缅甸和泰国的认可和支持，现有海事合作机制得到进一步丰富。

四、国际救捞合作与交流

4 月 12 日，上海打捞局与英国苏格兰首席大臣尼古拉·斯特金会见，双方就加强英国北海地区救捞业务合作交换意见，达成有关共识。

图 3-10-5 苏格兰首席大臣来访上海打捞局（交通运输部救助打捞局提供）

4 月 16—25 日，交通运输部救捞局组织救捞系统 24 名业务骨干赴香港消防处及救护学院，参加海上消防和危化品突发事件应急处置培训。

4 月 27 日—5 月 5 日，交通运输部救捞局王振亮局长一行赴美国休斯敦参加 2018 年国际海洋技术大会（OTC），就应急救捞装备、技术能力建设以及海洋工程业务广泛开展座谈交流。

图 3-10-6 交通运输部救捞局王振亮局长一行赴美国休斯敦参加 2018 年国际海洋技术大会（OTC）（交通运输部救助打捞局提供）

5 月 6—10 日，交通运输部救捞局王振亮局长一行应邀出席了在香港举办的 2018 亚洲消防国际会议和香港消防处成立 150 周年纪念活动。期间，与香港特区政府飞行服务队召开了第 21 次技术交流合作协商会。

5 月 13 日，国际海上人命救助联盟亚太交流合作中心第九次理事会在广州召开，交通运输部救助打捞局局长、亚太中心理事长王振亮主持会议。

7 月 10—12 日，东海救助局局长肖跃华率团代表中国救捞参加在马来西亚吉隆坡举办的“第七届国际搜救大会”。

8 月 28 日，交通运输部救助打捞局参与交通运输部副部长何建中在北京会见香港特区政府保安局局长李家超、消防处处长李建日一行，并就加强危化品应对、直升机运行、应急潜水救援等开展了深入交流，达成有关共识。

图 3-10-7 交通运输部救助打捞局参与交通运输部副部长何建中在北京会见香港特区政府保安局局长李家超、消防处处长李建日一行（交通运输部救助打捞局提供）

9 月 19—20 日，第十届中国国际救捞论坛在杭州举办，会议主题是“新时代 新理念 合力构建人类命运共同体”，来自 18 个国家的 300 多名嘉宾出席了会议。同时召开了第四届国际海上人命救助联盟亚太区域发展会议。

10 月 11 日，香港特区政府消防处处长李建日一行拜访南海救助局，在三亚救助基地就应急救捞工作进行了深入交流。

图 3-10-8　香港特区政府消防处处长李建日一行拜访南海救助局（交通运输部救助打捞局提供）

10 月 23—26 日，交通运输部救捞局局长王振亮一行在南非开普敦参加了国际救捞联合会（ISU）第 64 届会员大会，中国救捞继续被选任执委会委员单位。

图 3-10-9　交通运输部救捞局局长王振亮一行在南非开普敦参加了国际救捞联合会（ISU）第 64 届会员大会（交通运输部救助打捞局提供）

11 月 8—9 日，东海救助局局长肖跃华代表中国救捞，出席在挪威霍登召开的国际海上人命救助联盟主要会员代表会议。

11 月 15 日，国际海上人命救助联盟亚太交流合作中心第十次理事会在北京召开，交通运输部救捞局局长、亚太交流合作中心理事长王振亮主持会议。

12 月 19 日，交通运输部救助打捞局参与交通运输部副部长何建中在北京会见台湾中华搜救协会代表团一行，围绕海峡两岸救捞技术交流、信息互联互通和应急处置联动等开展了深入交流。

第五节　民航国际合作

一、外事管理方面

一是按照中央外办和外交部的部署，完成"贯彻中央八项规定精神治理公款出国旅游"专项检查，对各单位 2016—2018 年上半年所有因公临时出国团组进行全面自查。要求因公临时出国人员签署外事纪律承诺书，并在领取护照时向每个团组发放关于做好便携式电子产品保密工作的书面注意事项。

二是从严审核审批因公临时出国（境）团组，严控团组规模和前往"热点"国家团组，杜绝考察类团组。2018 年，国际司累计审核审批因公临时出国（境）团组 1264 批，共计 4457 人次。其中党政干部团组 542 个，比 2017 年下降了 39%，完成了中央外办要求团组数比 2017 年减少 10% 的目标。

三是在做好指导、管理、协调工作的同时，努力提升服务水平。截至 2018 年底，国际司实现了向所有地区管理局和局属单位发送任务批件电子版，极大节约了各单位经费成本和时间成本，提高了效率，受到了广泛好评。

二、双边关系方面

（一）以"一带一路"沿线国家为重点，努力扩充航权资源，助力民航高质量发展

在时刻资源紧缺已成为对外航权谈判外方普遍关注的议题、美欧在市场开放上转向保护主义的情况下，国际司将"一带一路"沿线国家作为扩大航权储备重点，努力为中国空运企业拓展国际航线、做强我国际枢纽创造条件。

一是在"一带一路"沿线国家中，与俄罗斯扩大飞越权，新增飞越班次系近年来最大幅度增长，为我空运企业飞越俄领空增开欧美航线创造了有利条件。与卢森堡扩大了航权安排，为郑州建设货运枢纽提供了航权保证。与波黑首次建立民航

联系，至此，中国已与中东欧十六国全部正式建立了航空联系。与印度、孟加拉举行了航空会谈，虽因双方立场差距较大未能达成协议，但双方增进了理解，为今后会谈和开展民航全面合作奠定了良好基础。与刚果（布）、科特迪瓦、卢旺达、多米尼加正式签署、与亚美尼亚重签了政府间民用航空运输协定，特别是多米尼加协定的签署是民航领域迅速落实中央对多工作的重要成果，是中多建交后签署的首批政府间协定之一。

二是继续加大工作力度，利用中国民用航空局领导访问美国和加拿大、中美交通论坛、中加总理互致信函、中加财金对话等不同时机，推动举行航空会谈，加强与美加在重要政策问题上的沟通，促其与我相向而行。

三是协助国航在中巴建交不到 10 个月内开通了北京至巴拿马的定期客运航线，这是中国民航开通的首条至中美洲的航线，有力支持了我对中美洲地区的外交工作和中巴两国务实合作。

2018 年，中国民航共与俄罗斯、卢森堡、波黑等 29 个国家或地区举行了双边航空会谈或书面磋商。截至 2018 年底，与中国签署航空运输协定的国家已达 126 个。

（二）稳步推进区域合作平台建设，不断提升“引进来”的质量和“走出去”的水平

在引进来方面，协调确定 2018 年度共计 37 个中美航空合作项目（ACP）和中欧民航合作项目（APP）的具体项目。配合适航司成功举办了第二届中欧航空安全年会。在走出去方面，持续推进中国民航对中亚、非洲和东盟民航合作平台建设，为“一带一路”沿线国家提供专业技术培训，组织研究非洲单一航空运输市场，持续跟进中非民航学院项目。

（三）参加自贸协定谈判，推动有关国家民航领域市场开放

全面参加《区域全面经济伙伴关系协定》（RCEP）、欧亚经济伙伴关系协定、中国—毛里求斯、中国—新西兰升级等自贸协定谈判及中欧投资协定谈判，推动与自贸伙伴国家民航领域的相互开放，为民航互联互通、开放发展提供制度支持。

三、多边工作方面

成功举办首届亚太地区民航部长级会议。国务院副总理马凯、中国民用航空局局长冯正霖、国际民航组织理事会主席阿留、秘书长柳芳出席会议开幕式并分别致辞或讲话。来自国际民航组织亚太地区 32 个成员国负责民航事务的部长、副部长和民航局长，英、法、美、俄 4 国代表以及 6 个国际组织的近 300 名代表出席会议，国际民航组织 16 个理事国代表应邀列席会议。会议通过了《亚太地区民航部长级会议宣言》，首次将人类命运共同体写入国际民航领域文件。本次会议是党的十九大后民航领域第一个重大主场外交活动，系亚太民航发展历史上首次，也是中国民航历史上举办规格最高的一次国际会议，是民航领域配合国家整体外交战略，促进航空互联互通，推动“一带一路”倡议在全球和亚太地区民航领域落地的又一重要举措。

柳芳在国际民航组织第 213 届理事会上成功竞选连任国际民航组织秘书长，成为十九大之后我首次成功连任联合国专门机构的负责人。此外，在本届理事会上，中国籍候选人黄解放被任命为法律与对外关系局局长，任期 3 年。这为中国未来一段时间内在国际民航组织框架下深入参与全球治理、扩大我话语权和影响力创造了极为有利的条件。

统筹协调参与国际民航组织第二届航空货运论坛、全球无人机大会、下一代专业人才培养等国际民航组织重要会议及专家组活动，顺利完成第 55 届亚太地区民航局长会议参会任务，稳步推

进中国标准转化为国际标准。妥善应对国际民航组织有关敏感问题。配合做好“南南合作援助基金”涉民航项目的落实。

四、港澳台工作方面

在外航官方网站涉港澳台信息整治工作中，逐一核查140多家经营至中国航线的外国航空公司的官方网站，向存在相关问题的44家外航发送限期整改通知，阶段性完成了整改任务。在国际社会、民航领域坚决捍卫一个中国原则。

涉台交流方面，落实港澳台居民居住证政策，提供乘机便利。截至2018年10月底已有2150人次订购5975个航段。积极稳妥组织开展台湾籍飞行员、乘务员招聘管理工作，成为民航落实惠台政策的典范。成功举办2018年两岸暨港澳民航高层交流座谈活动、两岸民航院校师生交流实习活动等，增进了民族认同和心灵契合。研提15项民航具体惠台措施建议。逐步为台湾同胞在大陆生活就业学习，参与民航强国建设提供同等待遇。

与港澳交流方面，抓住粤港澳大湾区建设这一重大命题，全方位推动粤港澳大湾区民航协同发展，促进内地与港澳民航各领域深度融合。李健副局长成功访问港澳。签署了内地与港澳《关于适航审定紧密合作的谅解备忘录》《C919飞机运行评审的合作安排》《内地与澳门民航空管合作备忘录》，并就推动飞行执照互认、优化民航跨境服务、通用航空发展、民航人才自由流动等问题与港澳深入交换意见，达成工作安排。

五、规范行政许可方面

贯彻落实国务院关于“放管服”的要求，完成了对《外国航空运输企业常驻代表机构审批管理办法》（民航总局令第165号）的修订和颁布实施工作。

第六节　邮政国际合作

2018年，国家邮政局外事和港澳台工作认真学习贯彻习近平新时代中国特色社会主义思想和党的十九大精神，严格遵守中央八项规定精神，牢固树立“四个意识”，围绕服务国家外交和港澳台工作大局，服务国家局中心工作，不断加强邮政管理系统因公出国（境）管理，稳步推进邮政业服务“一带一路”建设，深入参与全球邮政治理，取得较好实效。

一、积极推动双多边交流，持续推进高层互访

国家邮政局先后派高级别代表团赴立陶宛、比利时进行双边访问，赴埃塞俄比亚参加万国邮联第二次特别大会，积极推动邮政领域的双多边合作。在万国邮联第二次特别大会期间，马军胜局长先后会见万国邮联、泛非邮联、美国、法国、巴西、埃塞俄比亚、泰国、伊朗、斯里兰卡、土耳其、加拿大、科特迪瓦和日本等部长级高层代表团，积极协调各方努力，推动万国邮联结构性改革取得了历史性成就。全年接待巴西、突尼斯和日本使馆，美国众议院、交通部和司法部，立陶宛交通通信部及万国邮联等重要来访团组。通过高层互访交流，加深了我国与相关国家及国际邮政组织在邮政领域的理解和互信，为推动我国深度参与全球邮政治理和深化国际合作奠定了坚实基础。

巩固和拓展机制性合作。认真践行亲诚惠容的外交理念，配合中日和平友好条约缔结40周年，推动举办第九届中日邮政政策对话。落实亚太邮联框架下中泰邮政官员互访，促进双方中高层邮政官员交流。参加中俄通信与信息技术分委会邮政工作组谈判。出席欧洲邮政监管机构会议，推动重启中欧间机制性对话。4月，与立陶宛交通

通信部签署《中华人民共和国国家邮政局与立陶宛共和国交通通信部关于加强邮政和快递领域合作的谅解备忘录》；2018 年博鳌亚洲论坛期间，与巴基斯坦邮政局签署《中华人民共和国国家邮政局与巴基斯坦伊斯兰共和国巴基斯坦邮政局关于响应丝绸之路经济带和“21 世纪海上丝绸之路”倡议加强邮政和快递领域合作的谅解备忘录》，进一步拓展了邮政领域的国际合作。

二、深入参与全球邮政治理

认真做好第二届万国邮联特别大会、万国邮联部长级战略大会、万国邮联行理事会年会、亚太邮联执理会、亚太邮联产业论坛、欧盟邮政监管组年会等国际组织会议参会工作，积极宣传我国邮政业发展成效。深入参与万国邮联会费和养老保险体系改革谈判。积极推动国际铁路运邮规则标准制定工作。圆满完成万国邮联结构改革特设工作组主席国任务，担任万国邮联第二次特别大会副主席国，推动特别大会全票通过了我国主导提出的结构改革方案、产品整合提案和终端费改革方案，我国在万国邮联治理中发挥的重要作用得到了万国邮联领导层和成员国的广泛赞誉。

在特别大会期间，国家邮政局马军胜局长与万国邮联国际局总局长侯赛因签署了“一带一路”框架下共同推进国际铁路运邮的合作意向书，旨在“一带一路”框架下共同推进国际铁路运邮机制建设，改善国际邮政网络的互联互通。这将有助于我国充分利用万国邮联这一平台，深化与世界海关组织和国际铁路组织的合作，加快推动国际铁路运邮规则标准和安全便利化措施的制定工作，巩固我国在国际铁路运邮规则体系中的主导地位。

为加强国际人才培养，组织邮政管理系统青年公务员参加亚太邮联战略规划、人力资源、邮政管理等专题培训班，推荐邮政院校专家参加万国邮联远程培训课程开发，配合人事司完成“一带一路”倡议下的中国快递国际拓展培训班，组织参加第 47 届国际少年书信写作比赛。

三、积极推进与港澳台邮政业交流合作

贯彻中央对台方针政策，坚持“九二共识”政治基础，妥善应对敏感问题，充分发挥邮政行业作用，全面落实《海峡两岸邮政协议》，紧密结合邮政行业特点，巩固两岸通邮取得成果。一是组织两岸全面直接双向通邮十周年活动暨 2018 两岸邮政发展研讨会，回顾两岸通邮十年来成果，推进两岸合作新方案新举措。二是落实《关于促进两岸经济文化交流合作的若干措施》和《港澳台居民居住证申领发放办法》，提出邮政行业落实办法的有关措施，突出“以人为本”“同等待遇”特色。三是拓展两岸邮政业务服务两岸经济民生。拓展“两岸邮政速递（快捷）”跨境业务，增设苏州、成都为封发局，开拓了两岸跨境邮递潜力与商机。四是两岸电商与快递融合发展政策有效落实。在国务院发展改革委、国务院台办领导下，积极落实两岸电商工作小组分工工作，推动两岸电商与邮政快递融合发展。五是加强两岸邮政青年基层交流往来。按照中央加强两岸青年交往的战略部署，增进两岸邮政行业青年相互了解，接待以台湾青年为主的代表团，其中大部分是第一次来大陆。通过交流活动让台湾青年同胞感受到祖国大陆的发展进步，不断增进了两岸同胞一家亲的理念，促进了两岸同胞的心灵契合。

密切与港澳邮政交流合作。召开内地与港澳邮政专题会议，共同发行《港珠澳大桥》通车纪念邮票。大力支持澳门举办 2018 澳门亚洲国际邮展，此展是澳门回归祖国后首次举办，对于集中展示澳门经济社会发展新面貌，展示澳门与各地的经济文化交流的丰硕成果具有重要意义。密切内地与港澳邮政合作基础，加强与港澳高层往来。

香港商务及经济发展局局长邱腾华和香港邮政署署长梁松泰率领的代表团多次拜访国家邮政局，双方就内地与香港深化合作等共同关心的话题深入交换了意见。澳门邮电合并后高层首次拜访内地，马军胜局长会见澳门邮电局局长刘惠明一行，就深化双方合作进行了务实高效的会谈。

第十一章　党的建设

第一节　中共交通运输部党组党的工作综述

2018 年，中共交通运输部党组深入学习贯彻党的十九大和十九届二中、三中全会及十九届中央纪委二次全会精神，以习近平新时代中国特色社会主义思想为指导，不忘初心、牢记使命，进一步增强“四个意识”，坚定“四个自信”，坚决维护习近平总书记党中央的核心、全党的核心地位，坚决维护党中央权威和集中统一领导，坚决贯彻落实党中央关于全面从严治党决策部署，严格履行全面从严治党主体责任，全面推进党的政治建设、思想建设、组织建设、作风建设、纪律建设，把制度建设贯穿其中，深入推进反腐败斗争，扎实推进交通运输部全面从严治党向纵深发展，为服务决胜全面建成小康社会、开启交通强国建设新征程提供坚强政治保证。

一、旗帜鲜明讲政治，坚决维护习近平总书记党中央的核心、全党的核心地位，坚决维护党中央权威和集中统一领导

党组坚持把党的政治建设摆在首位，牢固树立“四个意识”，坚定“四个自信”，始终在政治立场、政治方向、政治原则、政治道路上同以习近平同志为核心的党中央保持高度一致。

一是认真落实党的十九大精神和党中央各项决策部署。研究制定了《中共交通运输部党组关于贯彻落实新时代党的建设总要求　推动全面从严治党向纵深发展的意见》《交通运输部贯彻落实党的十九大以来重要会议精神分工》《交通运输服务决胜全面建成小康社会　开启全面建设社会主义现代化国家新征程三年行动计划（2018—2020）年》等，全面落实从严治党各项要求，领导全系统服务决胜全面建成小康社会，坚决打好防范化解重大风险、精准脱贫、污染防治三大攻坚战，奋力推进交通强国建设。

二是严肃党内政治生活。严格执行新形势下党内政治生活若干准则，高质量召开 2017 年度专题民主生活会，确定整改任务，每季度对民主生活会整改落实情况开展专项督查，确保按要求完成整改。及时部署和督促全系统各级党组织召开年度民主生活会和组织生活会，责成有关部门组成督导组，按照分级负责原则，开展全覆盖、全过程督导检查。聚焦新时代新担当新作为，组织全系统党委（党组）领导班子、党支部、党员深入开展“七一”专题党性分析。

三是开展党的政治建设情况自查。组织开展部机关各司局、部属在京各单位党的政治建设情况自查，查摆出在发挥党的政治建设统领作用、深入学习习近平新时代中国特色社会主义思想、推动党中央决策部署在交通运输系统落地生根等

方面突出问题的具体表现，督促推动各部门各单位整改落实。

二、强化思想理论武装，推进习近平新时代中国特色社会主义思想入脑入心

党组坚持用科学理论武装头脑，着力学懂、弄通、做实习近平新时代中国特色社会主义思想，务求学深悟透、融会贯通、笃行用好。

一是党组示范带头。党组坚持先学一步、学深一层，带头读原著、学原文、悟原理，开展理论学习中心组学习，组织开展党的十九大精神等宣讲活动。党组成员现场督导部属单位党委（党组）中心组集体学习，引导党员干部不断加强对“四个意识”“四个自信”的理性认识，自觉用习近平新时代中国特色社会主思想武装头脑，筑牢信仰之基、补足精神之钙、把稳思想之舵。

二是组织开展全员轮训。先后举办深入学习习近平新时代中国特色社会主义思想和党的十九大精神轮训班、专题研究班、理论进修班，培训局处级以上干部、党支部书记。指导部属单位分期分批开展党的十九大精神轮训，推动学习宣传贯彻习近平新时代中国特色社会主义思想和党的十九大精神往实里走、往深里走、往心里走。

三是结合实际贯彻落实。制定印发《关于开展大学习大调研工作的意见》，以贯彻落实习近平总书记重要指示精神为重点，认真开展大学习大调研工作，切实把习近平新时代中国特色社会主义思想学深悟透、贯彻落实，把交通运输各项工作做实做好。

三、着力建设高素质、专业化干部队伍，激励引导广大干部新时代新担当新作为

党组坚持党管干部原则，切实把好干部标准落到实处，印发《关于进一步加强干部队伍建设的意见》，凝聚形成创新创业的强大动力。

一是加强干部队伍本领建设。印发《关于加强领导干部队伍本领建设的意见》，以增强八项本领为核心，注重培养专业能力、专业精神，全面提高适应新时代、实现新目标、落实新部署的能力，着力建设一支政治过硬、本领高强、适应交通强国建设需要的干部队伍。印发《交通运输部国家工作人员宪法宣誓实施办法》，组织宪法宣誓，着力提升干部队伍的法治素养。

二是激励广大干部新时代新担当新作为。制定贯彻落实《中共中央办公厅关于进一步激励广大干部新时代新担当新作为的意见》的实施意见，坚持严管与厚爱结合、激励与约束并重，推动提醒、函询和诫勉工作常态化，加强干部选任工作监督；建立完善激励机制和容错纠错机制，完善职工健康保障措施，积极协调解决职工反映的现实问题，开展部属单位收入待遇问题调研，把对干部职工的关心关爱落到实处。

三是强化干部日常管理。组织部机关和部属单位副处级以上领导干部报告年度个人有关事项，并加强抽查核实。组织实施干部选拔任用“一报告两评议”工作，对有干部任免权的部属单位开展“一报告两评议”，汇总分析民主评议结果并及时反馈。研究提出加强和改进工作的措施，督促做好整改工作，着力解决好存在的突出问题，努力提高选人用人公信度。

四、加强基层组织建设，着力提升基层党组织的组织力

党组坚决贯彻中央部署要求，树立党的一切工作到支部的鲜明导向，以提升组织力为重点，着力把基层党组织建设成为宣传党的主张、贯彻党的决定、领导基层治理、团结党员群众、推动改革发展的坚强战斗堡垒。

一是严格规范基础工作。持续推进“两学一做”学习教育常态化制度化，严格执行“三会一课”制度，督导落实支部组织生活日制度，加强基层党组织党建活动计划管理，强化党建活动经费保障，确保党的组织生活经常、认真、严肃。制定了《中共交通运输部党组关于贯彻执行〈中国共产党党务公开条例（试行）〉实施细则》，推动各级党组织建立党务公开目录。认真组织开展2017年度党组织书记抓基层党建工作述职评议考核，建立三级联述联评考核机制。

二是扎实做好主题教育准备工作。围绕“不忘初心、牢记使命”主题教育开展党的建设调研工作，召开座谈会，实地调研部属单位，走访交通运输企业，向部属各单位函调并收到书面回复，深入了解部系统党建工作实际情况，深化对党内教育的规律性认识，实化党内教育的措施方法，初步提炼“一个工程”和“六项行动”主题教育实践载体。

三是着力完善组织体系。指导部直属机关党委纪委换届工作，开展与新一届部直属机关“两委”班子集体谈话。督导机关司局强化支委会组成、事业单位在分类改革中优化党的组织设置、国有企业把党的领导融入公司治理各个环节，加强社团党支部建设，加强和改进离退休党组织建设，在脱产培训、出国组团、巡视巡察组等专项任务和重大工作中设立临时党支部，确保党的组织全面有效覆盖。

四是营造创先争优氛围。组织开展迎“七一”先进评选表彰活动，召开“两优一先”表彰大会，对全系统200名优秀共产党员、98名优秀党务工作者、100个先进基层党组织进行集中表彰。

五是加强党对群团工作的领导。深入贯彻《中共中央关于加强和改进党的群团工作的意见》，指导工会组织制定部直属机关工会经费收支管理实施办法、部机关工会工作规则等制度，稳步推进直属机关工会投资企业规范整顿工作。广泛听取意见，持续改进建言献策工作，抓好“三用三送”暖心活动、子女入学入托、职工重大疾病互助保障等实事。

五、配合完成中央专项巡视，不断深化部党组政治巡视工作

党组严格贯彻执行《中国共产党巡视工作条例》，坚持发现问题、形成震慑，推动改革、促进发展，不断提高交通运输部系统巡视巡察工作水平。

一是积极配合中央专项巡视。2018年10月20日至11月30日，中央第九巡视组对交通运输部开展脱贫攻坚专项巡视。巡视期间，部党组切实强化政治担当，落实各项工作保障措施，积极配合巡视组工作开展。中央脱贫攻坚专项巡视后，部党组针对巡视反馈问题，制定整改措施，扎实推进专项巡视整改工作。

二是坚定不移深化政治巡视。统筹十九届中央任期内部党组巡视工作，研究制定《中共交通运输部党组巡视工作规划(2018—2022年)》，坚持“五个持续”，立足“六个围绕，一个加强”，全年共组建6个巡视组，分两轮对12家单位开展常规巡视，充分发挥了巡视政治监督、组织监督、纪律监督的作用。系统梳理党的十八大期间，部党组巡视组反馈意见整改情况，督促指导相关单位再梳理、再自查、再整改。

六、用好问责利器，努力推进问责工作精准化、法制化、规范化

党组把贯彻落实《中国共产党问责条例》和部实施办法作为一项重要任务，准确领会党内问责的内涵和要求，不断规范党内问责工作。

一是紧盯关键环节抓住“关键少数”。针对党的十八大后一些党员干部违反中央八项规定精神和党的纪律的系列案件，对负有领导责任的领导班子成员进行了严肃问责，召开全体干部大会进

行通报，部主要领导、驻部纪检监察组主要领导出席会议并提出明确要求。针对某部属单位领导班子议事决策机制不健全、干部选任工作不规范等问题，对负有领导责任的党委主要负责人、班子分管人事工作的负责人等进行批评教育，释放了失责必问、问责必严的强烈政治信号。

二是形成问责工作合力。在全面从严治党主体责任落实情况的总结评估中，突出对党内问责情况的总结分析。将党内问责的责任压实到各级党组织、纪检机构，强化组织人事部门在问责工作的重要作用，形成了以上促下、协调联动的工作合力。探索把党内问责工作纳入领导班子综合考评等工作中，检查督促部属单位执行问责条例及部实施办法情况，对该问责未问责的单位，当面指出问题，纳入整改范围。

三是强化问责情况通报，发挥警示作用。探索建立党内问责情况通报制度，对典型案件进行通报，用身边事警醒身边人，确保问责一个、警示一片、教育一方的效果。

七、严防“四风”反弹回潮，锲而不舍抓好党的作风建设

党组以抓铁有痕、踏石留印的坚定决心，持之以恒加强交通运输行业作风建设，把习近平总书记关于作风建设的重要指示精神贯彻落实到交通运输工作全过程，着力推进部系统作风建设向纵深发展。

一是锲而不舍落实中央八项规定精神。召开党组会和干部大会，传达学习贯彻落实习近平总书记关于进一步纠正“四风”、加强作风建设的重要批示精神。深入查找形式主义、官僚主义问题，组织召开形式主义、官僚主义问题调研座谈会。制定《中共交通运输部党组关于贯彻落实中央八项规定精神实施细则》，为纠治“四风”提供制度保障。持续精简会议文件，开展会风会纪明察暗访，部机关文风会风持续改进。

二是坚决防止“四风”问题反弹。召开交通运输行业加强作风建设电视电话会议，深入查摆交通运输行业作风建设存在的突出问题和表现，提出整改工作任务，对甘肃省交通运输厅、长江海事局、规划研究院和运输服务司等单位落实行业作风会议情况进行专项督查。甘肃折达公路考勒隧道工程质量问题曝光后，部党组高度重视，采取“零容忍”态度，对甘肃折达公路考勒隧道工程质量问题实施挂牌督办，现场督导整改。

三是深入开展专项治理。严肃查处和纠正贯彻党中央、部党组脱贫攻坚决策部署不到位、弄虚作假问题，严肃查处贪污挪用、截留私分、虚报冒领、强占掠夺等行为，开展扶贫领域腐败和作风问题专项治理。部署开展交通运输部系统企事业单位违规公款吃喝、违规发放津补贴、异地交流干部生活待遇违规、违规公款支付干部职工各种在职学历教育费用、基层执法领域“吃拿卡要”等五个方面突出问题专项治理，在自查抽查中发现并整改问题，推动部属单位制定修订规章制度。

八、严格日常教育监督管理，全面加强纪律建设

党组把加强纪律建设作为全面从严治党的治本之策，坚持把纪律挺在前面，深化运用监督执纪“四种形态”，抓早抓小、防微杜渐。

一是开展经常性纪律教育。深入开展党章党规党纪学习教育，围绕学习领会习近平新时代中国特色社会主义思想和党的十九大精神、新修订的《中国共产党纪律处分条例》《中国共产党支部工作条例（试行）》等党纪党规，组织开展党的基本理论、路线方针政策等知识测试。在元旦、春节、清明、端午、中秋、国庆等重要时间节点，通过短信、微信、印发文件等形式，重申中央八

项规定精神要求，及时警示提醒。

二是开展典型案件警示教育。组织召开部党风廉政警示教育大会，通报违纪违法案件，用身边的事教育身边的人。督促发生党员领导干部违纪违法案件的部门和单位开展警示教育，召开汲取案件教训专题民主生活会。组织全系统开展集中警示教育月活动，通过观看警示教育片、参观廉政教育基地、讲廉政党课、典型案例分析等多种形式，营造了浓厚的崇廉尚廉文化氛围，进一步强化了广大党员干部纪律规矩意识。

三是强化日常监督。制定印发《交通运输部部属单位纪检机构履行全面从严治党监督责任暂行办法》《中共交通运输部党组关于贯彻落实深化中央纪委国家监委派驻机构改革要求的实施意见》，不断完善监督制度体系。加强对党员干部遵守党章党规党纪情况的日常监督检查，督促谈话函询作了结处理的党员干部在民主生活会（组织生活会）上作出说明、开展批评与自我批评。

九、压紧压实全面从严治党责任，深入推进党风廉政建设和反腐败斗争

党组始终保持反腐高压态势，把反腐触角拓展至交通运输工作的各领域全过程，坚持有案必查、有腐必惩，层层传导压力，狠抓责任落实，不断健全完善不敢腐、不能腐、不想腐的体制机制。

一是认真研究部署。贯彻落实十九届中央纪委二次全会精神，组织召开交通运输部系统党风廉政建设工作会议，制定印发《交通运输部2018年党风廉政建设和反腐败工作要点及任务分工》，部署全年党风廉政建设和反腐败工作，进一步明确重点任务，细化责任分工，按月开展督查。

二是完善责任体系。严格各级党组织书记第一责任人职责，强化班子成员“一岗双责”，大力支持纪检机构发挥专责监督作用。指导部属单位成立党建工作领导小组，推动全面从严治党责任全覆盖、层层传导，落实到基层支部。

三是加强对权力的制约和监督。持续深化“放管服”改革，深入推进“双随机一公开”监管，推行权力清单和责任清单，推进行政许可标准化规范化建设，坚决防止权力滥用。强化对权力流程的控制，压缩自由裁量空间，杜绝各种暗箱操作，把制约和监督落实到权力运行的全过程、各环节，最大限度减少权力寻租空间。

四是巩固发展反腐败斗争压倒性态势。坚决落实“坚持无禁区、全覆盖、零容忍，坚持重遏制、强高压、长震慑，坚持受贿行贿一起查”的要求，大力支持纪检机构查办案件。

五是大力推进行业扫黑除恶专项斗争。坚决贯彻中央决策部署，收集梳理涉黑线索并移送政法机关，配合公安机关办理案件，取得阶段性成效。

2018年，交通运输部党组推进全面从严治党取得了新成绩，同时也清醒认识到，工作中还存在一些问题和不足：一是个别党组织和党员干部政治站位有时还不够高，对落实“两个责任”的重要性、紧迫性的认识有待加强，部分基层党组织建设需要进一步加强，推动全面从严治党力度层层衰减现象依然存在。二是一些党员领导干部思想业务素质和工作作风不适应新时代中国特色社会主义发展需要，标准不高、能力不强、作风不硬、成效不突出的问题还普遍存在。三是“四风”问题“树倒根存”，违反中央八项规定及其实施细则精神的问题仍未根绝，不敢腐、不能腐、不想腐的有效机制尚未完全建立，教育监督管理还有薄弱环节。四是有的党组织开展问责的主动性、积极性、及时性不强，存在追究当事人直接责任多、追究领导责任少、追究分管领导责任多、追究主要领导责任少等情况，有的对开展党内问责程序的把握还不够清楚。

第二节　交通运输部系统党的工作

2018年，在部党组的坚强领导下，交通运输部系统各级党组织坚持以习近平新时代中国特色社会主义思想和党的十九大精神为指导，牢固树立“四个意识”，坚定“四个自信”，坚决做到“两个维护”，深入贯彻新时代党的建设总要求，坚持以党的政治建设为统领，推进党的工作取得新进展，为服务全面建成小康社会、建设交通强国提供了坚强保证。

一、坚持以政治建设为统领，坚决做到“两个维护”

一是严明党的政治纪律和政治规矩，积极推进“模范机关”建设。深入贯彻中央和国家机关党的政治建设推进会精神，及时传达习近平总书记重要指示精神和会议部署要求，组织完成党的政治建设工作情况自查工作，组织开展加强党的政治建设研究工作，推动细化落实措施，践行“一个带头”“三个表率”，建设让党中央放心、让人民群众满意的模范机关。组织开展习近平总书记重要指示批示贯彻落实情况“回头看”，按月督查习近平总书记等中央领导同志重要批示落实情况。组织制定贯彻落实党的十九大以来党中央重要会议精神任务分工，纳入部年度重点目标任务，实施“一本账”督查。全力配合中央第九巡视组开展脱贫攻坚专项巡视，配合巡视组下沉调研和推动“立行立改”。严格落实请示报告制度，组织起草部党组向党中央报送的专题请示报告。督促落实部党组关于维护党中央集中统一领导的规定，进一步严明政治纪律和政治规矩。

二是严肃党内政治生活，加强党员干部党性锻炼。尊崇党章，严格执行新形势下党内政治生活若干准则。组织起草《交通运输部党组工作规则（修订稿）》和部党组“三重一大”决策事项清单，督促各单位党委（党组）规范议事决策程序。组织起草部党组贯彻《中国共产党党务公开条例（试行）》实施细则和部党组党务公开目录并抓好组织落实。突出政治态度和政治要求，按季度督查落实部党组民主生活会整改工作，督促落实民主生活会、领导干部双重组织生活、组织生活会等制度，提高党内政治生活质量。按照部党组部署，以“激励党员干部新时代新担当新作为”为主题，组织开展“七一”党性分析。

三是聚焦“六个围绕、一个加强”，组织完成政治巡视任务。组织起草部党组巡视工作规划（2018—2022年），研究未来五年重点任务。坚持查找问题与推动整改同向发力，组织实施十九大后部党组巡视工作，对部属单位党委（组）进行常规巡视。指导海事、长航、救捞和船级社等单位制定年度巡察工作要点，建立工作制度，健全机构队伍，启动巡察工作，健全巡视巡察上下联动的监督网。

二、坚持用习近平新时代中国特色社会主义思想武装头脑，持续在学懂弄通做实上下功夫

一是组织开展大学习大调研活动，持续推进“两学一做”学习教育常态化制度化。组织完成部党组理论学习中心组集体学习、部党组成员十九大精神专题宣讲相关工作；督促部属各单位完成党委（党组）理论学习中心组集体学习，邀请部党组成员带队开展了现场督导。组织举办深入学习习近平新时代中国特色社会主义思想和党的十九大精神培训班，对处以上干部进行全覆盖式轮训，督促各单位专题培训。编印《习近平关于交通运输论述摘编》《“四好农村路”理论与实践》等特色教材。组织完成党的建设专项调研，扎实做好“不忘初心、牢记使命”主题教育准备工作；

组织完成战略性调研、专题调研和若干对策性研究，为交通强国建设实施纲要等重大政策制定提供有力支撑。

二是督促落实意识形态责任制，坚持和加强党对意识形态工作的全面领导。推动人民交通出版社、中国交通报社适应文化企业改制需要，建立董事会、监事会和高管层法人治理结构。指导大连海事大学党委完成换届，督促大连海事大学和部管理干部学院严把教学、工作关口。在交通运输职业教育教学指导委员会下增设思想政治工作指导委员会，加强对行业职业院校思想政治工作的领导。组织举办23场例行发布会，主动回应社会关切、凝聚社会共识；针对“桑吉”轮碰撞燃爆事故、“3·15”晚会公路标线问题曝光、折达公路考勒隧道质量问题等热点，编发舆情日报、专报，切实做好舆情监测和应对宣传。

三是加大正面宣传力度，凝聚行业发展正能量。组织学习宣传贯彻习近平总书记关于“四好农村路”“两路”精神以及会见“中国民航英雄机组”、港珠澳大桥建设者代表时的重要讲话精神。培树“时代楷模”曲建武和“雪线邮路驾驶员”其美多吉。开展“感动交通十大年度人物”推选宣传和“两周一星”专题报道，评选表彰全系统200名优秀共产党员、98名优秀党务工作者、100个先进基层党组织。组织学习中央庆祝改革开放40周年大会精神，组织参观“伟大的变革——庆祝改革开放40周年大型展览”，策划实施“畅行高速公路 共话改革发展”等系列交通成就展示活动，开展“我与改革开放共成长”征文和“党组织书记笔谈党的建设成就”活动，出版党建工作文集，举办系列丰富多彩的群团活动，坚定党员干部和职工群众听党话、跟党走的信心和决心。

三、全面贯彻新时代党的组织路线，着力提升基层党组织的组织力

一是突出政治标准选人用人，建设忠诚干净担当的干部队伍。组织召开部组织人事工作会议，部署今后一个时期的重点工作。组织起草部党组关于进一步加强干部队伍建设的意见、关于加强领导干部队伍本领建设的意见，完善政策措施。坚持在脱贫攻坚一线、边远艰苦岗位、急难险重任务中摔打锻炼干部，选派干部参与扶贫支援，接收贫困地区干部到部机关挂职锻炼，组织干部轮岗交流。组织起草关于进一步激励交通运输系统广大干部新时代新担当新作为的实施意见，实化激励措施；稳步推进部属单位养老保险、绩效工资改革，协调解决干部进京落户和两地分居问题，严格落实干部带薪休假制度，关心干部身心健康，加强干部职工建言献策工作、听取意见建议，凝聚干事创业强大动能。

二是围绕建设交通强国目标，打造高素质专业化人才队伍。发挥部人才工作领导小组作用，统筹推进铁路、公路、水路、民航、邮政各领域人才工作。制定实施《部党组联系服务专家办法》，加强交通强国建设人才队伍支持保障体系研究。积极申报推荐国家“千人计划”“万人计划”“全国技术能手”，组织开展青年科技英才评选，举办第十届全国交通运输行业职业技能大赛，持续深化职称制度改革，营造行业人才创新创业良好氛围。推荐干部成功竞聘亚太经高级职位。选派干部赴海南、雄安和黑龙江挂职锻炼。研究成立部教育工作领导小组，推进大连海事大学“双一流”建设，遴选高水平优质交通运输职业院校，精准实施教育扶贫，建立扶贫挂职干部培训体系，启动新一轮职业院校对口援疆帮扶行动。

三是着力提升基层党组织的组织力。着力健全基层组织体系，落实深化党和国家机构改革、事业单位分类改革、国企改革等要求，推动优化党组织设置。在机构改革转隶过程、脱产培训班、出国（境）团组中设立临时党支部，确保党的组织和党的工作全覆盖目标。深入贯彻《中国共产党支部工作条例（试行）》，严格落实“三会一课”、民主评议党员等组织生活制度，推动支部工作信息化、全过程管理，加强党支部标准化、规范化建设。深入开展主题联学活动，“一部三局”机关党委深入北京大兴国际机场、通信信息中心带头联学，示范推动基层党支部强化联学共建、互学互促。总结推广福建高速公路工地党建经验，提炼示范支部工作法，引领带动提升党支部建设水平。强化党建基础工作，严格党员发展工作，规范党组织关系接转手续。加强经费保障和规范管理，助力部脱贫攻坚工作，支持驻村第一书记开展党建活动。指导基层党组织按期换届、及时补选，对基层党支部书记进行集中轮训。强化党内关怀帮扶，组织开展生活困难党员、老党员、老干部走访慰问工作。

四、驰而不息纠治“四风”问题，扎实推进作风建设

一是严格落实中央八项规定及其实施细则精神。精简文件简报，简化会议报道，规范考察调研、重大专项工作新闻报道。大兴调查研究之风，部党组成员带队深入基层一线调研。组织完善《党政机关厉行节约反对浪费条例》配套制度。规范出国出访活动，部机关厅局级及以下党政干部出国团组计划同比压缩10%。严肃查处违反中央八项规定精神问题，及时通报曝光，持续形成震慑。

二是深入开展突出问题专项治理。组织召开全国交通运输行业加强作风建设电视电话会议，查摆突出问题及其表现，明确整改任务，抓好督查落实。开展交通扶贫领域腐败和作风问题专项治理，印发实施方案，针对责任落实不到位、工作措施不精准、项目和资金管理不规范等问题，督促各地交通运输部门落实主体责任。组织开展企事业单位违规公款吃喝、违规发放津补贴、违规提高异地交流干部生活待遇、违规公款支付干部职工各种在职学历教育费用、基层执法领域“吃拿卡要”等五个方面突出问题专项治理，整改问题并推动完善规章制度。

三是扎实推进惠民便民措施，着力增强群众获得感。推进实施交通运输更贴近民生实事。组织制定保障道路、水路、客运领域军人依法优先出行有关事项，确保军人有关优先服务。组织制定优化交通运输行政审批工作举措清单，推动18项许可事项审批时限压缩一半，将交通建设项目部内审批时间“再砍一半”。推进行政许可网上办理，部分事项实现“最多跑一次”。

五、加强纪律建设，坚定不移加强反腐败斗争

一是加强经常性纪律教育。认真贯彻习近平总书记重要批示精神，全面落实《中共中央办公厅关于陕西省委、西安市委在秦岭北麓西安境内违建别墅问题上严重违反政治纪律以及开展违建别墅专项整治情况的通报》要求，严明政治纪律和政治规矩。研究起草《交通运输部国家工作人员宪法宣誓实施办法》，组织相关干部参加宣誓，强化依法从政意识。传达学习中央和国家机关警示教育大会精神，组织开展警示教育月活动，筹备召开党员干部警示教育大会，通报违纪违法干部，责令相关单位党组织召开汲取典型违纪案件教训专题民主生活会，强化惩处震慑作用。

二是严格日常监督管理。坚持抓早抓小、防微杜渐，使“咬耳扯袖”“红脸出汗”成为常态。组织处级以上干部报告年度个人有关事项并重点抽查核实，约束规范公职人员辞职后的从业行为。组织部属单位开展了“一报告两评议”。严把“党风廉政意见回复”关，切实发挥纪检组织在干部提拔任职、因私出国（境）、评优评先中的审核把关

作用。严格落实党员干部离开工作所在地报备制度，积极推进廉洁家风建设，加强党员干部八小时之外的监督。

三是保持惩治高压态势。把握运用监督执纪“四种形态”，加大惩处力度。大力推进行业扫黑除恶专项斗争，收集梳理涉黑线索并向政法机关移送，配合公安机关办理案件。

四是健全权力运行监督体系，深化标本兼治。深化交通运输“放管服”改革，取消部分中央指定地方实施行政许可事项，推动部分交通许可事项纳入国务院“证照分离”改革目录，明确国务院取消的行政许可事项的事中事后监管举措。巩固清理规范行政处罚行政检查工作成效，前往部分省市暗访，对发现的问题进行通报并责成相关单位核查处理。加强“双随机、一公开”抽查监管，将“随机抽查事项”从2015年的10项扩大到40项。积极推进行政许可网上办理，配合发改委调整了市场准入负面清单。深化交通运输综合行政执法改革，起草完成改革指导意见和综合执法事项指导目录。加强领导干部经济责任履行情况的审计监督。组织制定《交通运输统计管理规定》，初步建立交通运输统计数据质量责任清单，成功实施企业统计一套表联网直报试点，实现“一数到部、多级监管、全程留痕、共享共用”。建立重要数据会审机制，加大考核力度，确保统计数据真实可靠。

六、健全党建工作制度机制，压实管党治党责任

一是健全党建工作制度机制。紧跟中央党内法规制度建设工作进展，起草完成《中共交通运输部党组贯彻落实新时代党的建设总要求 推动全面从严治党向纵深发展的意见》等多项党内法规制度。起草部党组贯彻落实《中共中央办公厅关于深化中央纪委国家监委派驻机构改革的意见》的实施意见，推动落实《党组讨论和决定党员处分事项工作程序规定》，健全纪检工作机制。指导制定部直属机关“两委”常委述职、委员报告工作、直属机关党代会代表任期履职办法，完善履职机制。

二是严格落实全面从严治党责任。组织起草部年度党建工作要点、部党风廉政建设和反腐败工作要点，明确任务分工，抓好督促落实。组织实施基层党组织书记述职评议和基层党建工作考核工作，坚持落实“延伸一级督查，抓深一层落实”督导机制，督促落实全面从严治党责任。坚持失责必问、问责必严，针对发生的干部选任问题，责令相关单位党组织作出深刻检查，对涉案干部作撤职、警告和批评教育处理；针对监督落实中央八项规定精神不力问题，分别对相关单位负责人进行诫勉谈话。

三是加强党务干部队伍建设。组织基层党组织书记和党务干部参加上级举办的党建业务培训班，提升政策理论水平和履职能力。推动健全党务干部和业务干部轮岗交流工作机制，组织党务干部参加部党组巡视工作、接受政治历练。

一年来，交通运输部加强党的政治建设工作成效得到了工委充分肯定，《党建》《紫光阁》等媒体刊发交通运输部做法，推选交通运输部在中央和国家机关党的政治建设推进会上作了交流发言。部巡视工作得到中巡办肯定，先后两次代表中央单位作交流发言。

第三节 国家铁路局系统党的工作

一、以政治建设为统领，坚定政治方向

（一）树牢“四个意识”，坚决做到“两个维护”

认真贯彻落实国家铁路局党组关于维护党中

央集中统一领导的规定，教育引导广大党员干部增强“四个意识”，坚定“四个自信”，坚决维护习近平总书记党中央的核心、全党的核心地位，坚决维护党中央权威和集中统一领导，把准政治方向，提高政治能力，在思想上、政治上、行动上同以习近平同志为核心的党中央保持高度一致，自觉在党中央集中统一领导下履行职责、开展工作。

（二）加强党的领导，强化统筹部署

根据中央和国家机关工委印发的新时代全面从严治党工作意见、局党组的工作部署以及交通运输部直属机关党委下发的工作要点，制定印发局直属机关党建、纪检、宣传思想等工作要点。严格落实党建工作责任制，完善党组织书记负总责、分管领导分工负责、党建工作部门推进落实、部门负责人“一岗双责”的责任体系，确保党建工作统一领导、统筹规划、有效落实。所有党组织和全体党员牢固树立“一盘棋”意识，齐心协力、步调一致开展工作，形成合力。

（三）严肃党内政治生活，营造良好政治生态

严格执行《关于新形势下党内政治生活的若干准则》，认真执行重要事项请示报告制度，着力增强党内政治生活的政治性、时代性、原则性、战斗性，严明党的政治纪律和政治规矩，坚定“五个必须”，严防‘七个有之”。认真落实党员领导干部双重组织生活制度，发展积极健康的党内政治文化，营造良好政治生态。

二、以宣传教育为抓手，加强思想武装

（一）扎实开展政治理论学习

一是认真组织抓好两级理论学习中心组学习。修订印发《国家铁路局贯彻落实〈中国共产党党委（党组）理论学习中心组学习规则〉实施办法》《国家铁路局局属单位贯彻落实〈中国共产党党委（党组）理论学习中心组学习规则〉实施办法》，进一步强化两级理论学习中心组学习管理。

二是深入抓好习近平新时代中国特色社会主义思想和党的十九大精神学习，在着力推动党员干部学懂弄通做实上下功夫。组织编印党的十九大精神学习参考资料7册，编发《组织人事工作简报》6期，组织参加中央和国家机关工委组织的学习习近平新时代中国特色社会主义思想和党的十九大精神报告会10场次。

三是认真执行组织生活日（党日）、学习园地小板报、学习体会批阅等制度。先后组织党员干部围绕专题，撰写学习体会，并开展3次学习交流。认真落实批阅制度，局党组书记阅批学习体会107份，其他党组成员阅批学习体会374份。

（二）围绕中心任务，广泛开展宣传思想工作

全年累计报送情况专报12期，刊发政务微信97期，开设“历史的见证——铁路四十年鎏金岁月”微信专刊、连续发布20期。修订印发意识形态工作责任制实施细则，每半年向党中央专题报告工作情况。举办“巨大的变迁——改革开放40年我与国”故事会和“改革开放好”——国家铁路局庆祝改革开放40周年书画摄影展。组织开展宪法学习宣传实施专项督查、“学用新思想笔谈千字文”“五网联合”专题宣传、“新时代全面从严治党进行时——中央和国家机关学懂弄通做实党的十九大精神”等主题活动，进一步促进全员牢固树立宪法意识、努力践行社会主义核心价值观。

三、以提升组织力为重点，夯实党建基础

（一）规范党的组织生活

严格执行党的组织生活制度，认真召开年度

基层党组织民主生活会、组织生活会和民主评议党员；针对形式主义、官僚主义以及巡视巡察工作召开专题民主生活会，召开“不忘初心　重温入党志愿书”专题组织生活会；以组织生活日（党日）为抓手，提高“三会一课”质量，落实谈心谈话、主题党日等制度；被中央组织部组织一局确定为落实组织生活制度的联系点后，每月定期报告落实情况。组织召开直属机关党员大会，选举产生出席交通运输部直属机关第三次党代会代表。

（二）推进基层党组织建设的标准化规范化

牢固树立党的一切工作到支部的鲜明导向，进一步选优配强基层党组织班子，推进直属机关党的基层组织按期换届工作。制定《国家铁路局党的组织党务公开实施细则（试行）》，进一步规范党务信息公开。制定《中共国家铁路局直属机关委员会党费收缴、使用和管理办法》，进一步规范党费使用和管理。严肃认真开展党组织书记抓基层党建述职评议考核工作和全面从严治党“两个责任”检查，修订完善《国家铁路局基层党建工作考核办法》。

（三）加强党员队伍建设

举办基层党组织书记培训班，组织8名同志参加交通运输部入党积极分子和发展对象培训班，组织近3年来发展党员参加党的理论学习培训，组织党务工作人员参加主题联学活动。开展迎“七一”系列活动，召开“两优一先”代表座谈会，大力表彰先进典型，进一步激发党员干部干事创业的热情。

四、以监督执纪为要务，强化作风纪律建设

（一）驰而不息纠正“四风”

针对“痕迹管理”“文山会海”等问题有所反弹的实际，提出了进一步精简会议、文件，切实改进学风会风文风等规定，并严格落实。持续关注监督检查、行政许可、行政执法等重点环节，强化纪律和警示教育，加大对制度执行情况的督查力度。组织开展干部违规多占住房、事业单位违规公款吃喝、基层执法人员吃拿卡要、异地交流干部生活待遇违规等问题专项治理。深化运用监督执纪“四种形态”，注重抓早抓小、防微杜渐。

（二）抓实经常性纪律教育

利用政府网站、微信、宣传橱窗等平台，宣传解读廉政规定，编印典型案例汇编，加强正面宣传和舆论引导。通过微信平台发布“廉声纪语”98期。组织开展廉政警示教育系列活动，召开警示教育大会，指导局属单位通过多种形式开展警示教育，坚持谈心谈话制度，及时敲响警钟，促进党员干部不断提高自律意识。

（三）加强日常监督

建立领导干部“廉政档案活页夹”，及时更新掌握领导干部廉政信息。紧盯年节假期，坚持廉洁提醒。建立局属单位选拔任用处级干部征求上级纪检机构党风廉政意见制度。组织落实局党组向事业单位派驻纪检组长制度试点工作。

（四）严肃执纪审查工作

规范问题线索管理，建立问题线索集中管理和集体排查制度。督促发生领导干部违纪问题的局属单位及时召开反思违纪案件教训专题民主生活会。通过对信访举报问题线索的系统分析，提请相关单位改进工作方式方法，加强行业监管和行政许可工作，提高行政许可和监督管理水平。

（五）注重发挥巡视利剑作用

制定局党组《巡视工作规划（2018—2022年）》，制修订《国家铁路局贯彻落实党组书记听取巡视汇报情况报备制度的实施办法》《党组巡视工作实施办法》。对首轮政治巡视14个局属单位分党组（党委）时发现的问题，逐项销号、督办。认真组织2018年巡视巡察工作任务，协调驻交通运输部纪检监察组选派专业干部参加巡视巡察组，编印巡视工作手册，

开列巡视巡察清单，对7家局属单位开展政治巡视，对8个局机关党支部开展政治巡察。

五、以群团工作为载体，凝聚工作合力

广泛开展"平安高铁"科普普法宣传活动和"服务群众、服务基层"主题实践专项工作。先后开展诗歌朗诵会、青春故事会、健步行、职工乒乓球比赛、篮球比赛等多种文体活动，切实发挥联系群众的桥梁纽带作用，有力增强干部职工的归属感和凝聚力。

第四节　中国民用航空局系统党的工作

2018年，中国民用航空局直属机关党委（思想政治工作办公室）按照部直属机关党委和中国民用航空局党组关于全面从严治党工作的各项部署要求，认真履行职责，紧紧围绕深入学习宣传贯彻党的十九大精神这条主线，坚持以政治建设为统领，全面推进党的各项建设，不断提高党建工作质量，各项工作取得新的进展。

一、牢固树立"四个意识"，突出抓好党的政治建设

认真履行管党治党政治责任，协助局党组抓好《关于维护党中央集中统一领导的规定》的贯彻落实，第一时间组织传达学习习近平总书记系列重要讲话和批示指示精神，抓好贯彻落实，做到"两个坚决维护"。严格执行请示报告制度，对局党组年度工作情况、落实意识形态责任制情况、学习贯彻中央领导同志对民航工作重要批示指示情况，以及涉及民航安全改革发展中的重大事项等，及时起草文件，主动地向上级党组织请示或报告。抓好各部门各单位党委书记、纪委书记（纪检组长）述职评议考核工作，传导工作压力，推动责任落实，确保中央各项决策部署在民航系统得到全面贯彻落实。

二、强化思想引领，认真抓好习近平新时代中国特色社会主义思想和党的十九大精神学习贯彻

严格落实党组中心组学习制度，全年围绕党章、宪法、党的政治建设、习近平总书记会见"中国民航英雄机组"重要指示精神等专题，组织专题研讨6次，通过党组织传达学习中央有关文件和会议精神23次。对开展处级以上领导干部学习贯彻习近平新时代中国特色社会主义思想和党的十九大精神学习培训情况进行督查，督促指导各单位抓好学习培训任务落实，做到全覆盖。指导督促各部门各单位深入学习党的十九届二中、三中全会精神，认真学习《习近平谈治国理政（第二卷）》《习近平新时代中国特色社会主义思想三十讲》等权威读本。突出抓好习近平总书记对民航安全工作重要批示和接见"中国民航英雄机组"时重要指示精神的学习宣传贯彻，第一时间做出部署，召开表彰大会，编印学习读本，通过领导带头宣讲等多种方式，迅速兴起学习热潮，进一步统一了全行业的思想和行动，极大鼓舞了士气。

三、狠抓基层基础，务实推进基层党组织和党员队伍建设

严格执行新形势下党内政治生活若干准则，严肃党内生活，指导各部门各单位基层党组织严肃认真开展好2017年度民主生活会、组织生活会和民主评议党员工作，直属机关被约谈函询的党员干部，均在民主生活会上作出说明。落实基层党组织换届选举制度，推动任期届满的基层党组织完成换届。认真组织开展"两优一先"评选表彰工作，局直机关6名优秀共产党员、

5名优秀党务工作者和5个先进基层党组织受到部党建工作领导小组办公室表彰。严格“三会一课”制度，推广主题党日等有效做法，党内生活质量明显提升。

四、严格执行中央八项规定精神，狠抓作风建设

建立元旦、春节等关键时间节点进行廉政提醒机制，不定期地对贯彻执行八项规定情况进行监督检查，组织开展落实八项规定精神要求自查自纠，严肃查处违反中央八项规定精神问题。贯彻习近平总书记关于作风建设的重要批示精神，对民航系统官僚主义、形式主义进行调研梳理，形成专题报告，认真抓好整改。扎实组织开展了国内公务接待违规违纪问题、违规发放津贴补贴和乱发奖金问题、基层执法人员吃拿卡要问题、异地交流干部生活待遇违规问题、空勤公务员违规取酬问题等5个专项治理，取得明显成效。

五、加大监督执纪力度，严明党的各项纪律

认真做好民航系统的信访举报件处置工作。严格按照程序、党员隶属关系和干部管理权限进行分类处置。认真学习贯彻中央和国家机关警示教育大会精神、通报中央和国家机关党员领导干部违纪违法典型案例，经常性开展警示教育。对苗头性、倾向性问题早发现早提醒，对查结的违纪违法案件，坚持在本单位开展警示教育，召开专题民主生活会，组织党员干部对照反思，举一反三、吸取教训。

六、不断深化政治巡视巡察，发挥利剑作用

具体负责组织修订《中共民航局党组巡视工作办法》，制定民航局党组《巡视工作五年工作规划》《巡视组工作规则》《关于各地区管理局和直属单位党委建立巡察制度的意见》等五项制度，初步构建起民航系统巡视巡察制度体系。组织开展了十九大后首轮巡视，组成4个巡视组，对6个单位进行了巡视，对2个单位进行了“回头看”，共发现问题线索191个，反馈问题181条，提出意见建议46条，较好地发挥巡视巡察利剑作用。指导部分单位开展巡察工作，建立起巡视巡察上下联动的监督网。

七、严格落实意识形态责任制，做到守土有责、守土负责

加强意识形态阵地建设和管理，强化工作指导和督促检查，确保各类阵地可管可控。大力支持民航报社改革发展，稳妥推进民航报社、民航出版社公司制改革，会同有关司局研究制定支持民航报社、出版社发展壮大的六条措施，发挥好报社、出版社民航新闻宣传工作的主渠道、主阵地作用。加强和改进高校思想政治工作，举办两期民航院校思想政治工作专题培训班，召开学员座谈会，交流工作经验，进一步提高做好新时代民航院校思想政治工作的能力和水平。做好“扫黄打非”工作，切实维护意识形态安全。

八、扎实做好共青团和青联工作，聚焦青春力量

深化争做当代民航精神“青春代言人”活动，广泛开展向“中国民航英雄机组”学习活动，着力强化思想政治引领。广泛开展“青春创客赢”主题活动，成立民航青年创新战略联盟，进一步拓展“青春”系列活动平台。深入开展青年文明号创建，大力推进民航青年志愿服务工作，引导广大青年不断提高真情服务能力，着力服务民航品质发展。扎实推进民航青年岗位体验式交流活动常态化制度化，完善以青年讲堂、青年加油站等活动为载

体的青年素质提升体系，以职业技能竞赛、导师带徒等活动为载体的青年技能提升体系，以推优入党、青年五四奖章评选等为载体的青年选优树先体系，努力使共青团在青年中更加“有感”“有为”“有位”。制定团支部工作手册，开展基层团建分类推进交流活动，举办“主题团日活动”展示交流，切实加强基层团组织自身建设。组团参加工会十七大和共青团十八大，4名同志当选全总执行委员，1名同志当选共青团中央委员，2名同志当选候补委员。

第五节　国家邮政局系统党的工作

2018年，国家邮政局深入学习贯彻习近平总书记关于党的政治建设的重要论述特别是对推进中央和国家机关党的政治建设的重要指示精神，在中央和国家机关工委、交通运输部党组和国家邮政局党组的正确领导下，以政治建设为统领，把全面从严治党各项要求落实到党建工作全过程各方面，围绕中心、建设队伍，推动系统党建科学化水平进一步提高，为邮政业改革发展提供了坚强有力的政治保证。

一、党建工作的政治属性得到进一步增强

一是旗帜鲜明讲政治。各级党组织认真落实国家局党组《关于维护党中央集中统一领导的规定》，始终把党的政治建设摆在首位，牢固树立“四个意识”，坚定“四个自信”，做到“四个服从”，坚决做到“两个维护”。严格执行《关于新形势下党内政治生活的若干准则》，严格落实民主生活会、组织生活会制度，不断增强党内政治生活的政治性、时代性、原则性、战斗性。

二是严格执行见行动。7月，习近平总书记对中央和国家机关推进党的政治建设作出重要指示后，国家邮政局党组第一时间印发《学习贯彻习近平总书记关于推进党的政治建设重要指示精神进一步加强邮政管理系统党的建设的通知》，创新开展“五个一”系列活动，该项工作获得杨传堂同志“很好，闻风而动，务实管用”的批示肯定；不断加强对全系统政治纪律和政治规矩执行情况的日常监督。

三是加强领导有实招。国家邮政局党组全年专题研究党建工作21次，及时印发实施系统党建、党风廉政等工作纲要，听取汇报、作出要求、重点督查、总结部署，坚持程序化推进、闭环式管理，把加强工作领导抓在实处、抓在日常，确保把党的领导和党的建设贯穿邮政管理工作各领域、全过程。

四是“两个责任”压到底。推动各级党组织强化抓党建的“主责、主业、主角”意识，严格落实“一岗双责”，坚持把党建工作和业务工作同谋划、同部署、同落实、同考核。推动各省局注重党建引领，切实履行职责，通过召开党建工作会议、党组会研究、签订责任清单、调研督导、联述联评联考等方式，促使党建工作成体系、有成效。

二、党建工作质量得到进一步提升

一是理论武装重实效。全行业全系统把学习宣传贯彻习近平新时代中国特色社会主义思想和党的十九大精神不断引向深入，充分发挥党组中心组示范龙头作用，国家邮政局党组中心组学习13次。持续推进“两学一做”学习教育常态化制度化，广泛开展“四级联学”、集中轮训、干部讲坛、主题党课、知识测试等形式多样的学习活动。积极运用互联网，推动国家局和22个省局党员干部积极应用“支部工作”APP与“党建云”“党建e先锋”“新时代e支部”等各类党建学习交流新媒体平台，实现线上学习教育和线下学习活动互促互补，

巩固学习成效。

二是一切工作到支部。树立强基层、打基础的鲜明导向，认真落实《中国共产党支部工作条例》《关于加强和改进中央国家机关党支部建设的意见》《中央和国家机关基层党组织党建活动经费管理办法》等精神，推进党支部建设标准化规范化，努力打造一支部一载体一特色，充分发挥基层党组织的战斗堡垒作用和党员先锋模范作用。各省（自治区、直辖市）局积极推行“五好六有支部”创建、红旗党支部创建、“B+T+X”支部建设体系、班子成员“五个在支部”、“五化”党支部建设等好模式、好做法，促进基层党组织全面提升。

三是干部队伍提能力。国家邮政局先后举办巡视、党务、纪检干部培训班，指导各省（自治区、直辖市）局自主或联合举办党建、纪检监察、精神文明建设等培训班，促进干部队伍提高能力素质。推动31个省局通过跨省联合办班、本省单独办班等方式，完成全系统党的十九大精神处以上干部集中轮训。

四是载体创新有活力。推动全系统各级党组织开展重温入党志愿书、集体过政治生日等“六个一”党建活动，各省（自治区、直辖市）局创新开展“四个档案”“亮身份树形象”“一联双促”“邮驿先锋”“书香邮管”“读原著强党性促改革”“新思想 青年新作为”“每日一题”、党员积分制、支部及党员星级评定、干部“五必谈”等学习实践活动。

三、党建工作的严实要求得到进一步彰显

一是严肃党内政治生活。推动各级党组织尊崇党章，严肃党内政治生活，严格落实民主生活会、组织生活会制度和党员领导干部参加双重组织生活制度，不断规范“三会一课”、党建述职评议考核等组织生活，指导8个省局和直属单位领导班子召开反思违规违纪案件教训专题民主生活会，营造风清气正的良好政治生态。

二是驰而不息整治“四风”。及时下发各类节日期间严格落实中央八项规定精神的通知，转发中央纪委对违反中央八项规定精神问题的通报，印发《关于严格规范出差人员交纳有关用餐费用的通知》，深入贯彻落实习近平总书记关于“纠正‘四风’不能止步，作风建设永远在路上”重要批示精神，通过部署安排和巡视监督，坚决纠正“四风”特别是官僚主义和形式主义。各省（自治区、直辖市）局开展“最多跑一次改革强服务强效能”作风建设专项行动、“25341”正风肃纪专项行动、“作风建设提升年”、整顿作风优化营商环境等专项工作。

三是扎实推进反腐败工作。深化落实“两个责任”，把握运用“四种形态”，加强监督执纪问责，落实驻部纪检监察组上半年监督执纪问责通报的问题和要求，认真开展受理范围问题线索的分类处置工作，加强对相关省局、地市局纪检工作重大问题的指导督办。加强纪律教育，召开全系统警示教育大会，通报18起全系统违纪违规案例，对有关党组进行通报问责。广泛开展廉政文化建设，把观看警示教育片、参观廉政教育基地等纳入党员经常性教育。严肃开展执纪审查，对巡视组移交的、群众反映的问题线索和受理的纪检信访件及时进行分类处置，依法依规管党治党。深入开展九个专项治理。

四、党建工作的职能任务得到进一步拓展

一是总书记指明方向。今年，习近平总书记对邮政业先后有7次重要指示精神，其中对快递小哥群体有4次，明确落到了党建和群团工作范畴，为今后一个时期的工作指明了方向、赋予了职责。下半年，国家邮政局会同共青团中央围绕贯彻落实习近平总书记重要讲话精神，

就联合推进快递业从业青年联系服务工作达成“1+3+N”合作框架，成立全国邮政行业共青团工作指导委员会，展开各项工作。同时，加强和全国总工会、中国国防邮电工会的对接，参照与团中央的合作框架做好顶层谋划部署，积极拓展党建工作格局。

二是非公党建显成效。树立“抓行业也要抓党建”的责任意识，把非公快递企业党建纳入国家局党组年度重点任务，以省局为单位进行任务量化分解，并以“一对一”形式下发督办函方式督促落实，推动省局完成年度任务。以省局和品牌快递企业为单位，对全行业党的组织和党员动态数据进行了3轮次摸底统计，并初步建立了数据库。目前，全国非公快递企业成立党组织共510个，覆盖党员共2.88万余名。在掌握基本情况、深入基层调研的基础上，形成《中共国家邮政局党组关于非公快递企业党建工作情况的报告》，向中央办公厅、中央组织部、中央和国家机关工委做了专题报告。该报告获得杨传堂同志批示肯定：快递企业非公党建“艰难而又卓有成效进步”，提出“要有足够的耐心，必须久久为功”要求。加强对非公党建进行了集中宣传报道，形成良好氛围。

三是巡视巡察敢担当。按照国家邮政局党组要求，积极履行巡视工作职责，高质量完成对15个省局党组巡视监督，受到驻部纪检监察组充分肯定。对2016年中央专项巡视整改情况开展“回头看”，巩固和拓展巡视整改成果。积极推动各省局统筹开展巡察工作，建立巡视巡察上下联动的监督网。研究制定《中共国家邮政局党组巡视工作规划（2018—2022年）》，对未来5年巡视工作进行了顶层设计和统筹谋划。

四是党建研究作探索。在国家邮政局发展研究中心挂牌成立党建处，加强党建工作的智力支撑。为夯实党建和行业青年工作的基础性研究，协调全国政协委员组成调研组于12月赴江苏、浙江开展“快递小哥职业发展”主题调研，推动形成提案，通过制度化渠道为行业更好发展进行政策呼吁。联合团中央委托中国社科院社会学研究所实施“快递员生活状况及权益保护”课题研究，目前问卷调查和研究访谈已覆盖不同企业、不同区域、不同层级的1万余名快递员，后续将正式发布研究成果，并努力推动成果转化。

五、党建工作的制度机制得到进一步完善

一是顶层设计有突破。加强新时代党的建设顶层设计和整体谋划，制定印发《中共国家邮政局党组关于推动新时代全面从严治党向纵深发展的意见》，对全行业全系统党的建设作出管根本、管长远、管全面的制度设计。意见紧密结合实际，理清了工作关系，定准了工作定位，确定了邮政业党的建设“12365”工作布局，提出了阶段性重点工作，也对机构设置、人员选配、经费支持、工作机制等进行了明确。

二是重要文件抓贯彻。国家邮政局紧跟中央部署，先后制发了《中共国家邮政局党组贯彻执行〈中国共产党党务公开条例（试行）〉实施细则》及公开目录，以及局机关党委、纪委和各直属单位、司室党总支（支部）公开目录；制定实施《中共国家邮政局党组贯彻〈中国共产党问责条例〉的实施办法（试行）》；印发《中共国家邮政局党组关于深入学习宣传和贯彻落实〈中国共产党支部工作条例（试行）〉的通知》；部署全系统深入学习贯彻《中国共产党纪律处分条例》。

三是调研督导到一线。国家邮政局党组书记马军胜带头，党组成员深入15个省（自治区、直辖市）39个地市开展党建专题调研，并逐一撰写调研报告。指导各省局围绕党建深入开展“三访三创”“乡情微调研”、建立党建联系点、结亲

结对帮扶、回街乡“双报到”、“送卡到门”等工作，推动领导干部下沉基层、掌握动态、靠前指导。

四是分类分层抓指导。实行系统党建重点工作督办函制度和日常信息动态报送制度，依托3个覆盖省、市两级党务干部的新媒体工作群，保持即时、高效的工作沟通和在线指导，强化常态化指导。加强意识形态工作和党建宣传推广，依托国家邮政局一报一刊一网、六个公众号、两个政务发布平台的传播格局，深化媒体融合发展，分主题、分阶段推广好经验、好做法。把“抓总部、总部抓”作为重要工作手段，加强对11家重点企业总部的协调指导。

第十二章　精神文明建设

第一节　全国交通运输行业精神文明建设

一、交通运输部精神文明建设工作综述

2018 年，交通运输部精神文明建设指导委员会办公室深入贯彻习近平总书记关于宣传思想文化工作的重要论述，落实全国宣传思想工作会议、全国宣传部长会议、中共中央精神文明建设指导委员会全体会议精神，按照交通运输部党组决策部署，在交通运输部文明委领导下，深入推动全行业认真做好精神文明建设和新闻宣传工作。

（一）深入学习宣传贯彻习近平新时代中国特色社会主义思想和党的十九大精神

加强马克思主义理论宣传，推动习近平新时代中国特色社会主义思想深入人心。组织各单位认真学习《习近平谈治国理政》（第一、二卷），交通运输部党组中心组组织开展集体学习 14 次，把习近平新时代中国特色社会主义思想作为学习的首要任务和核心内容，联系实际深入思考，以实际行动抓好落实。部属各系统、各单位结合实际开展学习传达、教育培训和理论宣讲。

在全行业广泛开展大学习大调研活动，坚持理论联系实际，交通运输部机关组织调研约 200 次，部党组同志的多篇学习调研成果在《人民日报》《求是》等刊物发表，深入宣传解读交通运输行业学习领会和贯彻落实习近平新时代中国特色社会主义思想的体会和实践。

编写《习近平关于交通运输论述摘编》《以习近平新时代中国特色社会主义思想为指引奋力开启交通强国建设新征程》学习教材，出版《“四好农村路”理论与实践》《长江经济带战略学习资料汇编》，系统学习习近平总书记关于交通运输的重要论述。

把习近平总书记的重要指示精神转化为推动交通发展的强大动力，大力弘扬“两路”精神，联合中华全国总工会印发通知，部署全行业向“中国民航英雄机组”“中国民航英雄机长”学习。与中华全国总工会、国务院国有资产监督管理委员会等部门联合调研、宣传弘扬港珠澳大桥建设者先进事迹，鼓励全行业把非凡英雄精神体现在平凡岗位上，发扬逢山开路、遇水架桥的奋斗精神。

（二）优化行业精神文明建设和新闻宣传工作的顶层设计

加强组织领导。调整交通运输部文明委、文明办成员，杨传堂书记、李小鹏部长担任主任，刘小明副部长和国家铁路局、中国民用航空局、国家邮政局、中国海员建设工会相关负责同志担任副主任，壮大领导力量，强化工作合力。调整交通运输部新闻发言人办公室成员，法制司、综合规划司、运输服务司等业务司局相关同志担任专业新闻发言人，进一步提升了信息发布和政策

解读工作的针对性、时效性。

健全工作机制。加强“部省合作、部门协同、部企联动”，着力建设精神文明建设和新闻宣传工作“334体系”，不断加强新闻发言人、网络评论员和新闻宣传专家“3支队伍”建设，完善宣传资料库、报道线索库、引导口径库“3个库”，用好主题宣传、策划热点问题引导、突发事件应对、重大典型培树“4个协同机制”。

强化统筹协调。印发2018年精神文明建设和新闻宣传工作要点，对全年工作进行系统部署。加强与兄弟单位沟通，争取指导支持。组织部内司局、部属单位专题学习中央有关文件和会议精神，召开宣传思想工作座谈会、精神文明建设工作座谈会，进一步凝聚行业共识。

（三）努力确保交通运输领域意识形态态势平稳向好

认真落实党委（党组）意识形态工作责任制，牢牢把握正确政治方向、舆论导向、价值取向，开展意识形态专题督查，按照中央要求于1月底、7月底之前向中央报送了交通运输部党组意识形态工作责任制落实情况。

坚决防止突发事件、热点舆情转化为意识形态事件，稳妥有序做好伊朗籍油轮“桑吉”轮碰撞燃爆事故、甘肃折达公路考勒隧道工程质量事件、重庆公交车坠江事件以及收费公路政策调整、网约车监管、共享单车退押难等热点敏感舆情的处置引导工作。加强重点阵地管理，有序推进部管中央文化企业公司制改制工作，加强对部管报刊杂志的日常管理和监督检查。

开发建设交通运输网络风险监测预警平台，加强交通运输“两微一端”政务新媒体建设，开通官方抖音号，入驻8家新媒体平台，深化网上内容建设，壮大网上发声合力。配合中共中央宣传部、中共中央网络安全和信息化委员会办公室实施对网上不实信息的查堵，对经常散播交通运输领域不实信息的自媒体账号予以关闭。

（四）持续提升交通运输行业精神文明建设水平

继续部署全行业开展“爱岗敬业、明礼诚信”社会主义核心价值观主题实践，坚持不懈，久久为功。4月份在全行业组织开展“社会主义核心价值观主题实践教育月”，指导全行业在培育践行社会主义核心价值观中当好先行。

大力弘扬“两路”精神，培育新时代交通精神，组织召开“两路”精神理论研讨会，协调国家邮政局筹备发行“两路”纪念邮票，指导四川交通运输部门建设川藏公路纪念馆，进一步推动“两路”精神学习弘扬有形化、多样化。

做好行业群众性精神文明创建。大力加强现代文明交通建设，开展文明交通、文明出行宣传教育行动，提升公民出境旅游文明素质。组织交通运输行业公益广告大赛，建设交通运输行业公益广告库，部署全行业播发文明交通公益广告，连续6年联合教育部组织开展“水上交通安全知识进校园”活动，培育文明服务的行业风气和文明出行的社会风尚。组织开展“青年文明号活动开放周”，创建全国青年文明号，调动青年群体投身交通强国建设的热情。

二、国家铁路局精神文明建设工作主要举措与成就

（一）加强组织领导，精心做好精神文明建设工作部署

国家铁路局党组坚持把做好精神文明建设摆在重要位置，结合形势及任务要求，认真研究部署全年精神文明建设重点工作。坚持把党中央关于精神文明建设的各项要求落到实处，明确各个时期重点任务，强化责任落实。定期研究推进阶段性重点工作，形成组织有力、扎实推进精神文明建设的良好局面。始终把党的政治建设摆在首

位，树牢“四个意识”，坚定“四个自信”，坚决做到“两个维护”。深入贯彻落实习近平总书记对推进中央和国家机关党的政治建设重要指示精神，牢牢把握政治机关定位，做到“一个带头”，做好“三个表率”，推进“模范机关”建设。落实全面从严管党治党政治责任，以全员政治能力提升确保精神文明建设方向正确、取得实效。

（二）强化思想理论武装，推动习近平新时代中国特色社会主义思想深入人心

坚持把学习宣传贯彻习近平新时代中国特色社会主义思想和党的十九大精神作为首要政治任务。坚持和发展每月组织生活日（党日）制度，全年围绕学习习近平总书记重要讲话指示批示精神、党内法规制度等 91 项内容，开展政治理论学习 13 次。坚持学习体会阅批制度，局党组书记阅批局属单位分党组（党委）成员、局机关各党支部书记的学习体会 107 份，其他党组成员阅批分管部门党员干部和联系单位处级干部的学习体会 374 份，其他各级党组织书记阅批本单位普通党员的学习体会 875 份，有效把好政治关、思想关。深入学习领会习近平总书记在全国宣传思想工作会议上的重要讲话和会议各项部署要求，牢牢把握“举旗帜、聚民心、育新人、兴文化、展形象”的使命任务，坚持把坚定“四个自信”作为精神文明建设的关键，立足铁路行业和履职监管工作实际，抓紧抓实精神文明建设工作。

（三）深入推动社会主义核心价值观培育和践行

坚持把培育和践行社会主义核心价值观作为精神文明建设工作的基础工程和战略任务摆在突出位置，贯穿融入各项工作之中。围绕社会主义核心价值观 3 个层面着力，坚持立德树人、成风化人，不断深化拓展社会主义核心价值观建设。强化教育引导、实践养成、制度保障，使之成为全局党员干部的思想和行为自觉。

深入开展“社会主义核心价值观主题实践教育月”活动，更好推动文明执法、科学管理、主动服务、诚信履职。开展宪法学习宣传教育，大力弘扬宪法精神，提高法治思维，提升依法履职能力，把宪法、法律要求贯穿履职监管全过程、各方面。开展庆祝改革开放 40 周年系列活动，深入学习贯彻习近平总书记在庆祝改革开放 40 周年大会上的重要讲话精神，营造新时代改革发展氛围；组织推荐全国“改革先锋”表彰人选。推进作风转变，密切与人民群众和企业的联系，开展“服务群众、服务基层”主题实践活动，在铁路运输高峰期，组织干部深入铁路重点车站顶岗作业，展示行业监管部门良好形象。广泛开展“平安高铁”科普普法宣传活动，组织青年干部走进中小学校园普及高速铁路科技知识、铁路法律法规、铁路安全和文明出行常识。积极推动信用体系建设，制定印发《国家铁路局关于推进铁路行业信用体系建设的指导意见》《铁路运输服务质量监督信息公开办法》《铁路运输业信用管理暂行办法》，修改完善《铁路工程建设失信行为认定记录管理办法》。广泛开展诚信宣传，推动全社会“学信用、懂信用、用信用、守信用”，维护铁路运输良好秩序。

三、中国民用航空局精神文明建设工作主要举措与成就

民航系统主要做了五个方面的具体工作。

一是认真学习党的创新理论。把学懂、弄通、做实习近平新时代中国特色社会主义思想作为首要政治任务，注重发挥中国民用航空局党组理论中心组学习示范引领作用，督促指导各级党组织通过“三会一课”等多种形式，加强党的创新理论学习。

二是精心组织庆祝改革开放 40 周年系列活动。召开行业座谈会，编写《鲲鹏展翅　远举高飞》

文集。举办“砥砺奋飞新时代”“我看改革开放新成就”“通用航空发展成就展”系列展览、“立足小客舱、服务大世界”客舱文化展演，全面回顾民航改革开放生动实践，总结经验，坚定信心再出发。

三是大力弘扬英雄精神和当代民航精神。贯彻总书记9月30日会见“中国民航英雄机组”重要指示精神，下发学习通知，出台实施意见，明确19项任务，编印学习读本、拍摄专题片。通过报告会等多种活动向刘传健英雄机组学习。发挥群团组织作用，依托劳模大讲堂、“安康杯”劳动竞赛、技能比武、青年文明号创建等形式载体，深入开展学习实践活动，在全系统形成了“学习英雄事迹、弘扬英雄精神、将非凡英雄精神体现在平凡工作岗位上”的浓厚氛围。积极协助有关方面拍摄电影《中国机长》。积极参与推选2018年感动交通年度人物、2016—2017年度全国交通运输行业精神文明建设先进集体先进个人推选、首都民族团结进步先进集体等。

四是严格落实意识形态工作责任制。突出加强民航院校思想政治工作，举办两期专题培训班，集中培训4所院校近200名思想政治课老师、辅导员和专职党务干部，加强民航院校思想政治工作。加强行业媒体等意识形态阵地建设，成立民航新媒体联盟，强化网络意识形态的管理。认真做好文明出行和扫黄打非工作，会同全国普法办有关部门共同起草《关于集中开展公共交通场所宪法宣传活动的方案》，利用候机楼、客舱等公共场所开展宪法宣传。

五是积极壮大主流思想舆论。召开民航报新闻宣传会议，贯彻全国宣传思想工作会议精神，做好新形势下民航系统宣传工作。完成民航报社、出版社公司制改革，完善法人治理结构，出台支持民航报社、出版社发展的措施，大力推进融媒体建设，进一步提高做好新闻宣传工作的能力水平。

四、国家邮政局精神文明建设工作主要举措与成就

把精神文明建设作为党建的有力抓手，积极加强行业精神文明建设。及时调整精神文明建设领导机构，组织开展社会主义核心价值观主题教育月、邮政业青年文明号开放周等活动，推动各省局积极创建青年文明号。贯彻落实习近平总书记重要讲话精神，与共青团中央联合推进快递业从业青年联系服务工作“1+3+N”合作框架。

第二节　行业精神文明建设重要活动

一、交通运输部精神文明建设重要活动

参与党中央、国务院改革开放40周年杰出贡献人物表彰活动，巨晓林、包起帆、许立荣、许振超、孙永才、吴荣南、袁庚7名交通运输行业同志受到表彰。学习宣传“时代楷模”曲建武的先进事迹。举办“雪线邮路驾驶员”其美多吉先进事迹报告会，推举其美多吉同志入选“时代楷模”和“2018年感动中国”年度人物。中国民用航空局广泛深入开展了向“中国民航英雄机组”学习活动；大力弘扬工匠精神、专业精神；推动当代民航精神进班组、进校园、进头脑。

举办“2017年感动交通年度人物”视频报告会，邀请包起帆、陈德华、尼玛拉木等行业老模范与新典型互动交流；行业媒体开设“感动交通人物”系列宣传专栏，每两周推出一名先进人物事迹报道，在全行业营造学习先进、争当先进的浓厚氛围。组织王淑芳、姚泽炎、方秋子、杨苗苗、钟松民5名同志参加国新办中外媒体记者见面会。组织2016—2017年度交通运输行业精神文明建设先进集体先进个人评选表彰。开展“中国运输风范人物领袖品牌”“最美货车司机”“最美路姐”等评选

宣传活动，不断丰富行业"最美"谱系。

二、国家铁路局精神文明建设重要活动

2018年，国家铁路局坚持以习近平新时代中国特色社会主义思想为指导，认真贯彻落实党的十九大精神和党中央关于精神文明建设的各项决策部署，贯彻落实全国宣传思想工作会议精神，扎实做好精神文明建设各项工作。

一是以"爱岗敬业、明礼诚信"为主题，深入开展"社会主义核心价值观主题实践教育月"活动。利用"报、刊、网、台""站、车、厂、点"等多种形式展播公益广告，开展"图说我们的价值观""讲文明树新风""文明交通、绿色交通""信用交通、全民共建"等公益宣传活动，大力开展文明执法、科学管理、主动服务、诚信履职宣传教育。

二是组织全员开展尊崇宪法、学习宪法、遵守宪法、维护宪法、运用宪法的宣传教育活动。组织全体公务员以及事业单位正处级以上干部160余名同志进行宪法宣誓，并把宪法学习列入两级理论学习中心组和干部培训必修课，进行宪法知识测试，检验学习成效，提升党员干部法治素养和依宪依法履职监管能力和本领。学习贯彻习近平总书记重要指示精神，广泛开展第五个"国家宪法日"宣传，在北京站、北京西站以及7个地区铁路监督管理局所属辖区重点车站，以"尊崇宪法、学习宪法、遵守宪法、维护宪法、运用宪法"为主题，组织开展宪法及铁路安全法规普法宣传活动。

三是深入开展庆祝改革开放40周年系列活动。举办"迎中秋庆国庆——筑梦新时代"诗歌朗诵会，广泛凝聚干部职工干事创业的信心和力量。组织参观纪念马克思诞辰200周年主题展览、改革开放40周年大型展览，引导党员干部进一步坚定理想信念、珍惜幸福美好生活。举办"巨大的变迁——改革开放40年我与国"故事会和书画摄影展，开设"历史的见证——铁路四十载鎏金岁月"微信专刊，连续发布20期，广泛宣传铁路改革发展取得的历史性成就。做好全国"改革先锋"表彰人选推荐工作，推荐的中国中车集团有限公司党委副书记、董事、总经理，中国中车股份有限公司党委副书记、执行董事、总裁孙永才荣获全国"改革先锋"荣誉称号。

四是深化"服务群众、服务基层"主题实践。在春运、清明、五一、端午、国庆等铁路运输高峰期，组织干部深入铁路重点车站顶岗作业，承担旅客乘降、验证验票、咨询引导、扶老携幼等客运服务工作，密切与人民群众的联系，加强与铁路企业的沟通服务，全年在北京西站等全国17个铁路客运站，累计工作2186人次。

五是大力开展"平安高铁"科普普法宣传活动。组织青年干部深入中小学校园，向学校师生广泛普及高速铁路科技知识、铁路法律法规、铁路安全和文明出行常识，提高公众的铁路安全意识，增进对铁路工作的理解和支持。全年累计深入北京市、上海市、辽宁省、陕西省、河南省、湖北省、湖南省等7个省市88所中小学校园。

六是深入开展"信用铁路宣传月"活动。以"诚信建设万里行"活动为契机，采取正面宣传和反面曝光相结合的宣传方式，开展"褒扬诚信、惩戒失信"宣传教育，抓好铁路行业信用体系建设宣传工作，深入推进"学信用、懂信用、用信用、守信用"，提升诚实守信意识，维护铁路运输良好秩序。

三、国家邮政局精神文明建设重要活动

一是组织全系统开展"社会主义核心价值观主题实践教育月"，积极参与"全国文明单位"等各类文明创建活动。精心组织全国青年文明号推报，开展邮政业青年文明号开放周活动，推动各省局积极创建青年文明号。

二是积极选树典型，与邮政集团共同举办“其美多吉先进事迹报告会”，参与中宣部等部门选树其美多吉为“时代楷模”。组织重点企业参与“2017年感动交通年度人物”评选，并推报上海苏宁物流有限公司翟秋云成功入选“十大年度人物”。

三是遴选和推报邮政快递企业22个候选集体（个人）参与全国交通运输行业精神文明建设评选表彰活动。

四是梳理和宣传改革开放以来邮政业先进个人和组织典型事迹，组织全系统开展向黄群、宋月才、姜开斌、王继才同志学习活动。

五是成功举办第三届“寻找最美快递员”揭晓发布活动和快递行业“黑马杯”篮球赛。

六是山东、湖南、马鞍山等地方邮政管理部门开展“弘扬战邮精神、传承红色基因”“重走长征路”“平安信使”志愿服务队等活动，积极挖掘“传邮万里、国脉所系”邮政文化内涵，弘扬行业“4S”核心价值理念。

第三节　年度精神文明建设先进集体与个人

一、交通运输部精神文明先进集体与个人

2018年11月26日，《交通运输部关于表彰2016—2017年度全国交通运输行业精神文明建设先进集体先进个人的决定》（交政研发〔2018〕162号）授予神华包神铁路有限责任公司等198个单位“全国交通运输行业文明单位”称号，授予中国国际航空股份有限公司北京地面服务部旅客值机爱心柜台等217个单位（班组）“全国交通运输行业文明示范窗口”称号，授予柴闪闪等213名同志“全国交通运输行业文明职工标兵”称号，授予卢晶晶等94名同志“全国交通运输行业精神文明建设先进工作者”称号。

二、国家铁路局精神文明先进集体与个人

10月30日，中央和国家机关工委召开中央和国家机关脱贫攻坚先进集体、优秀个人表彰大会暨先进事迹报告会。国家铁路局运输监督管理司魏恩会同志被评为“中央和国家机关脱贫攻坚优秀个人”。

三、中国民用航空局精神文明先进集体与个人

2018年，中国民用航空局公布民航优秀共产党员、优秀党务工作者和先进基层党组织名单。2018年中国民用航空局有关全国荣誉称号名单详见二维码。

2018年5月14日7时07分，9800米高空、以800公里/小时速度飞行的川航3U8633重庆至拉萨航班，驾驶舱风挡玻璃突然爆裂脱落，在失压、缺氧、风压、超低温等极端恶劣环境下，责任机长刘传健临危不乱、果断应对、正确处置，手动驾驶客机平安备降，确保了128名旅客和机组人员生命安全，被业界誉为“史诗级备降”，得到社会广泛赞誉。

刘传健是由空军战斗机飞行教员转业到四川航空公司的一名机长，他在飞机万米高空高速飞行时风挡玻璃破裂的危急情况下，以高度的政治责任感、高超的技术水平、超强的应急反应能力和优良的职业素养，确保了128人生命安全。

经党中央、国务院批准，中国民用航空局、四川省人民政府授予川航3U8633航班机组“中国

民航英雄机组”称号，授予刘传健“中国民航英雄机长”称号。

2018年9月30日，习近平总书记专门邀请“中国民航英雄机组”全体成员参加庆祝中华人民共和国成立69周年招待会，并在人民大会堂亲切会见。习近平总书记指出：“生死关头，你们临危不乱、果断应对、正确处置，确保了机上119名旅客生命安全。危难时方显英雄本色。你们化险为夷的英雄壮举感动了无数人。得知你们的英雄事迹，我很感动，为你们感到骄傲。授予你们‘英雄机组’‘英雄机长’的光荣称号，是当之无愧的。”“你们不愧为民航职工队伍的优秀代表。我们要在全社会提倡学习英雄机组的英雄事迹，更要提倡学习英雄机组忠诚担当、忠于职守的政治品格和职业操守。”习近平总书记的亲切会见和高度褒奖，极大鼓舞和激励着全体民航人。

刘传健先后荣膺“全国五一劳动奖章”“中国航空航天月桂奖飞行精英奖”“最美退役军人”“感动中国2018年度人物”等荣誉。根据刘传健英雄壮举改编的电影《中国机长》正在拍摄中。

四、邮政业精神文明先进集体和个人

全国文明单位：江苏南京邮政分公司、江苏南通市邮政分公司、江苏徐州市邮政分公司。

全国交通运输行业文明单位：中国邮政集团公司沧州市分公司、中国邮政储蓄银行股份有限公司济南市分行、中邮人寿保险股份有限公司江苏分公司（本部）、圆通速递股份有限公司、中通快递集团贵州毕节分公司、山东省邮政管理局。

全国交通运输行业文明示范窗口：中国邮政集团公司甘孜藏族自治州分公司康定—德格邮路驾押组、中国邮政集团公司吉林市船营支局、中国邮政集团公司济南市分公司历下区趵突泉邮政支局、中国邮政集团公司赣州市分公司南门邮政支局、中国邮政储蓄银行股份有限公司阜阳市分行营业部、大连顺丰速运有限公司新华经营分部、申通快递有限公司。

时代楷模：其美多吉。

年度感动交通人物：翟秋云。

第三届最美快递员：百世快递李朋璇、圆通速递田追子、京东物流宋学文、苏宁物流郑冬冬、中邮速递陈艳军、申通快递张叔珍、圆通速递孙季冬、顺丰集团赵立杰、韵达速递宋玉凤、中通快递孙光梅、圆通速递四川眉山团队、速尔快递上海中心操作团队。

全国交通运输行业文明职工标兵：中国邮政集团公司上海市邮区中心局柴闪闪、中国邮政集团公司内蒙古达拉特旗分公司吕美莲、云南省怒江州称杆乡邮政所桑南才、中国邮政储蓄银行总行数据中心刘畅、上海苏宁物流有限公司翟秋云、安徽省合肥市邮政管理局张慧。

全国交通运输行业精神文明建设先进工作者：中国邮政集团公司党组党建工作部林霄、杭州百世网络技术有限公司重庆分公司黄川贵、广东省邮政管理局邬亦斌。

全国“五好家庭”：朱明芳家庭。

全国巾帼文明岗：国家邮政局普遍服务司服务监督处、中国邮政快递报社《快递》杂志编辑部。

第四节　交通文化建设

一是指导人民交通出版社做好电影《紧急救援》、纪录片《中国灯塔》摄制工作；指导做好电影《大路朝天》《村路弯弯》《又见红叶》的摄制工作，《大路朝天》入选庆祝改革开放40周年献礼影片。组织开展庆祝改革开放40周年主题摄影和微视频大赛，《春运之歌》《绿动长江》等新媒体作品深受网友喜爱。

二是协调全行业完成《中国交通运输改革开

放40年》主题出版物，全方位呈现综合交通运输改革开放历程。有序推进《中国大百科全书·交通运输卷》（第三版）、《中国水运史》与《中国水运工程建设实录》等重点文献编纂工作。

三是加强对交通运输文化带、文博园、文化标识建设研究，推动交通运输文化发展有形化、时代化。鼓励浙江交通运输部门筹建综合交通文博园，盘活各地交通文化资源。

第十三章　人才队伍建设

第一节　交通运输部人才队伍建设情况

一、不断完善人才工作机制

一是坚持党管人才原则，形成了交通运输部党组统一领导、部人才工作领导小组牵头抓总、小组办公室统筹协调、成员单位各司其职的人才工作机制，组织召开了部组织人事工作会议、部人才工作领导小组会议等。二是健全专家工作机制，积极推进部长政策咨询委员会和部专家委员会换届工作，组建部法律顾问团队、交通运输安全研究专家组、危险货物道路运输专家组。三是完善人才评价机制，贯彻落实中央关于人才评价改革要求，坚持凭能力、实绩和贡献评价人才。

二、充分发挥行业人才在服务国家战略中的作用

一是服务打赢打好精准脱贫攻坚战，选派优秀干部人才到贫困地区开展脱贫攻坚，接收贫困地区干部到部机关挂职锻炼，举办交通扶贫培训班。二是主动支持“一带一路”建设、京津冀协同发展、长江经济带发展、海南自由贸易区（港）建设、东北振兴和西部大开发，承办“一带一路”公路管理高级研修班、国家港口与管理领域援外培训研修班，选派优秀干部人才赴河北雄安、海南等地挂职。三是积极开展交通强国建设人力资源保障体系研究工作。

三、加强专业技术人才队伍建设

一是强化创新型领军人才队伍建设，推荐2人入选“万人计划”领军人才、1人入选“万人计划”青年拔尖人才，17人获批享受2018年国务院政府特殊津贴，评选产生10名中青年科技创新领军人才、5个重点领域创新团队和2个创新人才培养示范基地，向130人授予“交通运输青年科技英才”称号，给予33名行业高层次专业技术人才经费资助。二是稳步推进职称制度改革，开展部属单位职称制度改革和岗位管理工作调研，研究修订《关于深化船舶专业技术人员职称制度改革的实施意见》。三是着力提升专业技术人才能力素质，充分发挥部管理干部学院、大连海事大学2家国家级专业技术人员继续教育基地的作用，组织实施行业专业技术人员知识更新工程。

四、注重技能人才队伍建设

一是不断完善高技能人才选拔培养体系，推荐4人获评“全国技术能手”，会同人力资源社会保障部、中华全国总工会和共青团中央举办第十届全国交通运输行业职业技能大赛，设置城市轨道交通列车司机、城市轨道交通行车

值班员、筑路工、水路危险货物运输员等4个竞赛项目，举办行业道路货运驾驶员职业技能竞赛，授予96名优胜选手“全国交通技术能手”称号。二是有序推进技能鉴定和技能人才选拔，充分发挥部职业技能考评专家委员会作用，对15个职业的交通运输技能人员开展全国职业技能鉴定和高级技师综合评审，7.6万余人取得相应职业技能等级证书。三是进一步加强行业职业教育培训，以交通运输主干专业为重点，积极发展职业教育和各类培训，推进技能人才实训基地和示范院校建设。

五、强化管理人才队伍建设

一是不断健全新时代干部工作制度，制定印发《关于进一步激励交通运输系统广大干部新时代新担当新作为的实施意见》（交办人教〔2018〕80号）、《关于进一步加强干部队伍建设的意见》、《交通运输部办公厅关于加强领导干部队伍本领建设的意见》（交办人教〔2018〕42号）。二是着力提高选人用人的科学性精准性，坚持把政治标准放在选人用人第一位，大力选拔敢于负责、敢于担当、善于作为、业绩突出的干部，不断改善优化领导班子和干部队伍结构。三是大力强化干部教育培训。坚持用习近平新时代中国特色社会主义思想武装干部队伍，强化政治训练，领导干部全员轮训、重点调训、知名高校联合教育培训新格局不断形成，不断提高干部队伍能力素质。坚持在脱贫攻坚一线、边远艰苦岗位、急难险重任务中锻炼干部，组织干部轮岗交流，加强干部交流培养。

六、完善职业资格管理

加强行业职业标准建设，制定修订了7项技能人员职业资格标准，推进出台监理工程师、造价工程师职业资格制度，深化道路运输驾驶员从业管理改革，及时开展渔业船舶检验和监督管理职权划入交通运输部后注册验船师职业资格制度修订工作。2018年行业约有189万余人参加考试（鉴定），其中136万余人取得相应职业资格证书。

第二节　铁路人才队伍建设情况

一、加强人才工作组织领导

一是认真学习贯彻落实习近平新时代中国特色社会主义思想和党的十九大、全国组织工作会议精神、《中央人才工作协调小组2018年工作要点》以及《关于深化人才发展体制机制改革的意见》（中发〔2016〕9号）关于人才工作的要求，结合国家铁路局实际，研究推进人才工作。二是深入贯彻中央和国家关于人才工作的部署要求，围绕履职监管中心工作，服务铁路改革发展大局，不断完善人才发展体制机制。三是参加交通运输部人才工作领导小组会议，研究讨论年度人才工作要点等，并参与推进行业人才工作。四是贯彻落实中央和国家关于人才工作部署要求，制定《中共国家铁路局党组关于进一步激励广大干部新时代新担当新作为的实施意见》《关于事业单位岗位设置管理有关问题的指导意见》《专业技术职务评聘工作暂行规定》《专业技术资格评审暂行办法》等制度规定，促进人才工作制度化、规范化。

二、发挥人才的保障和支持作用

一是切实加强调查研究。按照中央组织部工作要求，围绕来自基层一线的干部培养选拔工作，形成《国家铁路局完善来自基层一线的干部培养选拔链条分析》报告。开展局属单位领导班子及后备干部调研，掌握领导班子和干部队伍状况，为干部选拔任用提供决策依据。组织新时期铁路产业工人队伍建设课题研究。二是加大干部人才援派力度，选派局机关1名干部到革命老区江西省永丰县挂职、2名干部到定点对口扶贫地区贵州省榕江县挂职，选派事业单位2名干部、地区铁路监督管理局1名干部到秦巴山片区的陕西省汉中市、湖北省十堰市、四川省达州市挂职。接收黔东南州选派的2批21名干部到局机关、地区铁路监督局挂职锻炼。局机关1名同志扶贫工作期间，出色履行第一书记工作职责，被评为"中央和国家机关脱贫攻坚优秀个人"。

三、加强人才队伍选拔培养

认真贯彻《2018—2022年全国干部教育培训规划》《干部教育培训工作条例》，持续实施《国家铁路局干部交流和基层锻炼培养实施计划》，推进铁路人才汇聚计划、青年英才培育计划、千人素质提升计划，着力提高干部队伍综合素质。

一是强化思想政治教育。坚持把政治建设放在首位，推进"两学一做"学习教育常态化制度化，坚持以习近平新时代中国特色社会主义思想、党的十九大精神以及全国组织工作会议精神为指导推动工作，牢固树立"四个意识"、坚定"四个自信"、坚持"两个维护"，不断提升人才队伍理论素养。二是加强领导班子建设。坚持好干部标准，选优配强机关内设机构、局属单位领导班子；全面落实加强党的建设和全面从严治党要求，推进地区铁路监督管理局机关党委副书记（人事处处长）担任分党组成员，局党组向事业单位派驻纪检组监督工作，选配派驻纪检组长同时兼任事业单位纪委书记，开展基层党组织书记轮训；加强领导干部培训教育，选派33名司局级和处级干部参加上级调训和专题研修，组织司局级干部参加中国干部网络学院"学习贯彻党的十九大精神"网上专题班学习，参训率98.6%，结业率100%。三是推进干部交流培养。通过多渠道、多方式培养锻炼，加快提升干部综合素质。打通事业单位专业技术岗位与管理岗位通道，引导人才合理布局、有序流动，做到人岗相适。四是加强专业人才培训。印发《国家铁路局2018年培训计划》，举办铁路运输监管、铁路安全环境执法、铁路建设工程质量安全监管业务、铁路法制建设、铁路专用设备、高速铁路基础设备运用状态检测管理、行业统计等培训班，分专业、分层级、分批次开展干部培训，举办了19期培训班，参训人员达2500余人次。五是加强人才建设。组织铁路行业高校、企业专家编写高铁经济学和高铁工程学系列教材，总结高速铁路相关科技创新成果，培养学科人才。积极推荐铁路行业单位和专家参评各类奖项，推荐的3人当选第三批"万人计划"领军人才，1个团队入选2017年度"创新人才推进计划"重点领域创新团队，1名同志获得中央庆祝改革开放40周年表彰。六是加强国际组织人才培养和储备。通过公开招聘引进翻译人才，建立国际组织人才库，强化铁路合作组织建设，贯彻国家"一带一路"倡议，推进中欧班列开行，发挥铁路合作组织桥头堡和桥梁纽带作用。

四、做好人才发展和服务工作

一是多渠道引进人才。优化人才结构，充实人才队伍，促进干部队伍高素质专业化。2018年，国家铁路局机关和地区铁路监督管理局招录公务员21名，局属事业单位面向社会招聘53人，接收高校毕业生3人，接收安置2名军转干部。二是开展职称评审工作。落实中共中央办公厅、国务院办公厅印发的《关于深化职称制度改革的意见》（中办发〔2016〕77号），制定国家铁路局职称评聘制度，启动国家铁路局组建以来首次职称评审工作。三是按照《国家职业资格目录清单》，组织编制轨道列车司机职业资格标准，推进动车组标准化模拟驾驶考试示范基地建设，加强动车组驾驶适应性测试能力建设，开展铁路机车车辆驾驶资格考试。

第三节　民航人才队伍建设情况

一、提升专业人才培养能力

配合中国民用航空局发展计划司加快院校基础设施建设，中国民航大学新校区项目完成可研评估，中国民用航空飞行学院成都天府校区工程项目进入立项批复阶段，管理干部学院老校区改造完成立项评估，广州民航职业技术学院花都校区二期工程进展顺利，上海民航职业技术学院浦东新校区顺利投入使用。直属院校2018年招生达2.4万人，毕业生1.9万人，在校生7.3万人，17所高校年招收飞行学生超过5000人。2018年，直属院校飞行、机务、空管等特有专业招生计划总数超过1万人，占比持续超过50%。加强民航开放办学，推动落实民航大学、飞行学院、郑州航院共建协议，启动与云南省共建昆明理工大学、与广东省深化广州民航职业技术学院共建工作。

二、深化当代民航精神宣传教育

组织民航院校开展以“践行当代民航精神，做有信念、有本领、有担当的‘准民航人’”为主题的“五个一”工程系列活动。根据安排，各校制定了具体方案、建立了专门平台、完成了集中学习、汇编了专题读本、开展了演讲比赛，形成了学习践行的浓厚氛围。

三、推动国际化人才培养

研究制定了《民航国际化人才培养储备库建设管理暂行办法》，采取梯次培养模式，按照基础库、后备库、专家库及师资库四个类别，面向行业广泛招录符合国际民航组织岗位条件的优秀人才，初步确定了首批近200名入库人选。就国际组织人才选拔、培养、推送、保障等工作赴国际民用航空组织ICAO总部调研，完善下一步工作思路。完成第四批ICAO借调人员相关工作，开展第五批人员选派。充分利用国家“南南合作基金”，推荐4名专家参与ICAO援助发展中国家培训课程设计与实施。与中组部建立了畅通的沟通渠道。

四、持续加强民航系统专业培训

2018年完成中共中央组织部司局级领导干部调训和选学51人次。研究中小机场一线基层人员专业培养工作意见，顺利组织实施中青年干部培训班、党校班、公务员轮训班等重点班次，目前已审核出国（境）培训项目87项，参训总人数达842人次，计划执行率85%。继续实施民航教育培训在线建设工作，实现空管职工培训全覆盖，在线学习已近3万人次。为了加强在线培训调研，先后赴中国东方航空公司、云南机场开展专项调研。加快民航党员在线课程的开发建设，先后开发上线了十九大报告解读、党章修改、从严治党等课程。进一步严格因公出国（境）培训纪律要求，组织开发民航因公出国（境）培训人员考试系统，2018年所有赴外培训人员都完成了外事学习与在线专题考试。

五、加快飞行技术职称改革

编制完成《关于深化民用航空飞行技术人员职称制度改革的指导意见（征求意见稿）》和《民用航空飞行技术人员职称评价基本标准条件》等职称改革文件，并与人力资源社会保障部共同面向社会公开征求意见。在文件起草过程中，深入贯彻反对“四唯”意见要求，简化学历标准，取消论文限制条件，分类实施英语能力要求，注重突出飞行人员作风建设、实际贡献和安全纪录等方面的要求。

六、加强北京大兴国际机场人才储备

为全力保障北京大兴国际机场建设运行和通

航需要，积极与人力资源社会保障部沟通协调，在京外生源毕业生指标配置上继续加大对北京大兴国际机场专业人才引进的支持力度。根据空管运行实际需要，积极协调人力资源社会保障部追加京外指标。2018 年北京大兴国际机场人才储备接收毕业生近 350 人，空管系统解决人员缺口超过 150 人。

第四节 邮政人才队伍建设情况

一、人才工作组织领导不断强化

一是人才工作领导机制不断完善。坚持围绕中心、服务大局，紧扣邮政强国建设，组织召开全国邮政行业人才工作领导小组首次会议，制定印发 2018 年人才工作要点。22 个省（自治区、直辖市）邮政管理局加强人才工作组织领导，成立相应协调议事机构。党组统一领导，人事部门牵头抓总，有关部门各司其职、密切配合的人才工作格局更加完善。二是人才制度建设不断健全。制定印发《中共国家邮政局党组进一步激励邮政管理系统干部新时代新担当新作为的实施意见》《中共国家邮政局党组关于加强领导干部队伍本领建设的意见》《中共国家邮政局党组联系服务专家暂行办法》《国家邮政局关于提升快递从业人员素质的指导意见》《全国邮政行业人才培养基地遴选和管理办法》《国家邮政局干部教育培训基地建设管理办法》等多项政策制度，进一步规范和加强各项人才工作。三是人才工作基础不断加强。适应新形势、新任务、新发展，系统梳理行业人才工作任务，支持国家邮政局职业技能鉴定指导中心转型为行业人才综合服务支撑机构，加强人才工作的力量。围绕工作重点难点热点问题，组织全系统开展人事人才工作调研。发挥行业媒体优势，注重人才政策解读、经验介绍和先进典型宣传，扩大人才工作的影响力。

二、专业技术人才队伍建设实现突破

一是快递工程技术人员职称评审试点工作取得重大突破。落实国家职称制度改革精神，在前期协调增设快递工程技术人员职业、邮政工程本科专业，开展摸底调研和标准研究的基础上，多次与人力资源社会保障部、交通运输部等沟通协调，取得对快递工程技术人员职称评审工作的理解、认可和支持，督促指导安徽、陕西、上海、重庆、江苏、浙江、广东开展了试点工作。截至 2018 年底，共有 3401 人获得初级和中级专业技术职称，标志着快递专业技术人才评价工作实现重大突破。二是强化高层次人才培养和选拔推荐。聚焦邮政强国建设，加快培养创新型领军人才，邮政行业 4 人入选 2018 年度政府特殊津贴人员，12 人获得“交通运输青年科技英才”荣誉称号。突出需求导向、目标导向、问题导向，围绕急需紧缺人才完善课程设置，申报举办 1 期国家专业技术人员知识更新工程高级研修班。三是加强专家联系服务工作。组织推荐交通运输部专家委员会政策咨询组、邮政组专家人选。充分发挥邮政业标准化技术委员会、邮票选题咨询委员会等专家组织作用。研究提出“弘扬爱国奋斗精神、建功立业新时代”实施方案，通过多种形式，激发行业知识分子把爱国之情、报国之志融入邮政业改革发展的事业之中。

三、技能人才队伍建设取得进展

一是修改完善快递职业技能标准。广泛开展快递员、快件处理员标准编制征求意见工作，修改完善标准文本，报送人力资源社会保障部职业技能鉴定中心作技术审查。二是研究推进快递技能人才等级评定。跟踪人力资源社会保障部职业技能等级认定政策，调研其他行业和地方技能人才评价实施情况，研究行业技能人才评价政策意

见和工作体系，编制行业技能人才等级认定工作方案和配套制度等研究报告。三是指导各地举办职业技能竞赛。弘扬劳模精神和工匠精神，研究起草《邮政行业职业技能竞赛管理办法（草案）》，编制《邮政行业职业技能竞赛指南（草案）》，指导开展各类竞赛 49 次，222 人次获得地市级以上荣誉称号，促进知识型、技能型、创新型邮政行业技能人才培养。

四、现代邮政教育发展取得新成效

一是发挥示范引领作用。组织开展共建学院建设调研，指导举办现代邮政学院院长联席会，推进邮政专业设置，协调做好招生宣传，4 所现代邮政学院在校生达 1800 余人。举办基地建设经验交流会，支持基地院校开展教育部职业教育快递运营管理专业教学资源库建设，共建院校、基地院校在人才培养方面的示范引领作用得到有效发挥。二是强化行业职业教育指导。充分发挥全国邮政职业教育教学指导委员会在加强行业职业教育、推进校企合作产教融合方面的职能作用，制定全国邮政职业教育教学指导委员会章程，指导召开 2018 年工作会议、高职快递专业教学研讨会、邮政快递类示范专业点建设经验交流会，组织申报全国职业院校技能大赛行业特色赛项，推进专业建设、教材建设和师资队伍建设，不断扩大人才培养规模。三是创新人才教育培养模式。完善以需求为导向的行业人才培养模式，指导举办“强邮论坛——邮政快递业高层次人才培养及产业创新发展峰会”，搭建行业人才培养供给侧和产业需求侧有机结合的平台。举办第三届全国“互联网 +”快递大学生创新创业大赛，参赛对象不断拓展、规模不断扩大、质量不断提升、影响不断扩大。开展行业校企合作典型案例征集活动，总结典型经验，积极推动产教融合发展。

第十四章　离退休干部工作

第一节　离退休干部工作综述

2018年，交通运输部离退休干部工作深入贯彻落实“认真做好离退休干部工作”的要求，按照全国交通运输工作会议和全国老干部局长会议部署，坚持精准服务工作理念，坚持求真务实的工作作风，不断加强离退休干部政治建设、思想建设和党组织建设，取得了明显成效。

一、坚持把政治建设摆在首位，引导广大离退休干部坚决维护以习近平同志为核心的党中央权威和集中统一领导

交通运输部离退休干部局把学习贯彻习近平新时代中国特色社会主义思想和党的十九大精神作为重大政治任务，教育引导老同志牢固树立“四个意识”，不断增强“四个自信”，坚决做到“两个维护”。整理汇编了习近平总书记关于老干部工作的重要指示和批示精神等学习资料，组织进行专题辅导，深入开展研讨交流。通过离退休干部大讲堂、中心组学习、“三会一课”、主题宣讲等多种形式，引导老同志全面准确领会习近平新时代中国特色社会主义思想和党的十九大精神的历史地位、精髓要义和实践要求。2018年，离退休干部局共组织开展中心组集体学习8次；组织老同志参加中组部、部党组专题报告会6次；邀请部领导和专家学者走上讲台，举办4期离退休干部大讲堂；组织2期党务工作人员专题学习班；发放各类学习资料和辅导读本2000余册，在老同志和在职职工中掀起了学习贯彻习近平新时代中国特色社会主义思想和党的十九大精神的热潮。

二、以提升组织力为重点，进一步加强离退休干部党组织建设

交通运输部离退休干部局紧紧围绕党的十九大提出的新要求，进一步在提升组织力、突出政治功能上下功夫。

一是在交通运输部党组的重视支持和各司局的积极参与下，继续组织开展联学活动。2018年5月至9月，先后与办公厅、财务审计司等10个司局党组织围绕“不忘初心、牢记使命”开展主题联学，进一步推动联学活动常态化、制度化、品牌化。

二是加强组织设置和支部班子建设，创新党建活动形式。指导完成离退休干部党支部换届选举工作。研究制订2018年支部党建活动计划，组织所属10个离退休干部党支部开展党建活动12次。继续做好党务工作人员补贴发放工作，为

支部开展工作创造条件。

三是探索建立“非建制性”党组织，按照中共中央组织部、中共中央和国家机关工作委员会要求，在交通运输部机关老年大学教学班次、候鸟式养老体验活动中成立“非建制性”党组织，形成“哪里有党员，哪里就有党组织”的党建工作格局。在老年大学教学班次中开设党建课程，作为全体学员的必修课。

四是探索支部共建共享帮扶机制，通过开展党团共建、结对帮扶和志愿服务等形式，突出精准理念，重点关注高龄、离休和生活有特殊困难的老同志，局领导一对一联系帮扶，使老同志切身感受到组织的关怀温暖。

五是重视加强网络意识形态教育管理，根据部有关规定，制订出台离退休干部局微信群管理办法，鼓励老同志、老党员参与网络宣传工作，自觉抵制网络谣言，营造风清气正的网络环境。继续做好流动党员服务管理工作，对长期无正当理由不参加组织生活的党员进行摸排调研，主动联系、引导教育，确保每名党员按规定参加组织生活。

三、紧紧围绕中心工作，持之以恒引导老同志为党和人民事业增添正能量

一是以庆祝改革开放40周年为契机，积极推动交通运输部机关及部属各单位在老同志中组织开展“我看改革开放新成就”专题调研。全年累计开展主题访谈162人次（其中部机关18人次，部属单位144人次）；召开不同层级、不同领域、不同年龄跨度老同志座谈会90余场，2000余人参加；组织开展“我看改革开放40周年”正能量宣讲活动30场，2600余位干部职工和老同志现场聆听了报告；组织召开各类专题研讨会41次，在此基础上召开离退休干部“我看改革开放新成就”专题研讨会，交通运输部党组成员、副部长戴东昌代表部党组出席会议并讲话，将专题调研活动推向高潮；征集“我看改革开放40周年”主题征文230余篇、各类书画作品300余幅，调研活动覆盖了系统全体离退休干部。通过开展“我看改革开放新成就”专题调研，更加凝聚了人心、汇集了正能量，坚定了改革开放再出发的信心和决心。通过调研，再次深刻感受到老同志是党的宝贵财富，更是交通行业的宝贵财富。传承交通精神，发挥优势作用，是离退休干部工作者的历史使命和责任担当。

二是鼓励支持老同志参与国家重大战略，积极助力脱贫攻坚。组织老同志和在职职工为四川省阿坝藏族羌族自治州小金县开展对口帮扶捐助活动，400余位老同志参与其中，共筹集善款18万余元，为决胜全面建成小康社会、打赢脱贫攻坚战贡献力量。

三是组织开展“不忘初心·我的入党故事”征文活动，通过讲述入党故事，重温入党誓词，引导老同志珍惜光荣历史、不忘革命初心、永葆政治本色。

四是积极践行社会主义核心价值观，组织老同志和青年干部共同开展“我为绿色交通助力”公益活动。倡导老同志践行生态环保理念，开展“畅览美丽北京，争当文明公民”活动。

四、增强精准服务理念，用心、用情、用力做好离退休干部服务工作

按照习近平总书记关于精准理念的重要论述，以等不起、慢不得、坐不住的责任感和使命感满足老同志日益增长的美好生活需要。

一是深化开展大学习大调研活动。组织开展“走访百家大调研”，每人走访100户以上老同志，实现对离休干部、90岁（含）以上老同志和局级退休干部全覆盖。通过走访摸清底数，了解老同志所需所想，为精准服务奠定基础。

二是以信息化建设为抓手，用信息化助推精准化。推动离退休干部管理信息系统的重建升级，开发智能手机服务平台，为精准服务老同志提供有力支撑。

三是围绕中心工作，弘扬孝老文化。组织开展退休欢迎仪式，召开新退休部长欢迎座谈会；组织开展“敬老月”系列活动，为交通运输部机关两位百岁老人举办“百岁庆典”；圆满完成原渔检局19名退休干部的转隶工作；注重家风家教，开展“最美家庭”评选活动。

四是积极利用社会资源，创新养老服务。试点运营黄寺养老驿站，先后开展助餐、助洁、中医理疗等工作，满足老同志多元化、个性化需求；探索政府购买服务，为有特殊困难的离休、90岁以上及生活不能自理的老同志购买服务；为老同志提供旅居养老信息，先后组织80余人次赴安徽、吉林、海南体验候鸟式养老活动。

五是继续做好老同志祝寿、体检、疗养、春秋游等服务管理工作。确保老同志离退休费及时准确发放，顺利做好央保中心接转工作。缩短异地医疗费报销时限，为老同志提供健康咨询服务。继续办好部机关老年大学，组织开展丰富多彩、形式多样的文体活动。

五、以高素质专业化为目标，加强工作部门自身建设

一是加大对部属单位工作指导力度。经部党组批准同意，召开部离退休干部工作会议，戴东昌同志代表部党组对做好新时代部离退休干部工作提出要求、作出部署。为筹备好这次工作会议，离退休干部局通过实地调研、召开座谈会、书面调研等形式，深入了解部属单位离退休干部工作有关情况，广泛听取老同志的意见建议。举办部属单位离退休干部统计工作培训班。

二是继续深化“强作风建设，创一流机关”活动。进一步强化纪律规矩意识，建立健全督查工作机制，加大督查力度，通过严肃问责将作风建设的要求落实、落小、落细。多渠道强化职工培训，每月开展职工政治学习和集体学习，提升干部履职担当能力。

三是继续做好信息宣传工作，加大宣传工作力度，积极推广离退休干部局微信公众号。全年累计被《中国交通报》采用信息27篇，被《中国老年报》采用信息8篇（其中头版头条3篇），营造了良好的舆论宣传氛围。

四是加强群团工作力度，积极支持局工会、妇工委和团支部开展活动。继续组织开展“双周”志愿服务，联合部直属机关团委开展“薪火相传、心手相牵”系列志愿服务活动。

第二节　国家铁路局离退休干部工作

一、扎实推进退休干部党支部建设

一是按照局党组将退休干部党支部纳入直属机关党委基层组织建设的总体安排，认真落实政治理论学习全覆盖要求，坚持统筹安排，整体推进，进一步完善健全退休党支部学习制度，定期组织退休党员开展政治理论学习，不断丰富拓展学习形式。2018年，组织退休干部党支部集中学习4次，重点学习了党的十九大精神、新修订的《中国共产党章程》《中华人民共和国宪法》《中国共产党纪律处分条例》等内容，并针对党的十九大精神和新修订的《中国共产党纪律处分条例》组织了两次知识答卷活动，有效增强了学习效果。开展主题党日活动两次，组织参观“真理的力量——纪念马克思诞辰200周年”主题展览和“伟大的变革——纪念改革开放40周年大型展览”。

二是加强退休干部党员管理。制定学习活动出勤率通报考核制度，积极引导教育退休党员自觉参加集体学习和组织生活，按规定交纳党费。明确退休干部党费缴纳标准及党费使用范围等问题。

二、全力保障退休干部政治待遇和生活待遇

做好退休干部政治生活待遇的服务和保障工作。

一是春节前组织退休干部召开新春团拜会，通报局内工作情况，畅谈铁路发展变化。

二是落实退休干部阅读文件、收听报告活动制度。

三是保障退休党员党内政治权利，组织退休党支部党员参加交通运输部党代会代表委员选举工作。

四是做好《2018年中央国家机关事业单位退休人员基本养老金调整工作宣传提纲》宣讲和解读工作，确保养老金调整工作全面传达、解释准确、平稳落地。

五是做好2018年度8名新退休人员的信息填报，确保养老金和冬季取暖费等生活待遇及时发放到位。

六是研究制定局属事业单位退休人员代管制度。2018年接收事业单位退休干部两名，做好退休证办理、信息建档和党组织关系接转等手续。截至2018年12月底，全局共计有退休干部45人，其中局机关公务员退休干部41人，事业单位退休干部4人。

七是做好退休干部节日慰问及住院慰问工作，把组织关怀落实到位。

八是做好退休干部医疗报销工作。

九是向中央国家机关妇工委推荐报送退休干部韩万川家庭典型事迹，荣获“全国五好家庭”荣誉称号。

十是全面掌握退休干部家庭和生活状况，及时送去组织的关怀和温暖。

十一是组织退休干部开展年度体检工作。

三、不断丰富退休干部精神文化生活

一是积极争取资源和资金，做好退休干部学习活动室搬迁工作，并不断完善活动室硬件条件。

二是认真筹划、精心准备，组织退休干部开展春秋游活动。

三是组织退休干部参加音乐会、文化座谈、健康讲座、趣味运动会等形式多样的文体活动，进一步丰富退休干部业余生活，培养退休干部健康积极的生活情趣。

四是加强退休干部学习宣传园地建设，开辟宣传橱窗，以新修订的《中国共产党纪律处分条例》、加强中央和国家机关党的政治建设等主题制作宣传展板，设立专栏展示退休干部活动风采。

五是开办声乐兴趣班，为退休干部老有所学、老有所乐搭建平台。

六是积极组织退休干部参加中央国家机关退休干部局局长会议、中央国家机关离退休经费管理工作第四协作组专题研讨等学习交流活动。

第三节　中国民用航空局离退休干部工作

一、加强政治建设、思想建设和党组织建设

把学习贯彻习近平新时代中国特色社会主义思想作为重大政治任务，教育引导老同志坚决维护以习近平同志为核心的党中央权威和集中统一领导，严肃政治生活。把党的十九大报告和党章作为老同志经常性学习内容，组织老同志学习习近平总书记会见川航英雄机组时的

重要指示精神和对民航安全工作的重要批示，自觉弘扬践行当代民航精神。加强党组织建设，为各支部调整配备书记助理。做好离退休干部先进党务工作者及优秀党员的评选，倡导向先进看齐、向先进学习。

二、围绕庆祝改革开放40周年组织系列活动

中国民用航空局制定关于庆祝改革开放40周年活动的统一部署，将离退休干部“我看改革开放新成就”主题征文、书画影展作为重要内容。共收到53篇征文，推荐到中国民航报20篇，并选登优秀作品到网络、刊物、民航“CAAC情暖桑榆”公众号上。书画影展作品共收到二百余件，评选出优秀作品130余件，制作书画影作品集，并于2018年12月初在局机关一楼大厅展览，以此鼓舞老同志们继续为民航事业增添正能量。七一前夕，中国民用航空局机关11个离退休干部党支部组织了“我看改革开放新成就”主题党日活动，原体改规划司司长王知发挥专业特长，结合民航发展，开展时政分析宣讲课。

三、进一步加强老年大学建设，积极开展老年教育

老年大学健康稳步发展，扩大招生范围。2018年秋季班共招收学员141人，并面向服务局、民航报社等单位招生。开设7门课程10个班次，除民航精神与文化、电脑与手机课外，新增了葫芦丝班，在吉庆里、太阳宫、法华寺三个校区进行授课。举办了民航老年大学讲坛第二讲，邀请外交部原中国驻德大使梅兆荣为老同志讲解中欧关系。继续改善办学条件，将光熙门北里25号楼地下480平方米场地改造为民航老年大学校舍，项目已基本完成。

四、精准服务，精细管理，落实好中央关于离退休干部的各项政策

开展老同志分类指导、精准服务。对身体状况、疾病情况、参加活动情况等进行分析，对长期生活不能自理、不能参加活动的120名老同志全部进行上门走访慰问。在居住集中的吉庆里开展老年驿站助餐服务试点，解决老同志“吃饭难”问题，积极开展适老化改造工作，为70多位行动不便的老同志安装卫生间扶手，受到老同志肯定。做好走访慰问、医药费报销、住院看望、失能半失能服务、服务用车等保障工作。全年看望慰问老同志上千人次，向160多位老同志送去生日问候，为19名老同志发放困难补助；组织各项文体活动，350人次参加，为所有在京的老同志上活动意外险。组织600人次老同志开展专项体检、年度体检、医学知识竞赛，保障看病就医“绿色通道”畅通。

第四节　国家邮政局离退休干部工作

2018年，国家邮政局采取专题辅导、支部学习、座谈讨论等形式，组织机关离退休干部集中学习。通过上门走访、电话联系、发送微信等形式，及时掌握离退休干部思想状况。组织迎新春团拜会、秋季参观、走访慰问等活动，应急妥善处理老干部生病住院、病逝服务等工作，把局党组的关怀送到老干部心坎上。

一、进一步加强政治建设、思想建设和组织建设

引导机关离退休干部坚决维护习近平总书记核心地位，维护党中央权威和集中统一领导。利用离退休干部每月活动日，采取专题辅导、支部学习、座谈讨论等形式，组织机关离退休

干部集中学习习近平新时代中国特色社会主义思想和党的十九大精神。通过上门走访、打电话、发送手机微信、短信谈心交流，及时掌握离退休干部思想状况，做好经常的思想工作。对年老体弱、行动不便的老同志采取发送微信、短信和走访等方式进行送学上门。

二、开展主题活动，弘扬正能量

组织召开机关离退休干部“2018 年迎新春”团拜会，在元旦、春节、重阳节、国庆节等节庆期间开展走访慰问和游园活动。开展了“回顾历史，不忘国耻，参观圆明园遗址公园”活动。组织参加了中央国家机关老同志“学习宪法及修正案，加强宪法实施及监督”专题报告会。组织老干部参加“忆改革，话改革，促改革”庆祝改革开放 40 周年宣讲。

三、以精准理念做好离退休干部服务管理工作

坚持以人为本、用心用情、及时帮助老同志解决最急迫、最直接和反映最强烈的实际问题和生活困难，让老同志得到更好的关心和照顾。

四、申请开办邮政老年大学

积极争取支持，开办了老年书法班、声乐班，获得离退休干部的广泛支持与认可。

第四篇
重大工程

Section IV
Major Projects

第一章　铁路重大工程建设项目

第一节　铁路重大工程建设情况概述

一、铁路重大工程概述

2018 年全国铁路新开工项目 26 个，新增投资规模 3382 亿元，新增运营里程 4683 公里，其中高速铁路 4100 公里，完成铁路建设任务达 8028 亿元，铁路年度建设规模连续 5 年保持 8000 亿元以上；全国铁路营业里程达到 13.1 万公里以上，其中高铁 2.9 万公里，复线里程 7.6 万公里，复线率 58.0%；电气化里程 9.2 万公里，电化率 70.0%；西部地区铁路营业里程 5.3 万公里。全国铁路路网密度 136.9 公里 / 万平方公里。

2018 年初安排国家及合资铁路大中型项目 250 个。

其中，收尾项目主要有：西安至成都铁路西安至江油段、哈尔滨至齐齐哈尔铁路客运专线、天津至秦皇岛客运专线、大同至西安铁路、合肥至福州铁路、长株潭城际铁路、东莞至惠州城际轨道交通、海南西环铁路、宝鸡至兰州客运专线、武汉至九江快速铁路大冶北至阳新、瑞昌至九江铁路、重庆至贵阳铁路、兰州至重庆铁路、云桂铁路、张家口至唐山铁路等。

建成投产项目主要有：青岛至连云港铁路、哈尔滨至牡丹江铁路客运专线、北京至沈阳铁路客运专线、杭州至黄山铁路、通辽至京沈高铁新民北站铁路等。

续建项目主要有：南昌至赣州铁路客运专线、北京至张家口铁路（含八达岭越岭段）、天津机场线、银川至西安铁路、合浦至湛江铁路、商丘至合肥至杭州铁路、连云港至镇江铁路、郑州至万州铁路，敦化至白河铁路、穗莞深城际轨道交通东莞至深圳段、石家庄至济南铁路客运专线、吉林至珲春铁路、张家口至呼和浩特铁路、梅州至潮汕铁路、穗莞深城际轨道交通新塘至洪梅段、成都至重庆铁路客运专线、重庆至万州铁路、成都至贵阳铁路乐山至贵阳段、徐州至淮安至盐城铁路、合肥至安庆铁路、吴忠至中卫铁路、川南城际铁路内江至自贡至泸州线、贵阳至南宁铁路、安顺至六盘水铁路、北京至霸州城际铁路、大同至张家口高速铁路、济南至青岛高速铁路、郑州至周口至阜阳铁路、武汉至十堰铁路、安庆至九江铁路、广州（新塘）至汕尾铁路、黄冈至黄梅铁路、鲁南高速铁路日照至临沂段、杭州经绍兴至台州铁路、北京至天津滨海新区铁路宝坻至滨海新区段、中卫至兰州铁路、赣州至深圳铁路、鲁南高速铁路曲阜至临沂段、福州至厦门铁路客运专线、牡丹江至佳木斯铁路、郑州至济南铁路郑州至濮阳段、连云港至徐州铁路、张家界经吉首至怀化铁路、北京至唐山铁路、崇礼铁路、太原至焦作铁路、长春至西巴彦花铁路、兰州至合作铁路等。

新开工项目主要有：盐城至南通铁路、北京至雄安新区城际铁路、上海至苏州至湖州铁路、南昌至景德镇至黄山铁路、西安至延安铁路、长沙至益阳至常德铁路、和田至若羌铁路、汕头至汕尾铁路、盘县至兴义铁路、川南城际自贡至宜宾段等。

二、铁路工程科技创新成果

2018 年发布铁道行业标准（工程建设标准）公告 8 批 26 项，发布铁路工程造价标准公告 3 批 15 项。大力推广应用路基连续压实信息化、隧道大断面暗挖、预制拼装建造以及Ⅲ型板无砟轨道底座混凝土一体化成型机等新的工艺工法，施工效率和工程质量得到有效提升。

依托京沈客运专线完成自主化列控、C3+ATO 自动驾驶、铁路北斗全域信号覆盖增强、智能牵引变电所等 28 项科学试验，推进 BIM 协同设计和施工应用，实现双块式轨枕生产、隧道围岩监控量测等智能技术在京张高铁的推广应用。开展高塔墩结构混凝土裂缝控制、主塔施工控制、千吨级桥梁运架装备等关键技术攻关，为沪通长江大桥、五峰山长江大桥、大瑞铁路怒江四线特大桥建设等提供技术支撑。攻克大直径盾构隧道穿越城市密集区的安全风险控制、大断面隧道机械化快速开挖等技术难题，八达岭隧道、清华园隧道顺利贯通，为京张、郑万等项目建设提供重要保障。

第二节 铁路重大工程建设项目介绍

一、西安至成都客运专线

西成铁路客运专线线路全长 508.8 公里，其中，四川省境内 165.8 公里，陕西省境内 343 公里。陕西境内主要经过西安市、安康市、汉中市 3 市。全线新建车站 8 处，引入既有车站 2 处。四川省境内共设有中子站（预留）、广元站、剑门关站、江油北站、江油站和青川站 6 座车站。可行性研究批复投资估算总额 693.7 亿元。项目建设对促进关中和成渝两大经济区交流合作、沿线经济社会协调发展，加快西部地区开发，有效缓解川渝地区铁路运输能力紧张，提高运输服务质量，形成华北至西南新通道，完善区域路网布局、扩大路网覆盖面均具有重要意义。

主要技术标准：客运专线；双线；电力牵引。设计行车速度 250 公里 / 小时。

图 4-1-1 列车通过西安至成都客运专线隧道

二、青岛至连云港铁路

青连铁路正线全长 194.5 公里，其中，山东省境内 186.6 公里，江苏省境内 7.9 公里。线路北起青岛北站（不含），途经青岛市、日照市，南至江苏省连云港市赣榆北站（不含）。正线设红岛站等 7 座车站。可行性研究批复投资估算总额 237.7 亿元。青连铁路位于胶东半岛东南部，连接山东省胶东半岛、日照地区与江苏省连云港地区，是中国南北沿海运输通道的重要组成部分。

主要技术标准：Ⅰ级双线铁路；电力牵引。设计行车速度 200 公里 / 小时。

图 4-1-2 列车运行在青岛至连云港铁路上

三、杭州至黄山铁路

杭黄铁路位于皖南及浙西地区，线路东起浙江省杭州市萧山区，向西经富阳市、桐庐县、建德市、淳安县，越皖浙交界的天目山山脉进入安徽省，经宣城市所辖绩溪县和黄山市所辖歙县、徽州区至黄山市。全线设杭州东站等 10 座车站，线路总长度 264.8 公里。可行性研究批复投资估算总额 365.5 亿元。线路沿线分布有黄山、千岛湖、西湖、富春江等一批全国著名的旅游资源。杭黄铁路的建设，将极大促进黄山与上海、杭州的联系，形成“名城—名湖—名山”世界级黄金旅游线，切实加强景区间合作和协调配合，构筑发展合力，实现资源共享、客源互送，形成旅游产业一体化的新格局，极大拓展旅游市场，促进沿线旅游产业大发展，对带动皖南地区经济发展、促进杭州大都市的形成具有重要意义。

主要技术标准：客运专线；双线；电力牵引。设计行车速度 250 公里 / 小时。

图 4-1-3　杭黄铁路传芳特大桥

四、郑州至万州铁路

郑万铁路是郑州至重庆高速铁路的重要组成部分，是联系西南地区和中原地区的主要客运高速通道，起于郑州东站，经河南开封市（尉氏县境内）、长葛市、禹州市、平顶山市、南阳市、邓州市，进入湖北省襄阳市襄城区、南漳县、保康县、神农架林区、兴山县、恩施州巴东县，然后进入重庆市境内，经巫山县、奉节县、云阳县至万州区接已建成的渝万高铁，全长 818 公里。河南段正线全长 350.83 公里，共设 10 座站，新建 9 座、预留 1 座，可行性研究批复投资估算总额 402.4 亿元。湖北段正线长 287.19 公里，设襄阳东津站、南漳站、保康站、新华站、兴山站和巴东北站 6 座车站，可行性研究批复投资估算总额 447.74 亿元。重庆段正线全长 183.87 公里，新建巫山站、奉节站、云阳站 3 座车站，可行性研究批复投资估算总额 294.28 亿元。

主要技术标准：客运专线；双线；电力牵引。设计行车速度 350 公里 / 小时。

图 4-1-4　列车运行在郑州至万州铁路上

五、张家口至呼和浩特铁路

新建张呼铁路自张家口南站引出，途径河北省张家口市和内蒙古自治区乌兰察布市、呼和浩特市。线路全长 286.8 公里，其中河北省境内 75.8 公里，内蒙古自治区境内 211.0 公里。全线共设怀安站等 6 座车站，可行性研究批复投资估算总额 346.5 亿元。该项目的建成，将进一步加强内蒙古与京津冀地区的经济联系，强化京包兰铁路运输通道能力，实现客货分线，提高运输质量。

主要技术标准：客运专线；双线；电力牵引。设计行车速度 250 公里 / 小时。

图 4-1-5 列车运行在张家口至呼和浩特铁路上

主要技术标准：客运专线；双线；电力牵引。设计行车速度 250 公里 / 小时。

六、成都至贵阳铁路乐山至贵阳段

成贵铁路乐山至贵阳段西起四川省乐山市，向东经四川省犍为县、宜宾市、长宁县、兴文县，云南省威信县、镇雄县，贵州省毕节市、大方县、黔西县，至贵阳市。乐山站（含）至贵阳东站（不含）正线全长 515 公里，其中四川省境内 258.6 公里，云南省境内 79.3 公里，贵州省境内 177.1 公里。全线设乐山站等 15 座车站（贵阳北站与贵广等合设，不含贵阳东站），可行性研究批复投资估算总额 744.6 亿元。成贵铁路建成后，将成为中国西部地区快速客运骨干网的重要组成部分，形成西南至华南沿海及湘闽赣浙地区区际快速客运通道，形成一条快速出川通道，沟通成都和贵阳两大西南客运中心。

图 4-1-6 建设中的成都至贵阳铁路西溪河大桥

七、大同至张家口铁路

大张高铁北起河北省张家口市怀安县，西南行穿晋冀北部交界处至大梁山脉，经山西省大同市天镇县、阳高县、大同县至大同市御东新区大同南站，西南行至山西省朔州市怀仁县境内接轨既有韩原铁路。正线全长 141 公里，其中，山西省段 126 公里，河北省段 15 公里。工期 48 个月，初步设计概算批复总额 165.5 亿元，是国家“十三五”规划“八纵八横”高速铁路网京兰通道的重要干线。

主要技术标准：客运专线；双线；电力牵引。设计行车速度 250 公里 / 小时。

图 4-1-7 大同至张家口铁路铺轨现场

八、川藏铁路拉萨至林芝段

新建川藏铁路拉萨至林芝段位于西藏自治区东南部，线路从在建拉萨至日喀则铁路协荣站引出，向南穿过冈底斯山余脉进入雅鲁藏布江河谷，于贡嘎跨过雅鲁藏布江后向东经扎囊、乃东、桑日、加查、朗县、米林至林芝。新建正线长度 402.4 公里，新建车站 34 座，可行性研究批复投资估算总额366亿元。东端连接规划建设中的川藏、滇藏铁路，可通往西南及东中部地区，向北、向西连接既有青藏铁路和在建的拉萨至日喀则铁路及规划中的日喀则至亚东、日喀则至聂拉木等铁路，可通往广大西北地区及中国与尼泊尔、印度接壤的主要边境口岸，是西藏自治区对外运输通道的重要组成部分。

主要技术标准：I级单线铁路；电力牵引。设计行车速度160公里／小时。

图4-1-8 施工人员在川藏铁路拉林段贡嘎雅鲁藏布江特大桥上铺轨

第二章　公路重大工程建设项目

第一节　公路重大工程建设情况概述

2018 年，交通运输行业坚持服务京津冀一体化和雄安新区建设、“一带一路”、长江经济带，以及 2022 冬奥会、粤港澳大湾区等国家重大区域发展战略，服务全面建成小康社会和脱贫攻坚，加快推进重点公路工程项目建设，不断完善公路基础设施网络，公路建设取得新的成果。

2018 年 2 月 6 日，举世瞩目的港珠澳大桥完成主体工程交工验收。10 月 23 日，习近平总书记出席仪式，宣布大桥正式开通并巡览大桥。习近平总书记在东人工岛会见大桥管理和施工等方面代表时指出，港珠澳大桥是国家工程、国之重器。你们参与了大桥的设计、建设、运维，发挥聪明才智，克服了许多世界级难题，集成了世界上最先进的管理技术和经验，保质保量完成了任务，我为你们的成就感到自豪，希望你们重整行装再出发，继续攀登新的高峰。习近平总书记强调，港珠澳大桥的建设创下多项世界之最，非常了不起，体现了一个国家逢山开路、遇水架桥的奋斗精神，体现了我国综合国力、自主创新能力，体现了勇创世界一流的民族志气。这是一座圆梦桥、同心桥、自信桥、复兴桥。大桥建成通车，进一步坚定了对中国特色社会主义的道路自信、理论自信、制度自信、文化自信，充分说明社会主义是干出来的，新时代也是干出来的！对港珠澳大桥这样的重大工程，既要高质量建设好，全力打造精品工程、样板工程、平安工程、廉洁工程，又要用好管好大桥，为粤港澳大湾区建设发挥重要作用。

港珠澳大桥建成后，珠海到香港的交通时间将由水路 1 小时、陆路 3 小时以上，缩短为 30 分钟左右，港、澳之间也实现陆路连通。

此外，首都地区环线高速公路（G95）北京通州至大兴段、汕昆国家高速公路（G78）广东连平至怀集段、银昆国家高速公路（G85）桃园（川陕界）至巴中段、武深国家高速公路（G0422）广东仁化至博罗段、雅叶国家高速公路（G4218）四川雅安至康定段、都香国家高速公路（G7611）贵州六盘水至威宁段、西藏拉萨至林芝高等级公路以及浙江省三门湾、乐清湾、台州湾跨海大桥等重点项目建成通车。武深国家高速公路全线贯通。其中，银昆国家高速公路（G85）桃园（川陕界）至巴中段控制性工程——米仓山隧道长度超过 13.8 公里。

云南玉溪至楚雄高速公路、甘肃武都至九寨沟（甘川界）高速公路、安徽合肥至枞阳高速公路、陕西安康至岚皋高速公路、沈海高速公路汕尾陆丰至深圳龙岗段改扩建工程、云南楚雄至大理高速公路扩容工程等国家重点公路建设项目初步设计通过交通运输部审批。

深圳至中山通道、南京长江第五大桥、武汉青山长江公路大桥、四川绵阳至九寨沟高速公路、云南保山至泸水高速公路、贵州都匀至安顺高速公路、京哈高速吉林长春至拉林河段改扩建工程等重点项目顺利推进。津石高速公路河北段、安徽黄山至千岛湖高速公路、湖北赤壁长江公路大桥、重庆高峰至新田高速公路、贵州仁怀至遵义高速公路、四川成都至乐山高速公路扩容工程等一批重点项目开工建设。

第二节　公路重大工程建设项目介绍

一、港珠澳大桥

（一）项目概况

港珠澳大桥跨越伶仃洋，东接香港特别行政区，西接广东省珠海市和澳门特别行政区，是在“一国两制”框架下、粤港澳三地首次合作共建共管的超大型跨海交通工程。大桥全长55公里，主要工程包括：海中桥隧主体工程，香港、珠海、澳门三地口岸工程，香港、珠海、澳门三地连接线工程。海中桥隧主体工程路线全长29.6公里，采用桥、岛、隧组合，其中，桥梁长22.9公里，海底沉管隧道6.7公里，人工岛实现桥隧转换功能。主体工程采用双向六车道高速公路标准建设，设计速度100公里/小时，设计使用寿命120年。主体工程由港珠澳大桥管理局负责建设、维护和营运管理。

港珠澳大桥是目前全世界总体长度最长、钢结构桥体最长、海底沉管隧道最长的跨海大桥工程，也是公路建设史上技术最复杂、施工难度最大、工程规模最庞大的桥梁工程。大桥于2009年12月开工建设，在近9年的建设期内，粤港澳三地政府精诚合作，一大批工程技术人员云集伶仃洋，不忘初心，牢记使命，攻坚克难，勇于创新，用智慧和汗水浇筑了这一举世瞩目的超级工程，在浩瀚的伶仃洋上谱写了中国桥梁建设的崭新篇章。

2018年2月6日，港珠澳大桥主体工程顺利通过了交工验收，并经受住了“天鸽”“山竹”等超强台风的检验。2018年10月23日，习近平总书记出席港珠澳大桥开通仪式，宣布大桥正式开通并巡览大桥。10月24日，大桥正式通车营运。

图4-2-1　东人工岛（港珠澳大桥管理局提供）

（二）注重创新，引航工程建设

1. 管理机制创新

大桥前期工作的协调机构是前期工作协调小组，由香港特别行政区政府牵头；大桥开工后，协调机构调整为三地联合工作委员会，由广东省牵头。协调管理机制的演变过程有利于集成三地的制度优势，也有利于提升国内的技术标准和管理水平。前期工作由香港主导，利用香港的国际化视野、120年设计使用寿命要求、人性化的维养设施，以及完善的品质保证体系，有利于大桥主体工程按照“就高不就低”的标准，确立项目的总体建设目标和管理规划。项目开工后，由于主体工程在内地水域，涉及抛泥、采砂、用海、用地等大量政府协调事宜，改由广东省政府牵头，有利于项目的推进实施。

主体工程由三地共建共管，采用“港珠澳大桥专责小组—三地联合工作委员会—项目法人（大桥管理局）”三个层面的建设协调与决策管理机制。其中专责小组由国家发展改革委牵头，国家有关部门和粤港澳三地政府组成，负责协调与中央事权有关及三地有争拗的事项；三地联合工作委员会由粤港澳三地政府共同组建，广东省人民政府作为召集人，主要协调与项目建设有关的公共事务并对项目法人进行监管；项目法人即港珠澳大桥管理局，由三地政府共同举办，负责大桥主体部分的建设、运营、维护和管理的组织实施等工作。为确保工程建设的优质和安全，由交通运输部牵头成立港珠澳大桥技术专家组，在重大技术方案、施工方案的论证以及重大工程问题的处理等方面提供咨询和技术支持。

2. 建设理念创新

港珠澳大桥位于珠江口伶仃洋水域，项目涉及水文泥沙、地形地质、白海豚、防洪、防台和满足通航、海事、航空限高等复杂建设难题，是中国交通行业建设项目管理的全新挑战。为实现港珠澳大桥“建设世界级跨海通道，为用户提供优质服务，成为地标性建筑”的建设目标，在120年设计使用寿命的要求下，港珠澳大桥开创性地提出了四大理念，以指导工程实践。

设计理念：全寿命周期规划，需求引导设计；

施工理念：大型化、标准化、工厂化、装配化；

管理理念：立足自主创新，整合全球资源，推行伙伴关系；

发展理念：绿色环保，可持续发展。

在项目实施过程中进行管理创新，如推行大标段理念，其中岛隧工程采用设计施工总承包模式，通过设计—施工的组织集成，促进设计与施工紧密结合，有效融合设计及施工的各自优势，有利于充分发挥承包人的技术、资源优势，统筹解决技术、质量、进度等难题。

在工程质量管理制度设计上，参考引进了香港、澳门地区和国内高铁建设对混凝土生产推行的产品认证制度，实行首制件工程认可制；引进设计及施工咨询、质量管理顾问、试验检测中心、测量中心，充实法人质量管理力量。在安全环保管理方面，借鉴石油化工行业的经验，建立了职业健康、安全与环境（HSE）一体化管理体系和HSE应急保障体系，组建了跨境环保联络小组，并与海事部门紧密协作，全面加强海上通航安全监管，为工程建设的安全推进保驾护航。

3. 科技创新

港珠澳大桥主体工程集桥、岛、隧于一体，面临诸多世界级技术挑战，包括海中快速成岛、隧道基础处理与沉降控制、隧道管节沉放对接、大规模工厂化制造、海上埋置式承台施工、水下结构止水、超长钢桥面铺装、交通工程系统集成等。

港珠澳大桥科技创新工作始终坚持“项目来源于工程、研究依托于工程、成果应用于工程、服务于行业”的理念，注重科研与生产的紧密结合，突出科研成果应用。

大桥获得了国家层面科研力量的支持。2010年，“港珠澳大桥跨海集群工程建设关键技术与示范”正式列入“十一五”国家科技支撑计划，由交通运输部组织实施，研究参与单位包括21家企事业单位、8所高等院校，形成了以企业为龙头，产学研用相结合，覆盖桥、岛、隧工程全产业链的“智囊团”，科研队伍人数超过500人，共设5大课题、19个子课题、73项课题研究。到目前为止，项目创新工法31项、创新软件13项、创新装备31项、创新产品3项，申请专利454项等。创新成果获得省部级特等奖3项、一等奖8项、二等奖3项，形成专著18本、技术标准60册。研究成果大范围应用于项目实践，解决了工程推进中的重点难题，有力支撑了港珠澳大桥工程建设，对我国大型跨海通道工程技术进步发挥了重要推动作用。

二、贵州省六盘水至威宁高速公路

（一）项目概况

贵州省六盘水至威宁高速公路是国家高速公路网都匀至香格里拉高速公路的重要组成部分，该项目的建成对完善国家和贵州高速公路网络、带动沿线地区资源开发、实现落后地区的脱贫致富和促进贵州省社会经济跨越式发展具有重要意义。

项目起自六盘水市老鹰山镇，接六枝至六盘水高速公路，止于威宁县中水镇（黔滇界）；另建设六盘水西联络线，起自水淹坝，接本项目主线，止于鱼塘乡，接杭瑞高速公路毕节至都格段。路线全长190.114公里，其中主线全长168.16公里，六盘水西联络线长21.954公里。全线共设置17处互通式立交、15处收费站、6处服务区、1处停车区，桥隧比约44.8%。项目主线及六盘水西联络线均采用四车道高速公路标准建设，设计速度80公里/小时，路基宽度24.5米，概算总投资253亿元。

项目于2016年4月14日正式开工，2018年12月29日完成交工验收，2019年1月3日通车试运行。

（二）项目技术特点

项目沿线地形和气象条件复杂，桥隧比例高，施工困难，经常出现大雾、大风和凝冰等不利天气，有效工期时间短。此外，路线穿越高瓦斯地段、溶洞发育区及煤矿采空区，地质条件复杂，对沿线桥梁、隧道施工造成较大影响。有“贵州最高海拔T构桥”之称的李子沟特大桥，桥址区最大风速11级，每年面临50余天凝冻天气和年均6个多月的雨雾天气，工程建设者以20个月的有效施工时间实现了“安全零事故”合龙。

项目注重技术创新，取得了一系列成果。开展高速公路隧道消防用水的收集与应用研究，切实解决部分隧道的消防用水。开展高速公路雾区环境交通安全应对技术研究，强化雾区的交通安全设施建设，提高雾区行车安全。开展山区高速公路施工安全监督控制研究，有效提高山区桥隧施工的安全生产管理水平。开展贵州省山区高速公路早期凝冰预警及高危路段凝冰自动化处置技术推广应用研究，通过在全线凝冻期最长的李子沟特大桥运用凝冰预警及凝冰自动化处置的科研成果，提高该段落的营运安全。开展贵州膨胀土路基修筑技术研究，通过改进中膨胀、微膨胀土进行路基填筑，填筑量超过94万立方米，节约建设资金约1700万元。

三、四川省雅安至康定高速公路

（一）项目概况

雅康高速公路是国家高速公路网雅安至叶城高速公路（G4218）的重要组成部分。路线起自雅安市雨城区草坝镇，经天全县、泸定县，止于康定城东，全长约135公里，桥隧比高达82%。采用双向四车道高速公路标准建设，路基宽度24.5米，设计速度80公里/小时，概算总投资230亿元。项目于2014年9月开工建设，2018年12月建成通车。

图4-2-2　泸定服务区

（二）控制性工程——二郎山特长隧道

二郎山隧道全长13459米，是全国建成通车的高海拔地区长度最长的高速公路隧道，被誉为“川藏第一隧”。隧道位于Ⅷ度地震烈度区，穿越13条区域性断裂带，工程地质条件极其复杂，被誉为“地质博物馆”。隧道在国内首次采用大段面多功能交通转换带、景观带设计和抗震扩大段（长260米）设计，有效保证强震区隧道运营安全。

施工过程中通过技术创新，成功解决了地下风机房网络洞室群（1条主洞、16条支洞）开挖支护、交通转换带大断面开挖支护、长大隧道反坡施工、岩爆瓦斯溢出等一系列技术难题。隧道泸定端克服特长距离施工通风技术难题，独头掘进达到7333.6米，居国内高海拔地区高速公路隧道第一位。

（三）控制性工程——泸定大渡河特大桥

泸定大渡河特大桥是一座建设在高海拔、高地震烈度带、复杂强劲风场环境下的超大跨径钢桁梁悬索桥。大桥主跨达1100米，为川藏第一大跨径钢桁梁悬索桥。雅安岸隧道式锚碇长159米，为世界第一长隧道式锚碇。塔顶距大渡河水面364米，桥面距大渡河水面239米，风场环境复杂，风场紊乱，最大瞬时风速达32.6米/秒。

项目参建各方开展一系列技术攻关，首次将防屈曲钢支撑用作悬索桥的中央扣，在强烈地震时，中央扣屈服耗能，从而保证主梁安全。

首次将波形钢腹板与混凝土顶底板的组合结构作为桥塔横梁，充分利用两者的结构优点，既克服了混凝土横梁和钢横梁在抗震方面的不足，又简化了塔柱—横梁连结构造。

创造性地采用反向平曲线设计，将左右两幅泸定隧道分离，布置在大桥隧道锚的外侧，一方面极大地减小了隧道锚和公路隧道的相互影响，为山区桥隧相连的悬索桥总体布置提供了一条新思路；另一方面，在隧道与隧道锚之间设置横通道，既作为施工期的运输通道，加快施工进度，又作为今后的检修通道，便于养护。

四、四川、陕西省巴陕高速公路

（一）项目概况

巴陕高速公路是G85银昆国家高速公路的重要组成部分，也是继广陕、达陕高速公路后，四川北向出川的第三条高速公路通道。路线起于陕西省南郑县小坝乡的米仓山隧道进口处，经南江县、巴州区，止于巴中市东兴场互通，全长约117.5公里，设置7处互通式立交、3处服务区，概算总投资147亿元。

自2009年10月起，项目分三期开工建设。其中，川陕交界处的关键控制性工程——长13.8公里的米仓山隧道于2014年1月1日开工建设，经历1700多个日夜的奋战，于2018年11月22日建成。至此，项目全线正式通车运营。

“秦巴道畅财源广，川陕商通市井繁。”该项目的建成使南江至汉中的路程耗时由原来的3.5个小时缩短为1个小时，进一步带动了汉中、巴中及周边革命老区社会经济及旅游业发展，为秦巴山区脱贫攻坚提供坚强公路交通支撑，对改善和提高沿线人民生活水平具有重大意义。

（二）项目特点及控制性工程

项目地处秦巴山区腹地，地形地质条件复杂，生态环境脆弱，桥隧比高达78.2%。项目自开工以来发生多次大型暴雨、山洪、泥石流等自然灾害。

全线控制性工程——米仓山隧道，是目前国内第二长的高速公路隧道，具有结构庞大、地质复杂、工期紧等特点，存在瓦斯、硫化氢有毒有害气体；隧道涌突水量大；高地应力环境下的硬岩岩爆风险；高地应力环境下硬脆岩体应力型破坏风险；深大竖井施工及安全管理等难题。

为确保项目质量安全和顺利实施，采用了大量新技术，共计获得22项实用新型或发明专利。主要包括：隧道全机械化工法；自行走台车、分体二衬台车、中心水沟预制台车微创新；优化路基边沟小型盖板和应用隧道电缆沟RPC新型盖板；装饰、灯光一体化隧道内行车环境优化技术；雨夜标线、转子护栏、防眩板贴膜、新型桥梁泄水孔、新型挡墙圬工工程装饰微创新。竖井“SMD工法”获得省级工法鉴定。

五、西藏拉萨至林芝高等级公路

（一）项目概况

拉萨至林芝高等级公路位于海拔2960～4790米的“世界屋脊”——青藏高原，是目前我国在高寒缺氧、高海拔地区建设的路线最长的高等级公路。项目所在区域的工程地质和水文地质条件极为复杂，普遍缺乏工程经验和资料积累，气候差异明显，地震烈度高，滑坡、泥石流、崩塌、冻土冻融等不良地质现象频发，区域生态环境极其脆弱。

图 4-2-3　拉林高等级公路

拉林高等级公路工程分一、二期展开建设。一期工程全长约 161 公里。其中，林芝至巴河段起自林芝地区八一镇真巴村，接既有国道 318 线，止于巴河镇，接二期工程起点，长约 97 公里；墨竹工卡至拉萨段起自墨竹工卡县城东，接二期工程终点，经达孜，止于拉萨市蔡公堂乡，复接既有国道 318 线，长约 64 公里。

二期工程起自林芝工布江达县巴河镇，接一期工程林芝至巴河段终点，止于拉萨市墨竹工卡县，接一期工程墨竹工卡至拉萨段起点，路线全长约 238 公里。

（二）控制性工程——米拉山隧道

米拉山隧道平均海拔 4750 米，是该项目的控制性工程。参建单位各方克服了高海拔严重缺氧、高寒昼夜温差大、持续大量涌水、凝灰质软岩大变形等不良建设条件，有效保障了隧道施工安全和工程质量，按期建成了目前世界海拔最高的公路特长隧道。

六、浙江省三门湾、乐清湾、台州湾大桥及接线工程

（一）项目概况

三门湾、乐清湾、台州湾大桥及接线工程是国家高速公路网 G1523 宁波至东莞高速公路的重要组成部分。路线主要沿海岸线布设，山峦起伏，岸线曲折，港汊众多并深嵌内陆，港汊间舌状潮滩相间而生。跨海桥梁工程跨越多条航道，规模大，建设条件复杂，需要高水平的统筹实施和协调组织。

1. 三门湾大桥及接线工程

路线起自象山戴港，经茅洋、岳井洋、宁海长街，在蛇蟠岛跨越三门湾，止于三门县六敖，大桥长约 11.8 公里，两岸接线长约 42.7 公里，概算总投资 126.5 亿元。项目分段采用双向四、六车道高速公路标准建设，设计速度 100 公里 / 小时。项目于 2014 年 12 月开工建设，2018 年底通过交工验收，2019 年 1 月 16 日正式通车运营。

三门湾跨海大桥主桥采用变截面连续刚构桥方案，最大通航等级 3000 吨；非通航孔引桥采用 40 米跨径分幅整孔预制预应力混凝土箱梁结构，整孔梁上运输架设方案。

2. 乐清湾大桥及接线工程

路线起自温岭城南，经玉环沙门、芦浦，经茅埏岛跨越乐清湾，止于乐清南塘，全长约 38.2 公里，概算总投资 120.1 亿元。其中，乐清湾跨海大桥长 9.233 公里，两岸接线长 28.940 公里。全线采用六车道高速公路标准建设，设计速度 100 公里 / 小时。项目于 2014 年 7 月开工建设，2018 年 9 月通过交工验收，9 月 28 日通车试运营。

乐清湾跨海大桥 1 号桥通航孔桥采用预应力混凝土节段拼装连续刚构桥方案，2 号桥主桥采用 160+365+160 米双塔整幅 PK 箱型组合梁斜拉桥方案；非通航孔桥采用 60 米预应力混凝土连续箱梁方案。

3. 台州湾大桥及接线工程

路线起自三门县六敖，经健跳、浬浦、临海杜桥、椒江，于红旗闸跨越台州湾，经路桥、温岭滨海、箬横，止于温岭市城南，全长约102.4公里，概算总投资240亿元。全线采用六车道高速公路标准建设，设计速度100公里/小时。项目于2015年6月全面开工建设，2019年1月7日通过交工验收，1月16日正式通车试运营。

台州湾跨海大桥主桥采用85+145+488+145+85米H形双塔整幅PK箱型组合梁斜拉桥方案。引桥主要采用跨径60米的节段拼装预应力混凝土连续箱梁桥方案；跨越十塘、十一塘段引桥采用主跨120米的变截面预应力混凝土连续梁桥方案。大桥三墩采用长158米的超长大直径灌注桩，是国内目前最深的桥梁桩基础。

（二）工程技术和建设管理特点

1. 复杂条件下大型整孔预制箱梁运架技术

项目大量采用大型整孔预制箱梁结构，包括互通区变宽桥、主跨120米刚构桥、主跨80米连续箱梁桥等，对桥梁构造设计、提运梁设备等提出了很高的要求。项目通过技术攻关，解决了复杂条件下大型箱梁运输、架设关键技术难点，为推广整孔预制、梁上运架工法提供了宝贵经验。

2. 强潮海域半固定桩式自适应恒阻力船舶拦截技术

为避免失控船舶撞击海上非通航孔桥梁造成的严重后果，项目针对三门湾强潮海域特点，开展科研攻关，研发了强潮海域半固定桩式自适应恒阻力船舶拦截技术，设计建造了船舶拦截设施，有效提升桥梁结构安全性。

3. 积极推行施工标准化

根据项目特点，把握工程控制性、关键性的工序，确定标准化的施工工艺，深入推进施工标准化，提升工程质量。全线海上、水上施工栈桥统一采用8米桥面净宽，外设供水、供电设施的标准，栈桥采用装配式结构，将栈桥现场施工的大部分环节转化为工厂化施工。施工用混凝土由后场集中拌和、统一配送供应。

4. 推行工厂化管理

项目以“减少分散作业量、减少野外工序、减少传统施工，改分散施工为集中施工、改野外施工为室内施工、改传统施工为工厂化流水线施工”为原则，开展工程设计和建设方案策划，提高工厂化覆盖率。采用大标段划分，临建费用集中使用，提高标段工程量，为推进大型设备投入奠定数量基础。提出“三化”（工厂化、智能化、标准化）、“三集中”（构件集中预制、混凝土集中拌和、钢筋集中加工）、“四控制”（方案控制、材料控制、设备控制、工艺控制）的主要管理举措。通过全面推广工厂化管理，推动项目管理方式由粗放型向精细化、装配化和规范化转变，促进资源配置、体系运行、管理协调和信息建设等有效提升。

5. 打造“智慧工地”

项目积极践行“互联网＋建设”理念，精准发力重实效，推进“智慧工地”建设，开发“项目动态管理系统”信息化平台。其中，台州湾大桥项目开发应用了“台州沿海高速公路工程信息化管理系统”，采用六大管理类和九大监测类子系统为基础的“6+9模式”，为管理者、决策层提供了更加直观的决策依据。

第三节　重大综合运输枢纽场站

截至2018年底，交通运输部共支持推进综合客运枢纽149个，建成运营11个，其中，铁路主导型综合客运枢纽10个，水运主导型综合客运枢纽1个；支持推进建设货运枢纽（物流园区）200个，建成运营14个（其中，多式联运型3个，通用集散型11个）。

一、青岛新机场综合客运枢纽

青岛新机场综合客运枢纽位于山东省青岛胶州市，距离青岛市中心直线距离约 39 公里，是集航空、高速铁路、城市轨道、公路、城市公交、出租车、社会车辆等多种运输方式于一体的航空主导型综合客运枢纽，也是国内首个衔接 35 公里时速高铁站的枢纽机场，包括青岛新机场 T1 航站楼、综合交通换乘中心（GTC）、济青高铁青岛机场站、城市轨道站等工程建筑。枢纽于 2015 年正式开工建设，预计 2019 年 9 月建成运营。

青岛新机场定位为区域性门户枢纽机场，建成后可满足 2025 年旅客吞吐量 3500 万人次、货邮吞吐量 50 万吨、飞机起降 30 万架次，2045 年旅客吞吐量 5500 万人次、终端 6000 万人次、货邮吞吐量 100 万吨、飞机起降 45 万架次的保障需求。

青岛新机场综合客运枢纽总投资约 360.4 亿元，采取了“统一规划、统一设计、统一建设、协同管理”方式，由青岛机场集团统一负责建设。枢纽建成后，将承接现有青岛流亭机场所有业务，对推动青岛建设全国性综合交通枢纽城市、促进国家级临空经济示范区发展具有重要作用。

二、大连湾综合交通枢纽

大连湾综合交通枢纽位于大连港大连湾港区，距大连北站约 12 公里、大连新机场约 13 公里，经大连湾疏港路汇入鹤大、沈海高速，是集水运、公路、公交、出租车、社会车辆等多种运输方式无缝衔接的一体化水运主导型综合客运枢纽，同时融合了餐饮、办公、住宿等多种配套服务。枢纽于 2015 年 8 月正式开工建设，2018 年 10 月建成试运营。

大连湾综合交通枢纽总占地面积 7.14 万平方米，总建筑面积 3.7 万平方米，投资 3.7 亿元。枢纽设计 2027 年可发送水路和陆路旅客 1504 万人次，其中港口客运量约为 360 万人次，滚装车吞吐量约为 65 万辆，经长途汽车客运中转旅客约 184 万人次。

大连湾综合交通枢纽实现了大连湾港区水运与铁路、公路、航空以及城市交通体系的有效衔接，形成海、陆、空“三位一体”的综合客运枢纽。大连湾综合交通枢纽的建设既加速了大连老城区港口客运功能转移，满足往来辽东半岛与山东半岛旅客乘船需求，又能有效缓解每年因海运形成的近千万人次客流和近百万台车流给老城区交通带来的巨大压力，带动更多人流、物流、车流向大连湾及大连北部地区聚集，实现大连老城区与北部区域联动发展。

三、重庆东盟国际物流园

重庆东盟国际物流园位于重庆市巴南区公路物流基地南区，北邻内环高速，南接绕城高速，东连包茂高速，西邻兰海高速，交通条件优越。项目为通用集散型货运枢纽（物流园区），总占地面积约 73 万平方米，建筑面积约 42 万平方米，分为 4 个功能区，即 A 区重庆南部货运枢纽、B 区城市物流（渝南）中转站、C 区公路车检站以及 D 区重庆南彭公路保税物流中心。交通运输部投资补助部分主要是公路保税物流中心和公路车检站，总占地面积 23.8 万平方米，建筑面积 15 万平方米，总投资 7.6 亿元。

项目由重庆公路运输（集团）有限公司和重庆公路物流基地建设有限公司合资成立的重庆公运东盟国际物流有限公司负责投资建设运营。目前，重庆公运东盟国际物流有限公司以重庆东盟国际物流园为起始点，以重庆东盟公路班车为抓手，积极投入“陆海新通道”建设，构建重庆与东盟各国之间的公路货运通道，将重庆打造成陆上丝绸之路与东盟各国连接的重要连接点。

第三章　水路重大工程建设项目

第一节　水路重大工程建设情况概述

一、持续推进长江干线航道建设，着力打造黄金水道

立足长江经济带发展战略，坚持"深下游、畅中游、延上游、通支流"，推进长江干线航道系统治理，通航条件进一步改善，逐步实现长江干线航道的高标准贯通。长江中游宜昌至昌门溪河段航道整治一期工程等多个项目通过竣工验收，长江中游新州至九江河段航道整治二期工程等项目开工建设，长江上游九龙坡至朝天门河段、长江中游宜昌至昌门溪河段二期、长江中游蕲春水道等项目有序推进，为充分发挥长江黄金水道综合效益奠定基础。

二、有序推进内河其他航道建设，补齐内河水运短板

推进构建通江达海、干支衔接的航道体系。大芦线航道整治二期工程、平申线航道整治工程、苏南运河"四改三"航道整治工程主体工程已基本建成，江西赣江新干航电枢纽工程等一批重点项目稳步推进，长江主要支流航道建设和长江三角洲高等级航道网络化进程提速。推进西江航运基础设施建设，西江（界首至肇庆）航道扩能升级工程试运行进展顺利，着力打造珠江黄金水道。

三、加快推进沿海港口基础设施建设，推进码头专业化智能化

继续推进唐山港京唐港区25万吨级航道工程、连云港30万吨级航道二期工程等建设。天津港大港港区10万吨级航道工程交工验收。宁波舟山港蛇移门航道工程正式建成投入使用。湄洲湾港东吴港区罗屿作业区9号和10号泊位工程完工并投入试运行。深圳港盐田港区西作业区集装箱码头工程、宁波舟山港鼠浪湖矿石中转码头工程、烟台港西港区30万吨级原油码头工程、日照港岚山港区30万吨级矿石码头工程等一批重大项目竣工验收并正式投入使用。福建漳州LNG项目码头工程、珠海港高栏港区北方石油石化码头工程、宁波舟山港穿山港区1号集装箱码头工程等开工建设。全自动化集装箱码头建设稳步推进，全球规模最大的全自动化集装箱码头上海国际航运中心洋山深水港区四期工程竣工验收并正式投入使用，唐山港京唐港区三港池通用泊位自动化改造一期工程完工并投入试运行，广州港南沙港区四期工程等正在建设自动化集装箱码头。

第二节　水路重大工程建设项目介绍

一、长江中游宜昌至昌门溪河段航道整治一期工程

长江中游宜昌至昌门溪河段航道整治一期工程上起枝城，下至昌门溪，全长26公里，建设标准为3.5米×150米×1000米（水深×航宽×弯曲半径），通航保证率为98%。2014年12月由交通运输部批准实施，2018年12月通过竣工验收，实际完成投资4.1亿元。

工程竣工验收后，长江中游宜昌至昌门溪河段航道水深由3.2米提高到3.5米，航道尺度明显提高，稳定了河段滩槽形态和河势，降低了航道维护成本，提升了航道通过能力和航运效益。

工程发展了长江中游砂卵石河段航道整治新技术，推行多功能抛投船、浮吊群抛透水框架施工工艺。贯彻绿色发展理念，积极落实生态修复和生态保护措施，应用钢丝网格护坡、透水框架等生态环保结构。利用护岸工程后方弃土支持地方政府建设关洲江滩公园，做到航道建设与沿江人民利益有机结合，打造共享工程，服务流域百姓。

图4-3-1 长江中游宜昌至昌门溪河段航道整治一期工程关洲水道护滩带工程（长江航道局提供）

图4-3-2 长江中游宜昌至昌门溪河段航道整治一期工程芦家河水道护岸工程（长江航道局提供）

二、长江中游赤壁至潘家湾河段燕子窝水道航道整治工程

长江中游赤壁至潘家湾河段燕子窝水道航道整治工程位于长江中游燕子窝水道，上起天门堤，下至潘家湾，全长12公里，建设标准为3.7米×150米×1000米，通航保证率为98%。2014年12月由交通运输部批准实施，2018年11月通过竣工验收，工程实际完成投资2.57亿元。

工程竣工验收后，稳定了燕子窝水道洲滩形态和河势格局，遏制了航道的不利变化趋势，为进一步提高航道尺度奠定了基础。

工程建设贯彻绿色发展理念，落实生态修复、生态保护和渔民补偿等措施，实现了工程建设与环境保护协调发展。

图4-3-3 长江中游赤壁至潘家湾河段燕子窝水道航道整治工程生态护坡（长江航道局提供）

图4-3-4 长江中游赤壁至潘家湾河段燕子窝水道航道整治工程全景（长江航道局提供）

三、长江中游鲤鱼山水道航道整治工程

长江中游鲤鱼山水道航道整治工程位于鲤鱼山水道，上起半山边，下迄上巢湖，全长约12公里，

建设标准为 4.5 米 ×200 米 ×1050 米，通航保证率为 98%。2015 年 1 月由交通运输部批准实施，2018 年 9 月通过竣工验收，实际完成投资 3 亿元。

工程竣工验收后，稳定了鲤鱼山水道南槽格局，改善了航道通航条件，提升了该河段航道的通过能力，为武安段鲤鱼山水道 6 米水深航道治理二程建设奠定了良好基础，进一步释放了长江中游的航运潜能。

工程坚持生态优先、绿色发展，先后投入 375 万元用于生态环境保护，认真落实渔民补偿、增殖放流、建设人工鱼巢、生态监测等环境保护措施，取得了较好的生态效益和社会效益。

图 4-3-5　长江中游鲤鱼山水道航道整治工程沉排施工（长江航道局提供）

图 4-3-6　长江中游鲤鱼山水道航道整治工程透水框架群抛（长江航道局提供）

四、长江中游界牌河段航道整治二期工程

长江中游界牌河段航道整治二期工程位于长江中游界牌河段，上起杨林山，下止石码头，全长 38 公里，建设标准为 3.7 米 ×150 米 ×1000 米，通航保证率为 98%。2011 年 12 月由交通运输部批准实施，2018 年 3 月通过竣工验收，实际完成投资 3.11 亿元。

工程竣工验收后，航道枯水期维护水深从整治前的 3.5 米提高到 4.0 米。重点对河段新淤洲前沿的过渡段低滩进行守护，促进形成良好的过渡段航槽，提高了航道通航标准，畅通了湖北、湖南两省通江达海的大通道。

工程建设贯彻绿色发展理念，落实生态修复和水生态保护措施，推广应用钢丝网格护坡、透水框架护滩等生态环保结构，大力实施生态工程，探索生态航道建设，实现工程建设与环境保护协调发展。

图 4-3-7　长江中游界牌河段航道整治二期工程左岸护岸及新滩守护工程全景（长江航道局提供）

图 4-3-8　长江中游界牌河段下复粮洲生态护岸工程（长江航道局提供）

五、长江口12.5米深水航道减淤工程南坝田挡沙堤加高工程

长江口12.5米深水航道减淤工程南坝田挡沙堤加高工程位于长江口北槽水域（长江口12.5米深水航道南侧S4~S9丁坝坝田区），建设挡沙堤总长度约23.8公里，其中加高段长约19.2公里，新建段约4.6公里，设计堤顶高程+3.5米（吴淞基面）。2014年11月由交通运输部批准实施，2018年8月通过竣工验收，实际完成投资4.57亿元。

工程竣工验收后，减淤效果明显，有效保障了航道安全畅通和稳定运行，降低了航道维护费用，取得了预期的整治效果和较好的经济、社会和生态效益。

工程建设注重科技创新，开展深水航道回淤原因和减淤措施技术攻关，在水文泥沙观测、泥沙运动机理研究、数值模拟等方面均有新突破；针对堤身结构预留加高需要，应用削顶半圆体、削顶半圆型沉箱等新型堤身结构；认真落实安全优质、节约投资、工程结构安全稳定要求。

图4-3-9 长江口12.5米深水航道减淤工程南坝田挡沙堤加高工程施工现场（长江航道局提供）

图4-3-10 长江口12.5米深水航道减淤工程南坝田挡沙堤加高工程（长江航道局提供）

六、唐山港京唐港区三港池通用泊位自动化改造一期工程

唐山港京唐港区三港池通用泊位自动化改造一期工程将既有唐山港京唐港区通用散杂货21#、22#泊位和西侧309米直立岸壁改造为1个10万吨级和1个3万吨级集装箱泊位，使用岸线长740米，设计年通过能力96万标准箱。工程总投资约10亿元，于2017年6月1日开工建设，2018年10月30日通过交工验收。

码头工艺布局采用自主设计的高效自动化集装箱码头平行工艺布局，优化作业流程，提高码头运行效率；智能闸口配置采用OCR识别系统，箱号自动识别率达98%以上。

图4-3-11 唐山港京唐港区三港池通用泊位装卸作业（唐山港集团股份有限公司提供）

图4-3-12 唐山港京唐港区三港池通用泊位堆场全景（唐山港集团股份有限公司提供）

七、天津港大港港区10万吨级航道工程

天津港大港港区10万吨级航道工程在现有5万吨级航道基础上进行拓宽、浚深。航道建设规

模为10万吨级单向、5万吨级双向通航标准，满足26.6万立方米LNG船舶航行需要。航道全长44.2公里，设计底高程-14.2～-15.0米，通航底宽300～332米。

工程总投资约28亿元，于2013年4月开工建设，2018年2月24日通过交工验收，保障了"迎峰度冬"天然气应急供应。

图4-3-13 天津港大港港区10万吨级航道实景（天津市港航管理局提供）

图4-3-14 天津港大港港区10万吨级航道疏浚作业（天津市港航管理局提供）

八、烟台港西港区30万吨级原油码头工程

烟台港西港区30万吨级原油码头工程建设1个30万吨级原油泊位及相应配套设施，设计年通过能力1625万吨，泊位长度430米。

工程总投资约5.4亿元，于2015年6月开工建设，2016年7月主体完工，2018年1月竣工验收。

九、日照港岚山港区30万吨级矿石码头工程

日照港岚山港区30万吨级矿石码头工程建设1个30万吨级铁矿石接卸泊位（码头水工结构按靠泊40万吨散货船舶设计），设计年吞吐能力2240万吨。工程位于岚山港区北作业区南港池南侧，码头泊位长450米，重力式沉箱结构，前沿水深25.00米，码头布置3台卸船机（3200吨/时）、2条皮带机（9600吨/时）；堆场区共布置矿石堆场4条，配置2台堆料机和2台取料机，堆场容量455万吨；配套建设港内铁路专用站，设计年运输能力1600万吨，具备铁水联运能力。

工程于2009年3月开工，2017年3月完工，2018年3月通过竣工验收，总投资约25亿元。

十、宁波舟山港虾移门航道工程

宁波舟山港虾移门航道工程总长164.1公里，其中北向主航道34.7公里（水深按满足30万吨级散货船双向、兼顾40万吨散货船乘潮通航设计），支线航道3.7公里（水深按满足25万吨级散货船全潮双向通航设计）；南向主航道50.8公里（水深按满足10万吨级满载散货船乘潮通航设计），支航道68.8公里（水深按满足2万吨级杂货船乘潮双向通航设计）；港内航道6.1公里。

图4-3-15 宁波舟山港虾移门航道工程及周边港区（浙江省港航管理中心提供）

工程于2013年12月30日开工，2018年12月13日通过竣工验收，总投资约30亿元。采用世界最大的40万吨级矿石船作为设计船型，有关大横流、多转向、狭窄岛礁水域的高等级乘潮航道研究为国内首次。

十一、湄洲湾港东吴港区罗屿作业区9号和10号泊位工程

湄洲湾港东吴港区罗屿作业区9号和10号泊位工程在9号泊位建设1个30万吨级铁矿石接卸泊位（水工结构按靠泊40万吨级船舶设计），在10号泊位建设1个10万吨级散货装船泊位（水工结构按靠泊15万吨级船舶设计）。其中，9号泊位岸线长386米，设计年吞吐能力900万吨（近期）；10号泊位岸线长275米。

工程于2012年7月开工，2018年6月通过交工验收，总投资约9亿元。

图4-3-16　湄洲湾港东吴港区罗屿作业区9号和10号泊位工程全景（福建省港航管理局提供）

图4-3-17　湄洲湾港东吴港区罗屿作业区装卸作业（福建省港航管理局提供）

十二、深圳港盐田港区西作业区集装箱码头工程

深圳港盐田港区西作业区集装箱码头工程建设3个5万吨级集装箱泊位（水工结构按靠泊7万吨级集装箱船设计）及相应配套设施，设计年通过能力为180万标准箱，码头岸线总长1142米。

工程于2010年9月开工建设。其中，一期工程（4号泊位）于2017年1月竣工验收，二期工程（5号、6号泊位）于2018年11月竣工验收。总投资约36亿元。

图4-3-18　深圳港盐田港区西作业区码头全景图（深圳盐田西港区码头有限公司提供）

第四章　民航重大工程建设项目

第一节　民航重大工程建设情况概述

运输机场建设方面，2018 年新建、迁建运输机场 9 个，新增跑道 6 条、停机位 305 个、航站楼面积 133.1 万平方米。截至 2018 年底，中国持证运输机场共 235 个，其中华北地区 35 个、东北地区 27 个、华东地区 44 个、中南地区 37 个、西南地区 47 个、西北地区 24 个、新疆 21 个。从飞行区等级情况来看，4F 机场 12 个、4E 机场 35 个、4D 机场 40 个、4C 及以下机场 148 个。2018 年旅客吞吐量千万以上运输机场 37 个，同比增加 5 个。

2018 年，民航业加强综合管控，突出重点节点，全力推进北京大兴国际机场（以下称“北京新机场”）建设和运营筹备。“平安、智慧、绿色、人文”四型机场建设全面推进，制定印发建设导则，开展示范项目创建。军民航机场深度融合工作持续取得新进展，采取“政治动员、委托援建和建设运行一体化”方式，推动西藏机场建设“3+1”援建项目落地实施。

第二节　北京新机场建设情况概述

根据综合管控计划要求，北京新机场正全力开展施工建设，并将最终实现“6.30 竣工”“9.30 前投用”的目标。

截至 2018 年 12 月，北京新机场工程总投资 1167 亿元，其中一期总投资 1038 亿元，累计完成投资 664.2 亿元，投资完成率 64%。飞行区土方工程完成 96.8%，道面工程完成 80.7%；配套工程市政交通排水工程完成 84.9%，给中水工程完成 69.3%。空管西塔台工程实现 70.3 米塔台结构封顶。机坪加油管道建设完成 97.8%。津京第二输油管道项目天津段主体施工完成 136 公里，占天津段总工程量的 92.5%。工程计划 2019 年 6 月 30 日竣工，9 月 30 日投运。

图 4-4-1　北京新机场航站楼中央采光顶屋面

第三节　民航其他重大工程建设项目介绍

一、成都天府国际机场工程

截至 2018 年 12 月底，机场工程航站区、飞行区、配套工作区三大主体工程已全面铺开，全场地基处理及土石方工程已完成，场道及安装工程将陆续开工建设。航站区工程累计挖方 293 万立方米，浇筑桩基 10302 根，浇筑混凝土 75 万立方米，分别占设计总量的 94%、87% 和 54%，局部区域钢结构已开始吊装。配套市政工程累计挖方 371 万立方米，浇筑桩基 10807 根，分别占设计总量的 51%、52%。工作区房建工程已全面开工。天府机场计划 2019 年主体工程完工，2020 年建成竣工。

二、青岛新机场建设情况

青岛新机场位于山东省青岛市胶州市中心东北 11 公里，距青岛市中心直线距离约 39 公里，位于青岛市“环湾发展、三城联动”的中心位置。初步设计及概算于 2015 年 12 月和 2016 年 9 月由民航华东地区管理局与青岛市政府联合批复。青岛新机场在建设前期引入信息化规划，充分运用先进成熟的大数据、云计算、物联网和移动互联等先进技术，着力打造智慧运行、智慧安全、智慧管理、智慧服务和智慧交通五大特色，力争在空铁联运方面实现突破，打造“一票通”机场。

截至 2018 年 12 月底，航站区方面：航站楼结构性施工基本完成，行李系统安装达到 90%；信息中心完成内部验收，相关设施设备开始全面调试；站前高架完成主体结构浇筑、GTC 综合交通中心完成主体结构验收和精装大面施工；地铁完成全部代建任务，高铁完成静态验收；空管塔台结构性施工全部完成。飞行区方面：场道工程提前 2 个月基本完工，东西跑道 2018 年 10 月 20 日全面贯通。

三、机场安全监管系统建设

机场安全监管系统于 2018 年 10 月 19 日正式上线运行，全国 42 个监管局通过系统实施 2852 项检查项目，生成整改问题 1030 个，线上计划完成率和整改率分别达到 94.7% 和 81.9%，有效提升机场安全监管效能。

第五章 邮政重大工程建设项目

寄递渠道安全监管“绿盾”工程建设

寄递渠道安全监管“绿盾”工程（以下简称“绿盾”工程）于2015年10月列入《国务院关于促进快递业发展的若干意见》（国发〔2015〕61号）。2018年2月，“绿盾”工程建设（一期）获国家发展改革委批复概算，最终确定工程建设项目。

2018年是“绿盾”工程3年建设周期的开局之年，国家邮政局举力推进“绿盾”工程建设各项工作，取得明显成效。

一、积极推动“绿盾”工程获得概算批复与投资计划下达

集中力量攻关初步设计工作，积极跟进国家发展改革委及相关单位概算评审情况，及时细化优化设计方案，推动国家发展改革委于2018年2月1日正式批复“绿盾”工程（一期）初步设计概算，核定投资额为5.527亿元。主动与国家发展改革委和财政部保持对接，及时报送投资计划相关材料，成功推动国家发展改革委于4月初正式下达2018年投资计划，投资额1亿元。自此，“绿盾”工程正式进入实施阶段。

二、强化“绿盾”工程建设顶层设计

以国家发展改革委批复的“绿盾”工程可研报告和投资概算为依据，进一步编制完善设计方案、实施方案以及相关规划，着力强化“绿盾”工程建设整体谋划、整体推进。一是编制完成初步设计方案，进一步明确建设目标、建设内容和建设安排等内容。二是编制完成“绿盾”工程（一期）实施方案，对建设内容、组织保障、分工安排、整体工作安排、2018年进度安排等事项做出细化规定。三是印发实施“绿盾”工程制度汇编，对资金资产、采购、合同、专家、会议、安全、验收、档案等事项作全面规范，从制度上保障了“绿盾”工程合法合规有序推进。四是“绿盾”工程组织架构不断优化。国家邮政局成立“绿盾”工程建设领导小组及其办公室，明确工程项目单位、受托建设单位和监管单位。充分调动全系统积极性，进一步明确各地邮政管理部门工作任务。人员力量持续加强，顺畅高效的工作机制基本形成。

三、大力推动合肥灾备中心建设

充分发挥安徽省邮政管理局属地优势，并委托其推进合肥灾备中心土建各项工作。完成灾备中心施工图设计、工程建设前期各项手续审批，稳妥开展建安工程、施工图设计审查、土建工程、机房配套工程等项目采购工作，积极推进土建施工。合肥灾备中心土建工程于2018年10月破土动工，工程建设取得突破性进展。

四、扎实开展信息化深化设计

坚持初步设计总体方向不动摇，以满足业务需求、力争基层满意为导向，扎实开展了信息化深化设计，取得阶段性成果，为后续采购招标、建设实施等工作奠定了重要基础、提供了重要依据。一是开展需求调研，重点了解行业安全监管重点难点和经验做法，广泛听取意见建议，形成

深化设计总体思路。二是组织关键技术论证，响应国家IPv6、密码应用和政务信息服务等最新要求，不断细化深化建设方案和技术方案。三是深入研究视频联网、安检机联网、移动执法装备配置、监控中心建设和改造、数据资源共享等重点问题，在征求各相关单位部门意见、技术评审和需求评审基础上开展深化设计。

五、全力推进信息化项目建设实施

按照“业务先行、技术支撑、功能完备、质量过硬、统筹兼顾、有序推进”的总体原则，以服务行业管理、满足邮政管理需求为导向，突出重点，力克难点，加强统筹，强化分工协作，全力推进高质量信息化建设。一是制定寄递渠道安全监管“绿盾”工程建设项目（一期）信息化建设实施方案，进一步明确分工安排、进度安排和工作要求。二是压实承建单位和监理单位责任，实行项目周报制紧盯项目进度。2018年成功采购的项目均已进入实施阶段。三是组建“绿盾”工程信息化专家智库，在有关信息化技术架构、技术方案、建设质量与安全管理、风险控制等方面发挥指导、把关、咨询、支撑作用。

第五篇
重大事件

Section V
Major Events

第一章　行业重大事件

一、铁路行业重大事件

（一）习近平总书记多次点赞中国高铁

2018年，习近平总书记在新年贺词中指出，复兴号奔驰在祖国广袤的大地上。在全国两院院士大会上指出，复兴号高速列车迈出从追赶到领跑的关键一步。在庆祝改革开放40周年大会上指出，我国基础设施建设成就显著，信息畅通，公路成网，铁路密布，高坝矗立，西气东输，南水北调，高铁飞驰，巨轮远航，飞机翱翔，天堑变通途。在首届中国国际进口博览会上，向各国元首介绍复兴号和中欧班列。这充分体现了习近平总书记对铁路工作的高度重视和亲切关怀，给全路干部职工以巨大的鼓舞和鞭策，为铁路改革发展指明了前进方向、提供了强大动力。

（二）中欧班列累计开行突破1万列

2018年8月26日，中欧班列累计开行突破1万列。2018年，中欧班列全年开行6300余列，同比增长73%，其中返程班列2690列，同比增长111%。中欧班列国内运行线已达65条，国内开行城市56个，通达欧洲15个国家49个城市。

（三）广深港高铁香港段正式通车

2018年9月23日，广深港高铁香港段正式开通，香港铁路首次进入国家高铁网。广深港高铁作为全国高铁网的重要组成部分，是连接内地与香港的重要纽带。广深港高铁香港段的开通，不仅缩短了香港与内地的时空距离，更增强了内地与香港的社会文化交流、旅游及商业活动效率。

（四）中央决定全面启动川藏铁路规划建设

2018年10月10日，习近平总书记主持召开中央财经委员会第三次会议，做出全面启动川藏铁路规划建设的重大决策。会议强调，规划建设川藏铁路，是促进民族团结、维护国家统一、巩固边疆稳定的需要，是促进西藏经济社会发展的需要，是贯彻落实党中央治藏方略的重大举措。要把握好科学规划、技术支撑、保护生态、安全可靠的总体思路，加强统一领导，加强项目前期工作，加强建设运营资金保障，发扬“两路”精神和青藏铁路精神，高起点高标准高质量推进工程规划建设。

（五）复兴号列车通达23个省会城市

2018年，复兴号开行范围不断扩大，截至2018年底，已在38条高铁线路上运营，通达23个省会城市（直辖市）及香港特别行政区。继2017年9月21日复兴号在京沪高铁率先实现时速350公里商业运营后，2018年8月8日复兴号又在中国第一条设计时速350公里的高铁京津城际铁路按设计时速运营，进一步确立了中国在世界高铁建设运营上的领跑地位。

（六）铁路固定资产投资再超8000亿，“八纵八横”高铁网不断延展

2018年，铁路固定资产投资完成8023亿元，投产新线4683公里，其中高铁4100公里，新开工项目26个。截至2018年底，济南至青岛高速铁路、青岛至盐城铁路、重庆至贵阳铁路、广州至深圳至香港高速铁路、哈尔滨至牡丹江高速铁路、杭州至南昌高速铁路杭州至黄山段、北京至哈尔滨高速铁路承德至沈阳段等多条新线开通运营，“八纵八横”高铁网不断延展。

（七）国铁企业改革持续深化

2018年，中国铁路总公司所属18个铁路局集团公司内设机构优化调整改革顺利完成，内设机构、定员编制分别精简23%、12.2%；铁路局集

团公司法人治理体系进一步优化完善，所属非运输业整合重组和公司制改革工作同步推进；总公司所属非运输企业公司制改革基本完成。中国铁路总公司转让高铁动车组 Wi-Fi 公司 49% 经营权，引入民营企业吉利、腾讯公司，成立国铁吉讯科技有限公司；中铁顺丰国际快运有限公司挂牌经营，所属重点企业上市工作扎实推进，设立铁路混改基金、东南沿海铁路混改等工作启动实施，铁路混合所有制改革取得重要进展。

（八）发挥铁路基础设施优势，助力脱贫攻坚

2018 年，铁路部门坚决贯彻落实党中央关于打好精准脱贫攻坚战的重大决策部署，加强贫困地区铁路规划建设，在 14 个集中连片特困地区、革命老区、少数民族地区、边疆地区完成铁路基建投资 4258.6 亿元，占全国铁路基建投资的 77%；精心开好公益性"慢火车"和务工人员集中地区普速客车；持续增强贫困地区货运能力，老少边贫地区全年铁路货物发送量 4.2 亿吨，同比增长 18%，高于全国铁路平均增幅 9 个百分点。

（九）"新时代·铁路榜样"享誉全路

2018 年，人民日报、新华社、中央电视台相继推出刘钰峰、陈承仪、单杏花、徐前凯、黄伟、杨卫华、代云华、唐云鹏、李峻屹、陈美芳等人物报道，集中展示了新时代铁路人的良好精神风貌 "新时代·铁路榜样"事迹广为传颂。

二、公路行业重大事件

（一）全国通行费增值税电子普通发票服务平台正式上线

2018 年 1 月 1 日，全国通行费增值税电子普通发票服务平台正式上线，实现了高速公路通行费电子发票的统一开具。

（二）金沙江白格堰塞湖泄流灾害应急保通

2018 年 10 月 10 日晚 22 时 6 分，西藏自治区昌都市江达县和四川省甘孜藏族自治州白玉县境内发生山体滑坡，堵塞金沙江干流河道，形成堰塞湖，长约 5600 米、高 70 多米，宽约 200 米。11 月 3 日 17 时 40 分许，金沙江干流白格堰塞体处再次发生山体滑坡，河道再次堵塞，金沙江堰塞湖水位持续上涨。11 月 12 日，金沙江堰塞湖实现人工干预过流。11 月 13 日午后，泄流开始加速，至下午 4 时，泄流槽处于溃流阶段。金沙江白格堰塞湖泄流对堰塞湖下游四川省、西藏自治区和云南省沿江周边地区公路桥梁造成严重损毁。其中，毁损国道桥梁 2 座——国道 318 线的金沙江大桥和老竹巴笼桥。

灾害发生后，按照党中央、国务院领导同志指示批示精神，交通运输部立即连线四川、云南和西藏 3 省（自治区）交通运输部门，研判灾情，会商抢通保通有关工作措施；派出 3 个专家组，分赴四川巴塘、云南丽江和西藏昌都，现场踏勘灾情，指导应急处置工作；紧急安排公路灾损抢修保通资金，支持四川、云南、西藏 3 省（自治区）开展公路抢通保通工作。同时，针对国道 318 线金沙江大桥的抢通工作，积极协调商请武警部队派兵支援，开展相关应急抢修工作。12 月 5 日，由武警某部第三支队和四川路桥集团共同合作架设的国道 318 线金沙江大桥钢桥成功完成桥面板铺装，具备通车能力，最大程度保障了救灾物资的运输和群众的生命财产安全。

（三）在江苏镇江开展全国公路交通军地联合应急演练

2018 年 11 月 14 日，交通运输部会同江苏省人民政府及武警交通部队，在镇江市开展了全国公路交通军地联合应急演练。演练以"冬季公路交通综合应急保障"为主题，通过演练，完整呈现应急处置全过程并突出关键环节演练，为各地做好重大公路交通突发事件应急处置提供示范借鉴。同时，促进武警部队与交通运输部门融合式发展，推动完善军地协调联动机制。

（四）取消试点省份之间高速公路省界收费站

2018年12月28日，江苏和山东、重庆和四川率先取消了两组试点省份之间所有（共15个）高速公路省界收费站。

三、水路行业重大事件

（一）“桑吉”轮事故救援及后续处置工作

2018年1月6日20时许，巴拿马籍油船“桑吉”轮与中国香港籍散货船“长峰水晶”轮在长江口以东约160海里处发生碰撞。事发时“桑吉”轮载有凝析油11.13万吨，船上有伊朗籍船员30人、孟加拉籍船员2人。“长峰水晶”轮载有高粱约6.4万吨，船上中国籍船员21人。碰撞事故导致“桑吉”轮货舱起火燃烧并且持续剧烈燃爆，32名船员失踪；“长峰水晶”轮受损起火，21名船员弃船逃生后被附近渔船救起。

图5-1-1　1月10日11时，“深潜号”喷洒泡沫灭火（交通运输部救助打捞局提供）

图5-1-2　救助船舶对“桑吉”轮开展灭火处置（中国海上搜救中心提供）

图5-1-3　1月11日，“东海救117”轮现场灭火（中国海上搜救中心提供）

图5-1-4　1月13日，徐军林等4名救助人员冒死登上爆燃的“桑吉”轮执行搜救任务（中国海上搜救中心提供）

图5-1-5　1月14日7时遇难船只照片（交通运输部救助打捞局提供）

事故发生后，中国政府高度重视“桑吉”轮碰撞燃爆事故的应急处置工作，交通运输部按照党中央、国务院要求，遵循国际公约，迅速启动应急响应、成立应急领导小组，以人命搜救为首要任务，全力组织中国海事执法船、专业救助船、海警巡逻船和过往商渔船开展搜救，并协调韩国海警船舶、日本海上保安厅船舶参加搜救。1月7日4时40分，我国专业救助船“东海救101”抵达现场开展搜救。8时36分，海事执法船“海巡01”轮抵达现场并担任现场指挥船，统一协调现场搜救行动。1月13日，4名救援勇士登上仍在燃烧的“桑吉”轮，成功发现并带回2具遇难船员遗体，取回了船载航行数据记录仪。

1月25日，中国、伊朗、巴拿马、中国香港特区海事主管机关经友好协商达成共识，并共同签署了联合开展“桑吉”轮和“长峰水晶”轮碰撞事故安全调查协议。5月11日，中国向国际海事组织提交了中国、伊朗、巴拿马等国家和中国香港地区共同签署的巴拿马籍油船“桑吉”轮与中国香港籍散货船“长峰水晶”轮碰撞事故安全调查报告。

（二）海上搜救重大事件

1. 中国籍船员在马来西亚附近海域遇险

2018年3月21日下午，一艘挖砂船在马来西亚附近海域倾覆，船上16名中国船员中3人获救、1人死亡，12人下落不明。接报后，交通运输部领导高度重视，要求相关部门加强与马来西亚搜救部门联系，进一步了解相关信息，督促马方加大工作力度，全力搜救遇险人员，救治伤员；加强与外交部及驻马使馆保持联系，做好协调配合工作。应马方请求，经报外交部同意，交通运输部广州打捞局派出应急小分队前往现场开展搜救应急处置工作。23日，交通运输部应急小分队潜水员从泵房内安全救出2名幸存者。24日，交通运输部应急小分队潜水员在船舶餐厅附近发现并打捞出1具遇难者遗体。经各方全力组织搜救，最终5人获救，4人死亡，7人失踪。

2. 中国游客在泰国普吉岛附近海域遇险

2018年7月5日18时45分，两艘载有127名中国游客的游船在泰国普吉岛附近海域倾覆。事件发生以来，交通运输部认真贯彻落实习近平总书记等中央领导同志重要批示精神，立即派出1名搜救专家参加中方联合工作组参与制订每日搜救计划，并派出12名应急救援队员前往泰国参与现场救援，与泰方开展了联合水下作业，搜寻打捞遇难者遗体等。最终78人获救，16人死亡，33人失踪。

图5-1-7 中国应急救援队抵达现场（中国海上搜救中心提供）

3. 渔船“桂北渔15878”在永暑礁海域触礁

2018年8月9日，广西籍渔船“桂北渔15878”（船上7人）在永暑礁海域触礁，导致船体进水，请求救助。接报后，海南省海上搜救中

图5-1-6 对获救人员进行救治（中国海上搜救中心提供）

图5-1-8 转运获救渔民（中国海上搜救中心提供）

心立即向永暑礁搜救协调人员进行通报，并协调“南海救 115”轮及驻军力量前往现场救助。经组织搜救，渔船上 7 名遇险人员全部被安全转移上岸。

4. 滚装客船“和航兴龙”轮在烟台大钦岛海域船舶推进器被养殖架缠绕

2018 年 8 月 15 日 9 时许，滚装客船“和航兴龙”轮在烟台大钦岛靠泊码头时受台风影响进入养殖区，船舶推进器被养殖架缠住失去动力。事件发生后，交通运输部领导高度重视，部主要领导、分管领导到综合应急指挥中心指导救援工作，要求行业相关单位要在当地党委政府的统一领导下，全力组织协调做好应急处置工作。部省市三级海上搜救中心加强值守，实时了解船舶动态，并制定多套救助方案，连夜不停开展现场作业，协调“寻仙 12”“钦岛 8”两艘客滚船及多艘渔船前往现场，做好人员过驳准备工作。同时，连续发布救援处置和现场船舶动态信息，妥善做好舆情引导工作。经现场连夜水下和海面清障作业，8 月 16 日 6 时 30 分许，“和航兴龙”轮恢复动力自行驶入航道，船舶人员安全。

图 5-1-9 “和航兴龙”轮驶入养殖区，螺旋桨被渔网缠绕（中国海上搜救中心提供）

5. 散货船“利佰达 5”轮在福建福州东洛岛附近海域沉没

2018 年 9 月 26 日 2 时许，宁波利佰达海运有限公司所属散货船“利佰达 5”轮航经福州东洛岛水域时沉没，现场东北风 7 ～ 8 级，阵风 9 级，船上 13 人遇险。接报后，福建省海上搜救中心立即协调派出海事执法船、专业救助船赶往现场救助，协调专业救助直升机赶往现场搜寻，协调附近渔船及过往商船协助搜寻。经全力组织搜救，专业救助船“东海救 113”轮救起 4 人，专业救助直升机“B-7328”救起 2 人，3 艘过往商船共救起 5 人。最终，11 人获救，2 人失踪。

图 5-1-10 “东海救 113”轮救助遇险船员（中国海上搜救中心提供）

6. 协助做好全国政协双周协商座谈会筹备工作

2018 年 9 月 28 日，十三届全国政协第十一次双周协商座谈会成功召开，与会委员围绕“推进国家海洋救助保障体系建设”议题建言资政，取得较好效果，得到汪洋主席充分肯定。会议筹备工作给大家留下深刻印象。

7. 运砂船“湘安化机 3699”轮在辽宁葫芦岛附近海域翻扣

2018 年 10 月 21 日 6 时许，运砂船“湘安化机 3699”轮（船长 99.8 米，船上 11 人）在辽宁葫芦岛附近海域翻扣，11 人失联。交通运输部认真贯彻落实刘鹤副总理批示精神，全力组织协调各方力量开展搜救行动。累计投入搜救船舶 117 艘次，直升机 11 架次，救援人员 2700 余人次，搜寻海域面积约 2000 平方公里，搜救时间 220 余小时。最终 2 人获救，9 人失联。

图 5-1-11　第一名幸存者获救（中国海上搜救中心提供）

8. 渔船“闽连渔运 60059”轮在福建宁德水域进水失联

2018 年 10 月 31 日 21 时许，渔船“闽连渔运 60059”轮在福建宁德水域因大风浪进水后失联，船上共 16 人遇险。事件发生后，交通运输部高度重视，部主要领导先后做出批示，要求组织协调各方力量，科学施策，全力搜救。中国海上搜救中心指导福建省海上搜救中心全力组织协调力量开展搜救，共协调各类船艇 291 艘次，出动飞机 9 架次，累计搜寻面积约 2.24 万平方公里，成功救起 10 人，打捞起 4 具遇难者遗体，另有 2 人失踪。

图 5-1-12　“东海救 115”轮救助艇救起并转运 3 名落水人员（中国海上搜救中心提供）

9. 散货船“鸿泰 16”轮在广东汕头海域进水

2018 年 11 月 17 日 14 时许，汕头市鸿泰船务有限公司所属散货船“鸿泰 16”轮航行至汕头海域时艏头进水，有沉没危险，请求救助。接报后，广东省海上搜救中心立即协调派出专业救助船、专业救助直升机前往救助，并指导船上人员穿好救生衣，准备自救。17 时 50 分，11 名遇险船员全部被专业救助直升机从救生筏上安全救起，后送至揭阳机场。

图 5-1-13　直升机救助遇险船员（中国海上搜救中心提供）

（三）救捞重大事件

1. 跨国救助遇险者和搜救遇难者

2018 年广州打捞局先后实施了 2 次跨国救援行动。2018 年 3 月 24 日，在马来西亚海域翻扣挖砂船泵房中成功救出被困 56 小时的 2 名遇险幸存船员；2018 年 7 月 6 日，在泰国海域与泰方联合搜寻打捞了游船翻沉后失踪的 47 名遇难人员。这 2 次“走出去”跨国救援是交通救捞服务“一带一路”建设、构建人类命运共同体的具体行动，向外界展示了中国交通救捞的专业实力和专业形象，备

图 5-1-14　搜寻打捞现场（交通运输部救助打捞局提供）

受关注、影响深远。这2次行动也推动了交通运输部对于“走出去实施应急救捞行动”的机制构建、装备建设、人员配备、快速通道建立等工作的重视。

2. 专业救助力量进驻南沙值守

2018年7月27日，南海救助局作为第一支海上专业救助力量派遣专业救助船舶“南海救115”轮进驻南沙值守。这充分体现了党中央、国务院对交通救捞队伍的信任，充分体现了交通运输部党组的担当，充分树立了交通运输部作为负责任政府部门的形象。

图5-1-15 “南海救115”轮（交通运输部救助打捞局提供）

3. 全国政协双周协商会专题研究“推进国家海洋救助保障体系建设”工作

2018年9月28日，中共中央政治局常委、全国政协主席汪洋同志主持了以“推进国家海洋救助保障体系建设”为主题的全国政协双周协商座谈会，会议取得圆满成功和丰硕成果。此次会议有杨传堂等5位全国政协副主席，戚建国等13位全国政协委员参加，李小鹏部长、何建中副部长代表交通运输部参加了会议，司法部、财政部、人社部领导同志也参加了会议。

将“推进国家海洋救助保障体系建设”纳入全国政协最高层专题研究，这在新中国的历史上尚属首次。全国政协正在推动解决协商会提出的相关重要问题，这对强化国家专业救捞队伍建设意义重大而深远。

4. 重庆万州“10·28”公交车坠江事故处置

2018年10月28日，重庆万州公交车坠江事故发生后，国务院领导高度重视事故救援处置工作，刘鹤副总理对此做出了批示，交通运输部杨传堂书记、李小鹏部长指挥，何建中副部长、刘小明副部长具体指挥，上海打捞局在关键时刻发挥了关键作用，经过86小时连续奋战，成功在73米的江底打捞起遇难者遗体、坠江公交车及其黑匣子，受到交通运输部领导和地方党委政府的高度赞扬。此次事故处置工作推动了交通运输部及相关部委对于提升内陆水域突发事件应急处置能力的高度重视，适应内陆水域的深潜设备建造配置、远程快速投送机制建立等高效处置内陆水域突发事件的关键问题被列入交通运输部重要工作。这也是救捞系统继2004年小浪底水库翻沉客船救援、2016年四川广元白龙湖翻沉游船救援之后的又一次较大规模的内陆深水应急救援行动。

图5-1-16 救援人员即将进行潜水作业（中国海上搜救中心提供）

图5-1-17 2018年10月31日，坠江公交车成功出水（交通运输部救助打捞局提供）

5. 广州打捞局钟海锋获国际海事组织“海上特别勇敢奖”

2018年12月6日，广州打捞局高级潜水员钟海锋荣获2018年国际海事组织（IMO）“海上特别勇敢奖”奖章，成为中国第二位、救捞系统第一位荣获此奖项的人员。“海上特别勇敢奖”由IMO每年评选一次，全球仅有一个名额。钟海锋的获奖，充分说明中国救捞队伍得到国际同行的高度认可，这也向全世界阐释了中国政府国际人道主义及“把生的希望送给别人，把死的危险留给自己”的中国救捞精神。

（四）海事系统重大事件

2018年1月1日起，长江口深水航道大型邮轮与大型集装箱船“超宽交会”启动试运行。12月1日转为常态化运行。

1月6日，巴拿马籍油船“桑吉”轮与中国香港籍散货船“长峰水晶”轮在长江口以东约160海里水域发生碰撞事故。海事部门会同巴拿马、伊朗等国和中国香港地区圆满完成事故应急处置、安全调查工作，并启动污染损害国家统一索赔工作。

1月8日，交通运输部印发《长江经济带船舶污染防治专项行动方案（2018—2020年）》，部署七项任务推进长江经济带航运绿色发展。

1月8—9日，2018年全国海事工作会议暨直属海事系统党风廉政建设工作会议在厦门召开，提出实现海事治理体系和治理能力现代化的目标、时间表和路线图。

1月16日，在交通运输部部长李小鹏和卢森堡副首相兼商务大臣埃蒂安•施耐德的见证下，海事局局长许如清与卢森堡商务部海洋事务专员在北京签署了《中华人民共和国主管机关与卢森堡主管机关关于承认中国海船船员适任证书协议》。

1月29日，在交通运输部部长李小鹏和蒙古国交通发展部部长的见证下，海事局局长许如清与蒙古国海事局局长在北京签署了《中华人民共和国海事局与蒙古国海事局海事合作谅解备忘录》。

2月18日，在西沙永乐群岛海域触礁搁浅的马绍尔群岛籍货船“Glovis Spring”轮成功脱浅，未造成人员伤亡和船舶溢油污染。海南海事局依法对该轮经营人和船长分别处以4万元、1万元罚款的行政处罚。

2月18—25日，受浓雾等恶劣天气影响，大量车、客滞留海口，高峰期滞留旅客近10万人，车辆超过2万辆，排队长达20公里。交通运输部部长李小鹏、副部长何建中视频连线海南海事局指导做好安全保障等工作。广东、海南海事局全力配合地方政府做好保安全、保畅通工作，共保障71万余名旅客、13万余辆车安全过海，工作成效获得党组书记杨传堂的批示表扬和地方政府的充分肯定。

3—10月，交通运输部与教育部连续第6年联合开展“水上交通安全知识进校园”活动。

3月1日，交通运输部办公厅印发《关于推进通关一体化改革提升海事港口服务效率的意见》，明确推动“单一窗口”建设、提升船舶和货物通关效率以及提升港口物流服务水平等三方面主要任务，着力实现海运贸易便利化总体目标。

3月23日，海峡两岸直航大型客船海上遇险联合搜救应急演练在厦门海域举行。

4月3日，交通运输部海事局印发《国内航行船舶进出港报告专项整治行动方案》，开展为期7个月的船舶报告制专项整治行动，重点打击“来而不报、报而不来、报而不准”三个重点问题。

4月8—11日，海事部门圆满完成博鳌亚洲论坛2018年年会水上交通安全保障工作。

4月14日，交通运输部印发《关于交通运输部海事局有关职责和机构编制调整的通知》，部海事局增加行政编制10名，局级领导职数1名，增设船舶技术规范处。

4月17日，根据交通运输部海事局授权，中国船级社为中远海运发展股份有限公司所属“新美洲”轮签发首份中国籍船舶法定检验电子证书。

4月20日，交通运输部印发《关于履行渔业船舶检验和监督管理职责的公告》，明确交通运输部海事局承担拟定渔业船舶检验政策法规及标准，监督管理、行业指导等职能。

4月25日，习近平总书记乘船视察长江沿岸生态环境和发展建设情况，听取长江航运和航道治理、河势控制和护岸工程、非法码头整治等情况汇报。长江海事局全程做好水上交通维护。

4月28日，交通运输部发布《曹妃甸水域船舶定线制（2018）》和《曹妃甸水域船舶报告制（2018）》，自2018年7月1日起实施。

5月11日，交通运输部海事局召开承接渔船检验和监督管理行政职能后的干部大会，原渔业船舶检验局转隶部海事局的15名人员正式在交通运输部海事局办公。

5月16—25日，国际海事组织（IMO）海上安全委员会（MSC）第99次会议在英国伦敦召开。北斗报文信息服务系统申请加入全球海上遇险与安全系统（GMDSS）并成为其服务提供方的新工作计划、珠江口船舶定线制中的担杆水道分道通航制和在该分道通航制第二警戒区内设立推荐交通流方向的提案，以及由中国牵头制定的《地效翼船指南》获得会议批准。

5月24日—6月3日，交通运输部海事局局长许如清率团赴韩参加国际航标协会第19届大会。会上，中国再次成功连任2018—2022年理事会成员国，许如清担任新一届国际航标协会理事。大会期间，大型航标船“海巡153”轮在大会主办地韩国仁川港对大会代表和公众开放，这是海事航保船艇首次出访。

5月25日，交通运输部海事局印发《关于调整北海、东海、南海航海保障中心管理关系的通知》和《深化航海保障管理体制改革实施方案》，自7月1日起，北海、东海、南海航海保障中心由分别委托天津、上海、广东海事局管理调整为交通运输部海事局直接管理。

6月4日，交通运输部海事局在韩国签署加入全球E航海测试平台合作计划备忘录，中国将参与建立全球E航海测试平台。

6月9—10日，海事部门圆满完成上海合作组织青岛峰会水上交通安全保障工作。期间，交通运输部党组书记杨传堂、部长李小鹏、副部长何建中赴青岛督导检查水上交通安全保障工作。

6月25日，交通运输部部长李小鹏致信慰问全国海员，全国海事系统开展庆祝主题为“幸福船员”的2018年世界海员日系列宣传活动。

7月18日，交通运输部海事局派员赴泰国参与普吉岛游船倾覆事故调查，了解中国游客死亡或失踪相关情况。

7月27日，交通运输部海事局治理内河船舶非法从事海上砂石运输工作现场推进会在浙江宁波召开，提出拓展政府部门协作深度、加大源头治理力度、突出依法惩戒强度、扩展综合治理广度四方面举措。

7月27日，交通运输部海事局印发公告，自2018年8月1日起，原由广东海事局、黑龙江海事局负责的规定区域内船舶、船用产品及水上设施的法定检验工作，整体划转中国船级社负责。

8月8—11日，交通运输部部长李小鹏率团访问巴拿马。期间，李小鹏分别与巴拿马海事局局长巴卡拉特、公共工程部部长阿罗赛梅纳、运河事务国务部长罗伊、运河管理局局长基哈诺举行会谈。

8月13日，第12次中国—东盟海事磋商机制会议在新加坡召开，提出渡运安全治理、非公约船舶技术标准、船舶排放控制等新议题，进一步拓展中国—东盟海运互联互通合作范围。

8月31日，交通运输部海事局发布公告，自2018年9月1日起港澳台同胞可凭居民居住证或来往内地（大陆）通行证参加内地（大陆）船员培训考试和办理船员证书。12月6日，持台湾居民居住证的台湾同胞何佩勋在北京获签首份大陆船员证书。

9月4日，2018年国家重大海上溢油应急处置实兵演习在舟山成功举行，交通运输部副部长何建中出席演习并担任演习总指挥。

9月10—14日，国际海事组织货物和集装箱运输分委会第五次会议决定，中国作为牵头国承担IMO全套规则——《国际海运固体散装货物规则》示范课程的开发。

9月14日，以“共商、共建、共享，打造中俄平安美丽界河命运共同体”为主题的2018中俄界河应急联合演习在黑龙江水域举行。

9月21日，交通运输部海事局与农业农村部渔业渔政管理局召开第三次商渔船安全会商会议，双方就深化会商工作机制、残骸担保证书办理、航路与渔区界限研究、信息共享平台、商渔船事故调查合作等十大方面开展了会商。

10月15日，在交通运输部部长李小鹏和希腊海运与岛屿政策部部长库维利斯的共同见证下，交通运输部海事局局长许如清与希腊海岸警卫队中将STAMATIOS RAPTIS签署《中华人民共和国海事局与希腊共和国海岸警备队海上安全、海洋环境保护、海事培训和便利运输合作意向书》。

10月21—30日，辽宁省海上搜救中心组织救助葫芦岛绥中海域翻扣的湖南籍非法采砂船“湘安化机3699”轮，在险情发生后58小时和106小时从翻扣船体内成功救出2名遇险人员，得到了国务院和交通运输部、辽宁省委省政府的肯定。

10月24日，港珠澳大桥建成通车。广东海事局9年服务港珠澳大桥水域水上交通安全监管工作，圆满完成大桥建设期间水上交通“零污染、零伤害、零事故”的总目标。

11月18—19日，2019年全国海事系统工作务虚会暨海事系统庆祝改革开放40周年集中座谈在京召开，交通运输部副部长何建中，原交通部部长黄镇东、副部长洪善祥出席座谈并讲话。

11月30日，交通运输部印发《船舶大气污染物排放控制区实施方案》，扩大船舶大气污染排放控制区范围至沿海及长江、西江干线水域，并提高排放控制要求。

12月3日，在习近平主席的见证下，国务委员兼外交部部长王毅代表交通运输部与巴拿马海事局正式签署《中华人民共和国交通运输部与巴拿马共和国海事局海事合作谅解备忘录》。

四、民航行业重大事件

（一）《民航领域鼓励民间投资项目清单》对外公布

2018年1月19日，修订后的《国内投资民用航空业规定》正式实施，进一步放宽国有和非国有主体投资民航业准入标准，鼓励、支持国内投资主体投资民用航空业，以促进民用航空业快速健康发展。2018年8月22日，《民航领域鼓励民间投资项目清单》由中国民用航空局、国家发展和改革委员会联合对外公布，共28个项目，预计总投资规模达1100亿元，涵盖运输机场建设、通用机场建设等民航传统领域项目，以及无人机物流配送、航行新技术等民航新兴领域项目。

（二）首届民航科教创新成果展举办

2018年6月13日，首届民航科教创新成果展在北京展览馆举办，同期还举办了民航科教创新高端对话会。来自行业内外的80多家单位参展，让参观者近距离感受“智慧民航”的魅力。

（三）中国民用航空局推进通航分类管理，通航发展进一步升温

2018年8月2日，《民航局关于通用航空分

类管理的指导意见》印发，推动构建通用航空分类管理体系，提升通航服务保障能力，促进通用航空“热起来、飞起来”。

2018年，民航局出台一系列相关政策，支持通航发展。自5月1日起，简化和调整了航空器适航证件和国籍登记证办理管理等部分通用航空适航审定政策，进一步提高通用航空适航审定效率；10月15日，印发《低空飞行服务保障体系建设总体方案》，将建成由1个国家信息管理系统、7个区域信息处理系统以及一批飞行服务站组成的低空飞行服务保障体系。此外，2018年，中国民用航空局还重构了通航法规体系，确立了通航业务框架和通航法规框架。

（四）习近平总书记会见“中国民航英雄机组”全体成员

2018年9月30日，习近平总书记专门邀请“中国民航英雄机组”全体成员参加庆祝中华人民共和国成立69周年招待会。招待会前，习近平在人民大会堂亲切会见机组成员，高度赞扬了英雄机组在处理险情时的英雄行为，并对进一步做好民航工作做出重要指示。

2018年5月14日，四川航空公司重庆飞往拉萨的3U8633航班驾驶舱右座前风挡玻璃意外破裂脱落。机组在座舱释压、高空低温、副驾驶半个身体被吸出驾驶舱的危急情况下，实施了34分钟惊心动魄的全手动备降，确保了机上119名旅客的生命安全，被中国民用航空局和四川省政府授予“中国民航英雄机组”称号，机长刘传健被授予“中国民航英雄机长”称号。

（五）《新时代民航强国建设行动纲要》出台

2018年12月10日，中国民用航空局出台《新时代民航强国建设行动纲要》，这是指导民航强国建设的纲领性文件。根据《纲要》，到21世纪中叶，将全面建成保障有力、人民满意、竞争力强的民航强国，民航服务能力、创新能力、治理能力、可持续发展能力和国际影响力位于世界前列。

《纲要》共4个部分18条，提出民航强国建设将遵循“服务国家战略，强化统筹融合”“坚守安全底线，提升质量效率”“深化改革创新，全面开放合作”“践行绿色智慧，服务人民大众”的基本原则，同时明确了民航强国建设的总体目标和“一加快，两实现”的民航强国战略进程。根据战略进程，到2020年，我国将加快实现从航空运输大国向航空运输强国的跨越；到2035年，实现从单一的航空运输强国向多领域的民航强国的跨越；到21世纪中叶，实现由多领域的民航强国向全方位的民航强国的跨越，全面建成保障有力、人民满意、竞争力强的民航强国。《纲要》明确，民航强国建设包括8大主要任务和33项举措。

（六）民航改革开放40周年座谈会召开

2018年12月11日，民航改革开放40周年座谈会在京召开。民航改革开放40年的生动实践，使我国确立了民航大国地位，迈向了民航强国建设的新征程。党的十一届三中全会以来，民航先后经过“军转民和企业化”“政企分开、机场与航空公司分设”“政资分离、联合重组、机场属地化管理”三轮改革。党的十八大以来，民航掀起新一轮全面深化改革的新高潮，制定《关于进一步深化民航改革工作的意见》，确定了10个方面、40个专项任务，形成了“1+10+N”的深化民航改革工作总体框架。民航四个阶段系统性的改革，极大地解放和提升了生产力，民航面貌发生了深刻变化，取得了举世瞩目的成就。

（七）民航安全飞行100个月创造最长安全纪录

截至2018年12月底，我国民航运输航空实现安全飞行100个月，创造史上最长安全纪录。

2018年，民航全行业认真贯彻落实习近平总书记批示指示精神，研究制定了确保民航安全运行平稳可控的26条措施，坚持对安全隐患零容忍，狠抓责任落实、规章标准、安全诚信、资质能力、薄弱环节、技术创新，不断加强安全监管，夯实“三基”建设，安全形势总体上保持平稳。6月21日，中国民航在西藏拉萨贡嘎机场圆满完成“需要授权的公共所需导航性能（RNPAR）飞行程序”验证试飞。12月4日，北京首都机场圆满完成了基于平视显示器（HUD）的跑道视程（RVR）90米低能见度起飞及Ⅲ A类进近着陆验证飞行。这些新技术的应用为确保飞行安全起到了支撑作用。

（八）无纸化乘机、机票退改签等八项便民举措不断完善

2018年，民航各单位围绕全国民航工作会议提出的八项便民举措持续改进服务。目前，包括32座千万级机场在内的200多座机场均实现了“无纸化出行”；发布《机上便携式电子设备（PED）使用评估指南》，民航旅客期盼已久的在飞机上使用手机的愿望终于成为现实；发布《关于改进民航票务服务工作的通知》，对航空公司、OTA（在线旅行社）平台和销售代理企业等在规范制度、改进服务方面提出具体要求，切实改进和提升票务服务，维护旅客合法权益；2018年全国航班正常率突破80%，旅客满意度不断提升。

（九）首都机场年旅客吞吐量破亿，全国千万级机场达37家

2018年12月28日，首都机场年旅客吞吐量突破1亿人次，成为全国首座、全球第二座年旅客吞吐量突破1亿人次的机场。

2018年，我国民航运输继续保持快速发展，多地机场年旅客吞吐量创新高：成都双流国际机场突破5000万人次，重庆江北国际机场突破4000万人次，石家庄机场、珠海机场、温州机场先后突破1000万人次，全国年旅客吞吐量千万人次以上机场数量已达37家，广东、浙江两省已分别拥有3座千万级机场。在吞吐量增长的同时，以“平安、绿色、智慧、人文”为特征的“四型机场”建设不断提速。

（十）民航空管年保障航班起降突破千万架次

2018年，我国民航空管共保障航班起降1008万架次，再创新高；实现零事故征候，创造近9年最好安全纪录。

2018年，“四强空管”建设不断推进：更安全，出台了确保空管安全运行平稳可控的27条措施，制定了为空管安全运行提供纪律保障的10条要求；更高效，“10+3”空中骨干大通道建设过半，新增航路航线5131.8公里，区域容量和效率大幅提升，雷雨季节航班正常率同比提高19%，全年航班正常率突破80%；更智慧，4项科研成果获得省部级奖励，首批13个民航空管重点实验室成立，评选科技创新优秀成果50项，ADS-B等核心系统实现100%国产化；更协同，积极推进军民航合作，协同高效的“运管委”和“大运行、大岗位、大值班”模式得到行业内外一致好评。

五、邮政行业重大事件

（一）《邮件快件实名收寄管理办法》出台

交通运输部于2018年10月22日公布了《邮件快件实名收寄管理办法》，自公布之日起施行。依照该办法的规定，寄件人交寄邮件、快件时，应当出示本人有效身份证件，如实填写寄递详情单。寄件人交寄信件以外的邮件、快件时，拒绝出示有效身份证件，或者拒绝寄递企业登记身份信息的，寄递企业不得为其提供收寄服务。寄递企业实名收寄操作不规范或者不执行实名收寄制度，将承担相应的法律责任。

《邮件快件实名收寄管理办法》特别强化了寄递企业保障用户信息安全的义务，并明确了在执行实名收寄过程中泄露用户身份信息应承担的

法律责任。该办法强调，寄递企业应当建立健全信息安全保障制度，采取必要防护措施，防止信息泄露、毁损、丢失。寄递企业及其从业人员应当对提供寄递服务过程中获取的用户身份信息严格保密，不得出售、泄露或者非法提供寄递服务过程中知悉的用户信息。

邮件快件寄递渠道联通千家万户以及学校、机关等单位，查验寄件人身份、登记寄件人身份信息，是从源头上防范各类不法活动、保护用户安全用邮权益的有效措施，是贯彻《中华人民共和国反恐怖主义法》的刚性约束，对于维护国家安全、公共安全，促进邮政业持续健康发展具有重要意义。

（二）发布《快递业绿色包装指南（试行）》

国家邮政局于2018年12月14日印发了《快递业绿色包装指南（试行）》，下发全行业广泛应用，从绿色采购、内部培训、作业操作等方面明确了相关要求，推进规范化系统性治理。《指南》规定经营快递业务的企业应当按照规定使用环保包装材料。在不影响快件寄递安全的前提下，逐步选择低克重高强度的包装材料，设计和使用规格统一的包装或缓冲物；坚持规范作业生产，避免违规分拣操作；探索开发使用循环包装信息系统和回收装备。《指南》指导企业逐步建立绿色供应体系、逐步建立快递包装物使用的企业内部统计制度、积极组织从业人员开展绿色包装标准、操作规范的培训。《指南》提出企业在采购和使用塑料包装时，可加入全生物降解塑料考察因素，逐步提高符合标准的塑料包装袋的采购比例，建立绿色包装应用的推动机制，主动为用户提供绿色包装选项，并建立相应的激励机制以推动绿色包装应用。同时宜优先采购采用水性印刷工艺生产的包装物料，或者由具有绿色认证资质的企业生产的包装物料，使用封装胶带时应符合有关标准要求。《指南》鼓励企业积极探索使用循环快递箱、共享快递盒等新型快递容器，逐步减少包装耗材用量，并对使用缓冲填充物、包装物品印刷提出要求。《指南》还指出，企业寄递协议客户的标准产品时，要加强与上游电子商务企业或生产企业的协同，积极向协议客户建议使用简约包装，逐步减少二次包装。《指南》要求企业要积极推行在分拨中心和营业网点配备标志清晰的快递包装回收容器，建立相应的工作机制和业务流程，推进包装物回收再利用。要逐步推广使用可循环快件总包，避免使用一次性塑料编织袋。快件总包使用的材质、规格等宜符合快递行业相关标准，循环使用次数不低于20次。

第二章　重大舆情事件

一、交通运输部重大舆情事件

（一）“桑吉”轮事故舆情应对

2018 年 1 月，“桑吉”轮事故持续引发中外媒体高度关注。交通运输部先后两次举行专题新闻发布会，同时，中国驻伊朗大使也在德黑兰举行专题新闻发布会，外交部通过例行记者会，不断还原事件真相，澄清不实。新华社、人民日报、中央电视台等各大媒体持续发力，加强对外发声。通过一系列的主动宣传，客观反映了搜救过程，有效引导了舆论，媒体总体报道客观正面。

（二）中央电视台“3·15”晚会曝光公路标线质量问题

中央电视台“3 · 15”晚会曝光了道路标线质量安全隐患问题，交通运输部通过官方微信平台进行回应表态，尤其是把交通运输部治理整顿情况及时对外公开，受到中央电视台等各媒体关注，舆情逐步降低平稳。

（三）甘肃折达公路隧道质量问题

4 月 1 日中央电视台曝光后，各媒体持续跟进报道和评论，主要关注工程质量及监管、作风问题及问责调查等方面。交通运输部政策研究室第一时间监测到相关报道后，及时做出预警，向相关司局和甘肃省交通运输厅发出应对建议，协调甘肃省交通运输厅及时发声。后续交通运输部及时通过官方微信平台刊发督导组督导调查等情况，疏解舆情。

（四）大货车司机群体稳定问题

2018 年 6 月，全国多地发生了卡车司机群体性事件。交通运输部函请中宣部等加强对卡车司机群体性事件新闻报道的管控，并加强正面舆论引导，通过多部门的综合处置，使得事态逐步平息。

（五）乘客坐顺风车遇害事件引发舆论浪潮及网约车安全监管问题探讨

继郑州空姐滴滴打车遇害案发生后不久，2018 年 8 月 24 日温州再次出现类似恶性事件，引发舆论浪潮及对网约车安全监管问题的广泛探讨。在主流媒体平台，意见整体倾向于批评滴滴内部运营问题，缺乏社会责任，期待其直面问题，加速整改。部分意见认为监管部门在这场悲剧中负有责任，且有义务在未来帮助滴滴整改。交通运输部联合公安部等积极表态，并联合多部委开展进驻式安全专项检查，及时通报检查结果与存在的问题，以及各平台整改方案等。

（六）共享单车押金事件

2018 年 12 月，以 ofo 为代表的共享单车企业出现退押金难等问题，引发媒体、专家及民众对共享单车押金监管、行业发展前景等话题的探讨。交通运输部在 12 月例行发布会上就督促 ofo 履行退押金义务进行回应。

（七）“一法两条例”修订案等征求意见

2018 年 12 月 20 日至 2019 年 1 月 20 日，《收费公路管理条例》等修订草案进行为期一个月的公开征求意见，交通运输部之前积极与中宣部、网信办等进行沟通，请求指导引导，并与人民日报、新华社、中央电视台等主要央媒进行座谈沟通，寻求理解和支持，客观正面报道，同时，征求意见期间，严密监测相关舆情态势，以便积极稳妥处置。总体来说，媒体报道内容较为中性客观，舆情态势平稳。

二、铁路重大舆情事件

2018 年 1 月 25 日 13 时 11 分，上海铁路局官方微博“上铁资讯”发布消息称:1 月 25 日 11 时 53 分，由青岛开往杭州东的 G281 次列车运行至定远站停车，电器设备发生故障，2 号车厢冒烟。铁路部门立即启动应急预案，组织旅客疏散，没有人员伤亡。

发现这一突发舆情后，国家铁路局及时通过政务微博进行回应：［青岛开往杭州 G281 次列车着火，无人员伤亡］2018 年 1 月 25 日 11 时 53 分，由青岛开往杭州东的 G281 次列车运行至京沪高铁定远站，2 号车厢起火冒烟，铁路部门立即启动应急预案，组织旅客疏散。13 时火被扑灭，无人员伤亡。国家铁路局高度重视，立即派出工作组赶赴现场，调查事故原因，指导铁路企业做好善后工作。目前，调查组已到现场开展工作。

光明网、中国经济网、环球网、凤凰网、新浪网、网易等百余家媒体网站进行转载报道。官方微博中国新闻网 V、中国日报 V、新京报 V、第一财经日报 V、环球时报 V、头条新闻 V、新闻晨报 V 等进行同步转载。国家铁路局发布微博阅读量 6.4 万次，转发评论较少。

第六篇
专题特辑

Section VI
Special Subjects

专题一　“四好农村路”

第一节　“四好农村路”工作概述

党的十八大以来，习近平总书记先后3次对“四好农村路”做出重要指示，深刻阐述了农村公路发展为了谁、发挥什么作用、怎么干等重大问题，为农村公路发展提供了根本遵循。2018年，交通运输部坚决贯彻落实习近平总书记“四好农村路”重要指示精神，坚持以人民为中心，把“四好农村路”建设作为重点工作，扎实推进“四好农村路”高质量发展。

一、深入贯彻落实习近平总书记重要指示精神

交通运输部认真学习贯彻习近平总书记关于“四好农村路”重要指示精神，从实施乡村振兴、打赢脱贫攻坚战、推进农业农村现代化的高度，不断完善政策机制，狠抓督导落实，突出示范引领，推广典型经验，以高度的政治责任感、强烈的使命担当，全力推进“四好农村路”建设。

一是提高政治站位，强化组织领导。整合成立推进“四好农村路”建设服务乡村振兴战略和脱贫攻坚领导小组，强化统筹协调，着力提高政治站位，确保“四好农村路”为农村特别是贫困地区带去人气、财气，为党在基层凝聚民心。会同中央农村工作领导小组办公室等六部委召开部际座谈会，联合推进“四好农村路”工作。制定《坚决贯彻习近平总书记重要指示 全面深入推进“四好农村路”建设 服务乡村振兴战略和打好脱贫攻坚战工作方案》，明确29项具体措施，推进工作落实。出版《“四好农村路”理论与实践》，全面阐述习近平总书记关于“四好农村路”重要指示精神，展示成功实践。

二是完善政策体系，强化制度保障。联合中央机构编制委员会办公室、国家发展和改革委员会、财政部共同研究制定《深化农村公路管理养护体制改革的意见》，组织起草《农村公路条例》，出台《农村公路建设管理办法》，印发《农村公路服务乡村振兴三年行动计划（2018—2020年）》《交通运输脱贫攻坚三年行动计划（2018—2020年）》，完善“四好农村路”政策法规体系。

三是加大政策支持，强化资金保障。2018年已下达农村公路车购税资金1149亿元，较去年增长193亿，创历史新高。加大对以“三区三州”为重点的贫困地区支持力度，将“三州”补助标准提高到与藏区标准持平，建制村通硬化路执行70万元/公里补助标准。会同农业发展银行等创新农村公路发展资金保障。

四是坚持以点带面，突出示范引领。会同农业农村部、国务院扶贫开发领导小组办公室联合

开展"四好农村路"全国示范县创建和命名工作，制定创建标准和实施方案。在县级申请、对标遴选、省市核查、专家评审、实地复核基础上，联合命名了"四好农村路"全国示范县117个，并给予资金奖励，其中贫困地区52个。通过典型引领，起到了较好的以点带面效果。同时，指导各地全面开展省级"四好农村路"示范县创建，充分调动地方政府的主动性、积极性，大力推广地方典型经验。

五是强化督促指导，确保工作落实。交通运输部党组成员和部总师带队分赴15个省份开展大调研，传达贯彻习近平总书记等中央领导同志重要指示精神，指导督促各地加强"四好农村路"建设。将"四好农村路"建设和建制村通客车纳入年度民生实事。印发2018年"四好农村路"建设及交通扶贫督导考评通知，以落实中央确定的农村公路和交通扶贫任务为重点，量化出五大项36个指标，开展省级交叉互评，既实现了督导考评全覆盖，又搭建了地方互学互鉴平台。

六是在新的历史起点上推动"四好农村路"高质量发展。2018年9月6—7日，交通运输部以管理为主题，在浙江安吉召开了"四好农村路"管理现场会。会议以习近平新时代中国特色社会主义思想为指导，深入贯彻习近平总书记关于"四好农村路"重要指示精神，全面总结和推广工作经验，部署下一阶段工作任务，开启了"四好农村路"高质量发展的新征程。

二、主要成效和体会

（一）取得的主要成效

在党中央、国务院坚强领导下，各级党委、政府和有关方面认真贯彻落实习近平总书记重要指示精神，推动"四好农村路"建设取得新成效。

一是组织保障体系更加完善。各级党委、政府认真学习贯彻习近平总书记重要指示精神，落实责任，加强对"四好农村路"工作的领导。目前，已有25个省级党委、政府出台了推进"四好农村路"建设实施意见，20个省份组织召开了现场会，28个省份将"四好农村路"纳入政府绩效考核，组织保障和管理能力显著提升。

二是建管养运协调发展态势良好。截至2018年底，农村公路总里程已达404万公里，其中县道55万公里、乡道117万公里、村道232万公里。实施乡道以上安全生命防护工程18.9万公里，改造危桥4662座。15个省份推进实施"路长制"，农村公路管理养护责任逐步夯实，全面加大"油返砂"整治力度，创建"美丽农村路"，打造"畅安舒美"交通环境。建制村通客车率超过97.1%，城乡交通基本公共服务均等化水平进一步提升。县、乡、村三级物流网络初步形成，为农村地区经济发展提供了有力保障。

三是"四好农村路"在乡村振兴、脱贫攻坚战中的先导作用更加凸显。推动实施"农村公路＋旅游"、"农村公路＋产业"、"农村公路＋扶贫"等发展新方式，涌现出一批以农村公路为载体摆脱贫困、促进发展、凝聚民心等生动事例，农村经济发展内生动力不断增强。积极引导农民群众参与"四好农村路"建设，提供农村公路日常管养就业岗位。大力推进"路田分家""路宅分家"，因地制宜绿化美化环境，为美丽乡村建设提供支撑。

（二）主要认识和体会

在与各地共同推进"四好农村路"建设过程中，对做好新时代"四好农村路"工作、推进农村公路高质量发展的认识和体会主要有以下几点。

一是必须坚持党的领导。以习近平总书记关于"四好农村路"重要指示作为农村公路发展的根本遵循，将"四好农村路"纳入乡村振兴、脱贫攻坚战的大局中研究部署。充分发挥各级党委、政府的主导作用，将"四好农村路"作为党与农民联系的纽带和桥梁，作为农业强、农村美、农民富的重要条件。切实落实县级人民政府主体责任，不断深化改革，大力推广地方经验，不断提升基层治理能力。

二是必须坚持以人民为中心。让人民群众在农村公路发展中更有获得感、幸福感、安全感，是“四好农村路”建设的根本目的。必须始终坚持以人民为中心的发展思想，尊重广大农民意愿，激发广大农民积极性、主动性、创造性，激活内生动力，让广大农民更好、更公平地享受交通基本公共服务，为农村带去人气、财气，为党在基层凝聚民心。

三是必须坚持建管养运协调发展。“四好农村路”建好是基础、管好是重点、护好是保障、运营好是目的，四者构成有机统一整体。必须统筹协调四者之间关系，充分考虑中国不同地区农村公路发展的阶段特征以及客观条件，以问题为导向，突出重点，全面推动“四好农村路”高质量发展。

四是必须坚持绿色发展理念。绿色发展是农村公路可持续发展的必然要求。绿色发展理念应贯穿于“四好农村路”发展的全过程，坚持因地制宜、实事求是，努力实现路与自然相协调，让“四好农村路”成为农村人居环境改善的先行官，推动绿水青山变成金山银山，建设宜居宜业宜游的美丽乡村。

五是必须坚持融合发展。农村公路与农民的生产生活和农村经济发展息息相关。“四好农村路”建设必须为农村农业现代化提供有力的交通保障，深入融合到农村社会经济发展大局中，将农村地区的产业、物流、环境、特色经济等发展结合起来，实现“农村公路+”融合式发展，为乡村振兴当好先行。

三、下一步工作

交通运输部将坚持以习近平新时代中国特色社会主义思想为指导，深入学习贯彻习近平总书记关于“四好农村路”重要指示精神，以此为契机组织开展系列活动，进一步提高政治站位，聚焦农村公路发展不平衡不充分、政府主体责任落实还不到位、重建轻养等突出问题，完善政策机制，通过实施“八大工程”，全面推动“四好农村路”高质量发展，为广大农民致富奔小康、加快推进农业农村现代化提供更好保障。

一是实施脱贫攻坚补短板工程，加快剩余乡镇和建制村通硬化路建设，2019年底前完成所有具备条件的建制村通硬化路，推动农村公路尽量向进村入户倾斜。二是实施乡村振兴促发展工程，支持贫困地区建设2万公里资源路、旅游路和产业路，支持窄路基路面公路加宽改造16.9万公里，提升农村公路服务品质和能力。三是实施凝聚民心助增收工程，把维护农民群众根本利益、促进农民共同富裕作为出发点和落脚点，大力引导农民参与农村公路工作，增加农民收入，让农民群众得到实实在在的实惠。四是实施统筹城乡提服务工程，加快推进具备条件建制村通客车，支持县乡村运输服务站点建设，推进公路与邮政、电商、客运等资源共享、融合发展，着力实现农村客运开得通、留得住、有效益、可持续。五是实施建立长效机制强管养工程，推动出台《深化农村公路管理养护体制改革的意见》，落实地方政府责任，强化管养资金供给，加大绩效管理，完善农村公路管养体制机制。六是实施典型带动、示范引领工程，培树200个“四好农村路”全国示范县，建立动态调整机制，发挥典型引领作用。大力开展“美丽农村路”创建，打造“畅安舒美”的农村交通环境。七是实施现代治理夯基础工程，编制《关于推动“四好农村路”高质量发展的指导意见》，推动修订《中华人民共和国公路法》，制定《农村公路条例》，完善农村公路技术标准体系，大力推行“路长制”，推进农村公路治理体

系和治理能力现代化。八是实施打造放心路、放心桥、放心车保安全工程，支持农村公路安全生命防护工程70.9万公里，支持农村公路危桥改造2万座，完善农村客运安全审核制度，全力提高农村交通安全保障水平。

第二节 “四好农村路”建设情况及主要工作举措

一、“四好农村路”建设情况

党的十八大以来，全国新改建农村公路159.7万公里，共解决了500余个乡镇、7.5万个建制村通硬化路问题，每年新增通客车建制村5000个以上。截至2018年底，农村公路总里程已达404万公里，其中县道55万公里、乡道117万公里、村道232万公里。实施乡道以上安全生命防护工程48.9万公里，改造危桥4662座。乡镇和建制村通硬化路率分别达到99.64%、99.47%。建制村通客车率超过97.1%，城乡交通基本公共服务均等化水平进一步提升。有9个省级人民政府成立“四好农村路”领导小组，25个省级党委、政府出台了推进“四好农村路”建设实施意见，20个省份组织召开了现场会，28个省份将“四好农村路”纳入政府绩效考核，15个省份推行了“路长制”，各省农村公路组织保障和管理能力显著提升。

二、农村公路法制体系建设情况

交通运输部大力推进农村公路法制体系建设。推动《公路法》修订，将村道纳入法律范畴之内，明确了村道的法律地位，规定“县道、乡道和村道统称农村公路”。确定县级人民政府是农村公路工作的责任主体，乡级人民政府负责乡道和村道的建设和养护工作。

同时，交通运输部起草了《农村公路条例》，进一步补充完善了农村公路法制保障体系。编写组先后赴湖北、浙江、内蒙古开展座谈调研，并两次征求国家部委和相关企业意见，现已完成《农村公路条例》征求意见稿，于2018年12月20日公开征求社会意见。《农村公路条例》从法规层面进一步确定了村道范围，明确了县级人民政府的主体责任，完善了农村公路公共财政保障体系，推行农村公路工作目标责任制和绩效管理，实行“先建后补”“以奖代补”等投资奖补制度，建立农村公路管理县级、乡级人民政府行政首长负责制。重点解决了地方政府主体责任难以落实、农村公路资金难以保障、养护能力不足等问题。

三、推进《深化农村公路管理养护体制改革的意见》修订工作

交通运输部着力推进《国务院办公厅关于印发农村公路管理养护体制改革方案的通知》（国办发〔2005〕49号）的修订工作。2018年，交通运输部组织成立部委间专项工作组，联合中央机构编制委员会办公室、国家发展和改革委员会、财政部起草完成了《深化农村公路管理养护体制改革的意见》，期间先后赴重庆、辽宁等地实地调研，召开主题座谈会，并多次征求相关部委、各省级人民政府、交通运输主管部门和部分县级人民政府意见，并报国务院。意见明确提出了2022年、2025年、2050年三个阶段性目标，完善农村公路管理养护体制，明确各级地方政府职责，强化了县级人民政府的主体责任，明确省、市级人民政府要为县级人民政府履行主体责任创造有利环境。建立健全资金保障体系，完善成品油非税改革转移支付政策，加大农村公路养护资金支持力度，对创新农村公路发展投融资机制提出指导政策，强化养护资金使用和监管。完善了保障措施，建立健全了省、市党委、政府统筹，县级党委、政府主要

负责同志总负责的管理机制，建立群众参与、专兼结合的养护机制，加强农村公路安全管理，建立以质量为核心的信用评价机制。

四、出台《农村公路建设管理办法》

为规范农村公路建设管理，完善农村公路政策制度，2018 年 4 月，交通运输部发布《农村公路建设管理办法》（交通运输部令 2018 年第 4 号）。《办法》坚持"统筹规划、安全至上、因地制宜"的原则，聚焦突出问题，提供制度保障。《办法》进一步明确了县级人民政府承担农村公路建设的主体责任，细化了在资金保障、扶持发展等方面的职责。按照"县道县建、乡村道乡建"的原则，强化乡镇人民政府在乡道建设的责任，首次明确乡镇人民政府是村道的建设主体，解决了村道建设无据可依的问题。明确要建立以公共财政分级投入为主、多渠道筹措为辅的农村公路建设资金筹措机制，将农村公路建设资金列入地方各级政府财政预算。同时，《办法》明确规范建设项目管理，要求充分吸收各地从实践中总结的成功经验，制定分类管理制度，根据规模、功能、技术复杂程度，划分重要建设项目和一般建设项目。

五、"四好农村路"全国示范县创建工作

按照《交通运输部办公厅关于创建"四好农村路"全国示范县的实施意见》要求，交通运输部联合农业农村部、国务院扶贫开发领导小组办公室出台了《交通运输部 农业农村部 国务院扶贫办关于联合开展"四好农村路"全国示范县创建和命名工作的通知》（交公路发〔2018〕76 号），明确了全国示范县的创建标准和考核程序。经过县级申请、对标遴选、省市核查、专家评审、实地复核程序后，印发《交通运输部 农业农村部 国务院扶贫办关于命名"四好农村路"全国示范县的通知》（交公路发〔2018〕115 号），联合命名了"四好农村路"全国示范县 117 个，其中贫困地区 52 个，并在全国"四好农村路"管理现场会上进行了授牌。

六、召开全国"四好农村路"管理现场会

2018 年 9 月 6—7 日，交通运输部以管理为主题在浙江安吉组织召开了全国"四好农村路"管理现场会，深入贯彻习近平总书记"四好农村路"重要指示精神，交通运输部部长李小鹏出席会议并作讲话，副部长戴东昌主持会议并作总结讲话，农业农村部党组成员宋建朝、国务院扶贫开发领导小组办公室副主任欧青平出席会议并讲话。现场会全面总结了农村公路建设成效，推广典型经验，并安排部署下一阶段工作任务，重点实施"八大工程"：实施脱贫攻坚补短板工程，重点解决通硬化路、通客车问题；实施乡村振兴促发展工程，重点解决等级低、提档升级问题；实施凝聚民心助增收工程，重点解决农民参与，提高获得感、幸福感问题；实施统筹城乡提服务工程，重点解决农村客运"开得通、留不住"，城乡交通不平衡问题；实施长效机制强管养工程，重点解决重建轻养、资金不足、机制不健全、灾毁修复不及时等问题；实施典型带动示范引领工程，加大"四好农村路"全国示范县力度，开展"美丽农村路"创建，发挥好典型引领作用；实施现代治理夯基础工程，重点解决基层治理能力不足问题；实施放心路、放心桥、放心车保安全工程，重点解决农村公路安全隐患治理问题。

七、推进“四好农村路”建设大调研工作

按照转变作风、大兴调查研究的要求，交通运输部制定了《坚决贯彻习近平总书记重要指示全面深入推进“四好农村路”建设 服务乡村振兴战略和打好脱贫攻坚战工作方案》《“四好农村路”建设大调研工作方案》，并由部领导和部总工程师带队，围绕“四好农村路”建设、乡村振兴、脱贫攻坚、完善法制、投融资、农村公路“畅返不畅”、通自然村组道路等方面，赴甘肃、河南、四川等15个省（自治区、直辖市）开展实地调研工作。

调研中发现各地的主要做法和成效为：一是积极推动落实政府主体责任，推动“四好农村路”建设由行业行为转变为政府行为，形成“政府主导、部门协同、行业主抓、社会参与”的“四好农村路”发展新格局。二是努力破解资金发展难题。各省在加大地方财政对农村公路建设投入力度基础上，切实落实政府一般债券政策，通过推动建立政府性基金，积极利用金融机构支农优惠政策贷款及涉农资金整合方式，努力拓宽融筹资渠道，全力保障农村公路建设资金需求。三是充分发挥示范引领作用。交通运输部组织命名首批全国示范县后，调动了地方积极性，各地踊跃借鉴响应，结合自身实际积极开展了示范创建工作活动。湖南、四川等地将示范创建向乡镇延伸，向基层延伸，广泛开展示范乡、示范村、示范路等创建活动。四是主动服务乡村振兴战略。各省将“四好农村路”与美丽乡村建设、乡村振兴战略实施和农业农村现代化发展等结合起来，将农村公路与产业发展和生态建设等结合起来，充分发挥农村公路基础支撑作用，加速了农村产业结构调整，促进了产业融合发展，农村地区的资源优势逐步转化为经济优势、发展优势，为乡村振兴和农业农村现代化提供了内生动力。五是助力打赢打好脱贫攻坚战。各省精准施策、精准发力，加快剩余乡镇和建制村通硬化路建设，努力提升贫困地区农村公路通达通畅深度；大力实施村道窄路加宽、生命安全防护、撤并建制村通硬化路、渡口改桥等专项工程。六是群众获得感和幸福感明显增强。“四好农村路”建设改善了农村基本出行条件，让城市文明、基本公共服务逐步向农村地区纵深延伸，为农村带来了人气、财气，带动了农民增收。七是不断探索创新发展新经验。各地结合实际，因地制宜拓展“四好农村路”建设内涵，创新建设模式机制，不断总结地方特色显著的经验做法，深入推进“四好农村路”建设成效明显。

八、开展“四好农村路”建设及交通扶贫督导考评工作

为进一步落实《“四好农村路”督导考评办法》，交通运输部印发《交通运输部关于组织开展2018年“四好农村路”建设及交通扶贫督导考评工作的通知》（交公路函〔2018〕245号），将“四好农村路”全国示范县实地复核、中央投资项目督查、交通扶贫督查、扶贫领域突出问题治理四项工作合并，量化出五大项36个指标。督导考评的主要内容包括：贯彻落实习近平总书记等中央领导同志对“四好农村路”重要指示批示精神，建立农村公路发展长效机制情况；贯彻落实习近平总书记关于脱贫攻坚系列重要讲话精神，扎实推进交通扶贫目标任务，有序开展交通扶贫领域腐败和作风问题专项治理工作情况；坚持以人民为中心发展思想，发挥农民主体作用，引导、支持农民群众参与“四好农村路”建设和交通扶贫，调动农民的积极性、主动性、创造性，促进农民增收，提升农民群众获得感、幸福感、满意度情况；

贯彻落实党的十九大精神，“四好农村路”建设服务乡村振兴战略和农业农村现代化情况；贯彻落实中央一号文件精神，以示范县为载体深入推进“四好农村路”建设，推广典型经验等情况。

此次督导考评工作采用省际交叉互评方式开展，实现了31个省（自治区、直辖市）和新疆生产建设兵团督导考评全覆盖，共实地督导了147个县、294个乡镇，随机抽取了306个项目。搭建起地方互学互鉴的交流平台，促进了“四好农村路”建设健康发展。同时，根据督导考评结果印发《交通运输部办公厅关于2018年“四好农村路”交通扶贫督导考评情况的通报》（交办公路〔2018〕127号）。

九、完善农村公路技术体系

为进一步提升农村公路技术水平，2018年交通运输部启动了《小交通量农村公路工程技术标准》《农村公路养护技术规范》《农村公路养护预算编制办法及配套定额指标》三本标准规范的编制工作，列入交通运输部《2018年度公路工程行业标准制修订项目计划》。经过前期调研、大纲编制、征求意见、总校、报批等阶段，通过了专家验收评审，将于2019年正式出台。

《小交通量农村公路工程技术标准》根据现行的四级公路指标不适应中国农村公路发展实际，针对交通量小、山区受限路段，补充了四级公路Ⅰ类和四级公路Ⅱ类指标，并明确了类型划分、设计荷载、荷载等级等设计指标，以及圆曲线、纵坡等线性指标。

《农村公路养护技术规范》基于农村公路管养力量不足、技术力量薄弱、养护不到位不及时、欠养失养现象严重等现状，以指导和规范群众性养护为出发点，发挥群众作用，探索提出群众性养护模式，对群众性参与度高的养护工作要求进行了简化，具有较强的针对性和适用性。《农村公路养护预算编制办法及配套定额指标》以日常养护为重点，兼顾养护工程，突破传统定额编制思路，提出简便适用的预算编制方法，为科学编制农村公路管理经费预算提供技术支撑。

专题二 脱贫攻坚

2018年，交通运输部坚持把打赢脱贫攻坚战作为头号政治任务和第一民生工程，统筹脱贫攻坚、服务乡村振兴战略和"四好农村路"建设等工作，切实加大工作力度，扎实有序推动交通扶贫、定点扶贫、对口支援和联系六盘山片区等各项工作向纵深发展，圆满完成年各项目标任务，为革命老区、民族地区、边疆地区、贫困地区脱贫攻坚提供坚实有力的保障。

一、交通运输部扶贫概况

2018年，交通运输部合计安排车购税资金2144亿元用于贫困地区交通基础设施建设，较2017年增长22.2%，带动全社会投入约9900亿元。安排超过883亿元用于贫困地区农村公路建设，约占全国农村公路补助资金的76.8%。2018年贫困地区新增86个乡镇、4245个建制村通硬化路，建成资源路旅游路产业路9284公里，截至2018年底，贫困地区99.3%的乡镇和98.7%的建制村通了硬化路，97.1%的乡镇和95.0%的建制村通客车，有效解决了贫困地区"出行难"问题。

（一）完善脱贫攻坚工作机制

交通运输部将扶贫开发和农村公路工作领导小组调整为交通运输部服务乡村振兴战略、推进"四好农村路"建设和脱贫攻坚领导小组，部主要负责同志担任组长，党组所有同志全面参与，形成党组领导、领导小组主抓、司局落实的责任体系。2018年部党组会、部务会、领导小组会共计21次传达学习习近平总书记重要指示精神，研究部署推动交通扶贫脱贫攻坚工作。部主要负责同志10次带队督查调研交通扶贫工作，党组其他同志调研指导扶贫12次。三个部管国家局党组结合实际，发挥优势支持贫困地区脱贫攻坚。目前，交通运输部逐步完善了交通扶贫目标任务推进、部领导带队督查交通扶贫全覆盖、交通扶贫统计监测分析、问题通报约谈、工作考核评价、目标任务完成"回头看"核查等工作机制。

（二）健全规划计划体系

交通运输部在《"十三五"交通扶贫规划》《支持深度贫困地区交通扶贫脱贫攻坚实施方案》的基础上，2018年制定了《交通运输脱贫攻坚三年行动计划（2018—2020年）》《抵边自然村通硬化路建设实施方案（2018—2025年）》，健全"五年规划+三年行动计划+年度计划"的"5-3-1"规划计划体系，逐年分省细化攻坚目标、分年度计划，有序推进项目、政策落实落地。

（三）支持深度贫困地区脱贫攻坚

交通运输部以"三区三州"等深度贫困地区为重点，新增资金、新增项目、新增举措进一步向"三区三州"倾斜，其中"三州"纳入国家规划的公路项目车购税补助标准提高到本省藏区政策持平。持续增大资金支持力度，推进国家高速公路、普通国省道改造建设，加快"通村畅乡"农村公路建设，推动交通建设项目尽量向进村入户倾斜。2018 年安排涉及“三区三州”国家高速公路、普通国道等重点项目中央资金 436 亿元，比 2017 年增长 72%，“三区三州”农村公路切块资金规模比“十三五”原定规模增长了 7.5 亿元。

（四）对口支援和联系六盘山片区

2018 年交通运输部按照国务院部署要求，认真推进对口支援和联系六盘山片区工作。交通运输部组织召开六盘山片区脱贫攻坚部际联席会议，协调 20 个中央部门研究解决片区脱贫攻坚问题。深化结对帮扶工作机制，9 个结对帮扶工作组制订年度帮扶计划，细化帮扶举措，深入开展消费扶贫、电商扶贫、党建扶贫、捐资助学等帮扶工作。

交通行业加大行业支持力度，2018 年安排 166 亿元车购税资金，支持六盘山片区加快交通基础设施建设。截至 2018 年，对口支援的安远县和牵头联系的六盘山片区均提前实现了具备条件的乡镇和建制村 100% 通硬化路任务。“交通”扶贫模式在这些地方得到生动实践，贫困人口逐年大幅减少，贫困发生率分别由 2014 年的 16.9% 和 19.2% 下降至约 0.72% 和 4.5%。

（五）交通“扶志”“扶智”

交通运输部 2018 年选派 11 名干部赴贫困地区挂职，接收贫困地区的干部到部机关挂职 7 名。开展交通扶贫干部轮训，举办交通精准脱贫攻坚专题培训班，参加培训共计 90 人次。加大对贫困地区教育培训的支持力度，全年实施 42 个教育扶贫培训项目，投入资金 299.2 万元，举办 14 期专题培训、15 期讲师团“送教上门”、12 个远程网络培训项目。动员鼓励贫困群众参与农村公路建设，吸纳贫困家庭劳动力参与养路护路。

（六）交通扶贫宣传

交通运输部始终注重做好交通扶贫宣传引导。2018 年开展“小康路 · 交通情”重大主题宣传活动，在中国交通报官方微博开设“小康路 · 交通情”专栏，“交通发布”头条号开设“小康路 · 交通情”话题。会同中宣部组织中央媒体记者，开展“四好农村路”主题采访活动，配合央视焦点访谈栏目播出节目《别了，溜索！你好，大桥！》，举办“10·17”扶贫日论坛交通扶贫分论坛。

二、定点扶贫概况

交通运输部定点扶贫四川阿坝州壤塘县、小金县、黑水县和甘孜州色达县，帮助四县贫困发生率由 2017 年底的 7.6% 下降到 2.5%，圆满完成 2018 年各项任务。交通运输部在 2018 年中央单位定点扶贫工作考核中获得了第一档“好”的考核等次，交通运输部综合规划司被评为“中央和国家机关脱贫攻坚先进集体”。

（一）落实部领导定点扶贫责任

交通运输部党组将定点扶贫作为重要政治任务纳入年度工作重点，2018 年召开党组会、部务会 14 次，传达学习习近平总书记脱贫攻坚重要指示精神，研究推进定点扶贫等脱贫攻坚工作。2018 年召开 5 次领导小组会议，研究定点扶贫工作。2018 年，李小鹏部长赴黑水县调研并主持召开定点扶贫工作推进会，其他部领导分别赴小金县、壤塘县、色达县调研指导。

（二）完成 2018 年定点扶贫工作任务

交通运输部指导阿坝州制定《交通定点扶贫项目建设行动方案（2018—2020 年）》。督导四县制定打赢脱贫攻坚战三年行动实施方案，制定《2018 年定点扶贫工作要点》和 4 个结对帮扶工作计划。

增派了 3 名挂职干部，充实定点扶贫联络组，增加到 10 人，形成了州、县、乡、村全覆盖的定点扶贫干部队伍。深化结对帮扶机制，4 个帮扶工作组分别制定工作清单，调动各方力量开展捐款捐协、捐资助学等多样化帮扶。2018 年，投入帮扶资金约 140 万元，引进社会帮扶资金约 489 万元。

注重志智双扶，通过学院进修、送教上门、专题培训等形式开展教育培训，协调教师跟岗学习、捐赠书籍和基层培训经费等多种方式开展帮扶。开展消费扶贫，全年组织工会购买农产品 358 万元，帮助贫困县销售农产品 18.7 万元。黑水县芦花镇热拉村驻村第一书记组织创建"冰山小丫头食品有限责任公司"，拓展村组农畜产品销路。协调商务部、全国供销合作总社帮助拓宽农特产品销售渠道。

交通运输部 2018 年投入车购税资金 8.38 亿元，并协调四川省安排补助资金 2.8 亿元，支持四县普通国省道和农村公路建设。其中，建设国省道 258.2 公里（含续建里程）、通村硬化路 605.1 公里、旅游路 97 公里、农村路网 82.4 公里，加宽窄路基路面农村公路 74.8 公里，实施农村公路安全生命防护工程 991.1 公里。指导四县制定"四好农村路"建设方案，加快"四好农村路"建设，加快推进乡镇和建制村通客车，为四县脱贫致富提供了坚实的交通运输保障。立足四县实际情况，因地制宜开展"交通＋特色农业＋电商""交通＋文化＋旅游""交通＋健康＋教育""交通＋就业＋公益岗位"等扶贫模式，整合资源，帮助贫困群众稳定脱贫。

三、交通行业各领域扶贫

（一）道路运输方面

1."四好农村路"建设

交通运输部深入贯彻落实习近平总书记关于"四好农村路"重要指示批示精神，不断完善农村客运制度保障体系，出台《农村公路建设管理办法》。联合中央编办、国家发展改革委、财政部共同研究制定《深化农村公路管理养护体制改革的意见》，加快建立组织保障、资金保障、技术指导和绩效考核体系。协助修订《中华人民共和国公路法》，加强法治保障。

交通运输部强化示范引领，积极指导各地开展省级"四好农村路"示范县创建，联合农业农村部、国务院扶贫办创建"四好农村路"全国示范县 117 个，其中贫困地区 52 个，通过示范引领推进"四好农村路"建设高质量发展。

2. 提升贫困地区运输服务水平

交通运输部以"具备条件的建制村通客车"为攻坚目标，制定印发《交通运输部办公厅关于加快推进建制村通客车有关工作的通知》，明确"具备条件的建制村通客车"参考标准并指导各地制定具体标准，大力推广应用"通村村"APP 等定制农村客运，指导支持各地加快工作进度。截至 2018 年底，实现 99% 的乡镇和 97.1% 的建制村通客车，全年新增通客车建制村 7100 个。同时，加快完善农村物流体系，印发《农村物流网络节点体系建设指南》，推动农村地区整合交通运输、农业、供销、商务、邮政等资源，以乡镇级农村物流节点为重点，大力加快统筹推进农村物流网络节点体系建设，加强成熟模式和典型经验的宣传推广。2018 年，新增"邮乐购"站点 5 万个，快递企业打造服务农业"一地一品"项目 905 个。

（二）海事方面

交通运输部海事局持续落实精准扶贫，在巩固 10 多年西部海员培养成果的基础上，协调知名航海院校进行教学经验交流，将海事服务精准扶贫落到实处；拓展培养范围，立足延安、放眼西部，深化青海和贵州等地海员发展培养机制建设，增强西部海员培养辐射效应。

（三）铁路方面

铁路行业积极发挥专业优势，对覆盖集中连片特困地区的铁路项目深入开展研究，优先组织评审，对于具备开工条件的项目，优先协调有关部门和地方政府推进实施。履行好秦巴山区联络单位职能，加强各集中连片特困地区铁路建设项目安全质量监管和铁路运输安全监管，做好干部交流挂职工作。推进区域对外骨干通道建设和区域内部铁路连接，进一步扩大铁路网覆盖面，促进片区资源开发和区域经济社会发展。

1. 扎实推进贵州省榕江县扶贫工作

明确责任，配齐干部，加强监督指导。国家铁路局制定印发《国家铁路局定点扶贫榕江县2018年工作推进方案》，明确全年工作任务。党组书记杨宇栋带头，先后5次组织人员到榕江县进行实地调研，为榕江县脱贫攻坚出谋划策。同时，印发《国家铁路局开展扶贫领域作风问题专项治理工作方案》，开展扶贫领域作风问题专项治理活动。此外，还选派1名同志到榕江县高扒村任专职第一书记，加强蹲点扶贫力度。

积极推动特色产业扶贫。向高扒村捐助资金用于组建土特产开发公司，继续抓好前期捐资建设的小香鸡养殖等项目经营工作，助力榕江县农副产品销售工作。举办“发展乡村旅游，助推脱贫攻坚”为主题的旅游宣传暨招商推介活动，协助榕江县宣传推广旅游产业。

开展教育扶贫。按照“升学1人，就业1个，脱贫1家”的思路，协调贵阳职业技术学院、贵州铁路技师学校与榕江县建立招生合作关系，协调铁路企业帮助解决就业。2018年9月，组织召开铁路扶智扶贫劳动技能型人才培养供需见面会，推动贵阳职业技术学院与8家铁路企业签订校企合作协议，开展人才培养合作。协调相关单位实施“蓝天春蕾”计划、贫困生资助等活动，拨付助学金，资助榕江县5名小学教师参加培训。协调中国交通建设集团有限公司出资帮助高扒村小学完善教学设施，组织局内干部职工捐献青少年读物1573本。

协调开展其他扶贫。协调国家林业和草原局，为榕江县争取护林员名额265名。协调商务部，帮助榕江县评选为国家级电子商务示范县。协调贵州省发展改革委在高扒村开展农村人居环境整治示范项目。向乐乡村委会捐赠电脑设备及书籍。

2. 落实对口支援工作要求，推动原中央苏区全面振兴

交通建设方面。国家铁路局继续推进吉抚武温铁路建设，在前期将该项目纳入《中长期铁路网规划》的基础上，密切关注项目进程，并协助中国铁路经济规划研究院编制《新建温州至武夷山至吉安铁路运量水平及功能定位研究》，为完成吉抚武温铁路永丰段运量分析奠定基础。

国家铁路局积极协调有关部门将永藤一级公路改建工程纳入交通运输部“十三五”国省道规划中期调整项目库。

职业教育方面。国家铁路局在永丰县与衡水铁路电气化学校、郑州铁路技师学校合作办学的基础上，增加中铁十五局集团技工学校作为合作办学单位。3所铁路学校已在永丰县招录建档立卡贫困家庭子女300余人入学。积极协调中铁十五局集团有限公司闽赣指挥部和技工学校在永丰设立中铁十五局集团技工学校（永丰）分校，引导技工学校逐步将国家职业技能鉴定和国家职业技能考核工作转移至永丰，帮助永丰发展铁路职业教育。

开放型经济工作方面。为积极巩固国家铁路局对口支援永丰县暨援县促市产业推进会成果，国家铁路局大力协调推进已签约项目落地，扩大招商推介范围，积极引导厦门鸿基伟业落户永丰，做大做强永丰铁路产业园。发挥铁路行业优势，引导永丰县循环经济产业企业顺应环保要求转型升级，拓展企业产品延伸链，支持帮扶挂点项目若水新材料顺利投产，加快推进铁路产业园区路网管网等配套设施建设。

（四）民航方面

2018年，中国民用航空局定点扶贫工作领导小组认真贯彻中央关于打赢脱贫攻坚战的各项决策部署，制定出台《民航局定点扶贫三年行动方案》，坚持目标和问题导向，稳步推动于田、策勒两县脱贫攻坚工作取得一系列进展和成效。截至2018年底，在《中央单位定点扶贫责任书》中承诺的任务均超额完成，全年民航系统对定点扶贫县投入帮扶资金总计891.9万元，超额完成18.4%；引进帮扶资金46.7万元，超额完成74.9%；于田支线机场已立项获批，计划于2019年正式开工；购买贫困地区农产品21万元；培训基层干部、技术人员27名；安排小学教师、学生前往上海考察学习20名。

一年来，中国民用航空局在发挥原有好的经验和做法的基础上，进一步发挥职能优势，大力协助推进于田支线机场前期工作；进一步加大协调力度，积极动员各司局、直属单位和行业协会等贡献人力、物力；进一步坚持精准方略，着力加大产业扶贫和教育扶贫推进力度；进一步提升政治站位，始终注意将扶贫工作融入民族团结和边疆稳定大局。

（五）邮政方面

国家邮政局机关承担河北省承德市平泉市（原平泉县）的定点扶贫任务，全国省及以下邮政管理部门受所在地党委、政府指派，承担164个贫困村定点帮扶任务。邮政管理系统坚决用习近平总书记关于扶贫工作的重要论述武装头脑、指导实践、推动工作，有力助推了有关市（县）、村加快脱贫攻坚步伐，实现“点”上建功有形象、“面”上助力有贡献。

1. 提高政治站位，扛起政治责任

国家邮政局成立扶贫工作领导小组，并适时对相关组成人员进行调整，马军胜同志任组长，分管局领导任副组长，各部门各单位主要负责同志为成员，严格执行一把手负责制。进入3年攻坚期以来，每年召开至少2次领导小组会议研究定点扶贫工作。制定《邮政业助力脱贫攻坚三年行动方案（2018—2020年）》《国家邮政局定点扶贫三年巩固提高行动计划（2018—2020年）》等文件，积极构建专项扶贫、行业扶贫、社会扶贫“三位一体”扶贫格局。坚持“尽锐出战”，派出精兵强将到扶贫一线挂职或任第一书记，各级邮政管理部门选派扶贫挂职干部176人，负责同志赴定点县（村）考察调研4028人次。

2. 多方筹措资金，落实帮扶项目

2018年，在资源极其有限的情况下，各级邮政管理部门直接投入资金和物资折款1293.9万元，实施帮扶项目287个，帮助建档立卡贫困人口脱贫11904人；帮助引进各类资金8494.4万元，引进项目203个，受益建档立卡贫困群众29228人。据不完全统计，规模以上民营快递企业直接投入脱贫攻坚有关资金3.58亿元，直接受益贫困群众10900余人。

3. 扶智扶志并举，吸纳就业成效显著

2018年，各级邮政管理部门举办劳务输出培训班77期，培训2935人，帮助建档立卡贫困户实现劳务就业798人，实现劳务收入1806万元。近4年来，邮政、快递企业每年新增就业超过20万人。据统计，300万就业人群中，210万人来自农村地区且大多是贫困地区，“一人就业全家脱贫”，直接受益贫困人口达数百万人，邮政业通过行业发展吸纳更多的人就业，成为脱贫攻坚的“稳定器”“压舱石”。

4. 注重夯实基础，加强脱贫能力建设

通过全面加强贫困地区服务网络覆盖、全面提升贫困地区邮政业服务水平、全面打造邮政业服务农业示范项目，全国乡镇快递网点覆盖率达到92.4%，全国建制村直接通邮率超过98.9%，24个省份实现全部建制村直接通邮。2018年，邮政

企业新增“邮乐购”站点10.8万个，帮助111万农民增收12亿元；快递企业打造服务现代农业“一地一品”项目905个，增强了行业服务“三农”和精准扶贫能力。

5. 发挥行业优势，支撑产业扶贫

国家邮政局引导支持中国邮政集团公司建设“邮乐购”网站，快递企业建设物流扶贫网络，探索形成并积极推广“寄递＋电商＋农特产品＋合作社（农户）”产业脱贫模式。聚焦地图上农特产品，打造“舌尖上的快递”，2018年，行业建成线上扶贫地方馆709个，推出农特产品典型项目1560个，打造20个年业务量超千万件的“快递＋”金牌农业项目。2018年，快递业支撑网络零售额达7万亿元，占全国零售额18.4%；农村产生包裹120多亿件，支撑网络零售额达7000亿元，占到农村社会消费品零售总额的12%～13%。

专题三 服务国家重大战略

一、“一带一路”战略

（一）共建“一带一路”总体情况

交通运输部加强内部统筹协调，统筹铁路、公路、水运、民航、邮政等各相关领域，全面落实第一届“一带一路”国际合作高峰论坛涉及交通运输行业成果，主动谋划第二届高峰论坛设施联通分论坛举办方案和成果设计。

同时，深化对外交流合作。通过中俄运输合作分委会、中国—东盟交通部长会议、中国—中东欧国家交通部长会议等机制与平台，推进与沿线国家的交通运输互联互通。强化与国际组织合作，与万国邮联签署“一带一路”框架下共同推进国际铁路运邮的合作意向书，推动建立国际铁路运邮机制。

1.“一带一路”交通互联互通取得新进展

中蒙俄经济走廊方面。中俄黑河公路桥、同江中俄铁路大桥建设稳步推进。《中俄国际道路运输协定》顺利签署并实施，中俄国际道路运输开放范围扩大到双方全境。中俄国际道路运输使用《1975年国际公路运输公约》（TIR）单证试运行活动成功举行，TIR运输系统正式实施。中蒙俄《关于沿亚洲公路网国际道路运输政府间协定》生效手续完成。

新亚欧大陆桥经济走廊方面。《上合组织成员国公路发展规划》制定工作不断推进。“日本—连云港—欧洲”班列成功开行。中方企业联营体中标克罗地亚佩列沙茨跨海大桥项目，该项目是第一个由中国工程承包商实施的欧盟基金项目。上海合作组织国际道路运输便利化联委会第一次会议成功举办，顺利推动《上海合作组织成员国政府间国际道路运输便利化协定》的实施工作。同尼泊尔、格鲁吉亚、白俄罗斯等国举行多轮磋商，推进双边国际道路运输协定及议定书商签工作。

中国—中亚—西亚经济走廊方面。《中乌国际道路运输协定》和《中吉乌汽车运输协定》成功实施。中吉乌国际道路运输实现常态化运行。中国、塔吉克斯坦、乌兹别克斯坦三国就2019年开展国际道路运输试运行达成一致。

中国—中南半岛经济走廊方面。中老、中泰铁路一期工程建设稳步推进；签署《关于实施〈大湄公河次区域便利货物及人员跨境运输协定〉“早期收获”的谅解备忘录》，开展《中老国际道路运输协定》修订磋商，举行中越国际道路直达运输试运行活动。

中巴经济走廊方面。中巴“两大”公路项目建设稳步推进，部分路段提前竣工。签署并实施《中—巴公路技术合作五年行动计划（2018—2022）》。进一步推进中巴道路运输便利化工作，就全天候开放红其拉甫口岸达成一致。

孟中印缅经济走廊方面。签署《中尼铁路项

目合作谅解备忘录》。配合推进中缅经济走廊建设，牵头走廊联委会交通合作组工作。签署《中尼借道运输议定书》。

海上丝绸之路方面。签署《中日海上搜救协定》，签署第三份关于修改《中欧海运协定》的《议定书》，续签中利（比里亚）海运协定，完成《中巴（拿马）海运协定》生效程序并启动实施。积极参加马六甲—新加坡海峡航行安全和环境保护合作机制活动；组织召开港口互联互通论坛暨亚太港口服务组织（APSN）第十一届理事会会议、中马港口联盟第三次会议。推进与中东欧16国、希腊、巴拿马等国家的海事合作，建立了有效的沟通渠道。

国际性交通枢纽方面。支持乌鲁木齐空港客运综合枢纽、北京北建通成国际物流有限公司通州口岸等项目，引导推进厦门海投临港国际物流中心等项目建设。国际枢纽功能和国际航线网络辐射能力得到进一步提升。

“一带一路”境内通道建设方面。至2018年底，“一带一路”境内交通通道高速公路总里程达到2万公里，建成率约85.3%；普通国道总里程约2.9万公里，二级及以上公路比例约83.1%；11个边境口岸通铁路和高速公路，34个边境口岸通二级及以上公路。

2.“一带一路”交通软实力迈上新台阶

加强标准交流合作。深化推动科技支撑“一带一路”建设重点任务。落实《标准联通共建“一带一路”行动计划（2018—2020年）》相关任务，编译了17项《公路工程技术标准》的英、法、俄文等外文版。派员参与了在编29项铁路国际标准项目，主持8项国际标准制修订项目。主导制定国际铁路运邮指南。

推进行业民心相通。推进中国—东盟海事教育培训合作，为东盟国家举办一系列培训班；深化与斯里兰卡海事教育培训合作，为其培养了23名本科生、硕士生，累计培养近300人。为来自非洲和亚洲20多个国家的140位交通运输行业代表组织了港口、公路等领域的专业培训，组织了近20个国家人员参与的“一带一路”促进贸易便利化发展亚太地区国家邮政培训班。

讲好中国交通故事。交通运输部配合新华社、光明日报等中央新闻媒体开展了“一带一路”倡议提出5周年宣传活动，开展了“21世纪海上丝绸之路海外港口行”等采访活动，指导交通运输行业“走出去”企业开展了“海上丝路”等宣传活动，充分展示交通运输行业推进“一带一路”建设的成果。

（二）海事方面

在国家“一带一路”倡议的框架下，利用海事国际合作资源，推进“一带一路”建设与海上互联互通相结合，主动当好“21世纪海上丝绸之路”建设的先行官。

对接“一带一路”支点国家，扩大海事“朋友圈”，重点推进与巴拿马、希腊、中东欧16国等“一带一路”沿线支点国家的海事合作，与巴拿马海事局正式签署了《中华人民共和国交通运输部与巴拿马共和国海事局海事合作谅解备忘录》，与中东欧海运事务秘书处达成了签署《中国—中东欧国家关于在海事领域开展更紧密合作的联合声明》的意向，与蒙古国海事局签署了《中华人民共和国海事局与蒙古国海事局海事合作谅解备忘录》，与卢森堡海事局签署了承认中国海船船员适任证书协议。

示范合作项目稳步推进，依托《中国—东盟海事教育培训与发展战略》，加强与“一带一路”

沿线国家在低敏感领域的合作，开展了新加坡与马六甲海峡溢油评估与监测研讨会、亚洲地区VTS操作员培训、第四期国际航标管理人员培训、中国—东盟海事劳工公约履约研讨班、第二届东盟地区论坛渡运安全研讨会等十余项技术合作项目，《澜沧江—湄公河海事安全监管设施建设和管理项目》初步设计方案于2018年初得到了老挝、缅甸和泰国的认可和支持，现有海事合作机制得到进一步丰富。

（三）铁路方面

铁路方面完成中尼跨境铁路项目预可行性研究工作，启动尼泊尔铁路网加德满都至博卡拉、加德满都至兰毗尼铁路规划方案研究。优化完善巴基斯坦1号铁路干线升级改造项目初步设计，推动项目初步设计评审工作。持续推进中越、中老、中泰、中缅、中印、中吉塔阿伊、中吉乌、中蒙俄铁路合作，加快与周边国家铁路互联互通建设。加强肯尼亚蒙内铁路运营监管，开展安全督导检查，选派业务骨干充实蒙内铁路运营公司领导班子，解决蒙内铁路机车驾驶员短缺问题，保证蒙内铁路安全稳定。

（四）邮政方面

2018年以来，国家邮政局党组对邮政业服务“一带一路”建设的全面部署，成立协调机制，确定任务分工，明确工作重点，推动“一带一路”建设工作有序开展。

1. 中欧班列运邮（快）件工作取得重大进展

初步实现出口运邮规模化运作。中欧班列（重庆）运邮已经形成了一套被沿途各国铁路、海关、邮政部门认可的国际货运列车运邮流程。2017年11月至2018年9月间，通过中欧班列（重庆）共计发运邮包集装箱42箱，运输高峰期已达每周4个集装箱运邮出口，总货值超过1000万美元。中国邮政集团公司在重庆西部现代物流园区内建成全国首个铁路口岸国际邮件处理中心。海关总署新批义乌、东莞、郑州3个运邮试点城市。进口运邮测试于11月中旬完成。

国际标准与协作进展顺利。中国领导的万国邮联铁路运邮工作组成员持续增加，电子关锁的应用进一步推广，《万国邮联铁路运输指南》制定工作稳步推进。2018年9月2日，国家邮政局与万国邮联签署了“一带一路”框架下共同推进国际铁路运邮的合作意向书，中国将充分利用万国邮联这一平台，深化与世界海关组和相关国际铁路组织的合作，加快推动国际铁路运邮规则标准和安全便利化措施的制定工作。

巩固扩展国际通道。中波两国邮政续签《中波邮政陆路转运服务初步协议草案》，中欧班列运邮中波通道得以巩固。推进与立陶宛开展班列运邮测试，积极开辟邮件入欧战略新通道。

完成首次快件运输试点。8月3日，中铁国际多式联运有限公司上海分公司、圆通集团和义乌天盟实业有限公司联合完成了从义乌到莫斯科的班列快件运输试点。

2. 加强邮政业服务“一带一路”建设宣传和交流对话

受中央宣传部委托，配合国家提出“一带一路”倡议5周年纪念活动，组织中央媒体和行业媒体对邮政业服务“一带一路”建设5年以来的成就进行集体采访，重点向国内外宣传中欧班列运邮（快）件项目进展、国际航空邮（快）件运输布局、邮政业服务跨境电商，助力“一带一路”建设的成效，宣传相关行业主体积极开拓国际市场及为推动“一带一路”建设所做出的努力，为行业“一带一路”建设营造良好的舆论环境。

积极推动与欧盟等国际组织的对话合作，宣传中国行业发展成效，推动中欧在寄递渠道安全、通关便利化和跨境电子商务等领域加强合作。

建立与快递企业的联络机制，调研民营快递企业国际业务拓展情况，及时分享“一带一路”相关国家邮政业发展情况及信息资讯的研究情况，为推动企业“走出去”提供资讯服务。

成功举办“一带一路”国际邮政培训班。国家邮政局和中国邮政集团公司在广西南宁成功联合举办了“一带一路”倡议下促进贸易便利化发展亚太地区国家邮政培训班，为近20个国家40多名邮政官员提供培训，宣传了中国邮政业“一带一路”建设成就，进一步提升了沿线各国对中国“一带一路”倡议的共识，加强中国与沿线国家在邮政领域的交流与沟通，有利于中国在国际邮政组织中争取更多的支持，尤其是“一带一路”沿线国家的支持。

二、京津冀协同发展战略（含雄安新区、北京城市副中心建设）

京津冀协同发展战略实施以来，交通运输部落实京津冀协同发展领导小组工作安排，按照“三地一盘棋，坚持整体性”要求，全面构建协同工作机制，加快健全交通一体化规划政策法规标准体系，统筹部署京津冀暨雄安新区交通建设任务体系，坚决抓好重点工作推进和落实，圆满完成重大交通基础设施建设、运输服务水平提升、管理政策协调等京津冀交通一体化率先突破目标任务。

（一）道路运输与港航建设

1. 加强组织协调和政策设计

交通运输部组织召开了京津冀暨雄安新区建设领导小组第8次会议，统筹部署京津冀暨雄安新区交通建设重点任务，协调解决京津冀三省市提出的8项建议事项。印发了《京津冀交通一体化暨雄安新区综合交通运输体系建设三年行动计划（2018—2020年）》《京津冀交通一体化暨雄安新区综合交通运输体系建设2018年工作要点》，统筹安排京津冀暨雄安新区交通建设重点工作。

加强对重点目标和任务监督检查、督促落实。领导小组各成员单位按照职责分工，大力推进纳入台账管理的78项重点工作，确保工作落到实处。京津冀三省市继续发挥好交通一体化统筹协调小组作用，逐步构建完善了“京津冀交通应急联动工作联系会议”“京津冀秘书长级治超联席会议”“京津冀交通一体化法制与执法协作联席会议”等制度，形成一批制度和工作成果。

2. 推进雄安新区现代综合交通运输体系规划建设

完善顶层设计，配合做好《河北雄安新区规划纲要》《河北雄安新区总体规划》以及《河北雄安新区综合交通专项规划》等系列专项规划的编制工作；研究起草了《雄安新区及周边地区铁路布局规划》《雄安新区智能交通专项规划》等规划。

强化政策支持，制定了《交通运输部支持河北雄安新区综合交通运输体系建设的实施意见（2018—2020年）》，研究起草《雄安新区打造交通强国建设先行区试点工作方案》，开展雄安新区公路对外通道支持政策研究、支持雄安新区现代化综合交通运输体系建设政策协调创新研究等；选派2名处级领导干部赴雄安新区挂职，研究在雄安新区设立国际交通运输研究院事宜。

加快对外骨干交通路网建设，继续推进津石高速建设，开工建设京雄城际铁路雄安站，开展京港台高铁丰台至雄安至商丘段、忻雄高铁和京雄高速、京德高速、荣乌高速新线、容易线、安大线、大运河相关河段通航等项目前期工作，开展津雄城际铁路前期研究；在公路项目中贯彻落实绿色公路、钢结构桥梁和BIM技术应用等要求。

以淀区旅游船航行水域为重点，完成了白洋淀水域扫测和船舶自动识别系统（AIS）基站的建设工作，北海航海保障中心完成现场踏勘，确定基站站址。

3. 推动打好“三大攻坚战”交通相关工作

支撑服务精准扶贫和乡村振兴战略，开展京津冀地区“四好农村路”及交通扶贫督导考评工作，推进京津冀地区“四好农村路”示范县、城乡交通运输一体化示范县建设，进一步完善“四好农村路”地方制度规范，探索“农村公路＋旅游”“农村公路＋产业”等发展新模式；加快推进建制村通客车，天津市、河北省实现全部建制村通客车；建立健全农村客运班线联合审批机制，推动实施城市公交延伸、农村客运公交化运营、农村客运班线、区域经营、预约响应等运营组织模式；加强京津冀地区农村物流网络节点建设；实施“快递下乡”工程，提升京津冀地区乡镇快递网点覆盖率。

深入推进京津冀暨周边地区大气污染防治交通相关工作，充分利用北京地区既有铁路网络及设施，构建以铁路为骨干、外集内配的首都绿色物流体系；将天津、石家庄、邯郸、衡水列为绿色货运配送示范工程创建城市；北京、河北高速公路服务区实现新能源快速充电设施全覆盖，天津 17 个高速公路服务区投产新能源快速充电设施；引导港口企业通过“油改气”“油改电”等措施加快淘汰老旧高排放港作机械和车辆，推动重点区域港口作业车辆使用新能源或清洁能源汽车；推进天津、唐山、秦皇岛等港口专业化泊位岸电设施建设；完成唐山港京唐港区绿色示范港口建设和验收工作。

4. 加大交通基础设施领域补短板力度

公路方面建成通车京秦高速北京段和大安镇至平安城段、京秦高速京冀界和冀津界接线段、首都地区环线北京通州至大兴段，完成京开高速拓宽工程，开工建设京秦高速遵化至秦皇岛段；开展北京大兴国际机场智慧高速公路关键技术研究。

水运方面继续推进天津北方国际航运核心区建设，开通天津港至曹妃甸港首条环渤海内支线；基本建成天津港大港港区 10 万吨级航道工程，推进唐山港京唐港区深水航道工程、天津港高沙岭港区 10 万吨级航道一期工程建设，开展天津港 3～8# 及大型船舶锚地工程项目前期工作；以津冀港口合资公司为载体，加快津冀两地港口企业跨行政区域港口资源整合；持续推进渤海中西部水域港外锚地调整和设置工作。开工建设河北海事沿海甚高频系统和曹妃甸船舶交通管理系统改扩建工程。

5. 推进北京城市副中心交通建设、冬奥会和世园会交通保障等工作

加快北京城市副中心交通体系规划建设。研究制定《关于通州区与廊坊北三县区域公路规划建设的意见》，加快广渠路东延、宋梁路北延等一批骨干道路和北京城市副中心站建设，逐步完善北京城市副中心公共交通服务体系。

完善冬奥会、世园会等大型活动交通保障体系，建成京礼高速兴延段，加快推进京张高铁、崇礼铁路、京礼高速延崇段、张家口机场改扩建工程、张家口南综合客运枢纽等冬奥会交通项目建设，完成张家口赛区“6+1”交通保障项目前期工作；制定了《2019 年中国北京世界园艺博览会交通运输服务保障筹备工作方案》，有序推进世园会道路基础设施建设。

着力治理北京“大城市病”交通问题。开通北京地铁 8 号线三期、四期和 6 号线西延，实施地铁 1 号线和八通线贯通运营工程，新增地面公交站位 175 处、地铁接驳线路 35 条，新开多样化地面公交线路 30 条，完成 45 公里公交专用道施划工作。推进自行车专用路建设，完成 928 公里自行车道整治，加快共享自行车监管与服务平台建设。结合北京副中心枢纽站、星火站、丰台站、清河站建设，优化铁路枢纽的功能定位。完善北京站、东直门、西直门、永定门等枢纽地区交通组织，做到提前分流、多渠道集散。

6. 提升一体化运输服务品质

加快推进京津冀及周边地区运输结构调整，制定《京津冀及周边地区运输结构调整示范区建设实施方案（2018—2020 年）》，印发实施天津港、曹妃甸港、黄骅港疏港矿石公转铁运输组织方案，推进大宗货物集疏港运输向铁路和水路转移，秦皇岛港、天津港、唐山港、黄骅港已禁止煤炭汽运集港，曹妃甸港矿石疏港铁路运量同比增长 352.4%，黄骅港矿石疏港铁路运量同比增长 65.2%。

大力发展联程联运，首都机场设立京津冀民航协同发展咨询服务柜台，开通了至北京八王坟、唐山的长途班线，天津机场在南开区、西青区增设 2 处微型城市候机楼，石家庄正定机场推行高铁站免费摆渡车、"一站式"购票、异地城市候机楼等联程服务。北京南站初步实现与轨道交通换乘免安检；京津冀地区 4 个多式联运示范工程进展顺利，并新增 4 个项目纳入第三批多式联运示范工程；陆续开通天津至白俄罗斯、俄罗斯，唐山至朔州、大同、呼和浩特等线路。天津港、唐山港分别完成集装箱铁水联运量 49.2 万标准箱、22.7 万标准箱，分别增长 41.3%、126.5%。

提高客运便利化水平，加快推进道路客运联网售票和道路客运实名制管理工作，二级及以上客运站基本实现道路客运联网售票，京津冀道路客运联网售票一体化服务平台已扩展接入全国 11 个省份。完成京津冀三省市全部市区、部分郊区公交线路和全部轨道线路交通一卡通机具终端改造，覆盖 2902 条公交线路和 27 条轨道线路，发行互联互通卡片 291 余万张。在北京、天津等城市开展公交都市创建验收工作，试点推进公交电子站牌和"合乘"定制公交。

推动货运降本增效，加快公路收费体制改革在京津冀地区先行先试，降低部分高速公路收费标准；鼓励驮背运输、商品车滚装、散改集运输、冷链运输等运输组织模式发展；天津港已在京冀地区合作建立了北京朝阳、河北石家庄等 10 个内陆港，唐山港已建成鄂尔多斯、乌鲁木齐等 15 个内陆港；北京大兴国际机场快递园区规划建设工作取得阶段性成果，天津空港航空快递物流园、武清电商快递物流园等项目加快建设。

7. 加快数字交通、平安交通发展

加快数字交通发展，推进京礼公路延崇段、京雄高速智慧公路试点，部级信息资源共享交换与开放应用平台上线试运行，实现包括京津冀三地在内的全国 36 个信息资源共享交换节点互联互通，有序推进交通运输行政执法综合管理信息系统工程前期工作，积极推进公路网运行监测及服务管理平台工程前期工作及"互联网 +"路网管理建设，组织天津等省市开展首批交通运输大数据融合应用试点项目。

推动交通安全发展，成立京津冀交通应急联动领导小组，签署印发实施《京津冀交通应急联动合作备忘录》《京津冀交通应急合作任务书》《京津冀三地相邻区域交通应急保障联动合作协议书》等合作文件，开展了首次三地相邻区域重要通道铲冰除雪联动保障桌面推演。开展京津冀地区交通质量安全督导，切实加强铁路建设工程质量安全监管；进一步完善津冀沿海区域搜救和污染应急合作机制。

8. 加强法规标准协同和联合执法

完善一体化的法规制度标准体系。印发《京津冀省际通道公路养护工程施工作业信息共享与协调管理办法》，梳理 32 部规范性文件进行交叉备份共享。完成《公路养护施工作业安全防护设施设置规程》《停车场电子不停车收费系统应用技术要求》2 项区域性标准制定工作。

深入推进联合执法，执法内容由重大活动联合执法拓展至经常性活动，由交通运输部门协同拓展至交警、环保、住建、城管等多部门合作。开展京津冀联合治超专项行动，对环京市县货运源头摸底排查。完善公路综合检查站布局，开工建设延崇高速综检站。

（二）海事方面

落实京津冀协同发展战略和京津冀协同发展交通一体化规划，持续推进实施《关于深化津冀海事监管一体化的意见》。统筹规划渤海中西部港口及周边水域锚地、航道（路）资源，服务津冀港口协同发展，修订并发布曹妃甸船舶定线制，完成新增曹妃甸船舶定线制水域的扫测。会同交通运输部规划司、水运局编制完成津冀沿海锚地布局方案。成立京津冀海事船检联合创新中心，《京津冀5米以下营运船舶检验技术规范》列入京津冀交通一体化十大合作项目。在雄安新区白洋淀水域建设AIS基站，开展水域扫测，制作《白洋淀景区专题地图集》。

（三）铁路方面

国家铁路局参与编制雄安新区铁路网规划，系统研究雄安新区对外联络通道、区域内互联互通铁路和雄安综合交通运输枢纽建设。参与京雄城际、城际联络线等项目前期工作，组织开展项目评审，为开工建设提供技术支撑。研究制定《京津冀核心区铁路枢纽规划》；建成京沈高铁承德至沈阳段，推进京沈高铁京承段、大张铁路建设，开工建设京通和京原铁路，布局规划徐水至涞源铁路，形成天津通往山西的铁路通道；推进京唐城际铁路、京滨城际铁路宝坻至北辰段建设，开工建设廊涿城际铁路、石衡沧港城际铁路，开展京滨城际铁路北辰至滨海段、津承城际铁路等项目前期工作。

同时，开行北京东至燕郊、天津至宝坻至蓟县等市郊列车和北京至雄安新区动车组列车，开行京哈铁路蓟州站，将蓟州区融入北京半小时交通圈，持续扩大京津冀地区“复兴号”动车组列车开行对数，采用公交化模式开行北京南至天津至于家堡城际列车，积极利用铁路富余能力开通市郊列车。

国家铁路局认真贯彻落实《国务院办公厅关于印发推进运输结构调整三年行动计划（2018—2020年）的通知》精神，坚决打赢蓝天保卫战，制定印发《京津冀交通一体化暨雄安新区综合交通运输体系建设2018年工作要点工作分工安排》和《京津冀交通一体化暨雄安新区综合交通运输体系建设三年行动计划工作分工安排》，助力京津冀地区运输结构调整。

（四）民航方面

中国民用航空局推进京津冀民航协同发展。积极推进北京“双枢纽”建设。开展北京“一市两场”资源分配专项研究。围绕大兴机场建成后两场航权、时刻资源配置等问题，中国民用航空局组织开展了京津冀一体化背景下首都机场与北京新机场“双枢纽”运营模式研究；制定航权和航线航班政策，民航局2018年5月印发《国际航权资源配置与使用管理办法》和《北京“一市两场”国际航权资源配置政策》；同时，按照中央融办和国家空管委办公室有关部署安排，积极协调并完成《北京终端区空域规划方案》的编制和批复，方案实施将切实提升北京地区空域整体运行效率。

开展京津冀民航协同发展指标体系研究。为客观评价京津冀民航协同发展水平，促进京津冀地区民航业实现优势互补、差异化发展，京津冀民航协同发展研究中心启动了京津冀民航协同发展指标体系研究，并取得了初步成果。定期发布京津冀民航协同发展工作信息简报，不定期发布研究专刊，加大对京津冀民航协同发展的宣传力度，及时提供京津冀民航协同发展最新动态。

完善机场布局，加快基础设施建设。截至2018年底，北京大兴机场飞行区土方工程完成96%，道面工程完成72%，航站楼进入封闭式机电安装和装修装饰阶段，累计完成投资515.7亿元；天津机场T3扩建、邢台机场军民合用工程等项目正在抓紧开展前期工作。

(五)邮政方面

2018年以来，国家邮政局着力推动京津冀邮政业协同发展，支持雄安新区邮政业建设与发展。

强化规划引领，推动落地实施。国家邮政局印发实施《2018—2020年京津冀交通一体化暨雄安新区综合交通运输体系建设涉邮任务分工》，分解落实重点任务。组织开展京津冀地区快递服务发展“十三五”规划中期评估工作，强化督导检查，形成中期评估报告。印发《雄安新区邮政业发展总体思路》，扎实推进《雄安新区邮政业发展规划》编制工作。

扎实推进邮政行业基础设施建设和绿色发展。天津稳步推进天津空港航空、武清电商快递物流园建设。河北共推进园区项目14个，拟入驻企业34家。大力推进邮政业绿色发展，京津冀新能源汽车、环保胶带、包装袋、填充物、循环中转袋、笼车等推广使用取得积极进展。

三、长江经济带发展战略

(一)海事方面

服务长江经济带建设，起草修订《特定航线江海直达船舶最低安全配员标准》，起草了进一步明确特定航线江海直达船舶船员培训、考试和发证办法以及海船船员内河航线行驶资格证明培训、考试和发证相关办法，为特定航线江海直达船舶提供航行安全保障。

支持江海直达、干支直达和多式联运，发布《特定航线江海直达船舶法定检验技术规则(2018)》，建立了独立的特定航线江海直达船舶检验发证体系，将特定航线进一步延伸到上海南港、浙江象山港等特定区域内的港口，适用船舶的船长扩展至20～150米，适用船型涵盖散货船、集装箱船和商品汽车滚装船。首艘2万吨级江海直达标准型散货船顺利投入运营。开展长江水域非法码头、非法采砂联合整治和水上过驳作业专项整治。

出台12.5米深水航道船舶最大吃水控制标准。2018年，5万吨级船舶进出长江南京以下水域达1.6万艘次、15万吨级船舶达2000艘次。利用长江口深水航道边坡自然水深提升通航效率，完成大型邮轮与大型集装箱船舶安全交会221次，累计降低物流成本约8亿元。

(二)铁路方面

国家铁路局组织开展《提升长江经济带立体综合交通走廊运输能力的铁路规划方案》等课题研究，参与《推动长江经济带铁水联运设施连通的行动计划》编制，完成重庆至黔江铁路、衢州至建德铁路等项目行业评审。助力长江沿线运输结构调整，协调推进安庆港长风港区专用线、岳阳港城陵矶松阳湖铁路专用线、宜宾港铁路集疏运中心3个项目。

(三)邮政方面

2018年，邮政管理系统深入贯彻落实中央部署，上下联动，着力推进长江经济带邮政业发展，取得了阶段性成效。长江经济带邮政业保持快速发展势头，年业务总量、业务收入同比增长28.2%和20.7%，占全国比重分别为47.6%和49.1%，其中快递业务量同比增长25.5%。浙江、安徽、江西、湖北、湖南、重庆、四川、贵州、云南9省(直辖市)业务量增速超过全国平均水平。国家邮政局抓宏观、抓谋划、抓落实，发挥联席会议制度作用，明确责任分工、强化监督落实。

国家邮政局党组专题学习习近平总书记在深入推动长江经济带发展座谈会上的重要讲话精神，谋划部署新形势下推进长江经济带邮政业发展工作。制定印发《国家邮政局关于贯彻落实习近平总书记深入推动长江经济带发展重要讲话精神的工作方案》，实化细化推进区域邮政业发展的重点任务，明确责任分工和完成时限，推动中央部署在邮政业落地实施。组织召开长江经济带邮政业发展联席会议制度第2次会议，传达学习习近平总书记重要讲话精神，把握新形势下长江经济带发展对邮政业提出的新要求，进一步深化认识、明确任务、落实责任。

在行业规划实施、重大政策制定等方面，充分考虑统筹安排长江经济带邮政业发展需求。积极推进寄递渠道安全监管“绿盾”工程立项并落实投资计划，强化区域寄递渠道安全监管能力建设。加快推进湖北国际物流核心枢纽建设等。11省（市）邮政管理局按照《关于加快长江经济带邮政业发展的指导意见》提出的9项任务和2017—2018年8项重点任务，结合本地实际主动作为，开展了一系列富有成效的工作。

四、粤港澳大湾区战略

交通运输部认真贯彻落实《粤港澳大湾区发展规划纲要》，深入学习贯彻习近平总书记2017年视察香港、2018年考察广东，以及会见香港澳门各界庆祝国家改革开放40周年访问团时的重要讲话精神，支持粤港澳大湾区加快构筑具有全球竞争力和影响力的现代化综合交通运输体系。

组建推进粤港澳大湾区交通运输发展工作组，统筹推进粤港澳大湾区建设涉及交通运输领域的有关工作。印发相关文件，提出推动对外综合交通运输通道建设等方面的工作任务。加快推进粤港澳大湾区交通基础设施建设，加快深中通道、虎门二桥、沈海高速公路改扩建工程等重点项目建设，实施西江航运干线扩能工程，完善珠江三角洲航道网，推进新一代全自动化码头建设。参与了国家发改委牵头编制粤港澳大湾区基础设施互联互通规划研究工作，组织开展了交通基础设施互联互通研究有关工作。

（一）海事方面

交通运输部促进两岸三地船员领域的交流合作，修订《中华人民共和国船员注册管理办法》，发布港澳台同胞报名参加内地/大陆船员考试有关事项的公告，出台《台湾同胞参加大陆船员培训、考试和申请船员证书实施办法》，为港澳台同胞直接参加内地/大陆船员培训、考试、取得船员证书畅通了渠道。

（二）铁路方面

国家铁路局参与编制《粤港澳大湾区发展规划纲要》，全力支持服务广深港高铁开通，编制教材并组织专家赴香港开展技术培训，颁发广深港高铁列车无线电台执照，经考试合格向香港驾驶员颁发驾驶证，指导协调确定运营方案和设备维修方案，为广深港高铁顺利开通运营提供保障，努力支持香港融入国家发展大局，让香港同胞切实感受到高铁连通带来的获得感、幸福感。

（三）民航方面

民航局积极贯彻落实国家《粤港澳大湾区发展规划纲要》，与广东省签署《关于推进广东民航高质量发展战略合作框架协议》，共同推进粤港澳大湾区世界级机场群建设。组织赴广州、珠海等地开展实地调研，并形成专题调研报告，为出台相关实施意见打好基础。

（四）邮政方面

邮政行业支持粤港澳大湾区邮政发展，深化交流与合作。借助大湾区平台，共同研究整合大湾区邮政运能资源，中国邮政集团公司与香港邮政、香港机管局合作，启动香港空邮中心扩展项目规划，制定方案、明确场地建设和工艺配置，充分利用香港、澳门地区国际贸易港资源优势。鼓励拓展跨境电商出口业务，推动粤港澳大湾区邮政快递企业积极发挥对外，尤其是对东南亚的窗口作用。定期召开内地与港澳高峰会议，建立合作机制，加强工作联系，通报业务信息，加强平台对接。会同海关、检验检疫等部门，探索简化处理环节和优化工作流程，提升粤港澳邮件快件通关效率，打造粤港澳邮政绿色通道。推进大湾区邮政文化交流，以新中国成立 70 周年、澳门回归 20 周年为契机，共同筹备发行纪念邮票，开发粤港澳邮政专项集邮等文化产品，促进粤港澳大湾区邮政交流合作。

五、长三角一体化战略

2018 年 4 月 26 日，习近平总书记对推动长三角地区高质量发展做出重要批示。为深入贯彻落实习近平总书记重要批示精神，2018 年 7 月，交通运输部研究制定了长三角地区交通运输一体化发展纲要研究工作方案。2018 年 11 月，长三角地区一体化发展上升为国家战略。2018 年 12 月，李小鹏部长主持召开专题会议审议通过了规划纲要的编写提纲，要求规划纲要编制与部交通强国建设纲要和“十四五”规划编制保持衔接。

2018 年，中国民用航空局与上海市、江苏省、浙江省、安徽省共同签署《关于共同推进长三角地区民航协同发展努力打造长三角世界级机场群合作协议》，组织开展长三角民航协同发展专题调研工作，启动《长三角民航协同发展战略规划》编制工作。

2018 年，国家邮政局就长三角快递服务“十三五”规划中期评估工作开展督导检查，局领导带队开展调研，了解规划实施情况，进一步推动规划实施。国家邮政局参加交通运输部推进长三角地区综合交通运输更高质量一体化发展领导小组，明确了提升服务质量、优化网络布局、推进城市群寄递同城化、提升国际化能力 4 项重点任务。配合开展《长三角地区交通运输更高质量综合一体化发展规划纲要》编制工作。

专题四 城市交通

2018 年，城市客运行业紧紧围绕落实新发展理念，服务大局、服务人民、服务基层，着力提升服务供给能力和服务水平，城市居民的出行条件不断改善。

一、城市公共汽电车

截至 2018 年底，中国拥有城市公共汽电车运营车辆 67.34 万辆（折合 76.79 万标台），其中新能源运营车辆（包括纯电动客车、混合动力车）34.19 万辆。运营线路 60590 条，运营线路长度 119.95 万公里。经营业户数 4013 户，其中个体经营业户数 235 户。2018 年完成运营里程 346.1 亿公里，客运量 697.00 亿人次。2018 年中国城市公共汽电车发展情况如表 6-4-1 所示。

（一）设施装备

1. 运营车辆

截至 2018 年底，中国城市公共汽电车运营车辆数 67.34 万辆（折合 76.79 万标台），比 2017 年增加 2.22 万辆（折合 2.86 万标台），同比增长 3.4%（标台数同比增长 3.9%）。其中，新能源运营车辆数（包括纯电动客车、混合动力车）34.19 万辆，占中国城市公共汽电车运营车辆总数的 50.8%，比 2017 年增加 8.47 万辆，同比增长 32.9%。BRT 运营车辆数 9110 辆，占中国城市公共汽电车运营车辆总数的 1.4%，比 2017 年增加 308 辆，同比增长 3.5%。2018 年中国城市公共汽电车运营车辆主

表 6-4-1　2018 年中国城市公共汽电车发展情况

数据类型	单位	2018 年	比 2017 年新增	同比增长率（%）
运营车辆数	辆	673430	22222	3.4
	标台	767908.7	28589.5	3.9
新能源运营车辆数	辆	341869	84684	32.9
BRT 运营车辆数	辆	9110	308	3.5
运营线路条数	条	60590	3804	6.7
运营线路长度	公里	1199455	130078	12.2
BRT 线路长度	公里	5119	1694.5	49.5
场站面积	万平方米	7849.7	−727.5	−8.5
经营业户数	户	4013	48	1.2
运营里程	亿公里	346.10	−9.1	−2.6
客运量	亿人次	697.00	−25.87	−3.6
BRT 客运量	亿人次	15.87	−6.09	−27.7

注：数据来源于交通运输部综合规划司。

要呈现以下特征:

(1)总体数量持续增长,增速放缓。2018 年中国城市公共汽电车运营车辆数 67.34 万辆,比 2017 年增加 2.22 万辆。2018 年中国城市公共汽电车运营车辆数同比增长 3.4%,比 2017 年降低 3.6 个百分点。

(2)新能源运营车辆比例不断提高。2018 年新能源运营车辆数(包括纯电动车、混合动力车)比 2017 年增加 8.47 万辆,同比增长 32.9%,新能源运营车辆数占中国城市公共汽电车运营车辆总数的比例从 2017 年的 39.5% 上升至 2018 年的 50.8%,提高了 11.3 个百分点。2018 年汽、柴油运营车辆数比 2017 年减少 3.83 万辆,同比减少 19.8%,汽、柴油运营车辆数占中国城市公共汽电车运营车辆总数的比例从 2017 年的 29.7% 降低至 2018 年的 23.0%。2018 年中国城市公共汽电车运营车辆燃料类型情况如图 6-4-1 和表 6-4-2 所示。

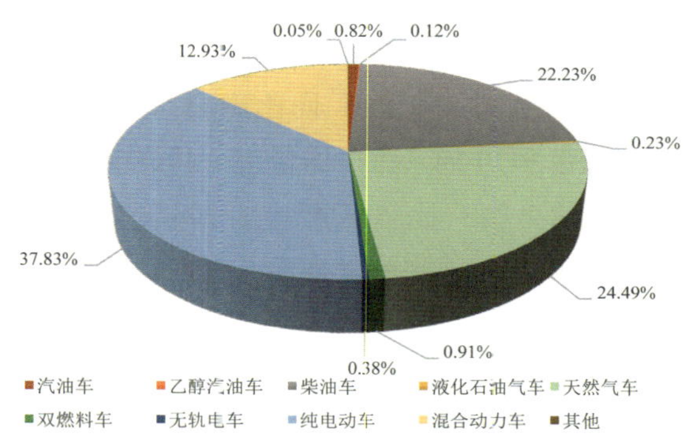

图 6-4-1 2018 年中国城市公共汽电车运营车辆燃料类型情况

注:数据来源于交通运输部综合规划司。

(3)车辆装备进一步提档升级。2018 年中国安装空调的运营车辆数为 51.42 万辆,比 2017 年增加 4.87 万辆。安装空调的运营车辆数占中国城市公共汽电车运营车辆总数的 76.4%,比 2017 年提高 4.9 个百分点。2018 年中国安装卫星定位车载终端的运营车辆数 58.5 万辆,比 2017 年增加 1.64 万辆。

2. 运营线路

截至 2018 年底,中国共有城市公共汽电车运营线路 60590 条,比 2017 年增加 3804 条,同比增长 6.7%。运营线路长度 119.95 万公里,比 2017 年增加 13.00 万公里,同比增长 12.2%。公交专用车道长度 12850.2 公里,比 2017 年增加 1935.7 公里,同比增长 17.7%。无轨电车运营线路长度 1137.0 公里,比 2017 年增加 122.0 公里,同比增长 12.0%。

3. 公交场站

截至 2018 年底,中国城市公共汽电车场站面积 7849.7 万平方米,比 2017 年减少 727.6 万平方米,同比减少 8.5%。车均场站面积 102.2 平方米 / 标台,比 2017 年减少 13.8 平方米 / 标台,同比减少 11.9%。

(二)经营主体

截至 2018 年底,中国城市公共汽电车经营业户共计 4013 户,比 2017 年增加 48 户,同比增长 1.2%。

(三)运营指标

截至 2018 年底,中国城市公共汽电车运营里程 346.10 亿公里,城市公共汽电车客运量 697.00 亿人次,占城市客运量的 55.2%。2018 年中国城市公共汽电车运营里程和客运量主要呈现以下特征:

运营里程和客运量下降。2018 年中国城市公共汽电车运营里程 346.10 亿公里,比 2017 年减

表 6-4-2 2018 年中国城市公共汽电车运营车辆燃料类型情况

数量 \ 燃料类型	汽油车	乙醇汽油车	柴油车	液化石油气车	天然气车	双燃料车	无轨电车	纯电动车	混合动力车	其他
2018 年车辆数(辆)	5521	815	149700	1524	164926	6122	2585	254791	87078	368
占总量比例(%)	0.82	0.12	22.23	0.23	24.49	0.91	0.38	37.83	12.93	0.05

注:数据来源于交通运输部综合规划司。

少 9.10 亿公里，同比减少 2.6%。车均年运营里程 5.14 万公里，比 2017 年减少 0.31 万公里，同比减少 5.7%。城市公共汽电车客运量比 2017 年减少 25.87 亿人次，同比减少 3.6%。城市公共汽电车客运量占城市客运量的比例从 2017 年的 56.8% 降至 2018 年的 55.2%。

单位运营里程载客量略有降低。2018 年中国城市公共汽电车单位运营里程载客量 2.01 人次 / 公里，比 2017 年减少 0.03 人次 / 公里，同比减少 1.5%。

公共交通一卡通使用率有所增加。使用公共交通一卡通的公共汽电车客运量占比从 2017 年的 48.3% 提升至 2018 年的 51.9%，增加 3.6%。

（四）快速公交系统（BRT）

1. 总体情况

截至 2018 年底，全国 BRT 运营车辆数为 9110 辆，比 2017 年增加 308 辆，同比增长 3.5%。全国 BRT 线路总长度达 5119 公里，比 2017 年增加 1694.5 公里，同比增长 49.5%。

2. 运营车辆

截至 2018 年底，中国开通 BRT 城市的平均运营车辆数为 285 辆，10 个城市高于平均水平，其中郑州 1731 辆，合肥 1260 辆，广州 1047 辆。呼和浩特、大连、连云港等 22 个城市运营车辆数低于平均水平。

3. 运营线路

截至 2018 年底，中国 BRT 运营线路平均长度为 160.0 公里。10 个城市超过全国平均水平，其中郑州市 BRT 运营线路长度 1080.3 公里，广州 679.9 公里。北京、呼和浩特、大连等 22 个城市低于全国平均水平。

二、城市轨道交通

（一）行业规模

截至 2018 年底，全国共计开通城市轨道交通运营线路 171 条，同比增长 11.8%。运营里程 5295.1 公里，同比增长 15.5%，其中地铁 4726.5 公里，轻轨 217.6 公里，单轨 98.5 公里，有轨电车 189.5 公里，磁悬浮 56.7 公里，自动导向 6.3 公里。车站 3408 个，同比增长 11.8%。其中，换乘站为 319 个，同比增长 17.3%。运营车辆共计 34012 辆，同比增长 18.5%。2018 年中国城市轨道交通运营员工数 272697 人，经营业户 50 户。

1. 运营线路

截至 2018 年底，中国已有 35 个城市开通城市轨道交通线路，城市轨道交通运营线路发展主要呈现出以下几个特点：

（1）运营里程增长依旧保持在较高水平。2018 年中国城市轨道交通仍处于快速发展阶段，运营里程新增 711.9 公里，增长比例达到 15.5%，处于较高增长水平。2010—2018 年中国城市轨道交通运营里程变化情况如图 6-4-2 所示。

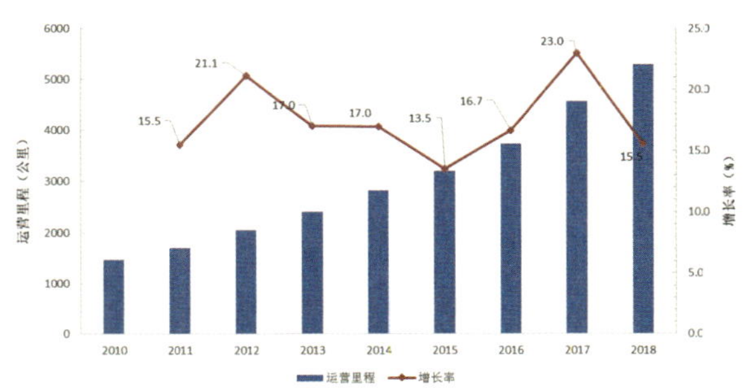

图 6-4-2 2010—2018 年中国城市轨道交通运营里程变化情况

注：数据来源于交通运输部综合规划司。

（2）更多城市迈入网络化运营阶段。《城市轨道交通行车组织规则》（JT/T 1185—2018）规定："满足以下特征的线网可称为网络化运营：线路数 4 条及以上，线路关联形成网格状，基本连通、覆盖城市中心城区；基本实现中心城区 1 公里半径内能找到城市轨道交通车站，站点布局可达性强；换乘站3座及以上、不同线路间可实现无障碍换乘。”截至2018年底，中国步入或基本步入网络化运营的城市共有14个，分别为北京、天津、大连、长春、上海、南京、苏州、青岛、武汉、广州、深圳、重庆、成都、西安。

（3）地铁制式仍然占主体地位。在城市轨道交通不同制式中，地铁运营里程达4726.5公里，占89.3%，其他制式（包括轻轨、单轨、有轨电车、磁悬浮、自动导向）运营里程占10.7%。

2. 车站

截至2018年底，中国城市轨道交通共有车站3408个，比2017年新增361个，同比增长11.8%。其中，换乘站319个，比2017年新增47个，同比增长17.3%，换乘站占车站总数的9.4%。

3. 车辆

截至2018年底，中国轨道交通共有配属车辆数34012辆（配属列车数5962列），比2017年新增5305辆（929列），同比增长18.5%。其中，地铁配属车辆31465辆，轻轨配属车辆897辆，单轨配属车辆774辆，有轨电车配属车辆737辆，磁悬浮列车配属车辆95辆，新增自动导向系统车辆44辆。

4. 经营业户

截至2018年底，中国轨道交通共有经营业户数50户，其中江苏、上海和广东居首，均为6户；北京4户；辽宁、浙江各为3户；天津、福建、山东、湖南各为2户；河北、吉林、黑龙江、安徽、江西、河南、湖北、广西、重庆、四川、云南、贵州、陕西、新疆各为1户。

5. 运营员工

截至2018年底，中国城市轨道交通运营员工数共计272697人，其中工人或生产人员212292人，工程技术人员14688人，管理人员21848人，其他人员23869人。

（二）运输量

截至2018年底，中国城市轨道交通进站量共计134.51亿人次，完成客运量212.77亿人次，占城市客运总量的16.9%。客运量比2017年新增28.47亿人次，同比增长15.4%。2018年完成城市轨道交通旅客周转量达1795.21亿人公里，比2017年新增207.56亿人公里，同比增长13.1%。2018年运营车公里达到35.26亿车公里。全国客运强度平均水平0.8万人次/公里。

（三）运行指标

2018年，中国城市轨道交通完成运营车公里35.26亿车公里；14个城市轨道交通最大载客率大于100%；最小发车间隔为115秒；各城市列车兑现率、列车正点率均超过98%；超过90%的城市列车服务可靠度大于8万车公里/件。

三、出租汽车

截至2018年底，中国拥有巡游出租汽车（以下简称“出租汽车”）138.89万辆，比2017年减少0.69万辆，同比减少0.5%，其中，新能源车辆（纯电动车）4.64万辆，比2017年增加2.00万辆，同比增长75.4%。中国拥有出租汽车经营业户数14.04万户，其中个体经营业户数13.18万户，占比93.8%。

2018年完成出租汽车客运量351.67亿人次，占城市客运量27.9%，比2017年减少13.74亿人次，同比减少3.8%。2018年完成出租汽车运营里程1506.85亿公里，比2017年减少84.01亿公里，同比减少5.3%；里程利用率66.2%，同比增长0.3%；次均载客人数1.89人次，同比无变化。2018年中国出租汽车总体发展情况如表6-4-3所示。

（一）运营车辆

截至2018年底，中国拥有出租汽车138.89万辆，比2017年减少0.69万辆，同比减少0.5%，其中，新能源车辆（纯电动车）4.64万辆，比2017年增加2.00万辆，同比增长75.4%。2018年中国出租

表 6-4-3　2018 年中国出租汽车发展情况

数据类型	单位	2018 年	比 2017 年新增	同比增长率（%）
运营车辆数	万辆	138.89	-0.69	-0.5
新能源车辆数	万辆	4.64	2.00	75.4
经营企业	万户	14.04	0.66	5.0
个体经营业户	万户	13.18	0.66	5.3
客运量	亿人次	351.67	-13.74	-3.8
运营里程	亿公里	1506.85	-84.01	-5.3
里程利用率	%	66.20	0.20	0.3
次均载客人数	人次	1.89	0.00	0.00

注：数据来源于交通运输部综合规划司。

汽车运营车辆主要呈现以下特征：

1. 车辆数呈减少趋势

2014—2018 年，中国出租汽车运营车辆数同比增长率持续降低。2017 年以来，中国出租汽车运营车辆数逐年减少。2014—2018 年中国出租汽车运营车辆数变化情况如图 6-4-3 所示。

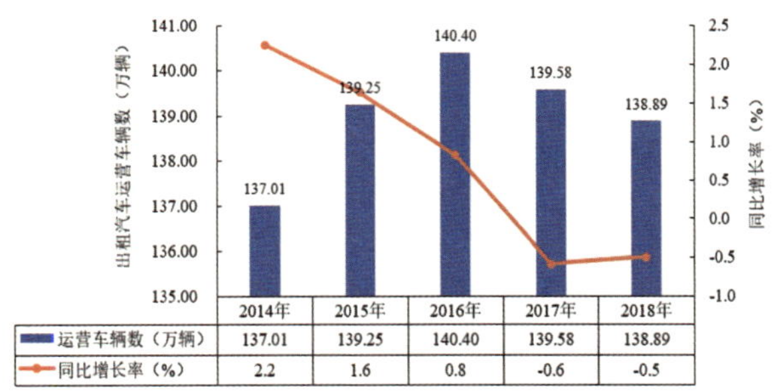

图 6-4-3　2014-2018 年中国出租汽车运营车辆数变化情况

注：数据来源于交通运输部综合规划司。

2. 新能源车辆数持续增长

2014—2018 年，中国新能源运营车辆数持续增长，2018 年中国新能源运营车辆数 4.64 万辆，较 2014 年增长 10.6 倍。新能源出租汽车运营车辆数占出租汽车运营车辆总数的比例持续上升，2018 年较 2014 年提高了 3 个百分点。2014—2018 年中国新能源出租汽车车辆数与占比变化情况如图 6-4-4 所示。

2014—2018 年中国清洁能源（液化石油气车、天然气车、双燃料车）出租汽车车辆数持续增长，

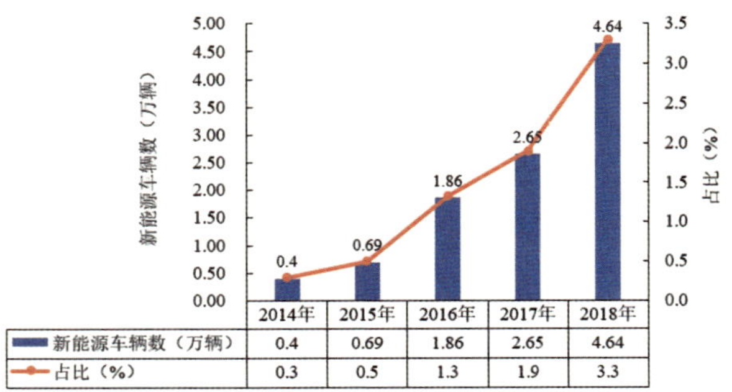

图 6-4-4　2014-2018 年中国新能源出租汽车车辆数与占比变化情况

注：数据来源于交通运输部综合规划司。

2018 年中国清洁能源车辆数 79.19 万辆，较 2017 年增加 4.2%，清洁能源运营车辆数占中国出租汽车运营车辆数的比例从 2014 年至 2018 年持续上升，提升了近 13 个百分点。2014—2018 年中国清洁能源出租汽车车辆数与占比变化情况如图 6-4-5 所示。

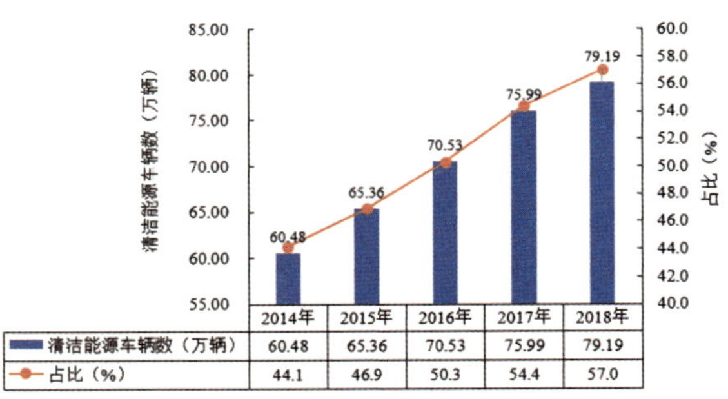

图 6-4-5　2014-2018 年中国清洁能源出租汽车车辆数与占比变化情况

注：数据来源于交通运输部综合规划司。

（二）经营主体

截至2018年底，中国拥有出租汽车经营业户数140412户，比2017年增加6648户，同比增长5.0%，其中，中国出租汽车个体经营业户数131776户，较2017年增加6569户，同比增长5.3%；出租汽车企业共计8636户，较2017年增加79户。

相比2017年，2018年中国出租汽车企业数基本保持稳定，运营车辆数在301辆（含）以上的企业数878户，较2017年增加5户，占中国出租汽车企业总数的10.2%；车辆数在101辆至300辆（含）之间的企业数2649户，较2017年减少73户，占中国出租汽车企业总数的30.7%；车辆数在51辆至100辆（含）之间的企业数2262户，较2017年减少20户，占中国出租汽车企业总数的26.2%；车辆数在50辆（含）以下的企业数达2847户，较2017年增加167户，占中国出租汽车企业总数33.0%。2018年中国出租汽车企业按车辆规模划分及所占比例情况如图6-4-6和表6-4-4所示。

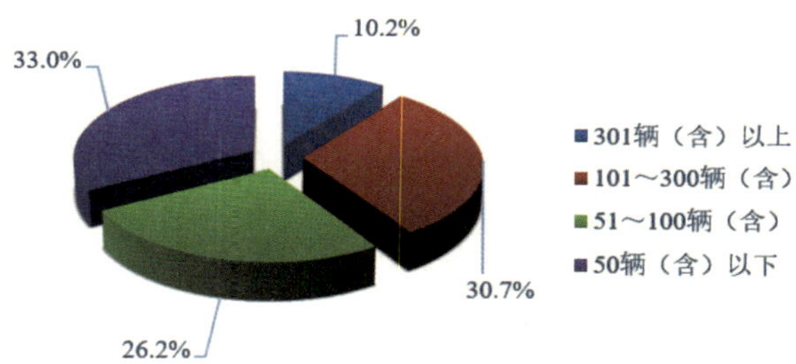

图6-4-6　2018年中国出租汽车企业按车辆规模划分及占比情况

注：数据来源于交通运输部综合规划司。

（三）运营指标

2018年，中国出租汽车共完成客运量351.67亿人次，出租汽车运营总里程1506.85亿公里，其中载客里程998.12亿公里，里程利用率66.2%。2018年中国出租汽车运营主要呈现以下特征：

1. 运营里程呈下降趋势

2014—2018年中国出租汽车运营总里程年均减少1.8%，出租汽车运营里程同比增速由1.6%降至-5.3%。2014—2018年中国出租汽车运营里程变化情况如图6-4-7所示。

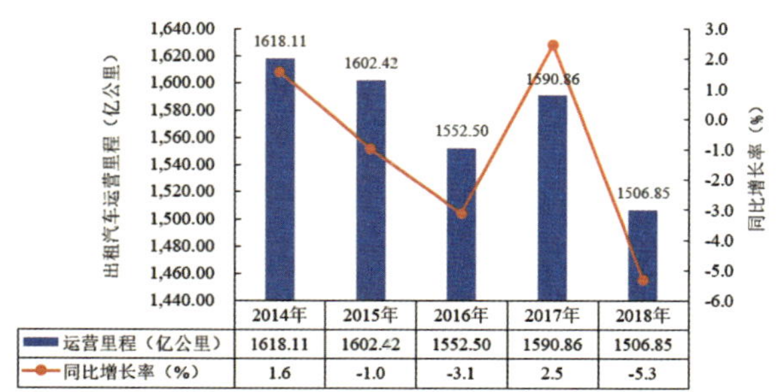

图6-4-7　2014—2018年中国出租汽车运营里程变化情况

注：数据来源于交通运输部综合规划司。

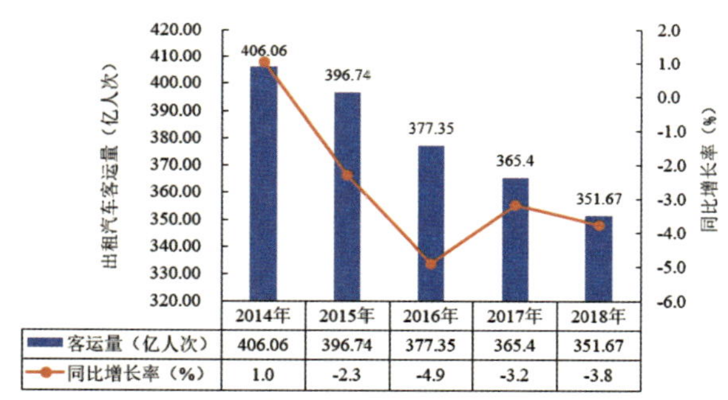

图6-4-8　2014—2018年中国出租汽车客运量变化情况

注：数据来源于交通运输部综合规划司。

表6-4-4　中国出租汽车企业按车辆规模划分及占比情况

企业类型 数量	合计	车辆301辆（含）以上	车辆101～300辆（含）	车辆51～100辆（含）	车辆50辆（含）以下
2018年企业数量（户）	8636	878	2649	2262	2847
所占比例（%）	—	10.2	30.7	26.2	33.0
2017年企业数量（户）	8557	873	2722	2282	2680
所占比例（%）	—	10.2	31.8	26.7	31.3

注：数据来源于交通运输部综合规划司。

2. 客运量持续下降

2014—2018年中国出租汽车客运量年均减少3.5%。2018年，中国出租汽车共完成客运量351.67亿人次，较2017年减少3.8%。2014—2018年中国出租汽车客运量变化情况如图6-4-8所示。

3. 运营强度基本保持稳定

2018年，中国出租汽车里程利用率为66.2%，较2017年增加0.2%，同比增加0.3%，变化幅度较小；2018年，中国出租汽车次均载客人数1.89人次，相比2017年基本不变。

四、汽车租赁

截至2018年底，中国纳入统计的汽车租赁车辆22.99万辆，比2017年增长2.84万辆，同比增长14.1%，其中客车22.98万辆，9座及以下客车22.50万辆，分别比2017年增长2.89万辆和2.84万辆，同比增长均为14.4%。纳入统计的汽车租赁企业共6946户，比2017年增长282户，同比增长4.2%，从业人员6.78万人，比2017年减少0.13万人，同比减少1.8%。2018年中国汽车租赁总体发展情况如表6-4-5所示。

（一）租赁车辆

截至2018年底，中国拥有汽车租赁车辆22.99万辆，比2017年增长2.84万辆，同比增长14.1%。其中5座及以下客车19.70万辆，6—9座客车2.80万辆、10座及以上客车0.49万辆。2018年中国汽车租赁车辆主要呈现以下特征：

1. 租赁车辆总数持续增长

2014—2018年，中国汽车租赁车辆数呈持续增长趋势，从10.19万辆增长至22.99万辆，年均增长22.6%。2014—2018年中国汽车租赁车辆数变化情况如图6-4-9所示。

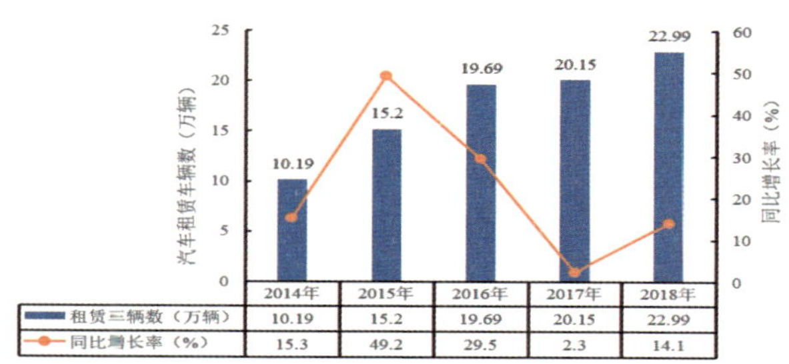

图6-4-9 2014—2018年中国汽车租赁车辆数变化情况

注：数据来源于交通运输部综合规划司。

2. 汽车租赁车辆以小微型客车（6—9座及以下客车）为主

截至2018年底，小微型客车22.50万辆，占汽车租赁总数的97.9%。其中5座及以下客车19.70万辆，6—9座客车2.80万辆。2018年中国汽车租赁车辆不同类型划分情况如图6-4-10和表6-4-6所示。

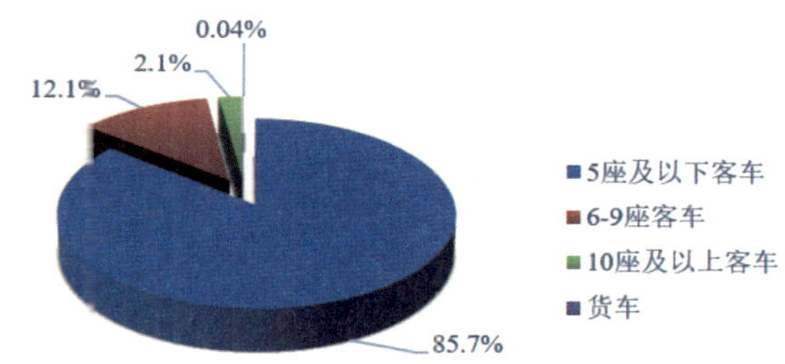

图6-4-10 2018年中国汽车租赁车辆不同类型划分情况

注：数据来源于交通运输部综合规划司。

表6-4-5 2018年中国汽车租赁发展情况

数据类型	单位	2018年	比2017年新增	同比增长率（%）
租赁车辆数	万辆	22.99	2.84	14.1
客车	万辆	22.98	2.89	14.4
9座及以下客车	万辆	22.50	2.84	14.4
经营企业	户	6946	282	4.2
从业人员	万人	6.78	−0.13	−1.8

注：数据来源于交通运输部综合规划司。

表 6-4-6　2018 年中国汽车租赁车辆不同类型划分情况

车辆类型 / 车辆数	客车	5 座及以下	6 ~ 9 座	10 座及以上
2018 年车辆数（万辆）	22.98	19.70	2.80	0.49
占总量比例（%）	99.9	85.7	12.1	2.1

注：数据来源于交通运输部综合规划司。

（二）行业规模

截至 2018 年底，中国汽车租赁企业共 6946 户，比 2017 年增长 282 户，同比增长 4.2%。2018 年中国汽车租赁行业规模主要呈现以下特征：

1. 汽车租赁企业户数保持缓慢增长

2014—2018 年中国汽车租赁企业数呈上升趋势，但自 2016 年以来汽车租赁企业数同比增长率放缓，2018 年同比增长率为 4.2%。2014—2018 年中国汽车租赁企业数变化情况如图 6-4-11 所示。

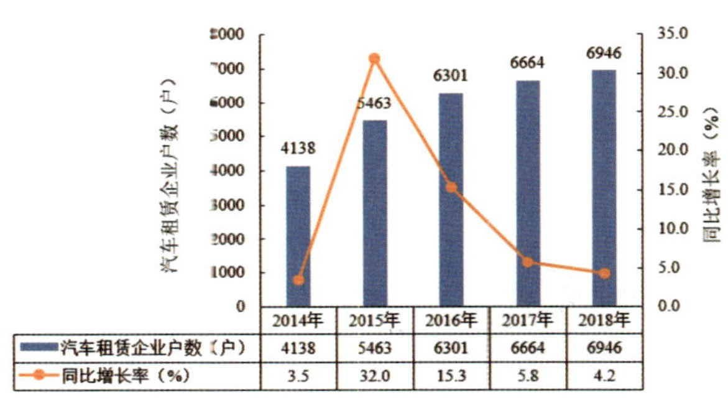

图 6-4-11　2014—2018 年中国汽车租赁企业数变化情况

注：数据来源于交通运输部综合规划司。

2. 租赁车辆 49 辆及以下的企业占主体

租赁车辆 49 辆及以下的企业 6250 户，比 2017 年增加 256 户，占租赁业户总数的 90.0%。其中，租赁车辆 10 辆以下的企业 4139 户，比 2017 年增加 253 户，占租赁业户总数的 59.6%；租赁车辆 10 ~ 49 辆的企业 2111 户，比 2017 年增加 3 户，占租赁业户总数的 30.4%；50—100 辆的企业 374 户，比 2017 年增加 9 户，占租赁业户总数的 5.4%；101—300 辆的企业 199 户，比 2017 年减少 5 户，占租赁业户总数的 2.9%；301—999 辆的企业 91 户，比 2017 年增加 20 户，占租赁业户总数的 1.3%；租赁车辆 1000 辆以上的企业 32 户，比 2017 年增加 2 户，占租赁业户总数的 0.5%。2018 年中国汽车租赁企业按车辆规模划分及所占比例情况如图 6-4-12 和表 6-4-7 所示。

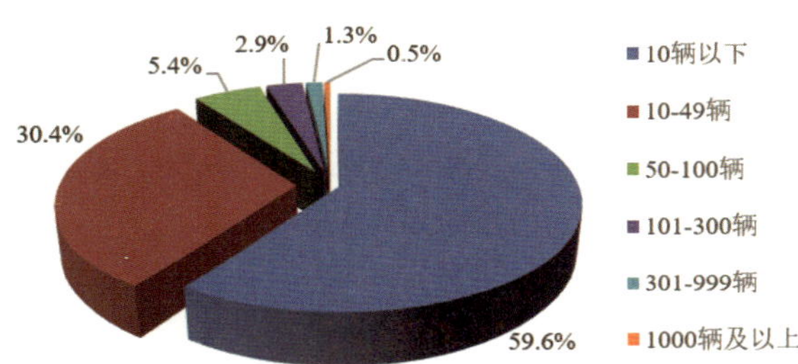

图 6-4-12　2018 年中国汽车租赁企业按车辆规模划分情况

注：数据来源于交通运输部综合规划司。

五、新业态出行稳步健康发展

随着中国经济社会的快速发展，交通运输新业态呈现稳步发展态势。交通运输部及地方交通运输管理部门积极探索、创新治理手段，利用互联网、云计算、大数据等先进技术，鼓励和规范新业态出行稳步健康发展，加快推动新老业态融合，助推城市客运行业实现质量变革、效率变革、动力变革。2018 年以来，分时租赁与互联网租赁自行车新业态发展平稳，对于提升城市客运供给品质、改善公众出行体验发挥了积极作用。

表 6-4-7 2018 年中国汽车租赁企业按车辆规模划分情况

车辆数 业户数	10 辆以下	10 ~ 49 辆	50 ~ 100 辆	101 ~ 300 辆	301 ~ 999 辆	1000 辆及以上
2018 年业户数（户）	4139	2111	374	199	91	32
占总量比例（%）	59.6	30.4	5.4	2.9	1.3	0.5

注：数据来源于交通运输部综合规划司。

（一）国家层面推动建立新业态协同监管政策制度

1. 建立交通运输新业态协同监管部际联席会议制度

为加强交通运输新业态监管、形成工作合力，促进行业持续稳定健康发展，2018 年 7 月 25 日，经国务院同意，由交通运输部、中央宣传部、中央政法委员会、国家互联网信息办公室、国家发展和改革委员会、工业和信息化部、公安部、司法部、中国人民银行、国家市场监督管理总局、国家信访局等部门组成交通运输新业态协同监管部际联席会议制度。主要职能为完善涉及交通运输领域新业态的法律法规体系，建立健全多部门协同监管机制，加强舆论引导和形势研判，提高行业治理和应急处置能力，促进行业持续稳定健康发展。

2. 开展政策落地实施第三方评估

为系统梳理各地政策措施制定情况，全面了解政策落地中存在的突出问题，客观评估《交通运输部 中央宣传部 中央网信办 国家发展改革委 工业和信息化部 公安部 住房城乡建设部 人民银行 质检总局 国家旅游局关于鼓励和规范互联网租赁自行车发展的指导意见》（交运发〔2017〕109 号）出台以来的实施效果，交通运输部委托第三方评估机构对该指导意见实施情况开展了评估工作，形成了评估报告。

评估认为，互联网租赁自行车的有序发展，为城市的短距离出行提供了更多样化、更绿色低碳的出行选择，满足了社会公众多层次的城市出行需求，有效践行了党的十九大报告中提出的形成绿色发展方式和生活方式的要求；鼓励和规范互联网租赁自行车发展已成为社会共识。上述指导意见发布后，各地在城市党委和政府的统一领导下，积极推动各项政策落地实施，充分调动各方积极性，探索建立企业主体、政府监管、公众参与的多方治理体系，在形成发展共识、规范有序运营和提升服务能力等方面取得了初步成效。

评估建议，进一步从加强新业态立法研究、厘清各方职责、强化用户资金安全监管，建立公平竞争市场环境、加强车辆停放管理、改善自行车骑行环境等方面营造良好的政策环境。

3. 组织开展新业态发展专项调研

（1）开展分时租赁发展情况调研

为促进分时租赁规范发展，2018 年 3 月 20—30 日，交通运输部组织专项调研组，赴北京、上海、武汉、重庆、广州、深圳等城市调研分时租赁发展情况。调研组从行业规模、组织模式、车辆类型、服务模式、计费模式、车辆维保、调度模式、押金收取等方面调研了分时租赁行业基本情况，并针对当前行业发展存在的政策法规体系建设滞后、租赁车辆交通违法和骗租难处理、用户押金安全风险隐患等瓶颈问题提出工作建议。

（2）联合开展地方互联网租赁自行车立法情况调研

为进一步规范互联网租赁自行车管理，2018

年6月,交通运输部联合国家发展和改革委员会、公安部、住房和城乡建设部和中国人民银行组成互联网租赁自行车立法调研组赴上海、北京开展相关调研工作。调研组与地方有关部门进行座谈,听取了解互联网租赁自行车整治清理、平台建设、行业考核等情况。重点了解了《上海市互联网租赁自行车管理办法》制定和《北京市非机动车管理条例》修订的相关工作进展。

(3)联合开展交通新业态用户资金管理调研

为进一步规范交通运输新业态企业资金管理,2018年11月,交通运输部联合交通运输新业态协同监管部际联席会议成员单位,重点围绕运营企业对用户资金的存放管理情况对相关企业开展调研。针对互联网租赁自行车运营企业ofo小黄车和汽车分时租赁运营企业TOGO途歌出现退押金难问题,交通运输部督促相关企业畅通退押渠道、优化退押流程,加快线上退押进度,切实保障用户合法权益。

(二)深圳市创新管理模式,规范新业态发展

1. 建设分时租赁新能源汽车网络运营监控与服务平台

深圳市组织建设了分时租赁新能源汽车网络运营监控与服务平台,为分时租赁运营监管提供抓手。该平台包含安全监管、实时监控、运营数据、充电数据、基本设置、系统设置、碳积分测算等板块,接入运营企业数据后可实时更新车辆分布、订单统计、充电明细等信息,实现企业与行业主管部门的数据对接,为管理部门提供用户管理、车辆管理、充电桩管理、车辆运行监控、分时租赁风险控制以及企业运营管理等。

2. 进一步建立健全互联网租赁自行车管理制度

(1)推动互联网租赁自行车立法工作

深圳市于2018年6月组织人大代表、政协委员、市民代表、企业代表等多方召开规范互联网租赁自行车发展立法座谈会,对车辆投放总量监管机制、车辆停放秩序管理要求和处罚措施、车辆日常调度要求等方面进行了深入探讨,加快推进互联网租赁自行车立法工作。

(2)开展互联网租赁自行车服务质量考核

深圳市研究制定了《深圳市互联网租赁自行车企业运营服务考核工作方案(整治阶段)》,并于2018年3月16日至4月23日组织开展企业运营服务质量考核工作。考核工作结合企业报送材料、政府日常巡查抽查、市民评价,从运营服务、运营管理、安全应急、创新管理、公众评价、附加项6个方面对深圳市运营的互联网租赁自行车企业进行考核评价,督促企业针对自身存在的问题制定整改方案,不断提升服务质量,落实企业主体责任。

(3)积极探索互联网租赁自行车投放机制

2018年,深圳市开展了互联网租赁自行车规范管理整治行动,明确整治行动期间,暂停互联网租赁自行车企业在城市公共空间新增投放车辆,如有企业仍在城市公共空间新增投放车辆的,由各区政府(新区管委会)负责进行约谈并责令整改;深圳市交通运输管理部门同步组织开展相关评估工作,研究建立与城市空间承载能力、停放设施资源、公众出行需求等相适应的车辆投放机制,引导企业合理有序投放车辆。

整治行动结束后,企业可以以书面方式向深圳市交通运输委员会提交新增车辆投放计划(包括车辆投放计划安排、车辆技术标准及质量检测合格报告、拟投放区域以及与车辆投放规模相适应的管理方案等),由深圳市交通运输委员会牵头组织市城管、交警等相关部门及拟投放车辆所在区政府(新区管委会)召开联席会议,达成共识和确认后,方可进行投放和停放管理。未经联席会议确认进行车辆投放的企业,由各区政府(新区管委会)对企业进行约谈并责令整改。经营者

在投放前，应向深圳市互联网租赁自行车行政主管部门通报投放方案和规模；深圳市互联网租赁自行车行政主管部门应根据停放点容量与出行特征需求等，强化车辆投放的指导和监管，加强车辆投放的动态监测。

（三）上海市推进地方立法，加强数字化监管

1. 推进互联网租赁自行车管理立法

2018年6月1日，上海市就《上海市互联网租赁自行车管理办法（草案）》公开征求意见。该草案明确了互联网租赁自行车的发展原则、相关部门管理职责、互联网租赁自行车经营企业准入条件、用户资金管理要求等内容。该草案已被列为2018年上海市政府规章立法工作计划正式项目，标志着上海市互联网租赁自行车管理立法工作取得实质推进。

2. 实施互联网租赁自行车动态调控

上海市开发建设互联网租赁自行车信息服务平台一期，与企业数据库对接，通过平台实现“监测、预警、调度、统计”等功能，同时向各区开放端口并推进各区建立相应的子平台。市级通过信息平台加强全市总量监测和科学引导，各区可通过平台动态监测区域车辆分布，加强区域总量动态调控。上海市开展接入数据校核和比对，分析监控企业推送数据的真实性、有效性，并将其作为重要指标，纳入对企业的信誉考核范围。

3. 开展电子化注册登记

上海市建立了以登记上牌为基础，以信誉考核、违规处罚、信用管理为抓手的车辆总量动态调控机制，由公安交管部门对存量车辆实行注册登记上牌管理。上海市交通委员会与交警部门分批次对上海所有符合要求的互联网租赁自行车进行电子化注册登记，全面录入合规车辆，并接入上海市信息服务平台，在全国率先形成一车一牌的管理模式，实现对互联网租赁自行车的精细化管理。电子档案建立后，各运营企业更换老旧车辆须向主管部门提出申请，1∶1进行置换。目前，上海市约有89万辆互联网租赁自行车已开始实施数字化管理。

专题五　民生实事与提案议案办理

一、民生实事

交通运输部始终践行以人民为中心的发展思想，紧紧抓住人民群众最关心最现实的利益问题，持续推进交通运输公共服务新供给，不断满足人民群众对美好生活的需求，2018年推出了12件更贴近民生实事，并全部完成。

一是新改建农村公路20万公里，新增5000个建制村通硬化路，新增5000个建制村通客车。

二是实施乡道及以上公路安全生命防护工程18万公里，危桥改造2500座。

三是新增ETC专用车道2000条，ETC用户1500万。

四是年底前在20个以上的省份推进汽车维修电子健康档案系统建设。

五是年底前在15个省份，实行普通货运车辆在本省份辖区范围内异地办理检验检测。

六是推进“司机之家”建设，在5个省份开展试点。

七是建设改造普通国省干线公路服务设施1000个。

八是推进取消行政许可事项，压缩涉企证照，全面推行行政许可网上办理。

九是推动公交都市创建。

十是推进交通一卡通便捷支付。

十一是建成船员“口袋工程”。

十二是利用长江口深水航道边坡自然水深实现大型船舶“超宽交会”。

其中，有6项超额完成，分别为：

一是新改建农村公路20万公里，新增5000个建制村通硬化路，新增5000个建制村通客车；实际完成新改建农村公路25万公里，新增通硬化路建制村5560个，新增通客车建制村7100个。二是实施乡道及以上公路安全生命防护工程18万公里，危桥改造2500座；实际完成乡道及以上公路生命安全防护工程18.7万公里，危桥改造4263座。三是新增ETC专用车道2000条，ETC用户1500万；实际完成ETC专用车道2104条，ETC用户1726万。四是年底前在20个以上的省份推进汽车维修电子健康档案系统建设；截至2018年底，全国汽车维修电子健康档案系统已经覆盖28个省（区、市）365个地市。五是年底前在15个省份，实行普通货运车辆在本省份辖区范围内异地办理检验检测；截至2018年底，已有25个省份实现省内综检联网和异地检测。六是推进“司机之家”建设，在5个省份开展试点；截至2018年底，已在10个省份建成32个“司机之家”。

其余6件民生实事，也都按计划圆满完成。

同时，委托北京交通大学开展第三方评估工作，选取浙江、广东、青海、河南、北京等15个省（区、市）28个市县，对2018年12件民生实事进行全覆盖评估。从评估情况看，社会满意度继续保持在较高水平，农村公路建设、乡道及以上公路安防工程和危桥改造、“司机之家”建设、实现长江口大型船舶“超宽交会”4件民生实事满意度超过90%，其余民生实事的满意度也都在85%以上。

二、提案议案办理

交通运输部坚持以习近平新时代中国特色社会主义思想为指导，坚持把办好“两会”建议提案作为贯彻以人民为中心发展思想、推进交通强国建设的重要举措，不断创新工作方法，加大工作力度，有效回应了社会关切，有力促进了行业科学健康发展。按照全国“两会”和国务院有关工作要求，圆满完成了2018年办理工作任务。

（一）基本情况

2018年，承办人大代表建议和政协委员提案共计701件（含议案13件），其中主办（含分办、独办）317件、协办 278件、参阅106件。承办建议提案总数同比增加3.7%。从答复类型上看，A类占答复总数25.5%，B类占答复总数36.3%，C类占答复总数38.2%；从建议提案内容上看，综合类占35.9 %，主要涉及服务国家三大战略、推进运输结构调整、制定修订法律法规和行业标准、构建现代化综合交通运输体系等方面；公路类占30.7 %，主要涉及加大公路建设与资金扶持力度、推进交通精准脱贫攻坚、建设“四好农村路”等方面；水路类占11.2 %，主要涉及加强航运管理、提升航道通航能力、严格船舶污染物排放控制等方面；运输类（含城市交通）占16.4 %，主要涉及加强网约车和共享单车管理、提高公共交通服务能力、推进物流业降本增效等方面；铁路类占5.8 %，主要涉及铁路规划建设方面。上述建议、提案已全部按要求保质保量实现了100%办结。

（二）主要做法

坚持提高政治站位，进一步强化管理，推进与人大代表、政协委员的沟通交流，严格督促落实，建议提案办理工作科学化水平不断提升。

一是以领导重视为前提，精细管理贯穿工作“全周期”；二是以沟通联系为关键，邀请代表、委员参与决策“全过程”；三是以课题研究为抓手，深度分析聚焦建议提案“全要素”；四是以报刊网络为载体，多措并举实现宣传“全方位”。

（三）采纳落实情况

在办理中，坚持“一体化办理”的工作模式，做到与中心工作一同谋划、一体部署、一起推进、一并落实，充分吸纳代表、委员提出的意见建议。

一是服务国家战略作用日益凸显；二是供给侧结构性改革持续深化；三是“四好农村路”建设成效显著；四是交通运输新业态发展逐步规范；五是交通安全生产工作扎实推进。

专题六　节假日和快递高峰运输

一、春运出行保障总体情况

2018年春运于2月1日开始，3月12日结束，共计40天。全国春运旅客发送量达29.7亿人次，与去年基本持平。其中，铁路3.82亿人次，增长6.82%；公路24.8亿人次，下降1.63%；水运4322万人次，与去年同比略有下降；民航6541万人次，增长11.72%。

（一）加强工作统筹部署

交通运输部联合国家发展和改革委员会等9部门印发《关于全力做好2018年春运工作的意见》，并会同11个部门联合召开全国春运电视电话会，对春运工作进行了全面动员部署。会同国家铁路局、中国民用航空局、国家邮政局制定《2018年综合运输春运工作总体方案》，明确6方面19项重点工作。印发《关于认真做好2018年道路水路春运有关工作的通知》，统筹部署运力投放、运输组织、安全监管等重点工作。

（二）强化春运安全监管

交通运输行业认真贯彻落实习近平总书记重要指示精神，印发明传电报，要求各地进一步提高思想认识，加强安全监管，全力保障春运安全。春运前和春运期间，交通运输部多位部领导带队开展安全检查，并会同有关部门开展5轮春运安全检查，覆盖全国31个省份，实地检查90余个城市，以暗访为主，深入基层一线，围绕安全责任落实、应急保障、运输服务等，对客运场站（码头）、运营车辆（船）等进行全面排查。同时，召开电视电话会并印发明传电报，点名通报问题隐患，要求立行立改。

（三）加强运输服务衔接

春运前，会同中国民用航空局、中国铁路总公司印发工作通知，联合部署道路与铁路、水路、民航运输衔接工作。春运期间，各地根据铁路运行图调整和民航航班增开情况，全力做好铁路、水运、民航旅客到站（港）的接续接驳工作，共安排对接火车站、机场、客运码头的道路客运班线客车13.5万辆、公共汽电车15万辆、城市轨道列车10万班次，及时疏运到达旅客。

（四）提升运输服务质量

联合国家发展和改革委员会、国家铁路局、中国民用航空局，依托行业和网络平台企业大数据资源，开展"邀您共同话春运"第三方调查评估与大数据分析工作，对春运旅客出行需求、时空分布等进行研判分析，引导旅客有序出行，并广泛收集春运旅客意见建议，客观评估春运服务工作成效。各地按照交通运输部、公安部等5部门"情满旅途"活动部署，持续深化"七心九化"服务举措，通过拓展购票渠道、及时发布出行信息，方便旅客购票取票；通过优化候乘环境，加强对旅客进出站、购票等环节的组织引导，改善旅客候乘体验。根据第三方调查评估结果，74.8%的被调查旅客对今年春运工作表示较为满意或认为较往年有所改善，比去年提升3.8个百分点。

（五）强化春运应急管理

交通运输部指导各地制定春运应急运输预

案：加强运力储备、强化值班值守、密切部门联动，有效增强了春运应急保障能力。春运前期，长江流域、华北南部等地发生强降雪天气，当地交通运输部门加强统筹协调，积极开展清雪、保通工作，较短时间内恢复了通行。春节期间，琼州海峡因突发大雾，造成间歇式封航，大量出岛旅客和车辆滞留。交通运输部第一时间研究部署，统筹调度运力，优化运输组织，当地政府和交通运输等相关部门及时启动预案。2月26日，琼州海峡客滚运输恢复至正常水平。

二、铁路节假日保障情况

2018年，国家铁路局扎实开展春运、暑运、国庆等客流高峰期及节假日旅客运输安全质量监督检查，圆满完成各项检查任务。

（一）春运监督检查

一是成立由国家铁路局党组书记、局长杨宇栋任组长的春运监督检查工作领导小组，组织召开全局专题动员会议，部署春运监督检查工作。印发春运监督检查工作指导意见，编制包含16个类别、51个项目、164个项点的春运检查指导手册，统一检查方式、检查内容和工作标准，进一步推进春运监督检查规范化、标准化。二是成立国家铁路局党组成员带队的5个督查组，深入春运重点地区、重点单位和重点线路，分节前、节后检查北京、上海、广州等11个铁路局集团公司春运工作。各地区铁路监督管理局按照国家铁路局统一部署，认真分析辖区春运工作特点，有针对性地开展监督检查，对客运安全、服务质量、新开通高速铁路安全、行车设备安全、安全环境整治等进行重点检查。两级监管机构共派出检查组519个，出动检查人员1763人次，检查单位场所1172家，添乘列车506趟，累计近20万公里。对检查发现的问题，均及时向铁路运输企业进行反馈，提出整改意见建议，督促企业切实落实安全生产主体责任，确保春运期间铁路运输安全平稳有序。

（二）暑运监督检查

2018年暑运期间，国家铁路局开展多种方式的监督检查，保障旅客运输安全稳定。一是采取点面结合的检查方式，对上海虹桥、广州南、郑州东、北京西、北京南等重点车站进行明察暗访。二是成立车务、客运、货运专业检查组，分2个大组、6个小组，共检查哈尔滨、北京、呼和浩特、郑州、济南、南宁、昆明、乌鲁木齐等8个铁路局集团公司119个运输站段，添乘检查旅客列车31趟，检查中铁快运股份有限公司、中铁特货运输有限责任公司、中铁集装箱运输有限责任公司三大专业运输公司分支机构21个，检查哈尔滨宾西铁路有限公司、河北建投铁路有限公司、神华准格尔能源有限责任公司、安阳安铁运输有限责任公司、山东高速轨道交通集团有限公司、威海市地方铁路管理局6家地方铁路运输企业。

（三）国庆监督检查

结合国庆期间旅客运输安全监管工作实际，提前筹划，要求各地区铁路监督管理局深入生产一线，重点开展车票实名制、安全检查、服务质量、设备设施、应急保障等方面的监督检查，特别加强对高速铁路和客流集中地区车站和列车秩序的监督检查。2018年国庆期间，共派出检查人员144人次，检查车站96个，添乘列车97趟，督促运输企业保障铁路运输安全和服务质量。

三、公路节假日保障情况

2018年法定节假日期间，交通运输部公路局会同部路网中心提前谋划、认真准备，加强值班值守力量，细化方案、完善措施，全力做好路网运行保障工作。全国路网运行总体平稳有序，高速公路、普通国省干线及各大中城市出入口收费站通行状况基本良好，公路交通安全形势总体平稳，服务规范化水平不断提升。

（一）强化路网运行监测

指导各省级交通运输主管部门，严格执行24小时值班和领导带班制度，强化公路网运行全天候、全要素监测，重点加强易拥堵缓行路段和收费站、省际重要通道、客流量大的公路服务区等重点区域的实时监测工作。强化信息报送和发布，认真做好公路交通阻断信息收集和上报，通过公路沿线可变信息情报板、热线电话、广播、电视、网络等途径，及时向公众发布实时路况、公路气象、交通管制、分流绕行等信息，引导公众合理出行。

（二）强化恶劣天气应对

指导各地交通运输主管部门和公路管理机构，会同相关部门，进一步健全完善气象会商研判与信息快速通报机制，及时掌握天气变化情况，重点加强冰冻雨雪、寒潮大风、团雾浓雾等恶劣天气的预防、预报和预警工作，制定应急预案，做好铲雪、除冰、防滑等物资和装备准备，确保第一时间启动应急响应，及时开展清雪除冰等相关作业，尽快恢复公路通行条件。

（三）强化养护施工管理

指导各地交通运输主管部门和公路管理机构，按照《交通运输部关于进一步提升公路安全保障水平的通知》（交公路函〔2018〕764号）要求，加强长大桥隧、连续长下坡、高边坡、路侧险要等重点路段风险排查与有效防控。对有安全隐患的路段，按照相关标准加强养护，完善标志标线设置，强化提示提醒。科学安排养护工程作业，对路况不良路段提前进行养护作业，全力做好施工路段秩序维护和车辆疏导工作，减少施工对公路正常通行的影响。

（四）强化出行服务保障

指导各地交通运输主管部门和公路管理机构，组织高速公路经营管理单位，加强沿线公路服务区运营管理，重点规范公共场区停车管理，引导车辆分类有序停放；完善公共卫生间服务设施，加强保洁人员配置，加大保洁力度，保持环境干净整洁；丰富服务区经营业态，为驾乘人员提供多业态、高品质餐饮等服务，确保服务区服务保障能力始终保持高水平，更好地满足出行需求。

四、水路节假日保障情况

（一）节假日水路运输保障工作

2018年，水路运输部门认真组织做好节假日期间水路运输保障工作，加强分析研判，指导地方加强水路客运运力组织协调，确保运力充足。加强水路与其他运输方式的组织衔接，做好重点群体服务，创新服务形式，提升水路客运服务品质。密切跟踪监测各地水路客运运行情况，及时协调解决突发情况和问题。加强应急防范和准备，指导地方和港航企业完善应急保障措施，妥善做好琼州海峡旅客应急疏运工作和三峡南线船闸检修通航保障工作。优化运输组织衔接，全力做好天然气、煤炭等重点物资运输保障。

（二）重要节假日水路运输发展情况

2018年春运期间，主要地区水路客运量完成4322万人次。重点水域客运量完成776.09万人次，其中渤海湾水域客运量完成24.96万人次，同比增长4.75%，运送车辆5.12万辆，同比增长5.51%；长江干线客运量完成2.37万人次，同比增长85.23%；台湾海峡客运量完成21.26万人次，同比增长1.32%；琼州海峡客运量完成379.93万人次，同比增长4.24%，运送车辆76.65万辆，同比增长11.75%；舟山水域客运量完成347.57万人次，同比增长5.44%，运送车辆19.65万辆，同比增长5.52%。

2018年“十一”黄金周期间，主要地区水路客运量完成1316万人次，日均188万人次，同比下降1.26%。全国重点水域客运量完成158.92万人次，日均22.7万人次，同比下降5.86%；其中，渤海湾水域客运量8.14万人次，日均1.16万人次，同比基本持平；长江干线客运量1.38万人次，日均0.2万人次，同比减少44%；舟山水域客运量98.15万人次，日均14.02万人次，同比减少7.15%；琼州海峡客运量35.1万人次，日均5.01万人次，同比减少14%；台湾海峡客运量5.22万人次，日均0.75万人次，同比减少12.8%；广西漓江客运量10.93万人次，日均1.56万人次，同比增长85.88%。

五、道路运输节假日保障情况

2018年法定节假日期间，各级交通运输主管部门和道路运输管理机构坚持以人民为中心，加强组织领导，密切各方协同，实化服务举措，让广大旅客假期出行更便捷、更安全、更舒心。节假日期间，全国道路运输运力保障充足、服务保障有序、安全稳定形势总体平稳。2018年春运期间，累计完成道路客运量24.8亿人次，同比下降1.63%；国庆黄金周期间，累计完成道路客运量4.92亿人次，日均7023万人次，同比基本持平。

（一）优化运输组织

指导客运企业根据客流特点深入挖掘运输潜力，充分发挥各种运输方式的比较优势和整体效能，加大旅游景区景点等客流密集地区运力供给调配，加强铁路、公路、民航、水路线网的衔接，全力保障旅客出行。同时，加强农村客运线路运力投入，充分满足人民群众城乡交流、旅游、购物需求。

（二）提升服务质量

督促指导客运企业和场站创新开展“空巴通”“空铁通”等联程联运服务，积极开展联网售票和定制客运服务，着力提高旅客“最先和最后一公里”出行效率；优化候乘环境，严格执行服务规范，加强老年人残疾人等重点人群服务，改善旅客出行体验。充分发挥12328交通运输服务监督电话作用，满足旅客咨询、投诉需求，提升出行获得感。

（三）强化安全监管

督促客运企业落实《道路旅客运输企业安全管理规范》，严格落实安全生产主体责任，针对春运、黄金周出行需求旺盛的特点，加强驾驶人员安全意识和防御性驾驶技能培训。严格落实节日期间值班值守制度，加强与气象部门的联系，超前研判台风、秋汛、大雾团雾等恶劣天气的变化影响，及时发布安全预警。强化“两客一危”、城市轨道交通等重点领域安全监管和联合执法，有效管控安全风险，从严查处各类违法违规行为。

（四）维护行业稳定

各地交通运输部门加强与有关部门的协调联动，密切关注本地道路货运、出租汽车等领城稳定动态，做好监测预判，对不稳定动态早发现、早控制、早解决，从源头上化解矛盾。一旦发生不稳定事件，在当地政府统一领导下，会同有关部门依法妥善处置，及时平息事端，强化舆论引导。

六、航空重大活动保障情况

2018年民航系统共保障各类航班飞行564.46万班，日均1.55万班；其中国内客运航空公司执行434.58万班，日均1.19万班，航班正常率为80.13%。影响航空公司航班正常主要因素及占不正常比例依次为：天气原因占47.46%，军事活动原因占25.70%，航空公司原因占21.14%。全年民航局共启动大面积航班延误应急响应748次。圆满完成博鳌亚洲论坛、上海合作组织青岛峰会、中非合作论坛北京峰会、上海进口博览会、珠海航展、宁夏回族自治区和广西壮族自治区成立60周年庆祝活动、夏季达沃斯年会、中国—东盟博览会等重要保障任务，活动期间重要飞行安全有序，民航运行平稳顺畅。

七、邮政业“双11”服务保障情况

2018年“双11”业务高峰期间（11月11—16日），全行业共处理邮（快）件18.82亿件，同比增长 25.8%。最高日处理量达到 4.16 亿件，同比增长 25.7%，是日常处理量的 3.2 倍。

为确保旺季期间寄递服务运行安全、平稳、有序，邮政全行业坚持围绕中心、服务大局，紧盯“全网不瘫痪、重要节点不爆仓，保安全、保畅通、保平稳”目标，充分发挥网络规模和大数据管控优势，切实加强组织领导、促进政企协调、严守安全底线，全力以赴打好旺季服务保障攻坚战。各级邮政管理部门会同邮政、快递企业精心组织推进，坚持“全网一盘棋”，注重发挥“错峰发货、均衡推进”核心机制作用，有效协调电商供应链上下游平稳衔接，基本完成了服务保障工作任务。截至 11 月 20 日 20 时，除边远地区外，96% 以上的邮（快）件已安全投递到位。

2018 年“双 11”旺季业务运行呈现出以下特点：一是服务电商作用持续增强。旺季期间，通过农村快递公共服务站集中供货配送，邮政业为 585 个国家级贫困县“农产品进城”提供有效物流支撑，成交额达 1.5 亿元。跨境电商邮（快）件进口量近 3300 万件，出口量近 4500 万件，是日常进出口量的 2.5 倍。二是寄递服务时限继续缩短。邮政、快递企业大力增强供应链管理能力，为上游电商提供仓配一体化等服务，明显提升处理效率，压缩服务时限。据测算，本次旺季期间 1 亿包裹从发货到签收的全网处理时间已从 2013 年的 9 天减至 2.6 天，压缩 71%。三是科技引领作用更加凸显。邮政、快递企业广泛运用人工智能、自动分拣、智慧路由等科技创新成果，大幅提升运营效率。其中，“中国智造”全自动化分拣流水线能够节省 40% 的人力，提高操作效率超过 50%。AI 智能客服能够提供 7×24 小时实时在线服务。智能快件箱等末端服务设施有效缓解了“最后一公里”配送压力。四是绿色发展成为行业共识。电子运单使用率进一步提升至 95%，标准化胶带和可循环中转袋逐步推广，寄递用纸箱回收试点初见成效。高铁等绿色高效运输方式进一步应用，高铁“极速达”已开通 431 条运营线路，新增运能 250 吨。旺季期间，高铁“复兴号”动车组将每列高铁邮（快）件运能从 500 公斤提升至 5 吨，累计运输邮（快）件超过 2 万吨。五是行业安全形势总体稳定。旺季期间，邮政管理部门全力加强安全监管，广泛使用信息化手段提升监管效能，实现了“三项制度”有力落实、安全生产管理基本到位、应急处置及时有效。虽个别地区发生少起生产安全和交通事故，但行业总体保持稳定，未发生重特大安全事故和群体性事件，未发现利用寄递渠道实施的重大违法犯罪行为。

专题七 北斗系统行业应用

北斗卫星导航系统（以下简称“北斗系统”）是国之重器，是中国打破国外卫星导航系统垄断，维护国家军事、经济、社会安全的重要保障，也是中国核心技术实现突破的重要抓手。长期以来，交通运输作为北斗系统最大的民用行业用户之一，在规划引领、政策支持、机制建设、国际推广等方面取得了显著成效。

一、全力落实《北斗卫星导航系统交通运输行业应用专项规划（公开版）》

《北斗卫星导航系统交通运输行业应用专项规划（公开版）》实施以来，逐步建立“规划、政策、机制、标准、推广”五位一体的行业应用体系，行业各领域推广应用工作取得积极进展：加快推动单北斗系统应用、内河航运应用、国际道路运输应用、全球海上航运应用等推广应用工程，持续扩大行业北斗系统应用规模。截至 2018 年底，全国已有超过 621 万辆道路营运车辆、3.94 万辆邮政和快递运输车辆、36 个中心城市约 8 万辆公交车、175 架通用航空器安装使用北斗终端，3230 座内河助导航设施和 2960 座海上助导航设施安装使用北斗终端。

二、完善综合交通北斗系统应用机制

召开综合交通运输框架下的交通运输部北斗系统应用工作领导小组会议。建立了信息报送及工作简报机制，加强与部管三局的沟通协调，多措并举推动行业各领域北斗系统应用。

在长大桥梁健康监测、高边坡监测等方面开展北斗试点应用，指导各省级路网运行监测与服务平台采用北斗授时。推动在直属海事系统、长航系统所有新建公务、工作船艇上安装北斗终端。推动将北斗系统列入新建救助船舶通信导航必要配置。在铁路领域开展“基于北斗导航的列控系统技术”等专项研究，并在京沈客运专线 350 公里 / 小时高速环境下开展北斗应用验证。开展基于北斗系统的卫星着陆系统相关研究。在国产商用飞机 ARJ21 上首次搭载北斗终端试飞，印发《民用航空低空空域监视技术应用指导意见（试行）》，确立北斗在低空空域监视应用的核心地位。要求中国邮政集团公司注册车辆全部加装北斗终端并接入管控平台，要求快递运输新增车辆原则上安装北斗终端。

三、不断优化北斗系统应用环境

印发《推进北斗卫星导航系统在长江航运应用全覆盖实施方案》，将北斗系统应用与长江经济带建设有机融合。印发《交通运输行业卫星导航定位基准站建设指南（试行）》，指导地方交通运输部门开展北斗增强基准站建设，为行业基准站组网运行，形成行业北斗高精度服务网络提供支撑。开展《道路运输车辆卫星定位系统车载终端技术要求》《北斗卫星导航系统船舶监测终端技术要求》等行业标准制修订工作。在《国内航行海船法定检验技术规则》中增加对使用北斗短报文功能的船载应急无线电示位标设备的相关技术要求。

四、积极支持北斗系统建设

利用邮政运输线路、国际道路运输线路，开展北斗三号及单北斗系统服务能力测试。

五、助力北斗“走出去”取得新突破

将应用北斗系统写入《中俄国际道路运输协定》，成功推动北斗纳入全球卫星搜救系统。推动国际海事组织通过北斗加入全球海上遇险与安全系统的立项申请。协调国际民航组织启动北斗信号验证。接待阿拉伯联盟16个国家驻华使节参观行业北斗系统应用成果，为国际北斗/GNSS官员研修班等国际交流活动提供北斗相关培训。积极推动北斗系统“走出去”，与军方及各行业一道推进北斗国际化进程。

六、创新发展取得阶段性成效

依托智慧公路试点，推动北斗高精度定位的创新应用。开展基于北斗高精度导航技术的公路自由流收费研究，并在江西进行试点，成功实现测试车辆以60公里/小时的速度高速通过收费站并自动抬杆、自动扣费。开展北斗车载终端与ETC设备的一体化研究，实现基于北斗高精度导航的自由流技术与现有ETC、MTC车道的兼容应用。由工业和信息化部提名，交通运输部与国内多家高校、企业共同参与研究并推广的“中国高精度位置网及其在交通领域的重大应用”项目，获得2018年度国家科技进步一等奖。

第七篇
附录

Section VII
Appendixes

附录 1　重大政策

2018 年新颁交通运输法律法规规章目录

序号	规章名称	国务院令	公布日期	施行日期	原文二维码	解读二维码
1	快递暂行条例	国令第 697 号	20180327	20180501		

序号	规章名称	交通运输部令	公布日期	施行日期	原文二维码	解读二维码
1	长江三峡水利枢纽过闸船舶安全检查暂行办法	2018 年第 1 号	20180124	20180601		
2	港口工程建设管理规定	2018 年第 2 号	20180202	20180301		
3	民用航空安全管理规定	2018 年第 3 号	20180312	20180316		
4	农村公路建设管理办法	2018 年第 4 号	20180508	20180601		
5	交通运输部 国家发展改革委关于修改《港口岸线使用审批管理办法》的决定	2018 年第 5 号	20180606	20180701		
6	铁路行业统计管理规定	2018 年第 6 号	20180605	20180701		

续上表

序号	规章名称	交通运输部令	公布日期	施行日期	原文二维码	解读二维码
7	公路水运工程监理企业资质管理规定	2018年第7号	20180606	20180701		
8	城市轨道交通运营管理规定	2018年第8号	20180524	20180701		
9	外国航空运输企业常驻代表机构审批管理办法	2018年第9号	20180605	20180901		
10	关于修改《港口经营管理规定》的决定	2018年第10号	20180809	20180901		
11	船舶载运危险货物安全监督管理规定	2018年第11号	20180809	20180915		
12	交通运输部关于修改《船员注册管理办法》的决定	2018年第12号	20180830	20180901		
13	铁路工程建设项目招标投标管理办法	2018年第13号	20180928	20190101		
14	运输机场使用许可规定	2018年第14号	20180928	20190101		
15	民用航空器飞行机械员合格审定规则	2018年第15号	20180928	20190101		

续上表

序号	规章名称	交通运输部令	公布日期	施行日期	原文二维码	解读二维码
16	交通运输部关于修改《公共航空运输企业经营许可规定》的决定	2018 年第 16 号	20180928	20181001		
17	航空安全员合格审定规则	2018 年第 17 号	20180928	20190101		
18	交通运输部关于修改《铁路专用设备缺陷产品召回管理办法》的决定	2018 年第 18 号	20180928	20181001		
19	高速铁路基础设施运用状态检测管理办法	2018 年第 19 号	20180928	20181001		
20	交通运输统计管理规定	2018 年第 20 号	20180927	20181001		
21	交通运输部关于修改《中华人民共和国船舶污染海洋环境应急防备和应急处置管理规定》的决定	2018 年第 21 号	20181015	20180927		
22	交通运输部关于修改《中华人民共和国海事行政许可条件规定》的决定	2018 年第 22 号	20181102	20181201		
23	快递业务经营许可管理办法	2018 年第 23 号	20181109	20190101		
24	邮件快件实名收寄管理办法	2018 年第 24 号	20181109	20181022		

续上表

序号	规章名称	交通运输部令	公布日期	施行日期	原文二维码	解读二维码
25	交通运输部关于修改《民用航空通信导航监视工作规则》的决定	2018 年第 25 号	20181109	20181022		
26	交通运输部关于修改《定期国际航空运输管理规定》的决定	2018 年第 26 号	20181109	20181022		
27	交通运输部关于修改《水上移动卫星通信管理规则》的决定	2018 年第 27 号	20181126	20181210		
28	交通运输部 商务部关于废止《外商投资道路运输业管理规定》的决定	2018 年第 28 号	20181203	20181110		
29	交通运输部 商务部关于修改《外商独资船务公司审批管理办法》的决定（已废止）	2018 年第 29 号	20181203	20190101		
30	交通运输部关于修改《民用航空人员体检合格证管理规则》的决定	2018 年第 30 号	20181214	20190101		
31	交通运输部关于修改《民用航空企业及机场联合重组改制管理规定》的决定	2018 年第 31 号	20181214	20190101		
32	交通运输部关于修改《民用机场建设管理规定》的决定	2018 年第 32 号	20181214	20190101		
33	交通运输部关于修改《民用机场运行安全管理规定》的决定	2018 年第 33 号	20181214	20190101		

续上表

序号	规章名称	交通运输部令	公布日期	施行日期	原文二维码	解读二维码
34	交通运输部关于修改《维修和改装一般规则》的决定	2018 年第 34 号	20181214	20190101		
35	交通运输部关于修改《公共航空运输企业航空安全保卫规则》的决定	2018 年第 35 号	20181214	20190101		
36	交通运输部关于修改《通用航空经营许可管理规定》的决定	2018 年第 36 号	20181214	20190101		
37	交通运输部关于修改《民用航空器驾驶员合格审定规则》的决定	2018 年第 37 号	20181214	20190101		
38	交通运输部关于修改《民用航空器驾驶员学校合格审定规则》的决定	2018 年第 38 号	20181214	20190101		
39	交通运输部关于修改《小型航空器商业运输运营人运行合格审定规则》的决定	2018 年第 39 号	20181214	20190101		
40	交通运输部关于修改《一般运行和飞行规则》的决定	2018 年第 40 号	20181214	20190101		
41	交通运输部关于修改《交通运输法规制定程序规定》的决定	2018 年第 41 号	20181211	20181127		

续上表

序号	规章名称	交通运输部令	公布日期	施行日期	原文二维码	解读二维码
42	交通运输部关于修改《港口工程建设管理规定》的决定	2018 年第 42 号	20181206	20181128		
43	交通运输部关于修改《中华人民共和国船舶最低安全配员规则》的决定	2018 年第 43 号	20181206	20181128		
44	交通运输部关于修改《航道建设管理规定》的决定	2018 年第 44 号	20181206	20181128		

国务院或国务院办公厅颁布的有关交通运输重大政策

序号	文件名称	二维码
1	国务院办公厅关于推进电子商务与快递物流协同发展的意见（国办发〔2018〕1号）	
2	国务院办公厅关于保障城市轨道交通安全运行的意见（国办发〔2018〕13号）	
3	国务院办公厅关于印发推进运输结构调整三年行动计划（2018—2020年）的通知（国办发〔2018〕91号）	
4	国务院办公厅关于保持基础设施领域补短板力度的指导意见（国办发〔2018〕101号）	

交通运输部制定的重要政策性文件

序号	文件名称	二维码
1	交通运输部关于印发《公路长大桥隧养护管理和安全运行若干规定》的通知	
2	交通运输部关于印发《公路养护工程管理办法》的通知	
3	交通运输部关于促进交通运输新型智库发展的实施意见（交政研发［2018］20 号）	
4	交通运输部关于印发《公路水运工程平安工地建设管理办法》的通知（交安监发［2018］43 号）	
5	交通运输部关于印发《出租汽车服务质量信誉考核办法》的通知（交运发［2018］58 号）	
6	交通运输部关于印发《公路水运工程试验检测信用评价办法》的通知（交安监发［2018］78 号）	
7	交通运输部关于印发《交通运输行业研发中心管理办法》的通知（交科技发［2018］114 号）	
8	交通运输部关于印发《国家重大海上溢油应急处置预案》的通知（交溢油函［2018］121 号）	

续上表

序号	文件名称	二维码
9	交通运输部关于印发《农村公路建设质量管理办法》的通知(交安监发［2018］152 号)	
10	交通运输部关于印发船舶大气污染物排放控制区实施方案的通知(交海发［2018］ 168 号)	
11	交通运输部关于印发《交通运输守信联合激励和失信联合惩戒对象名单管理办法(试行)》的通知(交政研发［2018］181 号)	
12	交通运输部办公厅关于印发《交通一卡通运营服务质量管理办法(试行)》的通知(交办运［2018］17 号)	
13	交通运输部办公厅关于印发《品质工程攻关行动试点方案(2018—2020 年)》的通知(交办安监［2018］18 号)	
14	交通运输部办公厅关于印发《网络预约出租汽车监管信息交互平台运行管理办法》的通知(交办运［2018］24 号)	
15	交通运输部办公厅关于印发长江干线水上洗舱站布局方案的通知(交办规划［2018］34 号)	
16	交通运输部办公厅关于印发《交通运输法治政府部门建设评价暂行办法》的通知(交办法［2018］73 号)	

续上表

序号	文件名称	二维码
17	交通运输部办公厅关于印发平安交通三年攻坚行动方案（2018—2020年）的通知（交办安监〔2018〕86号）	
18	交通运输部办公厅关于印发《港口大型机械防阵风防台风安全工作指南》的通知（交办水〔2018〕93号）	
19	交通运输部办公厅关于印发《交通运输部公路水运工程质量问题约谈办法（试行）》和《交通运输部公路水运工程质量问题挂牌督办办法（试行）》的通知（交办安监〔2018〕97号）	
20	交通运输部办公厅关于印发深入推进长江经济带多式联运发展三年行动计划的通知（交办水〔2018〕104号）	
21	交通运输部办公厅关于印发《加快推进道路运输车辆综合性能检测联网实现普通货运车辆全国异地检测工作方案》的通知（交办运〔2018〕132号）	
22	交通运输部办公厅关于印发深化道路运输驾驶员从业管理改革实施方案的通知（交办运〔2018〕143号）	
23	交通运输部办公厅关于印发《公路水路行业中央企业安全生产管理导则》的通知（交办安监〔2018〕144号）	
24	交通运输部办公厅关于印发《“平安百年品质工程”建设研究推进方案》的通知（交办安监〔2018〕147号）	

续上表

序号	文件名称	二维码
25	交通运输部办公厅关于发布《交通运输物流标准体系（2018 年）》的通知（交办科技函〔2018〕154 号）	
26	交通运输部办公厅关于印发《贯彻落实习近平总书记在民营企业座谈会上重要讲话精神支持民营企业发展的工作措施》的通知（交办政研〔2018〕162 号）	
27	交通运输部办公厅关于印发《沿海省际散装液体危险货物船舶运输市场运力调控综合评审办法》的通知（交办水〔2018〕168 号）	
28	交通运输部办公厅关于印发《2018 年交通运输信用体系建设工作要点》交办政研函（交办政研函〔2018〕234 号）	
29	中共交通运输部党组关于印发贯彻执行《中国共产党党务公开条例（试行）》实施细则的通知（交党发〔2018〕15 号）	
30	交通运输部海事局关于印发《海事政务服务指南（2018）》的通知（海政法〔2018〕123 号）	

交通运输部联合其他部委制定的相关政策性文件

序号	文件名称	二维码
1	工业和信息化部 公安部 交通运输部关于印发《智能网联汽车道路测试管理规范（试行）》的通知（工信部联装［2018］66号）	
2	交通运输部 公安部 应急管理部关于印发《道路旅客运输企业安全管理规范》的通知（交运发［2018］55号）	
3	交通运输部办公厅 国家发展改革委办公厅关于印发《"信用交通省"建设指标体系（2018年版）》的通知（交办政研［2018］57号）	
4	交通运输部办公厅 中央网信办秘书局 工业和信息化部办公厅 公安部办公厅 中国人民银行办公厅 国家税务总局办公厅 国家市场监督管理总局办公厅关于加强网络预约出租汽车行业事中事后联合监管有关工作的通知（交办运［2018］68号）	
5	交通运输部 发展改革委 工业和信息化部 公安部 财政部 商务部 文化和旅游部 海关总署 税务总局 移民局关于促进我国邮轮经济发展的若干意见（交水发［2018］122号）	
6	交通运输部 中央军委后勤保障部关于保障道路客运领域军人依法优先出行权益有关事项的通知（交运发［2018］145号）	
7	交通运输部 工业和信息化部 公安部 市场监管总局关于印发京津冀地区风机叶片大件运输规范有序高效低费一路畅通审批监管流程指南的通知（交公路函［2018］739号）	
8	国家发展改革委 交通运输部关于印发《国家物流枢纽布局和建设规划》的通知（发改经贸［2018］1886号）	

续上表

序号	文件名称	二维码
9	交通运输部办公厅 上海市人民政府办公厅 江苏省人民政府办公厅 浙江省人民政府办公厅 安徽省人民政府办公厅关于印发《关于协同推进长三角港航一体化发展六大行动方案》的通知（交办水［2018］161号）	
10	交通运输部等九部门贯彻落实国务院办公厅《推进运输结构调整三年行动计划(2018—2020年)》的通知(交运发[2018]142号)	
11	交通运输部办公厅 公安部办公厅 应急管理部办公厅关于印发《道路运输安全生产工作计划（2018—2020年）》的通知（交办运［2018］74号）	
12	交通运输部办公厅 广东省人民政府办公厅 广西壮族自治区人民政府办公厅 贵州省人民政府办公厅 云南省人民政府办公厅 关于印发推进珠江水运绿色发展行动方案(2018—2020年)的通知(交办水［2018］5号)	

交通运输部制定的部分有关重大改革事项的相关文件

序号	文件名称	二维码
1	交通运输部 国家发展改革委关于进一步放开港口部分收费等有关事项的通知（交水发［2018］77号）	
2	交通运输部办公厅 公安部办公厅 市场监管总局办公厅关于进一步落实道路货运车辆检验检测改革政策有关工作的通知（交办运［2018］125号）	
3	交通运输部 国家发展改革委 财政部关于做好公路收费权转让备案工作的通知（交财审函［2018］782号）	
4	中共交通运输部党组关于贯彻落实深化党和国家机构改革方案的意见（交党发［2018］14号）	
5	交通运输部关于交通运输行业“证照分离”改革具体措施的公告（2018第76号）	
6	交通运输部办公厅关于印发《2018年深化交通运输供给侧结构性改革工作要点》的通知（交办规划［2018］1号）	
7	交通运输部办公厅关于进一步深化改革加快推进出租汽车行业健康发展有关工作的通知（交办运［2018］163号）	
8	交通运输部办公厅关于取消总质量4.5吨及以下普通货运车辆道路运输证和驾驶员从业资格证的通知(交办运函[2018]2052号)	

国家局制定的部分重要政策性文件

序号	文件名称	二维码
1	铁路专用设备专家库管理实施细则（国铁设备监［2018］53号）	
2	铁路机车无线电台执照核发管理暂行办法（国铁设备监［2018］57号）	
3	内地与香港过境铁路机车车辆驾驶人员资格管理办法（国铁设备监［2018］69号）	
4	铁路运输业信用管理暂行办法（国铁运输监［2018］79号）	
5	铁路运输基础设备生产企业审批实施细则（国铁设备监［2018］80号）	
6	铁路安全生产约谈实施办法（试行）（国铁安监［2018］84号）	
7	国家邮政局办公室关于印发2018年深化邮政业供给侧结构性改革工作要点的通知（国邮办发［2018］7号）	
8	国家邮政局关于印发《全国邮政行业人才 培养基地遴选和管理办法的通知》（国邮发［2018］59号）	

续上表

序号	文件名称	二维码
9	国家邮政局关于发布《快递末端网点备案暂行规定》的通告（国邮发［2018］60 号）	
10	国家邮政局关于加强快递业务经营许可优化工作的通知（国邮发［2018］62 号）	
11	国家邮政局关于全面加强生态环境保护 坚决打好污染防治攻坚战的实施意见（国邮发［2018］96 号）	

附录 2　组织机构与负责人

交通运输部领导和内设机构负责人名单（截至 2019 年 5 月底）

十三届全国政协副主席，交通运输部党组书记　杨传堂

十九届中央委员，交通运输部部长、党组副书记　李小鹏

十九届中央候补委员，交通运输部党组副书记、副部长，中国民用航空局党组书记、局长（正部长级）　冯正霖

交通运输部党组成员，国家邮政局党组书记、局长　马军胜

交通运输部党组成员、副部长　何建中

十九届中央纪委委员，中央纪委国家监委驻交通运输部纪检监察组组长、交通运输部党组成员　宋福龙

交通运输部党组成员、副部长　戴东昌

交通运输部党组成员、副部长、直属机关党委书记　刘小明

交通运输部党组成员兼总规划师、综合规划司司长　王志清

交通运输部总工程师　周伟

交通运输部总工程师　姜明宝

交通运输部安全总监、水运局局长　李天碧

办公厅主任　徐成光

办公厅副主任、党组机要秘书　刘鹏飞

办公厅副主任　王华春

办公厅副主任　刘昕

政策研究室主任　吴春耕

政策研究室副主任　舒驰

政策研究室副主任　孙文剑

法制司司长　魏东

法制司副司长　王海峰

法制司副司长　张雅萍（女）

交通运输部党组成员兼总规划师、综合规划司司长　王志清

综合规划司副司长　张大为

综合规划司副司长　苏杰

综合规划司副司长　范振宇

财务审计司司长　许春风（女）

财务审计司副司长　卢尚艇
财务审计司副司长　胡荣明
人事教育司司长　李良生
人事教育司副司长　时骏
人事教育司副司长　王韬
公路局局长　吴德金
公路局副局长　王太
公路局副局长　孙永红
公路局副局长　周荣峰
安全总监、水运局局长　李天碧
水运局副局长　杨华雄
水运局副局长　易继勇
水运局副局长　柳鹏
水运局副局长　郑清秀
运输服务司司长　徐亚华
运输服务司副司长　徐文强
运输服务司副司长　蔡团结
运输服务司副司长　王绣春（女）
安全与质量监督管理司司长、应急办副主任　彭思义
安全与质量监督管理司副司长　徐春
安全与质量监督管理司副司长　丁彦昕
科技司司长　庞松
科技司副司长　洪晓枫
国际合作司（港澳台办公室）司长（主任）　李扬
国际合作司（港澳台办公室）副司长（副主任）　张晓杰
国际合作司（港澳台办公室）副司长（副主任）　单红军
直属机关党委常务副书记（正司长级）　柯林春
直属机关党委副书记、机关纪委书记（正局长级）　刘鹏
离退休干部局局长、党委书记　张晓冰（女）
离退休干部局副局长、党委副书记、纪委书记　汪宝良
离退休干部局副局长、党委委员　霍凌（女）
中国海上搜救中心副主任（正局长级）、应急办主任　李国平
中国海上搜救中心副主任（副局长级）、应急办副主任　卓立

国家铁路局领导和内设机构负责人名单

交通运输部副部长、党组成员，国家铁路局局长、党组书记　杨宇栋（2018.12 免）

国家铁路局党组成员　钟华（2018.12 退休）

国家铁路局副局长、党组成员　于春孝

国家铁路局副局长、党组成员　刘克强

国家铁路局副局长、党组成员　苏全利

国家铁路局副局长、党组成员　安路生（2018.09 任）

国家铁路局总工程师　严贺祥

综合司（外事司）司长　朱雪源

综合司（外事司）副司长　张庚（女）

综合司（外事司）副司长　王嘉彧（回族）

综合司（外事司）副司长　梁成谷

科技与法制司司长　严贺祥

科技与法制司副司长　曾会欣

科技与法制司副司长　王平（穿青人）

科技与法制司副巡视员　齐向阳（2018.08 退休）

科技与法制司副巡视员　冯双洲

安全监察司司长　田军

安全监察司副司长　范宝链（2018.01 任）

安全监察司副司长　韩晓根（2018.01 任）

运输监督管理司司长　白晓春

运输监督管理司副司长　查艾军（女）

运输监督管理司副司长　董建民

工程监督管理司司长　米隆（满族）

工程监督管理司副司长　崔珑

工程监督管理司副司长　石峰

工程监督管理司副巡视员　黄晋昌

设备监督管理司司长　郭福安

设备监督管理司副司长　陈永庆

设备监督管理司副司长　胡文君（2018.05 任）

人事司司长　李东（2018.08 免）

人事司司长　郭家宏（2018.08 任）

人事司副司长　张清

人事司副司长　吴奉

直属机关党委常务副书记　张忠（2018.05 任）

直属机关党委副书记　张忠（2018.05 免）

直属机关党委副书记　王成贵（2018.12 任）

直属机关党委副巡视员　沈慧

直属机关党委副巡视员　刘招兰（2018.05 退休）

直属机关纪委书记　王成贵（2018.01 任）

驻铁路合作组织委员会工作组组长　张群

沈阳铁路监督管理局局长、分党组书记　高文（蒙古族）

沈阳铁路监督管理局副局长、分党组成员　文禾（2018.07 退休）

沈阳铁路监督管理局副局长、分党组成员　刘帆

沈阳铁路监督管理局副局长、分党组成员　潘福棣（2018.12 任）

上海铁路监督管理局局长、分党组书记　唐士晟

上海铁路监督管理局副局长、分党组成员　李双

上海铁路监督管理局副局长、分党组成员　陈国忠（2018.07 任）

上海铁路监督管理局副巡视员　陈国忠（2018.07 免）

广州铁路监督管理局局长、分党组书记　隋瑞政

广州铁路监督管理局副局长、分党组成员　梁锷（2018.12 开除公职）

广州铁路监督管理局副局长、分党组成员　朱霆军

广州铁路监督管理局副局长、分党组成员　夏滨（2018.12 任）

成都铁路监督管理局局长、分党组书记　黄卿

成都铁路监督管理局副局长、分党组成员　罗加明

成都铁路监督管理局副局长、分党组成员　舒华武

武汉铁路监督管理局局长、分党组书记　马良民

武汉铁路监督管理局副局长、分党组成员　尚书亭

武汉铁路监督管理局副局长、分党组成员　李久平（2018.05 免）

武汉铁路监督管理局副局长、分党组成员　窦慧东（2018.12 任）

西安铁路监督管理局局长、分党组书记　李桂明

西安铁路监督管理局副局长、分党组成员　石玉海

西安铁路监督管理局副局长、分党组成员　郑武雄

兰州铁路监督管理局局长、分党组书记　邢斌（2018.01 任）

兰州铁路监督管理局副局长、分党组成员　邢斌（2018.01 免）

兰州铁路监督管理局副局长、分党组成员　陈辉

兰州铁路监督管理局副局长、分党组成员　刘向东（2018.06 任）

信息中心副主任　单武

信息中心副主任　岳石军（2018.06 免）

信息中心副主任　张跃玲（2018.07 退休）

信息中心纪委书记，派驻纪检组组长　刘招兰（2018.05 免）

信息中心党委副书记、纪委书记，派驻纪检组组长　崔大鹏（2018.10 任）

安全技术中心主任、党委书记　耿家文

安全技术中心副主任　赵明波（2018.12 免）

安全技术中心副主任　刘伟

安全技术中心纪委书记，派驻纪检组组长　王成贵（2018.01 任纪委书记）

装备技术中心主任、党委书记　王启铭

装备技术中心副主任　韩玉皓

装备技术中心副主任　胡文君（2018.05 免）

装备技术中心纪委书记，派驻纪检组组长　王九辉（2018.09 任）

工程质量监督中心主任、党委书记　盛智平（2018.09 免）

工程质量监督中心主任、党委书记　郑宏波（2018.09 任）

工程质量监督中心副主任　王祖春（2018.08 免）

工程质量监督中心副主任　顾秋来

工程质量监督中心副主任　刘利生（2018.12 任）

工程质量监督中心纪委书记，派驻纪检组组长　王成贵（2018.01 任纪委书记，2018.09 免纪委书记、派驻纪检组组长）

工程质量监督中心纪委书记，派驻纪检组组长　顾军清（2018.09 任）

市场监测评价中心主任、党委书记　李先进

市场监测评价中心副主任　俞缨

市场监测评价中心副主任　高德胜（2018.07 任）

市场监测评价中心副主任、党委副书记、纪委书记，派驻纪检组组长　王九辉（2018.04 任副主任，2018.09 任党委副书记、纪委书记，派驻纪检组组长）

规划与标准研究院院长、党委书记　王忠刚（2018.09 任）

规划与标准研究院副院长　郑宏波（2018.09 免）

规划与标准研究院副院长　谢晓东

规划与标准研究院副院长　党立（2018.04 任）

规划与标准研究院纪委书记，派驻纪检组组长　崔大鹏（2018.10 任）

机关服务中心主任、党委书记　周烈（2018.06 任党委书记）

机关服务中心副主任　赵秀险

机关服务中心副主任　岳石军（2018.06 任）

机关服务中心纪委书记，派驻纪检组组长　刘招兰（2018.05 免）

机关服务中心副主任、党委副书记、纪委书记，派驻纪检组组长　顾军清（2018.07 免副主任，任党委副书记、纪委书记、派驻纪检组组长）

中国民用航空局领导和内设机构负责人名单

交通运输部副部长、党组副书记，民航局局长、党组书记（正部长级） 冯正霖

民航局副局长、党组成员（副部长级） 李健

民航局副局长、党组成员，全国民航工会主席，民航局直属机关党委书记 董志毅

民航局副局长、党组成员 王志清

民航局副局长、党组成员 吕尔学

民航局总飞行师 万向东

民航局总工程师 殷时军

民航局安全总监兼航空安全办公室主任 唐伟斌

综合司司长 刘鲁颂

综合司副司长（副司局长级） 顾晓红

综合司副司长（副司局级） 朱云祥

综合司副司长 高俊

综合司副巡视员 李京花（女）

航空安全办公室主任（兼） 唐伟斌

航空安全办公室副主任 乔以滨

航空安全办公室副巡视员 周红（女）

政策法规司司长 颜明池

政策法规司巡视员、副司长 郭仁刚

政策法规司副巡视员 张清春

机关巡视员（正司局级）、发展计划司副司长 董法鑫

发展计划司副司长 包毅

发展计划司副巡视员 张清（女）

财务司司长兼首都机场集团公司监事会主席 刘金波

财务司副司长（副司局长级） 周传华

财务司副司长 熊艳华（女）

首都机场集团公司监事会副主席 赵婷芬（女）

财务司副巡视员 赵德成

人事科教司司长（正司局长级） 任英利

人事科教司副司长（副司局长级） 曹胜利

人事科教司巡视员、副司长 陈朝霞（女）

人事科教司副司长 刘志宏

人事科教司副巡视员 张静（女）

国际司（港澳台办公室）司长 梁楠（女）

国际司（港澳台办公室）副司长兼港澳台办公室主任　丁明
国际司（港澳台办公室）副司长　白文利（女）
运输司司长　刘锋
运输司副司长　廉秀琴（女）
运输司副司长　于彪
运输司副司长兼国防动员办公室主任　徐青（女）
运输司副巡视员　靳军号
飞行标准司副司长　朱涛
飞行标准司副司长　薛世俊
航空器适航审定司司长（正司局长级）徐超群
航空器适航审定司巡视员、副司长　杨桢梅（女）
航空器适航审定司副司长　张森
航空器适航审定司副巡视员　孙长华
机场司司长　刘春晨
机场司副司长　张锐
机场司副巡视员　曹先
空管行业管理办公室主任（正司局长级）许浩
空管行业管理办公室副主任（副司局长级）张瑞庆
空管行业管理办公室副主任　陈向阳
空管行业管理办公室副巡视员　刘连喜
民航安全监察专员兼公安局局长　魏亚军
公安局副局长　李岩
公安局副局长　李彤
公安局副局长　唐芙蓉（女）
公安局副巡视员　杨杰
空警总队总队长兼民航局公安局政治部（空警总队政治部）主任　薛荣国
空警总队副总队长　李勇
空警总队副总队长　李旭华
直属机关党委（思想政治工作办公室）常务副书记（主任）张冲峰
直属机关党委（思想政治工作办公室）巡视员　钱进全
直属机关党委（思想政治工作办公室）巡视员，副书记（副主任），兼民航局直属机关纪委书记，全国民航团委书记　陈丽娟（女）
全国民航工会常务副主席（正司局长级）黄丽辉（女）
全国民航工会副主席（副司局长级）毕务芳（女）
全国民航工会经费审查委员会主任（副司局长级）李跃华

离退休干部局局长 周勇
离退休干部局副局长 王本前
驻国际民航组织理事会代表处代表（正司局长级） 杨胜军

国家邮政局领导和内设机构负责人名单

交通运输部党组成员，国家邮政局局长、党组书记 马军胜
国家邮政局副局长、党组成员 戴应军
国家邮政局副局长、党组成员 刘君
国家邮政局副局长、党组成员 杨春光
国家邮政局副局长、党组成员 赵民
办公室（外事司）主任 沈鸿雁（女）
办公室（外事司）副主任 管爱光（女）
办公室（外事司）副主任 高洪涛（女）
政策法规司司长 金京华（朝鲜族）
政策法规司副司长 刘莹（女）
政策法规司副司长 高黎明
普遍服务司（机要通信司）司长 马旭林（东乡族）
普遍服务司（机要通信司）副司长 李幼平
普遍服务司（机要通信司）副司长 涂刚
市场监管司（安全监督管理司）司长 冯力虎
市场监管司（安全监督管理司）副司长 侯延波（蒙古族）
市场监管司（安全监督管理司）副司长 任惠林
市场监管司（安全监督管理司）副司长 边作栋
人事司司长 刘良一
人事司副司长 储蔚（女）
人事司副司长 袁聿东
机关党委常务副书记 张星朝
机关纪委书记 刘贵军

附录 3　统计公报

2018 年交通运输行业发展统计公报

2018 年是全面贯彻落实党的十九大精神的开局之年，是改革开放 40 周年，也是决胜全面建成小康社会、实施“十三五”规划承上启下的关键一年。各级交通运输部门深入学习贯彻习近平新时代中国特色社会主义思想和党的十九大精神，坚持稳中求进工作总基调，坚持新发展理念，坚持推动高质量发展，按照党中央、国务院决策部署，全面推进各项工作，取得明显成效。

一、基础设施

（一）铁路

年末全国铁路营业里程达到 13.1 万公里，比上年增长 3.1%，其中高铁营业里程 2.9 万公里以上。全国铁路路网密度 136.0 公里 / 万平方公里，增加 3.7 公里 / 万平方公里。

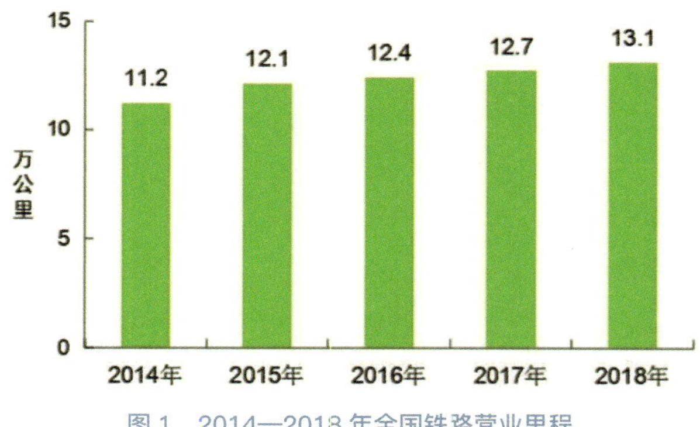

图 1　2014—2018 年全国铁路营业里程

（二）公路

年末全国公路总里程 484.65 万公里，比上年增加 7.31 万公里。公路密度 50.48 公里 / 百平方公里，增加 0.76 公里 / 百平方公里。公路养护里程 475.78 万公里，占公路总里程 98.2%。

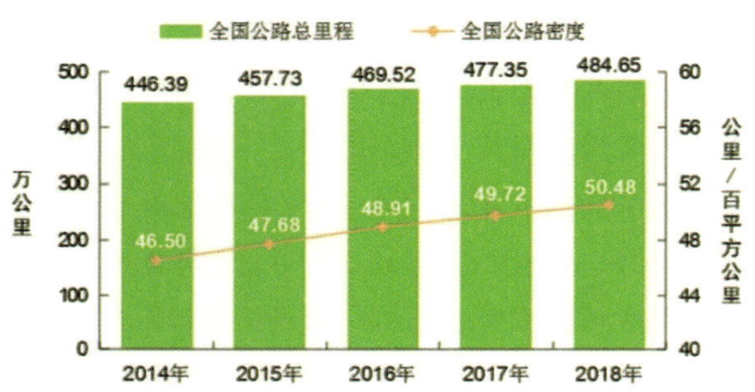

图 2　2014—2018 年全国公路总里程及公路密度

年末全国四级及以上等级公路里程 446.59 万公里，比上年增加 12.73 万公里，占公路总里程 92.1%，提高 1.3 个百分点。二级及以上等级公路里程 64.78 万公里，增加 2.56 万公里，占公路总里程 13.4%，提高 0.3 个百分点。高速公路里程 14.26 万公里，增加 0.61 万公里；高速公路车道里程 63.33 万公里，增加 2.90 万公里。国家高速公路里程 10.55 万公里，增加 0.33 万公里。

年末国道里程 36.30 万公里，省道里程 37.22 万公里。农村公路里程 403.97 万公里，其中县道里程 54.97 万公里，乡道里程 117.38 万公里，村道里程 231.62 万公里。

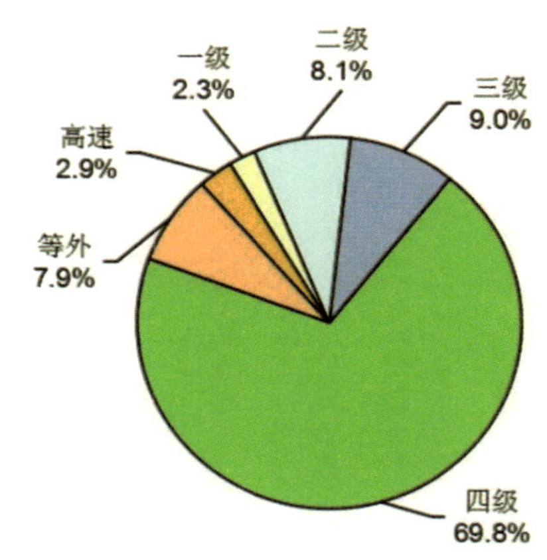

图 3　2018 年全国公路里程分技术等级构成

年末全国公路桥梁 85.15 万座、5568.59 万米，比上年增加 1.90 万座、342.97 万米，其中特大桥梁 5053 座、902.69 万米，大桥 98869 座、2637.04 万米。全国公路隧道 17738 处、1723.61 万米，增加 1509 处、195.10 万米，其中特长隧道 1058 处、470.66 万米，长隧道 4315 处、742.18 万米。

（三）水路

1. 内河航道

年末全国内河航道通航里程 12.71 万公里，比上年增加 108 公里。等级航道里程 6.64 万公里，占总里程 52.3%，提高 0.2 个百分点。三级及以上航道里程 1.35 万公里，占总里程 10.6%，提高 0.8 个百分点。

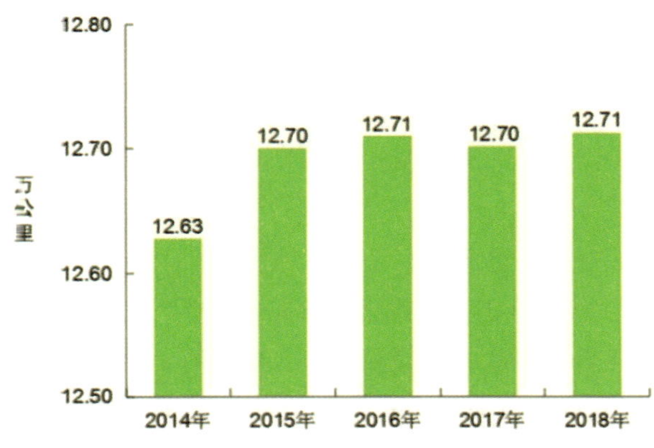

图 4　2014—2018 年全国内河航道通航里程

各等级内河航道通航里程分别为：一级航道 1828 公里，二级航道 3947 公里，三级航道 7686 公里，四级航道 10732 公里，五级航道 7613 公里，六级航道 17522 公里，七级航道 17114 公里。等外航道里程 6.07 万公里。

各水系内河航道通航里程分别为：长江水系 64848 公里，珠江水系 16477 公里，黄河水系 3533 公里，黑龙江水系 8211 公里，京杭运河 1438 公里，闽江水系 1973 公里，淮河水系 17504 公里。

2. 港口

年末全国港口拥有生产用码头泊位 23919 个，比上年减少 3659 个。其中，沿海港口生产用码头泊位 5734 个，减少 96 个；内河港口生产用码头泊位 18185 个，减少 3563 个。

年末全国港口拥有万吨级及以上泊位 2444 个，比上年增加 78 个。其中，沿海港口万吨级及以上泊位 2007 个，增加 59 个；内河港口万吨级及以上泊位 437 个，增加 19 个。

表 1　全国港口万吨级及以上泊位数量（计量单位：个）

泊位吨级	全国港口	比上年增加	沿海港口	比上年增加	内河港口	比上年增加
合计	2444	78	2007	59	437	19
1~3 万吨级（不含 3 万）	845	11	656	5	189	6
3~5 万吨级（不含 5 万）	416	17	294	9	122	8
5~10 万吨级（不含 10 万）	786	24	672	19	114	5
10 万吨级及以上	397	26	385	26	12	—

全国万吨级及以上泊位中，专业化泊位 1297 个，比上年增加 43 个；通用散货泊位 531 个，增加 18 个；通用件杂货泊位 396 个，增加 8 个。

表 2　全国万吨级及以上泊位构成（按主要用途分）(计量单位：个)

泊位用途	2018 年	2017 年	比上年增加
专业化泊位	1297	1254	43
#集装箱泊位	338	328	10
煤炭泊位	252	246	6
金属矿石泊位	85	84	1
原油泊位	82	77	5
成品油泊位	140	140	—
液体化工泊位	217	205	12
散装粮食泊位	41	41	—
通用散装泊位	531	513	18
通用件杂货泊位	396	388	8

（四）民航

年末共有颁证民用航空机场 235 个，比上年增加 6 个，其中定期航班通航机场 233 个，定期航班通航城市 230 个。

年旅客吞吐量达到 100 万人次以上的通航机场有 95 个，比上年增加 11 个，年旅客吞吐量达到 1000 万人次以上的有 37 个，增加 5 个。年货邮吞吐量达到 10000 吨以上的有 53 个，增加 1 个。

（五）公路交通流量

全国国道观测里程 21.88 万公里，机动车年平均日交通量为 14179 辆，比上年增长 3.5%，年平均日行驶量为 309939 万车公里，增长 2.5%。其中，国家高速公路年平均日交通量为 26435 辆，增长 5.4%，年平均日行驶量为 138840 万车公里，增长 6.0%；普通国道年平均日交通量为 10307 辆，增长 1.4%，年平均日行驶量为 171094 万车公里，下降 0.1%。

二、运输装备

（一）公路

年末全国拥有公路营运汽车 1435.48 万辆，比上年下降 1.0%。

拥有载客汽车 79.66 万辆，比上年下降 2.4%，2048.11 万客位，下降 2.4%。其中大型客车 30.27 万辆，下降 1.0%，1333.99 万客位，下降 0.4%。

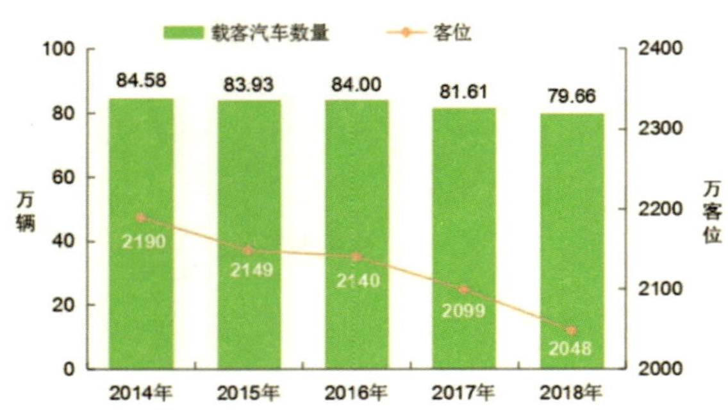

图 5　2014—2018 年全国载客汽车拥有量

拥有载货汽车 1355.82 万辆，比上年下降 0.9%，12872.97 万吨位，增长 9.3%。其中，普通货车 816.76 万辆，下降 9.5%，4791.21 万吨位，下降 1.6%；专用货车 52.63 万辆，增长 13.8%，547.59 万吨位，增长 9.7%；牵引车 237.67 万辆，增长 14.7%；挂车 248.76 万辆，增长 17.2%。

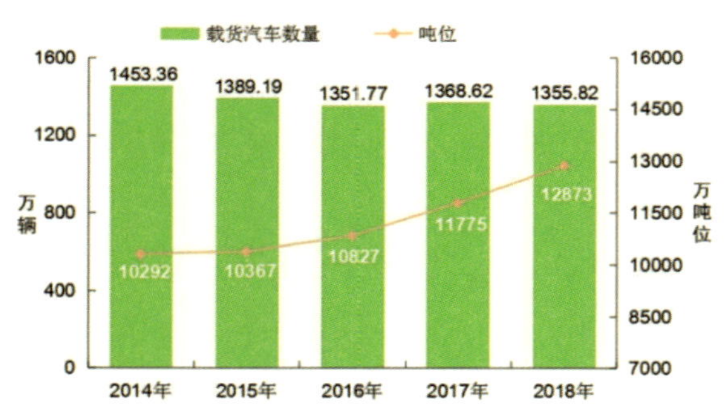

图 6　2014—2018 年全国载货汽车拥有量

（二）水路

年末全国拥有水上运输船舶 13.70 万艘，比上年下降 5.5%；净载重量 25115.29 万吨，下降 2.1%；载客量 96.33 万客位，下降 0.4%；集装箱箱位 196.78 万标准箱，下降 9.0%。

图 7 2014—2018 年全国水上运输船舶拥有量

表 3 全国水上运输船舶构成（按航行区域分）

指标	计量单位	实绩	比上年增长（%）
内河运输船舶			
运输船舶数量	万艘	12.43	-6.0
净载重量	万吨	12915.50	-1.8
载客量	万客位	71.59	-1.0
集装箱箱位	万 TEU	33.81	4.1
沿海运输船舶			
运输船舶数量	艘	10379	0.6
净载重量	万吨	6885.06	-2.3
载客量	万客位	22.68	1.4
集装箱箱位	万 TEU	56.62	12.9
远洋运输船舶			
运输船舶数量	艘	2251	-2.4
净载重量	万吨	5314.73	-2.6
载客量	万客位	2.06	-1.0
集装箱箱位	万 TEU	106.34	-20.4

（三）城市客运

年末全国拥有公共汽电车 67.34 万辆，比上年增长 3.4%，其中 BRT 车辆 9110 辆，增长 3.5%。按车辆燃料类型分，柴油车占 22.2%，天然气车占 24.5%，纯电动车占 37.8%，混合动力车占 12.9%。

拥有轨道交通车站 3412 个，增加 362 个；运营车辆 34012 辆，增长 18.5%。

拥有巡游出租车 138.89 万辆，下降 0.5%。拥有城市客运轮渡船舶 250 艘，下降 5.3%。

表 4 全国城市客运装备拥有量

年份	公共汽电车（万辆）	轨道交通运营车辆（辆）	巡游出租车（万辆）	城市客运轮渡船舶（艘）
2014 年	52.88	17300	137.01	329
2015 年	56.18	19941	139.25	310
2016 年	60.86	23791	140.40	282
2017 年	65.12	28707	139.58	264
2018 年	67.34	34012	138.89	250

三、运输服务

2018 年，完成营业性客运量 179.38 亿人，比上年下降 3.0%，旅客周转量 34217.43 亿人公里，增长 4.3%，营业性货运量 506.29 亿吨，增长 7.2%，货物周转量 199385.00 亿吨公里，增长 3.5%。

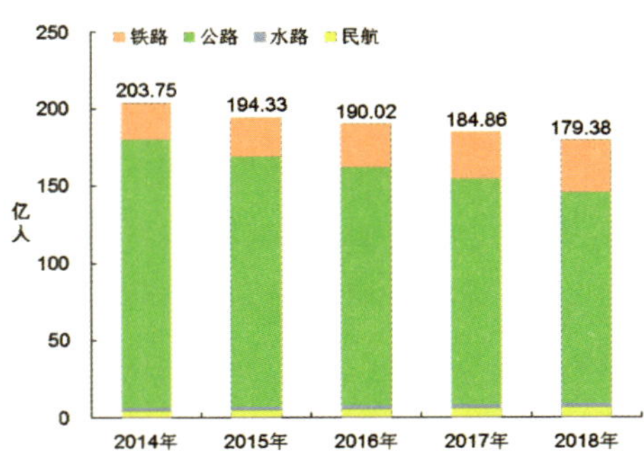

图 8 2014—2018 年营业性客运量

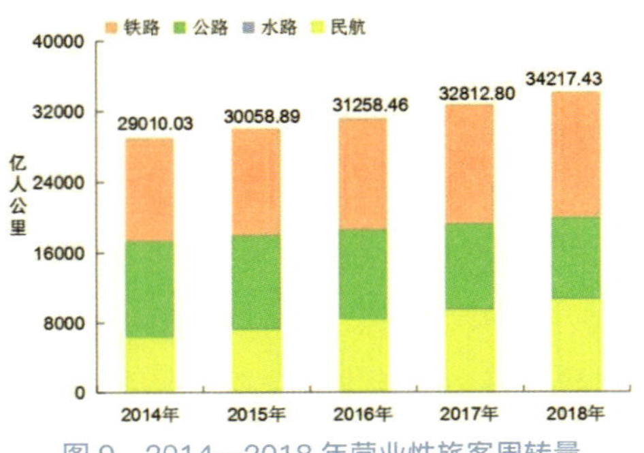

图 9 2014—2018 年营业性旅客周转量

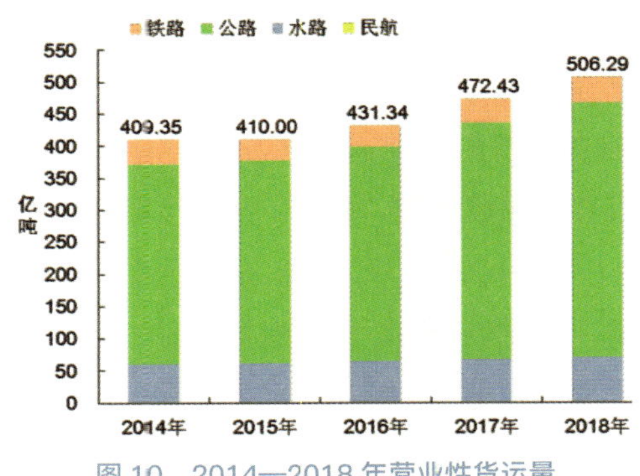

图 10　2014—2018 年营业性货运量

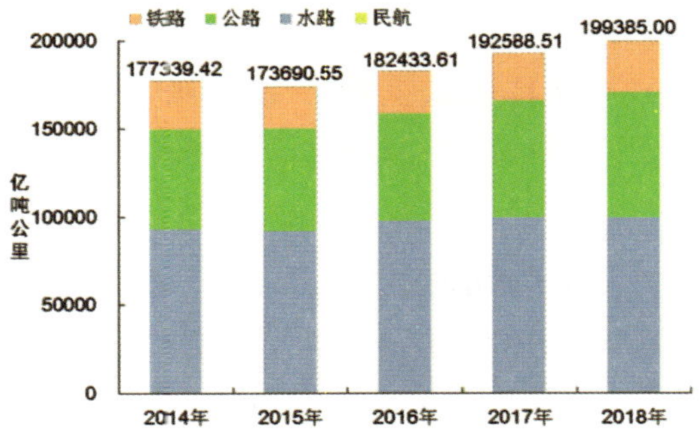

铁路 公路 水路 民航
200000
150000
100000
50000
0
亿吨公里
177339.42
173690.55
182433.61
192588.51
199385.00
2014年
2015年
2016年
2017年
2018年

图 11　2014—2018 年营业性货物周转量

（一）铁路

全年完成旅客发送量 33.75 亿人，比上年增长 9.4%，旅客周转量 14146.58 亿人公里，增长 5.1%。其中动车组发送旅客 20.05 亿人，增长 16.8%。

全国铁路完成货物总发送量 40.26 亿吨，比上年增长 9.1%，货物总周转量 28820.55 亿吨公里，增长 6.9%。

（二）公路

全年完成营业性客运量 136.72 亿人，比上年下降 6.2%，旅客周转量 9279.68 亿人公里，下降 5.0%。完成货运量 395.69 亿吨，增长 7.3%，货物周转量 71249.21 亿吨公里，增长 6.7%。

（三）水路

全年完成客运量 2.80 亿人，比上年下降 1.1%，旅客周转量 79.57 亿人公里，增长 2.5%。完成货运量 70.27 亿吨，增长 5.2%，货物周转量 99052.82 亿吨公里，增长 0.4%。其中，内河运输完成货运量 37.43 亿吨、货物周转量 15365.89 亿吨公里；沿海运输完成货运量 25.14 亿吨、货物周转量 31760.34 亿吨公里；远洋运输完成货运量 7.70 亿吨、货物周转量 51926.58 亿吨公里。

全国港口完成旅客吞吐量 1.77 亿人，比上年下降 4.3%。其中，沿海港口完成 0.88 亿人，增长 1.9%；内河港口完成 0.89 亿人，下降 9.7%。全年我国邮轮旅客运输量 250 万人，增长 2.7%。

全国港口完成货物吞吐量 143.51 亿吨，比上年增长 2.5%。其中，沿海港口完成 94.63 亿吨，增长 4.5%；内河港口完成 48.88 亿吨，下降 1.3%。

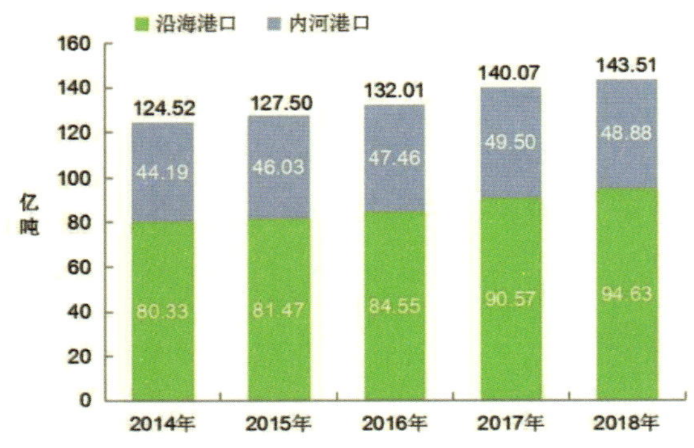

图 12　2014—2018 年全国港口货物吞吐量

全国港口完成外贸货物吞吐量 41.89 亿吨，比上年增长 2.4%。其中，沿海港口完成 37.44 亿吨，增长 2.5%；内河港口完成 4.45 亿吨，增长 1.6%。

全国港口完成集装箱吞吐量 2.51 亿 TEU，

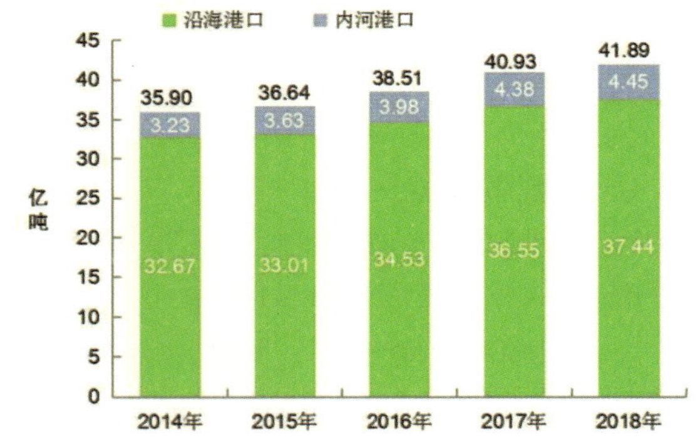

图 13　2014—2018 年全国港口外贸货物吞吐量

比上年增长5.3%。其中，沿海港口完成2.22亿TEU，增长5.2%；内河港口完成2909万TEU，增长6.2%。全国规模以上港口完成集装箱铁水联运量450万TEU，增长29.4%，占规模以上港口集装箱吞吐量1.80%。

图14 2014—2018年全国港口集装箱吞吐量

全国规模以上港口完成货物吞吐量133.45亿吨，比上年增长2.9%。其中，完成煤炭及制品吞吐量24.50亿吨，增长3.4%；石油、天然气及制品吞吐量10.66亿吨，增长3.8%；金属矿石吞吐量21.22亿吨，增长3.1%。

（四）民航

全年完成旅客运输量6.12亿人，比上年增长10.9%，旅客周转量10711.59亿人公里，增长12.6%。其中，国内航线完成旅客运输量5.37亿人，增长10.5%，港澳台航线完成旅客运输量1127.10万人，增长9.8%；国际航线完成旅客运输量6366.70万人，增长14.8%。

完成货邮运输量738.50万吨，比上年增长4.6%，货邮周转量262.42亿吨公里，增长7.7%。

民航运输机场完成旅客吞吐量12.65亿人，比上年增长10.2%。完成货邮吞吐量1674.02万吨，增长3.5%。

（五）邮政

全年完成邮政行业业务总量12345.19亿元，比上年增长26.4%。

邮政普遍服务完成函件业务26.77亿件，比上年下降15.0%；包裹业务完成2407.0万件，下降9.4%；报纸业务完成172.94亿份，下降2.3%；杂志业务完成7.87亿份，下降0.6%；汇兑业务完成2520.0万笔，下降32.7%。

快递业务量完成507.10亿件，比上年增长26.6%。快递业务收入完成6038.43亿元，增长21.8%，快递业务收入占邮政行业业务收入的76.4%，提高1.5个百分点。

（六）城市客运

年末全国拥有公共汽电车运营线路60590条，比上年增加3804条，运营线路总长度119.9万公里，增加13.01万公里。其中，公交专用车道12850.2公里，增加1935.7公里；BRT线路长度5119.3公里。轨道交通运营线路171条，增加18条，运营里程5295.1公里，增加711.8公里；其中，地铁线路143条、4726.5公里，轻轨线路6条、217.6公里。城市客运轮渡运营航线91条，减少1条，运营航线总长度376.6公里，减少58.3公里。

全年完成城市客运量1262.24亿人，比上年下降0.9%。其中，公共汽电车完成697.00亿人，下降3.6%，其中BRT客运量15.87亿人，公共汽电车运营里程346.10亿公里，下降2.6%；轨道交通完成212.77亿人，增长15.4%，运营车公里35.26亿车公里，增长18.6%；巡游出租车完成351.67亿人，下降3.8%；客运轮渡完成0.80亿人，下降3.1%。

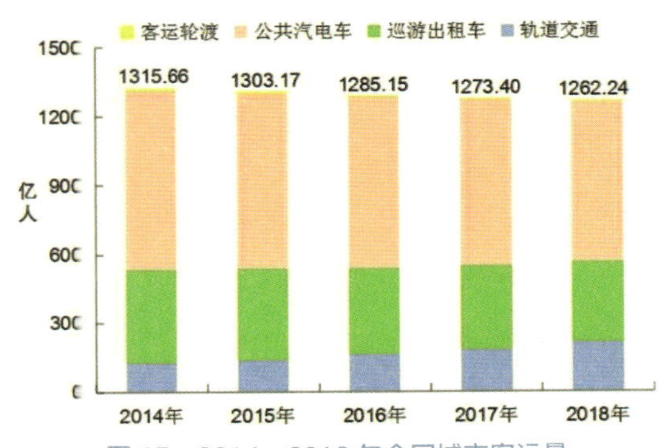

图15 2014—2018年全国城市客运量

四、交通固定资产投资

全年完成交通固定资产投资 32235 亿元，比上年增长 0.7%。

（一）铁路

全年完成铁路固定资产投资 8028 亿元。

（二）公路水路

1. 公路

全年完成公路建设投资 21335 亿元，比上年增长 0.4%。其中，高速公路建设完成投资 9972 亿元，增长 7.7%；普通国省道建设完成投资 6378 亿元，下降 12.2%；农村公路建设完成投资 4986 亿元，增长 5.4%。

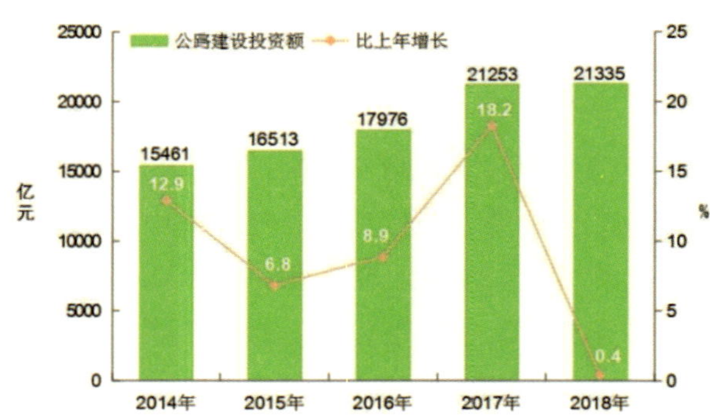

图 16　2014—2018 年公路建设投资额及增长速度

2. 水路

全年完成水运建设投资 1191 亿元，比上年下降 3.8%。其中，内河建设完成投资 628 亿元，增长 10.3%；沿海建设完成投资 563 亿元，下降 15.8%。

3. 公路水路其他

全年完成公路水路支持系统及其他建设投资 824 亿元，比上年增长 26.9%。

（三）民航

全年完成民航固定资产投资 857 亿元，比上年下降 1.3%。

五、生产安全

全年未发生特别重大、重大铁路交通事故，铁路交通事故死亡人数比上年下降 4.6%。

全年共发生运输船舶水上交通事故 176 件，下降 10.2%，死亡失踪 237 人，增长 24.7%，沉船 83 艘，增长 3.8%。全国各级海上搜救中心共组织、协调搜救行动 1902 次；在我国搜救责任区内成功搜救 1295 艘中外遇险船舶，12463 名中外遇险人员，搜救成功率 95.3%。

公路水路交通运输建设领域全年共发生生产安全事故 41 起，比上年下降 6.8%，死亡 63 人，下降 4.5%。未发生重特大事故。

六、能源消耗

全年共监测公路水路运输企业 123 家。监测的城市公交企业每万人次单耗 1.5 吨标准煤，比上年下降 5.2%，百车公里单耗 41.7 千克标准煤，下降 8.9%；公路班线客运企业每千人公里单耗 14.6 千克标准煤，下降 0.6%，百车公里单耗 29.1 千克标准煤，下降 0.6%；公路专业货运企业每百吨公里单耗 2 千克标准煤，增长 11.1%；远洋和沿海货运企业每千吨海里单耗 4.1 千克标准煤，下降 6.8%；港口企业每万吨单耗 2.3 吨标准煤，下降 4.1%。

七、科技与人才队伍建设

全年铁路行业有 8 个项目荣获 2018 年度国家科学技术奖，其中技术发明二等奖 2 项，科技进步二等奖 5 项，科技进步团队奖 1 项。

全年公路水路交通运输科研基础条件建设完成投资 15 亿余元。年末交通运输行业共有 52 个行业重点实验室，48 个行业研发中心以及 19 个协同创新平台。8 项科技成果获 2018 年度国家科学技术进步奖，其中一等奖 1 项，二等奖 7 项。

部全年表彰 2016—2017 年度全国交通运输行业文明单位 198 个、文明示范窗口 217 个、文明职工标兵213人、精神文明建设先进工作者94人。全年获得“全国技术能手”称号20人、“全国交通技术能手”称号96人，共评选培养“交通运输青年科技英才”130人。

注释：

1. 香港、澳门特别行政区及台湾省统计数据未包括在本公报内。
2. 按照《国家公路网规划（2013—2030年）》，结合各省（区、市）路网调整情况，本公报中国道、省道、县道、乡道、村道里程的统计口径做了部分调整。
3. 本公报中营业性旅客运输量为铁路、公路、水路、民航完成数，不包括城市客运量；营业性货物运输量为铁路、公路、水路、民航完成数，不包括管道数据。
4. 铁路数据为快报数据。国家铁路含控股合资铁路。
5. 民航运输数据为快报数据。
6. 邮政数据为月度快报统计数据。

资料来源：

本公报数据来自交通运输部、国家铁路局、中国民用航空局、国家邮政局和中国铁路总公司。

2018年全国收费公路统计公报

根据《政府信息公开条例》的有关规定，经汇总各省（区、市）已公布的收费公路统计数据，现将2018年全国收费公路统计汇总结果公报如下：

一、收费公路总体情况

（一）里程构成

2018年末，全国收费公路里程16.81万公里，占公路总里程484.65万公里的3.5%。其中，高速公路13.79万公里，一级公路1.96万公里，二级公路0.97万公里，独立桥梁及隧道951公里，占比分别为82.0%、11.7%、5.7%和0.6%。

全国收费公路里程比上年末净增加4335公里。其中，高速公路净增加5239公里，一级公路净减少1074公里，二级公路净增加101公里，独立桥梁及隧道净增加69公里。

（二）主线收费站

2018年末，全国收费公路共有主线收费站1316个，比上年末净减少22个。其中，高速公路755个，一级公路354.5个，二级公路144个，独立桥梁及隧道62.5个，占比分别为57.4%、26.9%、10.9%和4.7%。

（三）建设投资

2018年末，全国收费公路累计建设投资总额88823.5亿元，较上年末净增加6479.5亿元，增长7.9%。其中，累计资本金投入27044.7亿元，资本金比例30.4%；累计债务性资金投入61778.8亿元，债务性资金比例69.6%。

（四）债务余额

2018年末，全国收费公路债务余额56913.6亿元，比上年末增加4070.1亿元，增长7.7%。其中，年末银行贷款余额47744.2亿元，年末其他债务余额9169.5亿元，占比分别为83.9%和16.1%。

（五）收入支出

2018年度，全国收费公路通行费收入5552.4亿元，比上年增加422.2亿元，增长8.2%；支出总额9621.8亿元，比上年增加465.1亿元，增长5.1%；通行费收支缺口4069.4亿元，比上年增加42.9亿元，增长1.1%。

2018年度支出总额中，偿还债务本金5066.7亿元，偿还债务利息2647.9亿元，养护支出589.3亿元，公路及附属设施改扩建工程支出191.4亿元，运营管理支出707.2亿元，税费支出377.3亿元，其他支出41.9亿元，占比分别为52.7%、27.5%、6.1%、2.0%、7.3%、3.9%和0.4%。

二、政府还贷公路情况

2018年末，全国政府还贷公路里程9.33万公里，累计建设投资总额44870.5亿元，债务余额30536.1亿元，年通行费收入2142.3亿元，年支出总额4160.7亿元，分别占全国收费公路的55.5%、50.5%、53.7%、38.6%和43.2%。

（一）里程构成

政府还贷公路总里程9.33万公里，其中，高速公路7.26万公里，一级公路1.51万公里，二级公路0.53万公里，独立桥梁及隧道203公里，占比分别为77.8%、16.2%、5.7%和0.2%。政府还贷高速公路占收费高速公路里程的52.6%。

（二）建设投资

政府还贷公路累计建设投资总额44870.5亿元，其中，高速公路40626.2亿元，一级公路3010.1亿元，二级公路306.9亿元，独立桥梁及隧道927.4亿元，占比分别为90.5%、6.7%、0.7%和2.1%。

政府还贷公路累计建设投资总额中，累计资本金投入12922.5亿元，资本金比例28.8%；累计债务性资金投入31948.0亿元，债务性资金比例71.2%。

（三）债务余额

2018年末政府还贷公路债务余额30536.1亿元，其中，高速公路28420.3亿元，一级公路1635.0亿元，二级公路58.8亿元，独立桥梁及隧道422.1亿元，占比分别为93.1%、5.4%、0.2%和1.4%。

（四）收入支出

2018年度政府还贷公路通行费收入2142.3亿元。其中，高速公路2016.0亿元，一级公路78.1亿元，二级公路16.8亿元，独立桥梁及隧道31.4亿元，占比分别为94.1%、3.6%、0.8%和1.5%。

2018年度政府还贷公路支出总额4160.7亿元。其中偿还债务本金2012.3亿元，偿还债务利息1452.2亿元，养护支出286.1亿元，公路及附属设施改扩建工程支出26.8亿元，运营管理支出314.4亿元，税费支出65.4亿元，其他支出3.6亿元，占比分别为48.4%、34.9%、6.9%、0.6%、7.6%、1.6%和0.1%。

2018年度政府还贷公路通行费收支缺口2018.5亿元。其中，高速公路缺口1854.1亿元，一级公路缺口147.8亿元，二级公路盈余2.3亿元，独立桥梁及隧道缺口18.8亿元。

三、经营性公路情况

2018年末，全国经营性公路里程7.48万公里，累计建设投资总额43953.0亿元，债务余额26377.5亿元，年通行费收入3410.1亿元，年支出总额5461.1亿元，分别占全国收费公路的44.5%、49.5%、46.3%、61.4%和56.8%。

（一）里程构成

经营性公路总里程为7.48万公里，其中，高速公路6.53万公里，一级公路0.45万公里，二级公路0.43万公里，独立桥梁及隧道749公里，分别占经营性公路里程的87.3%、6.0%、5.8%和1.0%。经营性高速公路占收费高速公路里程的47.4%。

（二）建设投资

经营性公路累计建设投资总额43953.0亿元，其中，高速公路41443.3亿元，一级公路860.3亿元，二级公路192.3亿元，独立桥梁及隧道1457.1亿元，占比分别为94.3%、2.0%、0.4%和3.3%。

经营性公路累计建设投资总额中，累计资本金投入14122.2亿元，资本金比例32.1%；累计债务性资金投入29830.8亿元，债务性资金比例67.9%。

（三）债务余额

经营性公路债务余额26377.5亿元，其中，高速公路25245.9亿元，一级公路395.5亿元，二级公路54.6亿元，独立桥梁及隧道681.5亿元，占比分别为95.7%、1.5%、0.2%和2.6%。

（四）收入支出

2018年度，经营性公路通行费收入3410.1亿元。其中，高速公路3152.4亿元，一级公路48.0亿元，二级公路25.4亿元，独立桥梁及隧道184.3亿元，占比分别为92.4%、1.4%、0.7%和5.4%。

2018年度经营性公路支出总额为5461.1亿元。其中偿还债务本金3054.4亿元，偿还债务利息1195.7亿元，养护支出303.2亿元，公路及附属设施改扩建工程支出164.7亿元，运营管理支出392.7亿元，税费支出312.0亿元，其他支出38.3亿元，占比分别为55.9%、21.9%、5.6%、3.0%、7.2%、5.7%和0.7%。

2018年度经营性公路通行费收支缺口2050.9亿元。其中，高速公路缺口2003.2亿元，一级公路缺口17.3亿元，二级公路缺口1.8亿元，独立桥梁及隧道缺口28.7亿元。

四、通行费减免情况

2018年度，全国收费公路共减免车辆通行费

917.8亿元，比上年增加96.1亿元，增长11.7%。其中，“绿色通道”（鲜活农产品运输车辆）减免345.0亿元，重大节假日小型客车免费通行减免307.9亿元，其他政策性减免264.9亿元，占比分别为37.6%、33.6%和28.9%。

附表：2018年全国收费公路统计汇总表

注释：

1. 政府还贷公路：是指县级以上地方人民政府交通运输主管部门利用贷款或者向企业、个人有偿集资建设的公路，收费时使用财政票据。
2. 经营性公路：是指国内外经济组织投资建设或者依照公路法的规定受让政府还贷公路收费权的公路，收费时使用税务票据。
3. 累计建设投资总额：是指历年建设投资和当年新增建设投资之和，包括征地拆迁、土木工程、交通工程及沿线设施的投资，不含养护、大中修投资。
4. 财政性资本金投入、非财政性资本金投入：是累计建设投资总额中分别属政府财政和其他来源（如社会资本投资、企事业单位自筹）的资本金部分。
5. 举借银行贷款本金、举借其他债务本金：是指累计建设投资总额中通过举借银行贷款和举借其他债务（如发行债券、对外借款）筹集的债务性资金，即原始银行贷款本金和原始其他债务本金，不考虑偿还因素。
6. 养护支出：是指公路日常小修保养（含养护人员薪酬）、大中修工程、预防性养护、养护设施设备购置、养护检查检测、应急养护、机电系统改造维护、生产及照明用电等费用支出之和。
7. 公路及附属设施改扩建工程支出：是指公路及附属设施的改建支出，如收费站、收费广场，部分路段线位调整、提升技术等级、增加车道数和出入口，以及立交工程的改建工程。
8. 税费支出：是指税务部门征收的所有税金与政府财政等有关部门，按相关规定征收或提取的规费之和，包括增值税、所得税、城建税、房产税、教育附加费、水利基金、交警经费等。
9. 运营管理支出：指收费业务、日常管理、路政管理及治超工作支出之和，包括收费人员、管理人员、后勤人员和路政治超人员薪酬、收费业务费用、日常管理办公经费（含）、其他管理支出、路政治超办公及业务费用、执法装备使用及维修、路产巡查等支出。
10. 其他支出：指除还本付息支出、养护支出、公路及附属设施改扩建工程支出、税费支出和运营管理支出之外应由通行费收入列支的所有费用支出。
11. 通行费收支缺口：使用通行费收入减去支出总额，通行费收入大于支出总额为盈余，通行费收入小于支出总额为缺口。
12. 部分数据因四舍五入的原因，存在着与分项合计不等的情况；占比率根据四舍五入前数据计算。

附表

2018 年全国收费公路统计汇总表

项目		编号	收费公路里程	主线收费站	建设投资情况				
					累计建设投资总额	财政性资本金投入	非财政性资本金投入	举借银行贷款本金	举借其他债务本金
			公里	个	万元	万元	万元	万元	万元
甲		乙	1	2	3	4	5	6	7
总计		1	168,071.4	1,316.0	888,234,798	150,530,292	119,916,513	572,373,393	45,414,599
还贷性		2	93,257.0	709.5	448,704,876	108,766,032	20,458,614	303,618,631	15,861,599
经营性		3	74,814.3	606.5	439,529,921	41,764,260	99,457,899	268,754,763	29,553,000
高速	小计	4	137,876.7	755.0	820,694,540	135,753,331	108,864,043	534,944,312	41,132,854
	还贷性	5	72,577.8	395.5	406,261,857	96,030,550	16,791,425	278,877,372	14,562,509
	经营性	6	65,298.8	359.5	414,432,683	39,722,781	92,072,618	256,066,940	26,570,344
一级	小计	7	19,592.3	354.5	38,703,896	10,296,066	4,374,399	21,568,895	2,464,535
	还贷性	8	15,132.0	259.5	30,100,749	9,301,782	2,032,629	17,627,028	1,139,310
	经营性	9	4,460.3	95.0	8,603,147	994,285	2,341,770	3,941,867	1,325,225
二级	小计	10	9,651.0	144.0	4,991,361	1,813,922	823,224	1,910,603	443,611
	还贷性	11	5,344.5	43.0	3,068,596	1,658,835		1,382,081	27,679
	经营性	12	4,306.5	101.0	1,922,765	155,087	823,224	528,522	415,932
独立桥梁	小计	13	818.4	52.5	21,042,728	2,405,060	5,022,177	12,693,566	921,925
	还贷性	14	178.7	8.5	8,381,310	1,513,073	1,634,560	5,204,454	29,224
	经营性	15	639.7	44.0	12,661,418	891,987	3,387,617	7,489,112	892,702
独立隧道	小计	16	133.0	10.0	2,802,272	261,911	832,670	1,256,017	451,673
	还贷性	17	23.9	3.0	892,364	261,791		527,696	102,877
	经营性	18	109.1	7.0	1,909,908	120	832,670	728,321	348,796

续上表

项目		编号	债务余额情况			年通行费收入	年支出总额	还本付息支出小计		
			年末债务余额小计	年末银行贷款余额	年末其他债务余额				偿还债务本金支出	偿还债务利息支出
			万元	万元	万元	万元	万元	万元	万元	万元
甲		乙	8	9	10	11	12	13	14	15
总 计		1	569,136,202	477,441,655	91,694,547	55,524,119	96,218,009	77,146,441	50,667,318	26,479,123
还贷性		2	305,361,307	266,883,331	38,477,976	21,422,663	41,607,467	34,645,268	20,122,826	14,522,442
经营性		3	263,774,895	210,558,324	53,216,571	34,101,456	54,610,542	42,501,173	30,544,492	11,956,681
高速	小 计	4	536,661,857	453,730,002	82,931,856	51,683,847	90,256,852	72,654,476	47,662,043	24,992,433
	还贷性	5	284,202,998	251,063,573	33,139,425	20,159,548	38,701,018	32,285,255	18,747,528	13,537,726
	经营性	6	252,458,859	202,666,428	49,792,431	31,524,299	51,555,834	40,369,221	28,914,514	11,454,707
一级	小 计	7	20,304,685	13,268,966	7,035,719	1,260,469	2,911,542	2,279,713	1,366,203	913,510
	还贷性	8	16,349,709	11,230,070	5,119,639	780,872	2,259,168	1,844,933	1,093,077	751,856
	经营性	9	3,954,976	2,038,896	1,916,080	479,597	652,374	434,779	273,126	161,654
二级	小 计	10	1,134,184	778,844	355,340	422,721	417,510	200,617	136,395	64,222
	还贷性	11	587,854	584,581	3,273	168,365	145,238	77,846	44,852	32,994
	经营性	12	546,330	194,263	352,068	254,356	272,272	122,771	91,543	31,229
独立桥梁	小 计	13	9,847,020	8,919,900	927,120	2,028,203	2,244,280	1,662,210	1,200,702	461,508
	还贷性	14	3,908,365	3,772,847	135,518	299,211	361,682	307,159	124,244	182,915
	经营性	15	5,938,655	5,147,053	791,602	1,728,992	1,882,599	1,355,052	1,076,458	278,593
独立隧道	小 计	16	1,188,455	743,944	444,512	128,879	387,825	349,426	301,976	47,449
	还贷性	17	312,380	232,260	80,121	14,667	140,363	130,075	113,124	16,951
	经营性	18	876,075	511,684	364,391	114,212	247,462	219,350	188,852	30,498

续上表

项目		编号						通行费减免情况		
			养护支出	公路及附属设施改扩建工程支出	运营管理支出	税费支出	其他支出	年绿色通道减免金额	年节假日小型客车减免金额	年其他政策性减免金额
			万元	万元	万元	万元	万元	万元	万元	万元
甲		乙	16	17	18	19	20	21	22	23
总计		1	5,893,192	1,914,402	7,071,568	3,773,410	418,997	3,449,670	3,079,337	2,649,052
还贷性		2	2,861,008	267,652	3,144,462	653,560	35,518	1,573,095	1,127,236	896,502
经营性		3	3,032,184	1,646,750	3,927,106	3,119,850	383,479	1,876,575	1,952,100	1,752,550
高速	小计	4	5,363,226	1,844,114	6,560,650	3,431,562	402,825	3,326,617	2,922,781	2,470,898
	还贷性	5	2,616,606	245,529	2,900,101	624,225	29,302	1,533,672	1,081,722	828,960
	经营性	6	2,746,619	1,598,585	3,660,549	2,807,338	373,523	1,792,946	1,841,059	1,641,938
一级	小计	7	248,949	44,414	270,118	61,974	6,374	22,759	44,668	79,966
	还贷性	8	177,422	19,425	190,022	24,898	2,467	16,677	22,345	46,099
	经营性	9	71,527	24,989	80,096	37,076	3,907	6,082	22,323	33,867
二级	小计	10	103,896	5,682	75,196	30,867	1,254	13,506	8,442	20,735
	还贷性	11	39,474	509	27,409			11,496	4,265	8,843
	经营性	12	64,422	5,173	47,786	30,867	1,254	2,010	4,176	11,891
独立桥梁	小计	13	156,321	20,137	155,136	244,001	6,476	85,901	99,675	74,890
	还贷性	14	21,862	2,189	23,699	4,000	2,773	11,144	18,448	12,515
	经营性	15	134,459	17,948	131,437	240,000	3,703	74,757	81,228	62,375
独立隧道	小计	16	20,800	55	10,469	5,007	2,069	887	3,771	2,563
	还贷性	17	5,644		3,230	437	976	107	456	85
	经营性	18	15,156	55	7,238	4,570	1,093	780	3,315	2,478

注一：同一收费项目中含不同技术或行政等级，项目的技术和行政等级按里程长的计算；注二：收费站按所属项目技术等级计算；注三：省界主线共管收费站，各省分别按 0.5 个计算。

《2018 年全国收费公路统计公报》解读

2018 年，各地、各有关部门坚决贯彻落实党中央、国务院各项决策部署，协调推进“四个全面”战略布局，坚持稳中求进工作总基调，按照稳增长、促改革、调结构、惠民生、防风险的要求，加快推进公路基础设施建设，为全面建成小康社会和人民群众安全便捷出行提供优质高效的公路交通保障。

一、政策实施成效

改革开放初期，我国经济持续快速发展，群众出行需求日益旺盛，国内外贸易规模不断扩大，但公路基础设施发展严重滞后。为破解公路基础设施严重落后对经济社会发展的瓶颈制约，1984 年 12 月，国务院第 54 次常务会议作出“贷款修路，收费还贷”的重大决定，打破了公路建设单纯依靠财政投资的体制束缚，形成了“国家投资、地方筹资、社会融资、利用外资”的多元化投融资机制，对我国公路交通的快速发展起到了至关重要的作用。

2018 年末，全国公路总里程达到 484.65 万公里，是 1984 年末的 5.2 倍。其中，高速公路达到 14.26 万公里，里程规模居世界第一。公路基础设施的快速发展，大幅提高了公路通行能力和运输效率，加快了物流业发展，促进了我国经济社会持续健康发展。2018 年，全国公路旅客周转量为 9279.68 亿人公里，是 1984 年的 6.9 倍；公路货物周转量为 71249.21 亿吨公里，是 1984 年的 135.1 倍。

二、收费公路发展状况

（一）总体情况

1. 里程规模

2018 年末，全国收费公路里程 16.81 万公里，占公路总里程 484.65 万公里的 3.5%。其中，高速公路 13.79 万公里，一级公路 1.96 万公里，二级公路 0.97 万公里，独立桥梁及隧道 951 公里，占比分别为 82.0%、11.7%、5.7% 和 0.6%。

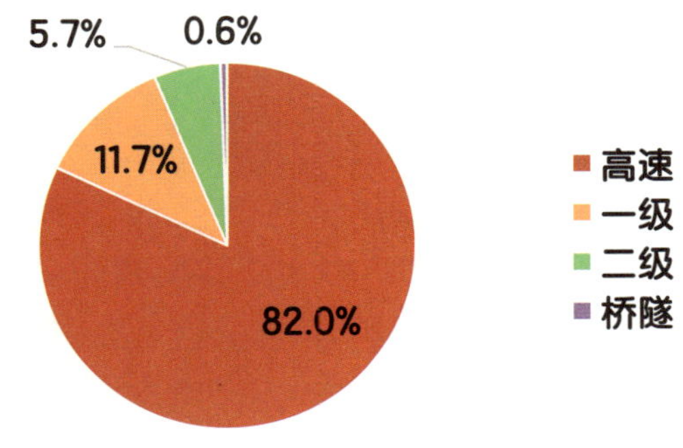

图 1　收费公路技术等级构成（2018）

与上年末相比，全国收费公路总里程由 163737 公里增加到 168071 公里，净增 4335 公里，增长 2.6%。其中，高速公路里程由 132638 公里增加到 137877 公里，净增 5239 公里，增长 3.9%；一级公路由 20667 公里减少到 19592 公里，净减 1074 公里，下降 12.1%；二级公路里程由 9550 公里增加到 9651 公里，净增 101 公里，增长 1.1%；独立桥梁及隧道里程由 883 公里增加到 951 公里，净增 69 公里，增长 7.8%。随着高速公路里程不断增长和普通收费公路逐步到期取消收费，全国收费公路结构进一步优化。

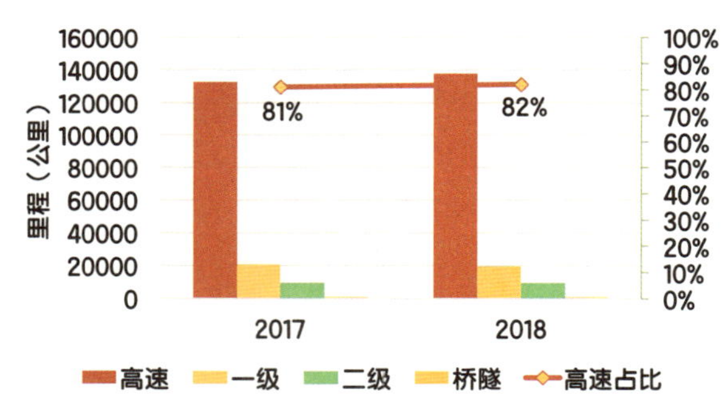

图 2　收费公路里程（2017—2018）

2. 主线收费站

2018年末，全国收费公路共设主线收费站1316个，其中，高速公路755个（含省界站261个），一级公路354.5个，二级公路144个，独立桥梁及隧道62.5个，占比分别为57.4%、26.9%、10.9%和4.7%。

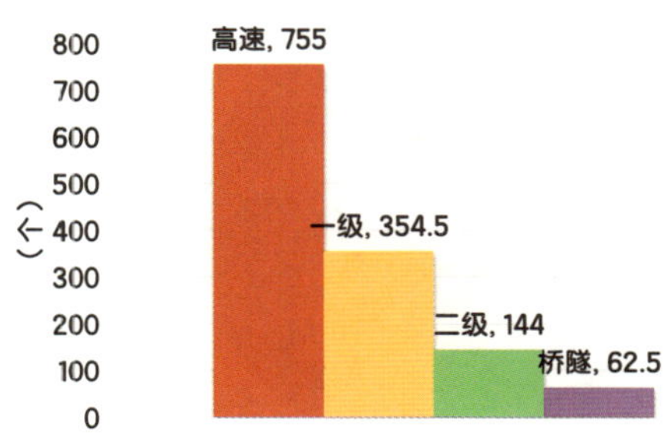

图3　主线收费站数量（2018）

与上年末相比，全国收费公路主线收费站由1338个减少至1316个，净减22个，下降1.6%。其中，高速公路主线收费站由759个减少至755个，净减4个，下降0.5%；一级公路收费站由373个减少至354.5个，净减少18.5个，下降5.0%；二级公路收费站由143个增加至144个，净增1个，增长0.7%；独立桥梁及隧道收费站由63.5个减少至62.5个，净减1个，下降1.6%。

3. 建设投资

2018年末，全国收费公路累计建设投资总额88823.5亿元，比上年末净增6479.5亿元，增长7.9%。

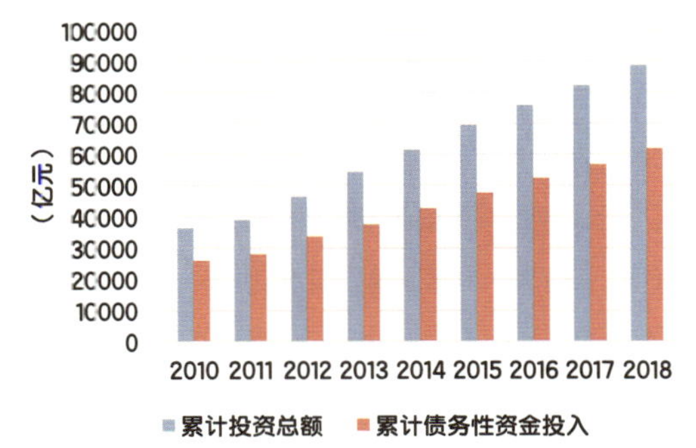

图4　累计建设投资总额（2010—2018）

注：累计建设投资总额指历年和当年收费公路建设投资额的合计

在累计建设投资总额中，累计资本金投入27044.7亿元，资本金比例30.4%；累计债务性资金投入61788.8亿元，债务性资金比例69.6%。与上年末相比，全国收费公路累计债务性资金投入由56729.8亿元增加到61778.8亿元，净增5049亿元，增长8.9%。

4. 债务余额

2018年末，全国收费公路债务余额56913.6亿元，比上年末净增4070.1亿元，增长7.7%。其中，高速公路53666.2亿元，一级公路2030.5亿元，二级公路113.4亿元，独立桥梁及隧道1103.5亿元，占比分别为94.3%、3.6%、0.2%和1.9%。

5. 收入支出

（1）通行费收入

2018年度，全国收费公路车辆通行费总收入5552.4亿元。其中，高速公路5168.4亿元，一级公路126.0亿元，二级公路42.3亿元，独立桥梁及隧道215.7亿元，占比分别为93.1%、2.3%、0.8%和3.9%。

全国收费公路车辆通行费总收入比上年净增422.2亿元，增长8.2%。其中，高速公路净增415.6亿元，一级公路净增1.2亿元，二级公路净增0.2亿元，独立桥梁及隧道净增5.2亿元。

（2）支出情况

2018年度，全国收费公路支出总额9621.8亿元。其中，偿还债务本金5066.7亿元，偿还债务利息2647.9亿元，养护支出589.3亿元，公路及附属设施改扩建工程支出191.4亿元，运营管理支出707.2亿元，税费支出377.3亿元，其他支出41.9亿元，占比分别为52.7%、27.5%、6.1%、2.0%、7.3%、3.9%和0.4%。

全国收费公路支出总额比上年净增465.1亿元，增长5.1%。其中，偿还债务本金支出净增113.9亿元，增长2.3%；偿还利息支出净增152.2亿元，增长6.1%；养护管理支出净增55.4亿元，增长 10.4%；公路及附属设施改扩建工程支出净增 37.7 亿元，增长 24.5%；运营管理支出净增 79.5 亿元，增长 12.7%；税费支出净增 17.4 亿元，增长 4.8%；其他支出净增 9.0 亿元，增长 27.3%。

（3）收支对比

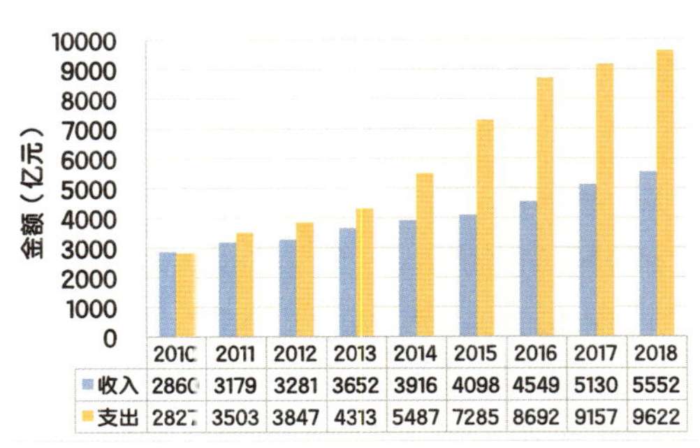

图 5　收入与支出（2010—2018）

2018 年度，全国收费公路收支平衡结果为 -4069.4 亿元，比上年增加 42.9 亿元，增长 1.1%。但收支缺口仍然巨大。2010 年至 2018 年度，收支平衡结果依次为：32.5 亿元、-323.3 亿元、-565.7 亿元、-660.5 亿元、-1571.1 亿元、-3187.3 亿元、-4143.3 亿元、-4026.5 亿元和 -4069.4 亿元。

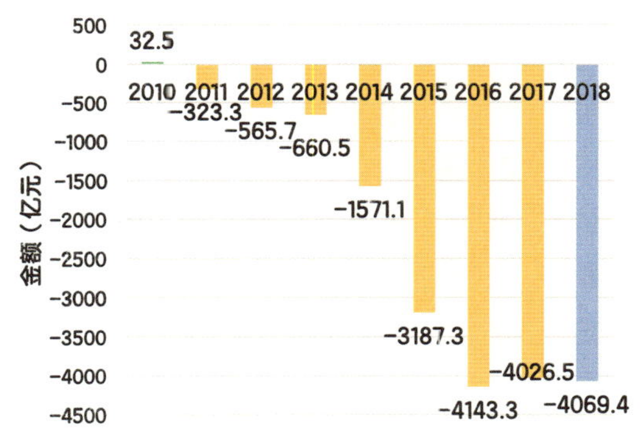

图 6　收支平衡结果（2010—2018）

（二）政府还贷公路

1. 里程规模

2018 年末，全国政府还贷公路里程 9.33 万公里，占全国收费公路里程的 55.5%。其中，政府还贷高速公路 7.26 万公里，一级公路 1.51 万公里，二级公路 0.53 万公里，独立桥梁及隧道 203 公里，占比分别为 77.8%、16.2%、5.7% 和 0.2%。政府还贷高速公路占收费高速公路里程的 52.6%。

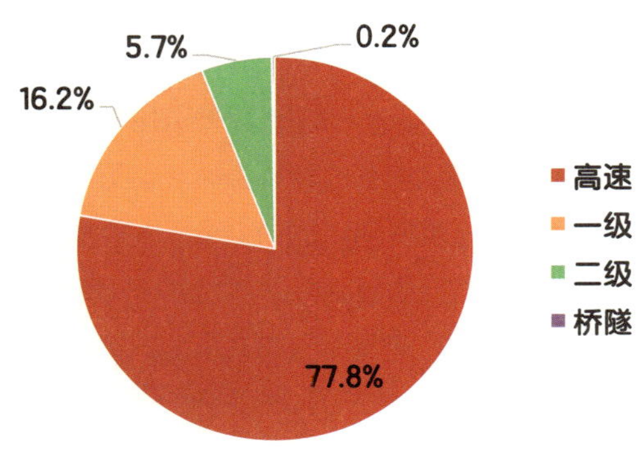

图 7　政府还贷公路技术等级构成（2018）

与上年末相比，政府还贷公路总里程由 90980 公里增加到 93257 公里，增加 2277 公里，增长 2.5%。其中，高速公路里程由 69744 公里增加到 72578 公里，净增 2834 公里，增长 4.1%；一级公路里程由 16083 公里减少到 15132 公里，净减 951 公里，下降 5.9%；二级公路里程由 4996 公里增加到 5345 公里，净增 348 公里，增长 7.0%；独立桥梁及隧道里程由 156 公里增加到 203 公里，净增 46 公里，增长 29.8%。

2. 建设投资

2018 年末，政府还贷公路累计建设投资 44870.5 亿元，占收费公路累计建设投资总额的 50.5%。其中政府还贷高速公路累计建设投资 40626.2 亿元，一级公路 3010.1 亿元，二级公路 306.9 亿元，独立桥梁及隧道 927.4 亿元，占比分别为 90.5%、6.7%、0.7% 和 2.1%。

与上年末相比，政府还贷公路累计建设投资总额由 41487.4 亿元增加到 44870.5 亿元，净增 3383.1 亿元，增长 8.2%。其中，政府还贷高速公路累计建设投资总额由 37993.4 亿元增加到 40626.2 亿元，净增 2632.8 亿元，增长 6.9%。

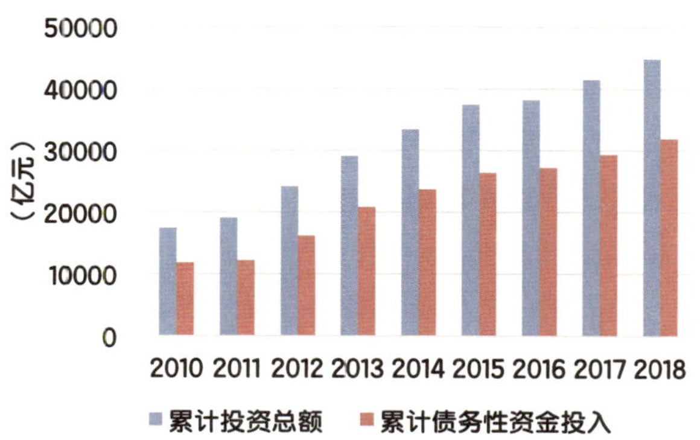

图8　政府还贷公路累计建设投资总额（2010—2018）

2018年末，政府还贷公路累计建设投资中，累计资本金投入12922.5亿元，资本金比例28.8%；累计债务性资金投入31948.0亿元，债务性资金比例71.2%。

3. 债务余额

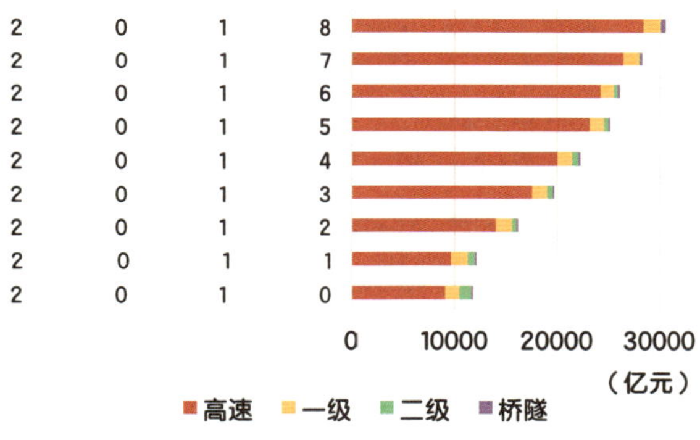

图9　政府还贷公路债务余额（2010—2018）

2018年末，政府还贷公路债务余额30536.1亿元，占全国收费公路债务余额的53.7%。其中，政府还贷高速公路债务余额28420.3亿元，一级公路1635.0亿元，二级公路58.8亿元，独立桥梁及隧道422.1亿元，占比分别为93.1%、5.4%、0.2%和1.4%。

与上年末相比，政府还贷公路债务余额由28279.8亿元增加到30536.1亿元，净增2256.4亿元，增长8.0%。其中，政府还贷高速公路债务余额由26462.5亿元增加到28420.3亿元，净增1957.8亿元，增长7.4%。

4. 收入支出

（1）通行费收入

2018年度，政府还贷公路通行费收入2142.3亿元，占收费公路通行费收入总额的38.6%。其中，政府还贷高速公路通行费收入2016.0亿元，一级公路78.1亿元，二级公路16.8亿元，独立桥梁及隧道31.4亿元，占比分别为94.1%、3.6%、0.8%和1.5%。

与上年相比，全国政府还贷公路车辆通行费总收入由2004.4亿元增加到2142.3亿元，净增137.8亿元，增长6.9%。其中，高速公路由1876.3亿元增加到2016.0亿元，净增139.6亿元，增长7.4%；一级公路由79.9亿元减少到78.1亿元，净减1.8亿元，下降2.2%；二级公路由15.1亿元增加到16.8亿元，净增1.8亿元，增长11.8%；独立桥梁及隧道由33.2亿元减少到31.4亿元，净减1.8亿元，下降5.4%。

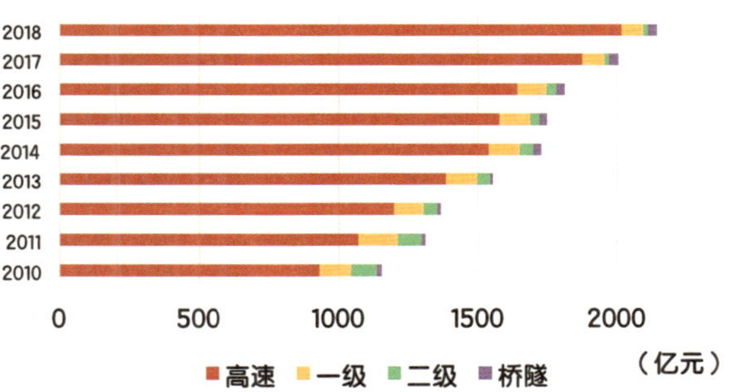

图10　政府还贷公路通行费收入情况（2010—2018）

（2）支出情况

2018年度，政府还贷公路支出总额为4160.7亿元，占收费公路支出总额的43.2%。其中偿还债务本金2012.3亿元，偿还债务利息1452.2亿元，养护支出286.1亿元，公路及附属设施改扩建工程支出26.8亿元，运营管理支出314.4亿元，税费支出65.4亿元，其他支出3.6亿元，占比分别为48.4%、34.9%、6.9%、0.6%、7.6%、1.6%和0.1%。

与上年相比，全国政府还贷公路支出总额由3961.2 亿元增加至 4160.7 亿元，净增 199.5 亿元，增长 5.0%。其中，偿还债务本金支出净增 88.4 亿元，增长 4.6%；偿还债务利息支出净增 57.7 亿元，增长 4.1%；养护支出净增 7.5 亿元，增长 2.7%；公路及附属设施改扩建工程支出净减 0.3 亿元，下降 1.2%；运营管理支出净增 40.1 亿元，增长 14.6%；税费支出净增 4.4 亿元，增长 7.3%；其他支出净增 1.7 亿元，增长 96.3%。

（3）收支对比

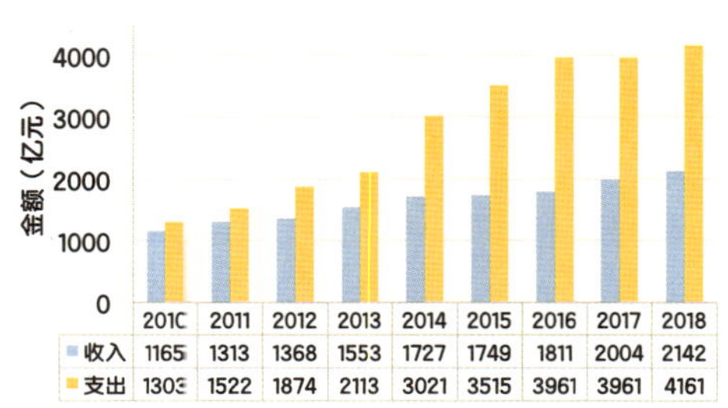

图 11　政府还贷公路收入与支出（2010—2018）

2018 年度，政府还贷公路收支平衡结果为 -2018.5 亿元。其中，政府还贷高速公路收支缺口 1854.1 亿元，一级公路收支缺口 147.8 亿元，二级公路收支盈余 2.3 亿元，独立桥梁及隧道收支缺口 18.8 亿元。

与 2010 年至 2017 年度（收支平衡结果依次为：-137.7 亿元、-209.0 亿元、-506.3 亿元、-559.5 亿元、-1293.7 亿元、-1766.5 亿元、-2150.6 亿元和 -1956.8 亿元）相比，收支缺口近三年趋于平稳，较上年略有扩大。

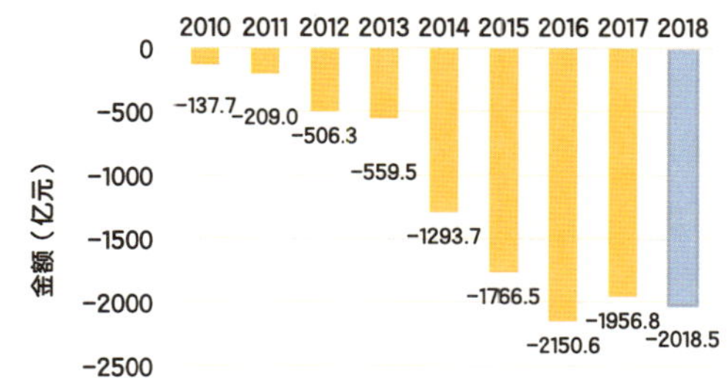

图 12　政府还贷公路收支平衡结果（2010—2018）

（三）经营性公路

1. 里程规模

2018 年末，全国经营性公路里程 7.48 万公里，占全国收费公路里程的 44.5%。其中，经营性高速公路 6.53 万公里，一级公路 0.45 万公里，二级公路 0.43 万公里，独立桥梁及隧道 749 公里，分别占经营性公路里程的 87.3%、6.0%、5.8% 和 1.0%。经营性高速公路占收费高速公路里程的 47.4%。

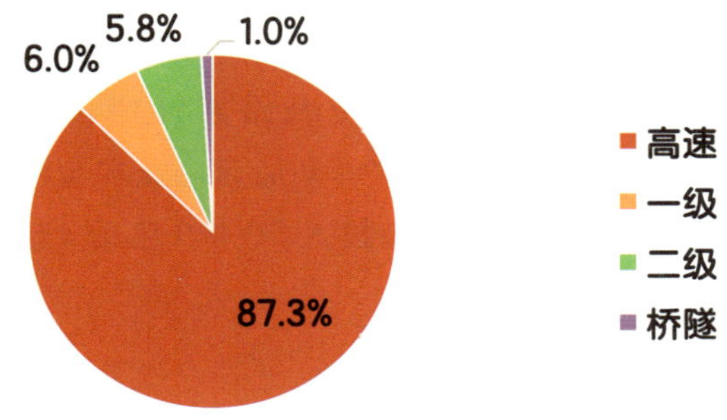

图 13　经营性公路技术等级构成（2018）

与上年末相比，经营性公路总里程由 72757 公里增加到 74814 公里，净增 2057 公里，增长 2.8%。其中，高速公路里程由 62893 公里增加到 65299 公里，净增 2406 公里，增长 3.8%；一级公路里程由 4583 公里减少到 4460 公里，净减 123 公里，下降 2.7%；二级公路里程由 4553 公里减少到 4307 公里，净减 247 公里，下降 5.4%；独立桥梁及隧道里程由 727 公里增加到 749 公里，净增 22 公里，增长 3.0%。

2. 建设投资

2018 年末，经营性公路累计建设投资 43953.0 亿元，占收费公路累计建设投资总额的 49.5%。其中经营性高速公路累计建设投资 41443.3 亿元，一级公路 860.3 亿元，二级公路 192.3 亿元，独立桥梁及隧道 1457.1 亿元，占比分别为 94.3%、2.0%、0.4% 和 3.3%。

与上年末相比，经营性公路累计建设投资总额由 40856.5 亿元增加到 43953.0 亿元，净增

3096.5 亿元，增长 7.6%。其中，经营性高速公路累计建设投资总额由 38342.4 亿元增加到 41443.3 亿元，净增 3100.9 亿元，增长 8.1%。

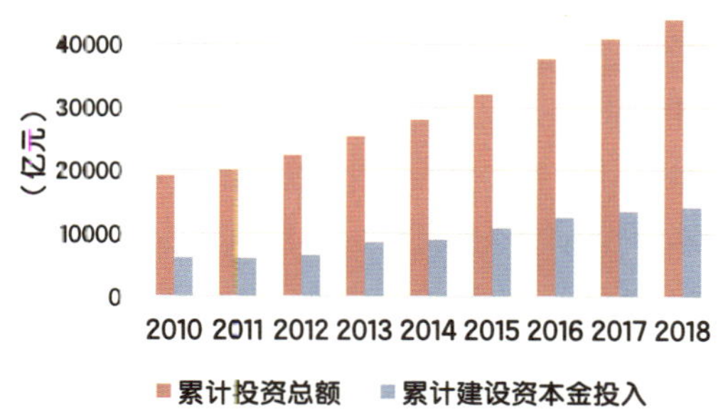

图 14　经营性公路累计建设投资总额（2010—2018）

经营性公路累计建设投资总额中，累计资本金投入 14122.2 亿元，资本金比例 32.1%，累计债务性资金投入 29830.8 亿元，债务性资金比例 67.9%。

3. 债务余额

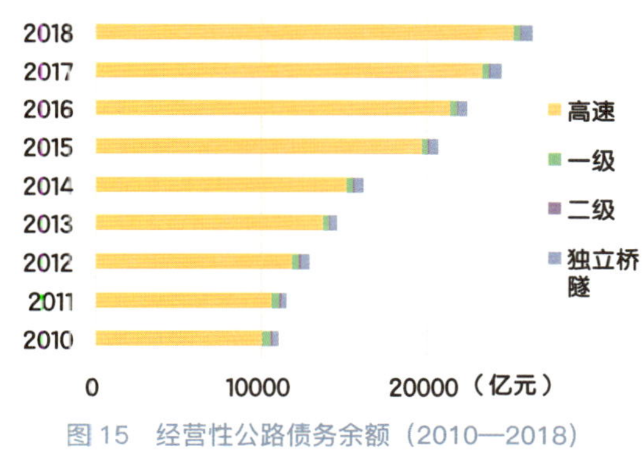

图 15　经营性公路债务余额（2010—2018）

2018 年末，经营性公路债务余额 26377.5 亿元，占收费公路债务余额的 46.3%。其中，经营性高速公路债务余额 25245.9 亿元，一级公路 395.5 亿元，二级公路 54.6 亿元，独立桥梁及隧道 681.5 亿元，占比分别为 95.7%、1.5%、0.2% 和 2.6%。

与上年末相比，经营性公路债务余额由 24563.7 亿元增加到 26377.5 亿元，净增 1813.8 亿元，增长 7.4%。其中，经营性高速公路债务余额由 23404.8 亿元增加到 25245.9 亿元，净增 1841.0 亿元，增长 7.9%。

4. 收入支出

（1）通行费收入

2018 年度，经营性公路通行费收入 3410.1 亿元，占收费公路通行费收入总额的 61.4%。其中，经营性高速公路通行费收入 3152.4 亿元，一级公路 48.0 亿元，二级公路 25.4 亿元，独立桥梁及隧道 184.3 亿元，分别占经营性公路通行费收入的 92.4%、1.4%、0.7% 和 5.4%。

与上年相比，经营性公路车辆通行费总收入由 3125.8 亿元增加到 3410.1 亿元，净增 284.4 亿元，增长 9.1%。其中，高速公路由 2876.4 亿元增加到 3152.4 亿元，净增 276.0 亿元，增长 9.6%；一级公路由 45.0 亿元增加到 48.0 亿元，净增 3.0 亿元，增长 6.6%；二级公路由 27.0 亿元减少到 25.4 亿元，净减 1.6 亿元，下降 5.9%；独立桥梁及隧道由 177.3 亿元增加到 184.3 亿元，净增 7.0 亿元，增长 3.9%。

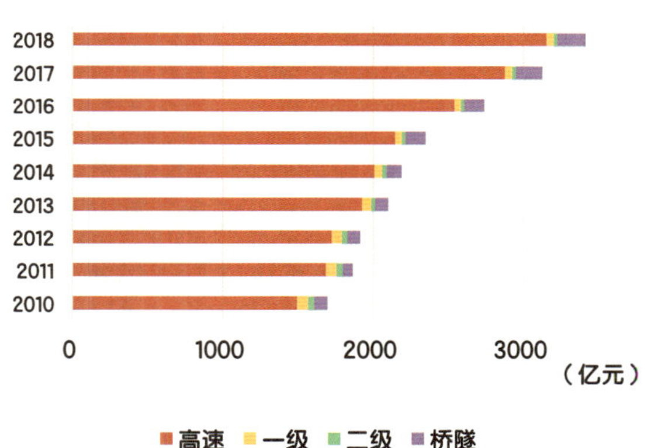

图 16　经营性公路通行费收入情况（2010—2018）

（2）支出情况

2018 年度，经营性公路支出总额为 5461.1 亿元，占收费公路支出总额的 56.8%。其中，偿还债务本金支出 3054.4 亿元，偿还债务利息支出 1195.7 亿元，养护支出 303.2 亿元，公路及附属设施改扩建工程支出164.7亿元，运营管理支出392.7亿元，税费支出312.0亿元，其他支出38.3亿元，分别占经营性公路支出总额的55.9%、21.9%、5.6%、3.0%、7.2%、5.7%和0.7%。

与上年相比，经营性公路支出总额净增265.6亿元，增长5 1%。其中，偿还债务本金支出净增25.6亿元，增长0.8%；偿还债务利息支出净增94.5亿元，增长8.6%；养护支出净增47.9亿元，增长18.8%；公路及附属设施改扩建工程支出净增38.0亿元，增长30.0%；运营管理支出净增39.4亿元，增长11.2%；税费支出净增13.0亿元，增长4.3%；其他支出净增7.2亿元，增长23.3%。

（3）收支对比

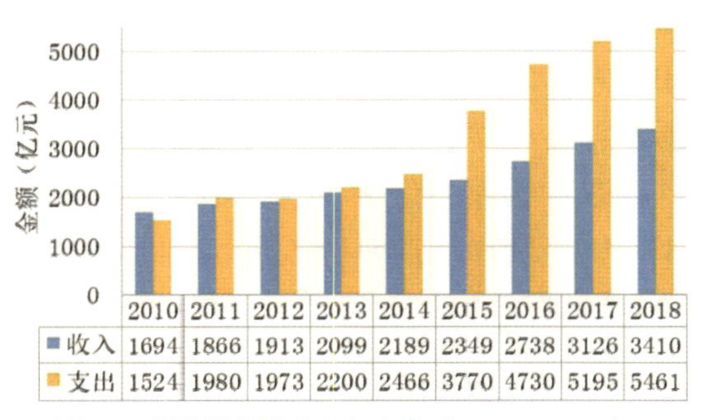

图17 经营性公路收入与支出（2010—2018）

2018年度，全国经营性公路收支平衡结果为-2050.9亿元。其中，经营性高速公路收支缺口2003.2亿元，一级公路收支缺口17.3亿元，二级公路收支缺口1.8亿元，独立桥梁及隧道收支缺口28.7亿元。

与2010年至2017年度（收支平衡结果依次为：170.2亿元、-114.4亿元、-59.4亿元、-101.1亿元、-277.4亿元、-1420.8亿元、-1992.7亿元和-2069.7亿元）相比，收支缺口近三年趋于平稳，较上年略有缩小。

（四）通行费减免情况

2018年度，全国收费公路共减免车辆通行费917.8亿元，占2018年度应收通行费总额的

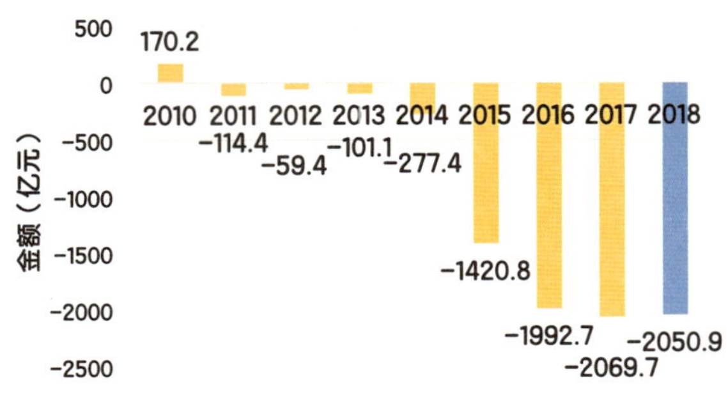

图18 经营性公路收支平衡结果（2010—2018）

14.2%。其中，“绿色通道”（鲜活农产品运输车辆）减免345.0亿元，重大节假日小型客车免费通行减免307.9亿元，其他政策性减免264.9亿元，占比分别为37.6%、33.6%和28.9%。

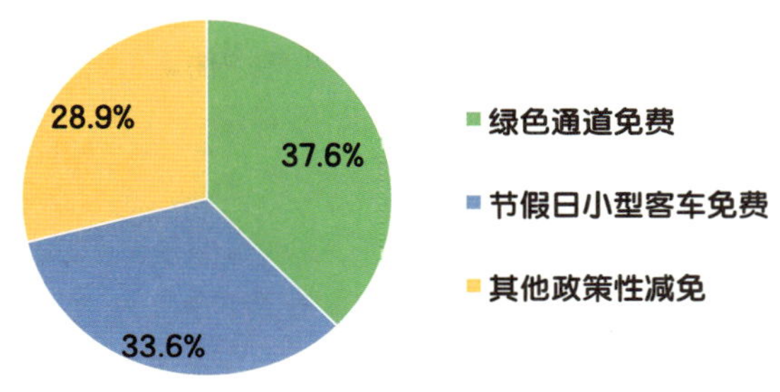

图19 通行费减免构成（2018）

2018年度，全国收费公路车辆通行费减免额比上年增加96.1亿元，增长11.7%。其中，“绿色通道”（鲜活农产品运输车辆）减免增加5.2亿元，增长1.5%；重大节假日小型客车免费通行减免增加16.7亿元，增长5.7%；其他政策性减免增加74.2亿元，增长38.9%。

三、重要变化解读

（一）惠民措施力度持续加大

2018年，交通运输行业深入贯彻落实党中央、国务院关于推进供给侧结构性改革和降低实体经济企业成本的决策部署，进一步加大惠民措施力度，促进物流业“降本增效”。全国收费公路共减

免车辆通行费917.8亿元，比上年增加96.1亿元，增长11.7%，年通行费减免额占应收通行费总额的14.2%。

在继续严格执行鲜活农产品运输“绿色通道”政策、重大节假日免收小型客车通行费等惠民政策的基础上，鼓励各地优化和实施货车通行费优惠政策，推进高速公路差异化收费，为降低鲜活农产品流通成本、降低物流业成本、实惠人民群众出行做出了重要贡献。

（二）债务规模继续扩大

2018年，全国收费公路新增项目中75%以上为高速公路项目。由于新增高速公路造价远高于到期及取消收费的一、二级公路，导致收费公路累计建设投资总额和举借债务本金规模进一步扩大。全国收费公路累计建设投资总额比上年末净增6479.5亿元，增长7.9%，其中，举借银行贷款本金和其他债务本金净增5049亿元，增长了8.9%。

受高速公路里程增加和投资总额扩大的影响，收费公路债务余额持续上升，较上年末净增4070.1亿元。其中，高速公路净增3798.8亿元，一级公路净增84.3亿元，二级公路净减22.4亿元，独立桥梁及隧道净增209.5亿元。新增债务余额主要是新通车收费公路举借的银行贷款和其他债务本金，以及存量收费公路为养护工程、改扩建工程、运营管理等支出举借的新债。

（三）收支缺口趋于平稳

2018年度全国收费公路通行费收支缺口为4069.4亿元，比上年增加42.9亿元，增长1.1%。近三年全国收费公路通行费收支缺口分别为4143.3亿元、4026.5亿元和4069.4亿元，从2011年以来的持续扩大逐渐趋于平稳，总规模仍然较大。

2018 年铁道统计公报

2018 年，全国铁路坚持以习近平新时代中国特色社会主义思想为指导，坚持稳中求进工作总基调，认真贯彻党中央国务院决策部署，落实新发展理念，实施"三年行动计划"，推进"安全质量服务深化年"建设，客货运输、铁路安全、建设发展、科技创新取得新成效。

一、运输生产

旅客运输。全国铁路旅客发送量完成 33.75 亿人，比上年增加 2.91 亿人，增长 9.4%。其中，国家铁路 33.17 亿人，比上年增长 9.2%。全国铁路旅客周转量完成 14146.58 亿人公里，比上年增加 689.66 亿人公里，增长 5.1%。其中，国家铁路 14063.99 亿人公里，比上年增长 5.0%。

货物运输。全国铁路货运总发送量完成

表 1 全国铁路旅客运输量

指标	单位	2018 年	比上年 ±%
旅客发送量	万人	337495	9.4
国家铁路	万人	331740	9.2
旅客周转量	亿人公里	14146.58	5.1
国家铁路	亿人公里	14063.99	5.0

表 2 全国铁路货物运输量

指标	单位	2018 年	比上年 ±%
货运总发送量	万吨	402631	9.2
国家铁路	万吨	319060	9.3
货运总周转量	亿吨公里	28820.99	6.9
国家铁路	亿吨公里	25800.96	7.1

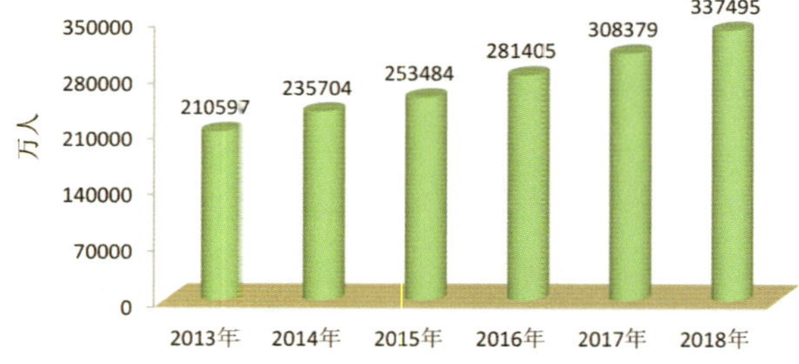

图 1 全国铁路旅客发送量

图 2 全国铁路旅客周转量

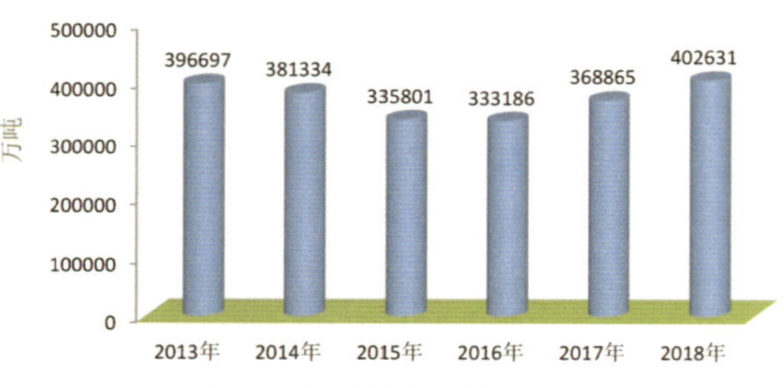

图 3 全国铁路货运总发送量

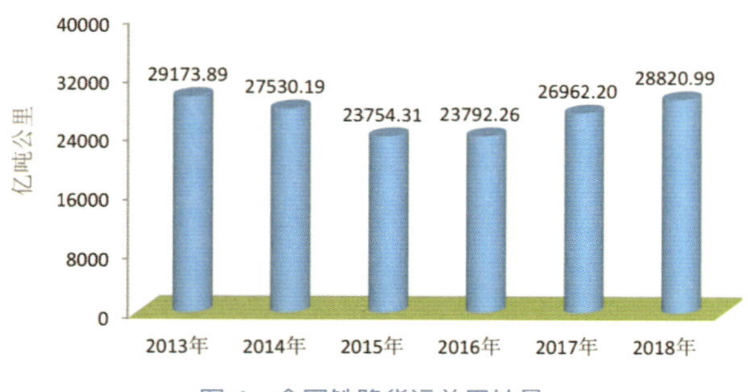

图 4 全国铁路货运总周转量

40.26 亿吨，比上年增加 3.38 亿吨，增长 9.2%。其中，国家铁路 31.91 亿吨，比上年增长 9.3%。全国铁路货运总周转量完成 28820.99 亿吨公里，比上年增加 1858.78 亿吨公里，增长 6.9%。其中，国家铁路 25800.96 亿吨公里，比上年增长 7.1%。

换算周转量。全国铁路总换算周转量完成 42967.57 亿吨公里，比上年增加 2548.44 亿吨公里，增长 6.3%。其中，国家铁路 39864.95 亿吨公里，比上年增长 6.3%。

图 5　全国铁路总换算周转量

运输安全。全年全国铁路未发生铁路交通特别重大、重大事故；发生较大事故 1 件，同比持平。铁路交通事故死亡人数比上年下降 4.6%。

二、铁路建设

全国铁路固定资产投资完成 8028 亿元，投产新线 4683 公里，其中高速铁路 4100 公里。

路网规模。全国铁路营业里程达到 13.1 万公里，其中，高速铁路营业里程达到 2.9 万公里；复线里程 7.6 万公里，复线率 58.0%；电气化里程 9.2 万公里，电化率 70.0%；西部地区铁路营业里程 5.3 万公里。全国铁路路网密度 136.9 公里 / 万平方公里。

移动装备。全国铁路机车拥有量为 2.1 万台，其中，内燃机车 0.8 万台，电力机车 1.3 万台。全国铁路客车拥有量为 7.2 万辆，其中，动车组 3256 标准组、26048 辆。全国铁路货车拥有量为 83.0 万辆。

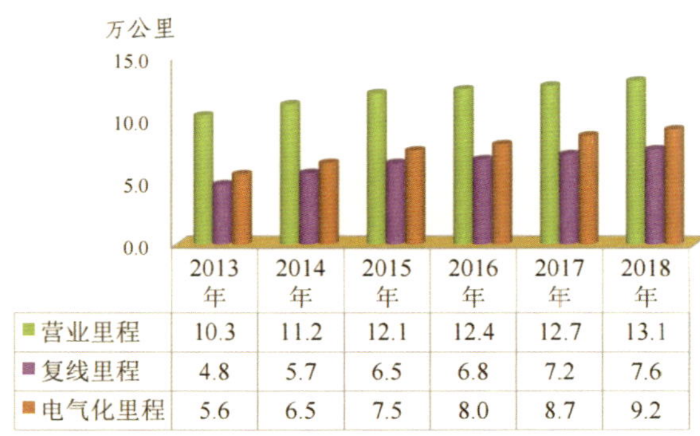

	2013年	2014年	2015年	2016年	2017年	2018年
营业里程	10.3	11.2	12.1	12.4	12.7	13.1
复线里程	4.8	5.7	6.5	6.8	7.2	7.6
电气化里程	5.6	6.5	7.5	8.0	8.7	9.2

图 6　全国铁路营业里程

三、技术标准和科技创新

重要技术标准制修订。

报经国家标准委审批发布铁道国家标准 41 项、国家标准修改单 2 项。发布铁道行业标准（技术标准）公告 16 批，共计技术标准 130 项、标准修改单 12 项。发布铁道行业标准（工程建设标准）公告 8 批，共计工程建设标准 26 项。发布铁路工程造价标准公告 3 批，共计铁路工程造价标准 15 项。发布铁道行业技术标准英文译本 41 项、铁道行业工程建设标准英文译本 12 项。

报经国家市场监管总局审批发布国家计量规程规范 5 项。发布铁道行业计量规程规范 1 项。

知识产权及获奖情况。

2018 年铁道行业获国家科学技术奖 8 项，其中“中南大学轨道交通空气动力与碰撞安全技术创新团队”获科技进步创新团队奖。

中国铁路总公司“‘复兴号’中国标准动车组”获第五届中国工业大奖。

2018 年铁道行业获第二十届中国专利奖 24 项，其中中车青岛四方机车车辆股份有限公司“一种轨道车辆前端吸能装置”获金奖。

2018 年铁道行业获中国标准创新贡献奖组织奖 1 项、标准项目奖 2 项。

铁路重大科技创新成果库2018年度经评审入库367项，其中，铁路科技项目75项、铁路专利67项、铁路技术标准49项、铁路科技论文176项。

四、节能减排

综合能耗。国家铁路能源消耗折算标准煤1624.21万吨，比上年减少2.57万吨，下降0.2%。单位运输工作量综合能耗4.11吨标准煤/百万换算吨公里，比上年减少0.23吨标准煤/百万换算吨公里，下降5.3%。单位运输工作量主营综合能耗3.90吨标准煤/百万换算吨公里，比上年减少0.08吨标准煤/百万换算吨公里，下降2.0%。

主要污染物排放量。国家铁路化学需氧量排放量1878吨，比上年减排14吨，降低0.7%。二氧化硫排放量9836吨，比上年减排6468吨，降低39.7%。

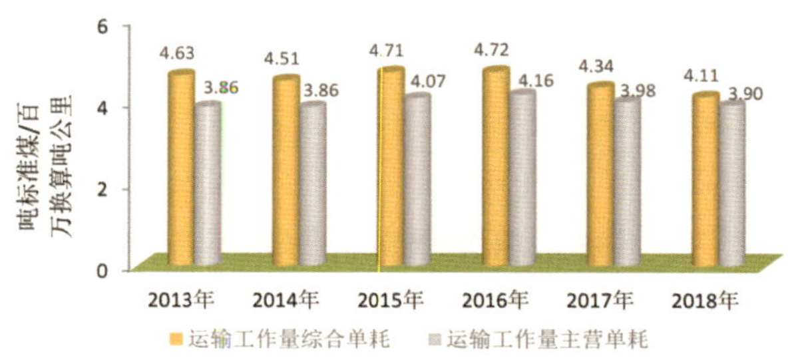

图7　国家铁路运输工作量综合单耗、主营单耗

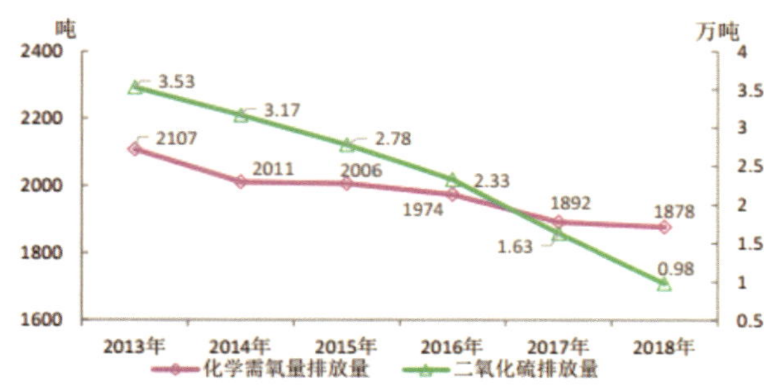

图8　国家铁路化学需氧量、二氧化硫排放量

注释：

1. 除注明外，国家铁路含中国铁路总公司及其控股合资铁路。
2. 客货发送量、客货周转量、运输设备为确报数，其余数据均为速报数。
3. 统计范围不含港澳台。
4. 除注明外，比上年为同口径。

2018 年民航行业发展统计公报

2018 年，民航全行业以习近平新时代中国特色社会主义思想为指导，全面贯彻党的十九大和十九届二中、三中全会以及中央经济工作会议精神，坚持稳中求进总基调，坚持供给侧结构性改革，全面落实“一二三三四”民航总体工作思路，积极推进“一加快、两实现”战略进程，圆满完成各项工作任务，在许多方面取得了突破性的成绩，是民航发展史上意义非凡的一年。

一、运输航空

2018 年，我国发展面临多年少有的国内外复杂严峻形势，经济出现新的下行压力，民航紧扣行业发展的主要矛盾和制约瓶颈，步步为营，攻坚克难，行业发展保持了稳中有进的良好态势。

1. 运输周转量

2018 年，全行业完成运输总周转量 1206.53 亿吨公里，比上年增长 11.4%。国内航线完成运输总周转量 771.51 亿吨公里，比上年增长 11.1%，其中港澳台航线完成 17.51 亿吨公里，比上年增长 8.8%；国际航线完成运输总周转量 435.02 亿吨公里，比上年增长 12.0%。

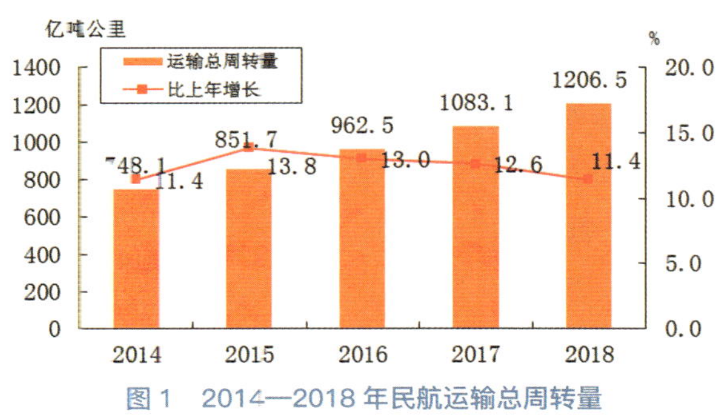

图 1　2014—2018 年民航运输总周转量

全行业完成旅客周转量 10712.32 亿人公里，比上年增长 12.6%。国内航线完成旅客周转量 7889.70 亿人公里，比上年增长 12.1%，其中港澳台航线完成 165.05 亿人公里，比上年增长 11.3%；国际航线完成旅客周转量 2822.61 亿人公里，比上年增长 14.0%。

图 2　2014—2018 年民航旅客周转量

全行业完成货邮周转量 262.50 亿吨公里，比上年增长 7.8%。国内航线完成货邮周转量 75.47 亿吨公里，比上年增长 3.4%，其中港澳台航线完成 3.01 亿吨公里，比上年下降 1.2%；国际航线完成货邮周转量 187.03 亿吨公里，比上年增长 9.6%。

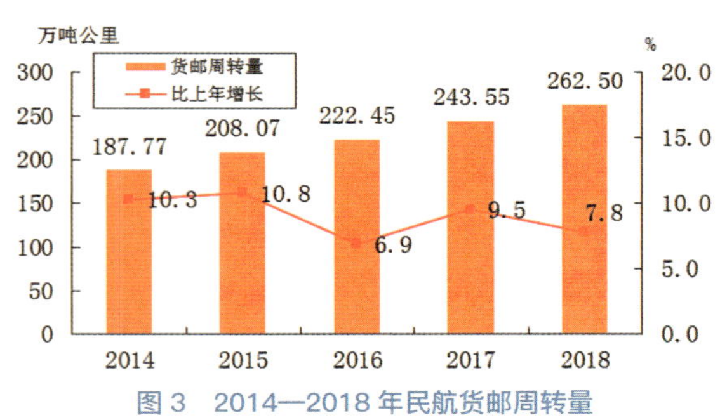

图 3　2014—2018 年民航货邮周转量

2. 旅客运输量

2018 年，全行业完成旅客运输量 61173.77 万人次，比上年增长 10.9%。国内航线完成旅客运输量 54806.50 万人次，比上年增长 10.5%，其中港澳台航线完成1127.09万人次，比上年增长9.8%；国际航线完成旅客运输量6367.27万人次，比上年增长14.8%。

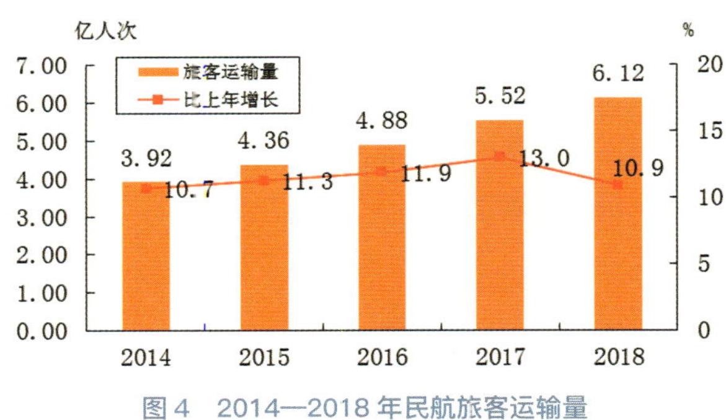

图4　2014—2018年民航旅客运输量

3. 货邮运输量

2018年，全行业完成货邮运输量738.51万吨，比上年增长4.6%。国内航线完成货邮运输量495.79万吨，比上年增长2.5%，其中港澳台航线完成23.48万吨，比上年下降2.8%；国际航线完成货邮运输量242.72万吨，比上年增长9.3%。

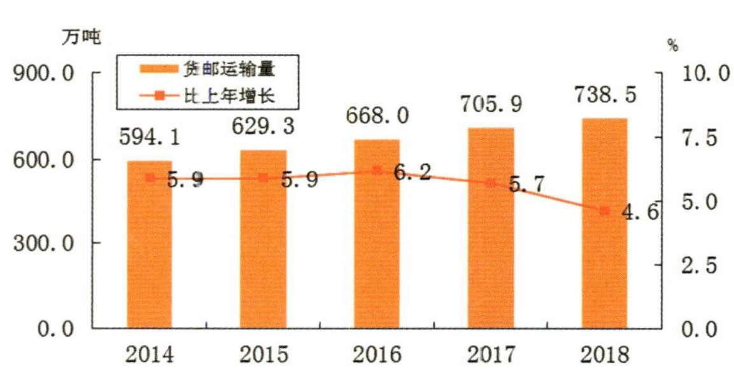

图5　2014—2018年民航货邮运输量

4. 飞行小时和起飞架次

2018年，全行业运输航空公司完成运输飞行小时1153.52万小时，比上年增长8.9%。国内航线完成运输飞行小时934.00万小时，比上年增长8.4%，其中港澳台航线完成19.73万小时，比上年增长8.3%；国际航线完成运输飞行小时219.52万小时，比上年增长10.8%。

2018年，全行业运输航空公司完成运输起飞架次469.47万架次，比上年增长7.6%。国内航线完成运输起飞架次425.95万架次，比上年增长7.3%，其中港澳台航线完成8.22万架次，比上年增长7.3%；国际航线完成运输起飞架次43.52万架次，比上年增长10.8%。

2018年，全行业运输航空公司完成非生产飞行小时4.46万小时，其中训练飞行1.63万小时；完成非生产起飞架次7.29万架次。

5. 运输航空企业数量

截至2018年底，我国共有运输航空公司60家，比上年底净增2家，按不同所有制类别划分：国有控股公司45家，民营和民营控股公司15家。在全部运输航空公司中，全货运航空公司9家，中外合资航空公司10家，上市公司8家。

6. 运输机队

截至2018年底，民航全行业运输飞机期末在册架数3639架，比上年底增加343架。

表1　2018年运输飞机数量

飞机分类	飞机数量	比上年增加	在运输机队占比
合计	3639	343	100.0%
客运飞机	3479	331	95.6%
其中：宽体飞机	409	47	11.2%
窄体飞机	2883	273	79.2%
支线飞机	187	11	5.1%
货运飞机	160	12	4.4%

7. 航线网络

截至2018年底，我国共有定期航班航线4945条，国内航线4096条，其中港澳台航线100条，国际航线849条。按重复距离计算的航线里程为1219.06万公里，按不重复距离计算的航线里程为837.98万公里。

表 2 2018 年我国定期航班条数及里程

指标	数量（条）
航线条数	4945
国内航线	4096
其中：港澳台航线	100
国际航线	849
按重复距离计算的航线里程 / 万公里	1219.06
国内航线	806.54
其中：港澳台航线	15.63
国际航线	412.52
按不重复距离计算的航线里程 / 万公里	837.98
国内航线	478.09
其中：港澳台航线	15.31
国际航线	359.89

截至 2018 年底，定期航班国内通航城市 230 个（不含香港、澳门、台湾）。我国航空公司国际定期航班通航 65 个国家的 165 个城市，国内航空公司定期航班从 32 个内地城市通航香港，从 14 个内地城市通航澳门，大陆航空公司从 48 个大陆城市通航台湾地区。

8. 运输航空（集团）公司生产

2018 年，中航集团完成飞行小时 270.75 万小时，完成运输总周转量 312.53 亿吨公里，比上年增长 9.1%，完成旅客运输量 1.37 亿人次，比上年增长 8.6%，完成货邮运输量 209.11 万吨，比上年增长 4.0%。

2018 年，东航集团完成飞行小时 224.77 万小时，完成运输总周转量 232.73 亿吨公里，比上年增长 9.1%，完成旅客运输量 1.21 亿人次，比上年增长 9.4%，完成货邮运输量 144.30 万吨，比上年增长 0.3%。

2018 年，南航集团完成飞行小时 277.20 万小时，完成运输总周转量 303.34 亿吨公里，比上年增长 11.2%，完成旅客运输量 1.40 亿人次，比上年增长 10.8%，完成货邮运输量 173.23 万吨，比上年增长 3.6%。

2018 年，海航集团完成飞行小时 185.19 万小时，完成运输总周转量 194.42 亿吨公里，比上年增长 15.5%，完成旅客运输量 1.09 亿人次，比上年增长 10.3%，完成货邮运输量 86.14 万吨，比上年增长 10.1%。

2018 年，其他航空公司共完成飞行小时 195.61 万小时，完成运输总周转量 163.51 亿吨公里，比上年增长 14.9%，完成旅客运输量 1.05 亿人次，比上年增长 16.8%，完成货邮运输量 125.73 万吨，比上年增长 8.9%。

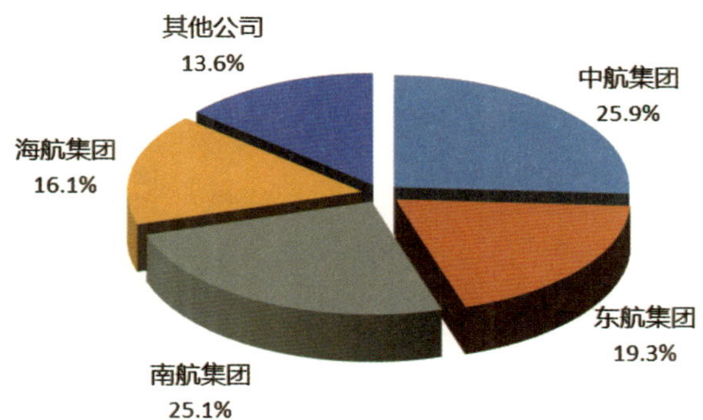

图 6 2018 年各航空（集团）公司运输总周转量比重

9. 运输机场

截至 2018 年底，我国共有颁证运输机场 235 个，比上年底增加 6 个，2018 年新增机场分别为甘肃陇南机场、新疆若羌机场、青海海北机场、河南信阳机场、湖南岳阳机场、新疆图木舒克机场。

2018 年，安康机场和梧州长洲岛机场停航。

颁证运输机场按飞行区指标分类：4F 级机场 12 个，4E 级机场 35 个，4D 级机场 40 个，4C 级机场 142 个，3C 级机场 5 个，3C 级以下机场 1 个。

2018 年，全行业全年新开工、续建机场项目 174 个，新增跑道 6 条，停机位 305 个，航站楼面积133.1万平方米。截至2018年底，全行业运输机场共有跑道255条，停机位5800个，航站楼面积1454.58万平方米。

表3　2018年各地区颁证运输机场数量

地区		颁证运输机场数量	占全国比例（%）
全国		235	100.0
其中：	东北地区	27	11.5
	东部地区	54	23.0
	西部地区	118	50.2
	中部地区	36	15.3

10．机场业务量

2018年，全国民航运输机场完成旅客吞吐量12.65亿人次，比上年增长10.2%。

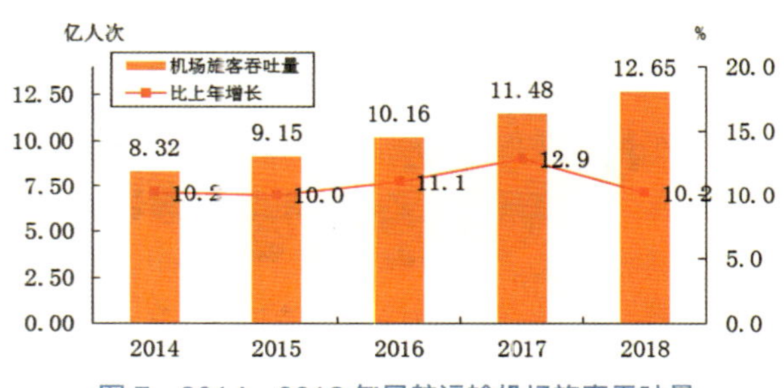

图7　2014—2018年民航运输机场旅客吞吐量

其中：2018年东部地区完成旅客吞吐量6.73亿人次，比上年增长9.7%；东北地区完成旅客吞吐量0.79亿人次，比上年增长9.7%；中部地区完成旅客吞吐量1.40亿人次，比上年增长14.8%；西部地区完成旅客吞吐量3.72亿人次，比上年增长9.4%。

2018年全国民航运输机场完成货邮吞吐量1674.02万吨，比上年增长3.5%。

其中：2018年东部地区完成货邮吞吐量1245.75万吨，比上年增长2.5%；东北地区完成货邮吞吐量55.07万吨，比上年增长0.6%；中部

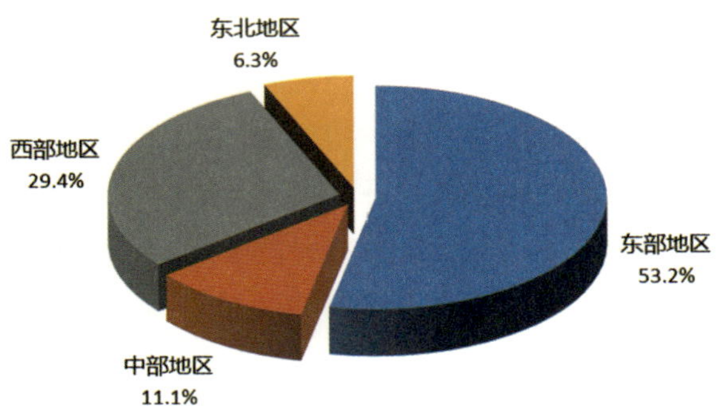

图8　2018年民航运输机场旅客吞吐量按地区分布

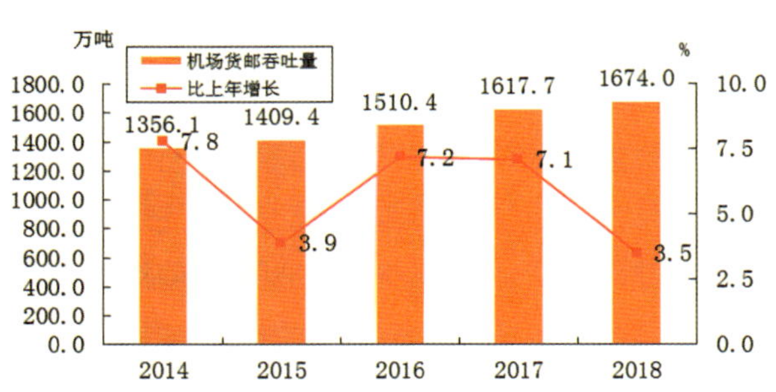

图9　2014—2018年民航运输机场货邮吞吐量

地区完成货邮吞吐量113.42万吨，比上年增长10.5%；西部地区完成货邮吞吐量259.78万吨，比上年增长6.3%。

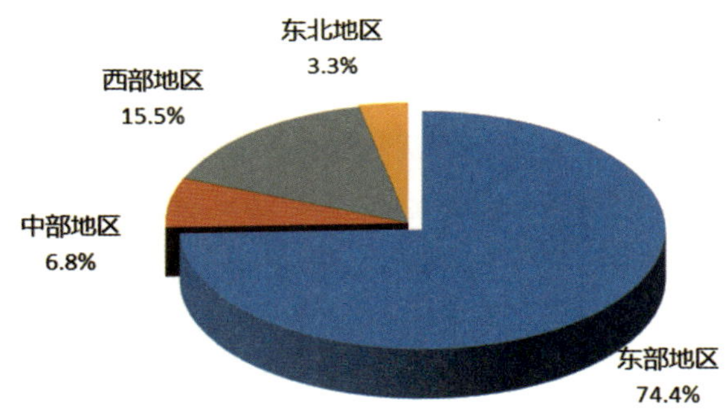

图10　2018年民航运输机场货邮吞吐量按地区分布

2018年，全国民航运输机场完成起降架次1108.83万架次，比上年增长8.2%。其中运输架次937.27万架次，比上年增长7.4%。

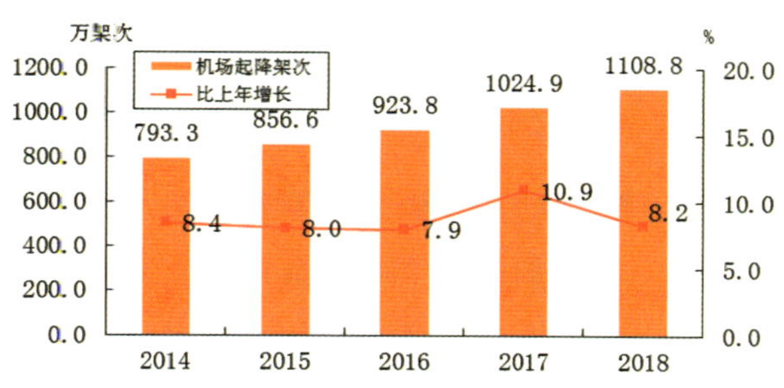

图 11 2014—2018 年民航运输机场起降架次

2018 年，年旅客吞吐量 100 万人次以上的运输机场 95 个，其中北京、上海和广州三大城市机场旅客吞吐量占全部境内机场旅客吞吐量的 23.3%，比上年降低 1.0 个百分点。

表 4 2018 年旅客吞吐量 100 万人次以上的机场数量

年旅客吞吐量	机场数量	比上年增加	吞吐量占全国比例（%）
1000 万人次以上	37	5	83.6
100 万～1000 万人次	58	6	12.7

2018 年，年货邮吞吐量 1 万吨以上的运输机场 53 个，其中北京、上海和广州三大城市机场货邮吞吐量占全部境内机场货邮吞吐量的 48.8%，比上年降低 1.1 个百分点。

表 5 2018 年货邮吞吐量万吨以上的机场数量（单位：个）

年货邮吞吐量	机场数量	比上年增加	吞吐量占全国比例（%）
10000 吨以上	53	1	98.4

2018 年，北京首都机场完成旅客吞吐量 1.01 亿人次，连续 9 年位居世界第二；上海浦东机场完成货邮吞吐量 376.86 万吨，连续 11 年位居世界第三。

二、通用航空

1. 通用航空企业数量

截至 2018 年底，获得通用航空经营许可证的通用航空企业 422 家。其中，华北地区 96 家，中南地区 37 家，华东地区 106 家，东北地区 89 家，西南地区 52 家，西北地区 27 家，新疆地区 15 家。

2. 机队规模

2018 年底，通用航空在册航空器总数达到 2495 架，其中教学训练用飞机 692 架。

3. 通航机场

2018 年，共有 126 座通用机场获得颁证，全行业颁证通用机场数量达到 202 座。

4. 飞行小时

2018 年，全行业完成通用航空生产飞行 93.71 万小时，比上年增长 11.9%。其中：载客类作业完成 8.47 万小时，比上年增长 7.9%；作业类作业完成 15.39 万小时，比上年增长 6.4%；培训类作业完成 30.65 万小时，比上年增长 18.6%；其他类作业完成 4.99 万小时，比上年增长 200.5%；非经营性完成 34.21 万小时，比上年增长 0.8%。

5. 无人机情况

截至 2018 年底，全行业无人机拥有者注册用户达 27.1 万个，其中个人用户 24 万个，企业、事业、机关法人单位用户 3.1 万个。

2018 年，全行业无人机有效驾驶员执照 44573 本。

2018 年，全行业注册无人机共 28.7 万架，无人机经营性飞行活动达 37 万小时。

三、运输效率与经济效益

1. 运输效率

2018 年，全行业在册运输飞机平均日利用率为 9.36 小时，比上年减少 0.13 小时。其中，大中型飞机平均日利用率为 9.48 小时，比上年减少 0.15 小时，小型飞机平均日利用率为 6.91 小时，比上年减少 0.13 小时。

2018 年，正班客座率平均为 83.2%，与上年持平。

2018 年，正班载运率平均为 73.2%，比上年降低 0.3 个百分点。

表 6　2018 年正班客座率和正班载运率

指标	指标值（%）	比上年增长（百分点）
正班客座率	83.2	0.0
国内航线	84.8	0.0
其中：港澳台航线	80.9	0.7
国际航线	78.9	0.0
正班载运率	73.2	-0.3
国内航线	75.6	-0.3
其中：港澳台航线	67.7	0.2
国际航线	69.5	-0.1

2. 经济效益

据初步统计，2018 年，全行业累计实现营业收入 10142.5 亿元，比上年增长 18.5%，利润总额 536.6 亿元，比上年减少 122.7 亿元。其中，航空公司实现营业收入 6130.2 亿元，比上年增长 14.5%，利润总额 250.3 亿元，比上年减少 160.4 亿元；机场实现营业收入 1104.2 亿元，比上年增长 16.0%，利润总额 173.2 亿元，比上年增加 28.2 亿元；保障企业实现营业收入 2908.1 亿元，比上年增长 29.2%，利润总额 113.1 亿元，比上年增加 9.4 亿元。

据初步统计，2018 年，全行业运输收入水平为 4.69 元 / 吨公里，比上年提高 0.11 元 / 吨公里。其中，客运收入水平 5.61 元 / 吨公里，比上年提高 0.09 元 / 吨公里；货邮运输收入水平 1.56 元 / 吨公里，比上年提高 0.07 元 / 吨公里。

据初步统计，2018 年，民航全行业应交税金 366.8 亿元，比上年减少 10.6%。

四、航空安全与服务质量

1. 航空安全

2018 年，民航安全运行平稳可控，运输航空百万小时重大事故率十年滚动值为 0.013（世界平均水平为 0.153）。发生通用航空事故 13 起，死亡 15 人。

自 2010 年 8 月 25 日至 2018 年底，运输航空连续安全飞行 100 个月，累计安全飞行 6836 万小时。

2018 年，全年共发生运输航空事故征候 568 起，同比下降 1.22%，其中运输航空严重事故征候 16 起，同比下降 23.81%。严重事故征候和人为责任原因事故征候万时率分别为 0.0139 和 0.0329，各项指标均较好控制在年度安全目标范围内。

2018 年，全行业共有 38 家运输航空公司未发生责任事故征候。

2. 空防安全

2018 年，全国民航安检部门共检查旅客 6.16 亿人次，检查旅客托运行李 3.36 亿件次，检查航空货物（不含邮件、快件）4.69 亿件次，检查邮件、快件 2.44 亿件次，处置编造虚假恐怖威胁信息非法干扰事件 41 起，查处各类安保事件 17515 起，同比下降 9.58%，妥善处置国航“4.15”、首都机场“7.19”等重大敏感突发事件，确保了民航空防持续安全。截至 2018 年底，民航实现 16 年零 8 个月的空防安全零责任事故纪录。

3. 航班正常率

2018 年，全国客运航空公司共执行航班 434.58 万班次，其中正常航班 348.24 万班次，平均航班正常率为 80.13%。

2018 年，主要航空公司共执行航班 316.43 万班次，其中正常航班 252.98 万班次，平均航班正常率为 79.95%。

2018 年，全国客运航班平均延误时间为 15 分钟，同比减少 9 分钟。

4. 服务质量

截至 2018 年底，全国 229 家机场全面开通“航信通”，32 家机场实现国内航班旅客乘机全流程电

表 7 2018 年航班不正常原因分类统计

指标	占全部比例	比上年增减（个）
全部航空公司航班不正常原因	100.00%	0.00
其中：天气原因	47.46%	-3.83
航空公司原因	21.14%	12.52
空管原因（含流量原因）	2.31%	-5.42
其他	29.09%	-3.29
主要航空公司航班不正常原因	100.00%	0.00
其中：天气原因	48.62%	-2.85
航空公司原因	21.00%	11.75
空管原因（含流量原因）	2.75%	-5.38
其他	27.63%	-3.52

子化，全年“无纸化”乘机的旅客达 2.25 亿人次。已有 12 家航空公司在 301 架航空器上开通客舱网络服务。

2018 年，民航局、各地区管理局、民航局消费者事务中心和中国航空运输协会共受理航空消费者投诉 20761 件，2018 年全年受理投诉总量比上年减少 4020 件，下降 16.2%。

2018 年，旅客对航空公司和机场服务满意度分别为 4.30 分和 4.32 分（满分 5 分）。

五、教育与科技创新

1. 教育情况

2018 年，民航直属院校共招收学生 23119 人，其中：研究生 1037 人，普通本专科生 19639 人，成人招生 2443 人。全年招收飞行学生 5521 人。

2018 年，民航直属院校在校生数达到 72944 人，其中：研究生 3198 人，普通本专科生 64908 人，成人在校生 4838 人。

2018 年，民航直属院校共毕业学生 18715 人，其中：硕士研究生 825 人，普通本专科 16334 人，成人学生 1556 人。

2. 科技创新

2018 年，全行业首批遴选出民航科技创新 12 名领军人才，33 名拔尖人才和 20 个创新团队。31 家民航科技创新“四型”科研院所和“五大”基地通过评审。国家重点研发计划项目立项 1 项。

2018 年，民航共验收科技成果 17 项，评选民航协会科学技术奖 18 项。

3. 航行新技术应用

截至 2018 年底，全行业 14 家航空公司具备 HUD 运行能力，1133 架运输飞机具备 HUD 能力，具备 HUD 特殊 I 类标准的机场 82 个（2018 年新增 8 个），具备 HUD 特殊 II 类标准的机场 19 个，具备 HUD RVR150 米起飞标准的机场 10 个。

全行业 225 个运输机场具备 PBN 飞行程序，地形复杂的 22 个机场配备 RNP AR 程序，98% 的运输飞机具备 ADS-B 能力，32 家航空公司应用了电子飞行包（EFB）。

六、专业技术人员

1. 飞行员数量

截至 2018 年底，中国民航驾驶员有效执照总数为 61492 本，比上年底增加 5727 本；其中运动驾驶员执照（SPL）894 本，私用驾驶员执照（PPL）3735 本，商用驾驶员执照（CPL）32084 本，多人制机组驾驶员执照（MPL）185 本，航线运输驾驶员执照（ATPL）24594 本。

2. 其他专业技术人员

截至 2018 年底，全行业持照机务人员 55243 名，比上年增加 3076 名；持照签派员 7643 名，比上年增加 950 名。

截至 2018 年底，空管系统四类专业技术人员共 17757 人，比上年新增 443 人。其中，空中交通管制人员 8851 人，比上年新增 481 人。

表 8　2018 年中国民航驾驶员执照分类统计表

执照种类		数量	比上年增减(个)
在职	121 部运输航空公司(运行人员)	39435	3458
	121 部运输航空公司(非运行人员)	5193	1058
	通用航空公司	3504	684
	141 部飞行学校教员	985	230
	政府事务	104	1
在训	141 部私照持有人	2186	380
	141 部商照持有人	470	-1117
	61 部训练机构在训学生	415	-89
非在职	私用驾驶员	801	28
	运动航空器驾驶员	894	89
	待飞行就业人员	3034	565
非活跃		4471	440
合计		61492	5727

七、对外关系

2018 年，我国先后与 29 个国家或地区举行双边航空会谈或书面磋商。截至 2018 年底，我国与其他国家或地区签订双边航空运输协定 126 个，比上年底增加 4 个（分别是：刚果布、科特迪瓦、卢旺达、多米尼加），其中：亚洲有 44 个（含东盟），非洲有 27 个，欧洲有 37 个，美洲有 11 个，大洋洲有 7 个。

八、适航审定

2018 年，全行业新增 862 架航空器国籍登记。其中，新注册运输航空器 444 架，通用航空器 418 架，新注册通用航空器连续两年超过 400 架。

2018 年，民航适航审定部门共颁发 212 份航空器型号批准证件，18 份生产批准证件，航油航化产品批准函 24 份，有力支持了国产航空产品的使用，保障了民航行业发展。

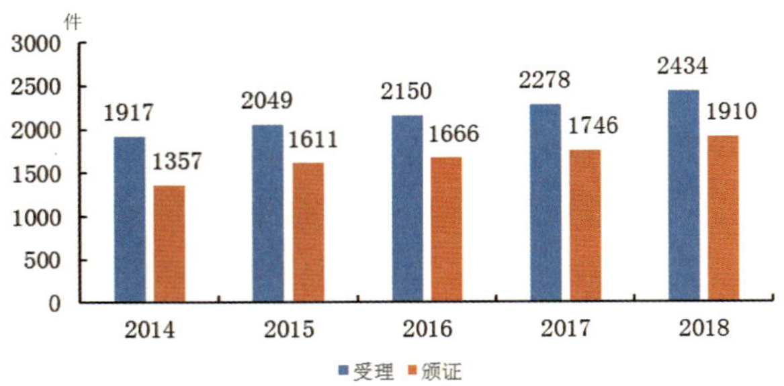

图 12　2014—2018 年型号合格、认可审定数量

九、固定资产投资

2018 年，民航固定资产投资总额 1957.8 亿元，其中：民航基本建设和技术改造投资 857.9 亿元，比上年下降 1.3%。

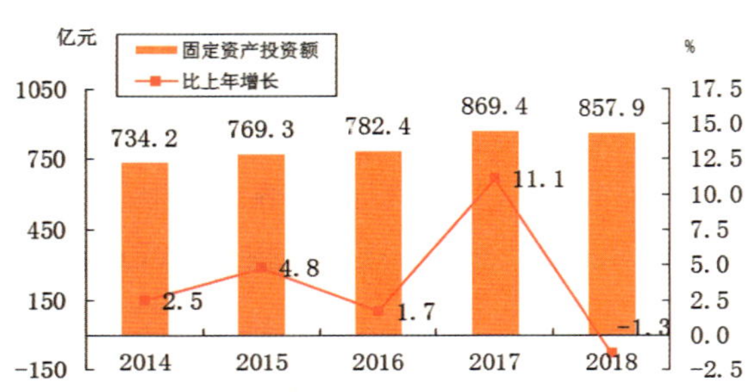

图 13　2014—2018 年民航基本建设和技术改造投资额

基本建设和技术改造投资按系统划分如下：机场系统完成 678.6 亿元，空管系统完成 44.5 亿元，安全安检消防系统完成 3.7 亿元，信息系统完成 14.0 亿元，科研、教育系统完成 2.7 亿元，油料系统完成 21.9 亿元，机务维修系统完成 6.0 亿元，运输服务系统完成 28.6 亿元，公共设施系统完成 4.3 亿元，其他系统完成 53.7 亿元。

十、节能减排

2018 年，中国民航吨公里油耗为 0.287 公斤，较 2005 年（行业节能减排目标基年）下降 15.6%，机场每客能耗较“十二五”末（2013—2015 年）均值下降约 12%。

2018 年，共有 39 万架次航班使用临时航路，缩短飞行距离 1574 万公里，节省燃油消耗 8.5 万吨，减少二氧化碳排放约 26.8 万吨。

截至 2018 年，全国年旅客吞吐量 500 万人次以上机场中 95% 以上的单位已完成 APU 替代设备安装并投入使用。

截至 2018 年，民航机场地面保障车辆设备中，共有电动车辆 1524 台，充电设施 827 个，电动车辆占比约 5%。

2018 年，机场清洁化运行水平稳步提升，全国机场光伏发电超 2000 万千瓦时，机场综合能耗中，电力、天然气、外购热力占比达到 80%。

十一、法规和信用体系建设

2018 年 12 月 29 日，《中华人民共和国民用航空法》完成第五次修订。2018 年，20 部民航规章完成制修订。

2018 年，全行业共发生行政处罚案件 149 起；10 个自然人和 2 家单位因实施《民航行业信用管理办法（试行）》规定的严重失信行为而被列入民航行业严重失信人名单；4209 名旅客被列入限制乘坐民用航空器特定严重失信人名单。

十二、工会工作

经民航工会工作调查，截至 2018 年 12 月底，全行业职工 70.5 万人。

2018 年，经中国民航工会申报，民航系统 1 个先进单位被授予“全国五一劳动奖状”、3 名先进个人被授予“全国五一劳动奖章”、10 个先进班组被授予“全国工人先锋号”荣誉称号。

2018 年，在全行业“安康杯”竞赛活动中，共有 440 个单位、3.1 万个班组、63.3 万名职工参加。

注释：

1. 本公报未包括香港、澳门特别行政区及台湾省统计数据。公报中部分数据因四舍五入原因，存在着与分项合计不等的情况。
2. 一二三三四：指民航行业“践行一个理念、推动两翼齐飞、坚守三条底线、完善三张网络、补齐四个短板”的总体工作思路。
3. 运输航空各项数据为正式年报数据，部分统计数据与此前公布的初步统计数据如有出入，以本次公布数据为准。
4. 运输周转量、旅客运输量、货邮运输量、飞行小时和起飞架次涉及的数据均为国内航空公司承运的数据。
5. 客运飞机中，宽体飞机指 250 座级以上运输飞机，窄体飞机指 100-200 座级运输飞机，支线飞机指 100 座级以下运输飞机。
6. 中航集团包括国航、国际货运航空、深圳航空、山东航空、昆明航空、西藏航空、国航内蒙古公司、大连航空和北京航空；东航集团包括东航、中国货运航空、上海航空联合航空、东航江苏公司、东航武汉公司和东航云南公司；南航集团包括南航、厦门航空、南航河南航空、贵州航空、汕头航空、重庆航空、河北航空、珠海航空和江西航空；海航集团包括海南航空、首都航空、天津航空、金鹏航空、大新华航空、祥鹏航空、西部航空、长安航空、福州航空、乌鲁木齐航空、北部湾航空、桂林航空和新华航空。
7. 包括飞行区指标Ⅰ和飞行区指标Ⅱ，飞行区指标Ⅰ按拟使用机场跑道的各类飞机中最长的基准飞行场地长度，分为 1、2、3、4 四个等级；飞行区指标Ⅱ按使用该机场飞行区的各类飞机中的最大翼展或最大主起落架外轮外侧边的间距，分为 A、B、C、D、E、F 六个等级，两者中取其较高等级。

飞行区指标Ⅰ	飞机基准飞行场地长度（米）
1	<800
2	800-<1200
3	1200-<1800
4	≥ 1800

飞行区指标Ⅱ	翼展（米）	主起落架外轮外侧边间距（M）
A	<15	<4.5
B	15-<24	4.5-<6
C	24-<36	6-<9
D	36-<52	9-<14
E	52-<65	9-<14
F	65-<80	14-<16

8. 旅客吞吐量：指报告期内进港（机场）和出港的旅客人数。
9. 东部地区是指北京、上海、山东、江苏、天津、浙江、海南、河北、福建和广东10省市；东北地区是指黑龙江、辽宁和吉林3省；中部地区是指江西、湖北、湖南、河南、安徽和山西6省；西部地区是指宁夏、陕西、云南、内蒙古、广西、甘肃、贵州、西藏、新疆、重庆、青海和四川12省（区、市）。
10. 货邮吞吐量：指报告期内货物和邮件的进出港数量。
11. 起降架次：指报告期内在机场进出港飞机的全部起飞和降落次数，起飞、降落各算一架次。
12. 通用航空企业地区分布按民航各地区管理局所辖区域划分。
13. 大中型飞机是指座级在100座级以上的运输飞机，小型飞机是指座级在100座级以下的运输飞机。
14. 经济效益涉及数据为财务快报数据，最终数据以财务年报数据为准。
15. 主要航空公司是指南航、国航、东航、海南、深圳、四川、厦门、山东、上海、天津等十家航空公司。
16. 2018年9月1日起，行业对航班不正常原因的判定规则进行部分修改，航空公司原因不正常航班的统计口径发生变化。
17. 投诉总数包含旅客与企业自行解决的首次电话投诉。
18. 根据中国民航科学技术研究院、中国民航报社、航旅纵横、中国民航机场协会共同发布的《2018年年度中国民航服务旅客满意度评价报告》。
19. 民航科技创新"四型"科研院所指"基础技术研究型、应用技术开发型、成果转化效益型、技术政策暨服务智库型科研院所"；民航科技创新"五大"基地指"基础技术研究基地、应用技术开发基地、核心技术产业基地、成果转化效益基地和创新人才发展基地"。
20. 空管系统四类专业人员包括空中交通管制员、航空电信人员、航空情报人员和航空气象人员。
21. 依据《关于在一定期限内适当限制特定严重失信人乘坐民用航空器推动社会信用体系建设的意见》（发改财金〔2018〕385号）相关规定。

2018年邮政行业发展统计公报

2018年是全面贯彻落实党的十九大精神的开局之年，是改革开放40周年，是决胜全面建成小康社会、实施"十三五"规划承上启下的关键之年。全行业深入学习贯彻习近平新时代中国特色社会主义思想和十九大精神，认真落实习近平总书记重要指示精神和中央各项决策部署，坚持稳中求进工作总基调，坚持深化供给侧结构性改革，坚持更好服从服务国家重大战略，坚持以人民为中心的发展思想，深入贯彻新发展理念，继续按照"打通上下游、拓展产业链、画大同心圆、构建生态圈"的工作思路，全行业实现了持续健康发展，保持了总体平稳、稳中有进的良好态势，圆满完成了2018年初制定的任务目标。全行业业务总量首次突破万亿元大关，业务收入达7904.7亿元，快递业务量突破500亿件。

一、业务发展情况

全年邮政行业业务总量完成12345.2亿元，同比增长26.4%。全年邮政行业业务收入（不包括邮政储蓄银行直接营业收入）完成7904.7亿元，同比增长19.4%。

（一）邮政寄递服务业务

邮政寄递服务业务量累计完成237.1亿件，同比增长0.6%；邮政寄递服务业务收入累计完成368.3亿元，同比增长4.2%。

函件业务持续下降。全年函件业务量完成26.7亿件，同比下降15.2%。

包裹业务降幅扩大。全年包裹业务量完成2407.6万件，同比下降9.4%。

报刊业务继续下滑。全年订销报纸业务完成172.8亿份，同比下降2.2%。全年订销杂志业务完成7.7亿份，同比下降2.2%。

汇兑业务继续萎缩。全年汇兑业务完成2520万笔，同比下降32.7%。

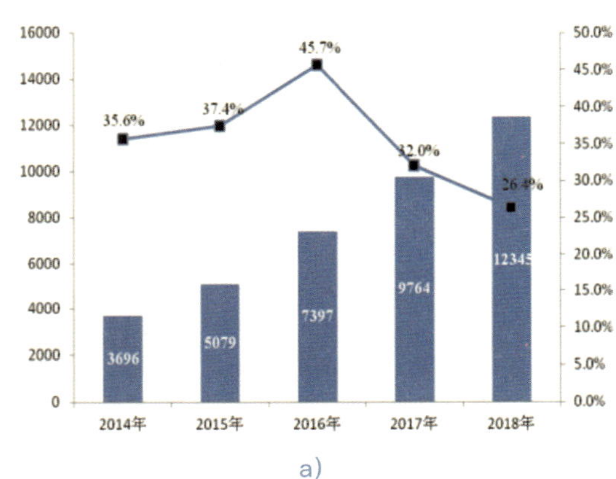

a)

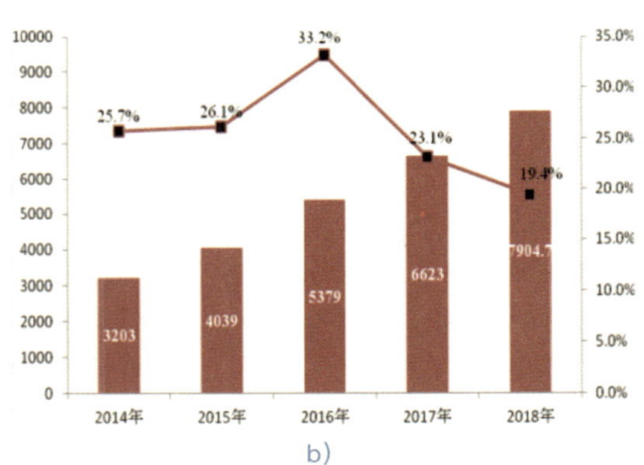

b)

图1 2014—2018年邮政行业业务发展情况

（二）快递业务

快递业务快速增长。全年快递服务企业业务量完成507.1亿件，同比增长26.6%；快递业务收入完成6038.4亿元，同比增长21.8%。

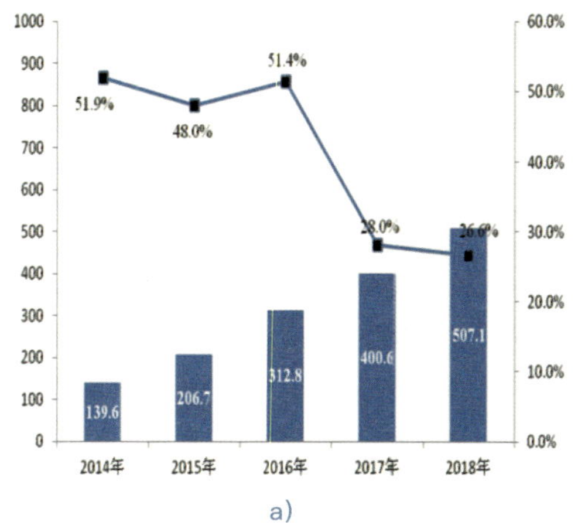

a)

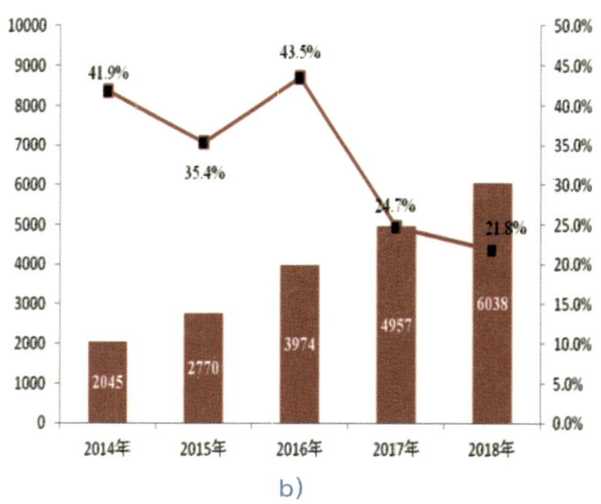

b)

图 2　2014—2018 年快递业务发展情况

快递业务收入在行业中占比继续提升。快递业务收入占行业总收入的比重为 76.4%，比上年提高 1.5 个百分点。

同城快递业务稳定增长。全年同城快递业务量完成 114.1 亿件，同比增长 23.1%；实现业务收入 904.7 亿元，同比增长 23.6%。

异地快递业务持续增长。全年异地快递业务量完成 381.9 亿件，同比增长 27.5%；实现业务收入 3101.9 亿元，同比增长 23.4%。

国际 / 港澳台快递业务快速增长。全年国际 / 港澳台快递业务量完成 11.1 亿件，同比增长 34%；实现业务收入 585.7 亿元，同比增长 10.7%。

异地业务占比提升。同城、异地、国际 / 港澳台快递业务量占全部比例分别为 22.5%、75.3% 和 2.2%，业务收入占全部比例分别为 15%、51.4% 和 9.7%。

东、中、西部地区各项快递业务均保持了持续稳定的增长势头，中、西部地区业务增长持续提速，市场份额继续上升。全年东部地区完成快递业务量 405 亿件，同比增长 24.6%；实现业务收入 4830.8 亿元，同比增长 20.4%。中部地区完成快递业务量 62.4 亿件，同比增长 34.8%；实现业务收入 678 亿元，同比增长 26.9%。西部地区完成快递业务量 39.7 亿件，同比增长 35.5%；实现业务收入 529.6 亿元，同比增长 28.9%。东、中、西部地区快递业务量比重分别为 79.9%、12.3% 和 7.8%，快递业务收入比重分别为 80%、11.2% 和 8.8%。

快递业务量收排名前五位的省份合计在全国占比较上年有所下降。快递业务量排名前五位的省份依次是广东、浙江、江苏、上海和北京，其快递业务量合计占全部快递业务量的比重达到 65.4%，较上年下降 2.1 个百分点。快递业务收入排名前五位的省份依次是广东、上海、浙江、江苏和北京，其快递业务收入合计占全部快递业务收入的比重达到 66.6%，较上年同期下降 1.9 个百分点。

快递业务量排名前十五位的城市依次是广州、金华（义乌）、上海、深圳、杭州、北京、东莞、苏州、成都、泉州、揭阳、武汉、温州、宁波和南京，其快递业务量合计占全部快递业务量的比重达到 57.5%。

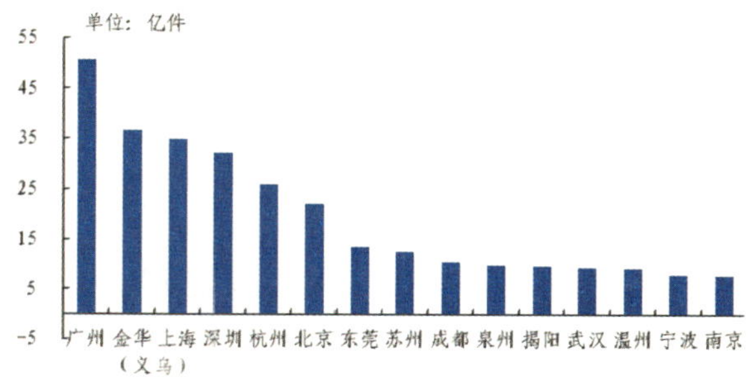

图 3　快递业务量前 15 名城市情况

快递业务收入排名前十五位的城市依次是上海、广州、深圳、北京、杭州、金华（义乌）、东莞、苏州、成都、武汉、天津、南京、宁波、泉州、郑州，其快递业务收入合计占全部快递业务收入的比重达到 60.8%。

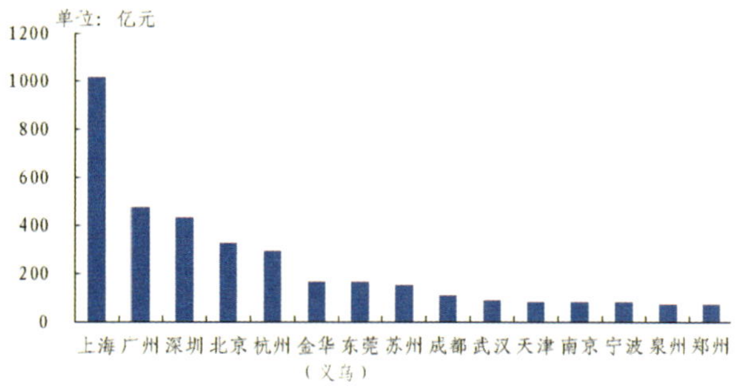

图 4 快递业务收入前 15 名城市情况

国有、民营、外资企业业务量占全部快递与包裹市场比重分别为 12.3%、86.2%、1.5%，国有、民营、外资企业业务收入占全部快递与包裹市场比重分别为 11%、83.6%、5.4%。

快递与包裹服务品牌集中度指数 CR8 为 81.2。

二、基础能力和服务水平

（一）机构设备

全行业拥有各类营业网点 27.5 万处，其中设在农村的 10 万处。快递服务营业网点 19.9 万处，其中设在农村的 5.9 万处。全国拥有邮政信筒信箱 12.2 万个，比上年末减少 0.3 万个。全国拥有邮政报刊亭总数 1.7 万处，比上年末减少 0.3 万处。

全行业拥有国内快递专用货机 116 架，比上年末增加 16 架。全行业拥有汽车 32.2 万辆，比上年末增长 9.2%，其中快递服务汽车 23.9 万辆，比上年末增长 7.7%。

快递服务企业拥有计算机 51.2 万台，比上年末增长 6.9%；手持终端 114.7 万台，比上年末增长 17.7%。

（二）基础网路

全国邮政邮路总条数 2.8 万条，比上年末增加 1045 条。邮路总长度（单程）985.1 万公里，比上年末增加 46.7 万公里。全国邮政农村投递路线 9.5 万条，比上年末增加 4797 条；农村投递路线长度（单程）403.1 万公里，比上年末增加 22.5 万公里。全国邮政城市投递路线 7 万条，比上年末增加 3351 条；城市投递路线长度（单程）171.2 万公里，比上年末增加 8.3 万公里。全国快递服务网路条数 17.7 万条；快递服务网路长度（单程）2959.7 万公里。

（三）服务能力

全行业平均每一营业网点服务面积为 35 平方公里；平均每一营业网点服务人口为 0.5 万人。邮政城区每日平均投递 2 次，农村每周平均投递 5 次。全国年人均函件量为 1.9 件，每百人订有报刊量为 8.9 份，年人均快递使用量为 36.4 件。年人均用邮支出 566.5 元，年人均快递支出 432.7 元。

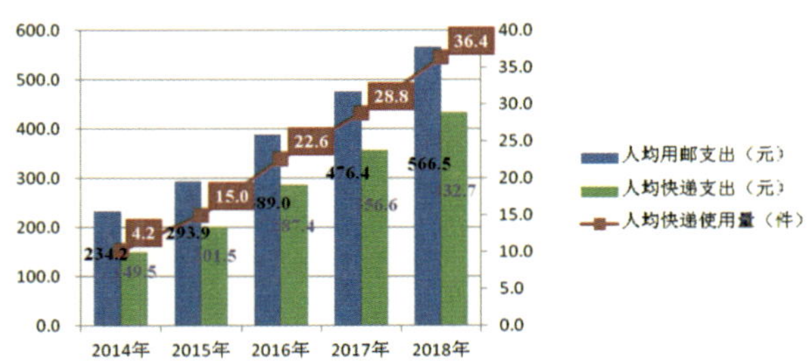

图 5 2014—2018 年人均用邮支出、快递支出和快递使用量情况

注释：

1. 本公报中邮政寄递服务业务、通信能力和服务水平有关数据来自年报，其他数据为月报统计数据。
2. 各项统计数据未包括香港和澳门特别行政区及台湾省。
3. 部分数据因四舍五入的原因，存在着与分项合计不等的情况。
4. 邮政行业业务总量按 2010 年不变价格计算。
5. 全国人口数据来自国家统计局《2018 年国民经济和社会发展统计公报》。

2018 年邮政行业发展统计解读

2018 年，邮政行业深入学习贯彻习近平新时代中国特色社会主义思想和十九大精神，认真落实习近平总书记重要指示精神和中央各项决策部署，坚持以人民为中心的发展思想，坚持稳中求进工作总基调，以深化供给侧结构性改革为主线，深入贯彻新发展理念，继续按照“打通上下游、拓展产业链、画大同心圆、构建生态圈”的工作思路，全行业实现了持续健康发展，为经济社会发展和民生改善作出了积极贡献。

一、行业业务规模再创新高，继续保持快速增长

2018 年，邮政全行业完成业务总量 12345.2 亿元，同比增长 26.4%；实现业务收入 7904.7 亿元，同比增长 19.4%。规模上，行业业务量、收分别较 2014 年增长了 2.3 和 1.5 倍，业务总量首次突破万亿元大关。速度上，相较往年增速有所降低，但业务总量增速仍是同期 GDP 的 4 倍。

二、邮政寄递服务业务量收实现正增长

2018 年，邮政企业继续推进供给侧结构性改革，做大做强优势业务，改革创新成效明显，在传统业务持续萎缩的同时，新兴业务依然保持高速增长，拉动邮政寄递服务业务量收保持正增长态势。

三、快递年业务规模突破 500 亿件，业务结构显著优化

2018 年，快递服务企业业务量完成 507.1 亿件，同比增长 26.6%；快递业务收入完成 6038.4 亿元，同比增长 21.8%。

快递业务收入在行业中占比继续提升。快递业务收入占行业总收入的比重为 76.4%，比上年提高 1.5 个百分点。

各项业务均保持持续快速增长，国际 / 港澳台快递业务增速继续超过同城和异地业务，高于整体增长水平。

国有、民营、外资企业业务量占全部快递与包裹市场比重分别为 12.3%、86.2%、1.5%，国有、民营、外资企业业务收入占全部快递与包裹市场比重分别为 11%、83.6%、5.4%。

2018 年，快递与包裹服务品牌集中度指数 CR8 达到 81.2，年内呈现出逐月上升趋势，行业龙头企业市场份额持续扩大，产业集中的特征更为明显。

四、快递区域业务结构总体稳定

东、中、西部各项业务均保持持续稳定的增长势头，发展格局总体稳定，但中、西部地区业务增长持续提速，市场份额继续上升。

龙头省份排名保持稳定，快递业务量收排名前五位的省份合计在全国占比较上年有所下降。快递业务量排名前五位的省份依次是广东、浙江、江苏、上海和北京，其快递业务量合计占全部快递业务量的比重达到 65.4%，较上年下降 2.1 个百分点。快递业务收入排名前五位的省份依次是广

东、上海、浙江、江苏和北京，其快递业务收入合计占全部快递业务收入的比重达到66.6%，较上年同期下降1.9个百分点。

龙头城市排名发生变化，部分城市快递业务发展迅猛。其中，金华（义乌）的年快递业务量在全国城市排名（含直辖市）继续赶超，快递业务量仅次广州，年快递收入达到169.9亿元，揭阳快递业务量排名提升至11位。

五、行业基础能力和服务水平不断提升

行业基础能力不断增强，“邮政在乡”和“快递下乡”工程深入推进，建制村直接通邮率和快递乡镇覆盖率不断提升。行业内汽车、计算机、手持终端等装备设备持续增长，国内快递专用货机达116架，比2017年末增加16架。邮政网络得到完善，邮政局所数量保持稳定，业务功能不断拓展，年内邮路总条数、邮路总长度（单程）持续增长。

行业普惠特征更加显著，2018年行业年服务超过1300亿人次，年内人均快递使用量及支出增幅较2017年进一步提升；同时，快递平均单价继续下降，人民群众用邮满足感和获得感不断增强。

附录4　权威媒体报道

一、2018年度交通运输部“焦蕴平”系列报道

（一）《以过硬作风为交通强国建设提供坚强保障》

习近平总书记指出，“党的作风就是党的形象，关系人心向背，关系党的生死存亡”。对一个行业来讲，也是如此。加强交通运输行业作风建设，有利于提升行业软实力，树立交通好形象，凝心聚力建设人民满意交通，为建设交通强国提供坚强作风保障。（交通运输部微信公众号2018年4月28日）

（二）《为建设交通强国而努力奋斗》

习近平总书记指出，“奋斗本身就是一种幸福”。奋斗也是交通精神的精髓和实质，新时代交通人的使命，就是建设交通强国。使命决定了我们奋斗的目标和方向，也决定了我们奋斗的价值和意义。党的十九大开启了建设交通强国的新征程，我们要更加紧密地团结在以习近平同志为核心的党中央周围，敢于担当、奋发有为、众志成城，为建设交通强国而努力奋斗！（交通运输部微信公众号2018年5月3日）

（三）《快递企业做大盘子　更要做好“面子”》

近年来，快递业一路“高歌猛进”，快递营业网点也如同雨后春笋，覆盖我国全部县级以上城市和近90%的乡镇。然而，在快递企业争相跑马圈地、快速扩张的同时，暴力分拣、延误损毁、服务纠纷等问题也随之浮出水面，快递业仿佛陷入了各方都不太满意的“怪圈”。改变当前这种“窘境”，企业只有把提升服务质量这个“面子”做好了，才能实现电商企业、快递企业和消费者多方共赢。（中华人民共和国交通运输部官网2018年6月20日）

（四）《加快把交通运输高质量发展指标体系建起来》

改革开放以来，我国交通运输行业形成了以规模速度为导向的指标体系，这套指标体系，为建设交通大国发挥了重要作用。但要建设交通强国，就有些不合时宜了。要扭转这个导向，就要加快把交通运输高质量发展指标体系建起来。这也是一个行业治理体系和治理能力现代化的重要体现，是提升行业制度性话语权的有效途径，也是促进行业转型升级的内在要求和迫切需要。（中华人民共和国交通运输部官网2018年7月2日）

（五）《携信而行　一路畅通》

近期，首批限制乘坐火车飞机名单在“信用中国”网站公示，169名不缴或少缴应纳税款、逾期不履行证券期货行政罚没款缴纳义务等的失信

考完全“暴晒”于公众视野之下，今后一定时期内这些失信者将不能乘坐火车、飞机，可谓一处失信，出行受限。新闻一出，社会公众为之鼓掌叫好。交通运输主管部门在逐步加强对失信者的惩戒。只有让失信者寸步难行，才能有力震慑失信行为。（交通运输部微信公众号2018年7月26日）

（六）《调整运输结构要做好“加减法”》

煤炭、矿石等大宗物资运输，明明用铁路、水运更经济，但是现实中公路运输的比例却很高。延绵几十公里的高速公路大堵车经常见诸报端，汽车消耗“高级能源”运输“低级能源”也广受诟病。应当说，公路承担了本该由铁路和水运承担的大宗货物长途运输任务，既不经济，也不安全，还会带来环境污染，这是运输结构不合理的突出表现。（中华人民共和国交通运输部官网2017年7月31日）

（七）《以路为媒，把绿水青山变成金山银山》

2005年8月，时任浙江省委书记的习近平同志在安吉调研时，首次提出“绿水青山就是金山银山”的发展理念。如何落实总书记“创造条件，让绿水青山源源不断地带来金山银山”的指示？农村公路是最好的媒介。以路为媒，安吉这个交通运输部首批“四好农村路”示范县，一跃跻身全国百强县行列，同时仍保持72%的森林覆盖率和75%的植被覆盖率，走上了一条发展与保护、环境与财富、人与自然和谐互促的绿色发展之路。（人民交通网2018年8月24日）

（八）《充分发挥水运优势，努力守护绿水青山》

推进绿色水运发展，是贯彻落实习近平生态文明思想的有力举措，也是实现行业可持续发展的必然要求。总书记在考察长江经济带时明确提出，要共抓大保护、不搞大开发，探索出一条生态优先、绿色发展新路子。这一重要指示精神，为推进绿色水运发展指明了方向。只有多管齐下、综合治理，水运行业的节能环保优势才能真正得以发挥，绿色发展理念才能真正在交通运输行业落地生根，绿水青山、永续发展目标也才能在交通运输行业逐步变为现实。（中国水运网2018年8月28日）

（九）《以清洁绿色装备绘就美丽交通画卷》

交通运输装备是影响交通运输发展水平的重要因素，其清洁绿色水平直接影响着交通运输绿色发展水平。近年来，交通运输行业认真贯彻落实习近平生态文明思想，绿色交通建设取得了积极成效。但总体来看，目前我国交通运输装备的清洁绿色水平还不高，交通运输行业仍是我国的能耗大户和排放大户。交通运输绿色发展，必须在推进运输装备升级上下大力气，多措并举、多方协调，实现运输装备的清洁化、绿色化发展。（中国交通新闻网2018年9月4日）

（十）《货运业转型升级要让司机更有获得感》

道路货运行业是国民经济发展的基础性服务行业，也是交通运输行业中规模最大、从业人员最多的子行业。目前，

道路货运行业从业人员已超过2000万人,在各种运输方式从业人员中占半数以上,已成为交通运输吸纳就业的“主阵地”和百姓择业创业的“大舞台”。其健康稳定发展,不仅事关城乡居民生产生活,也直接关系到上千万家庭的安居乐业。(中国交通新闻网2018年10月9日)

(十一)《推动道路货运高质量发展必须以创新为“引擎”》

货运高质量发展,是涉及发展方式、增长动力等诸多方面的系统性重大变革。当前,以物联网、大数据、人工智能为特征的新一轮科技革命迅猛发展,道路货运发展面临的市场需求、业态格局、服务模式等都发生了巨大变化,如果延续过去“要素驱动”“规模扩张”的老路,行业将很难走出发展困境,实现转型升级和高质量发展。(中华人民共和国交通运输部官网2018年10月19日)

(十二)《让货车司机“乐在途中”要靠制度》

我国现有2000多万道路货运从业人员、1300多万辆货运卡车。可以说,货车司机的获得感、幸福感、安全感直接关系到道路货运行业健康平稳发展。透过现象看本质。“乐业”难,难在哪?难在制度体系不完善,存在缺项漏项。让货车司机“乐在途中”要靠制度护航。要以制度建设推进完善道路货运行业治理体系。切实建立健全以制度为核心的道路货运行业治理体系。(中国交通新闻网2018年10月30日)

(十三)《精准补短板有效稳投资》

近日,国务院办公厅印发《关于保持基础设施领域补短板力度的指导意见》,对交通等基础设施领域补短板工作提出明确要求。这是以习近平同志为核心的党中央针对当前经济形势作出的重大决策部署,我们要认真学习领会,抓好贯彻落实。精准补短板、有效稳投资,是优化供给结构和扩大有效需求的结合点,是保持经济平稳运行和推动高质量发展的结合点,是行业发展和改善民生的结合点,既利当前,也惠长远。(中国交通新闻网2018年11月12日)

(十四)《交通运输补短板要把提升人民幸福感获得感放在首位》

交通运输是国民经济中基础性、先导性和战略性产业,也是重要的民生服务业。坚持以补短板为重点,推动交通运输供给侧结构性改革,既是推动交通运输高质量发展的内在要求,也是践行以人民为中心的发展思想、支撑服务全面建成小康社会的必然要求。交通运输补短板,必须把增进民生福祉作为根本目的,在改善民生中不断彰显行业的时代责任和使命担当。(中华人民共和国交通运输部官网2018年11月27日)

(十五)《无愧于新时代的精彩答卷》

总书记高度肯定了我国基础设施建设显著成就,称赞港珠澳大桥是国家工程、国之重器,鼓舞交通人要弘扬非凡的英雄精神,发扬“两路”精神、青藏铁路精神和逢山开路、遇水架桥的奋斗精神,要有勇创世界一流的志气和勇气,努力创造更多世界第一。这是总书记殷切的期许,更是行业发展的不竭动力。交通人始终牢记总书记嘱托,勇当先行官,为实现中华民族伟大复兴的中国梦作出新的更大贡献,以优异成绩迎接中华人民共和国成立70周年!(中国交通新闻网2018年12月28日)

（十六）《紧紧抓住并全面用好我国发展重要战略机遇期》

2019年交通运输经济运行仍将保持总体平稳、稳中有进的态势，发展中面临新的机遇。同时，交通运输经济运行也稳中有变、变中有忧，风险和困难明显增多，形势更严峻、任务更艰巨。我们要善于从长期大势认识当前形势，坚持从全局看局部、从未来看当下，跳出交通看交通，要顺势而为、迎难而上，变压力为动力，化挑战为机遇，真正抓住和用好这个重要战略机遇期，深化交通运输供给侧结构性改革，推动交通运输高质量发展。（交通运输部微信公众号2018年12月29日）

（十七）《牢牢把握推动交通运输高质量发展这个主题》

2018年，交通运输高质量发展脉动强劲，港珠澳大桥胜利通车，世界上最大的水陆两栖飞机精彩亮相，短短1分钟里就有超过4000位旅客乘高铁出行，每秒钟有1500多件快递被寄出签收……交通运输高质量发展，要求提高产品和服务的质量效率，建设安全、便捷、高效、绿色、经济的现代化综合交通运输体系，为经济社会高质量发展注入澎湃动力，不断满足人民日益增长的美好生活需要。（中国交通新闻网2019年1月1日）

（十八）《坚决落实供给侧结构性改革八字方针总要求》

供给侧结构性改革是改善供给结构、提高经济发展质量和效益的治本之策，也是交通运输工作的主线。中央经济工作会议提出了深化供给侧结构性改革“巩固、增强、提升、畅通”的八字方针总要求，对于坚定信心、深化认识，做好今年经济工作，具有重大而深远的意义。全国交通运输工作会议强调，交通运输供给侧结构性改革必须落实好这个总要求，更多采取改革的办法，更多运用市场化、法治化手段，推动交通运输高质量发展。（交通运输部微信公众号2019年1月2日）

（十九）《为全面建成小康社会收官打下决定性基础》

打好脱贫攻坚战，是党的十九大确定的决胜全面建成小康社会三大攻坚战之一，也是实施乡村振兴战略的优先任务。加快实施交通脱贫攻坚，是实现精准扶贫、精准脱贫的先手棋，是破解贫困地区经济社会发展瓶颈的关键，也是打好全面建成小康社会收官决定性基础的重要支撑。（交通运输部微信公众号2019年1月3日）

（二十）《下更大气力抓好交通运输安全》

过去一年，在以习近平同志为核心的党中央坚强领导下，交通运输行业稳步推进平安交通建设，完善安全监管责任体系，有效应对了台风“山竹”等极端恶劣天气和自然灾害，妥善处置了巴拿马籍油船“桑吉”轮碰撞燃爆等突发事件，成功救援人员、搜救各类遇险船舶，安全生产事故起数和死亡人数“双下降”，未发生特别重大事故，确保了交通运输行业安全生产形势总体稳定，有力维护了人民群众生命财产安全。（交通运输部微信公众号2019年1月4日）

（二十一）《凝聚起推动交通运输高质量发展的奋斗伟力》

交通人的实干奋斗得到了习近平总书记的肯

定。他多次亲切接见、慰问鼓励一线交通职工，动情地表示为川航英雄机组感到骄傲，视频连线上海港洋山港区四期自动化码头，电话连线慰问“玫瑰轮”船员。总书记要求广大交通人弘扬“两路”精神、发扬非凡的英雄精神、青藏铁路精神和逢山开路、遇水架桥的奋斗精神，“要有勇创世界一流的志气和勇气，要做就做最好的，努力创造更多世界第一”。总书记的亲切关怀和勉励让全体交通人备感温暖、备受鼓舞，激发起干事创业的强大精神动力。（交通运输部微信公众号 2019 年 1 月 7 日）

二、铁路重大报道

（一）2018 年春运形势和工作安排新闻发布会

2018 年 1 月 31 日，国新办举行 2018 年春运形势和工作安排新闻发布会，国家铁路局总工程师严贺祥出席发布会并回答记者提问。

国新网以《铁路局将认真履行行业监管职责维护春运安全稳定》为题、中央电视台以《国家铁路局：多措并举加强铁路服务监管》为题进行报道。人民网以《国家铁路局已成立春运监督检查工作组赴春运重点区域进行检查》为题进行报道。中国新闻网以《中国 7 部门多措并施打造“平安春运”》为题进行报道。

（二）国家铁路局与贵州省榕江县在京举行旅游宣传招商推介会

2018 年 11 月 9 日，国家铁路局与贵州省榕江县以《发展乡村旅游，助推脱贫攻坚》为主题，在京组织旅游宣传暨招商推介活动，并邀请新华社、中央电视台、经济日报、中国新闻社、工人日报、中国交通报、人民铁道报 8 家中央媒体参加，媒体对此次活动积极配合，及时报道。

新华网、中新社、工人日报、中国日报等 10 余家媒体网站以《贵州榕江旅游宣传招商推介会在京举行》为题进行报道。经济日报以《国家铁路局定点扶贫工作取得显著成效》为题进行报道。中国青年报以《国家铁路局定点扶贫见成效》为题进行报道。

（三）国家铁路局发布铁路工程施工质量系列验收标准

2018 年 11 月 12 日，国家铁路局新闻发言人严贺祥总工程师就“铁路工程施工质量系列验收标准”发布答记者问。发布会现场共邀请新华社、人民日报、中央电视台、中央人民广播电台、新华网、中国交通报 6 家媒体。信息发布后，国务院客户端、中国政府网、新华社、人民日报、中央电视台等 30 余家媒体网站进行宣传报道。

中国政府网、国务院客户端、新华社、中央电视台等 20 余家媒体以《我国发布新版〈铁路工程施工质量系列验收标准〉》为题进行报道。人民日报以《铁路工程施工划出新质量红线首次明确城际和重载铁路验收要求》为题进行报道。中央人民广播电台《全国新闻联播》和《新闻和报纸摘要》栏目以《新版〈铁路工程施工质量系列验收标准〉明年 2 月 1 日起实施》为题进行报道。

（四）国家铁路局发布新版《铁路建设项目预可行性研究、可行性研究和设计文件编制办法》

2018 年 12 月 10 日，通过国家铁路局有关负责人答记者问的形式，开展“新版《铁路建设项目预可行性研究、可行性研究和设计文件编制办法》”新闻发布工作，并在国家铁路局政府网站分别发布题为《国家铁路局发布新版〈铁路建设项目预可行性研究、可行性研究和设计文件编制办法〉》和《国家铁路局有关负责人就〈铁路建设项目预可行性研究、可行性研究和设计文件编制办法〉答记者问》2 条新闻信息。

新华网、工人日报（客户端）、经济日报（客户端）、中国网、中国经济网、中国交通报等媒体网站都以较大篇幅进行发布解读。澎湃新闻、新浪网等10余家门户网站相继进行转载。中国政府网原文转载《国家铁路局发布新版〈铁路建设项目预可行性研究、可行性研究和设计文件编制办法〉》和《国家铁路局有关负责人就〈铁路建设项目预可行性研究、可行性研究和设计文件编制办法〉答记者问》2条信息。国务院客户端原文转载《国家铁路局有关负责人就〈铁路建设项目预可行性研究、可行性研究和设计文件编制办法〉答记者问》。新华网、中国网、中新网以《明年起中国铁路建设项目实施新修订的"编制办法"》为题进行报道。

（五）国家铁路局召开年度工作会议

2018年12月27日，国家铁路局召开题为《高举改革开放伟大旗帜推动铁路高质量发展》的工作会议。会议召开后，国家铁路局政府网站发布会议新闻稿件。

中国政府网、新华网、央视财经（客户端）、中国交通报等10余家媒体网站进行宣传报道。

中国政府网、新华网、中国交通报、中国交通新闻网等近10家媒体网站以《高举改革开放伟大旗帜推动铁路高质量发展》为题进行报道。央视财经（客户端）、搜狐网以《2019铁路要怎么发展？国家铁路局提出这15个方面的重点工作》为题进行报道。

三、民航权威媒体报道

（一）人民日报刊登的民航重要新闻

1. 今年春运将发送旅客29.8亿人次

2018年春运于2月1日正式启动，持续到3月12日结束，共40天。据预测，春运期间全国旅客发送量将达到29.8亿人次，预计最高峰日客运量将超过1亿人次。

针对春运新形势、新要求，"陆水空"都最大限度扩大运能。北京铁路局、武汉铁路局、上海铁路局等全力挖潜扩能，全国铁路部门在每天开行图定旅客列车3819对的基础上，节前节后分别增开旅客列车576对和665对。民航日均保障航班近1.5万班次，可提供208万个座位。道路共安排营运客车84万辆，共约2100万个座位。水运投入船舶2万余艘，共约100万个座位。目前，春运各项工作已准备就绪。

（《人民日报》2018年2月1日01版）

2. 亚太民航部长级会议达成多项共识

2月1日，中国民用航空局局长冯正霖在首届亚太地区民航部长级会议新闻发布会上表示，2017年，中国民航完成运输总周转量1083.1亿吨公里，对世界民航增长贡献率超过25%，对亚太民航增长贡献率超过55%，中国已经成为亚太第一、全球第二大航空运输市场。

近十年来，中国同亚太地区各国之间的运输总周转量、旅客运输量、货邮运输量年均增速分别为16.8%、15.9%和6.6%。

首届亚太地区民航部长级会议通过《亚太地区民用航空部长级会议宣言》，在航空安全、空中航行服务、事故调查、人力资源开发4个方面达成重要共识。各国一致认为，要将航空安全纳入国家规划，于2022年前推进实施亚太无缝空管计划，推动建立独立于本国民航部门的事故调查机构，并根据国际民航组织"下一代航空专业人才"计划，搭建高质量培训渠道。

（《人民日报》2018年2月2日22版）

3.C919国产大型客机订单总数达到815架

2月26日上午，中国华融资产管理股份有限公司旗下控股子公司华融金融租赁股份有限公司与中国商用飞机有限责任公司在北京签署30架C919大型客机和20架ARJ21新支线飞机购机协议。

据悉，ARJ21新支线飞机目前已安全运送旅客 4.9 万多人次，向产业化发展坚定迈进；C919 大型客机飞上蓝天，后续试飞试验正在进行中；CR929 远程宽体客机联合研制全面展开。截至目前，C919 大型客机国内外用户达到 28 家，订单总数达到 815 架，ARJ21 新支线飞机客户达到 21 家，订单总数达到 453 架。

（《人民日报》2018 年 2 月 27 日 06 版）

4. 中国民用航空局通报相关外航网站涉港澳台信息整改情况

中国民用航空局 25 日发布消息，通报相关外航网站涉港澳台信息整改情况。

4 月 25 日，中国民用航空局致函 44 家外国航空公司，要求这些公司在信函发出之日起 30 日内纠正其官网相关内容中违反中国法律、违背一个中国政策的错误做法。

截至 5 月 25 日，44 家外国航空公司中已有 18 家完成了整改，26 家因技术原因申请延期并承诺整改，承诺整改完成时间最早为 5 月 28 日，最晚时间为 7 月 25 日，中国民用航空局已复函同意。

中国民用航空局表示，中国民用航空局将密切关注上述航空公司的整改情况，并依法保障外国航空公司在华开展航空客货运输业务的权利。

（《人民日报》2018 年 5 月 26 日 06 版）

5. 我国干线飞机级复材机翼盒段试验获突破

日前，复合材料机翼典型盒段静力和损伤容限试验在中国商飞北研中心全部完成，该试验验证了结构设计方案和强度分析方法，满足相关适航条款要求，标志着我国已经掌握满足国际民机适航要求的大型民机复合材料主承力结构强度验证能力。复合材料在大型民机主承力结构上的应用比例，已成为衡量民机技术先进性和市场竞争力的重要标志。中国商飞公司于 2012 年启动了攻关项目，以 C919 型号为平台，全面开展复合材料机翼的设计分析、制造装配和试验。

（《人民日报》2018 年 6 月 29 日 20 版）

图 7-4-1　科研人员正在安装复材机翼项目典型盒段损伤容限试验件

6. 我国与 45 个“一带一路”参与国家实现直航

8 月 11 日，中国民用航空局召开新闻发布会，介绍中国民航在“一带一路”建设中所取得的进展。截至目前，我国已与 62 个“一带一路”参与国家和地区签订了双边政府间航空运输协定，已与 45 个参与国家实现直航。

中国民用航空局发展计划司副巡视员张清介绍，中国民航重点从提升互联互通水平、推动基础设施对接、拓展民航合作平台、加强与参与国家合作等方面发力，形成了全行业共同推进“一带一路”建设的良好局面。

加快提升“一带一路”参与国家和地区航空互联互通水平。截至目前，我国与俄罗斯、亚美尼亚、印度尼西亚、柬埔寨、孟加拉国、以色列、蒙古国、马来西亚、埃及等参与国家举行双边航空会谈并扩大了航权安排。同时，我国已与 45 个“一带一路”参与国家实现直航，每周约 5100 个航班。

积极拓展“一带一路”民航合作平台。利用中国民航对中亚合作平台、对非洲地区合作平台、中国—东盟航空区域合作平台等机制，推进与“一带一路”参与国家和地区的民航全面合作。比如举办首届中欧航空安全年会，成为中欧民航交流对话、共谋发展的重要平台；与国际民航组织签署了关于“一带一路”合作意向书，合力推动“一带一路”参与国家和地区民航发展。

扎实推进与“一带一路”参与国家航空全面合作。中国民航为中亚、非洲、东南亚等地区的国家提供专业培训，涉及航空安全、交通管理、机场管理、飞行标准、安全安保、航空气象等多个领域。

（《人民日报》2018 年 8 月 12 日 02 版）

7. 首批民航领域鼓励民间投资项目清单公布

8 月 23 日，中国民用航空局、国家发改委联合对外公布《民航领域鼓励民间投资项目清单》。清单共 28 个项目，预计总投资规模达 1100 亿元。

为进一步拓宽民航投融资渠道、充分调动民间投资民航领域的积极性，中国民用航空局、国家发改委联合组织民航领域鼓励民间投资项目遴选，从“补短板、促改革、调结构”和充分激发市场活力角度重点选择了 28 个项目。清单涵盖了运输机场建设、通用机场建设、货运物流、飞机维修、航空救援等民航传统领域项目以及无人机物流配送、无人机飞行校验、航行新技术、机载数据通信等民航新兴领域项目；涉及固定资产投资、新技术研发应用、企业混合所有制改革等不同类型项目。项目的实施，将优化民航领域投资结构，有利于激发民航传统领域市场活力、提升企业管理能力，有利于加快新兴领域科技研发、标准制定和市场开拓，推动民航供给侧结构性改革和民航行业高质量发展。

中国民用航空局、国家发改委还将根据本批项目进展情况，适时推出第二批项目清单。

（《人民日报》2018 年 8 月 24 日 09 版）

8. “一带一路”航线民航 5 年客运量过亿

10 月 13 日，“一带一路”倡议提出 5 年来，中国民航在“一带一路”相关航线完成旅客运输量 1.02 亿人次。

改革开放以来，我国民航运输一直保持着两位数的高速增长。截至 2017 年底，全行业累计完成运输总周转量 1083 亿吨公里、旅客运输量 5.5 亿人次、货邮运输量 705.9 万吨，分别是 1978 年的 362 倍、239 倍和 110 倍，旅客周转量在国家综合交通体系中的比重已经从 1978 年的 1.6% 上升到 2017 年的 29%。

40 年来，航线网络不断完善。2017 年，60 家国内航空公司运营了连接国内 229 个机场的航线，31 家航空公司经营 810 条国际航线。此外，机场数量、规模也在持续增长。机场数量较之 1978 年增长了约 3 倍，旅客吞吐量增幅为 495 倍，货邮吞吐量增幅为 257 倍。

（《人民日报》2018 年 10 月 14 日 03 版）

9. 习近平致电祝贺国产大型水陆两栖飞机 AG600 水上首飞成功

贺电

工业和信息化部、中国民用航空局、中国航空工业集团有限公司并参加 AG600 水上首飞任务的各参研参试单位和全体同志：

大型灭火／水上救援水陆两栖飞机 AG600 水上首飞圆满成功，是我国航空工业坚持自主创新取得的又一重大科技成果。全体参研单位和人员奋勇拼搏、攻坚克难，项目研制实现重要突破。我向同志们表示衷心的祝贺！希望各有关方面继续弘扬航空报国精神，切实贯彻新发展理念，奋力推动创新发展，再接再厉，大力协同，确保项目研制成功，继续为满足我国应急救援体系和国家自然灾害防治体系建设需要、实现建设航空强国目标而奋斗。

习近平

2018 年 10 月 20 日

（《人民日报》2018 年 10 月 21 日 01 版）

10. 两岸确认 2019 年春节加班等航空运输安排

12 月 26 日，两岸民航主管部门联系人于近日经过多番书面和电话沟通，就 2019 年春节加班事宜和具体安排进行了确认。

双方同意，两岸航空公司可在 2019 年 1 月 22

日—2月19日期间安排春节加班。即各方北京10班、浦东168班、广州12班、深圳23班、杭州43班；上海虹桥机场及台北松山机场春节期间不安排两岸加班，运营上海虹桥机场或台北松山机场两岸航线的航空公司可分别将春节加班包机安排至上海浦东机场和桃园机场。双方同意，将全力保障两岸所有航空公司所提600多班两岸春节加班安排，最迟于2019年1月10日前按沟通方案完成批复。

（《人民日报》2018年12月27日06版）

（二）新华通讯社刊登的民航重要新闻

1. 中国民企自主研制通用飞机GA20首次下线滑跑

5月21日，由冠一通用飞机公司自主研制的单发四座固定翼螺旋桨通用飞机GA20首架机在江西南昌顺利总装下线，并完成滑跑演示。

据冠一通飞GA20总工程师Jean-Paul VAUNOIS介绍，这架飞机搭载lycomingo320发动机、Garmin航电系统和最轻质全碳纤螺旋桨，最大续航里程可达1200公里，最大速度可达360公里/小时，爬升率达到3.4米/秒，在2600米高度75%功率的情况下燃油消耗量仅32升/小时，其燃油经济性在全球竞争机型中处领先地位。

同时，GA20还采用了飞机“定制化”概念，以多种动力、多种设备选型、多款内饰设计，满足不同用户需求，可用于飞行培训、航空旅游、飞行体验、私人飞行等领域，用途广泛。

据悉，冠一通飞2014年正式启动了GA20项目。GA20从设计之初就以中、美、欧三大适航标准为最低研制要求，经过3年技术攻坚，实现了样机制造，并参展珠海航展。中国民航沈阳航空器适航审定中心飞行性能室副主任全敬泽说：“沈阳审定中心负责23部飞机型号合格证的适航审定，主要指19座以下的小型飞机，而GA20是一种由我国民营企业自主研发的全新型号。”

近年来，通用航空产业作为国家战略性新兴产业，受到政策与市场双轮驱动。根据中国民航“十三五”发展规划，到2020年中国通用机场有望达到500个以上，通用航空器达5000架以上，年飞行量达200万小时。

随着低空领域的逐步开放，中国通航企业掌握产业主导权势在必行。冠一通用飞机董事长朱颂华认为：“要想振兴中华民族通航产业，自主知识产权是必由之路。”

未来五年，冠一通飞将在江西南昌航空城建成集研发中心、制造基地、试验试飞中心、客服中心和飞行培训中心五大功能为一体的通用飞机产业基地。至2022年，将实现年产200架飞机整机的目标。此外，冠一通飞将于2018年启动GA20飞机的全球销售，并融入国家“一带一路”建设，积极开拓丝路沿线市场。

（新华社南昌5月21日电）

图7-4-2　与会嘉宾为GA20首架机揭幕

2. 我国民航大力推动航行新技术应用

在22日召开的第三届北京航空安全国际论坛上，中国民用航空局副局长王志清表示，近年来我国大力推动航行新技术应用，有力提升了民航发展水平。

王志清表示，近年来，航行新技术应用为民航安全高效运行提供了有力支撑，有力提升了民航安全水平、民航运行效率和民航服务水平。

他表示，面对空域资源不足、机场容量饱和、运行环境复杂等挑战，民航业需要国际国内各方进一步密切合作，协同联动，加快推动航行新技术应用。

中国航空运输协会副理事长吴成昌在论坛上表示，中国民航已在所有的航路和机场全面实施基于性能的导航（PBN）运行，广泛开展了广播式自动相关监视（ADS-B）的运用，东部地区实现了 ADS-B 与雷达的双重覆盖，西部地区实现了 ADS-B 为主的监视覆盖，提高了对空监视能力，提升了空域容量和空域使用效率。实践表明，先进航行技术的引入在保证航班安全高效运行中发挥了重要作用，取得了显著的经济和社会效益。

来自中国航协的统计显示，自 1980 年以来，我国航空运输总周转量年均增长 16.2％，通用航空也加快了发展步伐。多年来，我国民航始终坚持安全第一。2008 年至 2017 年，百万飞行小时重大事故率、亿客公里死亡人数 10 年滚动值均低于世界平均水平的十分之一。

第三届北京航空安全国际论坛由中国航空运输协会主办、中国民用机场协会协办。本届论坛以“推动航行新技术应用，提高安全运行效率”为主题。来自 11 个国家和地区的 7 家国际组织和协会、4 家政府机构、50 余家企业和科研机构的 150 余位代表出席会议。

（新华社北京 5 月 22 日电）

3. 中国民用航空局公布首批《民航限制乘坐民用航空器严重失信人名单》

6 月 1 日，中国民用航空局公布首批《民航限制乘坐民用航空器严重失信人名单》，86 人因“在机场安检中查出随身携带国家法律、法规规定的危险品、违禁品、管制物品而被处以行政处罚”“冒用他人乘机身份证件、乘机凭证登机而被处以行政处罚”等行为被列入民航特定严重失信人名单记录，自 6 月 1 日起被限制乘坐民用航空器，限制期限为一年。

根据相关规定，旅客在机场或航空器内编造、故意传播涉及民航空防安全虚假恐怖信息；使用伪造、变造或冒用他人乘机身份证件、乘机凭证；堵塞、强占、冲击值机柜台、安检通道、登机口（通道）；随身携带或托运国家法律、法规规定的危险品、违禁品和管制物品等行为，并被公安机关处以行政处罚或被追究刑事责任的，将被采取限制乘坐民用航空器的措施，限制期限为一年。

（新华社北京 6 日 1 日电）

4. 首批民航领域鼓励民间投资项目清单公布

《民航领域鼓励民间投资项目清单》23 日由中国民用航空局、国家发改委联合对外公布。清单共 28 个项目，预计总投资规模达 1100 亿元。

清单涵盖了运输机场建设、通用机场建设、货运物流、飞机维修、航空救援等民航传统领域项目以及无人机物流配送、无人机飞行校验、航行新技术、机载数据通信等民航新兴领域项目；涉及固定资产投资、新技术研发应用、企业混合所有制改革等不同类型项目。项目的实施，将优化民航领域投资结构，有利于激发民航传统领域市场活力、提升企业管理能力，有利于加快新兴领域科技研发、标准制定和市场开拓，推动民航供给侧结构性改革和民航行业高质量发展。

清单项目主要包括鄂州民用机场等 11 个已确定民间投资方项目和呼和浩特新机场等 17 个拟吸引民间投资项目。对于已确定民间投资方项目，有关方面将从“项目落地”“能发展”的角度，加快推进项目前期工作和实施建设，尽快投产形成示范引领带动作用；对于拟吸引民间投资项目，有关方面将采取多种方式向社会推介，鼓励民间资本积极参与。中国民用航空局、国家发改委还将根据本批项目进展情况，适时推出第二批项目清单。

中国民用航空局、国家发改委要求，有关省（区、市）地方政府、民航行业管理部门、民航企事业单位要密切协作配合，加强清单项目宣传推介、抓好组织实施和服务监管等工作，促进民间资本进得来、能发展，切实激发民间资本进入民航领域的积极性。

（新华社北京8月23日电）

5. 民航领域多个民间投资项目在京签约

我国民航领域吸引民间投资取得新进展。27日上午，湖北鄂州机场等8个已确定民间投资方的项目在京进行集体签约。民航部门还同时向参会企业代表推介了中航集团货运物流混合所有制改革项目、北京大兴国际机场配套设施等13个项目。

中国民用航空局27日在京召开民航领域鼓励民间投资项目推介会。中国民用航空局局长冯正霖表示，重视民间投资不仅是国家发展的需要，更是民航改革开放的基本经验、民航高质量发展的迫切需要和建设民航强国的现实要求。新时代民航强国建设为民间资本孕育了大量的投资机遇，民间资本要抓住机遇，乘势而上共同推动我国民航高质量发展。

他表示，中国民用航空局与国家有关部委、地方人民政府、企业要共同抓住难得的发展机遇，发挥规划引领作用，优化投资环境，深化“放管服”改革，形成发展合力，从制度层面、管理层面和操作层面保障民间资本全面参与民航发展，确保民间投资“进得来，能发展”。

据悉，民间资本投资民航业有三个主要途径：一是国家发展改革委、国资委正在推进混合所有制改革和“双百行动”计划，民间资本可以积极参与国有企业改革；二是通过政府和社会资本合作（PPP）的方式参与民航机场建设，或者通过直接投资、参股等方式参与机场部分经营性项目投资；三是以独资、合资方式参与通用航空、装备制造、科技创新等新兴领域投资，充分发挥资金筹集、管理模式创新、科技研发等优势。

目前，民航所有领域均已向民间资本开放，民营企业已成为中国民航事业的重要组成部分，全国58家运输航空公司中民营独资、控股企业达15家，400余家通用航空公司中民营企业达230余家，160余家具备民航建设资质企业中民营企业近50家，22家飞机驾驶员学校中民营企业15家，500余家飞机维修企业中民营企业达200余家。

（新华社北京9月27日电）

6. 习近平会见四川航空“中国民航英雄机组”全体成员

9月30日，中共中央总书记、国家主席、中央军委主席习近平专门邀请四川航空“中国民航英雄机组”全体成员参加庆祝中华人民共和国成立69周年招待会。30日下午国庆招待会前，习近平在人民大会堂亲切会见他们，并同大家合影留念。

下午5时许，9名机组成员步入人民大会堂福建厅，看到习近平总书记，纷纷向总书记问好。习近平同大家一一握手，亲切交谈。习近平表示，很高兴在国庆69周年之际同大家见面。5月14日，你们在执行航班任务时，在万米高空突然发生驾驶舱风挡玻璃爆裂脱落、座舱释压的紧急状况，这是一种极端而罕见的险情。生死关头，你们临危不乱、果断应对、正确处置，确保了机上119名旅客生命安全。危难时方显英雄本色。你们化险为夷的英雄壮举感动了无数人。得知你们的英雄事迹，我很感动，为你们感到骄傲。授予你们“英雄机组”“英雄机长”的光荣称号，是当之无愧的。

习近平强调，平时多流汗，战时少流血。“5·14”事件成功处置绝非偶然。处置险情时，你们所做的每一个判断、每一个决定、每一个动作都是正确的，都是严格按照程序操作的。危急关头表现出来的沉着冷静和勇敢精神，来自你们平时养成的强烈责任意识、严谨工作作风、精湛专业技能。你们不愧为民航职工队伍的优秀代表。我们要在全社会提倡学习英雄机组的英雄事迹，更要提倡学习英雄机组忠诚担当、忠于职守的政治品格和职业操守。

习近平指出，伟大出自平凡，英雄来自人民。把每一项平凡工作做好就是不平凡。新时代中国特色社会主义伟大事业需要千千万万个英雄群体、英雄人物。学习英雄事迹，弘扬英雄精神，就是要把非凡英雄精神体现在平凡工作岗位上，体现在对人民生命安全高度负责的责任意识上。飞行工作年复一年、日复一日，看似平凡，但保障每一个航班安全就是不平凡。希望你们继续努力，一个航班一个航班地盯，一个环节一个环节地抓，为实现民航强国目标、为实现中华民族伟大复兴再立新功。

习近平强调，安全是民航业的生命线，任何时候任何环节都不能麻痹大意。民航主管部门和有关地方、企业要牢固树立以人民为中心的思想，正确处理安全与发展、安全与效益的关系，始终把安全作为头等大事来抓。要加大隐患排查和整治力度，完善风险防控体系，健全监管工作机制，加强队伍作风和能力建设，切实把安全责任落实到岗位、落实到人头，确保民航安全运行平稳可控。

四川航空“中国民航英雄机组”全体成员分别是：飞行机组责任机长刘传健、第二机长梁鹏、副驾驶徐瑞辰，客舱乘务组成员毕楠、张秋奕、杨婷、黄婷、周彦雯，航空安全员吴诗翼。为表彰他们成功处置“5 · 14”事件，6 月 8 日，中国民用航空局和四川省政府授予川航 3U8633 航班机组“中国民航英雄机组”称号，授予机长刘传健“中国民航英雄机长”称号。

受到接见并聆听了总书记讲话，全体机组成员心情激动、倍感振奋。大家表示，要牢记总书记的殷殷嘱托，坚持安全第一、旅客至上、真情服务的原则和理念，苦练飞行本领，锤炼顽强作风，全力保障人民群众生命财产安全。请总书记放心！

丁薛祥、刘鹤和交通运输部、中国民用航空局有关负责同志参加会见。

（新华社北京 9 月 30 日电）

7. 民航首次完成 90 米低能见度起飞验证试飞

12 月 4 日晚，中国民航在首都机场圆满完成基于平视显示器（HUD）的跑道视程（RVR）90 米低能见度起飞首次验证试飞。这是继去年开展 HUDRVR150 米项目后的又一大飞跃。通过 RVR90 米起飞，可解决首都机场 80% 的低能见度下的航班离港问题，进一步提高航班正常性，提升旅客出行体验。

中国民用航空局副局长李健介绍，HUD 是一种机载光学显示系统，可以把飞机飞行等信息投射到飞行员视野正前方的透视镜上。借助 HUD，驾驶员能够在不断观察外界情景的同时，更为及时地了解相关飞行参数和状态信息。同时能在全天候运行尤其是低能见情况下，减少起飞、着陆期间的飞行技术差错。

为配合此次 RVR90 米验证试飞，首都机场还一并完成 IIIA 类运行验证试飞，实现起飞与落地相配套，综合提升低能见运行保障能力。首都机场实现 IIIA 类运行后，落地标准将由 RVR300 米进一步下探至 RVR175 米，这将有效减少雾、霾等低能见度天气对旅客出行的影响。

（新华社北京 12 月 5 日电）

8. 中国民用航空局：21 世纪中叶民航服务创新等能力居世界前列

12 月 10 日，中国民用航空局 10 日发布的《新时代民航强国建设行动纲要》提出，到 21 世纪中叶，全面建成保障有力、人民满意、竞争力强的民航强国，民航服务能力、创新能力、治理能力、可持续发展能力和国际影响力位于世界前列。

中国民用航空局发展计划司副司长董法鑫表示，民航是战略性产业，在国家开启全面建设社会主义现代化强国的新征程中发挥着基础性、先导性作用。进入新时代，大众出行对安全、高效、便捷、品质等方面的关注不断增强，对民航业服务种类、服务范围、服务能力和服务品质提出了更高要求。

纲要提出，从2021年到2035年，实现从单一航空运输强国向多领域的民航强国的跨越。我国民航综合实力大幅提升，形成全球领先的航空公司，辐射力强的国际航空枢纽，一流的航空服务体系，发达的通用航空体系，现代化空中交通管理体系，完备的安全保障体系和高效的民航治理体系，有力支撑基本建成社会主义现代化。

到21世纪中叶，实现由多领域的民航强国向全方位的民航强国的跨越，全面建成保障有力、人民满意、竞争力强的民航强国。民航的综合实力、国际竞争力、创新能力、治理能力和可持续发展能力领跑全球，形成产业辐射功能强大的现代民航产业，全方位参与新型国际民航治理体系建设。机场网、航线网和信息网深度融合发展，网络化、数字化、智能化民航全面实现，人便其行、货畅其流。

截至目前，中国民航全行业共有航空运输公司60家，运输飞机3549架。通用航空公司410家，运输机场232个。首都机场旅客吞吐量、浦东机场货邮吞吐量分别位居全球第二和第三位。2017年中国民航对世界民航增长贡献率超过25%。

（新华社北京12月10日电）

四、邮政行业权威媒体报道

中央媒体报道邮政业情况一览表

序号	媒 体	标 题	刊次及版面信息
1	人民日报海外版	“快递保”助力快递行业健康发展	1月1日
2	经济日报	强邮论坛在京举办	1月7日
3	工人日报	邮政行业着力实施 人才强邮战略	1月8日
4	新华网	“强邮论坛”聚焦高层次快递人才培养	1月8日
5	中国国际广播电台	中国快递业务量连续三年稳居世界第一	1月8日
6	中央人民广播电台	2017年中国快递行业再创新纪录 包裹分发进入1天1亿时代	1月8日
7	人民邮电报	2018年全国邮政管理工作会议在京召开	1月8日
8	新华社	擦亮中国寄递名片——专访国家邮政局局长马军胜	1月8日
9	新华网	国家邮政局公布2018年更贴近民生七件实事	1月8日
10	中央人民广播电台	我国邮政业行业规模连续四年稳居世界第一	1月8日
11	中国网	2017年我国快递突破400亿件 业务收入完成4950亿元	1月8日
12	中国网	中国快递业务连续3年世界第一 快递企业向科技公司转型加快	1月9日
13	中央电视台	2017年我国快递业务量超400亿件	1月9日
14	工人日报	2018即日达范围将进一步扩大	1月9日
15	经济日报	我国快递业务量连续四年稳居世界第一	1月9日
16	人民日报	我国去年完成快递四百亿件	1月9日
17	新华网	2017年我国快递业务量突破400亿件 连续四年稳居世界第一	1月9日
18	中央电视台	国家邮政局今年将为百姓办七件实事	1月9日
19	中国交通报	突出需求导向 培养现代邮政高层次人才	1月10日
20	光明日报	“强邮论坛”在京举办 推动邮政业变革创新	1月10日
21	光明日报	2018年邮政、快递服务将再升级	1月10日
22	人民政协报	快递产业助力农村精准扶贫	1月11日
23	中央电视台	国家邮政局·2017第四季度快递发展指数发布 快递企业每天服务2.8亿人次	1月12日
24	央视客户端	[2017第四季度快递发展指数发布]国家邮政局：快递企业每天服务2.8亿人次	1月12日
25	新华社	2017年四季度快递业平均每天服务2.8亿人次	1月12日
26	光明日报	国家邮政局发布快递指数：快递业对消费增长贡献率超30%	1月13日
27	北京晨报	快递企业每天服务2.8亿人次	1月13日
28	新华网	2017年四季度快递企业每天服务2.8亿人次 “衣食住行送”成生活基本需要	1月13日

续上表

序号	媒 体	标 题	刊次及版面信息
29	经济日报	快递业基础性作用更加突出 2017 年四季度平均每天服务 2.8 亿人次	1 月 15 日
30	人民政协报	国家邮政局：2017 年四季度快递每天服务 2.8 亿人次	1 月 15 日
31	新华社	2017 年四季度快递业平均每天服务 2.8 亿人次 { 图表 }	1 月 15 日
32	中国邮政报	人才最贵	1 月 16 日
33	央视网	践行协同发展理念 电商快递领域再迎政策利好	1 月 23 日
34	经济观察报	2018 年的国办 1 号文给了快递行业	1 月 24 日
35	经济参考报	国办一号文出台：利好两大行业，更是“剁手族”福音	1 月 24 日
36	央视新闻客户端	利好！国务院为快递发展再送政策大礼包	1 月 24 日
37	经济日报	国办印发《意见》推进电子商务与快递物流协同发展	1 月 24 日
38	人民日报	推进电子商务与快递物流协同发展	1 月 24 日
39	人民网	国家邮政局：全力保障春节前快递“不休网、不拒收、不积压”	2 月 3 日
40	人民日报	这个春节，多数快递不打烊（民生三问 当快递遇上春节）	2 月 9 日
41	人民网	国家邮政局发布春节快递消费提示 要求 2 月 22 日前全面恢复服务	2 月 10 日
42	中国新闻网	今年 1 月快递业务量预计完成 39 亿件 同比增 76.4%	2 月 11 日
43	人民日报海外版	“不打烊”不等于“全配送”快递如何保障春节网购	2 月 12 日
44	人民网	国家邮政局：1 月份全国快递 39 亿件 超日本 2016 全年业务量	2 月 12 日
45	新华网	国家邮政局：1 月份快递业务量 39 亿件 同比增长 76.4%	2 月 12 日
46	工人日报	1 月快递业一线从业人员劳动生产率同比提高 5%	2 月 13 日
47	中国新闻网客户端	人未到礼先行：年货网购 国人“轻装”回家	2 月 14 日
48	经济日报	1 月份中国快递发展指数同比增 32.4% 快递业务规模保持稳定增长	2 月 14 日
49	中央电视台	部分快递春节期间不停业	2 月 15 日
50	人民网	国家邮政局部署“两会”期间寄递服务工作	2 月 23 日
51	经济日报	邮政业春节假期完成业务量 6822 万件 EMS、顺丰、京东、唯品会 4 家企业承担 85% 业务量	2 月 23 日
52	工人日报	春节期间快递业务量达 6822 万件	2 月 23 日
53	人民邮电报	2018 年，中国快递十个可见趋势	2 月 23 日
54	人民邮电报	估值超“三通一达”市值 京东物流完成 25 亿美元融资	2 月 23 日
55	人民邮电报	快递 + 电商，巴东柑橘变黄金	2 月 23 日
56	中国交通报	国家邮政局部署做好全国“两会”期间寄递和安保工作	2 月 23 日

续上表

序号	媒 体	标 题	刊次及版面信息
57	人民网	国家邮政局：1 月份全国受理涉快递服务申诉超 23 万件	2 月 24 日
58	中国交通报	国家邮政局贯彻落实《快递暂行条例》 推动快递业持续健康发展	2 月 24 日
59	北京日报	春节快递日均业务量近千万件	2 月 24 日
60	北京晨报	春节长假快递业务日均达到 975 万件	2 月 25 日
61	中国新闻社	中国快递业首部行政法规 破解三大难题	2 月 27 日
62	中国新闻社	中国快递业年入近 5000 亿元 包裹快递量超美日欧经济体	2 月 27 日
63	中国新闻社	快递垃圾越来越多如何解？国家邮政局回应	2 月 27 日
64	新华社	快递业首次行政法规立法解决行业“老大难”问题	2 月 27 日
65	经济日报	国务院政策例行吹风会：《快递暂行条例》和快递业发展情况	2 月 27 日
66	中央电视台	我国快递日均服务用户超 2 亿人次	2 月 27 日
67	中国网	国务院政策例行吹风会：《快递暂行条例》和快递业发展情况	2 月 27 日
68	中国国际广播电台	中国出台快递业首部行政法规 促进行业健康发展	2 月 27 日
69	中国交通报	国家邮政局强化寄递渠道安全监管	2 月 27 日
70	中国交通报	数读交通：国家邮政局快递服务满意度调查显示“快递向西向下”成效显现	2 月 27 日
71	人民日报	快递暂行条例瞄准信息泄露、服务纠纷等难题收寄快递更快更安全（在国务院政策吹风会上）	2 月 28 日
72	中央电视台	国家邮政局 快递业今后将有法可依	2 月 28 日
73	中央电视台	国家邮政局 2020 年 2/3 中转袋更换为环保布袋	2 月 28 日
74	中央电视台	国家邮政局 保障公共安全和用户信息安全	2 月 28 日
75	中央人民广播电台	快递业首次行政法规立法工作完成	2 月 28 日
76	中国交通报	马军胜介绍快递暂行条例草案有关情况 条例有助于保障我国快递业由大到强	2 月 28 日
77	工人日报	快递“变绿”只是新需求新变化的开始	2 月 28 日
78	新华社	我国发行首套《元宵节》特种邮票	3 月 2 日
79	中央电视台	我国发行首套《元宵节》特种邮票	3 月 2 日
80	中央人民广播电台	我国首套《元宵节》特种邮票发行	3 月 2 日
81	中国新闻社	国家邮政局：用降低快递包装厚度等实现减量化	3 月 2 日
82	新华网	我国首次发行元宵节邮票	3 月 2 日
83	新华网	马旭林委员：三方面入手破解邮政快递发展难点	3 月 4 日
84	中央人民广播电台	快递物流成两会热词 智慧、绿色驱动行业全面升级	3 月 5 日
85	工人日报	快递包装垃圾回收率不足两成的难题如何解决？	3 月 5 日

续上表

序号	媒 体	标 题	刊次及版面信息
86	经济日报	《政府工作报告》再提快递发展 大数据和人工智能驱动物流全面升级	3月5日
87	中国交通报	错峰返程 跨区协作 待遇激励 快递业有效应对“节后综合征”	3月7日
88	工人日报	城市快递面临网点安家难、车辆上路难、进门难、员工雇佣难；“电商下乡”遭遇物流成本高、效率低、生鲜农产品损耗大等挑战——代表委员建言打通快递“最后一公里”	3月8日
89	中国交通报	全国政协委员马旭林：把邮政网点设在每个村明确快递末端公共属性	3月8日
90	新华社	国家邮政局：春节期间快递业完成业务量6822万件 比上年春节增长30%	3月9日
91	新华社	这三件事情关系你我生活——代表委员谈快递业健康发展	3月9日
92	中国新闻社	春节期间快递业务量比上年增30% 用户满意度提高	3月9日
93	新华网	国家邮政局：春节期间快递业完成业务量6822万件 比上年春节增长30%	3月9日
94	中国网	春节期间快递业完成业绩6822万件 同比增30%	3月10日
95	中国交通报	全国政协委员马旭林：应用绿色技术材料 推进快递包装节约	3月12日
96	人民日报海外版	海量快递包装披“绿衣”	3月13日
97	人民邮电报	全国政协委员、国家邮政局普遍服务司司长马旭林：解决服务发展短板 提升邮政快递普遍服务水平	3月13日
98	人民日报海外版	快递包装刮起“绿色风”	3月14日
99	人民网	国家邮政局：1至2月份邮政行业收入1150亿元 同比增24.1%	3月14日
100	中国新闻社	邮政局：2月全国快递业务量完成19.9亿件 收入289.4亿	3月14日
101	工人日报	人大代表体验“快递员”生活	3月16日
102	新华社	国家邮政局局长马军胜：今年将实现寄递实名制全覆盖	3月19日
103	人民网	国家邮政局局长马军胜：快递行业发展“有底气” 但要正视发展中的问题	3月19日
104	人民网	国家邮政局局长马军胜：中国快递进入迅猛发展快车道	3月19日
105	新华网	马军胜：中国快递量超美日欧总和，前景依然向好	3月19日
106	新华网	两会零距离：政策如何落到实处，听听这几位部长怎么说	3月19日
107	中国国际广播电台（国际在线）	国家邮政局局长：去年中国快递量超400亿件 未来发展空间仍然巨大	3月19日
108	中央电视台	国家邮政局局长：快递实名制今年全覆盖 三招确保用户信息安全	3月19日
109	中央电视台	国家邮政局局长：今年将实现寄递实名制全覆盖	3月19日

续上表

序号	媒 体	标 题	刊次及版面信息
110	中央电视台	“部长通道”开启：快递实名制 信息安全是首要问题	3月19日
111	中国网	国家邮政局局长马军胜：去年快递量达到400亿件	3月19日
112	中国网	马军胜：快递实名是国家制度性安排 今年要全覆盖	3月19日
113	中国新闻社	中国国家邮政局局长：快递实名制今年将全覆盖	3月19日
114	中国新闻社	国家邮政局：快递实名制将于2018年底达到全覆盖	3月19日
115	中国新闻社	国家邮政局局长谈快递实名制：每天实名收寄量达一亿件	3月19日
116	中国新闻社	七部门“掌门人”回应热点 “部长通道”展中国高质量发展决心	3月19日
117	人民日报	民有所呼 政有所应（聚焦部长通道）——2018年全国两会第五场部长通道扫描	3月20日
118	光明日报	国计民生 使命担当	3月20日
119	中央人民广播电台	快递实名制今年将全覆盖 切实保护用户合法权益	3月20日
120	人民邮电报	马军胜：今年将实现快递实名制覆盖	3月20日
121	中国交通报	马军胜在“部长通道”回应关切 中国快递接地气有底气	3月20日
122	工人日报	快递业魔咒如何破解？	3月21日
123	人民网	国家邮政局 :2月份有效快递投诉13432件 涉及43家企业	3月21日
124	新华社	快递业首部行政法规5月起施行	3月27日
125	新华社	李克强签署国务院令公布《快递暂行条例》	3月27日
126	中央电视台	李克强签署国务院令公布《快递暂行条例》	3月27日
127	人民日报	李克强签署国务院令公布《快递暂行条例》	3月28日
128	新华社	十问新规之后的快递变化？	3月28日
129	新华社	铺就快递“平安路”——司法部、交通运输部、国家邮政局负责人就《快递暂行条例》答记者问	3月28日
130	经济日报	李克强签署国务院令公布《快递暂行条例》	3月28日
131	光明日报	李克强签署国务院令公布《快递暂行条例》	3月28日
132	工人日报	李克强签署国务院令公布《快递暂行条例》 快递业首部行政法规5月起施行	3月28日
133	中国新闻社	快递业首部行政法规出台：这八个焦点问题都有了答案	3月28日
134	中国新闻社	经济观察：中国首部快递业法规助快递业“轻装上阵”	3月28日
135	中央人民广播电台	我国第一部快递业行政法规将实施 对企业违规行为明确法律责任	3月28日
136	中央人民广播电台	《快递暂行条例》正式公布 强调建立绿色生产消费制度	3月28日

续上表

序号	媒体	标题	刊次及版面信息
137	中央人民广播电台	李克强签署国务院令公布《快递暂行条例》	3月28日
138	中央人民广播电台	司法部、交通运输部、国家邮政局负责人就《快递暂行条例》答记者问	3月28日
139	人民网	《快递暂行条例》5月起实施 明确保护用户隐私安全	3月28日
140	中国网	司法部等三部门就《快递暂行条例》答记者问	3月28日
141	工人日报	《快递暂行条例》出台快递和个人信息安全有了制度保障	3月29日
142	人民日报	司法部交通运输部国家邮政局负责人就《快递暂行条例》答记者问——为快递业持续健康发展提供制度保障	3月29日
143	人民网	“实名制寄件”落地，监管网络须织密	3月29日
144	人民邮电报	《快递暂行条例》5月1日起施行	3月29日
145	中国交通报	《快递暂行条例》5月1日起施行 开启邮政业发展新征程	3月29日
146	中国新闻社	国家邮政局：加快推进《快递暂行条例》配套制度出台	3月29日
147	人民日报	快递暂行条例将实施，国家邮政局相关负责人接受采访 快件变慢 可以索赔（民生三问）	3月30日
148	中国网	两会后这些部委密集动作 看看哪些与你有关?	3月30日
149	光明日报	为快递既快捷又安全提供制度保障 ——司法部、交通运输部、国家邮政局负责人就《快递暂行条例》答记者问	3月31日
150	中央人民广播电台	快递业首部行政法规《快递暂行条例》5月起施行	4月1日
151	人民日报	走好快递“最后三百米”（谈经论道）	4月2日
152	经济日报	首部专门针对快递业的行政法规将于今年5月1日起施行——有了它，快递业将不一样	4月2日
153	中国交通报	国家邮政局宣贯《快递暂行条例》加快推进配套制度出台 集中宣传营造实施氛围	4月2日
154	中国交通报	国家邮政局关于2018年2月邮政业消费者申诉情况的通告	4月2日
155	人民政协报	快递业快速发展尤需法治保障	4月3日
156	经济日报	为快递业持续健康发展提供制度保障——三部门负责人就《快递暂行条例》答记者问	4月3日
157	人民日报海外版	绿色快递悄然兴起（事件新闻）	4月3日
158	经济日报	快递条例助力物流强国建设	4月9日
159	新华社	一季度快递日均业务量1.3亿件	4月12日
160	中央电视台	[视频]国内联播快讯：一季度全国快递业务量达99.2亿件	4月12日

续上表

序号	媒 体	标 题	刊次及版面信息
161	中国国际广播电台（国际在线）	今年一季度中国快递业务量接近百亿件 同比增长超三成	4月12日
162	新华网	国家邮政局：一季度快递业对GDP增长直接贡献率达1%	4月12日
163	中国新闻社	中国日均快递业务量1.3亿件 一季度快递业对GDP贡献率达1%	4月12日
164	中国新闻社	国家邮政局：3月全国快递业务量同比增长29.9%	4月12日
165	央视网	国家邮政局：3月全国快递业务量同比增长29.9%	4月12日
166	人民网	国家邮政局：一季度全国快递业务量达99.2亿件 同比增30.6%	4月12日
167	人民网	国家邮政局：一季度快递服务满意度为77.6分 同比上升	4月12日
168	人民日报	一季度快递业务量近百亿件 72小时准时率达64.7%	4月13日
169	光明日报	快递如何做到又好又快	4月13日
170	工人日报	3月快递业务量同比增长29.9%	4月13日
171	中国新闻社	3月全国快递业务量完成39.4亿件 收入484.5亿元	4月13日
172	人民网	国家邮政局：一季度邮政行业收入超1800亿元 同比增23.6%	4月13日
173	人民网	国家邮政局：快递企业须在7日内处理投诉并告知用户	4月13日
174	人民网	国家邮政局发布一季度重要数据 京东物流成绩亮眼	4月13日
175	人民日报	快递在大城市怎么“安家”（产经观察）	4月16日
176	经济日报	3月份同比增长56% 跨境快递高增长将成常态	4月16日
177	人民网	国家邮政局：抓好“七个持续” 巩固扩大邮政业良好发展态势	4月16日
178	中国新闻社	一季度快递公众满意度得分上升 顺丰京东得分高	4月16日
179	人民网	GDP增长贡献率高达1% 快递业势头强劲“抢跑”经济新动能	4月17日
180	中国交通报	跨境快递高速增长将成常态	4月18日
181	中国网	国家邮政局：一季度快递服务公众满意度为77.6分	4月18日
182	中国网	国家邮政局：七大快递公司48小时准时率达51.04%	4月18日
183	中国网	国家邮政局：15家企业快递业务经营许可被依法注销	4月18日
184	人民网	一季度快递企业满意度公布 顺丰、京东居前	4月18日
185	新华社	国家邮政局发布有关上海快捷快递的消费提示	4月20日
186	中国网	2018年一季度邮政行业运行情况是怎样的？	4月23日
187	工人日报	“快递小哥”入工会	4月26日
188	中国交通报	国家邮政局关于2018年3月邮政业消费者申诉情况的通告	4月26日

续上表

序号	媒体	标题	刊次及版面信息
189	人民邮电报	超乎你想象！雄安新区 5 分钟收快递	4 月 27 日
190	中央电视台	[经济信息联播]《快递暂行条例》5 月 1 日起施行	4 月 28 日
191	中央电视台	[第一时间]《快递暂行条例》5 月 1 日起施行	4 月 29 日
192	中央电视台	《新闻 1+1》 20180501 快递，哪些快？哪些得慢点儿？	5 月 1 日
193	中国新闻社	快递新规今起正式实施 快递员拒绝送货上门属违规	5 月 1 日
194	人民日报海外版	一批新规今日起实施	5 月 1 日
195	新华社	送上门还是送进箱——透视快递“最后 100 米”服务三大热点	5 月 2 日
196	中央电视台	[朝闻天下]《快递暂行条例》5 月 1 日正式施行 解决实名制落地的现实问题	5 月 2 日
197	中央电视台	[朝闻天下]《快递暂行条例》5 月 1 日正式施行 条例的制定源于业务快速增长	5 月 2 日
198	中央电视台	[朝闻天下]《快递暂行条例》5 月 1 日正式施行 将不断总结经验及时调整制度措施	5 月 2 日
199	中央电视台	[朝闻天下]《快递暂行条例》5 月 1 日正式施行	5 月 2 日
200	中央电视台	快递员权益谁来保障？	5 月 2 日
201	中央电视台	[朝闻天下]快递员的境遇有待改善	5 月 2 日
202	经济日报	送货上门	5 月 2 日
203	新华社	平凡人生，不平凡的快递故事——第三届寻找最美快递员活动揭晓	5 月 3 日
204	中国网	“寻找最美快递员”结果揭晓 10 名快递员及 2 个集体上榜	5 月 3 日
205	中央人民广播电台	《快递暂行条例》5 月 1 日起施行 利用快递“保价”碰瓷将成历史	5 月 3 日
206	新华社	300 万快递员，以平凡的劳动诠释奋斗和青春	5 月 3 日
207	中国新闻社	第三届“中国梦 · 邮政情 寻找最美快递员”活动揭晓	5 月 3 日
208	新华网	“最美”快递员：在平凡中成就不平凡	5 月 4 日
209	新华网	第三届寻找最美快递员 百世快递李朋璇等当选	5 月 4 日
210	中国交通报	第三届寻找最美快递员活动揭晓发布	5 月 4 日
211	中国国际广播电台	【新时代 · 奋斗者的故事】“肩上扛道义、脚下破万难”——平凡快递员不平凡的故事	5 月 4 日
212	经济日报	第三届寻找最美快递员活动揭晓：平凡的劳动，不平凡的快递故事	5 月 4 日
213	人民邮电报	第三届“最美快递员”揭晓 10 名快递员和两个集体获奖	5 月 4 日
214	工人日报	快递企业一线配送员突破 300 万人	5 月 7 日

续上表

序号	媒　体	标　题	刊次及版面信息
215	新华网	企业力挺快递新规 将助推行业由大变强	5月8日
216	工人日报	快递企业工会宣传《快递暂行条例》系列活动启动	5月9日
217	经济日报	往来穿梭的快递员已成为城市的风景，相关问题也浮出水面 别让快递变成城市管理隐患	5月9日
218	工人日报	三位“最美快递员”的成长之路	5月10日
219	人民日报	年内实名制全覆盖、包装向绿色化转型，《快递暂行条例》招式多多——快递新规，您满意吗？（民生视线）	5月11日
220	新华网	国家邮政局：快递有效申诉率首次降到百万分之二	5月12日
221	人民政协报	4月快递服务质量明显提升 有效申诉率首次降到百万分之二左右	5月12日
222	中国新闻社	前4月全国快递业务量完成136.7亿件 收入1738.6亿	5月12日
223	新华社	日订单千万级 中国快递企业“科技范”越来越足	5月13日
224	工人日报	成立电商团队，助当地土特产“走出去”，获评“最美快递员” 为乡亲搭建“快递＋电商”致富新路	5月17日
225	工人日报	4月快递发展指数报告发布	5月18日
226	中国网	2018年4月邮政行业运行情况是怎样的？	5月22日
227	中国网	2018年一季度邮政行业经济运行情况是怎样的?	5月22日
228	人民日报	快递柜不该收“二茬钱”（生活漫步）	5月25日
229	新华社	“科技范”“绿色范”，秀出快递新服务	5月30日
230	中国国际广播电台（国际在线）	2018中国快递行业（国际）发展大会在京举行	5月30日
231	中央人民广播电台	2018中国快递行业（国际）发展大会召开	5月30日
232	中国新闻社	中国快递业推广可循环可降解包装材料	5月30日
233	中国新闻社	中国快递业迈向智能时代 无人机无人车亮相展会	5月30日
234	工人日报	中国快递行业发展大会举办	5月31日
235	人民日报	快递业仍处于快速扩张阶段推进快递包装绿色化、减量化、可循环	5月31日
236	经济日报	前4个月快递业务量增长30% 服务质量增速首次超过规模指数增速	5月31日
237	中央电视台	[第一时间]产业链不断创新 快递点亮人们生活	5月31日
238	人民邮电报	2份报告 3次仪式 12场签约　2018中国快递行业（国际）发展大会召开	6月1日
239	中国网	国家邮政局：开办快递末端网点需备案 为服务质量安全负责	6月1日
240	中国交通报	智能加码全环节　无人车喊你取快递	6月4日

续上表

序号	媒 体	标 题	刊次及版面信息
241	中国交通报	京交会汇聚快递发展新成果　快来看，绿科技秀未来大片	6月4日
242	中国新闻社	去年邮政业务总量超9000亿元 快递业务量超400亿件	6月4日
243	经济日报	第五届中国（北京）国际服务贸易交易会上亮点纷呈—— 快递越来越有“科技范”“绿色范”	6月4日
244	人民网	邮政局：快递末端网点开办者应自开办日起20日内备案	6月6日
245	人民政协报	快递绿色化加速	6月7日
246	中国交通报	马军胜在广东调研时要求 高站位高质量推进邮政业发展	6月7日
247	经济日报	国家邮政局：快递申诉率创五年来新低	6月11日
248	人民网	国家邮政局：5月快递申诉率创五年来新低	6月12日
249	新华社	从“运全国”到“运全球” 快递企业国际化进入“快车道”	6月12日
250	中国新闻社	前5月全国快递业务量完成178.5亿件 收入2236.4亿元	6月12日
251	工人日报	借助大数据、人工智能等高科技，打包、运输、配送迈向无人化、便捷化、绿色化快递业越来越有“科技范”和“绿色范”	6月13日
252	经济日报	申诉率创5年新低 快递业进入集中化整合阶段	6月13日
253	人民日报	快递市场保持高位运行 日均处理快件超一亿三	6月14日
254	中国交通报	5月中国快递发展指数公布　快递业进入转型升级期	6月14日
255	新华社	“618”电商大促 快递末端服务“新物种”迭出	6月18日
256	中国交通报	邮政业制定服务全面小康三年行动计划马军胜要求建设高质效现代化邮政业	6月21日
257	经济日报	2017年，包装快递所用纸板和塑料实际回收率不到10%，包装物总体回收率不到20%—— 快递业：“快”不会输 “绿”更能赢	6月21日
258	中国网	2017年邮政行业发展统计公报内容是什么？	6月21日
259	工人日报	快递从业者素质提升有了指导意见	6月28日
260	人民网	国家邮政局：十项措施提升快递从业人员素质	6月28日
261	人民日报	分工日益精细，数字化、智能化趋势明显 物流业跑入新赛道（产经观察·老行业的新“智慧”）	7月2日
262	中国交通报	牢牢把握高质量发展的根本要求 推进邮政业改革发展向更高层次迈进	7月2日
263	中国交通报	十项举措提升快递从业人员素质	7月2日
264	中国交通报	国家邮政局开展九个专项治理　以好作风展现新作为	7月4日
265	中国新闻社	上半年中国快递业务量预计220.8亿件 超2015年全年	7月6日

续上表

序号	媒体	标题	刊次及版面信息
266	新华网	国家邮政局：跨境寄递成为上半年快递业增长亮点	7月12日
267	新华社	我国上半年快递收入增速居服务业前列	7月12日
268	中央电视台	国家邮政局：上半年预计累计完成快递业务量220.8亿件	7月12日
269	中央人民广播电台	国家邮政局：上半年我国快递服务质量改善明显 跨境寄递成增长亮点	7月12日
270	中国国际广播电台	上半年中国快递业务量预计超过220亿件 跨境寄递成增长亮点	7月12日
271	人民政协报	我国上半年预计完成快递业务量220.8亿件	7月13日
272	工人日报	上半年快递市场集中度快速提升	7月13日
273	中央电视台	《朝闻天下》简讯：国家邮政局，上半年预计完成快递业务量220.8亿件	7月13日
274	人民日报	上半年快递业务量预计超过220亿件	7月13日
275	中国交通报	上半年全国快递业务量预计超220亿件	7月13日
276	中央人民广播电台	上半年我国快递服务质量明显改善 跨境寄递成增长亮点	7月13日
277	经济日报	上半年快递业务量逾220亿件收入增速居服务业前列	7月13日
278	中央电视台	［中国财经报道］我国上半年快递业务量超220亿件 全产业链发展成趋势	7月13日
279	中央电视台	国内联播快讯：跨境寄递成为上半年快递业增长亮点	7月13日
280	中国新闻社	上半年邮政行业业务收入3741亿元 同比增长22.2%	7月13日
281	人民邮电报	多家优秀企业被点名 国家邮政局发布快递发展指数报告	7月13日
282	中央人民广播电台	国家邮政局：上半年我国快递服务质量改善明显 跨境寄递成增长亮点	7月14日
283	中国网	上半年全国快递业务量或超220亿件 快递收入2745亿	7月17日
284	中国网	二季度快递服务时限缩短2.31小时 顺丰、京东满意度较高	7月17日
285	中国新闻社	国家邮政局领导集体考察菜鸟驿站：点赞绿色和末端创新	7月17日
286	人民邮电报	国家邮政局局长马军胜调研菜鸟驿站	7月18日
287	中国国际广播电台	国家邮政局发出紧急通知 要求严格落实汛期各项安全防范措施	7月20日
288	新华网	2018中国快递“最后一公里”峰会在京召开	7月25日
289	光明日报	2018中国快递“最后一公里”峰会在京召开	7月25日
290	中央人民广播电台	国家邮政局对快递“最后一公里”痛点进行破局	7月25日
291	中国国际广播电台	中国鼓励科技创新推动快递服务业高质量发展	7月25日

续上表

序号	媒体	标题	刊次及版面信息
292	中央人民广播电台	国家邮政局：我国快递包装仍存在包装过度问题	7月26日
293	中国交通报	全国智能快件箱保有量达24万组	7月26日
294	人民邮电报	绿色化发展　末端多样化　中国快递“最后一公里”峰会召开	7月26日
295	人民邮电报	快递“最后一公里”还要走怎样的路？	7月26日
296	工人日报	全国智能快件箱保有量达到24万组	7月27日
297	中国新闻社	邮政局：第二季度用户快递服务满意度为78.1分	7月27日
298	中国交通报	高质量快递“最后一公里”发展模式全面转变 谁能在未来脱颖而出？	7月27日
299	经济日报	上半年快递服务质量指数比去年同期提高70.5%——快递业：渠道更多元 末端更通畅	7月30日
300	人民日报	2017年电子运单占八成，力推可重复使用包装 快递业绿色化改造提速	7月30日
301	人民政协报	快递打通“最鲜一公里”	8月2日
302	新华社	中国快递正在加快走出国门	8月5日
303	中国新闻社	经济观察：“中国包裹”助中国制造“走出去”	8月5日
304	人民日报海外版	中国快递加快走出国门（市场观察）	8月6日
305	中国国际广播电台	顺丰首次开通中国深圳至印度金奈全货机直飞航线	8月6日
306	工人日报	中国快递企业竞逐航空物流市场	8月8日
307	中国交通报	上半年全国邮政业务量同比增长28.6%	8月8日
308	人民政协报	快递业助“中国制造”飞向全球	8月10日
309	中国国际广播电台	中国邮政打造“一带一路”空中通道 服务中国全面开放新格局	8月10日
310	光明日报	从“运全国”到“运全球”　物流企业迎来新机遇	8月12日
311	人民日报	上半年快递物流领域投融资规模超过千亿元	8月12日
312	经济日报	让全世界分享中国物流速度	8月13日
313	中国交通报	邮政业积极保障汛期寄递服务	8月13日
314	中国交通报	上半年快递物流领域投融资规模超过千亿元	8月13日
315	经济日报	企业竞相推出无人仓、无人机、无人车等新产品 明天，你的快递也许“无人”配送	8月14日
316	中国新闻社	1～7月全国快递服务企业业务量完成261亿件 同比增27%	8月14日
317	人民日报	前七月快递业务量增长两成七 同城快递比重下降，异地快递比重上升	8月15日
318	工人日报	“航空包裹”助中国制造飞向全球	8月16日

续上表

序号	媒　体	标　题	刊次及版面信息
319	光明日报	空中走廊拓展新通道	8 月 17 日
320	人民日报	海陆空运输全面提速	8 月 20 日
321	中国网	7 月全国邮政处理申诉 12 万件 96% 涉快递服务	8 月 24 日
322	中国网	1 ~ 7 月这 10 个城市快递业务收入超 1700 亿 占全国五成	8 月 29 日
323	人民日报	国家邮政局明确包装绿色目标，2020 年—— 超九成邮快件包装要符合新国标	8 月 30 日
324	中央电视台	[交易时间] 聚焦快递行业变局 快递业集中度持续提升 重资产色彩渐浓	9 月 10 日
325	人民日报	快递网点乡镇覆盖率逾 90%	9 月 11 日
326	中国新闻社	1 ~ 8 月全国快递业务量完成 302.6 亿件 同比增 27.2%	9 月 12 日
327	经济日报	前 8 月快递业务累计完成 302.6 亿件 中西部快递业务占比持续上升	9 月 13 日
328	中国交通报	邮政业更贴近民生 7 件实事积极推进 让快递小哥生活安心工作舒心	9 月 13 日
329	中国交通报	“一带一路”上的邮政印迹	9 月 17 日
330	新华社	今年“双 11”快递包裹量有望创近 10 年新高 看今年怎么送	9 月 17 日
331	中国网	国家邮政局：台风或影响广东、福建、海南等地区快递业务	9 月 17 日
332	中国交通报	转型提效 服务民生 快递让生活更美好	9 月 20 日
333	经济日报	快递垃圾增量已占垃圾增量 90% 快递包裹减负势在必行	9 月 20 日
334	中国网	2018 年 7 月邮政行业运行情况是怎样的?	9 月 20 日
335	中国网	8 月邮政业消费者申诉近 12 万件 工作处理满意率 98.9%	9 月 20 日
336	人民日报海外版	快递社区服务点：小需求，大市场 (网上中国)	9 月 21 日
337	中央人民广播电台	[“一带一路”五周年] 中国快递显示“中国速度”	9 月 26 日
338	中央电视台	热点扫描 多家快递公司宣布于 10 月 1 日上调派送费	9 月 28 日
339	中央电视台	[新闻直播间] 国家邮政局 2020 年基本实现乡乡有网点	9 月 29 日
340	中央电视台新闻客户端	国家邮政局：2020 年 11499 个贫困建制村全部直接通邮	9 月 29 日
341	中央电视台	[简讯] 国家邮政局：2020 年基本实现快递乡乡有网点	9 月 30 日
342	经济日报	长假快递不打烊 跨境物流增便捷	10 月 3 日
343	人民日报	从业人员解读假期消费亮点 玩法新了 买卖火了	10 月 8 日
344	中国网	国庆期间全国邮政业揽收快递包裹超 7.8 亿件 同比增 28%	10 月 8 日

续上表

序号	媒 体	标 题	刊次及版面信息
345	人民日报	坚持问题导向推进高质量发展 加快建设与全面小康社会相适应的现代邮政业	10 月 9 日
346	新华社	我国快递对世界快递增长贡献率超过一半	10 月 9 日
347	光明日报	坚持问题导向 推进高质量发展 加快建设与小康社会相适应的现代邮政业	10 月 9 日
348	中国国际广播电台	中国将创造良好营商环境 鼓励邮政企业并购投资	10 月 9 日
349	经济日报	坚持问题导向 推进高质量发展 加快建设与小康社会相适应的现代邮政业	10 月 9 日
350	人民邮电报	第 49 届世界邮政日致辞 马军胜：坚持问题导向推进高质量发展 加快建设与小康社会相适应的现代邮政业	10 月 9 日
351	中国新闻社	中国快递业对世界快递增长贡献率超过一半	10 月 9 日
352	中央人民广播电台	马军胜：我国快递业务量连续 4 年稳居世界第一	10 月 9 日
353	新华网	世界邮政日丨世界上还有这些神奇的邮局	10 月 9 日
354	中国交通报	坚持问题导向推进高质量发展 加快建设与小康社会相适应的现代邮政业	10 月 9 日
355	人民政协报	马军胜：邮政业高质量发展正当其时	10 月 9 日
356	工人日报	我国快递业务量连续 4 年稳居世界第一	10 月 10 日
357	新华社	快递包裹“身价”上涨谁来买单？	10 月 10 日
358	中央电视台	[中国新闻]国家邮政局：中国快递业务量连续 4 年世界第一	10 月 10 日
359	中央电视台	[中国财经报道]国家邮政局：我国快递业务量连续 4 年世界第一	10 月 10 日
360	新华社	从乡乡设所、村村通邮到世界第一快递大国——我国邮政业改革释放巨大红利	10 月 11 日
361	中国国际广播电台	改革开放 40 年 中国邮政业发展实现历史性跨越	10 月 11 日
362	中央电视台	国内联播快讯：我国乡镇快递网点覆盖率已超 90%	10 月 11 日
363	中国新闻社	中国邮政年收入 40 年增长 1290 倍	10 月 11 日
364	新华网	[改革开放 40 年]中国快递服务从无到有 成世界第一快递大国	10 月 12 日
365	中央电视台	我国邮政业务收入 40 年增 1290 倍 快递量连续四年居世界第一	10 月 12 日
366	中央电视台	[新闻直播间]国家邮政局 我国快递量连续四年居世界第一	10 月 12 日
367	经济日报	全国乡镇快递网点覆盖率超过 90%	10 月 12 日
368	中国交通报	业务收入 40 年增长 1290 倍 中国邮政业成世界邮政改革样本	10 月 12 日
369	人民政协报	民革区捷：快递包裹减负势在必行	10 月 12 日

续上表

序号	媒 体	标 题	刊次及版面信息
370	光明日报	“老邮政”成就“新经济” ——改革开放 40 年我国邮政业发展成绩斐然	10 月 13 日
371	中国新闻社	1—9 月邮政行业业务收入完成 5673 亿 同比增长 20.9%	10 月 15 日
372	工人日报	中国邮政业务收入 40 年增长 1290 倍	10 月 17 日
373	人民邮电报	最新快递发展指数出炉 满意度、准时率和有效申诉率同步改善	10 月 19 日
374	人民日报	国际航线、海外仓、空中仓库……中国物流企业国际化进程加快 快递出海 让世界感受中国速度（大数据观察·走出国门探发展）	10 月 22 日
375	新华网	快递出海 让世界感受中国速度	10 月 22 日
376	人民日报	前 9 月快递业务量达 347.4 亿件	10 月 23 日
377	新华网	国家邮政局发展研究中心与菜鸟共同成立快递绿色创新实验室	10 月 25 日
378	中国新闻社	三季度用户快递服务满意度 78.1 分 同比上升 0.9 分	10 月 26 日
379	人民日报	我国快递行业全球服务能力逐步提升，能为商家提供端到端的全链路解决方案“聪明”快递，助推经济加速跑（经济热点·新经济新观察）	10 月 29 日
380	中国新闻社	前三季度全国快递业务量完成 347.4 亿件 同比增 26.8%	10 月 29 日
381	新华网	了解一下，你每天收发的快递正发生这些变化	10 月 31 日
382	经济日报	前三季度业务量完成 347.4 亿件—— 快递业新技术新模式不断涌现	11 月 2 日
383	经济日报	“双 11”期间最高日处理量预计逾 4 亿件 “错峰发货、均衡推进”应对快递高峰	11 月 8 日
384	新华网	双 11 最高日处理量预计逾 4 亿件 错峰发货应对快递高峰	11 月 8 日
385	中国网	“双 11”期间最高日处理快递量预计逾 4 亿件	11 月 8 日
386	人民网	双 11 最高日处理量预计逾 4 亿件 错峰发货应对快递高峰	11 月 8 日
387	中国政府网	“错峰发货、均衡推进”应对快递高峰	11 月 8 日
388	人民邮电报	快递高峰将至 国家邮政局呼吁消费者对快递员多些宽容和关爱	11 月 8 日
389	中央电视台	[中国新闻]机器人上岗骏马奔腾 双 11 快递花样百出	11 月 8 日
390	人民日报	从包装到运输，快递业绿色化进程步步加速 包裹多了 垃圾少了（美丽中国·热点）	11 月 9 日
391	经济日报	邮政业“放管服”改革成效凸显 全国快递末端网点备案数量突破 10 万	11 月 9 日
392	中央电视台	[经济信息联播]快讯 国家邮政局：本月 11—16 日将现快递高峰	11 月 9 日

续上表

序号	媒 体	标 题	刊次及版面信息
393	中央电视台	[交易时间]公司与行业 快递公司比拼“黑科技”“十八般武艺”备战“双 11”	11 月 9 日
394	工人日报	快递业务旺季将至 六大措施保末端稳定	11 月 9 日
395	新华网	《邮件快件实名收寄管理办法》等两规章公布实施	11 月 10 日
396	经济日报	《邮件快件实名收寄管理办法》公布实施 强化寄递企业保障用户信息安全义务	11 月 11 日
397	中央电视台	[中国新闻]聚焦“双 11”购物狂欢节 · 快递放大招	11 月 11 日
398	人民日报	“双 11”期间快件量将超十八亿件 最高日处理量可能达到四点一亿件	11 月 12 日
399	新华社	“双 11”当天全国处理 4.16 亿快件同比增长 25.68%	11 月 12 日
400	新华社	第十个“双 11”：为 18 亿件包裹插上绿色翅膀	11 月 12 日
401	新华网	“双 11”当天全国处理 4.16 亿快件同比增长 25.68%	11 月 12 日
402	经济日报	旺季来临，快递企业纷纷上调资费—— 上调派件费不等于快递涨价	11 月 12 日
403	中国新闻社	“双 11”中国邮政业处理 4.16 亿快件 再创历史新高	11 月 12 日
404	中国新闻社	国家邮政局：11 日处理 4.16 亿快件 同比增 25.68%	11 月 12 日
405	新华网	11 月 11 日全国处理 4.16 亿快件 同比增 25.68%	11 月 12 日
406	中国交通报	李小鹏在调研邮政快递企业“双 11”旺季服务保障工作时强调 切实做好旺季服务保障工作 不断推动邮政业高质量发展	11 月 12 日
407	人民日报	“双 11”全国处理快递 4.16 亿件	11 月 13 日
408	经济日报	“双 11”主要电商企业快递订单达 13.52 亿件 智能分拣实现规模化使用	11 月 13 日
409	中国新闻社	国家邮政局：前 10 月邮政行业业务收入同比增长 20.5%	11 月 13 日
410	中国交通报	邮政业 300 万一线人员 110 架全货机投入旺季服务 建成末端站点 4.7 万个 高铁快递路线超 400 条	11 月 13 日
411	人民政协报	国家邮政局：13 日快递企业投递量达 2.5 亿件	11 月 14 日
412	中国新闻社	“双 11”后第二日中国日投递快递 2.5 亿件 创行业纪录	11 月 14 日
413	经济日报	“双 11”后第二日中国日投递快递 2.5 亿件 创行业纪录	11 月 14 日
414	中国交通报	网点备案制激发企业经营管理活力 “10 万 +”末端网点让买买买更放心	11 月 14 日
415	经济日报	邮政快递企业日投递量创纪录	11 月 15 日
416	人民政协报	“双 11”当日物流订单量突破 10 亿件 绿色成快递“主打歌”	11 月 15 日
417	人民邮电报	快递电商滋润农产品 特色产业链让山里人乐开花	11 月 15 日
418	人民邮电报	直击双 11 丨快递旺季的网红重庆，现在是啥子情况？	11 月 15 日

续上表

序号	媒 体	标 题	刊次及版面信息
419	新华社	创新多元方式解决快递配送“最后一公里”难题	11 月 16 日
420	经济日报	年科技投入不断加大，“小黄人”“蓝精灵”广泛应用——快递插上了腾飞的翅膀	11 月 19 日
421	中国交通报	双 11 线上线下融合升级 协同保障包裹“快跑”	11 月 20 日
422	工人日报	自动化设备旁的快递分拣员	11 月 22 日
423	中央电视台	［中国新闻］“双 11”之困 海量快递垃圾如何解决？	11 月 22 日
424	中国交通报	马军胜在国家邮政局 2019 年工作务虚会上要求 稳字当头 进是关键 以干为先	11 月 22 日
425	经济日报	“双 11”快递业务总量 18.82 亿件 “绿色邮政”发展效果初显	11 月 23 日
426	工人日报	包裹大潮来袭，重庆快递业科技接招“双 11”	11 月 23 日
427	工人日报	“双 11”快递业务达 18.82 亿件	11 月 23 日
428	人民网	中欧班列（重庆）实现邮件进口“零突破”	11 月 26 日
429	人民邮电报	中欧班列首次邮件进口测试成功！跨境物流又一突破	11 月 26 日
430	中央人民广播电台	中欧班列首次较大规模邮件进口测试成功	11 月 27 日
431	中国新闻社	中欧班列成功测试邮件进口 便利沿线各国跨境寄递	11 月 27 日
432	新华社	中欧班列（渝新欧）首次成功完成邮件进口测试	11 月 27 日
433	中央电视台	重庆 中欧班列 较大规模邮件进口测试成功	11 月 27 日
434	经济日报	首测成功！你的海淘商品可以买火车票回来了	11 月 27 日
435	经济日报	中欧班列首次邮件进口测试成功	11 月 27 日
436	中国国际广播电台	德国杜伊斯堡—中国中欧班列进口运邮测试成功	11 月 27 日
437	新华网	中欧班列（渝新欧）首次较大规模邮件进口测试成功	11 月 27 日
438	人民政协报	中欧班列首次邮件进口测试成功	11 月 27 日
439	中国交通报	中欧班列首次测试邮件进口	11 月 27 日
440	新华网	“电商 + 快递”如何助力凉山州脱贫攻坚？	11 月 28 日
441	新华网	［中国梦实践者］孙光梅：快递拓荒者 致富带头人	11 月 29 日
442	中国新闻社	“全国最美快递员”孙光梅：快递拓荒者 致富带路人	11 月 29 日
443	新华网	四川“悬崖村”的无人机邮路	11 月 30 日
444	人民政协报	邮路变迁 40 年	11 月 30 日
445	央视	伟大的变革——庆祝改革开放 40 周年大型展览 中国快递业高速发展见证 40 年伟大跨越	11 月 30 日
446	新华社	大凉山邮路变迁记：从马班邮路到无人机运邮	12 月 2 日

续上表

序号	媒 体	标 题	刊次及版面信息
447	中国交通报	国家邮政局关于 2018 年 10 月邮政业消费者申诉情况通告	12 月 3 日
448	人民政协报	智能快递柜前景可期盈利需靠数据掘金	12 月 4 日
449	中国交通报	40 年邮政业变、遍、便	12 月 5 日
450	中央人民广播电台	无人机邮路解决凉山州邮件运输难	12 月 6 日
451	中央人民广播电台	大凉山邮路变身致富路	12 月 6 日
452	光明日报客户端	邮路变迁：为脱贫攻坚增光添彩	12 月 7 日
453	中国交通报	业务规模连续四年世界第一，老部长为它点赞。是什么造就了这匹中国经济的“黑马”	12 月 7 日
454	人民邮电报	索玛花儿开 新邮路已来	12 月 7 日
455	中央电视台	[数说改革开放 40 年] 交通运输网跨越式发展	12 月 9 日
456	经济日报	四川凉山彝族自治州邮路不断变迁 昔日马班邮路 如今无人机配送	12 月 11 日
457	光明日报	改革开放 40 年：邮路变身脱贫路	12 月 11 日
458	中国新闻社	邮政局：前 11 月快递服务企业业务量完成 452.9 亿件	12 月 11 日
459	中国新闻社	双 12 快递高峰将至 雨雪天气致部分地区快件延误	12 月 12 日
460	中国网	2018 年 10 月邮政行业运行情况是怎样的？	12 月 12 日
461	人民网	前 11 月我国邮政业务收入累计达 7141.7 亿元 同比增 19.7%	12 月 12 日
462	人民日报客户端	双 12 包裹超 3 亿 国家邮政局：天寒地冻请包容快递员	12 月 13 日
463	中国新闻社	双 12 中国快递业务量再创新高 同比增 32.5%	12 月 13 日
464	人民网	四川凉山州邮路不断变迁：昔日马班邮路 如今无人机配送	12 月 13 日
465	新华网	“双 12”快递业务量再创历史新高	12 月 13 日
466	人民政协报	“双 12”快递业务量再创历史新高 国家邮政局呼吁包容理解辛苦作业的快递员	12 月 13 日
467	经济日报	“双 12”快递业务量再创新高	12 月 14 日
468	工人日报	“双 12”快递业务量再创新高	12 月 17 日
469	人民政协报	全国政协召开网络议政远程协商会 围绕“推进快递行业绿色发展”建言资政 汪洋主持	12 月 18 日
470	人民政协报	为快递业插上绿色的翅膀——全国政协网络议政远程协商会四川分会场侧记	12 月 18 日
471	新华社	全国政协召开网络议政远程协商会 围绕“推进快递行业绿色发展”建言资政 汪洋主持	12 月 18 日
472	人民日报	全国政协召开网络议政远程协商会围绕“推进快递行业绿色发展”建言资政	12 月 18 日

续上表

序号	媒　体	标　题	刊次及版面信息
473	中国交通报	国家邮政局吸纳意见建议　推动快递包装可循环发展	12 月 20 日
474	工人日报	从一个人、一匹马、一条路到无人机航线、电商脱贫大道 大凉山邮路变迁记	12 月 26 日
475	新华社	我国快递年业务量突破 500 亿件 连续五年居世界第一	12 月 28 日
476	中央电视台	2018 年我国快递年业务量突破 500 亿件 连续五年居世界第一!	12 月 28 日
477	中国国际广播电台	2018 年中国快递业务量突破 500 亿件 连续五年稳居世界第一	12 月 28 日
478	人民邮电报	里程碑！我国快递业务量突破 500 亿件大关	12 月 28 日
479	中国新闻社	中国年快递业务量首破 500 亿件 连续五年居世界第一	12 月 28 日
480	中国交通报	马军胜在国家邮政局党组中心组（扩大）学习会上要求　在新起点上谱写邮政改革开放新篇章	12 月 28 日
481	中国交通报	今年我国快递业务量突破五百亿件	12 月 29 日
482	经济日报	快递年业务量破 500 亿件 支撑网络零售额近 6.9 万亿元	12 月 29 日
483	工人日报	我国快递年业务量突破 500 亿件 连续 5 年居世界第一	12 月 29 日
484	人民日报	快递年业务量突破 500 亿件	12 月 29 日
485	中央电视台	国内联播快讯（我国快递年业务量超 500 亿件）	12 月 30 日

附录 5　2018 年大事记

2018 年交通运输部大事记

1 月

1 日零时，收费公路通行费增值税电子普通发票开具平台正式上线运行。

1 日起，长江口深水航道大型邮轮与大型集装箱船超宽交会启动试运行，12 月 1 日转为常态化运行。试运行期间，共实施 217 次交会。

5 日，交通运输部印发《关于进一步做好新一轮恶劣天气防范应对 切实加强公路交通保障工作的通知》（交公路明电〔2018〕1 号）。

6 日 20 时许，巴拿马籍油船“桑吉”轮与中国香港籍散货船‘长峰水晶”轮在长江口以东约 160 海里处发生碰撞。事故导致“桑吉”轮燃爆起火沉没，3 人死亡、29 人失踪；“长峰水晶”轮受损起火，21 名船员弃船并安全获救。事故发生后，交通运输部快速响应，认真落实习近平总书记等中央领导同志指示批示精神和国务院专题会议部署，成立应对“桑吉”轮碰撞燃爆事故处置工作专项小组，全力做好人员搜救、灭火作业、溢油监测、事故调查和残油清除等各项工作。

11 日，交通运输部发布《长江三峡水利枢纽过闸船舶安全检查暂行办法》（中华人民共和国交通运输部令 2018 年第 1 号）。

11 日，交通运输部发布《公路工程技术标准》英文版、法文版和俄文版等 10 项公路工程行业标准外本版（交通运输部公告 2018 第 3—12 号）。

12 日，李小鹏主持召开交通运输服务乡村振兴战略推进“四好农村路”建设和脱贫攻坚领导小组第 1 次全体会议，部署 2018 年重点工作。

12 日，交通运输部、住房城乡建设部、国家铁路局、中国民用航空局、国家邮政局、中国残疾人联合会、全国老龄工作委员会办公室联合印发《关于进一步加强和改善老年人残疾人出行服务的实施意见》（交运发〔2018〕8 号）。

15 日，交通运输部发布《港口工程建设管理规定》（中华人民共和国交通运输部令 2018 年第 2 号）（已被修订）。

15 日，交通运输部办公厅印发《关于调整交通运输部扶贫开发和农村公路工作领导小组有关事项的通知》（交办人教〔2018〕7 号），进一步明确交通运输部服务乡村振兴战略领导小组、交通运输部“四好农村路”建设领导小组、交通运输部脱贫攻坚领导小组有关职责。

16 日，李小鹏在部会见卢森堡副首相兼经济大臣埃蒂安·施耐德，双方共同见证了《中华人民共和国主管机关与卢森堡主管机关关于承认中国海船船员适任证书协议》的签署。

19 日，交通运输部办公厅印发《关于界定和激励公路水运工程建设领域守信典型企业有关事项的通知》（交办水〔2018〕11 号），建立交通运输行业第一个信用“红名单”制度。

22 日，我国首座跨海峡公铁两用大桥——福建平潭海峡公铁两用大桥首跨 3400 吨级跨斜拉桥钢桁梁海上成功整孔架设。

23 日，国务院办公厅印发《关于推进电

子商务与快递物流协同发展的意见》（国办发〔2018〕1号）。

25日，交通运输部党组召开2017年度民主生活会。

29日，李小鹏在部会见蒙古国交通发展部部长扎·巴特额尔登，就在"一带一路"框架下加强和深化中蒙交通运输全方位合作交换意见，双方共同见证了《中华人民共和国海事局与蒙古国海事局海事合作谅解备忘录》的签署。

30日，交通运输部办公厅印发《公路交通阻断信息报送制度》（交办公路〔2018〕16号）。

31日，杨传堂出席交通运输部机关离退休干部2018年新春团拜会。

31日，首届亚太地区民航部长级会议在北京召开，国务院副总理马凯出席会议并致辞。李小鹏、冯正霖、国际民航组织理事会主席伯纳德·阿留，国际民航组织秘书长柳芳在开幕式上分别致辞。

31日至2月1日，国务院副总理马凯在武汉检查春运工作时强调，要以习近平新时代中国特色社会主义思想为指导，全面深入贯彻党的十九大精神，认真落实党中央、国务院部署要求，统筹做好运输组织和运力调配，强化安全应急管理，细化便民利民举措，让旅客出行更安全、更便捷、更舒心，让人民群众有更多获得感、幸福感和安全感。

31日至2月2日，杨传堂到宁夏回族自治区银川市、固原市，就"四好农村路"建设和六盘山片区交通扶贫工作开展调研，检查春运工作，慰问一线工作人员，并主持召开六盘山片区脱贫攻坚座谈会，部署片区2019年重点工作。

2月

1日，2018年春运正式启动，40天时间里全国预计发送旅客29.8亿人次。

1日，交通运输部、公安部、国家安全生产监督管理总局、中华全国总工会、共青团中央和江苏省人民政府在南京市联合举行2018年全国春运"情满旅途"活动启动仪式。

1日，交通运输部办公厅印发《品质工程攻关行动试点方案（2018—2020年）》（交办安监〔2018〕18号）。

1日，交通运输部办公厅印发《关于实施交通运输行业重点科技项目清单管理的通知》（交办科技〔2018〕15号）。

2日，李小鹏主持召开贯彻落实习近平总书记等中央领导同志重要指示批示精神深入推进"四好农村路"建设座谈会。

2日，李小鹏主持召开国家海上搜救和重大海上溢油应急处置部际联席会议。

2日，交通运输部办公厅印发《关于全面推行直属海事系统权责清单制度的通知》（交办海〔2018〕19号），对8大项109小项权责事项实行清单管理。

4日，新华社播发通讯《让农民致富奔小康的道路越走越宽广——党的十八大以来以习近平同志为核心的党中央关心农村公路发展纪实》。

5日，李小鹏在部会见阿塞拜疆经济部部长穆斯塔法耶夫，就在"一带一路"框架下加强中阿互联互通合作深入交换意见。

6日，位于四川省甘孜藏族自治州泸定县的"川藏第一桥"——雅康高速公路泸定大渡河兴康大桥正式合龙。

7日，李克强总理主持召开国务院常务会议，会议通过《快递暂行条例（草案）》。

7日，李小鹏在国务院新闻办公室召开的新闻发布会上介绍了"四好农村路"建设及交通运输推进供给侧结构性改革等方面情况并回答记者提问。

9日，2018年交通运输部直属机关党建工作会议在部召开，杨传堂出席会议并讲话，中央纪委常委、中央国家机关工委副书记、纪工委书记陈超英到会指导并讲话。

9 日、10 日，杨传堂、李小鹏分别到山东省济南市济南西站、长途汽车总站、省交通运输监测与应急处置中心和北京市北京站、四惠交通枢纽、首都机场航站楼，检查春运安全保障工作，并慰问一线工作人员。

10 日，亚洲首个无人船海上测试场——广东珠海万山无人船海上测试场正式启动建设。

13 日，交通运输部发布《民用航空安全管理规定》（中华人民共和国交通运输部令 2018 年第 3 号）。

14 日，交通运输部发布《公路工程标准施工监理招标文件》《公路工程标准施工监理招标资格预审文件》（交通运输部公告 2018 第 25 号）和《公路工程标准勘察设计招标文件》《公路工程标准勘察设计招标资格预审文件》（交通运输部公告 2018 第 26 号）。

15 日，《求是》杂志刊发了杨传堂、李小鹏题为《奋力开启建设交通强国的新征程》的署名文章。

18 日至 25 日，受浓雾等恶劣天气影响，大量车、客滞留海口，高峰期滞留旅客近 10 万人、车辆超过 2 万辆、排队长达 20 公里。李小鹏、何建中在部综合应急指挥中心视频连线海南海事局指导做好安全保障工作。地方政府、海事部门全力做好保安全、保畅通工作，共保障 71 万余名旅客、13 万余辆车安全过海。

22 日，交通运输部办公厅印发《关于开展大学习大调研工作的意见》（交办政研〔2018〕27 号）。

22 日，交通运输部办公厅印发《关于界定和激励公路水运工程建设领域守信典型企业有关事项的通知》（交办水〔2018〕11 号）。

23 日，交通运输部办公厅印发《关于促进交通运输新型智库发展的实施意见》（交办政研〔2018〕20 号）。

26 日，《人民日报》刊发了中共交通运输部党组题为《加快建设“四好农村路”助力新时代乡村振兴》的署名文章。

26 日，交通运输部发布《营运货车安全技术条件第 1 部分：载货汽车》等 26 项交通运输行业标准，废止《交通行业职业技能要求港口第 1 部分内燃装卸机械司机》等 63 项交通运输行业标准。

28 日，雄安新区首个重大交通项目——北京至雄安城际铁路正式开工建设。

28 日，交通运输部会同国家发展改革委等 36 个部门联合印发《关于对交通运输工程建设领域守信典型企业实施联合激励的合作备忘录》（发改财金〔2018〕377 号）。

3 月

3 月至 10 月，交通运输部与教育部连续第 6 年联合开展“水上交通安全知识进校园”活动。

1 日，交通运输部办公厅印发《关于推进通关一体化改革提升海事港口服务效率的意见》（交办海〔2018〕31 号）。

5 日，杨传堂参加中央人民广播电台 2018 两会特别节目《做客中央台》，与听众朋友畅谈我国交通运输领域的大变革大发展，交流春运、“四好农村路”建设、交通强国、供给侧结构性改革等话题。

5 日，李小鹏在全国两会“部长通道”上回答记者提问，提出小康路上不让任何地方因交通掉队。

7 日，国务院办公厅印发《关于保障城市轨道交通安全运行的意见》（国办发〔2018〕13 号）。

8 日，国家重大海上溢油应急处置部际联席会议发布《国家重大海上溢油应急处置预案》（交溢油函〔2018〕121 号）。

12 日，2018 年春运顺利结束，春运 40 天全国旅客发送量约 29.7 亿人次，与上年基本持平。

12 日，交通运输部发布《水运工程标准体系》

（交通运输部公告 2018 第 34 号）。

13 日，十三届全国人大一次会议举行第四次全体会议，听取全国人大常委会关于监察法草案的说明、国务院关于国务院机构改革方案的说明。根据国务院机构改革方案，农业部的渔船检验和监督管理职责划入交通运输部。

18 日，交通运输部办公厅印发《交通运输标准化 2018 年工作要点》（交办科技函〔2018〕420 号），调整部标准化管理委员会成员，李小鹏任主任，李建波、何建中、戴东昌、郑健、李健和邢小江任副主任。

20 日，交通运输部办公厅、公安部办公厅印发《关于切实做好出租汽车驾驶员背景核查与监管等有关工作的通知》（交办运〔2018〕32 号）。

21 日，一艘挖泥船在马来西亚附近海域倾覆，16 名中国船员遇险。交通运输部连夜派出应急小分队赴马来西亚参与施救，最终 5 人获救，4 人死亡，7 人失踪。

21 日，交通运输部发布《公路工程抗震规范》等 7 项公路工程行业标准外本版（交通运输部公告 2018 第 36 号）。

21 日，交通运输部办公厅印发《关于建立交通运输重大科技创新成果库的通知》（交办科技〔2018〕37 号）。

22 日，全国水运专用计量器具计量技术委员会成立大会在天津召开。

28 日，交通运输部党组印发《关于贯彻落实深化党和国家机构改革方案的意见》（交党发〔2018〕14 号）。

29 日，交通运输部举行例行新闻发布会，介绍 2018 年全国两会期间交通运输部负责的代表委员意见办理情况。

29 日，交通运输部发布交通运输行业标准《中国港口代码》（JT/T 24—2015）第 1 号修改单。

30 日，交通运输部会同国家发展改革委、财政部、国家林业和草原局印发《关于促进国有林场林区道路持续健康发展的实施意见》（交规划发〔2018〕24 号）。

31 日，印发《中共交通运输部党组贯彻执行〈中国共产党党务公开条例（试行）〉实施细则》和《中共交通运输部党组党务公开目录》。

4 月

2 日，2018 年部党组第一轮巡视工作动员部署会召开，对党的十九大后部党组首轮巡视工作作出安排，组成 3 个巡视组对 6 家单位开展常规巡视。杨传堂出席会议并讲话。

2 日，交通运输部派出专项督导组，赴甘肃省对媒体报道反映的甘肃省折达公路考勒隧道工程质量和工作作风问题整改及有关后续处置工作进行现场督导。

2 日，交通运输部办公厅印发《关于加强领导干部队伍本领建设的意见》（交办人教〔2018〕42 号）。

3 日，交通运输部举行法律顾问聘任仪式暨法治建设座谈会，李小鹏为马怀德等 24 名法律专家颁发“交通运输部法律顾问”聘书，戴东昌主持。

3 日，工业和信息化部、公安部、交通运输部联合印发《智能网联汽车道路测试管理规范（试行）》（工信部联装〔2018〕66 号）。12 日，三部门联合召开新闻发布会，宣布规范于 5 月 1 日起施行。

4 日，北斗卫星搜救载荷与伽利略卫星搜救载荷下行频率协调特别工作组会议在法国召开。会议原则同意在 COSPAS-SARSAT 框架下，北斗载荷下行频率使用频移后的新频点。

8 日，在国家主席习近平和奥地利总统范德贝伦的见证下，李小鹏与奥地利交通、创新和技术部部长诺贝特·霍费尔在人民大会堂共同签署了《中华人民共和国交通运输部和奥地利共和国联邦交通、创新和技术部2018—2020年合作行动计划》。

8日，交通运输部发布《农村公路建设管理办法》（中华人民共和国交通运输部令2018年第4号）。

10日，满载着2万多吨铁矿石的国内首艘江海直达船——“江海直达1”号轮在安徽马鞍山马钢港务原料总厂码头启动卸货作业，标志着首航任务顺利完成。

13日，习近平总书记到海南省博物馆参观海南建省办经济特区30周年成就展，详细了解了海南交通等基础设施规划建设情况。

13日，李小鹏在部会见格鲁吉亚第一副总理兼经济可持续部部长库姆西什维利，就在“一带一路”框架下深化中格交通运输合作交换意见。

17日，中国籍国际航行船舶“新美洲”轮通过电邮收到了法定检验证书。这是交通运输部海事局授权中国船级社签发的首份中国籍国际航行船舶电子证书。

18日，交通运输部发布《关于履行渔业船舶检验和监督管理职责的公告》（交通运输部公告2018第41号），自4月20日起正式履行渔业船舶检验和监督管理职责。21日，交通运输部在原农业部渔业船舶检验局召开干部职工大会。

18日，行业协会商会与行政机关脱钩联合工作办公室印发《关于中国汽车保修设备行业协会等3家协会脱钩实施方案的批复》（联组办〔2018〕26号），同意中国汽车保修设备行业协会、中国交通企业管理协会、中国公路勘察设计协会脱钩实施方案。

19日，交通运输部办公厅印发《关于扩大高速公路差异化收费试点工作的指导意见》（交办公路〔2018〕47号）。

20日，李小鹏在部会见巴拿马海事局局长巴拉卡特，就共建“21世纪海上丝绸之路”相关合作交换意见。

22日，在福州举办的首届数字中国建设峰会上，交通运输部推荐的“综合交通出行大数据开放云平台”（“出行云”平台）荣获数字中国建设年度最佳实践成果。

26日，主题为“交通运输的转型发展”的中美交通论坛第9次会议在京召开。国务院总理李克强在中南海紫光阁会见来华访问并出席会议的美国运输部长赵小兰，杨传堂陪同会见。27日，李小鹏与赵小兰举行双边会谈，就深化两国交通运输合作交换了意见。

24日，习近平总书记视察三峡船闸和升船机。25日，习近平总书记乘船视察长江沿岸生态环境和发展建设情况，途中听取了李小鹏关于长江航运、航道治理情况的汇报。

28日，交通运输部召开视频报告会，揭晓“2017年感动交通十大年度人物”评选结果。中国铁路成都局集团有限公司重庆车务段荣昌站值班员徐前凯等10个人（团队）荣获“2017年感动交通十大年度人物”称号，“桑吉”轮登船搜救小组等3个集体和个人荣获“2017年感动交通年度特别致敬人物”称号。

28日，交通运输部召开“五一”劳模座谈会及视频报告会。

5月

2日，杨传堂到北京福田汽车集团公司就收费公路通行费增值税电子发票统一开具工作开展调研和座谈。

6日，交通运输部、国家发展改革委发布《关于修改〈港口岸线使用审批管理办法〉的决定》（中华人民共和国交通运输部令2018年第5号）。

3日，交通运输部、公安部、应急管理部共同修订印发《道路旅客运输企业安全管理规范》（交运发〔2018〕55号）。

7日，延（庆）崇（礼）高速公路金家庄特长螺旋隧道被世界纪录英国总部认证官现场认证为在建世界最长高速公路螺旋隧道。

8日，长江南京以下12.5米深水航道二期工程已正式试运行，南京至长江出海口431公里的12.5米深水航道全线贯通。

9日，交通运输部办公厅、公安部办公厅、工业和信息化部办公厅联合印发《关于深入推进车辆运输车治理工作的通知》（交办运函〔2018〕702号）。

11日，中共中央政治局委员、国务院副总理刘鹤在交通运输部调研时强调，要深入学习贯彻习近平新时代中国特色社会主义思想，牢固树立“四个意识”，坚定“四个自信”，自觉维护以习近平同志为核心的党中央权威和集中统一领导，全面贯彻落实党中央、国务院决策部署，认真做好交通运输领域各项工作。

11日，李小鹏在部会见南非共产党总书记、交通部长布莱德·恩齐曼迪，就商签部门间合作文件全面提升双边交通运输合作达成高度共识。

11日，交通运输部在原农业部渔业船舶检验局转隶工作临时党支部、交通运输部海事局、中国船级社先后召开干部职工大会，宣布交通运输部海事局、中国船级社领导班子调整决定和转隶人员任免决定，标志着原渔业船舶检验局人员转隶工作顺利按期完成，渔船检验和监督管理改革基本到位。

14日，交通运输部办公厅印发《关于成立交通运输部运输结构调整工作组的通知》（交办人教〔2018〕54号）。

15日，交通运输部办公厅联合广东、广西、贵州、云南四省（区）人民政府办公厅印发《推进珠江水运绿色发展行动方案（2018—2020年）》（交办水〔2018〕5号）。

15日，交通运输部公布《2018年公路水运工程建设领域守信典型企业目录》（交通运输部公告2018第46号）。

16日，交通运输部发布《铁路行业统计管理规定》（中华人民共和国交通运输部令2018年第6号）。

17日，交通运输部发布《公路水运工程监理企业资质管理规定》（中华人民共和国交通运输部令2018年第7号）。

18日，中俄国际道路运输试运行暨中国TIR运输启动仪式在辽宁省大连市举行，刘小明出席启动仪式并致辞。

20日，交通运输部运输结构调整工作组第一次会议召开，李小鹏主持会议并讲话，刘小明传达中央有关会议精神。

21日至23日，杨传堂到山东省青岛市就山东交通运输发展开展调研和座谈。

21日，交通运输部发布《城市轨道交通运营管理规定》（中华人民共和国交通运输部令2018年第8号）。

21日，交通运输部办公厅、国家发展改革委办公厅联合印发《“信用交通省”建设指标体系（2018年版）》（交办政研〔2018〕57号）。

22日，城市轨道交通运营管理工作推进会在京召开，李小鹏出席会议并讲话，刘小明主持会议。

22日，交通运输部发布《外国航空运输企业常驻代表机构审批管理办法》（中华人民共和国交通运输部令2018年第9号）。

22日，交通运输部发布《商品车多式联运滚装操作规程》等42项交通运输行业标准。

22日，交通运输部办公厅印发《自动驾驶封闭场地建设技术指南（暂行）》（交办科技〔2018〕59号）。6月21日，公布交通运输部认定自动驾驶封闭场地测试基地名单。

23日，国务院印发《关于做好自由贸易试验区第四批改革试点经验复制推广工作的通知》，交通运输方面船舶证书“三个一”并联办理等10项改革试点经验在全国范围内复制推广。

24日，交通运输部印发《出租汽车服务质量信誉考核办法》（交运发〔2018〕58号）。

25日，交通运输部印发《“十三五”交通运输专项建设规划中期评估调整方案》（交规划发〔2018〕66号）和《交通运输服务决胜全面建成小康社会开启全面建设社会主义现代化国家新征程三年行动计划（2018—2020年）》（交规划发〔2018〕65号）。

25日，全国综合交通运输标准化技术委员会获批成立。

27日至6月2日，国际航标协会第19届大会在韩国仁川召开。会上，我国以高票第七次当选理事会成员国，提出修订《VTS用户指南》的建议被纳入2018—2022年度工作计划。

28日，李小鹏在京会见联合国亚太经社会执行秘书沙姆沙德·阿赫塔尔，双方就深化中国与亚太经社会合作、推进“一带一路”建设等交换了意见。

28日至29日，李小鹏到山东省青岛市就上合峰会期间交通运输安全保障工作开展督导检查。

30日，中央和国家机关工委反馈2017年中央单位定点扶贫考核意见，交通运输部获得第一档“好”的考核等次。

6月

1日，交通运输部成立深化收费公路制度改革降低过路过桥费用专项工作组，李小鹏任组长。

1日，交通运输部运输结构调整工作组第二次会议召开，李小鹏主持会议并讲话。

5日，交通运输部办公厅、中央网信办秘书局、工业和信息化部办公厅、公安部办公厅、中国人民银行办公厅、国家税务总局办公厅和国家市场监督管理总局办公厅联合印发《关于加强网络预约出租汽车行业事中事后联合监管有关工作的通知》（交办运〔2018〕68号）。

6日至8日，交通运输部与老挝公共工程和运输部在成都举行中老国际道路运输部长级会谈，落实2018年5月30日国家主席习近平同老挝国家主席本扬达成的重要共识，推进“一带一路”框架下中老交通运输合作。

7日，《光明日报》刊发了杨传堂、李小鹏题为《建设高质量的交通运输新型智库》的署名文章。

8日，在国家主席习近平和俄罗斯总统普京的共同见证下，李小鹏与俄罗斯联邦运输部副部长阿萨乌尔分别代表两国政府，在人民大会堂签署了《中华人民共和国政府与俄罗斯联邦政府国际道路运输协定》。

12日，交通运输部举行国家工作人员宪法宣誓仪式，李小鹏监誓，何建中主持。

12日，交通运输部、农业农村部、国务院扶贫办印发《关于联合开展“四好农村路”全国示范县创建和命名工作的通知》（交公路发〔2018〕76号）。

13日，杨传堂在香港特别行政区调研招商局集团和中远海运集团在港企业。

14日至15日，李小鹏到河北省雄安新区、黄骅港，就雄安新区综合交通运输规划、运输结构调整等工作开展调研和座谈。

14日，交通运输部办公厅、公安部办公厅、应急管理部办公厅联合印发《道路运输安全生产工作计划（2018—2020年）》（交办运〔2018〕74号）。

15日，交通运输部、国家发展改革委联合印发《关于进一步放开港口部分收费等有关事项的通知》（交水发〔2018〕77号）。

19日，由中国科学技术协会、交通运输部、中国工程院共同主办，主题为“交通让世界更美好”的2018年世界交通运输大会在京开幕。李小鹏出席大会并致辞。

19日，交通运输部办公厅印发《关于成立推进海南交通运输全面深化改革扩大开放工作组的通知》（交办人教〔2018〕78号）。

20日，交通运输部、国家认证认可监督管理委员会联合印发《交通一卡通产品认证管理办法》及第一批产品目录。

21日，在国务院总理李克强和尼泊尔总理奥利见证下，李小鹏与尼泊尔基础设施和交通部部长马哈赛特在北京人民大会堂共同签署了《中华人民共和国交通运输部与尼泊尔基础设施和交通部关于开展铁路项目合作的谅解备忘录》和《中华人民共和国交通运输部与尼泊尔政府基础设施和交通部关于尼泊尔借道中国西藏自治区公路进行货物运输的议定书》。

21日，宋福龙任中央纪委国家监委驻交通运输部纪检监察组组长。

22日，王淑芳、姚泽炎、杨苗苗、钟松民、方秋子5位来自交通运输行业的优秀代表在国务院新闻办公室举办的中外记者见面会上，分享了他们与交通运输改革发展共成长的故事，畅谈40年改革开放历程中交通运输行业日新月异的变化。

24日，李小鹏在部会见法国生态与团结化转型部交通事务主管部长伊丽莎白·博尔内，双方就全面深化中法交通运输合作达成诸多新共识。

25日，李小鹏致信慰问全国海员，全国开展庆祝主题为"幸福船员"的2018年世界海员日系列活动。

28日，国务院召开全国深化"放管服"改革转变政府职能电视电话会议后，杨传堂在我部分会场就贯彻落实会议精神、进一步深化交通运输"放管服"改革工作提出要求。李小鹏在国务院主会场参加会议。

28日，交通运输部党组开展"七一"专题党性分析。7月13日，杨传堂主持干部大会，通报交通运输部党组党性分析情况。

28日，交通运输部办公厅印发《关于进一步激励交通运输系统广大干部新时代新担当新作为的实施意见》（交办人教〔2018〕80号）。

29日，交通运输部召开干部大会，隆重纪念中国共产党成立97周年，表彰交通运输部系统优秀共产党员、优秀党务工作者和先进基层党组织。杨传堂出席会议并讲话，李小鹏主持会议。

29日，交通运输部印发《关于全面加强生态环境保护坚决打好污染防治攻坚战的实施意见》（交规划发〔2018〕81号）。

7月

5日，两艘载有122名中国籍游客的游船在泰国普吉岛附近海域倾覆。交通运输部立即派出1名工作人员参加中国政府联合工作组，12名应急救援队员前往泰国参与救援，派出海事专家前往泰国参与事故调查。最终75人获救，47人死亡。

6日，交通运输部办公厅印发《交通运输脱贫攻坚三年行动计划（2018—2020年）》（交办规划函〔2018〕85号）。

6日，广州打捞局高级潜水员钟海锋获2018年IMO"海上特别勇敢奖"；上海打捞局"桑吉"轮碰撞燃爆事故应急处置小分队（成员：徐军林、徐震涛、卢平、冯亚军）和"南海救116"轮船长郭添新获表扬信。

7日，交通运输部办公厅印发《广东、黑龙江海事局船舶检验管理体制改革实施方案》（交办人教〔2018〕84号），将广东海事局（含汕头海事局、湛江海事局、广东省船舶检验局深圳分局）、黑龙江海事局负责的规定区域内船舶及水上设施检验工作，整体划转中国船级社负责。

9日至11日，杨传堂到青海省西宁市、海东市、黄南州、玉树州，就"四好农村路"建设、交通扶贫和玉树地震灾区灾后重建等工作开展调研和座谈。

10 日至 12 日，李小鹏到上海市就推进交通强国建设等开展调研和座谈，并签署了部市合作协议。

11 日，主题为“航海新时代 丝路再出发”的中国航海日论坛在上海召开。李小鹏，上海市市长应勇出席论坛并致辞。何建中，上海市副市长时光辉、国际海事组织秘书长林基泽、中国远洋海运集团董事长许立荣作主旨演讲。会间，李小鹏与国际海事组织秘书长林基泽举行简短会晤，就共建“21 世纪海上丝绸之路”交换意见。

11 日，行业协会商会与行政机关脱钩联合工作办公室印发《关于中国汽车维修行业协会脱钩实施方案的批复》（联组办〔2018〕32 号），同意中国汽车维修行业协会脱钩实施方案。

11 日 19 时，甘肃省甘南藏族自治州境内白龙江河水上涨，上游电站泄洪，导致通往甘南州舟曲县城的唯一道路 345 国道多处路基被冲毁。险情发生后，交通运输部高度重视，立即部署抢险保通相关工作。

12 日，交通运输部办公厅印发《平安交通三年攻坚行动方案（2018—2020 年）》（交办安监〔2018〕86 号）。

15 日，交通运输部会同国家发展改革委，启动开展《国家重大海上溢油应急能力建设规划（2015—2020 年）》落实情况督导工作，并于第三季度派出 3 个督导组，对沿海各省（自治区、直辖市）落实《规划》情况开展中期督导。

16 日，《巴拿马运河航行指南（2018）》出版发行。

17 日至 19 日，杨传堂到江苏省南京市、扬州市、无锡市、常州市，就交通强国建设、长江经济带发展、“四好农村路”建设等情况开展调研和座谈。

17 日，李小鹏主持召开京津冀交通一体化暨雄安新区综合交通运输体系建设领导小组第 8 次会议。

19 日，李小鹏主持召开交通运输服务乡村振兴战略推进“四好农村路”建设和脱贫攻坚领导小组会议，总结 2018 年上半年工作，研究部署近期和下半年重点工作。

23 日，交通运输部发布《交通运输统计管理规定》（中华人民共和国交通运输部令 2018 年第 20 号）。

25 日，国务院办公厅印发《关于同意建立交通运输新业态协同监管部际联席会议制度的函》（国办函〔2018〕48 号）。国务院同意建立由交通运输部牵头的交通运输新业态协同监管部际联席会议制度。

25 日，交通运输部印发《农村公路服务乡村振兴三年行动计划（2018—2020 年）》（交规划发〔2018〕93 号）。

25 日，交通运输部办公厅印发《交通运输部公路水运工程质量问题约谈办法（试行）》和《交通运输部公路水运工程质量问题挂牌督办办法（试行）》（交办安监〔2018〕97 号）。

27 日，杨传堂到大连海事大学调研，为大连海大师生作报告，并与大连海大新一届党委、纪委委员集体谈话。

27 日，交通运输部专业救助船“南海救 115”由三亚起航，进驻南沙岛礁执行常态化海上救助和值班待命任务。

30 日，川藏公路林（芝）拉（萨）高等级公路米拉山隧道进口左洞顺利贯通，标志着米拉山隧道全线贯通。

31 日，交通运输新业态协同监管部际联席会议第一次全体会议召开，杨传堂、李小鹏出席。

31 日，交通运输部办公厅印发《关于成立交通运输部科学研究院交通运输安全研究中心的通知》（交办人教〔2018〕108 号）。

31 日，交通运输部发布《关于修改〈港口经营管理规定〉的决定》（中华人民共和国交通运输部令 2018 年第 10 号），《船舶载运危险货物安全监督管理规定》（中华人民共和国交通运输部令 2018 年第 11 号）。

8 月

1 日，交通强国建设纲要起草组办公室印发《关于交通强国建设纲要起草组工作会议制度的通知》（交人教发〔2018〕98 号）。

2 日，交通运输部会同辽宁省交通运输厅、辽宁省海上搜救中心组织开展 2018 年交通运输系统防抗洪涝灾害视频调度演练。

3 日，交通运输部办公厅印发《平安交通百日行动方案》（交办安监〔2018〕100 号）。

3 日至 4 日，全国深化出租汽车行业改革推进会在京召开，李小鹏出席会议并讲话，刘小明主持会议。

4 日，交通运输部、国家发展改革委联合印发《关于组织开展第三批多式联运示范工程申报工作的公告》（交通运输部公告 2018 第 63 号）。

6 日，杨传堂到河北海事局，就暑期保障及水上交通安全监管工作开展调研，并听取工作汇报。

7 日，应哥伦比亚共和国政府邀请，习近平主席特使、交通运输部部长李小鹏出席哥伦比亚总统权力交接仪式，并会见新任总统杜克。

8 日至 11 日，李小鹏率团访问巴拿马。巴拿马总统巴雷拉与李小鹏一行举行会谈。在巴期间，李小鹏与巴拿马海事局、公共工程部和运河管理当局负责人分别举行会谈，达成诸多新的合作共识，并见证了《中华人民共和国交通运输部与巴拿马共和国海事局海事合作谅解备忘录》的草签。

13 日，交通运输部办公厅印发《深入推进长江经济带多式联运发展三年行动计划》（交办水〔2018〕104 号）。

14 日，交通运输部办公厅印发《交通运输行业重点节能低碳技术推广目录推选工作细则》（交办规划〔2018〕107 号）。

15 日，新版全国公路建设市场信用信息管理系统和国家公路建设项目评标专家库管理系统上线运行。

16 日，交通运输部召开党风廉政警示教育视频会议。

20 日，交通运输部发布《关于公布 2017 年度公路建设市场全国综合信用评价结果的公告》（交通运输部公告 2018 第 64 号）。

21 日，交通运输部、公安部、国管局、中华全国总工会联合印发《关于组织开展绿色出行宣传月和公交出行宣传周活动的通知》（交运函〔2018〕518 号）。

21 日，国家海上搜救和重大海上溢油应急处置部际联席会议联络员工作组会议在京召开。

22 日，交通运输部办公厅印发《交通运输行业重点节能低碳技术推广目录征集指南（2018 年度）》（交办规划函〔2018〕1322 号）。

23 日，全国政协副主席卢展工率调研组到交通运输部就“推进国家海洋救助保障体系建设”开展专题调研。

23 日，免去陈健同志交通运输部党组成员职务。

24 日，中俄总理定期会晤委员会运输合作分委会第 22 次会议在俄罗斯圣彼得堡举行。李小鹏与俄罗斯联邦运输部部长迪特里希分别率领代表团参加会议。戴东昌、杨宇栋、王志清参加会议。

24 日，交通运输部汇总发布《2017 年全国收费公路统计公报》。

26 日，交通运输部联合中央网信办、公安部以及北京市、天津市交通运输、公安部门，对滴滴公司开展联合约谈。

27 日，国家发展改革委办公厅、交通运输部办公厅、公安部办公厅联合印发《关于开展交通出行领域严重失信行为专项治理工作的通知》（发改办运行〔2018〕958 号）。

28 日，国家重大海上溢油应急处置演习桌面推演在北京举行。李小鹏任总指挥，何建中任副总指挥。

28 日，交通运输部发布《关于修改〈船员注册管理办法〉的决定》（中华人民共和国交通运输部令 2018 年第 12 号）。

28 日，交通运输部发布大跨度斜拉桥平行钢丝斜拉索等 10 类产品质量行业监督抽查实施规范（试行）。

29 日，交通运输部发布《危险货物道路运输规则》等 34 项交通运输行业标准，废止《围油栏》等 8 项交通运输行业标准。

31 日，交通运输新业态协同监管部际联席会议召开第二次会议，决定自 9 月 5 日起，在全国范围内对所有网约车顺风车平台公司开展进驻式全面检查。杨传堂、李小鹏出席会议。

31 日，交通运输部发布《铁路工程建设项目招标投标管理办法》（中华人民共和国交通运输部令 2018 年第 13 号），《运输机场使用许可规定》（中华人民共和国交通运输部令 2018 年第 14 号），《民用航空器飞行机械员合格审定规则》（中华人民共和国交通运输部令 2018 年第 15 号），《交通运输部关于修改〈公共航空运输企业经营许可规定〉的决定》（中华人民共和国交通运输部令 2018 年第 16 号），《航空安全员合格审定规则》（中华人民共和国交通运输部令 2018 年第 17 号），《交通运输部关于修改〈铁路专用设备缺陷产品召回管理办法〉的决定》（中华人民共和国交通运输部令 2018 年第 18 号），《高速铁路基础设施运用状态检测管理办法》（中华人民共和国交通运输部令 2018 年第 19 号）。

31 日，交通运输部办公厅印发《深入推进长江经济带多式联运发展三年行动计划》（交办水〔2018〕104 号）。

31 日，交通运输部印发《交通运输行业研发中心管理办法》（交科技发〔2018〕114 号）。

9 月

2 日，在国家主席习近平与南非总统西里尔·拉马福萨见证下，李小鹏和南非交通部部长布莱德·恩齐曼迪在人民大会堂共同签署了《中华人民共和国交通运输部和南非共和国交通部交通领域合作谅解备忘录》。

3 日，国务院总理李克强在人民大会堂会见埃塞俄比亚总理阿加，李小鹏参加会见。

4 日，“2018 年国家重大海上溢油应急处置演习”实兵演习在浙江舟山外海海域成功举行。

5 日，2018 年部党组第二轮巡视工作动员会召开，对 2018 年部党组第 2 轮巡视工作作出安排，组成 3 个巡视组对 6 家单位开展常规巡视。杨传堂出席会议并讲话。

5 日，李小鹏在部会见利比里亚交通部部长萨姆·弗卢、外交部部长贝宗格·芬德利、海事局局长考利一行，并与考利局长共同续签了《中华人民共和国政府和利比里亚政府海运协定》。

5 日，交通运输部印发《关于成立交通运输部南海救助局三沙海上救助中心的通知》（交人教发〔2018〕116 号）。

6 日至 7 日，全国“四好农村路”管理现场会在浙江省湖州市安吉县召开，李小鹏出席会议并讲话，戴东昌主持会议。

7 日，交通运输部、农业农村部、国务院扶贫办联合发布《关于命名“四好农村路”全国示范县的通知》（交公路发〔2018〕115 号）。

7 日，全国“信用交通省”创建中期推进会在江西省南昌市召开。

10日，交通运输部办公厅与公安部办公厅发布紧急通知，要求各地交通运输、公安等部门立即组织对本地运营的网约车平台公司和私人小客车合乘信息服务平台开展联合安全大检查。即日起至12月31日，在全国范围组织开展打击非法从事出租汽车经营的专项整治行动。

11日，国务院第六督查组组长、国务院副秘书长李宝荣率组到交通运输部，督促检查党中央、国务院重大政策措施落实情况。

11日至14日，杨传堂到黑龙江省哈尔滨市、绥化市、黑河市，就黑龙江省交通运输发展等工作开展调研。

12日至14日，李小鹏到四川省成都市、阿坝藏族羌族自治州，就定点扶贫工作开展调研，并主持召开定点扶贫工作推进会。

13日，中共中央办公厅国务院办公厅印发《关于调整交通运输部职责编制的通知》（厅字〔2018〕86号），将原农业部的渔船检验和监督管理职责划转交通运输部。划转后，按照政事分开的原则，交通运输部海事局负责拟订渔业船舶检验政策法规及标准，渔业船舶检验监督管理和行业指导等工作；中国船级社负责渔业船舶和船用产品法定检验工作。不再保留原农业部渔业船舶检验局。交通运输部负责指导交通运输综合执法和队伍建设有关工作。

14日，交通运输部办公厅印发《关于加快长江干线推进靠港船舶使用岸电和推广液化天然气船舶应用的指导意见》（交办规划〔2018〕120号）。

14日，以“共商、共建、共享，打造中俄平安美丽界河命运共同体”为主题的2018中俄界河应急联合演习在黑龙江水域举行。

17日，交通运输部、国家发展改革委、工业和信息化部、公安部、财政部、商务部、文化和旅游部、海关总署、税务总局、移民局联合印发《关于促进我国邮轮经济发展的若干意见》（交水发〔2018〕122号）。

17日，交通运输部和应急管理部联合印发《关于公布2016—2017年度公路水运建设“平安工程”冠名项目的通知》（交安监发〔2018〕126号）。

18日，李小鹏签订交通运输部《中央单位定点扶贫责任书（2018年度）》。

19日，由中越两国各派出4辆货车组成的车队从广东省深圳市华南国际物流中心发车，经广西壮族自治区友谊关口岸，直达越南河内，标志着中越国际道路货运试运行拉开帷幕。

19日，交通运输部印发《关于进一步优化公路投资项目行业审查审批工作的通知》（交规划发〔2018〕124号）。

20日，全国交通运输行业宣传思想工作座谈会在部党校召开。

20日，免去陈健交通运输部总规划师、综合规划司司长职务。

24日至28日，国际海事组织（IMO）履行法律文书分委会（III）第5次会议通过我国提交的《成员国信息通报指南》和《主管机关授权被认可组织协议范本》两份提案。

27日至28日，交通运输部组织人事工作会议在部党校召开，杨传堂出席会议并讲话，李小鹏主持会议。

27日，国际海事组织（IMO）在伦敦举办2018年世界海事日庆祝活动，李小鹏发去贺信。

27日，交通运输部发布《关于修改〈中华人民共和国船舶污染海洋环境应急防备和应急处置管理规定〉的决定》（中华人民共和国交通运输部令2018年第21号）。

27日，交通运输信息资源共享平台实现全国互联互通。

28日，十三届全国政协第十一次双周协商座谈会在京召开，围绕“推进国家海洋救助保障体系建设”建言资政。中共中央政治局常委、全国政协主席汪洋主持会议并讲话，杨传堂作主题讲话，李小鹏介绍了海洋救助保障体系建设情况。何建中以及国家发展改革委、司法部、财政部有关负责人参加座谈会。

29日，“2018年信用交通宣传月启动仪式”在北京举行。

30日，习近平总书记专门邀请四川航空“中国民航英雄机组”全体成员参加庆祝中华人民共和国成立69周年招待会。招待会前，习近平总书记在人民大会堂亲切会见他们，并同大家合影留念。李小鹏、冯正霖参加会见。

30日，交通运输部办公厅、公安部办公厅、市场监管总局办公厅联合印发《关于进一步落实道路货运车辆检验检测改革政策有关工作的通知》（交办运〔2018〕125号）。

10月

9日，中国共产党交通运输部直属机关第三次代表大会在京召开，大会审议并通过部直属机关第二届党委和纪委工作报告，选举产生第三届党委委员23人、纪委委员19人。杨传堂、李小鹏、冯正霖、李建波、马军胜、何建中、宋福龙、戴东昌、刘小明、杨宇栋出席会议。中央和国家机关工委副书记李勇出席会议并讲话。

9日，国务院办公厅印发《推进运输结构调整三年行动计划（2018—2020年）》（国办发〔2018〕91号）。

10日，国家发展改革委、财政部、交通运输部等13部门联合印发《促进乡村旅游发展提质升级行动方案（2018年—2020年）》（发改综合〔2018〕1465号）。

11日至13日，李小鹏陪同国务院总理李克强赴塔吉克斯坦首都杜尚别参加上海合作组织成员国政府首脑理事会第17次会议。

13日至15日，李小鹏应邀访问希腊，与希腊海运与岛屿政策部部长福蒂斯·库维利斯举行会谈，共同见证《中华人民共和国海事局与希腊共和国海岸警备队海上安全、海洋环境保护、海事培训和便利运输合作意向书》的签署，调研了中远海运集团经营的比雷埃夫斯港，并与部分当地船东进行了交流。

15日至17日，李小鹏应邀赴塞尔维亚贝尔格莱德出席第三届中国—中东欧国家（16+1）交通部长会议。其间与塞尔维亚副总理兼建设交通和基础设施部部长佐拉娜·米哈伊洛维奇以及罗马尼亚、斯洛伐克、黑山、波黑、拉脱维亚等国交通部部长举行双边会谈，还赴现场调研了中国路桥公司正在建设的E763高速公路苏尔津——奥布雷诺茨段项目。

15日，交通运输部党组印发《关于进一步加强干部队伍建设的意见》（交党发〔2018〕53号）。

17日，时逢我国第5个扶贫日，交通运输部在北京召开主题为“创新交通扶贫实践，合力攻克深度贫困堡垒”的2018年扶贫日交通扶贫论坛。

20日至11月30日，中央第九巡视组对中共交通运输部党组开展了脱贫攻坚专项巡视。10月20日上午，中央第九巡视组对中共交通运输部党组开展脱贫攻坚专项巡视工作动员会召开。

20日，交通运输部发布《关于修改〈中华人民共和国海事行政许可条件规定〉的决定》（中华人民共和国交通运输部令2018年第22号）。

22日，交通运输部发布《快递业务经营许可管理办法》（中华人民共和国交通运输部令2018年第23号），《邮件快件实名收寄管理办法》（中华人民共和国交通运输部令2018年第24号），《交通运输部关于修改〈民用航空通信导航监视工作规则〉的决定》（中华人民共和国交通运输部令2018年第25号），《交通运输部关于修改〈定期国际航空运输管理规定〉的决定》（中华人民共和国交通运输部令2018年第26号）。

22日，中国驻英国大使馆代表中国政府正式向国际海事组织秘书长林基泽递交中国加入《2004年国际船舶压载水和沉积物控制和管理公约》文书，《公约》将于2019年1月22日起对我国正式生效。

22日，交通运输部印发《交通运输部突发事件应急工作规范》（交应急发〔2018〕59号）。

23日，港珠澳大桥开通仪式在广东省珠海市举行。习近平总书记出席仪式，宣布大桥正式开通并巡览大桥，代表党中央向参与大桥设计、建设、管理的广大人员表示衷心的感谢、致以诚挚的问候。李小鹏参加活动。

25日，东亚峰会海上搜救经验交流研讨会在上海举办。

26日，在国务院总理李克强和日本首相安倍晋三见证下，李小鹏与日本外务大臣河野太郎共同签署了《中华人民共和国政府和日本国政府海上搜寻救助合作协定》。

28日10时许，重庆市万州区一辆载有15名司乘人员的22路公交车行驶至长江二桥时，与一辆小轿车相撞后坠江。事件发生后，交通运输部、应急管理部和重庆市政府立即协调各方力量全力搜救，上海打捞局调派专业潜水队伍和装备连夜驰援。10月28日至31日，先后打捞出13具遇难者遗体和行车记录仪，并成功将公交车打捞出水。

30日，中央和国家机关脱贫攻坚先进集体、优秀个人表彰大会暨先进事迹报告会在京召开，交通运输部综合规划司被授予"中央和国家机关脱贫攻坚先进集体"称号。

30日，交通运输部、中央军委后勤保障部联合印发《关于保障道路客运领域军人依法优先出行权益有关事项的通知》（交运发〔2018〕145号）。

31日，交通运输部、国家发展改革委、中国铁路总公司联合召开运输结构调整动员部署电视电话会，李小鹏出席会议并讲话，刘小明介绍《推进运输结构调整三年行动计划（2018—2020年）》有关情况。

31日，交通运输部发布《关于修改〈水上移动卫星通信管理规则〉的决定》（中华人民共和国交通运输部令2018年第27号）。

31日，交通运输部、国家发展改革委、财政部印发《关于做好公路收费权转让备案工作的通知》（交财审函〔2018〕782号）。

31日，交通运输部办公厅印发《关于成立交通运输部教育工作领导小组的通知》（交办人教〔2018〕138号）。

11月

1日，交通运输部等九部门印发《贯彻落实国务院办公厅〈推进运输结构调整三年行动计划（2018—2020年）〉的通知》（交运发〔2018〕142号）。

1日至8日，亚太地区港口国监督备忘录委员会第29次会议和亚太地区港口国监督谅解备忘录组织第12次技术工作组会议在杭州召开。

2日，中国妇女第十二次全国代表大会在北京闭幕。中国交通通信信息中心数据应用事业部党总支书记、副总经理王淑芳全票当选全国妇联第十二届常务委员和执行委员会委员。

2日，交通运输部办公厅印发《关于提升农村公路工程质量耐久性的实施意见》（交办安监〔2018〕139号）。

6日，全国交通运输法治政府部门建设电视电话会在京召开，李小鹏出席会议并讲话，戴东昌主持会议。

6日，交通运输部发布《关于修改〈民用航空人员体检合格证管理规则〉的决定》（中华人民共和国交通运输部令2018年第30号），《交通运输部关于修改〈民用航空企业及机场联合重组改制管理规定〉的决定》（中华人民共和国交通运输部令2018年第31号），《交通运输部关于修改〈民用机场建设管理规定〉的决定》（中华人民共和国交通运输部令2018年第32号），《交通运输部关于修改〈民用机场运行安全管理规定〉的决定》（中华人民共和国交通运输部令2018年第33号），《交通运输部关于修改〈维修和改装一般规则〉的决定》（中华人民共和国交通运输部令2018年第34号），《交通运输部关于修改〈公共航空运输企业航空安全保卫规则〉的决定》（中华人民共和国交通运输部令2018年第35号），《交通运输部关于修改〈通用航空经营许可管理规定〉的决定》（中华人民共和国交通运输部令2018年第36号），《交通运输部关于修改〈民用航空器驾驶员合格审定规则〉的决定》（中华人民共和国交通运输部令2018年第37号），《交通运输部关于修改〈民用航空器驾驶员学校合格审定规则〉的决定》（中华人民共和国交通运输部令2018年第38号），《交通运输部关于修改〈小型航空器商业运输运营人运行合格审定规则〉的决定》（中华人民共和国交通运输部令2018年第39号），《交通运输部关于修改〈一般运行和飞行规则〉的决定》（中华人民共和国交通运输部令2018年第40号）。

7日，习近平总书记视察上海期间视频连线洋山港时，作出了“经济强国必定是海洋强国、航运强国”的重要论述，以及把港口“建设好、管理好、发展好”“不断提高港口运营管理能力、综合服务能力”‘勇创世界一流港口”的重要指示。

7日，杨传堂到国家邮政局就邮政业“双11”旺季服务保障工作开展调研和座谈。

7日，李小鹏在部会见俄罗斯联邦运输部部长迪特里希，就推进双边交通运输合作和上海合作组织框架下的交通合作事宜深入交换意见。

9日晚，李小鹏到北京顺丰速运有限公司、北京邮政速递处理中心，就“双11”业务旺季邮政、快递企业服务保障工作开展调研和座谈。

9日，中芬北极互联互通合作研讨会在上海举行。本次研讨会由交通运输部、芬兰经济事务与就业部和芬兰驻华使馆联合举办，以“可持续性、安全性、可靠性和实践”为主题，来自中芬两国政府、研究机构、海事院校、企业和金融机构的近百位代表参会。

10日，交通运输部、商务部发布《关于废止〈外商投资道路运输业管理规定〉的决定》（中华人民共和国交通运输部令2018年第28号）。

11日，中国首部市场化运作的海上救援题材电影《紧急救援》在厦门开机。

12日，交通运输部直属机关深入学习贯彻习近平总书记同全国总工会、团中央、全国妇联新一届领导班子成员集体谈话时的重要讲话精神座谈会在京召开，杨传堂出席会议并讲话。

12日，交通运输部、中华全国总工会联合印发《关于认真贯彻落实习近平总书记重要指示深入开展向“中国民航英雄机组”“中国民航英雄机长”学习活动的决定》（交政研发〔2018〕166号）。

12日至13日，李小鹏到福建省福州市、厦门市、龙岩市，就福建省交通运输高质量发展、交通扶贫及“四好农村路”建设等开展调研，并主持召开东中部地区部分交通运输部门座谈会。

12日，免去成平交通运输部安全总监职务。

13日至15日，杨传堂到陕西省西安市、延安市，就陕西省交通运输高质量发展、交通扶贫脱贫攻坚等工作开展调研，并召开中西部地区交通运输工作座谈会。

13日，交通运输部印发《农村公路建设质量管理办法》（交安监发〔2018〕152号）。

14日，交通运输部、商务部发布《关于修改〈外商独资船务公司审批管理办法〉的决定》（中华人民共和国交通运输部令2018年第29号）。

14日，交通运输部办公厅、国家发展改革委办公厅联合印发《关于公布第三批多式联运示范工程项目名单的通知》（交办运〔2018〕146 号）。

14 日，由交通运输部、江苏省人民政府、武警第二机动总队联合举办的 2018 年度全国公路交通军地联合应急演练在江苏镇江举行。

15 日，交通运输部办公厅印发《“平安百年品质工程”建设研究推进方案》（交办安监〔2018〕147 号）。

19 日，2018 年中国技能大赛——第十届全国交通运输行业职业技能大赛闭幕式在湖南长沙举行。

20 日，交通运输部印发《加大交通基础设施补短板力度工作方案（2018—2020 年）》（交规划发〔2018〕157 号）。

20 日，交通运输部发布《交通运输物流标准体系（2018 年）》。

20 日至 21 日，全国多式联运现场推进会在湖北省武汉市召开。

22 日，杨传堂、李小鹏邀请 20 家民营企业负责人到部座谈，听取对交通运输领域民营经济发展的意见建议。

22 日，交通运输部发布《关于〈中华人民共和国船舶安全营运和防止污染管理规则〉对第四批船舶生效的公告》（交通运输部公告 2018 第 83 号），自 2021 年 1 月 1 日起对第四批船舶生效。

26 日，李小鹏在部会见波兰海洋经济与内河航运部部长马莱克 · 格鲁巴尔契克，就在“一带一路”框架下深化中波互联互通合作交换意见。28 日，何建中与格鲁巴尔契克在上海共同主持召开中波轮船股份公司股东会第 34 次会议。

26 日，由新疆维吾尔自治区霍尔果斯口岸启运的“中欧卡车特快专线”抵达波兰，标志着我国至欧洲全程使用 TIR（国际公路运输）公约的卡车运输物流通道正式打通。

27 日，中国 2019 世界集邮展览组委会成立暨第一次会议在部召开，李小鹏出席会议并讲话，马军胜主持会议。

27 日，交通运输部发布《关于修改〈交通运输法规制定程序规定〉的决定》（中华人民共和国交通运输部令 2018 年第 41 号）。

27 日，交通运输部办公厅印发《关于建立交通运输技术创新联席会议制度的通知》（交办人教〔2018〕157 号）。12 月 4 日，召开交通运输技术创新联席会议第一次全体会议。

28 日，交通运输部发布《关于修改〈港口工程建设管理规定〉的决定》（中华人民共和国交通运输部令 2018 年第 42 号），《交通运输部关于修改〈中华人民共和国船舶最低安全配员规则〉的决定》（中华人民共和国交通运输部令 2018 年第 43 号），《交通运输部关于修改〈航道建设管理规定〉的决定》（中华人民共和国交通运输部令 2018 年第 44 号）。

28 日，交通运输新业态协同监管部际联席会组织召开网约车顺风车进驻式安全专项检查工作新闻通气会，交通运输部会同中央网信办、公安部、国家市场监督管理总局等联合检查组成员单位，通报了检查工作有关情况。

29 日，交通运输部、国家发展改革委、财政部联合印发《关于做好公路收费权转让备案工作的通知》（交财审函〔2018〕782 号）。

29 日，交通运输部办公厅印发《关于认真贯彻习近平总书记重要指示批示精神开展冬季公路水路安全生产行动的通知》（交办安监〔2018〕147 号）。

29 日至 30 日，交通运输部联合文化和旅游部，在广西桂林市召开运输服务与旅游业融合发展现场会。

30 日，交通运输部印发《关于服务和支撑乡村振兴战略实施的指导意见》（交规划发〔2018〕163 号）。

30 日，交通运输部印发《船舶大气污染物排放控制区实施方案》（交海发〔2018〕168 号），扩大船舶大气污染排放控制区范围至沿海及长江、西江干线水域，并提高排放控制要求。

12 月

3 日，在习近平主席的见证下，国务委员兼外交部长王毅代表交通运输部与巴拿马海事局签署《中华人民共和国交通运输部与巴拿马共和国海事局海事合作谅解备忘录》。在访问巴拿马期间，习近平主席同“玫瑰轮”船长通话，慰问全体船员，并希望船员们为促进国家航运事业和全球贸易繁荣作出更大贡献。

3 日，李云碧任交通运输部安全总监。

4 日，交通运输部举行国家工作人员宪法宣誓仪式，李小鹏监誓，何建中主持。

5 日，交通运输部召开全国交通运输系统深化“放管服”改革、优化营商环境视频会，杨传堂出席会议并讲话，李小鹏主持会议。

6 日，国家便利运输委员会第三次全体会议在部召开，李小鹏主持会议并讲话，刘小明作工作报告。

6 日，交通运输部办公厅、上海市人民政府办公厅、江苏省人民政府办公厅、浙江省人民政府办公厅、安徽省人民政府办公厅印发《关于协同推进长三角港航一体化发展六大行动方案》（交办水〔2018〕161 号）。

6 日，国际海事组织在其海上安全委员会第 100 届会议期间，举行了 2018 年海上特别勇敢奖颁奖典礼，国际海事组织秘书长为我国广州打捞局高级潜水员钟海锋颁发 2018 年海上特别勇敢奖章。

10 日，交通运输部办公厅印发《贯彻落实习近平总书记在民营企业座谈会上重要精神支持民营企业发展的工作措施》（交办政研〔2018〕162 号）。

12 日，交通运输部印发《关于命名北京市等 12 个城市国家公交都市建设示范城市的通报》（交运发〔2018〕172 号）。

12 日，教育部批复交通运输部设立中国政府交通运输奖学金，同意 2019—2023 年每年资助 30 名“一带一路”沿线国家交通运输人才供读硕士研究生学位，委托大连海事大学为培养院校。

13 日，全国城市交通工作暨公交都市建设推进会在广东广州召开。

13 日，全国交通运输综合行政执法改革工作推进视频会在部召开，杨传堂出席会议并讲话，李小鹏主持会议。

13 日至 14 日，上海合作组织国际道路运输便利化联合委员会第一次会议在福建省厦门市举行。

14 日，中国—老挝海上紧急救助热线正式开通。

17 日，交通运输部发布《公路工程建设项目投资估算编制办法》（JTG 3820—2018）、《公路工程建设项目概算预算编制办法》（JTG 3830—2018）作为公路工程行业标准；《公路工程估算指标》（JTG/T 3821—2018）、《公路工程概算定额》（JTG/T 3831—2018）、《公路工程预算定额》（JTG/T 3832—2018）、《公路工程机械台班费用定额》（JTG/T 3833—2018）作为公路工程行业推荐性标准，自 2019 年 5 月 1 日起施行（交通运输部公告 2018 第 86 号）。

18 日，庆祝改革开放 40 周年大会上，中共中央、国务院授予 100 名同志改革先锋称号，其中包括 7 位交通运输行业的杰出代表——改革开放试验田“蛇口模式”的探索创立者袁庚、港口装卸自动化的创新者包起帆、践行“工匠精神”的优秀代表许振超、远洋运输体制改革的推动者许立荣、“复兴号”高速列车研制的主持者孙永才、知识型企业职工的优秀代表巨晓林、厦门航空事业的开拓者吴荣南。

19 日，交通运输部印发《关于调整中国海洋工程有限公司管理关系的通知》（交人教发〔2018〕179号），将中国海洋工程有限公司由交通运输部救助打捞局管理调整为交通运输部上海打捞局管理。

20日起，《公路法修正案（草案）》《收费公路管理条例（修订草案）》《农村公路条例（征求意见稿）》在交通运输部网站公布，开始向社会开展为期1个月的公开征求意见。

21日，交通运输部召开干部大会，学习贯彻庆祝改革开放40周年大会精神。

21日，交通运输部印发《交通运输守信联合激励和失信联合惩戒对象名单管理办法（试行）》（交政研发〔2018〕181号）。

22日，《求是》杂志刊发了中共交通运输部党组题为《全面深化改革开放奋力从交通大国迈向交通强国》的署名文章。

24日，六盘山片区脱贫攻坚部际联席会议在交通运输部召开。

25日，上海洋山深水港四期工程竣工验收。该工程共建设7个集装箱泊位，码头岸线总长2350米，是目前全球一次性建成规模最大的全自动化集装箱码头。

25日，交通运输部发布《公路隧道设计规范 第一册 土建工程》（JTG 3370.1—2018）作为公路工程行业标准（交通运输部公告2018第90号）。

26日，2019年全国交通运输工作会议在京召开，传达学习中共中央政治局委员、国务院副总理刘鹤重要批示精神，总结2018年工作，分析当前形势，部署明年重点工作。杨传堂、李小鹏出席会议并强调，要以习近平新时代中国特色社会主义思想为指导，全面贯彻党的十九大和十九届二中、三中全会精神，落实中央经济工作会议精神，统筹推进“五位一体”总体布局，协调推进“四个全面”战略布局，坚持稳中求进工作总基调，坚持新发展理念，坚持推动高质量发展，坚持以供给侧结构性改革为主线，坚持深化市场化改革、扩大高水平开放，紧紧抓住并用好重要战略机遇期，落实“巩固、增强、提升、畅通”八字方针总要求，着力提高综合交通运输网络效率，降低物流成本，确保安全稳定，推动科技创新，继续打好三大攻坚战，为服务全面建成小康社会收官打下决定性基础，加快推进现代化综合交通运输体系建设，推动交通强国建设谋好篇、布好局，以优异成绩庆祝中华人民共和国成立70周年。

28日，取消高速公路省界收费站试点运行，江苏与山东、重庆与四川率先取消两两之间的所有高速公路省界收费站。

30日，生态环境部、国家发展改革委、交通运输部等11部门联合印发《柴油货车污染治理攻坚战行动计划》（环大气〔2018〕179号）。

2018年国家铁路局大事记

1月

2日，人力资源和社会保障部、交通运输部、水利部、国家能源局、国家铁路局、中国民用航空局联合印发《关于铁路、公路、水运、水利、能源、机场工程建设项目参加工伤保险工作的通知》（人社部发〔2018〕3号）。

8日，国家科学技术奖励大会在北京人民大会堂隆重举行。党和国家领导人习近平、李克强、张高丽、王沪宁出席大会并为获奖代表颁奖。国家铁路局推荐、北京交通大学等单位完成的“复杂环境下高速铁路无缝线路关键技术及应用”荣获国家科学技术进步一等奖；中铁第四勘察设计院集团有限公司等单位完成的“高速铁路狮子洋水下隧道工程成套技术”荣获国家科学技术进步二等奖。

12日，国家铁路局召开电视电话会议，动员部署2018年春运监督检查工作。

12日，印发《国家铁路局关于做好2018年铁路安全监督管理工作的意见》（国铁安监〔2018〕1号）。

12日，印发《国家铁路局关于修改〈铁路行政执法人员管理办法〉的通知》（国铁安监〔2018〕3号）。

16日，国家铁路局向肯尼亚蒙内铁路中方运营单位中国路桥工程有限责任公司颁发铁路运输许可证。这是国家铁路局第一次向从事海外铁路运营的中国企业颁发铁路运输许可证。

17日，国家铁路局召开2018年铁路工程监管工作会议，交流工程监管工作经验，总结2017年铁路工程监管工作，分析面临形势任务，安排部署2018年铁路工程监管重点工作。

18日至19日，国家铁路局召开新建北京至雄安新区城际铁路调整可行性研究行业评审会。新建京雄城际铁路是支撑建设雄安新区、促进京津冀协同发展的需要，是完善首都新机场集疏运体系、打造全国性综合交通枢纽的需要，对构建京津冀城市群快速铁路网、促进区域一体化发展具有十分重要的意义。

22日至26日，国家铁路局组团赴香港开展高速铁路技术交流培训，组织港方人员赴广州现场考察，并与广州铁路监督管理局座谈。香港特别行政区政府机电工程署、路政署、运输署等相关机构人员参加培训和考察。

23日至26日，国家铁路局、交通运输部、国家安全监管总局联合开展综合运输春运安全大检查，赴河北、河南省监督检查铁路和道路春运相关准备工作。

23日，印发《国家铁路局关于2018年推进铁路物流降本增效的若干意见》（国铁运输监〔2018〕17号）。

25日，由青岛开往杭州东的G281次列车运行至安徽定远站因电器设备故障发生火灾。事故发生后，国家铁路局派出工作组赶赴现场，指导上海铁路监督管理局组织成立事故调查组，做好事故调查处理工作。

25日，国家铁路局印发《铁路专用设备产品质量安全监督管理办法》（国铁设备监〔2018〕6号）。

26日，国家铁路局召开党风廉政建设工作会议，党组书记、局长杨宇栋代表局党组作题为《以习近平新时代中国特色社会主义思想为指导坚定不移把国家铁路局全面从严治党引向深入》的工作报告。中央纪委驻交通运输部纪检组、最高人民检察院铁路运输检察厅有关负责同志出席会议。

29日，国家铁路局党组召开党组民主生活会。党组领导班子及成员以中央政治局民主生活会为榜样和标杆，深入查摆问题、深刻剖析原因，开展严肃认真的批评和自我批评，提出整改措施。中央第27督导组全体同志，中央纪委机关和中央纪委驻交通运输部纪检组有关负责同志到会指导。

29日，国家铁路局印发《铁路运输企业准入许可实施细则》（国铁运输监〔2018〕7号）。

1月30日至2月4日，国家铁路局成立由党组成员带队的5个春运督查组，深入北京、郑州、济南、上海、南昌、成都、广州、南宁8个铁路局集团有限公司及相关单位和场所，开展春运监督检查，并对上海、广州、成都铁路监督管理局春运监督检查工作落实情况进行督导。

30日，国家铁路局召开安全生产委员会全体会议，传达全国安全生产工作电视电话会议精神，总结分析2017年铁路安全情况，研究部署2018年铁路安全监管重点工作。

30日，印发《国家铁路局专家委员会工作规则》（国铁科法〔2018〕9号）。

31日，国家铁路局局长杨宇栋陪同国务院副总理马凯添乘高铁到武汉，检查铁路春运工作。

2月

2日，国家铁路局印发《铁路运输服务质量投诉处理办法》（国铁运输监〔2018〕11号）。

6日，印发《国家铁路局关于大兴调查研究之风的意见》（国铁党发〔2018〕16号）。

2月7日至5月8日，国家铁路局分11批向社会公开原铁道部规范性文件清理结果，原铁道部1165件规范性文件清理工作全部完成，为有效规范政府行为、合理划清政府和企业管理界限、推进铁路依法行政、促进铁路行业健康发展奠定良好基础。

8日，印发《国家铁路局党员领导干部八小时之外行为约束规范》（国铁党发〔2018〕18号）。

12日，印发《中共国家铁路局党组关于印发贯彻落实中央八项规定精神实施办法的通知》（国铁党发〔2018〕21号）。

12日，国家铁路局印发《关于公布2017年度铁路重大科技创新成果入库的通知》（国铁科法〔2018〕14号）。2017年度铁路重大科技创新成果入库工作圆满收官，共评审入库305项成果，其中铁路科技项目和铁路专利各50项、铁路技术标准26项、铁路科技论文179项。

13日，印发《中共国家铁路局党组关于力戒形式主义官僚主义的实施意见》（国铁党发〔2018〕20号）。

3月

6日，印发《中共国家铁路局党组关于开展向直属事业单位派驻纪检组试点工作的通知》（国铁党发〔2018〕24号）。

6日，印发《国家铁路局关于进一步加强地方铁路工程质量安全监督工作的通知》（国铁工程监〔2018〕22号）。

3日，印发《国家铁路局公平竞争审查制度实施办法（暂行）》（国铁科法〔2018〕23号）。

8日，印发《国家铁路局2018年党风廉政建设和反腐败工作要点》（国铁党发〔2018〕25号）。

14日，国家铁路局召开铁路勘察设计单位科技创新座谈会。中铁第一勘察设计院集团有限公司、中国铁路设计集团有限公司、中铁工程设计咨询集团有限公司、中铁大桥勘测设计院集团有限公司等勘察设计单位代表参加座谈。

14日，印发《国家铁路局关于加强铁路专用设备产品运用质量安全监管工作指导意见》（国铁设备监〔2018〕25号）。

16日，印发《国家铁路局2018年宣传思想工作要点》（国铁党发〔2018〕26号）。

16日，修订印发《中共国家铁路局党组巡视工作实施办法》（国铁党发〔2018〕27号）。

20日至23日，国家铁路局副局长刘克强率团赴老挝参加大湄公河区域铁路联盟第三次全体大会。

20日，国家铁路局印发《铁路客运站车厕所服务质量监督管理办法》（国铁运输监〔2018〕27号）。

21日，国家铁路局召开安全生产委员会联络员会议，学习贯彻习近平总书记关于安全生产的重要思想，通报2017年全国铁路安全情况和2018年春运监督检查情况，分析2018年铁路运输安全面临的形势，与中国铁路总公司、国家能源投资集团有限责任公司等联络员单位共同研究加强铁路安全工作的措施。

22日，国家铁路局举行宪法宣誓仪式。局机关全体公务员及局属事业单位处级以上干部160余名同志进行宣誓，局党组书记、局长杨宇栋领誓。

23日，国家铁路局召开2018年铁路设备监管工作会议，总结2017年铁路设备监管工作情况，研究部署2018年铁路设备监管重点工作。

26日，国家铁路局召开《交通运输科技创新中长期发展纲要（2021—2035年）·铁路篇》编制启动会议。

3月27日至4月6日，国家铁路局党组成员钟华带队赴肯尼亚执行蒙内铁路安全督导任务。

27日，印发《国家铁路局2018年党建工作要点》（国铁党发〔2018〕29号）。

30日，国家铁路局政府网站发布《2017年铁路安全情况公告》。

4月

8日，国家铁路局印发《铁路运输服务质量监督信息公开办法》（国铁运输监〔2018〕65号）。

10日，印发《国家铁路局党的组织党务公开实施细则（试行）》（国铁党发〔2018〕32号）。

12日，京广铁路武昌至武昌南下行线路路基发生塌陷。事故发生后，国家铁路局党组成员、副局长苏全利带队赶赴现场，组织参与现场抢修工作，并指导武汉铁路监督管理局开展事故调查工作。

12日，国家铁路局召开铁路技术标准国际化工作交流研讨会。国家标准化管理委员会，中国铁路总公司、中国中车股份有限公司，国际标准化组织国内技术对口单位、铁路行业标准归口单位、国际标准主持单位、相关高等院校相关人员参加会议。

12日，国家铁路局政府网站发布《2017年铁道统计公报》。

13日，国家铁路局政府网站公布《国家铁路局2018年部门预算》。

13日，印发《国家铁路局关于推进铁路行业信用体系建设的指导意见》（国铁综〔2018〕34号）。

13日，印发《国家铁路局关于开展2018年汛期防洪监督检查的通知》（国铁安监函〔2018〕69号）。

20日，修订印发《中共国家铁路局党组关于建立健全党员干部直接联系群众制度的实施办法》（国铁党发〔2018〕33号）。

20日，印发《国家铁路局关于开展铁路工程建设市场整治“三违”专项行动“回头看”的通知》（国铁工程监函〔2018〕73号）。

25日，交通运输部副部长、国家铁路局局长杨宇栋在北京会见美国联邦铁路署署长巴托里一行，双方就深化中美铁路政府间交流合作有关问题深入交换意见。

25日，印发《中共国家铁路局党组新时代全面从严治党工作意见》（国铁党发〔2018〕35号）。

26日，印发《国家铁路局关于发布调整铁路工程造价标准增值税税率的公告》（国铁科法〔2018〕39号）。

5月

3日，交通运输部副部长、国家铁路局局长杨宇栋会见来访的尼泊尔基础设施和交通部常秘阿迪卡里一行。双方积极评价中尼铁路政府间沟通合作机制建立以来铁路合作交流情况，并就下一步工作深入交换意见并达成广泛共识。

3日，国家铁路局党组成员郑健与尼泊尔基础设施和交通部常秘阿迪卡里在北京共同主持召开中尼铁路合作第二次工作会议，并就双方形成的广泛共识签署会议纪要。

3日，印发《国家铁路局2018年“安全生产月”和“安全生产万里行”活动实施方案》（国铁安监函〔2018〕83号）。

8日至11日，国家铁路局党组成员郑健赴土耳其参加第十届世界高速铁路大会和铁路行业展，以《贡献中国智慧和力量推动世界高铁可持续发展》为题作大会开幕式致辞，并于会议期间分别会见国际铁路联盟总干事长卢比努和土耳其国家铁路总局局长阿拜丁，就深化中方参与国际铁路联盟工作、加强中土铁路合作等问题深入交换意见。

9日，国家铁路局工程质量监督中心与浙江省交通运输厅签署浙江省地方铁路监督共建协议，融合各方监管经验优势，探索地方铁路监管新模式，打造“四个一”协调发展的全国首个“地方铁路工程质量安全监督示范样板”。

15日，国家铁路局党组书记、局长杨宇栋，党组成员、副局长于春孝率队赴中国气象局座谈交流。双方就建立常态化信息通报机制、铁路气象灾害预警机制、双方应急处置联动机制，共同开展铁路气象灾害预防研究、加强铁路气象监测系统建设合作等达成共识。

16日至18日，2018年上半年铁路机车车辆驾驶资格统一理论考试在全国33个考点374个考场举行，共有9012名铁路机车车辆驾驶资格申请人员参加考试。

16日，印发《国家铁路局关于建立规范性文件清理工作长效机制进一步规范事中事后监管的意见》。

18日，国家铁路局政府网站发布《“4·12”京广下行线线路塌陷铁路交通事故调查处理情况公告》。

22日，国家铁路局召开铁路建设工程电子招标投标推进会。北京、浙江、广州、湖北等省市公共资源交易管理局及交易中心，中国铁路总公司相关部门及铁路局集团公司等单位有关人员参加会议。

22日，交通运输部2018年第6号部令公布《铁路行业统计管理规定》，自2018年7月1日起实施。

22日，国家铁路局印发《铁路专用设备产品质量监督抽查计划管理办法》（国铁设备监〔2018〕46号）。

25日，国家铁路局在西南交通大学召开中国—拉共体轨道交通联合实验室建设启动会暨学术论坛。该实验室项目是铁路领域第一个常规性科技援助项目，是落实习近平总书记提出的“中拉科技伙伴计划”的重要举措，中拉双方将围绕拉共体的两洋铁路、高速（城际）铁路、重载铁路、高温超导磁悬浮列车联合开展合作研究，为中拉的轨道交通技术和事业的发展提供技术、人才和学术的交流与合作平台。

31日，印发《国家铁路局关于印发贯彻中央财经委员会第一次会议和全国生态环境保护大会精神打赢蓝天保卫战的目标和措施的通知》（国铁运输监〔2018〕47号）。

6月

5日至8日，国家铁路局副局长苏全利率团赴吉尔吉斯斯坦首都比什凯克参加铁路合作组织第四十六届部长会议。

12日，国家铁路局印发《铁路专用设备专家库管理实施细则》（国铁设备监〔2018〕53号）。

15日，由国家铁路局主办、中国铁路北京局集团有限公司承办的2018年“6·16”安全生产宣传咨询日启动仪式在北京西站举行。国家铁路局副局长于春孝出席活动。

29日，国家铁路局组织召开“迎七一”优秀共产党员、优秀党务工作者和先进基层党组织表彰大会，对40名“优秀共产党员”、14名“优秀党务工作者”和11个“先进基层党组织”进行表彰。党组书记、局长杨宇栋出席会议，党组成员钟华宣读表彰决定。

7月

2日，国家铁路局印发《铁路机车无线电台执照核发管理暂行办法》（国铁设备监〔2018〕57号）。

3日至4日，国家铁路局党组成员、副局长

于春孝带队赴天津、秦皇岛开展暑运（专运）监督检查，添乘检查京津城际、京哈铁路等线路。

15日，国家铁路局党组成员、副局长于春孝参加中欧互联互通平台第三次主席会议。

18日，印发《国家铁路局关于铁路行业全面加强生态环境保护坚决打好污染防治攻坚战的意见》（国铁综〔2018〕62号）。

20日，国家铁路局政府网站公布《国家铁路局2017年度部门决算》。

20日，国家铁路局印发《关于认真学习贯彻习近平总书记重要指示精神切实做好铁路汛期安全防范和抢险救灾工作的紧急通知》（国铁安委〔2018〕2号）。

27日，国家铁路局党组书记、局长杨宇栋带队检查贵阳北站、桂林西站暑运工作及贵广高铁防洪工作。

27日，国家铁路局党组书记、局长杨宇栋，党组成员钟华带队到贵州省榕江县开展扶贫调研，走访慰问贫困户，并与榕江县委、县政府座谈交流扶贫工作。

30日，国家铁路局印发《内地与香港过境铁路机车车辆驾驶人员资格管理办法》（国铁设备监〔2018〕69号）。

30日，中共中央组织部（组任字〔2018〕483号）：免去郑健同志的国家铁路局党组成员职务。

7月中旬至8月上旬，国家铁路局组织开展铁路运营安全质量监督检查，以铁路客货运输安全、运输服务质量、汛期防洪、运输收费等为检查重点，对郑州、呼和浩特、乌鲁木齐等8个铁路局集团有限公司，中铁集装箱运输有限责任公司等3家专业运输公司，以及部分地方铁路运输企业进行检查。

8月

15日，国家铁路局印发《贯彻落实党中央关于京津冀协同发展和设立雄安新区决策部署情况及下一步工作安排》（国铁科法〔2018〕65号）、《贯彻落实党中央关于供给侧结构性改革决策部署情况及下一步工作安排》（国铁科法〔2018〕66号）、《贯彻落实党中央关于推进长江经济带发展决策部署情况及下一步工作安排》（国铁科法〔2018〕67号）。

20日至21日，国家铁路局与尼泊尔基础设施和交通部在西安共同组织召开新建中国至尼泊尔跨境铁路预可行性研究评审会，评审通过新建中国至尼泊尔跨境铁路预可行性研究报告及两项专题研究报告，中尼跨境铁路前期工作取得阶段性成果。

21日至26日，交通运输部副部长、国家铁路局局长杨宇栋赴俄罗斯参加中俄运输合作分委会第二十二次会议及中俄运输合作分委会铁路工作组第二十二次会议。当地时间21日至22日，杨宇栋与俄罗斯联邦运输部副部长卢什尼科夫在俄罗斯圣彼得堡共同主持召开中俄运输合作分委会铁路工作组第二十二次会议，总结一年来中俄两国铁路部门和企业在推动落实“一带一路”建设与欧亚经济联盟在铁路领域战略对接、提升两国铁路互联互通水平、促进中俄铁路务实合作等方面所开展的工作，围绕发展中俄间铁路客货联运、对接铁路电子数据交换工作、加快铁路基础设施项目、修订1951年版《中苏国境铁路协定》、加强铁路教育领域合作等议题深入交换意见并达成广泛共识。当地时间24日，杨宇栋在俄罗斯圣彼得堡参加由交通运输部部长李小鹏与俄罗斯运输部部长迪特里希共同主持召开的中俄运输合作分委会第二十二次会议。

31日，交通运输部2018年第13号、第18号、第19号部令分别公布《铁路工程建设项目招标投标管理办法》《交通运输部关于修改〈铁路专用设备缺陷产品召回管理办法〉的决定》《高速铁路基础设施运用状态检测管理办法》。

9月

4日至10日，国家铁路局副局长刘克强率团赴韩国参加中韩铁路合作第12次工作会议并赴日本开展工作交流。5日，刘克强与韩国国土交通部铁道局长黄晟圭在韩国首尔共同主持召开中韩铁路合作第12次会议。6日，国家铁路局代表团与日本国土交通省铁道局进行工作会谈，双方就两国铁路政府部门推动铁路领域合作交流交换意见。

5日，国家铁路局印发《贯彻落实党中央关于全面振兴东北地区等老工业基地决策部署情况及下一步工作安排》（国铁科法〔2018〕72号）和《贯彻落实党中央关于西部大开发决策部署情况及下一步工作安排》（国铁科法〔2018〕73号）。

13日，国家铁路局印发《铁路行业统计调查制度》（国铁综〔2018〕75号）。

14日，中共中央组织部（组任字〔2018〕610号）：安路生同志任国家铁路局党组成员。

16日至21日，国家铁路局副局长刘克强率团赴乌兹别克斯坦塔什干出席上海合作组织成员国铁路部门（铁路）负责人首次会晤及高级别国际会议。

17日，国家铁路局印发《铁路工程建设失信行为认定记录公布管理办法》（国铁工程监〔2018〕76号）。

17日，印发《国家铁路局关于开展铁路工程建设领域惩戒失信行为专项行动的通知》（国铁工程监函〔2018〕161号）。

19日，国家铁路局召开2018年安全监察工作座谈会，总结分析2018年铁路安全形势和安全监察、行政执法工作开展情况，研究部署下一阶段重点工作。

21日，印发《关于公布铁路重大科技创新成果库2018年度入库成果的通知》（国铁科法函〔2018〕166号），“大风区高速铁路桥梁防风工程关键技术”等48项铁路科技项目、“单侧分离走行过墩式箱梁检查车”等49项铁路专利、“铁路工程环境保护设计规范”等49项铁路技术标准、“3F技术在牵引供电系统可靠性分析和设计中的应用”等176篇铁路科技论文入选铁路重大科技创新成果库。

22日，国家铁路局局长杨宇栋赴香港参加广深港高铁香港段开通仪式并添乘检查广深港高铁。

25日，国务院（国人字〔2018〕351号）：任命安路生同志为国家铁路局副局长。

28日，国家铁路局在贵阳职业技术学院举办“铁路扶智扶贫劳动技能型人才培养”供需见面会，党组成员钟华出席会议并讲话。

30日，印发《中共国家铁路局党组关于进一步激励广大干部新时代新担当新作为的实施意见》（国铁党发〔2018〕53号）。

10月

1日，京广高铁G555次动车组列车发生受电弓挂防尘网铁路交通事故。事故发生后，国家铁路局立即派员赶赴现场，组织石家庄市安全生产监督管理局、北京铁路安全监督管理办公室、石家庄铁路公安处等相关单位成立事故调查组开展事故调查。

9日，国家铁路局党组书记、局长杨宇栋及11名代表参加中共交通运输部直属机关委员会第三次代表大会。张忠同志当选为交通运输部直属机关第三届党委委员、常委、副书记，王成贵同志当选为交通运输部直属机关第三届纪委委员、常委、副书记。

12日，印发《国家铁路局开展扶贫领域作风问题专项治理工作方案》（国铁党发〔2018〕56号）。

13日至17日，国家铁路局党组成员钟华赴波兰拜会铁路合作组织委员会主席绍兹达并调研检查国家铁路局派驻铁路合作组织委员会工作组情况。

15 日，国家铁路局印发《铁路运输业信用管理暂行办法》（国铁运输监〔2018〕79 号）。

15 日，国家铁路局印发《铁路运输基础设备生产企业审批实施细则》（国铁设备监〔2018〕80 号）。

18 日，国家铁路局印发《铁路安全生产约谈实施办法（试行）》（国铁安监〔2018〕84 号）。

19 日，国家铁路局召开专题警示教育大会。党组书记、局长杨宇栋出席会议并传达习近平总书记重要批示以及中央和国家机关警示教育大会精神，党组成员钟华主持会议并通报中央和国家机关以及国家铁路局近年来发生的违纪违法典型案例。

21 日至 24 日，交通运输部副部长、国家铁路局局长杨宇栋赴爱尔兰都柏林参加国际铁路安全理事会 2018 年度会议。会议期间，杨宇栋与爱尔兰铁路监管委员会主席布莱恩 · 黑吉森举行会谈，就加强双方合作交流交换意见，并添乘调研都柏林至科克既有线铁路。

24 日至 25 日，2018 年下半年铁路机车车辆驾驶资格统一理论考试在全国 32 个考点 297 个考场举行，共有 6957 名铁路机车车辆驾驶资格申请人员参加考试。

26 日，国家铁路局印发《贯彻落实京津冀交通一体化暨雄安新区综合交通运输体系建设 2018 年工作要点分工方案》（国铁科法〔2018〕85 号）和《贯彻落实京津冀交通一体化暨雄安新区综合交通运输体系建设三年行动计划（2018—2020 年）重点任务分工方案》（国铁科法〔2018〕86 号）。

30 日，中央和国家机关工委召开中央和国家机关脱贫攻坚先进集体、优秀个人表彰大会暨先进事迹报告会。国家铁路局运输监督管理司魏恩会同志被评为中央和国家机关脱贫攻坚优秀个人。

10 月，国家铁路局开展 2018 年“信用铁路宣传月”活动，重点围绕国家有关社会信用体系建设的政策方针和铁路行业信用管理相关制度要求，发挥正反两个方面典型案例的示范作用，开展信用铁路文化宣传普及，引导广大旅客、托运人、铁路企业及其从业人员将诚实守信作为共同的价值取向和行为规范。

11 月

5 日，国家铁路局局长杨宇栋会见巴基斯坦铁道部长拉希德一行，双方就进一步加强中巴经济走廊框架下铁路基础设施合作交换意见。

6 日，国家铁路局召开 2018 年铁路科技创新工作会议，研讨铁路科技创新趋势、目标和重点任务，布置推进高铁经济学、高铁工程学研究工作，公布 2017、2018 年度铁路重大科技创新成果入库成果。铁路运营、装备制造、工程建设、勘察设计企业和高等院校、科研机构代表参加会议。

9 日，国家铁路局与贵州省榕江县以“发展乡村旅游，助推脱贫攻坚”为主题，在北京组织贵州榕江旅游宣传暨招商推介活动，并邀请中国铁路总公司、中国中车集团有限公司等企业参加活动。

12 日，国家铁路局局长杨宇栋会见香港特别行政区政府机电工程署署长薛永恒，双方就深化内地与香港铁路领域务实合作交流，特别是就广深港高速铁路香港段开通后相关监管工作交换意见。

12 日，国家铁路局发布铁路工程施工质量系列验收标准。新验收标准共 17 项，涵盖铁路主要工程施工质量验收内容，首次明确提出城际铁路和重载铁路的验收要求，为保障铁路工程建设质量和铁路运输安全提供了重要依据。

12 日，国家铁路局与香港特别行政区政府机电工程署在北京共同组织召开车辆驾驶人员资格管理及安全监管工作首次季度会议，双方就《内地与香港过境铁路机车车辆驾驶人员资格管理办法》执行情况等进行沟通，并就加强广深港高铁安全监管工作具体措施达成一致。

13日，国家铁路局召开地方铁路监管工作交流座谈会。党组书记、局长杨宇栋出席会议并讲话，各省、自治区、直辖市人民政府相关部门，国家发展改革委、住房和城乡建设部、交通运输部、应急管理部，中国地方铁路协会等单位有关负责人参加会议。

13日至15日，国家铁路局副局长于春孝率团赴哈萨克斯坦首都阿斯塔纳，与哈萨克斯坦投资发展部副部长斯克里亚尔共同主持召开中哈铁路合作分委会第十二次会议。双方就提升中哈铁路互联互通水平、推动中欧集装箱班列运输发展、促进国际运输便利化、加强国际联运信息化建设、深化两国政府间铁路合作交流等议题达成共识，并签署会议纪要。

19日至21日，国家铁路局副局长安路生率团赴巴基斯坦，就推动巴基斯坦1号铁路干线升级改造项目初步设计评审等中巴铁路合作有关工作与巴方进行会谈，并添乘调研伊斯兰堡至拉合尔既有线铁路，参观考察沿线车站和拉合尔调度指挥中心。

22日，国家铁路局与住房和城乡建设部等部门联合印发《关于开展工程建设领域专业技术人员职业资格“挂证”等违法违规行为专项整治的通知》（建办市〔2018〕57号）。

12月

3日，国家铁路局召开驮背运输座谈会，党组书记、局长杨宇栋出席会议并讲话。来自铁路运输企业、装备制造企业、公路物流企业、第三方物流平台企业、高等院校和科研机构的负责同志及专家参加会议。

3日，国家铁路局发布《铁路建设项目预可行性研究、可行性研究和设计文件编制办法》，规范铁路建设项目决策、设计实施各阶段文件组成，统一设计内容要求，有效提升了铁路行业勘察设计管理水平。

6日，国家铁路局在北京站、北京西站组织开展以“尊崇宪法、学习宪法、遵守宪法、维护宪法、运用宪法”为主题的宪法及铁路安全法规普法宣传活动。

10日至13日，国家铁路局副局长安路生率团访问尼泊尔，与尼泊尔基础设施与交通部常秘阿迪卡里共同主持召开中尼铁路合作第三次工作会议。会议期间，安路生与尼泊尔基础设施与交通部部长马哈赛特举行会谈，踏勘中尼跨境铁路尼泊尔境内段，并考察尼泊尔规划的加德满都—博克拉铁路沿线情况。

17日，国家铁路局印发《铁路客货车务专业安全监督检查指导手册》（国铁运输监〔2018〕100号）。

20日，第二十届中国专利奖授奖信息发布，铁路行业24项专利获奖，其中由国家铁路局组织推荐的“双块式无砟轨道的施工装备及施工工艺”和“高速齿轮箱密封装置及应用该装置的高速齿轮箱”荣获优秀奖。

21日，中共中央组织部（组任字〔2018〕782号）：免去钟华同志的国家铁路局党组成员职务，退休。

21日，国家铁路局印发《铁路建设工程质量安全监督证管理办法》（国铁工程监〔2018〕97号）。

25日，印发《国家铁路局局属单位纪检机构履行全面从严治党监督责任暂行办法》（国铁党发〔2018〕66号）。

27日，国家铁路局召开2019年度工作会议，回顾改革开放40年铁路发展成就，总结2018年履职监管工作，谋划安排2019年工作。交通运输部部长李小鹏出席会议并讲话，国家铁路局党组书记、局长杨宇栋作《高举改革开放伟大旗帜推动铁路高质量发展为决胜全面建成小康社会作出新贡献》《以政治建设为统领深化全面从严治党开创国家铁路局党的建设工作新局面》两个报告。

27 日，印发《国家铁路局关于〈中共国家铁路局党组贯彻落实中国共产党支部工作条例（试行）〉实施办法》（国铁党发〔2018〕69 号）。

30 日，生态环境部、国家发展改革委、交通运输部、国家铁路局等 11 个部门联合印发《柴油货车污染治理攻坚战行动计划》（环大气〔2018〕179 号）。

2018 年中国民航大事记

1 月

2 日，中国航空集团公司、中国东方航空集团公司分别发布公告称，公司由全民所有制企业改制为国有独资企业。此前，中国南方航空集团公司已于 2017 年 11 月完成公司制改制。至此，我国三大航空企业全部完成公司制改制，分别更名为中国航空集团有限公司、中国东方航空集团有限公司、中国南方航空集团有限公司。这标志着三大航空企业按照国有企业改革部署，在全面深化改革方面取得新突破。

5 日，中国民用航空局印发《民航航班时刻管理办法》，该《办法》自 2018 年 4 月 1 日起实施。

9 日，中国民用航空局局长冯正霖在北京会见刚果（布）运输、民用航空和商船事务部长菲代勒·迪穆，双方就加强两国民航合作交换意见，并签署《中华人民共和国政府和刚果共和国政府民用航空运输协定》。

10 日，中国民用航空局调整 CCAR-135 部驾驶员体检合格证管理政策，参加 CCAR-135 部运行的驾驶员不再需要招飞体检鉴定，可依申请颁发“限 CCAR-135/91 部运行”的体检合格证。

12 日，中国民用航空局与上海市、江苏省、浙江省、安徽省共同签署《关于共同推进长三角地区民航协同发展 努力打造长三角世界级机场群合作协议》。这是贯彻落实长江经济带战略、《中华人民共和国经济和社会发展第十三个五年（2016—2020 年）规划纲要》和《长江三角洲城市群发展规划》的具体举措。

16 日，中国民用航空局发布《机上便携式电子设备（PED）使用评估指南》，为航空公司验证和评估机上便携式电子设备的使用提出具体要求并提供指导。随后，中国东方航空股份有限公司、海南航空股份有限公司、中国南方航空股份有限公司、中国国际航空股份有限公司等航空公司相继宣布开放机上便携式电子设备使用，允许旅客在乘机时使用手机、平板电脑、笔记本电脑、电子阅读器等 PED 设备。

24 日，中国民用航空局空管局和美国波音公司、霍尼韦尔公司在北京签署中国民航导航数据库合作项目协议，开始在国内合作生产中国民航导航数据库。

26 日，中国民用航空局与中国电子科技集团公司在北京签署战略合作协议。中国民用航空局局长冯正霖、中国电子科技集团公司总经理刘烈宏出席签约仪式。

同日，中国民用航空局印发《关于进一步提升民航服务质量的指导意见》，这是首部全面指导民航服务质量的纲领性文件。

27 日，国务院、中央军委批复迁建江苏连云港军民合用机场民用部分。该工程按照满足 2025 年旅客吞吐量 250 万人次、货邮吞吐量 2.4 万吨设计，飞行区等级指标 4D，总投资 21.2 亿元。

30 日，中国民用航空局副局长李健在北京会见欧洲航空安全局局长帕特里克·基。双方就拓展中欧航空安全合作以及筹备中欧航空安全年会等议题深入交换意见，并签署《中国民用航空局与欧洲航空安全局关于实施中欧航空伙伴计划2018 年度工作计划的意向书》《中国民用航空局与欧洲航空安全局关于在新阶段航空安全合作的路线图：指向技术实施程序》。

31 日，中国民用航空局副局长李健和英国驻华大使吴百纳在北京签署《中国民用航空局与大不列颠北爱尔兰王国交通运输部关于航空安保的合作谅解备忘录》。这是继我国与美国签订航空货运安保互认备忘录之后，与欧美等国际民航组织一类理事国在航空安保领域深化合作的又一具体成果。中国国务院总理李克强和英国首相特雷莎·梅出席签字仪式。

同日，由中国民用航空局指导、多方技术单位共同参与的《低空联网无人机安全飞行测试报告》正式公布。《报告》通过实施联网无人机监管项目技术测试，深度研究测试蜂窝网络在无人机监管的有效性，进一步验证了国际电信联盟(ITU) 提出的"利用现有蜂窝网络对低空轻小无人机进行监管"的技术可行性。

同日至 2 月 1 日，以"共享、包容、协作、共塑亚太航空新未来"为主题的首届亚太地区民航部长级会议在北京召开。国务院副总理马凯出席会议并讲话。交通运输部部长李小鹏出席会议。中国民用航空局局长冯正霖、国际民航组织理事会主席贝纳德·阿留、国际民航组织秘书长柳芳在开幕式上分别致辞。会议讨论通过《北京宣言》。《北京宣言》从航空安全、空中航行服务、事故调查和人力资源等方面表达了亚太民航各成员国的共同关切、共同立场、共同愿景，既是亚太地区促进民航业发展的共识，也将成为未来一段时期推动亚太民航发展的多边政策指南，对加强亚太各国在民航领域合作，进一步提升亚太地区航空安全水平，促进亚太民航健康持续和更高质量发展，发挥航空在构建人类命运共同体中的重要作用具有重要意义。

2 月

1 日，国务院副总理马凯到武汉天河国际机场检查民航春运保障工作。交通运输部部长李小鹏、中国民用航空局副局长董志毅陪同检查。

同日，中国民用航空局与香港特别行政区运输及房屋局在北京签署内地与香港间航空运输安排备忘录。中国民用航空局副局长王志清、香港特别行政区运输及房屋局局长陈帆出席签约仪式。

9 日，国务院、中央军委批复新建湖北鄂州民用机场。该工程按照满足 2030 年旅客吞吐量 150 万人次、货邮吞吐量 330 万吨设计，飞行区等级指标 4E，总投资 372.6 亿元。

同日，国务院、中央军委批复新建湖北鄂州民用机场。该机场成为国内首个民营企业参与投资新建的运输机场，顺丰集团成为国内首个拥有运输机场的快递公司。

12 日，经中国民用航空局局务会议审议并通过，修订的《出境入境航空器载运人员信息预报预检实施办法》（公安部、交通运输部令 2018 年第 147 号）发布，自 2018 年 8 月 1 日起施行。

13 日，经中国民用航空局局务会议审议并通过，《民用航空安全管理规定》（交通运输部令 2018 年第 3 号）发布，自 2018 年 3 月 16 日起施行。

2 月，中国民航科学技术研究院发明专利"一种机场跑道端特性材料拦阻系统的设计方法"获得第十九届中国专利优秀奖。

3 月

2 日，华夏航空股份有限公司在深圳证券交易所成功上市，成为支线航空领域首家 A 股上市公司。

6日，南航云南分公司在昆明挂牌成立。

15日，教育部公布2017年度普通高等学校本科专业备案和审批结果，中国民航大学“交通管理”专业获批为本科专业，成为国内高校中首个培养飞行签派人才的本科专业，并于2018年9月招生。

同日至16日，在国际民航组织第213届理事会上，现任中国籍秘书长柳芳成功连任新一届秘书长，新一届任期自2018年8月1日至2021年7月31日。中国籍高级职员黄解放被选为法律事务与对外关系局局长。

19日，中国民用航空局为天津货运航空有限公司颁发经营许可。

20日，中国民航飞行品质监控基站挂牌成立。

21日至22日，中国民用航空局副局长王志清率团访问格林纳达，与格林纳达旅游、民航和文化部常秘巴克迈率领的民航代表团举行了双边航空会谈，就商签两国政府间航空运输协定及相关航权安排进行磋商，并达成重要共识。双方草签航空运输协定文本，并签署有关航权安排的谅解备忘录。

22日，中国民用航空局为Rolls-Royce plc公司Trent XWB型发动机（XWB-75、XWB-79、XWB-79B、XWB-84）颁发型号认可证（编号VTC0342E）。

同日至23日，由中国民用航空局主办的，以“开创民航新时代 共享安全和谐天空”为主题的2018民用无人驾驶航空器发展国际论坛在北京举行。会议通过《北京倡议》。

25日，甘肃陇南成县机场通航。该机场飞行区等级4C，新建跑道长2800米，总投资13.08亿元。

27日，民航华东地区管理局向顺丰旗下江西丰羽顺途科技有限公司颁发国内首张无人机航空运营（试点）许可证，允许该公司在试点范围内进行商业化运营。这标志着中国正式迈入无人机商业货运阶段。

30日，中国民用航空局为CFM International, S.A.公司LEAP-1A型发动机颁发型号认可证（编号VTC0348E）。

同日，中国民用航空局批准筹建天骄航空有限公司。

4月

15日，中国国际航空股份有限公司CA1350长沙——北京航班发生机上1名男性旅客胁持乘务员事件，机组按处置程序备降郑州新郑机场，13时17分该事件成功处置，机上旅客及机组人员安全。

17日至18日，中国民用航空局副局长、中共民航局党校校长、中国应急管理学会副会长董志毅出席2018年中国应急管理学会年会。会议审议通过成立中国应急管理学会民航专业委员会的决议。

19日，中国联合航空有限公司天津分公司成立。

28日，中华全国总工会授予北京新机场建设指挥部“全国五一劳动奖状”，授予中国国际航空股份有限公司商务委员会销售部电话销售服务中心高级副经理刘燕玲等3人“全国五一劳动奖章”，授予中国航空集团建设开发有限公司国航大厦分公司保安部等10个集体“全国工人先锋号”称号。

同日至29日“一带一路”航空法研讨会在武汉举办。中国民用航空局副局长王志清、国际民航组织秘书长柳芳参加开幕式并致辞。

5月

2日，中国民用航空局印发修订的《国际航权资源配置与使用管理办法》，对国际航权资源进行分类配置管理，渐进打破“一条远程国际航线一家承运人”的规则，建立航权资源配置遵循的原则及量化指标体系，严格航权使用管理。依据《办法》，中国民用航空局同时制定《北京“一市两场”国际航权资源配置政策》。《办法》及《政策》自2018年10月1日起施行。

10日，中国民用航空局与中国铁路总公司签署推进空铁联运战略合作协议。双方在完善空铁联运基础设施、创新空铁联运产品、提升空铁联运服务、扩大空铁联运信息共享、推动空铁联运示范工程5个方面展开合作，促进综合运输服务一体化发展。

11日，根据国家税务总局和海关总署联合印发的《关于进口租赁飞机有关增值税问题的公告》，自2018年6月1日起，对于符合条件的进口租赁飞机，海关停止代征进口环节增值税，由税务机关按照现行增值税政策实施征收管理。这标志着长期以来进口租赁飞机双重征税问题得到彻底解决。

同日，中国民用航空局印发《关于促进航空物流业发展的指导意见》。

14日，四川航空公司空客A319，注册号B-6419号飞机执行重庆至拉萨的3U8633航班任务，在飞经成都空管区域时，该机驾驶舱右座前风挡玻璃突然破裂并脱落，造成飞机客舱失压，旅客氧气面罩掉落。事件造成驾驶舱部分设备受损，副驾驶和一名乘务员受轻伤。飞机安全备降成都双流机场，机上所有旅客安全。

同日至15日，由中国民用航空局副局长董志毅率团与埃及民航局副局长兼航空运输副国务秘书卡莱德·阿布德·蒙那率领的埃及民航代表团在开罗举行新一轮航空会谈。双方就民航合作等事宜进行磋商和交流，就扩大航权安排达成一致，并签署谅解备忘录。

20日至24日，中国民用航空局副局长李健率团访问香港，先后会见了香港特别行政区行政长官林郑月娥及香港特区政府民航主管部门负责人，并与香港运输及房屋局局长陈帆见证了内地与港澳《关于适航审定紧密合作的谅解备忘录》和《C919飞机运行评审的合作安排》的签署。

21日，由冠一通用飞机有限公司研制、具备自主知识产权的GA20型通用飞机首架机，在江西南昌高新区冠一通飞总装厂房下线，并完成滑跑演示。

22日，经中国民用航空局局务会议审议并通过，修订的《外国航空运输企业常驻代表机构审批管理办法》（交通运输部令2018年第9号）发布，自2018年9月1日起施行。

23日，中国民用航空局、香港特别行政区政府民航处、澳门特别行政区民航局共同签署《关于适航审定紧密合作的谅解备忘录》。

24日至27日，中国民用航空局副局长李健率团访问澳门，会见澳门特别行政区行政长官崔世安，并与澳门运输工务司司长罗立文共同见证了《支持澳门国际机场建设　提升空中交通管理效率——内地与澳门民航空管合作备忘录》的签署。

31日，中国民用航空江西航空器适航审定中心成立。

6月

1日，中国民用航空局公布首批《民航限制乘坐民用航空器严重失信人名单》，86人被列入民航特定严重失信人名单记录，自6月1日起被限制乘坐民用航空器，限制期限为1年。

同日，《民用无人驾驶航空器经营性飞行活动管理办法（暂行）》正式实施，民用无人驾驶航空器经营许可证管理系统同日上线。

8日，经党中央、国务院批准，四川省、中国民用航空局成功处置川航3U8633航班险情表彰大会在成都召开。中国民用航空局、四川省人民政府决定授予川航3U8633航班机组“中国民航英雄机组”称号；授予刘传健同志“中国民航英雄机长”称号并享受省级劳动模范待遇。11日，中国民用航空局召开中国民航英雄机组事迹报告电视电话会，号召全国民航干部职工向英雄机组学习。

同日，民航系统支援西藏机场建设发展工作会议在拉萨召开，正式启动西藏机场建设“3+1”援建项目。会上，民航西藏区局与各援建单位签订西藏机场委托援建协议书。

13日，以“新时代 新作为 新成果”为主题的首届民航科教创新成果展在北京展览馆开幕。来自行业内外80多家企事业单位通过室内展台和室外展示等方式进行科教创新成果展示。本届成果展由中国民航科普基金会主办、中国民航报社承办。

14日，国家发改委批复新建浙江丽水机场工程可行性研究报告。该工程按照满足年旅客吞吐量100万人次、货邮吞吐量4000吨设计，飞行区等级4C，总投资28.83亿元。

15日，中国民用航空局授予中国南方航空股份有限公司“飞行安全钻石二星奖”。

21日，中国民用航空局在西藏拉萨贡嘎机场圆满完成“需要授权的公共所需导航性能（RNP AR）飞行程序”验证试飞。这次试飞是继九寨黄龙机场试点后，RNP AR程序正式从公司客户化到机场公共化的重要标志。

25日，中国民用航空局局长冯正霖率团访问科特迪瓦共和国，与科特迪瓦共和国交通部长阿玛杜·科内举行双边航空会谈，并签署《中华人民共和国政府和科特迪瓦共和国政府民用航空运输协定》。

26日至28日，中国民用航空局局长冯正霖率团访问法国，与法国民航总局局长帕特里克·甘蒂耶举行会谈并共同签署了技术合作协议。

30日，河南省人民政府、中国民用航空局联合印发《郑州国际航空货运枢纽战略规划》。

同日至7月2日，中国民用航空局局长冯正霖率团访问以色列，与以色列民航局局长乔尔·费尔德舒举行会谈并就增加两国间航线航班签署了新的航权安排谅解备忘录。

7月

7日，第七届中国—中东欧国家领导人会晤于在保加利亚索非亚举行，与会各方共同制定和发表《中国—中东欧国家合作索非亚纲要》。各方明确表示，“继续支持在民航领域开展合作，包括拓展中国和中东欧国家之间的航线。2019年在捷克举办首届中国—中东欧国家航空论坛”。

11日，中国民用航空局、中国气象局、香港天文台三方联合建设的亚洲航空气象中心正式启动运行。亚洲航空气象中心目前主要提供亚洲危险天气咨询服务和亚洲航空气象服务网两项服务。

13日，中国民用航空局发布《实施要求授权的所需导航性能（RNP AR）飞行程序的适航和运行批准指南》。这不仅为运营人、机场、空管等单位提供更大的便利，也为国际民航RNP AR运行的推广提出了中国方案，奠定了我国RNP AR应用在世界上的领先地位。

16日，中国民用航空局发布《关于改进民航票务服务工作的通知》，对航空公司、OTA平台（在线旅行社平台）和销售代理企业等在规范制度、改进服务方面提出具体要求。

同日，中国民用航空局为空中客车公司A350-941型飞机颁发型号认可证（编号VTC0352A）。

17日，黑龙江省人民政府、中国民用航空局联合印发《哈尔滨国际航空枢纽战略规划》。

23日，中国民用航空局局长冯正霖与卢旺达基础设施部长克拉韦尔·加泰特在卢旺达首都基加利签署《中华人民共和国政府和卢旺达共和国政府民用航空运输协定》。中国国家主席习近平与卢旺达总统卡加梅出席签字仪式。

26日，中国民用航空局局长冯正霖与巴西交通、港口和民航部部长瓦尔特·卡西米罗·西尔韦拉，俄罗斯运输部部长索科洛夫，印度民航部部长苏拉什·帕布，南非交通部部长布莱德·恩齐曼迪在南非约翰内斯堡签署《巴西联邦共和国交通、港口和民航部，俄罗斯联邦运输部，印度共和国民航部，中华人民共和国民用航空局和南非共和国交通部（"金砖国家"）关于区域航空伙伴关系的谅解备忘录》，确定了金砖五国在航空领域的合作内容和方式，建立了合作交流机制。中国国家主席习近平、巴西总统特梅尔、俄罗斯总统普京、印度总理莫迪、南非总统拉马福萨出席签字仪式。

27日，中国民用航空局批准广州新科宇航科技有限公司股东新加坡科技宇航有限公司将所持有的5%股份转让给日本航空有限公司。上述股权变更后，注册资本不变，仍为9000万美元，广东省机场管理集团公司所持股份占合资公司总股本的51%；新加坡科技宇航有限公司所持股份占合资公司总股本的44%；日本航空有限公司所持股份占合资公司总股本的5%。

8月

7日，中国民用航空局授予中信海洋直升机股份有限公司"通用飞行安全三星奖"。

8日，中国国际航空股份有限公司与空中客车公司在法国图卢兹举行飞机交付仪式，标志着中国国际航空股份有限公司成为中国大陆首家运营空客A350系列飞机的航空公司。14日，全新引进的空客A350-900成功首航北京至上海航线。

13日，中国民用航空局印发《北京新机场建设与运营筹备综合管控计划》。

14日，国务院、中央军委批复迁建广东湛江民用机场。该工程按照满足2030年旅客吞吐量510万人次、货邮吞吐量3.06万吨设计，飞行区等级指标4E，总投资49.11亿元。

同日，中国民用航空局、国家发改委联合印发《关于促进通用机场有序发展的意见》。

21日，中国民航代表团与纳米比亚民航代表团在北京举行航空会谈，双方签署关于航权安排的谅解备忘录，并草签两国政府间民用航空运输协定文本。

同日至23日，中国民用航空局副局长王志清率团出席在圣彼得堡举行的第22次中俄总理定期会晤委员会运输合作分委会民航工作组会议，与俄罗斯联邦运输部就扩大两国间业务权与飞越权、加强双方在国际航空减排领域的合作等议题达成了重要共识并签署相关协议。

22日，中国民用航空局、国家发改委联合印发《民航领域鼓励民间投资项目清单》。《清单》共28个项目，预计总投资规模达1100亿元。9月27日，民航领域鼓励民间投资项目推介会暨签约仪式在北京召开，中国民用航空局局长冯正霖出席会议并致辞。湖北鄂州机场等8个已确定民间投资方的项目现场进行签约，会议向参会企业推介北京大兴国际机场配套工程等13个项目。

26日，"3500立方米民用载人飞艇研制项目"启动会在湖北荆门召开，标志着中国民用载人飞艇领域有了第一个"国家级"产品。

27日，中国民用航空局副局长王志清率团访问波黑，与波黑交通运输部就启动两国政府间航空运输协定谈判、建立两国间航空联系，以及开展技术合作等问题进行会谈并签署会谈纪要。

同日，中国民用航空局成立北京新机场民航专业工程行业验收和机场使用许可审查委员会及其执行委员会。

同日，中国民用航空局成立北京新机场投运总指挥部和投运协调督导组。

28日，青海祁连机场通航。该机场飞行区等级4C，新建跑道长3400米，总投资11.73亿元。

29日，中国民用航空局副局长王志清率团访问卢森堡，与卢森堡基础设施与可持续发展部就扩大两国间航权安排举行会谈，并签署谅解备忘录。

31 日，经中国民用航空局局务会议审议并通过，修订的《运输机场使用许可规定》（交通运输部令 2018 年第 14 号）发布，自 2019 年 1 月 1 日起施行。

同日，经中国民用航空局局务会议审议并通过，修订的《公共航空运输企业经营许可规定》（交通运输部令 2018 年第 16 号）发布，自 2018 年 10 月 1 日起施行。

同日，经中国民用航空局局务会议审议并通过，修订的《航空安全员合格审定规则》（交通运输部令 2018 年第 17 号）发布，自 2019 年 1 月 1 日起施行。

9 月

6 日至 8 日，主题为“打造航空货运的未来”第二届国际民航组织航空货运发展论坛在河南郑州举行。中国民用航空局副局长王志清、国际民航组织秘书长柳芳、河南省副省长徐光等出席开幕式并致辞。

10 日，依据《地名管理条例》和《民用机场使用许可规定》等规定，并报经党中央、国务院审批同意，北京新机场名称正式确定为“北京大兴国际机场”。

同日，四川泸州云龙机场通航。该机场飞行区等级 4C，新建跑道长 2800 米，总投资 27.36 亿元。

同日，‘2018 全球无人机大会”在四川成都开幕。中国民用航空局副局长王志清、国际民航组织秘书长柳芳等出席开幕式并致辞。

15 日，东部机场集团有限公司正式挂牌，注册资本 120 亿元人民币。股权比例为：江苏省国资委持股占比 44%；南京紫金投资集团持股占比 28.704%（南京市政府）；江苏交通控股持股占比 27.296%。

16 日至 18 日，以“汇聚广州 · 连通世界”为主题的 2018 年世界航线发展大会在广州举行，中国民用航空局副局长王志清出席开幕式并致辞。

21 日，民航职工圆梦大学 2018 年秋季开学仪式在北京举行，首批 1200 多名学员入学。民航职工圆梦大学由中国民航工会与国家开放大学联合创办，通过网络远程教育的形式，为全体民航职工和工会会员提供本科、专科学历教育。

23 日，行业协会商会与行政机关脱钩联合工作组办公室批复中国民航飞行员协会脱钩实施方案，该协会与中国民用航空局正式脱钩。

26 日，中国民用航空局印发《关于进一步完善通用航空机场收费政策有关问题的通知》，进一步完善通用航空机场收费政策，明确通用航空活动（公务飞行除外）使用运输机场的收费标准按照不超过运输航空的机场收费标准执行；公务飞行使用运输机场的航空性业务收费按照不超过运输航空的机场收费标准执行，切实降低通用航空企业负担。

同日，中国南方航空集团有限公司通过非公开发行 A 股，共吸引民间投资 35.2 亿元，包括向春秋航空募集 8.5 亿元，向国新央企运营、红土创新等基金管理公司募集 26.7 亿元。

27 日，中国民用航空局为北京航空有限责任公司颁发经营许可。

28 日，中国民用航空局印发《低空飞行服务保障体系建设总体方案》。

30 日，中共中央总书记、国家主席、中央军委主席习近平专门邀请四川航空“中国民航英雄机组”全体成员参加庆祝中华人民共和国成立 69 周年招待会。当日下午国庆招待会前，习近平在北京人民大会堂亲切会见机组成员。

同日，首都机场集团公司等 7 家民航单位与中国交通建设股份有限公司签署机场建设类企业合作框架协议。中国民用航空局局长冯正霖、副局长董志毅，中国交通建设集团董事长刘起涛、副总裁孙子宇出席签约仪式。

9月，民航圆满完成2018年中非合作论坛北京峰会参会代表抵离京运输保障任务。8月23日至9月9日，民航共保障南非在内的51个国家元首和政府首脑代表团的重要飞行任务109架次，其中，专机任务66架次，要客航班任务43架次，共计保障人员2482人，行李4141件。

10月

10日至13日，中国民用航空局副局长王志清率团访问多米尼加，与多米尼加民航代表团举行双边航空会谈，签署关于航权安排的谅解备忘录，并与多米尼加外交部长巴尔加斯草签了两国政府间航空运输协定。

11日，沪哈大通道（一期）空域优化方案正式启用。该方案新辟航线2条，里程650公里，增设及调整的班机航线走向154条，每日直接或间接影响航班约260班。

22日，经中国民用航空局局务会议审议并通过，修订的《民用航空通信导航监视工作规则》（交通运输部令2018年第25号）发布，自2018年10月22日起施行。

同日，经中国民用航空局局务会议审议并通过，修订的《定期国际航空运输管理规定》（交通运输部令2018年第26号）发布，于2018年10月22日起施行。

25日，中国民航运行数据中心揭牌，该中心依托中国民用航空局运行监控中心已有资源，开展民航运行数据管理与应用工作。

29日，浦东国际机场成为内地首家推出出境旅客无纸化便捷出行的机场。该模式能为出境航班旅客节约1/3的值机、过检、登机时间。

11月

1日，国家发改委批复广东韶关机场军民合用工程可行性研究报告。该工程按照满足年旅客吞吐量100万人次、货邮吞吐量4000吨设计，飞行区等级4C，总投资15.41亿元。

同日，首都机场公安局揭牌运行。

2日，中国民用航空局局长冯正霖与多米尼加外长巴尔加斯在北京签署《中华人民共和国政府和多米尼加共和国政府民用航空运输协定》。中国国家主席习近平与多米尼加总统梅迪纳出席签字仪式。至此，中国已与126个国家和地区签署了政府间航空运输协定。

同日，中国民用航空局印发修订的《中国民航国内航线航班评审规则》。

5日，中国民用航空局与广东省人民政府在广州签署《关于推进广东民航高质量发展战略合作框架协议》。中国民用航空局局长冯正霖与广东省省长马兴瑞在协议上签字。

6日至11日，第12届中国国际航空航天博览会在珠海举办。

同日，中国民用航空局与南非民航局签署《关于中国设计制造航空器在南非注册运行持续适航的谅解备忘录》。

7日，中国民用航空局与陕西省战略合作座谈会在西安召开，双方签署《关于推进陕西民航高质量发展战略合作协议》。

同日，西北国际货运航空公司揭牌成立。

8日，陕西延安南泥湾机场通航。该机场飞行区等级4C，新建跑道长3000米，总投资19.47亿元。

13日，国家发改委批复乌鲁木齐机场改扩建工程可行性研究报告。该工程总体设计目标年为2030年，飞行区设施按照满足2030年旅客吞吐量6300万人次、货邮吞吐量75万吨的目标一次建成，航站区设施按照满足2025年旅客吞吐量4800万人次、货邮吞吐量55万吨的目标建设，预留发展条件，飞行区等级4F，总投资421.14亿元。

15日，云南德宏芒市机场航空口岸对外开放。

16日，中国民用航空局印发《关于深入推进民航绿色发展的实施意见》。

同日，经中国民用航空局局务会议审议并通过，修订的《民用航空人员体检合格证管理规则》（交通运输部令2018年第30号）发布，自2019年1月1日起施行。

同日，经中国民用航空局局务会议审议并通过，修订的《民用航空企业及机场联合重组改制管理规定》（交通运输部令2018年第31号）发布，自2019年1月1日起施行。

同日，经中国民用航空局局务会议审议并通过，修订《民用机场建设管理规定》（交通运输部令2018年第32号）发布，自2019年1月1日起施行。

同日，经中国民用航空局局务会议审议并通过，修订的《民用机场运行安全管理规定》（交通运输部令2018年第33号）发布，自2019年1月1日起施行。

同日，经中国民用航空局局务会议审议并通过，修订的《维修和改装一般规则》（交通运输部令2018年第34号）发布，自2019年1月1日起施行。

同日，经中国民用航空局局务会议审议并通过，修订的《公共航空运输企业航空安全保卫规则》（交通运输部令2018年第35号）发布，自2019年1月1日起施行。

同日，经中国民用航空局局务会议审议并通过，《通用航空经营许可管理规定》（交通运输部令2018年第36号）发布，自2019年1月1日起施行。

同日　经中国民用航空局局务会议审议并通过，修订的《民用航空器驾驶员合格审定规则》（交通运输部令2018年第37号）发布，自2019年1月1日起施行。

同日，经中国民用航空局局务会议审议并通过，修订的《民用航空器驾驶员学校合格审定规则》（交通运输部令2018年第38号）发布，自2019年1月1日起施行。

同日，经中国民用航空局局务会议审议并通过，修订的《小型航空器商业运输运营人运行合格审定规则》（交通运输部令2018年第39号）发布，自2019年1月1日起施行。

同日，经中国民用航空局局务会议审议并通过，修订的《一般运行和飞行规则》（交通运输部令2018年第40号）发布，自2019年1月1日起施行。

19日，国家发改委批复新建山东菏泽民用机场工程可行性研究报告。该工程按照满足年旅客吞吐量90万人次、货邮吞吐量6500吨设计，飞行区等级4C，总投资18.23亿元。

20日，中共中央政治局常委、国务院副总理韩正调研北京大兴国际机场建设情况时强调，北京大兴国际机场是习近平总书记亲自关怀、亲自推动的重大标志性工程，要按照打造精品工程、样板工程、平安工程、廉洁工程的要求，精心组织施工，做好运营筹备，确保如期竣工投运，更好服务国家战略、展示国家形象。中共中央政治局委员、北京市委书记蔡奇参加调研。

同日，中国民用航空局副局长李健率团访问乌克兰，与乌克兰国家航空局就启动两国政府间民航安全合作、开展双边航空安全协议及适航实施程序磋商等问题进行会谈，并签署有关合作谅解备忘录。

22日，中国民用航空局、四川省人民政府联合批复民航飞行学院天府校区项目建议书。该项目按照满足在校学生2.5万人教学使用需求设计，总建筑面积97.46万平方米，总投资89.94亿元。

同日至24日，中国民用航空局副局长李健率团访问瑞士，与瑞士联邦航空局和国际航空运输协会分别签署合作谅解备忘录。

26日，中国民用航空局印发《新时代民航强国建设行动纲要》，这是指导民航强国建设的纲领性文件。《纲要》指出，到21世纪中叶，将全面建成保障有力、人民满意、竞争力强的民航强国，民航服务能力、创新能力、治理能力、可持续发展能力和国际影响力位于世界前列。

同日至27日，中国民用航空局副局长李健率团访问纳米比亚，与纳米比亚民航局就启动两国政府间民航安全合作、支持中国国产飞机未来出口纳米比亚及在纳米比亚安全运行、中纳航空运输企业合作等内容进行会谈，并签署了民航安全合作谅解备忘录。

27日，中国民用航空局副局长王志清在北京会见澳门民航局局长陈颖雄一行，双方签署内地与澳门间航空运输安排备忘录。

同日，中国民用航空局授予中国民用航空飞行学院"飞行训练安全四星奖"。

30日，中国民用航空局与空客高层安全指导委员会会议在北京召开。会后，双方签署安全合作谅解备忘录。

同日，中国民用航空局批准筹建中国南方航空雄安航空有限公司。

12月

4日，北京首都国际机场完成基于平视显示器(HUD)的跑道视程(RVR)90米低能见度起飞及IIIA类进近着陆验证飞行。HUD RVR90米起飞使我国在低能见度起飞方面达到了国际同类的先进水平，RVR175米的IIIA类进近着陆则标志着北京首都国际机场成为全国第二座具备IIIA类标准运行的机场，推动我国低能见度运行水平迈上了新台阶。

11日，民航改革开放40周年座谈会在北京召开。

12日，中国民用航空局局长冯正霖与厄瓜多尔外交和移民事务部长何塞·巴伦西亚在北京签署《中国民用航空局和厄瓜多尔共和国民航总局合作与技术援助谅解备忘录》，建立中厄两国民航当局间的合作交流机制，确定了双方在民航领域的合作内容和方式。中国国家主席习近平与厄瓜多尔总统莫雷诺出席签字仪式。

13日，中国民用航空局第二研究所举行建所60周年纪念大会。

16日，中国民航首条对外空中大通道"中韩空中大通道"建成启用 。

17日，中国民用航空局在北京召开民用航空器手提式灭火器适航审定委员会会议，为民航二所华越灭火器颁发"洁净型卤代烃飞机手提式灭火技术标准规定项目批准书"，批准该产品可投放民用航空市场。这标志着国内首款具有自主知识产权、符合国际民航组织要求的飞机手提式灭火器正式获得中国民用航空局适航批准，实现了我国在该行业领域零的突破。

19日，中国航空器材集团有限公司引入中民国际融资租赁股份有限公司、上海鸿准生物医药科技有限公司两家公司，在雄安新区成立中航材航空救援股份有限公司。这是首家布局全国的平台型航空救援综合服务公司。

21日，国家发改委、商务部联合印发《市场准入负面清单(2018年版)》，其中涉及民航领域的措施共八大类33项，中国民用航空局配合做好发布实施后的相关工作，全面实施市场准入负面清单制度，实现"非禁即入"。

26日，北京大兴国际机场4条跑道道面实现全面贯通，助航灯光具备调试条件。

同日，中国民用航空局授予海南航空学校有限责任公司"飞行训练安全一星奖"。

同日，中国民用航空局授予青岛九天国际飞行学院股份有限公司"飞行训练安全一星奖"。

27日，中国民航机场建设集团有限公司重组成立大会在北京召开。新公司在与上海民航新时代机场设计研究院有限公司、民航中南机场设计研究院（广州）有限公司、民航机场成都电子工程设计有限责任公司等机场建设类企业联合重组的同时，引入中国交通建设集团有限公司作为战略投资者，共同打造中国民航机场建设旗舰企业。新公司总资产160亿元，员工5000余人。

28日，北京首都国际机场年旅客吞吐量突破1亿人次，成为中国第一个年旅客吞吐量过亿人次的机场，也是继美国亚特兰大机场后，全球第二个年旅客量吞吐量过亿人次的机场。

同日，中国民用航空局印发《北京大兴国际机场转场投运及“一市两场”航班时刻资源配置方案》和《北京“一市两场”转场投运期资源协调方案》，以确保北京大兴国际机场安全、平稳、有序转场投运，促进北京“一市两场”国际双枢纽建设均衡发展。

同日，东北空管局空中交通管制中心在沈阳成立。

同日，云南机场所辖15个机场全面启用“人脸识别”智慧乘机服务，云南成为全国首个在全省所有民用机场推出“人脸识别”智慧乘机服务的省份。

29日，中国民用航空北京大兴国际机场监督管理局（筹）现场办公室在北京大兴国际机场运行管理中心挂牌，标志着民航监管机构开始进驻北京大兴国际机场现场办公。

12月，在上海举办的2018中国项目管理大会暨中国特色与跨文化项目管理国际论坛上，北京大兴国际机场建设项目获得2018年度国际卓越项目管理（中国）大奖金奖，这是此次大会唯一获得金奖的项目。国际卓越项目管理（中国）大奖是目前国内项目管理领域最具影响力和公认度的奖项。

2018年国家邮政局大事记

1月

2日，国家邮政局党组召开中心组（扩大）学习会，传达学习中央政治局民主生活会和习近平总书记重要讲话精神，深入学习《习近平谈治国理政》第二卷。局党组书记、局长马军胜主持会议并讲话，强调全系统要坚持学以致用、狠抓落实，推动新时代邮政业改革发展实践。局党组成员、副局长王梅、赵晓光、刘君出席会议，局党组成员、副局长邢小江作交流发言。

4日，国家邮政局党组书记、局长马军胜主持召开2018年第1次局务会议，审议2018年全国邮政管理工作会议报告和邮政业更贴近民生实事，并安排部署新一年工作。局党组成员、副局长赵晓光、刘君、邢小江出席会议。

7日，“强邮论坛——邮政快递业高层次人才培养及产业创新发展峰会”在京举办，聚焦行业人才培养与产业创新变革，加强“政产学研用”协同发展，来自高校、政府、协会、企业和媒体的200多名代表参会。论坛由国家邮政局指导，北京邮电大学、南京邮电大学、重庆邮电大学、西安邮电大学联合中国快递协会、中国邮政快递报社共同举办。

8日，2018年全国邮政管理工作会议在北京召开。会议传达学习了国务院副总理马凯对交通运输工作的重要批示，总结回顾了2017年以及党的十八大以来邮政业的主要工作成绩，全面分析了当前邮政业面临的新形势，科学谋划了新时代邮政强国建设的战略部署，明确提出了2018年邮政工作的总体要求和主要任务，并首次提出要通过“两步走”，到21世纪中叶全面建成现代化邮政强国。交通运输部党组书记杨传堂出席会议并做重要讲话。国家邮政局党组书记、局长马军胜做工作报告。局党组成员、副局长王梅、赵晓光、刘君、邢小江出席会议。中央有关部门的相关负责同志应邀出席会议。

8日，在2018年全国邮政管理工作会议召开期间，国家邮政局党组对18名新任职司局级和处级干部进行集体廉政谈话。局党组书记、局长马军胜代表党组要求他们在学习领会党的十九大精神上先学一步、学深一步，始终在政治立场、政治方向、政治原则、政治道路上同以习近平同志为核心的党中央保持高度一致，深刻理解和把握十九大对行业改革发展和邮政管理工作提出的新要求，进一步增强思想自觉和行动自觉，密切联系工作实际，推动新时代邮政事业不断取得新进展。局党组成员、副局长、机关党委书记邢小江主持谈话。

8日下午，国家邮政局举行2018年快递企业座谈会。国家邮政局党组成员、副局长刘君出席会议并讲话。刘君指出，快递业要深入贯彻党的十九大精神和中央经济工作会议精神，按照新时代新理念实现新发展，着力推动行业高质量发展，着力解决行业发展不平衡、不充分的问题，不断满足人民日益增长的更好用邮需要，为全面建成现代化邮政强国而努力奋斗。

9日至10日，国家邮政局召开全系统电视电话会议，组织开展2017年度省（区、市）局、国家局机关司室领导班子和领导干部考核述职测评工作。国家邮政局党组书记、局长马军胜，党组成员、副局长王梅、赵晓光、刘君出席会议，党组成员、副局长邢小江主持会议。

9日晚，国家邮政局举行宪法宣誓仪式。国家邮政局党组书记、局长马军胜监誓，局党组成员列席。

10日，国家邮政局党组召开会议，审议通过《推进邮政强国建设工作方案》。局党组书记、局长马军胜主持会议并强调，要切实认识到推进邮政强国建设的重要性，统一思想、提高站位、系统谋划、扎实推进，全面启动邮政强国建设工作。党组成员、副局长王梅、赵晓光、刘君、邢小江出席会议。

10日，继下发2018年元旦春节期间加强廉洁自律工作的通知后，国家邮政局党组在全系统2017年度考核述职测评电视电话会议之后，传达中央纪委驻交通运输部纪检组《关于紧盯2018年元旦春节期间“四风”问题工作的通知》，要求全系统严格落实中央八项规定精神，做好春节期间廉洁自律工作。局党组书记、局长马军胜，党组成员、副局长王梅、赵晓光、刘君出席会议，党组成员、副局长邢小江传达并讲话。

11日，国家邮政局公布2018年邮政业更贴近民生7件实事，包括：推进建制村直接通邮、改善末端投递服务、服务“乡村振兴战略”、实施“放心消费工程”、打造安全用邮环境、提高行业绿色发展水平和加强快递员（投递员）权益保护。

12日上午，国家邮政局召开离退休干部代表座谈会，传达2018年全国邮政管理工作会议精神，广泛征求机关离退休老干部对国家邮政局党组的意见。国家邮政局党组成员、副局长、机关党委书记邢小江出席会议并讲话，希望离退休干部继续关心和支持国家邮政局各项工作，继续为行业改革发展贡献智慧和力量。

12日，国家邮政局召开2018年一季度例行新闻发布会，发布并解读《2017年四季度中国快递发展指数报告》。2017年四季度，中国快递发展指数为208.5，同比提高16.8%，快递业仍处于稳步成长期，呈现出发展态势高位运行，市场结构持续优化，资源要素加速集聚，网络稳步向下延伸，服务能力显著增强的特点，较好地应对了旺季快递服务需求，快递准公共服务属性凸显。

15 日上午，国家邮政局党组书记、局长马军胜主持召开座谈会，围绕局党组和党组成员在学习贯彻落实习近平新时代中国特色社会主义思想和党的十九大精神、认真执行党中央决策部署、对党忠诚老实、履行全面从严治党责任、大力纠正“四风”、严格执行廉洁自律准则等六方面存在的突出问题，广泛征求局机关和直属单位党员代表的建议和意见，确保 2017 年度国家邮政局党组民主生活会开出高质量、取得好效果。来自国家邮政局办公室、政策法规司、普遍服务司、市场监管司、人事司、机关党委、发展研究中心、邮政业安全中心、北京邮电疗养院、中国邮政快递报社的党员代表参加座谈会。

15 日至 16 日，国家邮政局在广东省珠海市组织召开内地与港澳邮政共同发行《港珠澳大桥》通车纪念邮票专题会议。国家邮政局党组成员、副局长赵晓光出席会议并讲话。香港邮政署署长梁松泰、澳门邮电局局长刘惠明、港珠澳大桥管理局局长朱永灵等出席会议。

15 日，国家邮政局邮政业安全中心在微信年度公开课 PRO 版颁奖晚会上荣获 2017 年度“优秀年度政务民生机构”奖项。据悉，共有包括国家工商总局消费者权益保护局、国家邮政局邮政业安全中心等单位在内的 11 个单位获此殊荣，邮政业安全中心 2017 年推出“安易递”小程序连接微信并迅速得到推广，效果显著，从而成功在全国数千个参评机构中脱颖而出。

17 日，国家邮政局党组书记、局长马军胜主持召开局党组 2018 年第 3 次会议，传达学习习近平总书记在学习贯彻党的十九大精神研讨班开班式和在十九届中央纪委二次全会上的重要讲话精神，审议并通过《中共国家邮政局党组关于维护党中央集中统一领导的规定》和《中共国家邮政局党组关于贯彻落实中央八项规定精神的实施细则》。马军胜强调，全系统要坚决维护以习近平同志为核心的党中央权威和集中统一领导，要持之以恒正风肃纪、坚持不懈抓好中央八项规定实施细则的贯彻和落实，以钉钉子精神做实做细各项工作，为现代化邮政强国建设开好局起好步。局党组成员、副局长王梅、赵晓光、刘君、邢小江出席会议。中央纪委驻交通运输部负责同志列席会议。

17 日，国家邮政局在顺丰速运有限公司总部组织召开 2018 年第 1 次暨 2017 年第四季度快递服务质量提升联席会议现场会。EMS、顺丰、圆通、申通、中通等 22 家品牌快递企业总部相关负责人，国家邮政局市场监管司、邮政业安全中心、中国邮政快递报社、中国快递协会相关人员参加会议。国家工商总局消费者权益保护局有关负责人应邀参会。

18 日，国家邮政局在京召开部分企业实名收寄信息系统推广应用工作会议，研究部署主要品牌以外的二三线跨省网络型寄递企业实名收寄信息系统推广应用工作。

22 日，国家邮政局党组书记、局长马军胜主持召开局党组 2018 年第 4 次会议，传达学习中共十九届二中全会精神和《国务院办公厅关于推进电子商务与快递物流协同发展的意见》。马军胜强调，国办 1 号文件提出推进电子商务与快递物流协同发展，是对全行业改革发展的高度肯定，要充分认识《意见》的重大意义，在全系统全行业狠抓学习宣传贯彻工作，结合实际、发力攻坚，落实新发展理念，加强供给侧结构性改革，将真真切切的政策红利转化为实实在在的发展效果，进一步推动新时代快递业加快从高速度增长迈向高质量发展。党组成员、副局长王梅、赵晓光、刘君、邢小江出席会议。中央纪委驻交通运输部负责同志列席会议。

23日，国家邮政局举行机关离退休干部迎春团拜会。国家邮政局党组书记、局长马军胜，党组成员、副局长、机关党委书记邢小江和50位邮政体制改革以来退休的老干部共聚一堂，共话新春。局领导对老干部们长期以来对邮政事业发展所做出的贡献表示感谢，并向他们致以节日问候和诚挚祝福，希望老干部们一如既往地关心和支持国家邮政局各项工作，继续为建设与小康社会相适应的现代邮政业贡献力量。

23日，国务院办公厅印发《关于推进电子商务与快递物流协同发展的意见》。

23日，在人民日报、微博、新浪网三方联合主办的“初心·使命·新征程——2018政务V影响力峰会”上，国家邮政局官方政务微博荣获“2017年度十佳政务公开案例”。在同日举行的“新时代政务传播优秀案例分享会”上，国家邮政局获得新浪新闻颁发的“新时代政务传播创新奖”。

26日，国家邮政局党组书记、局长马军胜主持召开2018年第5次党组会议，传达贯彻国务院安全生产委员会全体会议及全国安全生产电视电话会议精神，对下一步邮政行业安全生产工作做出部署，强调要认真学习、深刻领会会议精神，强化措施、压实责任，把会议要求贯穿到工作中去，全力保障行业安全平稳运行。局党组成员、副局长王梅、赵晓光、刘君、邢小江出席会议。中央纪委驻交通运输部负责同志列席会议。

26日，国家邮政局党组书记、局长马军胜主持召开2018年第1次局长办公会，听取2017年邮政行业经济运行情况汇报，分析研判当前行业运行情况，部署下一阶段重点工作。局党组成员、副局长王梅、赵晓光、刘君、邢小江出席会议。

26日，国家邮政局党组书记、局长马军胜主持召开2018年第2次局务会，审议通过2018年邮政管理工作任务目标分解安排。会议强调，全系统要坚持以习近平新时代中国特色社会主义思想为指导，全面贯彻落实党的十九大精神，紧紧围绕全国邮政管理工作会议部署的各项工作任务，切实做到不松劲、不松懈、不折腾、不懈怠，认真谋划、尽职尽责、靶向施策、精准发力，根据行业发展需要和民生期盼，积极主动推改革促创新，勇于担当出实招干实事，下好“先手棋”、打好“主动仗”，围绕任务狠抓落实，努力在新的一年干出更多新的业绩。

26日，国家邮政局推进邮政强国建设领导小组召开第一次会议，传达交通运输部推进交通强国建设领导小组第一次会议精神，审议并原则通过推进邮政强国建设中长期发展纲要和三年行动计划编制工作方案等。国家邮政局党组书记、局长、领导小组组长马军胜主持会议并强调，要坚持以习近平新时代中国特色社会主义思想为指导，深入贯彻落实党的十九大精神，提高政治站位，充分认识邮政强国建设的重要意义，脚踏实地、迎难而上，向邮政强国奋斗目标迈出坚实步伐。党组成员、副局长、领导小组副组长邢小江出席会议。

30日，国家邮政局党组召开2017年度民主生活会，以认真学习领会习近平新时代中国特色社会主义思想、坚定维护以习近平同志为核心的党中央权威和集中统一领导、全面贯彻落实党的十九大各项决策部署为主题，以中央政治局民主生活会为榜样，以党章党规为标尺，对照初心和使命，联系思想和工作实际，联系巡视发现的问题，联系全系统违纪违法案件，进行自我检查、党性分析，开展批评和自我批评。中央第27督导组的全体同志，中央纪委机关、中央纪委驻交通运输部纪检组有关负责同志到会指导，局党组书记、局长马军胜主持会议，局党组成员赵晓光、刘君、邢小江、赵民参加。

30日，为深入贯彻落实党的十九大精神和《国务院关于促进快递业发展的若干意见》《国务院办公厅关于深化产教融合的若干意见》，加快实施人才强邮战略和行业人才素质提升工程，加速培养结构合理、素质优良的现代邮政专业人才队伍，国家邮政局组织开展了第二批全国邮政行业人才培养基地遴选工作，印发《关于确定第二批全国邮政行业人才培养基地的通知》，确定南京邮电大学、重庆邮电大学、北京印刷学院、江苏经贸职业技术学院、淮南联合大学、江西交通职业技术学院、淄博职业学院、湖北交通职业技术学院、武汉交通职业学院、甘肃交通职业技术学院、云南邮电学校、唐山劳动技师学院为第二批全国邮政行业人才培养基地。

31日至2月2日，国家邮政局党组书记、局长马军胜赴云南慰问全力奋战节前业务旺季的基层一线干部员工。两天多时间里，马军胜一行深入玉溪、普洱、昆明等地了解邮政业拓展产业链、服务地方经济社会发展和精准脱贫等情况，为云南省邮政业改革发展把脉支招。调研期间，马军胜与云南省、市两级邮政管理干部代表座谈，专程会见了部分邮政体制改革以来离退休的老领导。

31日，国家邮政局召开机关全体党员大会，通报局党组2017年度民主生活会情况。局党组成员、副局长、机关党委书记邢小江主持会议并作情况通报。

1月下旬至2月上旬，根据中央有关要求和国家局党组统一部署，为推动2017年度省（区、市）邮政管理局（下称“省局”）党组民主生活会开出高质量、高水平，切实增强领导班子发现和解决自身问题的能力，国家局党组派出督导组，分别由局领导和机关各司室主要负责同志带队，对云南局等11个省局党组民主生活会进行了现场督导。

2月

1日至2日，2018年全国邮政普遍服务监督管理工作会议在江西上饶召开。会议以习近平新时代中国特色社会主义思想为指引，全面贯彻落实党的十九大精神，全面落实全国邮政管理工作会议部署，总结2017年和党的十八大以来邮政普遍服务主要工作，部署未来3年攻坚任务及2018年重点工作。国家邮政局党组成员、副局长赵晓光出席会议并讲话。

1日至4日，国家邮政局党组成员、副局长邢小江先后赴福建厦门和广东揭阳、汕头等地看望慰问行业一线干部职工。

5日，国家邮政局党组书记、局长马军胜主持召开2018年第6次党组会议。会议审议并通过2018年全国邮政管理系统党风廉政建设工作会议报告，并就加强纪律建设、全面从严治党工作提出要求，强调要深入贯彻党的十九大、十九届中央纪委二次全会精神和习近平总书记系列重要讲话精神，落实好、发挥好党组主体责任和纪检部门监督责任，推进全系统全面从严治党、党风廉政建设和反腐败工作。局党组成员赵晓光、刘君、邢小江、赵民出席会议。中央纪委驻交通运输部负责同志列席会议。

6日，万国邮联改革特设工作组特别会议在上海召开。万国邮联国际局总局长比沙尔·侯赛因，副总局长帕斯卡尔·克里瓦茨，以及来自中国、法国、新西兰、南非、突尼斯、哥斯达黎加、日本等10个成员国的代表参加了本次会议。国家邮政局局长马军胜出席会议并在开幕式上致辞，副局长赵晓光出席会议。

6日，国家邮政局党组成员、副局长刘君赴浙江省舟山市、普陀区机要通信局，全程跟踪察看了海岛机要通信工作流程和工作场所，代表国家邮政局党组看望慰问一线干部职工，向他们致以新春问候和良好祝愿。

7日，万国邮联国际局总局长比沙尔·侯赛因及参会代表在国家邮政局副局长赵晓光陪同下参观了上海邮政业。

7日，国务院第198次常务会议通过《快递暂行条例》。

8日，2018年全国邮政管理系统党风廉政建设工作会议召开。会议以习近平新时代中国特色社会主义思想为指导，深入学习贯彻党的十九大、十九届二中全会和十九届中央纪委二次全会精神，认真落实中央纪委驻交通运输部纪检组工作部署，总结全系统2017年全面从严治党、党风廉政建设和反腐败工作，部署2018年工作任务。局党组书记、局长马军胜作工作报告。中央纪委驻交通运输部纪检组副组长胡志彬出席会议并讲话。局党组成员、副局长刘君、赵民出席会议，局党组成员、副局长邢小江主持会议。

8日下午，国家邮政局副局长刘君在京会见了以卡斯顿·海斯先生为团长的亚太速递商论坛和全球快递协会代表团一行，双方就中国和国际快递市场的现状和未来发展趋势交换了意见。

11日，2018年寄递渠道安全管理领导小组（以下简称“领导小组”）第一次会议在京召开。领导小组组长、国家邮政局党组书记、局长马军胜，领导小组副组长、中央综治办三室主任彭波出席会议并讲话。领导小组副组长、国家邮政局党组成员、副局长刘君主持会议并通报2014年以来寄递渠道安全管理领导小组工作情况。在会上，领导小组办公室通报了2017年寄递渠道安全管理领导小组工作情况。会议审议了2017年全国邮件快件实名收寄信息系统推广应用工作情况报告、全国寄递渠道安全管理综治考评结果，以及2018年寄递渠道安全管理领导小组工作要点。各成员单位立足部门职责，就如何进一步加强协作配合做好安全工作进行了交流发言。组成员单位中央综治办、公安部、交通运输部、国家邮政局、国家安全部、海关总署、国家工商行政管理总局、国家铁路局、中国民用航空局等有关负责同志参加会议。

12日上午，国家邮政局党组书记、局长马军胜主持召开2018年第2次局长办公会，传达学习国务院常务会议精神，并就深入贯彻落实《国务院办公厅关于推进电子商务与快递物流协同发展的意见》（下称“国办一号文”）作出再要求再部署。会议还审议并原则通过《2018年全国邮政市场监管工作会议方案》和《安全生产监管信息化工程（一期）国家邮政局建设部分项目初步设计变更方案》。局党组成员、副局长刘君、邢小江、赵民出席会议。

13日，在新春佳节即将到来之际，国家邮政局局领导马军胜、赵晓光、刘君、邢小江和赵民分别慰问盛名环、武士雄、盛汇萍、徐建洲和解畅等离退休老干部，向他们及其家人送去了节日问候和诚挚祝福。

13日晚，国家邮政局党组书记、局长马军胜带领局机关有关司室和北京市邮政管理局负责同志视察首都邮政业，了解节日服务和企业生产运营情况，亲切慰问仍旧坚守在岗位上的一线职工，叮嘱企业做好安排、加强保障，让大家都能过上一个欢乐祥和的春节。

22日是春节假期后第一个工作日，国家邮政局党组书记、局长马军胜、副局长邢小江代表局党组亲切慰问了局机关各司室和直属单位干部职工，关心询问大家假日生活和节后工作等情况，并勉励要狠抓落实2018年工作任务目标分解安排，抖擞精神、鼓足干劲、扎实工作，为新一年工作开好局、起好步。

26日，国家邮政局党组书记、局长马军胜主持召开局党组会议，传达学习中央有关文件精神，审议并原则通过《国家邮政局党建工作领导小组2018年工作要点》《2018年全国邮政管理系统党风廉政建设工作要点》《中共国家邮政局党组关于贯彻〈中国共产党问责条例〉的实施办法》，强调全系统必须毫不动摇坚持和加强党的领导，必须以更大决心、更大勇气、更大气力抓好系统党建工作，不断推进党的建设新的伟大工程，引领加快邮政大国向现代化邮政强国迈进。局党组成员、副局长刘君、邢小江出席会议。中央纪委驻交通运输部纪检组负责同志列席。

27日，国家邮政局党组书记、局长马军胜、国务院法制办工交商事法制司司长张建华出席国务院政策例行吹风会，向媒体介绍快递暂行条例草案和快递业发展有关情况。马军胜表示，快递暂行条例的制度安排符合客观规律，也契合我国迈向邮政强国的实际，是促进发展、保障善治的良法。待条例正式颁布生效后，将在维护市场公平竞争秩序，推进行业治理体系和治理能力现代化，提升行业发展水平，保障人民用邮权益，服务大众创业、万众创新等方面发挥基础性、关键性作用，具有里程碑式的意义。

27日至28日，2018年全国邮政市场监管工作会议在河南郑州召开。会议深入学习贯彻习近平新时代中国特色社会主义思想和党的十九大精神，全面贯彻落实2018年中央经济工作会议精神和全国邮政管理工作会议决策部署，总结回顾2017年和党的十八大以来邮政市场监管工作，研究部署2018年重点任务。国家邮政局党组成员、副局长刘君出席会议并讲话。

28日下午，国家邮政局党组书记、局长马军胜一行拜会全国政协副主席、中华全国集邮联合会名誉会长王家瑞。马军胜汇报了邮政业发展情况、行业规模、质量效益，存在的难点和问题，下一步发展的思路以及在行业安全监管方面采取的主要措施。王家瑞对邮政业的发展非常关心，一边听取汇报一边询问情况，详细了解了集邮联去年主要工作的进展情况和我国参加国际邮展的情况，对集邮联去年的各项工作给予了充分肯定。

3月

2日，国家邮政局党组书记、局长马军胜主持召开党组会议，传达学习党的十九届三中全会会议精神，强调全系统要坚持和加强党的全面领导，深化转职能、转方式、转作风，提高效率效能，确保党中央的决策部署在邮政管理系统不折不扣落到实处。局党组成员、副局长赵晓光、刘君、邢小江出席会议。

2日上午，为做好两会期间邮政服务和安全保障工作，国家邮政局党组成员、副局长赵晓光一行到北京督导检查相关工作。

2日，国务院总理李克强签署国务院令，公布《快递暂行条例》，自2018年5月1日起施行。

5日，国家邮政局党组成员、副局长刘君赴北京市督导检查2018年全国“两会”寄递安全服务保障工作，要求北京市邮政管理系统和全行业要坚持围绕中心、服务大局，以最高标准、最严部署、最强措施、最佳状态，确保寄递渠道安全平稳畅通，以实际行动为全国“两会”顺利召开作出贡献。

5日，国家邮政局组织局机关全体党员、直属各单位党组织全体委员传达学习十九届三中全会精神，传达局党组有关学习要求。

6日，国家邮政局召开2018年扶贫领导小组工作会议，学习传达中央领导同志关于打好精准脱贫攻坚战有关指示精神，总结2017年国家邮政局定点扶贫工作，研究部署2018年重点任务。国家邮政局党组书记、局扶贫工作领导小组组长马军胜出席会议并讲话。局党组成员、领导小组副组长邢小江主持会议。

9日，国家邮政局党组书记、局长马军胜主持召开局党组中心组（扩大）学习会，围绕“贯彻新发展理念，建设现代化经济体系”重要论述交流学习，深化认识理解，厘清思路举措，深入推进邮政业高质量发展。马军胜强调，建设现代化经济体系是长期而艰巨的工作，全系统要认真学习、深刻领会、努力实践，按照解放思想改革创新的思路不断克难攻坚，不断适应新时代社会主义经济建设的要求，把邮政业改革发展各项工作做好，为国家建设现代化经济体系添砖加瓦。局党组成员、副局长赵晓光、刘君、邢小江、赵民出席会议。

9日，在“3·15”国际消费者权益日来临之际，国家邮政局在上海组织召开邮政业消费者投诉申诉工作座谈会。中国邮政EMS、顺丰、圆通、申通、中通等23家品牌快递企业总部相关负责人，国家邮政局市场监管司、邮政业安全中心、中国邮政快递报社、中国快递协会相关人员参加会议。

14日，国家邮政局党组书记、局长马军胜主持召开2018年第4次局长办公会，审议并原则通过《2018年深化邮政业供给侧结构性改革工作要点》等文件。局党组成员、副局长赵晓光、刘君、邢小江出席会议。

14日，第九届中日邮政政策对话在日本名古屋举行。国家邮政局副局长赵民、日本总务省邮政政策规划司司长卷口英司出席会议并致辞。

15日，为认真学习贯彻习近平新时代中国特色社会主义思想和党的十九大精神，深入落实党中央关于政治巡视工作新部署新要求，加强邮政管理系统巡视工作队伍建设，为期两天的全国邮政管理系统2018年巡视工作培训班在京开班。国家邮政局党组书记、局长马军胜出席开班式并作动员讲话，强调全系统务必保持政治定力，提升政治巡视站位，把思想认识统一到中央的部署要求上来，坚定不移深化政治巡视，为促进邮政业健康发展提供坚强政治保证。党组成员、副局长邢小江主持开班式。

16日，国家邮政局召开全系统电视电话会议，动员部署邮政业“十三五”规划中期评估工作，确保规划全面落地和有效实施。局党组成员、副局长邢小江出席会议并讲话。

19日11时，备受关注的2018年全国两会第五场“部长通道”在人民大会堂开启。旁听十三届全国人大一次会议第七次全体会议的国家邮政局党组书记、局长马军胜第一个亮相，回应热点话题，表达行业发展的愿景和诉求。

20日下午，国家邮政局召开全体干部大会，第一时间传达学习第十三届全国人民代表大会第一次会议和政协第十三届全国委员会第一次会议精神，对全国邮政管理系统贯彻落实两会精神进行部署。局党组书记、局长马军胜主持会议并对学习宣贯工作提出要求，局党组成员、副局长邢小江、赵民出席会议。全国政协委员、局普遍服务司司长马旭林传达了两会精神。

20日，中欧班列运邮（快）件工作领导小组和联合工作组举行第4次全体会议，总结前一阶段工作进展，分析形势任务，对2018年各项工作做出部署要求。国家邮政局党组成员、副局长赵民出席会议并讲话。外交部、交通运输部、海关总署、国家质检总局、国家铁路局、中国铁路总公司、中国邮政集团公司、义乌市等联合工作组成员单位代表分别在会上发言。

22日至23日，国家邮政局党组成员、副局长、局党建工作领导小组副组长邢小江率调研组到重庆开展邮政行业党建工作专题调研。

25日，国家邮政局党组书记马军胜主持召开局党组会议，研究部署进一步办好邮政业民生工程。他强调，要以习近平新时代中国特色社会主义思想为指引，贯彻落实党的十九大精神，持之以恒反“四风”，特别是杜绝官僚主义、形式主义新表现，牢固树立正确的政绩观，把人民群众满意不满意、高兴不高兴作为一切工作的出发点和落脚点，真正把民生工程办成民心工程。党组成员赵晓光、刘君、邢小江、杨春光和赵民出席会议。中央纪委驻交通运输部纪检组有关负责同志列席。

28日，国家邮政局局长马军胜在北京会见了香港商务及经济发展局局长邱腾华和香港邮政署署长梁松泰率领的香港代表团一行。双方就内地与香港深化合作等共同关心的话题深入交换了意见。

29 日，国家邮政局召开全国电视电话会议，按照党的十九大关于全面依法治国的总体部署以及行政法规实施要求，全面宣传贯彻将于 5 月 1 日起正式实施的《快递暂行条例》。国家邮政局党组书记、局长马军胜，中国快递协会会长、交通运输部原副部长高宏峰，司法部工交商事法制司司长张建华出席会议并讲话。会议由国家邮政局党组成员、副局长赵晓光主持。国务院办公厅、司法部、交通运输部有关负责同志，国务院发展改革、商务、公安、安全、工信、住建、海关、市场监管、铁路、民航等职能部门有关同志应邀在北京主会场参加会议。

30 日，国家邮政局党组书记、局长马军胜和党组成员、副局长赵民调研山东省邮政业发展和行业管理工作。马军胜强调，要以习近平新时代中国特色社会主义思想为指导，加快新旧动能转换，推动邮政业高质量发展。马军胜深入济南邮政 EMS 和中通快递，了解企业基础设施建设、快递绿色发展、智能分拣等情况，青岛市邮政管理局和即墨邮政管理局看望慰问干部职工。马军胜还出席了山东省邮政管理系统干部大会。

4 月

2 日，国家邮政局党组书记、局长马军胜主持召开党组会议，深入学习习近平总书记重要指示精神，学习领会毛泽东主席批评一些领导干部追求个人名利的重要论述。局党组成员、副局长赵晓光、刘君、邢小江、赵民出席会议。中央纪委驻交通运输部纪检组有关负责同志列席。

3 日，国家邮政局党组召开中心组（扩大）学习会，以电视电话会议的形式组织全系统党员干部认真学习宪法。局党组书记、局长马军胜主持会议并强调，全系统要按照党中央统一部署，以习近平新时代中国特色社会主义思想为指导，深入学习宣传和贯彻实施宪法，增强宪法意识，弘扬宪法精神，维护宪法权威，为实现行业高质量发展、推动邮政强国建设提供坚强法治保障。局党组成员、副局长赵晓光、邢小江、赵民出席会议。

4 日下午，国家邮政局副局长赵晓光在京会见了突尼斯驻华大使穆罕默德·迪亚·哈立德先生一行，双方就在“一带一路”框架下促进中突两国邮政业合作进行了交流。

8 日，国家邮政局党组书记、局长马军胜在京会见山西省委常委、常务副省长高建民一行，就推动山西邮政业加快转型升级和更好服务地方经济社会发展交换了意见。

8 日至 11 日，国家邮政局副局长赵晓光率团访问立陶宛共和国。4 月 9 日上午，赵晓光在维尔纽斯与立陶宛交通通信部副部长里卡多斯·德古提斯举行会谈。双方就在“一带一路”倡议下，推动两国邮政行业发展与合作交换了意见，并共同签署了《中华人民共和国国家邮政局与立陶宛共和国交通通信部关于加强邮政和快递领域合作的谅解备忘录》。

9 日至 12 日，国家邮政局党组成员、副局长邢小江一行赴贵州省调研邮政业“十三五”规划中期评估工作。

11 日至 14 日，应欧盟和比利时邮电管理局邀请，国家邮政局副局长赵晓光率国家邮政局代表团访问比利时。4 月 12 日，赵晓光一行在布鲁塞尔与欧盟增长总司单一市场、工业和中小企业总局负责人胡伯特·甘姆斯为首的欧盟专家团队举行会谈，双方围绕中欧邮政市场发展、跨境包裹寄递服务监管、欧盟增值税和海关监管政策趋势等议题进行了深入交流。4 月 13 日，赵晓光一行访问了比利时邮电管理局，与该局董事会主席米歇尔·冯·伯灵翰和欧洲邮政服务监管组主席雅克·哈马德，就加强中比两国邮政监管领域合作问题交换了意见。

12 日，国家邮政局召开例行新闻发布会，发布《2018 年 3 月中国快递发展指数报告》，并通告 2018 年第一季度快递服务满意度调查和时限准时率测试结果。数据显示，2018 年 3 月，中国快递发展指数为 140.8，同比提高 22.8%，其中发展规模指数、服务质量指数、发展能力指数比去年同期均有 20% 以上的增幅；2018 年第一季度，快递服务满意度、快递时效均有提升，公众对春节期间快递服务满意度较高。

13 日，国家邮政局党组书记、局长马军胜主持召开 2018 年第 5 次局长办公会，分析今年第一季度邮政行业经济运行情况，研判当前发展形势，部署下一阶段重点工作。党组成员、副局长刘君、邢小江出席会议。

16 日，国家邮政局副局长、海峡两岸邮政交流协会副会长赵晓光在北京会见了前来参观访问的台湾邮政青年交流团一行。

19 日，国家邮政局党组书记、局长马军胜主持召开局党组会议，传达学习贯彻习近平总书记关于打好精准脱贫攻坚战的重要讲话，以及在庆祝海南建省办经济特区 30 周年大会上的重要讲话精神。局党组成员、副局长赵晓光、刘君、邢小江、赵民出席会议。

22 日上午，首届数字中国建设峰会在福州开幕，邮政业大数据安全监管与公共服务平台获得最佳实践大奖，并作为十佳案例，向来自全国各地的嘉宾、媒体进行推介。国家邮政局党组成员、副局长刘君应邀出席峰会开幕式和推介活动，并参观了峰会成果展览，详细了解当前数字中国建设最新进展、亲切慰问国家邮政局峰会工作人员。

22 日，以"知音湖北邮美江城"为主题的第 38 届全国最佳邮票评选颁奖大会在湖北武汉举行，《中国共产党第十九次全国代表大会》获最佳邮票奖，《千里江山图》《春夏秋冬》获优秀邮票奖。十届、十一届全国政协副主席、中华全国集邮联合会名誉会长黄孟复，十二届全国政协副主席、中华全国集邮联合会名誉会长王家瑞及中华全国集邮联合会（以下称全国集邮联）会长杨利民为上述奖项获奖者颁奖。国家邮政局党组成员、副局长赵晓光、中国邮政集团公司副总经理张荣林，湖北省政协原副主席王振有、肖旭明，为最佳设计奖、最佳印刷奖获得者颁奖。全国集邮联常务副会长徐建洲、武汉市副市长龙良文、湖北省邮政分公司总经理任永信在会上致辞。全国集邮联副会长兼秘书长张玉虎与湖北、云南集邮协会代表一道进行了传旗仪式，下一届"佳邮"评选颁奖大会将在云南举行。

22 日至 23 日，国家邮政局党组成员、副局长赵晓光赴湖北黄石市实地调研指导行政村直接通邮及村邮站建设工作。

23 日至 24 日，国家邮政局党组成员、副局长刘君一行赴福建省调研快递末端服务和管理。

25 日，国家邮政局党组成员、副局长赵民在北京实地调研邮政行业绿色发展工作。在北京印刷学院，调研组一行参观了绿色印刷包装产业技术研究院和中国印刷博物馆，并与学校领导进行了座谈。下午，赵民一行先后实地调研了京东亚洲一号（北京）仓库、顺丰大兴高米店网点。

25 日至 27 日，全国邮政管理系统依法行政暨行业法治工作培训班在广西南宁举办。这次培训班旨在贯彻全面推进依法治国战略布局，落实国家邮政局党组关于法治邮政建设工作部署，深入推进《快递暂行条例》宣贯工作，保障相关制度安排落实到位，促进邮政管理部门严格规范公正文明执法，进一步提高依法治邮能力。国家邮政局党组成员、副局长赵晓光出席开班式并作专题讲座。

26 日，国家邮政局党组成员、副局长赵民主持召开 2018 年度国家邮政局政府信息公开工作领导小组会议，学习传达《2018 年政务公开工作要点》，研究部署国家邮政局政务公开工作，要求进一步深化认识，加强机制和平台建设，不断推进政务公开工作提质增效。

27 日，国家邮政局召开 2018 年全国人大代表建议和全国政协委员提案交办会，传达国务院常务会议、全国人大代表建议交办会和全国政协委员提案交办会精神，总结 2017 年建议提案办理情况，部署安排今年办理工作。局党组书记、局长马军胜专门作出重要批示：办理建议提案是邮政管理部门的法定职责和政治责任，是邮政管理部门自觉接受监督的重要形式。要高度重视，落实责任，将其列为重点工作积极推进。在办理过程中要主动与代表委员沟通协调，认真办好每一件建议提案，提高办理质量，做到有诺必践，努力解决问题，切实回应社会关切。局党组成员、副局长赵民出席会议并就有关工作做出部署。

27 日，国家邮政局以现场会的形式在上海韵达货运有限公司总部组织召开 2018 年第一季度快递服务质量提升联席会议。EMS、顺丰、韵达、申通、中通、圆通等 22 家品牌企业总部相关负责人，国家邮政局市场监管司、邮政业安全中心、中国邮政快递报社、中国快递协会和上海市邮政管理局相关人员参加会议。

28 日，国家邮政局党组书记、局长马军胜主持召开会议，传达学习国务院第一次廉政工作会议精神，要求邮政管理部门做到融会贯通学习，坚决贯彻落实，持续加强作风建设，推动行业改革发展。局党组成员、副局长赵晓光、刘君、邢小江出席会议。

5 月

8 日，国家邮政局党组书记、局长马军胜主持召开 2018 年第 6 次局长办公会，审议并原则通过《快递末端网点备案暂行规定（草案）》《快递业务经营许可管理办法（修订草案）》和《邮件快件实名收寄管理办法（草案）》三项《快递暂行条例》配套制度规范，决定按程序发布、上报，并部署下一阶段重点工作。党组成员、副局长赵晓光、刘君、杨春光和赵民出席会议。

8 日下午，国家邮政局局长马军胜在北京会见了澳门邮电局局长刘惠明一行，就深化双方合作进行了务实高效的交流。

8 日上午，国家邮政局副局长刘君在京会见了美国联邦快递公司亚太区总裁蕙嘉琳女士一行。双方就联邦快递在华业务开展情况及中国快递市场的发展等交换了意见。

8 日，国家邮政局党组成员、副局长杨春光到职业鉴定指导中心调研，并与中心干部职工座谈交流。

8 日至 10 日，国家邮政局党组成员、副局长赵晓光赴江苏省宿迁市、泰州市等地调研当地邮政业发展情况，视察指导常州 2018 年第 18 届中华全国集邮展览筹备工作。

10 日，国家邮政局召开全国快递业信用体系建设动员部署电视电话会议，就全面开展快递业信用体系建设、《快递暂行条例》宣贯、快递末端网点备案等工作进行安排部署。国家邮政局党组成员、副局长刘君出席会议并讲话。

10 日，国家邮政局党组成员、副局长杨春光调研国家邮政局机关离退休干部工作，看望了机关老党员老干部，并与老同志座谈交流。

11 日，第十八届中华全国集邮展览在江苏省常州市隆重开幕。十届全国政协副主席、中华全国集邮联合会名誉会长张怀西，十二届全国政协副主席、中华全国集邮联合会名誉会长王家瑞和全国集邮联会长杨利民出席。

12 日至 15 日，国家邮政局党组书记、局长马军胜赴四川成都、宜宾、眉山等地深入调研邮政业发展和行业管理情况，强调要以习近平新时代中国特色社会主义思想为指导，深入学习贯彻党的十九大精神，坚持以政治建设为统领，坚持以人民为中心，强化邮政基础性作用，推进行业与电子商务、先进制造业和现代农业协同联动融合，不断提高治理能力和水平，推动四川邮政业迈向高质量发展。

14 日至 16 日，国家邮政局党组成员、副局长杨春光一行赴浙江省杭州市、湖州市等地调研当地邮政业发展和县级邮政管理机构建设情况。

16 至 17 日，为深入贯彻落实习近平扶贫思想和党中央扶贫开发工作要求，受国家邮政局党组委托，国家邮政局党组成员、副局长赵晓光赴河北省承德市平泉市开展定点扶贫调研工作，并按照要求对平泉脱贫攻坚工作进行督促检查。

17 日，国家邮政局党组书记、局长马军胜主持召开局党组会议，传达学习中共中央政治局委员、国务院副总理刘鹤在交通运输部调研时的讲话精神。马军胜强调，要深入学习贯彻习近平新时代中国特色社会主义思想，牢固树立“四个意识”，坚定“四个自信”，自觉维护以习近平同志为核心的党中央权威和集中统一领导，全面贯彻落实党中央、国务院决策部署，不断提高对“邮政体系是国家战略性基础设施和社会组织系统”的思想认识，认真做好行业改革发展各项工作。局党组成员、副局长刘君、杨春光、赵民出席会议并作交流发言。中央纪委驻交通运输部纪检组副组长胡志彬列席。

17 日，国家邮政局召开 2018 年全国邮政行业人才工作领导小组会议。国家邮政局党组书记、局长马军胜出席会议并讲话。会议集中学习了党的十八大以来，习近平总书记关于人才工作的新思想、新论断、新要求，审议通过了 2017 年人才工作总结、2018 年人才工作要点和领导小组及办公室成员的调整方案，原则同意《中共国家邮政局党组联系服务专家暂行办法》（送审稿）和《全国邮政行业人才培养基地遴选和管理办法》（送审稿）等文件。国家邮政局党组成员、副局长杨春光主持会议。

18 日下午，国家邮政局副局长赵晓光在京会见了立陶宛交通通信部副部长里卡德斯 · 德古提斯先生一行，双方就深化两国在邮政领域和中欧班列运邮等方面的合作交换了意见。立陶宛驻华大使伊纳 · 玛丘利奥妮婕参加了会见。

18 日，全国邮政业标准化技术委员会在长沙召开会议，对《邮政业信息系统安全等级保护实施指南》《快递手持终端技术规范》《邮政业从业人员基础数据元》三项行业标准进行技术审查。国家邮政局党组成员、副局长、邮标委主任委员邢小江参加会议并讲话。

18 日，国家邮政局召开全行业电视电话会议，传达贯彻中央有关上海合作组织成员国元首理事会第十八次会议安保工作决策指示要求，就峰会寄递渠道安全服务保障工作进行动员部署。

21 日和 25 日，国家邮政局党组书记、局长马军胜先后主持召开党组会议和专题会议，认真传达学习贯彻习近平总书记在全国生态环境保护大会上的重要讲话精神，强调要以习近平生态文明思想为行动指南，推进绿色邮政建设，为建设美丽中国贡献邮政行业力量。局党组成员、副局长赵晓光、刘君、邢小江、杨春光、赵民出席会议。

21 日至 25 日，全国邮政管理系统人事处长培训班在北京举办。国家邮政局党组成员、副局长杨春光出席开班仪式并讲话。

21 日，由中国快递协会主办的快递企业贯彻落实《快递暂行条例》工作座谈会在北京召开。会议解读了《快递暂行条例》部分条款，总结了企业贯彻落实条例的相关做法，并就下一步工作进行了研讨。

22 日至 24 日，国家邮政局举办处以上干部培训班，深入学习宣传贯彻习近平新时代中国特色社会主义思想和党的十九大精神，进一步带动全系统学习宣贯往心里走、往高里走、往深里走、往实里走。国家邮政局党组书记、局长马军胜作动员辅导，并与局党组成员、副局长赵晓光、刘君、邢小江、杨春光、赵民及局机关处级以上和直属单位中层以上干部一同参加了培训。

22日至24日，国家邮政局党组成员、副局长赵民率调研组赴河南省郑州市、安阳市调研邮政业绿色发展和系统财务管理等工作。

23日至25日，国家邮政局党组成员、副局长赵晓光一行深入湖北恩施最偏远乡镇，调研偏远地区建制村通邮、普遍服务、村邮站服务地方经济、村邮站服务精准脱贫情况。

23日至25日，国家邮政局党组成员、副局长邢小江一行赴河北省开展京津冀地区快递服务发展“十三五”规划中期评估座谈调研。

25日，国家邮政局召开定点扶贫工作对接会。会议传达了局党组书记、局长马军胜的批示，要求坚决贯彻党中央、国务院的决策部署，继续发挥行业优势，助力平泉市做好、巩固并发展好脱贫攻坚工作。局党组成员、副局长杨春光出席会议并讲话。

25日，为贯彻落实中央有关峰会安保决策部署，构筑环鲁“护城河”寄递渠道安全屏障，国家邮政局在山东青岛组织召开上合组织峰会寄递安保“护城河”会议暨寄递渠道涉枪涉爆隐患专项整治工作座谈会。国家邮政局党组成员、副局长刘君出席会议并讲话。

27日至31日，全国邮政管理系统党务干部培训班在浙江红船干部学院举办，国家邮政局党组成员、副局长、党建工作领导小组副组长邢小江出席开班式并作动员辅导。来自各省（自治区、直辖市）局、部分市（地）局的80余名党务干部参加了培训。培训班邀请专家就党的十九大精神之文化自信、“不忘初心牢记使命——回顾建党历史弘扬红船精神”、党建基本理论和嘉兴实践等进行了专题授课，还专门设计了“不忘初心重走一大路”、感悟红色校园文化等现场体验式教学，增加了基层党建特色工作“学员论坛”和分组讨论交流等互动环节。通过学习培训和交流体验，参训学员进一步增强了政治理论素养、坚定了理想信念、提升了业务能力水平，为今后一个阶段在全系统推动全面从严治党向纵深发展奠定了良好基础。

28日上午，第五届中国（北京）国际服务贸易交易会在京开幕。国家邮政局党组成员、副局长赵民应邀出席开幕主旨论坛——全球服务贸易峰会。

29日，国家邮政局党组书记、局长马军胜来到第五届中国（北京）服务贸易交易会快递服务展区考察，逐一参观了参展快递及关联产业企业的展台，与参展企业面对面交流，对行业发展中出现的新亮点、新成果给予高度肯定。

29日，全国邮政职业教育教学指导委员会2018工作会议暨全国邮政行业人才培养基地经验交流会在北京召开。国家邮政局党组成员、副局长杨春光出席会议，并为第二批全国邮政行业人才培养基地授牌。

29日，2018年邮政行业主要品牌企业新闻宣传工作座谈会在京召开，学习贯彻习近平新闻舆论思想，强调要紧抓机遇，聚焦重点，凝聚共识，形成合力，不断做好行业和企业的新闻宣传工作。国家邮政局党组成员、副局长赵民出席会议并讲话。

30日至6月2日，国家邮政局党组书记、局长马军胜带领调研组赴广东进行绿色发展专题调研。4天时间里，马军胜一行深入广州、东莞、深圳等地，详细了解邮政和快递企业在绿色发展和科技创新等方面的举措和成效，就上下游企业在绿色包装等方面的产品研发、技术应用情况进行调研，并听取了企业对推进快件包装绿色化、减量化、可循环的意见和建议。马军胜强调，要深入学习贯彻习近平生态文明思想，从政治高度和社会发展高度深刻认识绿色发展的重大意义，发挥科技创新的支撑和引领作用，高质量推进绿色邮政建设，在生态文明建设上提供广东经验、贡献邮政力量。

30日至6月1日，国家邮政局党组成员、副局长杨春光率调研组赴辽宁省盘锦市、营口市等地调研县级机构建设情况。

30日，由国家邮政局指导、中国快递协会主办的2018中国快递行业（国际）发展大会召开。作为第五届中国（北京）国际服务贸易交易会的重要内容之一，大会以“高科技助力新发展高质量服务新经济”为主题，邀请了来自相关部委、地方政府、管理部门、研究机构、行业协会、寄递企业，以及产业链上下游企业的专家学者和代表，通过主旨演讲、启动仪式、发布仪式、现场对话、商务签约等形式，深度探讨了快递科技创新、绿色发展、人才培养、产业协同发展等方面的议题，为与会嘉宾搭建沟通交流的桥梁，为产业链上下游协同创新提供平台，进一步促进产业间合作。会上还发布了《中国快递业社会贡献报告2017》和《2018年1—4月份中国快递发展指数》。国家邮政局党组成员、副局长赵民出席大会并致辞。

31日，全国邮政业标准化技术委员会在长沙召开会议，对《邮政业信息系统安全等级保护实施指南》《快递手持终端技术规范》《邮政业从业人员基础数据元》三项行业标准送审稿进行技术审查。20名委员和特邀专家到会并参加审查。国家邮政局党组成员、副局长、邮标委主任委员邢小江参加会议并讲话。

6月

5日，国家邮政局党组书记、局长马军胜主持召开局党组会议，传达学习贯彻习近平总书记在十九届中央国家安全委员会第一次会议和在中国科学院第十九次院士大会、中国工程院第十四次院士大会开幕会上的重要讲话精神，以及中共中央办公厅关于印发《党委（党组）国家安全责任制规定》的通知，强调全系统要全面贯彻落实总体国家安全观，确保国家安全责任层层落实；要全面贯彻落实创新驱动发展战略，牢固树立创新是第一动力理念，为邮政业迈向高质量发展作出更大贡献。局党组成员、副局长刘君、杨春光、赵民出席会议并分别领学重要讲话和文件精神。中央纪委驻交通运输部纪检组副组长胡志彬列席。

5日，国家邮政局党组书记、局长马军胜主持召开局党组会议，听取了关于青岛上合组织峰会寄递渠道安保工作的汇报，强调全系统要高度重视，突出重点、明确责任、狠抓落实，自觉把思想和行动统一到中央决策部署上来，确保邮政业安全服务保障工作顺利开展。局党组成员、副局长刘君、杨春光、赵民出席会议。中央纪委驻交通运输部纪检组副组长胡志彬列席。

5日至6日，国家邮政局在西宁举办全国邮政管理系统《快递封装用品》系列新国标和《冷链快递服务》邮政行业标准培训班。国家邮政局党组成员、副局长邢小江出席开班仪式并讲话。

7日，国家邮政局局长马军胜在京会见了由日本通信文化协会理事长团宏明率领的日本代表团。双方就加强中日两国邮政领域文化交流、推动邮政领域合作等议题深入交换了意见。

7日，国家邮政局党组成员、副局长杨春光率队赴重庆市垫江县调研当地邮政业发展和县级邮政管理机构建设情况。

13日，国家邮政局党组书记、局长马军胜主持召开2018年第7次局长办公会，传达学习5月25日国务院全体会议精神，审议并原则通过《邮政业服务决胜全面建成小康社会开启全面服务社会主义现代化国家新征程三年行动计划（2018—2020年）》等文件，强调全行业要以习近平新时代中国特色社会主义思想为指导，深入贯彻党的十九大精神，着力推动邮政业高质量发展，坚持质量第一、效益优先，坚持在发展中服务保障民生，在新的起点上推进高质效的现代化邮政业体系建设，着力解决行业发展不平衡不充分的问题，努力实现更高质量、更有效率、更加公平、更可持续的发展，满足人民日益增长的更好用邮需要。局党组成员、副局长赵晓光、刘君、杨春光、赵民出席会议。

14日，国家邮政局召开推进快递业绿色包装工作专题会议，就进一步推动行业绿色发展进行安排部署。会议强调，全系统要认真学习贯彻习近平生态文明思想，加快构建生态文明体系，要把握重点、突破难点，稳妥推进快递包装治理工作，坚定不移走绿色邮政发展道路，为建设美丽中国贡献邮政业力量。局党组成员、副局长赵民主持会议并讲话。

15日，国家邮政局党组书记、局长马军胜主持召开2018年上半年工作总结会，总结检查邮政业贯彻落实党中央、国务院决策部署的工作情况，以及完成国家局年度任务目标的进展情况，分析研判面临的形势和存在问题，部署下一阶段重点任务。马军胜强调，全行业要以习近平新时代中国特色社会主义思想为指导，深入贯彻落实党的十九大精神，坚持稳中求进总基调，坚持问题导向，抓热点、解难点，突出重点、扭住关键，铆足干劲，踏实干事，全面落实2018年各项重大工作部署，确保顺利完成全年工作任务，为全面建成与小康社会相适应的现代邮政业作出更大贡献。局党组成员、副局长赵晓光、刘君、邢小江、杨春光和赵民出席会议并讲话。

19日，国家邮政局召开全系统电视电话会议，针对违反中央八项规定精神方面突出问题部署开展九个专项治理工作。国家邮政局党组书记、局长马军胜在主持会议并讲话时强调，全系统要以习近平新时代中国特色社会主义思想为指导，深入贯彻落实党的十九大精神，认真落实新时代党的建设总要求，不忘初心、牢记使命，以上率下、真抓实干，深入推进全系统党风廉政建设和反腐败工作，以优良的作风树立风清气正的行业发展环境，以优异的业绩向建党97周年和改革开放40周年献礼。中央纪委国家监委驻交通运输部纪检监察组副组长胡志彬讲话，局党组成员、副局长杨春光代表局党组作动员部署，局党组成员、副局长赵晓光、刘君、赵民出席会议。

19日至21日，为贯彻落实2018年全国邮政市场监管工作会议精神，推广甘肃省“不着地、不抛扔、不摆地摊”专项治理工作的先进经验，推动“三不”治理工作迈向深入，国家邮政局在甘肃兰州组织召开了“不着地、不抛扔、不摆地摊”治理工作现场会。

20日下午，国家邮政局马军胜局长在京会见了来访的美国联合包裹公司（UPS）董事长兼首席执行官大卫·艾博尼先生一行。双方就UPS公司在华业务近况、行业发展趋势、安全保障、绿色发展和贸易便利化等议题进行了交流。

20日至22日，国家邮政局党组成员、副局长刘君赴贵州安顺、黔西南等地深入调研快递业发展情况。调研组一行先后实地察看了安顺紫云自治县通达配送服务有限公司、黔西南州邮政（快递）物流园区、安龙县百韵中申商贸有限公司、兴义中通支撑农产品外销项目和快递服务制造业新滢铁艺项目。

20日至23日，国家邮政局党组成员、副局长赵晓光率国家邮政局调研组来到内蒙古呼伦贝尔市，就民族地区和边境地区建制村直接通邮工作进行实地专题调研。

20日，为提升规划中期评估科学化、规范化水平，按照邮政业规划中期评估工作部署，国家邮政局在吉林省松原市组织召开了邮政业规划中翔评估工作座谈会。国家局邢小江副局长出席会议并讲话，各省（区、市）邮政管理局相关负责同志参加了会议。政策法规司主要负责同志主持会议并做总结讲话。

21 日，国家邮政局党组书记、局长马军胜率调研组来到北京环卫集团马家楼转运站，就快递包装末端的分类、回收、处理及循环再利用等问题进行专题调研。局党组成员、副局长赵民一同调研。

22 日，国家邮政局党组成员、副局长赵民到天津深入一线，调研邮政行业信息化监管、快递业绿色包装、行业智能化建设等方面情况。

25 日，国家邮政局党组书记、局长马军胜主持召开局党组会议，学习贯彻习近平总书记、李克强总理对打赢脱贫攻坚战三年行动的重要指示批示精神和《关于打赢脱贫攻坚战三年行动的指导意见》，强调全系统全行业要坚持以习近平新时代中国特色社会主义思想为指导，深入贯彻落实党的十九大精神，明确责任、尽锐出战、狠抓实效，把打赢脱贫攻坚战作为重大政治任务，坚决认真落实好党中央的决策部署，结合系统和行业实际，找准着力点，坚定信心、迎难而上，真抓实干、埋头苦干，为全面建成小康社会发挥邮政业应有作用。局党组成员、副局长邢小江传达重要指示批示精神和领学文件，局党组成员、副局长刘君、杨春光、赵民出席会议并讲话。中央纪委国家监委驻交通运输部纪检监察组副组长胡志彬列席会议。

26 日，国家邮政局党组书记、局长马军胜主持召开党组中心组（扩大）学习会并讲话，强调要学习贯彻习近平总书记在纪念马克思诞辰 200 周年大会上的重要讲话精神，深入学习《共产党宣言》，不断提高马克思主义理论素养，坚定共产主义远大理想和中国特色社会主义共同理想，学深悟透习近平新时代中国特色社会主义思想，为全面建成与小康社会相适应的现代邮政业提供坚强政治保证。局党组成员、副局长刘君、邢小江、杨春光、赵民出席会议。中央编译局原副局长、研究员、博士生导师王学东受邀作专题讲座。

27 日，国家邮政局党组成员、副局长赵晓光专门听取了北京局关于首都地区邮政普遍服务监督保障工作的专题汇报，强调要更好地推进首都邮政普遍服务提质增效、升级发展。

29 日，国家邮政局召开纪念建党 97 周年暨“两优一先”表彰大会。局党组书记、局长马军胜在讲话中强调，全系统各级党组织和广大党员干部要紧密团结在以习近平同志为核心的党中央周围，坚持以习近平新时代中国特色社会主义思想为指导，以学习贯彻党的十九大精神为主线，不忘初心，牢记使命，在决胜全面建成小康社会、全面建成社会主义强国、实现中华民族伟大复兴中国梦的伟大征程中奋勇担当、奋发有为，为推动党和国家事业的新发展作出新的更大贡献。局党组成员、副局长赵晓光宣读表彰通报，局党组成员、副局长刘君、杨春光、赵民出席会议，局党组成员、副局长邢小江主持会议。局领导分别向受表彰的个人和单位颁奖。

29 日，在热烈庆祝中国共产党成立 97 周年之际，国家邮政局党组书记、局长马军胜讲授主题为“投身新时代、强化新担当、成就新作为”的党课，强调全系统党员干部要以习近平新时代中国特色社会主义思想为指引，贯彻落实党的十九大精神，要旗帜鲜明讲政治，永远保持革命精神，不断强化“三个担当”，在建设邮政强国的征程中鼓足干劲、勇于担当、展现作为。局党组成员、副局长赵晓光、刘君、杨春光、赵民出席。局党组成员、副局长邢小江主持。

29 日，为深入推进《快递末端网点备案暂行规定》宣贯工作的开展，保障相关制度安排落实到位，国家邮政局市场监管司在西安举办了全国邮政管理系统快递末端网点备案工作培训班。各省（区）市邮政管理局、6个试点城市邮政管理局、陕西省10个地市邮政管理局以及12家品牌快递企业相关负责人，共计70人参加培训。

7月

2日，国家邮政局党组书记、局长马军胜主持召开专题会议，传达学习全国深化“放管服”改革转变政府职能电视电话会议和李克强总理重要讲话精神，要求全系统以习近平新时代中国特色社会主义思想为指导，切实把思想认识统一到中央决策部署和会议精神上来，进一步增强责任感、使命感和紧迫感，切实转变政府职能，推动邮政业“放管服”改革向纵深发展，让审批更便捷、监管更有效、服务更优质。局党组成员、副局长赵晓光、刘君、邢小江、杨春光出席会议并发言。

2日至6日，国家邮政局党组成员、副局长赵民率调研组先后赴上海市、海南省，就邮政业绿色发展工作情况进行调研，强调要认真贯彻落实习近平生态文明思想，提高政治站位，统一思想认识，压实主体责任，加快推动快递包装绿色化、减量化和可循环，从治标推向治本，坚定不移地走绿色发展道路，高质量推动绿色邮政建设。

4日至6日，国家邮政局党组成员、副局长赵晓光赴江西省抚州市、宜春市、萍乡市开展调研，了解了当地邮政普遍服务和电商扶贫工作。

4日至6日，国家邮政局党组成员、副局长邢小江一行赴江苏省苏州市，开展《长江三角洲地区快递服务发展“十三五”规划》（以下简称《规划》）中期评估座谈和调研。

10日，国家邮政局党组书记、局长马军胜主持召开局党组会议，传达学习贯彻全国组织工作会议和中央外事工作会议精神，强调全系统要认真学习贯彻习近平总书记在全国组织工作会议和中央外事工作会议上的重要讲话精神，锐意进取，拼搏奉献，努力开创邮政业组织工作、对外工作新局面。局党组成员、副局长赵晓光、刘君、杨春光和赵民出席会议。

11日，国家邮政局党组成员、副局长刘君一行赴北京市邮政管理局座谈调研邮政市场监管工作。座谈会上，北京局负责同志围绕快递进校园和末端网点备案等重点工作，汇报了上半年工作进展情况、存在的主要问题和下半年工作安排，相关业务处室和部分派出机构负责人交流了工作体会。刘君对北京局在基础管理、行业发展、服务民生、安全监管等方面的做法和取得的成效表示充分肯定，并对进一步贯彻落实党的十九大精神，抓好首都邮政管理工作提出了要求。

12日，国家邮政局召开2018年第三季度例行新闻发布会，通告2018年第二季度快递服务满意度调查和时限准时率测试结果，并发布《2018年6月中国快递发展指数报告》。数据显示，二季度快递服务满意度、全程时限和72小时准时率均有改善。6月中国快递发展指数为176.2，同比提高34.9%，其中，快递服务质量指数比上年同期提高70.3%，快递服务质量大幅改善。

14日至15日，国家邮政局在辽宁省大连市召开全国邮政管理局长座谈会。会议传达学习了习近平总书记对推进中央和国家机关党的政治建设作出的重要指示精神，以及中央和国家机关党的政治建设推进会精神。会议总结上半年主要工作，分析研判新形势新挑战，部署下半年重点任务。局党组书记、局长马军胜出席会议并讲话，强调全系统要以习近平新时代中国特色社会主义思想为指导，认真贯彻落实党的十九大精神，进一步贯彻落实新发展理念，进一步增强“四个意识”和“四个自信”，主动作为、开拓进取、扎实工作，为全面建成与小康社会相适应的现代邮政业、加快迈向邮政强国贡献力量。局党组成员、副局长赵晓光主持会议，局党组成员、副局长刘君、邢小江、杨春光、赵民出席会议并讲话。

14 日，全国邮政管理局长座谈会期间，国家邮政局党组进行新任职领导干部集体廉政谈话。局党组书记、局长马军胜代表局党组对 15 名新任职领导干部提出廉政要求，希望大家在新的岗位、新的起点上，汲取真理力量，坚定理想信念，担当作为干事业，清正廉洁守规矩，做新时代有担当有作为的领导干部。局党组成员、副局长杨春光主持廉政谈话。

14 日至 16 日，国家邮政局党组书记、局长马军胜在辽宁省大连市调研，深入邮政企业、快递企业，了解行业助推农特产品销售情况，快递进校园、进社区，以及农村地区的邮政和快递服务情况，并看望了基层干部职工。

16 日至 17 日，国家邮政局党组成员、副局长赵晓光来到大连长海县，就海岛通邮情况进行调研。

17 日至 20 日，国家邮政局党组成员、党建工作领导小组副组长、副局长邢小江同志率队赴湖南省开展党建工作和党风廉政建设专题调研。调研组一行先后赶赴益阳、湘潭、衡阳、长沙等地市围绕调研主题召开座谈会，深入基层开展调研、了解情况、听取意见。

18 日，国家邮政局党组书记、局长马军胜主持召开局长办公会，传达学习近期中央会议精神，分析上半年行业运行情况，研判行业发展形势，部署下半年重点工作。会议还审议并原则通过《国家邮政局关于强化落实企业安全生产主体责任的指导意见》等文件。国家邮政局党组成员、副局长赵晓光、刘君、杨春光、赵民出席会议。

19 日，国家邮政局在京召开全国邮政行业职业技能鉴定工作座谈会。会议深入学习习近平新时代中国特色社会主义思想和党的十九大精神，贯彻落实全国邮政管理局长座谈会和全国邮政行业人才工作领导小组会议部署要求，就邮政行业职鉴工作转型发展统一思想，并部署和安排后续相关重点工作。国家邮政局党组成员、副局长杨春光出席会议并讲话。

19 日，国家邮政局印发《国家邮政局关于同意国际快递业务（代理）经营许可审批事项下放中国（广东）自由贸易试验区的批复》，将国际快递业务（代理）经营许可审批权限下放至广东省邮政管理局。

24 日，国家邮政局党组书记、局长马军胜主持召开局党组会议，传达学习贯彻习近平总书记对推进中央和国家机关党的政治建设作出的重要批示、在同团中央新一届领导班子成员集体谈话时的重要讲话精神，强调全系统要认真贯彻落实习近平总书记重要批示和重要讲话精神，必须把党的政治建设作为根本性建设，推进邮政业共青团工作创新发展。会议还对国家邮政局落实中央重大决策部署、中央领导同志重要批示指示等工作任务和巡视整改工作落实情况进行了“回头看”。国家邮政局党组成员、副局长赵晓光、刘君、杨春光、赵民出席会议。中央纪委国家监委驻交通运输部纪检监察组有关同志列席会议。

25 日至 26 日，国家邮政局 2019 年部门预算布置会暨预算编制培训班在宁夏银川召开。会议传达了财政部对 2019 年部门预算编制的最新要求，全面回顾和总结了一年来全系统财务管理工作开展情况，深入剖析当前财务管理工作中存在的问题和短板，对下一步组织好 2019 年预算编制和财务管理工作提出了具体要求，并对相关业务开展专题培训。国家邮政局党组成员、副局长赵民出席会议并讲话。

25 日至 8 月 2 日，国家邮政局党组成员、副局长赵晓光一行赴新疆伊犁、阿勒泰、喀什等多地开展建制村通邮工作调研。赵晓光一行冒着酷暑，行程跨越天山南北，涉足伊犁、阿勒泰、喀什等3个地州，深入10个县13个乡14个建制村、1个边防连队、2处边防警务站，累计行程7500多公里。

26日，国家邮政局在京举办贯彻落实《国务院办公厅关于推进电子商务与快递物流协同发展的意见》企业座谈会，解读《意见》各项任务，对实名收寄和落实企业主体责任进行部署。会议要求，全行业坚决贯彻执行党中央、国务院的决策部署，坚决做好《意见》贯彻落实各项工作，为决胜全面建成与小康社会相适应的现代邮政业，全面建设现代化邮政强国作出新的更大贡献。国家邮政局党组成员、副局长刘君出席会议并讲话。

26日，国家邮政局在北京组织召开2018年第二季度快递服务质量提升联席会议。EMS、顺丰、圆通、申通、中通等20家品牌快递企业总部相关负责人，国家邮政局市场监管司、发展研究中心、邮政业安全中心、中国邮政快递报社、中国快递协会相关人员参加会议。中国消费者协会有关负责人应邀参会。

27日，国家邮政局党组书记、局长马军胜赴天津专题调研邮政业企业党建工作。马军胜强调，要以习近平新时代中国特色社会主义思想为指导，深入贯彻落实新时代党的建设总要求，加大力度，扎实工作，使党的建设和行业发展目标同向、互促共进，更加有效地推进企业党建尤其是非公快递企业党建工作，推动行业迈向高质量发展，为全面建成与小康社会相适应的现代邮政业作出应有贡献。

30日，国家邮政局召开邮政业安全领导小组会议，传达贯彻国务院安全生产委员会全体会议和全国安全生产电视电话会议精神，研究部署邮政业安全生产工作。国家邮政局党组书记、局长、安全生产工作领导小组组长马军胜出席会议并强调，全行业要坚持以习近平新时代中国特色社会主义思想为指导，认真贯彻落实党中央、国务院决策部署，狠抓安全生产各项制度措施落实，推动行业安全生产工作取得积极成效。国家邮政局党组成员、副局长、安全生产工作领导小组副组长刘君主持会议。

30日，国家邮政局制定发布了关于强化落实企业安全生产主体责任的指导意见，以习近平新时代中国特色社会主义思想为指导，全面贯彻党的十九大和十九届二中、三中全会精神，认真落实党中央、国务院决策部署，深入贯彻落实《国家邮政局关于推进邮政业安全生产领域改革发展的指导意见》，坚持总体国家安全观，树立安全发展理念，大力弘扬生命至上、安全第一的思想，进一步强化落实企业安全生产主体责任，深入推进企业安全生产标准化建设，提高企业安全生产管理系统化、规范化、专业化水平，有效防范和坚决遏制重特大安全事故发生，确保寄递渠道安全畅通，为邮政业健康发展提供稳固可靠的安全基础。

31日，中华全国集邮联合会会长杨利民一行拜会国家邮政局马军胜局长，汇报了庆祝改革开放40周年全国集邮文化巡回活动、中国申办2019世界邮展筹备、兰州2018全国航天·专题邮展、《中国集邮史》编纂等有关工作情况。

31日至8月2日，国家邮政局党组成员、副局长刘君一行赴青海督导检查寄递渠道涉枪涉爆隐患集中整治工作。督导组先后深入西宁市、海东市、海北州等地邮政和快递网点、分拨中心，通过现场抽检、调阅监控、个别提问、查阅资料等方式，重点对企业落实“三项制度”、开展安全培训、自查违禁品、加强对重点区域邮件快件安检等情况进行了全面细致的检查，详细了解了企业安全生产主体责任落实情况，强调各寄递企业要切实绷紧安全生产这根弦，严格落实安全生产主体责任，不断强化内部安全管理和外部风险防控，全力保障邮件快件寄递高效有序、安全畅通。

8月

1日至4日，国家邮政局党组成员、副局长邢小江带队，赴广东省开展《珠江三角洲地区快递服务发展"十三五"规划》中期评估调研和座谈。

6日至9日，国家邮政局党组成员、副局长邢小江一行赴海南对全面深化海南邮政业改革开放工作进行调研。

7日至9日，国家邮政局党组成员、副局长赵晓光一行赴云南省红河州调研建制村通邮及村邮站运行情况。

13日至17日，国家邮政局党组成员、副局长赵晓光一行赴吉林省，就民族地区和边境地区建制村通邮工作进行实地专题调研。

20日，国家邮政局印发《国家邮政局关于将国际快递业务（代理）经营许可审批事项下放天津市邮政管理局有关工作的通知》，正式将国际快递业务（代理）经营许可审批事项下放至天津市邮政管理局，并要求天津市邮政管理局加强组织领导，完善工作机制，按照方案进行落实，并及时总结经验，反馈有关情况。

21日，国家邮政局党组书记、局长马军胜主持召开局党组会议，学习贯彻习近平总书记在中央财经委员会第二次全体会议上的重要讲话精神、中共中央政治局常委会听取关于吉林长春长生问题疫苗案件调查及有关问责情况汇报会议精神，强调全系统要坚持以创新为引领、以人民为中心，推动邮政业高质量发展。局党组成员、副局长戴应军、刘君、杨春光、赵民出席会议。中央纪委国家监委驻交通运输部纪检监察组副组长胡志彬列席会议。

22日至25日，国家邮政局党组书记、局长马军胜深入陕西省西安、安康、汉中三市，调研邮政业打好防范化解重大风险、精准脱贫、污染防治三大攻坚战和行业发展情况，强调要以习近平新时代中国特色社会主义思想为指导，坚持以人民为中心的发展思想，生动践行"人民邮政为人民"，努力让人民群众享受到更多邮政业改革发展成果。

23日至24日，中国邮政快递报社在山东威海召开2018年通联工作会议，深入学习贯彻习近平总书记在全国宣传思想工作会议上的重要讲话精神，全面贯彻落实国家邮政局党组关于邮政业新闻宣传工作的要求和部署，总结今年行业新闻宣传工作，分析研判形势和挑战，确定明年重点任务，强调全系统要以习近平新时代中国特色社会主义思想为指导，不忘初心，牢记使命，击楫奋进，努力开创邮政业新闻宣传工作的新局面，为全面建成与小康社会相适应的现代邮政业贡献力量。国家邮政局党组成员、副局长赵民出席会议并讲话。

28日，第三届国家邮政局邮票选题咨询委员会在北京成立。国家邮政局党组书记、局长马军胜为邮票选题咨询委员会委员颁发聘书并讲话。局党组成员、副局长赵晓光主持会议并宣读邮票选题咨询委员会委员名单。

28日上午，国家邮政局党组成员、副局长赵晓光在京会见了由泰国数字经济社会部监察长卡纳妮・柯查西拉女士率领的泰国邮政代表团。

29日，国家邮政局党组书记、局长马军胜主持召开局党组会议，学习贯彻全国宣传思想工作会议精神，听取近期中非合作论坛北京峰会等国家重大会议活动期间寄递安全服务保障工作方案汇报，并提出工作要求。局党组成员、副局长戴应军、赵晓光、刘君、杨春光、赵民出席会议。

29日，国家邮政局召开党组中心组（扩大）学习会，局党组书记、局长马军胜主持会议并讲话，强调全系统要认真学习贯彻习近平新时代中国特色社会主义思想，打好决胜全面建成小康社会三大攻坚战，推动邮政业高质量发展。局党组成员、副局长戴应军、赵晓光、刘君、杨春光、赵民出席会议。

29日，国家邮政局党组成员、副局长刘君在北京调研督导快递行业发展和中非合作论坛北京峰会寄递服务安保工作。刘君一行深入顺丰、中通、百世等快递企业营业网点和处理中心，调研了解快递企业同城递送业务发展情况，实地考察企业落实重大活动寄递服务安保要求，执行寄递渠道安全管理收寄验视、实名收寄、过机安检“三项制度”，对进京快件实行落地二次安检等工作情况。

29日，国家邮政局组织召开《港澳台居民居住证申领发放办法》（以下简称《办法》）宣贯培训会议，及时下发通知，对各寄递企业抓好《办法》贯彻实施工作作进一步强调部署，要求各级邮政管理部门、各寄递企业加强领导，精心组织，周密部署，切实抓好《办法》贯彻落实。《办法》将于9月1日正式施行。届时，港澳台居民可凭居住证享受包括办理邮政业务在内的多种基本公共服务和相关权利便利。

30日，国家邮政局在北京召开贯彻新发展理念、打好三大攻坚战部署会议，深入学习贯彻习近平新时代中国特色社会主义思想和党的十九大精神，全面贯彻落实中央关于打好防范化解重大风险、精准脱贫、污染防治三大攻坚战的决策部署，进一步强化“四个意识”，举全行业之力打好三大攻坚战，推动邮政业转型升级和高质量发展，加快建设与小康社会相适应的现代邮政业，为建设邮政强国奠定坚实基础。局党组书记、局长马军胜出席会议并讲话，党组成员、副局长戴应军主持会议，赵晓光、刘君、杨春光出席会议，赵民解读邮政业打好三大攻坚战实施意见和行动方案。中央有关部门的相关负责同志应邀出席会议。

31日，推进长江经济带邮政业发展联席会议第2次会议在北京召开。国家邮政局党组成员、副局长戴应军出席会议并讲话。会议深入学习习近平总书记在深入推动长江经济带发展座谈会上的重要讲话精神，贯彻落实中央推动长江经济带发展领导小组会议、交通运输部有关会议和国家邮政局党组会议工作部署，研究讨论行业关于贯彻落实习近平总书记深入推动长江经济带发展重要讲话精神的工作方案，听取11省（市）邮政管理局工作汇报。

9月

2日下午，率团出席万国邮联第二届特别大会的国家邮政局局长马军胜，在埃塞俄比亚首都亚的斯亚贝巴会见了万国邮联国际局总局长比沙尔·侯赛因和副总局长帕斯卡尔·克里瓦茨，双方就万国邮联特别大会主要议题和进一步加强中国与万国邮联合作发展等进行了会谈。马军胜和侯赛因共同签署了合作意向书，旨在“一带一路”框架下共同推进国际铁路运邮机制建设，改善国际邮政网络的互联互通。

2日至6日，在埃塞俄比亚率中国代表团参加万国邮联第二次特别大会期间，国家邮政局马军胜局长先后会见了法国、日本、美国、土耳其、加拿大、巴西和泛非邮联等多个国家和国际邮政组织的高层代表团，就大会涉及的重大议题及各方共同关注的话题进行了深入交流，阐述了中方在邮联重大事务方面的立场和对维护及推动健全国际邮政体系的愿望，了解各方对重大国际邮政事务的关切，并表示中方愿意加强与各方进一步交流合作，共同促进万国邮联的发展。

3日（当地时间），万国邮联第二次特别大会在埃塞俄比亚首都亚的斯亚贝巴开幕。埃塞俄比亚总统穆拉图·特肖梅、通信与信息技术部部长乌巴·穆哈迈德·侯赛因、万国邮联总局长比沙尔·侯赛因、行政理事会主席柯南出席开幕式并致辞。国家邮政局局长马军胜率中国代表团应邀出席会议。来自144个成员国近千名代表参会。

4日中午（当地时间），在埃塞俄比亚召开的万国邮联亚的斯亚贝巴特别大会期间，中国代表团在非盟会议中心隆重举办招待会。中国代表团团长马军胜宣布，推荐中国邮政集团公司国际业务总经理董红梅女士竞选万国邮联2020至2024年周期邮政经营理事会主席。万国邮联国际局总局长比沙尔·侯赛因、副总局长帕斯卡尔·克里瓦兹、特别大会主席迈博拉图·马里阿姆及600多名各国代表出席招待会。

6日，万国邮联特别大会召开部长级战略会议。来自瑞士、白俄罗斯、中国、日本、肯尼亚、罗马尼亚、突尼斯、俄罗斯、南非等14个国家主管邮政事务的部长及国际铁路运输官方组织秘书长达维纳和非洲联盟信息社会司司长耶达利出席会议并做主题发言。埃塞俄比亚通信和信息技术部部长乌巴·穆哈迈德·侯赛因、万国邮联总局长比沙尔·侯赛因出席战略会议开幕式并致辞。30多位来自全球邮政行业的部长、联合国机构代表也出席会议。

7日晚（当地时间），万国邮联第二次特别大会结束了为期五天的会议议程，圆满闭幕。本次大会的特别大会顺利通过了中国主导提出的万国邮联结构改革方案。根据会议成果，进行了万国邮联相关法规的修改，国家邮政局局长马军胜作为国家全权代表签署了法规修正案。

5日至8日，国家邮政局在山东青岛举办全系统纪检干部培训班，深入学习贯彻习近平新时代中国特色社会主义思想和党的十九大精神，落实全面从严治党要求，提升全国邮政管理系统纪检干部的综合素质和履职能力，推进邮政管理系统党风廉政建设和反腐败工作。局党组成员、副局长杨春光出席开班式并作动员讲话。

6日至7日，国家邮政局建制村直接通邮工作推进会在云南昆明召开，国家邮政局党组成员、副局长赵晓光出席会议并讲话，吉林、贵州、云南、西藏、甘肃、青海、新疆等省（区）邮政管理局主要负责同志以及内蒙古、重庆、四川、陕西、宁夏等省（区、市）邮政管理局负责同志参加会议。

13日，2018中国快递论坛在上海召开，以“新时代、新梦想、新征程、新作为——快递让生活更美好”为主题，旨在以习近平新时代中国特色社会主义思想为指引，聚焦进一步推动快递业转型升级、提质增效、创新发展。国家邮政局局长马军胜、上海市副市长时光辉、中国快递协会会长高宏峰出席会议并致辞。

13日，出席2018中国快递论坛期间，国家邮政局党组书记、局长马军胜深入调研上海邮政业发展，强调行业要以人民为中心，充分发挥寄递渠道优势，通过转型升级、创新发展提升服务质效，推动行业高质量发展。

13日，国家邮政局在江苏盐城举办推广智能信包箱建设现场会，贯彻落实国务院办公厅《关于推进电子商务与快递物流协同发展的意见》的要求，落实2018年邮政业更贴近民生7件实事，总结各地智能信包箱建设经验做法，推动各地因地制宜加快智能信包箱建设，着力提升邮政普遍服务水平。局党组成员、副局长戴应军出席会议并讲话。

16日，国家邮政局党组书记、局长马军胜主持召开党组会议，传达学习习近平总书记在全国教育大会上的重要讲话和在中非合作论坛北京峰会开幕式上的主旨讲话精神，强调全系统要认真学习贯彻习近平总书记近期重要讲话精神，切实把思想和行动统一到党中央重大决策部署上来，为邮政业高质量发展提供人才支撑，为加强中非合作做出行业应有贡献。局党组成员、副局长戴应军、刘君、杨春光、赵民出席会议。

16日，国家邮政局党组书记、局长马军胜主持召开党组会议，审议并原则通过《关于进一步激励邮政管理系统干部新时代新担当新作为的实施意见》，强调各级党组要以贯彻落实《实施意见》为抓手，坚持新时代党的组织路线，树立正确用人导向，不断健全完善正向激励、考核评价、容错纠错等机制，在全系统形成“忠诚为本、担当为要、实干为责、奋斗为荣”的干事创业氛围。

21日，为深入贯彻落实习近平总书记在全国教育大会上的重要讲话精神，推动“人才强邮”战略向纵深实施，切实推动邮政业转型升级和高质量发展，国家邮政局党组书记、局长马军胜率队到北京邮电大学。北京邮电大学党委书记吴建伟主持座谈会，校长乔建永介绍学校有关情况。

21日，国家邮政局党组成员、副局长刘君赴上海调研邮政业发展和管理工作。在上海期间，刘君听取了上海局关于快递末端网点备案、快递车辆通行管理等方面的情况汇报，现场查看了顺丰上海公司的分拣流水线、安检设施、监控中心的运行情况。

21日，澳门2018第35届亚洲国际集邮展览在澳门金光会展展馆隆重开幕。这是澳门特别行政区首次举办亚洲国际集邮展览。中央政府驻澳门联络办副主任孙达、国家邮政局副局长杨春光、澳门特别行政区政府运输工务司司长罗立文、澳门邮电局局长刘惠明以及国际集邮联主席和亚洲集邮联主席等嘉宾出席会议并致辞。

26日，国家邮政局党组书记、局长马军胜主持召开2018年第9次局长办公会，听取寄递渠道安全监管“绿盾”工程建设情况汇报，审议并原则同意“绿盾”工程信息化深化设计方案及合肥备灾中心施工图设计方案，强调必须举全系统之力抓好“绿盾”工程建设，保障邮政业长治久安和持续健康发展。党组成员、副局长戴应军、刘君、杨春光出席会议。

27日，为贯彻国家职称改革精神，落实国家邮政局党组和全国邮政行业人才工作领导小组相关部署要求，推动邮政业转型升级和高质量发展，国家邮政局在北京召开试点省（市）快递工程专业技术人员职称评审工作调度推进会。国家邮政局党组成员、副局长杨春光出席会议并讲话。

28日至29日，国家邮政局党组书记、局长马军胜赴河北省平泉市调研定点扶贫工作。他强调，要以习近平新时代中国特色社会主义思想为指引，深入贯彻落实党的十九大精神，全面贯彻落实中央关于脱贫攻坚的重大决策部署，坚持精准扶贫精准脱贫，坚持落实乡村振兴战略，坚持人民邮政为人民的服务宗旨，充分发挥行业在网络、服务和人才等方面的优势，进一步完善基础设施，聚焦优势产业，巩固脱贫成果，为打赢脱贫攻坚战作出行业贡献。

28日下午，国家邮政局党组成员、副局长戴应军赴北京市机要通信局调研指导工作，并看望一线干部职工。戴应军实地察看了机要作业场地，详细了解机要件交寄、分拣、转运等作业流程，以及武警驻防及监控设备运转情况。随后，召开座谈会与干部职工进行座谈，并听取邮政管理部门和邮政企业的工作汇报。戴应军对邮政管理部门强化机要通信监管，帮助邮政企业解决工作中的实际困难给予充分肯定，对邮政企业取得28年机要无事故的成绩给予高度赞扬。对邮政企业面临的问题，戴应军逐一做出回应，并表示国家邮政局将积极协调有关部门为邮政企业争取保障政策。

28日，国家邮政局召开寄递渠道安全管理工作电视电话会议，贯彻落实习近平总书记关于做好新时代禁毒工作重要指示和全国禁毒工作电视电话会议精神，总结前阶段寄递渠道涉枪涉爆隐患集中整治工作情况，部署年底前安全生产工作。局党组成员、副局长刘君出席会议并讲话，强调要充分认清行业安全工作形势，勇于担当、主动作为，从严从实从细抓好各项工作落实，推动行业安全工作形势根本好转，为促进行业持续健康发展营造安全稳定的良好氛围。

28日至29日，国家邮政局党组成员、副局长刘君带队，到山东省济南、泰安两地现场督导调研寄递安全管理和服务保障工作。

10 月

18 日，交通运输部部务会议通过《邮件快件实名收寄管理办法》《快递业务经营许可管理办法》。

9 日，国家邮政局局长马军胜发表第 41 届世界邮政日致辞。

10 日，国家邮政局党组书记、局长马军胜主持召开局党组会议，学习贯彻习近平总书记在会见四川航空“中国民航英雄机组”全体成员时所作的重要讲话、考察东北三省并主持召开深入推进东北振兴座谈会发表的重要讲话、在中央全面依法治国委员会第一次会议上的重要讲话和在中央全面深化改革委员会第四次会议上的重要讲话精神，强调全系统要切实把思想和行动统一到习近平总书记的重要讲话精神上来，以新担当新作为推动邮政业高质量发展。局党组成员、副局长戴应军、刘君、杨春光出席会议。中央纪委国家监委驻交通运输部纪检监察组有关同志列席会议。

11 日，国家邮政局召开全国邮政管理系统警示教育电视电话会议，学习贯彻习近平总书记重要批示以及中央和国家机关警示教育大会精神，通报邮政管理系统违规违纪违法案例。局党组书记、局长马军胜出席会议并讲话，强调广大党员干部要以案为鉴、深刻反思，吸取教训、高度警醒，强化纪律执行、守住纪律底线，匡正党风政风，努力营造积极向上风清气正的政治生态，为邮政业改革发展提供坚强的政治保证。中央纪委国家监委驻交通运输部纪检监察组副组长胡志彬讲话。局党组成员、副局长戴应军主持会议，局党组成员、副局长杨春光传达相关精神、通报有关案例，局党组成员、副局长刘君、赵民出席会议。

11 日，国家邮政局召开 2018 年第四季度例行新闻发布会，总结回顾改革开放以来邮政业的改革历程和发展成就。国家邮政局新闻发言人、办公室主任沈鸿雁指出，改革开放 40 年来特别是邮政体制改革和党的十八大以来，邮政业坚决贯彻落实中央关于改革开放的决策部署，坚持人民邮政为人民的服务宗旨，扭住发展第一要务不放松，真抓实干、务实创新，行业改革发展取得重大成就，行业面貌发生翻天覆地的变化，行业基础性先导性作用更加突出。新华社、《经济日报》、中央人民广播电台、中央电视台、中国国际广播电台、《人民政协报》、新华网、《中国交通报》《人民邮电报》《中国邮政快递报》《快递》杂志等中央和行业媒体记者参加新闻发布会。

15 日，国家邮政局召开优秀市（地）邮政管理局局长座谈会。局党组书记、局长马军胜出席会议并讲话，强调要培养造就一支忠诚干净担当的基层领导干部队伍，为新时代邮政业改革发展和建设现代化邮政强国提供坚实组织保障。局党组成员、副局长戴应军宣读相关文件，局党组成员、副局长杨春光主持会议，局党组成员、副局长刘君、赵民出席会议。

15 日至 19 日，在寄递服务旺季来临之际，在首届中国国际进口博览会期间安保工作备战阶段的关键期，国家邮政局在广西南宁举办全国邮政业安全监管培训班，聚焦安全邮政建设，助力打好防范化解重大风险攻坚战。国家邮政局机关相关司室和直属单位，31 个省（区、市）邮政管理局、部分市（地）局邮政管理局相关负责人，15 个省（区、市）邮政业安全中心负责人近 120 人参加培训。

17 日，国家邮政局党组书记、局长马军胜主持召开 2018 年第 10 次局长办公会，听取第三季度邮政行业经济运行情况汇报，审议《邮政业发展“十三五”规划中期评估报告》《首届中国国际进口博览会期间寄递渠道安全服务保障工作实施方案》《2018 年快递业务旺季服务保障工作方案》，强调要勇敢面对新形势新任务新挑战，为建设邮政强国奠定坚实基础。党组成员、副局长戴应军、刘君、杨春光出席会议。

17日，全国邮政业标准化技术委员会在厦门召开会议，通过了对《邮件快件包装填充物技术要求》和《快件集装容器　第2部分：集装袋》邮政行业标准的技术审查。

18日，国家邮政局局长马军胜在北京会见了台湾邮政代表团中华邮政股份有限公司总经理陈宪着一行，就两岸邮政合作发展及共同关心的问题深入交换意见。

18日，国家邮政局召开2018年第三季度快递服务质量提升联席会议，通报第三季度消费者申诉、舆情监测、邮政市场行政执法情况及典型案件，快递服务满意度调查和时限准时率测试结果以及中国消费者协会处理消费者邮政快递业服务质量情况，并围绕《快递暂行条例》和《中华人民共和国电子商务法》宣贯实施，对快递企业在消费者权益保障方面的法定义务进行专题辅导，听取快递企业对邮政市场监管工作的意见和建议。

19日，国家邮政局召开2018年扶贫工作领导小组第二次（扩大）会议，深入学习贯彻习近平总书记关于扶贫的重要论述，传达学习中央单位定点扶贫工作推进会精神，交流国家邮政局定点扶贫工作进展情况，部署新形势下脱贫攻坚工作。国家邮政局党组书记、局长、扶贫工作领导小组组长马军胜在讲话中强调，要巩固提高定点扶贫效果，进一步认清新的任务和使命，推动定点扶贫工作迈向新的阶段，实现脱贫攻坚战从打赢向打好转变，为打赢脱贫攻坚战作出行业贡献。局党组成员、副局长、扶贫工作领导小组副组长杨春光主持会议。

22日至25日，国家邮政局党组成员、副局长戴应军率队赴湖北、广东两省调研邮政业发展及行业科技创新工作，督导检查九个专项治理工作开展情况。

22日至26日，为进一步提高邮政管理部门行政执法水平，国家邮政局在云南昆明举办2018年邮政行政执法工作培训班。各省（区、市）邮政管理局、部分地市邮政管理局及国家邮政局和直属单位相关工作人员等共160人参加培训。

23日至25日，国家邮政局在浙江绍兴举办全国快递业高质量发展培训班。局党组成员、副局长刘君出席开班仪式并作动员讲话。他强调，全行业要着眼“三大变革、五大举措”，不断推进快递业发展迈向更高层次更高水平。

23日至25日，国家邮政局党组成员、副局长刘君带队到浙江、上海调研督导邮政业发展与首届中国国际进口博览会寄递渠道安全服务保障工作。他强调，要积极推动“寄递＋跨境电商”，加快实施创新驱动发展战略，强化科技创新引领，促进快递业高质量发展；要深刻认识做好进口博览会寄递渠道安全服务保障工作的极端重要性，以最高标准、最严要求、最硬措施狠抓各项工作落实，确保邮政业平稳运行和寄递渠道安全畅通，保障进口博览会顺利举行。

23日至26日，国家邮政局在重庆邮电大学举办大数据时代电子商务与快递业协同发展高级研修班，该班次被列入今年国家专业技术人才知识更新工程高级研修项目计划。国家邮政局人事司、职业技能鉴定指导中心、重庆市邮政管理局和重庆邮电大学负责人出席开班仪式。

28日上午，国家邮政局合肥灾备中心在合肥举行开工奠基仪式。国家邮政局党组成员、副局长杨春光出席开工仪式并代表局党组讲话。

29日至31日，国家邮政局党组成员、副局长杨春光率队赴安徽省局和芜湖、马鞍山两市局调研指导党建工作。

30日下午，国家邮政局副局长戴应军在京会见了国际集邮联合会主席郑炳贤，就中国举办2019世界邮展、集邮文化事业发展等共同关心的问题深入交换了意见。

11 月

2 日至 3 日，国家邮政局在京召开一年一度的工作务虚会暨党组中心组（扩大）学习会，以习近平新时代中国特色社会主义思想为引领，深入贯彻落实党的十九大和十九届二中、三中全会精神，传达学习习近平总书记在近期会议上的重要讲话精神，总结 2018 年工作，深入分析行业发展面临的新情况新问题，研究谋划 2019 年及今后一个时期邮政业改革发展工作思路。局党组书记、局长马军胜主持会议并作总结讲话，局党组成员、副局长戴应军、刘君、杨春光、赵民出席会议并作专题发言。

6 日，全国邮政业标准化技术委员会在北京召开会议，通过了对《寄递服务人员基础数据元》和《快递手持终端安全技术要求》邮政行业标准的技术审查。

7 日，交通运输部党组书记杨传堂到国家邮政局，就邮政业“双 11”旺季服务保障工作开展调研和座谈。他向奋战在旺季服务保障工作一线的快递人表示慰问，向深耕邮政快递市场的广大企业家表示敬意，希望邮政管理部门和邮政、快递企业顶住压力、和衷共济、奋力拼搏，推动政企协同做好服务，以最佳的状态、最优的业绩保障好旺季寄递渠道安全畅通、平稳运行。部党组成员、国家邮政局党组书记、局长马军胜主持座谈会，局党组成员、副局长戴应军、刘君、杨春光、赵民出席会议。

7 日至 10 日，国家邮政局党组成员、副局长戴应军带队到浙江调研邮政业相关科技发展情况。

9 日晚，交通运输部部长李小鹏到北京顺丰速运有限公司、北京邮政速递处理中心，就“双 11”业务旺季邮政、快递企业服务保障工作开展调研和座谈。他向奋战在一线的邮政、快递员工和邮政管理干部职工表示慰问，要求邮政管理部门和快递企业迎难而上、真抓实干，切实做好今年“双 11”旺季服务保障工作，为服务国民经济发展、满足人民群众日益增长的美好生活需要，不断推动邮政快递行业高质量发展作出新的更大贡献。部党组成员、国家邮政局党组书记、局长马军胜一同调研和座谈。

9 日，全国邮件快件实名收寄信息系统推广应用领导小组召开会议，就邮件快件实名收寄信息系统推广应用工作进行再安排再部署。领导小组组长、国家邮政局党组成员、副局长刘君出席会议并讲话，强调要坚决落实党中央、国务院决策部署，以真抓促落实，以实干求实效，努力开拓寄递渠道安全管理工作新局面，为维护公共安全、国家安全、社会稳定作出新的更大贡献。中央政法委、公安部、国家安全部相关负责人参会。

9 日，以“数字化时代邮政的创新发展”为主题的 2018 两岸邮政发展研讨会在江苏南京召开，纪念两岸全面双向直接通邮 10 周年。江苏省政府副秘书长杨勇、国家邮政局副局长赵民、中国邮政集团公司董事长刘爱力、海峡两岸邮政交流协会会长张亚非、中华邮政公司董事长魏健宏出席开幕式并致辞。研讨会由海峡两岸邮政交流协会副会长兼秘书长赵晓光主持。

11 日晚，国家邮政局党组书记、局长马军胜赴邮政业安全中心督战“双 11”保障工作。“双 11”全天，各邮政、快递企业共处理快件 4.16 亿件，同比增长 25.68%，再创历史新高。马军胜对大家的辛勤付出表示感谢并鼓励说：“为破 4 亿熬夜，值得！”局党组成员、副局长刘君参加保障工作。

11 日至 14 日，国家邮政局党组成员、副局长赵民率调研组赴江西查看快递业务旺季服务保障情况，并深入南昌、九江两市调研邮政业绿色发展、非公企业党建、末端服务等工作。

12 日至 15 日，国家邮政局党组书记、局长马军胜赴新疆维吾尔自治区调研和田地区、阿克苏地区和乌鲁木齐市等地邮政业发展和旺季服务保障工作，并慰问奋战在一线的邮政业从业者。马军胜强调，要以习近平新时代中国特色社会主义思想为指导，认真落实党中央的各项治疆方略，尤其是习近平总书记关于新疆工作的重要讲话精神，以人民为中心，贯彻新发展理念，打好三大攻坚战，促进经济发展和民生改善，为推动新疆社会大局和谐稳定作出新贡献。新疆维吾尔自治区人大常委会副主任穆铁礼甫·哈斯木一同调研。

13日，国家邮政局党组成员、副局长刘君赴北京市东城区建国门桥西北角贡院东街的快递集中分拣点"快递之家"和丰台区久敬庄万泽龙快递集中配送中心调研快递业务旺季服务保障工作情况。

14日下午，国家邮政局和中国邮政集团公司召开政企沟通会，邮政集团公司介绍了年初以来的发展情况，普遍服务司司长马旭林向邮政企业通报了今年以来邮政企业普遍服务工作的情况。国家邮政局党组成员、副局长戴应军主持会议并讲话，他提出了邮政部门当前要切实抓好的几点重点任务，并对邮政企业下一步工作提出具体要求。

15日至19日，国家邮政局党组成员、副局长刘君率调研组先后赴广西壮族自治区、湖北省，就邮政业发展情况和快递业务旺季服务保障工作进行专题调研。在广西，调研组现场督导检查了广西韵达、百世、圆通、南宁国际邮件互换局（中国邮政东盟跨境电商监管中心）等分拨中心旺季服务保障落实情况。在湖北，调研组实地走访了黄冈市蕲春国灸集团、蕲乡达物流园区，了解蕲春县"快递＋艾草"发展模式和取得的成效。调研期间，刘君还慰问了两地企业员工和邮政管理部门干部职工。

16日，为扎实推进乡村振兴战略，国家邮政局党组书记、局长马军胜参加中国邮政快递报社党支部专题联学，重点学习了习近平总书记在十九届中央政治局第八次集体学习时的重要讲话精神和关于乡村振兴战略的重要指示精神，专门对报社党支部学习情况进行指导督查，强调全系统要坚决贯彻落实中央重大战略部署，发挥行业优势助力乡村振兴战略，行业新闻宣传工作要举旗帜、聚民心、展形象，为行业服务乡村振兴战略营造浓厚的舆论氛围，推动形成全社会的强大合力。

16日，中宣部在京召开2019年度党报党刊发行工作视频会议。国家邮政局党组成员、副局长戴应军参加会议，并对邮政部门做好党报党刊发行工作提出要求。他指出，邮政部门要提高政治站位，充分认识做好新形势下党报党刊发行工作的重大意义。要以高度的责任感和使命感，坚定不移地履行好党报党刊发行职责，强化政治担当，密切协同配合，确保2019年度党报党刊发行工作顺利开展。

19日，国家邮政局党组书记、局长马军胜主持召开局党组会议，学习贯彻习近平总书记近期重要讲话精神，强调全系统要坚持以习近平总书记重要讲话精神为指导，为建设社会主义现代化强国贡献邮政力量。局党组成员、副局长戴应军、杨春光、赵民出席会议。

20日至21日，全国多式联运现场推进会在湖北省武汉市召开。会议要求深入学习贯彻落实党的十九大精神，进一步凝聚形成加快发展的强大合力和良好氛围，提高政治站位，加强组织领导，狠抓工作落实，加大政策支持力度，持续推进多式联运向纵深发展，开创多式联运高质量发展新局面，为建设交通强国、决胜全面建成小康社会作出新的更大贡献。此次会议由交通运输部和国家铁路局、中国民用航空局、国家邮政局、中国铁路总公司共同主办。国家邮政局党组成员、副局长刘君出席会议并对邮政业加快发展多式联运工作提出要求。

20日至23日，国家邮政局党组成员、副局长杨春光一行赴上海市局、山西省局调研指导党建工作，并了解九个专项治理工作推进情况。调研组听取了所到单位党组主要负责人党建工作和九个专项治理工作情况汇报，通过座谈交流、查阅资料，重点了解学习宣传贯彻习近平新时代中国特色社会主义思想和党的十九大精神、基层党的建设、党风廉政建设、非公快递企业党建工作、区域行业改革发展和管理，以及九个专项治理工作落实情况。在沪调研期间，还实地走访了为超高层商务楼宇提供收派件服务的平台公司，对圆通速递总部进行了调研。在晋期间，还到晋中市局进行了调研。

23日，国家邮政局在四川成都召开机要通信监管工作座谈会，四川、重庆、贵州、云南、西藏、湖南、湖北、河南等省（区、市）邮政管理局负责人及机要通信处处长参加座谈，国家邮政局戴应军副局长参加并讲话，机要通信司马旭林司长主持会议。

27日，中国2019世界集邮展览组委会在北京成立并召开第一次会议。组委会由外交部、公安部、交通运输部、文化和旅游部、海关总署、国家广播电视总局、国务院台办、国家邮政局、湖北省政府、中国邮政集团公司、中华全国集邮联合会和武汉市政府等单位相关人员组成。交通运输部部长李小鹏任组委会主任，国家邮政局党组书记、局长马军胜任常务副主任，湖北省政府副省长曹广晶、武汉市市长周先旺、中国邮政集团公司董事长刘爱力、中华全国集邮联合会会长杨利民任副主任。李小鹏在讲话中强调，要以习近平新时代中国特色社会主义思想为指导，紧扣“繁荣互促、和平互信、文化互鉴、生态互助”展览主题，大力彰显新时代特色，进一步夯实工作举措，努力办成一次高水平国际文化交流盛会。会议由马军胜主持。

28日，中国2019世界集邮展览执委会成立暨第一次会议在北京召开，传达邮展组委会第一次会议精神，宣布邮展执委会组建方案，审议通过执委会内设机构职责分工，介绍邮展前期准备及主要筹备工作的实施情况。邮展执委会由国家邮政局、中国邮政集团公司、中华全国集邮联合会以及湖北省政府、武汉市政府等单位相关人员组成。武汉市市长周先旺、中华全国集邮联合会会长杨利民任执委会主任，国家邮政局党组成员、副局长戴应军、武汉市副市长汪祥旺、湖北省政府副秘书长胡道银、中国邮政集团公司党组副书记李丕征、中华全国集邮联合会常务副会长徐建洲任副主任。徐建洲主持会议。

29日上午，第五次邮政行政执法资格全国统一考试顺利举行。据统计，本次考试在全国设31个考场，各级邮政管理部门共有1200余人参加。国家邮政局党组成员、副局长刘君前往北京考场巡考。

29日，第三届全国“互联网+”快递大学生创新创业大赛全国第二轮总决赛在重庆圆满落幕。来自21个单位的29支参赛队经过现场答辩、专家评审等多个环节的激烈角逐，最终决出了优胜者，绿色可回收快递柜等10个参赛作品获得金奖，RFID绿色共享快递袋等20个参赛作品获得银奖，石家庄邮电职业技术学院等10所高校获得优秀组织奖。国家邮政局党组成员、副局长杨春光出席总决赛颁奖典礼并讲话。

29日至30日，国家邮政局党组成员、副局长杨春光率调研组赴重庆调研党建工作，并了解九个专项治理工作推进情况。调研组以召开座谈会的方式，听取了重庆市邮政管理局党建工作汇报，并与市局党员干部进行深入交流，详细了解了重庆市邮政管理局学习宣传贯彻习近平新时代中国特色社会主义思想和党的十九大精神情况、履行全面从严治党“两个责任”情况、党的政治建设、组织建设情况、非公党建工作推进情况、党务工作力量配备及九个专项治理等方面工作情况。随后，调研组一行来到圆通重庆总部，通过实地走访和召开座谈会的方式，对非公党组织建设情况开展了深入调研。

30日，国家邮政局党组成员、副局长刘君在京会见了海南省副省长王路一行。双方就国际快递业务经营许可审批权下放等工作交换了意见。

30日，国家邮政局党组成员、副局长赵民率调研组在北京深入快递企业和高校，就行业如何打好三大攻坚战，尤其是围绕污染防治攻坚战实现邮政业绿色发展进行调研。

12月

4日至5日，国家邮政局在浙江杭州召开科技专家咨询组研讨会，深入学习贯彻落实习近平总书记关于发展人工智能技术重要讲话精神，贯彻落实新发展理念和创新驱动发展战略，推进先进技术装备在邮政业推广应用，推动行业安全发展、高质量发展。国家邮政局党组成员、副局长戴应军出席会议并讲话。

6日，国家邮政局党组书记、局长马军胜主持召开局党组会议，学习贯彻习近平总书记近期重要讲话精神，以及中共中央、国务院有关文件精神，强调全系统要认真贯彻习近平总书记重要讲话精神，坚定不移奋力推进邮政业高质量发展。局党组成员、副局长刘君、杨春光、赵民出席会议。

6日至7日邮政普遍服务监督管理工作务虚会在吉林长春召开。吉林、浙江、宁夏等9省（区）邮政管理部门相关负责同志和普遍服务司相关人员参加会议。国家邮政局党组成员、副局长戴应军出席会议并讲话。

7日上午，国家邮政局副局长刘君在京会见了来访的美国联合包裹公司（UPS）中国区总裁哈罗德·彼得斯一行，双方就UPS在华业务和中国快递市场发展情况交换了意见。

7日，国家邮政局党组成员、副局长杨春光一行到北京市邮政管理局调研指导党建工作。调研组听取了北京局、东区局以及顺丰、京东党建工作情况汇报，重点了解了履行全面从严治党“两个责任”、学习宣传贯彻习近平新时代中国特色社会主义思想和党的十九大精神、非公企业党建、九个专项治理等工作推进落实情况。

8日下午，国家邮政局局长马军胜在京会见了来访的国际电信联盟秘书长赵厚麟先生。

10日，在全国上下喜迎改革开放40周年之际，中国交通运输协会第七届会员大会暨第七届理事会第一次会议在北京隆重召开。国家邮政局党组书记、局长马军胜出席大会并讲话，强调努力开创综合交通运输发展新局面，为现代化交通强国建设作出新的更大的贡献。

12日，国家邮政局党组书记、局长马军胜主持召开2018年12次局长办公会议，审议并原则通过《快递业绿色包装指引》《邮政业“三新”单位核实认定工作方案》和《国家邮政局推进一体化在线政务服务平台建设实施方案》等文件。国家邮政局党组成员、副局长戴应军、刘君、杨春光、赵民出席会议。

12日，国家邮政局召开全国邮件快件实名收寄信息系统推广应用工作电视电话会议，总结两年来工作推进情况，分析当前形势，部署深化实名收寄信息系统应用管理工作，推动实名收寄制度更加有效落实。国家邮政局党组成员、副局长刘君出席会议并讲话。

13日，国家邮政局党组书记、局长马军胜带队拜访全国政协常委、副秘书长，中国民主建国会中央副主席兼秘书长李世杰，双方就共同关心的打赢污染防治攻坚战问题深入交换意见，达成广泛共识。国家邮政局党组成员、副局长赵民陪同拜访。

15日上午，中国2019世界集邮展览执委会第二次会议在湖北武汉召开，会议审议了执委会各成员单位对执委会组建方案的反馈意见、审议了执委会5个下设机构的工作方案，讨论了邮展经费有关问题，审定了邮展总体活动方案等。会议由武汉市副市长汪祥旺主持。国家邮政局党组成员、副局长戴应军，中华全国集邮联合会会长杨利民、常务副会长徐建洲、副会长张玉虎，中国邮政集团公司发行部副总经理赵爱国，中国邮政集团公司湖北省分公司总经理任永信及相关人员参加了此次会议。

17日，为贯彻落实习近平生态文明思想，打好邮政业污染防治攻坚战，指导经营快递业务的企业做好绿色包装工作，根据《快递暂行条例》等有关规定，国家邮政局制定发布了《快递业绿色包装指南（试行）》，规定了行业绿色包装工作的目标，即快递业绿色包装坚持标准化、减量化和可循环的工作目标，加强与上下游协同，逐步实现包装材料的减量化和再利用。

20日，全国邮政行业统计报表制度布置暨邮政业"三新"单位核实工作启动会议在安徽合肥召开，总结2018年行业统计工作，分析行业统计工作形势，部署2019年行业统计工作，全面启动邮政业"三新"单位核实认定工作。国家邮政局党组成员、副局长刘君出席会议并讲话。

20日，国家局副局长、"绿盾"工程建设领导小组组长刘君赴合肥灾备中心检查指导工作。

20日，国家邮政局深入推进"放管服"改革任务，快递末端网点备案突破12万个，全面完成全国存量网点备案任务。

后　　记

在交通运输部和国家铁路局、中国民用航空局、国家邮政局领导的高度重视和编纂工作委员会的正确领导下，《中国交通运输年鉴（2019）》（以下简称《年鉴》）编纂工作启动以来，历经了拟订大纲、分工组稿、收集资料、稿件编辑、审校排版、征求意见等流程，2019 年 8 月形成初稿，在征求各方面意见后对初稿进行了多次修改，经过三审三校、反复推敲，终成此书。

本书的编纂工作由交通运输部办公厅会同国家铁路局、中国民用航空局、国家邮政局综合司（办公室）统筹组织、谋篇布局，各参编单位高度重视、积极响应，对编纂组稿工作给予了业务指导和大力支持，指定专人负责资料收集和稿件撰写，司局领导亲自审核本单位稿件。部档案馆、中国公路学会和《中国公路》杂志社作为编辑工作的承办单位，先后三次对编纂大纲进行了研究调整，对收到的资料采取即收即编的方式，对资料进行认真梳理、查漏补缺，确保了工作进度和编辑质量。

在编纂过程中，交通运输部办公厅侯浩、吕丞、周敏霞、房清雨、韩韡、汤继伦、刘宝刚、鲍鑫荣、蒋丽萍、罗丙辉、刘民、耿长龙，政策研究室臧青、李颖、王振宇、马国栋，法制司刘扬、杨剑、龙晓杰、张婧媛，综合规划司高铁、荣学文、付冬梅、夏永强、陈钟、刘东、杜彩军、刘凌、马骥、张金发、李玉辉、邬志华、尹振军、黄东旭、侯振兴、张巍巍、王广民、范杰、杨建刚、桂滨、宋彩萍、翟威、郑文英、余高潮、汪忠，财务审计司陈冰波、陈闽、孙静、孟丽静，人事教育司胡红哲、万广顺、王英、刘驰、孙志伟，公路局郭胜、陈文亮、陶汉祥、王海臣、李培源、杨勇、赵斌、张建孔、王恒斌、宾帆、于光、张慧彧、刘硕、顾志峰、贺志高、王燕弓、乔正、刘淞昺、马超云、花蕾、刘伟亮，水运局王大志、王颖、张琳、郭青松、王建军、赵帅、李坤、王常昺、段超、燕飞、李花叶、闫军、秦川、邹永超、王宏志、刘国辉、谢燕、张俊勇、蔡涛、胡琳琳、陈磊，运输服务司唐俊忠、李旭辉、张鹏、孟文戟、吕亚军、李良华、席锦池、田桂飞、朱超、李云汉，安全与质量监督管理司关振军、纪昌安、杨云超、刘健，科技司林小平、赵晓辉、张成、邢凡胜、唐妍，国际合作司（港澳台办公室）陈鹏、陈星森、胡楠、舒兰、杨晓卿，公安局刘升华、祁聪，直属机关党委石冬，中国海上搜救中心刘保康、李允，海事局梁远林、童翠龙；国家铁路局综合司董青、高弘，科技与法制司王晨、王朔、许晨、庄继武，安全监察司刘朝辉，运输监督管理司李振强，设备监督管理司周磊，人事司高凯、岳向菲、陆瑞、金虎，直属机关党委张海东、丁猛、王森刚，信息中心于得庆、刘杨，安全技术中心夏逊俊，市场监测评价中心汤阳，机关服务中心李浩；中国民用航空局综合司刘丁、张连弟、冯文涛、高沛娟，航空安全办公室李烨，政策法规司刘晶晶，发展计划司袁加林，财务司郭婧文，人事科教司李根、许尧，国际司（港澳台办公室）江航，运输司梁晓莹、杨骞、郑开建，飞行标准司张凌志，航空器适航审定司赵晋玉、陈廷浩，机场司张宏，空管行业管理办公室侯佳，公安局陈伟，空管局潘丽先，运行监控中心艾春慧、马金国、栗洋，全国民航工会祝川，直属属机关党委郭超，民航局国际合作服务中心王堪林、韩婕、张洁；国家邮政局办公室陈凯、吴晓明、寇建堂、田丽文、佟正堂、钱熙颖，政策法规司赵砚秋、张运涛、郭蒲，普遍服务司王宁、葛成红，市场监管司牛武攀，人事司王晓芳、李炜蕾，机关党委葛秀旺，邮政业安全中心洪亮亮、周颖洁，中国邮政快递报社邢虓、王毅；交通运输部救助打捞局孙龙；交通运输部长江航务管理局曹慕鑫、张伟；交通运输部珠江航务管理局刘梅珠，中国船级社柯珂等同志在收集资料、撰写稿件、提供图片、审核校对等方面做了大量富有成效的工作。

值此《年鉴》出版之际，向对本书编纂工作提供大力支持和帮助的相关单位和所有人员，一并表示最诚挚的谢意！

由于本书涉及的单位及资料较多，加之编者水平有限，书中难免存在疏漏错误之处，恳请各界人士批评指正。

编辑工作组

2019 年 8 月 30 日